תורת הקורבנות
מחוות של בשר ורוח

יונתן גרוסמן

תורת הקורבנות
מחוות של בשר ורוח

מגיד

Jonathan Grossman
The Sacrificial Service
Gestures of Flesh and Spirit

יונתן גרוסמן
תורת הקורבנות: מחוות של בשר ורוח

עריכה והגהה: אברהם שמאע
עורך אחראי: ראובן ציגלר
עורכת משנה: אפרת גרוס
עיצוב ועימוד: תמי מגר
עיצוב העטיפה: אליהו משגב

ספרי מגיד, הוצאת קורן
ת"ד 4044 ירושלים 9104001
טל': 02-6330530 פקס: 02-6330534
www.maggidbooks.com

מסת"ב ISBN 978-965-526-323-7

נדפס בישראל תשפ"א Printed in Israel 2021

ספר זה מוקדש לזכרם המבורך של

יהודית ושלמה־לוי גרוסמן ז״ל

יהודית גרוסמן ז״ל (נפטרה בה׳ באלול תשע״ח) עבדה במשך שנים כספרנית בספריה למדעי החברה באוניברסיטת בר אילן ובמהלכן נכנסה לשיעורים רבים ומגוונים במחלקות שונות באוניברסיטה. ביניהם, היא השתתפה דרך קבע גם בשיעורים של אחיינה - פרופ׳ יונתן גרוסמן - מהמחלקה לתנ״ך. סביב שיעורים ומפגשים אלו שוחחו יהודית ואחיינה מלב אל לב על ענייני תורה ודעת. אחרי אחד השיעורים, שבהם הוזכר עולם הקורבנות, הביעה יהודית ז״ל את תחושתה שעולם זה נעול בפני לומדים רבים, וקשה לרדת לעומקם של דברים ולעמוד על משמעותם. ספר זה הוא כמילוי בקשתה לנסות ולפתוח שער לעולם הסוער החבוי מתחת לפני השטח של תורת הקורבנות.

פרופ׳ שלמה־לוי גרוסמן ז״ל (נפטר בב׳ באדר תשפ״א) היה איש חכמה, תורה ודעת, ממובילי המחקר בארץ בתחום הביוכימיה, ממציא הג׳לטין הכשר, וחתום על חידושים מדעיים חשובים נוספים. במשך שנים כיהן בתפקידי מפתח בהובלת מערכת ההשכלה הגבוהה בישראל ותרם לקידומה ולפיתוחה. לצד עולמו המחקרי, שלמה־לוי ז״ל היה מחובר בכל נימי נפשו לעולם של לימוד תורה ולהליכה בדרכה. העריך ואהב את כתיבתו של אחיינו, מחבר ספר זה, ומצא בה שילוב של מחקר ושל רוח. החיבור שלפנינו, שמציע לקרוא את עולם הקורבנות כביטוי מרכזי בעבודת ה׳, הוא ביטוי עמוק לאמונה שליוותה תמיד את שלמה־לוי ז״ל, שאפשר להתהלך על הארץ בעוד הלב פונה אל השמיים.

וְחִכֵּךְ כְּיֵין הַטּוֹב הוֹלֵךְ לְדוֹדִי לְמֵישָׁרִים דּוֹבֵב שִׂפְתֵי יְשֵׁנִים
חֲדָשִׁים גַּם יְשָׁנִים דּוֹדִי צָפַנְתִּי לָךְ (שיר השירים ז׳, י־יד).

תוכן העניינים

פתח דבר

אֲשֶׁר יַחְדָּו נַמְתִּיק סוֹד
בְּבֵית אֱלֹהִים נְהַלֵּךְ בְּרָגֶשׁ

אין זה סוד שספר ויקרא – ובמיוחד חטיבת הקורבנות הפותחת אותו – מרתיע רבים. לומדים נמנעים מלצלול לעומקם של כתובים אלו, ובין שלל הסיבות לכך ניתן להצביע על שתיים מרכזיות. העיקרית שבהן היא אופייה של חטיבה זו, שנשענת כולה על פרטי דינים שנראים במבט ראשון טכניים ותו לא. סיבה נוספת קשורה בעובדה שפרטי דיני הקורבנות אינם רלוונטיים היום, ויש אף רתיעה – שמנוסחת לעיתים כרתיעה אמוציונלית ולעיתים כרתיעה מוסרית – מעצם שחיטת בעלי חיים וזריקת דמם על המזבח. כמות הדם הזורמת בעזרה בשעת שחיטת הפסחים נדרשת בתלמוד כשבח: "שבח הוא לבני אהרן שילכו עד ארכובותיהם בדם" (פסחים סה ע"ב), אך אינני משוכנע שהדבר נשמע כשבח לאוזן מודרנית.

שתי ההסתייגויות הללו אכן מציבות אתגר מיוחד לבאים ללמוד חטיבה מקראית זו. עם זאת, ספר זה פטור מהאתגר השני, שהרי ענייננו בניתוח הכתובים, במפגש עם הטקסט. לימוד חטיבת הקורבנות מבלי לבצע את ההקרבה בפועל, מסיטה את תנועת הלמידה אל המחוזות הסמליים־המהותיים שמלווים את הקורבנות, ובכך חושפת כמה מעקרונות היסוד שמלווים חטיבה זו. בבואנו לנתח את הכתובים אנו פוגשים מילים ולא בעל חיים ממשי; ובכך ניצבת התודעה שמלווה את אקט ההקרבה בקדמת הבימה, ולא הדם הממשי שנשפך על המזבח.

ההתמודדות עם האתגר הראשון, וההתגברות על רתיעה מפני פרטי דינים שקשה לעיתים לכלול תחת סקירה רחבה אחת, הן עיקר מגמתו של ספר זה. לאורך ניתוח הפסוקים אבקש להציע שמה שנראה במבט ראשון כפירוט הלכתי־טכני הינו שיקוף או ייצוג של שאלות מהותיות הנוגעות בתודעה הדתית שמלווה את האדם שמביא

קורבן לקונו. ההבדלים ההלכתיים הם חלון הצצה שדרכו ניתן לעמוד על אופיו של הקורבן ועל מהותו, ועל נתיבים מגוונים שהאדם הבא אל המשכן מוזמן ללכת בהם. המסתורין שאופף את עולם הקדושה נחשף קמעה בעולם הקורבנות, על ידי סלילת שבילים למבקשים לעמוד מול ה׳, בהימצאם בתודעות דתיות מתחלפות – ברגשות אשם מזה, ובשאיפה לדבקות מזה.

אין צורך לומר שפרשנים וחוקרים רבים תרמו תרומה מכרעת לניתוח חטיבת הקורבנות המוצעת בספר זה, אך במיוחד עליי לציין שניים ששימשו עבורי חברותה קבועה: הרב דוד צבי הופמן בפירושו לוויקרא הציע קריאה רגישה לכתובים, תוך שהוא מנהל דיאלוג ערני עם מחקרים מודרניים מזה, ומנסה לבחון כיצד קריאת חז״ל משתלבת בפסוקים מזה. ספרו לא מש משולחני, וגם אם בדיונים שיבואו להלן יש סטייה מכמה מהנחות היסוד שלו, תרומתו לספר זה רבה. הפירוש הנוסף שליווני יד ביד הוא פירושו המופלא של פרופ׳ יעקב מילגרום לספר ויקרא (יצא לאור בסדרת Anchor Bible). קשה להפריז בחשיבות פירושו ובהיקפו הנדיר.

מרחב האופק של ספר זה הוא פשטי המקראות, אך עם זאת, לא נמנעתי מלבחון את מדרשי ההלכה ואת הנחות היסוד שניצבות בבסיס מדרשים אלו. כפי שיתברר לאורך הספר, התלבטויות הלכתיות רבות משקפות קריאות שונות של הפסוקים, וכפי שקורה לעיתים קרובות, הכרעות הלכתיות שנראות תחילה רחוקות מפשטי המקראות, נעתרות בעצם לפערים טקסטואליים ולרמזים עדינים שמשוקעים בכתוב.

יש ספרים שהם תוצאה של מסע מורכב, ולא תמיד ניתן להצביע על ראשיתו של המסע. אך גם אם ראשית המסע נעלמה מאיתנו, במקרה זה יש נקודת התחלה ברורה. בסיסו של ספר זה בקורסים שלימדתי במחלקה לתנ״ך באוניברסיטת בר אילן ובמכללת הרצוג שבגוש עציון. בסוף שנת הלימודים תשע״ו במכללת הרצוג ניגש אלי תלמיד מוכשר וחרוץ – מיכאל ישראל – אשר השתתף בשיעורים שהוקדשו לחטיבת הקורבנות, והגיש לי סיכום שלם ונהיר של השיעורים כולם. סיכומיו שימשו בסיס לעריכת השיעורים מחדש, במסגרת בית המדרש הווירטואלי על שם ישראל קושיצקי של ישיבת הר עציון (בשנים תשע״ח-תשע״ט). אני מודה למיכאל ישראל על יוזמתו וחריצותו, ומודה גם למורי, הרב עזרא ביק – ראש ישיבת בית המדרש הווירטואלי, שמנצח על בית מדרש זה, על שהרחיב את עולם לימוד התורה בארץ ובעולם. במסגרת זו זכיתי גם בעורך מעולה – בנימין פרנקל – ואני מודה לו על תשומת הלב שהקדיש לכל מילה ולכל עניין. על טיוטה ראשונה של הספר עבר ידידי הרב יצחק בלאו מאלון שבות, והעיר לי הערות חשובות שמשוקעות בספר, ואני מודה גם לו בחום.

פתח דבר

בכמה מן הצמתים שבהם הסתפקתי אם אפשר לצעוד בדרכים מחודשות התייעצתי עם כמה תלמידי חכמים שבקיאותם רבה הן בתורה שבכתב הן בתורה שבעל פה. אני מבקש להודות לחברותה שלי הצועדת אתי יד ביד מזה שנים רבות – הרב ד"ר איתמר אלדר מישיבת אורות שאול, לרב ד"ר ברוך קהת מישיבת מחניים, ולרב רמי ינאי והרב ד"ר אלי חדד ממכללת הרצוג, על שנעתרו בשמחה לליבון כל התלבטות, ונשאו את הרעיונות שהעליתי בפניהם. לעיתים קרובות הצעותיי נראו להם מוגזמות, אך הדיון המשותף העשיר את פרספקטיבת הדיון ודייק את ניתוח המקראות. תודתי שלוחה גם לידידי הרב עמית משגב שנכנס איתי לעומק כמה סוגיות הלכתיות בניסיון להעמיד שיטה יציבה בכמה מן הדיונים המורכבים שמלווים את עולם הקורבנות.

אני מודה בחום להוצאת קורן־מגיד שלקחה על עצמה את הוצאת הספר. לעומד בראשה – מתיו מילר, למנהל ההוצאה – יהושע מילר, ולעורך האחראי על סדרות התנ"ך – הרב ראובן ציגלר, ולגב' אפרת גרוס. התייחסותם לכל ספר וספר בכובד ראש, ראויה לכל שבח. תודתי שלוחה לעורך הלשון הנהדר שבו זכיתי, אשר מלווה את כתיבתי בכמה וכמה מספריי – הרב ד"ר אברהם שמאע. בקיאותו הרחבה בתורה שבכתב, בתורה שבעל פה, בלשון ובספרות היא אוצר לעריכת ספר מעין זה שלפנינו. רבות מהערותיו משוקעות ברצף הדברים.

בלב גדוש בהכרת הטוב, אני מבקש להודות להוריי – פרופ' אברהם ורחל גרוסמן, ולאשתי ליאורה ולילדינו, שמלווים את לימודי וכתיבתי, ומהווים משענת יציבה שמאפשרת להתהלך ולהתבונן אל השמיים.

הספר מוקדש באהבה לזכרם המבורך של דודיי – פרופ' שלמה־לוי ויהודית גרוסמן ז"ל, שאהבת הלימוד שלהם ואהבת האדם שפיעמה בהם הן נר לרגלי המשפחה כולה. מעומק הלב אני מקדיש את הספר לזכרם, ולכבודם של ילדיהם היקרים.

יונתן גרוסמן
אלון שבות תשפ"א

"המזבח בישראל אולי לא מביא את ה' אל הארץ,
אבל הוא מאפשר לאדם, דרך עבודתו, להגיע אל השמיים"
(מילגרום, ויקרא, כרך א, עמ' 251)

מבוא

מהפרקטיקה אל התאולוגיה

אתגר מיוחד ניצב בפני הבא בשעריו של חומש ויקרא. לא די בזאת שמצוות הקורבנות אינה מעשית בימינו, אלא שבקריאה ראשונה אף נראה החומש עמוס בפרטי מצוות אשר קשה לדלות את העולם האידאי שהוא מבקש לבטא, ועל כורחנו יש להודות בכנות, שיצא לחומש זה שם רע, ובמיוחד לחטיבת הקורבנות הפותחת שלו. דוגמה מדהימה היא מה שכתב ר' יוסף כספי, כשהסביר מדוע בפירושו לתורה הוא מדלג על ספר ויקרא ועובר מפירוש ספר שמות לפירוש ספר במדבר:

> הנה מה שיכלול זה הספר נאמר למשה מפי השם תוך חודש ניסן, ראשית השנה השנית לצאתם מארץ מצרים. ורוב עניינו מצות מעשיות וקצתם מידות, לכן אין ראוי לי לדבר בם כלל (משנה כסף, חלק א, ירושלים תש"ל, עמ' 155).

מאחר שספר ויקרא מוקדש בעיקרו למצוות מעשיות, כתב ר' יוסף כספי "שאין ראוי לו לדבר בספר כלל". זהו כמובן ניסוח פרובקטיבי ונועז, אך באמת ר' יוסף כספי הקדיש פסקה קצרה לחומש זה ועבר לפרש את חומש במדבר. אחרים התבטאו ביתר עדינות, וטענו שחומש ויקרא כמעט איננו רלוונטי לאדם הפרטי, אלא רואה מול עיניו רק את הציבור כולו.[1]

אני מבקש לומר כבר בפתח המסע שאנו עומדים בסיפו, שמדובר לדעתי בטעות

1. כותי, מוסר וקדושה.

יסודית, ושאין הרבה ספרי מקרא שמשמשים שער לעולם דתי, כמו גם שער למבע דתי של המבקש לעמוד מול קונו, כמו ספר ויקרא. דווקא ספר זה חושף את עולם הקדושה, ומנכיח אותו באופן בלתי אמצעי: זהו הנושא המרכזי שבו הוא דן, ולא רק בהשלכותיו ההיסטוריות או החברתיות.

אמירה זו נוגעת לחלקיו המגוונים של חומש ויקרא, ומובן מאליו שחלקו השני של הספר – 'ספר הקדושה' – מלבן נושאים אלו באינטנסיביות יתרה ומורכבת. אולם מגמה זו בולטת לא פחות בחטיבה הראשונה הפותחת את הספר – חטיבת הקורבנות. אכן עומס של פרטי דינים לפנינו, אך אין לראותם כפרקטיקה בלבד אלא כשיקוף של תאולוגיה. לשון אחר: יש לראות את פרטי דיני הקורבנות כחלון, שדרכו ניתן להשקיף על חוויות רוחניות שמובעות ומקבלות ביטוי בבית ה' ועל תודעה דתית שמוזמנת להתיישם בעמידה מול ה'. מבחינה זו, האתגר בהבנה – מה בין עולה לזבח שלמים ומה בין שניהם למנחה; מה בין מנחת הסולת למנחת מאפה תנור או בין חטאת כוהן משיח לחטאת יחיד – היא העמידה על התודעה הרוחנית השונה שמלווה אותם ומשתקפת דרכם. לכל קורבן מבע משלו, תנועת נפש שונה, שדווקא אותה הוא מבטא. חטיבת הקורבנות פורסת בפני כל אדם אפשרויות מבע שונות שהוא מוזמן לממש בפני אלוהיו, וכיצד לשקף מבע זה בפרקטיקה פולחנית. מובן שאיננה דומה חוויית המביא קורבן לצורך כפרה מהמקריב המבטא תחושות שמחה ותודה, אך התורה אינה מסתפקת במתן אופציה אחת כללית לקורבן נדבה, אלא יוצרת שלושה נתיבים שונים – עולה, מנחה וזבח שלמים – והרוצה לנדוב קורבן צריך להכריע איזו נדבה בדיוק הוא מבקש להביא לאלוהיו. לשם הליכה בכיוון קריאה זה אני מבקש לאמץ את הנחת היסוד של מילגרום בנוגע לחטיבת הקורבנות ולחטיבת הטומאה והטהרה שבוויקרא: "ברור, שהיחידות הריטואליות שבוויקרא א'-ט"ז הגיוניות רק כהיבטים של מערכת סמלית".[2]

יש כמה פתחים שדרכם אפשר להיכנס ולברר מהו השיח הייחודי שמלווה כל קורבן ומאפיין אותו, ומהי מהותו של אותו קורבן. ארבעה פתחים עיקריים ילוו אותנו לאורך הדיונים כולם: שמו של הקורבן; פרטי דיניו; מרקם המילים והעיצוב הספרותי שבהם נעשה שימוש בפרשת כל קורבן וקורבן; סיפורים לאורך המקרא שדרכם אפשר לבחון את ההקשרים שבהם קרב כל קורבן – איזה קורבן הוקרב ומתי הוקרב. בניצול דרכים שונות אלו יתברר שכל קורבן נדבה מבטא מחווה דתית שונה

2. מילגרום, כוהני, עמ' 456.

וייחודית, ובאמצעות דרכים אלו גם אפשר יהיה להבחין מה בין כל קורבן וקורבן מקורבנות החובה השונים.

לצד זאת, אכן צודקים הטוענים שעולם הקורבנות חורג מתחומי האדם הפרטי, ושיש לו משמעות בסיסית בעצם השראת שכינה בישראל. לפי ר' יהודה הלוי זו עיקר מטרת הקורבנות – לאפשר לשכינה לשרות בתוך ישראל, ויש סימוכין לגישה זו, ובמיוחד בציווי על עולת התמיד. שם מסתבר שאכן יש קשר בין הקרבת עולת התמיד בכל יום בבוקר ובין הערביים, ובין עצם התגלות השכינה במשכן: "עֹלַת תָּמִיד לְדֹרֹתֵיכֶם פֶּתַח אֹהֶל מוֹעֵד לִפְנֵי ה' אֲשֶׁר אִוָּעֵד לָכֶם שָׁמָּה לְדַבֵּר אֵלֶיךָ שָׁם. וְנֹעַדְתִּי שָׁמָּה לִבְנֵי יִשְׂרָאֵל וְנִקְדַּשׁ בִּכְבֹדִי" (שמות כ"ט, מב-מג). כפי שעוד נראה, בתוך חטיבת הקורבנות באה גם פרספקטיבה זו לידי ביטוי, ועל כן מוצדק לומר שדרך עולם הקורבנות לא מוזמן רק האדם הפרטי לעמוד מול קונו, אלא זוכה גם עם ישראל כולו להשראת שכינה בתוכו. לפיכך גם אם ספר זה מוקדש לניתוח הפסוקים ופרטי הדינים שמעצבים את הקורבנות השונים, עינינו נשואות גם לרובד התאולוגי שחבוי מבעד למימוש הקונקרטי של תהליך ההקרבה. דבר זה נובע גם מהתפיסה הייחודית של המקרא את הקורבן ותכליתו, כפי שיובהר להלן.

בין עני לעשיר ובין ישראל לעמים

בחיבור המדרשי הקלסי ויקרא רבה, לצד המוטיבים הצפויים להימצא בו,[3] נוכחים שני נושאי עומק חוזרים ומפתיעים. הראשון הוא היחס המיוחד לעני. לאורך ויקרא רבה יש התייחסות אינטנסיבית לאלו שגורלם לא שפר עליהם, ושהם נמנים עם העניים שבחברה. באופן כללי יש לומר שהמדרש אוהד עניים אלו, ומבליט שהם רצויים לפני המקום לא פחות מאשר עשירי החברה. סביר להניח שדווקא בספר שמוקדש לעבודת ה' על ידי הקרבה, על ידי הבאה למקדש של קורבן שעולה ממון רב, סוגיה זו עולה באופן מיוחד. דווקא כאן עולה החשש שמי שאין ידו משגת ימצא עצמו מחוץ למעגל עובדי ה' העומדים בבית ה' בלילות, ושעליהם ברכת ה' נחה. לאמיתו של דבר, מודעות זו עולה כבר במקרא עצמו, שהרי לא מצאנו מצוות אחרות שבהן יש התחשבות במי שלא משיגה ידו לרכוש את מה שנדרש לשם קיום המצווה, ואילו בעולם הקורבנות דבר זה בא לא אחת לידי ביטוי. המדרש ממשיך רוח זו, ומבליט שוב ושוב, שאת לב המקריב מבקש ה' ולא את מה שהביאה ידו. להלן מדרש מייצג:

3. ראו אצל רייזל, מבוא למדרשים, עמ' 130–132.

> אגריפס המלך ביקש להקריב ביום אחד אלף עולות. שלח ואמר לכהן גדול: אל יקריב אדם היום חוץ ממני. בא עני אחד ובידו שתי תורים, אמר לכהן: הקרב את אלו. אמר לו: המלך צוני ואמר לי אל יקריב אדם חוץ ממני היום. אמר לו: אדוני כהן גדול, ארבעה אני צד בכל יום, ואני מקריב שנים ומתפרנס משנים, אם אי אתה מקריבן אתה חותך פרנסתי! נטלן והקריבן. נראה לו לאגריפס בחלום קרבן של עני קדמך. שלח ואמר לכהן גדול: לא כך צויתיך, אל יקריב אדם חוץ ממני היום? אמר לו: אדוני המלך, בא עני אחד ובידו שתי תורים. אמר לי: הקרב לי את אלו. אמרתי לו: המלך צוני ואמר לי אל יקריב אדם חוץ ממני היום. אמר: ארבעה אני צד בכל יום ואני מקריב שנים ומתפרנס משנים, אם אי אתה מקריב אתה חותך את פרנסתי, לא היה לי להקריבן? אמר לו: יפה עשית כל מה שעשית (ויקרא רבה פרשה ג, ה).

יסוד שני שנידון בדרכים שונות לאורך מדרש ויקרא רבה הוא היחס לגוי, ובאופן כללי יותר בין ישראל לעמים. בדרך כלל המדרש מבליט את הפער שבין ישראל לגוי, וכך מופיע כבר בפרשה הפותחת את המדרש:

> מה בין נביאי ישראל לנביאי אומות העולם? ר׳ חמא בר חנינא ורבי יששכר דכפר מנדי רבי חמא בר חנינא אמר: אין הקדוש ברוך הוא נגלה על או"ה אלא בחצי דיבור כמה דתימר ׳ויקר אלהים אל בלעם׳, אבל נביאי ישראל בדבור שלם שנאמר: ׳ויקרא אל משה׳. ור׳ יששכר דכפר מנדי אמר: כך יהא שכרן – אין לשון ׳ויקר׳ אלא לשון טומאה כמה דתימר ׳אשר לא יהיה טהור מקרה לילה׳, אבל נביאי ישראל בלשון קדושה, בלשון טהרה, בלשון ברור, בלשון שמלאכי השרת מקלסין בו להקדוש ברוך הוא, כמה דתימר: ׳וקרא זה אל זה ואמר׳. א"ר אלעאי בר מנחם: כתיב ׳רחוק ה׳ מרשעים׳ וכתיב ׳ותפלת צדיקים ישמע׳ – ׳רחוק ה׳ מרשעים׳ אלו נביאי אומות העולם, ׳ותפלת צדיקים ישמע׳ אלו נביאי ישראל... משל למלך שהיה הוא ואוהבו בטרקלין וביניהם וילון, כשהיה מדבר עם אוהבו מקפל את הוילון עד שרואהו פנים אל פנים ומדבר עמו, אבל לאחרים אינו עושה כן, אלא מדבר עמהם ומחיצת הוילון פרוסה ואינן רואין אותו. ורבנן אמרי: משל למלך שהיה לו אשה ופלגש כשהוא הולך אצל אשתו הולך בפרהסיא וכשהוא הולך אצל פלגשו הולך במטמונים, כך אין הקדוש ברוך הוא נגלה על אומות העולם אלא בלילה שנאמר ׳ויבא אלהים אל אבימלך בחלום הלילה׳; ׳ויבא אלהים אל לבן הארמי בחלום הלילה׳; ׳ויבא אלהים אל בלעם לילה׳; אבל נביאי ישראל

ביום שנאמר: 'והוא יושב פתח האהל כחום היום'; 'ויהי ביום דבר יי אל משה'; 'ואלה תולדות אהרן ומשה ביום דבר ה' את משה וגו' (ויקרא רבה פרשה א, יג).

הדרשן מציב את אופן ההתגלות המשתנה בין התגלות לישראל והתגלות לגוי: נביאי ישראל הם 'אשתו החוקית' של ה', ואילו נביאי אומות העולם הם 'פילגשו', אשר אליה הוא נגלה רק בהיחבא. כיוון זה ממשיך לאורך המדרש, שמציג אומנם יחס מורכב לאומות העולם, אך באופן כללי מציגם כמי שאינם מצויים במעלת ישראל. דבר זה אינו מובן מאליו, שהרי ניתן היה ללכת בכיוון אחר לגמרי, כדוגמת זה שנטווה בנבואת ישעיה: "וּבְנֵי הַנֵּכָר הַנִּלְוִים עַל ה' לְשָׁרְתוֹ וּלְאַהֲבָה אֶת שֵׁם ה' לִהְיוֹת לוֹ לַעֲבָדִים כָּל שֹׁמֵר שַׁבָּת מֵחַלְּלוֹ וּמַחֲזִיקִים בִּבְרִיתִי. וַהֲבִיאוֹתִים אֶל הַר קָדְשִׁי וְשִׂמַּחְתִּים בְּבֵית תְּפִלָּתִי עוֹלֹתֵיהֶם וְזִבְחֵיהֶם לְרָצוֹן עַל מִזְבְּחִי כִּי בֵיתִי בֵּית תְּפִלָּה יִקָּרֵא לְכָל הָעַמִּים" (ישעיה נ"ו, ו–ז).[4]

גם אם הדבר לא מובן מאליו, בחירת חז"ל להציג במדרש זה את הפער שבין ישראל לעמים דווקא מובנת לאור אתגר יסודי שספר ויקרא ניצב בפניו. אחד הדברים המשותפים לכל דתות קדם הוא עולם הפולחן והקורבנות. כך מוגדר "קרבן" בערך המוקדש לו באנציקלופדיה העברית: "מעשה פולחני, מן הנפוצים ביותר ברוב הדתות שבעולם". ואפילו ההסתייגות הקלה שיש בהגדרה זו מתפוצת הקורבנות מסויגת בהמשך הדברים, עת מודגש שגם אם יש דתות (כגון הבודהיזם) שפולחנן אינו מכיר קורבנות, גם בהן יש הגשת מנחה כביטוי של הערצה, וגם אם הדת הרשמית אינה מכירה בקורבנות, "במישור העממי קיימים דגמים 'קרבניים', ואף קורבנות ממש חזרו וקנו לעצמם שביתה".[5]

עמי קדם הקריבו קורבנות לאלוהיהם עוד טרם היה ישראל לעם ועוד לפני בחירת אברהם ויציאת מצרים. והנה גם בתורה יש עולם סוער ומפורט של קורבנות מגוונים, ושאלת היחס בין קורבנות אלו למקובל אצל עמים אחרים עולה מיד. מדרש ויקרא רבה רגיש לדבר זה, ומצהיר לאורך המדרש על הדמיון החיצוני שאיננו משקף דמיון פנימי. בתפיסת הקורבנות (וההתגלות) יש פער של ממש בין ישראל לעמים, ודבר זה אכן עולה גם מפשטי המקראות. נושא זה כה רחב עד שהוקדשו לו חיבורים

4. מארק הירשמן הציע, שהפער בין נבואת ישעיה לבין הרוח העולה ממדרש ויקרא רבה נובעת מההקשר ההיסטורי המשתנה של טקסטים אלו (הירשמן, בית תפילה).
5. ורבלובסקי, קורבן, עמ' 58–59.

שלמים,[6] וקצרה יריעת ספר זה מלהיכנס בשערי נושא רחב זה. לעת עתה אעיר רק על נקודה עקרונית אחת, אך רעיון זה ימשיך וילווה אותנו לאורך ניתוח הפרשיות.

האם הקורבן 'נאכל' על המזבח?

יסוד מכונן בעולם הקורבנות המקראי הוא שהקורבנות אינם מתבשלים לפני העלאתם על המזבח אלא נצלים באש המזבח. דבר זה נשמע פשוט, אך באמת הוא איננו מובן מאליו, כפי שעולה מחטאם של בני עלי:

> וּמִשְׁפַּט הַכֹּהֲנִים אֶת הָעָם כָּל אִישׁ זֹבֵחַ זֶבַח וּבָא נַעַר הַכֹּהֵן כְּבַשֵּׁל הַבָּשָׂר וְהַמַּזְלֵג שְׁלֹשׁ הַשִּׁנַּיִם בְּיָדוֹ. וְהִכָּה בַכִּיּוֹר אוֹ בַדּוּד אוֹ בַקַּלַּחַת אוֹ בַפָּרוּר כֹּל אֲשֶׁר יַעֲלֶה הַמַּזְלֵג יִקַּח הַכֹּהֵן בּוֹ, כָּכָה יַעֲשׂוּ לְכָל יִשְׂרָאֵל הַבָּאִים שָׁם בְּשִׁלֹה. גַּם בְּטֶרֶם יַקְטִרוּן אֶת הַחֵלֶב, וּבָא נַעַר הַכֹּהֵן וְאָמַר לָאִישׁ הַזֹּבֵחַ תְּנָה בָשָׂר לִצְלוֹת לַכֹּהֵן, וְלֹא יִקַּח מִמְּךָ בָּשָׂר מְבֻשָּׁל כִּי אִם חָי. וַיֹּאמֶר אֵלָיו הָאִישׁ קַטֵּר יַקְטִירוּן כַּיּוֹם הַחֵלֶב וְקַח לְךָ כַּאֲשֶׁר תְּאַוֶּה נַפְשֶׁךָ, וְאָמַר לוֹ (קרי: לֹא) כִּי עַתָּה תִתֵּן, וְאִם לֹא לָקַחְתִּי בְחָזְקָה (שמ"א ב', יג).

מתוך הדיאלוג שמתפתח בין נער הכוהן לבין בעלי הקורבן מתברר שהכוהנים מבית עלי שבשילה, נהגו לבשל את הקורבן טרם הקטרתו, וכבר בשעה זו ביקש הכוהן את חלקו, אך האיש ביקש ממנו להמתין שהקורבן יוקטר תחילה. עיקר הוויכוח נוגע שם בשאלת זמן לקיחת חלק הכוהנים מבשר הקורבן, אולם מבין השורות ניתן גם ללמוד שהנוהג המקובל אצל כוהני שילה היה לבשל את הקורבן לפני הקרבתו על המזבח.[7] בתורת הקורבנות שבחומש ויקרא איננו מכירים אפשרות זו, ואדרבה: ניכר שיש

6. כמו למשל בעבודת הדוקטור של צבי וינברג, הקורבן בישראל. בסיכום דבריו הוא כותב: "הדמיון בין ישראל לעמים בולט בפרטים להם אין משקל רב בכדי לשוות לתורת הקורבנות בישראל דמיון עקרוני" (שם, עמ' 186). יש מן החוקרים הסבורים שאפשר למצוא זיקות רחבות בין הקורבן המקראי לקורבנות העמים. על השערת ההשפעה הכנענית ראו במיוחד: גריי, מסורת כנען; ון־דן ברנדן, ויקרא; דוסו, קורבן ישראלי. על השערת השפעת מסופוטמיה ראו: תומפסון, חרטה והקרבה; לסלי, רקע כנעני. חוקרים אחרים טוענים שלמרות זיקות אלו אפשר לעמוד על קווים שמייחדים את תפיסת הקורבן במקרא, ודווקא ייחוד זה הוא הפותח פתח לתפיסה התאולוגית שהשתנתה כליל (אולברייט, ארכאולוגיה).

7. היו שרצו להוכיח שכך נהגו בישראל מסיפור גדעון: "וְגִדְעוֹן בָּא וַיַּעַשׂ גְּדִי עִזִּים וְאֵיפַת קֶמַח מַצּוֹת הַבָּשָׂר שָׂם בַּסַּל וְהַמָּרַק שָׂם בַּפָּרוּר וַיּוֹצֵא אֵלָיו אֶל תַּחַת הָאֵלָה וַיַּגַּשׁ" (שופטים ו', יט), שהרי שימת הבשר בסל מלמדת שמדובר כבר בבשר מבושל (ולהאוזן, אקדמות, עמ' 55). אך קשה להוכיח

להעלות על המזבח בשר חי שלא עבר עיבוד לצורכי אכילה.[8] דבר זה נראה אולי שולי, אך באמת יש בהקפדה זו חלון הצצה לתפיסת הקורבן במקרא, ולהבחנה החדה שבין עולם הקורבנות המקראי לתפיסת הקורבנות שרווחה אצל עמים אחרים בעולם הקדום.

לכאורה יש מקום להבין את בני עלי שבישלו את הקורבן טרם העלאתו על המזבח, שהרי דבר זה משביח את בשר הקורבן ומיטיב עימו, והדבר יכול היה לשקף מתנה מעולה: בשר המוכן לאכילה.[9] למרות זאת, לפי החוק המקראי הבשר אינו מוגש למזבח כמזון מוכן לאכילה, אלא כחומר גלם בלבד. בדבר זה ניתן לעמוד על המאפיין המרכזי של תפיסת הקורבן בישראל – גם אם המזבח 'אוכל' את הקורבנות, הם אינם מזון לאלוהים.[10] בשונה מהתפיסה הרווחת בימי קדם, ולפיה האלים זקוקים לקורבן להתקיים ממאכלו, ועל כן גם יברכו את האדם המגיש להם מזון,[11] בתורת

מסיפור זה לענייננו מפני שבשעה שגדעון מכין את סעודתו הוא מהסס אם לפניו מלאך, ועל כן עליו להכין מזון שיתאים גם לאכילה אנושית.

8. לא במקרה דווקא ביחס לזבח הפסח נאמר גם לשון 'בישול', וכידוע יש מתח בין פרשיות הפסח השונות ביחס לשאלה אם יש לאוכלו צלי דווקא או מבושל. הדבר החשוב לענייננו הוא שבחומש דברים שבו נאמר שיש לבשל את הפסח, הוא מוצג כנאכל על ידי הבעלים: "וּבִשַּׁלְתָּ וְאָכַלְתָּ בַּמָּקוֹם אֲשֶׁר יִבְחַר ה' אֱלֹהֶיךָ בּוֹ וּפָנִיתָ בַבֹּקֶר וְהָלַכְתָּ לְאֹהָלֶיךָ" (דברים ט"ז, ז). הבישול הופך את הזבח לסעודה של בני אדם – "ובשלת ואכלת".

9. על בישול קורבנות בדת הסינית הקדומה ראו אצל בוילאו, בישול והקרבה. הוא מביא שם טקסטים שמפורש בהם שיש לבשל את בשר הקורבן במים לפני הקרבתו לאל. על הכנת הקורבן לסעודה במצרים הקדומה (על ידי בישול, צלייה או אפייה) ראו: וינברג, הקורבן בישראל, עמ' 91-81. במסופוטמיה יש קורבנות שהיו נתחי בשר מבושלים, אך היו גם שהוגשו למזבח ללא עיבוד מוקדם (וינברג, שם, עמ' 99).

10. ראו במיוחד אצל דה-וו, חיי יום יום, כרך ב, עמ' 173–174. אנדרסון יצא נגד הבחנה חדה בהקשר זה בין ישראל לעמים, וטען שגם במקרא יש רמזים לתפיסה שהקורבן הוא אוכל ה'. הוא ביסס את טענתו על הגדרת המזבח כ"שולחן ה'"; הקורבנות מכונים "לחם ה'"; ורכיבי הקורבן הם גם לחם, שמן ויין – מרכיבים של סעודה אנושית רגילה (אנדרסון, קורבנות ב, עמ' 15). אכן, המרחב הלשוני מעניק לעיתים תחושה שה' 'אוכל' את הקורבנות, כמו למשל הביטוי "לחם אלהיו" (ויקרא כ"א, יז), "קרבני לחמי" (במדבר כ"ח, ב), 'שולחני' (יחזקאל ט"ז, טז), אך יש לראות באלו ביטויי לשון ומטפורות בלבד (כטענת מילגרום, ויקרא, כרך א, עמ' 440), ויש להבדיל בין הדימויים שמלווים את הקרבת הקורבן לבין מטרתו. אכן על אש המזבח נאמר שהיא 'אוכלת' את העולה (ויקרא ו', ג), ודי בכך לצבוע את עולם ההקרבה בדומה לעולם האכילה, אך המקרא נשמר מתפיסה שה' באמת זקוק למזון: "אִם אֶרְעַב לֹא אֹמַר לָךְ כִּי לִי תֵבֵל וּמְלֹאָהּ. הַאוֹכַל בְּשַׂר אַבִּירִים וְדַם עַתּוּדִים אֶשְׁתֶּה. זְבַח לֵאלֹהִים תּוֹדָה וְשַׁלֵּם לְעֶלְיוֹן נְדָרֶיךָ. וּקְרָאֵנִי בְּיוֹם צָרָה אֲחַלֶּצְךָ וּתְכַבְּדֵנִי" (תהילים נ', יב-טו). בדבר זה אכן יש הבחנה חדה למדי בין המקרא לתפיסות שרווחו בעולם הקדום.

11. ראו דוגמאות רבות לכך אצל קויפמן, תולדות האמונה, כרך א, עמ' 398–403. על התפיסה המקראית את הקורבנות – בשונה מהתפיסה האלילית – כתב קויפמן: "לשום נימוס לא נתן טעם

הקורבנות שבספר ויקרא תפיסה זו נעלמה לחלוטין, וכאמור, ניכר שיש גם רתיעה מלהביא למזבח מזון מוכן לאכילה (יש חריגה אחת לכלל זה – המנחות המעובדות, ונעמוד על כך בדיוננו במנחות אלו).

ההבחנה בין תפיסת הקורבנות במקרא לתפיסתם במזרח הקדום באה לידי ביטוי יפה בתיאור הקורבנות שהקריב נח לאחר המבול. כידוע, סיפור המבול מצוי גם במסורות שמחוץ למקרא, ובראשם בשני סיפורים אכדיים – בלוח האחד עשר בעלילות גלגמש ובאתרחסיס. יש הרבה מה לדון ביחס שבין הסיפור המקראי לסיפורים אלו, אך אין זה מעניננו כעת.[12] ברצוני להפנות את תשומת הלב רק לאפיזודה שבה מקריב גיבור הסיפור קורבנות לאל שהגן עליו, לאחר שיצא מן התיבה.

בסיפור המבול הבבלי – אתרחסיס – נאמר: "הוציאם לארבע רוחות ויקרב קרבן / הזה נסך על פסגת ההר / זן את האלים / הקטיר לפניהם קנה וארז. הריחו האלים את הניחוח, נקהלו כמו זבובים על הקרבן".[13] האלים מריחים את ריח הקורבנות, וכך יודעים להיקהל סביב הקורבן "כמו זבובים", והם נאספים לאכילת הקורבן ברעבתנות. ניתן להבין את מצוקתם נוכח העובדה שבמשך המבול – "האלים הגדולים ישבו בצמא וברעב" (לוח שלישי, שורות 140-141); "צמאו שפתותיהם [בקדחת], ברעב הרטיטו" (לוח שלישי, שורות 186-187).

אין צורך לומר שבתורה אין בשום מקום תיאור של ה' הרעב או הצמא, או כמי שזקוק לקורבן לשם מאכל. בסצנה המקבילה בבראשית מתואר נח כמקריב קורבנות, והשוואת התיאורים מלמדת רבות: "וַיִּבֶן נֹחַ מִזְבֵּחַ לַה', וַיִּקַּח מִכֹּל הַבְּהֵמָה הַטְּהֹרָה וּמִכֹּל הָעוֹף הַטָּהֹור וַיַּעַל עֹלֹת בַּמִּזְבֵּחַ. וַיָּרַח ה' אֶת רֵיחַ הַנִּיחֹחַ וַיֹּאמֶר ה' אֶל לִבּוֹ לֹא אֹסִף לְקַלֵּל עוֹד אֶת הָאֲדָמָה בַּעֲבוּר הָאָדָם" (בראשית ח', כ-כא). דווקא הדמיון מקל לעמוד על המבדיל: ה' 'מריח' ובכך כבר מתפייס עם האדם. שלא כמו בסיפור הבבלי שריח

מיתולוגי: שום נימוס אינו מתבאר על ידי מאורע בחיי האלהות ואינו נתפס כמעשה הקשור בחיי האלהות באיזו בחינה שהיא... לא בחיי האלהות ולא בטבע ההויה העל-אלהית מושרש הפולחן הזה וכל הכרוך בו, אלא בספירה של יחס האדם לאלהים: יראה, הקדשה, כבוד, אהבה, שמחה הכרת טובה על חסדי אלהים ליחיד ולחברה – אלה הן האידיאות המחיות אותו, ובהן הוא מבקש לו 'טעם'" (שם, עמ' 532).

12. השוואה מפורטת בין הסיפורים חושפת שבעוד הקשר הסיפור המקראי הוא מוסרי, הקשר הסיפור האכדי הוא אלילי-אינטרסנטי. ראו למשל: גרינץ, ייחודו וקדמותו, עמ' 42-45; סרנה, להבין בראשית, עמ' 39-62; פריימר-קנסקי, המבול הבבלי; דוידסון, סיפור המבול.

13. אתרחסיס, לוח שלישי, שורות 249-254; שפרה וקליין, בימים הרחוקים ההם, עמ' 127.

הקורבנות (והקטורת) זימן את האלים לקראת העיקר – אכילת הקורבן, בבראשית חל עידון של ממש: די לה' להריח את הקורבן והוא אינו אוכל אותו ואינו זקוק לו.[14]

דבר זה אולי מובן מאליו עבור האדם המודרני שגדל באמונה מונותאיסטית מופשטת, אך יש להכיר בכך שבתקופת המקרא טמונה הייתה בכך מהפכה של ממש. כמובן יש בזה לא רק מהפכה תאולוגית הנוגעת בתפיסת האלוהות, אלא אף מהפכה קיומית הנוגעת לתהליך הנפשי שמלווה את האדם מביא הקורבן: המוקד משתנה לבלי הכר, והופך את הדרמה של ההקרבה לבעלת נופך חדש לחלוטין. הקורבן לא בא לספק את צרכיו של האל, אלא הוא בא לאפשר לאדם להביע את עצמו מול קונו, לגשת אליו ולהגיש, ולומר לו דבר מה. אין אומנם תוכן מילולי שמלווה את הקורבן, אך התוכן הלא נשמע הוא עיקר מגמת ההקרבה. מערכת היחסים החיה בין האדם לבוראו היא התשתית של זירת ההתרחשות שמלווה כל הקרבה, גם אם דבר זה לא ייאמר בפירוש על ידי שום אדם שהביא קורבן. מעשה ההקרבה כשלעצמו מספר את הסיפור, שנעוץ בחוויית המקריב ולא בצורך האל במאכל. הנחות אלו יעמדו נוכח עינינו בניתוח פרשיות הקורבנות שאנו עומדים בפתחן.

14. ראו על כך במיוחד אצל סרנה, להבין בראשית, עמ' 53–56. מעניין שהריח הטוב בסיפור הבבלי מושג בזכות הקטורת שנוספה לקורבן, ואילו בבראשית יש ריח טוב גם ללא תוספת הקטורת. היו שטענו שהנחת היסוד של הסיפור בבראשית היא שנח הביא גם קטורת, אך דומה שעצם שרפת בעלי החיים מפיקה ריח טוב. נדון בכך להלן, עת נעסוק בתוספת הלבונה למנחת הסולת. היו שטענו שגם במצרים הקדומה נמצאת לעיתים ההשקפה שהאלים ניזונים מריח הקורבנות ולא מהבשר עצמו (וינברג, הקורבן בישראל, עמ' 284).

פרק ראשון

משמעות הקרבת קורבנות

לפני שניגש לניתוח הפסוקים עצמם אני מבקש לפתוח את שאלת הרקע היסודית: אם תפקיד הקורבן במקרא איננו להאכיל את האל, וכדברים שהוצגו במבוא לעיל – מהו אפוא תפקידו? מהי הפונקציה הדתית שהקורבנות מבקשים למלא?

ר׳ משה איסרליש (הרמ״א) הקדיש לשאלה זו ספר שלם בשם ׳תורת העולה׳, ובו הוא סקר כמה וכמה גישות בנוגע למהות הקורבנות ולתפקידם. חיבורים נוספים הוקדשו לדבר, ובמיוחד יש להזכיר בהקשר זה את סקירתו הרחבה של הרב מנחם כשר בחיבורו ׳תורה שלמה׳,[1] ואת דיונו של יעקב מילגרום בפירושו לוויקרא.[2] הרוצה לפגוש גישות רבות ומגוונות יעיין בחיבורים החשובים האלו. להלן אציג באופן כללי שלושה כיווני מחשבה רווחים, המוצגים בגוונים שונים; לשלושתם בסיס איתן בכתובים עצמם, ונראה הדבר שבמידה מסוימת הצדק עם כולם. לאחר הסקירה הכללית של גישות אלו אבקש להוסיף אפשרות נוספת, שבה גם נדבק במיוחד בדרך העיון המוצעת בספר זה.

1. פולמוס נגד עבודה זרה

גישה רחבה, ששורשיה כבר במדרשי חז״ל, רואה את עולם הקורבנות כתגובה הכרחית לעולם האלילי שעם ישראל היה מצוי בו. בעולם התרבותי של פעם לא ניתן

1. הרב כשר, תורה שלמה, חלק כה, מילואים לפרשת ויקרא, א, עמ׳ 265–280.
2. מילגרום, ויקרא, כרך א, עמ׳ 440–443.

היה להעלות על הדעת עבודת אלוהים ללא קורבנות. דומה הדבר לדרישה שתופנה כלפי האדם בעת המודרנית שיחדל להתפלל. קשה לדמיין עולם דתי ללא תפילה, ובדומה, בעולם הקדום לא ניתן היה לדמיין עולם דתי ללא קורבנות. לפיכך אימצה התורה מרחב פולחני זה ואפשרה אותו, אך עיקר עניינה בתיקון הדעות המקולקלות שנלוות לתפיסת האלוהות בעבודת הקורבנות בעולם הקדום. התורה מציגה קורבנות שמטרתם איננה האכלת האל, ואין תפקידם להגן על האדם מפני עולם דמוני שיש בו שדים ומזיקין.

כאמור, יסודותיה של גישה זו (כנראה) כבר בחז"ל:

> רבי פנחס בשם רבי לוי אמר: משל לבן מלך שגס לבו עליו והיה למד לאכול בשר נבילות וטריפות, אמר המלך זה יהיה תדיר על שולחני ומעצמו הוא נדור. כך לפי שהיו ישראל להוטים אחר עבודת כוכבים במצרים והיו מביאים קרבניהם לשעירים דכתיב 'ולא יזבחו עוד את זבחיהם לשעירים' ואין שעירים אלו אלא שדים שנאמר 'ויזבחו לשדים'... אמר הקדוש ברוך הוא יהיו מקריבין לפני בכל עת קרבנותיהן באהל מועד והן נפרשים מעבודת כוכבים והם ניצולים הדא הוא דכתיב 'איש איש מבית ישראל וגו' (ויקרא רבה פרשה כב, ח).

יש מקום לבחון אם מדרש זה טוען שזהו תפקיד הקורבנות באופן כללי, או שזה תפקיד זבח שלמים כמובא באיסור שחוטי חוץ (ויקרא י"ז). אך בכל מקרה, הרמב"ם אימץ גישה זו באופן רחב ביותר. כך הוא כותב במורה הנבוכים גם ביחס לעצם קיום עולם הקורבנות במקרא (חלק ג, פרקים לב, מו), וכך הוא גם מבאר רבים מפרטי הדינים בעולם הקורבנות, כמו למשל הנתון שהתורה מצווה על קורבנות מהבקר ומהצאן, מפני שעובדי עבודה זרה נזהרו מלשחוט אותם. דוגמה מייצגת לשיטתו היא דבריו על אודות איסור הוספת דבש לקורבנות וחובת הוספת המלח:

> ומכיוון שעובדי עבודה זרה לא היו מקריבים לחם שלא (הוחמץ על ידי) שאור, והיו מרבים להקריב דברים מתוקים ולהגאיל את קרבנותיהם בדבש – כמפורסם בספרים שציינתי לך,[3] וכן לא תמצא בשום קורבן מקורבנותיהם מלח, לכן אסר

3. כוונתו לדבריו בחלק ג, פרק כט.

> יתעלה להקריב 'כל שאור וכל דבש', וציווה להמליח תמיד: 'על כל קרבנך תקריב מלח'.[4]

עמדה זו אמיצה ביותר, מפני שהיא מניחה שאין לכל דין ודין בעולם הקורבנות טעם עצמי אלא טעם פולמוסי. לו עובדי עבודה זרה היו מקפידים להקריב דווקא בקר וצאן – הייתה התורה אוסרת זאת; אך מאחר שהם נמנעים מלהקריב בקר וצאן – חייבה זאת התורה. כידוע רבים יצאו נגד גישה זו, וראו בה עמדה שמקעקעת את נצחיות מגמת חוקי התורה, כדבריו החריפים של רמב"ן: "והנה הם דברי הבאי, ירפאו שבר גדול וקושיא רבה על נקלה, יעשו שולחן ה' מגואל שאיננו רק להוציא מלבן של רשעים וטפשי עולם, והכתוב אמר כי הם 'לחם אשה לריח ניחוח'" (פירושו לוויקרא א', ט). יש לציין שגם הרמב"ם עצמו מציג במשנה תורה את עולם הקורבנות כדוגמה לחוק שלא ניתן לעמוד על כל עמקי סודותיו: "וכל הקרבנות כולן מכלל החוקים הן. אמרו חכמים שבשביל עבודת הקרבנות העולם עומד" (הלכות מעילה פרק ח, ח).[5]

דומה שגם אם ביחס לבסיס עולם הקורבנות יש מקום לתהות אם די במגמה זו כדי לבאר תופעה כה רחבה במקרא, הרי שביחס לפרטי דינים גישה זו חזקה ביותר. ניתן להתווכח על פרט זה או אחר, אך יש בכוחה של שיטה זו לבאר כמה מפרטי הדינים שבאו כדי לחנך את העם לתפיסה חדשה של קורבנות החובה וקורבנות הנדבה. בתפיסת הקורבנות שבמקרא מתחוללת מהפכה שקטה, המאמצת את התבניות המקובלות בעולם הקדום של הפולחן, אך יוצקת להן תכנים חדשים לגמרי. כשבא רוברטסון סמית לעמוד על ייחוד תפקיד הקורבן במקרא, הוא הצביע על שלושה

4. מורה הנבוכים, חלק ג, מו, מהדורת שוורץ, תל אביב תשס"ג, כרך ב, עמ' 611.
5. ר' צדוק הכהן מלובלין ראה שיטה זו כהתפתחות לכתחילה ולא רק תגובה שבדיעבד: "וזהו כל עיקר תכלית הבריאה כידוע, כי יתרון האור דייקא מן החושך ואין אדם עומד על דברי תורה אלא אם כן נכשל. וכן מעשה העגל הוליד כל ספר תורת כהנים כידוע וכמו שאמרו טעם הקרבנות כדי שלא יזבחו לשעירים משל וכו'. והוא גם כן דברי הרמב"ם במורה נבוכים, כמו שכתב מה"ר משה אלשקר (סימן קי"ז), כי הם רצו בעבודה כשור לעול כנ"ל וניתן להם כן בקדושה – 'זובח לאלקים יחרם בלתי לה' לבדו' כולו קודש טוב, וזכה אהרן לכהונה בשביל מעשה העגל שאמר מוטב יתלה הסרחון בי (בעקבות ויקרא רבה פרשה י, ג) לכך נתלה התיקון בו. וידוע כי ספר תורת כהנים מלא תורה וחכמה כמו שאמרו ז"ל בבראשית רבה על פסוק 'האור כי טוב'... ועיקר חידושין דאורייתא נתחדש אחר ההעלם והחושך שקרה במעשה עגל ושבירת הלוחות" (ליקוטי מאמרים, דרשה לסיום הש"ס, בני ברק תשל"ג, עמ' 240).

תפקידים: שותפות עם ה׳; מתנה; כפרה.[6] העובדה שהוא לא מנה, ובצדק, בין תפקידי הקורבן את ׳האכלת האל׳, ואת ׳גירוש השדים והמזיקין׳, מלמדת הרבה על התפנית הדרמטית שהתרחשה במקרא בכל הקשור לאופי הקורבן ולתפקידו.[7] וכבר עמדנו על כך לעיל.

2. קורבן תמורה

מבין הגישות שביקשו לתת טעם חיובי לקורבנות ולא רק טעם פולמוסי, בולטת הגישה שרואה את הקורבן כתמורה: בעל החיים מחליף את האדם שמקריב אותו. לעיתים האדם חוטא, ועל כן הוא זקוק לדבר מה שיחליף אותו ואת העונש המחכה לו, ולעיתים האדם חש שהוא רוצה למסור את נפשו לאלוהיו, והוא עושה זאת בצורת קורבן. הדגם האולטימטיבי לתפיסה זו הוא הקרבת האיל בעקדת יצחק. יש לזכור שאחת המגמות העיקריות של הסיפור שם הוא ביאור עולם הקורבנות כעולם שמחליף קורבן אדם. כלומר, הקרבת האיל ״לְעֹלָה תַּחַת בְּנוֹ״ (בראשית כ״ב, יג) איננה רק קישוט אגבי של הסיפור, אלא עיקר עניינו.[8] מכאן ניתן להסיק שכל עולה באשר היא באה ׳תחת האדם׳, כמו אצל אברהם אבינו שקידש בסיפור העקדה את מקום הקרבת הקורבנות: ״אֲשֶׁר יֵאָמֵר הַיּוֹם בְּהַר ה׳ יֵרָאֶה״ (שם, יד).

נציג בולט של תפיסה זו הוא רמב״ן. כך הוא כתב אגב הפסוק שדורש שהעולה כולה תעלה באש – ״וְהִקְטִיר הַכֹּהֵן אֶת הַכֹּל הַמִּזְבֵּחָה עֹלָה אִשֵּׁה רֵיחַ נִיחוֹחַ לַה׳״:

> ויותר ראוי לשמוע הטעם שאומרים בהם, כי בעבור שמעשי בני אדם נגמרים במחשבה ובדבור ובמעשה, צוה השם כי כאשר יחטא יביא קרבן, יסמוך ידיו עליו כנגד המעשה, ויתודה בפיו כנגד הדבור, וישרוף באש הקרב והכליות שהם כלי המחשבה והתאוה, והכרעים כנגד ידיו ורגליו של אדם העושים כל מלאכתו, ויזרוק הדם על המזבח כנגד דמו בנפשו. כדי שיחשוב אדם בעשותו כל אלה כי חטא לאלהיו בגופו ובנפשו, וראוי לו שישפך דמו וישרף גופו לולא חסד

6. סמית, הרצאות. הקורבנות השונים נחלקים בין התפקידים הללו: זבח שלמים מורה על שותפות; קורבן העולה הוא המתנה האולטימטיבית; וקורבן החטאת והאשם באים לצורך כפרה.
7. חוקר המקרא הגדול יחזקאל קויפמן האריך להוכיח גישה זו בספרו תולדות האמונה הישראלית.
8. ראו עוד: גרוסמן, אברהם, עמ׳ 300–333.

> הבורא שלקח ממנו תמורה וכפר הקרבן הזה שיהא דמו תחת דמו, נפש תחת נפש, וראשי אברי הקרבן כנגד ראשי אבריו (פירושו לוויקרא א', ט).

תפיסתו של רמב"ן עצמו כנראה מורכבת יותר מהציטוט שמובא כאן, אך לצורך הצגת המודל דבריו נוחים לדיון. לפי דבריו, ראוי לו לחוטא שיישפך דמו, אך הקורבן מאפשר לאדם לשלוח את הבהמה אל מותה כתחליף למותו שלו.

תפיסה זו רחבה ביותר, ויש לה מהלכים גם אצל רבים מהמפרשים המודרניים,[9] אולם קשה להסתפק בה. ראשית יש לציין שלפי ביאור זה אקט ההקרבה על גבי המזבח הוא משני. העיקר הוא עצם המתת הבהמה – "שיהא דמו תחת דמו, נפש תחת נפש, וראשי אברי הקרבן כנגד ראשי אבריו" – אולם מתוך פשטי המקראות נראה שיש חשיבות עליונה לעובדה שדווקא אש המזבח היא האוכלת את הקורבן. ניתן אומנם לנסח זאת באופן שונה מדברי רמב"ן, כך שהצורך למסור את הבהמה לה' – ולא רק עצם המתתה – הוא חלק מהתמורה הנדרשת, אך גם בדבר זה לא ניתן להסתפק. קשה לומר שהאווירה המלווה את זבח השלמים היא אווירה של 'דם תחת דם'.[10] באמת, כפי שניווכח להלן, אפילו קורבן החובה הקלאסי – קורבן החטאת – איננו מצטייר ככפרה שהאדם נדרש לה אלא כדרך לחטא את המשכן. דווקא בקורבן כפרה זה אלמנט התמורה פחות מובלט. מצד שני, חובת סמיכת הידיים של הבעלים על הקורבן, אכן יוצר שיתוף ביניהם. הבהמה הולכת אל המזבח בשם בעליה, ולפי שיטת התמורה הצורך בכך מתבאר היטב.

3. השראת שכינה

הנציג הבולט של הגישה השלישית הוא רבי יהודה הלוי (הכוזרי, מאמר שני, אות כה-כו). לדעתו, תפקיד הקורבנות הוא להשרות שכינה בתוך מחנה ישראל. תפעולו של המשכן דורש קורבנות, ולולא כן לא יוכל המשכן לשמש בית לשכינה בתוך המחנה. דבר זה נשמע כסוג של טאוטולוגיה: 'לשם מה יש צורך בקורבנות בתוך המשכן? כדי שהמשכן יתקיים ויוקרבו בו קורבנות'. אולם כפי שעוד נראה בדיוננו בפרשת צו,

9. ראו למשל אצל ינובסקי, כפרה.
10. בעל הטורים כתב ברוח זו גם בנוגע לזבח שלמים: "את החלב המכסה את הקרב – לפי שבא לכפר על החטא שעשה מחמת רוב שומנו, כדכתיב 'וישמן ישורון ויבעט', וכתיב 'שמנת עבית כשית', לכך מביא החלב וכאילו הקריב חלבו" (פירושו לוויקרא ג', ג). אך קשה לאמץ זאת, שהרי זבח שלמים אינו בא על חטא ואינו בא לשם כפרה.

ובמיוחד בתורת העולה שברשימה זו, תפיסה דומה עולה מתוך המקראות.[11] במעמד הר סיני נראה כבוד ה׳ כאש אוכלת (שמות כ״ה, יז), והקורבנות מאפשרים לאש זו להמשיך ולאכול תמיד על המזבח שבמשכן, כלומר, הקורבנות מאפשרים לכבוד ה׳ לשכון בתוך המשכן ובתוך מחנה ישראל. עוד נשוב לנקודה זו בדיוננו על היום השמיני למילואים, ועוד ניווכח שהיא באמת מהותית להבנת תפקיד המשכן ולהבנת תפקיד הקרבת הקורבנות שבו.

בניסוח אחר – אך דומה מבחינת קטגוריות המחשבה – היו שהציעו שתפקיד הקורבנות להשיב את הסדר שהופר על כנו. גישה זו אינה מדברת על ׳השראת שכינה׳, אך גם היא סבורה שעולם הקדושה קשור בטבורו בהבדלה ובהבחנות של מדרג ושל סדר, ותפקיד הקורבנות לשמר סדר זה ולאפשר לקדושה לנכוח בחיי ישראל.[12]

4. הבעה דתית וביטוי מצפוני

כפי שפתחתי, יש גוונים רבים וביאורים נוספים שהוצעו לאורך הדורות לצורך שבקורבנות. אני מבקש להבליט נקודה מסוימת המבטאת את אחת המגמות העיקריות של עולם הקורבנות, במיוחד קורבנות הנדבה.

בבסיסם של דברים נדמה שהצדק עם צבי וינברג, שלאחר שהעלה אפשרויות שונות להבנת תפקיד הקורבן כתב: ״נראה לי נכון להצביע על מוטיב אחד בלבד:

11. גישתו הכללית של ר׳ יהודה הלוי היא שעדיפה עבודת ה׳ בתמימות מזו המתחכמת שנוטה אל הפילוסופיה, אולם הוא לא מזכיר זאת בכל דיון ודיון. עם זאת, יש כמה דיונים שבהם הוא חוזר על עיקרון זה, וכנראה הדבר לא מקרי, שבין אלו נמנה גם דיונו בתפקיד המשכן והקורבנות, ושבסופו הוא הוסיף: ״ומי שקבלה קבול שלם מבלי שיתחכם בה בשכלו, הוא מעולה ממי שיתחכם בה וחקר. אך מי שנטה מהמדרגה העליונה ההיא אל המחקר, טוב שיוציא בהם מוצאי החכמה משיעזבם לסברות רעות ולספקות מביאות אל אבדון״ (הכוזרי, מאמר שני, כו; תרגום אבן תבון). יחסו האמביוולנטי אל הפילוסופיה קשור בהעתיקו את בסיס הדת מהעיון האוניברסלי (של אלוהים בורא; אחדות האל וכדומה) אל התגלות האל בהיסטוריה. ראו למשל: ש״ב אובראך, עמודי המחשבה הישראלית, כרך ראשון, עמ׳ 263–267. על תפיסת הקורבנות של ריה״ל ראו שם, עמ׳ 275–276; ועל יחס הנבואה לפילוסופיה, ראו שם בעמ׳ 293–318.

12. ג׳נסון, מערכת הקורבנות: ״סדר, דירוג והירדכיה הם עקרונות מארגנים מרכזיים במערכת הכהונה. בדרך זו, הפולחן מבקש לשלב יחדו את כל ההיבטים שבחיי ישראל ולהביא אותם תחת שלטון ה׳. קורבנות ממלאים תפקיד במפעל זה על ידי סיכום ושיקוף של הערכים ושל ארגון הירדכי, שמצויים בתחומי חיים אחרים. הקרבנות גם מבצעים את המשימה החיונית להשיב את הסדר על כנו, כאשר הוא נפגע בשל אשמה כלשהי. ככאלה, הם משמרים ומשפרים את עמידת ישראל לפני אלוהים, אשר תמיד מאוימת מחוסר סדר וממוות, הקשורים בטומאה ובחטא״.

העובד – פרט או ציבור – מחפש את קרבתו של האל, כדי לזכות בהטיית חסדו: א. מתוך תודעה שאבד לו (חטאת, אשם). ב. מתוך רצון להגביר אותו (עולה, שלמים ומנחה)".[13] אני מבקש לאחוז בדרך עקרונית זו, אך לנסח אותה אחרת.

כרקע לדברים שיבואו, ראוי להזכיר את הסוציולוג היהודי־צרפתי דויד אמיל דורקהיים, אשר כתב שאין זה נכון לחקור את העולם הדתי רק כמערכת של רעיונות פילוסופיים ותאולוגיים. הוא טען שיש לתת משקל לפרקטיקה הדתית ולטקסים שמלווים אותה. הוא הצביע על כך שמאמינים רבים מעידים כי העולם הדתי מיושם בחייהם בעיקר דרך העדשה הנורמטיבית – אופן ההתנהגות המעשי, ושדבר זה רלוונטי בחייהם יותר מ'מחשבת הדת'. אני מבקש לאחוז בהנחת המוצא הזו בניסיוננו לראות באקט המעשי של הקרבת קורבנות התרחשות דתית, אולם לחרוג משיטתו של דורקהיים שפנה אל הריטואל גם על חשבון החוויה הדתית. בהקשר זה אני מבקש לשלב את הנחות היסוד של דורקהיים עם תפיסתו היסודית של רודולף אוטו – הענקת משקל גדול לחוויה הדתית.

כאשר ר' יהושע בן לוי טוען "תפילות במקום תמידין תקנום",[14] ובמהלך הסוגיה מתברר שאף העמדה החולקת, שסבורה שאבות תיקנו את התפילה, מסכימה שסדר התפילות וזמנן מתואמים עם הקורבנות[15] – נחשף אחד היסודות הבסיסיים המלווים את מעשה ההקרבה. מתברר שיש לראות בהבאת קורבן מעין מבע; מאחר שאין מדובר במבע מילולי, אולי נכון יותר לכנות זאת מחווה. המחווה שנעשית דרך הקורבן היא כזו שיש בה תוכן מוסכם, ושכל המשתתפים באקט המחווה מודעים לו. אולי ניתן להשוות זאת לבחור הקונה לחברתו טבעת. זוהי מחווה המביעה רגש עז, ולצידה גם הצעה קונקרטית הברורה לדמויות: לאהובתו כבר ברור שעליה לומר אם היא נעתרת לבקשתו להינשא, עוד לפני שהוא פתח את פיו. ברגע שחז"ל זיהו את

13. וינברג, הקורבן בישראל, עמ' 330.
14. ברכות כו ע"ב.
15. המשך הסוגיה שם בבבלי: "אמר לך רבי יוסי ברבי חנינא: לעולם אימא לך תפלות אבות תקנום ואסמכינהו רבנן אקרבנות, דאי לא תימא הכי תפלת מוסף לרבי יוסי ברבי חנינא מאן תקנה? אלא תפלות אבות תקנום ואסמכינהו רבנן אקרבנות". בשל קשר זה מפתיע הדבר שבתפילת עמידה אין כל מעמד מיוחד לכוהנים (מלבד ברכת כוהנים שמשולבת בו). על הפתעה זו ראו אצל פליישר, שמונה עשרה, עמ' 208–210. אברהם שמאע הסב את תשומת לבי לכך שכבר במקרא אפשר לשמוע הד לכך שיש בכוחה של תפילה להחליף קורבן, לפחות בספרות החכמה. כך למשל: "תִּכּוֹן תְּפִלָּתִי קְטֹרֶת לְפָנֶיךָ מַשְׂאַת כַּפַּי מִנְחַת עָרֶב" (תהילים קמ"א, ב); "זֶבַח רְשָׁעִים תּוֹעֲבַת ה' וּתְפִלַּת יְשָׁרִים רְצוֹנוֹ" (משלי ט"ו, ח). שמאע טען שגם מתפילת שלמה עם ייסוד המקדש – שמבליטה את תפקיד המקדש כמקום תפילה – עולה שיש קשר יסודי בין עבודת המקדש לתפילות.

התפילה המילולית כתחליף התואם לקורבן, הם בעצם אמרו שהקורבן מאז ומעולם היה מבע שמבקש לומר דבר מה, להביע רגש או תודעה, חוויה דתית או ציפייה.

ייתכן שיש לדבר גם רקע לשוני. בעברית המקראית הפועל 'לעתור' משמעותו להתפלל, ו'להיעתר' משמעותו לקבל את התפילה ברצון (בראשית כ"ה, כא). אולם באוגריתית ובערבית הפועל עת"ר הוא 'לשחוט', 'להקריב', ולאור כך היו שהציעו שגם במקרא, מלכתחילה, כל עתירה לה' לוותה בקורבן או אקט פולחני דומה, גם אם בהמשך נותרה התפילה לבדה.[16] ליבי מגמגם בדבר, אך אם אומנם ההיעתרות לה' בישראל לוותה בתחילה בקורבן, ולאחר זמן נותרה מילה זו כמביעה תפילה והפצרה בה' בלבד, מלמד הדבר על תנועת הנפש הדומה שמלווה שתי עבודות דתיות אלו, ועל המכנה המשותף שלהן.

אף שהקורבן הוא מחווה שנושאת באמתחתה מבע קונקרטי, אין מלל רשמי שמלווה אותה. קשה להגזים במשמעות המהפכנית של נתון זה. בטקסטים פולחניים שיש בידינו מהעולם הקדום, ניכר שעמי קדם שמו דגש גדול על המבע המילולי שמלווה את הקרבת הקורבן. הדוגמאות לכך מרובות, ורק לשם הרושם הכללי אזכיר את הריטואל היומי במקדש המצרי. כך נאמר בהוראות לכוהן המקריב באותו יום:

> תחילת האמירות של הטקסים הקדושים שנעשים עבור בית אמון־רע, מלך האלים, במהלך כל יום על ידי הכוהן גדול שמשרת באותו יום:
>
> **האמירה להבערת האש** – המילים שצריכות להיאמר:
>
> 'ברוך הבא, ברוך הבא בשלום, הו 'עין הורוס',[17] – המפואר, ללא פגע, הצעיר – בשלום. אשר זורח כמו (האל) רה על האופק. כוחו של סת הסתיר עצמו לפני עינו של הורוס, אשר לקח אותו והחזיר אותו והשיבו למקומו עבור הורוס'...
>
> **האמירה לשבירת החרס**[18] – המילים שצריכות להיאמר:
>
> 'החמר שבור, המים הקרים פתוחים, הוורידים של אוזיריס (אל היאור) נמשכים. חלילה לא באתי להסיר את האל מכיסא מלכותו, אלא באתי להושיב את המלך

16. ראו על כך אצל חמורי, ניחוש נשים, עמ' 46. הפסוק המעניין ביותר בהקשר זה הוא דברי יחזקאל: "וְאִישׁ מִקְטַרְתּוֹ בְּיָדוֹ וַעֲתַר עֲנַן הַקְּטֹרֶת עֹלֶה" (ח', יא), אולם ביחזקאל עצמו יש גם 'לעתור' במשמעות להתפלל בלבד (ל"ה, יג).

17. עשן הקטורת (כמו גם קורבנות אחרים) מכונים 'עין הורוס' בטקסטים אלו.

18. שבירת החרס אוטמת את דלתות המקדש.

על כסאו. שב על כיסא גדולתך, הו אמון־רה, אדון המלכויות של שתי האדמות. אני האחד שהתגייס לשירות האלים. קורבן שהמלכים מביאים: אני טהור׳.[19]

בטקסט זה משולבות אמירות נוספות המלוות דרכי פולחן אחרות, אך די בדוגמאות קלות אלו להיכנס לאווירה שמלווה את הפולחן המצרי. במזרח הקדום ובמצרים הקדומה, הנאום המלווה את האקט הסמלי הוא מוקד בעל חשיבות עליונה, ולעיתים נדמה שהוא העיקר, יש מילים "שצריכות להיאמר", כלשון הטקס הנזכר. ואכן דבר זה איננו צריך להפתיענו. הרי האקט הקונקרטי יכול להתפרש באופנים מגוונים, ודווקא המבע המילולי שמלווה אותו הוא שמעניק לו את המשמעות הנאותה. שבירת כלי חרס לא אומרת מאומה, אלא אם יעניקו לה משמעות של שבירת סכרי המים ופתיחת שפע השקיה שהאל מעניק ליאור מורידיו. כמו אמירת החתן בקידושין שמעניקה לנתינת שווה הפרוטה לכלתו את מהותה ותפקידה המשפטי, כך האמירות המלוות את הקרבת הקורבנות בעולם הקדום מעניקות להם את אופיים ומגדירות את תפקידם.

דווקא משום כך, בולטת לעין העובדה שבהלכות הקורבנות שבתורה דבר זה נעלם. מלבד חריגה אחת מעניינת בתהליך חיטוי המשכן ביום הכיפורים (נוסח הווידוי של הכוהן), איננו מוצאים נאומים שיש לצרפם לעבודת הקורבנות הרגילה (ביכורים ווידוי מעשרות דורשים עיון לעצמם). הדבר מפתיע דווקא משום שהתורה מסתייגת מתפיסה מגית־פגנית של הקורבנות, וניתן היה לצפות שיושם דגש על תנועת הלב והדיבור יותר מאשר על העשייה הקונקרטית.

היטיב לבאר תופעה זו יחזקאל קויפמן. הוא עמד על כך שהדיבור המלווה את עולם הפולחן האלילי הקדום נוטה אל הניחוש ואת המגְיָה. יותר משיש לראות דיבורים אלו כתפילות יש לראותם כפעולות, והלחש הנכון פועל – על פי תפיסתם – את פעולתו. לדעתו של קויפמן, התורה יצאה נגד בניית עולם דתי שכזה בכל תוקף, ועל כן הסירה את כל הנאומים שעלולים להיתפס כפעולות לחש מגיות שפועלות על המציאות. ׳מקדש הדממה׳ הוא כינה את המקדש המקראי הישראלי, אשר רק פעולות נעשות בו, ללא נאומים מלווים: "שוררת בו דממת קודש. המקדש הכהני הישראלי הוא מלכות הדממה".[20] ישראל קנוהל הוסיף שיש בדממה זו שיקוף של

19. ANET, עמ׳ 325 (על פי תרגומו של ג׳ון וילסון).
20. תולדות האמונה, כרך ב, עמ׳ 476.

תפיסה מופשטת של האלוהות: "הדממה מאפיינת את עמידתו של האדם בפני האלוהות המסתורית והנשגבת השוכנת במקדש".[21]

כך הופך אפוא הקורבן למבע ללא מילים, למחווה שמביעה רגש דתי, מבלי להגדירו במילים מדויקות. שלא כמו שנדמה במבט ראשון, יש בכך מבע עשיר יותר, מופשט יותר, מאשר המבע המילולי האלטרנטיבי.[22]

אלא שיש בקורבן דבר מה שאין בתפילה: הקורבן הוא גם מתנה. דבר מה עובר מרשותו של המקריב לרשות גבוה. משה הלברטל עמד על כך ששני המונחים הרווחים במקרא לקורבנות – 'קורבן' ו'מנחה' – קשורים באותו מרחב סמנטי. הקורבן מורה על כך שהמקריב 'מְקָרֵב' דבר מה לקונו, והמנחה מורה, ככל הנראה, על 'הנחה' של דבר מה לפני ה'. מביא הקורבן אינו 'נותן' אלא רק מגיש למזבח, וה' הוא שיחליט אם ליטול את הקורבן שהוגש לו.[23] יש לנתון זה משמעות רבה: הקורבן הוא חלק מדיאלוג, ואין כל ערובה שהוא יתקבל. אין מדובר במעשה מגי־אוטומטי אלא בגילוי רצון, הן של המקריב הן של ה'.

אין זה מקרי שבסיפור ההקרבה הראשון בתורה – של קין ושל הבל – מסופר גם על דחיית קורבן. בהזדמנות אחרת גם הצעתי שבכוונה לא משולבת סיבה ברורה לדחייה זו: פניו של קין נפולות גם משום שאין לו מושג מה פגם מצא בו ה', אך דווקא כך ברור לכל קורא שאין כל ביטחון שהקורבן יתקבל.[24] הדבר תלוי ברצונו החופשי של ה' ובהכרעתו אם המקריב ראוי לפניו.[25] יפים בהקשר זה דברי רמב"ן

21. קנוהל, אמונות המקרא, עמ' 120. אצל חז"ל חלה תפנית מסוימת, באשר הם דורשים שהמעמדות של ישראל הניצבים במקביל להקרבת התמיד על ידי הכוהנים, יקראו במעשה בראשית: "אלו הן מעמדות? לפי שנאמר 'צו את בני ישראל ואמרת אלהם את קרבני לחמי', וכי היאך קרבנו של אדם קרב, והוא אינו עומד על גביו? התקינו נביאים הראשונים עשרים וארבע משמרות. על כל משמר ומשמר היה מעמד בירושלים של כהנים, של לוים, ושל ישראלים. הגיע זמן המשמר לעלות, כהנים ולוים עולים לירושלים, וישראל שבאותו משמר מתכנסין לעריהן וקוראין במעשה בראשית" (משנה תענית ד, ב).

22. ראו כיוון דומה אצל ונהאם, תאולוגיה.

23. הלברטל, על הקורבן, עמ' 10.

24. הרוצה להרחיב בקריאה זו מוזמן לעיין בספרי: גרוסמן, בראשית, עמ' 108-121.

25. חז"ל הקפידו שהקטרת בשר הקורבנות תיעשה בזריקה ולא בהנחה, והיו אף שטענו שבמיוחד לשם כך עשו רווח בין הכבש לבין המזבח עצמו (ראו זבחים סב ע"ב; רמב"ם, הלכות בית הבחירה ב, יג). מבחינה פורמלית חז"ל למדו זאת מהיקש הקטרת האיברים לזריקת הדם – "מה הדם בזריקה אף בשר בזריקה" (זבחים, שם). ייתכן שהבסיס הרעיוני לדרשה זו הוא לשמור על פער בין מקטיר הקורבן לבין האש האוכלת. בסופו של דבר, האדם לא יכול להגיע עד לכבוד ה' המתגלה באש על המזבח, ונותר 'רווח' שלא ניתן לבטלו.

שעמד על כך שבעולם הקורבנות לא משולב שם אלוהים אלא רק השם הפרטי – שם הוי"ה.[26] המקריב המגיש קורבן לקונו אינו עומד מול הישות האין־סופית השולטת בעולמות כולם, אלא עומד מול ה' בשמו הפרטי, כאישיות פרסונלית, ומולו הוא מבקש להביע דבר מה במחווה תמימה.

המעבר של דבר מה מידו של הבעלים אל המזבח הוא חלק מהותי בתודעת ההקרבה, והוא ייצוג מלא של דיאלוג חי שמתרחש לצד המזבח. אכן דווקא במקום זה יש חוקים נוקשים וברורים כיצד יש לנהל מחווה זו, אך הדבר נובע מכך שהחשש שמא הקורבן לא יתקבל הוא חשש ממשי. אין הדבר נובע רק ממה ששם הסופר היפני הָרוּקִי מוּרַקָמִי בפי ג'וני ווקר: "השמירה על הסדר הנכון היא צורה של הבעת כבוד",[27] אלא משום שדיני ההקרבה המפורטים הם תגובה לצורך המקריב לדעת שהוא פועל נכון כך שקורבנו יתקבל: "וְנִרְצָה לוֹ לְכַפֵּר עָלָיו" (א', ד). בניסוחו היפה של הלברטל: "ריטואל (הקורבן) הוא פרוטוקול שמגן מפני הסיכון של הדחייה".[28]

התודעה הדתית המלווה את מביא הקורבן וחששו שקורבנו לא יתקבל ברצון, באים לידי ביטוי בברכת העבודה שבתפילת שמונה עשרה. יש שראו את עיקרה של ברכה זו בבקשה לחזרת שכינה לביתה ולחידוש עבודת המקדש, כפי שעולה מחתימתה – "וְתֶחֱזֶינָה עֵינֵינוּ בְּשׁוּבְךָ לְצִיּוֹן בְּרַחֲמִים. בָּרוּךְ אַתָּה ה' הַמַּחֲזִיר שְׁכִינָתוֹ לְצִיּוֹן". אולם ככל הנראה ברכה זו נאמרה גם בזמן שבית המקדש עמד על תילו (בלי התוספות של בקשת החזרת העבודה כמובן):

> אָמַר לָהֶם הַמְמֻנֶּה: בָּרְכוּ בְּרָכָה אַחַת, וְהֵן בֵּרְכוּ. קָרְאוּ עֲשֶׂרֶת הַדְּבָרִים, שְׁמַע, וְהָיָה אִם שָׁמוֹעַ, וַיֹּאמֶר; בֵּרְכוּ אֶת הָעָם שָׁלֹשׁ בְּרָכוֹת: אֱמֶת וְיַצִּיב, **וַעֲבוֹדָה**, וּבִרְכַּת כֹּהֲנִים. וּבַשַּׁבָּת מוֹסִיפִין בְּרָכָה אַחַת לְמִשְׁמָר הַיּוֹצֵא (משנה תמיד ה, א).[29]

26. רמב"ן בפירושו לוויקרא א', ט. ראו גם בפירושו לבראשית ז', א; שמות י"ח, יג.
27. בספרו קפקא על החוף (תרגמה מיפנית ע' קופר), ירושלים 2007, עמ' 176.
28. הלברטל, על הקורבן, עמ' 15. הלברטל טוען שמאחר שגם את הבהמה המוקרבת קיבל האדם מידיו של ה', הרי שמדובר במעגל של מתנה שהמקריב חפץ להיות חלק ממנו (שם, עמ' 11–12).
29. הרמב"ם שילב משנה זו במשנה תורה אך המיר את ברכת כוהנים בברכת שים שלום: "ואחר שמעלין האיברים לכבש מתכנסין כולן ללשכת הגזית והממונה אומר להם 'ברכו ברכה אחת', והן פותחין וקורין אהבת עולם, ועשרת הדברות, ושמע, והיה אם שמוע, ויאמר, ואמת ויציב, ורצה, ושים שלום" (רמב"ם, הלכות תמידין ומוספין ו, ה). יצחק לנדיס בדיונו במשנה זו – שממנה עולה שלצד הקורבנות היו גם ברכות ותפילה – הציע לראות את ברכת אהרון בימי המילואים כרקע למודל כזה (לנדיס, ברכת העבודה, עמ' 14–16).

מתברר שברכת העבודה שולבה גם בברכות הכוהן הגדול לאחר הקריאה בתורה שבתום עבודת יום הכיפורים (משנה יומא ז, א), כמו גם בברכות המלך בהקהל (משנה סוטה ז, ז), וכדברי יצחק לנדיס: "מקורות אלו מורים על כך שחז"ל הבינו שהברכה על העבודה שנאמרה במקדש היא בעצם אותה ברכה המופיעה בתפילת העמידה. נמצא שלפי חז"ל יש רצף בין המעמד הליטורגי שנהג לאחר החורבן לבין העבודה במקדש".[30]

אם נשמיט את התוספות שהצטרפו לברכת העבודה לאחר חורבן המקדש, אשר עוסקות בציפייה לחזרת עבודת הקורבנות ולקבלת התפילה העומדת במקום קורבן, תעלה בידינו הברכה הבאה (על פי הנוסח שבידינו היום):[31]

> רְצֵה ה' אֱלֹהֵינוּ בְּעַמְּךָ יִשְׂרָאֵל, וְאִשֵּׁי יִשְׂרָאֵל מְהֵרָה בְּאַהֲבָה תְקַבֵּל בְּרָצוֹן. וּתְהִי לְרָצוֹן תָּמִיד עֲבוֹדַת יִשְׂרָאֵל עַמֶּךָ.[32]

פתיחתה, בלשון 'ריצוי' ("רְצֵה ה'"); בחתימתה משולבת שוב לשון 'ריצוי' ("וּתְהִי לְרָצוֹן תָּמִיד"), ואף בלבה מתמקדת תפילה זו בקבלת קורבנות ישראל באהבה וברצון: "וְאִשֵּׁי יִשְׂרָאֵל מְהֵרָה בְּאַהֲבָה תְקַבֵּל בְּרָצוֹן". עזרא פליישר גם שיער (על סמך פיוטים קדומים) שחתימת הברכה הייתה במקורה: "הרוצה בעבודה".[33] כזכור, גם במקרא לשון 'ריצוי' נזכר כתכלית הקרבת הקורבן, כמו: "וְנִרְצָה לוֹ לְכַפֵּר עָלָיו" (א', ד).

תפילה זו, אשר מלווה את הקרבת הקורבנות חושפת כאמור את בקשת קבלת הקורבן ואת החשש מפני דחייה, והמתפלל אינו עוזב ברכה זו עד שהוא מרחיב את בקשתו שה' ירצה את מעשיו – גם אל מעבר לתחומי המקדש: "וּתְהִי לְרָצוֹן תָּמִיד עֲבוֹדַת יִשְׂרָאֵל עַמֶּךָ". בימינו כשאין לנו מקדש, עולות וזבחים, נאמרת ברכה

30. לנדיס, ברכת העבודה, עמ' 18.
31. לברכת העבודה הקדומה יש שני ניסוחים בסיסיים שהתפתחות באופנים שונים (ראו בהרחבה אצל לנדיס, ברכת העבודה, עמ' 51-96), אך לענייננו אין זה משנה. ארליך טען שלשון הברכה "רצה... ושכון בציון" – המתועדת באחד הנוסחים – יכולה הייתה להיאמר גם בזמן שהמקדש עומד על תילו ומשמעותה שתתמיד השראת השכינה (ארליך, מקום השכינה, עמ' 8-9). על ניסיונות של גאונים וראשונים להציע את הנוסח המקורי של ברכת העבודה במקדש, ראו אצל לנדיס, ברכת העבודה, עמ' 11.
32. אם אומנם ברכה זו נאמרה גם בזמן הבית ניתן להבין מדוע אנו מבקשים בה שה' יקבל ברצון את "אִשֵּׁי ישראל" – אף שאיננו מביאים היום קורבנות לאישי ה'.
33. פליישר, נוסח. גם שולמית אליצור תמכה בעמדה זו על רקע נטיית הברכות לאינקלוזיו – חתימה מעין פתיחה (אליצור, ברכות קדומות, עמ' 27-28).

זו בגעגוע ובבקשת החזרת השכינה למקומה, ובתוך כך מבקש המתפלל שתפילתו תתקבל כאילו הייתה קורבן.

יותר מכך: במובן מסוים ברכת העבודה היא הברכה החותמת את תפילת העמידה. גם מבלי להכריע במחלוקת החוקרים הרחבה מתי התחילה בישראל תפילת העמידה הממוסדת (אלבוגן והיינימן סברו שכבר בזמן הבית התקיימו תפילות של קבע, ואילו לוין ופליישר סברו שתפילת הקבע יוסדה רק בדור יבנה, לאחר החורבן), ברור שמאז התקבלותה, הייתה תפילת העמידה בעלת סדר מכוון ובמספר ברכות מדויק. אולם דוד הנשקה הראה שתפילת העמידה הבסיסית נחתמה בברכת מודים – ובעקבותיה ברכת כוהנים – ולא בברכת שים שלום כמקובל אצלנו.[34] די להיזכר במשנה המתארת את תפילת ראש השנה להתרשם כך:

> סֵדֶר בְּרָכוֹת: אוֹמֵר אָבוֹת, וּגְבוּרוֹת... וְאוֹמֵר עֲבוֹדָה, וְהוֹדָאָה, וּבִרְכַּת כֹּהֲנִים – דִּבְרֵי רַבִּי יוֹחָנָן בֶּן נוּרִי. אָמַר לוֹ רַבִּי עֲקִיבָא... אֶלָּא אוֹמֵר אָבוֹת, וּגְבוּרוֹת... וְאוֹמֵר עֲבוֹדָה, וְהוֹדָאָה, וּבִרְכַּת כֹּהֲנִים (ראש השנה ד, ה).

בציטוט המשנה דילגתי על מחלוקת התנאים הנוגעת לשילוב תפילת קדושת השם וקדושת היום (והתקיעות הנלוות להן) בתפילת עמידה של ראש השנה, מפני שהדבר המסקרן מבחינתנו הוא סיום תפילת העמידה לפי שתי העמדות המתנצחות – לאחר ברכת הודאה מגיעה ברכת כוהנים, ולא מוזכרת ברכת 'שים שלום'.[35]

הנשקה הוסיף שלאור כך יש לראות בברכת כוהנים הבאה בסיום התפילה מעין דיאלוג, וכמענה ה' לתפילה שבא בדמות הברכה שהוא מברך בה את ישראל. לעניין דיוננו אני מבקש להפנות את תשומת הלב למוקד אחר בתפילה, מוקד הנטען משמעות מיוחדת לאור דבריו.

ברכת מודים היא חתימה מתאימה לתפילה, שהרי בסיום רצף בקשות מגוונות מתבקש שהמתפלל יודה לאלוהיו על כל הטוב שנותן לו, ערב, בוקר וצוהריים. מבחינה זו, ברכת 'מודים' שונה באופייה מברכות הבקשה שמלוות את עיקר תפילת העמידה. יוצא אם כן, שברכת הבקשה האחרונה ששולבה בתפילה הקדומה היא ברכת "רְצֵה ה' אֱלֹהֵינוּ בְּעַמְּךָ יִשְׂרָאֵל". זוהי הברכה החותמת את הבקשות כי בה

34. הנשקה, תפילת העמידה (במיוחד עמ' 362 ואילך).
35. לצד זאת יש לציין, שברכת שים שלום היא מעין דרשה של ברכת כוהנים ותפילה שהברכה אכן תתקיים, כך שאפשר לראותה כנספח לברכת כוהנים.

נעוץ הסיפור כולו: רק אם ירצה ה׳ את קורבנות ישראל (ואת תפילתם) וימצאם ראויים לכך – תתממש תכלית הקורבן. לולא כן – גם אם האדם הביא את קורבנו בנדיבות לב, הייתה זו עבודה לחינם ולא התנהל דיאלוג. המחווה לא התקבלה על ידי מי שהקורבן הוגש לו.

עולם הקורבנות מזמין את האדם לנתיבי שיח מגוונים עם אלוהיו. הגיוון בקורבנות הנדבה מלמד שעולם המשכן מזמין את האדם להבעות דתיות שונות, ולכך נקדיש דיונים רחבים להלן. לא הרי חוויית המקריב עולה כהרי זו של מקריב זבח השלמים, ושניהם גם יחד שונים מזה המביא מנחה ומבקש להביע דבר מה על צורכי חייו ועל פרנסתו. לשון אחר, כל קורבן מתווה דרך להבעת תוכן אחר מול ה׳. האדם במשכן כמעט שלא פתח את פיו. כאמור, התפילות המלוות טקסים מסוימים הן נדירות (מקרא ביכורים ווידוי מעשרות בולטים בחריגותם), ואפילו הווידוי נזכר בוויקרא רק בקורבן חטאת עולה ויורד, ובעבודת יום הכיפורים. הדרך הפתוחה בפני האדם להביע עצמו מול אלוהיו היא דרך המחווה שמייצגת את רצונו, את כוונותיו ואת תודעתו.

אולם כמו שקורה גם בתפילה, שבה המילים מבקשות בראש ובראשונה להביע דבר מה, אך קביעת הנוסח הפך אותן גם לגורם מחנך, המוביל את האדם להבעה רצויה, כך גם עולם הקורבנות הוא בראש ובראשונה ביטוי של מבע, אך לאחר שנכנס לדפוסים מוגדרים, יש בו גם כדי לחנך את האדם. קורבנות החובה אינם דרכי מבע וולונטריות אלא חלק ממסע מפותל של עמידת האדם מול אלוהיו וניהול דיאלוג עמו, ויש לראות בהם ׳מבע דתי׳ שגם מחנך את האדם לקבל אחריות על חייו, ואפילו – כפי שעוד ניווכח בדיון בקורבן חטאת עולה ויורד – על מחדליו. אדם שחטא לאלוהיו לא יוכל לעמוד לפניו שוב, והחטא ירבוץ על כתפיו כמשא כבד מנשוא. החטאת והאשם מאפשרים לאדם להביע את חטאו ולכפר עליו: לתקן את מה שפגם בהשראת שכינה בישראל ובמה שפגם בעצמו.[36] הקורבנות באים אפוא בראש ובראשונה כמענה לצורך הדתי של עובד ה׳, לשם פיתוח שיח כן ומורכב עם ה׳ ולשם קבלת אישור שהמקריב רצוי לפני ה׳. דווקא משום כך הדרישה שתהא

36. כאמור לעיל, יש ניסוחים במחקר המודרני שרואים בקורבנות ׳השבת הסדר על כנו׳. לטענתם, החטא פוגע בסדר ההרמוני העולמי ותפקיד הקורבן להחזיר את התנהלות העולם למצבה התקין. ראו למשל: גרמן, אידאולוגיה; ג׳נסון, מערכת הקורבנות, עמ׳ 25–40. בכוונה אינני מתנסח כך. ודאי בפרשת ויקרא עולה הרושם שהקורבנות מתנועעים במרחב אישי של אינדיבידואל העומד מול קונו, והם אינם בעלי תפקיד קוסמי. בפרשת צו יש יותר מקום לבחינת רעיונות כאלו.

ההקרבה ׳לשמה׳ כל כך חשובה בעולם הקורבנות – המקריב צריך להיות מכוון לקורבן הספציפי שאותו הוא מביא, מפני שכל קורבן הוא מבע אחר.

הנתון המרכזי שמוביל לקריאה כזו הוא פתיחת חטיבת הקורבנות: ״דַּבֵּר אֶל בְּנֵי יִשְׂרָאֵל וְאָמַרְתָּ אֲלֵהֶם אָדָם כִּי יַקְרִיב מִכֶּם קָרְבָּן לַה׳״ (א׳, ב). עולם הקורבנות אינו מתחיל מציווי אלא מהזמנה. אדם שרוצה להקריב קורבן לה׳ – מוזמן לעשות זאת באופן מסוים, כפי שמפורט שם. להלן ניווכח שניסוח כזה מלמד שמצע הקורבנות קיים עוד לפני מתן חוקים אלו. ואכן מסתבר שהעולם הקדום נשען באופן מסיבי על קורבנות, והתורה מתייחסת לכך כאל נתון קיים וכאל עובדה ברורה מאליה. אולם אינני מתכוון לכיוון של הרמב״ם (שבשל כך התורה יוצאת נגד התופעה) אלא להיפך: מדובר בצורך אנושי עמוק המבטא עולם דתי תוסס של אדם מאמין שעומד מול אלוהיו ומבקש לנהל איתו קשר, דיאלוג, שיח. יש לזכור שקין והבל הקריבו קורבנות ללא כל ציווי כמו גם נח היוצא מן התיבה. קורבנות אלו אכן הביאו למימוש קשר בין האדם לאלוהיו: ״וַיָּרַח ה׳ אֶת רֵיחַ הַנִּיחֹחַ וַיֹּאמֶר ה׳ אֶל לִבּוֹ לֹא אֹסִף לְקַלֵּל עוֹד אֶת הָאֲדָמָה בַּעֲבוּר הָאָדָם״ (בראשית ח׳, כא). לפיכך, לצד הפולמוס שעליו העמידנו הרמב״ם, יש גם מצע משותף בעצם ההבנה שהאדם המאמין מבקש להביע את עצמו מול אלוהיו, והדרך הטובה ביותר לעשות זאת היא דרך חוויה של נתינה. האדם זוכה לתת משלו לה׳, והוא מצידו מאיר לו פנים ומעניק לו ברכה.

***

בכנות יש לומר, שבסופו של דבר נדמה שהגישות השונות שהוזכרו מאירות את עולם הקורבנות מצדדים שונים שבו, ויש להן מקום זו לצד זו. דווקא משום שהרמב״ם צודק, וניכר שהתורה מאירה את עולם הקורבנות באור חדש, המתפלמס עם שיטות אליליות קדומות, דווקא משום כך יש מקום לשיטת רמב״ן שמעביר את המוקד לעולם הפסיכולוגי של המקריב. לא את האל צריך להאכיל, ולא את השדים יש לסלק – כפי שסבורים מקריבים רבים בני דתות אחרות – אלא מדובר בתהליך נפשי שהמקריב עובר. אם אומנם מוקד הקרבת הקורבנות הוא בתהליך הנפשי שעובר המקריב, הרי שניתן להרחיב את גישת רמב״ן ולראות את הקורבנות גם כמנחה המוגשת לה׳ בציפייה שתתקבל ברצון, ובכך הקורבנות מאפשרים מבע דתי ושיח עם ה׳. אך כל זה נכון בפרשת ויקרא הנפתחת בקריאה לאדם מישראל להביא קורבן. כפי שעוד נראה, כשמגיע הקורא לפרשת צו משתנה המוקד באחת, ולפתע מספר הכתוב על עולה

המוקטרת כל הלילה ועל אש התגלות תמידית שיש במזבח. זוהי סמנטיקה חדשה החורגת מגבולות האדם הפרטי, ומשקפת קורבנות שקשורים בהשראת שכינה בתוך המחנה, ממש כגישת ריה"ל. ייתכן שחטיבת הקורבנות גדולה ורחבה יותר מהגדרה כזו או אחרת, והפוך בה והפוך בה דכולה בה.

פרק שני

היכן מתחיל ספר ויקרא?

יש להתחיל כל ספר מנקודת ההתחלה שלו, אך לא תמיד ההצבעה על נקודה זו פשוטה. האם יש לראות בחומש ויקרא יחידה סגורה העומדת בפני עצמה? אומנם ישנה רציפות כללית בין החומשים כולם, אך לצד זאת עולה השאלה אם ניצב חומש ויקרא כספר סגור, בעל התחלה וחתימה, העומד גם בפני עצמו. שאלה זו מורכבת למדי. האם יש לראות בפסוק הפותח את חומש ויקרא פתיחה חדשה? שאלה זו קשורה באופן מהותי לשאלת יסוד בנוגע ליחס ספר ויקרא לספר שמות.

ספר ויקרא פותח בקריאת ה׳ למשה, העומד לצוות אותו על הקורבנות:

וַיִּקְרָא אֶל מֹשֶׁה / וַיְדַבֵּר ה׳ אֵלָיו / מֵאֹהֶל מוֹעֵד לֵאמֹר (א׳, א).

מבחינה תחבירית, לפנינו פסוק שכתוב באופן מוזר: הנושא התחבירי של המשפט (ה׳) נזכר רק בצלע השנייה של המשפט: ״וידבר ה׳ אליו״. בתחילת הפסוק הקורא אינו יכול לדעת מיהו נושא המשפט, כלומר מיהו זה שקרא אל משה. לאור המשך הפסוק מתברר למפרע שה׳ הוא שקרא למשה כדי לדבר איתו, אבל זו דרך תחבירית משונה לפתוח בה ספר חדש. חוסר הנוחות שבכתיבת הפסוק בולט בפירוש רס״ג במקום שכתב: ״ויקרא **ה׳** אל משה וידבר אליו״. בפירושו חזר רס״ג על הפסוק, אך שילב את שם ה׳ בסמוך לקריאה הנזכרת בתחילה ולא בסמוך לדיבור, וכך יצר קריאה נוחה ורגילה. זוהי דרך המלך גם בקרב מתרגמים מודרניים,[1] ואכן כך פשוט

1. "The Lord called Moses, and spoke to him from the tent of meeting". עם זאת, יש לציין שהיו

יותר לקרוא את הפסוק. אך הדבר מדגיש שהפסוק עצמו – שלא כתוב באופן זה – מפתיע בארגונו הפנימי.

זאת ועוד: כיצד יש להבין את 'הקריאה' הנידונה בפסוק? מה היה הפסוק חסר לו היה פותח – כשאר ציוויי התורה – "וידבר ה' אל משה לאמר"? כבר חז"ל עמדו על 'קריאה' זו ועל תכליתה, ולמדו מכך 'דרך ארץ': לפני שאדם מתחיל לדבר עם רעהו ראוי שיסב את תשומת ליבו תחילה:

> 'ויקרא אל משה וידבר' – למה הקדים קריאה לדיבור? לימדה תורה דרך ארץ: שלא יאמר אדם דבר לחבירו אלא אם כן קורהו. מסייע ליה לרבי חנינא, דאמר רבי חנינא: לא יאמר אדם דבר לחבירו אלא אם כן קורהו (יומא ד ע"ב).

אולם מדוע דווקא בפתח ספר ויקרא קרא ה' למשה? ייתכן שמדרש זה מניח שלא רק בפתח תורת הקורבנות קרא ה' למשה, אלא כך נהג דרך קבע, גם אם הדבר כתוב רק בפתח חומש ויקרא. כך פירש רש"י (בעקבות ויקרא רבה):

> לכל דברות ולכל אמירות ולכל צוויים קדמה קריאה, לשון חבה, לשון שמלאכי השרת משתמשים בו, שנאמר 'וקרא זה אל זה'. אבל לנביאי אומות העולם נגלה עליהן בלשון עראי וטומאה, שנאמר 'ויקר אלהים אל בלעם'.

יש לשים לב לשתי נקודות העולות מדבר רש"י:

א. ראשית, כאמור, רש"י אכן סבור שאין בקריאה הפותחת את ספר ויקרא דבר מה מיוחד, ובאמת לכל הדיברות והאמירות קדמה קריאה. משמעות הדבר פשוטה: ההתגלויות למשה לא התרחשו פתע פתאום; לא נכון לצייר תמונה שבה ה' התגלה למשה באמצע דיבורו עם אנשים ובאמצע שגרת יומו. תחילה הוא קרא לו, ורק לאחר שמשה נענה לקריאתו והלך לאוהל מועד (בין אם זה שמחוץ למחנה – שמות ל"ג, ז-יא – ובין אם זה שבתוך המחנה), דיבר איתו ה'. בעצם דומה מודל זה להתגלות הראשונה שמשה זכה לה, בסנה: "וַיַּרְא ה' כִּי סָר לִרְאוֹת וַיִּקְרָא אֵלָיו אֱלֹהִים מִתּוֹךְ

שהקפידו לתרגם את הפסוק בהתאמה לסדר המילים בפסוק, כדוגמת: "Und er rief Mose, und der HERR redete zu ihm von der Stiftshütte aus und sprach" (German Scholachter Version)

הַסְּנֶה וַיֹּאמֶר מֹשֶׁה מֹשֶׁה וַיֹּאמֶר הִנֵּנִי. וַיֹּאמֶר אַל תִּקְרַב הֲלֹם..." (שמות ג', ג-ד), וכבר עמד הספרא על דמיון זה.[2]

ב. יש בפירושו של רש"י עימות בין אהבת ה' את עמו לבין יחסו של ה' לאומות העולם. היו שהעירו שרש"י הקפיד לפתוח את פירושיו לכל חמשת החומשים בהערכה חיובית לעם ישראל ובקשר המיוחד שיש בין ישראל לה'.[3] הרב מרדכי ברויאר ראה בכך מימוש של דרשה שרש"י הביא בפירושו לבמדבר ח, יט, שהתבססה על חמישה אזכורים של בני ישראל באותו פסוק: "וָאֶתְּנָה אֶת הַלְוִיִּם נְתֻנִים לְאַהֲרֹן וּלְבָנָיו מִתּוֹךְ בְּנֵי יִשְׂרָאֵל לַעֲבֹד אֶת עֲבֹדַת בְּנֵי יִשְׂרָאֵל בְּאֹהֶל מוֹעֵד וּלְכַפֵּר עַל בְּנֵי יִשְׂרָאֵל וְלֹא יִהְיֶה בִּבְנֵי יִשְׂרָאֵל נֶגֶף בְּגֶשֶׁת בְּנֵי יִשְׂרָאֵל אֶל הַקֹּדֶשׁ". רש"י העיר שם: "חמשה פעמים נאמר 'בני ישראל' במקרא זה, להודיע חבתן שתוכף אזכרותיהן במקרא אחד, כמנין [חמשה] חומשי תורה, וכך ראיתי בבראשית רבה".[4] לפי רש"י, הוזכרו בני ישראל חמש פעמים בפסוק "להודיע חִבתן", ודווקא חמש פעמים כנגד חמישה חומשי תורה (זו תוספת של רש"י על לשון המדרש!). והנה רש"י פתח את פירושיו לחמשת חומשי תורה בהבלטת חיבת ישראל לפני ה', לעיתים תוך שימוש גלוי במונח 'חיבתן', כמו בפתיחת פירושו לחומש שמות: "אע"פ שמנאן בחייהן בשמותן חזר ומנאן במיתתן להודיע חבתן" (פירושו לשמות א', א), או כמו בפתיחת פירושו לחומש במדבר: "מתוך חיבתן לפניו מונה אותם כל שעה" (פירושו לבמדבר א', א). מכך אכן מסתבר שרש"י ראה זאת כתבנית עקרונית. סביר להניח שהדבר קשור ברצונו של רש"י לעודד את ישראל המצויים בלחץ הגלות,[5] וכידוע, "אהבה גדולה חש רש"י לעמו, הזדהה עם סבלותיו

2. ספרא, תחילת דיבורא דנדבה. וראו גם בוויקרא רבה פרשה א, טו.
3. גרוסמן, אמונות ודעות, עמ' 62–63; ברויאר, פרקי בראשית, כרך א, עמ' 26–32.
4. הציטוט למעלה על פי כתב יד לייפציג 1. רש"י מפנה לבראשית רבה, אך אנו מכירים את המדרש מוויקרא רבה (כפי שהעיר הרב ברויאר, שם): "אמר רבי יודן בא וראה כמה חיבב הקדוש ברוך הוא את ישראל שמזכירן חמשה פעמים בפסוק אחד שנאמר 'ואתנה את הלוים נתונים וגו'" (ויקרא רבה פרשה ב, ד).
5. ראו עוד: גרוסמן, גלות וגאולה.

וציפה לגאולה קרובה בארץ ישראל",[6] וחיבתו הגדולה לבני עמו גרמה לו לשלב מדרשים שמבליטים דבר זה דווקא.[7]

אולם בניגוד לרש"י, הקריאה הפשוטה יותר של הפסוקים היא שהקריאה אל משה משולבת דווקא כאן, כי היא נצרכת במיוחד בנקודת זמן זו. לא רק בגלל שהקריאה המקדימה את הדיבור האלוהי משקפת את חשיבות עולם הקורבנות,[8] אלא נראה שהקשר הפסוקים מעניק לקריאה זו את תפקידה הספרותי. מדרש נפלא קושר את הקריאה למשה בתחילת ויקרא עם בניית המשכן שתוארה בסוף ספר שמות:

'ויקרא אל משה': מה כתיב למעלה מהענין? פרשת משכן 'כאשר צוה ה' את משה'. משל למלך שצוה את עבדו ואמר לו: בנה לי פלטין. על כל דבר ודבר שהיה בונה היה כותב עליו שמו של מלך. והיה בונה כתלים וכותב עליהן שמו של מלך; היה מעמיד עמודים וכותב עליהן שמו של מלך; היה מקרה בקורות והיה כותב עליהן שמו של מלך. לימים נכנס המלך לתוך פלטין, על כל דבר ודבר שהיה מביט היה מוצא שמו כתוב עליו. אמר: כל הכבוד הזה עשה לי עבדי ואני מבפנים והוא מבחוץ?! קראו לו שיכנס לפני ולפנים. כך בשעה שאמר לו הקדוש ברוך הוא למשה עשה לי משכן, על כל דבר ודבר שהיה עושה היה כותב עליו 'כאשר צוה ה' את משה'. אמר הקדוש ברוך הוא: כל הכבוד הזה עשה לי משה ואני מבפנים והוא מבחוץ?! קראו לו שיכנס לפני ולפנים, לכך נאמר 'ויקרא אל משה' (ויקרא רבה פרשה א, ז).

אכן, יש מן האווירה האינטימית בקריאת ה' למשה, וכשקוראים זאת על רקע מאמציו של משה בבניית המשכן, ניתן לחוש בדיאלוג של ממש שמתרקם בין הבנייה לקריאה. מדרש זה סולל את הדרך להבנת תפקיד הקריאה, מתוך הקשרה הטקסטואלי ועל רקע סוף ספר שמות.

החריגה שבתיאור הקריאה למשה, לצד החריגה של סדר המשפט שדוחה את שם ה' לסופו, מובילות למסקנה, שאת הפסוק הפותח את ספר ויקרא יש לקרוא על רקע

6. גרוסמן, גלות וגאולה, עמ' 265.
7. ראו במיוחד: גרוסמן, אמונות ודעות, עמ' 67–72.
8. ונהאם, ויקרא, עמ' 49: "קורבנות הם הלב של הפולחן הישראלי, ובשל כך תקנות הקורבן העומדות להיאמר, הן חשובות במיוחד".

מה שקדם לו. במילים אחרות, גם אם סיפור חדש נפתח בחומש ויקרא, יש לקרוא אותו ברצף מתמשך עם המתואר בסופו של חומש שמות. לפיכך אפשר להתנסח "ויקרא אל משה" מבלי לכתוב מיהו נושא המשפט, מתוך הנחה שהקורא יודע במי המדובר, זאת מהסיפור הקודם שתואר בסוף ספר שמות: "ולפיכך כתב 'ויקרא אל משה' ולא 'ויקרא ה' אל משה', וכן הפירוש: ויקרא כבוד ה' הנזכר למעלה אל משה מאהל מועד וידבר אליו" (חזקוני לוויקרא א', א).

בכך מתברר גם תפקיד הקריאה למשה, שהרי כך נאמר בסוף ספר שמות:

> וַיְכַס הֶעָנָן אֶת אֹהֶל מוֹעֵד וּכְבוֹד ה' מָלֵא אֶת הַמִּשְׁכָּן. וְלֹא יָכֹל מֹשֶׁה לָבוֹא אֶל אֹהֶל מוֹעֵד כִּי שָׁכַן עָלָיו הֶעָנָן וּכְבוֹד ה' מָלֵא אֶת הַמִּשְׁכָּן. וּבְהֵעָלוֹת הֶעָנָן מֵעַל הַמִּשְׁכָּן יִסְעוּ בְּנֵי יִשְׂרָאֵל בְּכֹל מַסְעֵיהֶם. וְאִם לֹא יֵעָלֶה הֶעָנָן וְלֹא יִסְעוּ עַד יוֹם הֵעָלֹתוֹ. כִּי עֲנַן ה' עַל הַמִּשְׁכָּן יוֹמָם וְאֵשׁ תִּהְיֶה לַיְלָה בּוֹ לְעֵינֵי כָל בֵּית יִשְׂרָאֵל בְּכָל מַסְעֵיהֶם (שמות מ', לד–לח).

היו שהתקשו בדבר אי יכולתו של משה לבוא אל אוהל מועד, כדברי סטיוארט למשל:

> משה אינו יכול להיכנס לאוהל מועד מפני שכבוד ה' מלא את הבית. מדוע זה היה כך? האם מוקדם יותר משה לא נכנס ישר לענן כבוד ה' בראש הר סיני? האם הוא לא היה בתוך אוהל מועד הקטן ששימש כמקום מפגש בינו ובין ה' עד שהמשכן נבנה, כשכבוד ה' ירד לפתח, במרחק צעדים ספורים ממנו?[9]

אתייחס להלן לתשובתו, אך יש להסתייג מאופן הצגת שאלתו. מתברר שהמשך הסיפור משולב בתחילת ספר ויקרא, ושם קורא ה' למשה ומזמינו להיכנס לאוהל מועד, ממש כשם שהיה בהר סיני. דווקא משום שנאמר ש"לֹא יָכֹל מֹשֶׁה לָבוֹא אֶל אֹהֶל מוֹעֵד" יש צורך בקריאה הפותחת את ויקרא, והמזמינה אותו להיכנס אל ה' השוכן במשכנו. כמה פרשנים באמת קראו את הדברים ברצף אחד, ביניהם ראב"ע שהדגיש שיש להבין את כניסת משה לקודש הקודשים ממש, מקום שבו שוכן יושב הכרובים:

> וטעם 'ויקרא אל משה' אחר 'ולא יכול משה', שהכבוד קראו מאהל מועד שיבוא

9. סטיוארט, שמות, עמ' 792.

שם, ושם ידבר עמו. והכבוד לפנים מהפרכת ושם היה משה נכנס, כי כן כתוב, וזה טעם 'ותמונת ה' יביט'.

הצעת קריאה זו משכנעת למדי,[10] ואכן היא אינה סותרת את הביאור הראשון. אין זה מקרי שדווקא בפתח עולם הקורבנות מובאת הקריאה למשה והזמנתו להיכנס לבית ה' ולשמוע את ציוויו. עולם הקורבנות, המבטא את הקשר בין האדם לאלוהיו, מתאים לו להיפתח בהזמנה של ה' לאדם לבוא ולהסתופף במקום שבו שורה שכינה. דווקא כך ברור מיהו בעל הבית, ודווקא כך נחשפת ההזמנה אל הקודש שניצבת בתשתית עולם הקורבנות.

גם רמב"ן ראה את הקריאה למשה כפותרת את מצוקתו של משה המתוארת בסוף ספר שמות, אלא שהוא פסע צעד נוסף, המקדם את דיוננו. הוא הצביע על הזיקה שיש בין פסוקים אלו ובין קריאת ה' למשה להיכנס אל תוך הענן שבו שרתה שכינה בהר סיני:

וַיַּעַל מֹשֶׁה אֶל הָהָר וַיְכַס הֶעָנָן אֶת הָהָר. וַיִּשְׁכֹּן כְּבוֹד ה' עַל הַר סִינַי וַיְכַסֵּהוּ הֶעָנָן שֵׁשֶׁת יָמִים וַיִּקְרָא אֶל מֹשֶׁה בַּיּוֹם הַשְּׁבִיעִי מִתּוֹךְ הֶעָנָן. וּמַרְאֵה כְּבוֹד ה' כְּאֵשׁ אֹכֶלֶת בְּרֹאשׁ הָהָר לְעֵינֵי בְּנֵי יִשְׂרָאֵל. וַיָּבֹא מֹשֶׁה בְּתוֹךְ הֶעָנָן וַיַּעַל אֶל הָהָר וַיְהִי מֹשֶׁה בָּהָר אַרְבָּעִים יוֹם וְאַרְבָּעִים לָיְלָה (שמות כ"ה, טו–יח).

נקל לעמוד על הזיקה בין פסוקים אלו לבין המתאר בסוף בניית המשכן ותחילת ויקרא.[11] בראש ובראשונה הזיקה היא בעצם העלילה: ה' שוכן במקום מסוים, ומשה מנוע בשל כך מלהיכנס אליו, עד שקורא לו ה'. גם מרקם המילים המשותף תומך בטענה שמדובר בזיקה מכוונת:

שמות כ"ד + שמות כ"ה, א	שמות מ' + ויקרא א'
וַיְכַס הֶעָנָן אֶת הָהָר	וַיְכַס הֶעָנָן אֶת אֹהֶל מוֹעֵד

10. כך התנסחו בעניין בהערות לתרגום הפסוק של New English Translation Bible: "ההסבר הטוב ביותר לנוסח המסורה בויקרא א', א עולה מתפקידו כפסוק מעבר משמות מ' לויקרא א'. תחילת הפסוק: 'ויקרא (ה') אל משה', קושר את ויקרא א', א עם שמות מ', לה... מאחר שמשה לא יכול להיכנס לאוהל מועד, ה' קרא אליו מתוך אוהל מועד".

11. ראו עוד אצל שמאע, שתי מגמות, עמ' 39–40.

פרק שני: היכן מתחיל ספר ויקרא?

וַיִּשְׁכֹּן כְּבוֹד ה' עַל הַר סִינַי	וּכְבוֹד ה' מָלֵא אֶת הַמִּשְׁכָּן
וַיְכַסֵּהוּ הֶעָנָן שֵׁשֶׁת יָמִים	
וַיִּקְרָא אֶל מֹשֶׁה בַּיּוֹם הַשְּׁבִיעִי מִתּוֹךְ הֶעָנָן...	וַיִּקְרָא אֶל מֹשֶׁה
וַיְדַבֵּר ה' אֶל מֹשֶׁה לֵּאמֹר[12]	וַיְדַבֵּר ה' אֵלָיו מֵאֹהֶל מוֹעֵד לֵאמֹר.

רמב"ן הדגיש במיוחד את הזהות שנוצרת מבעד להשוואה זו בין הר סיני והמשכן, זהות שמשמשת ראיה חזקה לתפיסתו את תפקיד המשכן. לפי שיטתו יש לראות במשכן "מעין הר סיני בזעיר אנפין, הניתן להיעתק ממקום למקום, כדי ללוות את בני ישראל בנדודיהם".[13] ה' התגלה על הר סיני לעיני כל ישראל, משם עבר להתגלות במשכן – גם הפעם לעיני כל ישראל (ויקרא ט', כד) ומכאן צועדים ישראל וה' יחדיו לארץ ישראל, הארץ שנשא ה' את ידו לתת אותה לאברהם, ליצחק וליעקב.

אך בנוסף לתכלית שלמענה רמב"ן עמד על זיקה זו, נמצאנו למדים עד כמה הדוק הקשר בין תחילת חומש ויקרא לסוף ספר שמות. המצוקה של משה, שאינו יכול להיכנס אל הבית, מתוארת בסוף ספר שמות, ופתרון המצוקה מתואר בתחילת ספר ויקרא. הקשר בין הפסקאות האלו כה חזק, שפיצולן לשני חומשים שונים זוקק פשר. מדוע קריאת ה' למשה לא משולבת בסוף ספר שמות כחתימת בניית המשכן? ושמא יאמר הלומד שאכן כך הוא, ושחלוקת החומשים מטעה, ושיש לקוראם ברצף אחד, הרי תשובתו בצידו, שכן שני פסוקים שמשולבים בחתימתו של חומש שמות, לאחר תיאור אי יכולתו של משה להיכנס לתוך בית ה' מלמדים בביטחון שפסוקים אלו הם חתימה של סיפור בניית המשכן, ושפסוקי ויקרא פותחים דבר מה חדש לחלוטין. כוונתי לתיאור מסע הענן שחותם את ספר שמות, פסוקים שעד כה התעלמנו מהם:

וּבְהֵעָלוֹת הֶעָנָן מֵעַל הַמִּשְׁכָּן יִסְעוּ בְּנֵי יִשְׂרָאֵל בְּכֹל מַסְעֵיהֶם. וְאִם לֹא יֵעָלֶה הֶעָנָן

12. היגד זה לקוח מההמשך הרציף שם (שמות כ"ה, א), שפותח את הציווי על המשכן. יש מקום להתלבט אם ראוי לשלב גם אותו בתוך מערך ההשוואה הנזכר. למעלה שילבתי אותו, כעמדת רנדטורף, ויקרא, עמ' 22.

13. קאסוטו, שמות, עמ' 339.

וְלֹא יִסְעוּ עַד יוֹם הֵעָלֹתוֹ. כִּי עֲנַן ה׳ עַל הַמִּשְׁכָּן יוֹמָם וְאֵשׁ תִּהְיֶה לַיְלָה בּוֹ לְעֵינֵי כָל בֵּית יִשְׂרָאֵל בְּכָל מַסְעֵיהֶם (שמות מ׳, לו-לח).

פסוקים אלו מאירים הקשר חדש של המשכן: תפקידו כמורה דרך במסע ישראל לארץ כנען, כפי שיפורט בבמדבר (ט׳, טו-כג), ששם מתואר הענן הנוסע מעל המשכן ושבעקבותיו צועדים ישראל כולם. מסתבר אפוא שהפסוקים שמתארים את אי יכולתו של משה להיכנס אל אוהל מועד אינם סמוכים לתחילת ספר ויקרא; שלושה פסוקים מפרידים ביניהם לבין תחילת ויקרא, ורומזים לתפקיד נוסף שעתיד להיות למשכן. הציור שמצטייר לפנינו הוא שלספר שמות יש שתי חתימות: בחתימה הראשונה מובא שמשה מנוע מלבוא אל אוהל מועה, והמשכה העלילתי הוא בתחילת חומש ויקרא, ששם ה׳ קורא לו; בחתימה השנייה מתואר הענן ותפקידו במסעות בני ישראל, והמשכה העלילתי הוא בבמדבר פרק ט׳, עת ישראל עוזבים את הר סיני ומתחילים במסעם.

לאור כך ניתן לחזור לשאלה שמטרידה אותנו: מדוע קריאת ה׳ למשה לא משולבת כבר בסוף ספר שמות אלא נדחית לתחילת ספר ויקרא, אף על פי שכל כולה של הקריאה למשה שפותחת את ספר ויקרא היא תגובה רציפה למתואר בסוף ספר שמות?

נחזור לתשובתו של סטיוארט לפשר אי יכולת משה להיכנס אל אוהל מועד כמתואר בסוף שמות (ומאחר שהוא לא ראה את ויקרא כהמשך ספר שמות, הוא התקשה בכך במיוחד). הוא כתב ש״מעתה, המשכן היה בית ה׳ ולא ביתו של אף אחד אחר״, ועל כן אין זה ראוי שמשה ייכנס למשכן. משה אומנם היה אחראי על בנייתו, וכזה הוא הסתובב במשכן בעת הקמתו, אך כעת הבית נמסר לרשות בעליו, והבנאי שוב אינו מורשה להיכנס אליו.[14] על אף שבהמשך ה׳ מזמין את משה להיכנס אל המשכן, הסברו של סטיוארט קולע לרוח המקראות. מניעת משה מלהיכנס אל המשכן, והצורך לחכות לקריאת ה׳ אליו, מבליטה את בעל הבית החדש שנכנס לגור בבית. כבוד ה׳ מלא את המשכן, ושום אדם אינו יכול מעתה להיכנס אל הבית מלבד אם ייקרא בשם.

דבר זה יכול לבאר מדוע מניעת משה מלהיכנס חותמת את ספר שמות, ואילו הזמנתו פנימה נדחתה לפתיחת ספר ויקרא. מסתבר שיש למשכן שלושה תפקידים שונים, ושכל חומש מבליט תפקיד אחד שלו. תכלית המשכן שנבנה בספר שמות היא לשמש בית ה׳: ״וְעָשׂוּ לִי מִקְדָּשׁ וְשָׁכַנְתִּי בְּתוֹכָם״ (שמות כ״ה, ח). ביקש ה׳ להשרות

14. סטיוארט, שמות, עמ׳ 792-793.

שכינתו בקרב ישראל, ובמרכז המחנה נבנה אוהל גדול ומרשים שמייצג את נוכחות השכינה. גם במקראות אחרים דבר זה מוצג כזכות מיוחדת שניתנה לישראל: "ה' אֱלֹהָיו עִמּוֹ וּתְרוּעַת מֶלֶךְ בּוֹ" (במדבר כ"ג, כא). ישראל כולם חונים באוהלים קטנים מסביב לאוהל המרכזי, וזהו תפקידו של המשכן לפי ספר שמות: להיות אוהל ה', ביתו ומשכנו, מקום שבו השכינה שורה.[15]

לתפקיד ראשוני זה של המשכן יש שתי השלכות וכל אחת מהן מובלטת בחומש אחר:

א. בספר ויקרא המשכן נטען בתפקיד חדש, המתואר יפה בלשון הרמב"ם (הלכות בית הבחירה א, א): "מצות עשה לעשות בית לה' מוכן להיות מקריבים בו הקרבנות". מאחר ששכינה שורה בתוך בית ה', יכול מי שרוצה לעובדו לבוא למקום זה ולהקריב לו שם קורבנות. להבדיל, כמו שאם מישהו רוצה להביא מנחה לעגלון מלך מואב, הוא ילך לביתו וייפגש עימו שם: "וַיֹּאמֶר דְּבַר סֵתֶר לִי אֵלֶיךָ הַמֶּלֶךְ" (שופטים ג', יט), כך גם הרוצה להביא מנחה למלך מלכי המלכים יבוא לביתו. כלומר, בעוד בספר שמות המשכן היה בית ה', בספר ויקרא הוא בית עבודת ה'. זהו מבט חדש על אוהל מועד, שכמעט ולא נמצא בספר שמות. גם אם יש אזכור של קורבנות בספר שמות, אין מדובר בקורבנות שמשקפים את רצונו של האדם לעבוד את בוראו. תפקידם הוא להכשיר את הבית, לקדש אותו, ולאפשר לשכינה לשרות בו. הדבר בולט במיוחד בציווי על עולת התמיד (שמות כ"ט, לח-מב), שניכר שתכליתה לשם השראת שכינה במשכן שנבנה לשמו של ה' בתוך ישראל: "עֹלַת תָּמִיד לְדֹרֹתֵיכֶם פֶּתַח אֹהֶל מוֹעֵד לִפְנֵי ה' אֲשֶׁר אִוָּעֵד לָכֶם שָׁמָּה לְדַבֵּר אֵלֶיךָ שָׁם. וְנֹעַדְתִּי שָׁמָּה לִבְנֵי יִשְׂרָאֵל וְנִקְדַּשׁ בִּכְבֹדִי. וְקִדַּשְׁתִּי אֶת אֹהֶל מוֹעֵד וְאֶת הַמִּזְבֵּחַ וְאֶת אַהֲרֹן וְאֶת בָּנָיו אֲקַדֵּשׁ לְכַהֵן לִי. וְשָׁכַנְתִּי בְּתוֹךְ בְּנֵי יִשְׂרָאֵל וְהָיִיתִי לָהֶם לֵאלֹהִים" (שמות כ"ט, מב-מה). היבט זה מובלט בשיעור הפתיחה של הרב אהרן ליכטנשטיין זצ"ל על ענייני זבחים, העומד על כך שקורבן התמיד בספר שמות הוא חלק ממערכת התמידים האחרים שיש במשכן – הנרות, הקטורת ולחם הפנים; כולם מביעים את עצם תפקוד

15. תפיסה זו משפיעה גם על ארגון האוהל כשני חדרים ועל ארגון הכלים בתוכם. ראו: גרוסמן, פורשי כנפיים למעלה.

הבית כ'בית ה'".[16] לעומת זאת, ספר ויקרא מציע תכלית חדשה למשכן: זהו המקום שאליו מוזמן האדם המבקש לעבוד את בוראו. ברור שמדובר בתוצאה מיידית מתכלית המשכן המתוארת בספר שמות: מאחר שזהו המקום שבו שורה שכינה, הרי שלשָׁם יבוא האדם שמבקש להקריב קורבנות, ואכן יש רציפות בין החומשים, כאמור לעיל. עם זאת, מדובר בשתי פרספקטיבות נפרדות וחלוקת שני החומשים מבליטה דבר זה.[17]

ב. ספר במדבר מבליט תפקיד נוסף ואחר של כבוד ה' השוכן במשכננו: הוא מורה הדרך שמוביל את ישראל בדרכם במדבר. הענן העולה והנח מוביל אחריו את ישראל הנודדים, הן מבחינת כיוון הנסיעה והן מבחינת זמן הנסיעה. אין צורך לומר שגם דבר זה הוא השלכה מיידית מכך שיש לשכינה מקום בתוך מחנה ישראל: יש מי שמנהיג את ישראל בדרכם והולך בראש המחנה לתור להם מנוחה. אספקט זה מוצג בספר במדבר ומוזכר בקיצור נמרץ בחתימת ספר שמות.

מסתבר אם כן שספר שמות שהציג את המשכן כבית ה' מסתיים בשתי חתימות, שפותחות שתי השלכות של המשכן: הקריאה למשה לבוא אל אוהל מועד פותחת את מסעו של האדם המבקש לעמוד מול ה' ולעובדו (ספר ויקרא); והענן המבשר את נדודי השכינה משמש סימן לישראל כולם ללכת בדרכה ובעקבותיה (במדבר).

לתפיסה זו רלוונטיות להבנת תפקיד הקורבנות. לפחות בפרשת ויקרא הפותחת את הספר, הקורבנות מבקשים לבטא אופנים שונים של עמידה בבית ה'. המוקד שבהם הינו כינון מערכת יחסים בין ה' השוכן בביתו (כעולה מסוף ספר שמות) ובין האדם שבא לבקר בהיכלו.

16. הרב ליכטנשטיין, שיעורי זבחים, עמ' 10–12.

17. לחלוקה מעט שונה ראו במאמרו של אברהם שמאע, שתי מגמות. הוא טוען ששתי מגמות אלו נמצאות כבר בספר שמות (שמות כ"ט מול שמות מ') ומוצאות את ביטוין בספר ויקרא (פרקים ו'–ז' מזה ופרקים א'–ה' מזה). בהמשך עוד אסכים איתו לכשנדון ביחס פרשת ויקרא ופרשת צו, גם אם בניסוח שונה.

פרק שלישי

מונחים קורבניים ומשמעם

לפני שנצלול לעיון בכתובים עצמם, יש לעמוד על כמה מהמונחים ומהעקרונות שמלווים את עולם הקורבנות.

'קורבן'

המונח 'קורבן' הוא מונח שמתחדש בחומש ויקרא (ונזכר עוד בבמדבר ופעמיים ביחזקאל).[1] בסיפורים ששולבה בהם הקרבה בחומשים הקודמים לא נאמר שמדובר בקורבן, אלא ב'מנחה' (בראשית ד', ג-ה); ב'עולה' (למשל: בראשית ח', כ); או ב'זבחים' (למשל: בראשית מ"ו, א).[2] מהי המשמעות של המילה 'קורבן'? בעברית המודרנית אנו נוהגים להשתמש במונח זה להורות על הקרבת דבר מה יקר, ולפיכך הדגש הוא

1. יש מקום לבחון את התיאורים הנזכרים בנחמיה: "וְהַגּוֹרָלוֹת הִפַּלְנוּ עַל קֻרְבַּן הָעֵצִים הַכֹּהֲנִים הַלְוִיִּם וְהָעָם לְהָבִיא לְבֵית אֱלֹהֵינוּ לְבֵית אֲבֹתֵינוּ לְעִתִּים מְזֻמָּנִים שָׁנָה בְשָׁנָה לְבַעֵר עַל מִזְבַּח ה' אֱלֹהֵינוּ" (נחמיה י', לה); "וּלְקֻרְבַּן הָעֵצִים בְּעִתִּים מְזֻמָּנוֹת וְלַבִּכּוּרִים זָכְרָה לִּי אֱלֹהַי לְטוֹבָה" (י"ג, לא). יש מקום להתלבטות אם הצורה החריגה, על דרך הארמית – "קֻרְבַּן" – מבקשת במכוון לחרוג מהמונח המקראי המקובל ולהציע וריאציה ייחודית (ראו אצל פברי, קורבן, עמ' 153). מאחר שמדובר בנחמיה ב'קורבן עצים' יש מקום לסברה זו.
2. יפה הצעתו של הרב אביה הכהן, שכתב על רקע נתון זה ש"אין מינוח משותף לנתינה לאדם ולמעשה ההקרבה, ויש לבדל לשונית את עולם המקדש מעולמם של בשר ודם" (הכהן, מול מקדש, עמ' 13). מעניין שתרגום השבעים תרגם את המונח 'קורבן' במילה 'דורון' – מתנה (δῶρα), כמונח שמאפיין גם מתנות חולין (כמו למשל תרגומו למנחה ששלח יעקב לעשיו – בראשית ל"ב, יט; או תרגומו למנחה שהורידו אחי יוסף – בראשית מ"ג, יא, טו, כה-כו).

על עצם הנתינה, על מה שאנו מוכנים לוותר עליו למען ערך שאנו מאמינים בו. אבן שושן אומנם הדגיש בהגדרתו שההקרבה היא 'למען אחרים': "ויתור מרצון על דבר מה יקר לטובת אחרים",[3] אולם באמת, 'אחרים' אלו יכולים להיות גם ערכים מופשטים. אנשים מקריבים מכוחם וממרצם למען קידום מטרה מסוימת, וכדברי ביאליק בשירו 'למתנדבים בעם':

מִי צָרַת הָאֻמָּה בִּלְבָבוֹ נָגָעָה –
הַמַּחֲנֶה יֵאָסֵף, אַל־נָא נַבְדִּילֶנּוּ!
כָּל־קָרְבָּן – יֵרָצֶה, כָּל־מַתָּת – נֶאֱמָנָה:
אֵין בּוֹדְקִים בִּשְׁעַת הַסַּכָּנָה!

אולם במקרא אין הקרבה כללית מעין זו, והמובן הוא ספציפי יותר – מתנה המובאת לה' דווקא.[4] לפיכך, הדגש הוא דווקא על הצד הנמען, המקבל, שכן המקריב הריהו מקריב דבר מה למישהו: "אָדָם כִּי יַקְרִיב מִכֶּם קָרְבָּן לַה'" (ויקרא א', ב). המקריב מעביר לרשות המזבח דבר מה שלו. הנמען של הקורבן במקרא הוא ה', וגם אם מדובר במתנה שאיננה עולה על המזבח ניתן לכנותה קורבן, בוודאי אם היא ניתנת כמתנת כפרה, כמו: "וַנַּקְרֵב אֶת קָרְבַּן ה' אִישׁ אֲשֶׁר מָצָא כְלִי זָהָב אֶצְעָדָה וְצָמִיד טַבַּעַת עָגִיל וְכוּמָז לְכַפֵּר עַל נַפְשֹׁתֵינוּ לִפְנֵי ה'" (במדבר ל"א, נ).

האם יש קשר בין המונח 'קורבן' לבין המילה 'קרוב'? במחקר רחב שהקדיש ברוומן לסוגיה זו הוא טען שיש קשר לשוני ועינייני בין השניים, ושביסודה המילה 'קורבן' מבטאת את הגשת המתנה אל המזבח או לה'. המקריב מְקָרֵב דבר מה לה' כדי שהוא ייטול אותו.[5] לא ייפלא אפוא שלשון 'הקריב' מוחלף לעיתים בפעלים 'הביא' (ויקרא ד', כג; במדבר ה', טו), ו'נתן' (יחזקאל כ', כח, וראו במיוחד את הצימוד בשופטים ה', כה: "חָלָב נָתָנָה" / "הִקְרִיבָה חֶמְאָה"),[6] ומבחינה זו, התרגום המדויק יותר למונח 'קורבן' הוא offering יותר מאשר sacrifice.[7] מבחינה סמנטית ניתן אם

3. אבן שושן, מילון, "קרבן", כרך ד, עמ' 1637.
4. למשל: קדרי, מילון, עמ' 963.
5. ברוומן, פילולוגיה שמית, עמ' 465-477.
6. ליכט ומילגרום, קורבן, עמ' 225.
7. השוו את הלשון שנאמר ביחס לכוהנים ביום השמיני למילואים: "וַיֹּאמֶר מֹשֶׁה אֶל אַהֲרֹן קְרַב אֶל הַמִּזְבֵּחַ... וַיִּקְרַב אַהֲרֹן אֶל הַמִּזְבֵּחַ" (ויקרא ט', ז-ח).

כן להשוות את ׳קורבן׳ שקשור עם הפועל ׳לקרב׳, לתנופה, שהיא הדבר שמניפים; כמו גם לתרומה, שהיא הדבר שמרימים; או לקטורת, שהיא החומר שמקטירים.

כפי שנראה להלן (בדיון בפועל ״והקריבו״), ייתכן שכבר רש״י ורמב״ן חולקים בשאלת יחס שם העצם ׳קורבן׳ לפועל ׳לקרב׳, אך אם נאמץ עמדה זו, יתגלה בפנינו אחד מן הסודות הקשורים לעמידת המקריב מול המזבח. המקריב איננו ׳נותן׳ את הקורבן לה׳, אלא רק מגיש אותו לפניו, מקרב אותו אליו. השאלה אם מתנה זו תתקבל על ידי ה׳ נותרת פתוחה, ויש צורך באקט של קבלה מצידו של ה׳ כדי שהתהליך יושלם. לשון אחר, כבר המילה ׳קורבן׳ מביעה התרחקות מהאקט המגי הפועל באופן אוטומטי על האלוהות, ומבליטה את מערכת היחסים שבאה לידי ביטוי בהקרבת הקורבנות. כאמור לעיל, בדיוננו על אודות טעם הקורבנות ומגמתם, הדיאלוג מונח בבסיס התודעה של מעשה ההקרבה, ודווקא משום כך המקריב יכול רק לקרב את קורבנו לגבוה, בתקווה שקורבנו גם יתקבל ברצון.

׳זכר׳ או ׳נקבה׳

הדרישה הראשונה הנזכרת כבר בקורבן הראשון היא שקורבן העולה יהיה ממין זכר דווקא: ״אִם עֹלָה קָרְבָּנוֹ מִן הַבָּקָר זָכָר תָּמִים יַקְרִיבֶנּוּ״ (א׳, ג). דבר זה נכון גם באופציית עולת הצאן (א׳, י).[8] זו אחת מהשאלות המרתקות שמלוות את עולם הקורבנות שקשה לתת להן טעם וביאור מלא. מחד גיסא, ניכר שדרישת המין חשובה: מין הבהמה נזכר בכל הקורבנות – בין אם הדרישה להביא זכר, בין אם הדרישה להביא נקבה, ובין אם שתי האופציות פתוחות בפני המקריב (מלבד קורבן מן העוף שחריג בהיבטים נוספים). מאידך גיסא, לא משולב שום ביאור גלוי לפשר הדבר. מדוע יש קורבנות שצריכים לבוא דווקא ממין זכר, ויש כאלה שצריכים לבוא דווקא ממין נקבה?

הנתונים מורכבים: קורבן העולה צריך לבוא זכר,[9] ואילו בזבח השלמים מין הבהמה נתון להכרעת המקריב – זכר או נקבה. רוב מוחלט של קורבנות החובה

8. ניתן היה לצפות שהכתוב יאמר ׳שור׳ במקום ״מן הבקר – זכר״, אך כנראה לשם ההקבלה לזבח שלמים, שבו ניתן להביא ״זכר או נקבה״ שמרה התורה על תבנית זו גם כאן (כפי שהציע רנדטורף, ויקרא, עמ׳ 28).

9. יש לציין שהחוק קובע שעולות מובאות רק זכרים, אולם מהסיפור המקראי עולה שבמקרים שבהם מסיבות שונות היו דווקא פרות, לא נמנעו מלהעלותן עולה: ״וְהָעֲגָלָה בָּאָה אֶל שְׂדֵה יְהוֹשֻׁעַ בֵּית הַשִּׁמְשִׁי וַתַּעֲמֹד שָׁם וְשָׁם אֶבֶן גְּדוֹלָה וַיְבַקְּעוּ אֶת עֲצֵי הָעֲגָלָה וְאֶת הַפָּרוֹת הֶעֱלוּ עֹלָה לַה׳״ (שמ״א ו׳, יד). רדנטורף טען שברור שגם ״הבקר״ שבו חרש ארוונה את גורנו ושדוד העלה כקורבן

צריכים לבוא ממין זכר: כך קורבן האשם (איל זכר), וכך גם שלושה חוטאים מבין ארבעת החוטאים שמתחייבים בקורבן חטאת מביאים חטאת זכר (כוהן משיח; כל העדה; נשיא), אולם יחיד שחטא מביא חטאת נקבה דווקא.[10]

יש שאחזו בעמדת פילון:

> קרבן העולה הוא זכר, כיוון שהזכר מושלם מן הנקבה, מוכשר יותר למנהיגות וקרוב יותר לעילה הפועלת, ואילו הנקבה היא בלתי מושלמת, נכנעת ומצויה בתחום של הסביל ולא הפעיל.[11]

הנחת היסוד שבדבריו היא שדווקא בקורבן עולה יש להביא את המין המשובח, וכפי שניסח זאת מנחם בולה: "הטעם, כנראה, מפני שהעולה היא המעולה שבקרבנות, שכן כולה לה' חוץ מן העור, שהוא לכהן המקריב".[12] בולה גם הוכיח כיוון זה מנבואת מלאכי, שהזכר מובא אצלו כדוגמה לקורבן מעולה: "וְאָרוּר נוֹכֵל וְיֵשׁ בְּעֶדְרוֹ זָכָר וְנֹדֵר וְזֹבֵחַ מָשְׁחָת לַאדֹנָי" (מלאכי א', יד). בנבואה זו, כנגד קורבן הזכר הראוי ניצבת הבהמה המושחתת־הפגומה.

אולם, גם אם מישהו יזדהה עם העיקרון, שבמקרא הזכר נתפס כ'מושלם' מן הנקבה (טענה שדורשת בחינה מקראית רחבה ומורכבת), קשה יהיה לאמץ ביאור זה. בסופו של דבר, יש קורבנות שהתורה דורשת שיבואו דווקא נקבה (חטאת יחיד) או שהיא מאפשרת זאת (זבח שלמים). קשה להניח שמלכתחילה תשולב דרישה

לעולה (שמ"ב כ"ד, כב) לא היו שוורים זכרים, ועל כן הביא זאת כדוגמה לעולה שהוקרבה נקבות (רנדטורף, ויקרא, עמ' 29), אך אינני משוכנע בצדקת הנחתו שארוונה לא חרש בשוורים זכרים.

10. רמב"ן התייחס לסוגיה זו, אך קשה להבין את הפתרון שהציע: "הטעם בעולה שיהיה זכר, ובשלמים שיהיו אם זכר אם נקבה, ובחטאת שתהיה נקבה, דבר ברור הוא, כי העולה כשמה; והשלמים מלשון 'וכל חפצי ישלים' (ישעיה מ"ד, כח), 'אבנים שלימות' (דברים כ"ז, ו); והחטאת 'לכפר פניו במנחה ההולכת לפניו' וכבר כתבתי זה; והאשם זכר, בעבור כי החטאת בחייבי כריתות, שתשוב הנפש אל האלהים אשר נתנה, והאשם לא יבא על חיוב כרת, וכאלו הוא לריח ניחוח, כעולה. ושעיר הנשיא, בעבור כי הוא המולך אשר לו המשפט והלוחם מלחמות השם ועל חרבו יחיה, כדרך שעירי עבודה זרה" (פירושו לוויקרא ג', א).

11. פילון, על החוקים לפרטיהם א, סעיף 200 (כתבים, כרך ב, עמ' 273). בכיוון זה צעד גם ראב"ע: "ובעבור היות העולה קרבה כלה לגבוה היא מהנבחרת, והזכר נבחר מהנקבה, על כן אין בעולה נקבה" (פירושו לוויקרא א', ג).

12. בולה, ויקרא, עמ' י.

מהמקריב להביא קורבן נחות. כשם שכל קורבן צריך להיות תמים ובלי מום, כך ניתן היה לצפות שמין בעל החי יהיה המין 'המושלם', אם אומנם יש תפיסה שכזו.

לאידך גיסא, קשה לאמץ גם את עמדת מילגרום שהפך את התמונה על פיה. לדעתו, מבחינה כלכלית, יותר קל לאדם לוותר על בהמת זכר, מפני שהפרה־נקבה היא זו שנותנת חלב ופריון, ועל כן, מתוך התחשבות בהוצאה הכלכלית של המקריב, התורה דורשת שיביא דווקא זכר.[13] גם כיוון זה קשה: מאחר שהגדרת המין לא משולבת רק בקורבנות חובה אלא גם בהתנדבות אשר בה פתוחות בפני המקריב אפשרויות שונות (בקר, צאן או עוף), ניתן היה להשאיר בידי המקריב לבחור את האפשרות הנוחה לו מבחינה כלכלית. לא סביר שהתורה מאפשרת להקריב בקר (שהוא יקר ביותר), אך מסייגת את ההוצאה הכספית לזכר דווקא. לפי כיוון החשיבה של מילגרום מתאים היה לאמץ גם בקורבן עולה את המודל של זבח שלמים – לפתוח את האפשרויות בפני המקריב, וכל אחד יביא זכר או נקבה, בהתאמה ליכולתו הכלכלית ולמבנה העדר שלו.

דומה שיש לאמץ את הנחת היסוד של פילון שיש בדבר הבדל סמלי, אך לצקת תוכן אחר לסמל שהדבר מבטא. המקום שבו נוח לבחון את הדבר הוא בקורבן חטאת, שבו מין הקורבן משתנה לפי החוטא. כפי שעוד נראה בדיוננו בפרק ד', חטאת היחיד מיוחדת בכך שיש בה רמזים לכפרה שמלווה בנחמה ובפיוס. יותר מאשר חטא הכוהן או הנשיא, התורה אוהדת את קורבן היחיד, עד לכדי הגדרת קורבנו כמפיק 'ריח ניחוח'. ביטוי זה מוזר ומפתיע בהקשרי קורבנות חובה (והוא אכן לא נזכר בשום קורבן חובה אחר), ועוד נציע להלן שהדבר קשור בהבניה של פיוס וקרבה מחודשת לאחר החטא. גם אם קשה לקבוע בדבר מסמרות, נראה לאור זה שקורבן נקבה נבחר בקורבנות שיש בהם עמידה מפויסת וקרובה לה', ואילו בקורבנות שמסמלים עמידה דתית שיש בה מרחק, שיש בה יראה, יש להביא קורבן זכר. כפי שעוד יובהר בדיוננו בזבח השלמים, בקורבן זה המקריב שותף מלא בהקרבה, עד כדי כך שהוא גם אוכל את הקורבן לצד המזבח. לפיכך הוא גם יכול להשפיע על מין הבהמה, ויכול גם להביא נקבה. קורבן עולה – כפי שיובהר להלן – משקף את התבטלות האדם לפני קונו, ומבליט את הפער שיש בעמידה של המאמין מול אלוהיו, ולכן מתאים שיובא

13. מילגרום, ויקרא, כרך א, עמ' 147. וכן: האייט, שמות, עמ' 247. ההכרעה שבהמה נקבה הייתה יקרה יותר בימי קדם איננה פשוטה כל עיקר. רנדטורף למשל הניח ההיפך – שבהמת הזכר הייתה יקרה יותר, ועל כן גם נחשבת חשובה יותר (רנדטורף, ויקרא, עמ' 29).

דווקא ממין הזכרים. אין צורך לומר שזו החוויה הבסיסית בעמידת האדם מול קונו ומול המזבח, ואכן, בדרך כלל הקורבן בא ממין זכר.

כוהנים ו'כוהנות'

בשלהי הדיון במין הקורבנות ראוי להעיר גם על מין הכוהנים, כלומר על היעדרותן של נשים כוהנות מהמשכן ומהמקדש הישראלי. דבר זה חריג בנוף המקדשים הקדומים. במצרים הקדומה נשים שימשו תפקיד מרכזי בפולחן האלילי, במיוחד במקדשי אלות. הן לא היו רק כוהנות זוטרות אלא גם נשאו במשרות בכירות. זמרות ורקדניות היו חלק אינטגרלי מכמה ממקדשי מצרים הקדומים, עד כדי כך שבחלק מהמקדשים היה 'הרמון נשים' שבו הן השתכנו.[14] גם באוגריתית מוזכרות 'כוהנות' לעיתים קרובות, הן בשמן הפרטי והן לצד שם האלוהות שהן שירתו.[15] אין צורך לומר עד כמה לכוהנות־קְדשות היה תפקיד מרכזי בפולחן שבמסופוטמיה. קשה להציג תמונה שלמה של הפולחן בשומר הקדומה, אך אחד הדברים הידועים היום הוא שבמקדש של איננה היו כוהנים־סריסים וכוהנות־קְדשות שבפולחן מיני היו עובדים את 'אלת האהבה'.[16] במסופוטמיה ובמצרים רווח גם הנוהג שהמלך היה ממנה את בתו לכוהנת גדולה. הדוגמאות עוד רבות, אך די בכך להתרשם שההכרעה המקראית שלא לשלב נשים בעבודת הכהונה אינה מובנת מאליה.

אפשר לשער שרגישות המקרא לטוהר מיני נותנת את אותותיה גם בהקשר זה. חלק מהותי מתפקיד הכוהנות במקדשים אליליים נקשר עם פולחן מיני, וכבר אמרו חז"ל שלא עבדו ישראל עבודה זרה אלא בשביל להתיר לעצמם עריות בפרהסיה. היעדרות נשים כוהנות כמוה כהכרזה שבמקדש הישראלי אין פולחנים מיניים, ולמעשה, העולם המיני שמביא בכנפיו גם טומאה, מרחיק את המיניות עוד יותר מתחומי המשכן וקודשיו. כך, בעוד שיאו של טקס ראש השנה הבבלי הוא בהתאחדות הכוהן הגדול עם הקְדשה הבכירה באינטימיות בתוככי המקדש, על הכוהן הישראלי נאסר לשאת לאישה פרוצה (ויקרא כ"א, ז), ויש להישמר במיוחד שמא בתו תעסוק בזנות (ויקרא כ"א, ט). בעוד במקדשי קדם היו כוהנים שהלכו עירומים כחלק מטקסי פולחנם, כוהני המקדש במקרא נדרשים ללכת עם מכנסיים כדי שלא יגלו בשר ערווה

14. ברגמן, כוהן, עמ' 62.
15. רינגרן, כוהן, עמ' 65.
16. רינגרן, כוהן, עמ' 63.

(שמות כ״ט, מב-מג).[17] בכל אלו, הולכת ונבנית הרחקת כל זֵכר לפולחן מיני מעולם המקדש הישראלי.

'תמים'

דרישה שנייה המשולבת בכל קורבנות הבהמה היא שעל הקורבן להיות 'תמים' – שלם ללא מומים.[18] הביאור הפשוט לדין זה הוא שעל המביא קורבן לכבד את אלוהיו ואת עמידתו לפניו ולא להביא את בעלי החיים הכחושים הנוטים למות ממילא. כך הלוא התלונן מלאכי שנזכר לעיל: ״מַגִּישִׁים עַל מִזְבְּחִי לֶחֶם מְגֹאָל וַאֲמַרְתֶּם בַּמֶּה גֵאַלְנוּךָ בֶּאֱמָרְכֶם שֻׁלְחַן ה׳ נִבְזֶה הוּא. וְכִי תַגִּשׁוּן עִוֵּר לִזְבֹּחַ אֵין רָע וְכִי תַגִּישׁוּ פִּסֵּחַ וְחֹלֶה אֵין רָע הַקְרִיבֵהוּ נָא לְפֶחָתֶךָ הֲיִרְצְךָ אוֹ הֲיִשָּׂא פָנֶיךָ אָמַר ה׳ צְבָאוֹת״ (מלאכי א, ז-ח). לא יהא שולחן ה׳ פחות מעלה משולחן הפֶּחה שמבקשים לרצות את פניו. אולם, אין מדובר בהיטפלות לצד החיצוני של הבהמה, ואין מדובר רק ברגישות אסתטית, אלא יש לראות בדרישה זו חלק מתפיסת הקורבן כמבע וכמחווה של מביא הקורבן. גם בספר מלאכי, הטפת הנביא להקפדה על איכות הקורבן היא ביטוי לאהבה ההדדית שיש בין ישראל לבין אלוהיהם, ובמיוחד – ביטוי של ברית. בדומה כתב גורדון: ״כשנעיין בדבר נמצא כי העבודה הפורמלית הייתה חשובה בעיני נביאנו לא כשהיא לעצמה, אלא בתוכן הריליגיוזי העמוק הצפון בה; ותוכן זה הוא רגש יראת הכבוד ואמונת נפש עמוקה לאלוהי ישראל, המתבטא בעבודה זו״.[19]

יש מחז״ל שהבינו שזו הייתה הבעיה בקורבן קין: ״׳ויבא קין מפרי האדמה מנחה לה׳׳ – מן הפסולת. [משל] לאריס רע שהיה אוכל את הבכורות ומכבד למלך את הסייפות״ (בראשית רבה פרשה כב, ה, וראו גם ברש״י במקום). אינני משוכנע שזו הקריאה ההכרחית בבראשית ד׳,[20] אך לפי כיוון קריאה זה ניכר שאיכות הקורבן

17. גרשון הפנר טען שיש לאחוז בעמדה שרואה את חטאם של נדב ואביהוא בכך שנכנסו עירומים אל המשכן, וכחלק מהפולמוס נגד מנהגי כוהני עובדי אלילים, התורה מקפידה על כוהנים לבושים (הפנר, האמת העירומה). הוא טען שכבר פילון ראה את חטאם בכך שנכנסו עירומים (אלגוריות החוקים, ספר שני, סעיפים 57-58), אך פילון מדבר באליגוריה מופשטת, ואדרבה – נדב ואביהוא הם דמויות מופת בכתביו.
18. חריג מכלל זה רק קורבן שבא מן העוף.
19. גורדון, מלאכי, עמ׳ x.
20. ניתן לראות זאת גם ההיפך: קין הוא היוזם, וזה המבין שאינו יכול ליהנות מפירותיו לפני שמביא קורבן לה׳, ואילו הבל מחקה את מעשיו. הרחבתי באפשרות קריאה זו בהזדמנות אחרת: גרוסמן, בראשית, עמ׳ 108-119.

מייצגת את הלך נפשו של המקריב, וכי היא משקפת את תודעתו מול מי הוא עומד. לפי המדרש, כבר בקורבן הראשון שהוקרב אי פעם, חיסרון זה הוא שהוביל לדחיית הקורבן.

לצד זאת יש מקום לחשוב על ניסוח עקרוני יותר: יש חשיבות לכך שמביא הקורבן יביא בעל חיים 'חי'. לא כזה הגוסס אשר נוטה למות, ולא כזה שחסרה לו רגל. לא משום שהדבר אינו מכובד, אלא כי במקרה כזה מביא הקורבן לא יעבור את התהליך שהוא אמור לעבור בהביאו קורבן חי לבית ה'. לדבר זה יש חשיבות משני עברי המתרס של תהליך ההקרבה: מצד אחד יש חשיבות שבקורבנות מן החי יוגשו למזבח בעלי חיים שמוגדרים באופן מלא כ'חיים'. אבל גם מצידו של המקריב: יש ערך להוצאת הממון בתהליך הבאת קורבן לבית ה', ולוּ יכול האדם להביא בעלי חיים הנוטים למות, הוא לא היה חש בהפסד הממוני כל כך. חסרון הממון הוא מהותי לתהליך הנתינה, ולוּ הביא אדם קורבן בעוד שהוא לא חש את הפסדו הממוני, הוא לא יכול היה לחוות עד תום את הנתינה שיש בדבר.

'לִרְצֹנוֹ לפני ה''

המונח 'לרצונו' זכה לדיונים רחבים – הן הלכתיים הן פרשניים. בשורות הקצרות הבאות ברצוני לעמוד על מחלוקת אחת בסיסית שחשובה לנו להמשך דיוננו. שתי שאלות עיקריות מלוות את המונח – מה משמעות 'רצון' בהקשר הפסוק; ומיהו הנסתר הנרמז של 'רצונו' – מי הוא זה שרצונו מתואר בכתוב?

ר' יוסף בכור שור כתב כאן: "'לרצונו' – כדי שיהא רצוי לפניו". עולה מפירושו שהרצון המוזכר כאן אינו מתאר מוטיבציה אלא מתאר רצייה, פיוס, הארת פנים. על פי פירוש זה, ה' הוא בעל הרצון, והמקריב מבקש להשיג ריצוי זה. לפי פירוש זה יש לקרוא את "לרצֹנו" בהתאמה למה שייאמר בפסוק הבא: "וְסָמַךְ יָדוֹ עַל רֹאשׁ הָעֹלָה וְנִרְצָה לוֹ לְכַפֵּר עָלָיו" (א', ד). גם מילגרום אחז בקריאה זו, וראה זאת כהמשך הדרישה לקורבן תמים – אם תביא קורבן שאין בו מום, אז הוא יהיה לך לרצון. הוא טען שיש לראות את 'רצון' זה כנרדף ל'נשא פניו' (השוו למלאכי א', ח), ומשמעותם אפוא הינה פיוס וקבלה.[21]

אולם דומני שהקריאה הנוחה יותר היא הכיוון שהביא רש"י בעקבות הקריאה

21. מילגרום, ויקרא, כרך א, עמ' 149. ראו עוד בכיוון זה: ונהאם, ויקרא, עמ' 55-56; רוקר, ויקרא, עמ' 86-87.

התלמודית (ערכין כא ע"א), ועל פיה מונח זה מלמד שהבהמה חייבת לבוא ברצונו החופשי של המקריב: "'יקריב אותו' – מלמד שכופין אותו. יכול בעל כרחו? תלמוד לומר 'לרצונו'. הא כיצד? כופין אותו עד שיאמר רוצה אני". כיוון זה אחז גם ראב"ע, גם אם לא בניסוח הלכתי: "שיקריבנו ברצונו ולא באונס". העדיפות לקריאה זו נובעת מסקירת המופעים של הביטוי 'לרצונו'. מונח זה נזכר ביחס לקורבן עולה וביחס לזבח שלמים בלבד (י"ט, ה; כ"ב, כא, כט). לשון אחר, הוא נזכר בקורבנות הנדבה בלבד, ולא בקורבנות החובה שבאים על חטא, ושהאדם כפוי להביא עליהם קורבן. יתר על כן, יש פסוקים שבהם הכתוב פונה לישראל כולם בלשון רבים והנוסח הוא בהתאמה – "לרצונכם" (ויקרא י"ט, ה; כ"ב, כט), ומכך ברור שביטוי זה חוזר אל המקריב (או המקריבים) ולא אל ה'.[22] עמד על הדבר חזקוני בפירושו לעולת הבקר: "לרצנו – לפי שקרבן נדבה הוא זה נאמר בו 'לרצונו', אבל בשאר קרבנות אין כתיב לרצונו הואיל ולפעמים הם באים חובה" (חזקוני לוויקרא א', ג).

אכן, גם משמעות הריצוי משולבת בפסוק הבא המתאר את הבאת העולה: "וְסָמַךְ יָדוֹ עַל רֹאשׁ הָעֹלָה וְנִרְצָה לוֹ לְכַפֵּר עָלָיו" (א', ד). כאן הכוונה באמת לריצוי פני ה' ולקבלת הקורבן ברצון, אך אין להשליך מלשון ריצוי זו על לשון הרצון שבפסוק הקודם.[23]

נמצאנו למדים אפוא שהנתון שהקורבן בא בנדבה מהותי להבנת אופיו. הבאתו ברצון חופשי נזכרת שוב ושוב בקורבנות אלו, וצובעת את המסע כולו בצבעי רצון וולונטרי, כרצון להבעה דתית, שאינו דורש כפרה. אומנם עיקרון זה מעלה מיד את האתגר הגדול בפרשנות קורבן העולה, שהרי מיד בפסוק הבא נאמר שקורבן זה גם מכפר: "וְסָמַךְ יָדוֹ עַל רֹאשׁ הָעֹלָה וְנִרְצָה לוֹ לְכַפֵּר עָלָיו" (א', ד). היחס בין "לרצנו" שמביע התנדבות חופשית ובין "לכפר" שמביע צורך בכפרה, משמעותי להבנת אופי העולה, ונדון בכך להלן.

'וסמך ידו'

גם דין הסמיכה חל על כל קורבנות הבהמה שמביא היחיד – קורבנות הנדבה וקורבנות

22. הטוענים שכוונת 'לרצונו' היא שהקורבן יתקבל לרצון, טוענים שגם לשון הרבים מתאימה, במשמעות של 'תקריבו את הקורבן באופן כזה שיוענק לכם רצון ואהבה מאת ה'". ראו אצל ברסטד, רצה, עמ' 627.

23. משחק דומה מתרחש בוויקרא י"ט, ה–ח; כ"ב, יז–כה.

החובה (כך לפי חז"ל; על העולָה מפשטי המקראות ביחס לקורבן אשם נדון במקומו). הצדק עם חז"ל שפועל הסמיכה אינו זהה לגמרי ל'הנחה' או 'השמה', אלא מורה על הישענות של ממש, כמו שעולה מדברי הנביא: "כַּאֲשֶׁר יָנוּס אִישׁ מִפְּנֵי הָאֲרִי וּפְגָעוֹ הַדֹּב וּבָא הַבַּיִת וְסָמַךְ יָדוֹ עַל הַקִּיר וּנְשָׁכוֹ הַנָּחָשׁ" (עמוס ה', יט).[24] כך התנסח בעניין זה התלמוד, בהסבר הדין שיש להיכנס לתוך העזרה כדי לסמוך (ולכן מצורע אינו יכול להכניס רק את ידיו ולסמוך בעודו עומד בחוץ): "כל הסומך – ראשו ורובו מכניס. מאי טעמא, כל כחו בעינן" (זבחים לג ע"א). הבחנה זו חשובה, מפני שיש 'שימת ידיים' במקרא שקשורה בברכה (כמו בבראשית מ"ח, יח), וכאן מדובר כנראה בעניין שונה.[25]

מה תפקיד סמיכת הידיים על ראש הקורבן? שני כיוונים עיקריים עלו בהקשר זה: יש הטוענים שסמיכת הידיים מראה על בעלות, ויוצרת סוג של זיקה ושל יחס בין הבעלים לקורבן. הבהמה מוקרבת בשמו של סומך הידיים, והוא משייך את עצמו אליה.[26] רד"צ הופמן העדיף את הניסוח שתפקיד הסמיכה (לדעתו, בכל המקרא ובכל ההקשרים) הוא למנות שליח שיפעל במקום סומך הידיים, כך שאצלנו בסמיכה ממנה הבעלים את הקורבן שיפעל בשמו, שיתקרב לה' בשמו.[27] אחרים טענו שעיקר סמיכת הידיים נועדה להורות על העברה סמלית של דבר מה מהסומך אל הבהמה. הדבר בולט במיוחד בקורבנות חובה הבאים על חטא, שבהם הסומך מבקש להעביר את החטא הרובץ עליו ועל מצפונו אל הקורבן.[28] גישה זו כנראה באה לידי ביטוי בהלכה שיש לומר את הווידוי בשעת הסמיכה.[29] והיו כאלה שסברו ששני הדברים גם יחד מתבצעים בכל סמיכה: "כוונתה של הסמיכה היא כפולה: שיעשה את הבהמה קרבן לה' במקום המקריב עצמו... שתישא הבהמה, גם על ידי הוידוי בשעת הסמיכה, את חטאיו של המקריב".[30]

יש להביא בחשבון גם אפשרות נוספת – שלא בכל הקורבנות תפקיד הסמיכה

24. בולה, ויקרא, עמ' יב.
25. ראו גם אצל מילגרום, ויקרא, כרך א, עמ' 150.
26. למשל: דה-וו, חיי יום יום, כרך ב, עמ' 143; רינגרן, דת ישראל, עמ' 169. בניסוח חריף יותר – הסמיכה מורה שהקורבן בא במקום המקריב עצמו: "'וסמך ידו על ראש העולה' לרמוז שתעלה על מזבח העולה במקומו ויזרקו עליו את דמו כמו שדמו ונפשו תדבק שמה" (אברבנאל, הקדמה לוויקרא). היו שהרחיקו לכת עוד יותר וראו בסמיכה אקט של זיהוי שנועד לערב את רוח האדם בבהמה המוקרבת (דוסו, קורבן ישראלי, עמ' 72).
27. הופמן, ויקרא, כרך א, עמ' פח-פט.
28. פולץ, סמיכת ידיים.
29. יומא לה ע"ב – לו ע"א.
30. בולה, ויקרא, עמ' יב.

זהה. כיוון כזה הועלה בידי מנחם פארן: לדעתו, הניסוח 'לסמוך על' מתייחס למינוי, או להמרה של הסומך על הנסמך, אך הניסוח 'לסמוך על ראש' מתייחס להעברת החטא.[31] אולם קשה לתמוך הצעה זו, מפני שיש קורבנות שאינם באים על חטא ובכל זאת יש בהם סמיכה 'על ראש', כדוגמת הקורבנות שהובאו בימי המילואים (שמות כ"ט, י, טו, יט), או זבח שלמים שבוודאי לא בא על חטא (ויקרא ג', ב, ח).

אני מבקש לאמץ את העיקרון שמחלק בין שני אופנים שונים של סמיכה, אך ללכת בדרך אחרת. הדבר כנראה קשור בשאלה שרבים מהפרשנים העלו כאן – כיצד יש לסמוך? ביד אחת או בשתי ידיים? להלכה יש לסמוך בשתי ידיים, וכפי שכותב כאן רמב"ן (פירושו לוויקרא א', ד):

> 'וסמך ידו' – בשתי ידיו, כי מצאנו 'וסמך אהרן ובניו את ידיהם על ראש הפר' (שמות כ"ט, י); 'וסמכו אהרן ובניו את ידיהם על ראש האיל' (שם, טו), ודרשו בו: ידי כל יחיד ויחיד, והנה היא בשתי ידיו. ובשעיר המשתלח מפורש 'וסמך אהרן את שתי ידיו על ראש השעיר' (ויקרא ט"ז, כא).

רמב"ן מוכיח שיש לסמוך בשתי ידיים משתי פרשיות – מהציווי על ימי המילואים ומעבודת יום הכיפורים, שבשתיהן כתוב 'ידיים' בלשון רבים. הראיה מימי המילואים בעייתית, שהרי הנושא התחבירי של המשפט הוא רבים – "אהרן ובניו" – כך שבכל מקרה יש לכתוב 'ידיהם', בין אם המדובר בשתי ידיים, ובין אם המדובר ביד אחת, שהרי בקבוצה של רבים מדובר בידיים רבות.[32] רמב"ן עצמו מודע לזה כמובן, ועל כן בונה את עיקר הראיה משעיר המשתלח, ששם באמת הדבר מפורש – "וְסָמַךְ אַהֲרֹן **אֶת שְׁתֵּי יָדָו** עַל רֹאשׁ הַשָּׂעִיר הַחַי וְהִתְוַדָּה עָלָיו אֶת כָּל עֲוֹנֹת בְּנֵי יִשְׂרָאֵל וְאֶת כָּל פִּשְׁעֵיהֶם לְכָל חַטֹּאתָם וְנָתַן אֹתָם עַל רֹאשׁ הַשָּׂעִיר וְשִׁלַּח בְּיַד אִישׁ עִתִּי הַמִּדְבָּרָה" (ויקרא ט"ז, כא).[33]

אלא שראיה זו עצמה יכולה להתהפך על פניה ולהוכיח שהסמיכה הרגילה היא דווקא ביד אחת. כך כתב ראב"ע:

31. פארן, סמיכת ידיים.
32. בדומה כתב גם רנדטורף, ויקרא, עמ' 33.
33. מפליא הדבר שנוסח המסורה הוא "יָדָו" ולא "יָדָיו" – כמקובל בידיים בלשון רבים. לו היה בכוחנו לדרוש חסרות ויתרות ניתן היה לטעון שפסוק זה מבקש לרמוז לאופי הסמיכה הרגילה שבדרך כלל נעשית ביד אחת, גם אם כאן היא נעשית ב"שתי יָדָו". למעלה אבקש להציע שאדרבה, צירוף שתי הידיים למעשה הסמיכה חושף שאופי הסמיכה כאן שונה.

'וסמך ידו' – היה נראה מהפשט שבידו האחת יסמוך, כי דרך שעיר המשתלח איננו כדרך כל קרבן על כן שִׁנה הכתוב. רק כאשר מצאנו המעתיקים שהעתיקו שכל סמיכה בשתי ידיים סמכנו עליהם (פירושו לוויקרא א', ד).

ראב"ע שם לב שבכל המקראות המזכירים סמיכה, הלשון היא תמיד 'וסמך ידו' – בלשון יחיד, ורק בשעיר המשתלח 'שינה הכתוב': "וְסָמַךְ אַהֲרֹן אֶת שְׁתֵּי יָדָו". לפיכך מסיק ראב"ע שבדרך כלל "בידו האחת יסמוך", ורק בשעיר המשתלח על הכוהן לסמוך בשתי ידיים. בסופו של דבר גם ראב"ע דוחה זאת, אך רק בגלל מסורת חז"ל. מי שכנראה הבין שהפסוק מתאר סמיכה ביד אחת, הוא התרגום המיוחס ליונתן על אתר: "ויסמוך בתוקפא יד ימיניה על ריש עלתא מטול דיתרעי ליה לכפרא עלוי". לפי תרגום זה עליו לסמוך בחוזקה – בהתאמה למסורת חז"ל – אך עליו לסמוך ביד ימינו (בלבד!), ובאמת הדבר נשען על מסורת הקריאה, ועל פיה יש לקרוא 'יָדוֹ' ביחיד ולא 'יָדָו' ברבים (כנוסח בוויקרא ט"ז).

דיון זה נראה אולי קטנוני משהו, אך יכול להיות שבעדו נשקפות ונרמזות פונקציות מגוונות לסמיכת הידיים בקורבנות. אם נאמץ את כיוון הקריאה של ראב"ע (ושל התרגום), עלינו לברר מדוע דווקא בשעיר המשתלח דורשת התורה לסמוך בשתי ידיים. התשובה כמדומני ברורה מתוך הפסוק עצמו. תפקיד סמיכת הידיים שם מפורש: "וְהִתְוַדָּה עָלָיו אֶת כָּל עֲוֹנֹת בְּנֵי יִשְׂרָאֵל וְאֶת כָּל פִּשְׁעֵיהֶם לְכָל חַטֹּאתָם וְנָתַן אֹתָם עַל רֹאשׁ הַשָּׂעִיר". ככל הנראה יש להבין את "וְהִתְוַדָּה" מלשון לְיַדּוֹת, כלומר להשליך (מאכדית – *nadûm*). כלומר, הכוהן משליך את עוונות בני ישראל ואת פשעיהם, ונותן אותם 'עַל רֹאשׁ הַשָּׂעִיר', שיישא אותם המדברה, מחוץ למחנה.[34] מסתבר שלשם העברה פיזית (גם אם סמלית) של עוונות אל ראש הבהמה יש לסמוך בשתי ידיים. אולם בקורבנות הנדבה קשה לומר שיש עוונות שהמקריב מבקש להעביר ממנו. הרי מביא הקורבן לא חטא כלל, ובכל זאת הוא נדרש לסמוך את ידיו (וכך גם בקורבן חגיגה, לפי דעה אחת). בקורבנות אלו מסתבר שהתורה מדייקת באומרה 'יָדוֹ' בלשון יחיד, כי תפקיד הסמיכה באלו להורות על עצם יצירת הזיקה והקשר בין הבעלים לבין קורבנו.[35]

34. על עצם התפקיד החריג של השעיר ביום הכיפורים כתב רמב"ן: "'ונתן אותם על ראש השעיר' – לא נאמר בפרו של אהרן ולא בשעיר החטאת של שם ולא בשום סמיכה שבקרבנות כלשון הזה, מפני שהקרבנות לרצון על אשי ה' והנם מרצים ומכפרים, אבל זה שאינו לשם והמקבלו אינו מכפר ולא מרצה אינו אלא נושא עונותם, ועונה אמן בעל כרחו, ובהיות ישראל נקיים מכל חטא ופשע הוא ישא חטאתם כאשר בפסוקים רבים בתורה ובנביאים, וזהו ונשא השעיר עליו" (פירושו לוויקרא ט"ז, כא). מאחר ששעיר זה כה חריג, אין זה מפתיע שגם לסמיכת הידיים עליו יש תפקיד ייחודי.

35. ראו על כך גם אצל סאנסום, סמיכת ידיים. הוא היה ער לאפשרות זו אך נטה שלא לקבלה.

ייתכן שתפיסה זו היא העומדת ברקע העמדה ההלכתית המפתיעה שדורשת מהכוהן הגדול לסמוך ביום הכיפורים על השעיר המשתלח פעמיים: פעם אחת לקיום דין סמיכה רגיל בקורבנות, ופעם נוספת בשביל הווידוי.[36] אם אומנם סמיכת הכוהן ביום הכיפורים היא בעלת אופי שונה מהסמיכה הרגילה, יש היגיון בחיוב סמיכה נוספת ביום הכיפורים.

נמצאנו למדים שהצדק עם שתי השיטות: סמיכת יד אחת מורה על יצירת זיקה, בעוד סמיכה בשתי ידיים מבקשת להעביר דבר מה מהסומך אל ראש הנסמך.[37] חלוקה זו תוכל לבאר גם את סמיכת הידיים של משה על יהושע (במדבר כ"ז). שם יש הבדל בין מה שהצטווה משה לעשות לבין מה שעשה בפועל:

צו ה' למשה (יח–כא)	**ביצוע הצו על ידי משה (כב–כג)**
וַיֹּאמֶר ה' אֶל מֹשֶׁה	וַיַּעַשׂ מֹשֶׁה כַּאֲשֶׁר צִוָּה ה' אֹתוֹ
קַח לְךָ אֶת יְהוֹשֻׁעַ בִּן נוּן אִישׁ אֲשֶׁר רוּחַ בּוֹ	וַיִּקַּח אֶת יְהוֹשֻׁעַ
וְסָמַכְתָּ **אֶת יָדְךָ** עָלָיו.	וַיַּעֲמִדֵהוּ לִפְנֵי אֶלְעָזָר הַכֹּהֵן וְלִפְנֵי כָּל הָעֵדָה.
וְהַעֲמַדְתָּ אֹתוֹ לִפְנֵי אֶלְעָזָר הַכֹּהֵן וְלִפְנֵי כָּל הָעֵדָה וְצִוִּיתָה אֹתוֹ לְעֵינֵיהֶם. וְנָתַתָּה מֵהוֹדְךָ עָלָיו לְמַעַן יִשְׁמְעוּ כָּל עֲדַת בְּנֵי יִשְׂרָאֵל.	וַיִּסְמֹךְ **אֶת יָדָיו** עָלָיו וַיְצַוֵּהוּ כַּאֲשֶׁר דִּבֶּר ה' בְּיַד מֹשֶׁה.

36. כך עולה אצל חלק מהאחרונים בעקבות דברי המיוחס לרשב"א למנחות צב ע"ב. ראו: חידושי הגרי"ז הלוי לזבחים מ-מא. הוא עומד על ההבדל בין שתי הסמיכות ביחס לדין 'תכף לסמיכה שחיטה'. מקדש דוד הציע נפקא מינה נוספת – אם הסמיכה צריכה להיעשות בכל כוחו: "ואפשר דהסמיכה הראשונה (סמיכה לצורך וידוי) אין צריך להיות בכל כוחו דאינה סמיכה גמורה, רק שיהא הוידוי על הפר" (מקדש דוד, עמ' שמב).
37. מכיוון אחר הגיע גם קידנר למסקנה שרק בשעיר יום הכיפורים החטאים עברו אל הבהמה, בניגוד לשאר הקורבנות (קידנר, מטפורות ומשמעות).

מתוך לשון הציווי על סמיכת הידיים נראה שעל משה לסמוך ביד אחת על יהושע ("וְסָמַכְתָּ אֶת יָדְךָ עָלָיו"), אך בפועל, משה סמך על יהושע בשתי ידיו ("וַיִּסְמֹךְ אֶת יָדָיו עָלָיו"). רש"י במקום העיר על כך: "'ויסמך את ידיו' – בעין יפה יותר ויותר ממה שנצטווה. שהקב"ה אמר לו 'וסמכת את ידך' והוא עשה בשתי ידיו, ועשאו ככלי מלא וגדוש ומלאו חכמתו בעין יפה" (פירושו על אתר).

לחלופין, ייתכן שהשינוי שעשה משה מסמיכה ביד אחת לסמיכה בשתי ידיים קשור בהבדל נוסף – מקום סמיכת הידיים. בציווי, ה' אמר למשה לקחת את יהושע ולסמוך את ידו עליו עוד לפני שהוא מעמידו לפני כל העדה. אקט סמלי זה נראה כמינוי שהרב ממנה את תלמידו אחריו. בביצוע, משה סומך את ידיו על יהושע לאחר שהם כבר עומדים לפני כל העדה. נראה שבהקשר זה לסמיכת הידיים יש תפקיד בשכנוע הציבור שיהושע יכול להחליף את משה, כלומר נראה שדבר זה הוא המימוש של מה שהצטווה משה: "וְנָתַתָּה מֵהוֹדְךָ עָלָיו לְמַעַן יִשְׁמְעוּ כָּל עֲדַת בְּנֵי יִשְׂרָאֵל", שבאמת לא נזכרת לו כל מקבילה בביצוע. כלומר, משה הפך את סמיכת הידיים לחלק ממה שכל עדת ישראל צריכה 'לשמוע' ולראות: חלק מהעברת ההוד של משה אל יהושע התלמיד. לפיכך – ובהתאמה למה שהעלינו בהקשר הקורבנות – כל עוד מדובר במינוי, די ביצירת הזיקה ביד אחת; אבל בשעה שתפקיד סמיכת הידיים הוא להעביר הוד מהרב אל התלמיד, יש צורך בשתי ידיים שתסמלנה דבר זה, וכתיאור יהושע בספרי במדבר בעקבות סמיכת ידיו של משה: "ככלי מלא וגדוש" (ספרי במדבר שם).

'והקריבו בני אהרן הכהנים את הדם'

לכשנעקוב אחר קורבן העולה, נראה שלאחר סמיכת הידיים מתוארות הפעולות הבאות שיש לעשות בעולת הבקר ובדמו:

וְשָׁחַט אֶת בֶּן הַבָּקָר לִפְנֵי ה'
וְהִקְרִיבוּ בְּנֵי אַהֲרֹן הַכֹּהֲנִים אֶת הַדָּם
וְזָרְקוּ אֶת הַדָּם עַל הַמִּזְבֵּחַ סָבִיב אֲשֶׁר פֶּתַח אֹהֶל מוֹעֵד.

אומנם הפועל "והקריבו" לא מצוין בקורבנות האחרים, ובהם יש מעבר מיידי מהשחיטה לזריקת הדם (ג', ב; ד', כה; ז', ב), אך מאחר שגם בהם יש 'לזרוק' או 'לתת' את הדם על המזבח, סביר שגם בהם יש צורך לקרב את הדם אל המזבח, ועל כן אני מבקש לפתוח את הדיון בפועל זה כבר כעת, כפתיחה לקורבנות כולם.

לפי חז"ל יש ארבע עבודות הקשורות בדם: שחיטה, קבלת הדם בכלי, הולכת הדם אל המזבח, וזריקת הדם על המזבח,[38] אבל בפסוק שלפנינו מנויים בפירוש רק שלושה פעלים – "ושחט... והקריבו... וזרקו". כיצד ארבע העבודות נכנסות בשלושת הפעלים שבפסוק?

רש"י במקום מבאר: "'והקריבו' – זו קבלה שהיא הראשונה, ומשמעה לשון הולכה, למדנו ששתיהן בבני אהרן". לדעתו, הפועל "והקריבו" כולל את שתי הפעולות גם יחד: הוא רומז לקבלת הדם בכלי, שהרי אחרת לא ניתן 'להקריב' את הדם, אך בנוסף – "משמעה לשון הולכה" – מלשון לקרב דבר לדבר, כלומר – אם צריך לקרב את הדם אל המזבח, הרי שפועל זה מכוון גם לפעולה זו. בדומה כתב רשב"ם במקום: "'והקריבו' – קבלת הדם והולכתו כדי לזורקו על המזבח".

כנגד תפיסה זו כתב רמב"ן שהפועל "והקריבו" מתייחס רק לקבלת הדם:

> ואיננו נכון, אלא מדרש רבותינו 'והקריבו' – זו קבלת הדם. שאין לשון 'והקריבו' קריבת הדם למזבח שהיא ההולכה, אבל הוא לשון קרבן, שיעשו מן הדם קרבן, והוא לקבלו ולזרקו על המזבח. כי הזכיר בבעל הקרבן 'הבאה' ו'סמיכה' ו'שחיטה', ואחרי השחיטה הזכיר בני אהרן מיה, אם כן אף הקבלה עצמה מצות כהונה ואינה אלא בכהן כשר ובכלי שרת, וכל שכן הולכה וזריקה (פירושו לוויקרא א', ה).

רמב"ן אינו חולק על רש"י שגם מלאכת ההולכה היא 'עבודה' שזוקקת כוהן (ושיש בה דין פיגול אם בזמן עשייתה חשבו לאכול את הקורבן מחוץ לזמנו). המחלוקת של רמב"ן נוגעת להיבט הלשוני. לדעתו, בחטיבת הקורבנות הפועל 'להקריב' אינו מורה על קרבה פיזית, אלא רק על הקרבה על גבי המזבח. ההולכה נלמדת מעצם קביעת מקום לשחיטה (צפון המזבח), מקום שאיננו זהה עם מקום הזריקה, כך שממקום השחיטה יש להביא את הדם אל מקום הזריקה.[39] יש כאן אפוא מחלוקת יסודית, כיצד להבין את הביטוי 'להקריב'.

בין אם נבאר כרש"י ובין אם נבאר כרמב"ן, יש להעיר על משניות עבודת ההולכה. במדרשי ההלכה נתפסת ההולכה בדרך כלל כעבודה לכל דבר, והרמב"ם אף

38. לעיתים בגמרא סדר העבודות נזכר באופן אחר: "והא תני לוי: ארבע עבודות אין מצטרפות לפיגול – שחיטה וזריקה, קבלה והולכה" (מנחות יד ע"ב).

39. כך התנסח גם וינברג, הקורבן בישראל, עמ' 299.

פוסק שיש הכרח לעשותה: "והולכה שלא ברגל אינה הולכה לפיכך כהן גדול שקיבל את הדם ועמד במקומו וזרקו למזבח נפסל הזבח" (רמב"ם, הלכות פסולי המוקדשין א, כג).[40] אך בכמה סוגיות אפשר לשמוע הד להתלבטות האמוראים בשאלה זו (ראו במיוחד: עירובין קד ע"א; פסחים סה ע"ב; זבחים לה ע"א).

כאמור, בקורבנות אחרים אין אזכור מפורש של 'הקרבת' הדם, וכפי שנראה להלן, גם בעולת הצאן שמוזכרת לאחר דיני עולת הבקר אין אזכור של פועל זה, והכתוב עובר מיידית משלב השחיטה לשלב זריקת הדם: "**וְשָׁחַט** אֹתוֹ עַל יֶרֶךְ הַמִּזְבֵּחַ צָפֹנָה לִפְנֵי ה' **וְזָרְקוּ** בְּנֵי אַהֲרֹן הַכֹּהֲנִים אֶת דָּמוֹ עַל הַמִּזְבֵּחַ סָבִיב" (א', יא). מכך נראה, שפשטי המקראות מורים שמדובר בשלב טכני, שמבחינה מהותית קשה לראות בו 'עבודה' של ממש.[41] אכן גם הולכת הדם צריכה להיעשות על ידי כוהנים דווקא, אך זאת רק משום שהיא נתפסת כתחילת פעולת זריקת הדם.[42] יש לדבר זה משמעויות רבות, אך רובן נוגעות בהקשר ההלכתי־המשפטי של דין הולכה שחורג מגבולות דיוננו. נסתפק בדוגמה אחת: האם גם בקורבנות העוף – שנשחטים על גבי המזבח – יש דין הולכה? היו שטענו שהשלב שבו הדם פרש מן העוף ועד שהגיע לקיר המזבח, נחשב ל'הולכת הדם', וכל דיני הולכה תקפים גם בקורבנות אלו,[43] אך מנגד, היו שטענו – ולפי ביאורנו נראה שהצדק איתם – שמאחר שהעוף נשחט (או נמלק) בסמיכות למזבח, אין כל משמעות לדין הולכה, שאינה אלא צורך טכני בשעה שהקורבן נשחט בריחוק מקום מהמזבח.[44]

40. שיטתו של הרמב"ם היא שתמיד יש לקיים הולכה, גם אם הקורבן נשחט לצד המזבח. רש"י ובעלי התוספות כנראה חולקים עליו, וכרוח הדברים שהצעתי למעלה. ראו שם בהרחבה בהערת המשנה למלך, ובמנחת חינוך, מצווה קטו, אות יז.

41. ייתכן שתפיסה זו היא העומדת בבסיס ההתלבטות אם יש לברך ברכת המצוות גם לפני הולכת הדם. על כל עבודה במעשה הקורבן היו מברכים, אולם ביחס להולכה מצאנו מחלוקת. הרב אהרון כהן בספרו עבודת הקורבנות כתב שיש לברך גם על ההולכה (סימן נב), אולם מכמה ראשונים משתמע שעל ההולכה הכוהנים אינם מברכים. כך למשל כתב אבודרהם ביחס לברכות במעשה ההקרבה: "וכן על הקרבת הקרבנות ועל סמיכה וזריקה והקטרת אימורין ושאר מעשיהן" (שער שלישי), ומתוך התעלמותו מההולכה ניתן ללמוד שאין מברכים עליה. ראו על סוגיה זו אצל אריאל, ברכת המצוות. אם יש לראות בדין ההולכה רק דבר מה טכני שנדרש לשם הזריקה על המזבח, ברור מדוע לא מברכים עליה בפני עצמה.

42. דומה בעיניי שהטוענים שגם הולכת הדם של קודשי קדשים זוקקת 'צפון מזבח' – כמו דין קבלת הדם בקורבנות אלו – רואים את שתי הפעולות כקשורות זו בזו (ראו את הדיון באנציקלופדיה התלמודית, "הולכה", כרך ח, עמ' תמו).

43. תוספות, זבחים טו ע"א, ד"ה "חטאת".

44. ראו על התלבטות זו באנציקלופדיה התלמודית, שם.

בנוסף למשמעות הדיון בכל הנוגע להבנת דין הולכת הדם כשלעצמו, יש לדיון זה השלכה גם על הבנת דרישת הכתוב שעולת הצאן תישחט לצידו הצפוני של המזבח. דרישה זו איננה נזכרת בעולת הבקר, ועוד נתלבט אם חסרונה מעיד על כך שאת קורבן הבקר אפשר לשחוט גם שלא לצד המזבח, או שמדובר בפער ספרותי בלבד שאין לו השלכות נורמטיביות־משפטיות. חסרון אזכור הקרבת הדם אל המזבח בעולת הצאן מחזק את העמדה שיש קשר בין מקום השחיטה לדין הולכת הדם: מאחר שעולת הצאן נשחטת בסמיכות למזבח, אין צורך לתאר את פעולת הקרבת הדם אל המזבח, וממילא – בעולת הבקר, שבה מוזכרת הקרבת הדם אל המזבח, כנראה מניח הכתוב שהיא איננה נשחטת בסמיכות למזבח דווקא.

'והקטיר'

אין ספק שאחד הפעלים החשובים ביותר בעולם הקורבנות הוא 'להקטיר'. יהיה מי שיאמר שזו תכלית ההקרבה, ויהיה מי שיסתפק בכך שיצביע על הנתון הפשוט, שפועל זה נזכר למעלה משלושים וחמש פעמים בחומש ויקרא, ושכל הקורבנות כולם – נדבה או חובה, קורבן מן החי או מן הצומח – נחתמים בפועל הזה שמורה על עלייתם באש המזבח.

מה משמעותו המדויקת של פועל זה? לכאורה 'להקטיר' מקביל במידה זו אחרת לפועל 'לשרוף באש'. זו באמת דרך המלך בתרגום הפועל בין התרגומים המודרניים שתרגמו את "והקטיר" באופן הבא (תרגומם לוויקרא א', ט, שבו הפועל נזכר לראשונה): shall burn all on the altar (KJV; NAB; NIB; NIV; NJB); דומני שזו אינטואיציה רחבה בקרב קוראי המקרא, אולם בצדק העיר הרב עזרא ביק על הטעות שבפענוח זה של הפועל.[45] בחוקי הקורבנות ניכר שהתורה מבחינה היטב בין שני ניסוחים: קורבנות שנשרפים על המזבח – 'מוקטרים'; קורבנות שנשרפים מחוץ למחנה – 'נשרפים' (ראו: ד', יב, כא; י', טז; ט"ז, כז-כח; במדבר י"ט, ה, ו, ח).

תרגום השבעים באמת ביקש פועל חלופי, כדי להבחין בין 'שרפה' סתם לבין העלאה באש המזבח, והסתפק בפועל 'להעלות': "והעלה (ἐπιθήσουσιν) הכהן את הכל על המזבח". גם אונקלוס הקפיד שלא לתרגם את הפועל כשרפה גרידא: "**ויסק** כהנא ית כולא למדבחא" (תרגומו לוויקרא א', ט), ולא – כפי שמתרגם בדרך כלל את הפועל 'לשרוף' = 'ויקוד'.

45. ביק, הקטרה.

מסתבר שפועל ההקטרה קשור בשם העצם 'קיטור', שאיננו אלא 'עשן', או בלשונו של רש"י: "תימור של עשן" (פירושו לבראשית י"ט, כח). מכאן הוא קשור גם בפועל 'לקטר', כלומר 'להפוך דבר מה לעשן'.[46] לפי זה, התרגום המדויק של 'להקטיר' הוא התרגום של JPS: "and the priest shall turn the whole into smoke on the altar".[47] פועל זה מקביל לפועל האכדי – *qatāru* שגם שם משמעו 'להפוך דבר לעשן'. לפיכך, הקטורת, שכל עניינה הוא להפוך את עצי הבשמים לעשן נקראת על שם פעולתה, ועל כן, הקרבת בעל חיים באש היא 'הקטרתו' מפני שהוא הופך את הבשר לעשן.[48]

להגדרה מדויקת זו יש השפעה דרמטית על הבנת תהליך ההקרבה ועל תפקידו. אין מדובר בשרפת בעל חיים, אלא בשינוי ממצב צבירה אחד למצב צבירה אחר; לא מכלים את בעל החיים, אלא הופכים את הבשר לעשן, או אם נרצה, את הבשר לרוח. במצב הצבירה החדש שלו, הקורבן יכול לעלות לשמיים ולהתפזר שם. העשן העולה מעלה מביא בכנפיו את ריח הקורבנות הנשרפים שהם 'ריח ניחוח' – מונח שעוד נדון בו בהרחבה עת נדון בתפקיד תוספת הלבונה במנחות.

כך אם כן מסתבר, שעל אש המזבח הבשר הופך לרוח, וריחה של רוח זו עולה לגבוה.

'אִישֶּׁה'

החתימה הרגילה שנזכרת ברבים מן הקורבנות היא: "אִשֵּׁה רֵיחַ נִיחֹחַ לַה'". התלבטות מרתקת מלווה את הפרשנות בנוגע למונח הפותח צירוף זה – 'אִישֶּׁה'. הנטייה הרווחת בקרב הראשונים היא לראות את 'אשה' כנגזר מ'אש המזבח', ביטוי שהוראתו היא מעין 'הולך לאש', 'מיועד לאש', או "קרבן העולה כולו או מקצתו על אש המזבח".[49]

46. משמעות הפועל האכדי *qatāru* הוא 'להעלות', אך גם באכדית בבניין D, משמעות הפועל 'להפוך לעשן' (ראו במילון האכדי CAD, Q, עמ' 166–168). משמעויות דומות יש לפועל זה גם בערבית ובסורית (ראו גם אצל קדרי, מילון, עמ' 943–944). לצד משמעות זו לקט"ר באוגריתית, יש הוראה נוספת מפתיעה: בשלוש ההופעות המתועדות שלו הוא קשור ביציאת הנשמה של האדם בעת מותו (ראו על כך עוד: אברבק, קטר, עמ' 913).

47. בדומה: "And the priest shall offer up in smoke all of it" (New American Standard Bible)

48. ראו גם את הדיון אצל מילגרום, ויקרא, כרך א, עמ' 160–161. הוא הקפיד לתרגם את הפועל: "turn into smoke".

49. שטיינברג, מילון התנ"ך, עמ' 78.

כך למשל כתב רש"י: "'אשה' – כשישחטנו יהא שוחטו לשם האש. וכל אשה לשון אש" (רש"י ויקרא א׳, ט); או בניסוח של אברבנאל: "ואמר שהתמידין האלה להיותם קרבן הודאה ושבח רב יהיו לריח ניחוח שכלם יהיו נשרפים על המזבח ויעלו בהקטרה, ויהיו אשה לה׳ כלומר למאכלת האש ההיא אשר על המזבח" (אברבנאל לשמות כ"ט).

כנגד מסורת קריאה זו טען יעקב מילגרום שאין כל קשר בין 'אשה' ל'אש', ושיש לראות את 'אשה' כמורה על 'נדבת אוכל' או 'מתנת אוכל'. לטענתו הצירוף השלם הוא 'לחם אשה' (כמו בוויקרא ג׳, יא, טז; במדבר כ"ח, כד), וגם כשהצירוף בא בקיצור – 'אִשֶּׁה' – משמעותו שאולה מהצירוף השלם. מבחינה לשונית הוא מבקש לתמוך את הצעתו בקרבה שיש בין 'אשה' לבין 'איתת' באוגריתית – 'מתנה'.[50]

האינטואיציה הראשונית קרובה לכיוון הקריאה הרגיל, בגלל הקישור הלשוני הברור בין 'אשה' ל'אש', אולם מילגרום מחזק את עמדתו מכמה מקראות. ניתן לחלק את ראיותיו לשני מקרים – כאלו שהקורבן אינו הולך לאש המזבח, ובכל זאת הוא מכונה 'אשה'; וכאלו שבהם הקורבן הולך לאש המזבח, אך התורה נמנעת מלכנות אותו 'אשה'.

'אִשֶּׁה' שאינו מגיע לאש המזבח

א. נסכי יין: מילגרום מזכיר את נסכי היין שאין מנסכים אותם על אש המזבח עצמה, ובכל זאת התורה מכנה אותם 'אִשֶּׁה': "וְיַיִן תַּקְרִיב לַנֶּסֶךְ חֲצִי הַהִין אִשֵּׁה רֵיחַ נִיחֹחַ לַה׳" (במדבר ט"ו, י).
אולם קשה להשתכנע מדוגמה זו: בסופו של דבר גם נסכי היין מובאים למזבח שבו מצויה אש ה׳, וגם אם היין אינו נשפך על האש עצמה, ניתן לומר עליו שהוא מגיע למקום אש ה׳ ושם יש לנסך אותו.

ב. חזה השלמים: בתיאור מתנת הכוהנים מזבחי שלמים נאמר: "יָדָיו תְּבִיאֶינָה **אֵת אִשֵּׁי ה׳** אֶת הַחֵלֶב עַל הֶחָזֶה יְבִיאֶנּוּ אֵת הֶחָזֶה לְהָנִיף אֹתוֹ תְּנוּפָה לִפְנֵי ה׳. וְהִקְטִיר הַכֹּהֵן אֶת הַחֵלֶב הַמִּזְבֵּחָה וְהָיָה הֶחָזֶה לְאַהֲרֹן וּלְבָנָיו' (ז׳, ל-לא). גם

50. מילגרום, ויקרא, כרך א, עמ׳ 161-162. לחיזוק נוסף של תפיסתו ולטענה שיש לראות את 'אשה לה'" כמילת מפתח בקורבנות הנדבה (ויקרא א׳-ג׳) ראו: וורנינג, אומנות ספרותית, עמ׳ 102-103. מצד שני יש להעיר, שלא כולם סבורים שיש זהות בין 'איתת' האוגריתי לבין 'אשה', ראו למשל: דייטריך ולורנץ, אוגרית.

מכך הסיק מילגרום שלא ניתן לבאר את 'אשה' כמיועד לאש, שהרי החזה איננו הולך למזבח כלל אלא לכוהן.

עם זאת, גם כאן יש להסתייג, שהרי הכינוי 'אישי ה'' כולל את הרשימה כולה, ובתוכה נזכרים – לצד החזה – גם החלבים אשר הולכים אל אש המזבח. בדיוננו להלן עוד ניווכח שגם החזה מוגש בעצם אל המזבח ביחד עם החלבים, אלא שהמזבח 'מוותר' על החזה ומעבירו לכוהנים. בהחלט ייתכן שהתורה מגדירה בעיקר את החלבים כ'אישי ה'' והחזה רק נספח אליהם.

ג. לחם הפנים: הדוגמה האחרונה שמילגרום הביא לשימוש בכינוי 'אִשֶּׁה' אף שאין שם הקרבה, היא לחם הפנים: "וְלָקַחְתָּ סֹלֶת וְאָפִיתָ אֹתָהּ שְׁתֵּים עֶשְׂרֵה חַלּוֹת... וְנָתַתָּ עַל הַמַּעֲרֶכֶת לְבֹנָה זַכָּה וְהָיְתָה לַלֶּחֶם לְאַזְכָּרָה אִשֶּׁה לַה'. בְּיוֹם הַשַּׁבָּת בְּיוֹם הַשַּׁבָּת יַעַרְכֶנּוּ לִפְנֵי ה' תָּמִיד מֵאֵת בְּנֵי יִשְׂרָאֵל בְּרִית עוֹלָם. וְהָיְתָה לְאַהֲרֹן וּלְבָנָיו וַאֲכָלֻהוּ בְּמָקוֹם קָדֹשׁ כִּי קֹדֶשׁ קָדָשִׁים הוּא לוֹ מֵאִשֵּׁי ה' חָק עוֹלָם" (ויקרא כ"ד, ה–ט). על אף שהלחם אינו מוקטר באש המזבח, אלא נאכל על ידי הכוהנים, התורה מכנה את חלק הכוהנים: "קֹדֶשׁ קָדָשִׁים הוּא לוֹ מֵאִשֵּׁי ה'". אם 'אישי ה'' הינן מתנות אוכל לה', ברור מדוע גם לחם הפנים נקרא כך. אם ביטוי זה מכוון דווקא לאש המזבח, קשה לראות כיצד לחמים אלו נחשבים כמי שנותרו מאש המזבח, אם הם לא הובאו כלל אל המזבח. אך גם כאן איני משוכנע בצדקת טענתו. הלחם עצמו אומנם אינו מוקטר על גבי המזבח, אולם לצד הלחם יש להניח לבונה, והיא 'אזכרת' הלחמים במזבח: "וְנָתַתָּ עַל הַמַּעֲרֶכֶת לְבֹנָה זַכָּה וְהָיְתָה לַלֶּחֶם לְאַזְכָּרָה אִשֶּׁה לַה'". את הלחמים לא מקטירים על גבי המזבח (אולי משום שבפשטי המקראות נראה שהם חמץ; ראו להלן בדיון באיסור חמץ על המזבח, בסוף ניתוח ויקרא ב'), ועל כן הלבונה מייצגת את הלחמים על המזבח. הלבונה היא "אשה לה'" – כלומר הולכת לאש המזבח. לפיכך ניתן לראות את הלחמים כנותרים מאש המזבח, וניתן לכנות את חלק הכוהן – "קֹדֶשׁ קָדָשִׁים הוּא לוֹ מֵאִשֵּׁי ה'".

קורבנות המגיעים לאש המזבח אך אינם 'אִשֶּׁה'

כאמור, מילגרום הוכיח את טענתו גם מהכיוון ההפוך: יש חלקים שמגיעים לאש המזבח, ואף על פי כן נמנע הכתוב מלכנות אותם 'אשה'. כוונתו במיוחד לקורבן החטאת. לאורך פרק ד' המוקדש לקורבן זה לא נאמר שהוא 'אשה לה'', והדבר בולט עוד יותר במקומות שבהם החטאת מובאת לצד קורבנות אחרים, וכולם מכונים 'אשה לה'' מלבד החטאת:

א. שבעת ימי המילואים: ביחס לקורבן עולה מופיע שהוא 'אשה לה'': "וְהִקְטַרְתָּ אֶת כָּל הָאַיִל הַמִּזְבֵּחָה עֹלָה הוּא לַה' רֵיחַ נִיחוֹחַ אִשֶּׁה לַה' הוּא" (שמות כ"ט, יח), כמו גם ביחס לזבח השלמים: "וְלָקַחְתָּ אֹתָם מִיָּדָם וְהִקְטַרְתָּ הַמִּזְבֵּחָה עַל הָעֹלָה לְרֵיחַ נִיחוֹחַ לִפְנֵי ה' אִשֶּׁה הוּא לַה'" (כה). אולם בציווי על הקרבת החטאת צירוף זה חסר: "וְלָקַחְתָּ אֶת כָּל הַחֵלֶב הַמְכַסֶּה אֶת הַקֶּרֶב וְאֵת הַיֹּתֶרֶת עַל הַכָּבֵד וְאֵת שְׁתֵּי הַכְּלָיֹת וְאֶת הַחֵלֶב אֲשֶׁר עֲלֵיהֶן וְהִקְטַרְתָּ הַמִּזְבֵּחָה" (יג).

ב. קורבנות המוספים: הפער בין העולות הנזכרות בפרק לבין החטאת בולט במוספי המועדים כולם. כבר ביחס לעולת התמיד נאמר שם: "עֹלַת תָּמִיד הָעֲשֻׂיָה בְּהַר סִינַי לְרֵיחַ נִיחֹחַ אִשֶּׁה לַה'" (במדבר כ"ח, ו), 'וְאֵת הַכֶּבֶשׂ הַשֵּׁנִי תַּעֲשֶׂה בֵּין הָעַרְבָּיִם כְּמִנְחַת הַבֹּקֶר וּכְנִסְכּוֹ תַּעֲשֶׂה אִשֵּׁה רֵיחַ נִיחֹחַ לַה'" (ח). כך גם ביחס לקורבנות העולה שיש להביא כמוסף במועדים, כמו: "כָּאֵלֶּה תַּעֲשׂוּ לַיּוֹם שִׁבְעַת יָמִים לֶחֶם אִשֵּׁה רֵיחַ נִיחֹחַ לַה' עַל עוֹלַת הַתָּמִיד יֵעָשֶׂה וְנִסְכּוֹ" (כ"ח, כד). אולם ביחס לחטאת נאמר רק: "וּשְׂעִיר חַטָּאת אֶחָד לְכַפֵּר עֲלֵיכֶם" (כ"ח, כב), ואין כל אזכור של החטאת כ'אשה'.

ג. גם מה שנראה במבט ראשון כחריגה מחסרון 'אשה' בחטאת, מתברר במבט שני דווקא כראיה לשיטה זו. כוונתי לחטאת היחיד שבה נאמר: "וְאֶת כָּל חֶלְבָּהּ יָסִיר כַּאֲשֶׁר יוּסַר חֵלֶב הַכֶּשֶׂב מִזֶּבַח הַשְּׁלָמִים וְהִקְטִיר הַכֹּהֵן אֹתָם הַמִּזְבֵּחָה עַל אִשֵּׁי ה' וְכִפֶּר עָלָיו הַכֹּהֵן עַל חַטָּאתוֹ אֲשֶׁר חָטָא וְנִסְלַח לוֹ" (ויקרא ד', לה). הנה, לכאורה נאמר גם ביחס לחטאת "עַל אִשֵּׁי ה'", אולם מבט נוסף מגלה שלא החטאת מכונה כאן "אִשֵּׁי ה'" אלא הצו דורש להקטירה "עַל אִשֵּׁי ה'" – על קורבנות אחרים המצויים במזבח, והם הם 'אשי ה''.[51] כך גם ביחס לקורבן חטאת עולה ויורד: "וֶהֱבִיאָהּ אֶל הַכֹּהֵן וְקָמַץ הַכֹּהֵן מִמֶּנָּה מְלוֹא קֻמְצוֹ אֶת אַזְכָּרָתָהּ וְהִקְטִיר הַמִּזְבֵּחָה עַל אִשֵּׁי ה' חַטָּאת הִוא" (ויקרא ה', יב). גם כאן החטאת באה "עַל אִשֵּׁי ה'", אך היא עצמה אינה 'אשה לה''.

לפי שיטתו של מילגרום ברור אפוא מדוע לא נאמר 'אשה' בקורבן חטאת, שהרי הוא קורבן חובה שמובא לשם כפרה על חטא, וקשה לראות בו 'נדבת אוכל', שכן אין זו נדבה כלל.

דבר זה יכול להסתייע סיוע נוסף מפרשיית חטא הציבור בבמדבר טו, כד-כו:

51. בדומה לחתימת זבח השלמים שהתורה מגדירה את הקרבתו 'על עולה' – "וְהִקְטִירוּ אֹתוֹ בְנֵי אַהֲרֹן הַמִּזְבֵּחָה עַל הָעֹלָה אֲשֶׁר עַל הָעֵצִים אֲשֶׁר עַל הָאֵשׁ" (ג', ה). דיון בפסוק זה יבוא במקומו.

וְהָיָה אִם מֵעֵינֵי הָעֵדָה נֶעֶשְׂתָה לִשְׁגָגָה וְעָשׂוּ כָל הָעֵדָה פַּר בֶּן בָּקָר אֶחָד לְעֹלָה לְרֵיחַ נִיחֹחַ לַה׳ וּמִנְחָתוֹ וְנִסְכּוֹ כַּמִּשְׁפָּט וּשְׂעִיר עִזִּים אֶחָד לְחַטָּת. וְכִפֶּר הַכֹּהֵן עַל כָּל עֲדַת בְּנֵי יִשְׂרָאֵל וְנִסְלַח לָהֶם כִּי שְׁגָגָה הִוא **וְהֵם הֵבִיאוּ אֶת קָרְבָּנָם אִשֶּׁה לַה׳ וְחַטָּאתָם לִפְנֵי ה׳ עַל שִׁגְגָתָם.** וְנִסְלַח לְכָל עֲדַת בְּנֵי יִשְׂרָאֵל וְלַגֵּר הַגָּר בְּתוֹכָם כִּי לְכָל הָעָם בִּשְׁגָגָה.

הכתוב מבאר שישראל זוכים לכפרה ולסליחה מפני שהם עשו בשגגה (ובהמשך הכתובים שם מתואר זדון יחיד שבאמת לא ייסלח לו), ומשום שישראל הביאו את הקורבנות הנדרשים. אלא שבתיאור זה יש כפילות מעניינת שאומרת דורשני:

וְהֵם הֵבִיאוּ אֶת קָרְבָּנָם אִשֶּׁה לַה׳,
וְחַטָּאתָם לִפְנֵי ה׳ עַל שִׁגְגָתָם.

ייתכן כמובן שמדובר בתקבולת בעלמא, אך ייתכן שכפל המבע כאן חוזר לשני הקורבנות שישראל נדרשו להביא. הצירוף השני – "וְחַטָּאתָם לִפְנֵי ה'" – מתאים לקורבן החטאת, ואילו הצירוף הראשון – "אִשֶּׁה לַה'" – חוזר לקורבן העולה. כך פירש רש"י במקום (בעקבות הספרי): ""הביאו את קרבנם אשה לה'" – זה האמור בפרשה הוא פר העולה שנאמר 'אשה לה''; 'וחטאתם' – זה השעיר". בעל שפתי חכמים הדגיש בצדק בפירושו לפירוש רש"י: "לכן פירש זה פר העולה, שנאמר בו 'אשה לה'', לאפוקי חטאת אינו אשה לה'; רק עולה הוא אשה לה'".[52] גם ראב"ע ורמב"ן אימצו פרשנות זו, ולפי הצעת קריאה זו ניכר שהכתוב נמנע מלכנות את קורבן החטאת כ'אשה לה'', וצירוף זה מוקדש כאן רק לקורבן העולה.

במבט מסכם נראה שעל ראיותיו הראשונות של מילגרום יש מקום לבוא ולחלוק, אך הראיה מהכיוון ההפוך חזקה ביותר – קשה להניח שחסרון הצירוף 'אשה לה'' מקורבנות החטאת השונים הוא מקרי. אולם למרות זאת קשה לאמץ את עמדתו, מפני

52. ראוי לציין, שעל אף שבדרך כלל כשמוגשים למזבח עולה וחטאת, החטאת מוקדמת לעולה, אצלנו העולה קודמת (כפי שמדגיש שם רש"י במקום). תהא הסיבה אשר תהא לכך, גם חתימת הפרשה מותאמת לסדר זה – תחילה חותם הכתוב את הבאת העולה שהיא "אשה לה'", ואז חוזר הכתוב לחטאת, שהיא הובאה "לפני ה' על שגגתם".

שהמונח 'אשה לה'' חסר רק בחטאת, אך נזכר בקורבן אשם. לפי טענתו של מילגרום ניתן היה לצפות שגם קורבן אשם לא יוגדר כ'אשה לה'' שהרי הוא איננו נדבת אוכל; גם הוא בא על חטא – כקורבן חטאת. למרות זאת האשם מוגדר 'אשה': "וְהִקְטִיר אֹתָם הַכֹּהֵן הַמִּזְבֵּחָה אִשֶּׁה לַה' אָשָׁם הוּא" (ז', ה).[53] זאת ועוד: הראיה שהוזכרה לעיל מבמדבר ט"ו מוכיחה בעליל שגם קורבנות חובה יכולים להיכלל תחת הקטגוריה של 'אשה לה'' – כל עוד אין מדובר בחטאת. הרי העולה מובאת שם כקורבן חובה, לשם סליחה וכפרה על חטא, ובכל זאת לא נמנע הכתוב מלכנות קורבן זה 'אשה לה''.

נראה לי אפוא שיש לחזור לדרך המלך המקובלת בקרב הפרשנים ולראות את 'אשה לה'' כמביע את היות הדבר 'מיועד לאש המזבח'. לצד זה יש לספק מענה מכיוון אחר לשאלה מדוע בקורבן החטאת מונח זה לא נאמר. דומה שהדבר קשור באופי הייחודי של החטאת. לא ניתן כעת להאריך בדבר, אך כפי שיובהר להלן, בניגוד לכל הקורבנות שבאים כמזון למזבח האוכל אותו, החטאת באה בעיקר כדי לחטא את המזבח, לטהר אותו, בבחינת חומר ניקוי. עוד נדון בכך בהרחבה בדיון בקורבן החטאת, אך דומה שבשל כך המונח 'אשה לה'' אינו יכול להופיע בקורבן זה. עיקר מגמת החטאת איננה לאש המזבח, כקורבן העולה לה', אלא היא מבקשת לחטא ולטהר את מבנה המזבח.

53. בדוחק ניתן היה לומר שגם אם אשם בא על חטא, יש בו ממד של פיוס, ושניתן להציגו גם כחלק מעולם הנדבה, אך זה כמובן דחוק. מעניין שגם רד"צ הופמן טען שהצירוף 'אשי ה'' לא נזכר בחטאת ובאשם (ויקרא, כרך א, עמ' קד), על אף שכאמור ביחס לאשם הוא נזכר. ייתכן שרד"צ הופמן סבור שיש לחלק בין הצירוף 'אשי ה'' (שעליו הוא מדבר) לבין 'אשה לה'' (הנזכר בקורבן אשם).

פרק רביעי

שתי רשימות הקורבנות

משום מה, דיני הקורבנות הפותחים את ספר ויקרא מובאים בכפילות, בשתי רשימות עוקבות: רשימת הקורבנות שבפרשת ויקרא (א׳-ה׳) ורשימת הקורבנות שבפרשת צו (ו׳-ז׳). כל רשימה מגישה את דיני אותם הקורבנות, כך שאין מדובר בהשלמת קורבנות שזכרם לא בא ברשימה הראשונה. אומנם יש דינים שמתחדשים ברשימה השנייה – ובלשונו של רשב״ם: ״כל הקרבנות האמורים בפרשת ויקרא חוזר וגומר כל דיניהם״ (ויקרא ו׳, ב) – אולם דבר זה דורש פשר: מדוע לא ביאר הכתוב את כל דיני הקורבן יחדיו, ומדוע פיצל את דיניו לשתי רשימות שונות?

בקרב הראשונים היו שהציעו שהרשימה הראשונה עוסקת בקורבנות באופן כללי בלבד, ואילו הרשימה השנייה מתחילה לפרט את הדינים המיוחדים לכל קורבן, ומבארת את הרעיון הרוחני שעומד כרקע לו:

> אחר שהגיד מעשה הקרבנות אמר התורה הראויה לכל אחד ואחד, אשר בה רמז חלק עיוני בהם (ספורנו לוויקרא ו׳, ב).

מעין ראיה להצעה זו יש בשילוב המונח ׳תורה׳ שבא ברשימה השנייה שוב ושוב (׳תורת העולה׳; ׳תורת המנחה׳ וכו׳), מונח שיש בכוחו לרמוז להבאת פרטי ההוראות הייחודיים של כל קורבן וקורבן, ולא רק עיסוק כוללני במעשה הקורבנות. ספורנו אכן מתבסס על כך, באומרו ״אמר **התורה** הראויה לכל אחד ואחד״.[1]

1. בדברים למעלה הדגשתי את אפשרות הכלל והפרט שנרמזת בדברי ספורנו. ניתן למשוך את דבריו

אולם גישה זו קשה, מפני שפרטי דינים רבים נזכרים דווקא ברשימה הראשונה ולא השנייה. אדרבה: רוב דיני ההקרבה נזכרים כבר ברשימה הראשונה, וקשה לראות את הציוויים שבאים בפרשת צו כמפרטים יותר (מלבד ביחס לקורבן אשם שעוד נדון בו). כפי שנראה בהמשך הדיונים, גם הרעיון המייחד כל קורבן עוֹלֶה בפרשת ויקרא עוד יותר מאשר בפרשת צו. כיצד אם כן ניתן להבין את הצורך בפיצול דיני הקורבן לשתי רשימות שונות?

הדבר הבולט ביותר כבר בקריאה ראשונה של דיני הקורבנות המפוצלים בין שתי הרשימות הוא שהרשימות עוסקות בשלבים שונים של ההקרבה. הרשימה הראשונה שבאה בפרשת ויקרא מתארת את מסעו של הקורבן מהבאתו אל המשכן ועד להקרבתו על גבי המזבח; הרשימה השנייה שבאה בפרשת צו מתארת את קורות הקורבן מאז הגעתו אל המזבח ועד לאכילתו על ידי הכוהנים (או הבעלים).[2] הדבר בולט במיוחד ביוצא מן הכלל – בקורבן העולה; מאחר שהכוהנים אינם אוכלים אותו כלל, תיאורו ברשימה השנייה מתמקד ב'אכילת' המזבח עד הבוקר ובפינוי השאריות. כלומר, במקום שבו אין המשך למסעו של הקורבן לאחר המזבח, גם הרשימה השנייה מקצרת בדברים ועוסקת רק בהלכות מזבח. יש בכוחו של הסבר זה גם לבאר את ההתמקדות הגדולה בדיני זבח השלמים, שזוכה ברשימה השנייה לפירוט רב. שלא כמו הקורבנות האחרים, זבח שלמים נאכל גם על ידי הבעלים, ועל כן יש לו המשך רחב יריעה גם לאחר הקרבת החלק שהולך אל המזבח: דיני אכילתו על ידי הבעלים, החשש מטומאה וכדומה – אלה מלווים את הרשימה השנייה, ואינם נרמזים ברשימה הראשונה, המסיימת את תיאור הקרבתו בהגעתו אל המזבח.

נמען הציווי

אולם לא ניתן להסתפק בצעד זה. כפי שהראה רמב"ן, לשתי הרשימות יש נמענים שונים, ודבר זה מלמד הרבה על אופי שתי הרשימות ועל תכליתן:

לכיוון שונה – ברשימה השנייה התורה רומזת למשמעות הפנימית של הקורבנות השונים. דבר זה הובלט בפירושו של הרב יהודה קופרמן לספורנו: "בעוד פרשת ויקרא קובעת את סוגי הקורבנות ואת מקומו של כל אחד ואחד במערכת הכללית של כפרת החוטא והתקרבותו של הי"ת, פרשת צו עוסקת בפנימיותו של כל קורבן" (קופרמן, ספורנו, חלק ב, עמ' יט).

2. מרקס, תאולוגיה.

אמר הכתוב בפרשת ויקרא 'דבר אל בני ישראל', כי שם יצוה בהבאת הקרבנות, וישראל מביאים אותם. וכאן (= בתחילת פרשת צו) אמר 'צו את אהרן', כי ידבר במעשה הקרבנות, והכהנים יעשו אותם (רמב"ן לוויקרא ו', ב).

פרשת ויקרא פונה לכל יחיד: "אָדָם כִּי יַקְרִיב מִכֶּם קָרְבָּן לַה'" (א', א); היא פונה לכל אדם מישראל שמבקש להביא קורבן, והיא מצווה אותו כיצד לנהוג אם הוא בחר להביא עולה, אם בחר להביא מנחה, או אם נתחייב חטאת. לעומת זאת פרשת צו פונה לאהרון ובניו הכוהנים, ומצווה אותם כיצד עליהם לנהוג בקורבנות שהובאו אל המשכן: "צַו אֶת אַהֲרֹן וְאֶת בָּנָיו לֵאמֹר" (ו', ב).

יושם לב שגם רמב"ן מעיר, שפרשת ויקרא מתארת את "הבאת הקרבנות", ואילו פרשת צו מתארת את "מעשה הקרבנות", בדומה לחלוקה שהצענו לעיל. דבר זה יכול לבאר גם את הסדר הכרונולוגי של שתי הרשימות: תחילה אדם מישראל מביא קורבן למשכן, ושם הכוהנים מקבלים מידיו את קורבנו, ועליהם לנהוג בו על פי הדינים הכתובים בפרשת צו. כפי שנראה בהמשך סוגיה זו מורכבת יותר (די להזכיר שדיני ההקרבה מפורטים דווקא בפרשת ויקרא ולא בפרשת צו), אך כבסיס לדיון דומה שחלוקה זו מבוססת היטב.

המדרש מסב את תשומת ליבנו לסדר השונה של אזכור אהרון ובניו בפתח פרשת צו, ביחס לכתוב בפרשת ויקרא:

> מתחלת הספר ועד כאן כתיב 'וערכו בני אהרן', 'וזרקו בני אהרן', 'ונתנו בני אהרן'. אמר משה לפני הקדוש ברוך הוא: הבור שנואה ומימיה חביבין! חלקת כבוד לעצים בשביל בניהן דתנינן תמן 'כל העצים כשרים למערכה חוץ משל זית ושל גפן', ולאהרן אין אתה חולק לו כבוד בשביל בניו?! אמר לו הקדוש ברוך הוא חייך שבשבילך אני מקרבו, ולא עוד אלא שאני עושה אותו עיקר ובניו טפלים: 'צו את אהרן ואת בניו' (ויקרא רבה פרשה ז, א).

אומנם בקורבן המנחה שבפרשת ויקרא יש חריגה מהאפיון שהמדרש עומד עליו, שהרי שם נאמר: "וְהַנּוֹתֶרֶת מִן הַמִּנְחָה לְאַהֲרֹן וּלְבָנָיו" (ב', ג, י), אולם מלבד חריגה זו לאורך כל פרשת ויקרא – כדברי המדרש – נזכרים תמיד "בני אהרן", וזאת בשונה מפתיחת פרשת צו. באמת אין מדובר רק בפתיחת הרשימה השנייה, שהרי גם בדיבור הפותח את תורת החטאת של רשימה זו הסדר המיוחד לפרשה זו נשמר: "דַּבֵּר אֶל אַהֲרֹן וְאֶל בָּנָיו לֵאמֹר" (ו', יח; וראו גם: ו', יג; ז', לא; ז', לד-לה).

המדרש כאמור פיענח זאת ככבוד לאהרון, אך ניתן לנסח זאת גם אחרת.[3] הביטוי 'אהרון ובניו' יוצר תחושה אישית־אינטימית. כאילו אהרון עצמו ובני משפחתו ניצבים מול משה לשמוע את צו הקורבנות, בעוד 'בני אהרון הכוהנים' יוצר תחושה של סטטוס משפטי ומעמד חברתי – כוהנים מול ישראלים. דבר זה מתאים למה שטען רמב"ן. פרשת צו אכן רואה את משפחת הכוהנים הספציפית שזוכה להיכנס תחת כנפי השכינה ולהיות חלק מכלי המשכן. אלו הם אהרון ובניו שצריכים לקבל את דיני הקורבנות ולהעבירם לילדיהם אחריהם. לעומת זאת פרשת ויקרא פונה לאדם מישראל, ורואה אותו כגיבור סיפור המשכן – למענו המשכן הוקם, והכוהנים נדרשים רק כדי לאפשר לעם ישראל להקריב את קורבנותיהם על המזבח. מבחינה זו, הכוהנים אינם אלא סטטוס משפטי של הראויים לגשת אל המזבח, בעוד ישראל מנועים מכך.

לאור דברים אלו ניתן לפסוע צעד נוסף ולבחון את תכלית הרשימות לפי סדר הקורבנות שבאים בהן.

סדר הרשימות

כל רשימה שיש בה מרכיבים שונים צריכה להופיע בסדר מסוים. על כורחנו, יש ברשימה מה שנזכר בתחילה ומה שנזכר לאחר מכן, וגם אם לא תמיד יש משמעות לסדר שנבחר, דבר מה אחד מופיע נוכח עיני הקורא לפני דבר אחר. ביחס לסדר הקורבנות, ניתן היה לצפות שקורבן המנחה, שהוא מן הצומח, יופרד משאר הקורבנות שהם בעלי חיים. כך ארגן הרמב"ם את דיונו בעולם הקורבנות: לאחר שדן בקורבנות הזבח פנה לקורבן המנחה, תוך שהוא פותח את הלכות המנחה בהדגשה שלמרות שמדובר בקורבן מן הצומח – "המנחות הם מן הקרבנות" (הלכות מעשה הקורבנות יב, א). ארגון הרמב"ם את סדר הקורבנות מלמד הרבה על סדר הקורבנות שבתורה. הרמב"ם חרג מהסדר המקראי, אך הדבר רק מאתגר להבין מדוע בתורה עצמה הקורבנות אינם מאורגנים על פי הסדר הפשוט שהרמב"ם אימץ לעצמו.

3. ר' אפרים מלונטשיץ ביאר את המדרש באופן הבא: "וטעמו של דבר כי כל הקרבנות של פר' ויקרא מדברים על הרוב מאותן הקרבנות הבאים על החטא ואילו לא חטאו בעגל לא היו צריכים לאותן קרבנות כלל... ולפי שאהרן שעשה העגל היה סבה אל הקרבנות ע"כ נתרחק מעשייתם כי אין קטיגור נעשה סניגור, עד שקרבו משה בתפלתו" (כלי יקר על ויקרא ו', ב).

סדר הרשימה הראשונה

הרשימה הראשונה (פרשת ויקרא) כוללת את הקורבנות הבאים בסדר הבא:

א. קורבן עולה (פרק א׳)
ב. קורבן מנחה (פרק ב׳)
ג. קורבן זבח שלמים (פרק ג׳)
ד. קורבן חטאת (פרק ד׳) + קורבן חטאת עולה ויורד (ה׳, א-יד)
ה. קורבן אשם (ה׳, יד-כו)

עיון מהיר ברשימה זו מגלה שהיא מסודרת לפי המוטיבציה של המקריב להבאת הקורבן: שלושת הקורבנות הראשונים הם קורבנות נדבה – הרוצה להביא קורבן לה׳ מוזמן לעשות כן; ושני הקורבנות הסוגרים את הרשימה הם קורבנות חובה – במקרים מסוימים התורה דורשת מהאדם להביא קורבן ולכפר על חטאיו.

חלוקה זו באה לידי ביטוי בחלוקת הדיבורים שבחטיבה זו. הציווי על קורבנות הנדבה נפתח בדיבור ה׳ למשה: ״וַיִּקְרָא אֶל מֹשֶׁה וַיְדַבֵּר ה׳ אֵלָיו מֵאֹהֶל מוֹעֵד לֵאמֹר״ (א׳, א), ועל ׳דיבור׳ זה נסמכים קורבנות עולה, מנחה וזבח השלמים; בפתח פרק ד׳ משולבת כותרת חדשה של ׳דיבור׳: ״וַיְדַבֵּר ה׳ אֶל מֹשֶׁה לֵּאמֹר״ (ד׳, א), הפותחת את קורבנות החובה. חלוקה זו באה לידי ביטוי במדרש ההלכה לחומש – בספרא – שכינה את הנאום הראשון, הכולל את שלושת הקורבנות הראשונים בכינוי ׳דיבורא דנדבה׳, ואילו היחידה השנייה הכוללת את שני קורבנות החובה מכונה ׳דיבורא דחובה׳, כלומר דיבור ה׳ למשה שכולל את קורבנות החובה.[4]

סדר הרשימה השנייה

סדר הקורבנות ברשימה השנייה שונה:

א. תורת העולה (ו׳, א-ו)
ב. תורת המנחה (ו׳, ז-יא) + מנחת חביתין (ו׳, יב-טז)

4. הספרא שבידינו, ובמיוחד חלוקתו לחטיבות משנה, משקף עריכה אחר עריכה, עד שקשה לעמוד על חלוקתו הראשונית. ראו על מורכבות זו במאמרו של נאה, מבנהו וחלוקתו. כפי שעולה ממאמרו, החלוקה בין דיבורא דחובה לדיבורא דנדבה משתקפת גם בחלוקות הקדומות של מדרש ההלכה (חלוקה ל׳מגילות׳ שונות). ראו גם אצל רייזל, מבוא למדרשים, עמ׳ 61-64.

ג. תורת החטאת (ו׳, יז-כג)
ד. תורת האשם (ז׳, א-ז)
ה. תורת זבח השלמים (ז׳, יא-לד, לו)

לצד ההפתעה שבעצם החזרה על כל רשימת הקורבנות ההבדל בסדרם בולט מיד: זבח השלמים עבר ממקומו מאמצע הרשימה בפרשת ויקרא, אל סופה בפרשת צו. בכך נוצר סידור מוזר של קורבנות – נדבה, חובה, נדבה – וברור שלא זהו הקריטריון שמונח בבסיס סידור הקורבנות ברשימה זו. מהו אם כן הקריטריון שעל פיו מסודרים הקורבנות ברשימה השנייה? שאלה זו מושפעת כמובן מהשאלה הבסיסית יותר – מדוע התורה חוזרת על רשימת הקורבנות.

ההבדל בנמעני הרשימות שהזכרתי לעיל הוביל את רמב״ן להציע גם פשר לסדר השונה של הקורבנות בשתי הרשימות:

> היה הציווי בסדר ויקרא: עולה ומנחה וזבח השלמים והחטאת והאשם, כי בתחילה דיבר בקרבנות הנדבה, ואחרי כן בקרבנות החובה על חטא. אבל בכאן (= בפרשת צו) היה הביאור לעולה ולמנחה ואח״כ בחטאת ואשם, כי רצה לבאר דיני קדשי קדשים, כי המשפט אחד להם, כמו שאמר במנחה ׳קדש קדשים היא כחטאת וכאשם׳, ואחרי כן יבאר דין קדשים קלים (רמב״ן לוויקרא ו׳, יח).

בדברים אלו חושף רמב״ן את הקריטריון שעל פיו מסודרים הקורבנות ברשימה השנייה שבפרשת צו. שלא כמו בפרשת ויקרא, שבה סודרו הקורבנות לפי המוטיבציה שעומדת בבסיס הבאתם, ברשימה השנייה הקורבנות מובאים על פי רמת קדושתם: תחילה באים הקורבנות שהם ׳קודש קדשים׳ ולבסוף בא קורבן זבח השלמים שאיננו מוגדר בכתוב כקודש, או כהגדרתו בלשון חכמים: ׳קדשים קלים׳ (כמו גם הבכור, המעשה, החרם, ועוד, שאינם מוזכרים ברשימת קורבנות זו כלל).[5]

סדר זה מותאם לנמענים השונים של הרשימות: הרשימה שפונה אל האדם הישראלי שמביא את הקורבנות מסודרת על פי התבחין המשמעותי ביותר עבורו:

5. החלוקה בין קורבנות שהם קדושים, לבין קורבנות שהם קדושים במאוד, קיימת גם אצל עמים קדומים אחרים – אצל המצרים ואצל החיתים (כפי שהראה מילגרום, פולחן ומצפון, עמ׳ 41–43). על כן יש אתגר מיוחד לברר מה חידשה תורה בהגדרות אלו על פני מה שהיה מקובל במזרח הקדום. נדון בהרחבה בהגדרת ׳קודש קדשים׳ ובהשלכותיו במסגרת ניתוח פרשת צו.

מדוע הוא בא למשכן? מדוע הוא בחר להביא קורבן? האם הדבר נעשה מיוזמתו החופשית ומהתנדבותו, או שמא מדובר בצורך בכפרה בשל חטא שעשה? מדובר בשני מסעות שונים לבית ה׳, והרשימה הראשונה משקפת הבדל זה. מבחינתו של האדם מישראל פחות משנה באיזה מקום הכוהנים צריכים לאכול את חלקם (דבר שנידון ברשימה השנייה). שאלה זו אינה מעלה ואינה מורידה מחווייתו ומעמידתו מול ה׳.

לעומת זאת, הרשימה השנייה, שפונה אל הכוהנים, אינה משקפת כלל את ההבדל שבין קורבנות נדבה וקורבנות חובה, כי מבחינתו של הכוהן זו שאלה שולית. בסופו של דבר, עליו לנהוג קדושה דומה בקורבן המנחה ובקורבן החטאת, גם אם זה בא בנדבה וזה בא בחובה. עליו לאכול את שניהם באותה היממה שבה הם הוקרבו; עליו לאוכלם במקום קדוש; ומשניהם הוא יכול לתת לבניו הזכרים אך לא לבנותיו.

ראיה טובה לטענת רמב״ן, שהרשימה השנייה מחולקת לפי ׳קודשי קדשים׳ ו׳קדשים קלים׳ היא שילוב פסוקי חתימה בסוף הקורבנות שהם ׳קודשי קדשים׳, עוד לפני תיאור קורבן זבח שלמים, כלומר לפני שעוברת הרשימה לקדשים הקלים (ז׳, ז–י):

> כַּחַטָּאת כָּאָשָׁם תּוֹרָה אַחַת לָהֶם הַכֹּהֵן אֲשֶׁר יְכַפֶּר בּוֹ לוֹ יִהְיֶה.
> וְהַכֹּהֵן הַמַּקְרִיב אֶת עֹלַת אִישׁ עוֹר הָעֹלָה אֲשֶׁר הִקְרִיב לַכֹּהֵן לוֹ יִהְיֶה.
> וְכָל מִנְחָה אֲשֶׁר תֵּאָפֶה בַּתַּנּוּר וְכָל נַעֲשָׂה בַמַּרְחֶשֶׁת וְעַל מַחֲבַת לַכֹּהֵן הַמַּקְרִיב אֹתָהּ לוֹ תִהְיֶה. וְכָל מִנְחָה בְלוּלָה בַשֶּׁמֶן וַחֲרֵבָה לְכָל בְּנֵי אַהֲרֹן תִּהְיֶה אִישׁ כְּאָחִיו.

פסוקים אלו, שמתארים מיהו הכוהן שמקבל את החלק המגיע לכוהנים מהקורבנות, משולבים דווקא כאן, על אף שניתן היה לשלב את חלוקת עור העולה ביחד עם תורת העולה שפתחה את הרשימה השנייה, כמו גם את חלוקת הנותרת מן המנחה בתיאור אכילת המנחה. התחושה היא, שיש כאן מעין עצירה בשטף הבאת הקורבנות, מעין סיכום. רגע לפני שעובר הכתוב לזבח שלמים הוא מסכם את הקורבנות שהם קודשי קדשים.

אבל יש לדייק יותר בדברים: אלו קורבנות מוגדרים בכתוב בפירוש כקודש קדשים? על קורבן המנחה נאמר במפורש שהוא קודש קדשים: ׳לֹא תֵאָפֶה חָמֵץ חֶלְקָם נָתַתִּי אֹתָהּ מֵאִשָּׁי קֹדֶשׁ קָדָשִׁים הִוא כַּחַטָּאת וְכָאָשָׁם׳ (ו׳, י). כבר מלשון זו ניכר שגם החטאת וגם האשם מוגדרים כקודש קדשים, ואכן הגדרות אלו נאמרות בפירוש בפירוט דיניהם. כך לגבי החטאת: ״זֹאת תּוֹרַת הַחַטָּאת בִּמְקוֹם אֲשֶׁר תִּשָּׁחֵט הָעֹלָה

תִּשָּׁחֵט הַחַטָּאת לִפְנֵי ה׳ קֹדֶשׁ קָדָשִׁים הִוא״ (ו׳, יח), וכך גם ביחס לאשם: ״וְזֹאת תּוֹרַת הָאָשָׁם קֹדֶשׁ קָדָשִׁים הוּא״ (ז׳, א).

ביחס לשני קורבנות שמשולבים ברשימה שלפנינו לא נאמר שהם קודש קדשים. הבולט ביותר הוא כמובן זבח שלמים, שבאמת איננו קודש קדשים. הדבר ניכר מתוך דיניו: ניתן לאכול אותו בכל מקום טהור ואין צורך במקום קדוש דווקא; גם נשים משתתפות באכילתו, ואפילו מי שאיננו כוהן יכול לאוכלו. במשמעות הדבר נדון בהמשך, אולם, למרבה ההפתעה, הגדרה זו חסרה גם ביחס לקורבן עולה. דווקא קורבן העולה – אשר מוקטר כולו על גבי המזבח ואשר פותח את שתי הרשימות,[6] נדמה כבעל קדושה יתרה, ובוודאי איננו נופל מקורבן מנחה או מחטאת.

גם מהכתוב עולֶה, שמבחינה משפטית־הלכתית קורבן העוֹלָה הוא בעל קדושה יתרה כשאר קורבנות קודשי קדשים, שהרי אחת ההשלכות של הגדרת קורבן כקודש קדשים הוא מקום שחיטתו (לצידו הצפוני של המזבח), וכשדין זה נזכר ביחס לקורבנות האחרים, תולה הכתוב את דינם בקורבן העולה. כך למשל נאמר ביחס לחטאת: ״בִּמְקוֹם אֲשֶׁר תִּשָּׁחֵט הָעֹלָה תִּשָּׁחֵט הַחַטָּאת לִפְנֵי ה׳ קֹדֶשׁ קָדָשִׁים הִוא״ (ו׳, יח). כלומר, מאחר שהחטאת היא קודש קדשים יש לשחוט אותה כשם ששוחטים את העולה. מתברר אם כן, שחסרון ההגדרה המפורשת של קורבן העולה כקודש קדשים, איננו מתנהל בעולם המשפטי אלא בעולם הספרותי: מדוע התורה לא מכנה אותו באופן זה בפירוש, על אף שמתוך דיניו ניכר שגם הוא ברמת קדושה גבוהה?

כדי להשיב על שאלה זו, יש לבחון את ההקשרים המדויקים שבהם נזכרת הגדרתו של הקורבן כקודש קדשים, ואת ההשלכות של הגדרה זו על דיני הקורבן. בחינה כזו מעלה, כי הגדרת קורבן כקודש קדשים משולבת בכתוב כנימוק לשניים מדיני אכילתו וכן לדין מקום שחיטתו (היבטים אלו נובעים מתפיסה שקורבן שהוא קודש קדשים יכול להדביק אחרים בקדושתו, והדבר יידון בהמשך).

א. שני דיני אכילה: קורבן שהוא קודש־קודשים צריך להיאכל רק על ידי זכרי כהונה ורק במקום קדוש. כך נאמר ביחס לקורבן מנחה: ״וְהַנּוֹתֶרֶת מִמֶּנָּה יֹאכְלוּ אַהֲרֹן וּבָנָיו מַצּוֹת תֵּאָכֵל בְּמָקוֹם קָדֹשׁ בַּחֲצַר אֹהֶל מוֹעֵד יֹאכְלוּהָ. לֹא

6. נראית לי דחוקה הצעתו של ווטס, שהעולה פותחת את שתי הרשימות כדי להבליט את העיקרון שהקורבן האולטימטיבי הוא זה שהכוהנים לא מתפרנסים ממנו, ושיש בדבר פולמוס נגד פרנסת הכוהנים מהקורבנות (ווטס, קורבן העולה). סברה זו מתאימה לשיטתו העקרונית ביחס לקורבנות ולמגמתם (ראו למשל ווטס, חטאת ואשם), אולם בשאר הקורבנות אכילת הכוהנים מוצגת כדבר ראוי ונדרש, וקשה להניח שקורבן העולה מתפלמס עם הקורבנות האחרים בחטיבה זו.

תֵּאָפֶה חָמֵץ חֶלְקָם נָתַתִּי אֹתָהּ מֵאִשָּׁי קֹדֶשׁ קָדָשִׁים הִוא כַּחַטָּאת וְכָאָשָׁם. כָּל זָכָר בִּבְנֵי אַהֲרֹן יֹאכְלֶנָּה חָק עוֹלָם לְדֹרֹתֵיכֶם מֵאִשֵּׁי ה׳ כֹּל אֲשֶׁר יִגַּע בָּהֶם יִקְדָּשׁ" (ו׳,ט-יא).

דיני אכילה אלו מובאים גם ביחס להגדרת החטאת כקורבן שהוא קודש קדשים (ו׳, יט-כב), וגם ביחס לאכילת האשם (ז׳, ו).

ב. דין נוסף שנגזר מהיות קורבן קודש קדשים נוגע למקום השחיטה: "בִּמְקוֹם אֲשֶׁר תִּשָּׁחֵט הָעֹלָה תִּשָּׁחֵט הַחַטָּאת לִפְנֵי ה׳ קֹדֶשׁ קָדָשִׁים הִוא׳ (ו׳, יח). גם בשחיטת האשם מובא שיש לשוחטו במקום שחיטת העולה בשל היותו קודש קדשים: "וְזֹאת תּוֹרַת הָאָשָׁם קֹדֶשׁ קָדָשִׁים הוּא. בִּמְקוֹם אֲשֶׁר יִשְׁחֲטוּ אֶת הָעֹלָה יִשְׁחֲטוּ אֶת הָאָשָׁם" (ז׳, א-ב). במבט ראשון, קשה לראות מדוע מקום השחיטה מושפע מהגדרת הקדושה של הקורבן, אולם עוד נראה להלן, שההיגיון העומד מבעד לדרישה לשחוט לצד המזבח הוא החשש שמא הקורבן יבוא במגע עם דבר מה בין שחיטתו להקרבתו. חשש זה אינו קיים בקדשים קלים, כי הם אינם מקדשים אחרים.

נמצאנו למדים ששני דינים מרכזיים הנגזרים מהיות הקורבן קודש קדשים נוגעים לדיני אכילת הקורבן – זהות האוכלים ומקום האכילה. לאור כך מובן מדוע התורה נמנעת מלהגדיר את העולה קודש קדשים. ההשלכות של הגדרה זו אינן רלוונטיות לקורבן עולה, שהרי איננו נאכל כלל על ידי הכוהנים. כלומר, גם אם מצד רמת קדושת הקורבן, העולה היא ברמת קדושה גבוהה, התורה נמנעת מלשלב הגדרה זו ביחס לקורבן זה, מפני שהגדרה זו עלולה להוביל למסקנה שקורבן זה נאכל על ידי זכרי כהונה במקום קדוש, דבר שאיננו נכון ביחס לעולה. הדבר יתברר עוד כשנדון במשמעות העיקרית של היות קורבן קודש קדשים – העובדה שהוא מדבק אחרים בקדושתו.

זמנן ומקומן של שתי רשימות הקורבנות

עד כאן ביארנו את היחס שבין שתי הרשימות לאור שיטת רמב"ן שחילק בין הרשימות לאור הנמענים המשתנים שלהן, ובכך הסברנו גם את הסדר השונה של הקורבנות בשתי הרשימות. כעת ברצוני לעשות צעד נוסף, בעקבות תובנה מבריקה של רד"צ הופמן.[7]

נטיית הלב של כל קורא, העולה כמאליה בקריאתו, היא לקרוא את הפרשיות

7. במבוא לפירושו לספר ויקרא, עמוד יז ואילך.

המוגשות לפניו על פי סדר כתיבתן, ובהקשר שלנו, לקרוא את הרשימה השנייה לאחר הרשימה הראשונה. אולם יש סיבות טובות שמהן נראה שהרשימה השנייה (שבפרשת צו) נאמרה למשה עוד קודם שנאמרה לו הרשימה הראשונה (פרשת ויקרא).

קל לעקוב אחר זמן אמירתה של הרשימה הראשונה ואחר מיקומה בזכות הכותרת הפותחת אותה: "וַיִּקְרָא אֶל מֹשֶׁה וַיְדַבֵּר ה' אֵלָיו מֵאֹהֶל מוֹעֵד לֵאמֹר" (ויקרא א', א). רשימה זו נאמרה למשה לאחר שהוקם המשכן, וכפי שכבר הערנו, פסוק זה הוא כנראה המשך ישיר של תיאור כניסת הענן לתוך המשכן, כפי שתואר בסוף ספר שמות. ייתכן גם שהצדק עם רבי עובדיה ספורנו, שההתגלות הפותחת את חומש ויקרא התרחשה ממש באותו היום שבו ירד הענן לשכון במשכן:

> וזה היה ביום שכילה משה את הקמת המשכן, שאז ירד הכבוד לקדש את המקום ומשרתיו, כאמרו ונועדתי שמה לבני ישראל ונקדש בכבודי... אבל מן היום הראשון ואילך נכנס משה באהל מועד מחוץ לפרוכת, והיה אליו הדיבור מעל הכפרת כאמרו 'ובבא משה אל אהל מועד לדבר אתו וישמע את הקול מדבר אליו מעל הכפרת' (ספורנו לוויקרא א', א).

אולם מה לגבי הרשימה השנייה? בפתיחתה אין כותרת שמגדירה במדויק את זמן אמירתה. האם למרות זאת ניתן למצוא מתי היא נאמרה למשה?

רמז לזמנה מצוי בחתימה של רשימת הקורבנות השנייה:

> זֹאת הַתּוֹרָה לָעֹלָה לַמִּנְחָה וְלַחַטָּאת וְלָאָשָׁם וְלַמִּלּוּאִים וּלְזֶבַח הַשְּׁלָמִים. אֲשֶׁר צִוָּה ה' אֶת מֹשֶׁה בְּהַר סִינָי בְּיוֹם צַוֹּתוֹ אֶת בְּנֵי יִשְׂרָאֵל לְהַקְרִיב אֶת קָרְבְּנֵיהֶם לַה' בְּמִדְבַּר סִינָי (ז', לה-לח).

בשל שתי סיבות ניכר שחתימה זו מתייחסת דווקא לרשימה השנייה ומשמשת לה סוגר. ראשית, סדר הקורבנות הבאים בחתימה זו זהה לסדר הקורבנות של הרשימה השנייה דווקא: "זֹאת הַתּוֹרָה לָעֹלָה / לַמִּנְחָה / וְלַחַטָּאת / וְלָאָשָׁם / [ולמילואים] / וּלְזֶבַח הַשְּׁלָמִים". שנית, המונח הפותח את החתימה – "זֹאת הַתּוֹרָה" – הוא המונח המאפיין את הרשימה השנייה. ברשימה זו כל הקורבנות הובאו תחת כותרת חוזרת, שמשמשת בה מילה זו: "תורת העולה... תורת המנחה... תורת החטאת...

תורת האשם... תורת זבח השלמים". זאת, בניגוד לרשימה הראשונה שבה נוסחה זו לא שולבה כלל.[8]

והנה, בפירוט הקורבנות בחתימה זו, בין קורבן האשם לזבח השלמים, נוסף קורבן נוסף שלא דובר בו כלל עד כאן: "וְלַמִּלּוּאִים". דבר זה מוזר למדי: כיצד ניתן לחתום את דיני הקורבנות שהובאו להלן, ולשלב קורבן שעליו לא נאמר מאומה עד לרגע זה.

היו ניסיונות לטעון שקורבן המילואים המוזכר כאן מתייחס לאחד הקורבנות שהובא בפרשת צו, ובמיוחד התמקדו הטוענים כך במנחת החינוך שהכוהנים נדרשים להביא.[9] אבל ניסיונות אלו אינם משכנעים, ולו בשל העובדה שהוא לא נזכר בסמיכות למנחה. נראה יותר, וכקריאה המקובלת על ידי רבים, שקורבן המילואים המוזכר כאן מכוון לקורבן המיוחד שהובא בשבעת ימי המילואים, שעליו צֻוָּה משה בעומדו לפני ה' בהר סיני, כמפורט בשמות כ"ט. אם מדובר באיל המילואים, הרי שהוא משולב בפסוק בדיוק במקום המתאים לו: קורבן המילואים הוא סוג של שלמים, אולם בהקשרים מסוימים דיניו חמורים משל זבח השלמים הרגיל (נאכל ליום אחד בלבד), כך שהמקום המתאים לו ברשימה הנידונה הוא לאחר קודשי הקדשים, ולפני זבח השלמים. אם כך, כיצד ניתן להבין את פשר תוספת קורבן המילואים לחתימת הקורבנות של פרשת צו?

התשובה לדבר נעוצה כנראה בהמשך הפסוק: "אֲשֶׁר צִוָּה ה' אֶת מֹשֶׁה **בְּהַר סִינָי**". מתברר שרשימת הקורבנות השנייה שבאה בפרשת צו ונחתמת כאן נאמרה למשה עוד בעומדו "בהר סיני", כשקיבל את הצו על בניית המשכן ועל הקדשת כליו וכוהניו בימי המילואים. שילוב קורבן המילואים בחתימת הרשימה חושף אפוא היכן נאמרה למשה פרשה זו ובאיזה הקשר. באותה עת שהוא צווה על ימי המילואים

8. ראו עוד במאמרו של שמאע, שתי מגמות, עמ' 40-43.
9. כך הציע למשל רבי מאיר שמחה הכוהן, בעל משך חכמה, בפירושו על אתר, וכן כמה חוקרים מודרניים (כמו קיונן, ויקרא, עמ' 84; סניידרס, מלא, עמ' 303 – שהסתמך במיוחד על סל המצות שמוזכר בימי המילואים, וכך ביקש לקשור בין המילואים לבין המנחה). חבעיה בפירוש זה – שגם המשך חכמה עצמו הצביע עליה – היא שהקורבן אינו נזכר בסמיכות למנחה, כך שקשה לקשור ביניהם. הנצי"ב הציע שהמילואים כאן מכוונים לשלמי תודה וללחמיו, ועל כן קורבן זה נזכר לפני זבח השלמים הרגיל. רבנו בחיי בפירושו במקום (ויקרא ז', לז) הציע שהמילואים המוזכרים כאן אינם מכוונים רק לאיל המילואים הייחודי לימי המילואים, אלא לכל הקורבנות שהובאו בימי המילואים (עולה, מנחה, חטאת וזבח שלמים).

(שמות כ"ט) הוא צווה בכל דיני הקורבנות האלו, שהרי בציווי על ימי המילואים הצטווה משה להקריב גם עולה (שמות כ"ט, טו-יח); מנחה (שמות כ"ו, ב, כג); חטאת (שמות כ"ט, י-יד); ואיל המילואים שדיניו דומים לדיני זבח השלמים (שמות כ"ט, יט-כח). אומנם שם התורה לא האריכה בדיני הקורבנות הקבועים כי העיקר שם הוא הקדשת בית ה' והכשרת הכוהנים לתפקידם. אולם כעת – בחטיבת הקורבנות ובציווי לדורות – משלבת התורה את דיני הקורבנות שנאמרו למשה אי אז.[10]

הבחנת רשב"ם בין ניסוחי המיקום

קריאה זו תסתייע סיוע נוסף אם נאמץ את עמדת רשב"ם ביחס לזמן שאליו התורה מתייחסת באומרה "בהר סיני":[11]

> כל הדברות שנאמרו בשנה ראשונה קודם שהוקם המשכן כתוב בהן בהר סיני, אבל משהוקם המשכן באחד לחדש בשנה שנייה לא יאמר בהר סיני אבל במדבר סיני באהל מועד (רשב"ם לבמדבר א', א).

לדעתו של רשב"ם, עד שה' לא דיבר אל משה מתוך המשכן, התורה מכנה את המקום שממנו ה' התגלה למשה בשם 'הר סיני', אבל מהרגע שהוקם המשכן – גם אם ישראל חונים עדיין למרגלות הר סיני – ה' אינו מדבר עם משה 'בהר סיני', אלא 'באוהל מועד' או 'במדבר סיני'. הר סיני השיל את קדושתו ברגע ששכינה עזבה אותו ועברה למשכנה החדש. אם נאמץ עמדה זו,[12] ההנחה שרשימת הקורבנות בפרשת צו נאמרה

10. עדיין יש מקום לשאלה מדוע בחתימה התורה חוזרת לקורבן המילואים למרות שהוא לא נזכר ברשימה עצמה. יש לקחת בחשבון שמיד לאחר חתימה זו עוברת התורה לתאר את ימי המילואים, וייתכן שיש בשילוב קורבן המילואים בחתימת רשימת הקורבנות השנייה רצון לשרשר רשימה זו עם היחידה שבאה אחריה. הדבר קשור גם במגמת הקורבנות על פי רשימה זו, כפי שיובהר להלן.
11. גם בפרשנות המודרנית יש שאחזו בעמדה זו. ראו למשל בפירושו של מילגרום, ויקרא, כרך א, עמ' 437–438.
12. יש לציין שרמב"ן חלק על ההנחה של רשב"ם (ועל כן לא היה מסכים עם ההצעה הכתובה למעלה): "יתכן כי טעם 'בהר סיני', במקום הזה לפני הר סיני, והוא באהל מועד... והטעם בכל אלה, כי ישראל חנו לפני הר סיני בקרוב לו, דכתיב 'ויחן שם ישראל נגד ההר', ושם עמדו עד נסעם משם למדבר פארן. והנה עשו אהל מועד והקימו אותו לפני ההר במזרחו, ושם התחילו בעולת התמיד, ובשנה השנית נצטוו על הדגלים והעמידו האהל בתוך המחנות בנסעם. ולפיכך אמר הכתוב בכאן כי 'זאת התורה לעולה' ולכל הקרבנות שצוה השם 'בהר סיני ביום צוותו במדבר סיני', יגיד כי היה בהר סיני ובמדבר סיני, להודיע שלא היתה בהר ממש במקום הכבוד

עוד לפני הקמת המשכן – תזכה לחיזוק נוסף. החתימה מורה שהציווי על הקורבנות (הרשימה השנייה) נאמר למשה "בהר סיני", וכאמור, תיאור זמן זה נזכר רק בהתגלויות שקדמו להקמת המשכן.

בהערת אגב אעיר, שיש לשים לב להמשך הפסוק, שלאור הנחת רשב"ם עלול לבלבל: "אֲשֶׁר צִוָּה ה' אֶת מֹשֶׁה בְּהַר סִינָי / בְּיוֹם צַוֺּתוֹ אֶת בְּנֵי יִשְׂרָאֵל לְהַקְרִיב אֶת קָרְבְּנֵיהֶם לַה' בְּמִדְבַּר סִינָי" (ז', לח). לכאורה, לפנינו דבר והיפוכו: באותו הפסוק נאמר שציוויי הקורבנות נאמרו למשה "בהר סיני", כלומר, עוד קודם הקמת המשכן, ומיד נאמר שהדברים נאמרו למשה "במדבר סיני", כלומר לאחר שכבר הוקם המשכן, וממנו דיבר ה' עם משה. כיצד יתקיימו מקראות אלו יחד? ניתן כמובן לחלוק על רשב"ם ולראות גם את תיאור הזמן "בהר סיני" כמוסב על הזמן שהמשכן כבר נבנה (כך רמב"ן שצוטט בהערה לעיל),[13] וניתן גם לקרוא את הפסוק כמבחין בין זמן הציווי למשה ("צִוָּה ה' אֶת מֹשֶׁה") לזמן שבו הוא העביר את הציווי לעם ("צַוֺּתוֹ אֶת בְּנֵי יִשְׂרָאֵל"): הציווי למשה אומנם נאמר "בהר סיני", אך הוא העביר אותו לעם רק "במדבר סיני" – לאחר שנבנה המשכן וציוויים אלו ייהפכו לרלוונטיים (כך רד"צ הופמן). הצעה דומה, אבל בניסוח מעט אחר, הציע אברהם שמאע. לדעתו, יש לראות את הצירוף "במדבר סיני" כמתאר את מקום ההקרבה ולא את מקום הציווי, כלומר הפסוק השלם אומר כך: 'אלו הם הקורבנות אֲשֶׁר צִוָּה ה' אֶת מֹשֶׁה בְּהַר סִינָי, באותו היום שבו הוא ציווה אֶת בְּנֵי יִשְׂרָאֵל לְהַקְרִיב אֶת קָרְבְּנֵיהֶם לַה' לכשיהיו בְּמִדְבַּר סִינָי'.[14]

אך ניתן גם להציע שפסוק זה משלב במכוון שתי חתימות שונות לשתי רשימות הקורבנות.[15] יש לזכור שהרשימה הראשונה פתחה גם היא בתיאור מקום הציווי: "וַיְדַבֵּר ה' אֵלָיו מֵאֹהֶל מוֹעֵד". כלומר הרשימה הראשונה נאמרה מתוך המשכן לאחר הקמתו, ואילו הרשימה השנייה נאמרה למשה עוד בהר סיני, לפני הקמת המשכן. בסוף חטיבת הקורבנות משולבות שתי חתימות בסדר כיאסטי: תחילה נחתמת

ששם דיבר עמו עשרת הדברות, ולא במדבר סיני אחרי שנסעו מלפני ההר, אבל היה במדבר סיני לפני ההר, בתחומו וקרוב לו, ושם אהל מועד. כמו שאמר בתחילת הענין 'ויקרא אל משה וידבר ה' אליו מאהל מועד', הודיע אותנו עתה מקום אהל מועד" (רמב"ן יקרא ז', לח).

13. לדעת רמב"ן, פסוק החתימה המורכב רומז לכך שעל חלק מהקורבנות הצטווה משה עוד בהר סיני (מילואים) ועל חלק רק באוהל מועד (שאר הקורבנות): "ועל דרך הפשט, שיעורו 'אשר צוה ה' את משה בהר סיני וביום (= בתוספת האות ו') צוותו את בני ישראל במדבר סיני להקריב את קרבניהם לה'', כי צוה במלואים בהר סיני, וכן בעולה וחטאת, וצוה במנחה ואשם ובזבחי השלמים במדבר סיני באהל מועד" (רמב"ן לוויקרא ז', לח).

14. שמאע, שתי מגמות, עמ' 41-42.

15. כיוון דומה – גם אם בניסוחים אחרים – עולה אצל מילגרום, ויקרא, כרך א, עמ' 438.

הרשימה של פרשת צו "בהר סיני", ומיד משולבת חתימה נוספת שחותמת את הרשימה הראשונה שמתייחסת במיוחד אל ישראל המקריבים את קרבנותיהם, ואשר נאמרה "במדבר סיני".

מידי הספק לא יצאנו, אך הדבר הברור הוא שחתימה זו מלמדת שפרשת צו נאמרה למשה בעודו בהר סיני, טרם הוקם המשכן. רד"צ הופמן שאחז בעמדה זו הביא כמה ראיות נוספות לכך שהרשימה של פרשת צו כבר הייתה ידועה למשה בשעה שנאמרה לו הרשימה הראשונה, ואזכיר כאן הערה אחת מעניינת שלו. מקום שפיכת הדשן שלצד המזבח, וגם זה שמחוץ למחנה, נזכרים ברשימה הראשונה כמקום מוכר (א', טז; ד', יב), אף שהציווי על תרומת הדשן והוצאתו אל מחוץ למחנה נזכר לראשונה רק ברשימה השנייה (פרק ו'). אם באמת הרשימה השנייה נאמרה למשה לפני הראשונה, ברור כיצד ניתן להסתמך כבר בפרשת ויקרא על נתונים שמובאים בפרשת צו לראשונה.

טעם החלפת סדר הרשימות

אולם לאור כך, יש לברר מדוע אין הפרשות כתובות לפי הסדר שבו הן נמסרו למשה? ברור מדוע יש ערך לכנוס את כל דיני הקורבנות במקום טקסטואלי אחד רציף, אך מדוע לא לשלב בחטיבה זו את שתי הרשימות לפי הסדר שבו הן נאמרו, כלומר לפתוח תחילה ברשימת הקורבנות שנאמרה בהר סיני ולעבור אחריה לרשימת הקורבנות שנאמרה מתוך המשכן?

תשובה אחת כבר עלתה בידינו, ואפשר שניתן היה להסתפק בה: לעיל הערתי ששתי הרשימות מסודרות לפי סדר כרונולוגי של 'סיפור' הקרבת הקורבן: תחילה משולבים דיני הבאת הבהמה או הסולת אל המשכן והקרבתם על המזבח (פרשת ויקרא), ולאחר מכן משולבים דיני אכילת הקורבן (פרשת צו). עם זאת, אני מבקש להציע ביאור מהותי יותר לפשר סידור הרשימות כאן.

להבנת העניין יש להזכיר את היחס העדין שמתקיים לאורך ספר ויקרא בין הכוהנים ובין ישראל. משום שאחד משמותיו של חומש ויקרא הוא 'תורת כוהנים' נדמה לעיתים שהספר פונה בעיקרו אל הכוהנים ושהם 'הגיבור' של הספר. אולם באמת התמונה שמצטיירת נוכח עינינו מורכבת יותר, ובמובן מסוים אפשר אף להציג אותה כהפוכה.

הבחירה לפתוח ברשימה של פרשת ויקרא היא הכרעה לפתוח ברשימה הפונה אל האדם הישראלי שמבקש להביא קורבן, ולא לפתוח ברשימה הפונה אל הכוהנים, והמורה להם מה לעשות בקורבנות שהובאו לבית ה'. יש בדבר זה הצהרה שקשה

להפריז בחשיבותה: בסופו של דבר, עולם הקורבנות והמשכן לא נועד לכוהנים אלא בשביל ישראל. אומנם האדם מישראל אינו קדוש ככוהן, והוא זקוק לכוהן כדי לגשת אל המזבח ולהקריב את קורבנותיו, אך עולם הקורבנות המקראי מתחיל את סיפורו מפנייה אל האיש הישראלי, שבשבילו ובעבורו יוסד עולם הקורבנות: "אָדָם כִּי יַקְרִיב מִכֶּם קָרְבָּן לַה'" (א', ב). הספר נפתח בהזמנה לכל אדם להתייצב מול קונו ולהגיש לו מנחה.

מבחינה מהותית – וגם מבלי להכריע בדבר מבחינת ההלכה – ניתן להכריע במחלוקת מרתקת שמלווה את דין הגמרא, שמי שמביא מנחה מברך שהחיינו (ברכות לז ע"ב). ראשונים נחלקים אם כוונת הגמרא שהכוהן המקריב הוא המברך שהחיינו (בעלי התוספות), או כוונת הגמרא לברכת האדם מישראל, מביא המנחה (רש"י). הרמב"ם פירש סוגיה זו על המביא מנחה מהתבואה החדשה (לאחר הבאת שתי הלחם): "וכל המקריב מנחה מן החדש תחילה מברך שהחיינו" (הלכות תמידין ומוספין ז, יח), ונושאי כליו של הרמב"ם התלבטו להיכן דעתו נוטה. בשל הקשר דברי הרמב"ם שם נראה לי שהצדק עם הטוענים שלשון הרמב"ם "המקריב מנחה" מכוונת לאדם מישראל (כעמדת לחם משנה במקום), אך גם לאור דברינו לעיל, ברור שרוח המקראות עם גישה זו (כלומר, כרש"י), ויש לראות את האדם מישראל כמברך את ברכת שהחיינו. הוא המקריב והוא בעל הקורבן, והכוהן איננו אלא שלוחו.

דבר זה אולי נשמע מובן מאליו, אבל האמת היא שמדובר במהפכה של ממש על רקע הידוע לנו מפולחן המזרח הקדום, ועל רקע המקדשים המצריים. הרי 'כתב החרטומים' קשור בדבר זה עצמו: רק כוהני דת וסופרים מקצועיים ידעו לפענח כתב זה, וגם בשל כך המון העם לא היה שותף בטקסטים הפולחניים הסודיים. יתר על כן: המילה 'חרטומים' קשורה בתפקידם כאחראים על מגילות הפולחן ומסדירים את אופן העבודה במקדש המצרי. מוצאה במצרית עתיקה ḥry-tp – משמעותו: 'הנושא הראשי של מגילות הפולחן'.[16] הכוהנים בלבד הם האחראים על הנעשה בתחום המקדש, ועל המצרי מוטל להביא להם את קורבנו, והם כבר יגישו אותו לאל. זוהי תפיסה רווחת בעולם הקדום בכלל, ואצטט מדברי ייבין:

> לפיכך נתגבשה כת של כוהנים מומחים לטקסי פולחן, שלא כל אדם מסוגל היה לבצעם בלא הכנה ואימון לקראת הנוהג הנכון בכגון אלו. בהכרח הורחק המון העם מן ההשתתפות הפעילה בפולחן, וזה נתרכז במקום שרק מומחים יכולים

16. מולר, חרטום, עמ' 177.

לכהן בו, בהסתר מעיניהם של הללו, שמתוך אי ידיעת המעשה הנכון עלולה התנהגותם להזיק, כלומר, להעלות את חמת האלים תחת לפייסה.[17]

דיני המקדש הקדום אפופים סודיות, ובכך נבנה ריחוק קפדני למול הקודש ושליחיו. לעומת זאת, ספר ויקרא פותח את דיני המשכן והקורבנות בפנייה לכל איש מישראל: כולם יודעים בדיוק מה הכוהן עושה, ותורת הקורבנות חשופה לעין הציבור כולו.

דבר זה כאמור אינו מובן מאליו, ואף נעלם מעיניהם של כמה מראשי המדברים בעולם הקורבנות המקראי. כך למשל כתב פרופ׳ ישראל קנוהל בתייחסותו לפרקים הפותחים את ספר ויקרא (א׳–ט״ז). לדעתו, חלק זה ״לא נכתב למען העם״, אלא למען הכוהנים, והוא הוסיף וכתב:

הוא מכיל בעיקר הוראות פולחניות שאינן מופנות לעם. זאת ספרות מומחים. כל חוקי הקורבנות, הטומאה והטהרה שנמצאים בחלק הראשון של ספר ויקרא, זו ספרות כוהנית שמיועדת לכוהנים. הם אלה שמעלים את הקורבנות. הם אלה שמדריכים את העם בענייני פולחן ובענייני טומאה וטהרה. אתה לא צריך קהל קוראים רחב. זו כתיבה הדומה בסוגה לכתיבה במקדשים במצרים ובבבל... שהיא כתיבה של מומחים אל מומחים. זו ׳ספרות מקצועית׳... ספרות אזוטרית־סודית, היה אסור לגלות אותה למי שאינו כוהן. יש לנו מצב דומה בכתבי מקדש במסופוטמיה, שצוין עליהם במפורש שאסור לגלות אותה ברבים.[18]

לכותב השורות המצוטטות יש תרומה חשובה לניתוח ספר ויקרא, וכאמור, הוא נמנה בין ראשי המדברים בעניינים אלו, אך בדבר זה הוא טעה לחלוטין. ספר ויקרא פותח בפנייה לאיש ישראל ולא לכוהנים – ״דַּבֵּר אֶל בְּנֵי יִשְׂרָאֵל וְאָמַרְתָּ אֲלֵהֶם אָדָם כִּי יַקְרִיב מִכֶּם קָרְבָּן לַה׳״ (א׳, ב), ויש לראות את מגמת הספר כמבקש במכוון לגלות ברבים את סודותיו של המשכן ושל העבודה בו, ולהזמין את אנשי ישראל להיות שותפים בו, גם אם הם אינם עובדים בו. אין מדובר כלל ב״ספרות אזוטרית־סודית״ אלא בספרות פומבית, שיש מצווה ללמדה כל ילד בישראל.

בהקשר זה יש לראות גם את ההכרעה לפתוח דווקא ברשימה הישראלית ולא ברשימה הכוהנית: חטיבת הקורבנות נפתחת בהזמנה לכל אדם להביא קורבן ולא

17. ייבין, מקדש, עמ׳ 308.
18. קנוהל, איך נולד, עמ׳ 53–55.

בהוראות לכוהנים כיצד עליהם לטפל במזבח. ההכרעה לפתוח ברשימה הישראלית ולא ברשימה הכוהנית היא אם כן הכרעה ערכית שצובעת את צבעי המשכן בצבעים עממיים תחת צבעים כוהניים.

שתי מגמות לקורבנות

דומה שאין לעצור כאן, ועלינו לפסוע צעד נוסף. היחס שבין שתי הרשימות נוגע גם בשאלת יסוד של מהות הקורבנות ותפקידם.[19] הרשימה הראשונה פונה לאדם הפרטי מישראל שמבקש לנהל קשר עם קונו, ומזמינה אותו לעמוד נוכח ה' בביתו. בין אם המדובר בקורבנות נדבה ובין אם המדובר בקורבנות חובה, השאלה שעומדת ברקע הבאת הקורבן היא מה אופי עמידתו הדתית של מביא הקורבן לפני ה'; מהי ההבעה הדתית הנלווית לכל קורבן, וכיצד יכול המקריב להשיג כפרה וסליחה. בשונה מכך, תפקיד הקורבנות ברשימה השנייה, שנאמרה בהקשר ימי המילואים הוא לאפשר את השראת השכינה בישראל, לאפשר התגלות. התפקיד הראשוני של הקורבנות בימי המילואים הוא לצורך הקדשת המשכן והקדשת הכוהנים. רק בבית שהתקדש יכולה שכינה לשרות, והדרך לעשות זאת היא על ידי הקרבת קורבנות: הם המורידים את אש ה' למזבח ומשמשים לו חומר בערה מתמיד.[20] הדבר בולט במיוחד ביום השמיני למילואים – פסגת התהליך כולו – המשולב בתום שבעת הימים שקודמים לו, בוויקרא ח'-י' – מיד לאחר הבאת רשימת הקורבנות השנייה – "וַיֹּאמֶר מֹשֶׁה זֶה הַדָּבָר אֲשֶׁר צִוָּה ה' תַּעֲשׂוּ וְיֵרָא אֲלֵיכֶם כְּבוֹד ה'" (ויקרא ט', ו). תפקיד הקורבנות הוא לגרום לשכינה שתיראה לעין בשר ודם. עוד נדון במשמעותו של יום זה להלן, אך כבר כעת ניתן לומר שמדובר בציור שני חיצים הפונים לכיוון הפוך: הרשימה הראשונה עוסקת בעמידת האדם מול אלוהיו; הרשימה השנייה מתמקדת בהתגלות האל נוכח האדם. אין

19. הרב אלי חדד הציע שהרשימה השנייה קשורה בימי המילואים לא רק בזמן אמירתה (כטענת רד"צ הופנן שהוזכרו לעיל) אלא בתפקיד שהיא מועידה לקורבנות באופן כולל, תפקיד שונה מזה שעולה ברשימה הראשונה. הוא הציע שתפקיד הקורבנות בפרשת ויקרא הוא בעיקר לצורכי כפרה (חדד, פיגול). אני מבקש ללכת בדרכו אולם לנסח זאת באופן שונה. בניסוח אחר ראו גם אצל שמאע, שתי מגמות.

20. ייתכן שזו התפיסה שבאה לידי ביטוי בהכרעה המפתיעה של רבי שמעון בן צמח דוּרָאן (אלג'יריה, המאה ה-15), למנות את הקטרת הקורבנות כמצוות עשה מהפסוק: "הִוא הָעֹלָה עַל מוֹקְדָה עַל הַמִּזְבֵּחַ כָּל הַלַּיְלָה עַד הַבֹּקֶר", ולא מפסוקים מפורשים שדורשים להקטיר (זוהר הרקיע, עשין אות נא). יש לציין שהרמב"ם לא מנה את ההקטרה כמצווה בפני עצמה כלל, אלא היא נכללת במצוות עשיית כל קורבן וקורבן.

כמובן סתירה בין השניים, ובסופו של דבר חטיבת הקורבנות רומזת לדיאלוג מתמיד שנעשה בין שני המשתתפים.

ההבדל בין הרשימות בא לידי ביטוי גם במה שהעיר הרב ברוך קהת, שבפרשת ויקרא "הנושא התחבירי של פסוקי הפתיחה של חוקי הקרבנות הוא המקריב: 'אדם', 'נפש' וכדומה. לעומת זאת, הכותרות של חוקי הקרבנות שבפרשת צו מתמקדות בקרבן עצמו: 'תורת העולה', 'תורת המנחה' וכו'".[21] אכן, פרשת ויקרא עוסקת באדם המקריב, ואילו פרשת צו עוסקת בקורבנות המוגשים לאש המזבח.

לאור כך, ניתן לומר דבר מה נוסף בנוגע לסדר הפרשיות המונח לפנינו. הרשימה הראשונה נשענת על הקריאה למשה אל אוהל מועד (א', א), כלומר, לאחר שה' שוכן בביתו, האדם מנוע מלבוא ולעמוד לפניו עד שלא ייקרא, עד שלא תבוא הזמנה מאת ה' שקוראת לו לבוא. זו פתיחה מתאימה לאופי הקורבנות של פרשת ויקרא, המבררת כיצד מוזמן האדם להביע את עצמו לפני ה'. לעומת זאת, בסמוך לרשימת הקורבנות השנייה נמסרים שבעת ימי המילואים, וכן היום השמיני שבסופו יורדת שכינה באש ואוכלת את הקורבנות. הרשימה השנייה קשורה בהיבט זה: ה' המתגלה כאש האוכלת קורבנות, אש 'הזקוקה' לקורבנות כדי שתשרה שכינה במקום, ולפיכך מתאים להצמיד גם פרשיות אלו זו לזו.[22] הערתי קודם, ששילוב קורבן המילואים בחתימת רשימת הקורבנות השנייה משרשר שתי יחידות אלו. מתברר שאין מדובר בשרשור טכני כי אם בעמדה מהותית: רשימת הקורבנות השנייה קשורה ביסודה בהתגלות ה' באש על המזבח.[23] להלן, בפתח ניתוח רשימת הקורבנות השנייה, נדון במשמעות תפיסה זו על מגמת אכילת הקורבנות, המחזיקה מקום כה מרכזי בדיני הקורבנות שבאים ברשימה השנייה.

סדר הרשימה בפרשת צו לפי התדירות

לאור האופי השונה של הקורבנות שבשתי הרשימות, ניתן לחזור שוב לסוגיית סדר

21. קהת, חוקי הקורבנות, עמ' 71.
22. ראו עוד אצל קהת, חוקי הקורבנות, עמ' 72.
23. מעניין להזכיר בהקשר זה את המחלוקת במסכת יומא על מקור דין פרישת כוהן גדול שבעת ימים לפני יום הכיפורים מביתו. אחת השיטות לומדת זאת מימי המילואים ושיטה אחרת לומדת זאת מהר סיני: "אמר ליה אלא מר מהיכא יליף לה? אמר מסיני, דכתיב 'וישכן כבוד ה' על הר סיני ויכסהו הענן ששת ימים ויקרא אל משה ביום השביעי'. מכדי כתיב ויקרא אל משה ביום השביעי מאי 'ששת ימים'? זה בנה אב שכל הנכנס במחנה שכינה טעון פרישת ששה" (יומא ג ע"ב).

הקורבנות המובאים בפרשיות אלו ולהציע גם בדבר זה התבוננות נוספת. לעיל אחזנו בעמדת רמב״ן שהקורבנות מחולקים בכל רשימה לפי הנמענים שלה: רשימת ויקרא מותאמת לאדם המקריב (נדבה – חובה), ואילו רשימת צו מחולקת לפי רמת קדושת הקורבנות (קודשי קדשים – קדשים קלים). אך בהקשר דיוננו מעניינת הצעתו של גורדון ונהאם, שסדר הקורבנות ברשימה השנייה משקף את רמת שכיחות הקרבת הקורבנות – ככל שהקורבן תדיר יותר הוא מוקדם ברשימה:[24]

- העולה שפותחת את הרשימה היא עולת תמיד המוקרבת פעמיים בכל יום.
- עם העולה מוקרבת גם מנחה, ועל כן היא נזכרת מיד אחריה, ובסמוך להם גם מנחת התמיד שמקטיר הכוהן בכל יום.
- לאחר מכן מוזכר קורבן החטאת שהוא קורבן הכפרה השכיח על עבירות שאדם זקוק בהן לכפרה, ומלבד בחטאי אנשים פרטיים הוא מוקרב גם במועדים לצד עולות המוסף.
- קורבן האשם אינו מובא באופן קבוע בשום יום, אך מאחר שהוא קורבן חובה סביר שהוא יובא בזמן כלשהו.
- הקורבן הסוגר את הרשימה הוא זבח השלמים, שאינו מובא באופן קבוע, ומאחר שהוא קורבן נדבה, תיאורטית ייתכן שלא יובא כלל.

אני מזכיר הצעה זו למרות שלטעמי היא אינה משכנעת. די להזכיר את כבשי עצרת בשבועות שהם קורבן שלמים כדי להשתכנע שראוי היה לשלמים להקדים את האשם גם לפי תיאוריה זו, וגם קשה להניח שהתורה מתייחסת בפרשה זו לקורבנות המועדים – בין לעולות המוסף ובין לחטאות הצמודות אליהן. אין לאלו זכר בפרשיות שלפנינו. אך למרות זאת יש בהצעה זו סוד, והיא אכן רלוונטית להבנת הפרשה. הדבר בולט במנחת התמיד של הכוהן שמוזכרת דווקא בפרשה זו, כמו גם בעולה, שככל הנראה אכן מתייחסת לעולת התמיד. כאמור לעיל, תפקיד הקורבנות בפרשה זו להצביע על התמידיות ועל רציפות האש האוכלת תמיד ומשרה את השכינה שנראית כאש אוכלת על המזבח. לפיכך, רעיון הרציפות והתדירות אכן רלוונטי לפרשה זו, ועל כן הצעת קריטריון זה משתלבת היטב במגמת הפרשה כולה.

24. ונהאם, ויקרא, עמ׳ 118–119.

פרק חמישי

"אָדָם כִּי יַקְרִיב מִכֶּם"

על נקודת ההתחלה

וַיִּקְרָא אֶל מֹשֶׁה וַיְדַבֵּר ה' אֵלָיו מֵאֹהֶל מוֹעֵד לֵאמֹר. דַּבֵּר אֶל בְּנֵי יִשְׂרָאֵל וְאָמַרְתָּ אֲלֵהֶם אָדָם כִּי יַקְרִיב מִכֶּם קָרְבָּן לַה' מִן הַבְּהֵמָה מִן הַבָּקָר וּמִן הַצֹּאן תַּקְרִיבוּ אֶת קָרְבַּנְכֶם (א', א–ב).

קשה להגזים בדרמה שמלווה פתיחה זו. הנחת היסוד העומדת בבסיס הפסוק היא שאדם רוצה להקריב קורבן לה': "אָדָם כִּי יַקְרִיב מִכֶּם קָרְבָּן לַה'", והכתוב עומד להסדיר את ההלכות של המעוניין בהקרבת קורבן. ללא ציווי וללא רמיזה שכך ראוי, פותחת התורה את המסע כולו בהיעתרות לרצון האדם: "מכאן, שהקרבת קרבנות נהוגה כבר, והכול רגילים בה, ואין צריכים לצוותה."[1] מסתבר, שזו הנחת יסוד גורפת בדתות הקדומות כולן, והיא משקפת תודעה דתית יסודית: אדם מבקש להקריב דבר מה לאלוהיו, והתורה לא באה אלא להגדיר את האופן שבו הוא יוכל לעשות זאת, להגדיר בחוק כיצד ראוי להביא קורבן.

לא די בזה שמהפסוק עולה שאין כל חידוש בעצם הדבר שמקריבים קורבנות אלא אדרבה: זהו רצון אנושי מובן מאליו. ואכן, העולם הקדום עמוס בקורבנות, עם עם לאלוהיו. לפני שנים שמעתי מחוקר הדתות פרופ' צבי ורבלובסקי ז"ל, שניתן

1. אהוביה, ככל הכתוב, עמ' 19.

להצביע על שני יסודות שמשותפים לכל דתות קדם: השמניזם (אנשים שמתקשרים עם העולם שמעבר) וקורבנות. לאחר משא ומתן ארוך עם התלמידים הסכים ורבלובסקי להוציא מכלל זה איזה ענף אזוטרי של דת בסין הקדומה, שכנראה לא נמצא בו קורבן. מסתבר, שהצורך האנושי בהקרבת קורבנות נטוע עמוק בעצם החוויה הדתית של האדם.

גם בתורה, עוד לפני פרטי הציוויים על הקורבנות בספר ויקרא, יש סיפורים על אנשים שהקריבו קורבנות, כמו קין והבל (בראשית ד׳), נח (בראשית ח׳), ובכריתת ברית סיני (שמות כ״ד). יש לשים לב, שאף שמות הקורבנות משולבים בסיפורי המקרא עוד לפני הציווי המפורט על הקורבנות שבאים בוויקרא (כמו: "וַיַּעַל עֹלֹת בַּמִּזְבֵּחַ" – בראשית ח׳, כ). במיוחד מעניין לעקוב אחר הסיפור על יעקב המקריב "זבחים" בבאר שבע: "וַיִּסַּע יִשְׂרָאֵל וְכָל אֲשֶׁר לוֹ וַיָּבֹא בְּאֵרָה שָּׁבַע וַיִּזְבַּח זְבָחִים לֵאלֹהֵי אָבִיו יִצְחָק" (בראשית מ״ו, א). מה פירוש הביטוי "ויזבח זבחים"? ניתן לבאר את המונח ׳זבח׳ כתיאור כללי של קורבן מן החי (בניגוד לקורבן מן הצומח).[2] אבל ייתכן שהצדק עם רמב״ן ורבנו בחיי (בפירושם במקום), שהזבחים הנזכרים בפסוק זה רומזים לקורבן זבח שלמים דווקא, ועל דרך הקיצור התורה מכנה כאן את הקורבן על שם המילה הראשונה בשמו (׳זבח׳) בהשמטת המילה השנייה (׳שלמים׳).[3] אם אומנם כך, מסתבר שהסיפור מניח שמשפחת יעקב ידעה כבר להבדיל בין עולות לבין זבחי שלמים.

השערה זו מסתייעת סיוע נוסף מכך שבמקומות נוספים אנו מוצאים את החלוקה היסודית שבין עולות לזבחי שלמים. כך בברית סיני שנזכרה לעיל: "וַיִּשְׁלַח אֶת נַעֲרֵי בְּנֵי יִשְׂרָאֵל וַיַּעֲלוּ עֹלֹת וַיִּזְבְּחוּ זְבָחִים שְׁלָמִים לַה׳ פָּרִים" (שמות כ״ד, ה). יהיו הנערים האלו אשר יהיו, הם יודעים להבחין בין עולות לזבחי שלמים והם מקריבים את שני סוגי הקורבנות האלו.[4] גם בסיפור יציאת מצרים אמר משה לפרעה: "גַּם אַתָּה תִּתֵּן

2. זהו התרגום המקובל לפסוק בתרגומים מודרניים וכך גם הפירוש המקובל. כידוע, בלשון חז״ל, ׳זבחים׳ הם כל קורבנות מן החי. נדון בכך להלן בדיון בשם קורבן זבח שלמים.

3. ר׳ צדוק הכוהן מלובלין קשר את הקרבת זבחי השלמים לכך שיעקב הקריב דווקא על המזבח שבנה יצחק בבאר שבע (בראשית כ״ו, כה), ולא על המזבח שבנה אברהם בחברון (פרי צדיק לפרשת ויגש, קטע ד). בכך חושף ר׳ צדוק קשר בין סיפור גלות יעקב – לחרן ולמצרים (שלשניהם יוצא יעקב מבאר שבע) – לבין סיפור יצחק בגרר המתואר בבראשית כ״ו. להרחבה באפשרות קריאה זו ראו: גרוסמן, יעקב, עמ׳ 114-118.

4. אונקלוס תרגם שהכוונה לבכורות ובעקבותיו רבים מפרשני ימי הביניים. יש היגיון רב לפרש כרמב״ן, שהכתוב מכנה אותם כאן ׳נערים׳ כדי להנגיד אותם לזקנים המוזכרים בפרק, ובכך לתת את התחושה שהעם כולו היה שותף בברית סיני – מנער ועד זקן. יש גם לזכור שזו הייתה הלשון

בְּיָדֵנוּ **זְבָחִים וְעֹלֹת**" (שמות י', כה) ושוב ניכר שהחלוקה בין הקורבנות ברורה הן למשה הדובר הן לפרעה הנמען. מתברר אם כן, שלא רק עצם מושג הקורבן ידוע בעולם ובישראל עוד לפני ספר ויקרא, אלא אפילו החלוקה בין קורבנות שונים, או לפחות בין שני קורבנות הבהמה המרכזיים: עולה וזבח שלמים. ואכן, גם בחלק מתרבויות המזרח הקדום (בעיקר באוגרית ובכנען) מצויה הבחנה בסיסית בין קורבן שמכונה 'עולה' או 'כליל' לבין קורבן שמכונה 'שלם'. אין כוונתי לומר כמובן שפרטי הדינים זהים; כלל וכלל לא. אך עצם הפיצול שבין שני סוגים מרכזיים של קורבן מן החי קיים גם בתרבויות אחרות, ומבהיר עד כמה מושג הקורבנות נפוץ ורחב.

עם זאת, גם אם המוטיביציה הבסיסית להקריב קורבנות קיימת בכל העולם הקדום, יש הבדל ניכר בין ישראל לעמי קדם, כפי שכבר הערתי במבוא. בעצם, כבר בשילוב הקורבן הראשון במקרא ניכר פער בין התפיסה המקראית לבין תפיסת העמים. גם אם תפיסת הקורבן בעולם הקדום מגוונת למדי, והיו לקורבן תפקידים שונים, נכון לומר, שבקרב עמי המזרח הקדום רווחה ההשקפה שמביא הקורבן יזכה לשפע של ברכה, עד לכדי האמירה: "עיקר פולחנה (של האלילות) בכלל וקרבנותיה בפרט תכליתם פעולה והשפעה על האלהי או על ההויה העל־אלהית לטובת האל והעולם".[5] בשל כך ניתן למצוא באלילות מושג מוזר למדי: אלים שמקריבים קורבנות בעצמם לאלים אחרים.[6] מאחר שזו הדרך להוריד גשם, הרי שגם האלים מנצלים זאת כדי לגרום לאלים הגבוהים מהם במדרג האלים להוריד גשם.

לא כן בסיפור קין והבל. מבלי למסור לקורא את הסיבה הגלויה, ה' דוחה את קורבן קין ומקבל רק את הקורבן שהגיש הבל. ניתוח הסיפור שם מלמד שהפתעה זו היא מהותית למגמת הסיפור: תחילה מזדהה הקורא דווקא עם קין, ובכך הוא חווה את האכזבה הגדולה שבאי קבלת קורבנו.[7] כך עולם הקרבנות פורץ במקרא: ההכרעה אם מביא הקורבן יזכה בברכה או לא נתונה כולה בידי ה', והאדם אינו שותף לה.

שבה עמד משה מול פרעה ודרש לצאת ממצרים ולהקריב קורבנות לה' במדבר סיני: "וַיֹּאמֶר מֹשֶׁה בִּנְעָרֵינוּ וּבִזְקֵנֵינוּ נֵלֵךְ בְּבָנֵינוּ וּבִבְנוֹתֵנוּ בְּצֹאנֵנוּ וּבִבְקָרֵנוּ נֵלֵךְ כִּי חַג ה' לָנוּ" (שמות י', ט), וייתכן שהכתוב מבקש לרמוז למימוש דברי משה בחגיגה זו. בהזדמנות אחרת הצעתי שהכינוי החריג 'נערים' משתלב בהרמזים נוספים לסיפור עקדת יצחק, ומבקש לרמוז שיש לקרוא סיפור זה על רקע סיפור העקדה, ששם יצחק הנער הומר בקורבן עולה (גרוסמן, עקדת יצחק; גרוסמן, ברית סיני).

5. קויפמן, תולדות האמונה, כרך א, עמ' 399.
6. דוגמאות רבות לכך הביא יחזקאל קויפמן בספרו תולדות האמונה הישראלית, כרך א, עמ' 415-409.
7. להרחבה בקריאה זו ראו: גרוסמן, בראשית, עמ' 126-108.

אין מדובר בפעולה שתוצאתה אוטומטית; האדם מוזמן להביא קורבן ולצפות לברכה, אך התוצאה אינה מובטחת, היא תלויה ברצונו החופשי של ה׳. אך גם אם מדובר בתפיסה ייחודית של הפונקציה הדתית שהקורבנות ממלאים, עצם מושג הקורבן מתועד כאמור בתורה עוד לפני פירוט הלכות הקורבנות.

הסיפור המרכזי ביותר בהקשר זה הוא עקדת יצחק. שם אברהם מקדש את המקום שבו עתידים ישראל להקריב את קורבנותיהם, והוא עושה זאת כשמקריב איל תמורת בנו.[8] האם ניתן ללמוד מסיפור זה את השקפת התורה על הצורך בקורבנות באופן כולל? שיש לראות בהם קורבן תמורה? כפי שהערתי במבוא, ייתכנו סיבות מגוונות לעולם הקורבנות, וייתכן שמודל אחד עולה בסיפור העקדה, אך יש לצידו מודלים נוספים. אולם גם אם יש להיזהר ממסקנות כוללניות לאור סיפור העקדה, מרתק לבחון את היחס בין קורבן חובה לקורבן נדבה כפי שעולה מהסיפור שם. הערתי קודם, שעוד לפני ספר ויקרא אנו פוגשים במקרא בהקרבת קורבנות, ובכל המקרים הללו נדמה שהם הוקרבו כקורבנות נדבה שהאדם מרצונו החופשי החליט להקריב לאלוהיו. אין צורך לומר שבסיפור קין והבל רעיון הקורבן הוא יוזמה אנושית של שני האחים (של קין ובעקבותיו גם הבל), וכך גם נח לאחר המבול הקריב קורבנות ללא כל ציווי מקדים. אומנם היו שחשו שבהבחנה בין ״הַבְּהֵמָה הַטְּהוֹרָה״ לבין ״הַבְּהֵמָה אֲשֶׁר לֹא טְהֹרָה הִוא״ (ז׳, ב), שאמר ה׳ לנח ערב כניסתו לתיבה, וריבוי מספר הבהמות הטהורות שנח נדרש להכניס לתיבה, רמזו לנח להקרבה המצופה ממנו בסיום המבול (למשל רש״י, ריב״א ורבנו בחיי על אתר).[9] אולם גם אם כך, אין לראות בכך ציווי של ממש. קורבנות העולה שהקריב נח היו קורבנות נדבה, שאכן תרמו לפיוס בין ה׳ לעולמו.

גם במקומות שבהם ניתן היה לצפות שהקורבנות יבואו בציווי, נראה שהם באו מתוך יוזמה אנושית גרידא. כך למשל בברית סיני. ייתכן שהיה ציווי מקדים

8. להרחבה בקריאה שרואה בהקרבת הקורבן במקום יצחק את עיקר מגמת הסיפור, ראו למשל: רוזנסון, על העקדה; גרוסמן, אברהם, עמ׳ 300-333.

9. רד״ק הסתייג מהסבר זה לבדו, כי לדעתו אילו כל מטרת ריבוי הבהמות הטהורות היה לצורך הקרבתן, ניתן היה להסתפק בפחות משבעה: ״ומה שאמר שבאו שבעה שבעה מן הטהורים ושנים מן הטמאים, לא לעשות קרבן בצאת נח מן התבה לבד, שאם כן די לו בפחות משבעה, כי לא ראינו שהקריב נח אלא פעם אחת, ואם הקריב יותר יוכל להקריב מן הנולדים מהם לשנה או לשנתים או יותר. אלא מה שרצה האל להשאיר מן הטהורה שבעה כדי שיאכלו מהם נח ובניו הבאים אחריהם, שהרבה מיני הטהורים לפי שהיה רוצה להתיר לו בשר לאכול מה שלא התיר לאדם שלפניו״ (פירושו לבראשית ז׳, ב).

למשה שלא מופיע בכתוב; ברם בקריאה פשוטה נדמה שמשה שלח מיוזמתו את נערי בני ישראל להקריב קורבנות נדבה: ״וַיִּשְׁלַח אֶת נַעֲרֵי בְּנֵי יִשְׂרָאֵל וַיַּעֲלוּ עֹלֹת וַיִּזְבְּחוּ זְבָחִים שְׁלָמִים לַה׳ פָּרִים״ (שמות כ״ד, ה). לפני תיאור ההקרבה נזכרת התגלות ה׳ למשה שמצווה אותו לעלות אל ראש ההר, ולא נזכר שם מאומה על בניית המזבח והקרבת הקורבנות. נדמה כאמור שאלו קורבנות נדבה, שהמוטיבציה האנושית ניצבת בבסיסם. גם כאן ראב״ע מצא רמז לציווי במה שאמר ה׳ בסיום ההתגלות במעמד הר סיני: ״מִזְבַּח אֲדָמָה תַּעֲשֶׂה לִּי וְזָבַחְתָּ עָלָיו אֶת עֹלֹתֶיךָ וְאֶת שְׁלָמֶיךָ״ (שמות כ׳, כא). אך זו קריאה דחוקה. בפשטות הדברים, הציווי לאחר מעמד הר סיני הוא ציווי כללי לדורות העוסק בסייגים לבניית מזבח. הרי הציווי שם ממשיך ומגדיר את בעלי החיים שיעלו על המזבח – ״אֶת צֹאנְךָ וְאֶת בְּקָרֶךָ״, ובהר סיני נזכרים בפירוש רק הפרים (= ״בקרך״). מכל מקום, גם אם צודק ראב״ע, זהו רמז בלבד וקשה לראות בכך קורבן חובה.

אני מזכיר דוגמאות אלו, כדי לשוב אל סיפור עקדת יצחק. כאמור, זהו סיפור מכונן בהקשר עולם הקורבנות בישראל, ובסיפור זה התקדש המקום שבו עתידים ישראל לבנות מזבח ולהקריב את קורבנותיהם. בניגוד לסיפורים האחרים שהזכרתי, כאן כאמור בא ציווי מפורש מאת ה׳ להקריב קורבן. הסיפור פותח בדרישה מאברהם: ״קַח נָא אֶת בִּנְךָ אֶת יְחִידְךָ אֲשֶׁר אָהַבְתָּ אֶת יִצְחָק וְלֶךְ לְךָ אֶל אֶרֶץ הַמֹּרִיָּה וְהַעֲלֵהוּ שָׁם לְעֹלָה עַל אַחַד הֶהָרִים אֲשֶׁר אֹמַר אֵלֶיךָ״ (בראשית כ״א, ב). מבחינה זו, סיפור זה מושתת כולו על עולם הציווי, ואברהם נדרש להיעתר לצו שכופה אותו להקריב קורבן עולה. אולם רגע לפני שנכריע שזהו סיפור חריג המתאר קורבן חובה, יש לשים לב היטב להתרחשות שבאה בהמשך הסיפור, לאחר שהמלאך מצווה את אברהם לבל ישחט את בנו. על הקרבת האיל – כתחליף לבן – לא בא שום ציווי. מובלט שאברהם ראה, כבאקראי, איל שנאחז בסבך בקרניו, ומיוזמתו החליט להקריבו במקום הבן: ״וַיִּשָּׂא אַבְרָהָם אֶת עֵינָיו וַיַּרְא וְהִנֵּה אַיִל אַחַר נֶאֱחַז בַּסְּבַךְ בְּקַרְנָיו וַיֵּלֶךְ אַבְרָהָם וַיִּקַּח אֶת הָאַיִל וַיַּעֲלֵהוּ לְעֹלָה תַּחַת בְּנוֹ. וַיִּקְרָא אַבְרָהָם שֵׁם הַמָּקוֹם הַהוּא ה׳ יִרְאֶה״ (בראשית כ״ב, יג-יד). כשם שאברהם הוא שנותן שם למקום, כך הוא גם הנושא את עיניו ורואה את האיל, והוא שהחליט להקריבו על המזבח: ״ניתן דעתנו, מודגשת היכולת של אברהם לזהותו (׳וישא אברהם את עיניו וירא׳), ללכת אליו (׳וילך׳), ולהקריבו (׳ויעלהו לעולה׳). אברהם פועל כאן במודע, מבלי שיורוהו על כך, כדי להחליף את קורבן בנו באיל״.[10] תיאורטית, יכול היה המלאך לשלב בהתגלותו גם ציווי על

10. רוזנסון, על העקדה, עמ׳ 324.

הקרבת התחליף – 'אל תשלח ידך אל הנער; קח נא את האיל והעלהו לעולה תחת בנך'. אך המלאך אינו מזכיר כלל את אפשרות הקרבת האיל. זוהי הכרעה חופשית של אברהם. גם כאן, בצדק יכול לטעון מישהו שאין לראות באיל הנאחז בסבך דבר מקרי, ובהחלט סביר שהצדק עם רד"ק: "וזה היה לו הזמנה מאת האל דרך נס" (פירושו לבראשית כ"ב, יג),[11] אך גם אם כך, אין זו אלא הזמנה, ולא חובה של ממש.

מסתבר אם כן, שעולם הקורבנות בתורה נפתח במסע וולונטרי של האדם החפץ להקריב דבר מה לבוראו. מבחינה זו, פתיחת ספר ויקרא משקפת תפיסה זהה – "דַּבֵּר אֶל בְּנֵי יִשְׂרָאֵל וְאָמַרְתָּ אֲלֵהֶם אָדָם כִּי יַקְרִיב מִכֶּם קָרְבָּן לַה'".

ספר ויקרא פותח אפוא בדברי ה' למשה, ואלו מניחים שיש מן העם הרוצים להקריב קורבנות. על בסיס הנחה מוקדמת זו מתחיל הפירוט: הרוצה להביא עולה צריך לעשות כך וכך, ואילו הרוצה להביא מנחה עליו לעשות כך וכך, וכן הלאה. נתון זה יכול לחזק את גישת הרמב"ם ביחס לקורבנות, שעיקר מגמת התורה הוא לנטרל את ההיבטים האליליים שנהגו בעולם הקורבנות. אולם בעצם גם הגישות האחרות יכולות להניח שבבסיס הרצון בהקרבה לה' נעוץ עמוק בלב התודעה הדתית של המאמין העומד מול אלוהיו, ויש לראות בו מבע אנושי טריוויאלי.

***

לפני שנעזוב את פתיחת דברי ה' למשה (א', ב), יש להעיר שחטיבת הקורבנות פותחת בקורבנות הבהמה, כפי שהכותרת מעידה: "אָדָם כִּי יַקְרִיב מִכֶּם קָרְבָּן לַה' מִן הַבְּהֵמָה מִן הַבָּקָר וּמִן הַצֹּאן תַּקְרִיבוּ אֶת קָרְבַּנְכֶם". הקריאה הפשוטה של פסוק זה היא שבהמה כוללת בקר או צאן, כלומר יש לקרוא זאת ככלל ופרט: "מִן הַבְּהֵמָה: מִן הַבָּקָר וּמִן הַצֹּאן". לפי זה, סוג הבהמה שניתן להקריב ממנה היא בקר או צאן. לפיכך, ניתן לצפות שהרשימה שבאה בעקבות כותרת זו תפרט סוגים שונים של קורבנות בהמה, ובכל אחד מהם יבואו דיני הבקר והצאן. באופן בסיסי, זה אכן מה שמתרחש, אולם שתי חריגות צדות את העין כבר במבט מרפרף על היחידה שאנו עומדים בפתחה.

ראשית, בקורבן עולה מפרטת התורה שלוש אופציות:[12] בקר ("אִם עֹלָה קָרְבָּנוֹ

11. רד"ק עצמו הדגיש את העובדה שהאיל הסתובב חופשי ללא רועה ששומר עליו: "שאיל זה נאחז בסבך נפרד משאר הצאן ולא הרגיש עליו הרועה". אינני בטוח שדווקא בכך טמונה ההזמנה, אלא בעצם העובדה שהאיל ניצב לצידו של אברהם.

12. יש להעיר, שכפי שמתרחש גם במקרים אחרים בתורה, בכותרת הכללית משולבת מילת היחס

מִן הַבָּקָר" – ג), צאן ("וְאִם מִן הַצֹּאן קָרְבָּנוֹ" – י), ועוף ("וְאִם מִן הָעוֹף עֹלָה קָרְבָּנוֹ לַה'" – יד). מאחר שהכותרת הגדירה במפורש שהרשימה עומדת לעסוק בבקר ובצאן בלבד, מוזר הדבר שיש בפירוט גם אופציה של הקרבת עוף, אופציה שאיננה כלולה בכותרת. שנית, על אף שהכותרת מכוונת את הקורא לקורבנות בהמה, הפירוט משלב גם קורבן מן הצומח: מנחת הסולת. משום מה, קורבן המנחה – שבא מסולת חיטה – פורץ לרשימה בין שני סוגים של קורבנות בהמה: עולה וזבח שלמים. להלן נצטרך לתת את הדעת לשתי חריגות אלו, לאור הכותרת שפותחת את החטיבה.

"כי" ואילו בפירוט משולבת המילה "אם", כמורה על אופציות משנה תחת הקטגוריה הכללית. עוד ניווכח להלן שחילוק זה משפיע על הבנת יחס הקורבנות השונים זה לזה.

פרק שישי

קורבן עולה (פרק א')

על האפשרות להתקרב

אופייה ומהותה של העולה

מה מוביל אדם לנדוב קורבן עולה ולהביאו למשכן? כזכור, קורבן העולה הוא חלק מקבוצת קורבנות הנדבה; כל אדם החושק בכך, מוזמן להביא עולה אל המשכן. אינני שואל כמובן על עולות חובה של ציבור (עולת התמיד, מוספי החגים וכדומה), שהמוטיבציה להביאן ברורה, אף כי יש להעיר שהדיון באופי קורבן עולת יחיד משפיע גם על אופיים ומגמתם של קורבנות החובה הללו.

השאלה איננה רק מדוע אדם מישראל מעתיק עצמו משגרת יומו וגומר בדעתו להביא קורבן, אלא מה מביא אותו להביא דווקא עולה. מאחר שפתוחות בפני הרוצה להקריב קורבן שלוש אפשרויות – עולה, מנחה וזבח שלמים – יש לתת את הדעת מה מייחד כל קורבן, ולאור כך להבין מה יוביל אדם להביא דווקא אותו. ניתן לנסח זאת גם כך: מה המבע הדתי שמלווה את קורבן העולה, ושאותו מבקש מביא הקורבן לומר? האם ניתן להצביע על מבע דתי מובחן לכל קורבן וקורבן מקורבנות הנדבה? לטעמי, לולא היו הקורבנות השונים משקפים תודעה דתית מובחנת, לא הייתה יותר מאפשרות אחת של קורבן נדבה.[1]

1. האתגר בהבנת אופי קורבן העולה (והמנחה) הביא את מילגרום לכתוב: "כל מה שניתן לומר על

המאפיין הבולט ביותר של קורבן העולה הוא שכולו מוקטר כליל על גבי המזבח, והכוהנים אינם מקבלים מאומה מבשר הקורבן (חוץ מעור העולה). רבים הבינו שגם שֵׁם הקורבן מביע דין ייחודי זה: "דבר העולה כולו לאישים קרי 'עולה'" (ר"י בכור שור לוויקרא א', ג).[2] אם אומנם כך, ברור שזהו הדין המהותי ביותר בהבנת אופיו הייחודי של קורבן זה. ואכן סדר קורבנות הנדבה בפרשה משקף עניין זה – עד כמה שותפים בני האדם באכילת הקורבן:

א. קורבן העולה שנזכר ראשון – כולו למזבח.
ב. קורבן המנחה שנזכר שני – הכוהנים מצטרפים למזבח ואוכלים ממנו.
ג. קורבן זבח השלמים שנזכר שלישי – גם הבעלים וגם הכוהנים מצטרפים למזבח באכילתו.

עוד ניווכח להלן ששותפות האדם באכילת הקורבן משמשת סימן מהותי להבנת אופי הקורבן ומגמתו, אך די להצביע על סדר הקורבנות שמותאם לדין אכילת הקורבן כדי להתרשם עד כמה מדובר בדבר מה מהותי בתפיסת הקורבנות ואופיים. בקורבן העולה הפותח את הרשימה, הבעלים מביאי הקורבן צופים בתהליך ההקרבה, אך הם אינם שותפים בו.

אף שיש להקטיר את הבהמה כולה, בציווי נאמר שאין להעלות את הבהמה

דרך ההכללה הוא שהקורבנות מכסים מכלול של צרכים פסיכולוגיים, רגשיים ודתיים של בני אדם. לפיכך יש לחפש את הרציונל הספציפי שעומד בבסיס כל קורבן וקורבן. גם נוכח מטרה מוגבלת זו, הכתוב לא תמיד מועיל. עם זאת, רמזים שנשענים על הטרמינולוגיה של הקורבנות ותיאורי הקרבתם, מאירים מדי פעם את הדרך. הרציונל הכללי של שני קורבנות – העולה והמנחה – נותר לא ברור, אך אפשר לבאר באופן מספק את שלושת הקורבנות העיקריים האחרים: השלמים, החטאת והאשם" (מילגרום, כוהני, עמ' 457).

2. אהרליך יצא נגד קריאה זו בטענה שכשם שהחטאת והאשם משקפים את מעשיו של המקריב, כך גם העולה צריכה לשקף את "מעשה המקריב ולא על שם מעשה הקרבן" (אהרליך, מקרא כפשוטו, עמ' 209; בעקבות ראב"ע). אולם הנחה זו אינה הכרחית – ייתכן שקורבן אחד קרוי על שם המעשה שניצב בתשתית הבאתו, ושם קורבן אחר קרוי על שם אופן הקרבתו, בוודאי אם האחד קורבן נדבה והשני קורבן חובה. זאת ועוד, כפי שיובהר להלן, גם החטאת לא קרויה על שם החטא שהוביל להקרבתה אלא על שם מעשיה – חיטוי המשכן. הקשר של שם הקורבן 'עולה' לפועל 'לעלות', בוקע ועולה ממקראות מגוונים, כמו: "וְהַעֲלֵהוּ שָׁם לְעֹלָה" (בראשית כ"ב, ב); "וַיַּעֲלוּ עֹלֹת וַיִּזְבְּחוּ זְבָחִים שְׁלָמִים לַה' פָּרִים" (שמות כ"ד, ה); "וַיַּעֲלוּ עָלָיו עֹלוֹת לַה' וַיִּזְבְּחוּ שְׁלָמִים" (יהושע ח', לא); "וְהִנֵּה אָנֹכִי יֹרֵד אֵלֶיךָ לְהַעֲלוֹת עֹלוֹת לִזְבֹּחַ זִבְחֵי שְׁלָמִים" (שמ"א י', ח); "וְהֶעֱלָה עֹלוֹת מִסְפַּר כֻּלָּם" (איוב א', ה), ועוד רבים.

כולה כיחידה אחת על המזבח (מן הסתם גם בגלל הקושי הטכני שבדבר זה), אלא יש לחלק את הבשר לשלושה רכיבים: "וְעָרְכוּ בְּנֵי אַהֲרֹן הַכֹּהֲנִים אֵת הַנְּתָחִים / אֶת הָרֹאשׁ / וְאֶת הַפָּדֶר" (א', ח). בדומה נאמר בהמשך הפרק גם ביחס לעולת הצאן: "וְנִתַּח אֹתוֹ לִנְתָחָיו וְאֶת רֹאשׁוֹ וְאֶת פִּדְרוֹ" (א', יב). כלומר, לצד נתחי הגוף מוזכרים במיוחד הראש והפדר (= החלבים).[3] מדוע שני אלו נזכרים במיוחד לצד הבשר כולו?

הסוגיה במסכת חולין מתייחסת לכך, ומציעה שהכתוב מדגיש במיוחד שיש לנתח גם את הראש ואת החלבים, מפני שניתן היה לחשוב שהם פטורים מניתוח; הרי הם אינם כלולים בדין הפשֵט העור שנזכר בסמוך, ואולי רק מי שטעון הפשט טעון גם ניתוח:

> מה תלמוד לומר 'את הראש ואת הפדר'? והלא ראש ופדר בכלל כל הנתחים היו, למה יצאו? לפי שנאמר 'והפשיט את העולה – ונתח', אין לי אלא נתחים שישנן בכלל הפשטה, מנין לרבות את הראש שכבר הותז? תלמוד לומר 'את ראשו ואת פדרו, וערך'" (חולין כז ע"א).

גם מבלי להיכנס לעובי הקורה של סוגיה זו וליחסם של שני הפסוקים העומדים ברקע הדרשה (ויקרא א', ח, יב), ברור שהסוגיה חשה שיש קשר מסוים (לפחות כך ניתן היה לחשוב) בין דין הפשטת הבהמה מעורהּ לבין דין הניתוח. לפי גישה זו, מסתבר שכשם שהפשטת העור קשורה בכבוד המזבח שלא מקטירים בו את העור (שנתפס כדבר מלוכלך), כך גם הפרדת האיברים זה מזה וניתוחם, מכבדים את מעשה ההקרבה. אולי כוונת הסוגיה שדווקא לאחר ניתוח האיברים הקורבן נראה כמנות המוכנות לסעודה.

אך דומני שניתן להציע ביאור אחר לאזכור המיוחד של עריכת הראש והחלבים. באמת יש לחלק בין החלבים לבין הראש. ברור מדוע יש צורך להזכיר בפירוש את החלבים – שגם אותם יש לערוך על המזבח ולהקטירם: בשאר קורבנות החי מקטירים על המזבח רק את החלבים, וברור לכול שחלק זה מיועד למזבח. הפסוק מבקש להבליט שבקורבן עולה חלבים אלו מוקטרים לצד בשר הבהמה כולה. החידוש העיקרי איננו אפוא בחלבים, אלא בבשר שנזכר לצידם. אולם מדוע התורה מדגישה גם את הראש – וכי היה עולה על הדעת שיש להקטיר את כל הבהמה מלבד ראשה? השאלה

3. ראב"ע חולק בפירוש על אלו שטענו שהפדר הוא הגוף עצמו, וטעמו עימו, שהרי בוויקרא ח' יש הבחנה ברורה ביניהם: "וְאֶת הָאַיִל נִתַּח לִנְתָחָיו וַיַּקְטֵר מֹשֶׁה אֶת הָרֹאשׁ וְאֶת הַנְּתָחִים וְאֶת הַפָּדֶר" (ויקרא ח', כ). רמב"ן על אתר טוען שהכוונה לסוג חֵלֶב ספציפי – זה המבדיל בין הקרביים.

מתחזקת נוכח תיאור הקרבת משה את קורבן העולה בימי המילואים, שגם שם ראש הבהמה מוזכר בפני עצמו: "וַיַּקְטֵר מֹשֶׁה אֶת הָרֹאשׁ וְאֶת הַנְּתָחִים וְאֶת הַפָּדֶר" (ויקרא ח', כ); "וְאֶת הָעֹלָה הִמְצִיאוּ אֵלָיו לִנְתָחֶיהָ וְאֶת הָרֹאשׁ וַיַּקְטֵר עַל הַמִּזְבֵּחַ" (ויקרא ט', יג).

מסתבר שאכן מחשבה כזו הייתה קיימת בעולם הקדום, והיו שסברו שיש להקריב בהמות ללא ראשן. הרודוטוס מעיד על מנהג מצרי קדום כזה:

> לאחר שמובילים את הבהמה המסומנת אל המזבח שעליו היא תוקרב, מבעירים אש. אחר כך מזים עליה יין מעל המזבח, קוראים בשם האל ושוחטים אותה. לאחר ששחטו אותה כורתים את ראשה. הם פושטים את עור הבהמה, ואילו על ראשה הם שופכים קללות רבות. במקום שיש בו שוק, ובשוק סוחרים יוונים, הם נושאים את הראש לשם ומוכרים אותו. ואם אין יוונים הם זורקים את הראש לנהר. הם מקללים את הראשים, שאם איזושהי רעה עומדת לקרות להם המקריבים, או למצרים כולה, שתיפול על ראש זה. אשר לראשי החיות המוקרבות ולנסך היין, כל המצרים משתמשים באותם מנהגים בכל הפולחנים, ובגלל מנהג זה איש מן המצרים אינו טועם מראשו של אף יצור שהיו בו חיים.[4]

ניכר מתוך עדותו של הרודוטוס, שבקרב המצרים היה חשש עמוק מהקרבת הראש על גבי המזבח. מדבריו עולה שאף בני האדם נמנעו מלאכול ראשי בעלי חיים, ושראשים אלו היו הנמענים של קללות שונות. זריקת ראשי הקורבן לנהר מעידה כאלף עדים על החשש שאחז במצרים הקדומים מפני הראש ספוג הקללות. אם אומנם מנהגים כאלו רווחו בעולם הקדום,[5] צריכה התורה להבליט שאין כל חשש להקטיר את הראש, ואדרבה: בקורבן עולה הבהמה כולה מוקטרת – בשרה וראשה גם יחד.

מעבר לכך יש לציין, שמעמדו המיוחד של הראש בקורבן עולה פורץ באופן

4. הרודוטוס, היסטוריה, ספר ב, סעיף 39 (עמ' 126-127; ראו גם אצל וינברג, הקורבן בישראל, עמ' 85-86). חלוקה מעניינת דומה מצאנו בטקס ראש השנה הבבלי, כחלק מסילוק שדים מהמקדש. גם שם מתואר הכהן שלוקח כבשה, זורק את נבלתה לנהר אך הראש נפרד ונלקח לשדה פתוח (ראו אצל לינסן, ארך, עמ' 230).

5. לפנינו נושא מורכב שקשה להגיע בו למסקנות חד משמעיות. יש ריטואלים שבהם מפורש שיש להקריב גם את ראש הבהמה, כמו בחגיגות ראש השנה הבבלית שהוזכרו לעיל. כחלק מהמעשים שאותם יש לעשות בימי החגיגות (בתשרי), נאמר גם שעל הכוהן להניח את 'לב השור ואת ראש הכבשה', וככל הנראה בהמשך (המקוטע) הם גם הוקטרו (הטקסט פורסם אצל לינסן, ארך, עמ' 189-190). בדומה, גם בחגיגות שעשו לכבוד האלה אשתר נאמר שיש לקחת את 'לב הפר ואת ראש הכבש' ולהקריבם (לינסן, ארך, עמ' 241).

חזיתי בעולת העוף. שם יש להקטיר את הראש בנפרד משאר הגוף (ולפי פשטי המקראות – אף לפני עבודת הדם), כך שברור שיש לו מעמד ייחודי. בהשפעת דין זה על אופי עולת העוף נדון להלן, אך לאור כך, ייתכן שגם בקורבנות הבהמה ביקשה התורה להבליט את הקטרת הראש כעומד בפני עצמו, גם אם מבחינה מעשית אין נפקא מינה בין הראש לשאר הגוף שהרי שניהם מוקטרים יחדיו על המזבח. האם הדגשת הראש קשורה בכך שהמקריב סמך את ידיו ׳על ראש׳ הבהמה (א׳, ח)? האם הראש מייצג במיוחד את המקריב עצמו? קשה לקבוע מסמרות בדבר.

מכל מקום מסתבר שיש להקריב את הבהמה כולה על המזבח – על בשרה, על חלביה, ואפילו על ראשה, שנדמה לעיתים כאיבר מאיים וכמסוכן. אופי העולה מושפע כמובן מההקטרה המוחלטת של הבהמה, וזהו המאפיין המרכזי של תודעת המקריב – תודעה של הקרבה טוטלית, של התמסרות וכפיפות קומה נוכח ה׳.

חלון הצצה נוסף שדרכו ניתן להיכנס לאופי המייחד את העולה, ושיש בכוחו להעניק פשר ספציפי יותר לדין ההקרבה הטוטלי, הוא פסוק מפתיע שנאמר ביחס לעולת הבקר:

אִם עֹלָה קָרְבָּנוֹ מִן הַבָּקָר זָכָר תָּמִים יַקְרִיבֶנּוּ אֶל פֶּתַח אֹהֶל מוֹעֵד יַקְרִיב אֹתוֹ לִרְצֹנוֹ לִפְנֵי ה׳. וְסָמַךְ יָדוֹ עַל רֹאשׁ הָעֹלָה וְנִרְצָה לוֹ לְכַפֵּר עָלָיו (ויקרא א׳, ג-ד).

פסוק זה מעורר תמיהה: אדם מגיע מתוך נדבת ליבו להביא קורבן לה׳, ואומרים לו ׳מכופר לך׳. מי ביקש כפרה? כשם שבמנחה או בזבח שלמים לא נאמר ׳ונרצה לו לכפר עליו׳, שהרי אלו קורבנות נדבה שהמביא אותם אינו זקוק לכפרה, כך ניתן היה לצפות שביטויי כפרה ייעדרו אף מן העולה שבאה בנדבה.

כבר הספרא בדבריו על פסוק זה נתן דעתו על פליאה זו, ובעקבות דבריו פירש גם רש״י:

׳ונרצה לו׳ – על מה הוא מרצה [לו]? אם תאמר על כריתות ומיתות בית דין או מיתה בידי שמים או מלקות – הרי עונשן אמור. הא אינו מרצה אלא על עשה ועל לאו שנתק לעשה.

כיוון זה תר אחר העבירה הפורמלית שקורבן העולה מכפר עליה. עבירות אלו אינן יכולות להיות עבירות לא תעשה רגילות שעונשן כבר נתון (״הרי עונשן אמור״), ועל כן הגיעו חז״ל – ורש״י בעקבותיהם – למסקנה שקורבן העולה מכפר על ביטול עשה

או על לא תעשה שפטורים בו ממלקות (לאו הניתק לעשה), וכך זוכים בכפרה על עבירות אלו. יוצא לפי מדרש ההלכה שקורבן העולה קרוב ברוחו לקורבן חובה: יש מקרים שבהם האדם כמו נתחייב בהבאת עולה. מורכבות הגדרת העולה לאור דברי חז"ל ניכרת בכמה וכמה הלכות ודיונים בתורה שבעל פה. אביא דוגמה אחת מייצגת.

יש כלל בעולם הקורבנות, שאם אדם נדר קורבן נדבה למקדש ולא הביא אותו, 'ממשכנים אותו' – בית דין נוטלים את הקורבן בעל כורחו, כלומר, גזבר של הֶקדש נכנס לביתו ונוטל את הקורבן (משנה ערכין ה, ו; רמב"ם, הלכות מעשה הקורבנות יד, יז). אולם כדברי המשנה "חַיָּבֵי חַטָּאוֹת וַאֲשָׁמוֹת – אֵין מְמַשְׁכְּנִין אוֹתָן", מפני שבקורבנות חובה האדם עצמו מעוניין שיתכפר לו, ואין חשש שהחוטא ישכח או יפשע בקורבנו (כך לפי בעלי התוספות ולפי רמב"ן על בבא בתרא מח ע"א). אולם אם כך, מדוע הגזבר מוציא בכוח קורבן עולה מתחת ידו של המקדיש? מאחר שמביא העולה זקוק לכפרה על ביטול העשה, דין העולה אמור היה להיות כשאר קורבנות חובה. הראשונים נתנו את דעתם לחריגה זו, והציעו ניסוחים שונים שמכולם עולה שקורבן העולה מצוי על הגבול הלא מוגדר, בין החובה לנדבה, גם בתודעת המקריב עצמו.[6] כך למשל התנסח רש"י: "אע"ג דעולה מכפרת אַעֲשה, הואיל ולאו חובה היא עלֵיהָ לא חשיב לה כפרה, ואתי לשהויי, הלכך ממשכנין אותן" (פירושו לערכין כא ע"א).[7]

ההגדרה האמביוולנטית של העולה באה לידי ביטוי גם בהמשך הסוגיה שם (ערכין כא ע"א), שלומדת מהביטוי 'לרצונו' שנאמר בקורבן עולה שגם אם כופין אותו להביא את קורבנו, עליו לומר בפיו 'רוצה אני' – כדי שממד הנדבה ייוותר על כנו.[8]

6. כך למשל הציע הרב כשר, שבתודעת המקריב אין זו כפרה (ועל כן יש למשכן אותו), אך באמת העולה מכפרת (הרב מ"מ כשר, תורה שלמה, חלק כו, עמ' רע"ב). יש לציין שגם הרב כשר בהמשך דבריו נוטה לומר שיש עמדה בדברי חז"ל שרואה את העולה כדורון, ושתפקידה אינו כפרה כלל. בעצם ברור שגם חז"ל לא ראו את העולה כקורבן חובה ברמה של חטאת ואשם. הדבר עולה מסוגיות שונות, שהנחת היסוד המוסכמת בהן היא שרק החטאת והאשם הם קורבנות חובה מכפרים, כמו: "אמר רבי אליעזר החטאת באה על חטא והאשם בא על חטא מה חטאת פסולה שלא לשמה אף האשם פסול שלא לשמו" (משנה זבחים א, א); "לשם שִׁשָּׁה דְּבָרִים הזבח נִזְבָּח... והחטאת והאשם – לשם חטא" (משנה זבחים ד, ו), ועוד הרבה.

7. יש נוסחאות שכתוב בהן: "אע"ג דשלמים מכפרת אעשה" אך זו כמובן טעות, שהרי השלמים אינם מכפרים על עשה. יתר על כן, ניסוח המשפט מורה שרש"י מדבר על קורבן בלשון יחיד נקבה ('מכפרת') בהתאמה לעולה ולא לשלמים.

8. מו"ר הרב ליכטנשטיין הציע לראות לאור זה את מחלוקת האמוראים, אם יש להביא קורבן עולה שמתו בעליה: "רבא ורב פנחס בריה דרב אמי חלוקים בהגדרת טיב הכפרה של קרבן העולה. לפי רבא העולה היא דורון צרוף (ולכן אין להקריבה לשם בעליה לאחר שמת), ואילו לפי רב פנחס בריה דרב אמי יש בה גם פן חזק של כפרה. פן זה מניע את רב פנחס בריה דרב אמי לקבוע שיש

בכיוון עקרוני זה – הרואה את העולה כמכפרת על חטא פורמלי – צעד גם ר' יוסף בכור שור, אך בניסוח שונה:

> לפי הפשט, כשאדם אוכל בשוגג חלב – מביא חטאת; ואם ספק בידו – מביא אשם תלוי; ופעמים שהוא סבור שהוא אוכל היתר ודאי והוא אוכל חלב – והעולה מכפרת לו על שאינו יודע כלל (ר"י בכור שור לוויקרא א', ד).

גם ר"י בכור שור סבור שהעולה מכפרת על חטאים ספציפיים, אלא שהוא רואה זאת כמדרג: החטאת באה על חטא ידוע; אשם תלוי בא על ספק; ועולה באה על חטאים שאדם עשה וכלל לא נודעו. ממילא ברור גם למה לשיטה זו יש צורך להתנדב עולה. לא ניתן להצביע על חטא מסוים שמחייב את הבאת הקורבן, אלא מדובר על הקרבה שבאה ליתר ביטחון, מתוך הנחה שברור שמידי פעם אדם חוטא, והוא כלל אינו מודע לכך.

הניסוח הקיצוני של עמדה זו יראה בעולה קורבן כפרה לכל דבר, כדברי קנוהל: "קרבן הכפרה והריצוי המובהק הוא העולה".[9] אכן, העולה מוצמדת לעיתים לקורבן החטאת ויש להביאה בהקשרים של כפרה או צורך בטהרה (כל הנטהרים שנדרשים לספירת שבעה ולהבאת קורבן ביום השמיני, כזב וזבה למשל, מביאים עולה וחטאת). קשר העוֹלָה לעולם של כפרה עולֶה גם למשל מעבודת הכוהן הגדול בחיטוי המשכן ביום הכיפורים: "וְיָצָא וְעָשָׂה אֶת עֹלָתוֹ וְאֶת עֹלַת הָעָם וְכִפֶּר בַּעֲדוֹ וּבְעַד הָעָם" (ט"ז, כד). אם יש לראות בצירוף "וכפר בעדו ובעד העם" תוצאה של עשיית העולה, הרי לנו קישור מפורש בין השניים.

אולם, למרות האמור, הניסוח של קנוהל קיצוני מדי, וגם אם העולה צבועה בצבעי כפרה, היא נותרת קורבן שעיקר תפקידו לריח ניחוח (מונח שנזכר בקורבנות נדבה, כפי שעוד נראה), ומונח זה נזכר גם בדין חטא העדה בספר במדבר, שעליו התבסס קנוהל בדבריו. אפיון העוֹלָה כקשור בעולם של נדבה דווקא עולֶה בראש ובראשונה מהקשרו הטקסטואלי – דיון בקורבנות שאדם מבקש להקריב מרצונו, ועל כן קשה להגדיר את מהותה של העולה כקורבן כפרה.

חובה להקריב עולה לשם בעליה גם לאחר מיתה" (הרב ליכטנשטיין, שיעורים – זבחים, עמ' 162).

9. קנוהל, חוק החטאת, עמ' 6. הצמדת העולה לענייני כפרה הובילה כמה חוקרים לשער שאולי שם הקורבן קשור בעַוְלָה, כלומר, גם קורבן זה בא לכפר על עוולות, על חטאים, "כמו הקורבנות אשם וחטאת" (לוין, עולם התנ"ך, עמ' 16). וראו גם ישעיה ס"א, ח; איוב ה', טז.

רמב"ן ראה את ביטוי הכפרה המשולב בקורבן עולה באופן מופשט יותר:

> וראיתי באגדה בויקרא רבא (פרשה ז): תני רבי שמעון בן יוחאי, אין העולה באה אלא על הרהורי עבירת הלב. אמר רבי לוי מקרא מלא הוא 'וְהָעֹלָה עַל רוּחֲכֶם הָיוֹ לֹא תִהְיֶה' (יחזקאל כ', לב) – העולה מכפרת על העולה על רוחכם. וכן באיוב הוא אומר 'וְהֶעֱלָה עֹלוֹת מִסְפַּר כֻּלָּם, כִּי אָמַר אִיּוֹב אוּלַי חָטְאוּ בָנַי וּבֵרְכוּ אֱלֹהִים בִּלְבָבָם' (איוב א', ה), הדא אמרה אין העולה באה אלא על הרהורי הלב (פירושו לוויקרא א', ד).

לפי שיטה זו אכן קורבן העולה 'מכפר' אך לא על עבירה מוגדרת כלשהי, אלא על 'העולה על הרוח', כלומר על הרהורים כלליים שאדם רוצה לכפר עליהם. אדם מוצא עצמו, למשל, מסתפק בדרכי הצדק האלוהיים ולאחר מכן מתחרט על ספקותיו, והוא מוזמן להביא עולה לה' ולזכות לכפרה. מאחר שמדובר בעולם התודעה של האדם הוא אינו יכול להביא קורבן רגיל שבא על חטא, שהרי אלו באים רק על חטאים שנעשו בעולם המעשה. העולה, לפי גישה זו, מכפרת על התודעה, על המחשבות ועל הספקות הרוחניים.[10]

בעוד שלפי הקריאה המקובלת שם הקורבן – 'עוֹלָה' – קשור בעובדה שכולו עולֶה כליל, לפי שיטת רמב"ן יש מקום לתהות אם שם הקורבן אינו קשור לדיני הקטרתו אלא למוטיבציה שניצבת בבסיס הבאתו. כך כתב בפירוש ראב"ע: "והגוף הקרב לכפר על העולֶה על הרוח יקרא עוֹלָה; גם כן הקרב בעבור חטאת ואשם יקרא חטאת ואשם" (פירושו לוויקרא א', ד).

יש להודות שהכיוון העקרוני הרואה גם בעולת הנדבה קורבן מכפר, נתמך ממקראות שונים, שמהם עולֶה שיש נימה של כפרה המתלווה לקורבן זה. הזכרתי לעיל פסוקים שמהם עולה קישור בין עולם של כפרה לקורבן העולה, ורמב"ן הזכיר את הפסוקים הפותחים את ספר איוב שמהם עולה שאיוב ביקש להשיג כפרה בזכות קורבן העולה.[11] במיוחד הדבר משתקף בדין חטא העדה המתואר בחומש במדבר:

10. רבנו בחיי שצועד לרוב בעקבות רמב"ן, צועד בעקבותיו גם כאן, ולאור כך ביאר את סדר הקורבנות בפרשה: "קרבן עולה קודם בפרשה לשאר הקרבנות. ועל דרך הפשט, לפי שהמחשבה היא ראשית הכל, וחטא המחשבה קודם לחטא המעשה, על כן היה בדין להקדים עולה" (פירושו לוויקרא א', ג).

11. יש מקום להתלבט אם איוב העלה דווקא קורבן עולה, או שמא יש להבין את הביטוי "עולות" שבפסוק במשמעות כללית של קורבנות, ללא כוונה להצביע על קורבן ספציפי. כך כנראה הבינו

"וְהָיָה אִם מֵעֵינֵי הָעֵדָה נֶעֶשְׂתָה לִשְׁגָגָה וְעָשׂוּ כָל הָעֵדָה פַּר בֶּן בָּקָר אֶחָד לְעֹלָה לְרֵיחַ נִיחֹחַ לַה' וּמִנְחָתוֹ וְנִסְכּוֹ כַּמִּשְׁפָּט וּשְׂעִיר עִזִּים אֶחָד לְחַטָּת. וְכִפֶּר הַכֹּהֵן עַל כָּל עֲדַת בְּנֵי יִשְׂרָאֵל וְנִסְלַח לָהֶם כִּי שְׁגָגָה הִוא וְהֵם הֵבִיאוּ אֶת קָרְבָּנָם אִשֶּׁה לַה' וְחַטָּאתָם לִפְנֵי ה' עַל שִׁגְגָתָם" (במדבר ט"ו, כד-כה). לצד החטאת שיש להביא שם, נזכרת גם העולה, ובהצטרפות זו נצבעת גם היא בצבעי כפרה.

אולם, בעקבות דברי רמב"ן, ניתן להתקדם עוד צעד ולהציע הפשטה נוספת, שתשאיר את הקורבן במרחב השיח של כפרה, אך תוציא אותו מעולם הכפרה המשפטי. לפי עמדה זו, לא רק שלא מדובר בחטאים ספציפיים, אלא שגם לא מדובר בספקות שברוח. הקורבן מבטא תודעה דתית קיומית של הרוצה לעמוד מול ה' ומצפה ל'כפרה'. אנו רגילים לחשוב על 'כפרה' בהקשר מקומי של רצון לנקות את האדם מחטא ספציפי או כללי שעשה, אולם לפועל 'לכפר' יש משמעויות מגוונות במקרא,[12] ביניהן גם לשון 'כפרה' שאינו מוסב על חטא ספציפי כלל. בולט הדבר בלשון 'כפרה' שחוזרת בפרשת מחצית השקל:

> כִּי תִשָּׂא אֶת רֹאשׁ בְּנֵי יִשְׂרָאֵל לִפְקֻדֵיהֶם וְנָתְנוּ אִישׁ כֹּפֶר נַפְשׁוֹ לַה' בִּפְקֹד אֹתָם וְלֹא יִהְיֶה בָהֶם נֶגֶף בִּפְקֹד אֹתָם... הֶעָשִׁיר לֹא יַרְבֶּה וְהַדַּל לֹא יַמְעִיט מִמַּחֲצִית הַשָּׁקֶל לָתֵת אֶת תְּרוּמַת ה' לְכַפֵּר עַל נַפְשֹׁתֵיכֶם. וְלָקַחְתָּ אֶת כֶּסֶף הַכִּפֻּרִים מֵאֵת בְּנֵי יִשְׂרָאֵל וְנָתַתָּ אֹתוֹ עַל עֲבֹדַת אֹהֶל מוֹעֵד וְהָיָה לִבְנֵי יִשְׂרָאֵל לְזִכָּרוֹן לִפְנֵי ה' לְכַפֵּר עַל נַפְשֹׁתֵיכֶם (שמות ל', יב-טז).

אין צורך לתור אחר חטאי הפקודים הזקוקים לכפרה. זהו מצב קיומי בסיסי של אדם העומד בכנות לפני קונו, ויודע שתמיד הוא זקוק לכפרה כללית, ובוודאי בשעה שהוא נספר ומבקשים לבחון בכך את גודל המחנה.[13] רנדטורף הוכיח דבר זה ממלחמת מדיין, שגם שם הלוחמים ששבו משדה הקרב בשלום ביקשו לכפר על נפשותם: "וַיֹּאמְרוּ אֶל מֹשֶׁה עֲבָדֶיךָ נָשְׂאוּ אֶת רֹאשׁ אַנְשֵׁי הַמִּלְחָמָה אֲשֶׁר בְּיָדֵנוּ וְלֹא נִפְקַד מִמֶּנּוּ אִישׁ. וַנַּקְרֵב אֶת

כמה מתרגמים שתרגמו את הפסוק באופן כללי, כמו: “and offering sacrifices for every one of them” (NAB); או: “and offer up offerings in the number of them all” (גרינשטיין, איוב, עמ' 5). כאמור לעיל, המונח 'קורבן' הוא מונח ייחודי לספרי ויקרא ובמדבר (ויחזקאל), ובספרים אחרים נזכרות לעיתים 'עולות' בהוראת 'קורבנות'.

12. למשל: לאנג, כפר.

13. על האפשרות שהמפקד המתואר בפסוקים עוסק במפקד לוחמים, ראו בפירוש ראב"ע על אתר. על סכנת המפקד שבעטיו יש צורך בכפרה ראו פרופ, שמות ב, עמ' 534-538.

קָרְבַּן ה' אִישׁ אֲשֶׁר מָצָא כְלִי זָהָב אֶצְעָדָה וְצָמִיד טַבַּעַת עָגִיל וְכוּמָז לְכַפֵּר עַל נַפְשֹׁתֵינוּ לִפְנֵי ה'" (במדבר ל"א, מט-נ).[14] אכן, אין סיבה להניח שהלוחמים הצביעו על חטא מסוים בבקשם כפרה. המתואר שם הוא תודעה רוחנית של מי שניצל מאימת מוות ומרגיש שאינו ראוי לכך.

לפיכך נראה, שאדם המתנדב עולה אינו מצביע על חטא מוגדר שבעטיו הוא זקוק לכפרה (ועל כן אין זה קורבן חובה), ובכל זאת הוא מבקש כפרה. תודעה דתית בסיסית מאתרת את הפער האין סופי בין האדם לבין קונו, והמבקש לעמוד מול אלוהיו חש בחסרונו הוא, בחוסר שלמותו. דומה הדבר לחתימת הווידוי של יום הכיפורים; לאחר פירוט ארוך של חטאים אלו ואחרים, מוסיף המתוודה אמירה כללית: "אלהי, עד שלא נוצרתי איני כדאי, ועכשיו שנוצרתי כאילו לא נוצרתי". מעבר לרשימת קלקולים שניתן להצביע עליהם ולהתחרט עליהם, מרגיש המתוודה שחייו חסרים, שהם אינם במקום שבו ראוי היה שיהיו. אין מדובר בהכרח באדם מיוסר, אלא באדם שמרגיש רחוק מה', שמרגיש חוטא, ומבקש לשוב ולעמוד לפני אלוהיו. בהקשר זה מובא קורבן העולה, וההכרזה שמלווה אותו היא רצונו של האדם שה' ירצה בו ויכפר עליו. המקריב מחפש התקרבות מחודשת, ומבקש להצדיק את עמידתו מול אלוהיו. את 'הכפרה' הנדונה כאן, יש לראות אם כן באופן רחב ומופשט כמביעה תודעה של רצון להתייצב מול ה' למרות המרחק והפער.[15]

קורבן העולה מוקטר כולו על גבי המזבח. האדם אינו שותף באכילתו ואף הכוהנים אינם יכולים להשתתף באכילה, זאת מפני שקורבן זה מעיד בראש ובראשונה על הפער שקיים בין ה' ובין העולם. התודעה שמלווה את הקרבת העולה היא מודעות לפער שקיים בין ה' ובין עולמו, ואכילה אנושית תפגיש בשלב מוקדם מדי את השמיים עם הארץ. בסופו של דבר, סביר שמביא הקורבן לא רק מצהיר על הפער, אלא גם חפץ בקרבה מחודשת, אך זו תושג אם הוא יזכה לריצוי פני קונו, לאחר נתינת הקורבן לגבוה (וראו עוד להלן בדיון בזריקת הדם על המזבח סביב).

לאור כך ניתן להבין מדוע כל אלו המנועים מלבוא אל הקודש בגלל טומאה

14. רנדטורף, ויקרא, עמ' 37.

15. לפי קריאה זו קורבן העולה נותר קורבן נדבה לכל דבר למרות ביטויי הכפרה שמלווים אותו. זו התפיסה שמשתקפת גם באמירת הקורבנות לפני תפילת שחרית, שהרי קורבנות החובה מסתיימים שם בנוסח: "יהי רצון מלפניך ה' אלהינו ואלהי אבותינו, אם נתחיבתי חטאת שתהא אמירה זו מְרֻצָּה לפניך כאילו הקרבתי חטאת" (וכן בחתימת האשם), ואילו קורבנות הנדבה נחתמים שם בנוסח: "יהי רצון כאילו הקרבתי שלמים / תודה". קורבן העולה נחתם בחתימה של קורבנות הנדבה ולא של הקורבנות שבאים לכפר על חטא.

כזו או אחרת צריכים להביא עולה במפגשם המחודש עם המשכן. כל עמידה מחודשת מול ה׳ דורשת קורבן עולה שיש בה כדי להביע את רצונו של האדם להיפגש עם כבוד ה׳ למרות הפער, למרות הריחוק, למרות קטנות האדם.

אופי זה של קורבן העולה רלוונטי בכל סוגי העולה – בקר, צאן ועוף. אך לצד זאת יש לכל סוג של עולה מאפיין ייחודי. נעבור אם כן לדון בעולות השונות ובמייחד אותן.

עולת בקר

> אִם עֹלָה קָרְבָּנוֹ מִן הַבָּקָר זָכָר תָּמִים יַקְרִיבֶנּוּ אֶל פֶּתַח אֹהֶל מוֹעֵד יַקְרִיב אֹתוֹ לִרְצֹנוֹ לִפְנֵי ה׳. וְסָמַךְ יָדוֹ עַל רֹאשׁ הָעֹלָה וְנִרְצָה לוֹ לְכַפֵּר עָלָיו. וְשָׁחַט אֶת בֶּן הַבָּקָר לִפְנֵי ה׳ וְהִקְרִיבוּ בְּנֵי אַהֲרֹן הַכֹּהֲנִים אֶת הַדָּם וְזָרְקוּ אֶת הַדָּם עַל הַמִּזְבֵּחַ סָבִיב אֲשֶׁר פֶּתַח אֹהֶל מוֹעֵד. וְהִפְשִׁיט אֶת הָעֹלָה וְנִתַּח אֹתָהּ לִנְתָחֶיהָ. וְנָתְנוּ בְּנֵי אַהֲרֹן הַכֹּהֵן אֵשׁ עַל הַמִּזְבֵּחַ וְעָרְכוּ עֵצִים עַל הָאֵשׁ. וְעָרְכוּ בְּנֵי אַהֲרֹן הַכֹּהֲנִים אֵת הַנְּתָחִים אֶת הָרֹאשׁ וְאֶת הַפָּדֶר עַל הָעֵצִים אֲשֶׁר עַל הָאֵשׁ אֲשֶׁר עַל הַמִּזְבֵּחַ. וְקִרְבּוֹ וּכְרָעָיו יִרְחַץ בַּמָּיִם וְהִקְטִיר הַכֹּהֵן אֶת הַכֹּל הַמִּזְבֵּחָה עֹלָה אִשֵּׁה רֵיחַ נִיחוֹחַ לַה׳ (א׳, ג–ט).

אופציית קורבן העולה הראשונה שמוזכרת היא בקר – ליתר דיוק ׳בן בקר׳, פר צעיר. די בנתון שמדובר בבהמה הגדולה ביותר המוקרבת על המזבח כדי להצדיק את פתיחת הכתוב דווקא בה. לכן גם ברשימות אחרות הבקר נזכר לפני הצאן (ראו במיוחד בחנוכת המזבח בבמדבר ז׳; ובמוספים בבמדבר כ״ח). עם זאת, בהמשך נעלה את האפשרות שיש הבדל מהותי יותר בין בעלי החיים המוקרבים, ולפי הצעה זו יעלה הסבר נוסף לפשר פתיחת האפשרויות דווקא בבן בקר.

יש לציין שהכינוי ׳בן בקר׳ רומז לשור צעיר דווקא, שהרי אחרת ניתן היה להסתפק בכינוי ׳בקר׳. ברוח זו כתב גם ר״י בכור שור: ״׳את בן הבקר׳ – משמע לשון בחרות, שלא יביא זקן יותר מדאי וחולה, משום ׳הקריבהו נא לפחתך׳״ (ר״י בכור שור א׳, ה). מצד שני, הכתוב מכנהו ׳בן בקר׳ ולא ׳עגל׳ (כמו בוויקרא ט׳, ב), מכאן עולה שאין מדובר בעגל צעיר. לפיכך, קריאת חז״ל שפר בן בקר צריך להיות בשנתו השנייה (רבי יוסי) או השלישית (חכמים), נראית תואמת את רוח המקראות.[16]

16. דעת רבי מאיר בנוגע לגילו של ׳פר׳ המובא לקורבן מסגירה את התפיסה שבהמה זקנה מדי אינה

ייתכן שבשר בקר צעיר הוא בשר איכותי יותר ממבוגר. כך עולה מהכנת הסעודה של אברהם לאורחיו: "וְאֶל הַבָּקָר רָץ אַבְרָהָם וַיִּקַּח בֶּן בָּקָר רַךְ וָטוֹב" (בראשית י"ח, ז). אך גם ייתכן שבן בקר מייצג בעל חיים צעיר שחייו עוד לפניו, ובכך הוא מסמל חיות רעננה, אך מצד שני אין מדובר בעגל יונק, אלא בבהמה שהיא כבר בעלת ערך ממוני־עצמאי.

יש לציין שאין זה מובן מאליו שיש צורך לקורבן בבקר צעיר דווקא ('בן בקר'), שהרי בזבח שלמים נאמר בכותרת 'בקר' ללא פירוט של 'בן בקר': "וְאִם זֶבַח שְׁלָמִים קָרְבָּנוֹ אִם מִן הַבָּקָר הוּא מַקְרִיב אִם זָכָר אִם נְקֵבָה תָּמִים יַקְרִיבֶנּוּ לִפְנֵי ה'" (ויקרא ג', א). היעדר 'בן בקר' בציווי של זבח שלמים כנראה איננו מקרי, שהרי גם באירועים שבהם הביאו עולות וזבחי שלמים, הובא 'בן בקר' לעולה, ואילו לזבח השלמים 'בקר' גרידא. כך בחנוכת המזבח של הנשיאים: "פַּר אֶחָד **בֶּן בָּקָר** אַיִל אֶחָד כֶּבֶשׂ אֶחָד בֶּן שְׁנָתוֹ לְעֹלָה. שְׂעִיר עִזִּים אֶחָד לְחַטָּאת. וּלְזֶבַח הַשְּׁלָמִים **בָּקָר** שְׁנַיִם אֵילִם חֲמִשָּׁה עַתּוּדִים חֲמִשָּׁה כְּבָשִׂים בְּנֵי שָׁנָה חֲמִשָּׁה" (במדבר ז', טו-יז וכן לאורך כל הפרשה גם בשאר הנשיאים). לא ניתן לפתוח שאלה זו באופן רחב טרם שעמדנו על אופי זבח השלמים, ברם לעת עתה מסתבר לומר, שבהמה צעירה שלא הגיעה להשלמתה, מתאימה לאווירה שמלווה את העולה, אווירה הקשורה בתודעה של מקריב שהוא עומד חסר מול קונו (ועל כן גם החטאת שבאה על חטא היא 'בן בקר'). עוד נראה בדיונים הבאים, שבניגוד לעולה, זבח השלמים מייצג הדדיות וברית שיש בהם שמחה ורעות, ומבחינה זו, מתאים להביא בקר בוגר ושלם.[17]

כבר הוזכרו לעיל, בפרק השלישי, כמה מהמרכיבים הדורשים ביאור בפסוקים אלו. כעת ברצוני לתת את הדעת במיוחד למורכבות שמוצגת בפסוקים אלו סביב השאלה מי הוא זה שמקריב את הקורבן.

הפועלים בקורבן: בין הבעלים לכוהן

יש חשיבות מרכזית לשאלה מי פועל בקורבן בשלבי ההקרבה השונים. מאחר שיש לקורבן בעלים, ובכל זאת חלק מהפעולות נעשות על ידי הכוהנים, יש בבירור היחס

כבוד המזבח: "רַבִּי מֵאִיר אוֹמֵר, אַף בְּנֵי אַרְבַּע וּבְנֵי חָמֵשׁ, כְּשֵׁרִים, אֶלָּא שֶׁאֵין מְבִיאִים זְקֵנִים, מִפְּנֵי הַכָּבוֹד" (משנה פרה א, ב).

17. עם זאת יש להסתייג ולומר שלא תמיד התורה מקפידה על החלוקה הזו, ולעיתים יש לשון כללית שמוסבת על שני הקורבנות גם יחד, כמו: "וְכִי תַעֲשֶׂה בֶן בָּקָר עֹלָה אוֹ זָבַח לְפַלֵּא נֶדֶר אוֹ שְׁלָמִים לַה'. וְהִקְרִיב עַל בֶּן הַבָּקָר מִנְחָה סֹלֶת שְׁלֹשָׁה עֶשְׂרֹנִים בָּלוּל בַּשֶּׁמֶן חֲצִי הַהִין" (במדבר ט"ו, ח-ט)

ביניהם כדי להגדיר את מקומו של הכוהן ואת תפקידו. המעקב אחר הפעולות פשוט, מאחר שהציוויים על הקורבנות בפרשת ויקרא נמסרו לאדם מישראל – ״דַּבֵּר אֶל בְּנֵי יִשְׂרָאֵל וְאָמַרְתָּ אֲלֵהֶם אָדָם כִּי יַקְרִיב מִכֶּם קָרְבָּן לַה׳״ (א׳, ב) – לפיכך הגוף היחיד הסתמי מתייחס אליו. כלומר, כשכתוב למשל ״וְסָמַךְ יָדוֹ עַל רֹאשׁ הָעֹלָה״, ברור שהסומך הוא הבעלים, מביא הקורבן. נעקוב אם כן אחר עולת הבקר מתוך תשומת לב לדמות הפועלת בכל שלב (פעולות הכוהן מוצגות בהזחה ימינה):

אִם עֹלָה קָרְבָּנוֹ מִן הַבָּקָר זָכָר תָּמִים יַקְרִיבֶנּוּ
אֶל פֶּתַח אֹהֶל מוֹעֵד יַקְרִיב אֹתוֹ לִרְצֹנוֹ לִפְנֵי ה׳.
וְסָמַךְ יָדוֹ עַל רֹאשׁ הָעֹלָה וְנִרְצָה לוֹ לְכַפֵּר עָלָיו.
וְשָׁחַט אֶת בֶּן הַבָּקָר לִפְנֵי ה׳
   וְהִקְרִיבוּ בְּנֵי אַהֲרֹן הַכֹּהֲנִים אֶת הַדָּם
   וְזָרְקוּ אֶת הַדָּם עַל הַמִּזְבֵּחַ סָבִיב אֲשֶׁר פֶּתַח אֹהֶל מוֹעֵד
וְהִפְשִׁיט אֶת הָעֹלָה
וְנִתַּח אֹתָהּ לִנְתָחֶיהָ.
   וְנָתְנוּ בְּנֵי אַהֲרֹן הַכֹּהֵן אֵשׁ עַל הַמִּזְבֵּחַ
   וְעָרְכוּ עֵצִים עַל הָאֵשׁ.
   וְעָרְכוּ בְּנֵי אַהֲרֹן הַכֹּהֲנִים אֵת הַנְּתָחִים
   אֶת הָרֹאשׁ וְאֶת הַפָּדֶר עַל הָעֵצִים אֲשֶׁר עַל הָאֵשׁ אֲשֶׁר עַל הַמִּזְבֵּחַ.
וְקִרְבּוֹ וּכְרָעָיו יִרְחַץ בַּמָּיִם
   וְהִקְטִיר הַכֹּהֵן אֶת הַכֹּל הַמִּזְבֵּחָה

מתברר שהבעלים והכוהנים פועלים בקורבן לסירוגין, ויש מקום לעבודת הבעלים גם לאחר שהכוהנים נכנסו לפעולה. אני מדגיש זאת כי לפעמים נדמה שהבעלים שהביאו את הקורבן פועלים רק עד שחיטת הבהמה, ומשם ואילך רק הכוהנים עובדים.[18] אין מדובר במסירת הבהמה לידי הכוהן ופינוי המרחב לעבודת הכוהן. פיצול הפעולות כדלקמן:

18. להלן אזכיר את עמדת תרגום השבעים שאימץ גם הוא הנחה זו, וכך כנראה עולה גם מספר החינוך.

הבעלים	הכהן
סמיכת ידיים	זריקת הדם על המזבח
שחיטה	נתינת אש ועצים על המזבח
הפשטת העולה	עריכת הנתחים על המזבח
ניתוח העולה	הקטרת הבהמה על המזבח
רחיצת הקרב והכרעיים	

פיצול זה חורג מתחומי פשטי מקראות והוא תקף גם להלכה. כך סיכם את הדברים רמב"ן:

> ואמר 'והפשיט', 'ונתח', כי בבעל הקרבן ידבר, כאשר אמר 'וסמך' ו'שחט'. כי ההפשט והנתוח אינן עבודות וכשרות בזר. ולכך חזר אחר כך ואמר 'ונתנו בני אהרן' (פסוק ז). וכן רחיצת הקרבים כשרה בזר, ולכך אמר 'וקרבו וכרעיו ירחץ במים' (פסוק ט) – בעל הקרבן, ואחרי כן 'והקטיר הכהן' (פירושו לוויקרא א', ו).

מתוך ניסוח דבריו נראה שהפסוקים מחלקים בין מה שנחשב 'עבודה', שהיא חייבת להיעשות על ידי כוהנים, ובין מלאכה שאיננה 'עבודה', והיא יכולה אפוא להיעשות גם על ידי הבעלים. יש להעיר שהלשון 'כשרה בזר' מבטאת את הנחת היסוד שבדברי רמב"ן, שהבעלים **רשאים** לעשות את הפעולות המדוברות, אבל מובן שגם הכוהן יכול לעשות עבודות אלה. אולם בפשטי המקראות ייתכן שהפסוקים מדייקים ומכוונים: יש פעולות שדווקא הכוהן צריך לעשות ויש פעולות המוטלות דווקא על הבעלים! תפיסה כזו עולה בזוהר ביחס לשחיטה:

> הא כתיב 'ושחט את בן הבקר' – ושחט אחרא ולאו כהנא, דכהנא אסיר ליה בדינא, בגין דלא יפגים ההוא אתר דאחיד ביה" (זוהר, פרשת נשא, חלק ג, קכד ע"א).[19]

19. דיון בדברי הזוהר הללו מצוי אצל הרב כשר, תורה שלמה, חלק יב, עמ' קמז-קמח.

לפי הזוהר אין מדובר ברשות בלבד שיש לזר לשחוט, אלא לכוהן אסורה השחיטה. כאמור, גם מבלי לאמץ סמנטיקה קבלית, בהחלט ייתכן שמהפסוקים עולה שיש עדיפות שמביא הקורבן יתעסק בקורבנו, אלא שהוא מנוע מלעשות כמה פעולות, ואותן עושה הכוהן.

דומה שיש להגדיר את הפעולות שעושים הכוהנים או ישראל באופן ספציפי יותר מעצם הגדרת המושג 'עבודה'. הבעלים עושים כל מה שקשור בגוף הקורבן (שחיטה, הפשטה, ניתוח ורחיצה), והכוהנים נכנסים לפעולה בכל עת שיש לגשת אל המזבח. אם צריך להקריב דם על המזבח או להבעיר אש על המזבח, יש צורך בכוהן. זוהי הבחנה יסודית שמגלמת את התפקיד שהכוהנים ממלאים בעולם הקורבנות. ישראל מנוע מלגשת אל המזבח שהרי "וְהָיָה הַמִּזְבֵּחַ קֹדֶשׁ קָדָשִׁים כָּל הַנֹּגֵעַ בַּמִּזְבֵּחַ יִקְדָּשׁ" (שמות כ"ט, לז). עוד נדון בהרחבה במשמעות ההגדרה של 'קודש קדשים' (בדיוננו בקדושה המדבקת), אך ברור מפסוק זה שרק מי שמוגדר בעצמו כקדוש (= כוהנים) יכול לגשת אל המזבח שהוא 'קודש קדשים'. לפיכך נראה שהבעלים נותרים בעלי הקורבן לאורך התהליך כולו, ובכל עת שיש לעשות דבר מה בקורבן עצמו, יעשה זאת בעל הקורבן. הכוהנים הם שלוחו של בעל הקורבן, והוא נזקק לתיווכם כדי לגשת את המזבח ולהקריב את קורבנו.

מעניין הדבר שתרגום השבעים התקשה בנתינת מקום כה נרחב לבעלים מביא הקורבן, ובתרגום זה הפעלים כולם מובאים בלשון רבים כמוסבים על הכוהנים ("ושחטו את בן הבקר לפני ה'... והפשיטו את העלה וניתחו אתה לנתחיה... וקרבו וכרעיו ירחצו במים").[20] מאחר שגם תרגום זה שמר על אזכורי 'בני אהרן הכוהנים' כבנוסח המסורה – אזכורים שכל הצורך בהם הוא רק בשל המעברים שיש בפסוקים אלו בין הכוהנים לבעלים – ניכר שאין מדובר בנוסח אחר שעמד לפני המתרגם אלא שינוי מכוון. אכן, יש מן ההפתעה שבהנחת היסוד שגם הבעלים נכנס לעזרה ומטפל בקורבנו לצד המזבח.[21]

20. כך עולה גם מדברי פילון: "לאחר מכן, שאחד הכוהנים יקח וישחט אותו" (על החוקים לפרטיהם א, סעיף 199; כתבים, חלק ב, עמ' 273). **הרב אביה הכהן העיר לי שכנראה זו גם תפיסת ספר** החינוך שכתב במצוות העולה: "מדיני המצוה, מה שאמרו זכרונם לברכה במעשה העולה שהיתה נעשית כן: שוחטין את הבהמה בעזרה – והשחיטה כשרה אפילו בזרים, ומקבלת הדם ואילך מצות כהונה, וזורק הכהן הדם **ומפשיט** אותה **ומנתחה** איברים שלמים" (החינוך, מצווה קטו). זוהי הכרעה מפתיעה למדי, כי בספרות חז"ל מקובל שהֶפשט וניתוח כשרים בזר, כפשטי המקראות (ספרא, דיבורא דנדבה, פרק ה, ד – "שהפשט ונתוח כשרים בכל אדם"; יומא כו ע"ב; רמב"ם, הלכות ביאת מקדש ט, ו: "וכן ההפשט והניתוח והולכת עצים למזבח כשירה בזרים").

21. ראו על כך עוד אצל הכהן, מול מקדש, עמ' 34-36. הוא סבור שמגמת שילוב הבעלים והכוהנים

הפיצול שבין הבעלים העובד על קורבנו לבין הכוהן שניגש אל המזבח תקף גם בקורבנות אחרים, דבר שמוכיח שמדובר בפיצול מהותי. כך למשל בזבח שלמים (ג׳, ב–ה):

וְסָמַךְ יָדוֹ עַל רֹאשׁ קָרְבָּנוֹ
וּשְׁחָטוֹ פֶּתַח אֹהֶל מוֹעֵד
וְזָרְקוּ בְּנֵי אַהֲרֹן הַכֹּהֲנִים אֶת הַדָּם עַל הַמִּזְבֵּחַ סָבִיב.
וְהִקְרִיב מִזֶּבַח הַשְּׁלָמִים אִשֶּׁה לַה׳...
וְאֶת שְׁתֵּי הַכְּלָיֹת וְאֶת הַחֵלֶב אֲשֶׁר עֲלֵהֶן אֲשֶׁר עַל הַכְּסָלִים וְאֶת הַיֹּתֶרֶת עַל הַכָּבֵד עַל הַכְּלָיוֹת **יְסִירֶנָּה.**
וְהִקְטִירוּ אֹתוֹ בְנֵי אַהֲרֹן הַמִּזְבֵּחָה.

לדבר זה השלכה דרמטית על הבנת מגמת הפרשה כולה. כפי שכבר עלה לעיל, בעצם הקדמת פרשת ויקרא לפרשת צו נעוצה גם אמירה תאולוגית, שעולם המשכן נועד לאדם מישראל ולא לכוהנים, ועל כן נדחתה פרשת צו הפונה אל הכוהנים, והיא מופיעה רק לאחר פרשת ויקרא. בהקדמת הפרשה הישראלית לפרשה הכוהנית ניכר שהתורה פונה בפרשיות הקורבנות לאדם מישראל, ומזמינה אותו להביא את קורבנו ולעמוד מול אלוהיו. עיקר סיפורו של המשכן רלוונטי לאדם מישראל, והכוהנים הם אומנם שלוחיו ועוזריו, אך אין לראות בהם את גיבורי הסיפור. בניסוח ההתלבטות הידועה של הגמרא, אם הכוהנים הם ׳שלוחי דידן׳ או ׳שלוחי דרחמנא׳ (נדרים לה ע״ב), עולה מפרשתנו שהכוהנים הם שליחי האדם מישראל המבקש להקריב קורבן, אך מנוע מלגשת אל המזבח. כל עוד הדבר אפשרי, מביא הקורבן יפעל בעצמו, ורק משום שהוא מנוע מלגשת אל המזבח נכנס גם הכוהן לפעולה.

קביעה זו צריכה להוביל למסקנה שיש להרחיב את דברי הזוהר המצוטטים לעיל, וליישם אותם בכל הפעולות המוסבות על הבעלים. כלומר, אין מדובר רק ברשות שיש לאדם מישראל לפעול (כניסוח רמב״ן – ׳כשרה בזר׳), אלא יש חשיבות שהבעלים יעשו את הפעולות שביכולתם לעשות ויפעלו בהכנת קורבנם למזבח.

במעשה ההקרבה קשור בכך ש״המקדש בנוי על יחסים הדדיים בין כל חלקי העם, בין כוהנים וישראלים, ולכל חלקי העם יש מקום בעבודת הקודש״ (עמ׳ 36). כאמור למעלה, לדעתי אין מדובר רק ברצון לשלב את כל חלקי העם בעבודת הקודש, אלא בחוסר היכולת של הישראלי להתקרב אל המזבח, והכוהן הוא שלוחו.

זריקת הדם (א׳, ה)

אחת הפעולות המרכזיות שמלווה כל הקרבת קורבן מן החי היא זריקת דמו או נתינת דמו על המזבח. חז״ל ראו בפעולה זו את עיקר כפרת האדם שהביא את הקורבן, וגם מלשון הכתוב נראה שהפעולות הקודמות לאקט זה לא באו אלא כהכנה להגשת הדם למזבח: יש לשחוט, לקבל את דם הבהמה ולהוליכו אל המזבח – כל זאת כדי לזורקו בסופו של דבר ״עַל הַמִּזְבֵּחַ סָבִיב״.

לכאורה, מאחר שהדם מייצג את הנפש (למשל דברים י״ב, כג), באקט זה מקריבים את החיים של הבהמה עצמה על המזבח, ועוד נשוב לעיקרון זה בהמשך דיונינו. אולם אם כך, מקום זריקת הדם מפתיע. מוסכם בקרב הפרשנים שלשון הציווי ״עַל הַמִּזְבֵּחַ סָבִיב״ מורה שיש לזרוק את הדם על קירות המזבח, ולא לתוך האש הבוערת בגגו. לולא כן, קשה להלום את ההגדרה ״סביב״.[22] אך דבר זה מוזר: הרי המזבח ׳מְאַכֵּל׳ על ידי האש הבוערת בו, ואם הדם מגיע רק לקירות המזבח, הוא לא ׳נאכל׳ על ידו. מדוע אין זורקים את הדם לאש המזבח?

היו באמת שהציעו שהמתנה לגבוה היא בשר הבהמה, ואילו הגשת הדם למזבח נועדה לוודא שהמקריבים לא יאכלו אותו, בשל איסור אכילת הדם. בניסוח אחר היו שטענו שהדם לא ׳מוקרב׳ על המזבח אלא תפקידו לחטא את המזבח.[23] אך קשה לקבל זאת: הקרבת הדם נראית כפעולה מרכזית בהקרבת הקורבנות, ולא רק הרחקה מחשש אכילתו; וגם קשה לומר שתפקיד הדם בכל הקורבנות הוא לחטא את המזבח. זה אכן תפקיד הדם בקורבן החטאת, אך לא נראה שגם בקורבנות הנדבה תפקיד זריקת הדם הינו ׳לחטא׳ – פועל שלא נזכר בהם כלל. זאת ועוד, בקורבן חטאת שבו תפקיד הדם לחטא, באמת נבחר פועל אחר – ״**וְנָתַן** עַל קַרְנֹת מִזְבַּח הָעֹלָה״ (ד׳, כה) – שמבחין בין מעשה הדם בחטאת למעשה הדם בקורבנות האחרים, שבהם יש ׳לזרוק׳ את הדם (ראו עוד להלן בדיוננו בקורבן חטאת).

פירוש מפתיע ומאתגר הציע נפתלי משל. לדעתו, אכן אין לראות בהגדרה ״על המזבח סביב״ רמיזה לקירות המזבח, אלא לראשו של המזבח, במקום שבו מצויה האש. לטענתו, כך עולה למשל מהתקבולת הבאה בנבואת יחזקאל: ״אֵלֶּה חֻקּוֹת הַמִּזְבֵּחַ בְּיוֹם הֵעָשׂוֹתוֹ: לְהַעֲלוֹת עָלָיו עוֹלָה / וְלִזְרֹק עָלָיו דָּם״ (יחזקאל מ״ג, יח), או מהחוק בדברים: ״וְעָשִׂיתָ עֹלֹתֶיךָ הַבָּשָׂר וְהַדָּם עַל מִזְבַּח ה׳ אֱלֹהֶיךָ וְדַם זְבָחֶיךָ יִשָּׁפֵךְ עַל מִזְבַּח ה׳ אֱלֹהֶיךָ וְהַבָּשָׂר תֹּאכֵל״ (י״ב, כז). אומנם, פסוקים אלו יכולים להתבאר

22. למשל: רנדטורף, ויקרא, עמ׳ 52, ועוד רבים.
23. לדיון בגישות אלו, ובנוספות, ראו: קניירים, טקסט, עמ׳ 56-57; משל, ריטואל הדם, עמ׳ 277.

גם באופנים אחרים מהצעתו, אך גם מהתיאור של אחז המקריב את קורבנותיו עולה שהדם נזרק על ראש הגג, לצד האש הבוערת:

> וַיָּבֹא הַמֶּלֶךְ מִדַּמֶּשֶׂק וַיַּרְא הַמֶּלֶךְ אֶת הַמִּזְבֵּחַ וַיִּקְרַב הַמֶּלֶךְ עַל הַמִּזְבֵּחַ וַיַּעַל עָלָיו. וַיַּקְטֵר אֶת עֹלָתוֹ וְאֶת מִנְחָתוֹ וַיַּסֵּךְ אֶת נִסְכּוֹ וַיִּזְרֹק אֶת דַּם הַשְּׁלָמִים אֲשֶׁר לוֹ עַל הַמִּזְבֵּחַ (מל"ב ט"ז, יב-יג).

מאחר שהמלך עלה על המזבח ושם עסק בהקטרת העולה והמנחה, נראה שזה המקום שממנו הוא גם 'זרק את דם השלמים אשר לו – על המזבח'. לפיכך, הציע נפתלי מֶשֶׁל להבין את "סביב" במשמעות של 'במקומות שונים', אך על גג המזבח עצמו, בדומה למשמעות המונח בפסוק הבא: "וַיִּכְרְתוּ אֶת רֹאשׁוֹ וַיַּפְשִׁטוּ אֶת כֵּלָיו וַיְשַׁלְּחוּ בְאֶרֶץ פְּלִשְׁתִּים סָבִיב לְבַשֵּׂר בֵּית עֲצַבֵּיהֶם וְאֶת הָעָם" (שמ"א ל"א, ט).[24]

הצעתו של מֶשֶׁל מרתקת, אולם בעצם היא לא פותרת את המצוקה הפרשנית שאנו עומדים בפניה. סוף כל סוף המונח 'סביב' מלמד, גם לשיטתו של מֶשֶׁל, שאין להגיש את הדם לאש הבוערת על גג המזבח דווקא, אלא אדרבה – יש להקפיד שהדם ייזרק בכל סביבות גג המזבח. לפיכך, גם לשיטה זו, הדם בסופו של דבר לא מוגש לאש המזבח דווקא![25]

יותר מזה, סדר הפעולות המתואר בפרקנו מלמד שעבודת הדם נעשית טרם הבערת האש, שהרי רק בפסוק ז נזכר שבני אהרון צריכים להבעיר את האש על המזבח: "וְנָתְנוּ בְּנֵי אַהֲרֹן הַכֹּהֵן אֵשׁ עַל הַמִּזְבֵּחַ", והדבר מוצג כהכנה להקטרת הבשר. האש אם כן מובערת לאחר שכבר נזרק הדם כמתואר בפסוק ה (על עצם אזכור הבערת האש כאן ראו להלן).

24. משל, ריטואל הדם. אברהם שמאע העיר בצדק, שעניין זה קשור גם לשאלה שהטרידה את ההלכה, אם יש שחיטה בראש המזבח. ייתכן שמסיפור עקדת יצחק משתקפת שחיטה בראש המזבח, שהרי יצחק עולה על המזבח בעודו חי (אולם ראו גם את הביאור שהצעתי בהזדמנות אחרת לתופעה זו – גרוסמן, אברהם, עמ' 318-319). שמאע הוסיף, שמתברר שיש הבדל בדבר זה בין ספר דברים, ששם הבשר והדם דומים באופן בסיסי ביחסם למזבח – בין אם פרקטית בין אם תכליתית – לבין ספר ויקרא שיש בו הבחנה ביניהם.

25. בשיחה פרטית אמר לי מֶשֶׁל שלדעתו אש המזבח בערה בכל גג המזבח, כך שאין באמת מרחב פנוי מאש בחלק העליון של המזבח. עם זאת יש להעיר, שמדיני קורבנות העוף עולה, שהדם צריך להגיע **לקיר המזבח** דווקא. כך ביחס לעולת העוף: "וְנִמְצָה דָמוֹ עַל קִיר הַמִּזְבֵּחַ" (א', טו), וכך ביחס לחטאת העוף: "וְהִזָּה מִדַּם הַחַטָּאת עַל קִיר הַמִּזְבֵּחַ" (ה', ט). אומנם, בשני מקראות אלו לא נזכר הפועל 'לזרוק'.

בעל כורחנו עלינו לומר שהדם לא מוגש לאש המזבח ׳האוכלת׳, ומכאן שהדם לא ׳נאכל׳ במזבח, וזאת בשונה מבשר הקורבנות.[26] היו שהלכו בדרך דומה, והציעו שאש המזבח נמנעת ׳מלאכול׳ את הדם, ובכך מורה ה׳ דרך לבני ישראל שיש להימנע מכך. הנה, אפילו ה׳ נמנע מלאכול את ׳חיי׳ הבהמה ומסתפק בבשרה.[27] אני מבקש ללכת בדרך זו גם אם בניסוח אחר.

באיסור שחוטי חוץ מוגדר תפקיד מרכזי שיש לדם הקורבנות: ״כִּי נֶפֶשׁ הַבָּשָׂר בַּדָּם הִוא וַאֲנִי נְתַתִּיו לָכֶם עַל הַמִּזְבֵּחַ לְכַפֵּר עַל נַפְשֹׁתֵיכֶם כִּי הַדָּם הוּא בַּנֶּפֶשׁ יְכַפֵּר״ (ויקרא י״ז, יא). מפסוק זה עולה, שמאחר שחיי הבהמה מיוצגים במיוחד על ידי דמה, הוא הנבחר לעלות על המזבח ולכפר על נפשות בני ישראל. ׳כפרה׳ זו איננה דווקא כפרה מפני חטא פורמלי, אלא כפי שכבר הוזכר לעיל, כפרה שזקוק לה כל המבקש לעמוד מול אלוהיו ולהביא לו קורבן. עצם העמידה מול ה׳ מבליטה את הפער בין האדם לקונו ודורשת כפרה. דם הקורבן משיג כפרה זו, אך לא על ידי הבאתו כאוכל למזבח, אלא על ידי ׳זריקתו׳ על המזבח. דבר זה יכול להתבצע בשל הזיקה שהפסוק הנזכר רומז לה: ״כִּי **נֶפֶשׁ** הַבָּשָׂר בַּדָּם הִוא וַאֲנִי נְתַתִּיו לָכֶם עַל הַמִּזְבֵּחַ לְכַפֵּר עַל **נַפְשֹׁתֵיכֶם** כִּי הַדָּם הוּא **בַּנֶּפֶשׁ** יְכַפֵּר״. הפסוק יוצר זיקה בין ׳נפש׳ הבהמה המוקרבת לבין ׳נפש׳ האדם המקריב, ובכך רומז שעל ידי זריקת דם הקורבן מיוצגת מסירות נפש המקריב.

גם בקורבנות שבהם אין צורך בכפרה (כמו בזבח שלמים), סביר שהדם שומר על תפקידו הבסיסי – הוא מייצג את החיים המוגשים לגבוה. לא לשם ׳אכילתם׳ אלא כהצהרה על מי הוא זה שבידו נפש כל חי, ומי הוא זה שיכול לקבל את החיים כי הוא זה שמלכתחילה העניק אותם.

עולה אם כן, שבעוד הבשר מוקטר – הופך לעשן ועולה לגבוה, הדם כלל לא נאכל, אלא הגשתו אל המזבח היא העיקר, ופועל הזריקה מורה על דבר זה במיוחד.

נתינת האש על המזבח (א׳, ז)

הדיון במרכזיות מקומו של האדם מישראל בתהליך הקרבת הקורבן, יכול לסייע בהסבר עניין תמוה נוסף – הציווי על נתינת האש על המזבח. בין תיאור הבעלים המפשיט את

26. הרב ברוך קהת הציע בפניי, שהמזבח יכול ׳לאכול׳ את הקורבן גם שלא דרך האש שעליו – הבשר אומנם ׳נאכל׳ באש, אך הדם ׳נאכל׳ בעצם הגעתו אל המזבח. זוהי קריאה אפשרית, אך מאחר ׳שריח הניחוח׳ מושג דווקא על ידי הקטרת הבשר באש, נראה שזוהי עיקר ׳אכילת׳ המזבח, ולזריקת הדם תפקיד אחר, שאיננו קשור בהשגת ׳ריח ניחוח׳.

27. גיין, ריטואל, עמ׳ 86–87.

קורבנו ובין הכוהנים שמנתחים את בן הבקר ומעלים אותו על המזבח, משולב ציווי נוסף שמופנה לכוהנים: "וְנָתְנוּ בְּנֵי אַהֲרֹן הַכֹּהֵן אֵשׁ עַל הַמִּזְבֵּחַ וְעָרְכוּ עֵצִים עַל הָאֵשׁ" (א', ז). לפי ציווי זה, על הכוהנים לתת אש על המזבח ולהוסיף עצים, כדי שהאש שהבעירו תתקיים ולא תכבה. הנחת היסוד של ציווי זה מפתיעה ביותר, מפני שנראה שלולא ייתנו הכוהנים אש על המזבח לא ניתן יהיה להקטיר את עולתו של המקריב מפני שאין אש על המזבח. אולם, ב'תורת העולה' שבפרשת צו מתברר שהייתה אש תמידית על המזבח, ואף יש איסור לכבותה (ו', ב-ו). אם יש אש קבועה על המזבח, לשם מה צריך הכוהן לתת כעת אש כדי להקריב את העולה שהובאה לפניו? מדוע עליו להוסיף עצים אם כבר יש אש הבוערת תמיד במזבח?

להלכה ביארו חז"ל שהפסוק בפרק א' מצווה להוסיף אש למערכה הקיימת ("אע"פ שהאש יורדת מן השמים מצוה ליתן אש מן ההדיוט" – ספרא, דיבורא דנדבה, פרק ה, י), ועוד נדון בכך להלן, אך מכל מקום עצם הסתירה עדיין דורשת פשר. מתוך הפסוקים בפרק א' נראה שעד שלא בא אדם להקריב את עולתו לא הייתה אש על המזבח.

אברהם שמאע הציע לבאר את העניין באמצעות הבנת היחס בין פרשת ויקרא – הפונה לאדם מישראל ואשר רואה את תפקיד הקורבנות כהבעה דתית פרטית, ובין פרשת צו – הפונה אל הכוהנים ורואה את תפקיד הקורבנות לשם קיום שכינה בישראל, וכפי שכבר נזכר במבוא בהרחבה. פרשת ויקרא מציגה את האש המובערת לכבודו של מביא הקורבן. כביכול כבוד ה' יורד כעת אל המזבח לכבודו, רק כדי לפגוש אותו. נראה הדבר כאילו כבוד ה' איננו נוכח כל הזמן, והמפגש הוא מפגש אינטימי שנוצר באופן חד פעמי ברגע נתון לשם האדם הספציפי שהביא עימו קורבן לה'. בפועל, יש גם מערכה שלמה של תפעול המשכן – כעולה מפרשת צו – ובהקשר זה ברור שיש אש הבוערת תמיד, ומייצגת את השראת השכינה בישראל. ברם פרשת ויקרא מתעלמת מכך.[28] ההכרעה ההלכתית הנזכרת לעיל מן הספרא היא אפוא הכרעה מתבקשת: יש להוסיף אש במיוחד לכבודו של המקריב, ובכך לסמל שאש המזבח גדלה בזכותו של המקריב ולמענו. העולם ההלכתי מממש את שתי הפרשיות, אך בתורה הדברים מובאים בשתי פרשות שונות, ובכל אחת מהן מובלט הדין שמותאם למגמה הייחודית שלה, כשיטת הבחינות הידועה של הרב מרדכי ברויאר.

28. שמאע, שתי מגמות, עמ' 43. ראו גם אצל קהת (קץ), מקדש.

עולת צאן

האתגר בהבנת משמעות שילוב אופציית עולה אחרת הוא גדול, וקשה לתת עליו תשובה חד משמעית. האם אפשרויות העולה השונות משקפות ומסמלות דבר מה שונה באופן מהותי? אולי אפילו נלווית לכל אחת מהן תודעה דתית אחרת? או שמא מדובר בווריאציות מעשיות שונות של אותו קורבן, אך כולן משקפות מבע דתי זהה, של 'קורבן עולה'? גם מי שמאמץ את התזה הבסיסית, שעל פיה כל קורבן נדבה פותח שער להבעה דתית אחרת (עולה, מנחה, זבח שלמים), יכול לטעון שמוגזם לראות בעולת הבקר שיקוף של תודעה דתית מובחנת מזו שמשתקפת בעולת הצאן או עולת העוף.

אכן, דרך המלך בקרב הפרשנים היא לראות באפשרויות העולה השונות מדרג כלכלי ותו לא: מי שידו משגת להביא פר או עגל יביא עולת בקר; מי שידו משגת צאן מוזמן להביא כבש, ומי שגם זה מעבר ליכולותיו הכלכליות מוזמן להביא למזבח עולת עוף שהיא הזולה ביותר (והיו אף שטענו שקורבן המנחה שמשולב בפרק ב' משמש המשך למדרג זה – מי שמבחינה כלכלית מתקשה בהשגת עוף, יכול להביא מנחה. נדון בכך בפרק ב').[29]

קריאה זו סבירה במיוחד לנוכח קורבן חטאת עולה ויורד, ששם באמת מסתבר שהתורה שוקלת בחשבון את יכולתו הכלכלית של האדם, ומציעה לו – לפחות במקרים מסוימים – מדרג קורבנות שיותאם ליכולתו: צאן – עוף – סולת. לפי קריאה זו, אין הבדל מהותי בין עולת הבקר לעולת הצאן – לא מבחינה מהותית ולא מבחינה מעשית; מלבד הבדלים טכניים שוליים איננו מצפים למצוא פערים משמעותיים בתהליך הקרבתם.

אבל זו גם הבעיה בקריאה זו. מסתבר שיש הבדלים (גם אם קלים) בין עולת הבקר ועולת הצאן, ואם נקבל את הרושם שהבדלים הלכתיים אלו אינם נובעים רק משיקולים טכניים של גודל הבהמה, אלא שיש בהם צוהר להבדל מהותי, יהיה קשה לומר שמדובר באופציות התלויות רק ביכולתו הכלכלית של המקריב. זו באמת שאלה מסובכת שקשה להכריע בה, ואני מבקש בדברים הבאים להצביע על כיוון אפשרי,

29. כבר הערתי במבוא, שאחד המוטיבים הרווחים לאורך מדרש ויקרא רבה קשור בנקודה זו עצמה: מחירו של הקורבן אינו משנה אלא איכותו של המקריב, ומה שמתרחש בלבו ובמחשבותיו. מדרשים רבים בוויקרא רבה מלבנים את מקומו של העני מול החברה ומול העולם הדתי. לא במקרה בוויקרא רבה מופיעים משפטים כמו: "ר' חגי גזר תעניתא, נחית מטרא! אמר: לאו משום דאנא כד(א)י, אלא משום דכתיב (תהילים כ"ב, כה): 'כִּי לֹא בָזָה וְלֹא שִׁקַּץ עֱנוּת עָנִי'" (ויקרא רבה פרשה ג, ב).

גם אם לא ניתן להוכיח אותו או למצער לנמקו נימוקים שיחלצו אותו מידי ספק. נציב את פסוקי עולת הצאן בהקבלה לפסוקי עולת הבקר:

עולת הבקר (א׳, ג–ט)	עולת הצאן (א׳, י–יג)
אִם עֹלָה קָרְבָּנוֹ מִן הַבָּקָר זָכָר תָּמִים יַקְרִיבֶנּוּ אֶל פֶּתַח אֹהֶל מוֹעֵד יַקְרִיב אֹתוֹ לִרְצֹנוֹ לִפְנֵי ה׳. וְסָמַךְ יָדוֹ עַל רֹאשׁ הָעֹלָה וְנִרְצָה לוֹ לְכַפֵּר עָלָיו.	וְאִם מִן הַצֹּאן קָרְבָּנוֹ מִן הַכְּשָׂבִים אוֹ מִן הָעִזִּים לְעֹלָה זָכָר תָּמִים יַקְרִיבֶנּוּ.
וְשָׁחַט אֶת בֶּן הַבָּקָר לִפְנֵי ה׳ וְהִקְרִיבוּ בְּנֵי אַהֲרֹן הַכֹּהֲנִים אֶת הַדָּם	וְשָׁחַט אֹתוֹ עַל יֶרֶךְ הַמִּזְבֵּחַ צָפֹנָה לִפְנֵי ה׳
וְזָרְקוּ אֶת הַדָּם עַל הַמִּזְבֵּחַ סָבִיב אֲשֶׁר פֶּתַח אֹהֶל מוֹעֵד. וְהִפְשִׁיט אֶת הָעֹלָה	וְזָרְקוּ בְּנֵי אַהֲרֹן הַכֹּהֲנִים אֶת דָּמוֹ עַל הַמִּזְבֵּחַ סָבִיב.
וְנִתַּח אֹתָהּ לִנְתָחֶיהָ. וְנָתְנוּ בְּנֵי אַהֲרֹן הַכֹּהֵן אֵשׁ עַל הַמִּזְבֵּחַ וְעָרְכוּ עֵצִים עַל הָאֵשׁ.	וְנִתַּח אֹתוֹ לִנְתָחָיו וְאֶת רֹאשׁוֹ וְאֶת פִּדְרוֹ
וְעָרְכוּ בְּנֵי אַהֲרֹן הַכֹּהֲנִים אֵת הַנְּתָחִים אֶת הָרֹאשׁ וְאֶת הַפָּדֶר עַל הָעֵצִים אֲשֶׁר עַל הָאֵשׁ אֲשֶׁר עַל הַמִּזְבֵּחַ.	וְעָרַךְ הַכֹּהֵן אֹתָם עַל הָעֵצִים אֲשֶׁר עַל הָאֵשׁ אֲשֶׁר עַל הַמִּזְבֵּחַ.
וְקִרְבּוֹ וּכְרָעָיו יִרְחַץ בַּמָּיִם וְהִקְטִיר הַכֹּהֵן אֶת הַכֹּל הַמִּזְבֵּחָה	וְהַקֶּרֶב וְהַכְּרָעַיִם יִרְחַץ בַּמָּיִם וְהִקְרִיב הַכֹּהֵן אֶת הַכֹּל וְהִקְטִיר הַמִּזְבֵּחָה
עֹלָה אִשֵּׁה רֵיחַ נִיחוֹחַ לַה׳	עֹלָה הוּא אִשֵּׁה רֵיחַ נִיחֹחַ לַה׳

באופן כללי תהליך ההקרבה זהה בשתי אופציות העולה. אומנם הסמיכה וההפשטה אינם מוזכרים בעולת הצאן, אך מהעדר תיאורים אלו אין כל ראיה להבדל בין עולת

הצאן לעולת הבקר, כי סביר שהתורה חוזרת רק על עיקרי הדברים, ופרטים שהוזכרו כבר בסוג העולה הראשון, רלוונטיים גם לסוג העולה שנזכר שני (וזו גם דרכו של מדרש ההלכה על פסוקים אלו, אולם ראו להלן את דעת רד"צ הופמן בסוגיה זו).

דומה שיש גם ראיה לכך שיש להשלים רכיבים שהוזכרו בבקר ושחסרים בצאן. מעקב אחר כינוי הקורבן לאורך הציווי על עולת הבקר מגלה שיש שני כינויים שהתורה נעזרת בהם – 'עולה' או 'בקר'/'בן בקר' ובמבט ראשון קשה למצוא את ההיגיון שמבעד לשינויים אלו:

> וְסָמַךְ יָדוֹ עַל רֹאשׁ **הָעֹלָה** וְנִרְצָה לוֹ לְכַפֵּר עָלָיו.
> וְשָׁחַט אֶת **בֶּן הַבָּקָר** לִפְנֵי ה'
> וְהִפְשִׁיט אֶת **הָעֹלָה**
> וְנִתַּח אֹתָהּ לִנְתָחֶיהָ.

מדוע סמיכת הידיים והפשט העור מוסבים על "העֹלה", ואילו השחיטה מוסבת על "בן הבקר"? מתברר, שבאותם רכיבים שלא ייזכרו שוב בעולת הצאן התורה כתבה בהם "העֹלה", ואילו בשחיטה – העתידה להיזכר שוב בפירוט גם בעולת הצאן – מובלט שדין השחיטה הנידון מתייחס ל"בן הבקר" בלבד (מיד ניווכח שבאמת יש שינוי בדין השחיטה בין הבקר לצאן). כלומר, את סמיכת הידיים יש לעשות על ראש "העֹלה" – כל עולה אפוא במשמע; יש גם להפשיט "את העֹלה" – ואין זה משנה באיזו בהמה מדובר ובלבד שהיא באה בתורת עולה. שתי פעולות אלו אינן נזכרות שוב בעולת הצאן, ועל כן נבחר השם הכללי, ובכך נרמז שיש להעתיק דינים אלו לכל קורבנות העולה – גם אלו שאינם בקר אלא צאן.[30] ייתכן שלכך רמז רש"י בפירושו:

30. קשה לומר מה מעמדו של ניתוח הקורבן בהקשר זה. אין כינוי מפורש לצד פעולה זו – לא של 'עולה' ולא של 'בן בקר' – אולם התחושה היא שהוא ממשיך את "העֹלה" שהוזכרה בסמוך לפעולת השחיטה (ולכן "וְנִתַּח אֹתָהּ" בלשון נקבה – כמוסב על העולה). לפי זה, דין הניתוח זהה בבקר ובצאן. למרות זאת, בפירוט הקרבת הצאן יש חזרה על הניתוח, ויש מקום להתלבטות אם הניתוח נעשה באותו האופן. בניתוח הבקר נאמר: "וְהִפְשִׁיט אֶת הָעֹלָה וְנִתַּח אֹתָהּ לִנְתָחֶיהָ", ובסידור האיברים על המזבח יש חלוקה בין הבשר שנותח לבין "הראש והפדר": "וְעָרְכוּ בְּנֵי אַהֲרֹן הַכֹּהֲנִים אֵת הַנְּתָחִים אֶת הָרֹאשׁ וְאֶת הַפָּדֶר עַל הָעֵצִים אֲשֶׁר עַל הָאֵשׁ אֲשֶׁר עַל הַמִּזְבֵּחַ" (ו). מכאן נראה שהראש והפדר עצמם לא נותחו אלא נותרו בשלמותם, וכך הם מונחים על המזבח, וכך למדו גם חז"ל ("מלמד שאין הראש והפדר מתנתחים" – דיבורא דנדבה, פרשה ו, ב; משנה יומא ב, ז; אולם ראו גם חולין יא ע"א, ושם משמע אחרת). לעומת זאת, בניתוח עולת הצאן נראה שיש לנתח גם את הראש ואת הפדר: "וְנִתַּח אֹתוֹ לִנְתָחָיו וְאֶת רֹאשׁוֹ וְאֶת פִּדְרוֹ וְעָרַךְ הַכֹּהֵן אֹתָם

"'[וסמך ידו] על ראש העֹלה' – להביא עולת חובה לסמיכה ולהביא עולת הצאן... 'והפשיט את העלה' – מה תלמוד לומר 'העולה'? לרבות את כל העולות להפשט ונתוח" (רש"י במקום, וראו גם אברבנאל לוויקרא א', עמ' כג).

כינויי הקורבנות

רמז נוסף לכך שיש להחיל את דיני עולת הבקר גם על עולת הצאן טמון בהשוואת כותרת אופציית הבקר לאופציית הצאן והעוף:

> אִם **עֹלָה** קָרְבָּנוֹ **מִן הַבָּקָר** זָכָר תָּמִים (ג)
> וְאִם **מִן הַצֹּאן** קָרְבָּנוֹ מִן הַכְּשָׂבִים אוֹ מִן הָעִזִּים **לְעֹלָה** זָכָר תָּמִים (י)
> וְאִם **מִן הָעוֹף עֹלָה** קָרְבָּנוֹ (יד).

הפסקאות של עולת הצאן והעוף פותחות בכותרות "ואם מן הצאן" / "ואם מן העוף", ורק אחר כך מוגדר שהם מובאים "לעֹלה". כלומר, עיקר החידוש בפסקאות אלו שמדובר בצאן או בעוף. לעומת זאת, פסקת עולת הבקר פותחת בהגדרת שם הקורבן – "אם עֹלה קרבנו" ורק לאחר מכן מפורט שכעת עוסקים אנו בהקרבת בקר דווקא. הדבר מסתבר, שהרי הכותרת הראשונה היא זו שמבשרת שבקורבן עולה עסקינן, ועל כן גם שֵׁם הקורבן עיקרי כאן ולא רק סוג הבהמה. עם זאת, מתוך כך נמצאנו למדים שהפסקה הראשונה עוסקת ב'דיני עולה' ולא רק ב'דיני בקר'. ממילא, דינים שהוזכרו בפסקה הראשונה חורגים מעולת הבקר וסביר שהם נוגעים גם לעולת הצאן.

בין בקר לצאן

לפיכך, גם אם קיצרה התורה בדינים אלו, קשה ללמוד מהם על שינוי מהותי בין עולת הבקר ועולת הצאן. אולם יש דין שפורץ לראשונה בעולת הצאן – והוא מקום השחיטה. על שחיטת עולת בקר נאמר: "וְשָׁחַט אֶת בֶּן הַבָּקָר לִפְנֵי ה'" (א', ה); ואילו

עַל הָעֵצִים אֲשֶׁר עַל הָאֵשׁ אֲשֶׁר עַל הַמִּזְבֵּחַ" (יב). אם אומנם הבדל זה מכוון, ברור מדוע התורה חוזרת על דין ניתוח עולת הצאן שנעשה באופן אחר מעולת הבקר, ולפי זה מתאים היה לכנות את עולת הבקר בדין הניתוח – 'בן בקר'. כאמור, מאחר שאין שום כינוי גלוי, הדברים נותרו מסופקים (מעניין לציין שבעולת העוף הראש מוקטר בפני עצמו עוד לפני גוף העוף; לפיכך ייתכן שיש כאן הדרגתיות ביחס הראש לשאר הגוף מהבקר דרך הצאן אל העוף). אברבנאל הציע שלולא התורה הייתה חוזרת על ניתוח הצאן היינו חושבים שאין בזה צורך: "וכן בנתוח שאמר 'ונתח אותה לנתחיה' כדי שלא נחשוב שזה ייוחד בעולת הבקר מפני מעלתה ולא בעולת הצאן, הוצרך הכתוב לפרש שניהם בעולת הצאן לחייבה בה גם כן" (פירושו לוויקרא א', עמ' כג).

בעולת צאן נאמר: ״וְשָׁחַט אֹתוֹ עַל יֶרֶךְ הַמִּזְבֵּחַ צָפֹנָה לִפְנֵי ה׳״. הביטוי ׳לפני ה׳״ אומנם זהה בשניהם, אך הצו שיש לשחוט ״על ירך המזבח צפונה״ היא תוספת שנזכרה לראשונה בעולת הצאן.

האם לפנינו פער ספרותי בלבד, ולמעשה גם את עולת הבקר יש לשחוט בצפון המזבח, או שמא יש לראות זאת כהבדל משפטי־הלכתי, ובעוד שניתן לשחוט את עולת הבקר בכל מקום בעזרה (׳לפני ה׳׳), את עולת הצאן יש לשחוט דווקא על ירך המזבח הצפוני?

חז״ל למדו שכל דיני עולת הבקר חלים גם על עולת הצאן, וכל דיני עולת הצאן חלים על עולת הבקר (בלשון הספרא: ״׳ואם מן הצאן׳ – וי״ו מוסיף על ענין ראשון״).[31] לפיכך, דין השחיטה בצפון חל גם על עולת הבקר. קריאה זו נתמכת לכאורה מניסוח הליך הקרבת חטאת הנשיא והיחיד (ויקרא ד׳), שבהם נאמר שיש לשחוט ״בִּמְקוֹם אֲשֶׁר יִשְׁחַט אֶת **הָעֹלָה** לִפְנֵי ה׳״, ואין כל חלוקה בין עולת בקר לבין עולת צאן אלא רק ״הָעֹלָה״. ניסוח דומה נזכר בפרשת צו גם ביחס לשחיטת החטאת (ו׳, יח) וביחס לשחיטת האשם (ז׳, ב).

אולם בניגוד לעמדת חז״ל, נראה שמפשטי המקראות עולה הבדל למעשה בין שחיטת שתי העולות, ושאכן התורה דורשת לשחוט את עולת הצאן בצפון המזבח, אך עולת הבקר יכולה להישחט בכל מקום בחצר המשכן (בשפתם המקדשית של חז״ל: ׳בכל מקום בעזרה׳), שהכול מוגדר כ׳לפני ה׳״. הדינים שתקפים לשתי העולות מוזכרים באופציית ההקרבה הראשונה – עולת בקר. וכאמור לעיל, הנתון שבשחיטת עולת בקר הוזכר ׳בן בקר׳ ולא ׳עולה׳, מחזקת את ההבנה כי שחיטת הצאן שונה משחיטת הבקר.

ראיה נוספת לכך שמדובר בהבדל הלכתי של ממש עולה מתוך דין ההולכה למזבח שנזכר (כאמור לעיל, בדיוננו בתיאור הקרבת הדם אל המזבח) רק בבן הבקר: ״וְשָׁחַט אֶת בֶּן הַבָּקָר לִפְנֵי ה׳ **וְהִקְרִיבוּ בְּנֵי אַהֲרֹן הַכֹּהֲנִים אֶת הַדָּם** וְזָרְקוּ אֶת הַדָּם עַל הַמִּזְבֵּחַ סָבִיב אֲשֶׁר פֶּתַח אֹהֶל מוֹעֵד״ (ה). בעולת הצאן התורה מתעלמת מהצורך לקרב את הדם אל המזבח לפני זריקתו: ״וְשָׁחַט אֹתוֹ עַל יֶרֶךְ הַמִּזְבֵּחַ צָפֹנָה לִפְנֵי ה׳ וְזָרְקוּ בְּנֵי אַהֲרֹן הַכֹּהֲנִים אֶת דָּמוֹ עַל הַמִּזְבֵּחַ סָבִיב״ (יא). מיד אחרי השחיטה מתוארת זריקת הדם. בעולת הבקר, שניתן לשחוט אותה בכל מקום בחצר המשכן, נזכר גם דין הולכת הדם אל המזבח, שהרי לפני זריקתו יש להביאו אל המזבח, אך שחיטת עולת הצאן על ירך המזבח צפונה פותרת את הצורך שבהולכת הדם אל המזבח.[32]

31. וכך, בין היתר, כתב בפשטות גם ריייני, קורבנות, עמ׳ 639.
32. הדברים הכתובים לעיל שונים מעמדת אברבנאל שראה בכך קיצור ותו לא, ושקבלת הדם

יתר על כן: החלוקה בין מקום שחיטת הבקר למקום שחיטת הצאן משתקפת גם בקורבן החטאת: גם שם הדרישה לשחוט את הבהמה בצפון המזבח נזכר בכל החטאות הבאות מן הצאן (ד׳, כד, כט, לג) ונעדרת בכל החטאות הבאות מהבקר, שלגביהן מסתפק הכתוב בלשון כללית: "וְשָׁחַט אֶת הַפָּר לִפְנֵי ה׳" (ד׳, ד, טו).

אכן, האתגר הפרשני בביאור ההבדל בין שחיטת הבקר לשחיטת הצאן רלוונטי גם לפי קריאת חז"ל. גם אם מבחינה הלכתית בסופו של דבר יש לשחוט את כל העולות בצפון המזבח, מוזר הדבר שהתורה דחתה דין זה לעולת הצאן ולא שילבה אותו כבר בעולת הבקר. כלומר, דין צפון המזבח נצמד במיוחד לעולת הצאן, גם אם יש להרחיבו לעולת הבקר.

מדוע יש הבדל בהקשר זה בין עולת הבקר לעולת הצאן? מילגרום חשב שהביאור טכני: קשה יותר להשתלט על השור הגדול, ועל כן ויתרה התורה על מקום השחיטה המדויק; בכל מקום שבו הבעלים הצליח להשתלט על בהמתו הוא יכול לשוחטה. מאחר שעל הצאן קל יותר להשתלט, ניתן לדרוש בו את מקום השחיטה המועדף – צפון המזבח.[33] מילגרום הוסיף שעדיפות צפון המזבח גם היא נובעת משיקולים טכניים: מקום זה פנוי יחסית (במזרח מצוי הדשן; במערב – הכיור; ובדרום – כבש המזבח) ולכן שם יהיה נוח ביותר לשחוט.[34] אך ביאור זה קשה: הרעיון שאנשים מתקשים בשחיטת בקר אינו משכנע, שהרי אין ספק שאכילת בשר בקר הייתה דבר רווח, ושחיטת הבהמות הייתה מלאכה מקובלת וידועה. קשה גם להניח שהתורה תחזור ותדגיש את הדרישה לשחוט בצפון המזבח רק משום ששם יש מקום פנוי.

צאן ומזבח

דומה שמבעד לאפיון מקום השחיטה נחשף הבדל יסודי בין עולת הבקר לעולת הצאן. לשם ביאור העניין ברצוני להציג תחילה את התזה של רד"צ הופמן, שגם אם בסופו של דבר לא נאמץ אותה כלשונה, יש בכוחה לקדם את הדיון. לדעת רד"צ הופמן כשהתורה עוסקת בעולת הצאן היא רואה מול עיניה את שני הכבשים המובאים כעולת

והולכתו כלולים בפועל הזריקה: "כי הנה באמרו בעולת הצאן 'וזרקו בני אהרן הכהנים את דמו' נכלל 'והקריבו בני אהרן את הדם', כי בידוע שאם לא יקבלוהו בכלי לא יוכלו לזרוק" (אברבנאל לוויקרא א׳, עמ׳ כג).

33. מילגרום הביא ראיה לשיטתו מכך שבבית שני היו טבעות קבועות ברצפת העזרה על מנת להחזיק את הבהמות במקום בזמן השחיטה. משתמע שלפני 'המצאה' זו, אכן היה קשה למקם את הבהמה במקום מסוים.

34. מילגרום, ויקרא, כרך א, עמ׳ 164.

תמיד, בכל בוקר ובכל בין ערביים: "אולי לא רחוק להניח, שהפסוקים בויקרא א', יא-יג, שבהם מתוארת דרך הקרבתה של עולת הצאן, נאמרו כבר בהר סיני סמוך אחרי ההוראה על דבר עולת התמיד".[35]

בכך הוא מבקש לבאר את הפערים שיש בין עולת הבקר לעולת הצאן: הסמיכה והריצוי אינם מוזכרים בעולת הצאן, כי הם רלוונטיים רק בקורבן יחיד ולא בעולת התמיד. לפיכך לדעתו מקום השחיטה נאמר בעולת הצאן הציבורית שנאמרה למשה בעודו בהר סיני, עוד לפני הציווי על עולת הבקר, ציווי שנמסר למשה רק לאחר הקמת אוהל מועד. בסופו של דבר, גם לפי רד"צ הופמן, דיני עולת הצאן המפורטים בוויקרא א' תקפים כמובן בעולת צאן שבאה כנדבת יחיד, אך הפסוקים מתייחסים במיוחד לעולת התמיד הציבורית שבהקשר שלה הם נאמרו.

דומה שאפשר להמשיך את רוח דבריו של רד"צ הופמן, אך להשאיר את הפרק כמוסב על עולת היחיד שבאה בנדבה, ובלי קשר לעולת התמיד. דומה שיש לבחון את הסוגיה הזו מבעד לשאלת יחס הבהמה לאזורים שונים במרחב המשכן. **קורבן שבא מן הבקר** – גם בעולה אך גם בשאר הקורבנות – **קשור לאוהל מועד, ואילו קורבן שבא מן הצאן קשור במיוחד למזבח.** חלוקה זו מתעצמת נוכח פסוקים מגוונים שרומזים לה שוב ושוב.

ראשית יש לציין שבנוסף למקום השחיטה שמבחין בין עולת הבקר לעולת צאן, הדבר בא לידי ביטוי גם בזריקת הדם. הדבר מפתיע, שהרי דם העולה נזרק תמיד על המזבח החיצוני – בין אם עולת בקר ובין אם עולת צאן, ולמרות זאת, קריאה זהירה תחשוף הבדל קל בניסוח הדין. יושם לב להגדרת מקום המזבח בזריקת דם עולת הבקר: "וְזָרְקוּ אֶת הַדָּם עַל הַמִּזְבֵּחַ סָבִיב **אֲשֶׁר פֶּתַח אֹהֶל מוֹעֵד**" (א', ה), ולהגדרתו בזריקת דם עולת הצאן: "וְזָרְקוּ בְּנֵי אַהֲרֹן הַכֹּהֲנִים אֶת דָּמוֹ עַל הַמִּזְבֵּחַ סָבִיב" (א', יא). הגדרת המזבח בעולת הבקר, כמצוי ב"פתח אהל מועד", ממשיכה וקושרת בין זריקת הדם לאוהל מועד עצמו. כביכול המזבח מקבל את הצדקת קיומו מתוך מקומו הגאוגרפי כניצב בפתח אוהל מועד. לעומת זאת, המזבח בעולת הצאן הוא פשוט "המזבח". הוא מקום התגלות האש עצמה, ואין צורך להעניק לו קדושה מתוך יחסו לאוהל מועד.

ואכן הבדל זה ניכר עוד קודם לכן – בתיאור הבאת הבהמות אל הקודש. על מביא עולת הבקר נאמר: "אִם עֹלָה קָרְבָּנוֹ מִן הַבָּקָר זָכָר תָּמִים יַקְרִיבֶנּוּ **אֶל פֶּתַח אֹהֶל**

35. הופמן, ויקרא, כרך א, עמ' צז.

מוֹעֵד יַקְרִיב אֹתוֹ לִרְצֹנוֹ לִפְנֵי ה׳״. מקום זה – ״פתח אהל מועד״ – לא נזכר בתיאור הבאת עולת הצאן.

זיקת הבקר לאוהל מועד באה לידי ביטוי דומה גם בשחיטת זבח השלמים. ביחס לשלמי בקר נאמר: ״וְסָמַךְ יָדוֹ עַל רֹאשׁ קָרְבָּנוֹ וּשְׁחָטוֹ **פֶּתַח** אֹהֶל מוֹעֵד״ (ג׳, ב), ואילו בשחיטת שלמי צאן נאמר: ״וְסָמַךְ אֶת יָדוֹ עַל רֹאשׁ קָרְבָּנוֹ וְשָׁחַט אֹתוֹ **לִפְנֵי** אֹהֶל מוֹעֵד״ (ג׳, ח; ג׳, יג). קשה להכריע אם הכוונה למקום שחיטה שונה ושיש הבדל מעשי בין שחיטת הבקר ״פתח אהל מועד״ לבין שחיטת הצאן ״לפני אהל מועד״. בהחלט ייתכן שפשטי המקראות זהים להכרעתם של חז״ל שמדובר באותו המרחב עצמו – בכל העזרה. עם זאת, הבדל ספרותי קיים כמובן: שחיטת הבקר קרובה יותר וקשורה יותר לאוהל מועד פנימה, מאשר שחיטת הצאן; שחיטת הבקר נעשית ׳בפתח׳ האוהל, בעוד שחיטת הצאן יכולה להיעשות ׳לפני׳ אוהל מועד – כינוי שמכוון לעזרה כולה (השוו לנאמר ביחס לחינוך הלוויים: ״וְהִקְרַבְתָּ אֶת הַלְוִיִּם **לִפְנֵי אֹהֶל מוֹעֵד** וְהִקְהַלְתָּ אֶת כָּל עֲדַת בְּנֵי יִשְׂרָאֵל. וְהִקְרַבְתָּ אֶת הַלְוִיִּם **לִפְנֵי ה׳** וְסָמְכוּ בְנֵי יִשְׂרָאֵל אֶת יְדֵיהֶם עַל הַלְוִיִּם״ – במדבר ח׳, ט-י).

הגדרת המרחב ״פתח אהל מועד״ בוודאי קושרת את ההתרחשות עם ההתגלות שבבית פנימה, כפי שעולה מפסוקים רבים, כדוגמת: ״עֹלַת תָּמִיד לְדֹרֹתֵיכֶם פֶּתַח אֹהֶל מוֹעֵד לִפְנֵי ה׳ אֲשֶׁר אִוָּעֵד לָכֶם שָׁמָּה לְדַבֵּר אֵלֶיךָ שָׁם״ (שמות כ״ט, מב). היו אף שהציעו שפתח האוהל הוא עצמו מקום של התגלות, כשהיא מבקשת לפנות אל ישראל כולם ולא רק אל הכוהנים (כמו למשל במרד קורח- במדבר ט״ז, יח-יט).[36] לענייננו חשוב יותר הרושם הספרותי שהגדרת מקום זו מותירה: שחיטת הבקר נעשית מתוך קישור להתגלות כבוד ה׳ שבבית פנימה, בשונה מתיאור שחיטת הצאן.

החלוקה המוצעת בין בקר לצאן לא באה לידי ביטוי רק בעולה ובזבח שלמים, אלא גם בקורבנות חובה. אדרבה, שם הדברים מפורשים עוד יותר, ומוסכם על הכול שבהקרבת חטאת מדובר בהבדל משפטי-הלכתי של ממש. קורבן החטאת נחלק לשתי קבוצות: חטאת שמביא הכוהן המשיח או כל עדת ישראל מצד אחד (ויקרא ד׳, ג-כא), וחטאת שמביא הנשיא והיחיד מצד שני (ויקרא ד׳, כב-לה). חטאת כוהן משיח וחטאת העדה היא ׳חטאת פנימית׳ – דם הקורבן נכנס לאוהל מועד עצמו ומוזה נוכח הפרוכת, ואילו חטאת נשיא וחטאת יחיד היא חטאת חיצונה, שדמה ניתן רק על מזבח העולה שבחצר המשכן. והניה, גם כאן נשמר ההבדל בין בקר לצאן: שתי החטאות הפנימיות – שבהן הדם נכנס פנימה – הן פר בן בקר; ואילו

36. סטולמן, בעקבות הפשט, עמ׳ 266-271.

שתי החטאות החיצוניות – שבהן הדם ניתן על המזבח החיצוני – מובאות מן הצאן דווקא (שעיר או כבשה).[37]

קשה להניח שבכל הקורבנות הללו הפיצול בין הבקר לצאן הוא מקרי. סביר שמבעד להבדל זה משתקף הבדל סמלי־מהותי בין בעלי החיים הללו: הבקר (הן הפר הבוגר הן העגל הצעיר) קשור להשראת השכינה שבתוך הבית, ואילו הצאן קשור לעבודת המזבח. ממילא, בפני מביא העולה פתוחות שתי אפשרויות, ועליו להכריע אם הוא מבקש להביא עולה הפונה לענן התגלות ה׳ שבאוהל מועד, או שהוא רוצה להביא עולה שקשורה למזבח, לעבודת ה׳, לאש האוכלת את הקורבנות.

מעין רמז לאסוציאציה הנלווית לקורבן בקר יש בהתגלות הר סיני. במקרים רבים יש להביא גם פרים וגם צאן (במוספי החגים, בימי המילואים, בחנוכת המזבח ועוד), כך שקשה להסיק ממקומות אלו מה הסמל שנלווה לכל סוג בעל חיים, אך במעמד הר סיני מובלטים דווקא הפרים: ״וַיִּשְׁלַח אֶת נַעֲרֵי בְּנֵי יִשְׂרָאֵל וַיַּעֲלוּ עֹלֹת וַיִּזְבְּחוּ זְבָחִים שְׁלָמִים לַה׳ **פָּרִים**״ (כ״ד, ה). זהו מקור מעניין במיוחד, מפני שיש במעמד הר סיני שילוב של עולה ושל זבח שלמים, אבל הבהמות שמוזכרות (רק של זבחי השלמים? גם של העולות?),[38] הן דווקא בקר, כלומר פרים.

אין צורך לומר שהדבר שמובלט בברית סיני הוא ההתגלות שישראל זכו לה: ״וַיִּרְאוּ אֵת אֱלֹהֵי יִשְׂרָאֵל וְתַחַת רַגְלָיו כְּמַעֲשֵׂה לִבְנַת הַסַּפִּיר וּכְעֶצֶם הַשָּׁמַיִם לָטֹהַר. וְאֶל אֲצִילֵי בְּנֵי יִשְׂרָאֵל לֹא שָׁלַח יָדוֹ וַיֶּחֱזוּ אֶת הָאֱלֹהִים וַיֹּאכְלוּ וַיִּשְׁתּוּ״ (שמות כ״ד, י-יא), והנה מתברר שהתגלות שכזו מלווה בהקרבת פרים דווקא.

ניתן אם כן לשוב לדברי רד״צ הופמן, אך להצביע על הקשר המהותי שיש בין עולת התמיד לעולת צאן דווקא. עולת התמיד פותחת ונועלת את המזבח; זהו הקורבן

37. הדין החריג הדורש פשר לאור דברים אלו הוא שעיר העם המובא ביום הכיפורים, שנכנס פנימה, ובכל זאת הוא צאן ולא בקר. יהיה מי שיאמר שהבחירה בשעיר קשורה בשעיר השני שנשלח לעזאזל ועליהם להיות צמד. אך דומני שהדבר חושף דבר מה מהותי בתהליך חיטוי המשכן. עיון מקיף בדבר דורש ניתוח רחב של עבודת יום הכיפורים המתואר בוויקרא ט״ז, דבר שחורג מגבולות יריעה זו. אסתפק בהערה כללית, שאם הצדק עם ראב״ע שהדרישה ״וְיָצָא אֶל הַמִּזְבֵּחַ אֲשֶׁר לִפְנֵי ה׳ וְכִפֶּר עָלָיו״ (ויקרא ט״ז, יח) מכוונת למזבח החיצון (ולא למזבח הקטורת כקריאת חז״ל), הרי שלפנינו מודל ייחודי של חטאת פנימית וחיצונית גם יחד, ובשל כך נבחר שעיר. ייתכן שדבר זה קשור גם בערבוב הדמים עם פר חטאת הכוהן.

38. ראב״ע כנראה סבור שהפרים מוסבים רק על זבחי השלמים: ״והזכיר עם השלמים פרים, כי האוכלים רבים היו״ (פירושו לשמות כ״ד, ה). לעומתו רמב״ן קרא את הפרים כחוזרים גם לעולות וגם לזבחי השלמים: ״והנה העלו העולות וזבחו השלמים כולם פרים, כטעם פר כהן משיח, ופר העלם דבר, ופר עבודה זרה, גם פרה אדומה כן״ (פירושו על אתר).

הראשון המובא בכל בוקר, וזהו הקורבן האחרון המובא בין הערביים, זה שנועל את המזבח, ולא ניתן להביא עוד קורבנות באותו היום. הצאן הוא המגדיר את המזבח בשל הקשר היסודי שיש בין צאן לבין המזבח.

עולֶה אם כן, שההבדל במקום שחיטת הבהמה משקף את יחסה אל שני מוקדים שונים במשכן: את עולת הבקר יש לשחוט "לפני ה'", ואילו את הצאן יש לשחוט "על ירך המזבח". גם מקום זה הוא "לפני ה'", אך הוא ספציפי יותר: הצאן נקשר עם המזבח כבר ברגע שחיטתו.[39]

אני נזהר מלהיסחף למחוזות הדרש הלא מבוסס, ועל כן רק אעיר בהיסוס שייתכן שגם ההבחנה בין מוסף השבת למוספי החגים מבטאת דבר זה. בכל המועדים מקראי הקודש קורבנות המוספים מורכבים מעולת בקר וצאן (פרים, אילים וכבשים) מלבד בשבת, שבה יש להוסיף על התמיד שני כבשים לעולה בלבד, ללא פרים כלל.[40] הדבר כנראה קשור לתפיסה ששבת מרחיבה את קורבן התמיד הרגיל ולא מוסיפה עליו, ודבר זה דורש עיון רחב בפני עצמו.[41] לעניין דיוננו יש לציין שבניגוד לשבת, שאר מקראי הקודש מעידים על פריצה של ה' לתוך ההיסטוריה, ודבר זה הופך אותם למקראי קודש. לפיכך מתאים להביא בהם גם פרים ולא רק צאן. זאת בניגוד לשבת שקשורה בעיצוב השבוע הישראלי הרגיל, בבריאת עולם שה' מסתתר בו אך לא פורץ ומתגלה בו.[42]

אם יסלח לי הקורא על פריצה אגבית נוספת, ברצוני להציע שדבר זה יכול לבאר תעלומה נוספת. רבים תמהו מדוע לצד הנפת העומר יש להקריב רק כבש: "וַעֲשִׂיתֶם בְּיוֹם הֲנִיפְכֶם אֶת הָעֹמֶר כֶּבֶשׂ תָּמִים בֶּן שְׁנָתוֹ לְעֹלָה לַה'" (ויקרא כ"ג, יב), בעוד בהנפת שתי הלחם יש גם אילים ופרים: "וְהִקְרַבְתֶּם עַל הַלֶּחֶם שִׁבְעַת כְּבָשִׂים תְּמִימִם בְּנֵי שָׁנָה וּפַר בֶּן בָּקָר אֶחָד וְאֵילִם שְׁנָיִם יִהְיוּ עֹלָה לַה'" (ויקרא כ"ג, יח). ייתכן שהדבר קשור ברצון התורה לשוות להנפת העומר אופי של מנחה פרטית ולא מנחה

39. על הבחירה בירך הצפוני דווקא של המזבח כתב יואל אליצור שאולי יש בדבר פולמוס סמוי עם האמונה האוגריתית שהאלים שוכנים ב'הר צפון' (או 'צררת צפן'). האלים הראשיים יוחסו אצלם אל 'צפן', כמו 'אל צפן', 'בעל צפן' ו'ענת צפן'. מקום השחיטה מצהיר שהאל שוכן במשכן שבתוך מחנה ישראל ולא בהר הצפון הידוע שעמי קדם מעריצים (אליצור, מקום, עמ' 173–176).
40. אני מתעלם כעת מחסרון החטאת שאינו מלווה את קורבנות השבת ושמלווה את מוספי החגים. על כך ראו את פירושו של רש"ר הירש לבמדבר, על אתר.
41. ראו למשל מה שהציע הרב אמנון בזק, חודש בחודשו.
42. דברים אלו דומים לניסוח של הרב סולובייצ'יק: בחגים ה' מתארח בבית ה', אולם בשבת ה' בא להתארח בביתו של האדם (שיעורים לזכר אבא מרי ז"ל, כרך א, עמ' פ–פג).

ציבורית (עוד נדון בכך להלן, בדיונינו על מנחת הביכורים),[43] אך גם ייתכן שהדבר קשור בנושא שאנו אוחזים בו כעת. הנפת העומר היא המתירה לאכול מהתבואה החדשה בגבולים, בעוד שתי הלחם מתירים את התבואה החדשה למשכן או למקדש. כלומר, לאחר הנפת העומר, התבואה החדשה איננה יכולה עדיין לבוא ולהיראות את פני ה׳ במשכנו, כך שאין מקום להקרבת בקר בהנפה זו. אולם לאחר חמישים יום, עם הנפת שתי הלחם יש מקום לבקָר, שהרי התבואה החדשה מוזמנת מכאן ואילך לבוא אל המשכן, אל מקום התגלות ה׳ בתוך המחנה.

מסתבר אם כן ששתי אופציות העולה קשורות לשני מוקדים גאוגרפיים במשכן, שהם גם שני מוקדים של התודעה הדתית: המשכן כולל הן את אוהל מועד שבו השכינה שורה, הן את המזבח שבו האדם עובד את ה׳. בעוד עולת הבקר רואה מול עיניה את אוהל מועד, עולת הצאן רואה בעיניה את המזבח בלבד. האם ניתן להצביע על הסיבה לכך שהפר נבחר לייצג את השראת השכינה שבתוך אוהל מועד, ואילו הצאן – במיוחד הכבש – נבחר לייצג את המפגש שמתרחש בין האדם לאלוהיו במזבח? ייתכן שיש לאמץ בהקשרים כאלו את גישת הרמב״ם (מורה הנבוכים, חלק ג, כו) שכתב שיש טעם ומגמה לעקרונות הכלליים, אך כדי שעקרונות אלו יוכלו להתממש במציאות, יש להכריע בסופו של דבר על סוג בעל חיים מסוים, ולדבר זה אין טעם מיוחד.[44] ברוח זו ניתן לומר גם בהקשר שלנו, שלתורה חשוב להבחין בין שני מוקדים של מפגש: יש תודעה דתית שקשורה במה שקורה באוהל מועד, בבחינת ״שִׁוִּיתִי ה׳ לְנֶגְדִּי תָמִיד״ (תהילים ט״ז, ח), ויש תודעה דתית אחרת שמתרחשת סביב המזבח, בבחינת ״כִּי כָל מִשְׁפָּטָיו לְנֶגְדִּי וְחֻקֹּתָיו לֹא אָסִיר מֶנִּי״ (תהילים י״ח, כג). עצם ההבחנה בין שתי החוויות הדתיות הללו חשובה יותר מהבחירה בבעל חיים כזה או אחר.

עם זאת, בהנחה שככל שאנו מתקרבים אל פנים המשכן, כן רמת ההתגלות עולה, ניתן להבין מדוע הפר – היקר יותר והחשוב יותר – נבחר לייצוג העמידה מול הקודש פנימה; ואילו הצאן – הזול יותר והקטן יותר – נבחר לעמידה מול המזבח שבחוץ. יש לזכור שבעולם העתיק הפר נתפס כבעל גבורה וכמייצג הדר וכבוד,

43. השוו: מילגרום, ויקרא, כרך ג, עמ׳ 1986.

44. וזה לשונו שם: ״ודע שהחכמה חיבה, ואם תרצה אמור שהצורך מביא, להיות שם חלקים שאין להם סבה, וכאלו הוא דבר נמנע בחק התורה שלא יהיה בה דבר מזה הכת, ואפני ההמנעות בו שאמרך למה היה כבש ולא היה איל, השאלה ההיא בעצמה היתה מתחייבת אלו נאמר איל מקום כבש״.

עד לתפיסתו כמייצג אלוהות אצל עובדי אלילים (והשוו חטא העגל).[45] באמת יש אפוא מן ההפתעה בבחירת התורה את הפר כבעל החיים החשוב ביותר שמוקרב על המזבח למרות האהדה הגדולה שהוא זכה לה בקרב עובדי אלילים. אך בסופו של דבר האסוציאציות שנלוו אל הפר היו של כבוד ושל גבורה, יותר מאשר לכבש, וממילא ברור מדוע דווקא הוא מתאים לייצוג העמידה של האדם מול הקודש פנימה.

אך לצד עצם עדיפותו של הפר בשל מחירו וגודלו, ייתכן שגם לאור המרחב האסוציאטיבי של החקלאי ושל מגדל הבקר ניתן להבין מדוע נבחר דווקא בקר לייצג את התגלות ה', ומדוע הצאן הוא שנבחר לייצג את עבודת האדם.[46] רש"ר הירש עמד על הסמל שנלווה לשני בעלי חיים אלו:

> כבר הראנו... שבעלי החיים במקרא מופיעים כסמלים לתכונות אדם. בקר (פר ועגל) מבטא את האדם הפועל, העובד את עבודת קונהו. ואילו צאן (כבש ואיל, עז ושעיר) מבטא את האדם, שצרכי קיומו מובטחים מידי רועהו. בקר וצאן מבטאים אפוא את שתי הבחינות, הממצות כאחד את האדם בימי חלדו: פעילותו וגורלו.[47]

כיוון זה פותח על ידי ידידי הרב איתמר אלדר. לטענתו, בהמת הבקר משועבדת באופן מוחלט אל אדוניה. היא בהמת מסע או חרישה, וכזו היא 'מתבטלת' לגמרי בפני בעליה: "יָדַע שׁוֹר קֹנֵהוּ וַחֲמוֹר אֵבוּס בְּעָלָיו". השור רואה את אדוניו כקונהו־עושהו, ומערכת היחסים שלו כלפי אדוניו היא של עבדות והתבטלות. הצאן לעומת זאת מונהג על ידי הרועה. הרועה מנהיג אותו, אך איננו משעבד אותו. אדרבה, במידה רבה הרועה 'משרת'

45. תפקידו של הפר בולט במיוחד באוגרית, ששם הייצוג המרכזי של 'אל' היה בדמות פר, אך גם אלים אחרים תוארו בסמנטיקה שקשורה בפרים, כמו בעל, ענת, מות' ועוד. ראו על כך אצל קרטיס, שור. יש לציין שרבים הבינו את חטא העגל בהקשר של פולחן פוריות (במיוחד בגלל "וַיָּקֻמוּ לְצַחֵק" – שמות ל"ב, ו), אולם היו שטענו שבשל האסוציאציות המלחמתיות הנלוות אל הפר והעגל בהקשרים פולחניים אליליים יש להבין גם את חטאם של ישראל בהקשר זה: העגל סימל את אלוהי ישראל כלוחם וכמגן ישראל נגד אויביהם (ינזן, דמות העגל).

46. בנימין פרנקל הסב את תשומת ליבי לכך שכבר הרמב"ם מתאר יחס של כבוד מיוחד שהיה בימי קדם לבקר דווקא: "כמעט רוב עובדי עבודה זרה שונאים שחיטת בקר. כולם היו מכבדים אותו מין מאד. לכן אתה מוצא שההודים אינם שוחטים בקר כלל עד ימינו אלה, אפילו בארץ בה שוחטים שאר מיני בעלי־חיים" (מורה הנבוכים, חלק ג, מו, מהדורת שוורץ, עמ' 609). אומנם הרמב"ם עצמו סבר שהתורה יוצאת נגד אסוציאציות אלו, אך ייתכן שגם במקרא יש הדים למעמדו המיוחד של הבקר, גם אם לא במעמד אלוהי כמובן (על מעמד הבקר המיוחד ראו גם במורה הנבוכים, חלק ג, ל).

47. רש"ר הירש לוויקרא א', ג (עמ' ה–ו).

את צאנו. מוליך אותו למקום מרעה, ועורך את שולחנו לפניו: ״בִּנְאוֹת דֶּשֶׁא יַרְבִּיצֵנִי עַל מֵי מְנֻחוֹת יְנַהֲלֵנִי. תַּעֲרֹךְ לְפָנַי שֻׁלְחָן נֶגֶד צֹרְרָי״ (תהלים כ״ג, ב). האסוציאציות הנלוות אל הצאן ההולך אחר רועהו, כפי שבאות לידי ביטוי למשל בתהילים, הן אסוציאציות של מונהגות, של השגחה והדרכה בדרך. הצאן אכן מונהג על ידי רועהו, ומבין שגורלו והנהגתו נתונה בידי הרועה, אך לא כעבד ואדון אלא כמונהג ומנהיג, ועל כן הוא אינו מתבטל בפניו. לאור אופי בעלי החיים האלו הציע הרב אלדר לגזור את החוויה הנפשית שמלווה את הקורבנות שבאים מהם: הבהמה שמייצגת התבטלות ועבדות מתאימה למצב שבו האדם ניצב מול התגלות וקרבה, מתבטל בפניה ומתאפס בפניה. הצאן לעומת זאת, מתאים למצב שבו האדם חווה מונהגות, אך יש בו עמידה עצמאית של המקריב, המבין שהוא אומנם יצור אוטונומי, אבל ה׳ הוא שמשגיח עליו ומנהיג אותו.

עולת עוף

בחירת המינים: תור ובן יונה

כראשית לדיון בעולת העוף (המפתיעה) יש להעיר שהתורה מגדירה שני מיני עופות שאפשר להביא לשם עולת העוף (או כל קורבן עוף אחר): תור או בן יונה. גם התור שייך למשפחת היונים, והוא עוף בר שלא נהגו לגדלו אלא לצוד אותו. מכך שתמיד נכתב ׳בן יונה׳ אך לעולם לא ׳בן תור׳, למדו חז״ל שהמביא תור צריך להביא תור בוגר, ואילו הבוחר להביא יונה צריך להביא בן יונה צעיר (משנה חולין א, ה). מדוע נבחרו דווקא היונים לשמש קורבן עוף?

הגישה המקובלת היא שאלו העופות המצויים והזמינים ביותר. כך כתב הרמב״ם במורה הנבוכים:

> ומפני שרוב בני אדם אינם יכולים להקריב בהמה, הוא ציווה שיהיה הקורבן גם מן העופות המצויים ביותר בארץ ישראל, הטובים שבהם ושקל ביותר להשיגם.[48]

היום אנו יודעים לומר ״שבתקופת המקרא הם (היונים) כבר היו מבויתים, ואף התורים כעופות בר התאפיינו בתפוצה נרחבת בזיקה לסביבת משכנות האדם״.[49] עוד מסתבר

48. מורה הנבוכים, חלק ג, מו, מהדורת שוורץ, עמ׳ 610.
49. עמר, קורבן העוף, עמ׳ 117.

שהתרנגולים בויתו בשלב מאוחר יותר, ועל כן סביר שהתורה תראה ביונים את העוף השכיח והמצוי ביותר.

עם זאת, יש מקום להגדיר בצורה מדויקת יותר את יתרונה של היונה. מתוך ניסוח הרמב"ם נראה שהיונים נבחרו בשל הנוחות. מאחר שהיונה היא המצויה ביותר, ומאחר "שקל ביותר להשיגם", בחרה התורה דווקא בהם. אך ניתן לנסח זאת גם אחרת. אכן מבין העופות השונים היונה היא החברותית ביותר לאדם, כלומר היא הקרובה ביותר לעולם האנושי. היא יודעת אומנם לפרוש כנפיים ולעוף, אך ניתן לראותה גם כחלק מבעלי החיים שקשורים בחברה האנושית, שהם חלק ממשק הבית. ברוח זו כתב פילון:

> בין בעלי החיים היפים למזבח יש מחיית הארץ ויש מעוף השמים. התורה פסחה על מיני הציפורים לרבבותיהם, ומכולם בחרה שניים בלבד: את היונה והתור, מפני שהיונה היא הנוח במינים הביתיים והחברותיים מטבעם, והתור – הביתי במינים שטבעם להתבודד.[50]

ניתן אומנם למשוך גם את דברי פילון לכיוון של הרמב"ם, אך נדמה לי שחשוב היה לפילון להבליט את היותם של עופות אלו 'עופות ביתיים', כלומר, חלק ממשק הבית הטבעי של האדם.

יש להבנה זו השלכה על תפיסת אופי עולת העוף. ניתן להקריב קורבנות דווקא מבהמות שהן חלק ממשק הבית, וסביר שגם כשהתורה התירה להקריב עוף כקורבן היא לא שינתה עמדה עקרונית זו, ויש לתור אחר העופות הביתיים, אחר העופות שמכירים גם את הארץ ואת יושביה. לאור זאת, יש מקום לתהות אם העדפת התורה את היונים לא נרמזת כבר בסיום סיפור המבול. שם ניכרת אהדה מיוחדת ליונה, עד כדי עיצוב ספרותי של מעין מערכת יחסים רומנטית בין נח ליונה.[51] ייתכן שהיונה מייצגת את העוף שמצוי במערכת יחסים טובה עם האדם, ועל כן יכולה לייצג אותו גם מול המזבח.

היעדר אזכור העוף בכותרת

פרשת עולת העוף הינה אתגר יוצא דופן לפרשנות, כבר בעצם נוכחותה בפרק. כזכור, כותרת הפרק עסקה במי שמבקש להביא קורבן בהמה: "אָדָם כִּי יַקְרִיב מִכֶּם קָרְבָּן

50. פילון, על החוקים לפרטיהם א, סעיף 162 (כתבים, כרך ב, עמ' 265).
51. לתרומה אפשרית של עיצוב מפתיע זה למגמת סיפור המבול ראו גרוסמן, בראשית, עמ' 198–204.

לַה׳ מִן הַבְּהֵמָה מִן הַבָּקָר וּמִן הַצֹּאן" (ויקרא א׳, ב). לא די בזה שהכותרת מכוונת את הקורא לכך שהוא עומד לשמוע על קורבנות בהמה דווקא, אלא יש בה גם פירוט מה כלול בהגדרה זו: "מִן הַבָּקָר וּמִן הַצֹּאן". למרות זאת, לאחר עולת הבקר ועולת הצאן מובאת לפתע אופציית הקרבה נוספת – עולה מן העוף.[52]

פתרון שבמידה רבה מניח את הדעת הציע רד"צ הופמן. לדעתו הכותרת "מן הבהמה ומן הבקר ומן הצאן" משמשת כותרת כללית שמתייחסת גם לעולה וגם לזבח שלמים. מאחר שבזבח שלמים אין קורבן מן העוף, צריכה הייתה התורה להסתפק בכותרת שמכילה את המכנה המשותף של שני הקורבנות, שהוא רק קורבנות הבהמה. תשובה זו אומנם פותרת את הבעיה ברמה הטכנית, אבל עדיין ניתן לתהות אם לא ניתן היה לחשוב על קטגוריה כללית יותר שתכיל בתוכה גם את העוף ('כָּל נֶפֶשׁ חַיָּה בְּכָל בָּשָׂר' או דבר דומה). במיוחד מוזר הדבר נוכח פירוט הכותרת – "מן הבקר ומן הצאן" – שמשאיר את העוף מחוץ למסגרת הכותרת באופן גלוי, אף שהוא מוזכר בפירוט העולות.

ההפתעה בשילוב עולת העוף בפרק למרות חסרונה מן הכותרת רק מכינה את הקרקע להפתעות גדולות עוד יותר המלוות את דיני עולת העוף. מתוך דיון בהלכות המפתיעות של עולת העוף אבקש להציע מדוע יש התעלמות מאפשרות הקרבה זו בכותרת הפרק.

בין בהמה לעוף

וְאִם מִן הָעוֹף עֹלָה קָרְבָּנוֹ לַה׳ וְהִקְרִיב מִן הַתֹּרִים אוֹ מִן בְּנֵי הַיּוֹנָה אֶת קָרְבָּנוֹ. וְהִקְרִיבוֹ הַכֹּהֵן אֶל הַמִּזְבֵּחַ וּמָלַק אֶת רֹאשׁוֹ וְהִקְטִיר הַמִּזְבֵּחָה וְנִמְצָה דָמוֹ עַל קִיר הַמִּזְבֵּחַ. וְהֵסִיר אֶת מֻרְאָתוֹ בְּנֹצָתָהּ וְהִשְׁלִיךְ אֹתָהּ אֵצֶל הַמִּזְבֵּחַ קֵדְמָה אֶל מְקוֹם הַדָּשֶׁן. וְשִׁסַּע אֹתוֹ בִכְנָפָיו לֹא יַבְדִּיל וְהִקְטִיר אֹתוֹ הַכֹּהֵן הַמִּזְבֵּחָה עַל הָעֵצִים אֲשֶׁר עַל הָאֵשׁ עֹלָה הוּא אִשֵּׁה רֵיחַ נִיחֹחַ לַה׳ (ויקרא א׳, יד-יז).

52. מפתיע שבפרשני ימי הביניים אין התייחסות לשאלה זו, וכנראה הדבר היה ברור להם מאליו. לאידך גיסא, הדבר היה כה קשה על חלק מהפרשנים המודרניים, עד שהציעו שעולת העוף נוספה כ'תיקון חוק' – לאחר שרבו העניים שלא יכלו לעמוד בעולת בקר או צאן (מילגרום, ויקרא, כרך א, עמ׳ 166-167; הוא מסתמך בהצעתו על ויקרא רבה פרשה ג, ה). אולם אם כך, ניתן היה לצפות גם לתיקון נוסח הכותרת כך שיותאם לתוספת העוף. זאת ועוד, עולת עוף מוזכרת בהקשרים נוספים בספר ויקרא (חלקם ביחס לעניים – י"ב, ח; י"ד, כב; אך חלקם מתייחסים לכל אדם – ט"ו, יד-טו; ט"ו, כט-ל), כך שהעוף מוצג כאפשרות רווחת לקורבן עולה.

לפני הדיון בהבדל המהותי בין עולה זו לקודמותיה, יש לציין כמה הבדלים ספציפיים שכנראה משתלבים בהבדל המהותי:

1. בעולת בקר וצאן הבעלים תוארו כמביאים את בהמתם ושוחטים אותה, והכוהן פועל רק עם קבלת הדם והולכתו אל המזבח. בעולת העוף הבעלים נעלמים בשלב מוקדם יותר, והכוהן הוא גם המולק (= המקבילה לשחיטה): "וְהִקְרִיבוֹ הַכֹּהֵן אֶל הַמִּזְבֵּחַ וּמָלַק אֶת רֹאשׁוֹ" (א׳, טו). סביר שהבדל זה נובע ממקום 'השחיטה': את העוף יש למלוק על המזבח עצמו, או בצמוד לו, ורק הכהן יכול לעשות זאת.[53]

2. בעולת הבקר ועולת הצאן יש לרחוץ את חלקי הבהמה המלוכלכים (הקרב והכרעיים), ולאחר מכן להקטירם על המזבח עם שאר איברי העולה (א׳, ט, יג). לעומת זאת, בעולת העוף יש להסיר חלקים אלו ולהשליכם: "וְהֵסִיר אֶת מֻרְאָתוֹ בְּנֹצָתָהּ וְהִשְׁלִיךְ אֹתָהּ אֵצֶל הַמִּזְבֵּחַ קֵדְמָה אֶל מְקוֹם הַדָּשֶׁן" (א׳, טז). נחלקו פרשנים מה כלול בציווי "וְהֵסִיר אֶת מֻרְאָתוֹ בְּנֹצָתָהּ". לפי רש״י הכוונה שיש להסיר את הזפק עם 'בני המעיים' (= 'נֹצתה'). רמב״ן טוען כלפיו ש"אין נוצה בשום מקום אלא נוצה ממש", ולכן לשיטתו יש להסיר את הזפק עם הנוצות שעליה. מכל מקום יש לשים לב שאף שמדובר בקורבן עולה, חלק מהקורבן אינו מוקטר. מאחר שמֻּרְאָתוֹ של העוף מושלכת ולא מוקטרת, בתיאור ההקטרה לא נאמר: "וְהִקְטִיר הַכֹּהֵן **אֶת הַכֹּל** הַמִּזְבֵּחָה", כפי שנאמר בעולת הבקר ובעולת הצאן (א׳, ט, יג), אלא רק: "וְהִקְטִיר אֹתוֹ הַכֹּהֵן הַמִּזְבֵּחָה" (א׳, יז).

ההבדל שבין כרעי בהמת עולה שמנוקים ומוקטרים, לבין זפק עוף העולה שאיננו מוקטר, יכול להתבאר בשני אופנים עקרוניים:

א. ייתכן שמדובר בהבדל טכני שלא נושא בחובו כל משמעות. את זפק העוף קשה לנקות ועל כן מעדיפה התורה שהוא יושלך אל שאריות הדשן שעתידות להתפנות אל מחוץ למחנה. כך עולה משימוש הכתוב בפועל "והשליך" שמתלווה אליו אסוציאציה של זריקה של 'דבר נטול ערך'.[54]

ב. לחלופין, ייתכן שיש הבדל מהותי בין כרעי הבהמה לזפק העוף. כך טען

53. לפיכך נראה לי פשוט שלפי הפסוקים עצמם הצדק עם הרמב״ם (הלכות פסולי המוקדשין יג, ה), שבעולת העוף אין 'הולכה' כלל – שהרי המליקה נעשית על גבי המזבח, ולא עם בעלי התוספות (זבחים טו ע״א, ד״ה "חטאת"), שסבורים שגם בעולת העוף יש הולכה – משעה שיוצא הדם עד שנוחת על המזבח (כאמור לעיל, בדיוננו בדין הולכת הדם אל המזבח).

54. בולה, ויקרא, עמ׳ כה. השוו לדברי אהרליך: "לשון השלכה נופל בכל מה שנעזב כדבר שאין חפץ בו, ואפילו הונח בנחת ולא הושלך ארצה" (אהרליך, מקרא כפשוטו, עמ׳ 211). ראוי לציין

למשל ר׳ יוסף בכור שור, שהזפק מאוס יותר מהקרב של הבהמה: ״זפק אינו ראוי לבֹא אפילו לבני אדם״ (פירושו לוויקרא א׳, טז). בדרך זו הלכו כמה ממדרשי חז״ל, שראו בהבדל זה שבין עולת העוף לבהמה, ביטוי לעולמם המוסרי השונה של סוגי בעלי החיים הללו. כך הביא את דבריהם רבנו בחיי:

> והזפק שהוא כלי המזון לא היה מספיק שירחצנו ויקטירנו, כשם שהיה רוחץ הקרבים בבהמה ומקטירם, מפני שהעוף הולך אנה ואנה וניזון מן הגזל מה שאין כן בבהמה. וכן דרשו חז״ל (ויקרא רבה פרשה ג, ד) בהמה שאוכלת על אבוס בעליה נאמר בה ׳והקרב והכרעים ירחץ במים, והקטיר׳, אבל בעוף שהוא ניזון מן הגזל נאמר בו ׳והשליך את מוראתו׳, כלומר ישליך המעיים שאכלו הגזל (רבנו בחיי לוויקרא א׳, טז).

3. הבדל מעניין שמלמד הרבה על תפיסת עולת העוף הוא שמשום מה העוף אינו צריך להיות ׳תמים׳. בניגוד לכל קורבנות בעלי החיים האחרים, שצריכים להיות תמימים וללא מום, התורה אינה דורשת תמימות בעופות. חז״ל אומנם סייגו דבר זה, ואמרו שאין להביא עוף שהוא מחוסר איבר כי הדבר אינו מכובד,[55] אך גם להלכה נפסק שאין דין תמימות בעוף, ואין איסור להביא עוף עם מום קל כקורבן עולה. תאורטית ניתן היה לטעון שמדובר בקיצור כתיבה, ולמעשה, גם עולת העוף צריכה לבוא דווקא מעוף תמים, אך מאחר שדרישה זו נזכרת גם בכל הקורבנות שבאים בהמשך הפרשה, קשה להניח שדווקא כאן התורה בחרה לקצר.

4. הבדל אחרון שנזכיר בסקירה מהירה זו הוא חסרון הסמיכה. יש מקום של ממש להתלבטות אם התורה התכוונה שהבעלים לא יסמכו, או שמדובר בקיצור בלבד (גם לגבי הפשטת העוף מעורו ניתן להעלות זאת).[56] להלכה אכן אין סמיכת ידיים

שיש מעט פסוקים שבהם יש לפועל אסוציאציות חיוביות, כמו בתהילים נ״ה, כג: ״הַשְׁלֵךְ עַל ה׳ יְהָבְךָ״ (ראו על כך עוד: צ׳יסהולם, שלך).

55. ביחס לשאלה אם מחוסר איבר נפסל מדין מום או מדין אחר (כמו מדין ״הקריבהו נא לפחתך״) ראו את דיונו של הרב ראפאפרט, מקדש דוד, עמ׳ תקלא-תקלד. הרב אהרן ליכטנשטיין הציע לראות במחוסר איבר חיסרון בעצם הגדרת העוף, ולכן הוא נפסל בלי קשר להלכות מומין (הרב ליכטנשטיין, שיעורים – זבחים, עמ׳ 368 הערה 6).

56. חז״ל הכריעו שאין הֶפשט ואין ניתוח בעולת העוף. לגבי ניתוח, יהיה מי שיטען שהסרת הראש מהגוף והקטרתם בנפרד הם מעין ניתוח העוף לנתחים. לגבי מעמד עור עולת העוף – שלפי חז״ל לא צריך להסירו – יש התלבטות מרתקת במסכת שבת (אגב ההיתר לכתוב תפילין על עור

בעולת העוף,[57] ודבר זה מוזר למדי – אם יש צורך בסמיכה בקורבנות העולה, מדוע בעולת העוף אין סומכים? ניתן לתלות דבר זה ביסוד טכני של גודל העוף – דבר שיסתייע מתוך כך שגם בחטאת העוף אין סמיכה, אולם הסמיכה קושרת בין האדם לקורבנו, ומוזר הדבר שבקורבן עוף מוותרים על יצירת זיקה זו רק בגלל ראשו הקטן של העוף.[58]

לאור הבדלים אלו ניתן להצביע על אופיו הייחודי של קורבן עולת העוף.[59]

רש"ר הירש – ייחודה של עולת העוף

לפני שנעמוד על הייחודיות של עולת העוף ראוי להזכיר את שיטתו המקורית של רש"ר הירש. הוא חש שבקורבן זה יש איזו תקיפות ואלימות מיוחדת – יותר מאשר בשאר הקורבנות, ולאור תוקפנות זו הוא הציע פשר לסמל שקורבן זה משקף:

> העוף במקרא הוא משל לאדם חסר מגן, הנס מפני רודף וקיומו בסכנה, והוא נתון בצרה וצוקה... משום כך נראה לנו שגם קרבן העוף מבטא מצב של סבל – או מוטב: הוא ביטוי לאדם אומלל השרוי במצב של סבל... ונראה עתה שיש לבאר בדרך זו גם את מעשי הקרבן של עולת עוף; אף הם משקפים את אופיו של קרבן הסובל. ונמצאנו למדים: עולת עוף מייצגת את בחינת העולה – של מי שה' גזר עליו גורל של סבל...
>
> אכן כל מעשי הקרבן של עולת העוף מייצגים פעולות הנעשות תוך אלימות; כך מליקה, מיצוי, הסרת מוראה, שיסוע... משום כך אתה מוצא, ששחיטה היא מלאכת מחשבת אנושית, כנגד זה מליקה היא בציפורן מצד העורף. אין בה משום מלאכת מחשבת אנושית אלא היא נושאת אופי של השמדה גסה הנעשית תוך

של עוף), אם התפיסה היא שאין זה מוגדר 'עור' כלל (ולמרות זאת מותר לכתוב עליו תפילין), או שמא יש גם לעוף 'עור' (שבת קח ע"א).

57. "יכול אף עולת העוף תטעון סמיכה? תלמוד לומר 'העולה' פרט לעולת העוף" (ספרא, דיבורא דנדבה, פרק ד, ז).

58. דילמן הציע שגודלו של העוף לא פוטר את הבעלים מסמיכה, אלא שיש לראות את הסמיכה כמתרחשת עם הבאת הקורבן. שלא כמו הבהמה, את הציפור מביא המקריב בידיו, כך שברור שקורבן זה בא מטעמו ובשמו (דילמן, ויקרא, עמ' 438).

59. מעניין הדבר שגם במשנת זבחים בא לידי ביטוי פער עקרוני בין זבחי בהמה לקורבנות העוף. המסכת פותחת בדין לשמה בקורבנות בהמה (פרק א) ורק מאוחר יותר, בפרק ו, חוזרת המשנה לדיני 'לשמה' בקורבנות שבאים מן העוף. על אף שמדובר בדינים זהים, עריכת המשנה מפצלת ביניהם, וחושפת את המהות השונה שלהם.

אלימות... ניגוד דומה מתגלה בין מיצוי הדם אל קיר המזבח לבין קבלת הדם וזריקתו; וכעין זה הניגוד שבין הסרת המוראה והשלכתה – לבין רחיצת הקרב והקטרתו, בין שיסוע העוף בכנפיו – לבין ניתוח הבהמה לנתחיה האורגניים. פעולות אלה הנעשות בעולת העוף קשורות קשר הדוק עם משמעותו הסמלית של העוף, המורה על חיי סבל נטולי הגנה...
ה"סובל" הוא המביא עולת עוף; הוא המבקש להתקרב בו אל ה' תוך כדי עליה והתקדמות.[60]

הקשר שיצר רש"ר הירש בין עולת העוף לבין האדם הסובל יכול להצדיק את חסרון אופציה זו בזבח שלמים. מאחר שזבח שלמים מביע שמחה והתרוממות רוח (כפי שיעלה בדיוננו בקורבן זה), על כן לא מתאים שיביא אדם שלמי עוף, דבר שמשקף סבל וייסורים.

עבודות הדם בעולת העוף

הצעתו של רש"ר הירש מעניינת ביותר, אך אין בה כדי לבאר את חסרון העוף מכותרת הפרק כולו, כמו גם כמה מפרטי הדינים הייחודים לעולת העוף, במיוחד את האמור להלן.

ההבדל הבולט ביותר בין עולת העוף לעולת בהמה הוא היעדרה של עבודת דם. אכן גם בעולת העוף נאמר: "וְנִמְצָה דָמוֹ עַל קִיר הַמִּזְבֵּחַ" (א', טו), אך הבחירה בפועל סביל מלמדת שמדובר בתוצאה, יותר מאשר בעבודת כהונה. מאחר שהכוהן ימלוק את ראש העוף – הרי שדמו יימצה אל קיר המזבח. בכל מקרה מדובר בתיאור אגבי, שאינו משתווה כלל לפעילות האקטיבית של זריקת הדם על המזבח בעולות הבהמה.

המקום השולי של עבודת הדם בעולת העוף בא לידי ביטוי מובהק גם בסדר הפעולות. בכל קורבנות בעלי החיים, עבודת הדם מתוארת לפני הקטרת הבשר, והדבר משקף גם את סדר העבודה בקורבנות. אולם מעקב אחר סדר הפעולות בעולת העוף מעלה תמונה שונה:

וּמָלַק אֶת רֹאשׁוֹ וְהִקְטִיר הַמִּזְבֵּחָה
וְנִמְצָה דָמוֹ עַל קִיר הַמִּזְבֵּחַ.
וְהֵסִיר אֶת מֻרְאָתוֹ בְּנֹצָתָהּ וְהִשְׁלִיךְ אֹתָהּ אֵצֶל הַמִּזְבֵּחַ קֵדְמָה אֶל מְקוֹם הַדָּשֶׁן.
וְשִׁסַּע אֹתוֹ בִכְנָפָיו לֹא יַבְדִּיל וְהִקְטִיר אֹתוֹ הַכֹּהֵן הַמִּזְבֵּחָה.

60. רש"ר הירש, לוויקרא א', טז, עמ' כה-כו.

הקטרת הראש מוזכרת עוד לפני עבודת הדם ("וְנִמְצָה דָמוֹ"), ואחרי מיצוי הדם מתוארת הקטרה נוספת של שאר הגוף. רש"י לא השאיר קריאה זו על כנה ופירש כך:

> 'ומלק', 'והקטיר', 'ונמצה'. אפשר לומר כן? מאחר שהוא מקטיר הוא מוצה!... ופשוטו של מקרא מסורס הוא: ומלק והקטיר, וקודם הקטרה, ונמצה דמו כבר (רש"י לוויקרא א', טו).

את רש"י לא הטרידה הקדמת הקטרת הראש לעבודת הדם אלא היכולת הטכנית לעשות כך: כיצד יכול הכוהן להקטיר את הראש ורק אחר כך למצות את הדם, הרי הדם נוטף מהעוף מרגע מליקתו, והוא לא יחכה לכוהן עד שיסיים את הקטרת הראש. לפיכך רש"י טוען שכוונת הפסוקים לומר שהדם נמצה כבר, עוד לפני הקטרת הראש. מעניין שבעל שפתי חכמים פירש את רש"י בהתאמה להפתעה היותר עקרונית שיש כאן – בעצם הקדמת פעולת ההקטרה לפעולות הדם: "פירוש: והלא מוצה בראשונה, שהרי אין איברי הקרבן קרבים אלא לאחר הוצאת דמים, והיה לו לומר 'ומלק' 'ונמצה' ואח"כ 'והקטיר'" (שפתי חכמים על אתר, אות ד). כאמור, אינני בטוח שהצדק עם שפתי חכמים בהבנת דברי רש"י, אך מבחינה מהותית זהו אכן הנתון המפתיע יותר. כך גם כתב רמב"ן בפירוש לאחר שציטט את רש"י:

> ולא יתכן לומר שימלוק את הראש ויקטירנו ואחרי כן ונמצה דם הגוף על קיר המזבח והקטיר אותו, **לפי שאין אברים קרבין לעולם בשום קרבן אלא לאחר הרצאת דמים**, כי הדם הוא בנפש יכפר בכל הקרבנות, ולפיכך דרשו כן (רמב"ן לוויקרא א', טו).

זו אכן גם ההכרעה ההלכתית, שעל פיה יש למצות את הדם לפני הקטרת ראש העוף: "עולת העוף כיצד היתה נעשית? עלה בכבש ופנה לסובב, בא לו לקרן דרומית מזרחית, היה מולק את ראשה ממול ערפה ומבדיל, וּמְמַצֶּה את דמה על קיר המזבח. נטל את הראש, והקיף בית מליקתו למזבח, וספגו במלח, וזרקו על גבי האשים" (משנה זבחים ו, ה)

אולם גם אם נאמץ את ההכרעה ההלכתית, ובפועל הקטרת הראש אינה קודמת לעבודת הדם, יש לשאול מדוע הפסוקים הציגו את הדברים באופן מוזר שכזה? לא די בזה שהפועל "וְנִמְצָה דָמוֹ" מובא בצורה נפעלת המלמדת על תוצאה סבילה, אלא שתוצאה זו גם נדחית עד לאחר תיאור הקטרת ראש העולה, ובכך משמעות עבודת הדם פוחתת עוד.

ניתן לטעון שהדבר נובע ממיעוט דם העוף ביחס לכמות הדם שיש בבהמה, וכדברי ר"י בכור שור בביאורו מדוע אין קבלת דם בעולת עוף: "'ונמצה דמו על קיר המזבח' – לפי שדמו מועט, אינו מקובל במזרק, שאם קיבלו, אינו יכול ליקח ממנו להזות" (פירושו לוויקרא א', טו). אולם ייתכן שמיעוט הדם עצמו אינו רק בבחינת בעיה טכנית שיש להתמודד איתה, אלא הוא חושף את ייחודיות עולת העוף ושילובה המורכב בפרק שלפנינו.[61]

שתי החריגות הנוגעות לעבודת הדם – חסרון הציווי לכוהן לזרוק את דם העוף, ודחיית עבודת הדם לאחר תיאור הקטרת הראש – מלמדות על מִשניות עבודת הדם בעולה זו, ושמא נאמר על חסרונה של עבודת דם. דבר זה משמעותי ומפתיע – הרי יש שני אלמנטים יסודיים בכל קורבן מן החי: עבודת הדם והקטרת האיברים. אם אלמנטים אלו חסרים, לפנינו קורבן מוזר ביותר. קשה לחשוב על קורבן מן החי שאין בו עבודת דם שנחשבת לעבודה החשובה ביותר, שהרי הדם הוא הנפש.

מעמד העוף

אם אין מדובר רק בקורבן עני, אלא באופציה של עולה שיש לה מהות נפרדת מהעולות האחרות, האם ניתן לעמוד על אופי ייחודי זה מתוך ההתעלמות המפתיעה של הכתוב מדמו של העוף?

דומה שכדי לעמוד על מהותה של עולת העוף ועל ייחודיותה יש לבחון את בריאת העופות בבראשית א' ולהגדיר את מעמדו של העוף במציאות: האומנם העוף הוא בעל חיים?

לאורך ששת ימי בריאה המתוארים בבראשית א' כונסו 'עשרה מאמרות', ובפועל שמונה בריאות שונות. כל מרכיב במציאות זוכה לאמירה עצמאית שמקדימה את

61. כשהמשנה מבררת את סדר קדימות הקורבנות שצריך הכוהן להקריב, היא מציבה את קורבנות העוף לאחר כל קורבנות הבהמה (גם לאחר בכור ומעשר שהם קדשים קלים, שקדושתם פחותה אף מזבחי שלמים רגילים!), אך קורבן העוף קודם לקורבן מנחה "מפני שהן מיני דמים" (זבחים י, ד). זוהי הגדרה שובת לב: לא נאמר 'מפני שיש בהם דמים', אלא 'ממיני דמים'. מקום מעניין שבו משתקפת התלבטות חז"ל כיצד יש להתייחס לדם העוף הוא בדין דם שנכנס בטעות לתוך המשכן, שנפסל בכך. רק קורבנות זבח שיש להם דם נפסלים בכך (ולפי דעה אחת רק החטאת, ולדעה אחרת רק חטאת ואשם), אך לא ביחס לקורבן מנחה – שאין בו דם. והנה הסוגיה מתלבטת מה ביחס לקורבנות מן העוף שהדם נכנס פנימה. האם הם נפסלים – כדין דם בהמה; או שאין הם נפסלים בכך – כדין המנחה? הסוגיה עצמה מאירה את ההתלבטות מכיוון אחר, אך דומה שגם הגדרת דם העוף יכולה לשמש תפקיד בהתלבטות זו (זבחים צב ע"ב).

בריאתו: "וַיֹּאמֶר אֱלֹהִים".[62] למרות זאת, פעמיים לאורך סיפור הבריאה נבראו שני רכיבי מציאות שונים באותה אמירה בוראת. הדבר מורה כמובן על שותפות גדולה בין שני הרכיבים שנבראו באותו המאמר עצמו. לענייננו, ברצוני להתמקד בעוף השמיים ובדגי הים שנבראו באותה האמירה ביום החמישי:

> וַיֹּאמֶר אֱלֹהִים יִשְׁרְצוּ הַמַּיִם שֶׁרֶץ נֶפֶשׁ חַיָּה וְעוֹף יְעוֹפֵף עַל הָאָרֶץ עַל פְּנֵי רְקִיעַ הַשָּׁמָיִם.
> וַיִּבְרָא אֱלֹהִים אֶת הַתַּנִּינִם הַגְּדֹלִים וְאֵת כָּל נֶפֶשׁ הַחַיָּה הָרֹמֶשֶׂת אֲשֶׁר שָׁרְצוּ הַמַּיִם לְמִינֵהֶם וְאֵת כָּל עוֹף כָּנָף לְמִינֵהוּ וַיַּרְא אֱלֹהִים כִּי טוֹב.
> וַיְבָרֶךְ אֹתָם אֱלֹהִים לֵאמֹר פְּרוּ וּרְבוּ וּמִלְאוּ אֶת הַמַּיִם בַּיַּמִּים וְהָעוֹף יִרֶב בָּאָרֶץ (בראשית א', כ-כב).

עוף השמיים והדגים שבים נבראו יחדיו: באותו היום ובאותה האמירה. יש לשים לב לכפילות החוזרת בכל שלושת הרכיבים שבבריאה זו:

- באמירה – "יִשְׁרְצוּ הַמַּיִם שֶׁרֶץ נֶפֶשׁ חַיָּה" / "וְעוֹף יְעוֹפֵף".
- בבריאה עצמה – "וְאֵת כָּל נֶפֶשׁ הַחַיָּה הָרֹמֶשֶׂת אֲשֶׁר שָׁרְצוּ הַמַּיִם" / "וְאֵת כָּל עוֹף כָּנָף לְמִינֵהוּ".
- ברכת הפריון – "וּמִלְאוּ אֶת הַמַּיִם בַּיַּמִּים" / "וְהָעוֹף יִרֶב בָּאָרֶץ".

לשון אחר, כפילות הבריאה שיש ביום זה מובלטת, אך למרות המודעות לכך שמדובר בשני רכיבים שונים, הם מובאים בתוך מסגרת של מאמר בריאה אחד.

אפשר להעלות על הדעת סברות שונות לפשר קישור זה. בהזדמנות אחרת הצעתי שהדבר קשור לתפיסה שהשמיים והמים הם מרחב קיום אחד, ומבחינה זו חַיות המים השוחות בים דומות לעופות השמיים ה'שוחים' בשמיים בכנפיהם. אלו כמו אלו 'חיות מים', גם אם אלו במים התחתונים ואלו במים העליונים.[63] אפשר להציע גם קשרים אחרים, אבל תהא הסיבה אשר תהא, ברור שפרק הבריאה מציג

62. מאחר שיש יותר 'בריאות' (8) מאשר ימים (6), 'נאלץ' כביכול הבורא לכלול כמה בריאות באותו יום, כדי לשמור על מסגרת השבוע. בימים השלישי והשישי יש יותר מאמירה אחת, כלומר נברא יותר מרכיב אחד במציאות. הכרעה זו חושפת כמובן זיקה עמוקה בין אלו שחולקים אותו יום בריאה. ראו על כך למשל אצל הרב מרדכי ברויאר, מעשי בראשית.

63. גרוסמן, בראשית, עמ' 42–43.

את העוף כשותף לחיות הים עוד יותר מאשר לחיות היבשה שנבראו ביום השישי. בניסוח עדין יותר ניתן לומר, שמעמד העוף במציאות מורכב: מצד אחד הוא נברא ביום החמישי – ביחד עם חיות המים, ועוד לפני בריאת חיות היבשה ביום השישי; אך מצד שני, בברכת הפריון הוא נפרד משאר הדגים, ונאמר עליו – ״וְהָעוֹף יִרֶב **בָּאָרֶץ**״ (א׳, כב).

יש למעמד העוף ולהגדרתו המורכבת השלכות מרחיקות לכת על עולם הקדושה. אך לפני שנדון בכך יש להפנות תחילה את אור הזרקורים על שכניהם בסיפור הבריאה – על דגי הים. נראה שדגים אינם נחשבים כבעלי חיים שיכול להיות להם מגע עם הקודש: דגים אינם מובאים כקורבן כלל; ובנוסף, אין טומאה בדגים מצד שני.

היעדרותם מן המזבח בולטת במדרש, שעה שחיפש ייצוג למים על המזבח, ומצא אותו בדמות המלח. כך כתב רש״י על ׳ברית מלח׳: ״שהברית כרותה למלח משׁשת ימי בראשית שהובטחו המים התחתונים ליקרב במזבח במלח וניסוך המים בחג״ (רש״י לוויקרא ב׳, יג). לא הדגים מייצגים את ׳המים התחתונים׳ בעולם הקודש אלא המלח (וניסוך המים בחג).[64]

שני נתונים כנראה משפיעים על דחייתם של הדגים מעולם הקדושה: ראשית, סביר שמקום חיותם של הדגים הינו גורם בעל משקל רב בהכרעה זו. חיות הים אינן חיות במרחב המחיה של האדם, ועולם הקדושה קשור באופן מהותי במציאות האנושית ובמרחבי ארץ. ממילא, חיות אלו אינן יכולות לשקף ולייצג את חיי האדם. שנית, כנראה יש קשר בין הגדרת ׳חיים׳ במקרא לבין הגדרת הנשימה, ומי שאינו נושם אינו מוגדר כבעל נפש חיה.[65] ייתכן שיש לקשור זאת גם למחזוריות הדם השונה של הדגים, אשר לצד אי נשימתם, מבארת את הגדרתם כבעלי חיים מסוג אחר.

לתפיסה זו השלכות שחורגות מעולם הקורבנות: בהלכה אין צורך לשחוט דגים כדי לאכול אותם (טור יורה דעה סימן יד); ובאופן בסיסי, אין גם איסור באכילת דם דגים. הדברים מורכבים וחורגים מגבולות יריעה זו, אך הדבר העולה מנתונים אלו הוא שדגים אינם מוגדרים כבעלי נפש חיה. מה מעמדם של העופות בהקשר זה? האם בריאת העופות לצד הדגים משתקפת גם במעמדם בעולם הקדושה?

64. לא נראה שהדגים אינם משמשים בקודש, משום שהם לא היו בשימוש רחב בישראל – כפי שהציע מילגרום (ויקרא, כרך א, עמ׳ 660), שהרי התורה בהחלט מתייחסת לדגי הים בכל הנוגע לסימני כשרות ביחס לאכילתם (ויקרא י״א).

65. כך הציע וייטקטל, דגים.

ניתן לבדוק את הגדרת העוף באותם המקומות שבהם הדגים הופקעו מעולם הקדושה. האם דיני העוף זהים במקרים אלו לדיני הדג? בהלכות הטומאה שבוויקרא י"א נראה שאכן העוף – כמו הדג – אינו מטמא. די לעקוב אחר המבנה הכללי של הפרק כדי להתרשם בדבר זה. ויקרא י"א עוסק בשני נושאים – איסורי אכילת בעלי חיים והלכות טומאתם, ויש לשים לב היטב אלו בעלי חיים מופיעים בכל קטגוריה:

איסורי מאכל בעלי חיים	טומאת בעלי חיים
אכילת חיות יבשה (ב-ח)	טומאת חיות יבשה האסורות באכילה (כד-כח)[66]
	טומאת שרצי יבשה (כט-לח)
	טומאת חיות יבשה המותרות באכילה (לט-מ)
אכילת דגים (ט-יב)	
אכילת עופות (יג-כג)	
	אכילת שרצים (מא-מג)

מבנה מורכב זה דורש עיון בפני עצמו (כמו גם הביאור להקדמת הדגים לעופות באיסורי המאכל).[67] לענייננו יש לשים לב שבמקביל לאיסור אכילת בעלי חיים מן היבשה ניצבות שלוש קטגוריות בחלק המוקדש לטומאת בעלי חיים, אך אין הקבלה כלל בין אכילת דגים ועופות לבין טומאה. כאמור, אכן אין טומאה בדגים ומהפרק

66. בתיחום הפסוקים הכרעתי כשיטת רש"י ורשב"ם, שהמילה "ולאלה" הפותחת את פסוק כד פותחת את טומאת חיות היבשה, ולא כשיטת ראב"ע שמילה זו חותמת את שרץ העוף שנזכר בפסוקים שלפני כן. לעצם הדיון שלמעלה התלבטות זו אינה משנה מאומה.

67. ראו למשל את דיוניהם של: ונהאם, ויקרא, עמ' 164-165 (שגם עומד על זיקת פרק זה לסיפור הבריאה בבראשית א); ורנינג, קשרים טרמינולוגיים; סמט, עיונים, כרך ב, עמ' 41-52. ורנינג עמד בצדק לדעתי על המרכזיות של הפסוק החותם את הפרק להבנת מגמתו: "כִּי אֲנִי ה' הַמַּעֲלֶה אֶתְכֶם מֵאֶרֶץ מִצְרַיִם לִהְיֹת לָכֶם לֵאלֹהִים וִהְיִיתֶם קְדֹשִׁים כִּי קָדוֹשׁ אָנִי" (י"א, מה). אך דומני שהוא הגזים בטענתו, שלאור פסוק זה מתברר שוויקרא י"א הוא בעל זיקה לוויקרא כ"ו, ושמדובר במסגרת ספרותית של מבנה כיאסטי רחב.

עולה שגם אין טומאה בעופות.[68] מסתבר שהטומאה מתרחשת במצב של אובדן 'חיים' או מגע עם 'חיים' שאבדו, ודבר זה קיים רק בנבראי היום השישי, בעלי הדם והנפש, שמוגדרים 'חיים'. אין בנבראי היום החמישי טומאה, והדבר מלמד שאין בהם 'חיות', לפחות לא באופן מלא.[69]

לצד זאת, העובדה שהתורה מגדירה עופות ודגים המותרים באכילה וכאלו שאסורים – אף שהם אינם מטמאים – מובילה למסקנה שיש בעופות ובדגים 'בשר' גם אם לא 'נפש חיה'.

לאור דברינו, ברורה ההפתעה שבשילוב קורבן מן העוף, שלא כמו חבריהם הדגים שאינם מוגשים למזבח כלל. אך לצד הפתעתנו, יש באפיון העוף שנזכר לעיל ביאור למהות הייחודית של עולת העוף. עולת העוף היא קורבן שיש בו בשר אך אין בו דם; מביא קורבן זה מביא למזבח גוף, אך בקושי מביא 'חיים'; הוא מביא דבר מה שמזכיר חיים, שמתנועע על הארץ כיצור חי, אך המקרא – לפחות בסיפור הבריאה ובחומש ויקרא – מתייחס אליו כאל גוף.[70] ליבי אומר לי שבשל כך גם אין צורך להקפיד על מינו אלא ניתן להביא תור או בן יונה, בין זכר ובין נקבה, וכן הוא אף להלכה.[71]

זהו הבדל יסודי בין עולת העוף לעולות הבהמה שהוזכרו לאורך הפרק. אכן, מעט הדם שיש בעוף יימצה על המזבח, אבל עבודת הדם בעולת העוף נתפסת

68. חז"ל לימדו שהעוף המותר באכילה מטמא דרך בית הבליעה (אם לא נשחט כראוי), אך זהו מסלול ייחודי בעולם הטומאה ואין מדובר בטומאה רגילה. באחרונים יש התלבטות אם טומאת בית הבליעה היא נספח של טומאת מגע או של טומאת אכילה (ראו בחידושי הגר"ח, הלכות שאר אבות הטומאות ג, ג; אתוון דאורייתא, כלל א; מנחת חינוך, מצווה קסא; חתם סופר, אורח חיים סימן קמ; דיון רחב במודל הייחודי של טומאה זו ראו אצל וולף, נבלת עוף טהור).

69. תחום נוסף שניכרת בו השפעה של תפיסת העוף כשונה מהבהמה, הוא איסור בשר בחלב, הכולל רק בשר בהמה ולא בשר עוף. לפי חלק מהתנאים אפילו איסור דרבנן לא קיים בעוף בחלב. הדבר נובע מכך שהעוף אינו ממש חי, אלא דומה לדג, ולכן מותר באכילה בחלב ("דגים וחגבים מותר לאוכלן בחלב" – טור יורה דעה סימן פז).

70. תפיסה זו תבוא לידי ביטוי גם בקורבן חטאת עולה ויורד באופציה של שני התורים – שאחד מהם צריך להיות עולה. ראו להלן בדיון בהסבר ראב"ע לתופעה זו: עוף אחד מובא כחטאת ועוף העולה מובא כתחליף להקטרת בשר.

71. כך גם בחטאת היחיד, שבדרך כלל מובאת נקבה, דל המביא עופות, יכול להביא זכר או נקבה. התורה אינה מתייחסת לשינוי המין בקורבן מן העוף. לפי דברינו ניתן להביא זכר או נקבה כי התורה אינה מתייחסת אל זהותם המינית כחלק מהגדרתם, מאחר שאין הם 'חיים', ולפיכך הדעת נוטה לאמץ על דרך הפשט את עמדת ר' אליעזר, שגם עוף טומטום או אנדרוגינוס יהיה כשר להקרבה, ושלא כדעת חכמים הפוסלים אותו מקורבן כי הוא לא בגדר זכר ולא בגדר נקבה (יבמות פג ע"ב; ראו גם ספרא, דיבורא דנדבה, פרק יח, ב).

כשולית; היא רק תזכורת למה שראוי היה להיות לו היה מדובר בעולת בהמה. הדבר המרכזי בעולת העוף הוא הקטרת הבשר. כפי שראינו לעיל, בניגוד לקורבנות הבהמה, בעולת העוף הקטרת הראש פותחת את תהליך ההקרבה, ומצוות הדם נזכרת כתוצאה אגבית. עולת העוף היא מתנת בשר ולא מתנת חיים (בחטאת העוף התמונה מורכבת יותר, ועוד נדון בכך להלן). יש להדגיש: לא באתי לחלוק על הטוענים שמאחר שיש מעט דם בעוף דיניו משתנים; ברצוני רק להצביע על נתון זה כעל מגדיר מהותי של העוף ושל מה שהוא מייצג, ולא רק כעל עניין טכני.

ההבנה שהעוף אינו מוגדר כחי לגמרי אלא בעיקר בעל בשר, יכולה לבאר עוד שני דינים מפתיעים שהוזכרו לעיל – חסרון הסמיכה וחובת המליקה. חסרון סמיכת ידיים בקורבנות העוף מעניין במיוחד. גם מדרש ההלכה שריבה עולות שונות לדין סמיכה, הותיר את עולת העוף ללא דרישת סמיכה: "יכול אף עולת העוף תטעון סמיכה? ת"ל 'העולה' פרט לעולת העוף" (ספרא, דיבורא דנדבה, פרק ד, ז). כשם שאין סמיכה בקורבן מנחה מפני שהוא אינו מייצג חיים (שהרי הוא בא מן הסולת), כך גם אין סמיכה בעוף! הסמיכה קשורה בטבורה ביכולת ייצוג הבעלים דרך קורבנו, ומסתבר שקורבן העוף והמנחה שאין בהם 'חיים' כמו חיי האדם, אינם יכולים לייצג את חייו. הם לא נבראו ביום השישי שבו נבראו 'בעלי חיים'.

הדין השני שמתברר לאור דברינו הוא דין המליקה, אך לא בהקשר המשפטי-הלכתי אלא בהקשר הסמנטי. מדוע התורה מכנה את הסרת ראש העוף בפועל 'מליקה' ולא בפועל 'שחיטה', הרגיל בעולם הקורבנות? כבר הזכרתי את גישת רש"ר הירש, שראה בכך סימן לאלימות, ובצדק הִשווה זאת ל'עריפת' עגלה ערופה. גם שם נמנעת התורה במכוון מלכנות את המתת העגלה בשם 'שחיטה'.

לאור דברינו ניתן לפענח חריגה זו באופן אחר: לא כדי לשקף אלימות נבחר פועל המליקה אלא כדי לציין שאין מדובר בבעל 'חיים' שיש להמיתו בדרך ההמתה הרגילה של בהמות לצורכי קורבן, כלומר בשחיטה.[72] בעוף אין 'שחיטה' – ממש כשם שאין להלכה דיני שחיטה לדגים אלא "באסיפה בעלמא סגי" (חולין כז ע"ב). בכדי לסבר את האוזן אוסיף: כשם שאין דיני שחיטה למנחת סולת כך אין דיני

72. בהלכה, המתת בעל חיים שלא בשחיטה אף הופכת אותו לנבלה האסורה לקורבן; ושחיטה היא דרך ההמתה היחידה שלא תוביל לטומאה. הדברים הללו מנוסחים כמובן על דרך הכלל, והמצב להלכה מורכב יותר, מפני שעריפת עגלה מטהרת אותה מידי נבלה (כך עולה מזבחים ע ע"א), ומכך משמע שיש בה צד של שחיטה, אולם מצד שני אין בעריפה איסור "אותו ואת בנו" (חולין פא ע"ב), מפני שהעריפה אינה מוגדרת כשחיטה. ראשונים ואחרונים עסקו במתח זה, ואין להאריך בזה כאן. ראו גם אצל הרב ליכטנשטיין, שיעורים – זבחים, עמ' 367-372.

שחיטה לעוף; את חיותו של בעל חיים יש להוציא ב׳שחיטה׳, אך עופות ניתן להמית במליקה לצורכי מזבח.[73] לא ייפלא אפוא, שלמרות שיש לכבס בגד שהוזה עליו בטעות דם חטאת, אין צורך – לפי מדרש ההלכה – לכבס בגד שהוזה עליו בטעות דם של עוף חטאת.[74] ייתכן שזו גם הסיבה שבגללה נבחר הפועל ׳עריפה׳ בדין עגלה ערופה – כדי להבחין בין עריפה זו לשחיטה רגילה. אדרבה: שם הזקנים נדרשים ׳להרוג׳ את העגלה, ולא ׳לשחוט׳.[75]

כך בא לידי ביטוי גם מעמד הביניים שהעוף מצוי בו, שהרי דגים אינם מובאים למזבח כלל, ומותר לאוכלם גם כשמתו מעצמם – בתוך המים או מחוצה להם. אולם העוף בסופו של דבר מובא אל המזבח וזוקק המתה מוגדרת, גם אם שונה משחיטת בהמה. מעמד הביניים של העוף בא לידי ביטוי נפלא בדיון התלמודי העוסק בדיני שחיטה:

> דתניא ׳זאת תורת הבהמה והעוף׳ – וכי באיזו תורה שוותה בהמה לעוף ועוף לבהמה?... לומר לך מה בהמה בשחיטה אף עוף בשחיטה. אי מה להלן ברוב שניים אף כאן ברוב שניים? תלמוד לומר ׳זאת׳...
> תני בר קפרא ׳זאת תורת הבהמה והעוף׳ – הטיל הכתוב לעוף בין בהמה לדגים: לחייבו בשני סימנין אי אפשר שכבר הוקש לדגים, לפוטרו בלא כלום אי אפשר שכבר הוקש לבהמה, הא כיצד? הכשרו בסימן אחד (חולין כז ע״ב).

הרי לנו כל התורה כולה על רגל אחת: חז״ל מתלבטים באיזה עניין השוותה התורה בין הבהמה לעוף. הם אינם מצויים באותו המישור, ובכל זאת התורה משווה ביניהם לצורך מסוים. ההלכה שיש לשחוט גם עופות כדי להכשירם לאכילה דורשת לימוד מיוחד. הדבר אינו מובן מאליו, וגם לאחר שלמדנו שיש צורך בשחיטה בעופות, מדובר בשחיטה אחרת, שדי בה בסימן אחד, ואין צורך בשני סימנים כבשחיטת בהמות. ובניסוחו המופלא של בר קפרא: ״הטיל הכתוב לעוף בין בהמה לדגים״![76]

לאור כך ניתן להציע מדוע הכותרת הפותחת את חטיבת קורבנות הנדבה איננה

73. על תפיסת המליקה כקלה יותר משחיטה ראו בזבחים סט ע״ב (שחיטה תועיל בעופות אם אפילו מליקה מועילה).
74. רמב״ם, הלכות מעשה הקורבנות ח, ב.
75. להרחבה ברעיון זה ראו: גרוסמן, עגלה ערופה.
76. ראו גם את הדיון בבראשית רבה בנוגע להוראה של יעקב איש כפר נבוראי שיש לשחוט דגים

כוללת את עולת העוף. במובן מסוים אכן עולת העוף היא קורבן 'שבדיעבד'. אך האופי הזה של עולת העוף לא נובע מהעלות הכלכלית, כפי שרבים מנסחים זאת, אלא בשל היעדר החיים של העוף. עדיף שמקריב העולה יביא קורבן בעל חיים שהוא יכול לסמוך עליו, כלומר להשתקף דרכו, להיות מיוצג בעדו ולהצהיר משהו על חייו. משום מה התורה התירה להביא למזבח גם בשר שאין בו חיים מפותחים. ייתכן שהיתר זה נובע מכך שלא כל אדם יכול מבחינה כלכלית להביא בעל חיים של ממש,[77] וייתכן שלעיתים מתאים לאדם להביא קורבן בשר למזבח, הקרבה של הגוף ולאו דווקא של החיים. שמא הדבר מתאים לתודעה הדתית שהוא מצוי בה ולהבעה הדתית שהוא רוצה לומר. יש לזכור שהקורבן הבא ברשימת קורבנות הנדבה הוא קורבן המנחה שאינו מייצג חיים כלל אלא את צורכי חייו של אדם (נרחיב בכך להלן). כך נבנית כאן הדרגתיות, אשר יש במסגרתה מעמד חשוב לעולת העוף: בתחילה נידונים 'חיים' שבאים אל המזבח, כלומר בעלי חיים בעלי דם רב; לאחר מכן נידון בשר שיש בו נפש אך אין בו רוח חיים שזהה באיכותה לזו של האדם; ובפרק ב' יידון קורבן מן הצומח שאין בו חיים כלל.

הכותרת עוסקת אפוא בקורבנות חיים שמובאים הן כעולה הן כזבח שלמים: קורבנות בהמה בעלי דם שיכול להיזרק על המזבח. עולת העוף משולבת בפרק מפני שניתן להביא כעולה גם 'בשר', אך היא איננה כלולה בכותרת, ובכך היא משקפת את אפיונה המורכב: ניתן להקריבה כעולה, אך אין זו עולה מעלייתא, זו עולה ללא רוח חיים; זו עולה שמתקרבת אל עבר מנחת הסולת.

בכך סיימנו את דיוננו בקורבן עולה על שלושת חלקיו: עולת הבקר שניצבת מול אוהל מועד; עולת הצאן שמופנית כלפי מזבח העולה; ועולת העוף שבמסגרתה מגישים בשר אל המזבח. האופי הרחב של קורבן העולה תקף כמובן בכל שלושת האופנים של מימושו: האדם המרגיש מרוחק, הריהו מבקש להתקרב, מבקש לעמוד לפני קונו אף שהוא מודע לחסרונותיו ולחוסר השלמתו.

***

"זִבְחֵי אֱלֹהִים רוּחַ נִשְׁבָּרָה לֵב נִשְׁבָּר וְנִדְכֶּה אֱלֹהִים לֹא תִבְזֶה" (תהילים נ"א, יט).

ובתגובתו הנחרצת של ר' חגי להוראה זו – "חבוט חבטך, רצוף רצפך, דהיא טבא לאולפנא" (בראשית רבה פרשה ז, ב).

77. ראו למשל אצל דילמן, ויקרא, עמ' 438, ועוד רבים. החיזוק לקריאה זו הוא שהמודעות למצבו הכלכלי של המקריב אכן עולה בעולם הקורבנות בהקשרים אחרים (ויקרא ה', ז; י"ב, ח; י"ד, כא-כב), וגם בהם מקילים על מי שאין ידו משגת להביא עוף במקום בהמה.

פרק שביעי

קורבן מנחה (פרק ב׳)

על מזון וצורכי החיים

אופייה ומהותה של המנחה

הקריאה הפשוטה והמקובלת היא שהשם ׳מנחה׳ מתאר קורבן מסוים, ויש לראות בו מקבילה של שמות קורבן אחרים כמו ׳עולה׳ או ׳זבח שלמים׳. אני משער שלרבים מקוראי דברים אלו דבר זה פשוט, אך ייתכן שהרמב״ם פענח את השם ׳מנחה׳ באופן אחר. הדבר עולה במיוחד משני ניסוחים מפתיעים בהלכותיו. בהגדרת קורבן המנחה ביד החזקה, כתב הרמב״ם כך:

> המנחות הם מן הקרבנות, והמנחות הבאות בפני עצמן ואינן באות משום נסכים – מהם מנחת צבור ומהם מנחת יחיד (הלכות מעשה הקורבנות יב, א).

הרמב״ם מדגיש שיש מנחה הבאה בפני עצמה – *שבה אנו דנים* – ויש גם מנחת נסכים שאיננה קורבן עצמאי אלא רק תוספת לקורבן שבא זבח. אך הדבר המפתיע הוא פתיחת דבריו בהיגד – ״המנחות הם מן הקרבנות״. וכי מה היה עולה על דעתנו? מדוע הרמב״ם אינו פותח את הלכות זבח שלמים באמירה דומה שהשלמים הם מן הקורבנות? הרמב״ם כתב הגדרה זו רק בנוגע למנחה והדבר אומר דורשני.

נדמה שתפיסת הרמב"ם את המנחה נחשפת בהלכה אחרת, כשהוא מגדיר את סוגי המנחות. ביניהן הוא מונה גם 'מנחת חוטא':

> ותשע מנחות היחיד, וכלן קריבין למזבח. ואלו הן? מנחת חוטא והוא המנחה שמקריב העני כשיתחייב חטאת ולא תגיע ידו (הלכות מעשה הקורבנות יב, ד).

הרמב"ם ממשיך ומונה שם את כל המנחות, אך לענייננו די בפתיחת הרשימה במנחת חוטא. ההכרעה לכלול בסוגי המנחות גם 'מנחת חוטא' מפתיעה למדי. עוד נראה בדיוננו להלן ב'מנחה' זו (ויקרא ה', יא-יג), שאומנם מדובר שם בהקרבת סולת, אך אין מדובר כלל בקורבן מנחה, אלא בקורבן חטאת. עני שאין ידו משגת להביא כבשה או שעירה לחטאת נפתחות בפניו אפשרויות אחרות להבאת חטאתו. אחת מהן היא סולת, אך ברור שמדובר שם בקורבן חטאת, כלשון הכתוב: "כִּי חַטָּאת הִוא" (ה', יא). גם כשדין אכילת חטאת זו מזכיר את דיני המנחה (אכילת הכוהנים את הנותרת מן המנחה לאחר הקטרת האזכרה על גבי המזבח) קובע הכתוב: "וְהָיְתָה לַכֹּהֵן כַּמִּנְחָה" (ה', יג) – כלומר, דיניו של קורבן זה מזכירים את דין המנחה, אך אין מדובר בקורבן מנחה, אלא רק 'כעין מנחה'.[1]

מדוע אם כן הרמב"ם כולל קורבן סולת זה ברשימת המנחות? אכן, כבר חז"ל עשו שימוש בסמנטיקה כזו,[2] והרמב"ם מסתמך כנראה על ניסוחם,[3] אך גם אם כך יש בכך הפתעה גדולה. שילוב חטאת העני המביא סולת, ביחד עם דיני מנחות נדבה נראה ככלאיים.

דומה שהרמב"ם הבין שהמונח 'מנחה' אינו מתאר בדווקא שם ספציפי של קורבן, אלא שם של כל קורבן שהוא, אשר מובא סולת. בין אם מדובר בקורבן נדבה, בין אם מדובר במנחת קנאות שמביא בעלה של אישה סוטה, בין אם מדובר בחטאת – אם החומר שממנו מובא הקורבן הוא קמח חיטים או שעורים, הוא מוגדר 'מנחה'. הדבר עולה (כמעט) במפורש בהלכה הבאה: "כל הקרבנות כולן, בין קרבנות

1. זו הקריאה הפשוטה ועוד נדון בכך להלן. יש לציין שמתוך פירוש רש"י לזבחים סג ע"ב עולה שבהיתר להביא סולת במקום שעירה, הפך הכתוב את הקורבן מחטאת למנחה: "כי החטאת נהפכה להיות מנחה". אם כוונת רש"י לסוגי קורבנות שונים ולא רק לחומר שמהם הם מובאים, הרי שהוא ראה את שינוי הקורבן באופן אחר ממה שהצעתי למעלה.
2. ראו למשל: משנה מנחות א, א; מנחות נט ע"א-ע"ב.
3. "ואם אין ידו משגת לעוף מביא עשירית האיפה סלת, והיא הקרויה מנחת חוטא" (הלכות שגגות י, ד).

בהמה ועוף, בין קרבנות מנחות, מצות עשה להקריבן בבית הבחירה" (הלכות מעשה הקורבנות יח, א). סוגי הקורבנות שמנה הרמב"ם אינם שמות קורבן (כגון: עולה, שלמים וחטאת), אלא סוגים שונים של דברים שעולים על המזבח: בהמה, עוף ומנחות. גם מניסוח זה עולה שלפי הרמב"ם המנחה היא קורבן שבא מקמח, ולא שם של קורבן ספציפי.

למרות ההפתעה שבעמדה זו, יש להודות שהשם 'מנחה' ביסודו יכול לתמוך בקריאת הרמב"ם, שהרי כאמור, ביסודם של דברים השם 'מנחה' מתאר כל קורבן ולאו דווקא קורבן מסוג מסוים. 'מנחה' היא מתנה, דורון שניתן לאל, כמו דברי דוד לשאול: "אִם ה' הֱסִיתְךָ בִי יָרַח מִנְחָה" (שמ"א כ"ו, יט). כך גם נאמר על קין והבל, מייסדי עולם הקורבנות: "וַיְהִי מִקֵּץ יָמִים וַיָּבֵא קַיִן מִפְּרִי הָאֲדָמָה **מִנְחָה** לַה'. וְהֶבֶל הֵבִיא גַם הוּא מִבְּכֹרוֹת צֹאנוֹ וּמֵחֶלְבֵהֶן וַיִּשַׁע ה' אֶל הֶבֶל וְאֶל **מִנְחָתוֹ**. וְאֶל קַיִן וְאֶל **מִנְחָתוֹ** לֹא שָׁעָה" (בראשית ד', ג-ה). בפסוקים אלו 'מנחה' אינה מתארת שם של קורבן, אלא היא נרדפת למונח 'קורבן' עצמו – בין אם הוא בא מן הצומח ובין אם הוא מן בעלי החיים. מאחר שגם קין וגם הבל נתנו מפרי מלאכתם דורון לה', ראוי לכנות זאת כמנחה, גם אם האחד הביא מפרי צאנו, והשני מפרי אדמתו.[4] מבחינה זו, צודק הרמב"ם שייתכן שבעולם הקורבנות צומצמה הוראת המונח לקורבנות שבאים מקמח דווקא, אך מכל מקום אין מדובר בשם קורבן מסוים, אלא בשם המכוון לקורבנות שונים, שהצד השווה שבהם הוא החומר המסוים, קמח.[5]

אם נאמץ את קריאת הרמב"ם (כאמור, בעקבות חז"ל), תתברר מהותו של הקורבן הנידון בעיקר על רקע החומר המוקרב. לפי זה מתברר, ששמו של הקורבן הנידון בפרק ב' הוא מעין שם מטונימי שנגזר מתוך תכונה מסוימת אחת שלו. החומר המוקרב השתלט על שאר רכיבי ההקרבה, ושם הקורבן 'מנחה' מעיד על כך שמדובר בקורבן מן הצומח וזהו העיקר (להלן אציע שגם דין ההגשה מייצג במיוחד את שם

4. אלפרד מרקס פתח את מחקרו המקיף על קורבן המנחה בנקודה זו עצמה, ואף הוסיף, שיש גם לא מעט אזכורים של 'מנחה' במקרא שאינם קשורים כלל בפולחן, אלא משמשים בהקשרים חילוניים (מרקס, מנחה, עמ' 1-5). ראו אצלו גם את הדיון בפסוקים מגוונים שבהם קשה להכריע אם הכוונה לקורבן מנחה מן הצומח, או כשם כללי לקורבן (שם, עמ' 5-12).

5. אם משמעות "וְכָל מִנְחָה בְלוּלָה בַשֶּׁמֶן וַחֲרֵבָה" (ויקרא ז', י) היא מנחת נדבה ומנחת חוטא – כמקובל לפרש – הרי שכבר בפסוקים עצמם חטאת הסולת מכונה 'מנחה'. ייתכן שבאוגריתית יש שיקוף של המונח 'מנחת' במשמעות של דגנים – בהתאמה לתפיסת הרמב"ם. באחד הטקסטים שפרסם ותירגם דהוד (בתוך: פישר, אוגרית, עמ' 32) נאמר: "אלף שמונה מאות (צנצנות) כבדות של דגנים (= *d.mnḥt*)".

הקורבן). לאור כך יש לבחון מה המשמעות של המעבר מקורבן בעל חיים לקורבן צומח, ולאור כך לגזור את מהות הקורבן ואופיו.

אולם הקריאה המקובלת רואה בשם 'מנחה' שם של קורבן ספציפי המתואר בוויקרא ב'. הדבר עולה מכך שגם אם בפתיחה נאמר: "וְנֶפֶשׁ כִּי תַקְרִיב קָרְבַּן מִנְחָה לַה'" (ב', א), בהמשך התורה מכנה את הקורבן בשם 'מנחה' בלבד, ללא צירוף הרכיב 'קורבן' (למשל: "פָּתוֹת אֹתָהּ פִּתִּים וְיָצַקְתָּ עָלֶיהָ שָׁמֶן מִנְחָה הִוא" – ב', ו).

מה פירושה הלשוני של 'מנחה'? מחלוקת לשונית קיימת בשאלה אם השם נגזר מלשון 'להניח', או שמא מלשון 'להנחות', 'להוביל'.[6] בין לפי פענוח זה ובין לפי פענוח זה, מתברר שהגשת הקורבן לגבוה והנחתו לפניו היא עיקר עניינו של קורבן זה. נראה שקורבן המנחה דומה להעלאת מס או מתנה למלך השולט, כפי שציווה למשל יעקב את עבדיו לומר לעשיו בביאור הדורון שהוא מביא לו, כשניסה לפייסו ולהוכיח לו שהוא מקבל את מרותו כבכור: "וְאָמַרְתָּ לְעַבְדְּךָ לְיַעֲקֹב מִנְחָה הִוא שְׁלוּחָה לַאדֹנִי לְעֵשָׂו" (בראשית ל"ב, יט). כך גם אחי יוסף הביאו 'מנחה' לשליט המצרי: "וַיִּקְחוּ הָאֲנָשִׁים אֶת הַמִּנְחָה הַזֹּאת... וַיָּכִינוּ אֶת הַמִּנְחָה עַד בּוֹא יוֹסֵף בַּצָּהֳרָיִם כִּי שָׁמְעוּ כִּי שָׁם יֹאכְלוּ לָחֶם. וַיָּבֹא יוֹסֵף הַבַּיְתָה וַיָּבִיאוּ לוֹ אֶת הַמִּנְחָה אֲשֶׁר בְּיָדָם הַבָּיְתָה" (בראשית מ"ג, טו-כו).

היו שהציעו שהמונח 'מנחה' עבר תמורות לאורך השנים ושמשמעותו כדורון או כמתנה כללית תקפה דווקא בתקופה מוקדמת;[7] אולם אפשר עם זאת שמשמעות המונח כדורון ניצב ביסוד המקראות כולם, והדבר אף משפיע על תפיסת אופי קורבן המנחה. נדמה כי גם מתוך פרספקטיבה זו, אנו שבים אל החומר שמוקרב בקורבן זה – עיקר מזונו של האדם. עוד נדון בכך בהרחבה להלן, אך כבר כעת יש להעיר, שממש כשם שהנתון תחת שליטת מלך מסוים מעלה לו מס ומתנת יבול ("וַיַּקְרֵב אֶת הַמִּנְחָה לְעֶגְלוֹן מֶלֶךְ מוֹאָב" – שופטים ג', יז), כך האדם המביא מנחה לאלוהיו, מגיש לו ממזונו, מיבולו, כדי להביע דבר מה ולבקש את ברכתו.

לפיכך, גם אם נאמץ את השיטה העולה מדברי הרמב"ם, ועל פיה מנחה היא כל קורבן הבא מן הקמח, וגם אם נאמץ את השיטה הרווחת יותר, שהמנחה היא שם של הקורבן המתואר בוויקרא ב' בלבד, מתברר ששם הקורבן מעיד במיוחד על

6. ראו על התלבטות זו בספר השורשים של רד"ק, "מנח"; רשב"ם לוויקרא ב', א ("לשון דורון"); וויינפלד, מנחה, עמ' 407-410; פברי, מנחה, עמ' 407-410.
7. כך פברי, מנחה, עמ' 412-415.

החומר שממנו הוא בא – לא מבעל חיים אלא ממזונו של האדם, מהקמח שממנו הוא מכין את לחמו. משמעות הדבר תתברר להלן.

המיקום הטקסטואלי של קורבן מנחה

דיני קורבן המנחה באים בפרק ב׳, לאחר פרק א׳ העוסק בעולה ולפני פרק ג׳ העוסק בשלמים. אפשר לחלק את פרקנו לשלוש חטיבות מרכזיות: מנחת הסולת (פסוקים א-ג); מנחות מעובדות – אפויות או מטוגנות (פסוקים ד-י); ומנחת ביכורים (פסוקים יד-טז). מבחינה זו, המבנה של פרק ב׳ דומה לפרקים העוטפים אותו – א׳ וג׳: גם בקורבן עולה היו שלוש יחידות – עולת בקר, עולת צאן ועולת עוף; וגם זבח השלמים בפרק ג׳ יחולק לשלוש יחידות (שלמי בקר, שלמי כבש, שלמי עז).[8] אולם, גם אם נראה שפרק ב׳ משתלב במסגרת של קורבנות הנדבה, הוא בעצם קוטע את רצף הצווים בקורבנות מן החי.

דווקא משום כך, השער הנוח ביותר להיכנס דרכו לעולם קורבן המנחה הוא מיקומו הטקסטואלי המפתיע, שבו בזמן מלמד הרבה על אופיו ועל מהותו. הכותרת שפתחה את קורבנות הנדבה התמקדה בקורבנות מן החי (״אָדָם כִּי יַקְרִיב מִכֶּם קָרְבָּן לַה׳ מִן הַבְּהֵמָה״ – א׳, ב), והנה לפתע גם המנחה – שאיננה קורבן מן החי אלא מן הצומח – נזכרת ברשימת הקורבנות.

לא רק שקורבן זה אינו מתאים לכותרת החטיבה שהרי איננו ״מן הבהמה״, אלא שהוא גם מפריד בין שני קורבנות הבהמה. כלומר, גם אם נמצא הצדקה להבאת קורבן זה ברשימת שכותרתה היא קורבנות בהמה, יש משהו מוזר בסדר הקורבנות; קורבן המנחה תחוב בין שני קורבנות הבהמה, אף שהוא מציע אופציית הקרבה שונה לחלוטין: קורבן ללא דם, ללא חיים.

יש לציין שהתורה איננה מעלימה את העובדה שהמנחה פורצת לתוך הרשימה וקוטעת אותה. אדרבה, הדבר מובלט מבעד לשימושים בשתי מילות הפתיחה ׳כי׳ / ׳אם׳. בעברית המקראית, כותרת ראשית פותחת במילה ׳כי׳ וכותרת משנה פותחת במילה ׳אם׳. פרשת משפטים יכולה לשמש דוגמה מובהקת למודל כתיבה זה. שם ניכר כיצד המקרה הכללי פותח בכותרת ׳כי׳, ומקרים ספציפיים בתוך אותו מקרה נפתחים ב׳אם׳ (כמו: ״כִּי תִקְנֶה עֶבֶד עִבְרִי – שֵׁשׁ שָׁנִים יַעֲבֹד וּבַשְּׁבִעִת יֵצֵא לַחָפְשִׁי

8. ראו על כך עוד אצל לוציאני, מבנה ותאולוגיה.

חִנָּם. **אִם** בְּגַפּוֹ יָבֹא בְּגַפּוֹ יֵצֵא **אִם** בַּעַל אִשָּׁה הוּא וְיָצְאָה אִשְׁתּוֹ עִמּוֹ. **אִם** אֲדֹנָיו יִתֶּן לוֹ אִשָּׁה...״ – שמות כ״א, ב-ד).[9]

מודל כתיבה זה מתממש גם בחטיבת הקורבנות, באשר הכותרת הכללית שפתחה את הפרשה אכן התחילה בתיבה ׳כי׳, ומכאן ואילך באים פרטי דינים שפותחים בתיבה ׳אם׳:

אָדָם כִּי יַקְרִיב מִכֶּם קָרְבָּן לַה׳ מִן הַבְּהֵמָה
אִם עֹלָה קָרְבָּנוֹ מִן הַבָּקָר
וְאִם מִן הַצֹּאן קָרְבָּנוֹ
וְאִם מִן הָעוֹף עֹלָה קָרְבָּנוֹ לַה׳.

הכותרת הכללית דנה באדם הרוצה להקריב קורבן מן הבהמה, ואז מתחיל פירוט האפשרויות השונות הפתוחות בפני המקריב. האפשרות הראשונה היא קורבן העולה, אשר גם בתוכה ישנו פירוט משני: בקר, צאן ועוף.

הציפייה הברורה מאליה היא לקרוא כעת את האפשרות הנוספת של קורבן בהמה, שהרי אחרת, פתיחת הפרשה ״אדם כי יקריב מכם קרבן לה׳ מן הבהמה״ אינה מתאימה בתורת כותרת, אלא בתורת דין אחד ויחיד. ואומנם, המשך הפירוט של אפשרויות ההקרבה מן הבהמה משולב בתחילת פרק ג׳, בתיאור זבח השלמים:

וְאִם זֶבַח שְׁלָמִים קָרְבָּנוֹ
אִם מִן הַבָּקָר הוּא מַקְרִיב
וְאִם מִן הַצֹּאן קָרְבָּנוֹ לְזֶבַח שְׁלָמִים לַה׳.

יושם לב גם לאות וי״ו הפותחת את כותרת זבח השלמים, ומוסיפה גם היא לתחושת ההמשכיות, ולכך שמדובר בפירוט הכותרת הגדולה שעסקה בקורבנות בהמה. בשל כך, רק בפרק ג׳ נטענת הכותרת הפותחת את החטיבה כולה במלוא משמעותה: יש

9. ביחס לכתיבה זו בפרשת מפשטים ראו אצל קאסוטו, שמות, עמ׳ 186-187. על מבנה פרשת משפטים בכללותה לאור הכלל האמור, ראו: מרכז ההדרכה, בראשית-שמות, עמ׳ 74-75. סקירת מחקר רחבה על השימוש התחבירי של ׳כי׳ ככותרת (והשלכות לגבי תהילים פ״ג), ראו אצל: מאייר, מילת יחס.

שתי אפשרויות העומדות בפני המבקש להקריב קורבן **מן הבהמה**: אם עולה (פרק א׳) ואם זבח שלמים (פרק ג׳).

למרבה ההפתעה אפוא, בין קורבן העולה לבין קורבן זבח השלמים משולבים דיני קורבן המנחה (פרק ב׳). קורבן זה אינו פירוט נוסף של הכותרת הכללית שפתחה את פרשת הקורבנות, שהרי המנחה איננה תת סוג בקורבנות הבהמה אלא קורבן מן הצומח. ואכן, בפתיחת קורבן המנחה משולבת כותרת חדשה ועצמאית – ׳כי׳ העומד לעצמו: ״וְנֶפֶשׁ כִּי תַקְרִיב קָרְבַּן מִנְחָה לַה׳ סֹלֶת יִהְיֶה קָרְבָּנוֹ״ (ב׳, א). כותרת זו ניצבת ללא ספק כמקבילה לכותרת הקודמת, אשר פתחה את קורבנות הבהמה: ״אָדָם כִּי יַקְרִיב מִכֶּם קָרְבָּן לַה׳ מִן הַבְּהֵמָה״. מדוע אם כן קורבן המנחה נטוע בין קורבנות הבהמה וקוטע את הרצף הטבעי?[10]

רלב״ג הציע שדיני המנחה הובאו בסמיכות לדיני קורבן עולה, מפני שבעבודת המקדש הקבועה, המנחה בדרך כלל נספחת לקורבנות עולה, שהרי לצד כל קורבן עולה מביאים מנחה ונסכים.[11] אלא שפירוש זה נתקל במספר קשיים. ראשית, קורבן המנחה שנידון בפרק שלפנינו איננו קשור כלל למנחת הנסכים הנספחת לקורבנות מן החי. כאן מדובר בקורבן נדבה עצמאי: ״וְנֶפֶשׁ כִּי תַקְרִיב קָרְבַּן מִנְחָה לַה׳״ (ב׳, א).[12] בנוסף, מנחת נסכים מובאת לצד קורבן עולה בדיוק כשם שהיא מובאת לצד זבח שלמים, כך שקשה להצדיק את קטיעת רצף קורבנות החי בכך שמנחה זו צריכה להיות סמוכה דווקא לעולה. גם אילו נזכרה לאחר זבח השלמים, היא הייתה סמוכה לזבח חי, והייתה מזכירה את מנחת הנסכים.

נדמה שגם אם צודק רלב״ג שמיקומה של המנחה מלמד על זיקה שקיימת בינה לבין העולה, אין מדובר בזיקה שקשורה למנחת נסכים דווקא אלא בזיקה מהותית.

10. זוהי שאלתו התשיעית של אברבנאל בפרשתנו: ״למה זה זכרה התורה דיני המנחה ומיניה קודם השלמים, כי בהיות השלמים מן הבקר ומן הצאן היה ראויה שיהיו בצוואה קודמים למנחה״ (שאלותיו בתחילת פרשת ויקרא). קטיעת רצף קורבנות החי בציווי על המנחה כה מפתיע עד שיש במחקר המודרני הסבורים שאכן בכתוב המקורי זבח השלמים הופיע מיד לאחר קורבן העולה, ויש לראות את פרק ב׳ העוסק במנחה כתוספת מאוחרת ושהדבר באמת משובש (כך התנסח למשל מרטין נות, ויקרא, עמ׳ 26). אולם תשובה זו מוזרה גם לשיטתו: צריך להניח שבשלב כלשהו עורך (או מעתיק) ביקש לשלב גם את קורבן המנחה ברצף קורבנות הנדבה, אלא שהוא לא שם לב שהוא קוטע בין שני קורבנות מן החי. נדרשות הרבה הנחות מוזרות כדי לקבל פרשנות זו, ועדיף לראות את פריצת המנחה לתוך קורבנות הזבח כבעלת מגמה.
11. בשיטה זו הלכו גם חלק מהחוקרים המודרניים, כדוגמת ונהאם, ויקרא, עמ׳ 67.
12. דילמן, ויקרא, עמ׳ 439.

נציג תחילה כמה מהראיות לעצם קיומה של זיקה זו, בנוסף לשילובה בפרשה שלנו בסמיכות לעולה.

ראשית, ביום השמיני למילואים מתוארים זה אחר זה הקורבנות שהוקרבו באותו היום:

> וַיַּקְרֵב אֵת קָרְבַּן הָעָם וַיִּקַּח אֶת שְׂעִיר הַחַטָּאת אֲשֶׁר לָעָם וַיִּשְׁחָטֵהוּ וַיְחַטְּאֵהוּ כָּרִאשׁוֹן. וַיַּקְרֵב אֶת הָעֹלָה וַיַּעֲשֶׂהָ כַּמִּשְׁפָּט. וַיַּקְרֵב אֶת הַמִּנְחָה וַיְמַלֵּא כַפּוֹ מִמֶּנָּה וַיַּקְטֵר עַל הַמִּזְבֵּחַ **מִלְּבַד עֹלַת הַבֹּקֶר**. וַיִּשְׁחַט אֶת הַשּׁוֹר וְאֶת הָאַיִל זֶבַח הַשְּׁלָמִים אֲשֶׁר לָעָם וַיַּמְצִאוּ בְּנֵי אַהֲרֹן אֶת הַדָּם אֵלָיו וַיִּזְרְקֵהוּ עַל הַמִּזְבֵּחַ סָבִיב (ויקרא ט׳, טו–יח).

סדר הקרבת הקורבנות בים זה הוא: חטאת, עולה, מנחה וזבח שלמים. סדר זה אינו מפתיע כלל, והוא מותאם לסדר ההקרבה שבדרך כלל משולב בכתובים,[13] אלא שמשום מה רק לאחר הקרבת המנחה משולבת ההערה הנראית כחתימה של הקרבת העולה: "מִלְּבַד עֹלַת הַבֹּקֶר". ניתן היה לשלב צירוף זה בסוף תיאור הקורבנות המיוחדים שהובאו באותו היום, אך אם בחרה התורה לשלב צירוף זה באמצע תיאור הקורבנות, יש לכאורה רק מקום אחד שבו ניתן לשלבו: לאחר הקרבת העולה המיוחדת של היום השמיני – העולה הבאה כתוספת לעולה שמוקרבת בכל יום. מדוע אם כן 'חתימת' העולה משולבת רק לאחר הקרבת המנחה? מסתבר שיש קשר כה מהותי בין העולה למנחה עד שניתן לסכם את קורבן העולה רק לאחר שכבר הוקרבה המנחה; "תרי רעין דלא מתפרדין".[14] קריאה זו נתמכת גם מהמשך תיאור היום השמיני, שבו נאמר: "וַיִּשָּׂא אַהֲרֹן אֶת יָדָו אֶל הָעָם וַיְבָרְכֵם וַיֵּרֶד מֵעֲשֹׂת הַחַטָּאת וְהָעֹלָה וְהַשְּׁלָמִים" (ויקרא ט׳, כב). הפסוק מתעלם משום מה מקורבן המנחה שגם הוא כאמור הוקרב באותו היום. היו ששיערו שהדבר נובע מכך שקומץ מנחה נשרף מהר על המזבח ועל כן

13. החשיבות שהתורה רואה בסדר ההקרבה בולטת למשל בקורבנות שמביא הנזיר ביום מלאת ימי נזירותו. סדר אזכורם בציווי על הבאתם הוא: עולה, חטאת, שלמים עם סל מצות (במדבר ו׳, יד–טו), אולם סדר הקרבתם הוא: חטאת, עולה, שלמים עם סל מצות (שם, טז–יז). חז״ל אכן למדו שלעולם החטאת מוקרבת לפני העולה (זבחים צ ע״א). ראו עוד על סוגיה זו אצל מילגרום, ויקרא, כרך א, עמ׳ 488–489.

14. יש גם לשים לב לכך שבסדר הציווי על הבאת הקורבנות המנחה הוזכרה לאחר זבח השלמים (ט׳, ד), אך בתיאור הקרבתה נסמכה המנחה אל העולה, וזבח השלמים נדחה לסוף.

אין הוא גורם השהייה של אהרון על המזבח,[15] אך נראה יותר שההתעלמות קשורה במה שנאמר לעיל: המנחה ביום השמיני נתפסת כחלק מהקטרת העולה, וניתן לכלול אותה אפוא עם העולה.

שנית, לאחר שבני גד, ראובן וחצי שבט המנשה בנו את המזבח שעורר את חשדם של יתר השבטים, הצטדקו שני השבטים וחצי השבט ואמרו כך:

> אֵל אֱלֹהִים ה' אֵל אֱלֹהִים ה' הוּא יֹדֵעַ וְיִשְׂרָאֵל הוּא יֵדָע אִם בְּמֶרֶד וְאִם בְּמַעַל בַּה' אַל תּוֹשִׁיעֵנוּ הַיּוֹם הַזֶּה. לִבְנוֹת לָנוּ מִזְבֵּחַ לָשׁוּב מֵאַחֲרֵי ה' **וְאִם לְהַעֲלוֹת עָלָיו עוֹלָה וּמִנְחָה וְאִם לַעֲשׂוֹת עָלָיו זִבְחֵי שְׁלָמִים** ה' הוּא יְבַקֵּשׁ. וְאִם לֹא מִדְּאָגָה מִדָּבָר עָשִׂינוּ אֶת זֹאת לֵאמֹר מָחָר יֹאמְרוּ בְנֵיכֶם לְבָנֵינוּ לֵאמֹר מַה לָּכֶם וְלַה' אֱלֹהֵי יִשְׂרָאֵל (יהושע כ"ב, כא-כד).

כמשיחים לפי תומם, מחלקים הדוברים את הקורבנות לשתי קבוצות בתקבולת: "וְאִם לְהַעֲלוֹת עָלָיו **עוֹלָה וּמִנְחָה** / וְאִם לַעֲשׂוֹת עָלָיו **זִבְחֵי שְׁלָמִים**". ניתן היה לחלק את הקורבנות לשלושה משפטים נפרדים, לכלול את כל השלושה במשפט אחד, או אף להסתפק בשני קורבנות בלבד. צירוף המנחה לעולה והפיכתן לצמד אל מול זבח השלמים, מחזק את ההצעה שיש קשר מהותי בין העולה למנחה. יתר על כן: אין מדובר רק בחלוקה לשתי קבוצות בתקבולת, אלא בהתאמת הפועל המתאים לשני סוגי הקורבנות. ביחס לעולה ולמנחה הפועל הוא "לְהַעֲלוֹת" ואילו ביחס לזבח שלמים הפועל הוא "לַעֲשׂוֹת". חלוקה זו משקפת את תהליך ההקרבה השונה של הקורבנות הללו: את העולה 'מעלים' לגבוה, ואילו את זבח השלמים 'עושים'. והנה, קורבן המנחה מצטרף לקורבן העולה ומוסב על אותו הפועל. מודל כתיבה זה מתממש במקומות נוספים ונסתפק בעוד דוגמה אחת: "**וְעָשָׂה הַכֹּהֵן אֶת הַחַטָּאת** וְכִפֶּר עַל הַמִּטַּהֵר מִטֻּמְאָתוֹ וְאַחַר יִשְׁחַט אֶת הָעֹלָה. **וְהֶעֱלָה הַכֹּהֵן אֶת הָעֹלָה וְאֶת הַמִּנְחָה** הַמִּזְבֵּחָה וְכִפֶּר עָלָיו הַכֹּהֵן וְטָהֵר" (ויקרא י"ד, יט-כ).

שלישית, ולעניין דיוננו החשוב מכול: מעבר לצירוף המנחה לעולה מבחינה סגנונית, רד"צ הופמן עמד גם על דין הלכתי שקושר את המנחה לעולה. אין ספק שהדין הייחודי ביותר שמאפיין את העולה ומבדיל בינה לבין כל שאר הקורבנות הוא היותה מוקטרת כליל על גבי המזבח. דין זה אינו קיים בשאר הקורבנות, וכאמור לעיל, כנראה גם שמו של הקורבן מבטא את עלייתו הטוטלית באש ה' שעל המזבח.

15. מילגרום, ויקרא, כרך א, עמ' 588.

לכאורה, בדבר זה המנחה נפרדת מהעולה, שהרי רק קומץ ממנה מוקטר על המזבח, ושאר 'הנותרת' נאכלת על ידי הכוהנים. אלא שהדברים אינם כה פשוטים. בתורת המנחה שבפרשת צו מובאת מנחה ייחודית שעל הכוהן הגדול להקריב מידי יום. עוד נדון במנחת תמיד זו, ולעת עתה ברצוני להזכיר דין מעניין ומפתיע שמובא שם ביחס להקרבתה: "וְהַכֹּהֵן הַמָּשִׁיחַ תַּחְתָּיו מִבָּנָיו יַעֲשֶׂה אֹתָהּ חָק עוֹלָם לַה' כָּלִיל תָּקְטָר" (ויקרא ו', טו). מנחת הכוהן עולה כליל על המזבח, כקורבן עולה, ומיד מרחיבה התורה דין זה לכל המנחות שמובאות על ידי כוהנים: "וְכָל מִנְחַת כֹּהֵן כָּלִיל תִּהְיֶה לֹא תֵאָכֵל" (שם, טז). מסתבר שלעיתים המנחה הופכת להיות כליל והיא מוקטרת כולה, ממש כמו עולה.

לענייננו לא חשוב כעת מדוע כוהן מנוע מלאכול מהמנחה של עצמו (בכך נדון להלן, בניתוח פסוקים אלו). הדבר המפתיע הוא שבקורבנות אחרים, שבדרך כלל נחלקים בין המזבח והכוהנים, ומסיבה מסוימת הכוהנים מנועים מלאכלם – החלק שהיה אמור להינתן לכוהנים נשרף מחוץ למחנה ואינו עולה על המזבח! זאת בניגוד למנחת הכוהן, שכאמור, כיוון שהכוהן מנוע מאכילתה, הריהי מוקטרת כליל על המזבח. נפנה מבטנו לקורבן חטאת, אשר בדרך כלל מתחלק בין המזבח (האֵמורים) והכוהנים (כל שאר הבשר). בימי המילואים קורבן החטאת של אהרון לא נאכל מסיבות שונות (ויקרא י', יב-כ), וביום זה, הבשר שהכוהנים היו מנועים מלאוכלו לא הוקטר על גבי המזבח אלא נשרף מחוץ למחנה. זהו גם הדין בחטאות הפנימיות שהכוהן מנוע מלאוכלן, וגם בשרן של אלו נשרף מחוץ למחנה ולא עולה כליל על המזבח (ויקרא ד', א-כא).[16]

מתוך ההבדל בין המנחה, שבמקרה שאינה נאכלת הריהי מוקטרת, ובין החטאת, שבמקרה שאינה נאכלת הריהי נשרפת מחוץ למחנה – הוכיח רד"צ הופמן שלפני מתן דיני הקורבנות באוהל מועד למשה, נהגו ישראל להקטיר כליל גם את המנחה, ממש כמו העולה.[17] גם אם קשה להוכיח ניתוח היסטורי זה, הצדק איתו שמבחינה מהותית מתברר שגם קורבן המנחה קשור למזבח באופן טוטלי, בדומה לעולה, ועל

16. הדין הדומה של חטאות פנימיות ושל מנחת כוהן הטעתה כמה שזיהו ביניהן. כך למשל כתב ונהאם על הקטרת מנחת כוהן כליל: "עיקרון דומה מונח בחוק על קורבן חטאת. כשהכוהן מביאה – כל הבהמה נשרפה, אולם כשאדם פרטי הביא חטאת, הכוהן יכול לאכול חלק מהבשר. בדומה, קורבן מנחה שמובא על ידי ההמון יכול להיאכל על ידי הכוהנים, אך כשהכוהן מקריב מנחה בעצמו, היא צריכה להישרף בשלמות" (ונהאם, ויקרא, עמ' 121-122). אין לזהות את שרפת פר החטאת מחוץ למחנה עם הקטרת המנחה כולה על גבי המזבח. אלו שתי 'שרפות' שונות בתכלית.

17. רד"צ הופמן, ויקרא, כרך א, עמ' קד.

כן אם הכוהנים לא אוכלים את ׳הנותרת׳ מן המנחה, היא מוקטרת על המזבח. מה משמעות הדבר?

נראה, שיש שני מסלולים שונים שדרכם מגיעים חלקי קורבן אל הכוהנים. במסלול הראשון, האדם מביא את הקורבן כולו למזבח, ומהמזבח הכוהנים נוטלים חלקם. משום מה, יש קורבנות שבהם המזבח ׳מוותר׳ כביכול על חלק מהקורבן ומעבירו לידי הכוהנים, אך מבחינתו של האדם המקריב הוא נתן הכול למזבח. במסלול השני, הבעלים מחלקים מראש את קורבנם – חלק הולך למזבח וחלק הולך לכוהנים. במקרה כזה, הכוהן מקבל את חלקו מידי הבעלים.

לפיכך, במקרה שבו הכוהנים מנועים מסיבה זו או אחרת לאכול את חלקם, יש לבחון את המסלול המתקיים בקורבן הנדון. אם הכוהן מקבל את חלקו מהמזבח והוא כעת מנוע מלקחת חלק זה, הרי שהחלק המיותם יישאר במזבח ויוקטר עליו. אך אם חלק הכוהן מגיע לידיו ישר מהבעלים – אזי במקרה שהכוהן אינו יכול לקחת חלקו, הוא יישרף מחוץ למחנה. הבעלים אינם יכולים לאוכלו כי הם ׳זרים׳, ומדובר בקורבנות שהם קודש קדשים, אך גם למזבח חלקים אלו אינם מגיעים, כי הם אינם קשורים אליו.

לאור כך מתברר שגם אם בדרך כלל הכוהנים מקבלים חלק מהמנחה והם האוכלים את ׳הנותרת׳ שלא הוקטרה על המזבח, הם מקבלים את חלקם מהמזבח. מבחינתו של המקריב הוא מביא את המנחה כולה אל המזבח.[18] בעצם, דבר זה מפורש בפרשת צו, בנימוק האיסור שנאמר לכוהנים לאפות את חלקם מהמנחה חמץ: ״לֹא תֵאָפֶה חָמֵץ חֶלְקָם נָתַתִּי אֹתָהּ מֵאִשָּׁי״ (ו׳, י). הגדרה כזו לא נאמרת על שום קורבן אחר, ודווקא חלק הכוהנים מהמנחה מוגדר כניתן להם ״מֵאִשָּׁי״.

הקטרת כל מנחת הכוהן כליל על המזבח היא דין ייחודי למנחה, ודווקא בקורבן זה, כאשר הכוהן אינו מקבל את חלקו מהקורבן, המנחה נשארת כולה במזבח ומוקטרת כליל.[19]

יש שתי ראיות נוספות להצעה זו – האחת מן הלשון והאחת מן הציווי המעשי.

18. באופן דומה הציע גם תומאס הייק (הנהגה כוהנית, סעיף 5.1), אולם הוא גזר מאופי המנחה גם את מעמד הכוהנים בשאר הקורבנות, ולדעתי, שלא בצדק.

19. ייתכן שהכתוב למעלה מתאים דווקא לשיטת חכמים שכל מנחת הכוהן מוקטרת יחדיו. לפי ר׳ שמעון (משנה מנחות ז, א), על אף שמנחת כוהן מוקטרת כולה על המזבח, יש לקמוץ תחילה גם אותה, ״וקומץ קרב לעצמו ושירים קריבים לעצמן״. לפי דבריו, החלוקה בין הקומץ לשירים נעשית עוד לפני הקרבת המנחה למזבח, וייתכן שהוא ראה את הדברים באור אחר מהמוצע למעלה.

1. מבחינה לשונית: הכתוב מכנה את החלק שמוקטר על גבי המזבח כ׳אזכרתה׳ של המנחה, והחלק שמזוכה לכוהנים מכונה ׳נותרת׳: ״וְהִקְטִיר הַכֹּהֵן אֶת אַזְכָּרָתָהּ הַמִּזְבֵּחָה אִשֵּׁה רֵיחַ נִיחֹחַ לַה׳. וְהַנּוֹתֶרֶת מִן הַמִּנְחָה לְאַהֲרֹן וּלְבָנָיו״ (ויקרא ב׳, ב–ג).[20] הגדרת החלק המזוכה לכוהנים כ׳נותרת׳ חוזר שוב בעולם הקורבנות בהקשרים נוספים, אך תמיד ביחס לקורבן המנחה דווקא (ב׳, י; ו׳, ט; י׳, יב). צירוף שני הביטויים האלו חושף את התמונה כולה: החלק שמוקטר על גבי המזבח מבקש להזכיר את הקורבן כולו (׳אזכרה׳),[21] והחלק שמזוכה לכוהנים הוא כבר בחינת ׳נותר׳ – מה שנשאר מהשלם.[22] בקורבנות אחרים הבשר שאוכלים הכוהנים הוא לא ׳נותר׳ מהחלבים, כי כאמור, מדובר בשני מסלולי נתינה נפרדים. במנחה ניתן אפוא להשתמש בכינוי ׳נותר׳, כי בתחילה הובאה המנחה כולה אל המזבח כיחידה אחת.
2. הדגש הלשוני שהוזכר קשור ככל הנראה לדין ההגשה הייחודי שיש בקורבן מנחה. שלא כמו בקורבנות הזבח, בקורבן מנחה יש דרישה שרגע לפני הקמיצה, תוגש המנחה כולה אל המזבח, ורק לאחר מכן היא תתפצל – חלקה אל המזבח והנותר אל הכוהנים: ״וְהִקְרִיבָהּ אֶל הַכֹּהֵן וְהִגִּישָׁהּ אֶל הַמִּזְבֵּחַ. וְהֵרִים הַכֹּהֵן מִן הַמִּנְחָה אֶת אַזְכָּרָתָהּ וְהִקְטִיר הַמִּזְבֵּחָה... וְהַנּוֹתֶרֶת מִן הַמִּנְחָה

20. אברהרט טען שהכוהן הוא הלוקח את הקומץ (וזה החלק המוגדר לדעתו ׳נותרת׳), וכל השאר מוקטר על גבי המזבח (אברהרט, טקס הבערה, עמ׳ 488). אכן, מהפסוק עצמו קשה להכריע אם האזכרה המוקטרת במזבח היא מה שעלה בקמיצה או מה שנותר בכלי לאחר הקמיצה, וגם צריך להודות שיש היגיון בהנחתו שרוב הקורבן מוקרב על גבי המזבח ורק מיעוטו הולך לכוהן. אולם, מאחר שביחד עם הקמיצה נוטל הכוהן גם את הלבונה, סביר שזהו החלק המוקטר על גבי המזבח, כמסורת חז״ל. האלטרנטיבה שגם הלבונה הולכת אל הכוהן מוזרה למדי, וגם אברהרט אינו סבור כך, אך זו המסקנה המתבקשת מדבריו.
21. ההסבר המקובל ללשון ׳אזכרה׳ הוא מלשון זיכרון – החלק שמזכיר את השלם. הרן (מנחה, עמ׳ 26) התלבט אם אין לראות את הוראת ׳אזכרה׳ כאן במשמעות ״החלק הריחני ומבושם שבמנחה״, מאחר שגם הפועל ׳להזכיר׳ קשור בלבונה בעלת הריח הטוב (ישעיה ס״ו, ג) וכשם עצם הוא קשור עם ריח היין (שה״ש א׳, ד).
22. או נספח אל השלם, כמו: ״יֶתֶר הַכָּבֵד״ (שמות כ״ט, כב, ועוד). לא ייפלא שבכמה מקראות ׳נותר׳ מקביל ל׳שארית׳ (ישעיה מ״ד, יז–יט; ירמיה ל״ט, ט; מיכה ה׳, ב, ועוד). השורש ית״ר – בשימושו הן כפועל הן כשם עצם – מופיע בכל השפות השמיות. באכדית הוא מופיע בעיקר בטקסטים בעלי תוכן כלכלי, אבל גם בהקשרים אחרים (חשבוניים, אסטרונומיים ועוד). מעניין לציין שבטקסטים אמוריים ובאוגריתית השורש ית״ר מופיע בסדרה של שמות פרטיים במשמעות של ׳הצטיינות׳, או מישהו ׳שעולה על אחרים׳ (לטונדג׳י, יתר, עמ׳ 571). כנראה זו משמעות שמו של יתרו, חותן משה.

> לְאַהֲרֹן וּלְבָנָיו" (ב׳, ח-י). אם צודקים המשערים שהוזכרו לעיל, שלשון 'מנחה' גזור מלשון 'להניח', או מלשון 'להנחות', 'להוביל' – הרי שמצוות ההגשה מתאימה במיוחד לקורבן זה, אפילו לשמו.[23]

יש מקום להתלבט על מי מוטלת חובת ההגשה. רמב"ן כתב שהכוהן הוא שמגיש את המנחה למזבח, ואילו לפי בעלי התוספות הבעלים הוא שמגיש את המנחה.[24] הרב משה ליכטנשטיין העיר שלפי פרשת ויקרא נראה שהבעלים הם שמגישים את המנחה "ואין הכהנים מוזכרים אלא מקמיצה ואילך", ואילו לפי פרשת צו הכוהן הוא שמגיש את המנחה – "וְזֹאת תּוֹרַת הַמִּנְחָה הַקְרֵב אֹתָהּ בְּנֵי אַהֲרֹן לִפְנֵי ה׳ אֶל פְּנֵי הַמִּזְבֵּחַ" (ו׳, ז).[25]

בפרשת צו אכן נראה שהכוהן הוא המגיש, אך המצב בפרשת ויקרא עמום יותר, ואפשר לדייק שם כשתי האפשרויות: "וְהֵבֵאתָ אֶת הַמִּנְחָה אֲשֶׁר יֵעָשֶׂה מֵאֵלֶּה לַה׳ וְהִקְרִיבָהּ אֶל הַכֹּהֵן וְהִגִּישָׁהּ אֶל הַמִּזְבֵּחַ" (ב׳, ח). דרישת ההגשה אל המזבח נזכרת בכתוב לאחר הקרבת המנחה אל הכוהן, כך שניתן לראות את הכוהן כאחראי על הגשתה למזבח (כדברי רמב"ן); אף זו, הלשון בגוף שלישי – "והגישה" – מתאים יותר לכוהן, שהרי ביחס לבעלים נוקט כאן הכתוב גוף שני. אלא שבפסוק הבא נזכר הכוהן בפירוש – "וְהֵרִים הַכֹּהֵן מִן הַמִּנְחָה אֶת אַזְכָּרָתָהּ" (ב׳, ט), ועל כן גם הקריאה של בעלי התוספות אפשרית, שהרי נדמה שמה שתואר עד ל'הרמת אזכרתה' היה באחריות הבעלים.

אם כדברי התוספות, שהבעלים הם המגישים, הרעיון שברצוני להציע בולט עוד יותר, אך גם לפי קריאת הרמב"ן (הפשוטה יותר) הרעיון נשאר על כנו: בהגשה זו המנחה עוברת כולה מרשות הבעלים אל המזבח. רק לאחר ההגשה שמבטאת את אימוץ המנחה על ידי המזבח, היא מתחלקת בין המזבח והכוהנים (בדיוננו להלן, ביחס מנחת הסולת למנחות המעובדות נציע פשר נוסף לדין ההגשה). מתברר אם כן, שהכוהנים מקבלים את חלקם בקורבן זה לאחר שהקורבן כבר התקדש בקדושת מזבח.

דומה שחז"ל ביקשו להדגיש זאת במדרש ההלכה הבא: "יכול אין לטעון הגשה אלא הקומץ בלבד, ומנין לרבות את המנחה? תלמוד לומר 'מנחה'" (ספרא, דיבורא דנדבה, פרשה יא, א). הרעיון שהדרשן מעלה בדעתו – שרק את הקומץ המוקטר

23. ראו לעיל הערה 5.
24. רמב"ן בפירושו לוויקרא ב׳, ב; בעלי התוספות על מגילה כ ע"ב, ד"ה "לקמיצה". בפרשנות המודרנית מקובל לראות בכוהן את זה המגיש את המנחה למזבח (ראו למשל אצל מרקס, מנחה, עמ׳ 74).
25. הרב ליכטנשטיין, תורת הקורבנות, עמ׳ 125.

יש להגיש למזבח – מבטא את ההנחה שהמזבח אמור לקבל רק את מה שיוקטר עליו. דחיית אפשרות זו מלמדת, כדברינו, שהמנחה כולה מוגשת ומתקדשת בקדושת מזבח, גם אם רק קומץ מוקטר ממנה בפועל.[26]

מסתבר אפוא שבאופייה הבסיסי המנחה היא כמו העולה, שהמזבח קולט את כולה, ובמקרים מסוימים היא גם מוקטרת כולה בפועל.

אני מבקש לחתום את הטיעון בדבר אופי המנחה, הקרוב ברוחו אל העולה, בעצם ההתייחסות אל אכילת הכוהנים בפרשתנו. למרבה ההפתעה, דין אכילת המנחה נזכר כבר בפרשת ויקרא, המתארת את מסע הקורבנות עד הגעתם למזבח, ובדרך כלל, רק בפרשת צו מפורטים דיני אכילת הקורבן. הקורבן היחיד שדיני אכילתו משולבים כבר בפרשת ויקרא הוא קורבן המנחה! חריגה זו יצרה חריגה נוספת: על המנחה נאמר כבר בפרשת ויקרא (פעמיים) שהיא קודש קדשים: "וְהַנּוֹתֶרֶת מִן הַמִּנְחָה לְאַהֲרֹן וּלְבָנָיו קֹדֶשׁ קָדָשִׁים מֵאִשֵּׁי ה'" (ב', ג, י). הגדרת רמת קדושת הקורבן נזכרת בקורבנות השונים רק בפרשת צו, ובפרשת ויקרא דבר זה אינו נזכר כלל – מלבד בקורבן המנחה.[27]

שתי החריגות כמובן קשורות: הגדרת המנחה כקודש קדשים נצרכת כאן מאחר שמשום מה משולבים כאן דיני אכילת הקורבן. כבר הזכרתי שהגדרת רמת הקדושה של הקורבן רלוונטית במיוחד לדיני אכילתו. ברשימה הראשונה שבפרשת ויקרא, אשר דיני האכילה אינם נזכרים בה – גם רמת קדושת הקורבנות אינה חשובה. אולם קורבן המנחה, שאכילתו על ידי הכוהנים נזכרת כבר בפרשת ויקרא, זוכה

26. כנראה זהו בכלל הצורך בדין הגשה: דווקא משום שלא כל המנחה מוקטרת על המזבח, יש לקיים דין הגשה, כדי שיהיה ברור שהקורבן כולו שייך למזבח. דבר זה משתקף בביטוי יפה שבדברי ר' שמעון בספרא, שכל המנחות צריכות הגשה מלבד אלו שלא מוקטרות כלל על גבי המזבח: "רבי שמעון אומר: 'מנחה' – לרבות את כל המנחות להגשה. יכול אף שתי הלחם ולחם הפנים? תלמוד לומר 'מאלה'. מה ראית לרבות כל המנחות ולהוציא שתי הלחם ולחם הפנים? אחר שריבה הכתוב מיעט: מה אלו מיוחדות שיש מהן לאישים אף כל שיש מהן לאישים, יצאו שתי הלחם ולחם הפנים שאין מהן לאישים" (ספרא, דיבורא דנדבה, פרק יג, ו). דווקא המנחות המיועדות לאש המזבח מוגשות כבר בתחילת מסען, אך אלו שלא מוקטרות (אלא ניתנות בשלמותן לכוהנים) – לא מוגשות כלל. ולאידך גיסא – מנחת נסכים שמוקטרת כליל פטורה גם היא מדין ההגשה (משנה מנחות ה, ו), שהרי אין צורך להכריז שהיא מתקדשת בקדושת מזבח לפני חלוקתה למזבח ולכוהנים. כשם שעולה אינה דורשת הגשה לפני הקטרה – כך גם מנחת נסכים העולה כליל פטורה מדין זה.

27. בעקבות חריגות אלו (וסיבות נוספות) הגיע חדד למסקנה ש"נראה שקרבן המנחה אכן לא שייך במקורו לפרשת ויקרא. קרבן המנחה לא נכלל בציוויו של ה' אל משה מאוהל מועד, ומשה נצטווה להוסיפו רק בשלב הכתיבה" (חדד, פיגול, עמ' 124).

גם להגדרתו כקודש קדשים בפרשה זו. ואכן רמת קדושת המנחה נזכרת בסמיכות למסירת ׳הנותרת׳ לאכילת הכוהנים: ״וְהַנּוֹתֶרֶת מִן הַמִּנְחָה לְאַהֲרֹן וּלְבָנָיו קֹדֶשׁ קָדָשִׁים מֵאִשֵּׁי ה׳״ (ב׳, ג, י׳).

אזכור דיני אכילת המנחה כבר בפרשת ויקרא מלמד שלאכילת קורבן המנחה יש אופי ייחודי, ושיש לראות זאת כהמשך תהליך ההקרבה. מאחר שאכילת הכוהנים בקורבן זה נתפסת כחלק אינטגרלי מדיני **ההקרבה** של הקורבן, מתאים לשלב את דיני האכילה בפרשת ויקרא המוקדשת להקרבה.[28]

מבחינה זו, ניתן לקרוא את הפסוקים שמתארים את אכילת הכוהנים את המנחה כמעין התנצלות – הבעלים אומנם הביאו את הקורבן כולו למזבח, אך אַל יהא בליבם על הכוהנים שנטלו חלקם. הם אינם גוזלים מהמזבח את חלקו, אלא אדרבה, המזבח הוא זה שהעביר אליהם חלק מהקורבן: ״וְהַנּוֹתֶרֶת מִן הַמִּנְחָה לְאַהֲרֹן וּלְבָנָיו קֹדֶשׁ קָדָשִׁים **מֵאִשֵּׁי ה׳**״ (ב׳, ג). התנצלות זו משולבת אפוא כבר בפרשת ויקרא – ברשימת הקורבנות המופנית כלפי האדם מישראל המריא את קרבנו – ומבארת את אכילת הכוהנים הלא צפויה: הם קיבלו את חלקם מאש המזבח; המזבח ׳ויתר׳ על חלק מהקורבן, אך מבחינת המקריב מנחתו הוגשה כולה אל המזבח.[29]

מסתבר אם כן, שקורבן המנחה משולב מיד לאחר קורבן העולה באשר יש ביניהם קשר מהותי.[30] גם המנחה מוגשת כולה למזבח – בדומה לעולה – גם אם בסופו של דבר הכוהנים אוכלים חלק ממנה.

28. הדברים אינם סותרים את דברי המשנה שמתירה גם לכוהנים בעלי מום לאכול מהקורבנות, אף שאינם יכולים להקריב (זבחים יב, א). אומנם ניתן היה להעלות על הדעת חלוקה בין אכילת המנחה לשאר הזבחים, אך הדבר אינו הכרחי. עם זאת, עוד נראה בדיון להלן, בחלוקת הנותרת בין הכוהנים (ז׳, ז-י), שאכן יש הבדל בין המנחה ובין שאר הקורבנות, גם בהקשרים אלו.

29. כאמור לעיל, הצירוף ״אשי ה׳״ הוא ייחודי לקורבן המנחה, והוא נזכר עוד ביחס לחזה השלמים המונף עם החלבים. נדון בכך להלן, בדיון בתנופת החזה והשוק של זבח השלמים.

30. הזכרנו לעיל שלפי רד״צ הופמן (ובאופן דומה גם לפי מילגרום), ניתן לעקוב אחר התפתחות היסטורית בכל הקשור לאכילת המנחה. לשיטתו, בתחילה כל המנחות אכן הוקטרו על גבי המזבח ולא נאכלו, ורק מאוחר יותר חידשה תורה שהכוהנים יאכלו חלק מן המנחה. לפי זה הקישור בין המנחה לבין העולה התממש בפועל בתקופה מסוימת. גם מנחם הרן טען שיש מקורות רבים שמהם נראה שיש להעלות את המנחה כליל (מל״א י״ח, כט, לו; מל״ב ג׳, כ; ישעיה נ״ז, ו; ס״ו, ג; ירמיה י״ד, יב). מלבד הלשון ׳להעלות מנחה׳ שמוזכרת במקורות האלו ומרמזת על דבר זה, הוא הזכיר גם את הלשון ׳להקטיר מנחה׳ (כמו: ״וַיַּקְטֵר אֶת עֹלָתוֹ וְאֶת מִנְחָתוֹ וַיַּסֵּךְ אֶת נִסְכּוֹ״ – מל״ב ט״ז, יג), שיכולה להעיד על שרפת הקורבן במזבח. עוד רואים במעשה של מנוח ואשתו, שהם הביאו קורבן לה׳ שכלל מנחה, והכול עלה בלהב המזבח השמיימה, ובדומה גם אצל גדעון שהמצות שהביא ביחד עם הקורבן נשרפו יחד עם הבשר (ראו עוד אצל הרן, מנחה).

מה פשר הזיקה שבין העולה לבין המנחה? ניתן ללכת בשני כיוונים, שגם אם הראשון רווח יותר בקרב הפרשנים, נדמה לי שפשטי המקראות נקראים ביתר קלות דווקא לאור הכיוון השני.

המנחה כעולת עני

אברבנאל (ורבים בפרשנות המודרנית), ראה את המנחה כמיוחסת לדרגה הכלכלית הפחותה, הבאה לאחר עולת העוף. כלומר, המנחה היא 'עולת עני', שאין ידו משגת בן בקר, צאן או עוף:

> והנה נזכרו המנחות קודם השלמים לשני טעמים: כדי לסדר **מדרגות העולות... ויען היתה המנחה מכללם**, לכן אחרי שזכר עולת הבקר היותר משובחת ועולת הצאן שהיא במדרגה אחריה ועולת העוף שהיא אחריה, זכר המנחה **שהיא גם כן עולה** ומדרגתה אחרי עולת העוף, כי החי מאיזה מין שיהיה הוא משובח מהצומח. אמנם השלמים לא היו עולה ולכך נזכרו באחרונה (פירושו לוויקרא ב', א).

אין צורך לומר שכל הראיות שהבאנו לעיל על הזיקה שבין המנחה לעולה נראות עתה פשוטות אל מול חידושו המפליג של אברבנאל. לדעתו, אין מדובר רק בזיקה בעלמא בין הקורבנות אלא באותו הקורבן עצמו! אומנם יש שם ייחודי לעולה הבאה מן הצומח, אך גם היא סוג של עולה, ובלשונו: "המנחה מכללם" של קורבנות העולה.

הנחת היסוד של אברבנאל היא שקורבן מן הצומח הוא קורבנו של עני. הראיה הטובה לקריאה זו היא קורבן חטאת עולה ויורד, שבו התורה מתחשבת בגלוי במצבו הכלכלי של האדם שנדרש להביא קורבן, וקורבן הסולת מוצג כאופציה של העני שאין ידו מגעת די כבש או אפילו עוף (ה', יא-יג). מדרג דומה מצא אפוא אברבנאל גם בעולה: בקר או צאן / עוף / סולת.

עצם ההנחה שקורבן המנחה הוא קורבנו של העני, מקובלת על ידי רבים,[31] ושורשיה כבר בדברי חז"ל. כך בלשונו של רש"י:

מעניין לציין שיש אחרים שהציעו את ההפך: שמתחילה נותרת המנחה נאכלה על ידי הבעלים בארוחה חגיגית – ברומה לזבח שלמים – והכתוב שלפנינו מבקש לבאר מדוע בכל זאת חלק זה ניתן בסופו של דבר לכוהנים (נות, ויקרא, עמ' 22; אליגר, ויקרא, עמ' 44).

31. ראו למשל ברמב"ם, מורה הנבוכים, חלק ג, מו, ובהרחבה אצל רד"צ הופמן, ויקרא, כרך א, עמ' קג-קה; ליבוביץ, ויקרא, עמ' 41-43.

> ׳ונפש כי תקריב׳ – לא נאמר ׳נפש׳ בכל קרבנות נדבה אלא במנחה. מי דרכו להתנדב מנחה? עני. אמר הקדוש ברוך הוא מעלה אני עליו כאלו הקריב נפשו (פירושו לוויקרא ב׳, א).[32]

יש בכוחה של הצעה זו לבאר היטב את הזיקות בין המנחה לעולה, ונתונים מגוונים בקורבן זה בוארו על ידי פרשנים שונים כנובעים מכך שהמנחה היא קורבנו של עני דווקא. אך למרות כל האמור, זו הצעה שקשה לאמצה. קשה לומר שהתורה מציגה את המנחה כאופציית הקרבה נוספת למי שרוצה להביא עולה, מפני שסוף סוף המנחה פותחת בכותרת חדשה בלשון ׳כי׳ ולא בלשון ׳אם׳, שהוא המתאים לכותרות המשנה בתוך פירוט הכותרת הכללית. כזכור, קורבן זבח השלמים שיובא לאחר המנחה אכן פותח בכותרת משנה – ׳אם׳ – כי הוא המשך לכותרת הכללית: ״אדם כי יקריב מכם קרבן לה׳ **מן הבהמה**״, כותרת שפתחה את פרק א׳, ואם באמת המנחה היא מעין עולה של עניים, היה מתאים לפתוח גם אותה בכותרת משנה – ׳אם׳ ולא בכותרת חדשה – ׳כי׳.

אך הבעיה בהצגת מנחת הנדבה כאופציה מיוחדת לעניים מהותית הרבה יותר. מתברר שאופן הכנת המנחה אינו מותאם לעניים. מנחם בולה העיר שמנחת הנדבה – שיש להוסיף עליה גם שמן וגם לבונה – איננה כה זולה.[33] למעשה, ״נראה שמנחת נדבה יקרה יותר מעולת העוף, הואיל ועולת העוף קרבה מן התורים או מבני היונה, הניצודים מן ההפקר, ואם מגדלים יונים – הרי גידולם זול, בעוד שהמקריב

32. דברי רש״י הם ציטוט של המדרש, אך הם מעוררים קושי. הקביעה שרק בקורבן המנחה נאמר ׳נפש׳ איננה מדויקת, שהרי גם בקורבנות החטאת והאשם נאמר מספר פעמים הביטוי ׳נפש׳. לפיכך רש״י דייק בלשונו וכתב ׳בקרבנות נדבה׳, אולם גם קביעה זו משונה. אכן, בפתיחת המנחה נאמר ׳נפש׳ ואילו בפתיחת קורבן העולה נאמר ׳אדם׳. אך מאחר שבפתיחת זבח השלמים לא נאמר מאומה מכינויים אלו, המצב הוא שיש שתי פתיחות – האחת בלשון ׳אדם׳ והשנייה בלשון ׳נפש׳. במקרה כזה קשה להגדיר את פתיחת קורבן המנחה בכינוי ׳נפש׳ כחריגה או את פתיחת העולה כחריגה. ככל הנראה חז״ל הבינו שהפתיחה של העולה מוסבת גם על זבח השלמים, ולפיכך ניתן לתאר זאת כשני קורבנות מול אחד, שרק בו נאמר ׳נפש׳.

33. במיוחד נכון הדבר בנוגע ללבונה. על יוקר מחירה ניתן להתרשם מדברי ירמיהו: ״לָמָּה זֶּה לִי לְבוֹנָה מִשְּׁבָא תָבוֹא וְקָנֶה הַטּוֹב מֵאֶרֶץ מֶרְחָק״ (ו׳, כ). מסתבר שהיא כמעט לא גדלה בארץ, והיה צורך להביא אותה ממקומות רחוקים, ומן הסתם מחירה היה בהתאם. ראו בסקירה של קאם וקון-צ׳נג, הבעת קטורת.

מנחה נותן כמות של קמח, שהייתה מספקת לו לפרנסתו ליום אחד, ומוסיף עליה לבונה, העולה בדמים יקרים".[34]

אופי המנחה ואופי העולה

מאחר שהתורה פותחת אפוא את קורבן המנחה בפתיחה חדשה ועצמאית, נוח יותר להתייחס לקורבן זה כקורבן חדש. לפיכך, את הזיקות שיש בין המנחה לקורבן העולה יש לפענח כשותפות שנוגעת באופי הקורבנות, אך לא כזהות. קורבן המנחה מנהל אומנם דיאלוג עם קורבן העולה, אך הוא עצמאי. מסתבר שהתודעה שמלווה את הקרבת המנחה דומה לתודעה שמלווה את העולה, ועל כן יש ביניהם זיקת עומק, אך לצד זאת הם מצויים במרחבי שיח שונים. גם המנחה – בדומה לעולה – יוצאת מידיו של המקריב ומגיעה כולה למזבח. זו חוויתו הבסיסית ביותר: תודעה של הקרבה טוטלית ושל נתינה מוחלטת. שלא כמו מביא זבח שלמים שמוזמן לסעוד עם קונו, מביא המנחה מוסר את קורבנו למזבח ואינו שותף באכילת הקורבן.

עם זאת, יש פער יסודי בין קורבן העולה למנחה, שקשור כפי שנראה להלן בחומר המוקרב, דבר שהופך את מרחב השיח שמלווה קורבנות אלו למרחב שונה. לאור כך ניתן לאתר את ההצהרה הדתית הייחודית המלווה את המנחה.

ראוי לפתוח את מסענו הפרשני־הגותי מהיעתרות למיקומה הטקסטואלי של המנחה. הצמדת קורבן המנחה לעולה בשל האופי הדומה של שניהם מלמדת שסדר קורבנות הנדבה בפרשת ויקרא משקף סדר מהותי של אופי הקורבנות: מערכת קורבנות הנדבה פותחת בעולה וחותמת בשלמים. שני קורבנות אלו משקפים שתי עמדות נפש שונות בעמידת האדם מול קונו. העולה משקפת תודעה של אדם שמרגיש רחוק מאלוהיו ומבקש להתקרב, העולה מביעה במובן זה הקרבה טוטלית, התבטלות מוחלטת לפני האל הגדול, הגיבור והנורא. דרך קורבן העולה מעז האדם לעמוד מול קונו בשפיפות קומה – כראוי לקיומו הזמני והחולף – וכך להתייצב במשכנו של ה' ולעמוד מול בוראו. לעומת זאת, כפי שעוד נראה, בזבח השלמים האדם מבקש לכרות ברית שלום עם אלוהיו, והוא מוזמן לסעוד עמו כמנהג כורתי בריתות שסועדים יחדיו ומבטאים בכך את ידידותם.

משום כך יש לדייק יותר בנוגע לאופי המנחה. המנחה משולבת בפרק ב' – בין פרק א' לפרק ג'; היא מצויה בתווך בין העולה ובין זבח השלמים. הרי אין מדובר

34. בולה, ויקרא, עמ' כט. דבר זה אינו נכון במנחת חוטא – שאותה התורה מציגה כזולה יותר מעופות – שהרי היא באה ללא שמן וללא לבונה.

בקורבן עולה נוסף, אלא בקורבן שמבטא דבר מה **דומה** לקורבן העולה, אך לצד זאת יש בו כבר מבשורות זבח השלמים. היא יוצאת מתוך חוויית העולה וזהו אכן הבסיס לשיח הדתי שהיא מביעה, אך יש בכוחה להניע את האדם אל עבר תודעת זבח השלמים. כפי שנראה להלן, בה עצמה יש שני ממדים, והמקריב יכול לבחור איזו מנחה הוא מגיש לאלוהיו – המנחה הקרובה ברוחה אל העולה או המנחה הקרובה ברוחה לזבח השלמים.

ההבדל בין עולה למנחה

לשם בירור עניין זה, נעמוד תחילה על המבדיל בין העולה למנחה. ההבדל הראשון והמרכזי הוא כמובן סוג הקורבן: קורבן עולה בא מן החי, בעוד קורבן המנחה בא מן הצומח – מסולת, כלומר מגרעיני חיטה טחונים עד דק.[35] לפי אותם פרשנים שראו בהבדל זה שיקוף של פער כלכלי אין מדובר בהבדל מהותי שמלמד על אופי הקורבנות, אולם נדמה שבהבדל זה טמון היסוד המהותי המבחין בין הקורבנות.[36]

בקורבנות מן החי האדם מביא חיים למזבח, ואילו בקורבן מנחה האדם מביא מזון למזבח. הבדל זה יסודי ביותר, שהרי המביא חיים אל המזבח מבקש להביע דבר מה שקשור לעצם החיים, ואילו זה המביא את מזונו לאלוהיו, רוצה לומר דבר מה על מזונו. ייתכן שהבדל זה קשור גם בגיוון כינויי האדם בשתי הכותרות הפותחות את שני ציוויי הקורבנות. קורבן החי נפתחות בכותרת: "אדם כי יקריב" (א', ב); ואילו המנחה נפתחת בכותרת: "ונפש כי תקריב" (ב', א).[37] יש לומר את הרעיון הבא בזהירות, מפני שגם בקורבנות חובה שבאים מן החי נזכר הביטוי 'נפש', אך אם ניתן לבודד את מערכת קורבנות הנדבה ממערכת קורבנות החובה, הפער בין הכותרות מתברר, ואפשר לו להתפרש באופן הבא: המונח 'נפש' נקשר במקרא פעמים רבות

35. כך הציע ויינפלד לאור *siltu* באכדית, וכך עולה גם מהגמרא בשבת עד ע"ב: "אמר רב מנשה האי מאן דסלית סילתי חייב משום טוחן", והכוונה – "מי שחותך קיסמים דקים – חייב משום טוחן" (ביאור שטיינזלץ על אתר). ראו אצל ויינפלד, תפילת מנחה, עמ' 79.

36. מנחם הרן הציע שמזבחות קטנים שנמצאו בחפירות ארכאולוגיות באתרים שונים בארץ ישראל (שרבים סבורים שהם מזבחי קטורת) שימשו למעשה לקורבן מנחה (הרן, מזבחות קטורת; הרן, תאוריית הקטורת). אם הצדק איתו, הרי שבמשך הזמן הובדלו קורבנות החי מקורבנות הצומח באופן כזה שאפילו ייחדו להם מזבחות שונים. עם זאת, מדובר בהשערה שקשה להוכיח אותה.

37. מבין החומשים, המונח 'נפש' נזכר יותר מכול בספר ויקרא (60 פעם), אולם בתנ"ך כולו יש שני ספרים ששיעור ההיקרויות בהם אף גבוה יותר: בירמיה נזכרת 'נפש' 62 פעמים, ובתהילים היא נזכרת 144 פעמים (ראו את הסטטיסטיקה במלואה אצל סיבאס, נפש, עמ' 502).

עם הכוח המתאווה למזון, כמו: "וְאָמַרְתָּ אֹכְלָה בָשָׂר כִּי תְאַוֶּה נַפְשְׁךָ לֶאֱכֹל בָּשָׂר בְּכָל אַוַּת נַפְשְׁךָ תֹּאכַל בָּשָׂר... וְאָכַלְתָּ בִּשְׁעָרֶיךָ בְּכֹל אַוַּת נַפְשֶׁךָ" (דברים י"ב, כ-כא), או: "וְנָתַתָּה הַכֶּסֶף בְּכֹל אֲשֶׁר תְּאַוֶּה נַפְשְׁךָ בַּבָּקָר וּבַצֹּאן וּבַיַּיִן וּבַשֵּׁכָר וּבְכֹל אֲשֶׁר תִּשְׁאָלְךָ נַפְשֶׁךָ וְאָכַלְתָּ שָּׁם לִפְנֵי ה' אֱלֹהֶיךָ" (דברים י"ד, כו). יש מקומות מפתיעים יותר, וגם בהם נראה שהמזון הוא שמפעיל את הנפש, כמו: "וַעֲשֵׂה לִי מַטְעַמִּים כַּאֲשֶׁר אָהַבְתִּי וְהָבִיאָה לִּי וְאֹכֵלָה בַּעֲבוּר תְּבָרֶכְךָ נַפְשִׁי" (בראשית כ"ז, ד), או שהנפש נזכרת בסמיכות לאכילה והדבר נראה מכוון, כמו: "רַק בְּכָל אַוַּת נַפְשְׁךָ תִּזְבַּח וְאָכַלְתָּ בָשָׂר כְּבִרְכַּת ה' אֱלֹהֶיךָ אֲשֶׁר נָתַן לְךָ" (דברים י"ב, טו).[38]

אכן, מקובל להניח שהיסוד הקונקרטי, המוחשי של המושג 'נפש' הוא 'לוע', 'גרון', או 'ושט'. כך עולה למשל מהפסוקים הבאים: "לָכֵן הִרְחִיבָה שְּׁאוֹל נַפְשָׁהּ / וּפָעֲרָה פִיהָ לִבְלִי חֹק" (ישעיה ה', יד); "רְחַב נֶפֶשׁ יְגָרֶה מָדוֹן / וּבוֹטֵחַ עַל ה' יְדֻשָּׁן" (משלי כ"ח, כה), ועוד.[39] ממילא, הנפש המתאווה מתאווה למזון שייבלע בתוכה וישביע אותה.

ייתכן שקונוטציות אלו משפיעות על בחירת כינויי המקריב בקורבנות השונים: קורבנות מן החי נפתחים בכינוי 'אדם', שיש לו קונוטציות של עצם הקיום, של עצם יצירתו מן האדמה; אך קורבן המנחה שהוא מזונו של האדם נשען על כותרת שיש בה 'נפש', יש בה אדם הזקוק למזון בשביל להחיות את נפשו, בשביל להתקיים.

המקריב קורבן בהמה מצהיר שעצם קיומו, שעצם חייו, שייכים לקונו, ועל כן הוא מעלה חיים על גבי המזבח. אולם במנחה האדם אינו מצהיר על עצם חייו אלא על מזונו ועל שאר צורכי חייו. האדם המביא למשכן את לחמו ומוסיף עליו שמן – סימן לעשירות (ראו להלן),[40] הריהו מצהיר שהוא יודע מיד מי הוא קיבל

38. דומה שהדבר קשור גם לתיאור הלוי המצטרף לעבודת המקדש: "וְכִי יָבֹא הַלֵּוִי מֵאַחַד שְׁעָרֶיךָ מִכָּל יִשְׂרָאֵל אֲשֶׁר הוּא גָּר שָׁם וּבָא בְּכָל **אַוַּת נַפְשׁוֹ** אֶל הַמָּקוֹם אֲשֶׁר יִבְחַר ה'. וְשֵׁרֵת בְּשֵׁם ה' אֱלֹהָיו כְּכָל אֶחָיו הַלְוִיִּם הָעֹמְדִים שָׁם לִפְנֵי ה'. **חֵלֶק כְּחֵלֶק יֹאכֵלוּ** לְבַד מִמְכָּרָיו עַל הָאָבוֹת" (דברים י"ח, ו-ח). הדברים דורשים אריכות יתרה, אולם סוף החוק שמדגיש שאותו לוי מוזמן לאכול "חלק כחלק" מסגיר את המוטיבציה של אותו לוי להצטרף לעבודת הקודש, שהרי – כפי שנאמר שם בתחילה – "לֹא יִהְיֶה לַכֹּהֲנִים הַלְוִיִּם כָּל שֵׁבֶט לֵוִי חֵלֶק וְנַחֲלָה עִם יִשְׂרָאֵל" (י"ח, א).

39. ראו אצל סיבאס, נפש, עמ' 504. וולף אומנם טען שיש לראות בנפש את הצוואר החיצוני לגוף ולא את הגרון הפנימי (וולף, אנתרופולוגיה, עמ' 14 ואילך; הוא מברר מה בין 'נפש' ל'רוח'), אך הקריאה הפשוטה יותר (והמקובלת יותר) רואה זאת כגרון.

40. רד"צ הופמן סבור שגם תוספת הלבונה באה לסמל "שהוא שבע רצון בהנהגתו והשגחתו של ה' ושמח בחלקו" (פירושו לוויקרא, כרך א, עמ' קה). בהמשך אציע דרך אחרת להבנת תפקיד הלבונה.

את כל אלו, והוא מביאם לבעלים האמיתי שלהם, למלכו של עולם. סביר שהוא גם מבקש להתפלל על פרנסתו שתימצא ברווח, ושברכת מזונו לא תיפסק ותימשך לעד. ייתכן שבשל כך דין תוספת המלח נזכרת בקורבן המנחה דווקא, וממנה מורחבת לשאר הקורבנות (ב׳, יג): הוספת המלח מבליטה את אספקט המאכל שבקורבן (ראו עוד להלן). גם חסרון דין הסמיכה בקורבן מנחה מורה על דבר זה: בקורבנות מן החי שמייצגים את האדם עצמו – עליו לסמוך על קורבנו, אולם במנחה שמייצגת את פרנסתו אין צורך בסמיכה.

רעיון זה בא לידי ביטוי גם בכמות הסולת הנדרשת דרך קבע בקורבן מנחה. אומנם בפרשתנו כמות הסולת לא נזכרת, ועל כן יש להיזהר מלראות בפרט זה נתון מרכזי בפרשה, אולם חז״ל למדו שגם במנחת נדבה – כמו במנחות אחרות שבהן שיעור הסולת נזכר בפירוש – יש להביא עשירית האיפה סולת (כשני ליטר).[41] ׳עשירית האיפה׳ מוזכרת לראשונה בסיפור ירידת המן במדבר, ששם ישראל אספו מנת מזון יומית בכל בקר: ״זֶה הַדָּבָר אֲשֶׁר צִוָּה ה׳ לִקְטוּ מִמֶּנּוּ אִישׁ לְפִי אָכְלוֹ עֹמֶר לַגֻּלְגֹּלֶת מִסְפַּר נַפְשֹׁתֵיכֶם אִישׁ לַאֲשֶׁר בְּאָהֳלוֹ תִּקָּחוּ... וְהָעֹמֶר עֲשִׂרִית הָאֵיפָה הוּא״ (שמות ט״ז, טז, לו). כל אדם אסף עומרים לפי מספר הנפשות שבאוהלו, והסיפור נחתם בהכרזה שכל מנת מזון כזו היא עשירית האיפה. רש״י במקום כבר העיר על הקשר בין עשירית האיפה שחותמת את סיפור המן ובין דיני מנחות: ״׳והעמר עשירית האיפה הוא׳ -... והוא שיעור לחלה ולמנחות״ (פירושו לשמות ט״ז, לו).[42]

לאור כך הציע רש״ר הירש לראות את העומר כמייצג של מנת מזון יומית של

41. כידוע, מידות התורה הן מידות נפח ולא מידת משקל (רמב״ם, פירוש המשניות, טהרות ג, ד). על עיקרון זה ועל ההיגיון שלו ראו: בניש, מידות, עמ׳ קצד-קצו. האיפה היא כעשרים וארבעה ליטר (לשיטת גר״ח נאה) או כארבעים ושלושה ליטר (לשיטת חזון אי״ש). מעניין שבמחקר המודרני יש הטוענים שמידת האיפה עברה שינויים עם הזמן, ולפני הגלות האיפה הייתה כעשרה ליטר, ואילו לאחר הגלות האיפה היא כשלושים ושישה ליטר (פולר, איפה). הרב אליהו מלובלין שיער שאיפה היא שיעור אפיית תנור אחד, וזה מקור שמה (שו״ת יד אליהו, סימן כה; ראו על כך עוד אצל בניש, מידות, עמ׳ רלה). כללית יש לציין שעולם המנחות נידון לרוב תוך זיקה למידת האיפה דווקא (גם כשמדובר בשני עשרונים איפה, בעולת התמיד, או שישית האיפה, במנחות יחזקאל: ״וּמִנְחָה תַעֲשֶׂה עָלָיו בַבֹּקֶר בַּבֹּקֶר שִׁשִּׁית הָאֵיפָה״ – יחזקאל מ״ו, יד).

42. השוו לפירוש רש״ר הירש לשמות ט״ז, טז, לו; הופמן, ויקרא, כרך א, עמ׳ קה. דומני שיש קשר עמוק בין ירידת המן לקורבן המנחה, אך דיון זה דורש יריעה נפרדת. ירידת המן נקשרת עם עולם הקורבנות בביטויים ספרותיים ובהקשרים תוכניים רבים. ראו על כך: גרוסמן, המן ופסח. יש מקום לבחון אם יש קשר מהותי בין סיפור המן למצוות חלה, שגם אותה רש״י מזכיר. לקשר אפשרי כזה ראו את הצעתו של באדן, שהציע שיש לקרוא את מצוות הפרשת חלה כהמשך של סיפור ירידת המן: באדן, מבנה.

אדם במקרא; זו כמות האוכל שאדם זקוק לה בכל יום כדי קיומו.[43] אם כן, כשאדם מביא קורבן מנחה הוא מביא לקונו את מנת המזון היומית שלו. על רקע סיפור המן נראה הדבר כאילו האדם מחזיר לה׳ את מה שהוא קיבל ממנו בבוקר.

המסקנה היא אם כן, שמביא קורבן עולה מצהיר בכך שחייו שייכים לאלוהיו, ואילו ההצהרה של מביא המנחה היא שמזונו ושאר צורכי חייו ניתנו לו מאת אלוהיו.[44] אם כך, אומנם ייתכן שעניים יעדיפו להביא קורבן מנחה – כגישת אברבנאל – כי הם יבקשו להביע את מחסורם הכלכלי ויצפו לשפע שיפצה חיסרון זה. אולם גם ייתכן שדווקא עשיר יביא קורבן זה כמבע של חוויית קיום שהוא מצוי בה. קורבן מנחה אינו חייב לשמש כתפילת בקשה על העתיד; הוא משמש גם כהבעה דתית בבחינת "מִמְּךָ הַכֹּל וּמִיָּדְךָ נָתַנּוּ לָךְ" (דה"א כ"ט, יד).

לאור דברים אלו נשוב לדין תוספת השמן בקורבן המנחה. עוד נראה להלן שהשמן מובלט במיוחד במנחות המעובדות, אך תוספת שמן נדרשת בכל מנחות הנדבה – גם במנחת הסולת הבסיסית. מה הדבר מייצג? מהו הסמל שנלווה לשמן?

השמן מייצג במקרא עשירות ועונג, כמו שבא לידי ביטוי למשל בברכת יעקב לאשר: "מֵאָשֵׁר שְׁמֵנָה לַחְמוֹ וְהוּא יִתֵּן מַעֲדַנֵּי מֶלֶךְ" (בראשית מ"ט, כ). נחלת אשר תהיה עשירה במיוחד, ואף מלכים יתעדנו עליה. כך גם בנבואת ישעיהו: "לָשׂוּם לַאֲבֵלֵי צִיּוֹן לָתֵת לָהֶם פְּאֵר תַּחַת אֵפֶר שֶׁמֶן שָׂשׂוֹן תַּחַת אֵבֶל מַעֲטֵה תְהִלָּה תַּחַת רוּחַ כֵּהָה" (ס"א, ג). מתוך עיצוב הפסוק ניכר ששמן הששון בא בניגוד לאבל. בדומה נאמר גם בתהילים: "שֶׁמֶן שָׂשׂוֹן מֵחֲבֵרֶיךָ" (מ"ה, ח). האסוציאציה שמלווה את השמן היא אסוציאציה של עשירות ונדיבות, ולפיכך נאסר על האבל לסוך את גופו בשמן, וכפי שביקש יואב מהאישה התקועית שהציגה עצמה כאבלה: "הִתְאַבְּלִי נָא וְלִבְשִׁי נָא בִגְדֵי אֵבֶל וְאַל תָּסוּכִי שֶׁמֶן וְהָיִית כְּאִשָּׁה זֶה יָמִים רַבִּים מִתְאַבֶּלֶת עַל מֵת" (שמ"ב י"ד, ב).

קונוטציות אלו מפתיעות אם קורבן המנחה הוא קורבן עולה של עני. לא סביר שדווקא הוא יוסיף לקורבנו אלמנטים שמייצגים עשירות רבה ומדושנת עונג. אדרבה, כשרוצה הנביא להאשים את עשירי ישראל על הנהנתנות שלהם, שלא שמה לב לקשיים שבהם מצויים אחיהם, הוא יאמר: "הַשֹּׁתִים בְּמִזְרְקֵי יַיִן וְרֵאשִׁית שְׁמָנִים

43. פירושו לשמות ט"ז, טז, לו. רד"צ הופמן סיכם זאת כך: "והנה העני שמוסר את לחם חוקו למזבח, הקדיש בו את הונו ונפשו לאלוהים" (פירושו לוויקרא, כרך א, עמ׳ קה).

44. להרחבה נוספת ראו: סבתו, קורבנות הנדבה, במיוחד עמ׳ 22; גרוסמן, מנחה.

יִמְשָׁחוּ וְלֹא נֶחְלוּ עַל שֵׁבֶר יוֹסֵף" (עמוס ו׳, ו). ניתן תאורטית להציע שהעני מתפלל שתבוא לו עשירות ולכן מוסיף שמן לקורבנו, אך סביר יותר שתוספת השמן למנחה ממשיכה ומייצגת את צורכי החיים שהאדם זכה להם. מקריב המנחה מביא לאלוהיו את מנת המזון שלו ומעטרה בסלסול של עשירות ונחת.

מנחת הסולת והמנחות המעובדות

עד כאן הנחנו שיש לדבר שפה אחת על 'קורבן מנחה' ולעמוד על משמעותו, אך לאמיתו של דבר, בוויקרא ב׳ טמונים שני דגמים נפרדים של קורבן מנחה. יש ביניהם זיקה עמוקה כמובן – שניהם מזוהים כקורבן מנחה – אך יש גם מן המפריד ביניהם, וכפי שניווכח להלן, בהקשר הרחב של עולם הקורבנות מדובר בייצוג של תודעה דתית שונה. מתוך ההבדלים ההלכתיים והספרותיים שבין שני הדגמים נבקש לעמוד על ההבדל המהותי שמפריד ביניהם – מהו המבע הדתי שכל קורבן משקף.

לאחר הכותרת הכללית שפותחת את קורבן המנחה ("וְנֶפֶשׁ כִּי תַקְרִיב קָרְבַּן מִנְחָה לַה'" – ב׳, א), נמנים סוגים שונים של מנחות:

1. מנחת סולת.
2. מנחת מאפה תנור.
3. מנחת מחבת.
4. מנחת מרחשת.[45]

האומנם לפנינו ארבעה סוגי מנחה שניתן לכתוב אותם ברצף? הפסוקים מעוצבים באופן אחר, שהרי דיני ההקרבה כתובים פעמיים: פעם אחת בנוגע למנחת הסולת ופעם נוספת בנוגע לכל שאר המנחות המעובדות. לפיכך מסתבר שיש לפנינו שני דגמים בסיסיים של מנחה – מנחת הסולת מזה; וכל שאר המנחות – שעוברות תהליך נוסף של הכנתן כמזון – מזה. נקביל ביניהן:

45. בסוף הפרק מובאת מנחה חמישית נוספת – מנחת ביכורים, אך היא איננה משולבת ברשימת המנחות אלא מובאת כנספח לאחר דיני המנחות 'הרגילים'. נדון בה להלן.

מנחת סולת (ויקרא ב׳, א–ג)	מנחות מעובדות (ויקרא ב׳, ד–י)
(א) וְנֶפֶשׁ כִּי תַקְרִיב קָרְבַּן מִנְחָה לַה׳ **סֹלֶת** יִהְיֶה קָרְבָּנוֹ וְיָצַק עָלֶיהָ שֶׁמֶן וְנָתַן עָלֶיהָ לְבֹנָה.	(ד) וְכִי תַקְרִב קָרְבַּן מִנְחָה **מַאֲפֵה תַנּוּר** סֹלֶת חַלּוֹת מַצֹּת בְּלוּלֹת בַּשֶּׁמֶן וּרְקִיקֵי מַצּוֹת מְשֻׁחִים בַּשָּׁמֶן. (ה) וְאִם מִנְחָה עַל **הַמַּחֲבַת** קָרְבָּנֶךָ סֹלֶת בְּלוּלָה בַשֶּׁמֶן מַצָּה תִהְיֶה. (ו) פָּתוֹת אֹתָהּ פִּתִּים וְיָצַקְתָּ עָלֶיהָ שָׁמֶן מִנְחָה הִוא. (ז) וְאִם מִנְחַת **מַרְחֶשֶׁת** קָרְבָּנֶךָ סֹלֶת בַּשֶּׁמֶן תֵּעָשֶׂה.
(ב) וֶהֱבִיאָהּ אֶל בְּנֵי אַהֲרֹן הַכֹּהֲנִים	(ח) וְהֵבֵאתָ אֶת הַמִּנְחָה אֲשֶׁר יֵעָשֶׂה מֵאֵלֶּה לַה׳ וְהִקְרִיבָהּ אֶל הַכֹּהֵן **וְהִגִּישָׁהּ אֶל הַמִּזְבֵּחַ.**
וְקָמַץ מִשָּׁם מְלֹא קֻמְצוֹ מִסָּלְתָּהּ וּמִשַּׁמְנָהּ עַל כָּל לְבֹנָתָהּ	(ט) וְהֵרִים הַכֹּהֵן מִן הַמִּנְחָה אֶת אַזְכָּרָתָהּ
וְהִקְטִיר הַכֹּהֵן אֶת אַזְכָּרָתָהּ הַמִּזְבֵּחָה אִשֵּׁה רֵיחַ נִיחֹחַ לַה׳.	וְהִקְטִיר הַמִּזְבֵּחָה אִשֵּׁה רֵיחַ נִיחֹחַ לַה׳.
(ג) וְהַנּוֹתֶרֶת מִן הַמִּנְחָה לְאַהֲרֹן וּלְבָנָיו קֹדֶשׁ קָדָשִׁים מֵאִשֵּׁי ה׳.	(י) וְהַנּוֹתֶרֶת מִן הַמִּנְחָה לְאַהֲרֹן וּלְבָנָיו קֹדֶשׁ קָדָשִׁים מֵאִשֵּׁי ה׳.

כאמור, העובדה שלפנינו שני דגמים בולטת לאור כפילות תיאור ההקרבה. ראשית מתואר מה יש לעשות במנחת הסולת (א–ג), ולאחר מכן מפורטות שלוש מנחות נוספות, ושוב חוזר הכתוב על תהליך הקרבתן (ח–י).

הכפילות שיש בפרשה מורגשת במיוחד בנוסחה הקבועה, המופיעה תדיר בחתימת קורבנות הנדבה: "אִשֵּׁה רֵיחַ נִיחֹחַ לַה׳". נוסחה זו מופיעה, כצפוי, בסיום פרשת המנחה (ט), אך למרבה ההפתעה, היא משולבת גם בהקרבת מנחת הסולת (ב). כלומר מדובר בשני קורבנות שונים, ולהם שתי חתימות נפרדות. גם הציווי על אודות "הַנּוֹתֶרֶת מִן הַמִּנְחָה לְאַהֲרֹן וּלְבָנָיו, קֹדֶשׁ קָדָשִׁים מֵאִשֵּׁי ה׳", נזכר בצורה

זהה בסיום שני סוגי המנחות (פסוקים ג, י), וכפי שמתבטא אברבנאל בשאלותיו: "באמרו 'והנותרת מן המנחה לאהרן ולבניו', שנאמר זה שתי פעמים, והיה די באחת מהן".[46] תיאור ההקרבה הכפול מלמד שקורבן המנחה מפוצל: מנחת הסולת מזה ושאר המנחות המעובדות מזה.

ברצוני לדייק: אם כל מגמת התורה הייתה ללמדנו שיש דרכים שונות להכין את המנחות, היינו מצפים שתחילה ייזכרו סוגי המנחות האפשריים, ואחריהם יבוא תהליך ההקרבה הרלוונטי לכולם. הרי כך מתרחש בתוך המנחות המעובדות עצמן: תחילה מוזכרות האפשרויות השונות – מחבת, מאפה תנור ומרחשת – ובסיום סקירה זו באים דיני הקרבתן. עצם הדבר שמנחת הסולת אינה מנויה איתן, ושדיני הקרבתה כתובים בנפרד, מלמדת שמדובר בשני דגמים, וכפי שניווכח להלן, יש ביניהן גם הבדלים הלכתיים שהם חלון להבדל יסודי הנוגע לאופי המנחה ולמהותה.

כדי לעמוד על האופי השונה של מנחות אלו נציב תחילה את הפערים ההלכתיים והלשוניים שביניהן, ומתוך כך ננסה לעמוד על התודעה הדתית שמלווה כל דגם.

א. חומר גלם לעומת מנחה מעובדת

ההבדל הבולט ביותר הוא כמובן עצם העובדה שמנחת הסולת איננה מעובדת כלל, אלא היא מוקטרת על המזבח כעיסה, כחומר גלם.[47] אומנם, גם בסיס המנחות המעובדות הוא סולת, אולם הבצק עובר בהן תהליך עיבוד באחת משלוש דרכים:

- "וְכִי תַקְרִב קָרְבַּן מִנְחָה **מַאֲפֵה תַנּוּר** סֹלֶת חַלּוֹת מַצֹּת בְּלוּלֹת בַּשֶּׁמֶן וּרְקִיקֵי מַצּוֹת מְשֻׁחִים בַּשָּׁמֶן": האופציה הראשונה היא לאפות את המנחה טרם הבאתה למזבח. הרוצה לאפות את מנחתו צריך להביאה "סֹלֶת חַלּוֹת מַצֹּת בְּלוּלֹת בַּשֶּׁמֶן / וּרְקִיקֵי מַצּוֹת מְשֻׁחִים בַּשָּׁמֶן" (ב', ד). כיצד יש להבין את היחס שבין שתי הגדרות אלו? בין 'סולת חלות מצות בלולות בשמן' ובין 'רקיקי מצות משוחים בשמן'? מה משמעה של הווי"ו במילה "ורקיקי"? הקריאה הפשוטה היא שמי שמביא מנחת מאפה תנור צריך להביא שני

46. פירושו לספר ויקרא, שאלה יא בפתיחת פרשת ויקרא.
47. עיסת המנחה המוקרבת היא עיסה שבלולה מסולת ושמן: "מנחת הסולת כיצד היתה נעשית: מביא עשרון סולת או כמה עשרונות או כפי נדרו, ושמן הראוי לה, ומודד בעשרון של מקדש ונותן שמן, בכלי ואח"כ נותן עליו את הסולת, ואח"כ נותן שמן אחר על הסולת ובולל הסולת בו, ואח"כ נותנה בכלי שרת וצק לתוכה שמן, ושמן שנתן תחלה עם השמן הבלול עם שמן שיצק הכל לוג לעשרון ונותן עליה לבונתה" (רמב"ם, הלכות מעשה הקורבנות יג, ה).

סוגים שונים יחדיו: חלות בלולות בשמן ובנוסף רקיקים (= עוגות שטוחות ודקות)[48] משוחים בשמן. עם זאת, חז"ל קראו את הפסוק באופן אחר, ולשיטתם אלו שתי אפשרויות שונות, ותיאור של ברירה לפנינו: ניתן להביא מנחת מאפה תנור בצורה של 'חלות מצות בלולות בשמן' או בצורה של 'רקיקי מצות משוחים בשמן' – הדבר תלוי בלשון הנדר.[49] כלשון רש"י במקום: "שאמר הרי עלי מנחת מאפה תנור, ולימד הכתוב שיביא או חלות או רקיקין, החלות בלולות, והרקיקין משוחין".[50]

- "וְאִם מִנְחָה עַל **הַמַּחֲבַת** קָרְבָּנֶךָ סֹלֶת בְּלוּלָה בַשֶּׁמֶן מַצָּה תִהְיֶה. פָּתוֹת אֹתָהּ פִּתִּים וְיָצַקְתָּ עָלֶיהָ שָׁמֶן מִנְחָה הִוא": האופציה השנייה היא לטגן במחבת את הבצק לפני הבאתו למזבח. באופציה זו, יש חובה לחתוך את המנחה לחתיכות קטנות לאחר הטיגון ('פתים' הוא ריבוי של פת, כלומר: 'פרוסות').
- "וְאִם מִנְחַת **מַרְחֶשֶׁת** קָרְבָּנֶךָ סֹלֶת בַּשֶּׁמֶן תֵּעָשֶׂה". נחלקו חכמים מה זו מרחשת:

> מה בין מחבת למרחשת? אלא שהמרחשת יש לה כסוי והמחבת אין לה כסוי – דברי רבי יוסי הגלילי. רבי חנניה בן גמליאל אומר: מרחשת עמוקה ומעשיה רוחשין ומחבת צפה ומעשיה קשים (ספרא, דיבורא דנדבה, פרק יב, ז).

לפי ר' יוסי מרחשת היא כלי טיגון בעל מכסה, ואילו לפי ר' חנניה מרחשת היא כלי לטיגון בשמן עמוק. הדעת נוטה לכיוון השני (וכן פירש רש"י), במיוחד נוכח הפסוק בפרשת צו: "וְכָל מִנְחָה אֲשֶׁר תֵּאָפֶה בַּתַּנּוּר וְכָל נַעֲשָׂה **בַמַּרְחֶשֶׁת וְעַל** מַחֲבַת" (ז', ט). המנחה על פי פסוק זה נעשית בתוך מרחשת – שהוא כנראה סיר עמוק, אבל נעשית

48. רקיק = רזה, כעולה מחלום פרעה: "וְהִנֵּה שֶׁבַע פָּרוֹת אֲחֵרוֹת עֹלוֹת אַחֲרֵיהֶן דַּלּוֹת וְרָעוֹת תֹּאַר מְאֹד וְרַקּוֹת בָּשָׂר" (בראשית מ"א, יט), וכך גם באכדית (*raqāqu*). קדרי במילונו (עמ' 1032) העדיף להשוות את המילה לסורית ('דק, עדין') ולערבית ('עוגה דקה של אכרים').

49. הד לשתי אפשרויות הקריאה מצויה במחלוקת התנאים אם מותר להביא מחצה חלות ומחצה רקיקים (דעת ר' שמעון) או שיש להביא את כל כמות הלחמים מאותו סוג (דעת חכמים שגם נפסקה להלכה). ראו: מנחות סג ע"א-ע"ב.

50. אכן, ניתן לקרוא את האות וי"ו בהוראת ברירה, וכן פירש כאן בולה, ויקרא, עמ' לג. הוא הִשווה זאת לפסוק: "שֶׂה תָמִים זָכָר בֶּן שָׁנָה יִהְיֶה לָכֶם מִן הַכְּבָשִׂים וּמִן הָעִזִּים תִּקָּחוּ" (שמות י"ב, ה).

׳על׳ מחבת.[51] על כל פנים, מסתבר שהמרחשת ייחודית באופי הבישול שהיא מעניקה לדבר המטוגן: בין אם המכסה הופך את המנחה לכזו ובין אם טיגונה בשמן עמוק.

העובדה שדווקא בקורבן מנחה ניתן להביא מזון מוכן למזבח קשורה באופי הקרבן שכבר עמדנו עליו: קורבן זה מצוי בשדה שיח של מזון ופרנסה. לפיכך מתאים שאדם יביא את מזונו למזבח, וכשם שהאדם אוכל מזון מעובד כך הוא מנדב גם למזבח.[52] לאור כך, כבר ניתן להצביע על דבר מה מהותי שמבחין בין המנחות: המנחות המעובדות מוגשות למזבח כמזון מוכן לאכילה (זהו מאפיין ייחודי גם על רקע כל הקורבנות כולם), בעוד מנחת הסולת מובאת כחומר גלם.

ב. שמן

ההבדל השני שכבר הורגש בסקירת המנחות שלעיל היא ריבוי השמן במנחות המעובדות. במנחת הסולת מוזכר שיש להוסיף שמן, אך הדבר אינו מובלט בצורה יוצאת דופן: ״וְנֶפֶשׁ כִּי תַקְרִיב קָרְבַּן מִנְחָה לַה׳ סֹלֶת יִהְיֶה קָרְבָּנוֹ **וְיָצַק עָלֶיהָ שֶׁמֶן** וְנָתַן עָלֶיהָ לְבֹנָה״ (ב׳, א). הפועל ׳לצקת׳ מורה על שפיכת שמן, וסביר להניח שאין מדובר בשמן רב אלא במתן סמלי של שמן.[53] הרי גם על ראש אהרון ׳יצק׳ משה משמן המשחה: ״וְלָקַחְתָּ אֶת שֶׁמֶן הַמִּשְׁחָה וְיָצַקְתָּ עַל רֹאשׁוֹ וּמָשַׁחְתָּ אֹתוֹ״ (שמות כ״ט, ז), וסביר שאין מדובר בשפיכת שמן רב (אף חז״ל פירשו שמשה רק התווה על ראש אהרון צורה של X, ולא שפך שמן רב). גם במקומות אחרים כשמדובר על ׳יציקת׳ שמן נראה שמדובר בהקדשה, ושיש לשמן תפקיד סמלי ללא קשר להכנת אוכל שמן (ראו במיוחד: בראשית כ״ח, יח; ל״ה, יד). בשונה מכך, במנחות המעובדות השמן מוזכר שוב ושוב ולא רק במובן סמלי, אלא כהוראה העוסקת בהכנת עיסה שמנה. הדבר לא יכול להיות מקרי: בכל המנחות המעובדות התורה מבליטה במיוחד את השמן הרב

51. שד״ל לוויקרא ב׳, ז; עמ׳ 396 (בשם רנ״ה וייזל, בפירושו לוויקרא בתרגום והביאור של מנדלסון).

52. מעניין הדבר שזבח השלמים – שמייצג סעודה יותר מכל קורבן אחר – לא מובא מוכן למזבח אלא נצלה על גבי המזבח. יש עוד להעיר, שההיתר להביא מזון מעובד למזבח הוא אמיץ, מפני שזה אחד הדברים המבדילים בין הקורבנות במקרא לקורבנות אצל עמי קדם. התפיסה הרווחת במזרח הקדום היא שהאל אוכל את הקורבנות, ועל כן מתאים להביא אוכל מעובד ומוכן לאכילה. בתורה דבר זה מתרחש רק במנחות המעובדות.

53. הרוצה להיווכח שמשמעות ׳לצקת׳ בעברית המקראית היא ׳לשפוך׳ מוזמן להשוות את הציווי על חטאת ימי המילואים, שנאמר עליה בספר שמות: ״וְלָקַחְתָּ מִדַּם הַפָּר וְנָתַתָּה עַל קַרְנֹת הַמִּזְבֵּחַ בְּאֶצְבָּעֶךָ וְאֶת כָּל הַדָּם תִּשְׁפֹּךְ אֶל יְסוֹד הַמִּזְבֵּחַ״ (כ״ט, יב), לביצוע המתואר בוויקרא: ״וַיִּקַּח מֹשֶׁה אֶת הַדָּם וַיִּתֵּן עַל קַרְנוֹת הַמִּזְבֵּחַ סָבִיב בְּאֶצְבָּעוֹ וַיְחַטֵּא אֶת הַמִּזְבֵּחַ וְאֶת הַדָּם יָצַק אֶל יְסוֹד הַמִּזְבֵּחַ״ (ח׳, טו). ראו עוד להלן, בדיון בימי המילואים.

שיש להוסיף (וחז"ל עמדו על הדגשה זו ולמדו ממנה דינים שונים – ספרא, דיבורא דנדבה, פרשה י'):

- במנחת מאפה תנור השמן מוזכר פעמיים: "וְכִי תַקְרִב קָרְבַּן מִנְחָה מַאֲפֵה תַנּוּר סֹלֶת חַלּוֹת מַצֹּת **בְּלוּלֹת בַּשֶּׁמֶן** וּרְקִיקֵי מַצּוֹת **מְשֻׁחִים בַּשָּׁמֶן**". גם לפי הקריאה שהצעתי לעיל – שיש לאפות מנחה זו בשתי צורות – השמן מובלט, שהרי בשתי הצורות יש להוסיף שמן: החלות בלולות בשמן והרקיקים משוחים בשמן. אף לפי קריאת חז"ל יש הבלטה של השמן – בין אם המקריב בחר להביא מאפה תנור של חלות, ובין אם בחר להביא רקיקים, מדגישה התורה שעליו לבלול או למשוח בשמן. מעניין שאת החלות יש להכין עם שמן רב – 'לבלול', ואילו את המצות יש 'למשוח' בשמן, דבר שיכול להעלות אסוציאציות של הקדשה (יש דעה בחז"ל שמשיחת הרקיקים בשמן נעשית בצורת X – כמו משיחת ראש אהרון בהקדשתו).[54]
- גם במנחת מחבת מוזכר השמן פעמיים: "וְאִם מִנְחָה עַל הַמַּחֲבַת קָרְבָּנֶךָ סֹלֶת **בְּלוּלָה בַשֶּׁמֶן** מַצָּה תִהְיֶה. פָּתוֹת אֹתָהּ פִּתִּים **וְיָצַקְתָּ עָלֶיהָ שָׁמֶן** מִנְחָה הִוא". כאן יש להוסיף שמן פעמיים, בשני שלבים של התהליך: בהכנת העיסה יש לבלול את הסולת בשמן, ולאחר טיגונה יש לצקת עליה שמן שוב. בפירוש רש"י במקום בולט השמן אף יותר: "וכלי הוא שהיה במקדש שאופין בו מנחה על האור בשמן. והכלי אינו עמוק אלא צף, ומעשה המנחה שבתוכו קשין, שמתוך שהיא צפה, האור שורף את השמן. וכולן טעונות שלש מתנות שמן: יציקה, ובלילה, ומתן שמן בכלי קודם עשייתן". שלוש מתנות השמן הללו כתובות במנחות המעובדות. כאמור יש לשים לב לפועל 'לבלול' בשמן שנזכר בשתי המנחות המעובדות שראינו, פועל המורה על ריבוי שמן, ודאי יחסית ל'יציקת' השמן שבעיקרה היא פעולה סמלית ונקודתית.
- במנחת מרחשת השמן בולט בעצם הכנת מנחה זו, במיוחד לפי השיטה שמדובר בטיגון בשמן עמוק, שבו המנחה 'רוחשת'. לא חום התנור אופה מנחה זו, ולא המחבת הלוהטת מטגנת אותה, אלא השמן הרותח עצמו מטגן מנחה זו והופך אותה למוכנה לאכילה או להקרבה.

54. מנחות עד ע"ב – עה ע"א. לדעה אחרת שם יש למשוח כל רקיק על פני כולו.

ג. לבונה

בניגוד לשמן שהתרבה במנחות המעובדות, הלבונה נזכרת רק במנחת הסולת, ואינה נזכרת כלל במנחות המעובדות. חז״ל למדו שבכל המנחות יש להוסיף לבונה – גם במעובדות שבהן היא לא נזכרת. ראיה לפרשנות זו היא אזכור חובת תוספת הלבונה בפרשת צו ללא חלוקה בין מנחת הסולת והמנחות המעובדות: ״וְהֵרִים מִמֶּנּוּ בְּקֻמְצוֹ מִסֹּלֶת הַמִּנְחָה וּמִשַּׁמְנָהּ וְאֵת כָּל הַלְּבֹנָה אֲשֶׁר עַל הַמִּנְחָה וְהִקְטִיר הַמִּזְבֵּחַ״ (ו׳, ח). אדרבה: עוד לפני אזכור הלבונה נזכר שם דין ההגשה למזבח (״הַקְרֵב אֹתָהּ בְּנֵי אַהֲרֹן לִפְנֵי ה׳ אֶל פְּנֵי הַמִּזְבֵּחַ״ – ו׳, ז), שכפי שנראה להלן מוזכר רק במנחות המעובדות, והנה לצדו מוזכרת הלבונה שנזכרת רק במנחת הסולת. לפי זה הצדק עם פירוש חז״ל שיש להשוות את כל דיני מנחת הסולת והמנחות המעובדות. אולם גם אם כך, יש מקום לברר מדוע בפרשת ויקרא הלבונה נזכרת דווקא במנחת הסולת (ומדוע דין ההגשה נזכר רק במעובדות – ראו להלן).[55]

גם בפרשנות המודרנית היו שאחזו בגישה של חז״ל, כדוגמת ברוך לוין שכתב על חסרון הלבונה במנחות המעובדות: ״הלבונה איננה נזכרת במנחה זו מפני קיצור הלשון, אבל בהמשך הפרק (פסוק ט) מבואר אופן ההקטרה, ובתוך כך מוזכרת האזכרה, שעיקרה הלבונה״.[56] אולם דומני שהוא טעה בשתיים: גם לא נראה שלפנינו רק קיצור לשון, וגם לא נראה שהאזכרה המוזכרת בפסוקים כוללת בדווקא לבונה.

לא נראה שמדובר בקיצור מפני שלא רק שהלבונה לא נזכרת במקום שבו החוק מתאר את הכנת המנחות, אלא היא נעדרת גם בתיאור ההקרבה של המנחות המעובדות. במנחת סולת נאמר: ״וְקָמַץ מִשָּׁם מְלֹא קֻמְצוֹ מִסָּלְתָּהּ וּמִשַּׁמְנָהּ **עַל כָּל לְבֹנָתָהּ**״, ואילו במנחות המעובדות נאמר: ״וְהֵרִים הַכֹּהֵן מִן הַמִּנְחָה אֶת אַזְכָּרָתָהּ״ (ב׳, ט), ואין אזכור ללבונה. ייתכן שגם בחירת הפועל מלמדת על חסרון הלבונה: במנחת הסולת נאמר ״וְקָמַץ מִשָּׁם״, ואילו במנחות המעובדות נאמר ״וְהֵרִים הַכֹּהֵן

55. המתח בין פרשת ויקרא – אשר בה המנחה מחלוקת לסוגיה השונים – ובין פרשת צו, אשר בה יש ׳תורת מנחה׳ כללית ללא כל חלוקה, בא אולי לידי ביטוי בסוגיה במסכת מנחות העוסקת בדרישת ׳לשמה׳ במנחות. שם מובאת מחלוקת אמוראים בהבנת סברתו של ר׳ שמעון המכשיר מנחת מחבת אשר הכוהן התכוון שתהא זו מנחת מרחשת. רבא סבור שם שבגלל הפסוק בצו – ״וזאת תורת המנחה״, ניתן לכלול את כל המנחות תחת קטגוריה אחת, וממילא גם אם חשב על סוג מנחה אחרת יש קיום של דרישת ׳לשמה׳ – לשם מנחה. אך החולקים שם – ״וזאת תורת לא משמע להו״, כלומר, אין די בפסוק בצו כדי להפוך את כל סוגי המנחות שבפרשת ויקרא לקטגוריה אחת (רש״י שם מבאר בדרך אחרת). ראו: מנחות ג ע״ב.

56. לוין, עולם התנ״ך, עמ׳ 22. כך כתב ללא היסוס גם צבי וינברג, הקורבן בישראל, עמ׳ 304: ״כל המנחות מובאות תוספת לבונה, לבד ממנחת סוטה ומנחת חוטא המובאות ללא לבונה״.

מִן הַמִּנְחָה". אם יש ליטול רק חלק מהמנחה עצמה הפועל הוא 'להרים' (וניתן לומר 'מן המנחה'), אך אם יש צורך לקחת גם את הלבונה, הפועל הוא 'לקמוץ' (ולא ניתן לומר 'מן המנחה' אלא נבחר כינוי מקום שבו מצויים הן המנחה והן הלבונה שעליה – "משם").

יתר על כן: גם במנחת ביכורים הנזכרת בפרק לאחר המנחות המעובדות נזכרת שוב הלבונה הן בתיאור הכנת הקורבן הן בתיאור הקרבתו (ב', טו–טז). חסרון אזכור הלבונה במנחות המעובדות, בשני המוקדים שבהם היא נזכרת במנחת הסולת שנאמרת לפניהן ובמנחת הביכורים שנאמרת אחריהן, מחזקת את ההנחה שבמנחות המעובדות אין להוסיף לבונה.

גם ההנחה של לוין שהמונח 'אזכרתה' חושף את הלבונה הנמצאת ברקע אינו הכרחי. אכן, 'אזכרתה' של מנחת הסולת כוללת גם לבונה, אך הדבר אינו נובע מכך שהמילה 'אזכרה' רומזת ללבונה. מונח זה מכוון לחלק המנחה שעולה על המזבח.[57] אם יש בו לבונה הוא אכן כולל גם אותה, אך אם אין בקורבן הנידון לבונה המונח 'אזכרה' לא מתייחס אליה כלל. כך עולה מהמנחות שאין בהן תוספת לבונה, ובכל זאת נאמר בהן לשון 'אזכרה'. כך ביחס למנחה שבאה תמורת חטאת: "וְקָמַץ הַכֹּהֵן מִמֶּנָּה מְלוֹא קֻמְצוֹ אֶת אַזְכָּרָתָהּ" (ה', יב), וכך ביחס למנחת סוטה: "וְקָמַץ הַכֹּהֵן מִן הַמִּנְחָה אֶת אַזְכָּרָתָהּ" (במדבר ה', כו).[58]

יש לברר אם כן את תוספת הלבונה במנחת הסולת כביטוי להבחנה בין שני הדגמים של המנחות.

ד. הגשה למזבח

הזכרתי לעיל שיש דין ייחודי בקורבן מנחה – דין ההגשה: לפני הקמיצה יש להגיש את המנחה אל המזבח. בהגשה זו המנחה מתקדשת בקדושת מזבח, ויש חשיבות לעשות

57. על ההתלבטות כיצד יש לראות את שם העצם 'אזכרתה' ראו אצל: רנדטורף, ויקרא, עמ' 100–101; הרטלי, ויקרא, עמ' 30. דעתי נוטה לעמדתו של דה–וו שטען שהקומץ 'מזכיר' את המנחה כולה, שבבסיסית הייתה צריכה להיות מוקטרת כולה אך בפועל רק נציגות שלה עולה על המזבח והשאר נאכל על ידי הכוהנים. ראו דה–וו, ישראל הקדומה, עמ' 422.

58. אומנם בלחם הפנים האזכרה היא דווקא הלבונה, וייתכן שזה מה שהביא את לוין להתבטא שזוהי עיקר האזכרה: "וְנָתַתָּ עַל הַמַּעֲרֶכֶת לְבֹנָה זַכָּה וְהָיְתָה לַלֶּחֶם לְאַזְכָּרָה אִשֶּׁה לַה'" (ויקרא כ"ד, ז). אך הדבר נובע מכך שלחם הפנים – לפי פשטי המקראות – הוא חמץ ואינו יכול לעלות על גבי המזבח, ועל כן הלבונה המצטרפת אליו היא אזכרתו. ראו על לבונה זו עוד להלן.

זאת דווקא בקורבן מנחה, מפני שלא כולה מוקטרת בפועל באש המזבח, ואת חלקה נותן המזבח לכוהנים. אולם משום מה דין ההגשה נזכר דווקא במנחות המעובדות ולא נזכר כלל במנחת הסולת.

כאמור, חז״ל למדו שדין ההגשה נוהג גם במנחת סולת, שהרי דין זה נאמר בפרשת צו כחוק כללי הנוהג בכל המנחות כולן, וכלשון הספרא: ״׳וְהִגִּשָׁהּ אל המזבח׳... מנין לרבות את כל המנחות ת״ל ׳זאת המנחה׳״ (ספרא, דיבורא דנדבה, פרשה יא, א). אולם לשיטה זו השאלה מתחזקת והולכת: אם דין ההגשה נוהג גם במנחת סולת, מדוע הוא אינו נזכר במנחה זו הכתובה ראשונה, אלא משולב במנחות המעובדות, הכתובות לאחר מנחת סולת?[59]

ה. מיהו הקומץ?

כפי שראינו בדיון בקורבן העולה, יש הקפדה להחליף בין הגופים בתיאור עבודת הבעלים ועבודת הכוהנים. כל עוד מתוארת פעולת הבעלים, הכתוב אוחז לשון גוף שלישי והנושא סתמי: **יקריב** אתו לרצנו לפני ה׳ / **וסמך ידו** על ראש העלה / **ושחט** את בן הבקר לפני ה׳ / **והפשיט** את העלה / וקרבו וכרעיו ירחץ במים. אך בתיאור עבודת הכוהנים עובר הכתוב ללשון רבים (בדרך כלל) והנושא מפורש: והקריבו בני אהרן הכהנים את הדם / וזרקו את הדם / ונתנו בני אהרן הכהן אש על המזבח / וערכו עצים על האש / וערכו בני אהרן הכהנים את הנתחים / והקטיר הכהן את הכל המזבחה. במשמעות הדבר כבר עסקנו לעיל בניתוח פסוקים אלו. כעת אני מזכיר זאת כדי להבין את ההתלבטות שמלווה את שאלת הקמיצה במנחת הסולת. האם הבעלים קומצים את המנחה (במקביל לשחיטה בקורבן חי המוטלת על כתפיהם) או שמא הכוהן?

במנחות המעובדות התשובה ברורה. לאחר דין ההגשה למזבח נאמר בפירוש שהכוהן הוא שקומץ (״מֵרִים״, בלשון הפסוק): ״וְהֵרִים הַכֹּהֵן מִן הַמִּנְחָה אֶת אַזְכָּרָתָהּ וְהִקְטִיר הַמִּזְבֵּחָה״ (ויקרא ב׳, ט). אולם במנחת סולת הדברים מסופקים, והלשון העמומה מאפשרת שתי קריאות:

59. חסרונה של פעולת ההגשה בכתוב עומד כרקע לדברי רמב״ן על פעולת הכוהנים והבעלים בקורבן המנחה. בפירושו לפסוק א׳ הוא מביא את דברי רש״י: ״מלמד שיציקה ובלילה כשרה בזר. ׳הכהנים וקמץ׳, מקמיצה ואילך מצות כהונה״. הרמב״ן מדגיש כי למרות דברי חז״ל (המובאים ברש״י) כי מקמיצה ואילך מצוות כהונה, למעשה מצוות כהונה מתחילה כבר מדין ההגשה, הקודמת לקמיצה, אך בשל חסרון דין ההגשה במנחה זו התבטאו חז״ל על חיוב כוהן רק ״מקמיצה ואילך״.

> וְנֶפֶשׁ כִּי תַקְרִיב קָרְבַּן מִנְחָה לַה׳ סֹלֶת יִהְיֶה קָרְבָּנוֹ **וְיָצַק** עָלֶיהָ שֶׁמֶן **וְנָתַן** עָלֶיהָ לְבֹנָה. **וֶהֱבִיאָהּ** אֶל בְּנֵי אַהֲרֹן הַכֹּהֲנִים **וְקָמַץ** מִשָּׁם מְלֹא קֻמְצוֹ מִסָּלְתָּהּ וּמִשַּׁמְנָהּ עַל כָּל לְבֹנָתָהּ **וְהִקְטִיר הַכֹּהֵן** אֶת אַזְכָּרָתָהּ הַמִּזְבֵּחָה אִשֵּׁה רֵיחַ נִיחֹחַ לַה׳ (ב׳, א-ב).

בעל הקורבן נדרש ׳לצקת׳ על המנחה שמן, ׳לתת׳ עליה לבונה ו׳להביא׳ אותה אל בני אהרון הכוהנים. מאחר שהכוהנים נזכרים בלשון רבים, התחושה היא שהפעולה הבאה המתוארת בכתוב – ״וקמץ משם״ – חוזרת שוב לאדם המקריב, שהרי אפיון מבצע הפעולה חוזר לגוף שלישי יחיד. זאת ועוד, לאחר פעולת הקמיצה, נזקק הכתוב להזכיר בפירוש את הכוהן כעובד בפעולת ההקטרה על המזבח: ״והקטיר הכהן״; רק כעת חוזר הכוהן להיות נושא המשפט. כזכור, במנחות המעובדות מתנסח הכתוב בלשון סתמית בתיאור ההקטרה – ״והקטיר המזבחה״, מפני שברור שמדובר בכוהן שכבר הוזכר קודם לכן כקומץ, וממילא הוא נושא המשפט. גם דבר זה מעלה אפוא את החשד שבמנחת סולת הכוהן אינו קומץ, ועל כן יש צורך להזכירו בפירוש בפעולת ההקטרה. מצד שני, פעולת הקמיצה נזכרת מיד לאחר הציווי להביא את המנחה לכוהנים – ״וֶהֱבִיאָהּ אֶל בְּנֵי אַהֲרֹן הַכֹּהֲנִים וְקָמַץ מִשָּׁם״; לכן נדמה שהכוהן כבר קיבל את המנחה מיד הבעלים ועליו מוטלת חובת הקמיצה. כך כותב שד״ל:

> אין ספק שהכהן הוא הקומץ... ומה שלא נכתב ׳וקמץ הכהן׳ הוא מפני סמיכות מילת ׳הכהנים׳, והנה אמר וקמץ והקטיר הכהן, כאילו שני הדברים דבר אחד הם, כי מיד אחר שהיה קומץ היה מקטיר.[60]

שתי אפשרויות הקריאה משתקפות בתרגומים שונים של פסוקים אלו. יש שתרגמו את הפסוק כך שברור כי הכוהן הוא הקומץ: "to the Aaronic priest, one of whom shall up the handful of the flour",[61] ויש אחרים שמתוך תרגומם נראה שהבינו כי הבעלים הוא הקומץ: "He must then bring it to the sons of Aaron, the priest, and must take a handful of the flour and oil".[62]

מי שהסגיר את העמימות כאן – ללא ידיעתו – הוא מילגרום, שבפירושו לפסוק כתב כך: ״[הכהן] קומץ משם מלוא קומצו״, וביאר – ״הקדמתי (את ׳הכהן׳)

60. פירושו לוויקרא ב׳, ב, עמ׳ 396.
61. פורטר, ויקרא, עמ׳ 24.
62. ונהאם, ויקרא, עמ׳ 66.

מהמשך הפסוק, לשם הבהירות".[63] אכן, באופן שהוא כתב את הפסוק ברור שהכוהן הוא הקומץ, אך לא במקרה הוא נאלץ לשנות את הסדר שבפסוק כדי להפוך את הפסוק לברור ולחד משמעי.[64] מסקנת הדברים היא אם כן, שבעוד במנחות המעובדות ברור שהכוהן הוא הקומץ, במנחת הסולת ייתכן שהבעלים הם הקומצים, ולאחר מכן מקטיר הכוהן אזכרה קמוצה זו על גבי המזבח.

ו. גוף שלישי / גוף שני

השינוי האחרון שברצוני לעמוד עליו נוגע לשינויי הגופים בכינוי למקריב בשני סוגי המנחות. במנחת הסולת מתאר הכתוב את המקריב בגוף שלישי: "וְנֶפֶשׁ כִּי תַקְרִיב קָרְבַּן מִנְחָה לַה׳ סֹלֶת יִהְיֶה **קָרְבָּנוֹ וְיָצַק** עָלֶיהָ שֶׁמֶן **וְנָתַן** עָלֶיהָ לְבֹנָה. **וֶהֱבִיאָהּ** אֶל בְּנֵי אַהֲרֹן הַכֹּהֲנִים". לעומת זאת, הציווי על המנחות המעובדות פונה למקריב בגוף שני: "וְכִי **תַקְרִב** קָרְבַּן מִנְחָה מַאֲפֵה תַנּוּר... וְאִם מִנְחָה עַל הַמַּחֲבַת **קָרְבָּנֶךָ**... **פָּתוֹת** אֹתָהּ פִּתִּים **וְיָצַקְתָּ** עָלֶיהָ שָׁמֶן... וְאִם מִנְחַת מַרְחֶשֶׁת **קָרְבָּנֶךָ**... **וְהֵבֵאתָ** אֶת הַמִּנְחָה".[65]

שינוי זה הוא בעל משמעות מיוחדת נוכח העובדה שכל חטיבת הקורבנות מתארת את המקריב בגוף שלישי, נסתר, ורק כאן – במנחות המעובדות – פונה הכתוב אל המקריב בגוף שני. רבי מאיר שמחה הכוהן מדווינסק ראה זאת כעדות לחשש הכתוב מפני החמצת המנחות המעובדות:

> ופוק חזי דבכל פרשת ויקרא דכתוב ׳דבר אל בני ישראל׳ כתוב בלשון נסתר... וכאן מנחת סולת, שאינו רק סולת בשמן איך דרך להחמיץ, כתוב בלשון נסתר, אבל מנחת מאפה תנור ומחבת ומרחשת, שנאפין וכמו לחם ודרך להחמיצו, ולכן כתוב בהן ׳לא תעשה חמץ׳, שהלאו הוא על כל המחמיץ – בין על כהן בין על זר – כתוב בלשון נוכח משום הלאוין (משך חכמה לוויקרא ב׳, ד).

להלן אציע ביאור שונה, אך ודאי הצדק עם המשך חכמה שבדבר זה נבדלת המנחה המעובדת מחברתה מנחת הסולת, אך גם מכל שאר הקורבנות.

מסתבר אם כן שגם אם אופציות המנחה השונות עונות לקטגוריה הכללית של

63. מילגרום, ויקרא, כרך א, עמ׳ 181.
64. היו שהתעלמו מהעמימות שבפסוק, אך העירו על עמימות דומה ביחס לדין ההגשה המוזכרת במנחות המעובדות (ונהאם בפירושו לוויקרא, עמ׳ 68, הערה 2). אכן, יש מקום להתלבטות גם שם.
65. יושם לב שבפעולת הבאת המנחה לכוהן חוזר הכתוב לגוף שלישי; אתייחס לתופעה זו בהמשך.

'מנחה', יש להבחין בין שני דגמים – בין מנחת הסולת למנחות המעובדות. ההבחנה כפי שראינו היא גם לשונית-סגנונית אך גם הלכתית ובעלת השלכות מעשיות. האם ניתן להצביע על שורש שניצב בבסיס ההבדלים כולם? האם ניתן להצביע על האופי המשתנה של המנחות הללו לאור הפערים שביניהן?

גוף שני

המקום שבו נוח להתחיל דיון זה הוא בפער שנדמה כסגנוני-ספרותי בלבד, אך הוא חושף דבר ייחודי שמתרחש במנחות המעובדות: מדוע הציווי על מנחת הסולת בא בגוף שלישי, כמו הסגנון הרווח בחטיבת הקורבנות, ואילו המנחות המעובדות באות בגוף שני? סביר להניח שהגוף השני במנחות המעובדות רומז למידת שיתוף גדולה ביותר שיש במנחות המעובדות. ואכן, בשני היבטים הבעלים של מנחה מעובדת שותף באופן מיוחד בקורבנו.

אוכל מוכן

ההיבט הראשון הנוגע לשותפותו המיוחדת של הבעלים בקורבן מנחתו הוא, שבעל המנחה מכריע כיצד המנחה תבושל: אם הוא ירצה לאפות לקונו, הרי שתהיה זו מנחת מאפה תנור; אם עלה ברצונו להביא דבר מטוגן, הוא יביא מנחת מחבת; ואם ירצה להכין למזבח מאכל המטוגן בטיגון עמוק, הוא יביא מנחת מרחשת.

לא משולבות בכתוב סיבות מיוחדות להבאת מנחה כזו או אחרת, וגם אם פרשנים שונים הציעו סיבות מגוונות להבאת מנחת מחבת או מרחשת,[66] הרי שפשטי המקראות השאירו דבר זה להכרעתו האישית של האדם, מביא המנחה. על פי מה יכריע אדם מישראל איזה סוג מנחה הוא מביא? לא רחוקה מהדעת הסיבה הבנלית ביותר: על פי טעמו האישי. אם הוא אוהב מאכלים אפויים, הוא יביא גם לה' מנחת מאפה תנור; אם ערבים לחיכו מאכלים מטוגנים, הרי שהוא יכבד גם את קונו במנחת מחבת או מרחשת. לשון אחר, האדם מעורב באופן מכריע במנחות המעובדות, וטעמו האישי משפיע על תהליך הכנת הקורבן!

מעורבות זו חסרה לחלוטין במנחת הסולת. זוהי מנחה שמובאת למשכן כעיסה

66. כך למשל מתבטא הנצי"ב בפירושו לתורה: "ובאשר השחתת המדות בא ע"י אחת מארבע מרות, כמו מרה שחורה אם מתגברת מולידה עצבון, ולבנה מולידה ציהוב ושמחה יתירה, וירוקה מולידה תאוה, ואדומה מולידה כעס, משום הכי יש ד' מנחות. ובימי המקדש ידעו לכוין איזו מנחה מועיל לפי אופן השחתה שבנפש" (פירושו לב', א). לפרשנות הנוטה לכיוון אחר ראו אצל הרש"ר הירש בפירושו, שם.

גולמית, וכך גם מוקטרת על גבי המזבח. המקריב מביא דבר מה למשכן, אך אין לו השפעה על תהליך הכנת הקורבן ועל הקרבתו. נמצאה מנחת הסולת דומה בדבר זה לשאר קורבנות החי: גם שם מביא האדם בהמה לפני שצלה אותה או בישל אותה. תהליך עיבודה נעשה על המזבח, ושם האש מאכלת אותה. זוהי נקודה חשובה לתאולוגיה העומדת בבסיס הקורבן, גם אם היו שראו זאת באופן אחר. כך למשל התנסח אלפרד מרקס:

> הקורבנות שבני ישראל מציעים לה׳ הם בעלי חיים וצמחים, אבל רק אלו שמצויים בשימושם הרגיל (דגנים, זית שמן) או בעלי חיים ספציפיים שמצויים בתפריט שלהם. ליתר דיוק, אלו שהם מוצר החקלאות העיקרי שלהם. אלה אינם מובאים כחומרי גלם, אלא כדבר המוכן לארוחה: מבעלי החיים מסירים את העור, המעיים והרגליים רחוצים, קמח הדגנים מעורבב עם שמן זית, או אפילו אפוי ללחם, או קלוי. זה מצביע על העובדה כי הקורבנות נחשבים לארוחות המובאות רק לה׳, או כארוחות משותפות לה׳, לכוהנים ולבעלים (בשלמים). כפי שנאמר בפירוש בקשר לשלמים: חלק הקורבן הנשרף על המזבח הוא ׳לחם ה׳ (ויקרא ג׳, יא, טז).[67]

עמדה זו טועה לדעתי בהנחת יסוד בסיסית בתפיסת הקורבנות במקרא. כבר הערתי במבוא לדיוננו כי הקורבנות הם אומנם מאכלים, אך הם אינם מוצגים כמאכל ה׳. אדרבה, אחד ההבדלים הבולטים בין תפיסת הקורבנות שבמקרא לתפיסה שרווחה אצל עמי קדם, הוא שה׳ אינו זקוק למזון, וקיומו אינו תלוי בקורבנות האדם. הסרת העור ורחיצת האיברים המלוכלכים אינה מורה על הכנת מזון לסעודה אלא קשורה ברצון שהקורבן יהיה מושלם גם מבחינה אסתטית, בדומה לאיסור להקריב בעלי מום (על המונח ׳לחם׳ בהקשרי זבח שלמים נדון במקומו). המקום היחיד בעולם הקורבנות שבו הקורבן מוצג כמזון המוכן לאכילה הוא במנחות המעובדות. כאן אכן הקורבן מובא כאוכל המוכן לסעודה. תפיסת הקורבן לא השתנתה כאן, אולם מאחר שהמנחות המעובדות מבקשות להביע עמדה נפשית של אדם הרוצה לתת **ממזונו** לה׳, הוא אכן מביא קורבן הנראה כאוכל לכל דבר.

67. מרקס, תאולוגיה, עמ׳ 112.

מקום בישול המנחה וטיגונה

ההיבט השני הנוגע לשותפותו המיוחדת של הבעלים בקורבן מנחתו הוא, שהאדם עצמו הוא זה שמכין את מנחתו, ורק לאחר שהיא כבר מוכנה הוא מביאה למשכן. אומנם נושא זה מורכב ונתון במחלוקות, אך דומני שכך מסתבר מתוך פשטי המקראות. רש"י שנזכר לעיל כתב ביחס להכנת מנחת מחבת: "וכלי הוא שהיה במקדש", ובכך הסגיר רש"י את דעתו שהכנת המנחה נעשתה במקדש (וכן סבורים רמב"ן ועוד). זו עמדת חז"ל, ויש בכך היגיון רב מבחינה פרקטית, שהרי קשה לסמוך על כל אדם ואדם שיכין את המנחות בכלים מתאימים וברמת הטהרה והקדושה הנצרכת לעולם המקדש. אבל מתוך פשטי המקראות עולה תמונה אחרת, ועל פיה האדם מכין את המנחה בביתו, ורק אז מביאה למשכן. זהו סדר המקראות:

> וְאִם מִנְחַת מַרְחֶשֶׁת קָרְבָּנֶךָ
> סֹלֶת בַּשֶּׁמֶן תֵּעָשֶׂה.
> וְהֵבֵאתָ אֶת הַמִּנְחָה אֲשֶׁר יֵעָשֶׂה מֵאֵלֶּה לַה'
> וְהִקְרִיבָהּ אֶל הַכֹּהֵן וְהִגִּישָׁהּ אֶל הַמִּזְבֵּחַ (ב', ז-ח).

רק לאחר הכנת המנחה נאמר שיש להביאה לה' ולהגישה אל המזבח. זו דרכו של אברבנאל בפרשנותו לפסוקים אלו:

> **המתנדב היה מביא מנחתו אפויה**... ואמרו 'והבאת את המנחה אשר תעשה מאלה', חוזר אל הג' מינים אחרונים שזכר מהמנחה שאחרי **שיתקנוה הבעלים בבתיהם** על התאר הנזכר, יביאו אותם אל הכהן עם השמן והלבונה (אברבנאל לוויקרא ב', א).[68]

נראה הדבר – ויסלח לי הקורא על ההגזמה הברורה שבדבריי – שבעוד האדם מכין בביתו אוכל לבני משפחתו, הוא מכין מנה נוספת, ואותה הוא מתכוון להביא כמנחה לה'. ניתן לדמיין משפחה שיושבת וסועדת יחדיו; נוכח השפע הרב שהם זכו בו הם מחליטים להביא קורבן מנחה, ובכך להביע את הבנתם מהיכן הגיע לידם כל הטוב שבו זכו. האב למשל – אוהב מעשה מחבת – ומציע שיכינו מנחת מחבת

68. וכן כתב למשל רייני, קורבנות, עמ' 641, ועוד.

ואותה יביאו למקדש; האֵם למשל – אוהבת מעשה תנור – ומציעה להכין מנחת מאפה תנור; ואילו הבן והבת – אוהבי מעשה מרחשת – מבקשים שיכינו מנחת מרחשת עם שמן רב, ושאותה יביאו למחרת למקדש. אני מבין שזהו ציור דמיוני, אך במנחות המעובדות האדם מוזמן להביא לאלוהיו את המאכל שהוא נוהג לאכול, לפי הטעם האישי שלו, והוא עצמו זה שמכין למזבח את מנת המזון שהוא עתיד להגיש למזבח. העובדה שאפיית המנחה או טיגונה נעשים בביתו של האדם המקריב הופכת אותו לשותף של ממש. זו כמובן חוויה שונה מחוויית הקרבת קורבן רגיל.

מעתה גם מובן מדוע במנחת סולת מתייחס הכתוב לאדם המקריב בגוף שלישי – כסגנון שבשאר הקורבנות – אך במנחות המעובדות חורג הכתוב מסגנונו, ופונה אל האדם מישראל – מכין המנחה – בלשון נוכח. סגנון זה הוא שיקוף למעורבותו הגדולה של המקריב, לנוכחותו הרבה בתהליך ההכנה־ההקרבה של מנחתו. בקורבן מעובד זה הוא ניצב בגוף שני ברחבת המשכן, עם טעמו האישי ועם הכנתו את האוכל שהביא למזבח.

דין ההגשה

חובת הגשת המנחה למזבח חמקמקה למדי, וניתן לפענח אותה באופנים שונים. כבר הערתי שנראה שבהגשת המנחה למזבח המנחה כולה עוברת מרשות המקריב אל המזבח, ושדבר זה נדרש במיוחד במנחה, מפני שאומנם רק חלק ממנה עולה בסופו של דבר למזבח, ברם התפיסה היא שהקורבן כולו שייך למזבח. כעת ברצוני לתת את הדעת לתופעה המפתיעה שדין זה נזכר רק במנחות המעובדות.

דומה שיש לראות בכך איזון לשותפות המקריב בהכנת המנחה שהוזכרה לעיל. דווקא אותן מנחות שהוכנו בביתו של האיש ושהוא שותף בהכנתן, בהן יש צורך בהגשה למזבח, כדי להורות על העברתן מרשות הבעלים לרשות גבוה. במנחת הסולת האדם מראש לא שותף, ועל כן גם אין צורך בטקס שבו יופרד המקריב מקורבנו. דברים ברוח זו כתב החזקוני:

> ׳והביאה אל בני אהרן הכהנים׳ – בעזרה. הואיל ומביאה בעזרה סלת ואינה מתוקנת אינה צריכה הגשה למזבח, דמוכחה מילתא שלשם שמים הביאה. אבל אותן הבאות אפויות כגון מחבת מרחשת מאפה תנור ורבוכה צריכה הגשה למזבח, כדי להראות שלצורך המזבח אפאן שלא יתראה כאדם המתקן לעצמו כל הסעודה ואח״כ שולח מנות לרעהו (חזקוני לוויקרא ב׳, ב).

דברי החזקוני אמיצים: בשונה מקריאת חז"ל הוא מפרש שאכן אין צורך להגיש את מנחת הסולת, ושזהו דין ייחודי למנחות המעובדות. בדבריו הוא מבאר שהמנחות המעובדות מובאות למזבח כשהן כבר מוכנות לאכילה, ולכן נראה כאילו האדם הביא אוכל לעצמו, ואגב אורחא נותן גם משלו משהו למזבח.[69] תפקיד ההגשה הוא להבהיר שהמנחה עוברת לתחום הקודש, ושהמאכל יוצא מתחת ידו של המקריב, וכבר אינו שייך לו. מנחת סולת שאינה מוכנה לאכילה אינה שונה מכל בהמה שאדם מביא לקורבן, ושום אדם לא מעלה בדעתו שמדובר בסעודתו הפרטית, ושלמזבח נותרו אך השאריות.

זהות הקומֵץ

אגב ביאור דין ההגשה אנו רשאים לבאר פער נוסף שקיים בין שני הדגמים של המנחות: כאמור לעיל, במנחות המעובדות מפורש שהכוהן הוא זה שצריך לקמוץ את החלק שעתיד להגיע למזבח: "וְהֵרִים הַכֹּהֵן מִן הַמִּנְחָה אֶת אַזְכָּרָתָהּ" (ב׳, ט), אולם במנחת הסולת אין נושא ברור לפועל 'וקמץ', וניתן להבין שהבעלים מביאים את המנחה לכוהן, והם גם קומצים ממנה ומביאים לו את החלק שהוא עתיד להקטיר על המזבח.

לאור דין ההגשה, דבר זה מתברר מאליו: ברור שהכוהן הוא הקומץ מהמנחות המעובדות, שהרי הן כבר הוגשו אל המזבח והתקדשו בקדושתו. מכאן ואילך יש צורך בעבודת כוהנים, שהרי המנחה היא קודש קדשים וקשורה למזבח. אולם מאחר שלא מוזכר דין הגשה במנחת הסולת, הקמיצה מוארת באור הבאת המנחה אל המשכן, ועל הבאה זו אחראי הבעלים. המנחה טרם התקדשה בקדושת מזבח, ואין אפוא הכרח שדווקא כוהן יטפל במנחה. במנחת הסולת דומה הקמיצה לשחיטת קורבן חי שיכולה להיעשות בידי הבעלים, שהרי הבהמה עוד לא נמסרה למזבח.

"שֶׁמֶן וּקְטֹרֶת יְשַׂמַּח לֵב" (משלי כ"ז, ט)

לאור ההבדל היסודי במעורבות המקריב בשני הדגמים של המנחה ניתן לבאר גם את הפערים האחרים בין שני סוגי המנחות, וכוונתי במיוחד לריבוי השמן במנחות המעובדות ולתוספת הלבונה במנחת הסולת. נדון תחילה בסוגיית השמן.

כפי שראינו, אחד הרכיבים המרכזיים במנחות המעובדות הוא השמן. ניתן היה

69. מכאן ראיה שגם חזקוני הניח – כמו אברבנאל – שאת המנחות המעובדות הכין המקריב בביתו. הרי אילו הכין אותן במקדש, ברור היה שזו הכנה לצורכי גבוה ולא שאריות מהסעודה שלו. חשש כזה ייתכן דווקא אם הוא בא למקדש ובידו מזון שהכין בביתו.

לטעון שכך מכינים מזון מדגן, ודי לנו בזה כדי לבאר את תוספת השמן; כל אדם שמבקש לטגן או לאפות נצרך להיעזר בשמן, ומאחר שקורבן המנחה המעובדת מדמה מזון של ממש, נדרש להוסיף בהכנתו גם שמן. ביאור זה ודאי יכול לבאר את מנחת מרחשת, שכל ייחודה הוא בכך שהיא נעשית בשמן רוחש: ״וְאִם מִנְחַת מַרְחֶשֶׁת קָרְבָּנֶךָ סֹלֶת בַּשֶּׁמֶן תֵּעָשֶׂה״ (ז). אולם קשה להסתפק בכך, מפני שבשתי המנחות המעובדות האחרות השמן מופיע גם בשלב שלא קשור באופן ישיר בהכנת המנחה לפני טיגונה או אפייתה. כך הדבר במנחה אפויה: ״וְכִי תַקְרִב קָרְבַּן מִנְחָה מַאֲפֵה תַנּוּר סֹלֶת חַלּוֹת מַצֹּת בְּלוּלֹת בַּשֶּׁמֶן וּרְקִיקֵי מַצּוֹת מְשֻׁחִים בַּשָּׁמֶן״ (ד). אכן יש לבלול בשמן את העיסה לפני אפייתה, אך גם לאחר אפייתה, כשהיא כבר מזון מוכן לאכילה (ולפי קריאת חז״ל – המביא חלות בולל אותן טרם אפייתן, אך המביא מצות מושח עליהן שמן לאחר אפייתן). כך הדבר גם במנחת מחבת. תחילה יש להוסיף שמן כחלק מתהליך הכנת העיסה: ״וְאִם מִנְחָה עַל הַמַּחֲבַת קָרְבָּנֶךָ סֹלֶת בְּלוּלָה בַשֶּׁמֶן מַצָּה תִהְיֶה״ (ה). אך לאחר טיגונה יש לצקת עליה שמן בשנית: ״פָּתוֹת אֹתָהּ פִּתִּים וְיָצַקְתָּ עָלֶיהָ שָׁמֶן״. נראה שיש עניין מיוחד להרבות בשמן במנחה זו, לא רק בשל אופן ההכנה עצמו.

אחת הדעות בחז״ל היא שלא מושחים את רקיקי המצות כולם בשמן, אלא מסתפקים במשיחה סמלית – מורחים שמן בצורת X על הרקיק (״כמין ׳כי׳״, האות היוונית שצורתה X):

> כל המנחות הנעשות בכלי – טעונות שלש מתנות שמן, יציקה ובלילה ומתן שמן בכלי קודם לעשייתן... החלות טעונות בלילה והרקיקים משוחין. כיצד מושחן? כמין כי, ושאר השמן נאכל לכהנים (משנה מנחות ו, ג).

גישה זו מזמינה פענוח מפתיע למשיחת המנחות בשמן: השמן אינו קשור בהכנת המזון כל עיקר אלא כבעל תפקיד של הקדשה. משיחה בשמן ״כמין כי״ מצויה בגישת חז״ל גם במשיחת הכוהנים: ״תנו רבנן מושחין את המלכים כמין נזר (= סביב הראש), ואת הכהנים כמין כי. אמר רב מנשיה: כמין כי יוני״ (כרתות ה ע״ב; הוריות יב ע״א).

השאלה מדוע נבחרה דווקא צורת X למשיחת הקדשה היא עניין מורכב שלא ברור די צורכו. מאחר שאין זה עיקר דיוננו נסתפק כעת בהצעה של הרב כשר שהדבר מבוסס על התוויית האות תי״ו על מצחות האנשים הכשרים שלא עבדו עבודה זרה בנבואת יחזקאל: ״עֲבֹר בְּתוֹךְ הָעִיר בְּתוֹךְ יְרוּשָׁלָם וְהִתְוִיתָ תָּו עַל מִצְחוֹת הָאֲנָשִׁים הַנֶּאֱנָחִים וְהַנֶּאֱנָקִים עַל כָּל הַתּוֹעֵבוֹת הַנַּעֲשׂוֹת בְּתוֹכָהּ״ (יחזקאל ט׳, ד). הרב כשר הציע,

שמאחר שהאות תי"ו בכתב עברי קדום נראית כאות X, הרי שהכוהנים שנמשחים לעבודת הקודש מסומנים כמו אותם כשרים שניצלו מהפורענות בחורבן ירושלים.[70]

בין אם נאמץ את הצעת הרב כשר ובין אם נאמץ שיטה אחרת, הפסיקה שאת המנחות יש למשוח כמין X, צובעת את תוספת השמן בצבעי הקדשה, וכחלק מדיני העברת המנחה לרשות גבוה. ככל הנראה הבסיס לקריאת חז"ל שיש למשוח את המנחות כשם שמושחים כוהנים הוא שימוש הכתוב בלשון 'משיחה': "וּרְקִיקֵי מַצּוֹת מְשֻׁחִים בַּשָּׁמֶן" (ב', ד), שהרי הפועל 'למשוח' (בשמן) בתורה אכן מוסב על הקדשת בני אדם (כוהנים) או חפצים (כלי המשכן).[71]

לפי קריאה זו, יש להשוות את הנאמר במשיחת הכהן: "וְלָקַחְתָּ אֶת שֶׁמֶן הַמִּשְׁחָה **וְיָצַקְתָּ עַל רֹאשׁוֹ וּמָשַׁחְתָּ אֹתוֹ**" (שמות כ"ט, ז), למה שנאמר במשיחת מנחת מחבת: "פָּתוֹת אֹתָהּ פִּתִּים **וְיָצַקְתָּ עָלֶיהָ שָׁמֶן מִנְחָה הִוא**" (ב', ו). הביטוי החותם – "מִנְחָה הִוא" – נטען במלוא משמעותו: יציקת השמן על הפתיתים מחילה עליהם שם 'מנחה', ומקדשת אותם למזבח. כלומר, תוצאת משיחת השמן מתוארת בהקבלה לביטוי "ומשחת אֹתו" שנאמר על הכוהן.

קודם שנעזוב אפשרות זו ונפנה לפענוח חלופי, יש להזכיר שלפי עמדה זו יש מקום להבחין בין המנחות לאור הפועל המציין את תוספת השמן במנחות, וייתכן שניסוחים אלו מצביעים על מסלולי הקדשה שונים:

א. מנחת מאפה תנור – "וּרְקִיקֵי מַצּוֹת **מְשֻׁחִים** בַּשָּׁמֶן".
ב. מנחת מחבת – "**וְיָצַקְתָּ** עָלֶיהָ שָׁמֶן מִנְחָה הִוא".

70. הרב כשר, תורה שלמה, כרך כג, מילואים סימן כ, עמ' קצד-קצז. מעניינת גם הצעתו שם, שההבלטה "כמין כי" באה להוציא מהדעת את האפשרות למשוח כשתי וערב – לאורך ולרוחב – מפני שדבר זה דומה לצלב, וחז"ל רצו להימנע מכך. בניגוד לתפיסה זו הציע מילגרום, שמשיחת המנחות בצורת X מוכיחה שמדובר בדין קדום, כי לאחר פרוץ הנצרות חז"ל כבר לא היו מכריעים למשוח בדרך זו (מילגרום, ויקרא, כרך א, עמ' 184).

71. עם זאת, יעקב 'יוצק' שמן על ראש אבנים שהפך למצבות (בראשית כ"ח, יח; ל"ה, יד), והגישה המקובלת רואה באקט זה הקדשה (אולם ראו בפרק ל"א, יג, ששם מזכיר ה' ליעקב את המצבה שהוא 'משח'). כאמור למעלה, ביחס לאהרון נזכרים שני הפעלים: "וַיִּצֹק מִשֶּׁמֶן הַמִּשְׁחָה עַל רֹאשׁ אַהֲרֹן וַיִּמְשַׁח אֹתוֹ לְקַדְּשׁוֹ" (ויקרא ח', יב). כבדרך אגב אעיר שיש מן ההפתעה שהשמן נבחר כדי לקדש דברים, מפני שהשמן רווח במצרים הקדומה (ולא רק שם) כחלק מפולחן המתים. שם היו מושחים בשמן את הנפטרים ואת חפציהם, ובכך המת היה מוכן לקבורה ולחיי עולם הבא (ראו למשל בסקירתו הרחבה של קרוגר, קבורה). ניתן היה לצפות שהתורה תסתייג משימוש בשמן בהקשרי קדושה כדי להתרחק מתפיסות העולם האלילי-הפגני.

כאמור לעיל, בתיאור הקדשת 'הכוהן המשיח' נעשה שימוש בשני הפעלים האלו: "וְלָקַחְתָּ אֶת שֶׁמֶן הַמִּשְׁחָה **וְיָצַקְתָּ** עַל רֹאשׁוֹ **וּמָשַׁחְתָּ** אֹתוֹ", ובמנחות הם פוצלו בין שתי אפשרויות של מנחה.[72]

לפי גישה זו נראה שתוספת השמן במנחות המעובדות היא חלק מעולם דין ההגשה שגם הוא הוזכר רק במנחות המעובדות. כלומר, דווקא המנחות שנעשות בבית המקריב זקוקות להקדשה, זקוקות לתמונת טקס שתעביר אותן מרשות הדיוט לרשות גבוה. כשם שההגשה עושה זאת, כך גם 'משיחתן' בשמן מכריזה שהן אינן שייכות לאדם אלא לגבוה.

אך למרות כל האמור לעיל, דומני שיש להביא בחשבון גם אסוציאציות מקראיות רחבות שנלוות אל השמן, מלבד במשיחה שמייעדת לתפקיד. כבר הערתי שהשמן מייצג במקרא עשירות ועונג, כמו שבא לידי ביטוי למשל בברכת יעקב לאשר: "מֵאָשֵׁר שְׁמֵנָה לַחְמוֹ וְהוּא יִתֵּן מַעֲדַנֵּי מֶלֶךְ" (בראשית מ"ט, כ), ועוד פסוקים רבים. השמן נקשר אסוציאטיבית עם העונג ועם השפע הן כרכיב מזון, שכן תוספת השמן למאכל הופך אותו לעשיר ומדושן, הן כרכיב קוסמטי, שכן עיסוי הגוף בשמן נתפס כבר בימי קדם כעונג של אנשי מעלה עשירים.[73]

אסוציאציות אלו מתאימות לקורבן מנחה, שמייצג את ברכת השפע שנתן לו אלוהים למקריב, וכעת מתברר שסמל זה מובלט במיוחד במנחות המעובדות.

לפני שנעבור לדון בתוספת הלבונה, כבר ניתן לסכם ולומר שבמנחות המעובדות האדם מוזמן להיות שותף בתהליך ההקרבה, או למצער להשפיע באופן ניכר ואישי על סוג הקורבן ותהליך הכנתו. מעורבות זו אינה מתאימה לאווירת ההתבטלות הטוטלית שאפיינה את קורבן העולה. ההבנה שהאדם זקוק לקורבן כדי להתייצב מול אלוהיו מוחלפת במנחות המעובדות בחוויית שותפות. עדיין לא ניתן לדבר על תודעה דתית של זבח השלמים (ששם האדם מוזמן גם לאכול מהקורבן), אך לפנינו תנועה של ממש לכיוון חוויית השמחה והשותפות שתפרוצנה בשיאן בזבח השלמים.[74]

72. חז"ל נדרשו ללימוד מיוחד כדי להרחיב את דין היציקה לכל המנחות כולן, אך עדיין הותירו את מנחת מאפה תנור מחוץ לדין היציקה (מנחות עה ע"א).

73. כמו למשל בתיאור הסרקסטי של עמוס את עשירי ישראל: "הַשֹּׁכְבִים עַל מִטּוֹת שֵׁן וּסְרֻחִים עַל עַרְשׂוֹתָם וְאֹכְלִים כָּרִים מִצֹּאן וַעֲגָלִים מִתּוֹךְ מַרְבֵּק. הַפֹּרְטִים עַל פִּי הַנָּבֶל כְּדָוִיד חָשְׁבוּ לָהֶם כְּלֵי שִׁיר. הַשֹּׁתִים בְּמִזְרְקֵי יַיִן וְרֵאשִׁית שְׁמָנִים יִמְשָׁחוּ" (עמוס ו', ד-ו).

74. השוו לדבריו היפים של מרקס: "האדם מציע מנחה, שבה ה' ואורחיו האנושיים לוקחים אותו המזון, שהוכן באותו האופן, באותו המקום, ואשר משקפת את הקרבה האינטימית ביותר בין

לבונה

כפי שראינו לעיל, אחד ההבדלים בין מנחת הסולת למנחות המעובדות הוא שחובת תוספת הלבונה נזכרת בפירוש רק במנחת הסולת ולא במנחות האפויות והמטוגנות. פער זה מפתיע למדי, שהרי אם – כפי שיש הטוענים – הלבונה בעלת הריח הטוב מייצגת נחת רוח, מתאים היה להוסיף אותה במיוחד למנחות המעובדות, לצד השמן הרב שיש במנחות אלו, והדבר היה מסמל את השותפות שיש למכין המנחה המוכנה במאכל.

האתגר בהבנת דין הלבונה גדול במיוחד. דרישה זו לא נזכרת בקורבנות מן החי, כך שנראה שתוספת הלבונה קשורה בעובדה שקורבן המנחה הוא קורבן סולת. אולם לחטאת עני שבאה סולת אין להוסיף לבונה (ויקרא ה׳, יא), כמו גם למנחת סוטה (במדבר ה׳, טו) כך שאין מדובר בתוספת הכרחית לכל קורבן סולת אלא דווקא למנחה הבאה בתורת קורבן נדבה. הלבונה כאמור אינה נזכרת במנחות המעובדות, אך בנוסף למנחת הסולת היא נזכרת בחתימת הפרק גם במנחת ביכורים (ב׳, טו–טז). לפיכך, האתגר בהבנת תפקיד תוספת הלבונה למנחה הוא כפול: מדוע יש להוסיף לבונה לקורבן מנחה כל עיקר, ומדוע אין להוסיף אותה לכל המנחות?[75]

יעקב מילגרום הציע ביאור מורכב: לדעתו, ראוי באופן בסיסי להמעיט בתוספות בקורבן המנחה מפני שהוא קורבנו של עני (כך לשיטתו). לפיכך ברור מדוע אין במנחות המעובדות לבונה – דבר שמייקר מאוד את המנחה. אולם במנחת סולת יש הכרח להוסיף לבונה כדי ליצור הבחנה בינה לבין מנחת חוטא – שגם היא באה סולת בלבד. כדי שיהיה ברור שהמביא את מנחת הסולת הנידונה כאן מביא אותה בנדבה, עליו להוסיף לבונה, ומעתה יהיה ברור שאין זו מנחת חוטא שבאה בתורת חטאת אלא מנחת נדבה.[76]

אולם קשה להשתכנע מביאור זה. ראשית, חסרון השמן במנחת חוטא כבר מבדיל בינה ובין מנחת נדבה, ומדוע יש צורך בסימן נוסף? אבל חשוב מכך, הסברו של מילגרום נשמע טכני ומוזר: על פי דבריו, אין לתוספת הלבונה משמעות פנימית אלא רק משמעות מסמנת, אך אם כך, ניתן היה לעשות דברים אחרים שיבדילו בין

האדם לה׳. עם זאת, סוג זה של קרבה הוא הזכות הבלעדית של הכוהנים. מעניין לציין, כי זהו סוג הקורבן הזול ביותר והוא הקטן ביותר – הן בטבע והן בכמות״ (מרקס, תאולוגיה, עמ׳ 114).

75. יש לציין שהלבונה, או לפחות הקטורת, שימשו גם במקדשים אליליים, במיוחד במצרים אך גם מחוצה לה (ראו את סקירתם של ווטס, ויקרא, עמ׳ 238–239; וינצ׳, קטורת, עמ׳ 14–21; נילסן, קטורת, עמ׳ 25–33), ובכל זאת לא נמנעה התורה מלחייב לבונה וקטורת במקדש.

76. מילגרום, ויקרא, כרך א, עמ׳ 183, 198–199.

המנחות, בין אם בהוספת פרטים על המנחה, בין אם בדרך עבודת הקרבתה, ועוד כהנה וכהנה רעיונות. לא סביר שהלבונה נבחרה כבאקראי, שהרי אנו מוצאים אותה בהקשרים נוספים, ולעיתים היא אף מוצגת כקורבן בפני עצמו, ולפחות כדבר חשוב העולה על המזבח.[77] כך למשל בנבואת ישעיה, המשמשת גם כהפטרת פרשת ויקרא:

לֹא הֵבֵיאתָ לִּי שֵׂה עֹלֹתֶיךָ / וּזְבָחֶיךָ לֹא כִבַּדְתָּנִי.
לֹא הֶעֱבַדְתִּיךָ בְּמִנְחָה / וְלֹא הוֹגַעְתִּיךָ בִּלְבוֹנָה.
לֹא קָנִיתָ לִּי בַכֶּסֶף קָנֶה / וְחֵלֶב זְבָחֶיךָ לֹא הִרְוִיתָנִי
אַךְ הֶעֱבַדְתַּנִי בְּחַטֹּאותֶיךָ / הוֹגַעְתַּנִי בַּעֲוֺנֹתֶיךָ (ישעיה מ"ג, כג-כד).[78]

בדומה נאמר גם בירמיה: "לָמָּה זֶּה לִי לְבוֹנָה מִשְּׁבָא תָבוֹא / וְקָנֶה הַטּוֹב מֵאֶרֶץ מֶרְחָק. עֹלוֹתֵיכֶם לֹא לְרָצוֹן / וְזִבְחֵיכֶם לֹא עָרְבוּ לִי" (ירמיה ו', כ); "וּבָאוּ מֵעָרֵי יְהוּדָה וּמִסְּבִיבוֹת יְרוּשָׁלִַם וּמֵאֶרֶץ בִּנְיָמִן וּמִן הַשְּׁפֵלָה וּמִן הָהָר וּמִן הַנֶּגֶב מְבִאִים עוֹלָה וְזֶבַח וּמִנְחָה וּלְבוֹנָה וּמְבִאֵי תוֹדָה בֵּית ה'" (ירמיה י"ז, כו); וכן: "וַיָּבֹאוּ אֲנָשִׁים מִשְּׁכֶם מִשִּׁלוֹ וּמִשֹּׁמְרוֹן שְׁמֹנִים אִישׁ מְגֻלְּחֵי זָקָן וּקְרֻעֵי בְגָדִים וּמִתְגֹּדְדִים וּמִנְחָה וּלְבוֹנָה בְּיָדָם לְהָבִיא בֵּית ה'" (ירמיה מ"א, ה).[79]

היחס אל הלבונה הוא יחס מכבד, והיא נתפסת כדבר מה מהותי בעולם הקורבנות ולא רק כמסמן טכני.

הרב ברוך קהת הציע (בשיחה בעל פה) שאין תוספת לבונה במנחות המעובדות, כי עיקר החידוש במנחות הללו הוא שהן מובאות מוכנות למאכל: כשם שאוכלים אותן – כך הן מועלות על המזבח. לו אדם היה נוהג לאכול לבונה, ניתן היה להוסיפה למנחות המעובדות, אך מאחר שהלבונה מופקעת מהשולחן האנושי היא גם נעדרת משולחן גבוה.

77. גם לפי חז"ל יכול אדם לנדוב למקדש לבונה בפני עצמה ולא רק כנספח למנחה (ספרא, דיבורא דנדבה, פרשה ח, ג).

78. הפרשנים במקום נחלקים אם הכוונה בפסוק ללבונה של הקטורת (רד"ק), או ללבונה של המנחות (מצודת דוד), אך בין כך ובין כך הלבונה מוצגת כקורבן עצמאי.

79. מאחר שאנשים אלו "מְגֻלְּחֵי זָקָן וּקְרֻעֵי בְגָדִים וּמִתְגֹּדְדִים", הרי שהם יודעים על חורבן בית ה', ומדוע הם מביאים מנחה ולבונה לבית ה' החרב? יש שהבינו (כמו רד"ק למשל), שבשעה שהם יצאו מבתיהם הם לא ידעו שהמקדש חרב, אבל שמעו על כך בדרך וקרעו בגדיהם. אחרים טענו (כמו רש"י למשל) שהם סברו שניתן להקריב קורבנות גם בלי מקדש. למעשה, כך אירע בבית שני: בנו תחילה מזבח ורק אחר כך את הבית עצמו.

החיסרון בביאור זה הוא שאין בו הסבר לתוספת הלבונה מלכתחילה. הנחת היסוד של טענה זו היא שראוי להוסיף לבונה, אלא שלא ניתן לעשות כך במנחות המעובדות. אך מדוע יש להוסיף לבונה במנחת סולת? הרי בעולה ובזבח שלמים לא מוסיפים מאומה מעין זה.

בעל כורחנו יש להבין תחילה מדוע יש להוסיף לבונה למנחת סולת כל עיקר, ולאור כך ננסה להבין מדוע הלבונה נעדרת מהמנחות המעובדות. נסקור תחילה שלושה ביאורים שהוצעו לתוספת הלבונה ולתפקידה, ואחריהם נציע הצעה נוספת.

1. **קישור המנחה למקריב:** הלבונה שונה מכל שאר המוצרים המוקטרים על גבי המזבח: היא המוצר היחיד שעולה על המזבח שאיננו מאכל (בניגוד לבעלי חיים; תבואה; שמן ומלח). ובניגוד לשמן הבלול בתוך המנחה עצמה, את הלבונה אין לערבב עם סולת המנחה אלא יש להניחה על הקורבן בנפרד: "וְקָמַץ מִשָּׁם מְלֹא קֻמְצוֹ מִסָּלְתָּהּ וּמִשַּׁמְנָהּ עַל כָּל לְבֹנָתָהּ" (ב׳, ב).[80] לאור כך, היו שהסיקו שאין לראות בלבונה מרכיב נוסף שמצטרף לקורבן (כמו השמן), אלא יש לה תפקיד ייחודי: להקדיש את המנחה לה׳, ולשייך אותה אליו. אם הקורבן בא כקורבן כפרה יש לו תפקיד מוגדר ואין צורך בהקדשה זו, אך את מנחות הנדבה יש לקשר אל מרחב הקדושה. הטוענים כך, דימו את תוספת הלבונה לסמיכת הידיים בקורבן עולה.[81] לטעמי רעיון זה מוזר, אך גם אם נאמץ אותו, שאלתנו נותרה על כנה: מדוע על עולה וזבח שלמים הבעלים סומכים את ידיהם וכך מקדישים אותם לה׳, ואילו במנחה יש להביא לבונה שתחליף אקט זה?
2. **התגברות על ריח הקורבנות:** בדומה לעמדת הרמב"ם ביחס לקטורת שבאה לגבור על הריח הרע של שחיטת הבהמות והטיפול בבשרם במקדש (מורה הנבוכים, חלק ג, מה), היו שהציעו שתפקיד הוספת הלבונה לקורבן הוא

80. רנדטורף שיער שלא מוסיפים את הלבונה לתוך המנחה עצמה מאחר שהכוהנים אוכלים את 'הנותרת' שלא הוקרבה, ואת הלבונה הם אינם יכולים לאכול (רנדטורף, ויקרא, עמ׳ 98). הוא גם העיר שלא נאמר מהי הכמות של הלבונה שיש להביא, אך ניתן להבין שמדובר בכמות קטנה שהרי כולה נשרפת יחד עם המנחה שאינה אלא קומץ (שם, עמ׳ 97-98). עם זאת יש להעיר שבוויקרא ב׳ לא רשומות כמויות גם לחומרים האחרים המוקטרים – לא לשמן הנוסף לסולת ואפילו לא נאמר בפירוש מהי כמות הסולת עצמה שיש להביא.
81. בוד, ויקרא, עמ׳ 58.

לגבור על הריח הלא נעים שמתלווה לקורבנות החי.[82] אכן כפי שיובן להלן, יש באמת קשר בין הלבונה לבין הפקת ריח טוב, אך הצעה זו קשה: הרי דווקא לקורבנות מן החי לא מוסיפים לבונה. לא ייפלא, שאלו שראו את תפקיד הלבונה בשיפור הריח נאלצו לטעון, שעל אף שהדרישה להוסיף לבונה באה רק בקורבן מנחה, סביר שהכוהנים היו מפזרים מעצמם עצי בשמים על המזבח כדי לשפר את הריח.[83] זו תוספת שאינה עולה מהמקראות והיא דחוקה למדי.

3. **מעלה עשן:** אחרים הציעו שתפקיד הלבונה להרבות בעשן: ״הלבונה מיתוספת כדי להרבות את כמות העשן שיוצא מהקורבן, ובכך היא הופכת את הטקס הבוער למרשים יותר״.[84] יש בהצעה זו כדי לבאר מדוע יש להוסיף לבונה דווקא בקורבן המנחה הקטן ולא בקורבנות החי שמעלים עשן רב בשרפתם, אולם קשה להבין מדוע נבחרה דווקא הלבונה כדי להגביר את כמות העשן. יש צמחים שידועים בריבוי העשן שהם יוצרים עם שרפתם (לפי מסורת חז״ל לקטורת הוסיפו צמח שכל עניינו היה ריבוי העשן – 'Leptadenia pyrotechnica'),[85] אך הלבונה אינה נמנית עימהם. קשה להניח שעיקר מגמת תוספת הלבונה היא ריבוי העשן, ושלשם כך נבחר צמח שאין זו אחת מתכונותיו המרכזיות. ביאור זה גם אינו מבהיר מדוע במנחות המעובדות אין צורך בתוספת לבונה.

4. **ריח ניחוח:** דומה שיש לאמץ את התכונה הבולטת ביותר של הלבונה ולאורה להבין את תפקידה. מבחינה זו, הצדק עם הגישה השנייה, שהריח הטוב שנלווה אל הלבונה הוא הדבר המרכזי המאפיין אותה, אך דומני שיש לראות זאת באופן אחר מהתגברות על הריח הרע שנוצר משחיטת בעלי החיים.

יש עדיפות להתמקדות בריח הלבונה הן מצד הקונוטציות שנלוות ללבונה בהקשרים אחרים והן מצד חשיבות הריח הטוב בעולם הקורבנות. יש קישור ברור במקרא בין הלבונה לריח הטוב. בשיר השירים מתוארת הרעיה עם הריחות הטובים שעליה: ״מְקֻטֶּרֶת מוֹר וּלְבוֹנָה״ (שה״ש ג׳, ו), וכן נאמר שם: ״נֵרְדְּ וְכַרְכֹּם קָנֶה וְקִנָּמוֹן עִם כָּל עֲצֵי

82. ווטס, ויקרא, עמ׳ 242.
83. הרן, שימוש בקטורת, עמ׳ 113.
84. אברהרט, טקס הבערה, עמ׳ 490.
85. חז״ל ראו חשיבות יתרה בתוספת צמח זה ובריבוי עשן הקטורת, והדבר אף היה סלע מחלוקת קשה בין הצדוקים לפרושים. ראו אצל לוריא, מעלה עשן.

לְבֹנָה" (ד', ד). גם בקטורת שבמקדש, שריחה הטוב נודף למרחקים, יש לבונה: "וַיֹּאמֶר ה' אֶל מֹשֶׁה קַח לְךָ סַמִּים נָטָף וּשְׁחֵלֶת וְחֶלְבְּנָה סַמִּים וּלְבֹנָה זַכָּה בַּד בְּבַד יִהְיֶה" (שמות ל', לד). ככל הנראה הלבונה נזכרת מחוץ למסגרת 'הסמים' כדי ללמד שיש לשים כמות לבונה זהה לכמות שאר שלושת 'הסמים' שנזכרים כאן (ראו במיוחד בפירוש רשב"ם על אתר), ומכך עולה ש"הלבונה אינה בכלל הסמים, והיא בפני עצמה עיקר הקטורת".[86] סביר אם כן שגם תוספת הלבונה במנחות מבקשת להוסיף להן ריח טוב.

לצד זאת, יש יתרון נוסף לביאור זה בשל תפיסת הריח הטוב כיסוד מכונן בעולם הקורבנות. דבר זה ניכר כבר בעולות שהקריב נח לאחר המבול ושהובילו לפיוס בין ה' לעולם: "וַיָּרַח ה' אֶת רֵיחַ הַנִּיחֹחַ" (בראשית ח', כא). הפיוס בין ה' לאדם מתבטא בפסוקים אלו דרך ריח הקורבנות דווקא.[87] גם בקללות, המבע הלשוני להפסקת הקורבנות הוא הפסקת 'ריחם': "וְנָתַתִּי אֶת עָרֵיכֶם חָרְבָּה וַהֲשִׁמּוֹתִי אֶת מִקְדְּשֵׁיכֶם וְלֹא אָרִיחַ בְּרֵיחַ נִיחֹחֲכֶם" (ויקרא כ"ו, לא); "שָׂנֵאתִי מָאַסְתִּי חַגֵּיכֶם / וְלֹא אָרִיחַ בְּעַצְּרֹתֵיכֶם" (עמוס ה', כא), ועוד. בלשונו של ר' צדוק הכוהן מלובלין בחתימת ספרו צדקת הצדיק: "וסוד כל הקרבנות בכלל אינו אלא הריח" (תורה רסד).

הצירוף 'ריח ניחוח' נעשה ביטוי שגור בחטיבת הקורבנות שלפנינו, ונראה שזוהי תכלית הקרבת הקורבנות – הפקת ריח ניחוח. אך יש לדייק יותר: המונח 'ריח ניחוח' נזכר בקורבנות הפרטיים דווקא באלו הבאים **נדבה**, והוא אינו נזכר בקורבנות שבאים על חטא (מלבד חריגה אחת בחטאת שעירת יחיד, ד', לא, שנדון בה להלן). מטרת קורבנות החובה אינה לעשות 'ריח ניחוח' אלא לכפר או לחטֵא. מסתבר שהאווירה שמלווה את המונח 'ריח ניחוח' היא אווירה של פיוס ושל קרבה, המתאימה דווקא לקורבנות נדבה (ולקורבנות ציבור שאינם באים על חטא, כמו עולת התמיד, מוספי החגים וימי המילואים).[88]

86. קאסוטו, שמות, עמ' 280.

87. לעיתים מובאים פסוקים אלו כדוגמה לקצה הגבול המקראי בהאנשת ה' המריח את ריח הקורבן ועקב כך מתפייס עם האנושות. כאמור במבוא, צודקים אלו שהעירו כי מקריאת סיפור המבול על רקע האופן שבו הוא מתואר בסיפורי המזרח הקדום, ניכר הפער בין יחס ה' לקורבנות ובין יחס האלים לקורבנות שהקריב גיבור המבול שם. בסיפורים מסופוטמיים אלו מוצגים האלים כרעבים למזון, שהרי לכל אורך תקופת המבול לא היה מי שיקריב להם קורבנות, ועל כן מיד עם הריחם את ריח הקורבנות הם נקהלו מסביב "כמו זבובים" (עלילות גלגמש, לוח 11, שורות 159–161, ובדומה גם באתרחסיס, לוח שלישי, שורות 253–254). גם הנסך שנזכר בסיפור המבול הבבלי (אתרחסיס שם, שורה 250) אינו מופיע בבראשית, ומכך הסיק נחום סרנה שהתורה הקפידה שלא יטעה הקורא לחשוב שה' זקוק היה לקורבנות נח כסעודה (סרנה, להבין בראשית, עמ' 54).

88. השוו לשאלת אברבנאל על ויקרא ו': "השאלה הט' באמרו 'והקטיר המזבח ריח ניחח אזכרתה

מכאן ניתן לעבור לשלב הבא: כיצד מופק ׳ריח ניחוח׳ בעולת נדבה ובזבח שלמים? בדרך כלל מבינים צירוף זה כמעין מטפורה שאיננה אלא סמל או דימוי. כך למשל מתרגם אונקלוס את הצירוף ״רֵיחַ נִיחוֹחַ לַה׳״: ״קורבן דמתקבל ברעוא קדם ה׳״, וכך כתב גם רש״י ברצונו להרחיק את ממד ההגשמה שביטוי זה עלול לצפון בתוכו: ״ריח ניחח – נחת רוח לפני שאמרתי ונעשה רצוני״ (רש״י לבמדבר כ״ח, ח).[89] אולם גם אם מדובר בדימוי לשוני, סביר שיש לדבר איזו אחיזה במציאות. לא רחוק מן הדעת לומר שהריח הטוב של קורבנות החי מושג בהקטרת הבשר באש המזבח. זהו ריח בולט המרחיב את הנפש. כאמור, עצם הקרבת בעלי חיים לעולות על ידי נח הפיק ׳ריח ניחוח׳.[90] לא ייפלא אפוא ש״אברים שצלאן ואחר כך העלן למזבח – אין בהם משום ריח ניחוח״ (רמב״ם, הלכות מעשה הקורבנות ו, ד), שהרי דווקא צלייתם על המזבח היא המפיקה את הריח הטוב הנדרש; שרפת בשר צלוי איננו ריח ניחוח אלא ריח של שרפה.

אבל אם הריח הטוב מושג בזכות הקטרת הבשר, הרי שיש ריח ניחוח בעולה ובזבח שלמים, אבל כיצד קורבן המנחה – שגם הוא קורבן נדבה – יפיק את ריח הניחוח הנדרש? שריפת קמח עם שמן אינה מדיפה ריח מיוחד שיהיה בו משום סמל לריח הניחוח שקורבנות הנדבה מבקשים להנכיח. דומה שזה תפקיד הלבונה במנחות אלו: היא מעניקה לקורבן את ריח הניחוח הנדרש.[91] דבר זה מבהיר מדוע הלבונה מצטרפת דווקא במנחות, ואין צורך להוסיפה בקורבנות החי, שהרי שם מושג ריח ניחוח בעצם הקרבתם באש המזבח.

דבר זה מבהיר גם מדוע למנחת נסכים – שמלווה קורבן מן החי – אין צורך

לה״, שהנה מצאנו בענין ׳אשה ריח ניחח׳ ארבעה חלקי הסותר (= שינויים): כי פעם יאמר שניהם ׳אשה ריח ניחוח׳ כמו שהוא בעולות ובמנחות ובשלמי הבקר בסדר ויקרא. ופעם לא יאמר שום אחד מהם, כמו שמצאנו בחטאת הנשיא ובקרבן עולה ויורד, ופעם יאמר ׳לה״ לבד כמו שאמר במנחת הביכורים, ופעם יאמר ׳ריח ניחח׳ לבד כמו שנאמר בחטאת יחיד״.

89. הרגישות של הפרשנים לחשש ההגשמה שביטוי זה נושא בחובו באה לידי ביטוי גם אצל רס״ג ורמב״ם. ראו על כך במאמרו של דוד מרוויל, ריח ניחוח.

90. הריח הטוב שנלווה לבשר מוצא את ביטויו גם מחוץ למקרא. כך עולה מהאיום המצרי שנאמר לאלים, שבתוכו יש גם איום-קללה שהאל לא ייהנה מריח הבשר (ANET, עמ׳ 327). כך עולה גם מטקסט ארמי, שיש בו הוראות כיצד להקריב קורבנות לאלים: ״תן את קורבנות האש והקרב (אותם) באש. הרם, שלח כבש כבש, כבשה צעירה; שלח כבש, עשה ריח טוב בשפע לבעל״ (תורגם בידי ריצ׳ארד שטיינר, בתוך: האלו, הקשר הכתובים, עמ׳ 314).

91. הבנת תפקיד הלבונה באופן זה מעניק את המשמעות המלאה לדברי הרמב״ם: ״והקומץ והלבונה עצמה הן כמו הדם והאימורים מן הזבח״ (פירוש המשניות, מנחות א, ג).

להוסיף לבונה. ריח הניחוח מושג במקרה זה על ידי קורבן הבשר שמנחת הנסכים רק נספחת אליו. מטרת הלבונה להוסיף ריח ניחוח למנחה מוכחת גם מחטאת עני שבאה סולת, ששם מדגיש הכתוב שאין להוסיף לה לבונה (ויקרא ה׳, יא), כמו גם במנחת סוטה (במדבר ה׳, טו). חסרון הלבונה במנחת חוטא לא נובע מהתחשבות במצבו של העני ומחשש שדרישת לבונה תמנע ממנו מלהביא את קורבנו.[92] כאמור, גם למנחת סוטה אין להוסיף לבונה, למרות שלא מדובר דווקא בסוטה ענייה. ההסבר הוא פשוט: מטרתן של מנחות אלו היא לא להפיק ׳ריח ניחוח׳, אלא לכפר או לברר אם האישה זינתה. כשם שבמקרה של חטאת העשיר שמביא כבשה (ה׳, ו) והבינוני שמביא קן (ה׳, ז-י), לא מוזכר המונח ׳ריח ניחוח׳ מפני שלא זו תכלית הקורבן, כך גם לחטאתו של העני המובאת סולת אין להוסיף לבונה, ובאמת לא נזכר גם בה שהיא מפיקה ריח ניחוח.

חסרון הלבונה במנחות המעובדות

אם יש צורך בלבונה בקורבן המנחה כדי להשיג ׳ריח ניחוח׳, כיצד זה שבפשטי מקראות אין תוספת לבונה במנחות המעובדות? הרי גם אלו קורבן נדבה שמבקש להשיג ריח ניחוח (ב׳, ט). דומה שבהקשר זה, המנחות המעובדות דומות לקורבן מן החי בכך שהן מפיקות ׳ריח ניחוח׳ מעצמן, ואינן זקוקות ללבונה לשם כך. למאכל האפוי והמטוגן נלווה ריח טוב שמרחיב את הלב,[93] והוא יכול אפוא לענות על הדרישה של ׳ריח ניחוח׳.[94]

כל האמור עד כאן לא רק לשם עצמו הוא בא אלא גם כסמל להבחנה המהותית שיש בין סוגי המנחות: המנחה המעובדת מפיקה ריח מעצמה שהרי היא מובאת למזבח כמזון מוכן לאכילה, והריח הטוב משמש תפקיד של ממש במעשה האכילה האנושי. מנחת הסולת שבאה אל המקדש כחומר גלם בלבד, אין בה ריח טוב בפני עצמה. היא איננה ׳מזון׳, היא רק חומר גלם שממנו ניתן להכין מזון. במושגים של קלוד

92. קלרמן, לבונה, עמ׳ 445.

93. אומנם אסור להקריב את המנחה חמץ, וכך נפגע במשהו הריח הטוב של הלחם התופח, אך מבחינה סמלית די בריח הנלווה לטיגון ולאפייה כדי לממש את הצורך בריח הטוב של הקורבן. להרחבה נוספת ראו: גרוסמן, לבונה.

94. ויינפלד סבור שעיקר ריח ניחוח מושג בקורבנות בזכות מנחת הנסכים שמלווה כל קורבן (ויינפלד, תפילת מנחה; ויינפלד, מנחה). דבר זה מוגזם. אדרבה, למנחת הסולת (שמנחת הנסכים באה בדמותה) יש להוסיף לבונה כדי להשיג ריח ניחוח.

לוי־שטראוס ניתן לומר שמנחת הסולת מייצגת את האוכל ׳הנא׳ – הפראי והטבעי, בעוד המנחות המעובדות מייצגות את האוכל ׳המבושל׳ – המתורבת.

אם אומנם התפיסה היא שהמנחות המעובדות מדיפות ריח טוב בפני עצמן בשל אפייתן או טיגונן, ניתן גם לשער שיש ערך בהבאת המנחות המוכנות במהירות אל המזבח. ייתכן שדין ההגשה הייחודי למנחות המעובדות מבואר גם הוא לאור כך. ייתכן שכוונת הכתוב לומר שברגע שהכוהן מקבל לידיו את המנחה (המטוגנת או האפויה) עליו להגישה במהירות אל המזבח ולפתוח בתהליך הקרבתה, כל עוד ריחה הטרי עליה.

בסיום דברנו ראוי להעיר שלמרות האמור לעיל יש מנחה אפויה אחת שבכל זאת יש להוסיף לה לבונה – לחם הפנים: ״וְנָתַתָּ עַל הַמַּעֲרֶכֶת לְבֹנָה זַכָּה וְהָיְתָה לַלֶּחֶם לְאַזְכָּרָה אִשֶּׁה לַה׳״ (ויקרא כ״ד, ז). גם ההתלבטות היכן בדיוק יש להניח את הלבונה כדי שתשמש ״לאזכרה אשה לה׳״,[95] משקפת שאלה המתעוררת מפרשה זו: מה בדיוק יחס הלבונה ללחם?[96]

אך באמת אין בלחם הפנים חריגה מהכלל העולה מוויקרא ב׳: על אף שיש ללחמים המונחים על השולחן ריח טוב משל עצמם, יש צורך בלבונה מפני שלחם הפנים שהוא חמץ (כך בפשטי המקראות), אינו יכול לעלות על המזבח ולהפיק שם את ריח הניחוח הנדרש. תפקיד הלבונה שם הוא לייצג את הלחמים ולהפיק ריח ניחוח על המזבח בשמם.[97] בדרך כלל הלבונה מוסיפה ריח ניחוח לצד הקטרת סולת; כאן – הסולת עצמה לא מוקטרת, אבל הריח הטוב שמלווה את הלבונה מזכיר אותה על המזבח ומשמש לה ייצוג. לאור כך, יש מקום להתלבט אם הצדק עם הטוענים שאת הלבונה שבאה לצד הלחמים היו מקטירים על המזבח הפנימי, מזבח הקטורת.[98] אומנם הדרישה החריגה של ״**לבנה זכה**״ יכולה לעודד פרשנות כזו, אולם מאחר שמדובר בלבונה שמפיקה ריח ניחוח, מקום הקרבתה המתבקש הוא דווקא על מזבח

95. ראו על התלבטות זו אצל נורדצ׳י, ויקרא, עמ׳ 243; מילגרום, ויקרא, כרך ב, עמ׳ 2098; הרטלי, ויקרא, עמ׳ 401.
96. ראו על כך אצל רנדטורף, תולדות הקורבן, עמ׳ 185–187. יש לציין שבפירושו לוויקרא רנדטורף דווקא מסתייג מהעמדה שהביע במחקר זה (רנדטורף, ויקרא, עמ׳ 100).
97. היו שטענו שיש בפרשייה זו פולמוס אנטי אלילי שמונע כל נימה אנתרופומורפית. כחלק *ממגמה* זו הם ראו את אי הקטרת הלחם כמבהירה שאין מדובר במזון לאל, אלא בהקטרה סמלית, ולכך די בלבונה (גיין, לחם הפנים). אך גם אם הצדק עם גישה זו, יש לזכור שמנחת חמץ אינה עולה על המזבח, ודבר זה כשלעצמו מונע מלחמים אלו להיקרב.
98. מילגרום, ויקרא, כרך ב, עמ׳ 2098.

העולה שבחצר המשכן – מקום הקרבת הקורבנות. גם הגדרת הקרבת הלבונה כ"אשה לה'" (כ"ד, ז) מחזקת את ההשערה שהיא הוקרבה במזבח החיצון – במקום שבו בדרך כלל מביאים 'אשה'.[99]

לסיכום, תפקיד הלבונה הוא להפיק ריח ניחוח בקורבנות המנחה. דווקא בקורבנות שאין בהם הקטרת בשר יש להפיק את ריח הניחוח בדרכים חלופיות. אך גם במקרים אלו, אם מדובר במנחה שנאפתה או שטוגנה יש לה ריח ניחוח בפני עצמה, וכבר אין צורך בתוספת לבונה.

עולה – מנחה – זבח שלמים

ניתוח קורבן המנחה על שני הדגמים שבו מזמין עיון מחודש בסידור קורבנות הנדבה בפרשת ויקרא. כפי שכבר הזכרתי לעיל, העולה וזבח השלמים מייצגים שתי תודעות דתיות שונות בעמידת האדם מול קונו. קורבן העולה קשור בטבורו בתודעת הקרבה, בתודעה של התבטלות של המאמין מול אלוהיו וברצונו לעמוד מולו, גם אם חש שאינו ראוי לכך, או שזמן רב היה מנותק מן הקודש. לעומת זאת כפי שנראה להלן, בזבח השלמים האדם שותף באכילת הקורבן מתוך חגיגיות ומתוך שמחה. רוממות הנפש שמלווה את זבח השלמים אינה מצויה בקורבן העולה, שבו האדם מבקש 'כפרה'.

בין שני קורבנות אלו מצוי קורבן המנחה; כלומר, בין פרק א' לפרק ג' 'תחוב' פרק ב'. מאחר שהוא בא מסולת חיטה הוא נראה מנותק מרצף הקורבנות, אך מסתבר שהוא מצוי בדיוק במקום המתאים לו בפרספקטיבה הפסיכולוגית־התאולוגית של המקריב.

ראינו שיש בקורבן המנחה שני סוגים: תחילה מתוארת מנחת הסולת הדומה במהותה לקורבן העולה. כמו העולה, גם המנחה עוברת כולה לרשות המזבח, גם אם המזבח מעביר חלק לכוהנים. האדם שמביא את מזונו למזבח מביאו כפוף קומה, בחוויה הדומה לחוויית העולה, והוא מגיש את הקורבן כולו לה', שהוא בעל הבית האחראי על פרנסתו ועל מזונו. אולם, מכאן עוברת התורה ומתארת את המנחות המעובדות. אכן, גם אלו ייקראו 'מנחה', ולא ניתן להפקיע מהן את התודעה היסודית שמלווה כל מנחה, אולם במנחות אלו פורץ הגוף השני שמייצג את השותפות החריגה שהאדם מוזמן אליה: טעמו האישי מכריע כיצד גם המזבח יאכל את המנחה. האדם

99. כך העיר בצדק קנובל, ויקרא, עמ' 554.

הוא שיאפה או יטגן את מנחתו ויגיש לאלוהיו אוכל מוכן לאכילה. הוא איננו מביא רק חומר גלם שיימסר לכוהנים והם שיגישו אותו לה׳, אלא הוא עצמו מכין את המאכל שהמזבח יקלוט. מבחינה זו, המנחות המעובדות הן כבר מצע לזבח השלמים שיבוא בעקבותיהן.

אבל קורבן המנחה אינו רק גשר טכני שמעביר את הקורא מתודעת עולה אל תודעת זבח שלמים. בזהירות אני מבקש לתהות אם נכון יהיה לומר שהמעבר לשיח הנוגע בצורכי חייו של אדם, במזונו וברכושו (ולא בחייו עצמם), הוא המאפשר לאזן בין שתי התודעות הדתיות המתנגשות. היציאה של האדם מעצם קיומו אל המציאות שסביבו ואל צורכי חייו, היא המאפשרת לראות בתוך הפער האין סופי שבין האדם לאלוהיו גם מחוות של ידידות ושל קרבה. ניתן לנסח זאת גם אחרת: כשהאדם בוחן את מזונו ואת פרנסתו הוא אינו יכול להיות בתודעה טוטלית של מרחק, שהרי פרנסתו ניתנה לו מאת ה׳. ה׳ חפץ בקיומו.

מסתבר אפוא שיש שני קורבנות מן החי, והאחד מייצג את חוויית הריחוק, והאחר מייצג את חוויית הידידות, ובמקביל להם יש גם שני דגמים בתוך קורבן המנחה, שני דגמים של קורבן מן הצומח, שקשורים באופי השונה של שני קורבנות החי.

׳נספחים׳: חמץ, דבש ומלח

בסיום תיאור הקרבת המנחות המעובדות בוויקרא ב׳ משולבים שני ׳נספחים׳: איסור חמץ במנחות, וחובת מליחתן. אחריהן בא ציווי על סוג מנחה נוסף – מנחת ביכורים. אומנם איסור החמץ נוגע גם באכילת הכוהנים, אך הוא קשור גם לדיני הקרבה, מפני שאסור להעלות על המזבח מנחת חמץ, כמו שגם יש למלוח את המנחה במלח. כאמור לעיל, קורבן המנחה נראה כמנת מזון, ועל כן ענייני חמץ ומלח אשר קשורים בדרך כלל בהלכות אכילה, מתאימים לקורבן זה גם בהקשרי הקרבה. המזבח מקבל מנת מזון מהמקריב.

איסור שאור ודבש

כָּל הַמִּנְחָה אֲשֶׁר תַּקְרִיבוּ לַה׳ לֹא תֵעָשֶׂה חָמֵץ כִּי כָל שְׂאֹר וְכָל דְּבַשׁ לֹא תַקְטִירוּ מִמֶּנּוּ אִשֶּׁה לַה׳. קָרְבַּן רֵאשִׁית תַּקְרִיבוּ אֹתָם לַה׳ וְאֶל הַמִּזְבֵּחַ לֹא יַעֲלוּ לְרֵיחַ נִיחֹחַ (ויקרא ב׳, יא-יב).

אצל עמי קדם – במיוחד במצרים הקדומה ובחת – מקובל היה להגיש לחם חמץ למזבח. אצל החיתים הקורבן היומי הושתת על הלחם (ולצידו יין),[100] כך שהתפיסה המקראית בהקשר זה היא ייחודית. סביר שעיקר הציווי שלא לעשות את המנחה חמץ מתייחס למנחות המעובדות – מאחר שמטגנים ואופים אותן, חשש החימוץ רלוונטי ביותר. על אף העובדה שהן באות למזבח כמאכל המוכן לאכילה, אין להכין אותן כמאכל אדם, שדרכו חמץ, אלא כמאכל מזבח, שדרכו מצות בלבד. אולם, אם נקרא פסוקים אלו ביחד עם הפסוקים בפרשת צו, הרי שיש לאיסור רלוונטיות גם בנוגע למנחת הסולת, שהרי את הנותרת שלא מוקטרת אוכלים הכוהנים, והציווי אוסר גם עליהם לאפות את המנחה חמץ: ״לֹא תֵאָפֶה חָמֵץ חֶלְקָם נָתַתִּי אֹתָהּ מֵאִשָּׁי״ (ויקרא ו׳, י׳).

מדרש ההלכה מדייק דבר זה גם בפסוקים שלפנינו: ״יכול אין לי בלא תעשה חמץ אלא הקומץ בלבד (= החלק שמוקטר על גבי המזבח) ומנין לרבות את המנחה (= חלק הכוהנים)? תלמוד לומר ׳מנחה׳״ (ספרא, דיבורא דנדבה, פרשה יב, א). דרשה זו נוגעת בעמימות יסודית שיש בפסוק שלפנינו. מתוך ניסוחו ניתן היה להגיע למסקנה שבעיית החמץ היא רק במה שעולה על המזבח: ״כָּל הַמִּנְחָה אֲשֶׁר תַּקְרִיבוּ לַה׳ לֹא תֵעָשֶׂה חָמֵץ **כִּי כָל שְׂאֹר וְכָל דְּבַשׁ לֹא תַקְטִירוּ מִמֶּנּוּ אִשֶּׁה לַה׳**״ (ב׳, יא). הכתוב תולה את איסור החמצת המנחה במה שלא יכול לעלות על המזבח (שאור), ועל כן נראה שבדבר זה מתמקד החוק האוסר לעשות את המנחה חמץ – דווקא אותו חלק שעומד לעלות על המזבח. יכול מישהו לטעון שתחושה זו עולה גם בהגדרת היקף האיסור עצמו – ״כָּל הַמִּנְחָה אֲשֶׁר תַּקְרִיבוּ לַה׳ לֹא תֵעָשֶׂה חָמֵץ״. מה שמוקרב לה׳ כלול באיסור חמץ, אך מה שאוכלים הכוהנים אולי לא קשור לאיסור כלל.[101] למרות זאת, הספרא מדייק מתחילת הפסוק שהאיסור כולל גם את חלק הכוהנים – ״כָּל הַמִּנְחָה״. לאור דברינו לעיל, שבמנחה הקורבן כולו מוגש למזבח ורק ממנו הכוהנים מקבלים חלקם, קריאה זו מסתברת. אומנם פרשתנו שמתמקדת בדיני ההקרבה מבליטה יותר את איסור החמץ בנוגע למזבח, אך לאור ההנחה שהכוהנים מקבלים את חלקם במנחה מהמזבח, לאחר שכל המנחה הוגשה אליו, ברור שיש להקפיד שגם חלק זה לא יהיה חמץ. אכילת הכוהנים היא כאכילת המזבח. בעצם, רעיון זה מפורש באיסור אכילת מנחת חמץ שבפרשת צו שהוזכר לעיל: ״לֹא תֵאָפֶה חָמֵץ

100. וינברג, הקורבן בישראל, עמ׳ 113.

101. ולפי זה יהיה גם ברור מדוע הציווי פונה (כנראה) בלשון רבים לכוהנים – כדעת רמב״ן (פירושו לוויקרא ב׳, יא; ראו גם מילגרום, ויקרא, כרך א, עמ׳ 188), שהרי הם אלו שמקטירים את הקורבן על המזבח.

חֶלְקָם נָתַתִּי אֹתָהּ מֵאִשָּׁי" (ויקרא ו', י). מאחר שחלק הכוהנים מגיע מהמזבח, גם הם כלולים באיסור אכילת חמץ.[102]

יש להדגיש, שגם בקורבנות שלחמי חמץ מובאים לצידם (כמו הלחמים הנספחים לזבחי שלמים או שתי הלחם), הם אינם עולים על המזבח ואינם מוקטרים עליו. המזבח עצמו נקי מחמץ כל השנה כולה. דגם דומה מצוי (אולי – ראו על כך להלן) באיסור הדבש הסמוך: עקרונית אין להעלות על המזבח דבש = פירות מתוקים, וגם כשיש להביאם בתורת "קָרְבַּן רֵאשִׁית" (= ביכורי פירות), הם רק מונפים וניתנים לכוהן, "וְאֶל הַמִּזְבֵּחַ לֹא יַעֲלוּ".

לפני שניכנס בשערי הדיון באיסורים אלו, ברצוני להסב את תשומת הלב להתלבטות הנוגעת בהיקף איסור הדבש. מהו הדבש המתואר בפסוק?

מצד אחד, יש כמה סיבות טובות לחשוב שהפסוק מתייחס לדבש דבורים. ראשית יש לציין שגם דבש דבורים מכונה במקרא 'דבש', ומעשית, יש בכוחו של דבש הדבורים להתסיס את העיסה ולהופכה חמץ. אך חשוב מכך, אנו יודעים היום שאצל עמי קדם עובדי אלילים מקובל היה להוסיף דבש דבורים לקורבנות,[103] כך שסביר שנגד תופעה רווחת זו התורה מכוונת.

למרות זאת, הדעת נוטה לכך שבפסוק שלפנינו מדובר דווקא בדבש פירות. הראיה הטובה ביותר לעניין היא המשך הפסוק – "קָרְבַּן רֵאשִׁית תַּקְרִיבוּ אֹתָם לַה' וְאֶל הַמִּזְבֵּחַ לֹא יַעֲלוּ לְרֵיחַ נִיחֹחַ". כלומר, אסור להעלות 'דבש' על גבי המזבח, וגם כשהוא בא בתורת ביכורים – אין להקטירו על המזבח. מאחר שאין בתורה 'ביכורי דבש דבורים', מתברר שהדבש הנידון כאן הוא דבש פירות שממנו יש להביא ביכורים, וגם אז הפירות אינם מוקטרים אלא רק מונפים (דברים כ"ו).[104]

אך עדיין ניתן לצמצם בהגדרת דבש הפירות הנדון ואפשר להרחיבה. בין אלו המרחיבים מצוי הנצי"ב שראה בדבש כינוי לכל דבר מתיקה: "קרא הכתוב כל דבר הממתיק ומטעים את המאכל 'דבש', על שם שהוא ראש הממתיקים" (העמק דבר על אתר). לפי קריאתו, התורה מסתייגת מהמתקה מלאכותית של הקורבן, ולפיכך נאסרו פירות מתוקים, אך כמובן גם דבש דבורים אסור, וכל מיני סוכר הממתיק. הצדק

102. על ההתלבטות אם חלק הכוהנים מבשר הקורבנות צריך גם מליחה (כעמדת הרא"ה) או שרק החלק המוקרב על המזבח דורש מליחה (כעמדת רשב"א), ראו אצל כשר, תורה שלמה, כרך כה, עמ' שיב-שטו.

103. הופנר, אוב; רוקר, ויקרא, עמ' 98.

104. דברים דומים כתב גם שפתי חכמים במקום. לתימוכין לשוניים על רקע שפות שמיות אחרות לכך שדבש הוא מתק הפרי ראו אצל מילגרום, ויקרא, כרך א, עמ' 189.

עם הנצי"ב שדבש במקרא מובא לעיתים כסמל לדבר מתוק, כמו: "אֱכָל בְּנִי דְבַשׁ כִּי טוֹב וְנֹפֶת מָתוֹק עַל חִכֶּךָ" (משלי כ"ד, יג). ולפי זה, טעם האיסור קשור בהסתייגות מהמתקה של הקורבן: "ודבש שבא להמתיק, וזה אינו ראוי למאכל הבא להקטרה לגבוה". סָתם הנצי"ב ולא פירש מדוע לא ראוי להמתיק 'מאכל שבא לגבוה', אך ניתן לשער שכוונתו היא שמדובר בפינוק אנושי של מי שמעוניין בטעם ערב, ואילו המזבח קולט את המזון עצמו, בלי פינוקים ומותרות.

לאידך גיסא, רשב"ם צמצם את הדבש הנדון לתמרים דווקא: "'וכל דבש' – פירות האילן **תמרים** קרויין דבש" (רשב"ם על אתר). אם רשב"ם הזכיר את התמרים בדווקא, ולא רק כדוגמה לפירות אילן הקרויים 'דבש', הרי שהתורה אוסרת להקריב על המזבח תמרים דווקא. מעין ראיה לגישה זו יש בתיאור ההתעוררות הדתית בימי חזקיהו: "וְכִפְרֹץ הַדָּבָר הִרְבּוּ בְנֵי יִשְׂרָאֵל רֵאשִׁית דָּגָן תִּירוֹשׁ וְיִצְהָר וּדְבַשׁ וְכֹל תְּבוּאַת שָׂדֶה וּמַעְשַׂר הַכֹּל לָרֹב הֵבִיאוּ" (דה"ב ל"א, ה). הרשימה תחילה מפרטת מיני פירות ספציפיים: דגן (= חיטה); תירוש (= יין מענבים); יצהר (= שמן מזיתים); 'דבש' (!), ולאחר רשימה זו חתימה כללית – "וְכֹל תְּבוּאַת שָׂדֶה". מכך נראה שהדבש מכוון לפרי עץ מוגדר, כנראה דבש התמרים.[105]

עם זאת, הדעת נוטה לעמדת הביניים – שהיא גם המקובלת ביותר – שהאיסור חל על כל הפירות המתוקים, שבכולם יש 'דבש' – מיץ פירות עסיסי ומתוק: "כל מתיקת פרי קרוי דבש" (רש"י על אתר). יש אפוא לחפש את טעם האיסור לא בסמל שנלווה אל התמר דווקא אלא במה שפירות מתוקים מייצגים.

על רקע זה נפנה לדין איסור חמץ ודבש. מה יחס שני איסורים אלו זה לזה? התורה קושרת את איסור תוספת הדבש ואיסור השאור-החמץ יחדיו: "כָּל הַמִּנְחָה אֲשֶׁר תַּקְרִיבוּ לַה' לֹא תֵעָשֶׂה חָמֵץ: כִּי כָל שְׂאֹר וְכָל דְּבַשׁ לֹא תַקְטִירוּ מִמֶּנּוּ אִשֶּׁה לַה'" (ב', יא). עיקרו של האיסור נוגע בחמץ, אך בנימוק לאיסור, התורה משלבת (כבדרך אגב?) גם את איסור הדבש. ההתלבטות מה היחס בין האיסורים מהותית כמובן להבנת טעם האיסור ומגמתו. אך למרות חשיבותה של שאלה זו קשה להכריע בה מתוך הפסוק כשלעצמו. ייתכנו שלושה ניסוחים שונים בקשר לזיקת האיסורים:

105. ראב"ע כתב: "ורבים אמרו שפירושו דבש תמרים וכן כל 'ארץ זבת חלב ודבש' ויש להם כדמות ראיה בספר עזרא" (ראב"ע לוויקרא ב', יא). אני משער שכוונתו לפסוק שהובא למעלה מדברי הימים.

א. יהיה מי שיראה את שני האיסורים כנפרדים לגמרי. אומנם התורה הזכירה את שניהם יחדיו, אך הדבר נובע משיקולים טכניים. מבחינה מהותית, לכל אחד מהם מגמה שונה וטעם אחר. אם תוספת הדבש אכן ניצבת כאיסור עצמאי, נוח יותר להרחיב את האיסור של תוספת דבש גם על הקטורת, כפי שאומר בר קפרא בברייתת פיטום הקטורת: ״אִלּוּ הָיָה נוֹתֵן בָּהּ קוֹרְטוֹב שֶׁל דְּבַשׁ אֵין אָדָם יָכוֹל לַעֲמֹד מִפְּנֵי רֵיחָהּ. וְלָמָּה אֵין מְעָרְבִין בָּהּ דְּבַשׁ, מִפְּנֵי שֶׁהַתּוֹרָה אָמְרָה: כִּי כָל שְׂאֹר וְכָל דְּבַשׁ לֹא תַקְטִירוּ מִמֶּנּוּ אִשֶּׁה לַה׳״. דבר זה היה פשוט גם לרמב״ן, שבעודו יוצא בתקיפות כנגד המסורת שאחד מסימני הקטורת – הנטף – הוא מה שכונה פעם ׳טריאקה׳ (ראו ברש״י), כתב: ״וחלילה שיכנס בקטורת בשר שקצים ורמשים ושאור ודבש, וכתיב ׳כי כל שאור וכל דבש לא תקטירו ממנו׳״ (רמב״ן לשמות ל׳, לד). לרמב״ן פשוט שאיסור הקטרת הדבש חל גם על תוספת דבש לסימני הקטורת. אם הדבש מייצג דבר מה שלילי ניתן להבין מדוע הדבר יורחב מעולם הקורבנות שבמזבח החיצון גם לקטורת שבמזבח הפנימי, אף שאיסור החמץ אינו רלוונטי לגביו כלל.[106]

מעניינת הערתו של אברבנאל (בפירושו במקום), שהתורה צריכה הייתה לאסור במיוחד את דבש הפירות, שהרי ארבעה מתוך שבעת המינים כבר משולבים בהקרבת קורבן המנחה (חיטה, שעורה, גפן, זית-שמן), ״ולכן היה לנו אפשר לטעות ולחשוב, שכיון שהורשינו להקריב קצת מהשבעה מינים, נוכל גם כן להקריב מהשאר מהשבעה מינים״ (תאנה, רימון ודבש תמרים).

ב. ייתכן שגם תוספת הדבש וגם תוספת השאור המחמיץ הן ביטויים שונים לאותה בעיה מהותית. כך למשל עמדת הרמב״ם שנדון בה להלן, שגם באיסור הדבש וגם באיסור החמץ התורה יוצאת נגד אופן הפולחן אצל עמים אחרים. עמדה זו בולטת עוד יותר בקריאה המפתיעה של דעת זקנים מבעלי התוספות: ״כי כל שאור וכל דבש לא תקטירו – לפי שאמר הקב״ה על כל קרבנך תקריב מלח והללו אין מקבל מלח״ (דעת זקנים מבעלי התוספות לוויקרא ב׳, יא). עד כמה שהדבר נשמע מפתיע, לדעתם יש לבחון את איסור הדבש והחמץ כמי שעלול לפגוע בחובה הכתובה

106. כמובן, גם אם יש זיקה בין איסור הדבש לחמץ, יכול רמב״ן להרחיב את האיסור הרלוונטי אל הקטורת, אף אם חלק אחר של האיסור (החמץ) לא מורחב. אך עצם הפיצול בין שני האיסורים בולט בהרחבת היקף חלות האחד ללא הרחבת השני.

לצידם – תוספת המלח. בהם עצמם אין בעיה, מלבד העובדה שהמתוק מתנגד אל המלוח, כמו גם פעולת ההחמצה (מלח מאט את קצב גדילת השמרים). ייתכן כמובן לראות את הצמדת השאור לדבש באופן מהותי יותר, גם לפי מודל זה: החמץ והדבש מייצגים דבר דומה – כמו מותרות או גאווה – וזה הדבר שהתורה אוסרת.

ג. אך ניתן לנסח את הקשר שבין השאור לדבש באופן אחר לגמרי ולראות בהם איסור זהה. לא רק שטעם האיסור שבהם זהה, אלא שבעצם לפנינו איסור אחד בלבד, ועל כן התורה שוזרת את שניהם יחדיו. כך טען ראב"ע, שהאיסור הוא החמצת המנחה, אלא שניתן להחמיץ אותה על ידי תוספת שאור או על ידי תוספת דבש: "שאור הוא המחמיץ, גם כן הדבש" (פירושו על אתר). לפי קריאה זו עלינו לברר רק את איסור החמץ בקורבנות, מפני שאיסור הדבש הוא חלק ממנו.[107] לפי עמדה זו, כשהכתוב חותם את האיסור באזכור קורבן הראשית – "קָרְבַּן רֵאשִׁית תַּקְרִיבוּ אֹתָם לַה' וְאֶל הַמִּזְבֵּחַ לֹא יַעֲלוּ לְרֵיחַ נִיחֹחַ" (ב', יב) – הוא אינו מתייחס אל ביכורי הפירות, אלא אל שתי הלחם בלבד. הנושא היחיד הנדון בפסוקים הוא החמצת בצק, ולא הבאת פירות למשכן. סביר שהנרמז במילה "אֹתָם" שבפסוק הוא המנחות שהוזכרו קודם.[108] הקריאה הנוחה בפסוק היא אפוא כדלקמן: "כָּל הַמִּנְחָה אֲשֶׁר תַּקְרִיבוּ לַה' לֹא תֵעָשֶׂה חָמֵץ, [אומנם] קָרְבַּן רֵאשִׁית תַּקְרִיבוּ אֹתָם לַה' [אך גם אז] וְאֶל הַמִּזְבֵּחַ לֹא יַעֲלוּ לְרֵיחַ נִיחֹחַ".

גם אם קשה להכריע בין העמדות השונות, צריך להודות שיש יתרון בביאור ראב"ע בגלל הקשר הפרק: אנו אוחזים בחתימת קורבן המנחה, ובאמת טרם עזבנוהו – שכן יש עוד סוג מנחה שהתורה תדון בה מיד לאחר אזכור איסור החמץ. לפיכך נוח יותר לפרש שבאיסור חמץ עסקינן, איסור שקשור באופן מיידי להכנת המנחות הבאות בצק, ולא באיסור דבש, שקשריו עם הפרק כולו רופפים.

107. הרמב"ם פסק שמי שהקטיר שאור ודבש יחדיו לוקה רק על איסור אחד: "ואם הקטיר שניהן כאחד אינו לוקה אלא אחת לפי ששניהם נאמרו בלאו אחד" (איסורי המזבח ה, א). אומנם יעוין שם גם בהשגות הראב"ד, ובהשגת רמב"ן שכתב: "ואין אני רואה בכאן לאו שבכללות בשום פנים" (השגות רמב"ן, לא תעשה, צח).

108. מילגרום, ויקרא, כרך א, עמ' 190.

איסור חמץ

מדוע אסור אפוא להקטיר מנחת חמץ? מאחר שהתורה דורשת שקורבנות החי יהיו תמימים ללא מומים, ניתן היה לצפות שגם במנחות תעדיף התורה את המאפה המובחר, התפוח, היפה, המגרה בריחו ובצבעיו. כמה כיוונים הוצעו בהקשר זה:

1. **נגד עבודה זרה:** הרמב״ם (מורה הנבוכים, חלק ג, מו), ראה באיסור החמץ פולמוס למול הקרבת הקורבנות שרווחה בעולם הקדום. לדעתו, בעולם הפגני הקריבו דווקא חמץ (אך נמנעו מהוספת מלח), ועל כן התורה אוסרת הוספת שאור לקורבנות המנחה (אך דורשת הוספת מלח). סביר להניח שאותם עובדי אלילים שהוסיפו שאור או דבש לקורבנם עשו זאת בדיוק בגלל הרעיון שהזכרתי לעיל: הם סברו שבכך קורבנם מפואר יותר ומרשים יותר, והשליכו מטעמם וממזונם הם אל המזון שהגישו לאליליהם למאכלם. מנהג כזה משתקף בנבואת יחזקאל בביקורתו הקשה נגד העם שניצל את שפע ה׳ שנתן להם, ועבד תחתיו לאלילים: ״וְלַחְמִי אֲשֶׁר נָתַתִּי לָךְ סֹלֶת וָשֶׁמֶן וּדְבַשׁ הֶאֱכַלְתִּיךְ וּנְתַתִּיהוּ לִפְנֵיהֶם לְרֵיחַ נִיחֹחַ וַיֶּהִי נְאֻם אֲדֹנָי ה׳״ (ט״ז, יט). ואכן, יש בידינו היום טקסטים רבים ממצרים, מבבל ומאוגרית שעולה מהם שבתרבויות אלו נהגו להוסיף דבש לקורבנות. הדבש – ׳דמעותיו של האל המצרי רע׳ – הוקרב לאמון־רע בכַּרְנָךְ, וטקסטים בבליים מצווים להשתמש בדבש בטקסי טיהור ובקורבנות. הדבש משולב בטקסטים אלו לרוב עם דגן ועם חמאה.[109] התורה יוצאת נגד מנהג זה, על אף שבכך קורבנות ישראל נראים פחותים בערכם מאלו של עובדי האלילים, אך לשיטת הרמב״ם מחיר זה ראוי כדי להיבדל מנורמות הקורבן האלילי, וכדי להבהיר שאלוהי ישראל אינו אוכל את קורבנו כמי שזקוק למזון. יש בכוחה של שיטה זו גם לבאר מדוע איסור תוספת הדבש נזכר לצד קורבן המנחה (גם אם אין מדובר בעוד דרך של החמצה כאמור לעיל), מפני שאצל עובדי אלילים תוספת הדבש אכן נזכרת בסמיכות לקורבנות דגן, כך שאפשרות זו עולה על דעת העם במיוחד בהקשרים אלו.[110]

109. ראו אצל הרטלי, ויקרא, עמ׳ 33; קאקו, דבש, עמ׳ 130. ייתכן שהמנהג להקריב חמאה ודבש יחדיו עומד ברקע נבואת ישעיה: ״חֶמְאָה וּדְבַשׁ יֹאכֵל לְדַעְתּוֹ מָאוֹס בָּרָע וּבָחוֹר בַּטּוֹב״ (ז׳, טו; ראו שם גם בפסוק כב). על תוספת הדבש בקרתגו ראו אצל וינברג, הקורבן בישראל, עמ׳ 124.

110. ראו למשל את ההוראות שניתנו לכוהנים ב׳מקדש אשור׳: ״על הקונדיטורים לקחת סאה אחת של דבש, חמישה ליטר שמן, וארבע סאות של חמישה ליטר שומשום. האופים צריכים לקחת עשרה

2. **שינוי חומר הגלם**: חוקרים שונים טענו שיש לראות בהשתנות הקורבן את בסיס האיסור. תוספת השאור או הדבש לסולת, תשנה את הרכבו באופן כזה שכבר לא יהיה מדובר בחומר הגלם הבסיסי שבו מעוניינת התורה. לפי טענה זו, לחם ומצה הם שני מוצרים שונים בהגדרתם, והחמצת העיסה משנה את הגדרתה מהאחד אל השני.[111]
ייתכן שעל נתון זה מסתמך גם רבנו בחיי בהבהרתו את האיסור על דרך הקבלה: "ועל דרך הקבלה השאור והדבש רמז למדת הדין כידוע מלשון חמץ, **ולפי שהם דברים שיצאו ממזגם** לכך הם מרוחקים מן המזבח" (רבנו בחיי לוויקרא ב', יא). תחילת דבריו קשורה בהנחה שהקורבנות מוקרבים לשם 'הוי"ה' דווקא, ולא לשם 'אלוהים' שמייצג את מידת הדין, ומאחר שחמץ קשור במידת הדין אין להביאו על המזבח (ראו גם ברמב"ן במקום). אך תוך כדי דבריו הוא מוסיף – "ולפי שהם דברים שיצאו ממזגם" – וייתכן שכוונתו לשינוי שחל בהם מבריאתם הטבעית והראשונית.
גם הנצי"ב הלך בדרך זו, אלא שהוא הדגיש יותר את השינוי שחל בדבר בשל ההתערבות האנושית:

> ובאשר ששאור הוא אמצעי הנעשה בידי אדם להוסיף על הבריאה מהבורא ית' על ידי תחבולות בני אדם, משום הכי הזהיר הכתוב בבהמ"ק ללמדנו דכל המתקרב יותר לה' ראוי למעט יותר בתחבולות אנוש... אכן במקום הקרבה לפני ה' אזהרה תמידית היא (העמק דבר לוויקרא ב', יא).

3. **סמליות שנלווית לחמץ**: גישה שלישית מנסה לחשוף מה הסמל שנלווה אל החמץ באסוציאציות המקראיות. רבנו בחיי למשל, שהוזכר לעיל, מתנסח בתחילת פירושו כך:

> ועל דרך הפשט כי הקרבן לכפר בו כל עוונותינו, ולולא המסית והמדיח שהוא יצר הרע לא היה אדם חוטא ולא היה צריך לקרבן כלל, והשאור

חומר שמרים ללחם, וחמישה חומר חיטים ל'לחם קאדוטו'" (ניסינן, נביאים, עמ' 166). מעניין, שעל אף שטקסטים מסופוטמיים מעידים גם על תוספת חלב לקורבנות הדגן (ראו למשל אצל ניסינן, נביאים, עמ' 176 – ביחס לפולחן דומוזי), התורה לא אסרה זאת.

111. נראית לי מוגזמת הצעתו של ונהאם שהשמרים הגורמים לתסיסה הם אורגניזם חי, וניתן להעלות על המזבח רק דברים מתים (ונהאם, ויקרא, עמ' 71).

והדבש הן הן יצר הרע עצמו, כמו שאמרו חז״ל לענין חמץ ומצה בפסח... ולכן הורחקו השאור והדבש מהקרבן כי לא יתכן שני הפכים בנושא אחד, ועוד כי היה נמצא טובל ושרץ בידו (רבנו בחיי לוויקרא ב׳, יא).[112]

כיוון זה הורחב בידי הרב יואל בן נון, שראה את החמץ כמייצג עמדה של אדם הבטוח בעצמו, מלא בסיפוק עצמי וכמי שמצוי בסופם של תהליכים. לפיכך לדעתו לעיתים יש מקום לחמץ דווקא – בשלמי תודה ובשתי הלחם של יום החמישים לספירת העומר; באלו עומדים האדם או האומה כולה בסוף תהליך ומסתכלים אחורה בסיפוק. אולם העמדה הבסיסית מול המזבח היא עמדה של חסר, של מי שמצוי בתוך התהליך, וחש שעוד יש לו כברת דרך לעבור.[113] בדומה, היו שהציעו שהאיסור נובע מכך שהחמץ מסמל ריקבון רוחני ומוות. כשמשהו מחמיץ הוא למעשה עובר תהליך של ריקבון. אומנם זה הופך את המאכל לטעים יותר, אבל חומר הגלם כשלעצמו התקלקל. לכן החמץ דווקא מעיד על קלקול, היפך התיקון והחיים שהמזבח מייצג.[114] למעשה, אם תרים אחר הסמל שנלווה אל החמץ, לא ניתן גם לשלול את הסמל ההיסטורי: מאחר שהחמצת הלחם הומצאה במצרים הקדומה, לחם זה נקשר עם המצרים, והתורה מבקשת ׳לצאת ממצרים׳ ולעצב חלופה תרבותית.[115]

לכל עמדה יתרונותיה, וניתן אולי גם לאחוז בכמה מן העמדות יחדיו. אולם ברצוני להעיר שמאחר שיש הקשרים שבהם התורה מחייבת להביא חמץ (גם אם לא למזבח עצמו) – קשה להזדהות עם הטוענים שהחמץ מייצג דבר מה שלילי – ריקבון או שחיתות. בסופו של דבר, בין לחמי התודה, למשל, האדם נדרש להביא גם לחמי חמץ.

תהא הסיבה לכך אשר תהא, החמץ מופקע מהמזבח, מפני שהוא מייצג לחם אנושי. הוא לא מתאים לאש המזבח אלא דווקא לרשות האדם. כך עולה במיוחד מדין ׳שתי הלחם׳ שיש להביא בשבועות. ביום החמישים להנפת העומר על ישראל להביא לחם ׳ממושבותיהם׳, לחם שלהם שמצוי תחת ידיהם (ושכבר הותר להם

112. ראו גם את ניסוחו של ר׳ יעקב בר׳ אשר: ״לפי שיצר הרע דומה לשאור. ומטעם זה ג״כ הזהיר על הדבש שיצר הרע מתוק לאדם כדבש״ (בעל הטורים לוויקרא ב׳, יא).

113. בן נון, חמץ ומצה.

114. ביילי, ויקרא, עמ׳ 53.

115. היו שהלכו בדרך זו ביחס לאיסור חמץ בפסח. ראו למשל אצל כהן, חסד וחמץ.

לאכול ממנו בהנפת העומר חמישים יום קודם לכן). כחלק מהדרישה ששתי הלחם המובאות תהיינה לחם של ישראל – לחם **אנושי** המובא אל הקודש – הן צריכות להיות "סֹלֶת תִּהְיֶינָה חָמֵץ תֵּאָפֶינָה" (ויקרא כ"ג, יז).

לפיכך, גם אם ניתן לאחוז בכל אחד מהכיוונים שהוזכרו לעיל, נראה הדבר שהתורה אינה יוצאת נגד חמץ, אלא רואה בו ייצוג של מזון אנושי. ייתכן שהדבר קשור בטעם המותרות שנלווה אליו, וייתכן שהדבר קשור בכך שהלחם מייצג את תרבות האנוש החזקה והבוטחת בעצמה: "הלחם הוא גם ביטוי לקיומה של תרבות מפותחת... הכנת הלחם מצריכה שימוש במכשירים מיוחדים, פינוי של זמן לצורך הלישה, ההתפחה והטיפוח של השאור",[116] אך בסופו של דבר, יותר ממה שהחמץ מייצג מידה רעה, הוא מייצג את המידה האנושית. בקודש אין חמץ, הוא נקי מתפיחת שמרים אנושית זו, ועל כן, שבוע אחד בשנה שבו כל בית ישראלי הופך להיות מעין מקדש שבו שורה שכינה, אסור שייראה בו חמץ.[117] אך בדרך כלל אין בעיה עם עצם החמץ, כל עוד הוא מצוי במרחב החולין, בספֵרה האנושית.

חובת מליחה במנחה ובשאר קורבנות

כבר הערתי שבנספחים מובאים דינים שקשורים בטבורם לקורבן המנחה, גם אם יש להם רלוונטיות לקורבנות אחרים (אפילו 'מנחת הביכורים' נזכרת אגב אורחא). אף בנוגע לדרישת מליחת הקורבן במלח יש לשאול אם דרישה זו נוגעת רק לקורבן מנחה או לכל הקורבנות כולם.

> וְכָל קָרְבַּן מִנְחָתְךָ בַּמֶּלַח תִּמְלָח וְלֹא תַשְׁבִּית מֶלַח בְּרִית אֱלֹהֶיךָ מֵעַל מִנְחָתֶךָ עַל כָּל קָרְבָּנְךָ תַּקְרִיב מֶלַח (ויקרא ב', יג).

בניגוד לאיסורי שאור ודבש, שבהם הדרישה היא להימנע מלהוסיף דבר מה למנחה, כאן הדרישה היא להוסיף דבר מה לכל מנחה – מלח. כפי שכבר הוזכר לעיל, בדעת זקנים (של בעלי התוספות) מובא שכל איסור החמץ והדבש קשור בחובת הוספת

116. כך התנסח מוטי בנמלך (מאפה). מקובל להניח שהלחם הומצא במצרים הקדומה, ובנמלך ראה בפסוקים עדות לכך שהמצרים שמרו על המתכון בסוד (ועל כן פוטיפר אינו נותן את "הלחם אשר הוא אוכל" ביד יוסף) ושהלחם נתפס כסממן זהות מצרי של ממש (ועל כן המצרים לא אוכלים אותו עם העברים, כנאמר בפרשת ירידת אחי יוסף למצרים). בניגוד ללחם, המצה היא – כהגדרת בנמלך – "אנטי-ציוויליזציונית".

117. להרחבה בדבר זה ראו: גרוסמן, המן ופסח.

המלח: כדי שלא לפגוע במלח המוסף לקורבן, אוסרת התורה לשלב חומרים מתוקים שיפגעו בו ובטעמו. להלן אציע ביאור אחר, אך יש לשים לב שלפי הצעה זו, הנספחים כולם סובבים סביב חובת הוספת מלח למנחה, שהופכת אפוא להיות הדין המרכזי בפסוקים אלו.

יש לציין, שבניגוד לאיסור החמצת המנחה שנאמרה בגוף רבים – ומתוך כך הסקנו שהדין פונה במיוחד אל הכוהנים, נראה מתוך לשון הכתוב שצו המליחה פונה אל האדם המקריב, שהרי כאן חוזרת לשון היחיד אשר מוסבת בפרק זה דרך כלל אל מביא המנחה. הדבר אינו צריך להפתיענו: איסור ההחמצה קשור בטבורו במה שמוגש למזבח, שהרי המזבח אינו יכול לקלוט חמץ, בעוד חובת ההמלחה קשורה בתהליך הכנת המנחה, והיא, כפי שכבר נידון לעיל, מוטלת על האדם המקריב.[118]

מכך שההוראה "וְכָל קָרְבַּן מִנְחָתְךָ בַּמֶּלַח תִּמְלָח", מובאת רק כאן, ולא בפירוט הכנת המנחות ששולב קודם לכן בפרק, מתברר שיש להחיל את חובת הוספת המלח הן על מנחת סולת הן על מנחות מעובדות, וכיוון שכך, רק לאחר שסיים הכתוב לפרט את אופן הקרבת שני הסוגים, הוא חוזר ומסכם שיש להוסיף לשני סוגי המנחות מלח (וראו עוד להלן). אך גם אם כך יש מקום לברר מדוע דין זה מוזכר רק כעת ולא שולב קודם לכן, בשני תיאורי הכנת המנחות. והרי גם הצו שיש להוסיף שמן לסולת תקף בשני הדגמים של המנחה, וכמוהו גם החוק שהנותרת מן המנחה שייכת לכוהנים תקף בשני הסוגים, ואכן דינים אלו הוזכרו פעמיים. נראה מכך, שהמליחה במלח לא באה כחלק מהכנת המנחה אלא כתוספת על מה שמוגדר כמנחה מכבר, גם בלי המלח. בלשון למדנית ניתן לומר, שהשמן המוסף לסולת הוא חלק מהגדרת קורבן המנחה, אך העיסה תוגדר כמנחה גם בלי תוספת המלח. מליחה זו היא דין נוסף שיש לקיימו בכל עת שמביאים קורבן מנחה. יש בדבר זה כדי לסייע את הטענה שיש להוסיף מלח לכל הקורבנות ולא רק למנחה, ולהתלבטות זו נשואות כעת עינינו.

כפי שנרמז לעיל, על פי הקריאה המקובלת יש להוסיף מלח לכל הקורבנות, ויש לקרוא את הפסוק כמצַווה את הוספת המלח בשני שלבים. תחילה הציווי מתייחס למנחה בלבד ("וְכָל קָרְבַּן מִנְחָתְךָ"), אך אגב הציווי על המנחה החוק מורחב לכל הקורבנות כולם ("עַל כָּל קָרְבָּנְךָ תַּקְרִיב מֶלַח"), וכפירוש רש"י על פסוק זה: "על כל קרבנך – על עולת בהמה ועוף ואימורי כל הקדשים כולן". גם מיחזקאל מ"ג,

118. בשונה מהאמור למעלה, הספרא מכריע ש"המלח בא משל ציבור" (דיבורא דנדבה, פרק יד, ה), ובכך הפקיע קצת את התפיסה שהמלח הוא חלק מהגדרת הקורבן עצמו, שהרי אם כך סביר שחובת הבאתו הייתה מוטלת על המקריב. ראו על כך להלן.

כך עולֶה שיש להוסיף מלח לקורבנות עולָה.[119] אולם יש מקום להתלבט אם קריאה זו הכרחית. ייתכן שמפשטי המקראות עולה שדין מליחת המלח הוא ייחודי לקורבן המנחה דווקא, ומה שנאמר "עַל כָּל קָרְבָּנְךָ תַּקְרִיב מֶלַח" הוא מעין חזרה בתקבולת על מה שנאמר בצלע הקודמת – "מֵעַל מִנְחָתֶךָ", והכתוב מבקש להדגיש שיש להוסיף מלח לכל סוגי המנחות. כביכול כתוב: לכל קורבן מנחתך תוסיף מלח.[120] לפי קריאה זו יש להבין מדוע דווקא לקורבן המנחה יש להוסיף מלח.

מעניין שגם לפי הכרעת חז"ל, שדין המליחה מורחב לכל הקורבנות, נותר להלכה פער מסוים בין דרישת הוספת המלח במנחה לבין שאר הקורבנות:

> הקריב בלא מלח כלל לוקה שנאמר 'ולא תשבית מלח ברית אלהיך' ואף על פי שלוקה הקרבן כשר והורצה, חוץ מן המנחה שהמלח מעכב בקמיצה שנאמר 'ולא תשבית מלח ברית אלהיך מעל מנחתך' (רמב"ם, הלכות איסורי המזבח ה, יב).

גם אם צריך מלכתחילה להוסיף מלח לכל הקורבנות, בדיעבד הוא מעכב רק בקורבן המנחה, ומכאן שבאמת עיקר הדין נאמר במנחה דווקא. באמת, גם לפי קריאת חז"ל שדין המלח מורחב לכל הקורבנות כולם, עובדת אזכור חובה זו בהקשר קורבן המנחה מעלה את הסבירות שמהות הוספת המלח רלוונטית במיוחד במנחה, וממנה היא מורחבת לכל שאר הקורבנות.

בדיונו בדין הוספת המלח מעלה רמב"ן שלוש אפשרויות:

> ובטעם המלח אמר גם כן (הרמב"ם), בעבור שהם (עובדי אלילים) ימאסו אותו ולא יקריבוהו כלל. ויתכן מפני שאינו דרך כבוד להיות לחם השם תפל מבלי מלח, כטעם הקריבהו נא לפחתך (מלאכי א', ח), ולפיכך מעטו העצים והדם שאין טעונים מלח (מנחות כ ע"א). או שיש בכל אלה סוד נעלם ממנו (פירושו לוויקרא ב', יא).

ההצעה הראשונה של רמב"ן – בשם רמב"ם – ממשיכה את התפיסה העקרונית שכבר הוזכרה בדיוננו בנספחים האחרים הנזכרים כאן, בדבר הפולמוס נגד עבודה זרה. לדעת הרמב"ם גם הדרישה להוסיף מלח היא חלק מהפולמוס נגד אופן הקרבת

119. ראו עוד אצל קוסמן, טעמי צירופו, עמ' 28–29.

120. כך הציע למשל הרטלי, ויקרא, עמ' 32.

הקורבנות אצל עובדי אלילים, שכן אלה נזהרו מפני הוספת המלח. בכך, נבדלים ישראל בהקרבת קורבנותיהם מהעמים הפגניים ומתפיסתם.[121]

בהצעה השנייה של רמב״ן נדון להלן.

ההצעה השלישית של רמב״ן, שיש איזה ׳סוד נעלם׳ שנלווה לצורך להוסיף מלח לקורבנות (בפסוקים הבאים רומז רמב״ן לביאור סוד זה), מזמינה קריאה שתפענח את משמעות דין המלח באופן סימבולי.[122] כדי להבין את הסמל שנלווה אל המלח ראוי לפתוח בדיון בצירוף המפתיע ביחס אליו: ״וְלֹא תַשְׁבִּית מֶלַח בְּרִית אֱלֹהֶיךָ מֵעַל מִנְחָתֶךָ״. שני דברים מושכים את תשומת הלב בצירוף זה. ראשית, מעניינת הבחירה בפועל ׳להשבית׳. מתוך פועל זה נראה שיש עניין שיהיה מלח בתמידיות על המזבח, ואסור להשבית אותו משם. כלומר, ניסוח הצו לא מסתפק בחיווי חיובי הדורש להוסיף מלח, אלא הוא מנוסח גם כחיווי שלילי, המזהיר מלהשבית את המלח. הדבר כנראה קשור בתוכן הסמלי שנלווה אל המלח, כפי שאפרט מיד, אך השימוש בפועל זה מעניין גם משום שהוא נזכר מיד לאחר איסור החמץ, והרי זהו הפועל שבו התורה מצווה על איסור חמץ גם בפסח: ״אַךְ בַּיּוֹם הָרִאשׁוֹן תַּשְׁבִּיתוּ שְּׂאֹר מִבָּתֵּיכֶם״ (שמות י״ב, טו). מאחר שהפועל לא מופיע עוד בתורה בצורה זו, ומאחר שבשני המקומות הוא נזכר לצד ׳שאור׳ – יש מקום לתהות אם הוא יוצר זיקה מודעת ומוכוונת בין שני איסורי החמץ וקושר אליהם את חובת המלח. אם אומנם כך, יש בכך כדי לחזק את עמדת דעת זקנים מבעלי התוספות, שאיסור החמץ משרת את מצוות הוספת מלח. בשילוב הפועל ׳תשבית׳ במלח נרמז הקורא לאיסור החמץ הסמוך ויוצר ביניהם קשר.

לצד זאת, מפתיע הרבה יותר שילוב המונח ׳ברית׳ בהקשר הוספת המלח. זהו שילוב יוצא דופן, במיוחד כשנזכרים בבריתות האחרות בתורה, כמו ברית הקשת, ברית בין הבתרים, ברית המילה, ברית סיני וערבות מואב וברית השבת. האומנם שקול דין תוספת המלח כנגד בריתות אלו?

על כך כתב רמב״ן:

121. יש להעיר שכיום אנו יודעים שהיה שימוש פולחני במלח בתרבויות שונות במזרח הקדום, כפי שהראה לאתאם, מלח, עמ׳ 29–42. קוסמן הציע שהרמב״ם נסמך בדבריו על מה שראה אצל פלוטראכוס – הפילוסוף וההיסטוריון היווני בן המאה השנייה לספירה (קוסמן, טעמי צירופו, עמ׳ 37–38).

122. על פענוחים סימבוליים אחרים שנלוו למלח (פילון, הנצי״ב, שפת אמת, ועוד) ראו אצל קוסמן הנזכר בהערה הקודמת.

> אני סובר בו ענין, שהמלח מים, ובכח השמש הבא בהם יעשה מלח. והמים בתולדותם ירוו הארץ ויולידו ויצמיחו, ואחרי היותם מלח יכריתו כל מקום וישרפו, 'לא תזרע ולא תצמיח'. והנה הברית כלולה מכל המדות, והמים והאש באים בה... כמלח שיתן טעם בכל המאכלים ותקיים ותכרית במליחותה, והנה המלח כברית (פירושו לוויקרא ב', יג).

לדעת רמב"ן, המלח מייצג מיזוג של מים ושמש-אש, ומיזוג זה בא לידי ביטוי בתכונתו שמעט ממנו נותן טעם בכל המאכלים, אך מלח רב יכול לקלקל את המאכל. לאור תכונה זו נבחר המלח לייצג התחייבות בין שניים – "והנה המלח כברית".

הוכחה טובה לכיוון קריאה עקרוני זה היא שהצירוף 'מלח ברית' נזכר גם במקראות אחרים ובהם הוא משמש כמטפורה לשונית-סמלית ללא קשר למלח ממשי. בשני פסוקים נוספים נזכר 'מלח ברית':

1. ברית כהונה שניתנה לאהרון: "כֹּל תְּרוּמֹת הַקֳּדָשִׁים אֲשֶׁר יָרִימוּ בְנֵי יִשְׂרָאֵל לַה' נָתַתִּי לְךָ וּלְבָנֶיךָ וְלִבְנֹתֶיךָ אִתְּךָ לְחָק עוֹלָם בְּרִית מֶלַח עוֹלָם הִוא לִפְנֵי ה' לְךָ וּלְזַרְעֲךָ אִתָּךְ" (במדבר י"ח, יט).
2. ברית מלכות שניתנה לדוד: "הֲלֹא לָכֶם לָדַעַת כִּי ה' אֱלֹהֵי יִשְׂרָאֵל נָתַן מַמְלָכָה לְדָוִיד עַל יִשְׂרָאֵל לְעוֹלָם לוֹ וּלְבָנָיו בְּרִית מֶלַח" (דה"ב י"ג, ה).

רמב"ן עצמו הזכיר פסוקים אלו, והוא ראה בהם הרחבה של דין המלח שבפרשתנו. לדעתו, מאחר שנתחדש דין הוספת מלח בקורבנות – ובעולם זה הוספת המלח נתפסת כביטוי של ברית – לפיכך הפך המלח לסימן של ברית. אולם ניתן לאמץ את כיוונו של רמב"ן, אך עם זאת לנסח את הדברים בדרך אחרת: המלח מייצג נצחיות, קביעות ויציבות. הצמדתו למונח 'ברית' יוצרת את המשפט השלם – ברית קבועה ונצחית שניתנה מאת ה' לעולם. ביחס לכהונה ולמלכות נזכר המלח לצד הבלטת ההתחייבות הנצחית, המתמדת, ולצד לשון 'לעולם': "לְחָק **עוֹלָם** בְּרִית מֶלַח **עוֹלָם** הִוא"; "נָתַן מַמְלָכָה לְדָוִיד עַל יִשְׂרָאֵל **לְעוֹלָם** / לוֹ וּלְבָנָיו בְּרִית מֶלַח". כנראה, מאחר שהמלח אינו מתקלקל – בשונה משאר המוצרים שמצויים במטבח – הוא הפך להיות סמל לדבר קבוע שמתקיים. יושם לב להדגשה שמתנת נצח זו ניתנה מאת ה' – תרומות הקודשים ניתנים מאת ישראל לה', אך הוא בחר להעבירם לכוהנים, ועל כן ברית המלח היא "לפני ה'". כך גם מלכותו של דויד הוענקה לו מאת ה' – "כִּי ה' אֱלֹהֵי

יִשְׂרָאֵל נָתַן מַמְלָכָה לְדָוִיד עַל יִשְׂרָאֵל לְעוֹלָם״. משמעות ׳ברית מלח׳ אם כן היא ברית נצחית שמוענקת על ידי ה׳.

לפי גישה זו ניתן לחזור אל דרישת הוספת המלח במנחה ולראותה כביטוי ממשי של הדימוי הלשוני הרווח – ברית עולם. בעולם הקורבנות נטען הביטוי הלשוני־המופשט ממשות ריאלית. לא רק ׳ברית מלח׳ כפי שנזכר בבמדבר ובדברי הימים, אלא ״ולא תשבית מלח ברית אלהיך״. על המזבח, המלח אינו רק סמל ציורי אלא הוא מובא עם הקורבן ועולה על המזבח, ובכך מבטא באופן ממשי את נצחיות הברית בין המקריב לה׳. לפיכך מתאים גם הניסוח ״ולא תשבית״, המורה על קיום מתמיד. מאחר שהכוהנים אוכלים מן המנחה כמתנת גבוה מן המזבח, מתאימה כאן במיוחד האסוציאציה הנלווית לצימוד זה.[123]

אם המלח הוא סמל לברית, ואין מטרתו רק הוספת טעם טוב, אפשר גם להבין מדוע חז״ל הרחיבו דין זה לבזיכי הלבונה שעם לחם הפנים (מנחות כ ע״א), על אף שאינם מאכל כלל. מאחר שהם מוקטרים על גבי המזבח, יש להוסיף עליהם את המלח כדי לייצג את הברית, גם אם לא שייך בלבונה שיפור טעם – שהרי עיקר עניינה הוא הריח הטוב ולא הטעם. דין חז״לי נוסף מתבהר לאור הסבר זה: למרות מה שכתבתי לעיל, שמפשטי המקראות ניכר שהמקריב הוא שמוסיף את המלח למנחתו, חז״ל למדו שהמלח המוסף לקורבנות בא מממון הציבור. הספרא מתלבט בדבר, ומעלה את ההשערה, שכשם שהמנחה עצמה באה מנדבת היחיד, כך יהיה עליו להביא גם את המלח מממונו. אך כאמור, בסופו של דבר ההכרעה היא שהמלח בא ״משל ציבור״ (ספרא, דיבורא דנדבה, פרק יד, ה-ו). לוּ המלח נוסף לקורבן רק כדי לשפר את הטעם, היה מתאים שהבעלים יביאו גם את המלח; הם האופים או המטגנים, והם גם שיוסיפו את המלח המשפר את טעם הקורבן. אולם אם המלח נושא על גביו משמעות סמלית של ברית עם ה׳, ברית של השראת שכינה ושל התמדת כבוד ה׳ במשכן, מתאים שהמלח יבוא משל הציבור ויבטא בכך את התפיסה שהשראת השכינה קשורה בציבוריות הישראלית, במחנה ישראל.[124]

123. על כך ראו במיוחד אצל סיבאס, ברית. הוא סבור שהפסוקים בבמדבר חושפים את משמעות הצירוף, כמתנת אוכל מאת ה׳ לכוהניו. אני מסכים איתו שיש מקום לאסוציאציות אלו, אך קשה לראות בזה את הוראתו העיקרית של המונח, שהרי הוא נזכר גם ביחס למלכות דוד, בלי קשר לאכילת קדשים.

124. ראו גם אצל מרקוס, מלח. הוא עמד על סוגיות הלכתיות נוספות שמתבארות לאור החקירה היסודית אם תפקיד המלח לייצג את הברית עם ה׳ או להנעים את טעמו של הקורבן.

אולם כאמור, בפשטי מקראות יש מקום להתלבט אם אומנם יש להוסיף מלח בכל הקורבנות או דווקא במנחה, וגם לשיטת חז"ל שהדין מורחב לכל הקורבנות כולם, יש מקום להבין מדוע הוא נזכר דווקא אגב המנחה. אם הוא מסמל את ברית ה' וישראל, מדוע דבר זה רלוונטי דווקא במנחה, ורק ממנה הוא יורחב לשאר הקורבנות? אני משער שרוב הקוראים היו מצביעים על זבח השלמים כמועמד מתאים יותר לדיון בהוספת מלח כביטוי של ברית.

ברוך לוין הציע שיש להדגיש את הוספת המלח דווקא במקום שבו הדבר אינו מובן מאליו. לדעתו, בקורבנות החי ברור היה שיש להוסיף מלח (כחלק מהוצאת הדם, ובדומה למוכר מדיני ההכשרה), וניתן היה לחשוב שבמנחה לא יהיה צורך כזה. לפיכך מלמדת התורה דווקא כאן שיש צורך להוסיף מלח – גם במנחה.[125]

הקריאה הפשוטה יותר תעדיף את הדרך ההפוכה: לא שהוספת מלח היא חידוש גדול יותר במנחה, אלא שדווקא במנחה מתאים דין הוספת המלח, וכאמור, ייתכן שרק במנחה יש להוסיף מלח. דומני שמכל הביאורים שניתנו לחובת הוספת המלח, הביאור השני של רמב"ן הוא המתאים ביותר לביאור **הקשרו** של הציווי בקורבן המנחה דווקא.

ההצעה השנייה ברמב"ן (שדילגנו עליה בדיוננו קודם), היא שתוספת המלח מכבדת את הקורבן והופכת אותו ראוי לאכילה. כלומר, יש להגיש את המנחה למזבח כקורבן הראוי לאכילה, ומאחר שאדם אוכל את מזונו רק לאחר תיבולו במלח,[126] ולא ייאכל תפל מבלי מלח, כך הוא צריך גם להביאו לאלוהיו (בדומה פירשו ראב"ע במקום ורמב"ם).[127] בסופו של דבר, המלח נטוע בשדה הסמנטי של המאכלים, ויש יתרון לבאר את עניינו מתוך עולמו שלו. לא כמו הלבונה שנוספה אל המנחה ואיננה נאכלת, המלח מצוי במטבח, והרי הוא נוסף כמעט לכל מאכל, כך שיתרונו הגדול של ביאור זה הוא דווקא בבנליות שלו. ביאור זה מנצל את האסוציאציה המובנת מאליה שנלווית אל המלח.

היה מקום להתלבט אם לאור גישה זו יש מקום לחייב בתוספת מלח דווקא את המנחות המעובדות – המובאות אל המזבח מוכנות לאכילה, ואילו במנחת הסולת

125. לוין, ויקרא, עמ' 13.

126. הוספת המלח למאכל כה משמעותית עד שמקור המילה 'סלט' היא 'מלח' (salted), ואנו יודעים היום שבעולם הקדום מלחו ירקות דרך קבע. עדות לחשיבות המלח בעולם הקדום ניתן למצוא בנתון המפתיע שחיילי רומא היו מקבלים לעיתים את שכרם בצורת שקי מלח. בעקבות זאת בשפות אירופאיות המילה לשכר היא: salary ששומרת על רכיב המלח (salt).

127. רמב"ם בספר המצוות, לא תעשה צט.

שממילא אינה מוכנה למאכל, אפשר לוותר על המלח. לכאורה מקום היה לתמוך קריאה זו בלשון היחיד (לנוכח) החוזרת לפתע. איסור החמץ הובא בגוף רבים: ״כָּל הַמִּנְחָה אֲשֶׁר **תַּקְרִיבוּ** לַה׳... כִּי כָל שְׂאֹר וְכָל דְּבַשׁ לֹא **תַקְטִירוּ** מִמֶּנּוּ... קָרְבַּן רֵאשִׁית **תַּקְרִיבוּ** אֹתָם לַה׳״. החזרה לגוף נוכח בחובת המליחה – ״וְכָל קָרְבַּן **מִנְחָתְךָ** בַּמֶּלַח **תִּמְלָח** וְלֹא **תַשְׁבִּית** מֶלַח בְּרִית **אֱלֹהֶיךָ** מֵעַל **מִנְחָתֶךָ** עַל כָּל **קָרְבָּנְךָ תַּקְרִיב** מֶלַח״ – מחזירה את הקורא למנחות המעובדות שהוזכרו לפני כן, שבהן נעשה שימוש בלשון זו. כך העיר רמב״ן במקום: ״ואמר הכתוב בשאור ודבש לשון רבים, כי עם אהרן ובניו ידבר, וחזר ואמר ׳וכל קרבן מנחתך במלח תמלח׳ – כי יחזור אל מביא המנחה שאמר בו בתחלת הפרשה ׳ואם מנחת מרחשת קרבנך׳״ (פירושו לב׳, יא). הכתוב חוזר אפוא למנחות המעובדות דווקא ולא למנחת הסולת שנאמרה בגוף שלישי. אולם למרות ההיגיון שבהצעה זו, מסקנתה קשה בעיניי. נראה שהתורה הדגישה שדין המלח מורחב לכל המנחות: ״**וְכָל** קָרְבַּן מִנְחָתְךָ בַּמֶּלַח תִּמְלָח... עַל **כָּל קָרְבָּנְךָ** תַּקְרִיב מֶלַח״.

אומנם ביאור זה צריך לבאר את שילוב הצירוף ״מלח ברית אלהיך״.[128] אם מדובר רק בשיפור הטעם, מדוע דבר זה הופך לברית? דומני שאכן נעשה כאן ניצול של לשון נופל על לשון ושל משחק מילים עם משמעים נלווים, אך לא לצורך השעשוע אלא כדי לעצב תודעה של אינטימיות הנשענת על עולם של ברית.

אבאר דבריי: חובת הוספת המלח קשורה לשיפור טעם הקורבן – כהצעתו השנייה של רמב״ן. אולם מאחר שבאסוציאציות הלשוניות המלח מסמל דבר מה יציב וקבוע, ומאחר שבמטפורות הלשוניות הוא סמל של ברית נצחית, ניצלה התורה את חובת הוספת המלח ויצקה לתוך הפסוקים גם אווירה של ברית נצחית. כאמור, אין מדובר במשחק לשון לשם האסתטיקה גרידא. דווקא בשיפור טעם הקורבן יכול המקריב לבטא את תחושתו הקרובה לבוראו. הוספת המלח לקורבן כמוה כתיבול אישי של מי שמכין מזון לזולתו. עצם הכנת המזון כבר יש בה טובה עם הזולת ורצון בטובתו, אך בהשקעת משאבים ומאמץ בתיבול המאכל, מראה מכין המזון שהוא חפץ בטובתו של הנמען, חפץ בעונג שלו. ידידות זו פורצת לשפת החוק באשר אלו הקונוטציות הלשוניות שנלוות אל המלח. עיקר עניינו בשיפור הטעם, אך אכן אין

128. אהרליך טען שמתוך כך שנכתב ״מלח ברית אלהיך״ ולא ׳ברית ה׳״, יש ללמוד שמדובר בדימוי לשוני-טבעי, ושהברית מתארת את יחס ה׳ אל המלח עצמו, שיש בו דבר מה אבסורדי: ״שהוא עצמו טעמו רע, והוא נותן טעם לשבח בכל מאכל אשר יאכל, ומי האיש החכם ויבין זאת?״. לפיכך לדעתו יש להבין את הפסוק כאילו כתוב – ״מלח – שכרותה לו ברית אלוהיך – לא תשבית מעל מנחתך״ (אהרליך, מקרא כפשוטו, כרך א, עמ׳ 212).

מתאים ממנו לסצנה זו, כדי להורות על הברית שמשתקפת דרך עולם הקורבנות בין מביא הקורבן לאלוהיו.

מכל מקום, הכיוון השני ברמב"ן שם דגש על הטעם הטוב, ובכך מבליט את הקשר המיוחד שיש לקורבן המנחה דווקא עם מושג המזון. כפי שהערתי בתחילת הדיון בקורבן מנחה – שלא כמו קורבנות החי, קורבן מנחה מייצג במיוחד את מזונו של האדם, את פרנסתו שקיבל מאלוהיו, ושאותה הוא מוסר כעת כקורבן. משום כך, המנחה מייצגת אוכל, מזון, צורכי חיים. תוספת המלח – אשר לפי פרשנות זו ברמב"ן טעמה הוא לשפר את טעם המנחה – מצטרפת לאופי קורבני זה ומבליטה את היותו 'מאכל', שהרי "הֲיֵאָכֵל תָּפֵל מִבְּלִי מֶלַח?!" (איוב ו', ו).

איני נמנע מלהוסיף שבסופו של דבר אין זה מקרה שלקורבן המנחה יש להוסיף רכיבים שונים (שמן, לבונה ומלח), ואילו קורבנות החי באים חסרי כל תוספת (אלא אם נאמץ את פרשנות חז"ל שחובת המלח מוסבת על כל הקורבנות). כל עוד הקורבן אומר דבר מה על החיים עצמם הוא בא בפשטות – נקי כפי שהוא ומייצג את הממשות עצמה. אולם הקורבן המייצג את צורכי החיים ואת רווחתו של האדם, בא בליווי תוספות שונות, שמבטאות את צרכיו המגוונים.

מנחת ביכורים

וְאִם תַּקְרִיב מִנְחַת בִּכּוּרִים לַה'
אָבִיב קָלוּי בָּאֵשׁ גֶּרֶשׂ כַּרְמֶל תַּקְרִיב אֵת מִנְחַת בִּכּוּרֶיךָ.
וְנָתַתָּ עָלֶיהָ שֶׁמֶן וְשַׂמְתָּ עָלֶיהָ לְבֹנָה מִנְחָה הִוא.
וְהִקְטִיר הַכֹּהֵן אֶת אַזְכָּרָתָהּ מִגִּרְשָׂהּ וּמִשַּׁמְנָהּ עַל כָּל לְבֹנָתָהּ אִשֶּׁה לַה' (ויקרא ב', יד–טז).

משום מה, לאחר הנספחים – איסור חמץ וחובת הוספת המלח – משולבת אופציית מנחה נוספת ("ואם"). מנחה זו מכונה בכתוב "מנחת בכורים", ודיניה שונים בכמה פרטים מדיני המנחות שהוזכרו בתחילת הפרק. ההבדל המרכזי הוא שהמנחות הרגילות באות מחיטה ('סולת'), בעוד מנחה זו מובאת מן השעורים ("אביב").[129] הסיבה לשינוי

129. ראו בספרא, דיבורא דנדבה, פרשה יג, ד, ורש"י על אתר. מלבד מנחת הביכורים שבאה מהשעורים, רק מנחת סוטה באה שעורים. כל שאר המנחות באות מן החיטים. בדבר נוסף דומות מנחת הסוטה ומנחת הביכורים: כל המנחות טעונות רק הגשה למזבח, חוץ ממנחת סוטה ועומר התנופה ששניהן

ברורה: השעורה מבכירה לפני החיטה, ובמנחת ביכורים עסקינן.[130] פער זה מוביל להבדל סגנוני נוסף. במנחת ביכורים נאמר: ״וְהִקְטִיר הַכֹּהֵן אֶת אַזְכָּרָתָהּ **מִגִּרְשָׂהּ וּ**מִשַּׁמְנָהּ״ (ב׳, טז), שלא כמו הביטוי המקביל במנחה הרגילה: ״וְקָמַץ מִשָּׁם מְלֹא קֻמְצוֹ **מִסָּלְתָּהּ וּ**מִשַּׁמְנָהּ״ (ב׳, ב).

מהי מנחת הביכורים שמדובר עליה בפסוקים אלו? ההתלבטות עולה כבר מעצם הגדרת קורבן זה כ׳מנחת ביכורים׳.[131] יש כידוע מצוות ביכורים מגוונות (ביכורי פירות, בכור בהמה, בכור אדם), ויותר מכך – בויקרא כ״ג יש עיסוק אינטנסיבי גם בביכורי חיטה – הן הנפת עומר ראשית קצירכם, והן הקרבה של מנחת ביכורים לאחר חמישים יום – שתי הלחם מן התבואה החדשה. מהו אם כן היחס בין הפסוקים המשולבים בסוף הדיון בקורבן המנחה בויקרא ב׳, לבין עולם הביכורים האחר המוכר לנו? יש בדבר זה מחלוקת קוטבית שמשקפת שתי קריאות שונות לגמרי של הפסוקים הללו.

חז״ל דרשו פסוקים אלו כעוסקים במנחת העומר: ״ואם תקריב מנחת בכרים לה׳ – זו מנחת העומר״.[132] בציווי על הנפת העומר (ויקרא כ״ג) באמת לא נאמר מה יש לעשות בעומר לאחר הנפתו:

דַּבֵּר אֶל בְּנֵי יִשְׂרָאֵל וְאָמַרְתָּ אֲלֵהֶם כִּי תָבֹאוּ אֶל הָאָרֶץ אֲשֶׁר אֲנִי נֹתֵן לָכֶם וּקְצַרְתֶּם אֶת קְצִירָהּ וַהֲבֵאתֶם אֶת עֹמֶר רֵאשִׁית קְצִירְכֶם אֶל הַכֹּהֵן. וְהֵנִיף אֶת הָעֹמֶר לִפְנֵי

טעונות תנופה והגשה (רמב״ם, הלכות מעשה הקורבנות יב, ו, בעקבות חז״ל שזיהו את מנחת הביכורים עם מנחת העומר). סביר שהתורה לא פירטה את דיני מנחת הביכורים שאינם שונים מהמנחות שהוזכרו בראש הפרק. לכן לא כתוב מאומה על אכילת הכוהנים מנותרת המנחה, על אף שכתוב שיש להקטיר את ״אזכרתה״ ומכאן שיש נותרת! ההכרעה ההלכתית ביחס למנחת הביכורים סבירה ביותר: ״והשאר נאכל לכהנים כשיירי כל המנחות״ (רמב״ם, הלכות תמידין ומוספין ז, יב).

130. הכתוב מדגיש את החידוש שבמנחה זו בעזרת המסגרת העוטפת את החידוש עצמו (inclusio): ״ואם תקריב מנחת בכורים... תקריב את מנחת בכוריך״. בעזרת מסגרת זו מסב הכתוב את תשומת ליבו של הלומד לתוכן הממלא אותה: ״אביב קלוי באש גרש כרמל״.

131. תלמידי אסף שטיינברגר העיר לי, שקשה לעמוד על התפקיד הסמנטי של הרכיב ׳בכורים׳ בסמיכות ״מנחת בכורים״. ״מנחת הבוקר״ (שמות כ״ט, מא) היא מנחה הקרבה בזמן הבוקר; ״מנחת מרחשת״ (ויקרא ב׳, ז) היא מנחה שמכינים אותה במרחשת; ״מנחת ישראל״ (שמ״א ב׳, כט) היא מנחה שישראל מקריבה. האם הצירוף ׳מנחת ביכורים׳ רומז שהוא בא בזמן ביכורי היבול? שהמנחה באה מביכורי היבול? שיש להכינה כביכורים?

132. ספרא, דיבורא דנדבה, פרשה יג, ד. כך גם במשנת מנחות י, ד, וכך פירש גם יוספוס פלביוס, קדמוניות היהודים ג, י, ה.

ה׳ לִרְצֹנְכֶם מִמָּחֳרַת הַשַּׁבָּת יְנִיפֶנּוּ הַכֹּהֵן. וַעֲשִׂיתֶם בְּיוֹם הֲנִיפְכֶם אֶת הָעֹמֶר כֶּבֶשׂ תָּמִים בֶּן שְׁנָתוֹ לְעֹלָה לַה׳. וּמִנְחָתוֹ שְׁנֵי עֶשְׂרֹנִים סֹלֶת בְּלוּלָה בַשֶּׁמֶן אִשֶּׁה לַה׳ רֵיחַ נִיחֹחַ וְנִסְכֹּה יַיִן רְבִיעִת הַהִין (ויקרא כ״ג, י–יג).

לפי חז״ל, השלמת התמונה באה אצלנו בפרק ב׳. כאן מתואר שיש לקחת מהעומר שהונף, לקלות אותו (״קָלוּי בָּאֵשׁ״), לטחון אותו (״גֶּרֶשׂ״), לבלול בשמן (״וְנָתַתָּ עָלֶיהָ שֶׁמֶן״ – חז״ל לימדו שיש לבלול רק עישרון בשמן והוא המתקדש), להוסיף לו לבונה (״וְשַׂמְתָּ עָלֶיהָ לְבֹנָה״), לקמוץ ולהקטיר על גבי המזבח (״וְהִקְטִיר הַכֹּהֵן אֶת אַזְכָּרָתָהּ״).

לשון אחר, לפי חז״ל מנחת הביכורים המשולבת בחתימת ויקרא ב׳ היא חובת ציבור, ומשום מה דיניה מפוצלים בשתי פרשיות שונות.[133]

בעקבות חז״ל אחז גם רש״י בקריאה זו: ״׳ואם תקריב׳ – הרי אם משמש בלשון כי, שהרי אין זה רשות, שהרי במנחת העומר הכתוב מדבר, שהיא חובה״ (רש״י לוויקרא ב׳, יד).[134] לפי דבריו, מאחר שמדובר במנחת העומר יש לקרוא את הביטוי הפותח ״ואם״ כחובה ולא כרשות, שהרי מנחת העומר איננה רשות.[135] באופן פשוט יותר אומר זאת הרשב״ם: ״׳ואם תקריב׳ – לכשתקריב מנחת העומר״ (פירושו במקום).

לזיהוי מנחת הביכורים של פרקנו עם הנפת העומר משמעויות נרחבות. בראש ובראשונה – כמובן – עצם דין הקטרת העומר שהונף. לולא זיהוי פרק ב׳ עם פרק כ״ג ניתן היה לחשוב שהעומר מונף אך לא מוקטר. עצם רעיון שכזה אינו מופרך, שהרי אנו מכירים תופעה דומה בקורבנות אחרים. את חלק הכוהנים מקורבן זבח שלמים (חזה ושוק) צריך הכוהן להניף, ורק אז הוא מקבלם; הכוהן מניף גם את ״הַזְּרֹעַ בְּשֵׁלָה מִן הָאַיִל וְחַלַּת מַצָּה אַחַת מִן הַסַּל וּרְקִיק מַצָּה אֶחָד״ (במדבר ו׳, יט-כ) שמביא הנזיר ביום מלאת ימי נזרו, ואחר כך הוא נוטלם, והם אינם עולים כלל על גבי המזבח. גם אהרון הניף את הלוויים כחלק מתהליך הקדשתם לעבודה (במדבר

133. מלבד מנחת העומר יש רק עוד שתי מנחות ציבור: שתי הלחם שמניפים בשבועות ולחם הפנים שעל השולחן; שתיהן אינן מוקרבות על המזבח – ייתכן שמשום ששתיהן חמץ (לפי חז״ל לחם הפנים איננו חמץ, אך נראה מפשטי המקראות שהם חמץ).

134. והשוו לדבריו בשו״ת רש״י, סימן רנא.

135. כך עולה גם מתוך דברי רבינו תם, המצוטט בתוספות על מסכת גיטין (דף צ׳ ע״א, ד״ה כי משמש בד׳ לשונות): ״ונראה לר״ת דבחנם דחק דהרבה אם משמשים בלשון זה כגון **׳אם תקריב מנחת ביכורים׳**, ׳אם כסף תלוה׳, ׳עד אם כלו לשתות׳, ׳אם יהיה היובל לבני ישראל׳, כולם הם לשון ודאי״. וכן עולה מדברי רבנו ירוחם, תולדות אדם, נתיב ה׳ חלק ד׳ (דף מ״ד): ״ו׳אם׳ זה, אינו אלא חובה, כמו: ׳אם כסף תלוה׳, ׳אם יהיה היובל׳, ׳אם מזבח אבנים׳״.

ח׳, יא), ובעצם, הדוגמה המיידית ביותר מצויה בפרק כ״ג עצמו – קורבן שתי הלחם המונף בשבועות אינו מוגש למזבח אלא לכוהנים. כאמור, אם לא נמזג את מנחת הביכורים שבפרק ב׳ עם הנפת העומר שבפרק כ״ג, העומר רק יונף ולא יוקטר, כפי שמורה הכתוב לעשות בפרק כ״ג.[136] אולם מאחר שעל פי דרשת חז״ל, גם מנחת הביכורים עוסקת בתהליך הבאת העומר, הרי שמעתה יש להקטיר מן המנחה לאחר הנפתה: ״קְצָרוּהוּ וּנְתָנוּהוּ בְקֻפּוֹת, הֱבִיאוּהוּ לָעֲזָרָה, הָיוּ מְהַבְהֲבִין אוֹתוֹ בָאוּר... בָּא לוֹ לָעִשָּׂרוֹן, וְנָתַן שַׁמְנוֹ וּלְבוֹנָתוֹ, יָצַק, וּבָלַל, הֵנִיף, וְהִגִּישׁ, וְקָמַץ, וְהִקְטִיר, וְהַשְּׁאָר נֶאֱכָל לַכֹּהֲנִים״ (משנה מנחות י, ד).

ברם ראב״ע חלק על קריאה זו, ולטענתו:

> רבים אמרו שמלת ׳אם׳ חיוב, ולפי דעתי כי אין צורך, כי החיוב הוא ראשית בכורים, ולא הבכורים, והרוצה להביא מנחה מבכורים נדבה, יביא (ראב״ע לוויקרא ב׳, יד).

לדעת ראב״ע הציווי על מנחה זו דומה לשאר ציוויי המנחה בפרק זה, וגם מנחת הביכורים היא נדבת יחיד. לשיטה זו, יש לחלק בין ׳ראשית בכורים׳ – שהיא החובה הציבורית המתוארת בוויקרא כ״ג אשר דורשת להניף את עומר היבול הראשון שצמח, לבין ׳בכורים׳ פרטיים של כל חקלאי העומד מול שדהו, שיבולו הראשון צמח כבר אחרי ׳ראשית הבכורים׳ שהונפו. אפשרות המנחה המתוארת כאן היא שאדם, שזה עתה הבכיר יבולו, יכול להביא מנחה מיבולו החדש (אם הוא מעוניין בכך).

בדרכו של ראב״ע הלך גם הנצי״ב (שבדרך כלל משתדל לפרש את הכתובים בהתאמה למדרש ההלכתי):

> ״׳ואם תקריב׳ – הדרש ידוע. אמנם לפי הפשט לשון ׳ואם׳ כמשמעו. ולפי שמדבר בכל פרשיות הללו באהל מועד שבמדבר, ובמדבר, אע״ג שלא היה החיוב להביא העומר כדתנן במנחות בפר׳ התכלת, מכל מקום אם היה לישראל עומר מארץ ישראל היו רשאין להקריב גם במדבר, משום הכי כתיב ׳ואם׳ (נצי״ב לוויקרא ב׳, יד).

136. רבים מן החוקרים – שלא קראו כחז״ל – אכן סבורים שמסקנת ויקרא כ״ג היא שיש להניף את העומר ולא להקטיר על גבי המזבח, כדברי מיכאל קוכמן למשל: ״העומר בפרקנו מונף בטקס סמלי בלבד״ (קוכמן, ויקרא, עמ׳ 163).

האוקימתא שבדבריו ("אם היה לישראל עומר מארץ ישראל") דחוקה בהבנת פשט הכתוב, אולם גם מדבריו עולה שמנחת הבכורים הנידונה בוויקרא ב׳ היא מנחת ביכורי נדבה ולא מנחת חובה.[137]

לפי שיטה זו יש לברר מה יש לעשות בעומר המונף המתואר בפרק כ"ג, שכן דינו אינו מובא שם. בפסוקים בוויקרא כ"ג ראב"ע אינו מעיר על כך דבר. החוקרים שאימצו את ביאורו של ראב"ע לפסוקים שבפרק ב׳, הניחו שדין הנפת העומר היא כדין הנפת שתי הלחם המתוארת בהמשך הפרק שם (ויקרא כ"ג, יז-כ). שתי הלחם מונפות וניתנות לכהן – והן אינן עולות על המזבח – וכך גם, לפי שיטה זו, יש לנהוג בעומר המונף: לתת אותו לכוהן ולא להקטירו על גבי המזבח.[138]

יש אם כן שתי נקודות מחלוקת בין שתי הקריאות. ראשית, לפי קריאת חז"ל מדובר כאן בקורבן ציבור, בעוד שלפי ראב"ע מדובר בקורבן יחיד. שנית, לפי קריאת חז"ל מדובר בקורבן חובה, ואילו לפירושו של ראב"ע בקורבן נדבה עסקינן.

במבט ראשון, פרשנות חז"ל למנחה זו נראית קשה בפשטי המקראות, והדעת נוטה לאמץ את עמדת ראב"ע. ושלוש סיבות מרכזיות יש לכך:

א. הביטוי הפותח את הציווי על מנחת הביכורים הוא "ואם תקריב", והקריאה הפשוטה של מונח זה היא ׳אם תרצה׳. אומנם צודק רש"י שיש במקרא ׳אם׳ שאינו מורה על רשות אלא בא כתיאור זמן, כמו ׳כאשר׳. אולם בהקשר הספציפי של פרקנו פירושו של רש"י קשה, שהרי לאורך הפרק ׳אם׳ פתח אפשרויות של הקרבת קורבן מנחת נדבה: "ואם מנחה על המחבת קרבנך" (ב׳, ה); "ואם מנחת מרחשת קרבנך" (ב׳, ז). במקרים אלו נראה שהמונח ׳אם׳ מורה על אפשרות הפתוחה בפני האדם לנדוב מנחת מחבת או מרחשת. ממילא זו הקריאה הפשוטה יותר גם בפתח מנחת הביכורים: "ואם תקריב מנחת ביכורים" – אם תרצה להקריב מנחת ביכורים.[139] בצדק גם העיר הרב

137. כך פירש גם שד"ל, וזו דרך המלך גם בפרשנות המודרנית. ראו למשל: הרן, מנחה, עמ׳ 27; ליכט, עומר, עמ׳ 302; פארן, ויקרא, עמ׳ 23. חריג בפירושו הוא מילגרום, שכתב שגם קריאת חז"ל שמזהה בין מנחת הביכורים להנפת העומר אפשרית כאן (מילגרום, ויקרא, כרך א, עמ׳ 193). אומנם לדעתו פרק ב׳ מגיב לפרק כ"ג (מילגרום, פולחן, עמ׳ 148).

138. ליכט אף הציע שהעומר רק מונף, וחוזר לאחר הנפתו לידי הבעלים ואינו עובר כלל לרשות גבוה (ליכט, מועדי ישראל, עמ׳ 156).

139. הצעת רמב"ן נראית כאן אפשרית יותר. עקרונית הוא מאמץ את עמדת חז"ל שלפנינו קורבן חובה, אך הוא חולק על רש"י ולא רואה את ׳אם׳ במשמעות ׳כאשר׳. לדעתו, כל ׳אם׳ בפרק פותח

ברוך קהת, שבשל הפיצול הסגנוני שיש בחטיבת הקורבנות בין הכותרת הכללית – 'כי', ובין כותרת המשנה – 'אם', לא סביר שהכתוב עובר כאן למנחת חובה ציבורית בכותרת המשנה "ואם מנחת בכורים", שכן זו משרה תחושה של המשך פירוט הרשימה הקודמת.[140]

ב. עצם מיקום הציווי על מנחה זו מורה שמדובר במנחת יחיד. פרשת ויקרא כולה מוקדשת לקורבנות היחיד,[141] וכבר בכך יש להטות את הכף לטובת הקריאה של ראב"ע, שגם מנחת הביכורים היא מנחת יחיד. מאחר שאנו אוחזים בחלק המוקדש לקורבנות נדבה, סביר שגם מנחת הביכורים המובאת כאן היא מנחת נדבת יחיד. אם אומנם כטענת חז"ל מדובר כאן בהמשך תהליך הנפת העומר – מדוע הוא נזכר כאן במנותק מכל הקשר, וללא רמז לעובדה שמדובר בטקס מפותח שעליו להיעשות "למחרת השבת"?

ג. גם הגוף השני שכבר הוזכר לעיל מחזק את הקריאה של ראב"ע. הפנייה לגוף נוכח ייחודית למנחות המעובדות, וקשה להניח שחובת ציבור תשולב בפרק עם הסגנון הייחודי של פרקנו המתאים דווקא לנדבת יחיד.

עם זאת, לפני שנגיע למסקנה שהצדק עם ראב"ע, יש לתת את הדעת גם לסימנים טקסטואליים שתומכים בקריאת חז"ל.

רד"צ הופמן העיר על כמה זיקות בין ציווי מנחת הביכורים להנפת העומר. משלל דבריו ברצוני להזכיר את הלשון הדומה שנזכרת במנחת הביכורים: "אָבִיב **קָלוּי** בָּאֵשׁ גֶּרֶשׂ **כַּרְמֶל** תַּקְרִיב אֵת מִנְחַת בִּכּוּרֶיךָ" (ב', יד), ובאיסור האכילה מן התבואה החדשה, שנזכר עם הנפת העומר: "וְלֶחֶם **וְקָלִי וְכַרְמֶל** לֹא תֹאכְלוּ עַד עֶצֶם הַיּוֹם הַזֶּה" (כ"ג, יד). סביר שאת העומר המונף יש להביא מן היבול שנאסר עד כה, והרי הוא מזוהה עם היבול שממנו יש להביא את מנחת הביכורים המוזכרת בפרק ב'.[142]

בעצם, עצם הכפילות המוזרה שנוצרת לפי ראב"ע בין ביכורי היבול בוויקרא כ"ג למנחת הביכורים בוויקרא ב', היא מעין ראיה לשיטת חז"ל. מדוע לצד ראשית

אופציית הקרבה שדיניה שונים מחברותיה. לפיכך – אם המדובר במנחת סולת – דיניה כך וכך; אם במנחת מחבת עסקינן – דיניה כך וכך; ואם מדובר במנחת ביכורים – דיניה כך וכך. לפי זה אין להסיק מהפתיחה מאומה על אופי הנדבה או החובה של המנחה הנידונה.

140. קהת, מנחת הביכורים, עמ' 4-6.

141. דיון בפני עצמו זוקק קורבן החטאת הבא על חטא העדה כולה. אין זה קורבן ציבור במובן הרגיל של המונח, ועל כן אין הוא סותר את הכלל המוזכר.

142. רד"צ הופמן, ויקרא, כרך א, עמ' קיג.

היבול שמביא הציבור כולו למחרת השבת, יביא גם היחיד משל עצמו? וכי הוא אינו כלול בעומר הציבורי? האם יעלה על הדעת שיחיד יתנדב עולת תמיד, לצד העולה הציבורית המוקרבת מדי יום?

אך חשוב מכל זה: מבנה הפרק מלמד שמנחת הביכורים איננה עוד אופציה ברשימת המנחות המובאות בפרק אלא יש לה מעמד מיוחד. מאחר שכבר נדונו דיני הקרבת מנחת הסולת ודיני הקרבת המנחות המעובדות, ולאחריהן שולבו דינים כלליים, כסיכום קורבן המנחה, הרי שמנחת הביכורים מובאת כנספח מאוחר. יש לזכור שהנספחים שחתמו את הדיון במנחת הסולת ובמנחות המעובדות תקפים גם לגבי מנחת ביכורים – ברור שגם לה אסור להוסיף שאור ולהחמיצה ושיש להוסיף לה מלח. מאחר שמנחת הביכורים נותקה מרשימת המנחות שבפרק, יש לחזור גם על הכותרת הראשית: "וְאִם תַּקְרִיב מִנְחַת בִּכּוּרִים **לַה'**" (ב', יד). כותרת זו שונה מכותרות המשנה שפתחו את אפשרויות המנחה השונות, ומשולב בה שם ה' – נמען ההקרבה, כמו שנאמר בכותרת הראשית לדיני המנחה בכלל ("וְנֶפֶשׁ כִּי תַקְרִיב קָרְבַּן מִנְחָה **לַה'**" – ב', א). החזרה על נמען ההקרבה בפתח מנחת הביכורים מבליטה עוד את ניתוק מנחה זו מקודמותיה, ונראה הדבר שיש כאן פתיחה חדשה, כך שאין מדובר רק באופציה נוספת של מנחה נדבה הנסמכת על הכותרת שפתחה את הפרק.

ועוד, העיצוב הלשוני-ספרותי של מנחת הביכורים רומז שדבר מה חסר בחוק שלפנינו, ושיש להשלימו במקום אחר. ברצוני לתת את הדעת במיוחד לשתי חריגות. ראשית, שתיקת הכתוב בנוגע לנותרת מן המנחה. השוואה מהירה בין חתימת שלושת סוגי המנחות שבפרק תבהיר את החריגה שבדבר זה:

מנחת סולת	מנחות מעובדות	מנחת ביכורים
וְהִקְטִיר הַכֹּהֵן אֶת אַזְכָּרָתָהּ הַמִּזְבֵּחָה אִשֵּׁה רֵיחַ נִיחֹחַ לַה'.	וְהֵרִים הַכֹּהֵן מִן הַמִּנְחָה אֶת אַזְכָּרָתָהּ וְהִקְטִיר הַמִּזְבֵּחָה אִשֵּׁה רֵיחַ נִיחֹחַ לַה'.	וְהִקְטִיר הַכֹּהֵן אֶת אַזְכָּרָתָהּ מִגִּרְשָׂהּ וּמִשַּׁמְנָהּ עַל כָּל לְבֹנָתָהּ אִשֶּׁה לַה'.

וְהַנּוֹתֶרֶת מִן הַמִּנְחָה לְאַהֲרֹן וּלְבָנָיו קֹדֶשׁ קָדָשִׁים מֵאִשֵּׁי ה׳.	וְהַנּוֹתֶרֶת מִן הַמִּנְחָה לְאַהֲרֹן וּלְבָנָיו קֹדֶשׁ קָדָשִׁים מֵאִשֵּׁי ה׳.	

מאחר שגם במנחת הביכורים החובה היא להקטיר רק את "אזכרתה", נדרש לכאורה לבאר מהו חוק הנותרת מן המנחה – אך הכתוב שותק. התחושה היא שיש המשך לציווי מנחת הביכורים, והוא איננו כתוב כאן.

החריגה השנייה שיכולה לעודד את פרשנות חז"ל היא היעדר הצירוף 'ריח ניחוח' מהנוסחה החותמת את הקורבן. כפי שכבר נאמר לעיל, בדיון בתוספת הלבונה, בקורבנות הנדבה תמיד נזכר שמטרת הקורבן היא לעשות 'ריח ניחוח'. והנה לפנינו מנחה שלא מפיקה 'ריח ניחוח'. נוח יותר להבין חיסרון זה אם מדובר בקורבן חובה.[143]

לפיכך, גם פרשנות חז"ל, הרואה במנחה זו קורבן שאינו מעיקרו של הפרק, העוסק בנדבת יחיד – יש לה על מה שתסמוך, והיא נעתרת לעיצוב הכתוב עצמו, כלומר למבנה הפרק ולחריגות הטקסטואליות המלוות קורבן זה.

דומני שבמקרה זה יש לנצל את הניסוח האמביוולנטי והמורכב כדי לצאת ידי חובת הנתונים השונים. בסופו של דבר, גם לפי קריאת חז"ל חייב הקורא לשאול את עצמו מדוע שולבה בפרק ב׳ מנחת הציבור שאותה יש להניף ולהקטיר מִמָּחֳרַת הַשַּׁבָּת, ומדוע לא משולב הציווי כולו בפרק כ"ג?[144] דומה, שעלינו לאחוז את החבל בשני קצותיו. המנחה שלפנינו מובאת בהקשר של נדבות היחיד, כי באופייה ובמהותה היא שייכת לתחומו של היחיד. ראוי היה שכל חקלאי וחקלאי יביא מביכורי יבולו, ממש כשם שמוטל עליו לעשות מביכורי פירותיו (דברים כ"ו). כשם שאיננו אומרים שהכוהן יניף את התאנים הראשונות שביכרו בשם כל ישראל, אלא כל בעל תאנים צריך להביא את ביכורי תאניו למקדש, כך ראוי היה שייעשה גם בביכורי יבול. על

143. מידי הספק לא יצאנו בראייה זו, מפני שבקורבנות ציבור משולב הביטוי 'ריח ניחוח' גם בקורבנות חובה, ולפי חז"ל מנחת הביכורים היא גם חובה ציבורית, כך שיכול היה הצירוף 'ריח ניחוח' לחזור כאן. אולי יש בדבר זה כדי לעודד את הפרשנות שתוצע למעלה, שאופי הקורבן נותר קורבן יחיד למרות הפיכתו לחובה ציבורית.

144. בולה הציע שמנחה זו נאמרה כאן – "מחמת הדמיון שיש בדיניה לדיני מנחות הנדר והנדבה הנזכרות בפרשה". לכן, למרות שייכותה לפרק כ"ג, היא נזכרה כבר בפרק ב׳ (בולה, ויקרא, עמ׳ מא). גם אם הסבר זה מניח את הדעת ביחס לעצם הופעת הציווי בפרקנו, הוא אינו מתרץ את שאלת סגנון הציווי, המעיד על עצמו שנושאו קורבן נדבה.

כן הציווי על מנחת הביכורים מובא בפרק ב׳ ובהקשר של קורבנות היחיד. כך יוצק הכתוב למנחה זו את הרוח המתאימה לה.

אולם בסופו של דבר יש מערכת ציווי נוספת, שלא מאפשרת לכל יחיד להביא את ביכורי יבולו בעצמו. כוונתי לספירת העומר שמתחילה עם הבאת עומר השעורים, ובסיומה יש יום מקרא קודש. לו כל חקלאי היה מביא את ביכורי יבולו מתוך שדהו, לכל חקלאי הייתה גם ספירה עצמאית ויום מקרא קודש שחל בזמן שונה. דבר זה אינו מתקבל על הדעת, ויום החמישים חייב להיות יום ציבורי משותף. לפיכך חוזר הכתוב על דיני ביכורי היבול בפרק כ״ג, ומעניק להם את אופיים הציבורי. והואיל שכן, כבר בוויקרא ב׳ מובא ציווי מנחת הביכורים עם רמזים לכך שאין זה סוף חוקה של מנחת ביכורים זו, והמשכה עתיד לבוא. ועם זאת, גם לאחר המשך זה, שילובה של מנחת הביכורים בפרק ב׳ מעניק למנחה זו את אופייה הרצוי: בפרק ב׳ הציווי נאמר בגוף שני, וכך צריך לחוש כל חקלאי בישראל עת מביאים את מנחת העומר ממחרת השבת. עליו להרגיש נוכח לפני קונו, וכנודב מיבולו האישי לבורא העולם ומחדשו (ומנחה זו – הנפתה והקטרתה – עומדת להתיר את יבולו הפרטי של כל אדם ואדם).

תמונת הראי של מורכבות זו באה לידי ביטוי במצוות הנפת העומר שבוויקרא כ״ג. כשם שבמנחת הביכורים בפרק ב׳ ניתן היה לחוש בחריגות שרומזות לכך שבסופו של דבר הקרבת מנחה זו מתממשת באופן מורכב יותר מהמתואר בפרק, כך גם בוויקרא כ״ג יש רמיזות לכך שמהותית הנפת העומר היא הדהוד של מה שראוי היה להיות נדבת יחיד.

מאחר שאין זה עיקר ענייננו, אסתפק בהצבעה כללית על כמה נתונים. ראשית יש לציין, שבדומה להתלבטות שהעלנו לגבי מנחת הביכורים שבפרק ב׳, כך יש מקום להתלבט ביחס להנפת העומר: ״מתוך הכתוב לא מתברר, אם מדובר בעומר אחד, שהוא קורבן סמלי של הציבור, או בעומר שהביא כל יחיד ויחיד״.[145] עמימות זו אינה מקרית: גם אם הקורא מבין שמדובר בחובה ציבורית בשל הקשר הציווי, הוא מנוסח באופן ששומר על האווירה הפרטית שמלווה אותו.

שנית, האופי הפרטי־הנדבתי של הנפת העומר נרמז בוויקרא כ״ג מבעד לביטוי לשוני מפתיע: ״וְהֵנִיף אֶת הָעֹמֶר לִפְנֵי ה׳ **לִרְצֹנְכֶם** מִמָּחֳרַת הַשַּׁבָּת יְנִיפֶנּוּ הַכֹּהֵן״ (ויקרא כ״ג, יא). הביטוי ׳לרצון׳ דורש תשומת לב רבה, ולא כאן המקום לפתוח

145. קוכמן, ויקרא, עמ׳ 164. הוא מעדיף את הפירוש, הרואה במצווה זו חובה על כל יחיד ויחיד. כפי שכבר הערתי, ניתן אף להציע שלא די בזה שהכתוב עוסק בחובת יחיד, אלא שלאחר ההנפה הנעשית על ידי הכוהן במשכן, העומר מוחזר לבעליו (ראו אצל ליכט הנזכר לעיל). ראוי לציין, כי אף בפסוקים המקבילים בדברים ט״ז, ט-יב, ניתן להציע את שתי הקריאות.

את ההתלבטות המלווה את פרשנותו. אך די להזכיר את שנאמר כבר לעיל, שהוא נזכר בדרך כלל בקורבנות נדבה. כך ביחס לעולת נדבה: "אִם עֹלָה קָרְבָּנוֹ... אֶל פֶּתַח אֹהֶל מוֹעֵד יַקְרִיב אֹתוֹ לִרְצֹנוֹ לִפְנֵי ה'" (א', ג, ושוב בכ"ב, יט); וכך ביחס לזבח שלמי נדר או נדבה: "וְכִי תִזְבְּחוּ זֶבַח שְׁלָמִים לַה' לִרְצֹנְכֶם תִּזְבָּחֻהוּ" (י"ט, ה, ולגבי שלמי תודה – כ"ב, כט). ברור מאליו מדוע לשון זו נזכרת דווקא בקורבנות הנדבה, שהרי היא מורה על הוולונטריות שניצבת בבסיס הבאת הקורבן, על כך שהוא בא מתוך רצון חופשי־התנדבותי; זהו קורבן המובא "לרצֹנכם", וכפי שחז"ל למדו מדין זה שקורבנות חייבים לבוא מתוך בחירה חופשית.[146]

מאחר שביטוי זה מבטא את רצונו החופשי של מביא הקורבן,[147] ברור מדוע הוא אינו נזכר במסגרת קורבנות החובה. אולם אם כך, כיצד אפשר לבאר את שילוב הביטוי בהנפת העומר בוויקרא כ"ג? והרי זו חובה ציבורית![148] מסתבר, שזהו הצד השני של האמביוולנטיות שעלתה בוויקרא ב': אומנם בפרק כ"ג עוסק הכתוב בחובה ציבורית להניף עומר מן התבואה החדשה, אולם אופי הנפה זו הוא כשל נדבת יחיד: "לרצֹנכם".

ייתכן שמתח זה המלווה את מנחת העומר, משפיע גם על אופי ספירת העומר. מדרש ההלכה לומד שכל יחיד ויחיד צריך לספור בעצמו את ספירת העומר: "וספרתם לכם – כל אחד ואחד".[149] יש צורך בלימוד מיוחד, שהרי דבר זה אינו מובן מאליו. הספירה המקבילה לספירת העומר – ספירת השמיטין והיובלות, אינה נעשית על ידי כל יחיד ויחיד, אלא זוהי ספירה ציבורית־כללית. כך מופיע בספרא: "וספרת לך – בבית דין".[150] מסתבר שלשון הרבים שבספירת העומר ("לכם") מלמדת שכל

146. ולכן גם אם כופים אותו על כך, הוא מוכרח לומר: 'רוצה אני': "חייבי חטאות ואשמות אין ממשכנין אותן חייבי עולות ושלמים ממשכנין אותן, אף על פי שאין מתכפר לו עד שיתרצה שנאמר: 'לרצונו', כופין אותו עד שיאמר רוצה אני" (משנה ערכין ה, ו).

147. גם המלבי"ם פרש כך (פירושו לוויקרא א', ג) ועוד. אומנם יש החולקים על הסבר זה. כבר אונקלוס מתרגם: "לרעוא ליה", כלומר שהאדם המקריב יזכה שה' יקבלו ברצון. לפי זה בעל הרצון המתואר בביטוי זה הוא ה', ולא האדם המקריב. בדרך זו הלכו רוב פרשני ימי הביניים, ואף בין המפרשים המודרניים יש שאימצו גישה זו. על מחלוקת זו ראו אצל רד"צ הופמן, ויקרא, כרך א, עמ' פו-פז.

148. ראב"ע במקום אכן מוכיח מפסוק זה שיש להבין את משמעות "לרצנכם" – "פירושו, להיות לכם לרצון" (ראב"ע לוויקרא כ"ג, יא). כלומר, כאן לא ניתן לפרש שהקורבן בא ברצון המביאים, שהרי הוא חובה, וממילא אין ברירה אלא לפרש שהרצון הוא רצונו של ה'. לפי הצעתנו, גם כאן ניתן לפרש את הביטוי כמורה על רצון המקריב, וכדלהלן.

149. ספרא אמור, פרק יב, א; מנחות סה ע"ב.

150. ספרא בהר, פרשה ב, א; וראו גם ברמב"ן על ויקרא כ"ג, טו, המתלבט אם בית הדין צריכים לברך על ספירה זו. בהקשר זה, מעמת רמב"ן את ספירת העומר עם ספירה ציבורית זו מחד גיסא,

יחיד ויחיד צריך לספור, ואילו לשון היחיד שנזכרת בשמיטה ("לך"), מלמדת שהחובה מוטלת על הציבור כולו, כלומר על בית הדין.

לולא לימוד זה, מתאים היה לומר שגם ספירת העומר תיעשה באופן ציבורי, שהרי זו הספירה שמובילה ליום החמישים שמקריבים בו מנחה חדשה, ומהקרבה זו ואילך מותר להביא למשכן מנחות מהתבואה החדשה. משמעותו של יום החמישים היא ציבורית, והיא עוסקת בהלכות מקדש.

לאידך גיסא, ניתן היה להציע שספירת העומר תיעשה גם בזמן אישי. כלומר, כל חקלאי וחקלאי יספור חמישים יום מרגע שהבכיר יבולו שלו, לאחר שהביא לכוהן את ראשית העומר משדהו (כספירת זב וזבה למשל, וכפי שאולי עולה מדברים ט"ז, ט). הכרעת חז"ל היא הכרעה אמביוולנטית: כל אחד ואחד צריך לספור בפיו, אך כולם סופרים יחד אותם הימים.[151] גם כאן ניכר השילוב בין העמידה הפרטית של כל חקלאי, שלאחר הנפת ביכורי יבולו סופר בעצמו חמישים ימים, ובין העמידה הציבורית של עם ישראל כולו, הסופר יחדיו שבעה שבועות, ומודה כציבור לה' אלוהיו על שהאיר לו פניו ובירך אותו ביבול חדש.[152]

מעניין שבתהליך קצירת ראשית העומר הדגישו חז"ל את שיתופם של היחידים:

> כיצד היו עושים: שלוחי בית דין יוצאים מערב יום טוב ועושים אותו כריכות במחובר לקרקע כדי שיהא נוח לקצור, **וכל העיירות הסמוכות לשם מתכנסות לשם כדי שיהא נקצר בעסק גדול.**
>
> כיון שחשכה אומר להם: בא השמש? אומרים: הין. בא השמש? אומרים: הין. מגל זו? אומרים: הין. מגל זו? אומרים: הין. קופה זו? אומרים: הין. קופה זו? אומרים: הין. בשבת אומר להם: שבת זו? אומרים: הין. שבת זו? אומרים: הין.

ועם הספירות הפרטיות (זב וזבה) מאידך גיסא. השוו גם לדברי התוספות (כתובות עב ע"א, ד"ה "וספרה"), שהכריעו שבית הדין מברך על ספירת שנות השמיטה.

151. השוו להוכחת ר' אליעזר לגבי זיהוי "ממחרת השבת" עם מחרת יום טוב: "הרי הוא אומר 'תספר לך' – ספירה התלויה בבית דין שהם יודעים לקדש י"ט, יצאת שבת בראשית שספירתה בכל אדם" (מנחות סה ע"א; הציטוט על סמך תיקוני גרסאות). חוזר על הוכחה זו גם ר' יהודה בן בתירא, שם בהמשך הסוגיה.

152. הרב ליכטנשטיין זצ"ל הציע לראות בספירה שנעשית בבית הכנסת על ידי שליח הציבור קיום של רובד ציבורי שקיים גם הוא בספירת העומר. ראו עוד אצל הלפגוט, ברכה ומועד, עמ' 79–86. הוא הציע לראות שני תפקידים לספירת העומר: ספירה שקושרת בין הנפת העומר לשתי הלחם (והיא המוטלת על כך יחיד), וספירה שיוצרת את קדושת חג השבועות (והיא המוטלת על הציבור). דבריו משתלבים היטב בטענה המובאת למעלה.

> אקצור? והם אומרים לו: קצור. אקצור? והם אומרים לו: קצור. שלשה פעמים על כל דבר ודבר, והם אומרים לו הין הין הין (משנה מנחות י, ג).

המשנה מנמקת מיד: ״כל כך למה? מפני הביתוסים שהיו אומרים אין קצירת העומר במוצאי יום טוב״, אולם בהחלט ייתכן כי ישנו ערך נוסף ל״עסק הגדול״ שבקצירת ראשית העומר – השתתפות היחידים בתהליך הבאת ראשית הקצירה לבית המקדש.[153] לקריאה מורכבת מעין זו כיוון ר׳ שמעון, המצוטט בספרא על ויקרא ב׳:

> רבי שמעון אומר: ׳ואם תקריב מנחת בכורים לה׳׳, זו מנחה באה חובה. יכול נדבה, כשהוא אומר ׳והבאתם את עומר ראשית קצירכם אל הכהן׳ (ויקרא כ״ג) לימד שאינה באה אלא חובה. ואם כן למה נאמר ׳ואם׳,[154] לומר: אם אתם מביאים אותה לרצון, מעלה אני עליכם כאילו נדבה הבאתם אותה, ואם אין אתם מביאין אותה לרצון, מעלה אני עליכם כאילו לא הבאתם אלא לצורך עצמכם.[155]

נמצאנו למדים, שמנחת הביכורים המוזכרת בפרק ב׳ אכן מבקשת להיות קורבנו של היחיד. ככל הנראה היחיד מוזמן לנדוב אותה, וגם ניתן להעלות על הדעת שמדובר **בחובת** יחיד – בדומה לביכורי פירות. אולם, כבר עיצוב מנחה זו בוויקרא ב׳ רומז לכך שעומד להיות פרק המשך למנחה זו והוא יבאר את דיניה. שם יתברר שיש להביא עומר אחד בשם היחידים כולם, כי מהנפתו מתחילה ספירת ימים אשר בה שותף העם כולו.[156] כך מצליחה התורה לצייר את האווירה הפרטית המתאימה למנחה זו ולהזכיר

153. יצחק בער טען שדברי המשנה מתפרשים לאור דברי פילון האלכסנדרוני כ״אסיפה לאומית חגיגית לשם עבודה דתית״ (בער, מחקרים, עמ׳ 461-462). בסיכום דבריו הוא אף אומר: ״העבודה של קצירת העומר כפי שנתקיימה בישראל בימי הבית השני, היא אחת העבודות הטהורות והמקודשות ביותר שאפשר למצוא בתולדות הדת והאמונה האנושית בכלל״ (עמ׳ 470).
154. מדרש זה אינו קורא כרש״י (״ואם״ במשמעות של חובה), אלא מדגיש כי הכתוב אכן מבקש ליצוק אווירת נדבה לתוכי חיוב הבאת המנחה.
155. ספרא, דיבורא דנדבה, פרשה יג, ג.
156. הרב ברוך קהת עמד בהרחבה על יחס מנחת הביכורים שבוויקרא ב׳ להנפת העומר ושתי הלחם שבוויקרא כ״ג. לדעתו, הצדק עם ראב״ע, ומדובר בשני קורבנות שונים. את הזיקה ביניהם הוא רואה כהכרעת חז״ל, מאחר שלדעתם ״לא ראוי שקורבן זה יוקרב רק על ידי אלו הקרובים לבית המקדש, שבידם להביא את קורבנם ׳כרמל׳, ולא על ידי הרחוקים יותר״ (מנחת הביכורים, עמ׳ 10, וראו אצלו שם סיבה נוספת). לדעתי, כבר בפסוקים בשתי הפרשיות ניכר המתח בין נדבת היחיד לחובת הציבור.

אותה בהקשר הראוי לה, אך בד בבד להורות, שבסופו של דבר יש להביאה כמנחה ציבורית, שראשיתה עם הנפת העומר ואחריתה בהנפת שתי הלחם בשבועות.

***

"יִזְכֹּר כָּל מִנְחֹתֶךָ וְעוֹלָתְךָ יְדַשְּׁנֶה סֶלָה.
יִתֶּן לְךָ כִלְבָבֶךָ וְכָל עֲצָתְךָ יְמַלֵּא" (תהלים כ׳, ד-ה).

פרק שמיני

קורבן זבח שלמים (פרק ג')

על ברית ידידות

אופיו ומהותו של זבח השלמים

לא תמיד שם הקורבן מעורר תהיות ומחלוקות הנוגעות לטיבו ולמהותו של הקורבן. אולם יש מקרים שבהם די בשם הקורבן כדי להציף כמה מן ההתלבטויות שמלוות את פרשנותו. אחד מהקורבנות האלו הוא נושא דיוננו: "וְאִם זֶבַח שְׁלָמִים קָרְבָּנוֹ" (ויקרא ג', א). בשמו המלא של הקורבן יש שתי מילים – זבח ושלמים – והיו שהתלבטו מה היחס בין שני הרכיבים האלו שבשם. יש בין החוקרים המודרניים שטענו שכל רכיב בשם הקורבן מייצג בעצם קורבן אחר. הנציג הבולט של שיטה זו הוא רנדטורף, שטען שבבסיס זבח השלמים מונחים שני קורבנות שונים שהתורה איחדה ביניהם: 'זבח' הוא נדבה פרטית לה', שבה האדם השתתף באכילת הקורבן, ואילו 'שלמים' היו חגיגה ציבורית, שכלל לא נאכלו – כמו כבשי עצרת בשבועות – אלא הוקטרו כליל, כמו העולה.[1] מסיבות שונות שני קורבנות אלו אוחדו בוויקרא ג' תחת השם 'זבח שלמים'.[2]

1. חז"ל למדו שסוף הפסוק – "וְהֵנִיף הַכֹּהֵן אֹתָם עַל לֶחֶם הַבִּכֻּרִים תְּנוּפָה לִפְנֵי ה' עַל שְׁנֵי כְּבָשִׂים **קֹדֶשׁ יִהְיוּ לַה' לַכֹּהֵן**" (כ"ג, כ) – מוסב גם על כבשי העצרת ולא רק על הלחם, ועל כן זכרי כהונה אוכלים את שני הכבשים (משנה זבחים ה, ה). רנדטורף רשאי לקרוא את הסיפה של הפסוק כמוסבת רק על הלחם – שהוא הולך לכוהן – אך הכבשים מוקטרים כליל. אך באמת, גם לפי קריאת חז"ל, כבשי העצרת אינם נאכלים על ידי 'הבעלים' אלא על ידי הכוהנים המייצגים את הקודש, כפי שמורה לשון הפסוק.
2. רנדטורף, תולדות הקורבן; בניסוח מעט שונה ראו גם אצל מיירה, שלמים.

אולם, הצעה זו אינה עומדת בפני הביקורת. יש 'שלמים' שאינם חגיגה ציבורית, כמו שלמי הנזיר שהם קורבן פרטי ואינם מכונים 'זבח' אלא 'שלמים' (במדבר ו', יג-כא), וכמו גם בדיני הנסכים הפונים אל היחיד, וגם שם הקורבן מכונה 'שלמים' (במדבר ט"ו, ח). גם מצד אחר קשה לתמוך בהצעתו, שהרי יש 'שלמים' שנאכלו, כמו בחטא העגל: "וַיַּשְׁכִּימוּ מִמָּחֳרָת וַיַּעֲלוּ עֹלֹת וַיַּגִּשׁוּ שְׁלָמִים וַיֵּשֶׁב הָעָם לֶאֱכֹל וְשָׁתוֹ" (שמות ל"ב, ו), ואם יטען הטוען שאין מביאים ראיה מחטא העגל, נפנה אותו לברית ערבות מואב: "וְזָבַחְתָּ שְׁלָמִים וְאָכַלְתָּ שָּׁם וְשָׂמַחְתָּ לִפְנֵי ה' אֱלֹהֶיךָ" (דברים כ"ז, ז).

גם מהבחינה הסמנטית קשה לתמוך בשיטה זו, שעל פיה קורבן השלמים ביסודו הוקטר כליל. יש הבחנה סמנטית בין הפועל שמתאר את הקרבת קורבן העולה – 'להעלות', לבין הפועל שמלווה את הקרבת השלמים – 'לעשות' (בין אם 'זבח' ובין אם 'שלמים'). כך למשל: "וַיִּקַץ שְׁלֹמֹה וְהִנֵּה חֲלוֹם וַיָּבוֹא יְרוּשָׁלַ‍ִם וַיַּעֲמֹד לִפְנֵי אֲרוֹן בְּרִית אֲדֹנָי וַיַּעַל עֹלוֹת וַיַּעַשׂ שְׁלָמִים וַיַּעַשׂ מִשְׁתֶּה לְכָל עֲבָדָיו" (מל"א ג', טו; ראו עוד: שמות ל"ב, ו; דברים כ"ז, ז; יהושע ח', לא). ומכאן, שהשלמים לא הוקרבו כליל כמו העולה.[3]

אף שטענה זו איננה משכנעת, אני מזכיר אותה מפני שהיא נעתרת עד תום לעובדת שני הרכיבים שבשם הקורבן, ויש בדבר זה לקדם את הדיון באופיו של הקורבן.

'זבח'

אכן, הרכיב 'זבח' שבשם הקורבן מלמד על כך שאכילתו מהותית לאופיו ולמגמתו. בהתאמה לחלוקה הבסיסית שבין שתי רשימות הקורבנות, אכילתו של זבח השלמים איננה נזכרת כלל בפרשת ויקרא אלא רק בפרשת צו. אולם שמו של הקורבן מסגיר את המאפיין הייחודי של זבח השלמים, שגם הבעלים אוכלים ממנו, שהוא 'זבח', כלומר סעודה.

בלשון חז"ל 'זבח' הוא קורבן מן החי, וגם במקרים רבים במקרא שם העצם 'זבח' (או הפועל 'לזבוח') מכוון דווקא להקרבת קורבנות (למשל שמות כ', כא, ועוד רבים). לפיכך היו שכתבו שבעוד 'שחט' ו'טבח' הם פעלים שעושים בהם שימוש הן לשחיטת בהמות חולין הן לשחיטת בהמות קודש, הרי שבמונח 'זבח' נעשה שימוש רק בהקשרי קורבנות.[4] אולם הדבר אינו מדויק: ביסודם של דברים הזבח הוא 'סעודה', ולאו דווקא בהקשר פולחני. 'זבח' מורה על "סעודה שבה נאכל בשר הבהמה ששחטוה

3. מילגרום, ויקרא, כרך א, עמ' 217.
4. רייני, קורבנות, עמ' 639.

לרגל מאורע חגיגי״,[5] ולאו דווקא סעודת קודש.[6] כך למשל מתוארת הסעודה שערך יעקב למשפחתו: ״וַיִּזְבַּח יַעֲקֹב זֶבַח בָּהָר וַיִּקְרָא לְאֶחָיו לֶאֱכָל לָחֶם״ (בראשית ל״א, נד). לו היה מדובר שם בקורבן, היינו מצפים לשמוע על הקמת מזבח (כמו שמתואר שם בהמשך, בהגעת יעקב לשכם – ל״ג, כ). נראה שמדובר בסעודת חולין שמשתתפות בה שתי המשפחות, של יעקב ושל לבן, וכדברי רד״ק במקום: ״עשה סעודה ומשתה כדי שיאכלו ביחד בהפרדם זה מזה לזכרון הברית״ (פירושו לבראשית ל״א, נד). יש כוח בסעודה משותפת לייצג ברית משום שהמסובים לסעודה משותפת מתאחדים בכוח אכילתם מבשר בהמה אחת.[7] זוהי גם ההוראה הפשוטה של הזבח בהליכת אלישע אחרי אליהו: ״וַיָּשָׁב מֵאַחֲרָיו וַיִּקַּח אֶת צֶמֶד הַבָּקָר וַיִּזְבָּחֵהוּ וּבִכְלִי הַבָּקָר בִּשְּׁלָם הַבָּשָׂר וַיִּתֵּן לָעָם וַיֹּאכֵלוּ״ (מל״א י״ט, כא). גם כאן סביר שלוּ היה אלישע מקריב את צמד הבקר כקורבן הדבר היה מפורט, אך רק נאמר שהוא נתן לעם את הבשר.

בפסוקים אחרים ברור עוד יותר שמדובר בסעודת חול, כמו: ״טוֹב פַּת חֲרֵבָה וְשַׁלְוָה בָהּ מִבַּיִת מָלֵא זִבְחֵי רִיב״ (משלי י״ז, א); או: ״כִּי קָרוֹב יוֹם ה׳ כִּי הֵכִין ה׳ זֶבַח הִקְדִּישׁ קְרֻאָיו. וְהָיָה בְּיוֹם זֶבַח ה׳ וּפָקַדְתִּי עַל הַשָּׂרִים וְעַל בְּנֵי הַמֶּלֶךְ וְעַל כָּל הַלֹּבְשִׁים מַלְבּוּשׁ נָכְרִי״ (צפניה א׳, ז–ח).

לא ייפלא אפוא שגם הפועל ׳לזבוח׳ קשור בטבורו בקורבן זבח שלמים דווקא. הדבר עולה מפסוקים רבים שמחלקים בין הקרבת העולה שנאמרת בלשון ׳להעלות׳, לבין הקרבת זבח השלמים שעליו נאמר ׳לזבוח׳. כך למשל בברית סיני: ״וַיִּשְׁלַח אֶת נַעֲרֵי בְּנֵי יִשְׂרָאֵל וַיַּעֲלוּ עֹלֹת וַיִּזְבְּחוּ זְבָחִים שְׁלָמִים לַה׳ פָּרִים״ (שמות כ״ד, ה); וכך גם בברית ערבות מואב: ״אֲבָנִים שְׁלֵמוֹת תִּבְנֶה אֶת מִזְבַּח ה׳ אֱלֹהֶיךָ וְהַעֲלִיתָ עָלָיו עוֹלֹת לַה׳ אֱלֹהֶיךָ. וְזָבַחְתָּ שְׁלָמִים וְאָכַלְתָּ שָּׁם וְשָׂמַחְתָּ לִפְנֵי ה׳ אֱלֹהֶיךָ״ (דברים כ״ז, ו–ז; וראו גם ביהושע ח׳, לא).

אומנם, ראב״ע יצא בחריפות נגד טענה זו:

> ראיתי מין אחד, ישתחקו עצמותיו, שטען על החכמים בעבור שאמרו ׳איזהו מקומן של זבחים׳, כי אמר כי לא מצא בכל התורה ׳זביחה׳ כי אם שלמים,

5. ליכט, זבח, עמ׳ 901.
6. כפי שכתב לוין, לפני ה׳, עמ׳ 115–117. ראו את הראיות שהביא לכך מילגרום, ויקרא, כרך א, עמ׳ 218.
7. ראו על כך אצל ליכט, זבח, עמ׳ 901–902. זו הייתה השערתו של רוברטסון-סמית – ורבים אימצו עמדה זו – והוא עצמו הוסיף שבאופי זה יש להבין גם את תפקיד זבח השלמים. להלן אלך בדרכו, גם אם בניסוחים אחרים.

> כמו 'עולה וזבחים'. כי עולה דבר בפני עצמו, ו'הזבחים' – שלמים. כמו 'ויעלו עולות ויזבחו שלמים לה' פרים' וככה בכל מקום. והראיתי לו כי לא דבר נכונה כי כתוב 'וזבחת עליו את עולותיך ואת שלמיך'. אז הודה על חטאתו שטען על האנשים נכבדים מכל הדורות הבאים אחריהם (פירושו לשמות כ', כא).

ראייתו של ראב"ע היא באמת ראיה חזקה – לאחר מעמד הר סיני מצווה ה' את ישראל: "מִזְבַּח אֲדָמָה תַּעֲשֶׂה לִּי וְזָבַחְתָּ עָלָיו אֶת עֹלֹתֶיךָ וְאֶת שְׁלָמֶיךָ אֶת צֹאנְךָ וְאֶת בְּקָרֶךָ" (שמות כ', כא), והרי לנו שהפועל "וזבחת" מוסב הן על "עֹלֹתיך" והן על "שלמיך". אך למרות דבריו, עדיין נראה שבססית הפועל 'לזבוח' מוקדש בתורה דווקא לזבח שלמים: מאחר שכנגד פסוק חריג זה ניצבים עשרות פסוקים שבהם הפועל 'לזבוח' מוסב דווקא על זבח שלמים, נראה שיש לחריגה שבפסוק זה מגמה ספרותית מקומית. באמת, ראב"ע עצמו מביא גם את ההוכחה לכך שמדובר בחריגה מיוחדת, כי לדעתו דיני המזבח שמובאים לאחר מעמד הר סיני מכוונים באופן מיוחד למזבח שבנה משה במעמד זה, כמתואר בשמות כ"ד, ושם, כאמור לעיל, הפיצול בין הפעלים של הקרבת הקורבנות נשמר – "וַיַּעֲלוּ עֹלֹת וַיִּזְבְּחוּ זְבָחִים שְׁלָמִים לַה' פָּרִים" (שמות כ"ד, ה).

אין כאן המקום להרחיב בטעם החריגה שבציווי על המזבח לאחר מעמד הר סיני, ונסתפק בהערה כללית, שלעיתים נזכר פועל לפני רשימת שמות עצם, למרות התאמתו רק לאחד מהם.[8] דוגמה טובה לכך היא כמה פסוקים לפני הפסוק הנידון: "וְכָל הָעָם רֹאִים אֶת הַקּוֹלֹת וְאֶת הַלַּפִּידִם וְאֵת קוֹל הַשֹּׁפָר וְאֶת הָהָר עָשֵׁן וַיַּרְא הָעָם וַיָּנֻעוּ וַיַּעַמְדוּ מֵרָחֹק" (שמות כ', טו). פועל הראייה הנזכר בתחילת הפסוק ("וְכָל הָעָם רֹאִים") ובסופו ("וַיַּרְא הָעָם") מתאים ללפידים ולהר העשן, אך פחות מתאים לקולות ולקול השופר, ובכל זאת לא נמנעת התורה מלצרף את כולם ולייחסם לפועל אחד מרכזי. כך גם בפסוקנו – אכן הפועל "וְזָבַחְתָּ" מתאים לשלמים הנזכרים בהמשך המשפט, ופחות מתאים להקרבת עולה, אך גם כאן לא נמנע הכתוב מלהביא פועל אחד שיחול על שני הקורבנות גם יחד. עדיין יש לברר, מדוע ביקש הכתוב בפסוק זה להדגיש את השלמים יותר מאשר את העולות, ושעל כן פתח את התיאור בפועל המתאים לשלמים. דיון רחב בדבר זה דורש ניתוח של הפרשה, ואסתפק בהערה

8. יש לציין שתופעה זו מתועדת גם בשפות שמיות אחרות. ראו על כך אצל: מורשת, נשוא קודם. תופעה מעין זו נפוצה ביותר ביחס לנטיית המין והמספר של הפועל המקראי המטרים נושא כולל, כך שבדרך כלל הוא מתאים במין ובמספר דווקא לדמות הראשונה הנזכרת ברשימה שבאה אחריו (כמו: "וַתְּדַבֵּר מִרְיָם וְאַהֲרֹן בְּמֹשֶׁה עַל אֹדוֹת הָאִשָּׁה הַכֻּשִׁית אֲשֶׁר לָקָח" – במדבר י"ב, א).

כללית. בהמשך הפסוק נאמר: ״בְּכָל הַמָּקוֹם אֲשֶׁר אַזְכִּיר אֶת שְׁמִי אָבוֹא אֵלֶיךָ וּבֵרַכְתִּיךָ״ (שמות כ׳, כא). זוהי אמירה שידידות וקרבה מלווים אותה. מאחר ש״אַתֶּם רְאִיתֶם כִּי מִן הַשָּׁמַיִם דִּבַּרְתִּי עִמָּכֶם״ (שמות כ׳, יט), הרי שה׳ איננו מוגבל למקום גאוגרפי תחום, ולא רק על הר סיני אפשר להיפגש עימו. ה׳ מבטיח שהוא ׳יבוא׳ לכל מקום שבו ייזכר שמו, ושם הוא גם יברך את המתפלל. הגוף הראשון והגוף השני בלשון יחיד שמשולבים בפסוק זה – ״אָבוֹא אֵלֶיךָ וּבֵרַכְתִּיךָ״ – מעניקים תחושה של אינטימיות ושל מפגש של ממש (השוו את: ״אָבוֹא אֵלֶיךָ״, אל הנאמר למשה ערב מעמד הר סיני: ״הִנֵּה אָנֹכִי **בָּא אֵלֶיךָ** בְּעַב הֶעָנָן בַּעֲבוּר יִשְׁמַע הָעָם בְּדַבְּרִי עִמָּךְ וְגַם בְּךָ יַאֲמִינוּ לְעוֹלָם״ – שמות י״ט, ט). לשם עיצוב אווירה זו ניתנה עדיפות לפועל שמלווה בדרך כלל את הקרבת זבח השלמים. כפי שיובהר להלן, אווירה אינטימית זו מתאימה במיוחד לזבח השלמים, עוד יותר מאשר לעולה.

זהו אפוא המאפיין המהותי של קורבן זבח השלמים: הוא סעודה, וכפי שיובהר להלן, הקונוטציות הנזכרות לעיל של סעודת יעקב לשם ברית וכשיקוף של שותפות וידידות – מתאימות בהחלט גם לאווירת זבח השלמים.

׳שלמים׳

שמו השלם של הקורבן הוא ׳זבח שלמים׳ ולא רק ׳שלמים׳ או רק ׳זבח׳. אכן, לעיתים הקורבן נזכר רק על שם אחד הרכיבים שבשמו, כמו: ״וַיַּשְׁכִּימוּ מִמָּחֳרָת וַיַּעֲלוּ עֹלֹת וַיַּגִּשׁוּ שְׁלָמִים וַיֵּשֶׁב הָעָם לֶאֱכֹל וְשָׁתוֹ״ (שמות ל״ב, ו); ״וְעָשִׂיתָ עֹלֹתֶיךָ הַבָּשָׂר וְהַדָּם עַל מִזְבַּח ה׳ אֱלֹהֶיךָ וְדַם זְבָחֶיךָ יִשָּׁפֵךְ עַל מִזְבַּח ה׳ אֱלֹהֶיךָ וְהַבָּשָׂר תֹּאכֵל״ (דברים י״ב, כז). אך במקרים אלו, יש לראות בשם ׳זבח׳ או בשם ׳שלמים׳ קיצור של השם המלא שבנוי משתי המילים.

לפיכך, מהותו של הקורבן אינה מסתכמת במילה הראשונה של שמו אלא בצירוף שתי המילים: ׳זבח שלמים׳. כיצד יש להבין את הרכיב ׳שלמים׳ שבשם הקורבן?[9] ארבעה כיוונים מרכזיים הוצעו בהקשר זה:

1. רשב״ם (וחזקוני) הבין את ׳שלמים׳ מלשון ׳תשלום׳:

9. כפי שהראה קיוצ׳י (תרגום שלמים), המבוכה סביב משמעות ׳שלמים׳ משתקפת היטב בתרגומים המגוונים שהוצעו לקורבן זה. בהתאמה לאפשרויות המוזכרות למעלה, הוא הדגים את התרגומים הבאים ל׳שלמים׳: "a peace offering" (RSV); "a sacrifice for well-being" (JPS; NRSV); "a fellowship offering" (NIV); "a shared offering" (REB).

> מאחר שאינו לשון 'עולה' ואינו 'כליל' אלא לשון 'שלמים' שמשמע לשון 'נדר וצריך לשלם את נדריו' שהוא לשון תשלומים, אז יהא דינו כמו שמפרש והולך (רשב"ם לוויקרא ג', א).

לפי הצעה זו, המאפיין הבולט של השלמים הוא שזהו קורבן שבא בעקבות נדר שקדם לו, ובהבאת הקורבן האדם משלם את נדרו. אומנם, גם בקורבן עולה מדובר באדם שנדר להביא קורבן עולה, אבל כנראה סבר רשב"ם, שמילוי הנדר מהותי בשלמים יותר מאשר בעולה. לדעתו, כאשר אדם מצוי בצרה הוא נודר ונודב לה' שלמים: 'אם תצילני מצרה זו, אביא ברוב עם זבחי שלמים'. עוד נראה להלן (בדיון בזבח שלמים שבפרשת צו) שגם בתורה יש הבחנה בין שני אופני הנדר של זבח השלמים – שלמי תודה או שלמי נדר או נדבה, וגם מכך אפשר להסיק שיש בקורבן זה משקל מיוחד שקשור במוטיבציה של המביא אותו ובנדר שקדם לו.

לפי ביאור זה נראה שבתהילים נ"ו, יג, נעשה משחק מילים שנון: "עָלַי אֱלֹהִים נְדָרֶיךָ / אֲשַׁלֵּם תּוֹדֹת לָךְ". הפועל "אשלם" מכוון בראש ובראשונה לתשלומי הנדר שהוזכרו בתחילת הפסוק, אבל בשל הצירוף "אשלם תודת", מוטמע בצירוף זה גם שם הקורבן 'שלמי תודה'.[10]

2. שיטה אחרת יש לרמב"ן: "והשלמים – מלשון 'וכל חפצי ישלים' (ישעיה מ"ד, כח), 'אבנים שלימות' (דברים כ"ז, ו)" (רמב"ן לוויקרא ג', א).

לפי הפסוקים ששילב רמב"ן מסתבר שהוא סבור ששלמים הם מלשון 'שלם', 'שלמות' (או בניסוח של רנדטורף: מלשון 'השלמה', המורה על נאמנות טוטלית). לפי שיטה זו, הצירוף השלם של שם הקורבן הוא 'סעודה שלֵמה'. ייתכן שזהו הבסיס למשחק מילים אחר, הטמון בתפילת שלמה לאחר בניית המקדש: "וְהָיָה לְבַבְכֶם **שָׁלֵם עִם** ה' אֱלֹהֵינוּ לָלֶכֶת בְּחֻקָּיו וְלִשְׁמֹר מִצְוֹתָיו כַּיּוֹם הַזֶּה. וְהַמֶּלֶךְ וְכָל יִשְׂרָאֵל עִמּוֹ **זֹבְחִים זֶבַח** לִפְנֵי ה'. **וַיִּזְבַּח שְׁלֹמֹה** אֵת **זֶבַח הַשְּׁלָמִים אֲשֶׁר זָבַח** לַה' בָּקָר עֶשְׂרִים וּשְׁנַיִם אֶלֶף וְצֹאן מֵאָה וְעֶשְׂרִים אָלֶף" (מל"א ח', סא-סג).[11] ייתכן שמשחק המילים מתממש דווקא כאן בשל שמו של המלך – 'שלמה'.[12]

10. השוו: ונהאם, ויקרא, עמ' 78.
11. לוין, לפני ה', עמ' 35. אומנם הוא ראה את המשחק כמתאים יותר לאפשרות ששלמים בא בשם הקורבן מלשון שלום, אך הרכיב 'שלם' שבתיאור שלמה מכוון לשלמות.
12. כך העיר לי בנימין פרנקל, ואני מודה לו על כך.

3. כיוון אחר לגמרי נקט ברוך לוין. לדעתו יש לגזור את הרכיב השני שבשם הקורבן לאור האכדית: *šalmu* = מתנה.[13]

הצעה זו מרתקת בשל האופי שהיא מעניקה לקורבן זה. מבין שני סוגי קורבנות הבהמה האחד מכונה על שם הקטרתו כליל (׳עולה׳), והשני על שם התנועה הנפשית שניצבת בבסיס הבאתו – כמתנה (דומה במובן רב ל׳מנחה׳ שגם היא ׳דורון׳). חוויית הנתינה ניצבת – כאמור לעיל – בבסיס כל קורבן, אך עדיין ניתן לאתר בתהליך זה מוקדים שונים. לפי ההצעה ששם ׳שלמים׳ מורה על מתנה, הרי שזה הופך להיות עיקרו של הקורבן ואופיו. הדבר מזכיר במידת מה את שיטת רשב״ם – שהנדר המקדים הוא העיקר – אך מבחינה לשונית יוצא מדברי לוין, שהצירוף השלם של שם הקורבן הוא ׳סעודת מתנה׳, ׳זבח נדבה׳, ובדומה לדברי המשורר: ״בִּנְדָבָה אֶזְבְּחָה לָּךְ אוֹדֶה שִּׁמְךָ ה׳ כִּי טוֹב״ (תהילים נ״ה, ח).

4. הביאור הרווח יותר בראשונים (שנרמז כבר בספרא, והוא גם הרווח בפרשנות המודרנית), ושנראה כמו הקריאה הפשוטה ביותר הוא שהתיבה ׳שלמים׳ נגזרת מהמילה ׳שלום׳.

אלא שצריך לבאר מהו אותו השלום שעליו מדובר כאן? מי עושה שלום עם מי?

רש״י (בעקבות הספרא) ביאר את הביטוי ׳שלום׳ כנובע מחלוקת הקורבן בין כל המשתתפים: ״שלמים שיש בהם שלום למזבח ולכהנים ולבעלים״. העובדה שגם המזבח ׳מקבל׳ חלק מהקורבן (האימורים), גם הכוהנים (חזה ושוק), וגם הבעלים (שאר הבשר), משקף (או אולי אפילו גורם?) את השלום שיש בין כולם.

אולם נדמה שההבנה המיידית יותר היא שהשלום הנרמז בשם הקורבן משקף את השלום שיש בין המקריב לקונו. למונח ׳שלום׳ יש בעברית המקראית משמעות דומה לזו של ברית; הוא מבטא פיוס, רעות וידידות. די להזכיר בהקשר זה את הצירוף ׳ברית שלום׳ שנזכר בדברי ה׳ על פנחס: ״לָכֵן אֱמֹר הִנְנִי נֹתֵן לוֹ אֶת בְּרִיתִי שָׁלוֹם״ (במדבר כ״ה, יב); או בנבואת יחזקאל: ״וְכָרַתִּי לָהֶם בְּרִית שָׁלוֹם בְּרִית עוֹלָם יִהְיֶה אוֹתָם״ (יחזקאל ל״ז, כו). גם תיאורו של מלאכי את הכוהן – ״תּוֹרַת אֱמֶת הָיְתָה בְּפִיהוּ וְעַוְלָה לֹא נִמְצָא בִשְׂפָתָיו בְּשָׁלוֹם וּבְמִישׁוֹר הָלַךְ אִתִּי וְרַבִּים הֵשִׁיב מֵעָוֹן״ (מלאכי ב׳, ו) – לא בא רק לשלול סכסוך עם ה׳, אלא שהלך איתו בידידות וברעות, באהבה ובדרך ישרה.

13. לוין, לפני ה׳, עמ׳ 19.

ניתן לסכם אפוא, ששמו של זבח השלמים מעיד על עניינו: זוהי סעודת ברית, שמביעה שלום בין מביא הקורבן ובין ה׳, ואפופה בתחושת שמחה ונדיבות לב. כך עולה מתוך שמו. ראוי להזכיר שוב שבימי קדם (ובעצם גם בימינו) בעת כריתת ברית היו סועדים כורתי הברית אלו עם אלו.[14] כשבאו אבימלך וחבורתו לכרות ברית עם יצחק הם הזכירו שוב ושוב שהם באו לשם ברית שלום – ״תְּהִי נָא אָלָה בֵּינוֹתֵינוּ בֵּינֵינוּ וּבֵינֶךָ וְנִכְרְתָה **בְרִית** עִמָּךְ. אִם תַּעֲשֵׂה עִמָּנוּ רָעָה כַּאֲשֶׁר לֹא נְגַעֲנוּךָ וְכַאֲשֶׁר עָשִׂינוּ עִמְּךָ רַק טוֹב וַנְּשַׁלֵּחֲךָ **בְּשָׁלוֹם** אַתָּה עַתָּה בְּרוּךְ ה׳... וַיַּשְׁכִּימוּ בַבֹּקֶר וַיִּשָּׁבְעוּ אִישׁ לְאָחִיו וַיְשַׁלְּחֵם יִצְחָק וַיֵּלְכוּ מֵאִתּוֹ **בְּשָׁלוֹם**״ (בראשית כ״ו, כח–לא). הסכמת יצחק לברית המוצעת לו מתממשת בסיפור בהזמנתם לסעודה משותפת: ״וַיַּעַשׂ לָהֶם מִשְׁתֶּה וַיֹּאכְלוּ וַיִּשְׁתּוּ״ (שם, ל). סעודת ברית מעין זו מתממשת בכל הבאת זבח שלמים. אכן צודק רשב״ם שנדרי שלמים מובאים לאחר שאדם נדר שיביאם בעת צרה (עוד נדון בדבר בהרחבה בפרשת צו), אך אופי הבאת הקורבן מביע את רחשי ליבו של זה שניצל מצרה המעוניין לכרות ברית עם ה׳ שהגן עליו. כהמשך דברי המשורר שהזכרתי לעיל: ״בִּנְדָבָה אֶזְבְּחָה לָּךְ אוֹדֶה שִּׁמְךָ ה׳ כִּי טוֹב. כִּי מִכָּל צָרָה הִצִּילָנִי וּבְאֹיְבַי רָאֲתָה עֵינִי״ (תהילים נ״ד, ח–ט).

כאמור, אכילת הקורבן אומנם אינה נזכרת בפרשת ויקרא, ויש בדבר זה ללמד, שוב, על פיצול שתי רשימות הקורבנות מזה, אבל גם על השיחה הרמוזה ביניהן. אין מדובר בשתי רשימות שכל אחת עומדת לעצמה, אלא בשני מוקדים שמשלימים זה את זה. אפילו בזבח השלמים – שאכילתו מהותית להבנת מהותו ומגמתו – דיני האכילה יובאו רק בפרשת צו לצד שאר דיני אכילת הקורבנות.

את אופיו של זבח השלמים כסעודת ברית בין רעים אוהבים ניתן לתמוך בשני יתדות: באזכורי זבח השלמים בסיפורים מקראיים, ובהשתתפות האדם באכילת הקורבן. נבחן תחילה כמה מהאזכורים המרכזיים של זבח השלמים במקרא:

א. במעמד הר סיני נערי בני ישראל מקריבים זבחי שלמים. אומנם שם הקרבת זבחי השלמים היא חלק מטקס שלם ומורכב שדורש עיון מדוקדק בפני עצמו, אבל לענייננו די לציין שכחלק מכריתת הברית בין ה׳ לעמו, נדרשים ישראל להקריב זבחי שלמים (שמות כ״ד, ה).[15] בהמשך שם נאמר שאצילי בני ישראל ׳אכלו ושתו׳, והקריאה הפשוטה ביותר היא שהם אכלו את זבחי

14. ראו על כך במיוחד אצל ויברג, סמלי חוק, עמ׳ 70–76.

15. מעניין שבאותו המעמד עצמו הביאו ישראל גם זבחי שלמים וגם עולות. לשון אחר, החוויה הדתית

השלמים שהוקרבו לפני כן, כדברי ראב״ע: ״וטעם ׳ויאכלו וישתו׳ – שירדו שמחים מההר, ׳ויאכלו׳ זבחי שלמים שזבחו נעריהם, ׳וישתו׳ בשמחה״ (ראב״ע לשמות כ״ד, יא).

ב. גם במעמד כריתת הברית בהר גריזים והר עיבל, מוצאים זבחי שלמים. משה מצווה את ישראל: ״וְזָבַחְתָּ שְׁלָמִים וְאָכַלְתָּ שָּׁם וְשָׂמַחְתָּ לִפְנֵי ה׳ אֱלֹהֶיךָ״ (דברים כ״ז, ז). וכך אכן מתואר שעשו ישראל לאחר כניסתם לארץ: בנו מזבח בהר עיבל וזבחו עליו שלמים (יהושע ח׳, ל-לא).[16] גם כאן זבחי השלמים מלווים כריתת ברית עם ה׳.

ג. בהמלכת שאול נאמר: ״וַיֵּלְכוּ כָל הָעָם הַגִּלְגָּל וַיַּמְלִכוּ שָׁם אֶת שָׁאוּל לִפְנֵי ה׳ בַּגִּלְגָּל וַיִּזְבְּחוּ שָׁם זְבָחִים שְׁלָמִים לִפְנֵי ה׳ וַיִּשְׂמַח שָׁם שָׁאוּל וְכָל אַנְשֵׁי יִשְׂרָאֵל עַד מְאֹד״ (שמ״א י״א, יד-טו). גם סיפור זה מעניין לענייננו, כי בולט בו הקשר בין הבאת זבח השלמים לבין השמחה ״עַד מְאֹד״ שאפיינה את המעמד, ונראה שזבח השלמים קשר שמחה זו עם עמידה מול ה׳: ״וַיַּמְלִכוּ שָׁם אֶת שָׁאוּל **לִפְנֵי ה׳** בַּגִּלְגָּל / וַיִּזְבְּחוּ שָׁם זְבָחִים שְׁלָמִים **לִפְנֵי ה׳**״.

ד. מסתבר שאופי שלמים זה היה פשוט לחז״ל. את הציווי לשמוח ברגלים במקום אשר יבחר ה׳: ״וְשָׂמַחְתָּ לִפְנֵי ה׳ אֱלֹהֶיךָ... בַּמָּקוֹם אֲשֶׁר יִבְחַר ה׳ אֱלֹהֶיךָ לְשַׁכֵּן שְׁמוֹ שָׁם״ (דברים ט״ז, יא), יישמו חז״ל דרך הקרבת זבחי שלמים, אלו הם ׳שלמי שמחה׳. יש להדגיש, שעצם ההגעה לבית ה׳ וההיראות לפניו מתממשת דרך קורבן עולה (עולת ראייה), אולם לצד זאת, הרעות והשמחה שמלווים את החג דורשים זבח שלמים:

> שלש מצות עשה נצטוו ישראל בכל רגל משלש רגלים ואלו הן: הראייה שנאמר ׳יראה כל זכורך׳, והחגיגה שנאמר ׳תחוג לה׳ אלהיך׳, והשמחה שנאמר ׳ושמחת בחגך׳... והשמחה האמורה ברגלים היא שיקריב שלמים יתר על שלמי חגיגה, ואלו הם הנקראים ׳שלמי שמחת חגיגה׳ שנאמר: ׳וזבחת שלמים ואכלת שם ושמחת לפני ה׳ אלהיך׳ (רמב״ם, הלכות חגיגה א, א).

יכולה להכיל בתוכה גם מה שנראה לכאורה כסתירה של ריחוק וגעגוע, יראה והשתוקקות. שמא אמביוולנטיות זו אימננטית לכל עמידת ברית מול ה׳?

16. קשה להכריע אם יש כוונה מיוחדת בכך שאכילת הקורבנות והשמחה שנזכרים בצו משה, נעדרים מביצוע המצווה בספר יהושע.

נמצאנו למדים, ששילוביו של זבח השלמים בהקשרים מגוונים במקרא ובחז"ל, משקפים את תוכנו כקשור בברית ובשמחה; בידידות ובעמדה דתית שיש בה קרבה ופיוס מול ה'.

כאמור לעיל, ניתן לצפות שגם דיני זבח השלמים ישקפו את עניינו המיוחד. לעת עתה די להזכיר את הדין המיוחד של זבח השלמים, שגם הבעלים משתתפים באכילתו, ולמעשה הם אלו שאוכלים את רוב הבהמה. זהו רעיון אמיץ ונועז: אדם מביא קורבן לאלוהיו, וה' כביכול אומר לו: 'אם אתה כבר פה, בוא וסעד עימי'. אם יסלחו לי הקוראים אעז ואומר, שהרעיון העומד מבעד לאכילת הבעלים את קורבנו הוא שמביא הקורבן וה' יושבים סביב אותו השולחן ואוכלים בצוותא סעודת ברית. גם אם ה' הוא היושב בראש השולחן, והאדם הוא האורח שהוזמן לסעודה זו, קשה להפריז בדרמטיות ובנועזות של אווירה דתית זו שנלווית לקורבן זבח השלמים. פעולת האכילה נתפסת לרוב כצורך גופני־קיומי של האדם כבעל גוף, אך בהקשר זבח השלמים נטענת אכילה זו הד חדש שמפלש את האדם כולו; והוא, כידידו של אלוהיו, מוזמן לכרות איתו ברית רעים.[17] אין גם צורך לומר עד כמה רחוקה אווירה זו מהאווירה שליוותה את קורבן העולה.

לא רק עצם אכילת הקורבן על ידי הבעלים משקפת את אופי הקורבן אלא גם דיני אכילתו, במיוחד זמן האכילה (יומיים), ותוספת הלחמים. בכך נדון להלן, בניתוח פרטי דינים אלו, בפרשת צו.

לאור התוויית הכיוון הכללי של אופי זבח השלמים נפנה לאופני מימושו השונים שבאים בפרשה שלנו – לשלמי בקר ולשלמי צאן.

17. בשל האיסור לאכול בתקופת המדבר בשר, אלא אם הובא כקורבן, רבים ראו את התפקיד העיקרי של זבח השלמים כמתיר אכילת בשר, כדוגמת הדברים הבאים של מילגרום: "התפקיד העיקרי של הקרבת זבח שלמים הוא לספק בשר לשולחן. ההנחה היא ששחיטת חולין אינה לגיטימית (פרט לבעלי חיים בעלי מומים), וכי בכל פעם שאדם מישראל חשק בבשר היה עליו להקריב תחילה את הבקר שלו, הכבשים או העזים כקורבן. אירוע כזה היה בהכרח נדיר, שכן רק מלכים ואריסטוקרטים יכלו להרשות לעצמם דלדול של עדריהם. עבור פשוטי העם, זו צריכה הייתה להיות חגיגה, ומשום שהבשר היה ככל הנראה רב מדי למשפחה הגרעינית, זו צריכה להיות חגיגה לבני הבית כולו, או אפילו חגיגת השבט, ומכאן אופייה המשמח של ההקרבה" (מילגרום, ויקרא, כרך א, עמ' 221). לדעתי זהו שיבוש והפיכת היוצרות. אכילת הקורבן המתוארת בוויקרא ז' לא מציגה זאת כתכלית ההקרבה, אלא כאחד מדיני קורבן זה. אכן, ויקרא י"ז מציג את זבח השלמים כפתרון לרוצים לאכול בשר, אך זוהי כבר קומה שנייה, הבנויה על דין אכילת הקורבן שטעמו קשור באופיו של הקורבן ובמבע שהוא מביא בכנפיו.

זבח שלמי בקר

כמו הציווי על קורבן העולה, גם הציווי על זבח השלמים מפוצל בין האפשרות להביא שלמי בקר לבין האפשרות להביא שלמי צאן. רוב דיני ההקרבה זהים בין שתי אפשרויות ההקרבה, ונדון בהם בשלמי הבקר, שבהם הדינים נזכרים לראשונה.

> וְאִם זֶבַח שְׁלָמִים קָרְבָּנוֹ אִם מִן הַבָּקָר הוּא מַקְרִיב אִם זָכָר אִם נְקֵבָה תָּמִים יַקְרִיבֶנּוּ לִפְנֵי ה׳. וְסָמַךְ יָדוֹ עַל רֹאשׁ קָרְבָּנוֹ וּשְׁחָטוֹ פֶּתַח אֹהֶל מוֹעֵד וְזָרְקוּ בְּנֵי אַהֲרֹן הַכֹּהֲנִים אֶת הַדָּם עַל הַמִּזְבֵּחַ סָבִיב. וְהִקְרִיב מִזֶּבַח הַשְּׁלָמִים אִשֶּׁה לַה׳ אֶת הַחֵלֶב הַמְכַסֶּה אֶת הַקֶּרֶב וְאֵת כָּל הַחֵלֶב אֲשֶׁר עַל הַקֶּרֶב. וְאֵת שְׁתֵּי הַכְּלָיֹת וְאֶת הַחֵלֶב אֲשֶׁר עֲלֵהֶן אֲשֶׁר עַל הַכְּסָלִים וְאֶת הַיֹּתֶרֶת עַל הַכָּבֵד עַל הַכְּלָיוֹת יְסִירֶנָּה. וְהִקְטִירוּ אֹתוֹ בְנֵי אַהֲרֹן הַמִּזְבֵּחָה עַל הָעֹלָה אֲשֶׁר עַל הָעֵצִים אֲשֶׁר עַל הָאֵשׁ אִשֵּׁה רֵיחַ נִיחֹחַ לַה׳ (ויקרא ג׳, א-ה).

״אִם זָכָר אִם נְקֵבָה״

הציווי שהבהמה צריכה להיות תמימה איננו מפתיע או ייחודי, שהרי דין זה תקף בכל קורבנות הבהמה. אבל האפשרות שניתנת להביא זכר או נקבה אינה מובנת מאליה. מאחר שבקורבן עולה התורה דרשה שהבהמה שתוקרב תהיה זכר דווקא, יש בבחירה שניתנת למקריב מן ההפתעה. מדוע בזבח שלמים התורה אינה דורשת מין מסוים?

הרמז הראשון לפתרון נעוץ (אולי) בניסוח הכתוב, שממנו עולה שאין לפנינו דין חיובי של ׳זכר או נקבה׳, אלא בעיקר הסרת המגבלה הקשורה במין מסוים דווקא. הדבר עולה מתוך אזכור דין מינו של הקורבן כבדרך אגב. נראה שהמשפט העיקרי הוא: ׳אִם מִן הַבָּקָר הוּא מַקְרִיב – תָּמִים יַקְרִיבֶנּוּ לִפְנֵי ה״׳. אלא שלאחר אזכור ״הבקר״, מוזכר בפסוקית משנה, שאין מינו של הבקר מוגבל – ׳אִם מִן הַבָּקָר הוּא מַקְרִיב – **אִם** זָכָר **אִם** נְקֵבָה – תָּמִים יַקְרִיבֶנּוּ לִפְנֵי ה״׳. אכן ניתן לקרוא זאת גם אחרת, אך על פי הקריאה שהצעתי התחושה שעולה היא שמין הבהמה איננו חשוב בקורבן זה, ויהא המין אשר יהא, ובלבד שיהא תמים.[18]

18. כפי שהעיר דילמן (ויקרא, עמ׳ 450), במקומות אחרים במקרא, כשיש דרישה להביא שלמים ומוגדר בהם המין, תמיד יש להביא זכר (שמות כ״ד, ה; כ״ט, יט; במדבר ו׳, יד; ז׳, פח), ואין תיעוד של הבאת נקבות, על אף שהחוק מתיר זאת. מכך נראה שגם בקורבן זה יש עדיפות לזכר, אולם מאחר שהאדם שותף בקורבן זה, הוא יכול לבחור להביא גם בהמה ממין נקבה.

ההסבר המתבקש ביותר לכך שמין הבהמה אינו משנה בקורבן זה הוא שמאחר שהבעלים אוכלים מהקורבן, יש בכוחם גם להשפיע על המין שיובא. בראש ובראשונה כי טעמן של הבריות שונה, ויש האוהבים יותר בשר פר ויש שבשר פרה ערב יותר לחִיכם.[19] אך יותר מכך – ועל כן גם אין לראות בדבר שיקול טכני־מקרי – השותפות האנושית בבחירת מין הבהמה הופכת את האדם לשותף ולפעיל. בדומה להכרעת המביא מנחה מעובדת, מה יהיה טעמה של המנחה, כך גם כאן, בחירתם של הבעלים איזה מין להביא, כמו גם אכילתם מבשר הקורבן, הופכת אותם למעורבים, ומשפיעה על התודעה הדתית שמלווה את הקרבת זבח השלמים.

בכיוון זה אחז החזקוני, גם אם בהקשר פרשני אחר. הוא ביקש לבאר מדוע לא נזכרת רחיצת הבהמה בזבח שלמים, ותלה זאת במעורבות המקריב: "לא כתב רחיצת קרב וכרעים בשלמים, לפי שיש לבעלים חלק בהם, וכל אחד יתקן חלקו כרצונו" (פירושו לוויקרא ג׳, ג). לעצם השאלה שהטרידה אותו – אי אזכור רחיצת הבהמה לפני הקרבתה – נראה שפשוט יותר לומר שמאחר שחלקים אלו אינם עולים על המזבח, אין כל צורך ברחיצתם (בשונה מעולה שמוקטרת כולה, ועל כן יש צורך גם ברחיצה), אך העמדה היסודית של חזקוני משקפת את התפיסה שהוזכרה לעיל: השותפות של המקריב בקורבן זה משפיעה על דיני הקרבתו ועל דיניו.

סמיכת הידיים

הדבר הראשון שמוטל על מביא הקורבן לאחר שהביא את בהמתו אל המשכן הוא לסמוך את ידו עליה: "וְסָמַךְ יָדוֹ עַל רֹאשׁ קָרְבָּנוֹ" (ויקרא ג׳, ב). כבר דנו בעצם מטרת סמיכת הידיים כששולב דין זה בקורבן עולה. אף על פי כן אני מבקש להסב את תשומת הלב להתלבטות שליוותה כאן כמה חוקרים, בנוגע לסמיכת הידיים בזבח שלמים. היו שטענו שסמיכת הידיים בזבח שלמים מנוסחת באופן שונה מסמיכת הידיים הרגילה. בכל שאר הקורבנות הכתוב מציין את שם הקורבן או סימן זיהוי ספציפי אחר בתיאור הסמיכה ("וְסָמַךְ יָדוֹ עַל רֹאשׁ **הָעֹלָה**" – א׳, ד; "וְסָמַךְ אֶת יָדוֹ עַל רֹאשׁ **הַפָּר**" – ד׳, ד; "וְסָמְכוּ זִקְנֵי הָעֵדָה אֶת יְדֵיהֶם עַל רֹאשׁ **הַפָּר**" – ד׳, טו; "וְסָמַךְ יָדוֹ עַל רֹאשׁ **הַשָּׂעִיר**" – ד׳, כד; "וְסָמַךְ אֶת יָדוֹ עַל רֹאשׁ **הַחַטָּאת**" – ד׳, כט). לעומת זאת, בזבח שלמים נמנע הכתוב מלעשות כן אלא הסתפק בהגדרה כללית: "וְסָמַךְ יָדוֹ עַל רֹאשׁ **קָרְבָּנוֹ**". מאחר שזהו הניסוח גם בשלמי בקר וגם בשלמי צאן (ג׳, ב, ח, יג), נראה שחריגה זו מכוונת. היו שהציעו, שאכן אין צורך בסמיכת ידיים בזבח שלמים – שהרי

19. מילגרום, ויקרא, כרך א, עמ׳ 204.

אין כל חטא שמביא הקורבן מבקש להעביר אל הבהמה – וכל דרישת סמיכת הידיים בשלמים לא באה אלא כדי ליצור אחידות בין זבח השלמים לשאר הקורבנות שבהם יש סמיכת ידיים.[20] זהו רעיון מעניין, אך איננו עומד בפני הביקורת. ההנחה שתפקיד סמיכת הידיים היא להעביר חטא ועוון אל ראש הבהמה איננה מדויקת. כפי שכבר נידון לעיל בדין סמיכת ידיים, לא נראה שזה תפקיד הסמיכה בקורבנות הפרטיים (בניגוד לסמיכת הידיים על השעיר ביום הכיפורים). לכן אין כל קושי בדרישה לסמוך ידיים גם בזבח שלמים. אדרבה: יש לראות בכך הוכחה נוספת שאין לראות בסמיכת הידיים שבקורבנות הנדבה טקס של העברת חטא אלא של יצירת זיקת בעלות.

אולם אם כך, מדוע הכתוב נמנע מלכנות את הבהמה בהגדרה ספציפית כפי שהוא נוהג לעשות בשאר הקורבנות? ייתכן שדבר זה הוא תוצאה נוספת מהדין שהוזכר לפני כן – ״אם זכר אם נקבה״. בקורבן השלמים בחירת הבהמה עברה להכרעת המקריב, והתורה משכה ידיה מהחלטה זו. לפיכך, גם אפיון הבהמה הספציפית שעליה יש לסמוך ידיים מפנה את מקומו להגדרה אחרת, הגדרה שמבליטה את יחס המקריב לבהמה שבחר באמצעות כינוי שייכות – ״קָרְבָּנוֹ״. כביכול רומז הכתוב – יש לסמוך את היד על הקורבן: יהא זה זכר או תהא זו נקבה, ובלבד שירגיש המקריב שזהו קורבנו שלו, שנבחר על ידו, כפי שמתממש באופן ממשי בסמיכת הידיים.

תוספת הכליות לחלבים

שלא כמו קרבן עולה שעולה כליל על המזבח, בזבח שלמים יש להקטיר רק את החלבים, הכליות ויותרת הכבד (בלשון חז״ל ה׳אימורים׳). מהם חלבים אלו? כבר מלשון הכתוב ברור שמדובר בחלקים ש׳מכסים׳ אברים אחרים – ״אֶת הַחֵלֶב **הַמְכַסֶּה** אֶת הַקֶּרֶב וְאֵת כָּל הַחֵלֶב אֲשֶׁר **עַל** הַקֶּרֶב״ / ״וְאֵת שְׁתֵּי הַכְּלָיֹת וְאֶת הַחֵלֶב **אֲשֶׁר עֲלֵהֶן**״. מדובר בחלקי שומן שתפקידם להגן על האיברים הפנימיים. במסכת חולין (מט ע״ב), בביאור רש״י את דברי ר׳ עקיבא, הוא מתאר את החלב כחתיכת שומן שפרוסה על האיברים הפנימיים כמו בגד, ויש עליה קרום דק שניתן לקילוף. ההבדל בין החלבים המוקטרים לבין חלקי שומן אחרים הוא שהחלבים מופרדים מהאיברים שאותם הם עוטפים ואילו השומן מעורב בבשר עצמו. מלבד חלבים אלו יש להקטיר על המזבח גם את הכליות (ואת יותרת הכבד). במה זכו הכליות להצטרף לחלקים המוקטרים על גבי המזבח?

20. קוק, כוהני, עמ׳ 51–52.

ניתן לפענח את הוספת הכליות לחלבים המוקטרים בשתי דרכים בסיסיות. ייתכן שאין זה אלא צורך טכני שנובע מכך שקשה להפריד את החלב שעל הכליות מהכליות עצמן. כך עולה מניסוח הפסוק: "וְאֵת שְׁתֵּי הַכְּלָיֹת וְאֶת הַחֵלֶב אֲשֶׁר עֲלֵהֶן אֲשֶׁר עַל הַכְּסָלִים" (ד). לצד הציווי על הקרבת הכליות נאמר "ואת החלב אשר עֲלֵהֶן", ודבר זה מעלה את הסברה שבאמת יש צורך להקריב דווקא את החלב אשר עליהן, אך מאחר שקשה להפרידם, אמרה תורה שיבואו גם הכליות עצמן. לאור כך ניתן גם לבאר את תוספת היותרת על הכבד שנאמרת בסגנון דומה: "וְאֶת הַיֹּתֶרֶת עַל הַכָּבֵד עַל הַכְּלָיוֹת יְסִירֶנָּה". גם כאן, ייתכן שהתוספת "על הכלית" (= עם הכליות) מלמדת שאולי יש קושי טכני בהפרדת היותרת על הכבד מהכליות (בשל סמיכותן?), ועל כן יש להקטיר על המזבח את כל אלו. לפי הסבר זה נוכל גם להבין מדוע אין איסור אכילת כליות אף שהחלבים העולים על גבי המזבח נאסרו באכילה. הכליות עצמן אינן שייכות מצד עצמן למזבח, והן מוקטרות רק בשל החלב שעליהן.

לאידך גיסא ניתן לחשוב מהן הקונוטציות הסמליות שנלוות לכליות, ואולי בגללן מתאים להקריב מכל האיברים כולם דווקא אותן. קשה להכריע אם לכך רמז ראב"ע כשפירש את גזרון המילה 'כליות': "ונקראו 'כליות' בעבור כח תאות המשגל, והיא מגזרת 'נכספה וגם כלתה נפשי'" (ראב"ע לוויקרא ג', ד, ובדומה בפירושו לשמות כ"ט, יג). האם ראב"ע סבור שהכליות מייצגות את כוח הרצון, התאווה, ועל כן מתאים שהן תצטרפנה לחלבים ותוקטרנה על גבי המזבח? נראה יותר שדבריו נטועים במישור הסמנטי גרידא.

סמליות אפשרית לכליות עולה במדרש חז"ל על אברהם אבינו:

> אב לא למדו, רב לא היה לו, מאיכן למד את התורה? אלא זימן לו הקדוש ברוך הוא שתי כליותיו כשני רבנן והיו נובעות ומלמדות לו חכמה (בראשית רבה, פרשה סא).

במקומות נוספים חז"ל משווים את הכליות ליועצים (ראו למשל ברכות סא ע"א; ויקרא רבה פרשה ה, ד; מדרש משלי פרשה יב, כ),[21] ואכן כמה פסוקים במקרא משקפים את התפיסה שהחוכמה והמוסר מצויים בכליות, ושהן מייצגות את עולמו המצפוני של האדם, את תודעתו המוסרית־הפנימית, כמו: "אֲבָרֵךְ אֶת ה' אֲשֶׁר יְעָצָנִי אַף לֵילוֹת יִסְּרוּנִי כִלְיוֹתָי" (תהילים ט"ז, ז). לפיכך הן גם נזכרות בהקבלה אל הלב, שגם הוא

21. ראו עוד אצל שטיינברג, כליות, עמ' 118–124.

מקום משכנן של התודעה ושל המחשבה. כך למשל: "וַה׳ צְבָאוֹת שֹׁפֵט צֶדֶק בֹּחֵן כְּלָיוֹת וָלֵב אֶרְאֶה נִקְמָתְךָ מֵהֶם כִּי אֵלֶיךָ גִּלִּיתִי אֶת רִיבִי" (ירמיה י״א, כ); או: "אֲנִי ה׳ חֹקֵר לֵב בֹּחֵן כְּלָיוֹת וְלָתֵת לְאִישׁ כדרכו (קרי: כִּדְרָכָיו) כִּפְרִי מַעֲלָלָיו" (ירמיה י״ז, י).

אם נאמץ כיוון רווח בפרשנות ימי הביניים ש"טֻחוֹת" בלשון המקרא הן הכליות,[22] כמה פסוקים יעלו מיד נגד עינינו. כך נאמר באיוב: "מִי שָׁת בַּטֻּחוֹת (= בכליות) חָכְמָה / אוֹ מִי נָתַן לַשֶּׂכְוִי בִינָה" (איוב ל״ח, לו).[23] רבים מבארים על דרך זו גם את הפסוק בתהילים: "הֵן אֱמֶת חָפַצְתָּ בַטֻּחוֹת (= בכליות) וּבְסָתֻם חָכְמָה תוֹדִיעֵנִי" (תהילים נ״א, ח). גם את הפסוק שנדון בו להלן: "לְעֻמַּת הֶעָצֶה יְסִירֶנָּה" (ויקרא ג׳, ט) פירש רש״י כמכוון לכליות: "׳לעמת העצה׳: למעלה מן הכליות היועצות" (פירושו על אתר). בחשיבה המקראית אם כן, החכמה והמוסר שוכנו בלב ובכליות (ומכאן הביטוי ׳מוסר כליות׳).[24]

ייתכן שסמל התודעה המוסרית נקשר אל הכליות בשל תפקידן לסנן את הדם ולהפריש חומרי פסולת מטבוליים (במיוחד שתנן) וחומרים כימיים זרים. מאחר שתפקידן להבדיל בין דברים מועילים לגוף לבין פסולת מזיקה מתאים שהן תשמשנה סמל להבחנה בין טוב לרע גם במובן מוסרי ומופשט.[25] ייתכן גם ש"בשל היותה איבר ׳פנימי׳ ומוסתר ביותר וגם עטופה קרומים, ומעליה – מעטה שומן, נחשבת הכליה מושב הכיסופים העמוקים".[26] אם אומנם אלו הן הקונוטציות שאמורות לעלות בקרב המקריב, הרי שתודעתו המוסרית ומצפונו מיוצגים על גבי המזבח ונמסרים לגבוה.

בכל מקרה מעניין לציין שבעולם הקדום אחד האיברים החשובים ביותר בהקשרי

22. "בטֻחות" משמעו במקום המכוסה, הנסתר. ההכרעה שמדובר דווקא בכליות נשענת על העובדה שהכליות מכוסות בקרומים ובחלב (ראב״ע לתהילים נ״א, ח). בפרשנות המודרנית נוטים לראות את "טֻחות" בהוראת מקום מכוסה, חשוך ונעלם, כפי שעולה מהתקבולת בתהילים נ״א, ששם הטוחות מקבילות ל"סתום" (ראו שונק, טוח, עמ׳ 319).

23. היו שהציעו לראות את "טֻחות" כשם ציפור (ראו אצל קדרי, מילון, עמ׳ 378). כך גם גרינשטיין שהציע שמדובר בעופות מגלנים, ועל כן תרגם את הפסוק באופן הבא: "Who endowed the ibis bird with wisdom" (גרינשטיין, איוב, עמ׳ 170). התקבולת בפסוק תומכת בהצעה שמדובר בסוג עוף, ולפיה פסוק זה אינו רלוונטי לדיוננו.

24. אין חלוקה נוקשה במקרא בין חוכמה לבין מוסר. זה כמו זה אלמנטים בעולמו הפנימי והתודעתי של האדם.

25. ההתלבטות במקרים מעין אלו ברורה: מאחר שבעולם העתיק לא ידעו מה תפקידן של הכליות (אריסטו עוד חשב שאין לכליות תפקיד חשוב – ראו אצל שטיינברג, כליות, עמ׳ 112–114), קשה להעמיס עליהן קונוטציות סמליות שהאדם המקריב אינו מודע להן. אחרי הכול קונוטציות סמליות בנויות על התודעה העממית ולא על אמת מדעית.

26. ליבוביץ, כליה, עמ׳ 854.

השיח הרוחני הוא הכבד. לאיבר זה יש מקום של כבוד בעולם הניחוש המסופוטמי, וההערצה אליו הייתה רבה. לפיכך, ייתכן שיש מן הפולמוס בנטילת הכליות – ובאי נטילת הכבד. הרי הכתוב ממשיך ודורש להסיר ולהקטיר גם "אֶת הַיֹּתֶרֶת עַל הַכָּבֵד", וגם אם צודקים חז"ל שמפסוק זה עולה שיש ליטול גם מעט מן הכבד, ניכר שאין עניין בהקטרת הכבד גופו, אלא רק בחלק קטן היוצא ממנו. כך, בשעה שאת הכליות מקטירים, מן הכבד הסמוך מתעלמים.[27]

"וְהִקְטִירוּ אֹתוֹ בְנֵי אַהֲרֹן הַמִּזְבֵּחָה עַל הָעֹלָה אֲשֶׁר עַל הָעֵצִים אֲשֶׁר עַל הָאֵשׁ אִשֵּׁה רֵיחַ נִיחֹחַ לַה'"

הפסוק המרתק ביותר בתיאור הקרבת שלמי הבקר הוא זה המתאר את סדר ההקרבה על המזבח. תיאור ההקטרה מוצג בסדר פיזי: אמורי זבח השלמים מונחים על איברי העולה – שהיא מונחת על עצים – שהם מצויים על אש. מכל הרשימה הזו הדבר המפתיע ביותר היא העולה. תאורטית, ניתן היה להציע שהפסוק אינו עוסק בקורבן עולה שמונח על העצים, אלא שיש לראות בצירוף "עַל הָעֹלָה" קיצור של 'על **מזבח** העולה'. כמו שנאמר למשל בהקטרת חלבי החטאת הפנימית: "כַּאֲשֶׁר יוּרַם מִשּׁוֹר זֶבַח הַשְּׁלָמִים וְהִקְטִירָם הַכֹּהֵן **עַל מִזְבַּח הָעֹלָה**" (ד', י). אולם סדר הפסוק אינו תומך בהשערה זו, שהרי מדובר על "העֹלה אשר על העצים", וזה מתאים לקורבן עצמו שמונח על עצים.

היו שהציעו להבין את הצירוף "על העלה" במשמעות של 'עם העולה',[28] אך גם קריאה זו פחות מסתברת, לאור המשכו של הפסוק, שבו המונח 'על' מורה על דבר שמונח על גבי דבר אחר ("על העצים אשר על האש"). מה אם כן פשרו של דבר זה? מדוע יש קורבן עולה על המזבח, המקדם את פניו של האדם המביא זבח שלמים?

שאלת היסוד שיש לברר היא, על איזו עולה מדובר כאן. הביאור המקובל בחז"ל ובעקבותיהם צעדו גם חלק מפרשני ימי הביניים הוא שמדובר כאן בעולת התמיד: "למדנו שתקדים עולת תמיד לכל קרבן על המערכה" (רש"י על אתר). מאחר שכל בוקר נפתח בעולת התמיד של שחר הקרבה במזבח, וכל הקורבנות מובאים רק לאחר הקרבתה, הרי שכל הקורבנות כולם מוקרבים 'על עולה' זו (ראו למשל בפסחים נח ע"ב). למעשה, הקטרת בשר הכבש באש אורכת שעות מרובות, ובהחלט ייתכן שגם

27. בניסוח מעט שונה הובא רעיון זה בפירושו של הרטלי, ויקרא, עמ' 40.
28. כך הציע מילגרום, ויקרא, כרך א, עמ' 208. הכיוון הרווח יותר – גם בקרב הראשונים – הוא כהצעה שאימצנו למעלה.

מבחינה פיזית, כל קורבן שמוקטר באותה האש אכן מונח גם על בשר עולת התמיד שעוד מוקטר שם. מעין ראיה לקריאת חז״ל יש בתיאור היום השמיני למילואים. בתיאור הקרבת הקורבנות שם נזכר: ״וַיַּקְרֵב אֶת הַמִּנְחָה וַיְמַלֵּא כַפּוֹ מִמֶּנָּה וַיַּקְטֵר עַל הַמִּזְבֵּחַ מִלְּבַד עֹלַת הַבֹּקֶר״ (ט׳, יז). לו היה נאמר שאת **העולה** המיוחדת של היום השמיני הקריב אהרון ״מִלְּבַד עֹלַת הַבֹּקֶר״, היה ברור שחשוב להדגיש שלא מדובר בעולה שהחליפה את העולה הרגילה היום־יומית, אלא בעולה נוספת שהצטרפה לעולת התמיד. אך מדוע לומר שאת המנחה הקריב אהרון ביום השמיני ״מִלְּבַד עֹלַת הַבֹּקֶר״? ייתכן שהנחת היסוד היא שהקורבנות כולם נסמכים על עולת הבוקר (ולא רק העולות הנוספות). גם ביחס לקורבן מנחה ניתן לומר שהוא מובא ״מִלְּבַד עֹלַת הַבֹּקֶר״ שהופכת להיות מצע לכל הקורבנות כולם.

גם שורת ההיגיון תומכת בקריאת חז״ל שכוונת הכתוב לעולת התמיד. לולא כן, הציווי קשה ליישום מבחינה כלכלית – האם סביר שכל אדם שמביא זבח שלמים נדרש להביא בהמה נוספת לעולה, שעליה יוקטרו חלבי שלמיו?[29] מצד שני, מוזר שלפתע משולבת התייחסות לעולת התמיד, שהרי זו טרם הוזכרה בחטיבת הקורבנות שלפנינו. אכן, כבר בשמות כ״ט (לח–מג) נאמר הציווי על הקרבת עולה זו, אך מאחר שהיא לא הוזכרה עדיין בחטיבת הקורבנות שבפרשת ויקרא, אין זה פשוט שאליה רומז הכתוב.

אך מכל מקום יש לצעוד צעד נוסף: מדוע יש להזכיר עולה זו כאן כל עיקר? גם אם מדובר בעולת התמיד, שרק אחריה – או עליה – ניתן להקריב את הקורבנות כולם, מדוע להזכיר זאת בהקטרת זבח השלמים? הרי לא צריך להזכיר זאת בכל קורבן. בקורבן המנחה למשל דבר זה לא נאמר, על אף שגם המנחה מוקטרת אחרי עולת התמיד של שחר.

ראשית יש לציין שההיגד שיש להקטיר את השלמים על גבי העולה נאמר גם ביחס לחלבי איל המילואים – שגם הוא סוג של זבח שלמים – ובמשך שבעת ימי המילואים יש להקטירם ״הַמִּזְבֵּחָה עַל הָעֹלָה לְרֵיחַ נִיחוֹחַ לִפְנֵי ה׳״ (שמות כ״ט, כה). לא רק בציווי שבספר שמות איל המילואים נקשר עם העולה, אלא גם במימוש הקרבתם: ״וַיִּקַּח מֹשֶׁה אֹתָם מֵעַל כַּפֵּיהֶם וַיַּקְטֵר הַמִּזְבֵּחָה עַל הָעֹלָה מִלֻּאִים הֵם״ (ויקרא ח׳, כח). כלומר, דווקא בקורבנות מסוג זבח שלמים התורה מבליטה, שוב ושוב, שחלביהם מוקטרים ׳על עולה׳.

בפענוח תופעה זו ניתן לאחוז בכיוון הלכתי־פורמלי ובכיוון סמלי־רוחני, ויש

29. ווטס, קורבן העולה, עמ׳ 131.

מקום להתלבטות איזה מהם מעניק ביאור שלם יותר לכתובים. הכיוון ההלכתי יטען שהבלטה זו היא מעין 'היתר' להקריב שני קורבנות יחדיו. הרי יכול היה מישהו לחשוש מעירוב קורבנות באותה האש, ודאי אם מדובר בשני קורבנות שקדושתם שונה, ושמייצגים תודעה דתית כה שונה – עולה וזבח שלמים. לשם כך מודגש שגם אם מונחת כבר עולה על המזבח, אין כל בעיה לצרף לאש גם את חלבי השלמים. אולי אפילו אדרבה: עולת התמיד מגדירה את המזבח כמקום אכילת הקורבנות, כאש של התגלות תמידית, ודווקא שם ניתן להגיש קורבנות נוספים.

לאמיתו של דבר, עבודת הדם המשותפת של עולה וזבח שלמים ('זריקת הדם סביב'; ובלשון חז"ל: 'שתיים שהן ארבע') כבר רומזת שאין מדובר בקורבנות סותרים, אלא בכאלו שמשתלבים זה בזה. היו שטענו שזריקת הדם בזבח שלמים מלמדת שגם בו יש צד של כפרה: עצם העמידה מול ה' מלווה באיום המוות ("לֹא יִרְאַנִי הָאָדָם וָחָי"), ודם הקורבן מכפר על האדם הניגש אל הקודש.[30] במובן זה, יש בבסיס זבח השלמים דבר מה הדומה לקורבן העולה, ומתבטא בעבודת הדם הזהה. לפי טענה זו, ההבדל באופי שני הקורבנות הללו בא לידי ביטוי רק בהקשר הבשר. גם אם ניתן לתמוך הצעה זו בוויקרא י"ז, נדמה לי שבחטיבת הקורבנות שאנו אוחזים בה זו מסקנה מרחיקת לכת. לא במקרה בקורבן עולה התורה שילבה את המונח 'כפרה', ומונח זה חסר מזבח השלמים. אך גם אם לא נאחז בקריאה זו, באמת יש בשיתוף עבודת הדם שיקוף לכך שאין להציג את יחס הקורבנות כסותרים זה את זה אלא כחוויות דתיות משלימות, שיכולות ללכת יד ביד.[31]

ניתן לנסח זאת אפוא גם בשפה דתית־סימבולית: העובדה שהעולה מוזכרת ראשונה ברשימת הקורבנות אינה רק נתון טכני. קורבן העולה נתפס כקורבן האולטימטיבי והבסיסי; בקורבן זה האדם מבטא את בסיס התודעה הדתית המודעת לכפיפות האדם מול אלוהיו ולתלות המוחלטת בו, תלות שאינה גורעת מיכולתו לעמוד לפניו אלא מזמינה אותה. העולה המוקטרת כליל משמשת בסיס ומצע תשתית רוחני לעצם העמידה הדתית שבאה לידי ביטוי בעולם הקורבנות, ולכן גם קורבן החי החלופי נשען עליה. אכן חלבי השלמים מוקטרים על בשר העולה, אך אין מדובר רק בהיתר – כפי שהצעתי לעיל בניסוח ההלכתי – אלא בצורך, שרק הוא יכול

30. קיוצ'י, שלמים, עמ' 28.
31. כפי שהוזכר לעיל, יש סיטואציות שיש להביא בהן עולה וזבח שלמים יחדיו, והדבר נפוץ בסיפורי המקרא. כך למשל בברית סיני (שמות כ"ד, ה), בברית ערבות מואב (דברים כ"ז, ו–ז), בהחזרת הארון משדה פלשתים לגבול יהודה (שמ"א ו', טו), בהעלאת ארון ה' לירושלים (שמ"ב ו', יז), בקניית גורן ארוונה (שמ"ב כ"ד, כה), בהמלכת שלמה (דה"א כ"ט, כא), ועוד.

להצדיק את העמידה הדתית המיוצגת מבעד לזבח השלמים. לשון אחר, הידידות והשותפות שמלוות את זבח השלמים זקוקות לעולת בסיס שתשמש להן מרחב דתי של כניעה ושל קבלת סמכות, ורק בתוכו הן יכולות להתממש. מביא זבח השלמים מוזמן לסעוד עם אלוהיו, בתנאי שהוא מקריב את קורבנו על עולה, על הבנת הפער שבכל זאת קיים בינו לבין קונו.

דבר זה יוכל לבאר גם מדוע בכל הרשימות במקרא שמשולבות בהן רשימה של קורבנות, זבח השלמים חותם את הרשימה, כמו למשל ביום השמיני למילואים (ויקרא ט׳, יח); בקורבנות יום החמישים (ויקרא כ״ג, יט); בחנוכת המזבח (במדבר ז׳); בדיני נסכים (במדבר טו, ג-ח); ובעוד רבים. אכן, יש בסידור רשימות אלו שיקוף של רמת הקדושה המתחלפת של הקורבנות הללו, אך דבר זה עצמו גם קשור בתודעה הדתית שמלווה את הקרבתם: זבח השלמים מורה על תודעה דתית עדינה, שיכולה להתממש על המזבח על גבי תודעה בסיסית יותר של עולה.

על רקע הערות אלו ניתן לפנות לשלמי צאן, ולברר אם יש הבדל עקרוני ביניהם או הבדל כלכלי בלבד.

זבח שלמי צאן

תיאור הקרבת זבח שלמים מן הצאן מפוצל לשניים – למביא כבש ולמביא עז. ההבדל ההלכתי ביניהם נוגע רק להקרבת האליה (= זנב שמן ורך) שיש בכבש ושחסרה בעז, אך בשל הבדל קל זה חוזרת התורה על דיני ההקרבה כולם. קשה לראות סימנים להבדל מהותי באופי שתי אפשרויות הקורבן, וייתכן שהחזרה המלאה על דיני ההקרבה נועדה לשם השלמות המבנית של הפרשה. בקורבן עולה היו שלוש אופציות: בקר – צאן – עוף, והסדר המקביל דורש לשמור על מודל זהה גם ביחס לקורבן זבח השלמים. מאחר שאין בשלמים הקרבת עוף פוצל הצאן לשני סעיפים: בקר – צאן [כבש] – צאן [עז]. כאמור לעיל, החלוקה המשולשת באה לידי ביטוי גם בקורבן מנחה: מנחת סולת / מנחות מעובדות / מנחת ביכורים. לפי זה, כל קורבנות הנדבה ערוכים במבנה אחיד ומלכד של שלוש פעימות.[32] למרות זאת, בדיון בקורבן

32. ראו על כך במיוחד אצל: לוציאני, מבנה ותאולוגיה. מבנה חוזר זה מעלה את השאלה המתבקשת: מדוע באמת אין שלמי עוף כשם שיש עולת עוף? נדמה שהסברה שיכולה לבאר זאת קשורה בכמות הבשר המועט שיש לעוף. כבר הערנו שכמות הדם אצל עופות מועטת, והדבר משפיע על דיני הקרבת עולת העוף. כעת יש להוסיף, שגם הבשר מועט, וכפי שנראה להלן בדין קורבן

החטאת שיבוא להלן, נדון שוב ביחס הכבש והעז. שם נציע שגם אם שניהם 'צאן', ניתן להגדיר את תפקידו הפולחני השונה של כל אחד מהם. לאור כך גם יובן מדוע יש ערך בחזרה על דיני ההקרבה של שני בעלי חיים אלו.

> וְאִם מִן הַצֹּאן קָרְבָּנוֹ לְזֶבַח שְׁלָמִים לַה' זָכָר אוֹ נְקֵבָה תָּמִים יַקְרִיבֶנּוּ.
> אִם כֶּשֶׂב הוּא מַקְרִיב אֶת קָרְבָּנוֹ וְהִקְרִיב אֹתוֹ לִפְנֵי ה'. וְסָמַךְ אֶת יָדוֹ עַל רֹאשׁ קָרְבָּנוֹ וְשָׁחַט אֹתוֹ לִפְנֵי אֹהֶל מוֹעֵד וְזָרְקוּ בְּנֵי אַהֲרֹן אֶת דָּמוֹ עַל הַמִּזְבֵּחַ סָבִיב.
> וְהִקְרִיב מִזֶּבַח הַשְּׁלָמִים אִשֶּׁה לַה' חֶלְבּוֹ הָאַלְיָה תְמִימָה לְעֻמַּת הֶעָצֶה יְסִירֶנָּה וְאֶת הַחֵלֶב הַמְכַסֶּה אֶת הַקֶּרֶב וְאֵת כָּל הַחֵלֶב אֲשֶׁר עַל הַקֶּרֶב. וְאֵת שְׁתֵּי הַכְּלָיֹת וְאֶת הַחֵלֶב אֲשֶׁר עֲלֵהֶן אֲשֶׁר עַל הַכְּסָלִים וְאֶת הַיֹּתֶרֶת עַל הַכָּבֵד עַל הַכְּלָיֹת יְסִירֶנָּה.
> וְהִקְטִירוֹ הַכֹּהֵן הַמִּזְבֵּחָה לֶחֶם אִשֶּׁה לַה'.
> וְאִם עֵז קָרְבָּנוֹ וְהִקְרִיבוֹ לִפְנֵי ה'. וְסָמַךְ אֶת יָדוֹ עַל רֹאשׁוֹ וְשָׁחַט אֹתוֹ לִפְנֵי אֹהֶל מוֹעֵד וְזָרְקוּ בְּנֵי אַהֲרֹן אֶת דָּמוֹ עַל הַמִּזְבֵּחַ סָבִיב. וְהִקְרִיב מִמֶּנּוּ קָרְבָּנוֹ אִשֶּׁה לַה' אֶת הַחֵלֶב הַמְכַסֶּה אֶת הַקֶּרֶב וְאֵת כָּל הַחֵלֶב אֲשֶׁר עַל הַקֶּרֶב. וְאֵת שְׁתֵּי הַכְּלָיֹת וְאֶת הַחֵלֶב אֲשֶׁר עֲלֵהֶן אֲשֶׁר עַל הַכְּסָלִים וְאֶת הַיֹּתֶרֶת עַל הַכָּבֵד עַל הַכְּלָיֹת יְסִירֶנָּה.
> וְהִקְטִירָם הַכֹּהֵן הַמִּזְבֵּחָה לֶחֶם אִשֶּׁה לְרֵיחַ נִיחֹחַ כָּל חֵלֶב לַה' (ויקרא ג', ו–טז).

האתגר הרובץ לפתחנו הוא אם יש הבדל באופי הקרבן בין שלמי בקר לשלמי צאן. האם, כמו שראינו בקורבן עולה, גם בזבח שלמים אפשר להצביע על דבר מה יסודי שמבחין בין שתי אפשרויות ההקרבה, או שמדובר בהבדל שביסודו הוא כלכלי בלבד, והוא נועד לאפשר לאנשים במצב כלכלי שונה להביא זבח שלמים?

ההבדל הראשון שיש להזכיר הוא כנראה טכני במהותו. זריקת הדם בשלמי הבקר עסקה ב'דם' ללא כינוי יחס מיוחד: "וְזָרְקוּ בְּנֵי אַהֲרֹן הַכֹּהֲנִים אֶת **הַדָּם** עַל הַמִּזְבֵּחַ סָבִיב" (ג', ב), ואילו בזריקת דם הצאן הדם מיוחס לבהמה: "וְזָרְקוּ בְּנֵי אַהֲרֹן אֶת **דָּמוֹ** עַל הַמִּזְבֵּחַ סָבִיב" (ג', ח, יג). מאחר שהדבר חוזר בשתי אופציות הצאן, לא נראה שהדבר מקרי. והנה מתברר שהבדל זה מתממש באותו האופן גם בעולה:

- עולת בקר: "וְזָרְקוּ **אֶת הַדָּם** עַל הַמִּזְבֵּחַ סָבִיב" (א', ה).
- עולת צאן: "וְזָרְקוּ בְּנֵי אַהֲרֹן הַכֹּהֲנִים **אֶת דָּמוֹ** עַל הַמִּזְבֵּחַ סָבִיב" (א', יא).

חטאת עולה ויורד, גם הכתוב מתייחס כך אל העוף. לפיכך, זבח שלמים שבמהותו קשור בסעודה שנלווית להקרבתו, לא יכול לבוא מן העוף (השוו: אבנרי, חטאות, עמ' 29, הערה 2).

לפיכך נראה שהצדק עם רד"צ הופמן, והבדל זה הוא תוצאה של גודל בעל החיים: לפרים ולפרות יש דם רב יותר מאשר לכבשים ולעיזים, ועל כן די בזריקת חלק מדם הפר. בצאן, שדמו מועט, יש להשתדל ולזרוק את כל דמו על המזבח.[33] העיקר הוא שדם יגיע אל המזבח סביב (וכאמור בלשון חז"ל – 'שתי מתנות שהן ארבע'). כמובן, העובדה שיש לבקר דם רב יותר מאשר לצאן, יכולה להידרש כנתון בעל משמעות שרומז ל'כמות החיים' שמובאת אל המזבח בכל מין בעל חיים.

מעבר להבדל טכני זה, יש לחזור על מה שכבר נאמר בדיון על יחס עולת בקר ועולת צאן. שחיטת שלמי הצאן (גם הכבש וגם העז) צריכה להיעשות "לִפְנֵי אֹהֶל מוֹעֵד", שלא כמו שלמי הבקר שאותם יש לשחוט "פֶּתַח אֹהֶל מוֹעֵד". כפי שכבר הוזכר בדיון בקורבן עולה, קורבן הבא מן הבקר מכוון פנימה, בעוד שקורבן הבא מן הצאן מכוון אל המזבח. גם כאן, שחיטת שלמי הצאן נעשית ברחבה שלפני אוהל מועד, ואילו שחיטת שלמי הבקר נעשית בפתח אוהל מועד. אין צורך לחזור על הדיון שכבר נעשה בהקשר זה, ורק אעיר שיש ראיות מגוונות לכך שהגדרת המרחב "פתח אהל מועד" קושרת את חצר המשכן לתוככי אוהל מועד, וזו משמעות 'הפתח'. הדבר ניכר למשל בציווי על עולת התמיד: "עֹלַת תָּמִיד לְדֹרֹתֵיכֶם פֶּתַח אֹהֶל מוֹעֵד לִפְנֵי ה' אֲשֶׁר אִוָּעֵד לָכֶם שָׁמָּה לְדַבֵּר אֵלֶיךָ שָׁם" (שמות כ"ט, מב).

ההבדל המרכזי בין שלמי הבקר לשלמי הצאן מתבטא בחתימת שתי אפשרויות הקרבה אלו. חתימת שלמי בקר מזכירה שיש להקטיר את החלבים על קורבן העולה: "וְהִקְטִירוּ אֹתוֹ בְנֵי אַהֲרֹן הַמִּזְבֵּחָה עַל הָעֹלָה אֲשֶׁר עַל הָעֵצִים אֲשֶׁר עַל הָאֵשׁ **אִשֵּׁה רֵיחַ נִיחֹחַ** לַה'". בחתימה זו משולבת הנוסחה הקבועה – "אִשֵּׁה רֵיחַ נִיחֹחַ" – והדבר מתאים כמובן, שהרי בקורבן נדבה עסקינן, שתפקידו לעשות ריח ניחוח. שלמי הצאן מפוצלים לשניים, וכל אפשרות זוכה לחתימה נפרדת, אך יש ניסוח שמאחד את שתיהן, ניסוח שלא נאמר בשלמי הבקר. בשלמי כבש נאמר: "וְהִקְטִירוֹ הַכֹּהֵן הַמִּזְבֵּחָה **לֶחֶם אִשֶּׁה** לַה'"; ובשלמי עז: "וְהִקְטִירָם הַכֹּהֵן הַמִּזְבֵּחָה **לֶחֶם אִשֶּׁה לְרֵיחַ נִיחֹחַ** כָּל חֵלֶב לַה'".

בשלמי הצאן פורצת הגדרה חדשה לקורבנות שלא פגשנוה עדיין – הקורבן הוא "לֶחֶם אִשֶּׁה", כלומר לחם המזבח. יש מן האומץ בהגדרת קורבן כלחם, שהרי הדבר יוצק לו אופי של מזון, וכפי שכבר הוזכר לעיל, התורה נמנעת בדרך כלל מלצייר את קורבן ה' כמזון. למרות זאת, בזבח שלמים פורצת הגדרה זו בשיאה – הקורבן הוא 'לחם' למזבח! סביר שהדבר קשור לאופי המיוחד של זבח השלמים שהוא סעודת ברית. מאותו קורבן שהבעלים אוכלים וסועדים בו את נפשם, גם המזבח

33. רד"צ הופמן, ויקרא, כרך א, עמ' קיט. הוא כותב זאת בשם אברבנאל.

מקבל 'לחם'. האנשת המזבח כסועד משתלבת באפיון קורבן זה כסעודה משותפת, שכל צד בה סועד עם הצד השני ונכרתת ברית ידידות.[34] אולם אם כך, יש מקום לתהות אם יש כוונה מיוחדת בגיוון החתימות באפשרויות השונות של השלמים? כלומר, האם יש כוונה מיוחדת בכך שכינוי זה – עם המטען האסוציאטיבי שהוא מביא בכנפיו – נזכר דווקא בשלמי הצאן?

חז"ל לימדו שיש לעשות גזרה שווה בין אפשרויות ההקרבה השונות, ויש להטיל את החתימות האחת על רעותה:

> נאמר כאן (שלמי בקר) 'אשה' ולא נאמר 'לחם'; נאמר למטן (שלמי כבש) 'לחם' ולא נאמר 'לריח ניחוח'; נאמר למטן (שלמי עז) 'ריח ניחוח' ולא נאמר 'לשם'. ומנין ליתן את האמור בכולם לכל אחד ואחד? תלמוד לומר 'אשה' 'אשה' 'אשה' לגזירה שוה" (ספרא, דיבורא דנדבה, פרשה יד, י).

המדרש מניח שלא נאמר 'לה'' בשלמי עז, מתוך כך שהצירוף הקבוע "לְרֵיחַ נִיחֹחַ לַה'" הורחב בדין החֵלֶב ששולב בו: "לֶחֶם אִשֶּׁה לְרֵיחַ נִיחֹחַ **כָּל חֵלֶב** לַה'". אפשר לחלוק על כך ולראות את שילוב שם ה' גם כסוגר את הנוסחה הקבועה. מכל מקום, ניכר מתוך המדרש שהוא מבקש "ליתן את האמור בכולם לכל אחד ואחד", כלומר, גם שלמי הבקר הם 'לחם', אף שהדבר לא נזכר בהם בפירוש.

לאידך גיסא ניתן להציע שלא במקרה כינוי חלבי הקורבן המוקטרים בשם 'לחם' – נזכר דווקא בצאן, ושאופי הסעודה המשותפת בולט בצאן עוד יותר מאשר בבקר. אכן יש מונח אחר שנזכר רק בחתימת הבקר ולא נזכר בחתימת הצאן, מונח שמשמש השלמה לתמונה שאנו עוסקים בה – אזכור הקטרת החלבים **על העולה**. במובן מסוים האסוציאציות ששתי חתימות אלו מעוררות הן הפוכות: העוֹלָה היא ניגודו הגמור של הלחם. בעוד שהלחם משרה תחושה של סעודה שגם האדם שותף לה, הרי שקורבן העולה מזכיר את פן ההקרבה הטוטלית. שלמי הבקר הם אומנם חגיגיים ומלווים בשיר הלל ושבח, אך הם מוקטרים 'על עולה'. בשלמי הכבש אפילו אין מזכירים את מצע העולה שמקבל את פניהם. הם כבר 'לחם' לכל דבר.

אינני רוצה להפליג למחוזות הדרשנות (עוד יותר ממה שכבר הפלגנו), ועל כן אני מהסס בהצבת המודל הבא. אם אומנם חתימת זבח השלמים חושפת את האווירה

34. יש מקום לדון בכינוי מוסף חג המצות כלחם: "כָּאֵלֶּה תַּעֲשׂוּ לַיּוֹם שִׁבְעַת יָמִים לֶחֶם אִשֵּׁה רֵיחַ נִיחֹחַ לַה'" (במדבר כ"ח, כד). אין עוד מוסף שמשולב בו הכינוי 'לחם'.

המשתנה בין הבקר לצאן, אולי יש לחזור ולעורר מחדש גם את שאלת יחס הכבש והעז. אמרנו קודם שהכפילות באה לשם שלמות המבנה של הפרשיות – שלוש אופציות בעולה וכנגדן שלוש אופציות בזבח שלמים. אך אולי החתימה המשתנה בין הכבש לעז חושפת שגם בתוך הצאן יש הבדל קל שיש לו משמעות?

בחתימת שלמי כבש נאמר שהם ׳לחם׳, אך לא נאמר שהקורבן מפיק ריח ניחוח: ״וְהִקְטִירוֹ הַכֹּהֵן הַמִּזְבֵּחָה לֶחֶם אִשֶּׁה לַה׳״ (ג׳, יא). לעומת זאת בשלמי העז לצד ה׳לחם׳ נאמר גם שהוא מפיק ריח ניחוח: ״וְהִקְטִירָם הַכֹּהֵן הַמִּזְבֵּחָה לֶחֶם אִשֶּׁה לְרֵיחַ נִיחֹחַ... לַה׳״ (ג׳, טז). אם דבר זה מכוון נוצרת הדרגתיות מרתקת: שלמי הבקר אינם ׳לחם׳, והם מוקטרים על גבי עולה; שלמי כבש הם ׳לחם׳, אך יש לדבר מחיר: הם סעודה למזבח, אך הם אינם ׳ריח ניחוח׳; ורק שלמי העז מצליחים ליצור את הסינתזה של היותם ׳לחם׳ – סעודה, וגם מפיקים ריח ניחוח. הרוצה לאחוז בדרך זו צריך להמשיך ולברר עוד את היחס בין אופציות השלמים השונות. איני מוצא בפסוקים שלפנינו רמזים ברורים יותר לאופי שונה של אפשרויות שלמי הצאן. כאמור, נשוב לעניין זה לאור הקרבת צאן בקורבן חטאת, כי שם יש רמזים נוספים לתפיסה הסמלית של שני בעלי חיים אלו.

לחתימת הדיון בזבח שלמים ברצוני להעיר על מדרש מופלא שמובא בספרא:

> ׳ואם זבח שלמים קרבנו׳ – ר׳ יהודה אומר: כל המביא שלמים מביא שלום לעולם.
> אין לי אלא שלמים, ומנין לרבות את התודה? ארבה את התודה שהיא באה מן השלמים.
> ומנין לרבות את העולה? ארבה את העולה שהיא באה בנדר ובנדבה.
> ומנין לרבות את הבכור ואת המעשר ואת הפסח? ארבה את הבכור ואת המעשר ואת הפסח שאינן באין על חטא.
> ומנין לרבות חטאת ואשם? תלמוד לומר ׳זבח׳.
> ומנין לרבות את העופות והמנחות והיין והלבונה והעצים? תלמוד לומר ׳שלמים קרבנו׳.
> הא כל המביא שלמים מביא שלום לעולם (ספרא, דיבורא דנדבה, פרק טז, א).

המדרש פותח בדברי ר׳ יהודה שהמביא שלמים ״מביא שלום לעולם״. דרשה זו נשענת כמובן על שמו של הקורבן, ודורשת את שלמים מלשון ׳שלום׳. אלא שמכאן ממשיך המדרש ומרבה את כל הקורבנות כולם שגם הם מביאים שלום בעולם. כך

גם העולה ושאר הקורבנות שאינם באים על חטא, וכך גם החטאת והאשם שבאים על חטא, ואפילו העופות, המנחות, יין הנסכים, לבונה ואף נדבת עצים למזבח, כל אלו מביאים שלום לעולם.

לכאורה זהו מדרש מוזר ביותר: אם כל הקורבנות כולם מביאים בסופו של דבר שלום, מה מייחד את השלמים? מדוע דווקא הוא מכונה 'שלמים', ומעיד בשמו על השלום שהוא מביא בכנפיו? הפרדוקס במדרש פורץ שוב בסופו: לאחר שהתברר שכל המביא קורבן מביא שלום לעולם, מסכם הדרשן: "הא כל המביא שלמים מביא שלום לעולם". אבל מאחר שהתרבו גם כל שאר הקורבנות, כיצד המסקנה היא שדווקא המביא שלמים הוא המביא שלום?! חתימת הדרשה כה מפתיעה, עד שהרב כשר הציע לגרוס: 'הא כל המביא **קרבן** מביא שלום לעולם',[35] מסקנה שבאמת מתאימה יותר למהלך הדרשה. אך גם אם נאמץ תיקון זה, הדבר לא פותר את עצם התמיהה על המדרש. הרי השלמים מכונים כך משום שדווקא הם מביאים שלום לעולם, אז כיצד אפשר לרבות את כל הקורבנות בדבר זה?

פתרון הדבר הוא שהמדרש מרבה את כל הקורבנות אגב השלמים. הלימוד שגם עוֹלָה, למשל, מביאה שלום לעולם לא מבוסס על פסוקי העולה, אלא על דמיונה של העולה לשלמים; חטאת ואשם גם הם כלולים בהבאת השלום משום שפסוק השלמים מרבה אותם – כלומר הגדרתו כ'זבח' שכולל את כל קורבנות הבהמה, וכן כל השאר. לשון אחר, הבאת השלום נותרת תכונה מיוחדת של השלמים, אלא שבכל הקורבנות כולם יש 'צד שלמים', ועל כן גם ביכולתם להביא שלומות לעולם. אולי לא באיכות שהשלמים עושים זאת, ואולי רק כבדרך אגב, אך יש בחינת שלמים בכל הקורבנות כולם, וכולם מצליחים להביא לשלום לעולם.

משמעות הדבר היא, שגם אם זבח השלמים מוקדש במיוחד להבעת הפיוס והידידות, בסופו של דבר כל הבאת קורבן למזבח מניחה פיוס שכזה. עצם הגעתו של אדם למשכנו של ה', עמידתו מולו ונתינת קורבן, מייצגים עולם של רעוּת ושל קרבה, ואפילו החוטא שנדרש להביא קורבן, סוף כל סוף, בחר לעמוד מול קונו. דבר זה יתברר עוד להלן בדיוננו בחטאת היחיד.

***

35. כשר, תורה שלמה, כרך כה, עמ' קטז.

בֹּאוּ שְׁעָרָיו בְּתוֹדָה / חֲצֵרֹתָיו בִּתְהִלָּה / הוֹדוּ לוֹ בָּרְכוּ שְׁמוֹ.
כִּי טוֹב ה' לְעוֹלָם חַסְדּוֹ / וְעַד דֹּר וָדֹר אֱמוּנָתוֹ (תהילים ק')

***

לסיכום יחידת קורבנות הנדבה יש להעיר שסדר הקורבנות משקף ציר עדין הקשור להבעה הדתית ולתודעה הדתית. הרשימה פותחת בעולת בקר: כלומר, המסע פותח בתודעה דתית של יראה מול נוכחות ה'. משם מוצגת אופציית הקרבת עולת צאן, שמלווה גם היא ביראה ובתחושת התבטלות אך לא מול עצם נוכחות השכינה, אלא מבעד למזבח, כלומר מבעד לעבודה הדתית של האדם. גם קורבן המנחה מציג מעבר הדרגתי: מנחת הסולת שבה האדם מגיש את מנת מזונו הלא מעובד למזבח, והיא דומה במרכיביה העיקריים לעולה; אחריה מוצגות המנחות המעובדות שבהן לטעמו האישי של המקריב יש חלק מהותי באופי הקורבן ובהכנתו; במנחות המעובדות התורה פונה אל המקריב בגוף שני, כי הוא כבר מעורב ושותף. ייתכן כאמור, שגם בתוך זבח השלמים יש מדרג דומה: שלמי הבקר עדיין מנהלים דיאלוג עם העולה שמשמשת להם בסיס, ואילו שלמי הצאן כבר מתוארים כ'לחם', המבטא באופן מלא את הסעודה המשותפת סביב קורבן זה, שמייצג ידידות ורעות בין האדם לה'.

נמצא אפוא המסע פותח בעולת הבקר ומפליג אל שלמי הצאן, פותח ביראתו של האדם העומד מול אלוהיו ומפליג אל כריתת הברית שיש בה דבקות ויש בה שמחה.

פרק תשיעי

קורבן חטאת (פרק ד')

על טומאה וחיטוי

חטיבת הקורבנות השנייה שבתוך הרשימה הראשונה – הריהי חטיבת קורבנות החובה – נפתחת בקורבן החטאת. החטיבה נפתחת אפוא בדיבור חדש: "וַיְדַבֵּר ה' אֶל מֹשֶׁה לֵּאמֹר. דַּבֵּר אֶל בְּנֵי יִשְׂרָאֵל לֵאמֹר" (ד', א-ב). קורבנות החובה מניחים תודעה דתית שונה לחלוטין מזו שליוותה אותנו בדיונים עד כה. מעתה השאלה איננה מה האדם מבקש להביע לפני קונו ומהי החוויה הדתית שמשתקפת מבעד לקורבן, אלא כיצד יש בכוחו של הקורבן לכפר על החטא, וכיצד פועלים הקורבנות השונים, שיש בכוחם להביא נחמה ופיוס בין אדם לאלוהיו ובין אדם למצפונו הרועש.

נֶפֶשׁ כִּי תֶחֱטָא בִשְׁגָגָה

מתי מתחייב אדם להביא קורבן חטאת? הפרק נפתח בכותרת שמבהירה דבר זה:

> דַּבֵּר אֶל בְּנֵי יִשְׂרָאֵל לֵאמֹר נֶפֶשׁ כִּי תֶחֱטָא בִשְׁגָגָה מִכֹּל מִצְוֹת ה' אֲשֶׁר לֹא תֵעָשֶׂינָה וְעָשָׂה מֵאַחַת מֵהֵנָּה (ויקרא ד', א ב).

הגדרת מעשה האיסור שבעטיו מתחייבים בחטאת שייכת לכל ארבעת החוטאים המפורטים בהמשך הפרק. שני רכיבים יש בהגדרת המעשה האסור: הוא נעשה

"בשגגה", ומדובר במצוות לא תעשה, כלומר אדם שעבר על איסור בשוגג. אם ביטל אדם מצוות עשה, אין עליו להביא חטאת, כמו גם אם עבר על איסור במזיד.

חז"ל הגבילו עוד את העבירות שמדובר עליהן, ולדבריהם יש להביא חטאת אם אדם עבר בשוגג על מצוות לא תעשה, שאילו עבר עליה בזדון היה מתחייב כרת (או מיתה בידי אדם). כלומר, רק על איסור לאו חמור, העובר עליו בשוגג מתחייב להביא חטאת. בלאו 'קל' יותר, וכגון שעונשו מלקות, אין מתחייבים חטאת על שגגתו.

המקור לדברי חז"ל איננו בפרשה שלנו אלא בפרשה מקבילה בחומש במדבר:

> וְאִם נֶפֶשׁ אַחַת תֶּחֱטָא בִשְׁגָגָה וְהִקְרִיבָה עֵז בַּת שְׁנָתָהּ לְחַטָּאת. וְכִפֶּר הַכֹּהֵן עַל הַנֶּפֶשׁ הַשֹּׁגֶגֶת בְּחֶטְאָה בִשְׁגָגָה לִפְנֵי ה' לְכַפֵּר עָלָיו וְנִסְלַח לוֹ. הָאֶזְרָח בִּבְנֵי יִשְׂרָאֵל וְלַגֵּר הַגָּר בְּתוֹכָם תּוֹרָה אַחַת יִהְיֶה לָכֶם לָעֹשֶׂה בִּשְׁגָגָה. וְהַנֶּפֶשׁ אֲשֶׁר תַּעֲשֶׂה בְּיָד רָמָה (= במזיד) מִן הָאֶזְרָח וּמִן הַגֵּר אֶת ה' הוּא מְגַדֵּף וְנִכְרְתָה הַנֶּפֶשׁ הַהִוא מִקֶּרֶב עַמָּהּ (במדבר ט"ו, כז-ל).

מהפסוקים שם עולה שיש התייחסות שונה לעושה בשגגה ולעושה במזיד. אם מדובר בחטא שעשתה נפש בשגגה – "וְהִקְרִיבָה עֵז בַּת שְׁנָתָהּ לְחַטָּאת"; אך אם היא עשתה זאת במזיד, ביד רמה, דינה אחר לגמרי: "וְנִכְרְתָה הַנֶּפֶשׁ הַהִוא מִקֶּרֶב עַמָּהּ". לפיכך הדגישו חז"ל שמתחייבים בחטאת דווקא אם זוהי עבירה שעל זדונה מתחייבים כרת. הרי על אותו המעשה עצמו התורה מפצלת בין שתי התגובות – קורבן או כרת.

דבר זה מוביל אותנו לשאלת יסוד הנוגעת בעולם קורבנות החובה: מדוע באמת מי שעבר עבירה בשוגג צריך להביא קורבן, ואילו העובר במזיד פטור מקורבן? האין זה אבסורד, שדווקא חטא השוגג מחייב כפרה אבל חטא המזיד לא?

השאלה מתחזקת עוד לאור דברי רמב"ן בפתיחת קורבן החטאת:

> וטעם הקרבנות על **הנפש** השוגגת, מפני שכל העונות יולידו גנאי בנפש והם מום בה, ולא תזכה להקביל פני יוצרה רק בהיותה טהורה מכל חטא, ולולי זה היו טפשי העמים זוכים לבא לפניו. ולכן הנפש השוגגת תקריב קרבן שתזכה לקרבה אל האלהים אשר נתנה, ובעבור זה גם כן הזכיר 'נפש' (פירושו לוויקרא ד', ב).

את רמב"ן הטרידה הפתיחה במילה 'נפש' ("נֶפֶשׁ כִּי תֶחֱטָא בִשְׁגָגָה"), והוא מציע שהעוונות פוגעים בנפשו של החוטא, בעולמו הפנימי, ואם תיוותר הנפש עם כל פגעיה הרוחניים היא לא תוכל לעמוד מול קונה. לכן על החוטא להביא קורבן, ולפיכך נקט

הכתוב דווקא לשון ׳נפש׳. אך אם כך, כיצד זה שדווקא חטא השגגה זוכה לכפרה ולא חטא המזיד?

גם לפי מה שיתברר להלן, שהחטאת מכפרת בעיקר על הפגיעה במשכן שנוצרת מחטאו של האדם, השאלה במקומה עומדת: האם לא ברור שגם חטא המזיד פוגע במשכן? ומדוע על החוטא בשגגה מוטלת החובה לחטֵא את הפגימה שפגם בקודש, ואילו החוטא במזיד יכול להתעלם מכך? חיטוי על עבירות המזיד של העם כולו יבוא פעם בשנה ביום הכיפורים – ״וְכִפֶּר עַל הַקֹּדֶשׁ מִטֻּמְאֹת בְּנֵי יִשְׂרָאֵל וּמִפִּשְׁעֵיהֶם לְכָל חַטֹּאתָם״ (ויקרא ט״ז, טז), אך מדוע לא לדרוש מכל חוטא וחוטא לכפר על הקודש בקורבן חיטוי?

דומה בעיניי שמבעד לשאלה זו מתברר האופי הדתי של הקהילה שהתורה רואה מול עיניה. הנחת היסוד של הכתובים היא שבדרך הטבע עדת ישראל המצויה בברית עם אלוהיה מבקשת לשמור על חוקיו ולעשות את רצונו. באופן כללי, כל מחנה ישראל משתדל לשמור על הברית שכרת עם ה׳, אלא ששגגה היא דבר הרובץ לפתחנו תמיד, ומצפונו של החוטא אינו נותן לו מנוח. הוא יודע שבחטאו – גם אם נעשה בשוגג – הוא פוגע בהשראת השכינה בישראל. לשם תיקון דבר זה נועד קורבן החטאת: השוגג מוזמן לבוא אל הקודש ולכפר על מעשיו.

כמובן תמיד יהיו בשוליים עוברי עבירות במזיד. ישראל הרי מצאו איש מקושש עצים בשבת (במדבר ט״ו) ומתוך עונשו ברור שהוא לא היה שוגג כלל. אולם דווקא סיפור זה חושף עד כמה דבר זה איננו מקובל, עד כמה חילול שבת בקרב מחנה ישראל היה נדיר ויוצא דופן. העדה כולה מביאה אותו למשה שיגזור את דינו ומוציאה אותו להורג.

מעין ראיה לקריאה זו היא דין החטאת שבחומש במדבר. שם יש תחילה תיאור של חטא שהציבור כולו עשה בשוגג, ואז תיאור של שגגת היחיד והערה נוספת על זדון היחיד. מדוע אין כל התייחסות לזדון הציבור? הרב יואל בן נון הציע לראות זאת – בעקבות פירוש רמב״ן שם – כהצהרה עקרונית בדבר חוסר יכולתו של ציבור שלם להיות מוגדר כמזיד. אם התודעה התרבותית-ציבורית היא של אי קיום מצווה, מדובר בעצם בשגגה המונית, בחוסר הבנה וכדומה.[1]

ניסוח אחר של עמדה זו יחזור על מה שהצבעתי עליו לעיל: התורה מניחה שהעם מצוי בברית עם ה׳. שגגה כמובן תמיד תיתכן – גם לציבור כולו. אך המזידים ייוותרו בשולי עדת ה׳.

1. בן-נון, קהל שוגג.

מאחר שזו התמונה שהתורה רואה מול עיניה, היא מציעה קורבן כפרה וחיטוי לחוטא בשגגה. זה המצוי בייסורי נפשו על שפגע במשכן; זה שמצפונו לא נותן לו מנוח. התורה מבקשת להציע דרך של כפרה שהיא גם דרך של התנערות מייסורי מצפון אלו. אדרבה, בסופו של התהליך, החוטא רצוי ומקובל אצל קונו.

אופייה ומהותה של החטאת

לאורך ויקרא ד׳ ישנם שני סוגי חטאות: חטאת פנימית שדמה מוכנס לתוך אוהל מועד ומוזה מול הפרוכת (במקרה שהכוהן המשיח חטא או כל העדה), וחטאת חיצונית שדמה ניתן על המזבח החיצון (במקרה שהנשיא חטא או כל יחיד בישראל). חלוקה זו היא יסודית בפרק שלפנינו, וכל טיעון מתייחס במישרין או בעקיפין לפיצול זה, ועל כן יש לזכור זאת כרקע לדיון.

בקורבן החטאת יש תופעה מיוחדת במינה המאפשרת חלון הצצה נוח לבירור עניינו המיוחד של קורבן זה – עבודת דם ייחודית. המעמד המיוחד שיש לדם החטאת בולט בחטאות הפנימיות, כלומר באותן חטאות שמזים את דמן בתוך המשכן עצמו. במקרים אלו, דם הקורבן כלל אינו מוקרב על גבי המזבח אלא מוזה על רצפת המשכן מול הפרוכת ועל מזבח הקטורת (שגם הוא אינו מקבל קורבנות דרך כלל, אלא הוא רק מקום הקטרת הקטורת). נתון מפתיע זה כבר מלמד שלפנינו קורבן ייחודי, ושעבודת הדם שלו דורשת הסבר אחר מההסבר הרגיל המבאר הקרבת דמים.

לא רק בחטאות הפנימיות באה לידי ביטוי ייחודיות עבודת הדם של החטאת. גם בחטאות החיצוניות עבודת הדם ייחודית. אומנם במקרים אלו דם הקורבן מגיע למזבח העולה שבחצר המשכן – כמו בעולה, בזבח שלמים ובאשם – אולם התורה נעזרת בפועל אחר לעבודת הדם בקורבן זה. בכל שאר הקורבנות הפועל הוא ׳לזרוק׳ את הדם על המזבח סביב; ואילו בחטאת הפועל הוא ׳לתת׳ את הדם: ״וְלָקַח הַכֹּהֵן מִדַּם הַחַטָּאת בְּאֶצְבָּעוֹ וְנָתַן עַל קַרְנֹת מִזְבַּח הָעֹלָה״ (ד׳, כה); ״וְלָקַח הַכֹּהֵן מִדָּמָהּ בְּאֶצְבָּעוֹ וְנָתַן עַל קַרְנֹת מִזְבַּח הָעֹלָה״ (ד׳, ל).[2]

השינוי בפועל מוביל להבדל הלכתי של ממש. לפי חז״ל, באותם הקורבנות שנאמר בהם ׳וזרקו את הדם׳ יש לזרוק שתי זריקות, זריקה על כל אחת מן הקרנות

2. שילוב הפועל ׳ונתן׳ בקורבן החטאת גורר הבדל נוסף, שבחטאות נאמר ״וְלָקַח הַכֹּהֵן מִדַּם הַחַטָּאת/מִדָּמָהּ״ (גם בחטאת הכוהן המשיח שהיא חטאת פנימית), פועל שחסר באותם קורבנות שזורקים את דמם (עולה, זבח שלמים ואשם).

האלכסוניות של המזבח, וכך בשתי הזריקות הללו דם הקורבן יגיע לארבע קירות המזבח (׳שתי מתנות שהן ארבע׳). אולם בקורבן חטאת שכתוב בו ׳לתת את הדם׳, יש לתת ארבע נתינות, כלומר ארבע מתנות, מתנה אחת על כל קרן של המזבח.[3] כלומר, הכוהן שקיבל את הדם בכלי, עולה בכבש המזבח, פונה לימינו, עומד בקרן הדרומית־מזרחית, טובל אצבעו בדם, ומושח את חוד קרן המזבח; ממשיך לקרן הצפונית־מזרחית ומושח גם אותה; פונה לקרן הצפונית־מערבית ושוב עושה כך, וכן בקרן האחרונה, הקרן הדרומית־מערבית. בכך הוא ׳נותן׳ דם על כל קרנות המזבח בארבע מתנות. גם אם תיאור זה הוא משל חז״ל, הוא נעתר כאמור לחומרים המצויים בכתוב עצמו, כלומר לשינוי הפועל בעבודת הדם.

כדי להבין את משמעות עבודת הדם הייחודית בקורבן החטאת, צריך להקדים ולברר מה משמעות הלשון ׳חטאת׳?

פרשנים רבים מבארים ש׳חטאת׳ נגזר מלשון ׳חטא׳. כך למשל כתב רמב״ן, בדבריו על קורבן האשם:

> ולא נתברר מה טעם יהיה שם הקרבן האחד ׳חטאת׳ ושם האחד ׳אשם׳, וכולן יבאו על חטא... והנראה בעיני, כי שם אשם מורה על דבר גדול אשר העושו יתחייב להיות שמם ואבד בו, מלשון ׳האשימם אלהים׳; ׳ויאשמו נאות מדבר׳; וכן ׳תאשם שומרון כי מרתה באלהיה׳; וכן ׳אשמים אנחנו׳ – נענשים. ו׳חטאת׳ מורה על דבר נטה בו מן הדרך, מלשון ׳אל השערה ולא יחטיא׳ (רמב״ן לוויקרא ה׳, טו).

רמב״ן חוקר מה פשר הבדל השם בין קורבן חטאת לקורבן אשם: הרי גם זה וגם זה באים על עבירות. יותר מכך, מצאנו לשונות של ׳חטא׳ ושל ׳אשם׳ מתחלפים באותו ההקשר עצמו, כמו למשל בחטאת נשיא: ״אֲשֶׁר נָשִׂיא **יֶחֱטָא** וְעָשָׂה אַחַת מִכָּל מִצְוֹת ה׳ אֱ־לֹהָיו אֲשֶׁר לֹא תֵעָשֶׂינָה בִּשְׁגָגָה **וְאָשֵׁם**״ (ד׳, כב). האתגר להבין את שינוי השם של שני קורבנות החובה קשור כנראה בטבורו באופי המייחד כל קורבן, אך זהו

3. קרנות המזבח הן הגבהות בזווית ישרה היוצאות מארבע פינות המזבח (מזבחות בעלי קרנות התגלו במגידו ובבאר שבע). קרניים מסמלות – הן במקרא, הן במזרח הקדום בכלל – כוח ועוצמה (למשל: שמ״א ב׳, א; שמ״ב כ״ב, ג; ירמיה מ״ח, כה; זכריה ב׳, ד ועוד). מילגרום מעיר בצדק, שגדיעת קרנות המזבח מסמלת את חילול המזבח כולו, כפי שעולה מנבואת עמוס (ג׳, יד; מילגרום, ויקרא, כרך א, עמ׳ 236). לפיכך, חיטוי קרנות המזבח הוא חיטוי ׳כוחו׳ של המזבח, ויש בו כדי לייצג את חיטוי המזבח כולו.

נושא מורכב למדי. לדעתו של רמב"ן מדובר ברמת אחריות שונה. לשון 'אשם' מורה על אשמה גדולה ועל עונש שממה חמור המאיים על החוטא-האשם, לעומת הלשון של 'חטאת' המורה על חטא שנעשה בשוגג ובטעות, "דבר נטה בו מן הדרך'" דבריו חשובים גם להבנת עניינו של קורבן האשם, ועוד נשוב לדבריו להלן, אך לענייננו כעת, נראה שהוא גוזר את שם 'חטאת' מלשון 'חטא', שהוא עצמו 'החטאה' של הדרך הראויה. כיוון זה הוא המקובל בקרב מתרגמים רבים שתרגמו את שם הקורבן לאנגלית: "sin offering". מעין ראיה יש לשיטה זו, שקשורה במשחק הלשון שמשולב בפרשת החטאת כמה פעמים, כמו: "אִם הַכֹּהֵן הַמָּשִׁיחַ **יֶחֱטָא** לְאַשְׁמַת הָעָם וְהִקְרִיב **עַל חַטָּאתוֹ** אֲשֶׁר **חָטָא** פַּר בֶּן בָּקָר תָּמִים לַה' **לְחַטָּאת**" (ד', ג).

ברם, אחרים הציעו קריאה שונה לגמרי, וראו את המילה 'חטאת' שבשם הקורבן כנגזרת מלשון 'חיטוי' ולא מלשון 'חטא'.[4] כיוון זה הוצע כבר בידי רס"ג (שתרגם את שם הקורבן 'חטאת' לאורך המקרא: ד'כוה = טהרה), ואומץ, בין היתר על ידי שד"ל שכתב כך:

> אך נקרא חטאת כשעושין בו חיטוי על קרנות המזבח, ומפני שקוראים להזהה חיטוי כדברי הקרא: 'תחטאני באזוב' (תהילים נ"א, ט), על כן נקרא הקרבן הזה חטאת, לא מפני שבא על חטא.[5]

באופן דומה התנסח גם יחזקאל קויפמן:

> אם נבחן את החטאת נראה, שבעיקרה היא באה לחטא מן הטומאה או שקשורה היא קשר שורש ברשות הטומאה. היא מחטאה כלים ומקדשת אותם (ויקרא ט"ז, טז, יח-כ, לג), ולא רק כלים שכבר שמשו בהם בקודש, אלא גם כלים שלא שמשו בהם עוד ולא יכלו אפוא לחטוא בהם (שמות כ"ט, לו-לז).[6]

כיוון זה הורחב במיוחד על ידי יעקב מילגרום,[7] ואומץ על ידי נוספים.[8] לדבריהם עולה

4. גם אם לשונית יש מקור משותף לשתי הוראות אלו, שהרי 'חטא' הוא פגם, ו'חיטוי' הוא הסרתו של פגם (ראו קדרי, מילון, עמ' 289), מבחינה עניינית לפנינו שתי הוראות שונות והפוכות.
5. שד"ל לוויקרא ד', ג; עמ' 397.
6. קויפמן, תולדות האמונה, כרך א, עמ' 567.
7. מילגרום, ויקרא, כרך א, עמ' 253 ואילך.
8. ראו בהרחבה אצל קיוצ'י, קורבן חטאת. לדעתי, ביאור זה עדיף על פני התפיסה שהציע מרקס,

מהמקרא במקומות מספר, שהביטוי ׳חטאת׳ נגזר מלשון חיטוי. ראיה טובה לשיטה זו יש במצוות אפר פרה אדומה, ששם נאמר: ״וְאָסַף אִישׁ טָהוֹר אֵת אֵפֶר הַפָּרָה וְהִנִּיחַ מִחוּץ לַמַּחֲנֶה בְּמָקוֹם טָהוֹר וְהָיְתָה לַעֲדַת בְּנֵי יִשְׂרָאֵל לְמִשְׁמֶרֶת לְמֵי נִדָּה חַטָּאת הִוא״ (במדבר י״ט, ט). באיזה מובן תערובת המים עם אפר הפרה היא ׳חטאת׳? אם ׳חטאת׳ נגזר מלשון ׳חטא׳ כמעט שאין מובן לפסוק זה. ברור שכאן הכוונה היא שתפקיד האפר של הפרה הוא ׳לחטא׳ את הטמאים מטומאתם, לטהר אותם: ״׳חטאת הוא׳ – לשון חטוי כפשוטו״ (רש״י על אתר).[9] כלומר, בעזרת ׳מי חטאת׳, ׳מחטאים׳ טמאים. לאור כך, היו שתרגמו את שם הקורבן באופן שיתאים להוראת החיטוי: "purification offering".[10] לאור כך משתנה באחת כל תפקיד החטאת: עיקר תפקיד קורבן זה איננו מתנה לה׳ אלא חיטוי המשכן או המזבח. כדי להבין את הצורך בחיטוי, יש לפתוח בדיון קצר ביחס התורה לטומאה.

תפיסת הטומאה בתורה

בחשיבה ההלכתית שבה אנו מורגלים, אין כל איסור לאדם להיות טמא, ואדרבה – לעיתים אף ראוי שיהיה טמא, כמו מי שקובר מת או כמו מי שיולדת. אין בעיה בעצם מצב הטומאה אלא שיש לדבר השלכות משפטיות. האיסור שיש לאדם טמא, הוא לבוא במגע עם הקודש – אל לו להיכנס למקדש או לאכול דברי קודש. אבל אם בחר אדם שלא לבוא למקדש או לאכול קודש, אין כל בעיה אם ייוותר בטומאתו כמה שירצה.[11] יתר על כן: כולנו היום טמאי מתים, וגם מהמקרא עולה שיש טֻמְאות שבאות לאדם כחלק מחייו הנורמטיביים, ולעיתים הטומאה היא אף תוצאה הכרחית

שעל פיה הקרבת החטאת היא טקס מעבר בסטטוס של אדם או של תקופה – הלכתי או מהותי. הוא תולה את דבריו במיוחד בחטאת הנזיר שבתום ימי נזירותו מביא חטאת אף שלא חטא כלל, כמו גם החטאות בימי המילואים, שתפקידן להעיד על שינוי המעמד שחל במביא הקורבן (מרקס, קורבן פיצוי). מילגרום טוען בצדק כנגד דבריו שקשה להלום מבחינה לשונית את המונח ׳חטאת׳ עם תפיסה זו, ונראה שהלשון מלמדת על חיטוי וטיהור שניצב בבסיס תפקיד הקורבן. עם זאת יש לציין, שלא כולם אימצו את התפיסה שדם החטאת נועד לחיטוי המזבח והמשכן. לביקורת רחבה על שיטה זו (במיוחד על התפיסה שכל החטאות מתפקדות באותו האופן) ראו: ניהאן, עבודת הדם.

9. השוו גם לדברי רש״י על פר החטאת של שבעת ימי המילואים שמחטא את המזבח: ״וְחִטֵּאתָ – ותדכי, לשון מתנת דמים הנתונים באצבע קרוי חטוי״ (רש״י לשמות כ״ט, לו).

10. ונהאם – שהעדיף תרגום זה על פני ׳קורבן חטא׳ – הצדיק את בחירתו בכך שיש עוד קורבנות שבאים על חטאים, וממילא קשה להניח שהתורה תכנה דווקא קורבן זה על שום הבאתו בעקבות חטא (ונהאם, ויקרא, עמ׳ 88).

11. ראו למשל ברמב״ם, ספר המצוות, עשה קט.

של עשיית מצווה, כמו קבורת מת. בגלל החשיבה ההלכתית הנזכרת, איננו רואים בכך פגם מהותי בחיינו הדתיים. דברים אלו נכונים להלכה, אך יש מקום לבחון אם כך עולה גם מתוך פשטי המקראות: האומנם אין בעיה בעצם ההיטמאות, אלא רק במגע עם הקודש למי שבמצב של טומאה?[12]

נצעד בעקבות מאמר מרתק שכתב בעניין זה יוחנן ברויאר, שהראה שאכן מפשטי המקראות עולה שיש בעיה בעצם מצב הטומאה. נתחיל את הבירור בדין קורבן עולה ויורד. מובאים שם מקרים שבהם מתחייבים בקורבן חטאת עולה ויורד, ונתמקד במקרה השני:

> אוֹ נֶפֶשׁ אֲשֶׁר תִּגַּע בְּכָל דָּבָר טָמֵא אוֹ בְנִבְלַת חַיָּה טְמֵאָה אוֹ בְּנִבְלַת בְּהֵמָה טְמֵאָה אוֹ בְּנִבְלַת שֶׁרֶץ טָמֵא וְנֶעְלַם מִמֶּנּוּ וְהוּא טָמֵא וְאָשֵׁם. אוֹ כִי יִגַּע בְּטֻמְאַת אָדָם לְכֹל טֻמְאָתוֹ אֲשֶׁר יִטְמָא בָּהּ וְנֶעְלַם מִמֶּנּוּ וְהוּא יָדַע וְאָשֵׁם (ויקרא ה׳, א-ג).

החוק עוסק באדם שנטמא ושכח מכך, אבל הוא "טָמֵא וְאָשֵׁם". מדרש ההלכה הוסיף נתון נוסף על עצם הטומאה. אשמתו איננה תוצאה של עצם הטומאה אלא רק אם נכנס למקדש, כדברי רש"י במקום: "ואשם – באכילת קדש או בביאת מקדש". תוספת זו הכרחית בחשיבה ההלכתית, שהרי לולא כן אין כל רע בעצם שכחתו של אותו טמא. אולם יש לשים לב לכך שבפשטי המקראות רכיב זה של כניסה אל הקודש לא הוזכר.

מקום נוסף שיכול לשפוך אור על ההתלבטות שלנו הוא דין איסור אכילת בעלי חיים מסוימים, ששם משולבים גם ענייני טומאה: "מִבְּשָׂרָם לֹא תֹאכֵלוּ וּבְנִבְלָתָם לֹא תִגָּעוּ טְמֵאִים הֵם לָכֶם" (ויקרא י"א, ח). קריאה פשוטה של הפסוק תגיע למסקנה שכשם שאסור לאכול את בשרם של בעלי חיים אלו, כך גם אסור לגעת בנבלתם מפני שהם טמאים. גם כאן, מדרש ההלכה לא יכול לקבל זאת כפשוטו, ושוב נראה את הדברים מתוך פירוש רש"י במקום (הנוסח על פי כתב יד לייפציג 1):

12. הרב אהרן ליכטנשטיין זצ"ל (טהרות, עמ׳ 9-14) הראה שגם בתוך עולמם של חז"ל יש התחבטות בנושא זה, והתמונה שציירתי למעלה היא אומנם מסקנת הדיונים ההלכתיים, אך אפשר למצוא התלבטויות המסגירות את האפשרות שיהיה איסור להיטמא גם ללא מפגש עם הקודש. ראו על כך גם אצל רייט, ספקטרום (הוא סבור שמחנה ישראל במדבר נתפס כמחנה מלחמה ועל כן החמירו בו כחומרות שנהגו במחנה צבאי במקרא); כהן, טומאה וטהרה; ברויאר, טומאה; נעם, תחומן; נעם, מקומראן, עמ׳ 27-33.

'ובנבלתם לא תגעו' – יכול יהו ישראל מוזהרים על מגע נבלה? תלמוד לומר 'אמור אל הכהנים וגו' – כהנים מוזהרין ואין ישראל מוזהרין. קל וחומר מעתה ומה טומאת המת חמורה, לא הזהיר בה אלא כהנים, טומאת נבלות קלה לא כל שכן? מה תלמוד 'לא תגעו' – ברגל (זהו שאמרו חייב אדם לטהר עצמו ברגל).

רש"י, בעקבות חז"ל, מצמצם את היקף תחולת האיסור על מגע בנבלה לתקופת הרגלים. כאשר עולים לרגל יש איסור לגעת בנבלות, שהרי בימים אלו האדם נכנס למקדש ואוכל קודש, אבל ביום של חולין סתם אין כל איסור לגעת בנבלה ולהיטמא. ניסוח שאלתו של רש"י מלמד הרבה על אופי השאלה שאנו אוחזים בה: "יכול יהו ישראל מוזהרים על מגע נבלה?!". גם אם דבר זה עולה מפשטי המקראות (שישראל אכן מוזהרים על כך), הדבר רחוק מהחשיבה ההלכתית של חז"ל.

דוגמה נוספת שגם היא קשורה לענייני נבלה, תבהיר נקודה זו בבהירות רבה:

וְכָל נֶפֶשׁ אֲשֶׁר תֹּאכַל נְבֵלָה וּטְרֵפָה בָּאֶזְרָח וּבַגֵּר וְכִבֶּס בְּגָדָיו וְרָחַץ בַּמַּיִם וְטָמֵא עַד הָעֶרֶב וְטָהֵר. וְאִם לֹא יְכַבֵּס וּבְשָׂרוֹ לֹא יִרְחָץ וְנָשָׂא עֲוֹנוֹ (ויקרא י"ז, טו-טז).

גם כאן, הביטוי "ונשא עֲוֹנו" מורה שהאדם שנטמא באכילת נבלה או טרפה ולא נטהר, עובר בכך על החוק. גם כאן מוסיף רש"י – בעקבות חז"ל: "'ונשא עונו' – אם יאכל קדש או יכנס למקדש חייב על טומאה זו ככל שאר טומאות".

אין זה מקרה שבכל הדוגמאות הללו נאלצו חז"ל – ורש"י בעקבותיהם – להוסיף את הכניסה למקדש, שרק בכך עובר האדם על האיסור ויש עליו אשמה. אולם נתון זה לא נזכר בפירוש בכתובים כי ככל הנראה לפי פשטי המקראות יש רצון לצמצם ככל האפשר בטומאה, גם בלי בעיית הכניסה לקודש. יש איסור לגעת בנבלה בידיים ולהיטמא; מי שנטמא ושכח, ולכן גם לא נטהר, צריך להביא קורבן כאשר ייזכר בכך; ומי שאכל בהמה מתה ונטמא צריך להיטהר. אם לא יעשה כן – הוא יישא את עוונו!

ברור שהמקרא אינו אוסר להיטמא, שהרי דבר זה אינו תמיד בידיו של אדם. לא יעלה על הדעת שאישה עוברת איסור בכל חודש בשעת וסתה; ולא יעלה על הדעת שאדם שקבר מת ועשה עימו חסד של אמת, ייחשב באותו רגע כמי שגם עבר על איסור. מסתבר יותר, שלפי המקרא יש בעיה בהימצאות במצב של טומאה ואם ניתן להימנע מכך, יש לעשות כן, ואם הדבר אינו תלוי באדם והוא נטמא – עליו

להיטהר ברגע שיוכל.[13] בניסוח הלכתי אפשר לומר שהעולה מהפסוקים הנידונים לעיל הוא הכלל 'טבילה בזמנה מצוה'.[14] מה פשר תפיסה כזו שמבקשת להמעיט ככל שניתן בטומאה – גם מבלי להיכנס פיסית אל הקודש?

הדבר מתברר בתיאור עבודת טיהור המשכן ביום הכיפורים:

> וְכִפֶּר עַל הַקֹּדֶשׁ מִטֻּמְאֹת בְּנֵי יִשְׂרָאֵל וּמִפִּשְׁעֵיהֶם לְכָל חַטֹּאתָם וְכֵן יַעֲשֶׂה לְאֹהֶל מוֹעֵד הַשֹּׁכֵן אִתָּם בְּתוֹךְ טֻמְאֹתָם (ויקרא ט"ז, טז).

יש לכפר על הקודש מטומאות בני ישראל ומפשעיהם לכל חטאתם בכל שנה. הכתוב אינו מצמצם את הטמָאות שמפניהן יש לכפר על הקודש דווקא לאלו שפרצו לתוך הקודש פנימה. נראה יותר שיש צורך לכפר על המשכן מפני טומאה שיש במחנה כולו, שכנראה יש בכוחה לסכן את טהרת המשכן, את השראת השכינה אשר בו. מתברר שהטמאים היושבים במחנה כולו – טמאים או פושעים – פוגעים במשכן שבמרכז המחנה, גם בלי להיכנס לתחומי המשכן. אומנם שכינה שוכנת עם ישראל "בתוך טמאֹתם", אך פעם אחת בשנה יש לחטא את ביתה של השכינה ולטהרו מפני הטמָאות ומפני הפשעים.

דבר זה בולט גם בדין פרה אדומה:

> הַנֹּגֵעַ בְּמֵת לְכָל נֶפֶשׁ אָדָם וְטָמֵא שִׁבְעַת יָמִים. הוּא יִתְחַטָּא בוֹ בַּיּוֹם הַשְּׁלִישִׁי וּבַיּוֹם הַשְּׁבִיעִי יִטְהָר וְאִם לֹא יִתְחַטָּא בַּיּוֹם הַשְּׁלִישִׁי וּבַיּוֹם הַשְּׁבִיעִי לֹא יִטְהָר. כָּל הַנֹּגֵעַ בְּמֵת בְּנֶפֶשׁ הָאָדָם אֲשֶׁר יָמוּת וְלֹא יִתְחַטָּא אֶת מִשְׁכַּן ה' טִמֵּא וְנִכְרְתָה הַנֶּפֶשׁ הַהִוא מִיִּשְׂרָאֵל כִּי מֵי נִדָּה לֹא זֹרַק עָלָיו טָמֵא יִהְיֶה עוֹד טֻמְאָתוֹ בוֹ... וְאִישׁ אֲשֶׁר יִטְמָא וְלֹא יִתְחַטָּא וְנִכְרְתָה הַנֶּפֶשׁ הַהִוא מִתּוֹךְ הַקָּהָל כִּי אֶת מִקְדַּשׁ ה' טִמֵּא מֵי נִדָּה לֹא זֹרַק עָלָיו טָמֵא הוּא (במדבר י"ט, יא-כ).

לא נאמר בפסוקים הללו, שרק אם הטמא נכנס אל הקודש הוא פוגע בו, אלא שעצם היותו טמא מת והוא מתהלך במחנה ישראל, גורמת להיטמאות המשכן שמצוי בתוך מחנה ישראל; עוון כה חמור שעונשו כרת!

13. ראו עוד בכיוון זה אצל ביכלר, מחקרים, עמ' 246-269; רייט, ספקטרום.
14. למשל נידה ל ע"א. באמת, שיטת התנאים שטבילה בזמנה מצווה, מניחה שיש חובה להיטהר ואסור להשהות את הטומאה יותר ממה שצריך, כאמור למעלה (ראו עוד אנציקלופדיה תלמודית, "טבילה", כרך יח).

התפיסה שמשתקפת בכתובים אלו היא שהואיל ושכינת ה׳ שורה בישראל, יש לשמור על טהרה במחנה כולו ולא רק בתוך גבולות המשכן. ובאמת הדברים מפורשים במצוות שילוח טמאים:

> וַיְדַבֵּר ה׳ אֶל מֹשֶׁה לֵּאמֹר. צַו אֶת בְּנֵי יִשְׂרָאֵל וִישַׁלְּחוּ מִן הַמַּחֲנֶה כָּל צָרוּעַ וְכָל זָב וְכֹל טָמֵא לָנָפֶשׁ. מִזָּכָר עַד נְקֵבָה תְּשַׁלֵּחוּ אֶל מִחוּץ לַמַּחֲנֶה תְּשַׁלְּחוּם וְלֹא יְטַמְּאוּ אֶת מַחֲנֵיהֶם אֲשֶׁר אֲנִי שֹׁכֵן בְּתוֹכָם (במדבר ה׳, א-ג).

גם כאן חז״ל צמצמו את ההוראה לשלח את הטמאים (בשל פרשיות אחרות מהן עולה שהטמאים נשארים בביתם), וביארו שאין הכוונה למחנה ישראל כולו (מלבד המצורע), אך פשוטו של החוק בבמדבר ה׳ דורש לשלח מהמחנה את כל הטמאים החמורים.

מה ראו חז״ל לאמץ פרשנות שמצמצמת את בעיית הטומאה רק למגע פיזי עם תחום הקודש? ניתן לפענח את עמדתם בשני אופנים. ייתכן שבדבר זה באה לידי ביטוי תפיסתם של חז״ל את הטומאה, שאיננה כוח דמוני בעל יכולות מגיות הרסניות, אלא מעמד אישי שיש לו השלכות הנוגעות בתחום ההלכתי-הדתי ותו לא.[15] תפיסת חז״ל אומנם מורכבת יותר, וככל הנראה בקרב התנאים יש גם עמדות שרואות בטומאה דבר מה ממשי,[16] אך לפחות מבחינת הפרספקטיבה שאנו דנים בה כעת, יש מקום להבחנה זו: אצל חז״ל ניטל האיסור מעצם מצב הטומאה.

לחלופין, ייתכן שעמדתם של חז״ל נובעת מרצונם לדרוש את הפסוקים, כך שיחולו גם על המקדש ולא רק על המשכן. הואיל ואחרי דור המדבר עם ישראל עובר ממשכן ארעי ונודד למשכן קבע, ועם ישראל כבר אינו חונה באופן תמידי סביב המשכן אלא מפוזר בנחלותיו בכל רחבי ארץ ישראל, הרי שהגדרת מחנה ישראל משתנה לבלי הכר. כאשר המשכן שוכן בקרב המחנה, וכל עם ישראל שוכן סביבו, יש דרישה גבוהה לטהרה במחנה כולו, כדי שהמשכן יוכל לשכון בתוכו. לעומת זאת, למקדש הקבוע והיציב שאחרי הכניסה לארץ, יש גבולות ברורים יותר, ולא כל ישראל נמצאים ׳סביבו׳ באופן מתמשך וקבוע, וממילא גדרים של מחנה טהור משתנים. מעתה הטהרה רלוונטית דווקא בכניסה פיזית לתחום המקדש, או להר הבית, שהם המחליפים את מחנה ישראל שבתקופת המדבר. כלשונו של רמב״ם:

15. ראו במיוחד: אורבך, אמונות ודעות, עמ׳ 83-84, 329-330; ניוזנר, רעיון.
16. ראו על כך אצל נעם, מקומראן, עמ׳ 220-318.

שלש מחנות היו במדבר: מחנה ישראל והוא ארבע מחנות; ומחנה לויה שנאמר בה 'וסביב למשכן יחנו'; ומחנה שכינה והוא מפתח חצר אהל מועד ולפנים. וכנגדן לדורות: מפתח ירושלים עד הר הבית – כמחנה ישראל; ומפתח הר הבית עד פתח העזרה שהוא שער ניקנור – כמחנה לויה; ומפתח העזרה ולפנים – מחנה שכינה" (הלכות בית הבחירה ז, יא).

נמצא אפוא שהמחנה המתואר במקראות לפי פשוטם מחזיק את מלוא מחנה ישראל, ושיש להימנע ממצב טומאה ככל האפשר, וישנה חובה להיטהר, טמא טמא ודרך טהרתו. על רקע האמור, נוכל להבין גם את המשמעות של קורבן החטאת, כקורבן המְחַטֵּא את הפגמים שדבקו במקום השכינה. לא רק טֻמְאוֹת פוגמות אלא גם חטאים פוגמים, ויש אפוא לחטא את הקודש מפני פגימתם, ונבאר את הדברים בשורות הבאות.

חטאת יחיד באה בספר ויקרא בשלושה הקשרים עיקריים:

א. במשך שבעת ימי המילואים עת חנכו את המשכן וקידשו את כליו, קורבן החטאת הוא שחיטא את המזבח: "וּפַר חַטָּאת תַּעֲשֶׂה לַיּוֹם עַל הַכִּפֻּרִים וְחִטֵּאתָ עַל הַמִּזְבֵּחַ בְּכַפֶּרְךָ עָלָיו וּמָשַׁחְתָּ אֹתוֹ לְקַדְּשׁוֹ" (שמות כ"ט, לו). יושם לב לדיוק הפסוק: אין בכוחו של קורבן החטאת לקדש את המזבח. לשם כך יש למשוח את המזבח בשמן המשחה, אולם החטאת המקדימה את המשיחה, מאפשרת למזבח להיות מחוטא ומכופר (ראו על כך עוד להלן בדיון בימי המילואים).

ב. חטא שנעשה בשגגה: "נֶפֶשׁ כִּי תֶחֱטָא בִשְׁגָגָה מִכֹּל מִצְוֹת ה' אֲשֶׁר לֹא תֵעָשֶׂינָה וְעָשָׂה מֵאַחַת מֵהֵנָּה" (ד, ב). לפי העולה מפסוקים אלו, כל עבירה (מצוות לא תעשה) שאדם עשה בשוגג מחייבת אותו בקורבן חטאת. אומנם, כאמור לעיל, בשל פסוקים מקבילים בבמדבר (ט"ו, כז-לא) חז"ל הגבילו את סוג העבירות שעליהן מדובר כאן רק לכאלו שלו האדם היה עושה אותן במזיד הוא היה מתחייב כרת, אך בסיסית, הניסוח הכללי של הפסוק מעניק את הרושם של קורבן שבא על "כֹּל מִצְוֹת ה' אֲשֶׁר לֹא תֵעָשֶׂינָה".

ג. לאחר טומאה חמורה שהאדם נטמא בה לשבעה ימים לפחות, עליו להביא בתום ספירת ימי טהרתו קורבן חטאת למשכן. כך זב וזבה, או נזיר שנטמא למשל – לאחר שנטהרו מטומאתם וספרו שבעה ימים צריכים להביא ביום השמיני חטאת (לצד עולה).

מאחר שקורבן חטאת הוא קורבן חיטוי – טהרה מטומאה – הרי שהמקום המתבקש למצוא אותו הוא בתהליך הכשרת המזבח לראשונה או בהקשרי טומאה. קורבן החטאת אצל היולדת, אצל הזב והזבה, אצל המצורע או אצל הנזיר שנטמא, ברור לגמרי. עליהם לחטֵא את המשכן מפני הטומאה שהם הוסיפו למחנה שבתוכו שורה שכינה. רבים שאלו מדוע על היולדת להביא קורבן חטאת? במה היא חטאה? לפי הצעה זו התמונה הפוכה: ברור למה יולדת מביאה חטאת: מאחר שהיא טמאה זמן רב, היא צריכה לחטא את המזבח וכך לכפר על טומאתה.[17] אדרבה, הדבר שדורש בירור רחב יותר הוא מדוע החוטא בשגגה מביא 'חטאת'? מה הקשר בין חטאו לבין הצורך בחיטוי המשכן?

ביאור העניין קשור בפסוק שהוזכר לעיל מעבודת יום הכיפורים. שם נאמר שהכוהן מכפר על הקודש "מִטֻּמְאֹת בְּנֵי יִשְׂרָאֵל וּמִפִּשְׁעֵיהֶם לְכָל חַטֹּאתָם". מסתבר שלא רק מפני טומאה מוגדרת יש לחטא את הקודש, אלא גם מפני 'טומאה' שנגרמת עקב חטאים ופשעים. גם הם פוגעים בטהרת המשכן, ועל כן גם הם דורשים חיטוי, וכדבריו של ונהאם:

> חטא לא רק מכעיס את אלוהים ומונע ממנו את המגיע לו, אלא הוא גורם גם למשכנו להיות טמא. האל הקדוש אינו יכול לשכון בתוך הטומאה.[18]

כל מעשה עוון שאדם מישראל עושה, יוצר טומאה שעלולה לפגוע בהשראת השכינה בישראל; קורבן החטאת מחטא את הבית ומאפשר לשכינה להמשיך ולנכוח בתוך מחנה ישראל. יש להדגיש עוד את הנקודה האחרונה: דם החטאת אינו ניתן על האדם החוטא אלא על המשכן שנפגע בעקבות עשיית החטא. לפיכך, לא נראה שתפקיד החטאת לכפר על האדם, או – כפי שלעיתים מתנסחים – להפריד בין החוטא לבין חטאו. עיקר מגמת החטאת לחטא את **המזבח**, וממילא יכופר לאדם שפגם בו.[19]

17. תרצה מיטשם יצאה נגד פרשנות כזו, בטענה שחז"ל קשרו בין טומאה לחטא, וכנראה זה המצב גם בוויקרא, בוודאי בטומאת הצרעת שנתפסת כעונש (מיטשם, יולדת, עמ' 161). אכן, כך קראו חז"ל את המקראות, אך מפשטי המקראות נראה שיש טֻמְאוֹת שאינן קשורות בחטא כלל, ודורשות חטאת כדי לטהר את הטמא ותו לא.
18. ונהאם, ויקרא, עמ' 89.
19. מילגרום חוזר על רעיון זה בכמה ממחקריו. ראו במיוחד: מילגרום, טקס מעבר (במאמר זה הוא יצא נגד הטענה של מרקס שתפקיד החטאת להפריד בין החוטא לבין חטאו); מילגרום, חטאת; מילגרום, שני סוגים. ראו גם את דיונו של נובוישי קיוצ'י בהוראת 'חטאת' ובמשמעות שהיא

ראוי להזכיר בהקשר זה שוב את ההתלבטות שעלתה במבוא בנוגע להוראת הצירוף 'אשה לה'', שמלווה את כל הקורבנות, מלבד קורבן החטאת שהוא נעדר ממנו. וכי קורבן החטאת לא מיועד לאש המזבח? אכן, חלק מבשר החטאת יוגש לאש המזבח, אך עיקר מגמתו של קורבן זה שונה משאר הקורבנות. עיקרו של קורבן החטאת לא בא כקורבן שייאכל על ידי אש המזבח אלא לשם חיטוי המזבח. קורבן החטאת בא בעיקר כדי לנקות את המזבח מהזוהמה שדבקה זו, ועל כן הוא איננו 'אשה לה''.

מעגלי חיטוי

לאור תפיסת החטאת כבאה לחטא את המשכן, אפשר לצייר שלושה מעגלי קדושה או חיטוי:[20]

א. חצר המשכן ובו המזבח החיצון.
ב. הקודש ובו מזבח הזהב.
ג. קודש הקודשים ובו הארון והכרובים.

ככל שהפגיעה בקדושת המשכן חמורה יותר, נדרש חיטוי במקום פנימי יותר, בהתאם לעוצמת הפגיעה. לכן אם אדם יחיד חטא, הפגיעה בקודש קטנה יחסית, וממילא עליו לחטא־לטהר את המזבח שבחוץ בלבד (בנתינת דם על ארבע קרנות המזבח). עד לשם הגיעה פגיעתו ותו לא. זוהי 'חטאת חיצונית'.

יש שני חוטאים שאם הם חטאו בשגגה, הם פגעו במקום פנימי יותר ומקודש יותר במשכן: א. הכוהן המשיח; ב. כל עדת ישראל. עוד ננתח את חטאם ואת פגיעתם בקודש, אך לעת עתה די להצביע על כך שבמצבים אלו – מפאת אופי הפגיעה – יש להביא 'חטאת פנימית' כלומר, להתחיל לחטא את הבית מבפנים: מול הפרוכת המסתירה את ארון העדות וסביב מזבח הקטורת (להלן נדון מדוע החיטוי נעשה דווקא בשני מקומות אלו), ואת הדם שנותר יש לשפוך אל יסוד מזבח העולה – מקום אש התמיד.[21] גם תפקיד החטאת הפנימית וגם תפקיד

נושאת בכל הנוגע להסתתרות החוטא מלעמוד מול ה' ובאפשרות החשיפה המחודשת שהקורבן מביא באמתחתו (קיוצ'י, חטא וחטאת).

20. מילגרום, חטאת, עמ' 6.

21. בדברים הכתובים מעלה אימצתי את הניסוח של מילגרום. להלן נדון בפועל 'הִזָּה', ושם אציע שעבודת דם זו מעידה על רצון לתת את הדם במקום שהכוהן אינו יכול להגיע אליו, ועל כן הוא 'מזה' את הדם לכיוון הרצוי. לפי זה, עצירת הכוהן לפני הפרוכת אינה מעידה על צורך לחטא את

החטאת החיצונית הוא לחטֵא. ההבדל ביניהן איננו בתכלית הקורבן או באופיו, אלא בדרגת החיטוי הנדרש.[22]

מעבר לשני מעגלים אלו, יש חיטוי פנימי עוד יותר, שנעשה רק פעם אחת בשנה והוא כולל את ׳ניקיון׳ הבית כולו. ביום הכיפורים נכנס הכוהן עם דם החטאות פנימה, לקודש הקודשים. הוא לא נעצר מול הפרוכת המבדילה בינו ובין הכרובים, אלא נכנס אל מקום הכרובים, ומתחיל את הזאות הדם משם. ברצוני להדגיש, שעל פי קריאה זו, גם הזאת הדם מול הכרובים ביום הכיפורים משמשת כחיטוי וכטיהור, ולא יהיה זה נכון לטעון – כדברי הרטמוט גיז למשל – שהדם המוזה בפנים הוא ייצוג של בעל הקורבן (ישראל) ועל כן יש ביום זה מפגש בין מביא הקורבן לבין ה׳ יושב הכרובים.[23] אכן, יש מפגש נדיר ביום זה בין האדם לבין קונו, אך לא משום שהאדם מיוצג בקורבן המוזה בפנים. הדם המוזה מטהר את הקודש מפני טומאות בני ישראל ואת כל חטאותם.

אם אומנם לדם החטאת תפקיד ייחודי, אפשר להבין את פשר החטאות הפנימיות ואת פשר הפועל ׳לתת׳ שמחליף את הפועל ׳לזרוק׳. בקורבנות אחרים, שבהם הדם ניתן כמתנה לגבוה – יש לזרוק את הדם על המזבח החיצון. שם נמצאת האש האוכלת את הקורבנות בשם ה׳, ולשם יש להעביר את הדם של הקורבן. אולם אם הדם משמש מעין חומר ניקוי מחטא, הרי שצריך לתת אותו בכל מקום שבו דבקה טומאה, וממילא טעון חיטוי. לשון אחרת: הדם שמוזה מול הפרוכת (בחטאות פנימיות) אינו ניתן כמתנה לגבוה כל עיקר אלא מחטא את הקודש; וכמוהו גם הדם שניתן על ארבע קרנות מזבח העולה (בחטאות חיצוניות) אינו ניתן כמתנה למזבח אלא פועל על המזבח לחַטאו, ופועל על כל קרן מקרנותיו, ומטהר אותו מפני הטומאה שאותו אדם שחטא הוסיף למחנה ישראל.[24]

כעת נותר לברר מדוע לעיתים הפגיעה בקודש דורשת חיטוי פנימי ולעיתים די בחיטוי של המזבח החיצון.

הקודש בלבד, אלא על מניעה מכניסה אל קודש הקודשים – שאותו היה רוצה הכוהן לחטא, לוּ יכול היה (ראו גם אצל קיוצ׳י, קורבן חטאת, עמ׳ 124–128). אך גם לאור ניסוח זה ברור שביום הכיפורים, כשיכול הכוהן להיכנס פנימה, חיטוי הבית נעשה באופן שלם יותר.

22. כך בעקבות מילגרום (שני סוגים). במאמרו הוא יוצא נגד יחזקאל קויפמן מזה וברוך לוין מזה שהציעו שיש הבדל באופי שני סוגי החטאות.

23. גיז, תאולוגיה מקראית, עמ׳ 95–99.

24. ״החטאת היא בשורשה הקדמון לא קרבן ממש, היינו: לא מנחה לאלוהים לשם ריצוי ופיוס אלא מסוג אותם קרבנות השילוח והשמירה״ (קויפמן, תולדות האמונה, כרך א, עמ׳ 569).

החטאת הפנימית והחטאת החיצונית

ויקרא פרק ד׳ מחולק לארבעה חלקים, אך למי שעוקב אחר אופן הצגת הקורבנות עד כאן נכונה הפתעה. עד כאן הדיון בקורבנות השונים נחלק לפי סוג הקורבן המוקרב: בקר, צאן (או עוף); מנחת סולת, מנחות מעובדות או מנחת ביכורים. בשונה ממודל זה, הדיון בקורבן החטאת נחלק לפי זהות המקריבים: כוהן משיח (ג-יב); כל עדת ישראל (יג-כא); נשיא (כב-כו); יחיד (כז-לה). רק בתוך האופציה של היחיד חוזר הכתוב לחלוקה הרגילה, ומגיש בפני הקורא שתי אפשרויות הקרבה שונות: שעירה או כשבה.

נתון זה כבר מלמד הרבה על אופי החטאת. זהות החוטא (שהוא מביא הקורבן) משפיעה על גודל הקורבן הנדרש ועל תהליך ההקרבה. מסתבר ש׳לא כולם שווים בפני החוק׳: יש הבדל ברמת הפגיעה במשכן או באופי הפגיעה בו, אם החוטא הוא אדם יחיד או שמדובר בכוהן הגדול. יש להבין כמובן מה המשמעות של הבדל זה ובמה הוא מתבטא, אך עצם החלוקה, וסדרהּ העוקב אחר החוטאים, כבר מלמדת הרבה על תפיסת החטא האחוז בזהות החוטא, ועל רמות פגיעה שונות במשכן.

גם אם אפשר לחלק את ארבעת החוטאים לקבוצות משנה באופנים מגוונים, ברור שהחלוקה הבולטת ביותר היא החלוקה בין השניים הנזכרים בתחילה לשניים הנזכרים בסוף: כוהן משיח וכל עדת ישראל שמביאים חטאת פנימית, ולעומתם הנשיא והיחיד שנדרשים להביא חטאת חיצונה בלבד. הסימן הספרותי לחלוקה זו הוא בשינוי הפתיחה בחטאת הנשיא:

- **אִם** הַכֹּהֵן הַמָּשִׁיחַ יֶחֱטָא (ד׳, ג);
- **וְאִם** כָּל עֲדַת יִשְׂרָאֵל יִשְׁגּוּ (ד׳, יג).
- **אֲשֶׁר** נָשִׂיא יֶחֱטָא (ד׳, כב);
- **וְאִם** נֶפֶשׁ אַחַת תֶּחֱטָא (ד׳, כז).

הפסקאות כולן פותחות ב״אם״, ואילו חטאת הנשיא פותחת ב״אשר״. אין הבדל של ממש מצד תוכן הפסוק, שהרי – כפי שכותב רבנו בחיי במקום – ״לשון ׳אשר׳ כלשון ׳אם׳, ושיעורו: אם נשיא יחטא״. אולם, גם אם המשמעות זהה, ייתכן שיש משמעות לעצם שינוי המילה. בעקבות חז״ל, ראה זאת רש״י כשינוי שנדרש לשבחו של הנשיא החוטא ומודה בכך: ״׳אשר נשיא יחטא׳ – לשון ׳אשרי׳: אשרי הדור שהנשיא שלו נותן לב להביא כפרה על שגגתו; קל וחומר שמתחרט על זדונותיו״. הקריאה הפשוטה יותר היא שבעצם פתיחת חטאת הנשיא במילה אחרת נרמז הקורא שיש לחלק את

הרשימה לשני חלקים, והחלק השני פותח בחטאת הנשיא. כאמור, אכן מדובר בשני חטאות שונות לגמרי.

מלבד מקום עבודת הדם המשתנה בין שני הסוגים של החטאות, יש עוד שני הבדלים בולטים לעין:

א. סוג הקורבן: גם חטאת הכוהן המשיח וגם חטאת כל העדה הן פר, בעוד החטאות החיצוניות באות מן הצאן (שעיר לנשיא ושעירה או כבשה ליחיד). תאורטית ניתן היה להציע שבחטאות פנימיות יש להביא פר – שהוא הקורבן הגדול ביותר – כדי להורות על החומרה שיש בחטאים אלו. אולם, כפי שראינו גם בעולה וגם בזבח שלמים, הפער בין הפר לצאן אינו מסתכם בגודלם או במחירם אלא מבטא ייצוג של שני תחומים אחרים במשכן. הפר קשור לתוך המשכן בעוד הצאן קשור למזבח החיצון. כאן הבדלי תפיסה אלו באים לידי ביטוי מעשי: החטאות הפנימיות הן פר; ואילו החטאות החיצוניות – שדמן ניתן על מזבח העולה – באות מצאן.[25]

ב. החטאת הפנימית איננה נאכלת כלל, והבשר שלא מוקרב על גבי המזבח נשרף מחוץ למחנה: ״וְהוֹצִיא אֶת כָּל הַפָּר אֶל מִחוּץ לַמַּחֲנֶה אֶל מָקוֹם טָהוֹר אֶל שֶׁפֶךְ הַדֶּשֶׁן וְשָׂרַף אֹתוֹ עַל עֵצִים בָּאֵשׁ עַל שֶׁפֶךְ הַדֶּשֶׁן יִשָּׂרֵף״ (ד, יב). לעומת זאת, בחטאת החיצונה הכוהנים משתתפים באכילה. האֵמורים עולים על גבי המזבח (כמו בחטאת הפנימית), והבשר הנותר נאכל על ידי הכוהנים. חוק זה אומנם לא נאמר בפרשת ויקרא אך הוא נזכר ברשימה השנייה המשלימה את דיני אכילת הקורבנות: ״הַכֹּהֵן הַמְחַטֵּא אֹתָהּ יֹאכֲלֶנָּה בְּמָקוֹם קָדֹשׁ תֵּאָכֵל בַּחֲצַר אֹהֶל מוֹעֵד... כָּל זָכָר בַּכֹּהֲנִים יֹאכַל אֹתָהּ קֹדֶשׁ קָדָשִׁים הִוא״ (ו׳, יט-כב). שם, מיד לאחר דיני אכילת החטאת החיצונה מדגיש הכתוב שיש להיזהר מלבלבל בין קורבנות החטאת, ואף שאת החטאת החיצונה אוכלים, אין לאכול את החטאת הפנימית: ״וְכָל חַטָּאת אֲשֶׁר יוּבָא מִדָּמָהּ אֶל אֹהֶל מוֹעֵד לְכַפֵּר בַּקֹּדֶשׁ לֹא תֵאָכֵל בָּאֵשׁ תִּשָּׂרֵף״ (ו׳, כג).[26] בפשר

25. אברבנאל הציע לקשור חטאות אלו עם חטא העגל: הכוהן המשיח מזכיר את חלקו של אהרון בחטא העגל, וחטא העדה כולה מזכיר את חטא העם. לפי דבריו אפשר להבין כי דווקא פר, יש בכוחו להזכיר את העגל יותר מאשר צאן. אולם קשה להשתכנע שהתורה יוצרת זיקה בין כל חטא של כל כוהן לחטא אהרון הכוהן בעגל, כמו גם שקשה להניח שכל חטא שהעדה כולה חטאה בשגגה מזכיר את החטא החמור שחטאו ישראל בעגל.

26. זו הקריאה הפשוטה שם. רש״י במקום הבין את הסייג כמוסב על חטאת חיצונה שדמה נכנס פנימה בטעות.

אכילת החטאת החיצונה ושרפתה של הפנימית נדון בהמשך. לעת עתה די להזכיר שגם את בשר האשם הכוהנים אוכלים (כמו גם את המנחה), ועל כן ברור שהחריגה היא החטאת הפנימית, שבמקום שהכוהנים יאכלו את בשרה הוא נשרף מחוץ למחנה.

די בנתונים אלו כדי להעניק את התחושה ששני טיפוסי החטאת הם כמעט קורבנות שונים. הפרוצדורה שלהם שונה לגמרי, אך בסופו של דבר שניהם 'חטאת', כלומר, לשניהם תפקיד זהה – לחטא את המשכן מפני הטומאה שדבקה בו עקב עשיית חטא בשגגה. האם אפשר לחשוף את השורש שניצב בבסיס החלוקה בין מביאי החטאות הפנימיות למביאי החיצוניות? מדוע הכוהן המשיח ניצב לצד העדה כולה, ושני אלו ניצבים במקום אחר מחטא הנשיא והיחיד?

מעניין לציין שמדרש ההלכה באמת התלבט למי מתאים יותר להשוות את הכהן הגדול – לכל העדה או לנשיא, האוחז גם הוא בעמדת מנהיגות (ספרא, דיבורא דחובה, פרק ב, א-ד). בסופו של דבר, ההכרעה היא חד משמעית, והכוהן המשיח מוצב לצד העדה כולה ולא לצידו של הנשיא. מדוע?

תאורטית אפשר היה להצביע על ייחוד הכוהן הגדול והאומה כולה מצד מעלתם הדתית, מעין מה שכתב חזקוני: "כהן משיח וצבור דמקרבי וחשיבי קמי קודשא בריך הוא דם כפרתן קרב לפנים על הפרכת ועל מזבח הזהב. וסרחונו דחק לשרוף חטאתו חוץ לשלש מחנות לפי גדלן ענשן. נשיא ויחיד דלא מקרבי ולא חשיבי כל כך דם כפרתם ואימורי חטאתם על מזבח החיצון והבשר נאכל" (פירושו לוויקרא ד', כה). אולם מוזר לדון בעדה כולה בהקשרים של קרבה לריבונו של עולם. דומני שניתן להצביע על אפיון ספציפי יותר שמבחין את הכוהן המשיח והעדה כולה מהנשיא ומהיחיד. לשם דיון בשני המודלים הללו נבחן את חטאת הכוהן המשיח, ומתוך כך נוכל להצביע על המשותף לו עם החטאת השנייה שבפרק, חטאת כל העדה.

הלשון שמייחדת את חטאת הכוהן המשיח פורצת כבר בפתיחת הפרשייה: "אִם הַכֹּהֵן הַמָּשִׁיחַ יֶחֱטָא **לְאַשְׁמַת הָעָם**" (ד', ג). הצירוף הייחודי "לאשמת העם" נזכר רק אצל חטאת הכוהן המשיח, ויש להבין את משמעותו. בקרב פירושי הראשונים על פסוק זה יש שלוש עמדות בהבנת הביטוי.

א. יש שהבינו זאת – בעקבות חז"ל – כהיגד שמשמעותו הלכתית. התורה מבקשת ליצור זיקה בין חטאת הכוהן המשיח לחטאת כל העדה לעניינים

שונים. למשל: כשם שהעדה כולה מתחייבת רק אם הייתה שגגה בהוראת הטעות ושגגה במעשה, כך גם ביחס לכוהן המשיח – חיובו בחטאת דווקא כשהורה לעצמו הוראת טעות ופעל לאור הוראה זו. אם רק רכיב אחד נעשה בשגגה והשני בזדון – הוא פטור מקורבן חטאת זו (כך למשל פותח רש״י את פירושו).

ב. לאחר שרשב״ם מביא את הפירוש שנזכר לעיל, הוא מוסיף:

> אך לפי הפשט משמע לפי שבכהנים נאמר ׳יורו משפטיך ליעקב ותורתך לישראל׳ (דברים ל״ג) – וכל שכן כהן גדול שהוא מומחה לרבים – אם הכהן המשיח יחטא בהוראתו גם להחטיא את העם עמו, והקריב על חטאתו וגו׳.

לפי קריאה זו, הביטוי ״לאשמת העם״ מורה על חשש הכשלת הרבים שנלווה לחטאו של הכוהן הגדול. מאחר שהכוהנים מופקדים על הוראת התורה לישראל, וישראל כולם מקשיבים להוראת הכוהן הגדול, הרי שחטאו הפרטי איננו נשאר בגבולותיו האישיים, וטעותו עלולה להחטיא את הרבים. לפיכך החמירה התורה בכוהן המשיח. אברבנאל אחז גם הוא בשיטה זו והלך צעד נוסף: אין מדובר רק בחשש, אלא בחטא הכוהן הגדול שגם הורה לאחרים לעשות כמותו:

> שחטא כהן גדול היה כחטא הקהל, כי כמו שהיה חטאת הכהן משוח מפני שבשוגג התיר את האסור מכל מצות ה׳ אשר לא תעשנה – והם הכריתות הנזכרים בתורה – והתיר את העם שיעשו דבר שזדונו כרת בהיותו שוגג, בחשבו שהיה מותר (פירושו לוויקרא ד׳, עמ׳ לב).

רשב״ם ואברבנאל הפכו אפוא את חטאת הכוהן המשיח לחטאת של כל עדת ישראל. לא רק בהקשר הלכתי כדרשת חז״ל, אלא במובן ריאלי: חטא הכוהן הגדול יביא למציאות שרבים מן העם חוטאים אף הם.[27] לפי דברים אלו יוצא, שלו היה הכוהן המשיח חוטא לבדו, לא היו מחמירים כל כך בדינו, אלא שחטאו הוא ״לאשמת העם״, ולכן יש חומרות מיוחדות בדיניו.

27. בדרך זו אחז גם מילגרום, ויקרא, כרך א, עמ׳ 232.

ג. כיוון קריאה פשוט יותר הציעו רש"י ור' עובדיה ספורנו. כך כתב כאן רש"י:

> ופשוטו לפי אגדה: כשכהן גדול חוטא, אשמת העם הוא זה, שהן תלויין בו לכפר עליהם ולהתפלל בעדם, ונעשה מקולקל.

לפי עמדה זו, מחמירים בכוהן הגדול לא משום שמעשית עלול העם כולו לחטוא בעקבותיו, אלא שקלקולו של הכוהן הגדול הוא עצמו פוגע בעם כולו, שהרי הכוהן הוא נציגם מול ה' – הוא המתפלל בעדם וכפרתם תלויה במעשיו. חטאו הוא "לאשמת העם" גם בלי שהעם עצמו יחטא. בניסוח שונה, אמיץ יותר, הציע זאת גם ספורנו:

> 'לאשמת העם' – כלומר שלא תקרה לו שגגת חטאת זולתי ממוקשי עם, כאמרם 'המתפלל וטעה סימן רע לו; ואם שליח ציבור הוא – סימן רע לשולחיו' (ברכות לד ע"ב).

ניסוחו של ספורנו נשמע בתחילה כדרשה חסידית על מקומו של הצדיק, אך ייתכן שלפנינו הביאור הפשוט ביותר לצירוף "לאשמת העם". לפי דבריו, חטאו של הכוהן משקף קלקול של העם כולו. יש לזכור שהכוהן הגדול הוא נציגם של ישראל מול ה', ובהחלט ייתכן שבשעה שהוא חוטא משתקף בחטאו קלקול של העם שאותו הוא מייצג. בלשונו של פילון: "לכוהן הגדול האמיתי, ששמו לא כזב, אין חלק בחטאים, ואם ייכשל ביום מן הימים, יקרה לו זה שלא ביוזמתו, אלא מחמת משגה משותף מלכל האומה".[28]

גם אם הדבר נשמע בתחילה כדרשה רחוקה מהמקראות, יש סימוכין לקריאה זו בכתוב עצמו. מסתבר שהצירוף "לאשמת העם" מחליף ביטוי אחר שנזכר אצל כל החוטאים בפרק. בחטא העדה כולה נאמר: "וְאִם כָּל עֲדַת יִשְׂרָאֵל יִשְׁגּוּ וְנֶעְלַם דָּבָר מֵעֵינֵי הַקָּהָל וְעָשׂוּ אַחַת מִכָּל מִצְוֺת ה' אֲשֶׁר לֹא תֵעָשֶׂינָה **וְאָשֵׁמוּ**" (יג); בתיאור חטאו של הנשיא נאמר: "אֲשֶׁר נָשִׂיא יֶחֱטָא וְעָשָׂה אַחַת מִכָּל מִצְוֺת ה' אֱלֹהָיו אֲשֶׁר לֹא תֵעָשֶׂינָה בִּשְׁגָגָה **וְאָשֵׁם**" (כב); ובתיאור חטאו של היחיד נאמר: "וְאִם נֶפֶשׁ אַחַת תֶּחֱטָא בִשְׁגָגָה מֵעַם הָאָרֶץ בַּעֲשֹׂתָהּ אַחַת מִמִּצְוֺת ה' אֲשֶׁר לֹא תֵעָשֶׂינָה **וְאָשֵׁם**" (כז).

28. על החוקים לפרטיהם א, סעיף 230; כתבים, חלק ב, עמ' 280. בדרך זו אחז גם ונהאם, ויקרא, עמ' 97.

הטלת ׳אשמה׳ שנזכרת אצל כל החוטאים נעדרת מתיאור חטאו של הכוהן הגדול, ובמקום להטיל על הכוהן אשמה, נאמר שחטאו נעשה ״לאשמת העם״, כלומר העם נחשב אשם בחטא זה ולא הכוהן עצמו.

הסרת האשמה מהכוהן והמרתה באשמתו של העם, ניכרת בעוד שני אלמנטים שמצויים בתיאור החוטאים כולם, ואשר חסרים בתיאור חטאת הכוהן הגדול. ראשית – ידיעת החטא. מאחר שמדובר בחטא שנעשה בשגגה, הכתובים מתארים גם את השלב שבו נודע לחוטא חטאו. כך נאמר במקרה של חטא כל העדה: ״וְנוֹדְעָה הַחַטָּאת אֲשֶׁר חָטְאוּ עָלֶיהָ״ (יד); כך במקרה של הנשיא: ״אוֹ הוֹדַע אֵלָיו חַטָּאתוֹ אֲשֶׁר חָטָא בָּהּ״ (כג); וכך גם אצל היחיד: ״אוֹ הוֹדַע אֵלָיו חַטָּאתוֹ אֲשֶׁר חָטָא״ (כח). חשיפת החטא שנעשה בשגגה חסרה משום מה בתיאור חטאת הכוהן המשיח. היו שטענו ״שאין ברירה אלא להסיק שדברים אלה מובנים מאליהם. משום שהכוהן הגדול מבצע את מרבית הטקסים שלו בפרטיות באוהל מועד, רק הוא יכול להודיע לעצמו על טעותו. וברגע שהדבר התגלה, לא ייתכן שהוא לא ירגיש חרטה״.[29] אך מאחר שחסרון ידיעת החטא משתלב בחסרון רכיבים נוספים, נראה שלפנינו עמדה עקרונית יותר.

האלמנט השני החסר אצל הכוהן מפתיע עוד יותר. בחתימת כל תיאורי החטאות אומרת התורה שהקורבן מכפר על החוטא וכך ייסלח לו. כך נאמר בחטאת כל העדה: ״וְכִפֶּר עֲלֵהֶם הַכֹּהֵן וְנִסְלַח לָהֶם״ (כ). ביטויים דומים נאמרים גם על הנשיא שהביא את חטאתו: ״וְכִפֶּר עָלָיו הַכֹּהֵן מֵחַטָּאתוֹ וְנִסְלַח לוֹ״ (כו); וגם בחתימת חטאת היחיד: ״וְכִפֶּר עָלָיו הַכֹּהֵן וְנִסְלַח לוֹ״ (לא) / ״וְכִפֶּר עָלָיו הַכֹּהֵן עַל חַטָּאתוֹ אֲשֶׁר חָטָא וְנִסְלַח לוֹ״ (לה). משום מה ביטויי כפרה אלו חסרים בתיאור חטאת הכוהן הגדול. חיסרון זה הטריד את רמב״ן, והוא הציע את הביאור הבא:

> ולא הזכיר בחטאת כהן המשיח ׳וכפר עליו ונסלח לו׳ כאשר הזכיר בשאר החוטאים בקהל ובנשיא ובהדיוט. אולי לרוב מעלתו לא יתכפר ונסלח לו לגמרי עד שיתפלל ויתחנן לאלהיו כי מלאך ה׳ צבאות הוא, וצריך להיותו נקי וטהר ידים (פירושו לוויקרא ד׳, ב).

מדברי רמב״ן עולה שהכוהן אינו יכול להסתפק בהקרבת הקורבן, וכדי שהוא יזכה

29. מילגרום, ויקרא, כרך א, עמ׳ 232.

לסליחה ולכפרה עליו גם להתפלל. אולם הצעה זו קשה, שכן תפילה אינה נזכרת כלל ביחס לכוהן, וכמוה כתפילה בחטאת היחיד שאף היא אינה נזכרת בכתוב כל עיקר.

הצעה אחרת הציע אברבנאל. בהתאם לשיטתו, שגם הכוהן המשיח – כמו במקרה של חטאת העדה – צריך להביא חטאת משום שהוא הורה בטעות לרבים, הוא טוען שיש להבין את ביטויי הסליחה שכתובים בסוף החלק שמתאר את חטאת כל העדה כחותמים גם את פרשת הכוהן המשיח:

> מפני ששני הפרים האלה – מהכהן הגדול והסנהדרין – באים בכוונה אחת, ולכן רצה השם לערב את שניהם ולהזכיר סליחה אחת בשניהם יחד, ולזה אמר בפר העלם הציבור ׳וְעָשָׂה לַפָּר כַּאֲשֶׁר עָשָׂה לְפַר הַחַטָּאת כֵּן יַעֲשֶׂה לּוֹ וְכִפֶּר עֲלֵהֶם הַכֹּהֵן וְנִסְלַח לָהֶם׳ (כ). ואין פירוש מלת ׳להם׳ לכל הנכללים בקהל, אלא לכהן גדול ולקהל אשר בשתי הפרשיות שיכפר ויסלח לכל אחד בקרבנו.[30]

זו הצעה מחודשת למדי ומרתקת, אך היא גם קשה. מאחר שכל דיני הכוהן המשיח כתובים בנפרד מאשר חטא העדה כולה, קשה להניח שדווקא ביטויי הכפרה והסליחה מוסבים לפתע על שתי הפסקאות הנפרדות האלו גם יחד.

דומה בעיני שאברבנאל צודק שחסרון הכפרה והסליחה אצל הכוהן אינו מלמד שלא מתכפר לכוהן בקורבן (כעמדת רמב״ן), אך אין להשלים את החיסרון במקום טקסטואלי אחר, כהצעתו, אלא לראות בחיסרון זה אמצעי ספרותי מכוון. סביר שהיעדרות הכפרה והסליחה מחתימת חטאת הכוהן הגדול קשורה בחסרון ׳ואשם׳ ובחסרון הידיעה. קשה לקבל את דעתו של מילגרום – שמדובר בקיצור בעלמא, ושברור שכל הרכיבים הללו קיימים גם בחטאת הכוהן המשיח הגם שאינם כתובים בהדיא[31] – שכן מאחר שהרכיבים כולם נזכרים בכל שלושת החוטאים האחרים, קשה להניח שאין בהיעדרות רכיבים אלו אצל הכוהן המשיח כוונת מכוון. נדמה, שכל אלו מובילים לאותה המסקנה, שמשום מה הכוהן לא נחשב כאשם בחטאו וכאחראי עליו. ואכן, ר׳ עובדיה ספורנו שהלך כאמור בדרך זו הסב את תשומת הלב לחסרונה של ׳אשמה׳ בתיאור חטאת הכוהן:

30. אברבנאל לוויקרא ד׳, עמ׳ לג.
31. מילגרום, ויקרא, כרך א, עמ׳ 232. הוא הסיק זאת מכך שחטאו נעשה בינו לבין עצמו והוא בא והודה בחטא זה מול כולם.

> ולכן לא כתב בו 'ואשם' כמו שכתב בכל שאר החוטאים. כי אמנם באמרו 'ואשם' יורה אזהרה על התשובה, וזה לא יפול על הכהן המשיח כי לא מלבו היה החטא כלל, אבל קרה לו לאשמת העם (ספורנו על אתר).

דומה שזו הקריאה המתבקשת: התורה רואה בנציג הדתי של האומה מעין נייר לקמוס של העדה כולה. מעין 'תמונתו של דוריאן גריי' המקראי: מצב העם משתקף בחטא הפרטי של הכוהן.[32] לפיכך אין אצלו ביטויי אשמה, ואין אצלו תיאור של ידיעת החטא או של הסליחה שבאה לחוטא בעקבות הקרבת החטאת. לא משום שאין במקרה זה ידיעת חטא או כפרה, אלא משום שהתורה מבקשת לרמוז שבמקרה זה לא מביא הקורבן הוא המחכה לסליחה ולכפרה, אלא האומה כולה שהרי חטאו היה "לאשמת העם".

לאור כך ניתן לחזור להצעת אברבנאל ולהפיח בה רוח מחודשת: אכן, ביטויי הסליחה שנאמרים בסוף חטאת כל העדה יכולים לשמש גם חתימה לחטאת הכוהן המשיח. במובן מהותי, העם כולו קלקל בשתי פרשות אלו, גם אם החטא הספציפי נעשה על ידי נציגו, הכוהן הגדול. כדברי ספורנו: "אם (הטועה בתפילה) שליח ציבור הוא – סימן רע לשולחיו".

יוצא אם כן, שגם חטאו של הכוהן הגדול הוא בעצם חטא ציבורי, אלא שלא הציבור הוא זה שחטא בפועל, אלא נציגם מול ה'. גם אם ניסוח כזה נשמע מוגזם, די לאמץ את הניסוח של ספורנו כדי להבין את האופי הציבורי של חטאת הכוהן המשיח: חטאו של הכוהן הוא סימן רע לשולחיו. אין לראות בפרשנות זו כדי הסרת האחריות מהכוהן הגדול. אדרבה: עליו להישמר כפל כפליים, שהרי אם הוא ייפול הוא מפיל איתו את הדור כולו. ההשלכות של מעשי הכוהן שניצב מול ה' כנציג ציבור הן רבות ורחבות.

על פי דברים אלו מובנת החלוקה שיש בפרק לשני צמדי חוטאים, והיא היא החלוקה בין החטאות הפנימיות והחטאות החיצוניות. מסתבר שהחלוקה היא בין 'חטאות ציבור' שהן חטאות פנימיות, לבין 'חטאות יחיד' שהן חטאות חיצוניות. אומנם גם בתוך חטאות היחיד יש הבדל בין נשיא ויחיד, אבל הנשיא לא נתפס

32. מילגרום ראה את התפיסה התאולוגית הכללית שמשתקפת בעולם הקורבנות – במיוחד בקורבן חטאת – כתפיסה שהוא כינה 'תמונתו של דוריאן גריי' באשר החטא הפרטי שעושה האדם לא ניכר על פניו שלו אלא פוגע במשכן או במזבח, ועל כן עליו להביא חטאת (מילגרום, ויקרא, כרך א, עמ' 49; מילגרום, דוריאן גריי). אולם בחטאת הכוהן המשיח הדבר בולט עוד יותר. לא מול המשכן אלא בהשתקפות של העם כולו מבעד לכוהן הגדול.

כנציג הציבור מול ה'. יש לו אומנם מעלה חברתית אך הוא לא מייצג את הציבור כולו, ולכן בהקשר המשכן פגימתו קטנה מזו של הכהן הגדול (הדבר קשור כמובן בהגדרת תפקידו של נשיא זה – ראו על כך להלן).

לאור דברים אלו אפשר לסכם את מעגלי החיטוי השונים שנעשים דרך קורבנות החטאת השונים. אם יחיד חוטא, הוא אומנם פוגע במשכן, אך פגיעתו 'קלה', ודי לחטא את המזבח החיצון ובכך יתכפר לו. דבר זה נכון הן בנשיא הן באזרח מן השורה. אומנם יש הבדל בסוג קורבנם – הנשיא מביא זכר ואילו היחיד מביא נקבה, אך פעולת החיטוי נעשית באותו המקום ובאותו האופן. לעומת זאת, אם הציבור כולו חטא, יש לחטא את המשכן מבפנים. לא די בחיטוי המזבח שבחוץ, כי כנראה הפגימה חמורה יותר. דבר זה נכון בין אם הציבור עצמו חטא ובין אם נציגו הדתי חטא.

פעם אחת בשנה נכנס הכוהן הגדול עם דם חטאת לקודש הקודשים ומחטא את הבית כולו, החל מהמקום המקודש ביותר. למקום זה גם החטאות הפנימיות לא מגיעות וזהו דבר ייחודי ליום הכיפורים.

מכאן נעבור בפירוט לדיון בכל חטאת וחטאת.

חטאת הכהן המשיח

החטאת הראשונה המוזכרת בפרק היא זו של הכהן הגדול:

> אִם הַכֹּהֵן הַמָּשִׁיחַ יֶחֱטָא לְאַשְׁמַת הָעָם וְהִקְרִיב עַל חַטָּאתוֹ אֲשֶׁר חָטָא פַּר בֶּן בָּקָר תָּמִים לַה' לְחַטָּאת. וְהֵבִיא אֶת הַפָּר אֶל פֶּתַח אֹהֶל מוֹעֵד לִפְנֵי ה' וְסָמַךְ אֶת יָדוֹ עַל רֹאשׁ הַפָּר וְשָׁחַט אֶת הַפָּר לִפְנֵי ה'. וְלָקַח הַכֹּהֵן הַמָּשִׁיחַ מִדַּם הַפָּר וְהֵבִיא אֹתוֹ אֶל אֹהֶל מוֹעֵד. וְטָבַל הַכֹּהֵן אֶת אֶצְבָּעוֹ בַּדָּם וְהִזָּה מִן הַדָּם שֶׁבַע פְּעָמִים לִפְנֵי ה' אֶת פְּנֵי פָּרֹכֶת הַקֹּדֶשׁ. וְנָתַן הַכֹּהֵן מִן הַדָּם עַל קַרְנוֹת מִזְבַּח קְטֹרֶת הַסַּמִּים לִפְנֵי ה' אֲשֶׁר בְּאֹהֶל מוֹעֵד וְאֵת כָּל דַּם הַפָּר יִשְׁפֹּךְ אֶל יְסוֹד מִזְבַּח הָעֹלָה אֲשֶׁר פֶּתַח אֹהֶל מוֹעֵד. וְאֶת כָּל חֵלֶב פַּר הַחַטָּאת יָרִים מִמֶּנּוּ אֶת הַחֵלֶב הַמְכַסֶּה עַל הַקֶּרֶב וְאֵת כָּל הַחֵלֶב אֲשֶׁר עַל הַקֶּרֶב. וְאֵת שְׁתֵּי הַכְּלָיֹת וְאֶת הַחֵלֶב אֲשֶׁר עֲלֵיהֶן אֲשֶׁר עַל הַכְּסָלִים וְאֶת הַיֹּתֶרֶת עַל הַכָּבֵד עַל הַכְּלָיוֹת יְסִירֶנָּה. כַּאֲשֶׁר יוּרַם מִשּׁוֹר זֶבַח הַשְּׁלָמִים וְהִקְטִירָם הַכֹּהֵן עַל מִזְבַּח הָעֹלָה. וְאֶת עוֹר הַפָּר וְאֶת כָּל בְּשָׂרוֹ עַל רֹאשׁוֹ וְעַל כְּרָעָיו וְקִרְבּוֹ וּפִרְשׁוֹ. וְהוֹצִיא אֶת כָּל הַפָּר אֶל מִחוּץ לַמַּחֲנֶה אֶל מָקוֹם טָהוֹר אֶל שֶׁפֶךְ הַדֶּשֶׁן וְשָׂרַף אֹתוֹ עַל עֵצִים בָּאֵשׁ עַל שֶׁפֶךְ הַדֶּשֶׁן יִשָּׂרֵף (ויקרא ד', ג-יב).

גם קורבן החטאת – ככל שאר הקורבנות – צריך להיות 'תמים', ובדבר זה אין כל הפתעה. אף שלא מדובר בקורבן נדבה, ברור שעל הקורבן להיות שלם, ואין זה מכובד להביא לבית ה' בהמה גוססת או פגומה. פעולת הסמיכה ופעולת השחיטה גם הן חוזרות על מה שכבר פגשנו בקורבנות העולה וזבח השלמים. מעניין לציין שפעולת הסמיכה מתוארת בלשון דומה לזו שמופיעה בקורבנות עולה וזבח שלמים ("את יָדוֹ" – ביחיד), ועל כן סביר שאין מדובר כאן בהעברת העוון מהאדם שחטא אל הבהמה, אלא במינוי וביצירת זיקה, כמו מטרת הסמיכה בקורבנות הנדבה.

עבודת הדם

החידוש הגדול בקורבן זה הוא כמובן עבודת הדם. את דם הפר יש להביא אל הקודש, ולחטא בו שם את הבית בשתי תחנות:

א. תחילה ניצב הכוהן מול הפרוכת (בעודו בקדש; הוא לא נכנס לקודש הקודשים); טובל אצבעו בדם ומזה שבע פעמים מול הפרוכת. ולהלכת חז"ל, הדם אינו נוגע בפרוכת עצמה אלא נופל על הרצפה לפני הפרוכת: "וְטָבַל הַכֹּהֵן אֶת אֶצְבָּעוֹ בַּדָּם וְהִזָּה מִן הַדָּם שֶׁבַע פְּעָמִים לִפְנֵי ה' אֶת פְּנֵי פָּרֹכֶת הַקֹּדֶשׁ".[33] מה פשרה של פעולת ה'הזאה'? עד כה פגשנו בשתי פעולות דם – 'זריקה' (בקורבנות שבהם הדם ניתן כמתנה למזבח); ו'נתינה' – בחטאת שבה הדם מחטא את המזבח. מה משמעות הפועל 'להזות' בהקשר עולם הקורבנות? יש מן החוקרים ששיערו שתפקיד הזאת הדם הוא לקדש את הדם עצמו, לפני שהוא יכול לחטא את מזבח הקטורת,[34] אולם זהו ביאור

33. מאחר שעבודת הדם בחטאת היא תהליך של חיטוי, ניתן להסביר שמספר ההזאות הוא דווקא שבע, הואיל והמספר שבע מסמל מעגל בראשיתי, ויש כאן יציאה ממצב הטומאה הישן למצב חדש. כלומר, שבע ההזאות הולכות ומקדשות-מטהרות את הדבר שעליו הדם מוזה במהלך מתקדם של שבע פעימות. על ההתלבטות אם יש לראות בכל שבע הזאות יחידה אחת גדולה או שבע פעימות קטנות ראו בהתלבטות הגמרא אם על הכוהן לנקות את אצבעו מהדם בין הזאה להזאה (מנחות ז ע"ב). ליבי אומר לי שיש מקום לחלק בין שבעה ימים שנתפסים כיחידה אחת, לבין שבע פעולות שנתפסות כשבע יחידות קטנות. הנושא מורכב וארוך ליריעה זו.

34. פריזן, היזה. הוא טען שאם 'הזאת שבע פעמים' נעשית על חפצים (כמו מזבח – ויקרא ח', יא) או אנשים (מצורע – ויקרא י"ד, ז), אז תפקיד ההזאה לקדש את הדברים שעליהם מזים. אך אם 'הזאת שבע פעמים' נעשית לפני ה' (חטאת פנימית – ד', ו) או בתוך המשכן (עבודת יום הכיפורים – ויקרא ט"ז, יד), תפקיד ההזאה היא לקדש את הנוזל המוזה עצמו.

מוזר למדי. מדוע יש צורך לקדש את הדם של בהמה שהוקדשה לקורבן? הדם התקדש זה מכבר, וכעת הוא עושה את פעולתו הקורבנית – מחטא. קשה לקבוע מסמרות בדבר אך דומני שפסוקי פרה אדומה יכולים לקדם את הדיון: "וְלָקַח אֶלְעָזָר הַכֹּהֵן מִדָּמָהּ בְּאֶצְבָּעוֹ וְהִזָּה אֶל נֹכַח פְּנֵי אֹהֶל מוֹעֵד מִדָּמָהּ שֶׁבַע פְּעָמִים" (במדבר י"ט, ד). הכוהן מצוי במרחק מקום מהמשכן, ועל כן הוא אינו יכול לתת מדם הפרה על המזבח. התחליף לנתינת הדם במקום הרצוי היא ההזאה לכיוונו. הכוהן מזה מדם הפרה האדומה לכיוון אוהל מועד ובכך מבטא את רצונו שהדם יהיה מונח שם. דומה שלכן גם ביום הכיפורים 'מזה' הכוהן מדם החטאת נוכח הכרובים (ויקרא ט"ז, יד-טו), שהרי הוא מנוע ככל הנראה מלגעת בכרובים עצמם. ככוהן הוא רשאי לגעת במזבח ובכלים הפנימיים, אך לא בכרובים שהם כיסא ה'. מאחר שאותם הוא רוצה לחטא, הוא מזה מהדם לכיוונם.[35] לאור כך ניתן להבין את פעולת ההזאה בחטאת פנימית מול הפרוכת. הדם אומנם לא מוזה על שום כלי הדורש חיטוי, אך פעולת ההזאה מול הפרוכת מייצגת את רצונו של הכוהן להזות בפנים, על הארון עם הכרובים, אלא שהוא אינו יכול להגיע אליהם בשל הפרוכת המכסה. לפיכך מזה הכהן מן הדם אל עבר המקום שבו הוא היה רוצה שהדם יינתן ויטהר.[36]

ב. לאחר ההזאה מול הפרוכת מתחיל הכוהן את מסעו החוצה, אך עוצר בתחנה נוספת וגם בה הכוהן 'נותן' מן הדם – במזבח הקטורת: "וְנָתַן הַכֹּהֵן מִן הַדָּם עַל קַרְנוֹת מִזְבַּח קְטֹרֶת הַסַּמִּים לִפְנֵי ה' אֲשֶׁר בְּאֹהֶל מוֹעֵד". לו היה מדובר במתנת דמים לה', היה זה מוזר ביותר, שהרי מזבח הקטורת איננו 'מזבח אוכל'. האש שיש במזבח זה איננה אש שבאמצעותה המזבח 'סועד', אלא אש שתפקידה לשרוף את הקטורת ולגרום לריח טוב ולעשן להתפשט בבית ה'. פסוק מפורש מזהיר מפני הקרבה על מזבח זה: "לֹא תַעֲלוּ עָלָיו קְטֹרֶת זָרָה וְעֹלָה וּמִנְחָה וְנֵסֶךְ לֹא תִסְּכוּ עָלָיו" (שמות ל', ט). אולם מאחר שתפקיד דם החטאת לטהר ולחטא, אפשר למרוח בדם גם מזבח זה וכך לחטא אותו. מסתבר אפוא שבתחנה זו מיוצג הקודש כולו. בעוד שההזאה מול הפרוכת משקפת את רצון הכוהן לחטא את הארון

35. הדבר מזכיר את המנהג להתפלל לכיוון ירושלים. בפעולה זו מבטא המתפלל את רצונו להתפלל בבית ה'.

36. בניסוח אחר העלה דברים דומים קורץ, קורבנות, עמ' 216-217.

והכרובים שבפנים, הרי נתינת הדם על קרנות מזבח הקטורת משקפת את חיטוי הקודש כולו.

מדוע עושים זאת דווקא במזבח הקטורת? סביר שהדבר קשור למהותו של מזבח הקטורת ולמיקומו. במקומות שבהם מוזכר מזבח זה, הוא נקשר שוב ושוב להשראת השכינה במשכן. הקטורת היא המאפשרת לשכינה לנכוח בבית לצד הכוהנים, כי ענן הקטורת מכסה על ההתגלות.[37] הדבר בולט במיוחד בציווי על מיקומו: ״וְנָתַתָּה אֹתוֹ לִפְנֵי הַפָּרֹכֶת אֲשֶׁר עַל אֲרֹן הָעֵדֻת / לִפְנֵי הַכַּפֹּרֶת אֲשֶׁר עַל הָעֵדֻת / אֲשֶׁר אִוָּעֵד לְךָ שָׁמָּה״ (שמות ל׳, ו). ריבוי הלשונות הללו קושר את מזבח הקטורת עם ׳ארון העדות׳ המצוי מעבר לפרוכת, המקום ״אֲשֶׁר אִוָּעֵד לְךָ שָׁמָּה״. קישור מזבח הקטורת לארון העדות בולט עוד יותר בציווי על הנחתו ערב הקמת המשכן, שאף מתעלם מהפרוכת המבדילה בינו לבין הארון: ״וְנָתַתָּה אֶת מִזְבַּח הַזָּהָב לִקְטֹרֶת לִפְנֵי אֲרוֹן הָעֵדֻת״ (שמות מ׳, ה). הדבר בא לידי ביטוי גם בהיבט מיקומי, שכן יש שני צירי מיקום במשכן: ציר אופקי שבו מצויים המנורה והשולחן (זה נוכח זה – שמות כ״ו, לה); וציר אנכי שבו מצויים הארון עם הכרובים שעליו ומזבח הקטורת, והוא הציר שעניינו בו. במובן זה, החיטוי שנעשה בחטאת הפנימית עוקב אחר שני המקומות הקשורים באופן ישיר בהתגלות ה׳ בבית: ההזאה מול הפרוכת מחטאת את הארון והכרובים שעליו; נתינת הדם על מזבח הקטורת מחטאת את מיסוך העשן שמאפשר את ההתגלות; העשן מיתמר בקודש, ודרכו מחוטא הקודש כולו.

ג. לאחר עיקר עבודת הדם שנעשית בחטאת כוהן משיח בפנים, יש שלב נוסף: ״וְאֵת כָּל דַּם הַפָּר יִשְׁפֹּךְ אֶל יְסוֹד מִזְבַּח הָעֹלָה אֲשֶׁר פֶּתַח אֹהֶל מוֹעֵד״ (ד׳, ז). גם הפועל ׳לשפוך׳ חדש, וטרם נזכר בעולות או בזבחי שלמים, ונראה הדבר שפועל זה אינו מביע ׳עבודת דם׳ של ממש אלא טיפול בשיירי הדם.[38] כלשון משנת ׳איזהו מקומן׳ – פרק ה במסכת זבחים: ״שְׁיָרֵי הַדָּם הָיָה שׁוֹפֵךְ עַל יְסוֹד מַעֲרָבִי שֶׁל מִזְבֵּחַ הַחִיצוֹן. אִם לֹא נָתַן, לֹא עִכֵּב״ (משנה א). כלומר,

37. להצגה מורכבת יותר של תפקיד הקטורת, במיוחד לאור עבודת יום הכיפורים ראו: סתיו, מבית לפרוכת, עמ׳ 189–208, וראו להלן, בדיון במעשה נדב ואביהוא ביום השמיני למילואים.

38. דומני שזו משמעות לשון הספרא כאן: ״׳ישפך׳ – לא יטיף; ׳ישפך׳ – ולא יזה; ׳ישפך׳ – ולא יזרק״ (ספרא, דיבורא דחובה, פרשה ג, יב), כלומר, הפועל ׳לשפוך׳ בעולם הקורבנות רומז שאין לעשות בדם שנותר עבודת דם מסוימת. על ההתלבטות אם יש לראות בשפיכת שיירי הדם עבודה של ממש, ראו גם אצל הרב סולובייצ׳יק, יום הכיפורים, עמ׳ קיג-קטז.

עיקר עבודת הדם נעשתה כבר בפנים, אלא שנותר דם רב לאחר שבע הזאות ולאחר נתינת הדמים על מזבח הקטורת, ועל כן יש 'לשפוך' את השיריים שנותרו על יסוד מזבח העולה.[39] יושם לב שאין מגישים את הדם אל קרנות המזבח – המקום הרגיל שאליו מגיעים דמי הקורבן – אלא ליסוד המזבח בלבד (השוו הנאמר בחטאת העוף בקורבן עולה ויורד: "וְהַנִּשְׁאָר בַּדָּם יִמָּצֵה אֶל יְסוֹד הַמִּזְבֵּחַ" – ה׳, ט).[40]

הקטרת האֵמורים

מעניין הדבר שהקרבת הבשר של החטאת זהה להקרבת הבשר של זבח השלמים, והתורה מציינת השוואה זו בפירוש:

וְאֶת כָּל חֵלֶב פַּר הַחַטָּאת יָרִים מִמֶּנּוּ אֶת הַחֵלֶב הַמְכַסֶּה עַל הַקֶּרֶב וְאֵת כָּל הַחֵלֶב אֲשֶׁר עַל הַקֶּרֶב. וְאֵת שְׁתֵּי הַכְּלָיֹת וְאֶת הַחֵלֶב אֲשֶׁר עֲלֵיהֶן אֲשֶׁר עַל הַכְּסָלִים וְאֶת הַיֹּתֶרֶת עַל הַכָּבֵד עַל הַכְּלָיוֹת יְסִירֶנָּה. **כַּאֲשֶׁר יוּרָם מִשּׁוֹר זֶבַח הַשְּׁלָמִים** וְהִקְטִירָם הַכֹּהֵן עַל מִזְבַּח הָעֹלָה (ד׳, ח-י).

ייתכן כמובן שהקישור ל'שור זבח השלמים' איננו אלא קישור טכני, שמבקש להבהיר שמדובר באותה הפרוצדורה עצמה, אך נדמה שגם הכתוב מודע להפתעה שיש בדמיון באופן הקטרת הבשר בין זבח השלמים לקורבנות החובה (אותה הקרבה נעשית גם באשם), ועל כן יש להדגיש זאת: גם אם הדבר מפתיע – יש לקחת את החלבים ולהקטיר אותם, "כַּאֲשֶׁר יוּרָם מִשּׁוֹר זֶבַח הַשְּׁלָמִים". קשה לחשוב על שני קורבנות כה שונים במהותם ובאווירה שמתלווה אליהם: זבח השלמים הוא קורבן של שמחה ושל

39. ייתכן שהדבר עומד ברקע מחלוקת האחרונים אם שפיכת הדם צריכה להיעשות בכלי שרת. בכל מקרה, מוסכם על הכול ששפיכת דם זו אינה מעכבת (כחכמים, ובניגוד לר׳ נחמיה), כפי שכבר אומרת המשנה בזבחים ה, ולהלכה נפסק, שאם הוזה מדם השיריים על בגד הוא אינו זוקק כיבוס. כלומר, רמת קדושת הדם השתנתה לאחר שנעשתה בו עבודת הדם המרכזית.

40. הפועל "יִמָּצֵה" מחליף בחטאת העוף את הפועל 'ישפוך' מפני שמדובר במעט דם (אולם ראו עוד להלן בדיוננו בפר החטאת בימי המילואים). נחלקו ראשונים אם את שיירי דם כל הקורבנות שופכים ליסוד מזבח העולה או שזהו דין ייחודי לחטאות. הראב"ד למסכת תמיד (פרק ד), האריך בדיון בעניין זה, והביא בשם מורו הרב אפרים, שדין זה נאמר רק לגבי חטאת. הקריאה הפשוטה יותר של מדרשי ההלכה ודברי הגמרא (ראו במיוחד מחלוקת ר׳ עקיבא ור׳ ישמעאל בספרא על אתר; וכן ראו פסחים סה ע"א) מובילה למסקנה שכל שיירי הדם בקורבנות היו נשפכים אל יסוד מזבח העולה. ראו גם את דיונו של הרב כשר, תורה שלמה, כרך ז, עמ׳ 211, אות קנז.

ברית, של ידידות וסעודה משותפת של המאמין עם קונו. קורבן החטאת הוא קורבן חובה שבא על חטא. מביאו זקוק לכפרה, והוא מבקש לחטֵא את המזבח שהוא פגם בו. כיצד ניתן להבין את העבודה הזהה בבשר שני הקורבנות האלו?

משמעות קישור זה התפרשה על ידי רש"י (בעקבות חז"ל) כמלמדת על הדרישות ההלכתיות בקורבן חטאת, וחשוב מכך לעניין דיוננו – מלמדת על תפקיד הקטרת הבשר בקורבן חטאת: "אלא להקישו לשלמים: מה שלמים לשמן אף זה לשמו; ומה שלמים שלום לעולם אף זה שלום לעולם" (רש"י לוויקרא ד', י). הדרישה 'לשמה' בעולם הקורבנות דורשת עיון רחב בפני עצמו ואין כאן מקומו.[41] אולם בהמשך דברי רש"י טמונה הפתעה של ממש, וזו צובעת את החטאת בצבעים מפתיעים: הקישור של החטאת לזבח השלמים לימד את חז"ל ואת רש"י, שגם בקורבן החטאת יש ממד של עשיית שלום בעולם, כלומר אופי של פיוס וידידות. מאחר שמדובר בקורבן חובה של חוטא, דבר זה אינו מובן מאליו. השוואת החטאת לזבח שלמים רומזת שהפיוס אפשרי, שהידידות בין החוטא לאלוהיו עומדת להתממש מחדש – כך לפחות על פי הקטרת בשר החטאת.

אופי הכפרה של החטאת מתרכז במיוחד בעבודת הדם. הדם הוא החומר המחטא – זה שמטהר את המזבח ומכפר על האדם. עבודת הבשר כבר איננה נתפסת כאמצעי לכפרה ולחיטוי. אדרבה: הקטרת הבשר מזכירה – ולו מצד שפת השיח שבמקרא – את זבח השלמים. לאחר שהדם פעל את פעולתו הבשר מתקבל ברצון ובפיוס. ראיה לקריאה זו מצויה בחתימת חטאת היחיד: "וְהִקְטִיר הַכֹּהֵן הַמִּזְבֵּחָה לְרֵיחַ נִיחֹחַ לַה' וְכִפֶּר עָלָיו הַכֹּהֵן וְנִסְלַח לוֹ" (ד', לא). בשילוב ריח הניחוח לה' בחתימת קורבן חטאת יש משום הפתעה של ממש. כפי שכבר הערתי, ביטוי זה נזכר בקורבנות היחיד אצל אלו הבאים בנדבה, ורק בהם. לכאורה הוא אינו מתאים לקורבנות חובה שתכליתם אינה 'ריח ניחוח' לה' אלא השגת כפרה. לכלל זה חריגה אחת בלבד: חטאת היחיד. עוד נרחיב בכך כשנדון בחטאת היחיד, אך נתון זה מצטרף להשוואת הקטרת חלבי החטאת להקטרת חלבי זבח שלמים. מתברר שבסופו של דבר מושג ריצוי, ובכוח קורבן החובה לעשות גם ריח ניחוח לה'. נשוב לכך להלן, בדיון בחטאת היחיד.

41. כדי לחוש במקום המרכזי שחז"ל העניקו לדרישה זו, די להזכיר שגם מסכת זבחים וגם מסכת מנחות פותחות בדרישה זו: "כָּל הַזְּבָחִים שֶׁנִּזְבְּחוּ שֶׁלֹּא לִשְׁמָן, כְּשֵׁרִים, אֶלָּא שֶׁלֹּא עָלוּ לַבְּעָלִים לְשֵׁם חוֹבָה" (משנה זבחים א, א); "כָּל הַמְּנָחוֹת שֶׁנִּקְמְצוּ שֶׁלֹּא לִשְׁמָן, כְּשֵׁרוֹת, אֶלָּא שֶׁלֹּא עָלוּ לַבְּעָלִים מִשּׁוּם חוֹבָה" (משנה מנחות א, א).

שרפת הבשר מחוץ למחנה

משום מה, בחטאות הפנימיות הכוהנים אינם אוכלים את הבשר שנותר, אלא שורפים אותו מחוץ למחנה:

> וְאֶת עוֹר הַפָּר וְאֶת כָּל בְּשָׂרוֹ עַל רֹאשׁוֹ וְעַל כְּרָעָיו וְקִרְבּוֹ וּפִרְשׁוֹ. וְהוֹצִיא אֶת כָּל הַפָּר אֶל מִחוּץ לַמַּחֲנֶה אֶל מָקוֹם טָהוֹר אֶל שֶׁפֶךְ הַדֶּשֶׁן וְשָׂרַף אֹתוֹ עַל עֵצִים בָּאֵשׁ עַל שֶׁפֶךְ הַדֶּשֶׁן יִשָּׂרֵף (ד׳, יא-יב).

מדוע הכוהנים אינם אוכלים את חלקם ויש לשורפו מחוץ למחנה? יש לציין שבמקום זה ניכרת ההבחנה החדה בין שתי רשימות הקורבנות. על החטאות הפנימיות נאמר שיש לשרוף את בשרן מחוץ למחנה, אך ביחס לחטאות החיצוניות לא נאמר בפרשת ויקרא שום חוק בנוגע לבשרן. רק ברשימת הקורבנות השנייה שבפרשת צו המוקדשת לדיני אכילת הקורבן ייאמר שהכוהנים אוכלים את בשר החטאות האלו. מכך ניכרים שני צדדי המטבע: מצד אחד, מלבד בקורבן המנחה החריג, אין אזכורי אכילה כלל בפרשת ויקרא. גם במקום שבו מתבקש להזכיר דין זה – התורה שותקת, ודינים אלו יושלמו בפרשת צו. מצד שני, אין מדובר בשתי רשימות שאינן מכירות האחת את רעותה. אדרבה: השיחה הנסתרת ביניהן ניכרת בשתיקה המפתיעה של התורה ביחס לבשר החטאות החיצוניות. דווקא משום שנאמר שבשר החטאות הפנימיות נשרף, מצפה הקורא לשמוע מה ייעשה בבשר החטאות החיצוניות, והשתיקה מלמדת שגם פרשת ויקרא ׳מודעת׳ לכך שהדבר עוד יושלם בפרשה המקבילה.

כיצד יש אפוא להבין את שרפת בשר החטאות הפנימיות מחוץ למחנה ואת ההימנעות מאכילת הבשר? ראשית, כדי לדון בדבר זה יש לברר כיצד נתפסת אכילת הכוהנים מחטאת רגילה. כאמור, דיון זה קשור במהותו בפרשת צו – המעניקה לאכילת הכוהנים משקל רב משמעות – אולם יש לו השלכה על נושא דיוננו, ועל כן בהקשר זה נקדים את המאוחר.

יחזקאל קויפמן טען שתפקיד אכילת החטאת היא ״ביעור בשר הטעון כוח מסוכן״.[42] לדבריו, מאחר שהקורבן מחטא את הטומאה הוא סופח אותה אל עצמו. לא ניתן להקריב כוח שלילי זה על גבי המזבח, ועל כן הכוהנים אוכלים אותה. לפי קו חשיבה זה יוצא, שהחטאת הפנימית סופגת טומאה שדבקה במשכן באופן חמור יותר או רב יותר מאשר החטאת החיצונה, ועל כן, בעוד את החטאת החיצונה ניתנת

42. קויפמן, תולדות האמונה, כרך א, עמ׳ 568.

להיאכל, לחטאת הפנימית אין תקנה אלא שרפה. זהו כיוון מעניין, אולם קשה להניח שבמקרי החטאת הרגילה, התורה מצווה על הכוהן לאכול דבר מה שנתפס כחומר מסוכן וכבשר שספג לתוכו את הטומאה.[43] אדרבה, התורה מקפידה שהכוהנים יהיו בטהרה עוד יותר מאדם מישראל.

כיוון אחר לגמרי הוצע על ידי הרב כשר, שראה את אכילת החטאת על ידי הכוהנים בדומה לנאמר בגמרא – "הרוצה לנסך יין על גבי המזבח ימלא גרונן של תלמידי חכמים" (יומא עא ע"א). לדברי הרב כשר: "אם התלמיד חכם אוכל בקדושה וטהרה ובמחשבותיו הוא דבוק באור העליון הרי אכילתו הוא בבחינת קרבן ושולחנו בחינת מזבח".[44] הרעיון שניצב בבסיס דבריו של הרב כשר אכן עולה מתוך המקראות: נדמה שהתורה תופסת את אכילת הכוהנים כהמשך 'הקרבת הקורבן'. גם אם לא על גבי המזבח, הוא ממשיך ומוקרב בפיהם ובבטנם של הכוהנים. הסבר זה מבאר היטב מדוע כוהן שהביא מנחה אינו יכול לאכול אותה בבחינת 'כוהן', שכן הוא עתה בבחינת מקריב הקורבן ולא נציג המזבח שמקבל את הקורבן. במובן מסוים ניתן לומר שאכילת הכוהנים היא הפתרון המקראי לבעיית ההאנשה (אנתרופומורפיות) החריפה שמלווה את עצם קיום הקורבנות בישראל. הרי בבסיסם מבקשים לכאורה הקורבנות לשמש מזון המאפשר את קיום השכינה בקרב ישראל (דבר זה עולה במיוחד ברשימת הקורבנות השנייה). עד כמה שדבר זה נשמע נועז, זוהי אחת הבשורות של היות משכן: ישראל הם המפעילים את בית ה' באמצעות הכוהנים ומאפשרים לו לנכוח בתוכם. אולם בחשיבה המקראית הקורבן אינו מזון לה'. כפי שכבר הוזכר במבוא, הקורבן במקרא פנה תפנית חדה, והוא אינו מוצג כמזון לאל. אכילת הכוהנים משמשת כנראה תחליף לדבר זה. הקורבן במהותו צריך להיות 'מזון' שמעניק חיות וקיום, והכוהנים הם הנמען החדש במקום ה', שאינו זקוק למזון. הכוהנים הם אוכלים ממשיים המתקיימים בזכות אכילה זו, ומייצגים באכילתם את אש המזבח האוכלת רק באופן סמלי.

לפי קו חשיבה זה ניתן לבאר את הפער בין החטאות הפנימיות לחיצוניות: בשעה שהכוהנים עצמם הם חלק מהציבור הזקוק לכפרה ועל כן הביא קורבן (חטאת כוהן גדול או חטאת כל עדת ישראל), הם אינם יכולים לאכול את הקורבן ולשמש כמכפרים, שהרי הם עצמם בצד של הזקוקים לכפרה.[45] כיוון כזה עולה בדברי ראב"ע

43. כפי שטען מילגרום, שני סוגים.
44. כשר, תורה שלמה, כרך ז, עמ' 279 (מילואים לפרשת ויקרא, א, טו).
45. דברים ברוח זו הציע גם ווטס, ויקרא, עמ' 338.

כשהוא מפרש את חטאת השעיר: "והכהנים יאכלו חטאת הנשיא לכפר בעדו כי כן כתוב, ולא יאכל הכהן הגדול חטאתו" (ראב"ע לוויקרא ד', כג). מתוך דבריו עולה שהבעיה באכילת כוהן משיח את חטאתו היא משום שהיא חטאתו שלו, והוא אינו יכול לאכול ולכפר בעד עצמו. מאחר שהכוהן הוא גם חלק מהעדה כולה, הסבר זה תקף גם בחטאת הפנימית שמביאה העדה כולה, שגם בשרה נשרף מחוץ למחנה. דומני שעל רקע זה אפשר לקרוא גם את הימנעות אהרון ובניו מאכילת החטאת של היום השמיני, לאחר מות נדב ואביהוא (ויקרא י', טז-כ). ועוד נשוב לענין זה להלן, בדיון שמוקדש ליום השמיני למילואים.

אופי שרפת הבשר

יא: וְאֶת עוֹר הַפָּר וְאֶת כָּל בְּשָׂרוֹ עַל רֹאשׁוֹ וְעַל כְּרָעָיו וְקִרְבּוֹ וּפִרְשׁוֹ.

יב: וְהוֹצִיא אֶת כָּל הַפָּר אֶל מִחוּץ לַמַּחֲנֶה אֶל מָקוֹם טָהוֹר אֶל שֶׁפֶךְ הַדֶּשֶׁן וְשָׂרַף אֹתוֹ עַל עֵצִים בָּאֵשׁ עַל שֶׁפֶךְ הַדֶּשֶׁן יִשָּׂרֵף.

אפשר לראות בחובת שרפת בשר החטאת מעין 'פינוי פסולת' של בשה, שאין מה לעשות בו. הכוהנים אינם יכולים לאכול את הקורבן שמכפר גם על עליהם, והמזבח אינו יכול לקלוט את הבשר שאיננו חלק מהאֵמורים המיועדים לו, ועל כן יש לשרוף אותו, בחינת 'פינוי בשר נותר'. השרפה היא האפשרות הזמינה העומדת לרשות האדם לכלות בשר קודש ששוב לא ניתן להיעשות בו דבר (וכעין בשר שנותר לאחר הזמן הקצוב לאכילתו, וכפי שיידון הדבר בקשר לפרשת צו בהמשך).

אולם מסתבר שעניין שרפת הפר מחוץ למחנה מורכב יותר ממה שנדמה במבט ראשון. הדין הבולט שצובע שרפה זו בצבע ייחודי הוא דרישת הפסוק להוציא את פר החטאת דווקא "**אֶל מָקוֹם טָהוֹר**" ושם לשרוף אותו. דרישה זו מעניינת, שהרי אם מדובר רק בפינוי הבשר, שאין חשיבות עצמית בעצם שרפתו אלא רק בכילויו, מדוע יש צורך במָקום טהור? אומנם אפשר לטעון שיש רתיעה מפני טימוא בשר קודש, אך המשך הפסוק מלמד שיש בדרישה זו דבר משמעותי עוד יותר: "וְהוֹצִיא אֶת כָּל הַפָּר אֶל מִחוּץ לַמַּחֲנֶה אֶל מָקוֹם טָהוֹר אֶל שֶׁפֶךְ הַדֶּשֶׁן וְשָׂרַף אֹתוֹ עַל עֵצִים בָּאֵשׁ **עַל שֶׁפֶךְ הַדֶּשֶׁן יִשָּׂרֵף**". בתחילת רשימת הקורבנות השנייה (ו', ג-ד) נאמר שיש לפנות את המזבח בכל בוקר ולפנות את הדשן מהמזבח אל מחוץ למחנה,[46] ומקום זה הוא

46. לפי חז"ל אין מפנים את הדשן מחוץ למחנה בכל בוקר. נדון בקריאה זו בדיוננו במקום.

המכונה ״שפך הדשן״. דווקא במקום זה, שיש בו שאריות מזבח, יש לשרוף את החטאת הפנימית. יש מחז״ל שאף למדו שחייבים לשרוף את פר החטאת על שפך הדשן ממש, ואם אין שם, יש לחכות שיגיע דשן (ספרא, דיבורא דחובה, פרק ה, א),[47] וראב״ע מפרש כך את פשט הפסוק שלנו: ״שיהיה נשרף במקום שיש שם דשן המזבח״. כלומר, הפסוק אינו מכיל רק תיאור מקום, אלא רומז שיש להתייחס לשרפה זו כמעין תחליף למזבח, שאריות מזבח. יתר על כן, הפסוק גם מדגיש שיש לשרוף את החטאת ״עַל עֵצִים בָּאֵשׁ״, ממש כדרך לשון הכתוב בקורבן העולה: ״עַל הָעֵצִים אֲשֶׁר עַל הָאֵשׁ אֲשֶׁר עַל הַמִּזְבֵּחַ״ (א׳, ח). התמונה שמצטיירת לנגד עינינו היא שאת בשר החטאת הפנימית צריך להוציא מחוץ למחנה אל מקום של שאריות הקורבנות, ולשרוף אותו על עצים באש, דבר שמזכיר את המזבח והקורבנות שעליו. במובן מסוים אפשר לומר שהמקום שבו שורפים את החטאת הפנימית ׳מחקה׳ את המזבח, משמש כאילו הוא מזבח בעצמו. אומנם אין מדובר בהקטרה אלא בשרפה, אך זו שרפה שמחקה הקטרה.

לקריאה זו ביטוי בכמה הכרעות הלכתיות מפתיעות. בספרא יש התלבטות אם יש לשרוף את בשר החטאת הפנימית מחוץ למחנה ״בעצים כשרין למערכה״ (דיבורא דחובה, פרק ה, ו), כלומר בעצים הכשרים למזבח העולה שעליהם מוקטרים הקורבנות. אומנם, בסופו של דבר המסקנה שם היא שאין צורך בעצי מערכה דווקא: ״תלמוד לומר ׳עצים׳ – לרבות כל משמע עצים, אפילו בקש אפילו בתבן אפילו בגבבה״. אך עצם העלאת האפשרות שיש לשרוף דווקא בעצים הכשרים למזבח מלמדת הרבה על התלבטות חז״ל בנוגע לאופי שרפת החטאות הפנימיות.

כיוון זה נרמז בדיון מרתק שיש בדרשת הספרא, התובעת לנהוג בפר החטאת הנשרף כבקורבן עולה, כלומר לנתח אותו לנתחים לפני שרפתו:

> ׳ואת עור הפר ואת כל בשרו על ראשו ועל כרעיו וקרבו ופרשו, והוציא׳ – מלמד שהוא מוציאו כֻּלּוֹ כשהוא שלם. יכול יוציאנו שלם וישרפנו שלם? תלמוד לומר ׳ראשו וכרעיו׳: מה ראשו וכרעיו אמורים להלן (= בקורבן עולה) ע״י נתוח, אף כאן על ידי נתוח (דיבורא דחובה, פרק ה, א-ב; ראו גם בזבחים נ ע״א).

ההלכה שיש לנתח את בשר החטאת לאיברים לפני שרפתה – כשם שיש לנתח את בהמת העולה לפני הקטרתה – מלמדת הרבה על אופי שרפת החטאת, שהיא מעין

47. אך יש גם שלמדו מפסוק זה עצמו שגם אם אין שם דשן, ניתן לשרוף את הפר, שהרי הכתוב מתמקד במקום ולא בדשן עצמו (פסחים עה ע״ב, וברש״י לוויקרא ד׳, יב).

הקרבה ("ומנתחין אותן שם כנתחי העולה" – רמב"ם, הלכות מעשה הקורבנות ז, ב). בהשוואה זו מצטיירת שרפת הפר מחוץ למחנה, על שאריות המזבח, במקום טהור, כמעין הקרבה אלטרנטיבית.[48]

ניתן לומר אפוא בזהירות, שאין לראות בשרפת בשר החטאת הפנימית רק פינוי פסולת; במובן סמלי זהו המשך הליך ההקרבה. כלומר, ישנו המזבח הרשמי, הממוסד, המסודר, זה שבתוך המשכן שבמחנה, עם יריעות משכן שמעמידות גבול וגדר; יש סביבו חצר ניכרת, ויש מקום שבו רק כוהנים מתהלכים. אבל יש מקום אלטרנטיבי מחוץ למחנה, שאליו מפנים את שאריות הקורבנות מהמזבח; שם שורפים (מעין 'הקרבה') את בשר החטאות שלא ניתן לאכול. שם יש, כביכול, הקרבה לא ממוסדת, מחוץ לארגון המחנה. דווקא שם יש לשרוף את בשר החטאות שהכוהנים מנועים מאכילתו.

חטאת עדת ישראל ('פר העלם דבר של ציבור')

עניינה של חטאת עדת ישראל כבר נידון לעיל בדיון בחטאת כוהן משיח: מאחר שזו חטאת ציבורית הריהי חטאת פנימית, דמה מחטא את המשכן בפנים, ובשרה אינו נאכל על ידי הכוהנים שהרי הם עצמם מתכפרים בה, לצד העם כולו. מתבקש אפוא ליתן לב ועיניים דווקא להבדלים הקלים שבכל זאת ישנם בין חטאת העדה לחטאת הכוהן הגדול:

> וְאִם כָּל עֲדַת יִשְׂרָאֵל יִשְׁגּוּ וְנֶעְלַם דָּבָר מֵעֵינֵי הַקָּהָל וְעָשׂוּ אַחַת מִכָּל מִצְוֹת ה׳ אֲשֶׁר לֹא תֵעָשֶׂינָה וְאָשֵׁמוּ. וְנוֹדְעָה הַחַטָּאת אֲשֶׁר חָטְאוּ עָלֶיהָ וְהִקְרִיבוּ הַקָּהָל פַּר בֶּן בָּקָר לְחַטָּאת וְהֵבִיאוּ אֹתוֹ לִפְנֵי אֹהֶל מוֹעֵד. וְסָמְכוּ זִקְנֵי הָעֵדָה אֶת יְדֵיהֶם עַל רֹאשׁ הַפָּר לִפְנֵי ה׳ וְשָׁחַט אֶת הַפָּר לִפְנֵי ה׳. וְהֵבִיא הַכֹּהֵן הַמָּשִׁיחַ מִדַּם הַפָּר אֶל אֹהֶל מוֹעֵד. וְטָבַל הַכֹּהֵן אֶצְבָּעוֹ מִן הַדָּם וְהִזָּה שֶׁבַע פְּעָמִים לִפְנֵי ה׳ אֵת פְּנֵי הַפָּרֹכֶת. וּמִן הַדָּם יִתֵּן עַל קַרְנֹת הַמִּזְבֵּחַ אֲשֶׁר לִפְנֵי ה׳ אֲשֶׁר בְּאֹהֶל מוֹעֵד וְאֵת כָּל הַדָּם יִשְׁפֹּךְ אֶל יְסוֹד מִזְבַּח הָעֹלָה אֲשֶׁר פֶּתַח אֹהֶל מוֹעֵד. וְאֵת כָּל חֶלְבּוֹ יָרִים מִמֶּנּוּ

48. מכיוון אחר לגמרי, הגיעו גם כמה חוקרים למסקנה, שביסודו, בשר כל חטאת נאכל על ידי הכוהנים, ושרפתם של בשר החטאות הפנימיות היא אימוץ ריטואל העולה (ינובסקי, כפרה, עמ' 238-236). לדחיית שיטה זו ראו אצל קיוצ'י, קורבן חטאת, עמ' 132-131, אולם לאור דברינו, יש משהו מן הצדק בטענת ינובסקי, גם אם לא במישור הדיאכרוני.

וְהִקְטִיר הַמִּזְבֵּחָה. וְעָשָׂה לַפָּר כַּאֲשֶׁר עָשָׂה לְפַר הַחַטָּאת כֵּן יַעֲשֶׂה לּוֹ וְכִפֶּר עֲלֵהֶם הַכֹּהֵן וְנִסְלַח לָהֶם. וְהוֹצִיא אֶת הַפָּר אֶל מִחוּץ לַמַּחֲנֶה וְשָׂרַף אֹתוֹ כַּאֲשֶׁר שָׂרַף אֵת הַפָּר הָרִאשׁוֹן חַטַּאת הַקָּהָל הוּא (ויקרא ד׳, יג-כא).

היו שטענו שדווקא חטאת של כוהן משיח צריכה להיעשות על ידי הכוהן הגדול בעצמו, ואילו חטאת כל העדה יכולה – לפחות בדיעבד – להיעשות על ידי כל כוהן.[49] אולם בפשטי מקראות קשה לתמוך בהצעה זו, שהרי גם בחטאת כל העדה נאמר בפירוש: ״וְהֵבִיא הַכֹּהֵן הַמָּשִׁיחַ מִדַּם הַפָּר אֶל אֹהֶל מוֹעֵד״.

ההבדל (הקל) הראשון בין חטאת זו לחטאת של הכוהן הגדול הוא בהגדרת מקום הזאת הדם. בחטאת כל העדה נאמר: ״וְהִזָּה שֶׁבַע פְּעָמִים לִפְנֵי ה׳ אֵת פְּנֵי הַפָּרֹכֶת״ (יז), בעוד על דם פרו של הכוהן הגדול נאמר: ״וְהִזָּה מִן הַדָּם שֶׁבַע פְּעָמִים לִפְנֵי ה׳ אֶת פְּנֵי פָּרֹכֶת **הַקֹּדֶשׁ**״ (ו). אומנם מדובר באותו המקום עצמו, אך משום מה, הפרוכת מכונה ״פרֹכת הקֹדש״ בחטאת הכוהן המשיח, בעוד היא מכונה ״פרֹכת״ בלבד בחטאת העם. ייתכן שאין זה אלא גיוון בעלמא, ואין לטפול על הבדל זה פער מהותי בין החטאות, אך רש״י ראה בכך הבדל בעל משמעות:[50]

׳את פני הפרכת׳ – ולמעלה הוא אומר ׳את פני פרוכת הקדש׳; משל למלך שסרחה עליו מדינה, אם מיעוטה סרחה – פמליא שלו מתקיימת; ואם כולה סרחה – אין פמליא שלו מתקיימת. אף כאן, כשחטא כהן משיח עדיין שם קדושת המקום על המקדש, משחטאו כולם, חס ושלום, נסתלקה הקדושה (פירושו לוויקרא ד׳, יז).

מעבר לביאור כשלעצמו, דברי רש״י מעניינים בשל שני היבטים נוספים שעולים מהם. ראשית, עולה מדבריו ההשקפה שחטאו של אדם מְסַכֵּן את השראת השכינה ופוגע במשכן עצמו, ולא רק באדם החוטא. קריאה זו משתלבת בתפיסה שרואה את קורבן החטאת כמתקנת את הפגימה שנוצרה במקדש, ושאותו יש לחטא ולטהר. שנית – והנחה זו אינה מובנת מאליה – לרש״י ברור שפר החטאת של כל העדה

49. כך הציע הרב סוליביצ׳יק בדעת הרמב״ם (סולובייצ׳יק, יום הכיפורים, עמ׳ קט-קי).
50. גם הספרא התייחס להבדל זה, וביקש להדגיש שמדובר בהבדל ספרותי ללא השלכות הלכתיות: ״נאמר כאן ׳פני פרכת׳ ונאמר להלן ׳פני פרכת׳, מה פני פרכת אמור להלן ׳פני פרכת הקדש׳, אף פני פרכת האמור כאן פני פרכת הקדש״ (דיבורא דחובה, פרק ו, ד).

חמור יותר מהפר של הכוהן הגדול. לדבריו, המקרה של הכוהן הגדול שחטא דומה למקרה שרק מיעוט הפמליה של המלך סרחה, ואילו המקרה של חטאת העדה מקביל למקרה שהפמליה של המלך כולה חטאה, ועל כן "חס ושלום נסתלקה קדושה", וכבר לא ניתן לכנות את הפרוכת 'פרוכת הקודש'.

מצד שני, הבדל אחר בין חטאת הכוהן לחטאת העם הוביל את רש"י לקריאה הפוכה. בהמשך תיאור עבודת חטאת כל העדה התורה דורשת להקטיר על גבי המזבח את חלבי הפר, אולם בניגוד לפירוט החלבים שבא בפר הכוהן המשיח, כאן מסתפקת התורה בלשון כללית: "וְאֵת כָּל חֶלְבּוֹ יָרִים מִמֶּנּוּ וְהִקְטִיר הַמִּזְבֵּחָה" (ד', יט). בפשטות, הכתוב מקצר בדברים שפורטו מכבר בהרחבה לפני כמה פסוקים, אולם רש"י ראה בקיצור זה נתון בעל חשיבות שמלמד על פער בין שתי החטאות הפנימיות:

> 'ואת כל חלבו ירים' – אף על פי שלא פירש כאן יותרת ושתי כליות, למדין הם מ'ועשה לפר כאשר עשה וגו'". ומפני מה לא נתפרשו בו? תנא דבי ר' ישמעאל: משל למלך שזעם על אוהבו ומיעט בסרחונו מפני חיבתו (פירושו לוויקרא ד', יט; על סמך זבחים מא ע"ב).

לפי דבריו, התורה מקצרת בכוונה ברשימת החלבים בחטאת העם, מפני שהם אהוביו של מקום, וכדי להגן על כבודם, "מפני חיבתן".[51] אלא שמכלל הן אתה שומע לאו: מדוע התורה לא מיעטה בסירחונו של הכוהן הגדול, אלא פירטה אצלו את רשימת האֵמורים המוקרבים על המזבח? ייתכן שגם רש"י נסמך על מה שכתבתי לעיל, שניתן לקצר ברשימת החלבים בחטאת השנייה מאחר שהם פורטו מכבר בחטאת הראשונה, וכל מה שרש"י מתחבט בו הוא מדוע בחרה התורה לקצר אף שאין הכרח בדבר. אך גם ייתכן שמדרש זה מניח שדווקא בהקשר של כל העדה נרמזת בפסוקים החיבה המיוחדת בין ה' לעמו, ואילו על הכוהן יש כעס גדול יותר, ועל כן האֵמורים מפורטים. אם כך, יש מעין סתירה בין דברי רש"י אלו לדבריו שהבאנו לעיל: האם חטא העם חמור יותר (ובעקבות חטאם אין הפרוכת מכונה 'פרוכת הקודש'), או שמא חטאם קל יותר, וחיבה יתרה משתקפת בפסוקי חטא העדה (ולכן סירחונם מוסתר)?

51. הרב איתן שנדורפי הראה שגם בירושלמי (תעניות ח ע"א) עולה נימה דומה: "כתוב אחד אומר 'את פני הפרכת' (כך על פי גרסת קרבן העדה במקום) וכתוב אחד אומר 'אל פני פרכת הקדש' (ויקרא ד'). ר' אחא אמר איתפלגון ר' אבהו ורבנן, חד אמר: חטא הנשיא – הגדולה במקומה; חטא הציבור – אין הגדולה במקומה". סביר שהצדק עם המפרשים במקום שמבינים נשיא בהוראת הכוהן המשיח (שנדורפי, חטאת).

לאמיתו של דבר, אין סתירה של ממש בין שני ההיגדים האלו, ומבעד לשניהם משתקפת העמדה המורכבת שלפנינו. מן העבר האחד, ברור שחטא כל העדה חמור יותר מחטאו של הכוהן הגדול בלבד. אבל מצד שני סדר החוטאים בפרק אינו נראה מקרי. ר׳ עובדיה ספורנו טען שסדר החוטאים מאורגן על פי שכיחות החטא. לדעתו, לא מצוי שהכוהן המשיח יחטא, או שהסנהדרין יטעו ויחטיאו את העדה כולה, אך לגבי הנשיא: ״זה דבר מצוי שיחטא״, ולגבי כל יחיד ויחיד: ״זה אפשרי קרוב שאחד מעם הארץ יחטא״. אולם, נטיית הלב היא לראות בארגון הפרק ייצוג של חומרת החטאים, והם מסודרים מהמקרה החמור אל המקרה הקל. הרי ברור שהנשיא הנזכר שלישי קל מהחטאות הפנימיות המוזכרות לפניו (ולכן קורבנו הוא רק חטאת חיצונית), אך חמור יותר מאזרח פשוט שחטא, שמשולב בפרק אחריו. הסדר שנוצר משקף את רמת החומרה של החוטא: הכוהן הגדול / כל העדה / נשיא / יחיד. לפי זה עולה שהתורה מתייחסת אל חטא הכוהן הגדול באופן חמור יותר מאשר חטא העדה כולה. כאמור לעיל, גם חטא הכוהן המשיח נתפס כחטא ציבורי – נציגם מול ה׳ חטא, ובכך ישראל כולם נידונים כשוגגים. דווקא מפני שמדובר בנציגם המורם מעם, חטאו נתפס כחמור במיוחד, ועל כן הוא הפותח את הרשימה.

חטאת הנשיא

הפסקה השלישית בפרק, המתארת את חטאת ה׳נשיא׳, מעבירה אותנו מהחטאות הפנימיות לחטאות החיצוניות:

> אֲשֶׁר נָשִׂיא יֶחֱטָא וְעָשָׂה אַחַת מִכָּל מִצְוֹת ה׳ אֱלֹהָיו אֲשֶׁר לֹא תֵעָשֶׂינָה בִּשְׁגָגָה וְאָשֵׁם. אוֹ הוֹדַע אֵלָיו חַטָּאתוֹ אֲשֶׁר חָטָא בָּהּ וְהֵבִיא אֶת קָרְבָּנוֹ שְׂעִיר עִזִּים זָכָר תָּמִים. וְסָמַךְ יָדוֹ עַל רֹאשׁ הַשָּׂעִיר וְשָׁחַט אֹתוֹ בִּמְקוֹם אֲשֶׁר יִשְׁחַט אֶת הָעֹלָה לִפְנֵי ה׳ חַטָּאת הוּא. וְלָקַח הַכֹּהֵן מִדַּם הַחַטָּאת בְּאֶצְבָּעוֹ וְנָתַן עַל קַרְנֹת מִזְבַּח הָעֹלָה וְאֶת דָּמוֹ יִשְׁפֹּךְ אֶל יְסוֹד מִזְבַּח הָעֹלָה. וְאֶת כָּל חֶלְבּוֹ יַקְטִיר הַמִּזְבֵּחָה כְּחֵלֶב זֶבַח הַשְּׁלָמִים וְכִפֶּר עָלָיו הַכֹּהֵן מֵחַטָּאתוֹ וְנִסְלַח לוֹ (ויקרא ד, כב-כו).

כאמור לעיל, החריגה הראשונה שמושכת תשומת לב בפרשה זו היא מילת הפתיחה שלה: ״**אֲשֶׁר** נָשִׂיא יֶחֱטָא״, בשונה משאר החטאות שנפתחות במילה ״ואם״. רש״י, בעקבות חז״ל, עמד על חריגה זו, וביאר את משמעותה לאור הקונוטציות הלשוניות שמביאה המילה ׳אשר׳ בכנפיה:

> לשון 'אשרי' – אשרי הדור שהנשיא שלו נותן לב להביא כפרה על שגגתו, קל וחומר שמתחרט על זדונותיו (פירושו לוויקרא ד', כב).

לפי פירוש זה התורה נקטה לשון 'אשר' כדי לעורר אסוציאציות של 'אשרי' הדומה לו ובכך לרמוז להערכה חיובית לאותו נשיא (ולבני דורו) שמיוזמתו מודה על חטאיו, אפילו אלו שנעשו בשגגה, ושלב האדם נוטה להקל בהם.[52] כאמור לעיל, ר' עובדיה ספורנו סבור שסדר החוטאים מסודר בפרשה על פי שכיחות החטא, ולאור כך הוא ביקש לבאר גם את החריגה שבפתיחת חטאת הנשיא. אין מדובר רק באפשרות היפותטית ('ואם') אלא באפשרות שסביר שתתרחש – "אשר" בדומה ל"כאשר": "'אשר נשיא יחטא' – כי אומנם זה דבר מצוי שיחטא, כאומרו 'וישמן ישורון ויבעט'" (פירושו לוויקרא ד', כב). הנחת היסוד של ספורנו היא שיש חטאים שרובצים לפתחם של שליטים, יותר מאשר של האזרחים. האזרח הפשוט יוכל להתגבר על תאוותיו יותר מאשר זה שחש שהעולם נתון תחת שלטונו והכול עושים רצונו. אדם כזה עלול לחטוא בשגגה, אך שגגה זו היא תוצאה של יוהרה ושל חוסר תשומת לב שמלווה את התנהלותו.

למרות שתי הצעות אלו, נדמה שהקריאה הפשוטה ביותר כאן היא שיש לחריגה זו תפקיד ספרותי. הפתיחה השונה במילה 'אשר' מחלקת את רשימת החטאות שבפרק לשתי קבוצות: חטאת הכוהן המשיח וחטאת כל העדה מזה; וחטאת נשיא וחטאת יחיד מזה.[53] בכך נוכל לבאר גם את התוספת שנזכרת בסיום תיאור שחיטת השעיר של הנשיא: "חַטָּאת הוּא". סיכום זה אינו נזכר בחטאות האחרות, וייתכן שדווקא כאן צריך הכתוב להדגיש – אף שדיניה של חטאת הנשיא שונים מהחטאות שראינו עד כה (ונראה להלן שכבר בשחיטה יש הבדל ביניהן), היא 'חטאת' לכל דבר – כלומר, אף לה יש כוח של חיטוי וכפרה.

בפתיחת פסקת הנשיא יש חריגה נוספת: "וְעָשָׂה אַחַת מִכָּל מִצְוֹת ה' **אֱלֹהָיו** אֲשֶׁר לֹא תֵעָשֶׂינָה בִּשְׁגָגָה וְאָשֵׁם". הביטוי "אלהיו" לא נזכר אצל החוטאים האחרים שבפרק. יפה העיר על כך רמב"ן:

> וטעם 'ה' אלהיו' – לומר כי אע"פ שהוא המלך האדון שאין עליו מורא בשר ודם, יש לו לירא מה' אלהיו כי הוא אדוני האדונים. וכן 'למען ילמד ליראה

52. ראו על כך גם אצל רד"צ הופמן בפירושו במקום (ויקרא, כרך א, עמ' קלב-קלג).
53. כך גם מילגרום, ויקרא, כרך א, עמ' 246.

> את ה׳ אלהיו׳ (דברים י״ז, יט), כלומר שישים אל לבו כי יש עליו עליון שהוא אלהיו אשר בידו נפשו וממלכתו (פירושו לוויקרא ד׳, כב).

דווקא אצל הנשיא המורם מעם מבליט הכתוב שהוא חטא לה׳ אלוהיו, ובכך הזכיר לקורא – ולנשיא עצמו – שיש שלטון גם מעליו, ושגם הוא מחויב לשמור את כל מצוות ה׳ שהוא אלוהיו.

מהו ׳נשיא׳?

הנחת היסוד שלנו עד כה הייתה שהנשיא שעליו מדובר בפרק זה הוא אדם המורם מהעם, ושיש לו עמדת שלטון על העם. אך יש מקום לתהות מיהו אותו ׳נשיא׳?[54] שאלה זו מורכבת שהרי לשון ׳נשיא׳ טעון במקרא שתי הוראות. לעיתים הוראת המילה היא מלך, כמו: ״וְדָוִד עַבְדִּי נָשִׂיא לָהֶם לְעוֹלָם״ (יחזקאל ל״ז, כה); אבל ההוראה השכיחה יותר היא ראש בית אב או ראש שבט, כמו: ״וַיָּבֹאוּ כָּל נְשִׂיאֵי הָעֵדָה וַיַּגִּידוּ לְמֹשֶׁה״ (שמות ט״ז, כב), או: ״וּנְשִׂיא נְשִׂיאֵי הַלֵּוִי אֶלְעָזָר בֶּן אַהֲרֹן הַכֹּהֵן״ (במדבר ג׳, לב). בשל דו משמעות זו, יש פסוקים שקשה להכריע אם הם מכוונים למלך דווקא או לכל ראש שבט, כמו: ״אֱלֹהִים לֹא תְקַלֵּל וְנָשִׂיא בְעַמְּךָ לֹא תָאֹר״ (שמות כ״ב, כז).[55]

מיהו הנשיא שעליו מדובר בפרקנו? חז״ל הבינו שהכוונה למלך, ורד״צ הופמן תמך בדבריהם והביא כראיות לשיטתו פסוקים שונים שבהם הכינוי מכוון למלך.[56] לעומתם ראב״ע סלל דרך אחרת בהבנת הפסוק, ודרכו התקבלה בידי רבים ממפרשי זמננו:

> אשר נשיא יחטא – הפוך, וכן הוא: אשר יחטא הנשיא, והוא דבק אשר למעלה ואם כל עדת ישראל (יג), כאילו אמר: ואם אשר יחטא הוא נשיא שבט, או נשיא בית אב (פירושו לוויקרא ד׳, כב).

54. השם ׳נשיא׳ נגזר משורש נש״א במשמעות של ׳הורם מקרב אחיו לתפקידו הרם׳ (ראו עוד: ניהר, נשיא). מאחר שיש כמה וכמה ׳מורמים מעם׳, בדרגות שונות, קשה להכריע לאיזו רמת נשיאות מכוון כל פסוק.

55. הפרשנים הקלסיים הניחו שמדובר במלך (כך למשל ראב״ע, רשב״ם ורמב״ן בפירושיהם מקום). ראו על סוגיה סבוכה זו (גם על רקע המתרחש בקרב אומות אחרות בעולם הקדום), אצל ספייזר, נשיא.

56. רד״צ הופמן, ויקרא, כרך א, עמ׳ קלג. וכן הדגיש רש״ר הירש: ״לא נשיא שבט אלא הנשיא העומד בראש כלל האומה – המלך״ (פירושו על אתר). כך עולה גם מדברי רמב״ן שצוטטו לעיל.

ראב"ע פותח את פירושו בביאור סדר המילים בפסוק, ונדמה שזה עיקר מגמתו בדבריו. עם זאת, בסוף דבריו הוא מחדש כבדרך אגב: "נשיא שבט, או נשיא בית אב".[57]

דומה בעיניי שבשל שתי סיבות יש להעדיף כאן את הצעתו של ראב"ע. ראשית, בבדיקת האזכורים של 'נשיא' במקרא מתברר שבתורה הביטוי מכוון תמיד (יש מקום להסתפק במקרה אחד) לראש שבט או ראש בית אב.[58] הבנת 'נשיא' ככינוי למנהיג מרכזי אחד נזכר בספר יחזקאל, וגם אם יש הופעות נוספות של המילה בהוראה זו הן נדירות. ממילא, קריאה פשוטה תעדיף את המובן של ראש השבט או ראש בית האב.[59] שנית – ולעניין דיוננו דבר זה חשוב עוד יותר: כבר עמדנו על כך שהפרק רגיש ביותר לשאלת החטא הציבורי מול החטא הפרטי. הפרק פותח בכוהן הגדול שהוא נציג האומה בעומדו מול ה', ולאחריו יש פירוט של חטא העם כולו. לפי קריאת ראב"ע נוצרת רציפות הגיונית, שגם בפתח החטאות החיצוניות – כלומר במעבר לחטאת היחיד – עוסק הכתוב תחילה בנציג המשפחה – הנשיא – שהוא ראש בית אב פרטי, או ראש השבט ומנהיגו, ואחריו עובר הכתוב ליחיד שחטא. הפרק מחולק כך באופן מדורג מעמידה ציבורית מול ה' אל העמידה הפרטית והאישית. גם אם 'נשיא' בפרשה זו הוא מלך, אפשר לתאר את המבנה באופן דומה, אך הוא פשוט יותר ומובן יותר לפי הצעת ראב"ע.

הנשיא נידון אם כן כאדם פרטי שחוטא ולא כציבור, אולם מאחר שהוא ראש בית אב יש בחטאו סכנה לבני המשפחה כולה, או לבני השבט כולו. לאור כך אפשר להבין מדוע השתנה קורבנו מקורבן חטאת היחיד. בעוד היחיד מביא נקבה (ראו על כך להלן), הנשיא נדרש להביא שעיר זכר. אין עוד קורבן פרטי שבא שעיר עיזים, ובשאר המקומות שבהם נדרשים להביא שעיר עיזים מדובר בציבור כולו או בקבוצה. כך קורבן העם ביום השמיני למילואים (ט', ג); כך שעירי העם ביום הכיפורים (ט"ז, ה); כך בקורבנות הנשיאים בחנוכת המזבח (במדבר ז'); ובמיוחד, כך גם בקורבנות המוסף בחגים, יש להקריב לצד העולות גם "שְׂעִיר עִזִּים אֶחָד לְחַטָּאת" (במדבר

57. בקרב החוקרים המודרניים רווחת הנטייה לאמץ את עמדת ראב"ע. ראו סיכום הדברים בפירושו של הרטלי, ויקרא, עמ' 66.

58. נוח יותר לפרש גם את הפסוק שהוזכר למעלה – "וְנָשִׂיא בְעַמְּךָ לֹא תָאֹר" (שמות כ"ב, כז) – כמכוון לראש בית האב, למנהיג החמולה, שהרי אין מלכות בשר ודם בספר שמות. עם זאת, ראב"ע עצמו דווקא הסתייג שם מקריאה זו, וראה את הפסוק כעוסק במלך: "וזה הנשיא הוא המלך הכתוב במשנה תורה" (שמות כ"ב, כז).

59. העובדה שתחת נשיא השבט היו נשיאים נוספים שהם ראשי בתי אבות, עולה למשל מהפסוק המתאר את אלעזר: "וּנְשִׂיא נְשִׂיאֵי הַלֵּוִי אֶלְעָזָר בֶּן אַהֲרֹן הַכֹּהֵן" (במדבר ג', לב).

כ״ח-כ״ט), ועוד. הנשיא הוא אם כן במעמד ביניים, בין הציבור שחטאתו בפר, לבין היחיד שחטאתו שעירה נקבה.

עבודת הדם והקטרת הבשר

שלא כעבודת הדם בחטאות הפנימיות, דם השעיר של חטאת הנשיא אינו מוכנס פנימה, אלא ניתן על המזבח החיצון. כאמור, גם תפקיד חטאת זו הוא לחטֵא – אלא שניתן להסתפק בחיטוי של המזבח החיצון, ואין צורך לחטא את המשכן בפנים. בנוסף לפער ברור זה שבין סוגי החטאות יש הבדלים נוספים, קלים יותר, שגם הם משתלבים במודל השונה של החטאות.

ראשית יש לציין את מקום השחיטה. את שני פרי החטאת הפנימית יש לשחוט ״לפני ה׳״, ואילו שחיטת שעיר הנשיא – ובהמשך מתברר שגם חטאת היחיד – נעשית במקום שבו יש לשחוט את העולה, כלומר בצפון המזבח. השוואה מהירה תלמד עד כמה הגדרות אלו מכוונות:

פר כהן משיח **(ד)**	**פר כל העדה** **(יד-טו)**	**שעיר הנשיא** **(כג-כד)**	**שעירת היחיד** **(כח-כט)**
וְהֵבִיא אֶת הַפָּר **אֶל פֶּתַח אֹהֶל מוֹעֵד לִפְנֵי ה׳**	וְהִקְרִיבוּ הַקָּהָל פַּר בֶּן בָּקָר לְחַטָּאת וְהֵבִיאוּ אֹתוֹ **לִפְנֵי אֹהֶל מוֹעֵד**	וְהֵבִיא אֶת קָרְבָּנוֹ שְׂעִיר עִזִּים זָכָר תָּמִים	וְהֵבִיא קָרְבָּנוֹ שְׂעִירַת עִזִּים תְּמִימָה נְקֵבָה עַל חַטָּאתוֹ אֲשֶׁר חָטָא
וְסָמַךְ אֶת יָדוֹ עַל רֹאשׁ הַפָּר	וְסָמְכוּ זִקְנֵי הָעֵדָה אֶת יְדֵיהֶם עַל רֹאשׁ הַפָּר **לִפְנֵי ה׳**	וְסָמַךְ יָדוֹ עַל רֹאשׁ הַשָּׂעִיר	וְסָמַךְ אֶת יָדוֹ עַל רֹאשׁ הַחַטָּאת
וְשָׁחַט אֶת הַפָּר **לִפְנֵי ה׳**	וְשָׁחַט אֶת הַפָּר **לִפְנֵי ה׳**	וְשָׁחַט אֹתוֹ **בִּמְקוֹם אֲשֶׁר יִשְׁחַט אֶת הָעֹלָה לִפְנֵי ה׳** חַטָּאת הוּא	וְשָׁחַט אֶת הַחַטָּאת **בִּמְקוֹם הָעֹלָה**

ההבדל ניכר לעין. את פר הכוהן המשיח ואת פר כל העדה יש להביא ״אל פתח אהל מועד״ או ״לפני אהל מועד״. לַפֶּתַח של המשכן חַטָּאת רֹבֵץ; במקום זה הבעלים

סומכים את ידיהם על פריהם (ובפר כל העדה גם מובלט שהדבר ייעשה "לפני ה'"); ובמקום זה גם שוחטים – "לפני ה'". קשה להניח שרק במקרה הצירוף 'אוהל מועד' נעדר מכל תיאורי הבאת השעיר והשעירה של הנשיא והיחיד. מאחר שלא נאמר להיכן בדיוק מביאים הנשיא והיחיד את חטאותיהם הרי שבפסוקים גם לא נאמר היכן הם סומכים ידיהם. ועם שברור שהקורבנות מובאים אל אוהל מועד, מכל מקום חוסר האזכור תובע פשרו. הפער בין החטאות הפנימיות לחיצוניות בולט במיוחד בהגדרת מקום השחיטה: כאמור, את חטאת הנשיא והיחיד יש לשחוט 'במקום שבו שוחטים את העולה', ונראה שהרמיזה היא ללשון הכתוב בעולת הצאן – "על ירך המזבח צפֹנה".

לפי חז"ל הבדלים לשוניים אלו אינם באים לידי ביטוי הלכתי. בסופו של דבר, גם על החטאות הפנימיות יש לסמוך כשהן לצד ירך המזבח צפונה, ושם יש לשחוט את החטאות כולן (כשאר קורבנות קודשי קדשים). אולם בפשטי המקראות ההבדל ניכר לעין.

הבדל זה הוא שיקוף נוסף של הפער בין קורבן בקר ובין קורבן צאן, כפי שגם עלה לעיל, בקורבן עולה ובזבח שלמים. כזכור, בשחיטת עולת בקר נאמר: "וְשָׁחַט אֶת בֶּן הַבָּקָר לִפְנֵי ה'" (א', ה); ובשחיטת עולת צאן נאמר: "וְשָׁחַט אֹתוֹ עַל יֶרֶךְ הַמִּזְבֵּחַ צָפֹנָה לִפְנֵי ה'" (א', יא). נמצא הצאן מקושר לצפון המזבח דווקא, ומסתבר שלמקום זה רמז הכתוב בחטאת הצאן. הדבר מוכיח שלפנינו תפיסה עקרונית שונה של הקרבת בקר והקרבת צאן. גם אם מדובר בקורבנות שונים, לבקר יש מעמד דומה בכל הקורבנות הללו – הם ניצבים תמיד מול אוהל מועד – ואילו לצאן יש בכל הקורבנות מעמד אחר, והוא פונה לצד המזבח.

מאחר שהפרים אצלנו הם חטאות פנימיות ואילו חטאות הצאן הן חטאות חיצוניות, פער זה משתלב היטב בהמשך מסעם של הקורבנות האלו – מי בפנים, ומי בחוץ; מי פר ומי שעיר/ה.

לצד השוואת מקום שחיטת שעיר הנשיא למקום שחיטת העולה, נטועה בפסוקים אלו השוואה נוספת, אך הפעם לקורבן זבח השלמים: "וְאֶת כָּל חֶלְבּוֹ יַקְטִיר הַמִּזְבֵּחָה כְּחֵלֶב זֶבַח הַשְּׁלָמִים" (ד', כו). בזכות השוואת הקטרת חלבי השעיר להקטרת החלבים בזבח השלמים, מצליח הכתוב לקצר ולא להביא שוב את רשימת החלבים כולה. עם זאת, מתאים היה להשוות את הקטרת חלבי חטאת הנשיא להקטרת החלבים של חטאת כוהן משיח שאצלו פורטו החלבים כולם (ד', ח-ט). כזכור, חטאת כל העדה באמת הושוותה לחטאת הכוהן המשיח בנקודה זו עצמה (ד', כ). מדוע להשוות את שעיר הנשיא לקורבן אחר לגמרי, ולא להשוותו לבהמה אחרת בתוך אותו קורבן עצמו? ייתכן שהתורה מעדיפה להשוות את חטאת הנשיא לקורבן צאן אחר ולא לחטאות הקודמות, שהן היו פרים. אך גם ייתכן, שיש בהשוואה לזבח השלמים קישור מהותי

יותר, שהרי – כפי שכבר הערתי לעיל – גם בחטאת הכוהן המשיח שבה פורטו החלבים המוקטרים הוסיפה התורה: ״כַּאֲשֶׁר יוּרַם מִשּׁוֹר זֶבַח הַשְּׁלָמִים״ (ד׳, י). נדמה שגם כאן ממשיכה התורה במגמתה להאיר את עבודת הבשר כהקרבה שיש בה פיוס ויש בה ניחוח של ידידות. גם אם עבודת הדם מוקדשת לטיהור ולכפרה, עבודת הבשר כבר קשורה בעמידה מחודשת וקרובה מול ה׳. מגמה זו נמשכת ביתר שאת בחטאת היחיד.

חטאת היחיד

וְאִם נֶפֶשׁ אַחַת תֶּחֱטָא בִשְׁגָגָה מֵעַם הָאָרֶץ בַּעֲשֹׂתָהּ אַחַת מִמִּצְוֹת ה׳ אֲשֶׁר לֹא תֵעָשֶׂינָה וְאָשֵׁם. אוֹ הוֹדַע אֵלָיו חַטָּאתוֹ אֲשֶׁר חָטָא וְהֵבִיא קָרְבָּנוֹ שְׂעִירַת עִזִּים תְּמִימָה נְקֵבָה עַל חַטָּאתוֹ אֲשֶׁר חָטָא. וְסָמַךְ אֶת יָדוֹ עַל רֹאשׁ הַחַטָּאת וְשָׁחַט אֶת הַחַטָּאת בִּמְקוֹם הָעֹלָה. וְלָקַח הַכֹּהֵן מִדָּמָהּ בְּאֶצְבָּעוֹ וְנָתַן עַל קַרְנֹת מִזְבַּח הָעֹלָה וְאֶת כָּל דָּמָהּ יִשְׁפֹּךְ אֶל יְסוֹד הַמִּזְבֵּחַ. וְאֶת כָּל חֶלְבָּהּ יָסִיר כַּאֲשֶׁר הוּסַר חֵלֶב מֵעַל זֶבַח הַשְּׁלָמִים וְהִקְטִיר הַכֹּהֵן הַמִּזְבֵּחָה לְרֵיחַ נִיחֹחַ לַה׳ וְכִפֶּר עָלָיו הַכֹּהֵן וְנִסְלַח לוֹ (ויקרא ד׳, כז-לא).

יחיד בישראל שחטא בשגגה והתחייב בחטאת יכול להביא שעירה או כבשה. משום מה התורה מותירה את הבחירה בין שתי האפשרויות לרצונו של החוטא; כלומר, הדבר החשוב הוא שיהיה זה צאן, ושתהיה זו בהמה נקבה, אולם פחות חשוב באיזו בהמת צאן מדובר. עצם פריסת האפשרויות בפני המקריב מזכירה במידת מה את המודל שפגשנו בזבח שלמים, ששם בוחר המקריב אם להביא זכר או נקבה.

בהנחה שבכל עת שהאפשרויות נפתחות בפני המקריב הדבר מעיד על הזמנה לשותפות (וכפי שראינו במיוחד במנחות המעובדות – זו שותפות שיש בה גם קרבה), הרי שכבר כאן אפשר לחוש באווירה האחרת שמלווה את חטאת היחיד על פני החטאות הקודמות, שבהן לא התאפשרה בחירה וסוג הבהמה נכפה על המקריב.

הדבר המוגדר בחוק ושלא נתון להכרעת המקריב הוא שעליו להביא בהמת צאן ממין נקבה. דבר זה חריג בנוף עולם הקורבנות. בדרך כלל יש להביא קורבן זכר (כך בעולה, כך בכל החטאות מלבד חטאת היחיד, וכך באשם), ובזבח השלמים החריג ניתנת לאדם הזכות לקבוע את מין הקורבן. חטאת היחיד היא אפוא הקורבן היחיד שהתורה מצווה על האדם להביא מן הנקבה.[60]

60. הבדל נוסף יש בין חטאת היחיד לחטאות הקודמות, בכינוי המזבח ששופכים ביסודו של שארית הדם. בחטאות הפנימיות (כוהן משיח וכל העדה) נאמר שיש לשפוך את הדם ״אֶל יְסוֹד מִזְבַּח

זו תעלומה של ממש והדרשות המגוונות שניתנו בביאור דבר זה אינן מתיישבות על הלב. מילגרום הציע ביאור טכני: הנשיא יכול להרשות לעצמו להיפרד משעיר הזכר שיש בצאנו שמרביע את העדר כולו, אך לאדם פשוט יש בעדר נקבות רבות, והוא יכול להרשות לעצמו להיפרד מאחת מהן, אך לא משעיר זכר, שכמותו יש מעטים בעדר.[61]

ניתן ללכת בדרך אחרת, גם אם בהיסוס. בזהירות אני מבקש לקשור דבר זה בחריגה נוספת שיש בחטאת היחיד. בחתימת הקטרת חלבי שעירת העיזים נאמר: "וְהִקְטִיר הַכֹּהֵן הַמִּזְבֵּחָה לְרֵיחַ נִיחֹחַ לַה׳ וְכִפֶּר עָלָיו הַכֹּהֵן וְנִסְלַח לוֹ" (ד׳, לא). מתברר, למרבה ההפתעה, שהקטרת חלבי השעירה הם "לריח ניחח". כאמור לעיל, ביטוי זה מתאים בשמשו בקורבנות היחיד דווקא לקורבנות הבאים בנדבה, ושמטרתם היא להפיק ריח ניחוח (או בקורבנות ציבור כדוגמת עולת התמיד, שמות כ״ט, מא, ובמוספי החגים). מפתיע למצוא ביטוי זה בקורבנות חובה שלא באו לשם הפקת ריח ניחוח, אלא לצורך כפרה וסליחה. עצם שילוב המונח "ריח ניחח" בקורבן חטאת מוכיח את הסברה שעלתה לעיל בדיוננו בזיקה שבין הקטרת חלב החטאת לבין הקטרת חלב זבח השלמים, שבניגוד לעבודת הדם, יש לראות בעבודת הבשר יסוד מפייס וקרוב.[62]

אולם, מכל קורבנות החובה רק בחטאת היחיד נזכר שהוא מפיק ריח ניחוח לצד הכפרה שהוא משיג. רד״צ הופמן שיער שהביטוי שנזכר בחטאת היחיד מלמד על החטאות כולן, ובכולן יש צד של ריח ניחוח, ורק משום הקיצור מטבע לשון זה נזכר רק כאן.[63] אולם נדמה לי שהצדק עם שד״ל שראה זאת כשימוש מכוון בחטאת היחיד בלבד.[64] דווקא אצלו משולב הביטוי "לריח ניחח" המלמד יותר מכול שאכן גם קורבן

הָעֹלָה אֲשֶׁר פֶּתַח אֹהֶל מוֹעֵד". בחטאת הנשיא – שהיא חטאת חיצונה – המזבח לא מוגדר כעומד בפתח אוהל מועד, אך עדיין המזבח בא בשמו המלא – ׳מזבח העולה׳: "וְאֶת דָּמוֹ יִשְׁפֹּךְ אֶל יְסוֹד מִזְבַּח הָעֹלָה" (ד׳, כה); ואילו בחטאת היחיד (הן באפשרות הכבשה והן באפשרות העז) נאמר רק: "וְאֶת כָּל דָּמָהּ יִשְׁפֹּךְ אֶל יְסוֹד הַמִּזְבֵּחַ" (ד׳, ל, לד). בבחינה מקיפה של אזכורי המזבח לאורך ספר ויקרא כולו, הגיע וורנינג למסקנה שלפנינו תבנית מסודרת ומתוכננת (וורנינג, אומנות ספרותית, עמ׳ 147–148), אך יש עדיין מקום לתהות על הדבר. הדרשה בגמרא למדה מייתור "מִזְבַּח **הָעֹלָה**" שנאמר כאן לגבי חטאת הנשיא, שגם את דם העולה יש לזרוק דווקא בצד המזבח שיש תחתיו יסוד ולא בצידו המזרחי והדרומי, בחלק שאין תחתיהם יסוד (פסחים סה ע״א).

61. מילגרום, ויקרא, כרך א, עמ׳ 252.

62. רעיון זה יקבל תימוכין נוספים בדיון בחטאת העוף (ה׳, ז), בניסיון לברר מדוע יש להוסיף עולת עוף לצד החטאת. ראו להלן בדיוננו במקום.

63. הופמן, ויקרא, כרך א, עמ׳ קלז-קלח (הוא כותב שהוא הולך בפירוש זה בעקבות נפתלי הירץ ויזל).

64. שד״ל לוויקרא ד׳, לה, עמ׳ 398.

זה מפיק רצון טוב ופיוס, כאילו היה זה קורבן נדבה. הדבר מפתיע, אך אפשר לדמות זאת למעמד נקרת הצור ולגילוי י"ג מידות של רחמים אחרי חטא העגל. רמב"ן שם השווה מעמד זה למעמד הר סיני הראשון וחשף שיש אינטימיות מיוחדת במעמד זה, ושרמת ההתגלות בו גדולה עוד יותר ממה שהייתה בנתינת הלוחות הראשונים: "וגדול יהיה הכבוד הנגלה על ההר האחרון מן הראשון" (פירושו לשמות ל"ד, ג). גם בקורבן חטאת יש תחילה לחטא את המזבח ולתקן את הפגימה שהתרחשה עקב החטא, אבל לאחר מכן ניתן להקטיר את חלבי הקורבן והם כבר עולים לריח ניחוח לה'. יש בכוחה של כפרת הפיוס להכניס למערכת היחסים גם ריח ניחוח.

דבר זה יכול להיאמר על כל קורבנות החטאת, אך "ריח ניחח" נזכר רק אצל היחיד, והדבר כנראה קשור בכך שחומרת החטאות הולכת ויורדת. כלומר, פר הכוהן המשיח הוא כנראה החמור ביותר לצד פר כל העדה, ואחריהם משולב שעיר הנשיא שחומרתו פחותה משלהם אך חמורה יותר מאשר היחיד. אבל אצל היחיד ביטויי החיבה והפיוס הם גדולים, עד שאפשר לראות זאת כאילו החוטא זוכה במאור פנים מעודד, ובסופו של דבר מעז יצא מתוק: בזכות כפרת חטאו נוסף עוד ריח ניחוח במשכן. ייתכן שאווירת פיוס זו יכולה לבאר מדוע דווקא קורבן זה צריך להיות נקבה. מסתבר שיש לקורבן נקבה אסוציאציות של דבר מה רך יותר, מפויס יותר, קרוב וידידותי. קורבן החובה היחיד שגורם ריח ניחוח, צריך לבוא ממין נקבה. בעצם הבאת קורבן ממין זה כבר יכול החוטא להרגיש שהוא עומד לזכות במחילה של חסד. אולי לכך מכוון ראב"ע שפירש: "'שעירת עזים נקבה' – כי מעלתו נקלה ממעלת הנשיא [שהוא מביא זכר]" (ראב"ע לוויקרא ד', כח).[65]

על טעם ועל ריח – כבש או עז?

התורה פותחת בפני היחיד שהתחייב בקורבן חטאת שתי אפשרויות הקרבה – עז או כבש. בין כך ובין כך על הבהמה להיות נקבה תמימה, אלא שהתורה אינה מסתפקת באמירה הכוללת את שתי אפשרויות ההקרבה (כמו שהיה בעולת הצאן למשל – "וְאִם מִן הַצֹּאן קָרְבָּנוֹ **מִן הַכְּשָׂבִים אוֹ מִן הָעִזִּים** לְעֹלָה זָכָר תָּמִים יַקְרִיבֶנּוּ" – א', י), אלא מבארת בשתי פסקאות נפרדות את תהליך הקרבת

65. משך חכמה שם לב לשינוי הסדר בהגדרת השעירה – הכתוב מקדים את דרישת התמימות למין הבהמה: "לפלא, דבכל התורה כתוב 'זכר תמים', 'נקבה תמימה', וכאן כתוב 'תמימה נקבה'" (משך חכמה לוויקרא ד', כח). הוא ממשיך ולומד מכך דינים הלכתיים שונים. יש מקום להתלבט אם הדבר מעיד על כך שדרישת זכר דווקא מבטאת תוספת מעלה, ואילו האפשרות שהבהמה תהיה נקבה היא מעין התפשרות, ועל כן דרישת התמימות נותרת המעלה המובלטת ראשונה.

שעירת העיזים ואת תהליך הקרבת הכבשה. אפשר להצדיק כפילות זו בכך שהקרבת החטאת דומה להקרבת זבח השלמים; הרי רק החלבים מוקטרים על גבי המזבח, ועל כן – כשם שבזבח שלמים הוקדשה לכל בעל חיים פסקה נפרדת (בשל האליה המוקרבת מהכבש ואיננה קיימת בעז), כך גם בחטאת. יש לזכור שהשוואה בין הקטרת חטאת להקטרת זבח שלמים גלויה בכתוב, הן בחטאת הבאה שעירת עזים: "וְאֶת כָּל חֶלְבָּהּ יָסִיר כַּאֲשֶׁר הוּסַר חֵלֶב מֵעַל זֶבַח הַשְּׁלָמִים" (ד', לא); והן בחטאת הבאה מן הכבשים: "וְאֶת כָּל חֶלְבָּהּ יָסִיר כַּאֲשֶׁר יוּסַר חֵלֶב הַכֶּשֶׂב מִזֶּבַח הַשְּׁלָמִים" (ד', לה). כך פירש כאן ר' חיים בן עטר, ואף מצא רמז בכתוב להבדל בין הקרבת הכבשה – שיש בה גם אַלְיָה – להקרבת העז:

> ונראה כי חלקם הכתוב לטעם עצמו שאמרו רבותינו ז"ל בפסוק 'ואם עז', שבא לרבות אַלְיָה בחטאת מן הכשבה. לזה דקדק לומר בכשבה 'כַּאֲשֶׁר יוּסַר חֵלֶב הַכֶּשֶׂב' (בכבשת חטאת – ד', יא), ובשעירה אמר 'וְאֶת כָּל חֶלְבָּהּ יָסִיר' (בשעירת חטאת – ד', לה), וחדא בשלמי נדבה וחדא בחטאת חובה (אור החיים לוויקרא ד', לב).

אולם מאחר שבסופו של דבר רשימת האֵמורים המוקרבים כלל לא נזכרת בחטאת היחיד, והכתוב מסתפק בהפניה כללית להקרבה המקובלת, מוזר לטעון שהתורה חוזרת על כל פרטי ההקרבה בגלל פרט אחד שהוא כלל לא נזכר בכתובים. העובדה שלכל בעל חיים מוקדשת פסקה נפרדת, מעלה את השאלה אם יש הבדל מהותי ביניהם, או בניסוח עדין יותר – האם יש עדיפות להקריב אחת מהן?

כל עוד מדובר בקורבנות נדבה, אפשר להעלות על הדעת שנפתחות בפני מביא הקורבן אפשרויות כלכליות שונות, ובזה מסתכם ההבדל בין שני מיני צאן אלו. עצם ההבדל בין מחיר הכבש למחיר של העז בעולם הקדום עולה למשל בחוק החיתי שאומר: "המחיר לשלושה עזים הוא שני שקלי כסף; המחיר לשני כבשים הוא שקל כסף אחד".[66] ממחירון זה עולה שעל אף שמדובר בסכום קרוב, מחיר העז גבוה בקצת ממחיר הכבש.

אולם החלוקה בין שני סוגי הצאן הללו באה לידי ביטוי במיוחד בקורבנות החובה – של היחיד ושל הציבור. בהקשר זה קשה לראות כיצד המחיר המשתנה משפיע על בחירת סוג מסוים. נראה שיש לפנות אל העולם הסמלי כדי לומר דבר

66. גצה, חוקי חת, סעיף 179, עמ' 196.

מה בהקשר זה. נפתח את עיוננו בסיפור (מתורגם) המובא בבבלי, בשלהי מסכת כרתות, ויש בו בכדי לשפוך אור על סוגיה זו:

> פִּתחו שערים והוציאו יששכר איש כפר ברקאי שמכבד עצמו ומבזה קדשי שמים. מה היה עושה? היה כורך משי על ידו והיה עובד עבודה. מה עלתה לו? ינאי המלך והמלכה היו יושבים. המלך אמר הגדי מובחר, והמלכה אמרה הכבש מובחר. אמרו: נשאל את יששכר איש כפר הברקאי שכהן גדול הוא והוא מבין במיני תבשיל. שאלו אותו, אמר להם: אם הגדי היה מובחר היה עולה לקורבן תמיד. בזמן שאמר דברים אלו החווה בידו, אמר להם המלך: הואיל והחווה בידו – קצצו את יד ימינו. נתן שוחד, וקיצצו את ידו השמאלית. שמע המלך, אמר: שיקצצו גם את ידו הימנית.
>
> אמר רב יוסף: ברוך ה׳ שנטל לו את גמולו. אמר רב אשי: והאם לא למד את המשנה ׳כבשים קודמים לעזים בכל מקום, יכול מפני שמובחרין? תלמוד לומר ׳וְאִם כֶּבֶשׂ׳ (ויקרא ד׳, לב) – מלמד ששניהן שקולין כאחת. רבינא אמר: אפילו מקרא לא קרא, דכתיב ׳אם כבש׳, ׳אם עז׳ (ויקרא ג׳, ז, יב)״ (כרתות כח ע״ב; וראו גם בפסחים נז ע״א-ע״ב).

הסיפור החותם את מסכת כרתות מתאר את ינאי המלך אשר מצוי בוויכוח סוער עם אשתו המלכה (כנראה הכוונה לשלומציון – אחותו של נשיא הסנהדרין שמעון בן שטח, שמלכה אחרי מות ינאי). איזה בשר טוב יותר? הגדי (= מן העיזים) או הכבש? הם מחליטים לשאול את איש המקצוע שידיו רב לו בענייני בשר – את יששכר איש כפר ברקאי הכוהן הגדול. כוהן זה היה מפונק וחשש מפני לכלוך ידיו, ועל כן בשעה שהקריב קורבנות היה שם על ידיו בד משי וכך היה עובד. הכוהן הוכיח שהצדק עם המלכה שהכבש עדיף, שהרי הוא זה שנבחר לעלות על המזבח כקורבן תמיד. תשובתו הכעיסה את ינאי המלך, ואף זו, שהוא דיבר והחווה בתנועות ידיים מוגזמות, ועל כן נגזר עליו שידו תקוצץ, ובסופו של דבר שתי ידיו קוצצו.

אגב שקלא וטריא תלמודיים אלה, הסוגיה מביאה גם את דברי המשנה (בכרתות, שעליה מובאים דברי הגמרא הללו), שעל אף שהכבשים נזכרים לפני העיזים במקרא, אין הדבר מורה על עדיפותם ולא ניתן להצביע על האחד כעדיף על פני רעהו.

סוגיה מרתקת זו מעלה שאלה מורכבת למדי שקשה לענות עליה מפשטי המקראות – האם יש הבדל מהותי בעולם הקורבנות בין הכבש לעז, והאם יש עדיפות לאחד מהם? כבר המשנה המצוטטת בגמרא עומדת על המתח המלווה

שאלה זו: מן העבר האחד הכבשים תמיד קודמים לעיזים בסדרם בפסוקים (כמו: שמות י"ב, ה; ויקרא א', י; י"ז, ג; כ"ב, כז; במדבר ט"ו, יא; י"ח, יז; דב"ה ל"ה, ז), והדבר אומר דורשני.[67] מצד שני, בקורבן חטאת היחיד דווקא אופציית הקרבת עז נזכרת ראשונה – "וְהֵבִיא קָרְבָּנוֹ שְׂעִירַת עִזִּים תְּמִימָה נְקֵבָה עַל חַטָּאתוֹ אֲשֶׁר חָטָא" (ד', כח), ורק אחר כך נאמר שיכול היחיד להביא גם כבשה: "וְאִם כֶּבֶשׂ יָבִיא קָרְבָּנוֹ לְחַטָּאת נְקֵבָה תְמִימָה יְבִיאֶנָּה" (ד', לב). כפי שרב אשי מוסיף בסוגיה שם, גם ביחס לזבח שלמים התורה פותחת את שתי האפשרויות, ולא נראה שיש עדיפות לאחת מהן: "אִם כֶּשֶׂב הוּא מַקְרִיב אֶת קָרְבָּנוֹ" (ג', ז) / "וְאִם עֵז קָרְבָּנוֹ" (ג', יב).

עם זאת, יש להודות שגם דרך חשיבתו של יששכר הכוהן הגדול סבירה למדי. אם בוחנים את קורבנות החובה, העדיפות של הכבש על פני העז בולטת. קורבן התמיד שיש להביאו כשני כבשים, הוא שמגדיר את המזבח ואת אש המזבח, הוא זה שפותח אותו בתחילת היום ונועל אותו בסופו. גם בכל עולות המוספים שיש להביא בחגים יש שבעה כבשים. תופעה דומה מתרחשת אצל יולדת ואצל מצורע שנדרשים להביא ביום השמיני כבשים לעולה ולחטאת (אם ידם משגת); וגם ביום הנפת העומר יש להביא כבש לעולה, כמו גם נזיר שצריך להביא כבש לעולה וכבשה לחטאת.

מצד שני, נדמה שלא במקרה הוכיחה הגמרא שאין עדיפות לכבש על רקע קורבן חטאת דווקא. אומנם רב אשי הסתמך על קורבן זבח השלמים, אך באמת גם שם הכבש קודם לעז, כך שראיה זו מוגבלת. אבל בקורבן החטאת התורה מזכירה את אופציית העז לפני הכבש, ויש לשים לב שלא מדובר בשתי אפשרויות שנפתחות יחדיו. הקורא לפי סדר הפסוקים לא מעלה על דעתו שעתידה להיות אפשרות נוספת לחטאת יחיד. השעירה נראית בתחילה כקורבן היחיד שאותו נדרש להביא היחיד החוטא: "וְהֵבִיא קָרְבָּנוֹ שְׂעִירַת עִזִּים", ואופציית הכבש נזכרת בהפתעה וכאפשרות בלבד: "וְאִם כֶּבֶשׂ יָבִיא קָרְבָּנוֹ לְחַטָּאת נְקֵבָה תְמִימָה".

היו שראו בהקדמת שעירת העיזים בקורבן חטאת היחיד הכרעה טכנית, שנובעת מהרצון להנגיד בין שעירת היחיד הנקבה לשעיר עזים זכר שמביא הנשיא – שמוזכר לפני כן.[68] זו פרשנות אפשרית, אולם במבט כולל נדמה שלפנינו הכרעה הקשורה בתפיסה רחבה של הזיקה בין העיזים לחטאת.

67. גם להלכה – אם יש לפני הכוהן המקריב חטאת כבשה וחטאת שעירה, עליו להקריב את הכבשה ראשונה (רמב"ם, הלכות תמידין ומוספין ט, ט). עם זאת, הדבר נובע מריבוי האֵמורים שיש בכבשה בשל האליה, כך שקשה להסיק מכך על קדימות עקרונית.

68. מילגרום, ויקרא, כרך א, עמ' 252.

בעוד אנו מוכיחים את עדיפות הכבש על פני העז מהעולות המוקרבות במוספי החגים, יש לזכור שיש בחגים גם דרישה קבועה להביא חטאת, והיא באה תמיד שעיר עזים! עולה אפוא שכל עוד מדובר בעולה או בזבח שלמים – יש נטייה מובהקת להביא ממין הכבש, אך כשעוברים לקורבן החטאת, יש מקום של כבוד דווקא למין העז.

הדבר בולט גם בחנוכת הנשיאים. נבחן למשל את קורבנו של נשיא שבט יהודה: ״פַּר אֶחָד בֶּן בָּקָר אַיִל אֶחָד **כֶּבֶשׂ אֶחָד** בֶּן שְׁנָתוֹ **לְעֹלָה. שְׂעִיר עִזִּים** אֶחָד **לְחַטָּאת. וּלְזֶבַח הַשְּׁלָמִים** בָּקָר שְׁנַיִם אֵילִם חֲמִשָּׁה עַתּוּדִים חֲמִשָּׁה **כְּבָשִׂים בְּנֵי שָׁנָה חֲמִשָּׁה** זֶה קָרְבַּן נַחְשׁוֹן בֶּן עַמִּינָדָב״ (במדבר ז׳, טו-יז). לקורבן עולה ולזבח שלמים הביא כל נשיא כבשים (לצד בהמות נוספות, אך ללא עיזים), אך לקורבן חטאת נבחר דווקא שעיר עזים. גם ביום הכיפורים, החטאות המכפרות על העדה ועל הבית הן שני שעירי עזים שהאחד מוקרב חטאת והשני משולח לעזאזל.

מדוע אם כן, הכבש מתאים יותר לעולה ולזבח שלמים, ואילו השעיר מתאים יותר לחטאת?[69] מלבי״ם הציע שהדבר קשור בתהליך התשובה שמתבטא בשעיר יותר מאשר בכבש:

> וכן במה שהקדים פה שעירה לכשבה נוכל לתת טעם על פי המבואר בסוטה (לג ע״ב), דבחטאת שעירה ניכר בין חטאת לעולה והחוטא מתבייש, לא כן בחטאת כשבה דמכסא באליה, ולא קבע הכתוב מקום בין חטאת לעולה שלא לבייש עוברי עבירה... שלפי זה חטאת שעירה יש לה מעלה, דהעובר דבר עבירה ומתבייש – מוחלין לו על כל עונותיו. לזה הקדימו (פירושו לוויקרא ד׳, לב).

לדעתו, מביא השעירה למשכן לא מסתיר את חטאו, בניגוד למביא הכבשה, שבשל זנבה העבה לא ניכר שמדובר בנקבה, וניתן לחשוב שמדובר בקורבן עולה. לפיכך מעדיפה התורה את השעירה, מפני שבהצהרה של האדם שהוא חוטא ושהוא מבקש כפרה, מתחולל תהליך נפשי פנימי של הכרה בחטא ושל מודעות עצמית שיש בה ענווה ושפלות רוח.

ניתן ללכת כאן גם בדרך אחרת. קשה אומנם לקבוע מסמרות בסמליות שנלווית לכל אחד משני בעלי חיים אלו, הקרובים באסוציאציות הנלוות אליהם זה לזה. ובכל זאת, מסתבר שלא רק הזקן המעטר את זכרי העיזים מבחין בינם לבין כבשים.

69. הרמב״ם הציע שתי אפשרויות היסטוריות-ספרותיות להעדפת שעיר עיזים לחטאת: כתזכורת לקהל שחטאם קשור בהקרבה לשעירים, או כתיקון למכירת יוסף וטבילת כותנתו בשעיר עיזים (מורה הנבוכים, חלק ג, מו).

הכבש הוא הצאן הכנוע ההולך באופן מסודר בעדרים עדרים. הוא גם מסור ביד האדם, ובעליו נהנה גם מצמרו הרב וגם מבשרו השמן: לא במקרה התורה דורשת את הקרבת האליה של הכבש (ג׳, ט) – ביטוי לבשרו הטוב והשמן. גם לעז נודעה חשיבות במשק הבית, ויתרונה הגדול הוא בעיקר בנתינת החלב (אם כי גם ביחס לכך יש להעיר שחלב הכבשים הוא עשיר, חמאתי ושומני יותר מחלב העזים). בשר העז אינו נחשב משובח, ורוב תעשיית בגדי הצמר נשענת על צמר כבשים. אולם יתרון יש לעז על פני הכבש בכל הקשור לצורת החיים הטבעית־פראית. העז היא בעל חיים גמיש יותר מאשר הכבש, ועל כן יכולה להתנהל על הרים וסלעים. אפשר לגדל אותה גם בתנאים קשים, והיא נחשבת בעל חיים עמיד ובריא. העיזים הן ״יצורים נבונים, חזקים ובטוחים״,[70] ועל כן מסוגלות היטב למחיה בטבע הפראי (יש גם הטוענים שהשם ׳עז׳ נגזר מהמילה עוֹז),[71] ומעורן ייצרו אוהלים עמידים מול פגעי הטבע (כמו בשמות כ״ו, ז; שיר השירים א׳, ה).[72] כל זאת בניגוד לקונוטציות שנלוות לכבשים: ״הכבשים הם פסיביים וחסרי הגנה, ולכן רווחת במקרא התמונה המדמה את ישראל לתעיית הכבשים (ישעיה נ״ג, ו; תהילים קי״ט, קסו)״.[73] הפינוק של הכבש בא לידי ביטוי בסוגיה במסכת שבת, שמנסה לברר כיצד בעלי חיים יכולים לצאת בשבת לרשות הרבים. אדם מצווה גם על שביתת בהמתו (שמות כ״ג, יב), אולם מותר לבהמה לצאת במשאות שעליה העשויים לשמירתה, או שהיא זקוקה להם (כשם שלאדם מותר לצאת עם בגד שעליו). המשנה אומרת לגבי כבשות: ״וְאֵין הָרְחֵלִים יוֹצְאוֹת חֲנוּנוֹת״ (שבת נד ע״ב), והתלמוד מעלה כמה אפשרויות להבין משפט זה. מסוף הסוגיה שם מסתבר שהתלמוד הבין ש״חנונות״ בא מלשון חנינה, והכוונה היא לדבר מה שהיו נוהגים לעשות מתוך רחמים על הכבשות. הרי הסוגיה בתרגום לעברית:

> ישב רב אחא בר עולא לפני רב חסדא ואמר: משעה שגוזזין אותה טומנין לה צמר גפן בשמן ומניחים על מצח הכבשה כדי שלא תצטנן. אמר לו רב חסדא: אם כך – עשיתה מר עוקבא (= אתה מתייחס אל הכבשה כאילו היא מר עוקבא, שהיה ראש הגולה).
> אלא ישב רב פפא בר שמואל לפני רב חסדא ואמר: בשעה שכורעת ללדת טומנין

70. ונסיל, עז, עמ׳ 1040.
71. ונסיל, עז, עמ׳ 1040. יש לציין שהדברים מסופקים, מפני שעוֹז נגזר משורש עז״ז ואילו עֵז כנראה משורש ענ״ז (קדרי, מילון, עמ׳ 786).
72. ראו על כך אצל פליץ׳, בית.
73. ונסיל, כבש, עמ׳ 1190.

> לה שני צרורות צמר ספוגים בשמן ומניחים לה אחת על המצח ואחת על הרחם כדי שתתחמם. אמר לו רב נחמן: אם כך – עשיתה ילתא (= עשית את הכבשה כאילו היא אשתו של רב נחמן).
> אלא אמר רב הונא: עץ אחד יש בכרכי הים וחנון שמו, ומביאים קיסם ומניחים לה בחוטמה כדי שתתעטש ויפלו תולעים שבראשה (שבת נד ע״ב).

בין אם הטיפול בכבשה מזכיר את הטיפול בראש הגולה, ובין אם הוא מזכיר את הטיפול באשתו של רב נחמן, יש להודות שמדובר בטיפול מפנק שלא מוצאים כמותו לרוב ביחס לבעלי חיים. כאמור, יש בכבשה דבר מה שמורה על נחת ועל פינוק, בעל חיים שזקוק להגנה, זקוק – כלשון הגמרא – לרחמים.[74]

לאור דברינו ניתן לחזור לגישה של מלבי״ם, אך מכיוון המטען הסמלי שנלווה לשני בעלי חיים אלו. העז התַקיפה מתאימה יותר לבעל התשובה שצריך להתגבר על מבוכתו ולהודות בחטאו. העז מתאימה יותר למי שחש אשמה מאשר הכבש הנינוח הצועד לאִיטו. כפי שכבר התברר, עיקר עבודת החטאת הוא בחיטוי המזבח מפני טומאה; לשם כך יש צורך בדם של צאן חזק ואיתן, שיש בכוחו לבטא עוצמה ותקיפות. בניגוד לזה, הקורבנות שעולים על המזבח כעולה וכזבח שלמים צריכים להיות בעלי בשר שמן וכאלו שמסמלים נחת רוח.

לאור כך ברור מדוע בפרק ד׳ אופציית חטאת העז מקדימה את חטאת הכבשה. אך האם יש בדבר זה גם להורות שמלכתחילה עדיף להביא עז? אין לדבר ראיות של ממש, אך כבר הערתי קודם שניסוח הפסוקים אינו מעלה את שתי אפשרויות בעלי החיים בהקבלה, אלא נדמה שבסיסית יש להביא עז (״וְהֵבִיא קָרְבָּנוֹ שְׂעִירַת עִזִּים תְּמִימָה נְקֵבָה״ – ד׳, כח), אך אם היה מי שבחר להביא כבש – עליו להביאה נקבה תמימה (״וְאִם כֶּבֶשׂ יָבִיא קָרְבָּנוֹ לְחַטָּאת נְקֵבָה תְמִימָה יְבִיאֶנָּה״ – ד׳, לב). מניסוחים אלו אכן נראה שהעז נזכרת ראשונה כי יש עדיפות מסוימת בהקרבתה. זאת ועוד, כפי שהוזכר לעיל, יש מן ההפתעה בשילוב המונח ״לריח ניחח״ בחטאת היחיד, מונח שמלמד על הפיוס שחטאת היחיד מביאה בכנפיה, והנה מתברר שמונח זה נזכר בחטאת שבאה שעירה, אך לא בזו שבאה כבשה. מאחר שמונח זה סותר את אווירת החובה המונחת בבסיס הבאת חטאת, אפשר לראות את שתי

74. אינני יודע אם מבחינה לשונית באמת ניתן להסיק דבר מה מהנתון הבא, אך ייתכן שלדיוננו קשורה העובדה שבאכדית המילה *ḫānû* היא שָׁמֵן, והיא באה בצירוף ׳כבשה שמנה׳. ׳חנו׳ קשור בחנייה, בישיבה על האדמה ובמנוחה.

חתימות חטאת היחיד כבעלות מטען אסוציאטיבי שונה. חטאת השעירה נחתמת כך: "וְהִקְטִיר הַכֹּהֵן הַמִּזְבֵּחָה **לְרֵיחַ נִיחֹחַ** לַה' וְכִפֶּר עָלָיו הַכֹּהֵן וְנִסְלַח לוֹ" (ד', לא), ואילו חתימת חטאת הכבשה נחתמת כך: "וְהִקְטִיר הַכֹּהֵן אֹתָם הַמִּזְבֵּחָה **עַל אִשֵּׁי ה'** וְכִפֶּר עָלָיו הַכֹּהֵן **עַל חַטָּאתוֹ אֲשֶׁר חָטָא** וְנִסְלַח לוֹ" (ד', לה). שם ה' נזכר אומנם בשתי החתימות. אך כאמור, אצל שעירת העיזים הוא משולב בביטויי הרצון והפיוס – "לְרֵיחַ נִיחֹחַ לַה'"; ואילו בחטאת הכבשה הוא משולב כחלק מתיאור מקום ההקרבה: "עַל אִשֵּׁי ה'". בהחלט ייתכן שהצירוף "על אשי ה'" משלים ברמז את 'ריח הניחוח' החסר, מפני שבאש המזבח יש עולות וזבחי שלמים, והחטאת מוקטרת כעת על גביהם, "על אשי ה'". ובכל זאת, חסרון המונח 'לריח ניחוח' מעלה את המחשבה שהחטאת העדיפה היא העז ולא הכבש.[75] אומנם אין ספק שהמגמה העיקרית של שתי האופציות היא הכפרה שהאדם נזקק לה וחיטוי המזבח. אך ייתכן – ואני כותב זאת בהיסוס – שההבדל אינו מקרי, ובמכוון נאמר דווקא ביחס לחטאת שבאה שעירה שהיא מפיקה ריח ניחוח. אומנם גם המביא כבש יזכה לכפרה, אך ריח ניחוח אין כאן.

לצד ביטויי הנדיבות בחטאת השעיר יש גם הבלטה שהקורבן בא על חטא. הדבר ניכר בהשוואת הלשון החותמת שנאמרת ביחס לכבשה: "וְכִפֶּר עָלָיו הַכֹּהֵן – וְנִסְלַח לוֹ", ללשון הארוכה והמלאה שנאמרת בחתימת השעירה: "וְכִפֶּר עָלָיו הַכֹּהֵן – **עַל חַטָּאתוֹ אֲשֶׁר חָטָא** – וְנִסְלַח לוֹ". וכאמור, שעירת העיזים קשורה אל החטאת יותר מאשר הכבשה, ומביא השעירה זוכה לעשות ריח ניחוח לקונו וחטאו מכופר ונסלח.

***

הֶרֶב כַּבְּסֵנִי מֵעֲוֹנִי וּמֵחַטָּאתִי טַהֲרֵנִי.
כִּי פְשָׁעַי אֲנִי אֵדָע וְחַטָּאתִי נֶגְדִּי תָמִיד (תהילים נ"א, ד-ה).

75. אינני יודע מה פשר הדבר, אך גם בזבח שלמים, המונח 'ריח ניחוח' חותם את שלמי העז: "וְהִקְטִירָם הַכֹּהֵן הַמִּזְבֵּחָה לֶחֶם אִשֶּׁה לְרֵיחַ נִיחֹחַ כָּל חֵלֶב לַה'" (ג', טז), וחסר בשלמי הכבש: "וְהִקְטִירוֹ הַכֹּהֵן הַמִּזְבֵּחָה לֶחֶם אִשֶּׁה לַה'" (ג', יא).

פרק עשירי

קורבן עולה ויורד (ה', א-יג)

על מחדל ועצלנות

חטאת או אשם?

הבנת מהותו של קורבן עולה ויורד, ככינויו המקובל בספרות חז"ל, היא אחד האתגרים הגדולים בתורת הקורבנות: במבט ראשון קשה להבין מה ראתה התורה להגדיר שלושה מקרים שבהם אם משגת ידו של אדם מבחינה כלכלית להביא קורבן בהמה – מה טוב; אך אם לאו, יביא שני עופות; ואם גם דבר זה קשה עליו, הוא יכול להסתפק בסולת. לכאורה, אם יש עניין בסוג בהמה מסוים, כיצד ניתן להביא סוג אחר של קורבן? דבר זה – על פי רוב הדעות – אינו קיים בשאר העבירות שבעטיין מתחייבים בחטאת, וגם לא במקרים שבעטיים מתחייבים באשם.

לפני דיון בדבר זה, יש תחילה להבין לאיזו פרשה שייך קורבן עולה ויורד? האם הוא חותם את הדיון בקורבן חטאת ויש לראותו כסעיף שלו? שמא הוא פותח כבר את הדיון בקורבן אשם – שנזכר מיד אחריו? ואולי יש לראות קורבן זה כקורבן עצמאי שאיננו חטאת ואיננו אשם? (בפרשנות המודרנית יש שכינו אותו 'חטאת מדורגת', דבר שמסגיר את תפיסתו כחטאת).

בקריאה ראשונה נדמה שקורבן עולה ויורד קשור בקורבן אשם. המונח 'אשם' נזכר בקורבן זה שוב ושוב: "וְהוּא טָמֵא וְאָשֵׁם" (ה', ב), "וְהוּא יָדַע וְאָשֵׁם" (ה', ג), "וְהָיָה כִי יֶאְשַׁם" (ה', ה); ובמיוחד: "וְהֵבִיא אֶת אֲשָׁמוֹ לַה'" (ה', ו). הפועל שמתאר את המקריב בפסוק זה – "**וְהֵבִיא** אֶת אֲשָׁמוֹ לַה'" (ה', ו) – מתאים במיוחד אם האשם

הנידון בפסוק הוא קורבן שניתן 'להביאו', שכן אם מדובר רק ברגשות אשם כלליות, קשה לומר על כך 'והביא'.[1]

הקישור לקורבן האשם מצא לו ביטוי במדרש הלכה על פסוקים אלו, שביקש ללמד מה יעשה אדם שהפריש מעות כדי לקנות בהם קורבן עולה ויורד ונותר סכום מסוים:

> 'אשמו' – נאמר כאן 'אשמו' ונאמר להלן 'אשמו' (בקרבן אשם נאמר: "אָשָׁם הוּא אָשֹׁם אָשַׁם לַה'" – ה', יט), מה 'אשמו' אמור להלן מותריו נדבה (מהמעות הנותרות קונים קורבנות נדבה) אף 'אשמו' אמור כאן מותריו נדבה (ספרא, דיבורא דחובה, פרשה י', ג).

תוכן הלימוד אינו נוגע לענייננו כעת, אבל הלימוד מסתמך על השוואת קורבן עולה ויורד לדיני קורבן האשם, והבסיס להשוואה זו הוא הלשון המשותפת – 'אשם'. מעבר ללשון המשותפת, גם בסגנון ובמבנה הפרשה יש דבר מה דומה: שלושה מקרים ספציפיים שבעטיים יש להביא את הקורבן, וניתן לעמוד גם על המשותף בין המקרים שמחייבים קורבן עולה ויורד למקרים שמחייבים קורבן אשם. אכן, במובנים מסוימים ניתן להשוות את קורבננו לקורבן אשם, וככל הנראה כך הבין גם מחלק הפרקים, שהקדיש את פרק ד' לקורבן חטאת, והתחיל את הפרק החדש המוקדש לקורבן אשם, פרק ה', כבר בקורבן עולה ויורד ובכך כינס אותם יחדיו.[2]

ברם נראה שיש לראות בקורבן עולה ויורד קורבן חטאת לכל דבר ועניין. אומנם לשון 'אשם' נזכר בקורבן עולה ויורד, אולם ביטוי זה נזכר גם ביחס לחטאת רגילה (למשל ד', כב; ד', כז), ומסתבר שרגש האשמה מלווה כל חטא – גם חטא שמתחייבים

1. ראו על כך אצל משֶל, דקדוק הקורבנות.
2. יש שכינו את הקורבן 'אשם עולה ויורד' (ראו למשל אצל הרב משה וולפסון, אמונת עתיך, ירושלים תשס"ד, חלק שני, על פרשת ויקרא; הרב יהודה חיים הכהן, יהודה יעלה, לפרשת ויצא), ובכך הסגירו את דעתם שמדובר בסעיף של קורבן אשם. כך עולה גם ממאמרו של נולנד, שבו התייחס לכל פרק ה' כמקרים של קורבן אשם, בעודו יוצא נגד התפיסה שקורבן אשם הוא קורבן פיצוי כספי (נולנד, אשם), וכך משתמע גם מדברי הרב צבי יהודה קוק שבדוגמאות שהביא לקורבן אשם כתב: "כגון חטא בביטוי שפתיים ושבועה" (שיחות הרצי"ה על התורה, סדרה ב, 13). רד"צ הופמן הזכיר בפירושו גם את לויזון ואיוולד שחשבו שמדובר באשם, וניתן להוסיף עליהם את הכהן, מול מקדש, עמ' 40. קריאה מורכבת הציע נפתלי משֶל (דקדוק הקורבנות). לדעתו, יש לראות בכבשה או בשעירה שיש להביא בעולה ויורד קורבן כפול – הן חטאת והן אשם.

בעטיו חטאת וגם חטא שמתחייבים בעטיו אשם.[3] להלן עוד נדון מדוע נבחרה מילה זו לייצוג קורבן אשם דווקא, אך מונח זה מתאים לקורבנות החובה כולם.[4]

יש ראיות מכריעות לכך שקורבן עולה ויורד הוא קורבן חטאת. הסיבה המרכזית היא שכאשר הכתוב בא להגדיר את הקורבן הוא מגדירו בפירוש כחטאת:

> וְהֵבִיא אֶת אֲשָׁמוֹ לַה׳ עַל חַטָּאתוֹ אֲשֶׁר חָטָא נְקֵבָה מִן הַצֹּאן כִּשְׂבָּה אוֹ שְׂעִירַת עִזִּים **לְחַטָּאת** וְכִפֶּר עָלָיו הַכֹּהֵן מֵחַטָּאתוֹ (ויקרא ה׳, ה-ו).

אומנם בתחילת הפסוק משולב לשון ׳אשם׳ – ״וְהֵבִיא אֶת אֲשָׁמוֹ לַה׳״ – אולם מיד מתברר שהוא מביא את ״אשמו״ – כלומר את ׳קורבנו׳ – לקורבן מסוג החטאת – ״כִּשְׂבָּה אוֹ שְׂעִירַת עִזִּים **לְחַטָּאת**״.[5] קריאת ״אֲשָׁמוֹ״ הפותח את הפסוק במשמעות ׳קורבנו׳, מוכחת מאופציית העני שיכול להביא סולת. במקביל לפסוק שלנו – ״וְהֵבִיא אֶת אֲשָׁמוֹ לַה׳ עַל חַטָּאתוֹ״ – נאמר שם: ״וְהֵבִיא אֶת קָרְבָּנוֹ אֲשֶׁר חָטָא״ (ה׳, יא). החלפת ׳אשמו׳ במונח ״קרבנו״ מלמדת שמדובר כאן במונחים מקבילים.

גם בשתי אפשרויות הקורבן האחרות, הפתוחות בפני העניים, חוזרת התורה ומגדירה את הקורבן כחטאת: ״וְהִזָּה מִדַּם הַחַטָּאת עַל קִיר הַמִּזְבֵּחַ וְהַנִּשְׁאָר בַּדָּם יִמָּצֵה אֶל יְסוֹד הַמִּזְבֵּחַ חַטָּאת הוּא״ (ה׳, ט); ״וְהִקְטִיר הַמִּזְבֵּחָה עַל אִשֵּׁי ה׳ חַטָּאת הִוא״ (ה׳, יב). מבין אלו שראו את הקורבן כאשם, היו שבעל כורחם פירשו את הפסוק האומר שהקורבן הוא חטאת כאילו כתוב אשם: ״לחטאת – המובן הוא לאשם״.[6] אין זו אלא דרשה מוזרה של הכתובים, שרק מסגירה את חוסר הסבירות של קריאה זו.

לצד ההגדרה הגלויה של הקורבן ״לחטאת״, הדבר ניכר גם מסוג הבהמה שיש להביא. כאמור לעיל, קורבן נקבה הוא דבר נדיר בעולם הקורבנות. אין קורבן אשם ממין נקבה, וההגדרה ״כשבה או שעירת עזים״ בוודאי קושרת קורבן זה לחטאת היחיד

3. רד״צ הופמן ניסח זאת אחרת: ״כל חוטא הוא גם אשם, אשם לה׳, כלומר מתחייב, והוא משלם בחטאת שמביא את חובו וניצול מפורענות״ (פירושו לוויקרא, כרך א, עמ׳ קמג). גם ניסוח זה מסתבר.
4. כך הדגיש במקומות רבים מילגרום. ראו במיוחד בספרו שהוקדש לקרבן האשם: מילגרום, פולחן ומצפון, במיוחד עמ׳ 3-12.
5. כפי שכתב אליגר, בקורבן זה המונח ׳אשמו׳ מבטא ׳חטאו׳, והמונח מכוון לשמו של הקורבן רק החל מתיאור קורבן האשם בהמשך הפרק, אך לא לפני כן (אליגר, ויקרא, עמ׳ 78; ראו גם את דיונו של קלרמן, אשם, עמ׳ 432-433).
6. גורדון, ויקרא, עמ׳ 21-22.

שקראנו לעיל זה עתה, המובאת שעירה או כבשה. יתר על זאת: ביחס לעשיר שידו משגת להביא כבשה או שעירה, התורה לא מפרטת כיצד יש להקריב את הקורבן ומה לעשות בדמו. די לומר "לחטאת", וברור לקורא מה ייעשה בקורבן זה. כלומר, דיניו של קורבן עולה ויורד במדרגת העשיר הם דיני החטאת הרגילה. רק ביחס לקורבן עולה ויורד מהעוף או מהסולת יש צורך לפרט כיצד יש להקריב, כי טרם פגש הקורא קורבן כזה עד כה בין קורבנות החטאת הרגילה (המכונה לעיתים בלשון חז"ל 'חטאת קבועה', על שום שהיא קבועה בין לעשיר בין לעני ואינה עולה ויורדת).

ראוי גם לציין שקורבן האשם פותח בדיבור חדש: "וַיְדַבֵּר ה' אֶל מֹשֶׁה לֵּאמֹר" (ה', יד). גם פתיחה זו מלמדת שקורבן האשם נפתח רק בפסוק יד ואילו פסוקינו העוסקים בקורבן עולה ויורד, פסוקים א-יג, נשענים עדיין על הדיבור שפתח את קורבן החטאת, כלומר הם מוצגים כנספח של החטאת ולא כפתיחת האשם. לפיכך, גם לא נכון להגדיר את קורבן עולה ויורד כקורבן "שאינו לא חטאת ולא אשם",[7] אלא הרי הוא חטאת לכל דבר.

עם זאת, שילוב הלשון "**וְהֵבִיא אֶת אֲשָׁמוֹ**" – לשון שיוצר בתחילה תחושה שמדובר בקורבן אשם – אינו מקרי. יש מאפיינים מסוימים בקורבן זה שאכן מזכירים את קורבן האשם, ובמובן מסוים עיקר חידושו של קורבן זה הוא בכך שהוא גם משמש תכלית דומה לקורבן האשם, כפי שעוד יתברר להלן. לפיכך, גם אם קורבן עולה ויורד הוא חטאת, אפשר לראות בו גם מעין 'קורבן מעבר' שכבר מכין את הקרקע לקורבן שיבוא אחריו – קורבן האשם.

להכרעה שמדובר בחטאת יש משמעויות הלכתיות רחבות היקף, שהרי עבודת הדם משתנה בין החטאת לאשם, ומאחר שקורבן עולה ויורד הוא חטאת, הרי שיש לתת מדמו ארבע מתנות על קרנות מזבח החיצון – כדין חטאת יחיד – ולא לזרוק את דמו סביב ('שתי מתנות שהן ארבע' בלשון חז"ל) – כפי שיש לנהוג בקורבנות אשם.

קורבן עולה ויורד בכל החטאות?

לפני שנבחן מה המשותף למקרים שבעטיים יש להביא קורבן עולה ויורד יש להסב את תשומת הלב להתלבטות אם לפנינו מספר מקרים בודדים שרק בהם העני יכול להביא קורבן זול יותר. יש שהבינו שהמקרים המובאים בתחילת הפרק אינם אלא

7. כך הציע צבי וינברג, חטאת ואשם, עמ' 529.

דוגמה בלבה, אך למעשה האופציה להקל על החוטא קיימת בכל מקרי חטאת היחיד. כך למשל התנסח כאן אברבנאל:

> ואמנם אמרו אחר זה ׳ואם לא תשיג ידו׳ אין ספק שלא יפול בחטאת הכ״ג ולא בחטאת הקהל ולא בחטאת הנשיא, כי אי אפשר שלא תשיג ידיהם די קרבנם. אבל בחטאות ההדיוטים אומר אני שאינו בלבד על המין הזה מהחטאת **אבל הוא כולל כל מיני החטאת אשר זכר מהם,** כי אחרי שפירש מיני החטאת כלם נתן משפט כולל לכלם, והוא שאם יהיה המקריב דל ולא תשיג ידו להביא כבשה או שעירה שאז יביא שתי תורים או שני בני יונה.[8]

אברבנאל פותח ואומר שאופציית ההקרבה לעני ממוענת דווקא ליחיד ולא לכוהן הגדול, לכל העדה ולנשיא, מפני חוסר הסבירות שלא תשיג ידם של אלה פר או שעיר. רק לגבי היחיד אופציות ההקרבה השונות תקפות על כל העבירות שבגינן מתחייבים חטאת, ולא רק לגבי שלושת המקרים שמוזכרים בפירוש בתחילת הפרק. זו דרך המלך גם בקרב פרשנים מודרניים,[9] ולפי קריאה זו, בכל עבירה שאדם עשה בשוגג, התורה פותחת בפניו שלוש אופציות שמשתנות לפי יכולתו הכלכלית. אין צורך לומר שעל פי הצעה זו הצורך להבין מה המייחד את שלושת המקרים שמובאים בתחילת תיאור קורבן עולה ויורד פוחת. מבחינה הלכתית־משפטית אין נפקא מינה בין מקרים אלו ובין שאר המקרים שבהם מתחייבים חטאת; ורק עדיין שומה תהיה להבין מדוע דווקא אלו הדוגמאות שנבחרו להדגמת הדין. כל זה אינו דומה למשקל שיש לשאלה זו לפי הקריאה החלופית, שעל פיה יש רק שלוש עבירות שדווקא עליהן יכול עני להקל בחטאת שהוא מביא; ובשאר עבירות, גם אם הוא עני ואין ידו משגת, עליו להביא כשבה או שעירה.

נראה שגם ראב״ע (לצד נוספים הטוענים כמותו) סבר שבכל החטאות התורה מאפשרת לעני להביא ציפורים או סולת, והוא הציע שנזכרו דווקא שלושת המקרים הללו מפני שרק בהם יש חובת וידוי:

8. אברבנאל, הקדמה לוויקרא, עמ׳ יז.
9. למשל: דה-וו, ישראל הקדומה, עמ׳ 419–421; רנדטורף, תולדות הקורבן, עמ׳ 207–210; רייני, קורבנות, עמ׳ 640; ונהאם, ויקרא, עמ׳ 100.

וטעם להזכיר אלה – שהוא חייב להודות. ועל האחרות שהן מצות לא תעשה, לא יתודה לפני הכהן. והקרבן אחד (ראב"ע לוויקרא ה', ד).

עוד נדון להלן בחובת הווידוי, ומכל מקום ההצעה של אברבנאל וראב"ע לראות בדירוג הקורבן אופציה שתקפה בכל החטאות כולן – קשה בפסוקים. אם דין זה תקף בכל החטאות כולן, קשה להבין מדוע מוזכרים דווקא שלושה מקרים אלו. ועוד, אף נראה מבחינת לשון הפסוקים שהחוק מוסב דווקא עליהם. כך עולה כבר בפתיחת תיאור הבאת הקורבן: "וְהָיָה כִי יֶאְשַׁם **לְאַחַת מֵאֵלֶּה**" (ה', ה). הניסוח "לאחת מאלה" חוזר לשלוש העבירות שהוזכרו לפני כן. בדומה נאמר גם בחתימה: "וְכִפֶּר עָלָיו הַכֹּהֵן עַל חַטָּאתוֹ אֲשֶׁר חָטָא **מֵאַחַת מֵאֵלֶּה**" (ה', יג). גם כאן, ניסוח כזה רואה מול עיניו דווקא את העבירות שהוזכרו בפירוש בתחילת הפרק – "מאחת מאלה". בשונה מטענת ראב"ע, הצירוף "אחת מאלה" לא נאמר בהקשר דין הווידוי המייחד אותן, אלא על עצם פתיחת שלוש אפשרויות ההקרבה. לכך ניתן להוסיף גם את ההערה שהעיר מילגרום, שפתיחת הפרשייה בכותרת ראשית במילה "וכי" (ולא 'ואם') מתאימה יותר אם הקורבן מציג אופציה אחרת של חטאת, ולא פירוט של חטאת יחיד רגילה המיועדת לעני.[10] כל זאת ועוד: כפי שנראה להלן אחד מן המקרים המובאים בפתח קורבן זה הוא מקרה של מזיד (אי מסירת עדות), וקשה להבין כיצד יש במקרה זה דוגמה למקרי החטאות הרגילות שבאות דווקא במקרה של שוגג.

המכנה המשותף לשלושת המקרים

מסקנתנו אם כן היא שהאפשרות להביא עוף או סולת במקום כבשה מתייחסת דווקא לשלושת המקרים המובאים בראש פרק ה'. היו שראו בכל המקרים הללו פירוט של המקרה הראשון – מי שיודע עדות בחברו ואינו מעיד עבורו (פסוק א). אם אדם רואה את חברו נטמא (פסוקים ב–ג) – עליו להעיד ולהתרות בו; אם הוא רואה את חברו עומד לעבור על שבועתו (פסוק ד) – עליו להעיד בפניו ולהזכיר לו את שבועתו.[11] לפי קריאה זו, המונח "ואשם" שחותם את המקרים כולם חוזר אל האדם שלא מתרה בחברו ומאפשר לו לחטוא ללא ידיעתו. אולם זו שיטה חריגה שקשה ברצף הפשוט של הפסוקים שמבחין בין מקרה למקרה במילה "או", ולבסוף גם נאמר "וְכִפֶּר עָלָיו

10. מילגרום, ויקרא, כרך א, עמ' 308.
11. ספירו, מסירת עדות.

הַכֹּהֵן עַל חַטָּאתוֹ אֲשֶׁר חָטָא מֵאַחַת מֵאֵלֶּה" (ה׳, יג).[12] אנו נאחז בעמדה המקובלת שרואה כאן שלושה מקרים שכל אחד מהם עומד בפני עצמו. אך אם כך, השאלה פורצת בעוזה: מה יש בשלוש עבירות אלה עד שהוצאו מכלל החטאת הרגילה, וניתנה בהן האפשרות להביא קורבן זול יותר?

יש לפתוח דיון זה בשאלה אם התורה תופסת את המקרים האלו כחטאים קלים יותר או דווקא חמורים יותר. תאורטית אפשר ללכת בשני הכיוונים. ייתכן שיש לראות באופציות ההקרבה השונות הקלה כלפי החוטא, שהרי הוא יכול להביא קורבן זול יותר מאשר במקרי החטאת הרגילים. מצד שני, אם מניחים שמטרתו של קורבן חטאת הוא לחטא את הקודש מהפגיעה שנעשתה בו, אז ייתכן שבחטאת רגילה אפשר לחכות עד שתשיג יד החוטא די כשבה או שעירה, אך במקרים המחייבים קורבן עולה ויורד יש בהילות ודחיפות לכפרת הקודש, ומאיצים בו להביא קורבן כלשהו, ואפילו יהיו אלו ציפורים או סולת, ובלבד שיחטא את המזבח ויכפר על מעשיו החמורים בלא שיהוי.[13] כיוון קריאה זה עולה במיוחד נוכח העובדה שבין המקרים הנזכרים יש גם מקרה של עבירה במזיד (מי שלא העיד לחברו), וברור שמקרה זה חמור יותר מעבירות השוגג של החטאות הרגילות.

הקריאה המקובלת, שהיא גם הפשוטה ביותר כאן, היא שמדובר בהקלה שהקל הכתוב כלפי החוטא. כך למשל כתב רמב״ן, ואף סיפק פשר להקלה במקרים האלו דווקא:

> הֵקֵל הכתוב על החוטא באלו להביא קרבן עולה ויורד. ויתכן שהטעם בשבועות מפני שאינן חייבי כריתות, ובטומאת מקדש וקדשיו מפני שהוא טועה בדבר מצוה, כי הכהן האוכל קדשים והבא למקדש להשתחוות או להקריב קרבן עוסק הוא במצוה ודעתו לשמים, ולפיכך אף על פי שחטא בהעלמת הטומאה ריבה לו הכתוב כפרות (פירושו לוויקרא ה׳, ז).

ההכרעה של רמב״ן ש"הֵקֵל הכתוב על החוטא באלו", דורשת הסבר, במיוחד נוכח העובדה שהמקרה הראשון הוא מקרה שבו האדם לא העיד עדות לחברו במזיד (או

12. ראו עוד אצל קיוצ׳י, קורבן חטאת, עמ׳ 23-24.
13. השוו ללשון הספרא: "רבי יהודה אומר חביבה מצוה בשעתה שמיד הוא מביא עשירית האיפה ואין ממתינין לו עד שיעשיר ויביא כשבה או שעירה" (ספרא, דיבורא דחובה, פרק יט, א).

שנשבע לשקר בעדות לפי חז"ל).[14] לפי דבריו, על אף שמדובר במזיד, מאחר שהמקרה הראשון העוסק בעדות שקר (כך לפי חז"ל) "אינו בחייבי כריתות" – ניתן להקל בדינו. כלומר לדעת רמב"ן, לפי הלכת חז"ל, החטאים הרגילים שבעטיים מתחייבים חטאת, הם עבירות שעל עשייתן במזיד מתחייבים כרת, ואם נעשו בשגגה יש להביא חטאת; אולם במקרה הראשון שמוזכר ברשימה שלפנינו אין כרת אפילו לעובר במזיד. מאותה סיבה ראה רמב"ן גם את המקרה השלישי – הפרת שבועה – כמקרה קל, שהרי גם מפר שבועתו במזיד אינו מתחייב כרת. החידוש המפתיע בדברי רמב"ן הוא ביחס למקרה השני: לטעמו, הטמא שבא במגע עם הקודש קל יותר מעבירות אחרות שנעשו בשגגה, משום ש"עוסק הוא במצוה ודעתו לשמים".[15] מאחר שהחוטא מתחייב חטאת רק עם כניסתו אל הקודש (כך לפי רמב"ן בעקבות חז"ל), ניתן להקל בדינו. התפיסה שעולה מדברי רמב"ן היא שיש מקום להקל בעבירות שנעשו תוך כדי עבודת ה', בתוך אווירה חיובית של עמידה מול ה'.

דומני שיש לאמץ את הכיוון הבסיסי שהתווה רמב"ן, ואכן יש לראות בשלוש העבירות המוזכרות בפרשה מקרים קלים יותר, אולם נימוקיו של רמב"ן מדוע מקרים אלו קלים יותר – אינם משכנעים. עצם הדבר שמדובר בנימוקים שונים מחליש עמדה זו. יש לצפות ששלושת המקרים שעליהם מביאים קורבן עולה ויורד יהיו בעלי מכנה משותף המגדיר אותם כקלים יותר. הרי אפשר לעקוב אחר חטאים נוספים שיש בהם צד של קולא. יתר על כן: הנימוקים הספציפיים שרמב"ן מזכיר מתאימִים לחטאים נוספים. יש כמובן עבירות נוספות שלא חייבים עליהן כרת, ומדוע הן לא מובאות ברשימת החטאים שמתחייבים עליהם עולה ויורד?

14. ניסוח מפתיע יש כאן בדעת זקנים מבעלי התוספות: "בא וראה שבכל הפרשיות כתיב שגגה וכאן ובשבועת בטוי לא כתיב שגגה, לומר לך שגדול עונש השבועה שאפילו שגגתה עולה זדון. וכן אמר שלמה 'אל תתן את פיך לחטיא את בשרך ואל תאמר לפני המלאך כי שגגה היא'" (פירושם לוויקרא ה', א). פירוש זה מניח שגם מקרה זה מתייחס למקרי שגגה, אלא שהם נתפסים כמזיד, בשל חומרת השבועה, ובשל המעורבות של האדם בזמן שכבל עצמו בשבועה.

15. המונח שרמב"ן משלב בדבריו – "טועה בדבר מצווה" – הוא מונח הלכתי, שעל פיו, אם אדם התכוון לעשות מצווה אך טעה ועשה עבירה הוא פטור מלהביא חטאת (לפי חלק מהדיעות). כך למשל מי שמל תינוק – שלא היה בן שמונת ימים – בשבת (שבת קלז ע"א). היו שהבינו שרמב"ן אמר את דבריו גם במישור הלכתי-משפטי, והסיקו מכך שהטועה בדבר מצווה פטור מחטאת אך לא נפטר מעולה ויורד (כך הרב חיים עוזר גרודזנסקי, אחיעזר, חלק ג, פג), אך נראה יותר שהצדק עם הרב קנייבסקי, שרמב"ן כתב זאת כטעם הכתוב, ולא התכוון לדיון משפטי (קהילות יעקב, נדרים, הוספות סימן ב).

הצעה אחרת, שמצאה מכנה משותף ואחיד, שמבהיר מדוע הקל הכתוב עם חוטאים אלו, נמצאת בפירוש דעת זקנים מבעלי התוספות:

> לפי שטמא הנכנס למקדש ושבועת בטוי אינן נהנין מן החטא, הקל עליהם הכתוב בקרבן עולה וירד. אבל אוכל חלב ודם ואוכל ביום הכפורים ועושה מלאכה בשבת והבא על הערוה שנהנין מן החטא הם בקרבן קבוע.[16]

לפי עמדה זו, המשותף לכל המקרים המנויים הוא שאלו עבירות שאדם לא נהנה מהן, לפחות לא הנאה גופנית. רוב מצוות לא תעשה שבתורה מונעות מאדם הנאה מסוימת, ואם עבר עליהן מתחייב חטאת קבועה. מאחר שבמקרים אלו החוטאים לא נהנו מחטאם "הקל עליהם הכתוב". היתרון בביאור זה הוא שלפנינו מכנה משותף אחד שמבאר את כל המקרים בהגדרה אחת, ואף נכון הדבר שרוב מוחלט של החטאות הרגילות באות במקרים שאדם נהנה מחטאו (או שעבד עבודה זרה, שעליה כותבים בעלי דעת זקנים בהמשך פירושם: "שפשט ידו בעיקר" – ועל כן חטאו חמור). עם זאת, סוגיית ההנאה היא מורכבת יותר. האם ברור שמי שחילל שבת (בשוגג) נהנה מחטאו? האם נכון לומר על מי ששוחט קודשים מחוץ למשכן שהוא 'נהנה'? באמת, כפי שנראה להלן, ניתן להבין את המוטיבציה של מי שאינו מעיד לחברו (ומתחייב בעולה ויורד), כנובע מעצלנותו, ויש בכך 'הנאה' מסוימת.

פנינו מועדות אם כן להבנת המכנה המשותף לשלוש העבירות שיצאו מכלל החטאת הקבועה והועמדו בקורבן עולה ויורד, ולהבנת אפשרות ההקלה שיש בהן. לאתגר זה ברצוני לצרף אתגר פרשני נוסף, שעוד ניווכח שקשור במישרין במציאת המכנה המשותף. לאחר הבאת המקרים המיוחדים המחייבים קורבן עולה ויורד נאמר: "וְהָיָה כִי יֶאְשַׁם לְאַחַת מֵאֵלֶּה וְהִתְוַדָּה אֲשֶׁר חָטָא עָלֶיהָ" (ויקרא ה׳, ה). משום מה, דווקא בקורבן עולה ויורד יש דרישה להתוודות. חז"ל אומנם למדו כי חובת הווידוי נלמדת מקורבן עולה ויורד לכל קורבנות החטאת, ובכולם יש להתוודות,[17] אך גם אם כך, אין זה מקרה שחובה זו לא נזכרה בקורבן החטאת הרגיל, וחובת הווידוי משולבת לראשונה דווקא בקורבן עולה ויורד.

הצעד הראשון שיש לעשות כדי להכריע מהו המכנה המשותף של שלוש העבירות הללו הוא להגדיר אותן במדויק. מסתבר שיש פער של ממש – לפחות

16. דעת זקנים מבעלי התוספות על ויקרא ה׳, ז.
17. ספרי, נשא, פיסקא ב. ראו גם רמב"ן לוויקרא ה׳, ה-ו.

בשני המקרים הראשונים – בין מדרש ההלכה לבין העולה מפשטי המקראות. חז"ל ביארו שהמקרה הראשון עוסק באדם שהשביעו אותו בבית המשפט שיעיד עדות לחברו (רש"י: "שהשביעוהו שבועה שאם יודע לו בעדות שיעיד לו"), ולמרות זאת הוא נמנע מלהעיד. המקרה השני עוסק לפי חז"ל באדם שבא במגע עם הקודש אף שטומאתו עליו (רש"י: "ולאחר הטומאה הזו יאכל קדשים או יכנס למקדש"). והמקרה השלישי עוסק באדם שנשבע שירע או ייטיב לעצמו (רש"י: "כגון אוכל ולא אוכל, אישן ולא אישן"), והוא שכח ועבר על שבועתו. אני מבקש לדון במקרים אלו כפי העולה מפשטי המקראות.

מקרה ראשון: אי מסירת עדות

> וְנֶפֶשׁ כִּי תֶחֱטָא וְשָׁמְעָה קוֹל אָלָה וְהוּא עֵד אוֹ רָאָה אוֹ יָדָע אִם לוֹא יַגִּיד וְנָשָׂא עֲוֹנוֹ (ה', א).

אין ספק שמקרה זה מתאר אדם שיודע עדות לחברו ולא מעיד לפני הדיינים ("אם לוא יגיד"). אולם כיצד יש להבין את תחילת הפסוק שמשלב 'אָלָה' (= שבועה שיש עמה קללה)? דומה שהקריאה הפשוטה כאן היא זו שהציע ראב"ע:

> 'ונפש כי תחטא ושמעה קול אלה' – הוא החרם, וכן 'ואת אלית' (שופטים י"ז, ב). והכתוב אחז דרך קצרה, והזהיר שחייב העד להגיד, כי אם לא יגיד יש עליו עונש מהשם שישא עונו (פירושו לוויקרא ה', א).

לשם הבנת דברי ראב"ע נעיין תחילה באפשרות שחז"ל ראו מול עיניהם להבנת הפסוק אך דחו אותה: "עמד בבית הכנסת ואמר משביע אני עליכם אם יודעים אתם לי עדות שתבואו ותעידוני, יכול יהו חייבין? תלמוד לומר 'ושמעה קול אלה והוא עד' – עד שיהא מתכוין להן" (ספרא, דיבורא דחובה, פרשה ח, ו). כלומר, לפי המדרש, אין חיוב קורבן עולה ויורד עד שהמשביע ישביע בצורה ספציפית אנשים מסוימים הטוענים שאינם יודעים לו עדות, אף שבאמת הם אלו היכולים להעיד לו, ולמנוע את העוול שנעשה לו. האפשרות שחז"ל דחו היא האפשרות שראב"ע מבקש לאמץ: קול האלה שנשמע הוא קולו של האדם שנעשה לו עוול, והוא משביע ברבים את השומעים כולם שהיודע מי פגע בו, יבוא ויעיד על כך, ואם לא יבוא להעיד – קללות נמרצות יחולו על ראשו.

רוח הדברים מצויה גם במדרש ויקרא רבה: "ראובן גנב לשמעון, ולוי ידע ביה. אמר לו: אל תפרסמני ואנא יהיב לך פלגא (= אל תפרסם ואתן לך מחצית מהגנבה). למחר נכנסו לבית הכנסת ושמעו קול החזן מכריז: מאן גנב לשמעון (= מי גנב לשמעון?) ולוי קאים תמן (= ולוי נמצא שם), הלא נתנה תורה איפופסין (= דין וגמול) – 'והוא עד או ראה או ידע'" (ויקרא רבה פרשה ו, ב).

לפי קריאה זו, אדם שמתחייב בקורבן עולה ויורד הוא זה שידע עדות לחברו, אך בחר לשתוק ולא ללכת להעיד, למרות שבועת האלה שהוא שמע.[18] הראיה שהביא ראב"ע לשיטתו היא מסיפור פסל מיכה. לאחר שגילתה אימו של מיכיהו שכספה נגנב, היא קיללה את הגנב או את היודע דבר על מעשה גנבה זה. בנה – שהוא זה שגנב את הכסף – החליט להחזירו לה: "וַיֹּאמֶר לְאִמּוֹ אֶלֶף וּמֵאָה הַכֶּסֶף אֲשֶׁר לֻקַּח לָךְ וְאַתְּ אָלִית וְגַם אָמַרְתְּ בְּאָזְנַי הִנֵּה הַכֶּסֶף אִתִּי אֲנִי לְקַחְתִּיו" (שופטים י"ז, ב). סיפור הדברים של הבן חושף את המנהג לקלל ("וְאַתְּ אָלִית") כאמצעי עידוד למסור עדות או אף להודות באשמה מצד עושה העוולה בעצמו.[19] האֵם נבהלה כמובן ממוצא פיה, שהרי מתברר לה לפתע שהיא קיללה את בנה, ועל כן הדבר הראשון שיוצא מפיה הוא: "וַתֹּאמֶר אִמּוֹ בָּרוּךְ בְּנִי לַה'". בברכתה, היא ביקשה לבטל את הקללה שאמרה לפני שידעה את זהות הגנב, ובנוסף היא גם הקדישה את הכסף, מה שאמור כנראה לרכך את הקללה על מעשה הגנבה. צודק ראב"ע שלא מדובר שם על השבעה שנעשית במסגרת משפטית ובבית דין, שהרי האם כלל לא ידעה מי גנב את כספה בשעה שאמרה את האלה. לפי זה גם אצלנו המקרה אינו עוסק בשבועה משפטית (דבר זה יעלה רק בפרשת אשם גנבות), אלא בשבועה שנאמרת בהקשר עממי, אך משולב בה שם ה' ויש בה קללה חמורה.

סיבותיו של אדם לכבוש את עדותו יכולות להיות מגוונות. ייתכן שהוא עצמו שותף במעשה הגנבה או הפגיעה: "חוֹלֵק עִם גַּנָּב שׂוֹנֵא נַפְשׁוֹ אָלָה יִשְׁמַע וְלֹא יַגִּיד"

18. וראו בבא קמא נה ע"ב: "תניא, אמר ר' יהושע: ארבעה דברים, העושה אותן פטור מדיני אדם וחייב בדיני שמים, ואלו הן... והיודע עדות לחבירו ואינו מעיד לו". חובת מתן עדות נלמדת מהפסוק: "לא תעמוד על דם רעך", ראו ספרא במקום.

19. היו שהבינו שאת הקללה אמרה אימו של מיכה עוד לפני מעשה הגנבה, כאיום מפני מי שיעז לגנוב (למשל רבינוביץ, ברכה, עמ' 373). זו קריאה אפשרית, אולם מסדר הפסוק נראה שהצדק עם ראב"ע שהקללה נאמרה לאחר היעלמות הכסף – "אֲשֶׁר לֻקַּח לָךְ – וְאַתְּ אָלִית". בימי הביניים עצירת התפילה לשם השמעת זעקה על עוול שנעשה היה דבר מקובל (גרוסמן, עיכוב תפילה), וא"י ברור העיד, שגם בשנת תרצ"ה הוא ראה בבית כנסת בפרס שניצב מי שנגנב, הביע צערו וקילל על תנאי את הגנב (ברור, ברכה, עמ' 455).

(משלי כ"ט, כד); ייתכן גם שהוא חבר של הפוגע ואינו רוצה לפגוע בו.[20] אך אני משער שהמקרה הנפוץ ביותר הוא זה שהמשנה מתייחסת אליו: "ושמא תאמרו מה לנו ולצרה הזאת, והלא כבר נאמר: 'וְהוּא עֵד אוֹ רָאָה אוֹ יָדָע אִם לוֹא יַגִּיד וגו'" (סנהדרין ד, ה), כלומר, החשש מפני ביטול זמן ומפני חקירות פולשניות עלול להביא את האדם לסגת מהאחריות שרובצת בפניו.[21]

מעניין להשוות את הדרישה המקראית לבוא ולהעיד לפתגמי חוכמה שרווחו במזרח הקדום ושעודדו אדם להתרחק מבתי משפט ומעדות. עמד על פער מרתק זה מילגרום, שהביא את הפתגמים הבאים, שהפער בינם לבין הרוח המקראית ברור מאליו:

> אל תבוא בתכיפות לבית המשפט / אל תימצא במקום שיש מחלוקת
> כי הם ירצו שתעיד בסכסוכם / ואתה תיעשה להם לעד...
> בעמדך מול מחלוקת – לך לדרכך / אל תשים לב לדבר ריב.[22]

על פי פרשת ויקרא, האדם שנמנע מלהעיד לחברו, ולאחר זמן התחרט על עצלנותו ומבקש לכפר על מעשיו צריך להביא חטאת, אך אם לא משיגה ידו די כבשה או שעירה הוא יכול להביא חטאת זולה יותר. יש להדגיש כי בניגוד לקורבן החטאת הרגיל ובניגוד לשאר המקרים המחייבים קורבן עולה ויורד, כאן ישנו חיוב גם על עבירה שנעשתה בזדון. הניסוח הקבוע המביע את מצב השגגה 'ונעלם ממנו' – אינו מופיע במקרה זה.[23]

מקרה שני: הטמא שלא נטהר

המקרה השני עוסק באדם שנטמא "ונעלם ממנו" הדבר. לכאורה נראה שמקרה זה מפוצל לשני מקרים, ויש הבחנה ביניהם:

20. פילון, על החוקים לפרטיהם ב, סעיפים 26-28 (כתבים, כרך ג, עמ' 28).
21. רמב"ן באמת ראה את בסיס חובת העדות כגמילות חסד שנדרש אדם לעשות עם רעהו (קונטרס דינא דגרמי).
22. מילגרום, ויקרא, כרך א, עמ' 294-295. הוא מראה שם, שגם בספרות החוכמה המצרית יש פתגמים דומים.
23. "אלו מביאין על הזדון כשגגה... ועל שבועת העדות" (משנה כרתות ב, ב). זוהי גם הקריאה המקובלת בין הפרשנים. עם זאת, ינובסקי טען שבכל המקרים המנויים לפנינו מדובר בחטא שלא נעשה בכוונת זדון, אלא לפנינו "שילוב בין טעות לאחריות" (ינובסקי, כפרה, עמ' 255).

- אוֹ נֶפֶשׁ אֲשֶׁר תִּגַּע בְּכָל דָּבָר טָמֵא אוֹ בְנִבְלַת חַיָּה טְמֵאָה אוֹ בְּנִבְלַת בְּהֵמָה טְמֵאָה אוֹ בְּנִבְלַת שֶׁרֶץ טָמֵא וְנֶעְלַם מִמֶּנּוּ וְהוּא טָמֵא וְאָשֵׁם.
- אוֹ כִי יִגַּע בְּטֻמְאַת אָדָם לְכֹל טֻמְאָתוֹ אֲשֶׁר יִטְמָא בָּהּ וְנֶעְלַם מִמֶּנּוּ וְהוּא יָדַע וְאָשֵׁם.

שלוש הפתעות עולות למקרא פסוקים אלו. ראשית, עצם ההפרדה בין טומאת בעלי חיים לטומאת אדם. לכאורה מבחינה הלכתית אין הבדל הנוגע לשאלה כיצד האדם נטמא. בין כך ובין כך מוטלות עליו הרחקות מן הקודש, ובין כך ובין כך עליו להיטהר. אף על פי כן סגנון הפסוק מורה שיש פיצול ביניהן שהרי כל אחד מן הנוגעים בטומאה פותח ב"או" בפני עצמו, ונחתם בביטוי "ואשם" המיוחד לו: "וְהוּא טָמֵא וְאָשֵׁם / יָדַע וְאָשֵׁם".

ההפתעה השנייה שעולה למקרא פסוקים אלו, קשורה בהדגשה שטומאת בעלי החיים האמורה כאן היא דווקא מבעל חיים טמא, כלומר כזה שאסור באכילה. אולם גם נבלת בהמה טהורה המותרת באכילה מטמאת (לפי ההלכה, דווקא אם לא נשחטה כדין), ולמרות זאת הפסוק מבליט שוב ושוב שמדובר דווקא בטומאת בעלי חיים טמאים, כלומר כאלו שאסורים באכילה. תאורטית ניתן היה להציע שלשון "טמאה" מוסבת על הנבלה ולא על הבהמה, כלומר – אסור לגעת **בנבלת** בהמה שהרי נבלה זו היא טמאה, אולם מהמשך הפסוק נראה שזו איננה הקריאה הנכונה: "בְנִבְלַת חַיָּה טְמֵאָה אוֹ בְּנִבְלַת בְּהֵמָה טְמֵאָה אוֹ **בְּנִבְלַת שֶׁרֶץ טָמֵא**". במקרה האחרון "טמא" בא בלשון זכר, ועל כן ברור שמילה זו נסבה על השרץ ולא על הנבלה.[24]

ההפתעה השלישית נוגעת בכך שהעבירה המתוארת כאן מתמקדת בטומאה שהגיעה לאדם מתוך 'מגע'. כך נפתחים שני חלקי המקרה: "אוֹ נֶפֶשׁ אֲשֶׁר תִּגַּע בְּכָל..." / "אוֹ כִי יִגַּע בְּטֻמְאַת אָדָם לְכֹל". סביר שגם הטֻמְאות היוצאות מן הגוף כלולות בפסקה השנייה, שהרי בסופו של דבר גם הן "טֻמאתו אשר יטמא בה", אך המוקד הלשוני מעתיק את כובד המשקל של המקרה אל טֻמְאות שהאדם נדבק בהן בנגיעה.

אתחיל מההפתעה השלישית, כי דומני שפתרונה קשור בהיבט פרגמטי. מאחר

24. ייתכן אומנם לקרוא את "טמא" כמגדיר את השרץ המת, ולפי זה אין בביטוי "טמא" לסייג את סוג בעל החיים, אלא את היותו מת ועל כן מטמא. מעין ראיה יש לקריאה זו, שהרי אין 'שרץ טהור' המותר באכילה, כך שהגדרת "נבלת שרץ טמא" מתארת את הזמן שבו השרץ מטמא. אולם לפי קריאה זו יש חזרה מוזרה בכל ההיגדים הללו, שהרי "נבלת" כבר מגדיר את בעל החיים כמת. אך מידי הספק לא יצאנו.

שהחוק עוסק באדם ששכח את דבר טומאתו, המקרים הקלסיים הם טֻמְאות שדבקו באדם משום שנגע בדבר מה טמא. קשה להניח שאדם שכח שהוא היה מצורע או זב וטרם נטהר. טֻמְאות אלו מלוות את האדם באינטנסיביות ויש להן השלכות רבות. לפי זה ברור, שגם אישה נידה למשל, ששכחה שהיא טמאה ועל כן לא נטהרה, תצטרך להביא קורבן עולה ויורד, אך התורה הביאה את המקרים שבהם דבר זה נפוץ יותר.[25]

שתי ההפתעות האחרות יכולות ללמד הרבה על אופי הטומאה בתפיסה המקראית. מתוך היקף הטומאה שמגדיר לכאורה רק בעלי חיים האסורים באכילה הסיק אהרליך שפסוקים אלו באמת מניחים שיש טומאה רק לבעלי חיים האסורים באכילה ולא לכל בעל חיים שמת.[26] דומני שהוא נעתר להפתעה שאכן מצויה בכתובים שלנו, אך הלך צעד אחד יותר מדי. מסתבר שיש בעלי חיים שלטומאתם אופי שונה משל בעלי חיים אחרים, אך אין זה אומר שלבעלי חיים המותרים באכילה אין טומאה כלל. פסוק מפורש קובע הלכות טומאה גם על בעלי חיים המותרים באכילה (ויקרא י״א, לט), אך באמת יש דרגות בטומאה. עד כמה שהדבר נשמע מוזר לאוזניים המורגלות בחשיבה הלכתית, פרה שמותרת באכילה ׳טמאה פחות׳ במיתתה, משפן שאסור באכילה. דבר זה מפתיע את כל מי שאמון על החשיבה ההלכתית, אבל במקרא דבר זה עולה בכמה מקומות. ראש וראשון הוא ויקרא י״א שמלמד על איסורי אכילת בעלי חיים ועל טומאות בעלי החיים בחדא מחתא. עצם הדבר שהתורה קושרת באופן כה הדוק בין שני תחומים אלו מלמד שיש ביניהם זיקה של ממש. למעשה, עצם החלוקה שיש בפרק י״א בין טומאות בעלי חיים האסורים באכילה (י״א, כד-כח) ובין טומאות בעלי חיים המותרים באכילה (י״א, לט-מ), מלמדת על רמת הטומאה השונה בשתי קטגוריות אלו שהרי לולא כן אין כל טעם בחלוקה זו.

נוסף על כך, ההדגשה שיש הלכות טומאה שתקפות רק בנוגע לבעלי חיים שאסורים באכילה (חיות ׳טמאות׳) עולה גם בדיני אכילת זבח השלמים. שם נאמר: ״וְנֶפֶשׁ כִּי תִגַּע בְּכָל טָמֵא בְּטֻמְאַת אָדָם אוֹ בִּבְהֵמָה טְמֵאָה אוֹ בְּכָל שֶׁקֶץ טָמֵא וְאָכַל מִבְּשַׂר זֶבַח הַשְּׁלָמִים אֲשֶׁר לַה׳ וְנִכְרְתָה הַנֶּפֶשׁ הַהִוא מֵעַמֶּיהָ״ (ז׳, כא). גם כאן האיסור מתמקד במי שנגע ״בבהמה טמאה״ או ״בכל שקץ טמא״. לפי ניסוח הפסוק עולה שאם אדם נטמא כי נגע בבהמה טהורה שמתה, גם אם יאכל מזבח השלמים הוא לא

25. למרות ביאור פרגמטי זה, מעניין לשים לב שבסופו של דבר שלושת המקרים של עולה ויורד מתמקדים בשלושה חושים שונים: 1. ״וְנֶפֶשׁ כִּי תֶחֱטָא וְשָׁמְעָה קוֹל אָלָה״; 2. ״אוֹ נֶפֶשׁ אֲשֶׁר תִּגַּע״; 3. ״אוֹ נֶפֶשׁ כִּי תִשָּׁבַע לְבַטֵּא בִשְׂפָתַיִם״.

26. אהרליך, מקרא כפשוטו, עמ׳ 214.

מתחייב כרת. סביר שהדבר קשור במשמעות של היתר אכילתם: הם אינם מטמאים את נפשות האוכלים אותם, ולכן גם במקרה שמתו, טומאת נבלתם אלימה פחות. דבר זה דורש דיון רחב יותר בניתוח ויקרא י״א, החורג מגבולות עיוננו, אך תפיסה זו רלוונטית גם להבנת ההפתעה הנוספת.

הפיצול בפסוקים שלפנינו בין טומאות בעלי חיים לטומאות אדם (שציינתי לעיל כהפתעה הראשונה) מלמד גם הוא שבתפיסה המקראית אין מדובר על ׳טהור׳ מול ׳טמא׳ כשני סטטוסים בינריים שאין ביניהם רציפות ושלבי ביניים. מסתבר שיש טֻמְאוֹת ברמות שונות, ויכול אדם להיות טמא ברמה נמוכה וטמא ברמה גבוהה. יש טמאים שדי להם שיום טומאתם יחלוף, ויש טמאים שעליהם לחכות שבעה ימים ורק לאחר מרחק כזה מטומאתם הם יוכלו להיטהר. אומנם בסופו של דבר, גם זה שנטמא בטומאת בעלי חיים וגם זה שנטמא בטומאות גוף מתחייבים קורבן עולה ויורד (אם הדבר נעלם מהם), אך עצם החלוקה מלמדת שניתן היה לחשוב שרק בסוג טומאה אחד יתחייב הנטמא, ועל כן צריך להדגיש שבשני המודלים של הטומאה צריך זה שלא נטהר להביא קורבן.[27]

מדוע האדם שנטמא מתחייב קורבן? רש״י במקום (בעקבות הבבלי בשבועות יד ע״ב) מוסיף כי מדובר בטמא שנכנס אל המקדש או אכל קדשים. רמב״ן במקום מטעים, כי אומנם המפגש עם הקודש לא נכתב בפסוקים שלפנינו, אך השלמה זו הכרחית, מפני שאין כל איסור בעצם הטומאה. אולם כפי שעלה לעיל בדיון בתפקיד החטאת, ניכר שלתורה יש עניין מובהק למעט ככל שניתן בטומאה, לפחות בתקופת הנדודים במדבר, עת המשכן נמצא בתוך המחנה ונודד עם ישראל.[28] הדבר נובע מהתפיסה שטומאה במחנה מסכנת את השראת השכינה בתוך מחנה ישראל, והיא עצמה מטמאת – גם אם ממרחק – את משכן ה׳: ״וְאִישׁ אֲשֶׁר יִטְמָא וְלֹא יִתְחַטָּא וְנִכְרְתָה הַנֶּפֶשׁ הַהִוא מִתּוֹךְ הַקָּהָל כִּי אֶת מִקְדַּשׁ ה׳ טִמֵּא״ (י״ט, כ).

לפיכך, אדם שנטמא ולא השתדל בטהרתו – בין אם כלל לא ידע שנטמא, ובין אם ידע אך הדבר נשכח ממנו – פוגע בהשראת השכינה; הוא הוסיף טומאה למחנה ישראל, ועל כן, כשנזכר לפתע שטומאתו עליו, עליו להביא קורבן עולה ויורד (כמובן לאחר שייטהר). יש להדגיש: אין כאן האשמה על עצם הטומאה, שהרי בזה אי אפשר

27. סביר שטומאת בעלי חיים קלה יותר מהטֻמְאוֹת הגופניות, אך אפריורית, אפשר היה להציע שהחידוש בפסוקים הוא לשני הכיוונים: בטומאה הגופנית החמורה יהיה על החוטא להביא חטאת קבועה (ולא עולה ויורד); או שבטומאת בעלי החיים הקלה ייפטר האדם מקורבן. כאמור, בסופו של דבר, בשני המקרים מתחייב אדם בחטאת עולה ויורד.

28. רייט, ספקטרום; ברויאר, טומאה; נעם, תחומן.

להאשימו. יש טמְאות שאינן תלויות בו כלל (במיוחד הטמְאות הגופניות), ויש מקרים שבעוד אדם עושה מצווה הוא נטמא (כמו קבורת מת) וברור שאין על כך ביקורת. הטענה המופנית כלפי הטמא היא שהוא נשאר בטומאתו זמן נוסף על הזמן שהיה חייב, ולא טהר מיד כשיכול היה. הוא יכול היה לצמצם את זמן טומאתו, אך שכחתו גרמה לו להוסיף טומאה רבה למחנה. ההאשמה היא ב'אי היטהרות'.

מקרה שלישי: אי קיום שבועה

אוֹ נֶפֶשׁ כִּי תִשָּׁבַע לְבַטֵּא בִשְׂפָתַיִם לְהָרַע אוֹ לְהֵיטִיב לְכֹל אֲשֶׁר יְבַטֵּא הָאָדָם בִּשְׁבֻעָה וְנֶעְלַם מִמֶּנּוּ וְהוּא יָדַע וְאָשֵׁם לְאַחַת מֵאֵלֶּה (ויקרא ה', א-ד).

המקרה השלישי עוסק באדם שלא היה נאמן לשבועתו. יכול אדם להישבע "להרע" לעצמו או "להיטיב" לעצמו; בין כך ובין כך עליו להיות נאמן לשבועתו שאותה הוציא בשפתיו בשם ה'.[29] ראוי להדגיש שאומנם בתקופת חז"ל יש רתיעה מעצם השבועה ונמנעו מכך, אך בפסוקים שלפנינו אין כל הסתייגות מעצם השבועה.[30] כך הדבר גם במקומות אחרים במקרא, כמו בספר דברים שממנו עולה שהאדם שנשבע בשם ה' מוכיח בזה שה' הוא אלוהיו: "אֶת ה' אֱלֹהֶיךָ תִּירָא וְאֹתוֹ תַעֲבֹד וּבִשְׁמוֹ תִּשָּׁבֵעַ" (דברים ו', יג); "אֶת ה' אֱלֹהֶיךָ תִּירָא אֹתוֹ תַעֲבֹד וּבוֹ תִדְבָּק וּבִשְׁמוֹ תִּשָּׁבֵעַ" (דברים י', כ).[31] הבעיה במקרה שלפנינו היא אי קיום השבועה, שכחת הנשבע מה שקיבל על עצמו, אף שהוא כבל את עצמו בשם ה' לנהוג באופן מסוים.

ראוי לשים לב במיוחד למה שמודגש בפסוק: "לְבַטֵּא בִשְׂפָתַיִם". אין די בביטול מחשבה לבדה כדי לחייב קורבן, וכדברי רש"י במקום (בעקבות הספרא): "ולא בלב". הדיבור הוא המחייב, הביטוי בשפתיים.[32] גם במקומות אחרים אנו מוצאים את הדגש

29. הצמד 'להרע' / 'להיטיב' מופיע במקרים אחרים כניגוד: "חֲכָמִים הֵמָּה לְהָרַע / וּלְהֵיטִיב לֹא יָדָעוּ" (ירמיה ד', כב); "כַּאֲשֶׁר זָמַמְתִּי לְהָרַע לָכֶם בְּהַקְצִיף אֲבֹתֵיכֶם אֹתִי... כֵּן שַׁבְתִּי זָמַמְתִּי בַּיָּמִים הָאֵלֶּה לְהֵיטִיב אֶת יְרוּשָׁלַ͏ִם" (זכריה ח', יד-טו). הפסוק אצלנו מבליט שאת קורבן עולה ויורד יש להביא גם אם השבועה הייתה להרע וגם אם הייתה להיטיב. כך מודגש שהקורבן אינו מותנה כלל בתוכן השבועה אלא באי קיומה.

30. ראו על כך למשל: הלוי, על השבועה.

31. אולם ראו ברש"י וברמב"ן במקום.

32. לפי הבבלי דבר זה נכון בנדרי חולין בלבד, אך הנודר למקדש (ותרומה) מתחייב במחשבת הלב, גם אם לא הויא בשפתיו (שבועות כו ע"ב). אולם מהירושלמי עולה שעמדת שמואל הפוכה, ודווקא ביחס לחיוב קורבן הכרחי שגם יוציא בפיו, ומחשבתו אינה מספיקה בשביל לחייבו (תרומות פ"ג

על הביטוי הלשוני שהוא המחייב את הנשבע, כמו הדיאלוג בין יפתח לבתו: ״וְאָנֹכִי פָּצִיתִי פִי אֶל ה׳ וְלֹא אוּכַל לָשׁוּב. וַתֹּאמֶר אֵלָיו אָבִי פָּצִיתָה אֶת פִּיךָ אֶל ה׳ עֲשֵׂה לִי כַּאֲשֶׁר יָצָא מִפִּיךָ״ (שופטים י״א, לה-לו).

אפשר לפענח את הצורך בביטוי לשוני בהקשר הלכתי־משפטי: זוהי אינדיקציה לכך שיש גמירות דעת של ממש, שלא מדובר רק במחשבות פורחות, אלא האדם באמת מתכוון לחייב עצמו בשבועה זו. עם זאת, בהמשך דיוננו נראה ששילוב שם שמיים בכל שבועה הוא מוקד מרכזי בחיוב הקורבן הנידון, ועל כן ׳ביטוי השפתיים׳, שכולל בתוכו גם את שם ה׳, הכרחי כאן.

מכנה משותף: חילול שם שמיים בעבירות מחדל

נדמה שהשורש המשותף לשלושת המקרים האלו הוא המחדל הפסיבי שניצב בתשתיתם. אדם אשר **לא העיד** על אף שידע או שמע; אדם **שלא נטהר**, על אף שנטמא, או אדם **שלא פעל** בהתאם להתחייבות שקיבל על עצמו בשבועה – צריך להביא קורבן עולה ויורד. בפסיביות שמלווה חטאים אלו נבדלת חטאת זו מקורבן החטאת הרגיל, שהרי החטאת הרגילה באה במקרה שהחוטא ״עָשָׂה מֵאַחַת מֵהֵנָּה״ (ויקרא ד׳, א) – החיוב נובע מפעולה אסורה שלו, מכך שעשה דבר מה אסור ועבר על לא תעשה. לעומת זאת חיוב קורבן עולה ויורה, חל על אדם בשל חוסר מעש שלו, בשל אי עשיית פעולה מתבקשת או מצופה ממנו, בשל מחדלו.[33]

ישנם מקרים שמוטלת בהם אחריות מסוימת על האדם, בין אם אחריות אשר הוטלה עליו עקב השתתפותו ונוכחותו בסיטואציה מסוימת (ונדרש למתן עדות), בין אם אחריות הנובעת מהגדרת הזיקה שבין היחיד לציבור שבתוכו שורה שכינה (ונדרש להישמר מטומאה), ובין אם אחריות שהאדם קיבל על עצמו (שבועה). במקרים אלו, אם האדם יתכחש לאחריות המוטלת עליו, ולא ייעתר לתביעתה, הוא יתחייב בהבאת הקורבן הנדון.

הנחת היסוד שמסתתרת בין השורות היא שקשה להעניש אדם במקרה שהפר חוק ללא עשייה אקטיבית. על ׳שב ואל תעשה׳, ביטול עשה – אין ענישה של בית

ה״ד). אחרונים דנו בעניין זה ביחס לצדקה, ששיטת הגר״א היא שגם לגביה אדם שחשב לתת צדקה, גם אם לא הוציא בפיו, מחויב בדבר.

33. אומנם במקרה השלישי – חילול שבועה – אפשר להפר את השבועה במעשה, שהרי אם תוכן השבועה היה להימנע ממעשה מסוים, ברגע שאדם עשה זאת, הוא הפר את שבועתו. אולם גם חטא זה יש לראות באופן מהותי כמחדל; האדם לא עשה כפי שהתחייב בשבועה, בין אם ״לא עשה״ באופן פסיבי ובין אם ״לא עשה״ בהתאם להתחייבותו באופן אקטיבי.

דין. גם אם עבר אדם ולא קיים את החובה המוטלת עליו, לא ניתן להענישו. אומנם מצאנו מי מהתנאים ומהאמוראים שביקש לחייב מלקות גם על לאו שאין בו מעשה,[34] אך דעה זו חריגה בנוף ההלכתי, ולא נפסק כמותה.[35]

מעניין להשוות את חוסר הנוחות שבהטלת אחריות על מחדל, לדיונים שנעשים בהקשרים משפטיים שונים בימינו. כך למשל התבטא השופט (בדימוס) פרופ' יצחק אנגלרד, ביחס לדיני נזיקין:

> ההלכה המסורתית היא, כי אין להטיל אחריות בנזיקין על מחדל טהור, בלתי אם קיים יחס מוקדם המטיל על אדם חובה לפעול. רעיון זה מתחייב מן המציאות, משום שאין מקום לחייב את כולי עלמא במניעת נזקים העומדים להתרחש על הזולת. יש לזכור, כי הטלת חובה לפעול למען הזולת, היא בהכרח פגיעה בחירותו של אדם. במסורת היהודית, כמו בשיטות משפט אחדות, קיים חריג לגבי מקרה של הצלת נפש. לאחרונה נחקק אצלנו חוק, שמטרתו להגשים את הרעיון העולה מתוך המסורת היהודית, הלוא הוא חוק לא תעמוד על דם רעך.[36]

הפרובלמטיקה שבמעבר מהתחום הנזיקי לפלילי בהקשרי עבירות מחדל נידונה בהרחבה בבמות שונות,[37] והנחת היסוד של דיונים אלו היא שבשונה ממקרים שבהם אדם פעל פעולה אסורה, קשה לחייב אדם בעבירה פלילית כשזו נעשתה במחדל: "עבירת ההפקרה היא עבירה של מחדל, אשר מדיניות משפטית ראויה, מחייבת את צמצומה במשפט הפלילי".[38]

בנוסף לעבירות מחדל, במקרים שיש לאדם **אחריות** כלפי אדם אחר, או שהוא ניצב מולו בעמדת סמכות (ילדיו של אדם, תלמידיו במוסד חינוכי וכדומה) ומוטלת

34. כך דעתו של ר' יהודה למשל במכות ד ע"ב, וכנראה זו גם דעתו של ריש לקיש – פסחים סג ע"ב, ומכות טז ע"א. בדעתו הפרובלמטית של ריש לקיש דנו תוספות, בבא מציעא צ ע"ב, ד"ה "ריש לקיש".
35. כך למשל מתבטא הרמב"ם (הלכות סנהדרין יח, א-ב): "וכן (לוקה) כל העובר על לאו שיש בו מעשה כגון אוכל בשר בחלב או לובש שעטנז, אבל לאו שאין בו מעשה כגון הולך רכיל ונוקם ונוטר ונושא שמא שוא אינו לוקה. כל לאו שאין בו מעשה אין לוקין עליו, חוץ מנשבע ומימר ומקלל את חבירו בשם".
36. ע"א 6649/96, הסתדרות מדיצינית הדסה נ' עופרה גלעד, תק-על 99(2), 1381, עמ' 1388.
37. את שלוש העמדות הבסיסיות לגבי המעבר מפרספקטיבת הנזיקין על מחדל לפרספקטיבת הפלילים ודיון בהן, ימצא המעיין במאמרו של סטטמן, לא תעמוד.
38. דברי העותר בדנ"פ 2974/99, ו' אוחנה נ' מדינת ישראל, דינים ועוד, דינים עליון, כרך נז, 426.

עליו חובה לפעול למען הגנת התלוי בו, אנו מוצאים בחוק הישראלי המודרני חריגה אחת בולטת, שאנגלרד התייחס אליה – חוק ׳לא תעמוד על דם רעך׳. באופן לא מפתיע, גם קבלתו של חוק זה לוותה בהתלבטות אם ניתן להעניש אדם על כך שלא פעל כמצופה ממנו. כך אמר בכנסת הרב חנן פורת כשהציע הצעת חוק זו:

> בהצעת החוק הזאת יש העזה מסוימת. אבל היא מצטרפת לכמה הצעות חוק שהתגבשו לאחרונה והן אומרות: לעתים אדם עובר עבירה לא רק בשל מעשה רע שהוא עשה, אלא גם בגלל מחדל. במקרים קיצוניים; כמו המקרה של אדם שחייב להודיע ולדווח כשהוא רואה התעללות בחסרי ישע, כך גם אדם שרואה חבר שנמצא במצוקה ואיננו מושיט לו עזרה, כך גם במקרים נוספים קיצוניים שבהם אדם נדרש, ואם הוא לא עושה – הוא עובר על ׳לא תעמוד על דם רעך׳.[39]

אין זה מקרה שדיונים אלו נסבים סביב שאלות של פגיעה ממשית בחייו או בגופו של אדם, שניתן היה למנוע אותה. בשאלות עדינות יותר נמנע המחוקק ככל שניתן מלהעניש על מחדל. העמדה הבסיסית, המבוטאת בהסתייגויות אלו היא שיש צורך במעשה פסול, שבו יואשם העושה אותו, ואשמתו יכולה לגרור בעקבותיה ענישה. בשעה שאדם הפר את החוק בהימנעות מעשייה, אין לו לדיין קרקע מוצקה שעליה תתבסס האשמת אותו אדם. אין בהקשר זה מעשה פסול אשר בעטיו אפשר להעניש את עושהו.

אומנם נכון הדבר שיש להסתייג מיצירת אנלוגיה הדוקה מדי בין הדוגמאות המשפטיות שהובאו לעיל ובין קורבן עולה ויורד. אינני סבור שיש לראות בחיוב קורבן חטאת אקט של ענישה. עצם העובדה שהקורבן בא בעיקר במקרי שוגג (חוץ ממקרים חריגים),[40] מוכיח שאין ענייננו בהענשת אדם על מעשהו. המינוח ׳כפרה׳ מתאים יותר לתוצאה הנדרשת בעקבות הבאת הקורבן. עם זאת, אין ספק שלשם הטלת חיוב משפטי על אדם (החובה להביא קורבן), העיקרון הבסיסי המחייב עשייה אקטיבית של החוטא נשאר בעינו.

דוגמה טובה שמבהירה דבר זה היא טענת חכמים בנוגע לדינו של המגדף: אף שהמגדף במזיד חייב כרת, אם גידף בשגגה הוא פטור מלהביא חטאת – ״שאינו

39. הרב חנן פורת בהיותו יושב ראש ועדת החוקה, ״הצעת חוק העונשין (תיקון מס׳ 47) (לא תעמוד על דם רעך)״, התשנ״ה.

40. ראו משנה כרתות ב, ב.

עושה מעשה" (משנה כרתות א, ב). חכמים אינם רואים בדיבור משום מעשה, ולכן המגדף אינו מתחייב חטאת. לפיכך גם המבטל את הפסח ואת המילה פטור מלהביא חטאת, אף שאם עשה כך במזיד הוא מתחייב בכרת.

אך יש לעשות צעד נוסף, ולהרחיב את הדיון ממישור הענישה למישור הפגיעה עצמה. אין מדובר במקרים אלו רק בבעיה פורמלית־משפטית של חיוב הקורבן, אלא שהדבר משקף פגיעה מוגבלת במשכן. כאמור לעיל, ביחס לקורבן החטאת, הכפרה נדרשת במקרים שבהם האדם פגע (בשוגג) בהשראת שכינה בישראל. במעשיו או בטומאתו נוצרה 'טומאה' שמסכנת את המשכן, ועל האדם להביא דם חטאת ולחטא את המזבח. במקרי קורבן עולה ויורד האדם לא עשה מאומה, ועל כן קשה להצביע על פגיעה אקטיבית וישירה במשכן. עם זאת, כפי שיובהר להלן, במחדלו הוא פגע, גם אם בעקיפין, בהשראת שכינה במשכן.

בשל כך ישנה הקלה מסוימת עם החוטא בעבירות אלו, ואם אין באפשרותו הכלכלית לקנות שעירה או כבשה, הוא יכול להביא קורבן זול יותר, וחשוב יותר לדיוננו – אפילו קורבן שאין בו דם (ראו להלן).[41]

לאור זאת, עולה כמובן השאלה ההפוכה: מדוע ישנו כל עיקר חיוב קורבן על עבירות שהן הימנעות מעשייה? מדוע אדם מתחייב בקורבן על הפסיביות שלו? הרי יש בתורה דרישות למכביר – מוסריות ודתיות, וניסוחן אף ניסוח אפודיקטי־מוחלט. אולם בדרך כלל אין זה מסמכותו של בית הדין או של הכוהנים לדרוש מהיושב פסיבי ואינו עושה מאומה, כפרה (חוץ מבמקרים מיוחדים וחריגים שאין כאן המקום לדון בהם). קורבן עולה ויורד ניצב במובן זה כנטע זר בעולם החוק המקראי, בדרישה לכפר בקורבן על מחדלים.[42]

בנקודה זו אנו מגיעים לבעיה המרכזית שמשתפת את שלושת המקרים הנידונים: על אף שהם עבירות מחדל, האדם שחוטא בהן גורם לפגיעה עקיפה בקודש; במחדלו הוא גורם לחילול השם ולפגיעה בהשראת שכינה בישראל.

נפתח במקרה הראשון שבו הדבר ברור. יש לשים לב שאין מדובר באדם שלא הלך להעיד. במקרה כזה אכן אין חיוב קורבן (גם אם הוא לא נהג כראוי). ניסוח

41. זה הכיוון שאחז בו גם מילגרום, החטאת המודרגת. כאמור לעיל, רבים בפרשנות המודרנית אחזו בקו שהציע אברבנאל, שהקורבן אינו בא דווקא על מקרים אלו, ועל כן לא נזקקו לשאלת המכנה המשותף.

42. כפי שהערתי לעיל, חז"ל ראו גם בקורבן העולה יסוד של כפרה על ביטול עשה (ספרא, דיבורא דנדבה, פרק ד, ח). אולם בפשטי המקראות, קורבן העולה הוא קורבן נדבה, אשר קרב באופן וולונטרי למזבח.

המקרה מבליט שהקורבן נצרך כי אותו אדם שאינו מעיד 'שמע קול אלה', כלומר שמע שבועה בשם ה', ולמרות זאת לא העיד כנדרש. בין אם מדובר בהשבעה אישית (רש"י) ובין אם מדובר בהשבעה כללית (ראב"ע), שם ה' שהוזכר בשבועה זו מתחלל באי מתן עדותו.

דבר דומה מתרחש במקרה השלישי. גם שם, בשבתו פסיבי, האדם מפר התחייבות שקיבל על עצמו בשבועה, כלומר בשם ה', ובהפרת התחייבותו הוא מחלל את השם.

אין צורך לומר שגם במקרה השני ישנה פגיעה בהשראת השכינה בישראל, שהרי האדם שלא נטהר מוסיף בכך טומאה במחנה ישראל, ובכל יום שעובר וטומאתו עליו נוספת טומאה נוספת, וזו מסכנת את השראת השכינה בישראל.

ניתן אפוא לסכם ששלושת המקרים הללו מתייחדים בכך שאף שהאדם לא פעל בהם ולא עשה מעשה איסור, באי עשייתו הוא פגע בהשראת שכינה בישראל, ועל כן עליו להביא חטאת ולחטא את המזבח. במקרים אלו היה עליו לפעול לאור דבר מה שהתרחש בשלב מוקדם: להעיד לאחר ששמע קול אלה; להיטהר לאחר שנטמא; ולקיים את שבועתו שנאמרה בשם ה'.[43] מחדלו פגע, בדרך זו או אחרת, בשם ה' ובהשראת שכינתו. זהו חיוב על מחדל, שאינו אלא עשייה באפס מעשה.

לפני שנפנה לראות כמה מן ההשלכות שיש להבנה זו על פרטי דינים אחרים שמשולבים בקורבן זה (במיוחד דין הווידוי ואפשרות הבאת קורבן שאיננו מן החי), אני מבקש להצביע על הסגנון הספרותי של חתימות שלושת המקרים שמלמד גם על ההבדל ביניהם:

1. אי מסירת עדות – "אִם לוֹא יַגִּיד וְנָשָׂא עֲוֹנוֹ" (ה', א).
2. אי היטהרות מטומאת בעלי חיים – "וְנֶעְלַם מִמֶּנּוּ וְהוּא טָמֵא וְאָשֵׁם" (ב)
   אי היטהרות מטומאת אדם – "וְנֶעְלַם מִמֶּנּוּ וְהוּא יָדַע וְאָשֵׁם" (ג).
3. אי קיום שבועה – "וְנֶעְלַם מִמֶּנּוּ וְהוּא יָדַע וְאָשֵׁם לְאַחַת מֵאֵלֶּה" (ד).

כמה דברים מעניינים נחשפים מבעד לחתימות המשתנות הללו. ראשית, ניכר שבמקרה הראשון לא נאמר – כפי שנאמר בכל האחרים – "ונעלם ממנו". הדבר כמובן נובע מעצם סיפור המעשה של מקרה זה. לא מדובר בשגגה שנעלמה מתודעת האדם אלא

43. ראו גם את דברי הנצי"ב שביאר את אריכות הלשון "וְהֵבִיא אֶת אֲשָׁמוֹ לַה' עַל חַטָּאתוֹ אֲשֶׁר חָטָא" (ה', ו), שמשקפת את הכפרה שהאדם מבקש גם על השלב הראשון שהוא חטא במזיד או קרוב למזיד.

במזיד. מאחר שמדובר במזיד, ניתן להבין את פשר התוספת לחתימה: "וְנָשָׂא עֲוֹנוֹ", ולא רק "וְאָשֵׁם" כפי שכתוב במקרים האחרים. הצירוף 'לשאת עוון' הוא צירוף דו־משמעי. לעיתים הוא מכוון דווקא לסליחה ולכפרה (כמו: "נֹשֵׂא עָוֹן וָפֶשַׁע וְחַטָּאָה" – שמות ל"ה, ז), ולעיתים הוא מכוון לחטא הרובץ על כתפיו של החוטא (כמו: "וְאִם לֹא יְכַבֵּס וּבְשָׂרוֹ לֹא יִרְחָץ וְנָשָׂא עֲוֹנוֹ" – ויקרא י"ז, טז).[44] במקרה שלנו הכוונה לחטא הרובץ על כתפי זה שלא בא להעיד לחברו. כאמור, ביטוי זה מתאים במיוחד כאשר האדם מחליט בזדון ליבו שלא להיעתר לקול האלה ששמע ולא להעיד לטובת הנפגע.[45] עם זאת, אף שמדובר במזיד, מצד הפגיעה במשכן חטא זה קל ממקרי שגגה רגילים, מפני שאדם זה לא פעל פעולת איסור, אלא נשאר בביתו והתעלם מהחובה שהונחה לפתחו.

חריגה נוספת משולבת בחתימת המקרה השלישי, שמנצלת טכניקה ספרותית של קריאה כפולה, ושיש בה תרומה לתפיסת שלושת המקרים האלו ככלולים בקטגוריה אחת, כבעלי מכנה משותף. לעיתים מילה, או ביטוי לשוני, חותמים שני מעגלי קריאה שונים. מטבע הלשון שחתמה את מקרה הטומאה "והוא ידע ואשם" – משתנה במקרה האחרון ונוסף בה: "וְהוּא יָדַע וְאָשֵׁם **לְאַחַת מֵאֵלֶּה**". מן העבר האחד, כיון שמטבע לשון זה נזכר גם בטומאה, יש לפענח את הצירוף "וְהוּא יָדַע וְאָשֵׁם" שבפסוק ד, כחתימה של המקרה של אי קיום שבועה – המקרה השלישי. אולם, התוספת "לאחת מאלה" מלמדת שחתימה זו סוגרת גם את כל המקרים כולם.[46] בכך הצירוף כולו, או לפחות המילה "וְאָשֵׁם", משמשים תפקיד נוסף כחתימה של המקרים כולם, וכהצבעה על כך שבכולם יש אשמה המחייבת קורבן.

יש בכתיבה כזו תרומה לליכוד המקרים כולם, ולרמיזה שאכן נכון למצוא בכולם מכנה משותף אחד, שהרי התורה חותמת אותם יחדיו כחטיבה מאורגנת אחת.

וידוי שמגדיר חטא

בעקבות האמור, נוכל לבאר את מצוות הווידוי שנזכרת לראשונה בקורבן עולה ויורד:

44. קדרי, מילון, עמ' 732. הגישה המקובלת רואה בצירוף היגד דו-משמעי שבכל מקום יש לפרשו על פי הקשרו. ברוך שורץ טען ששתי ההוראות נסמכות על המובן היסודי של 'משא' (שורץ, נשא עון).

45. באופן מפתיע צירוף זה נזכר גם באשם תלוי (ה', יז), ויש לדון גם שם מדוע הכתוב מחמיר עם זה שכלל לא בטוח שחטא.

46. לקריאה אחרת, ועל פיה צירוף זה חותם רק את מקרה השבועה ראו בפירוש הנצי"ב במקום; גולדנברג, מחברות, עמ' 12.

פרק עשירי: קורבן עולה ויורד (ה׳, א-יג) - על מחדל ועצלנות

וְהָיָה כִי יֶאְשַׁם לְאַחַת מֵאֵלֶּה וְהִתְוַדָּה אֲשֶׁר חָטָא עָלֶיהָ (ויקרא ה׳, ה)

מאחר שקורבן עולה ויורד הוא נספח של החטאת, יש מן ההפתעה בכך שיש חובת וידוי דווקא בשלושה מקרים אלו, ולא במקרים האחרים של חטאת. חז״ל הרחיבו את חובת ווידוי לכל קורבנות החובה:

> וכן בעלי חטאות ואשמות בעת שמביאין קרבנותיהן על שגגתן או על זדונן אין מתכפר להן בקרבנם עד שיעשו תשובה ויתודו וידוי דברים שנאמר: ׳והתודה אשר חטא עליה׳ (רמב״ם, הלכות תשובה א, א).

גם לפי קריאה זו התופעה הספרותית דורשת פשר: מדוע דין הווידוי נדחה לקורבן עולה ויורד ולא הוזכר בחטאות הרגילות? מאחר שעולה ויורד הוא נספח של החטאת, יש מן ההפתעה באזכור הווידוי בנספח ולא בעיקרו של הקורבן.

אלו הטוענים שמצוות הווידוי נזכרת כאן לראשונה מפני שבחטאת רגילה באמת אין צורך לומר ווידוי (למשל ראב״ע לוויקרא ה׳, ד), זוכים אומנם לתשובה על שאלת דחיית המצווה לכאן (שהרי רק כאן היא רלוונטית), אולם האתגר גדול עוד יותר: מדוע יש להתוודות דווקא לצד קורבן חטאת עולה ויורד ולא להתוודות במקרי החטאת הרגילים, החמורים יותר?[47]

רמב״ן התייחס לעניין זה והציע הצעה מפתיעה למדי – חובת הווידוי הנזכרת

47. ליבי אומר לי שהרחבת דין הווידוי לקורבנות כולם קשור במגמת חז״ל להעתיק את כובד המשקל בתהליך ההקרבה להתרחשות הנפשית ולתודעת המקריב מאקט ההקרבה עצמו. הדבר בולט בדברי הרמב״ם שרצה שגם בזבח שלמים תהיה בחינת ׳וידוי׳, ומאחר שאין שום חטא ועוון, הוא הציע להחליף זאת בדברי שבח: ״כיצד מתודה? אומר ׳חטאתי עויתי פשעתי ועשיתי כך וכך וחזרתי בתשובה לפניך וזו כפרתי׳... ויראה לי שאינו מתודה על השלמים אבל אומר דברי שבח״ (הלכות מעשה הקורבנות ג, טו). כלומר, בכל מקרה יש מלל שמלווה את הקורבן ומבאר את עניינו. רוח זו אינה עולה מהמקראות עצמם, שבהם המעשה עצמו מבטא באופן סמלי את הדיבור החסר. אדרבה, היו שראו בחוסר המלל את אחד ממאפייניו הבולטים של המקדש ושל זהירות התורה מכל דבר שנראה כמגיה. כך יחזקאל קויפמן הגדיר את המקדש הישראלי כ׳מקדש הדממה׳, ללא לחשים וללא נוסחאות מגיות: ״שוררת בו דממת קודש. המקדש הכהני הישראלי הוא מלכות הדממה״ (תולדות האמונה, כרך ב, עמ׳ 476). וכבר הזכרנו, שישראל קנוהל פיענח תופעה זו כעדות לתפיסה מופשטת של האלוהות: ״הדממה מאפיינת את עמידתו של האדם בפני האלוהות המסתורית והנשגבת השוכנת במקדש הכוהני״ (קנוהל, אמונות המקרא, עמ׳ 120). ראו על כך עוד בדיוננו באופי הקורבן ובתפקידו.

כאן לא חלה על כל שלושת המקרים שבעטיים יש להביא קורבן עולה ויורד אלא רק על המקרה הראשון שהוא מזיד:

> ולא פירש הוידוי למעלה בשאר החטאות. ועל דרך הפשט יראה, שאמר בכאן 'והתודה' בעבור כי שבועת העדות יביאו קרבן על זדונה, וכן בשבועת הפקדון הזכיר 'והתודו את חטאתם אשר עשו' (במדבר ה', ז), אבל בחטאת השגגה לא יזכיר וידוי (פירושו לוויקרא ה', ה).

לדעתו, הווידוי נצרך דווקא במקרים של מזיד. לכן הוא נזכר כאן – אגב שבועת העדות – ולכן הוא נזכר גם בחומש במדבר בהקשר של אשם גזלות, שגם הוא קורבן שבא על מזיד. לפי דבריו עולה שאם מדובר בעבירה שנעשתה בשגגה, החוטא אינו צריך להתוודות, שהרי מה יש בפיו לומר, ועל מה הוא צריך להתחרט – הרי הדבר נעשה ללא ידיעתו ובלי כוונתו! לאידך גיסא, אם הוא מתוודה על עבירת המזיד שעשה, הוא מביע חרטה ומצטער על מעשיו, כאילו אומר 'לו חשבתי בכובד ראש על הדבר לא הייתי נכשל בו'. לווידוי שכזה יש כוח להגדיר מחדש את עבירות המזיד כאילו נעשו בשוגג, ללא ידיעה מקיפה ונוקבת, וכך יכול הקורבן לכפר על החטא.[48] זו קריאה אמיצה ביותר, אך היא קשה בפסוקים. הכתוב מכליל ומחיל את דין הווידוי על כל שלושת המקרים ולא רק על המקרה הראשון שנעשה במזיד: "וְהָיָה כִי יֶאְשַׁם לְאַחַת מֵאֵלֶּה – וְהִתְוַדָּה אֲשֶׁר חָטָא עָלֶיהָ", משמע שבכל שלושת המקרים הקורבן מצריך גם וידוי.

מהו אם כן תפקיד הווידוי, ומדוע הוא נזכר דווקא בקורבן זה?

ראשית יש לציין שבספרות ההלכתית יש קשר עמוק בין הווידוי לסמיכה, ובאותה שעה שהאדם סומך ידיו על הקורבן – הוא גם מתוודה (יומא לו ע"א),[49] אבל בהקשרים שונים במקרא (במיוחד בספרים המאוחרים) אנו מוצאים את הווידוי גם במנותק מהקורבן (ויקרא כ"ו, מ; דניאל ט', ד; עזרא י', ו; נחמיה ט', ג), ומסתבר

48. זהו הניסוח של מילגרום, ויקרא, כרך א, עמ' 301. וראו אצלו בהרחבה גם בעמוד 374.

49. אחרונים נחלקים אם הווידוי נאמר ממש בזמן שידיו על ראש קורבנו (ר"י קמחי, בספרו עבודת ישראל), או שהווידוי אומנם נאמר לצד הסמיכה אך לא כשידיו ממש על הקורבן, "אלא עומד באימה כעבדא קמי מריה וידיו כפופות וקומתו כפופה ומתוודה" (אנציקלופדיה תלמודית, ערך "ודוי", כרך יא, עמ' תכ). קישור הווידוי לפעולת הסמיכה נתפס כדבר מהותי עד כדי ההתלבטות בדינו של אדם אשר התוודה שלא בשעת הסמיכה – אם צריך לחזור ולהתוודות (מעשה הקורבנות, עמ' לו). על הצמדת הווידוי לפעולת הסמיכה ראו גם אצל ווסר, סמיכה.

שיכול להיות לו תפקיד גם ללא קורבן, כמו הווידוי שנוהגים לומר היום, ובמיוחד ביום הכיפורים. בפרשתנו דין הווידוי מובא בלי קשר לחובת הסמיכה, שכלל לא נזכרת, והוא אף נזכר לפני הבאת הקורבן.[50]

בדרך כלל מבינים את הפועל להתוודות כקשור בהודאה (confession), אולם יש מקום להתלבט שמא שורש המילה יד"ה בהוראת לזרוק, להשליך, כמו: "וַיָּבֹאוּ אֵלֶּה לְהַחֲרִיד אֹתָם לְיַדּוֹת אֶת קַרְנוֹת הַגּוֹיִם הַנֹּשְׂאִים קֶרֶן אֶל אֶרֶץ יְהוּדָה לְזָרוֹתָהּ" (זכריה ב׳, ד), ובדומה לפועל האכדי *nadû*. היתרון של קריאה זו הוא בפסוק שמתאר את הווידוי ביום הכיפורים: "וְסָמַךְ אַהֲרֹן אֶת שְׁתֵּי יָדָו עַל רֹאשׁ הַשָּׂעִיר הַחַי וְהִתְוַדָּה עָלָיו אֶת כָּל עֲוֹנֹת בְּנֵי יִשְׂרָאֵל וְאֶת כָּל פִּשְׁעֵיהֶם לְכָל חַטֹּאתָם וְנָתַן אֹתָם עַל רֹאשׁ הַשָּׂעִיר וְשִׁלַּח בְּיַד אִישׁ עִתִּי הַמִּדְבָּרָה" (ויקרא ט"ז, כא). הפסוק נקרא ביתר קלות אם "והתודה" הוראתו 'והשליך', שהרי הכהן מתוודה 'את כל העוונות והפשעים', ובכך הוא 'נותן' אותם על ראש השעיר.

בין אם כך ובין אם כך, במקרה של קורבן עולה ויורד האדם החוטא עצמו הוא המתוודה. אני מדגיש זאת, מפני שהיו חוקרים שהראו שהווידוי קיים גם במזרח הקדום (במיוחד אצל בני חת), אולם במקרים רבים הכוהן הוא שהיה מתוודה עבור החוטא.[51] בתורה, החוטא עצמו הוא המתוודה, וכפי שמיד אציע הדבר קשור בטבורו בתפקיד שיש לווידוי זה.

אכן, יש בווידוי בקשת סליחה וקבלת אחריות, ומבחינה זו היה מתאים למצוא את הווידוי בכל קורבן חובה שבא על חטא, אולם יש צורך מיוחד בווידוי בקורבן שבא על עבירות מחדל. בקורבן חובה רגיל אפשר להצביע על חטאו של האדם האשם ולומר לו 'כך וכך עשית ועל כן אתה מחויב להביא קורבן זה'. אבל במקרים של קורבן עולה ויורד האדם שבא למשכן אומר בעצם – 'באתי כי לא עשיתי מאומה'. במקרה כזה יש צורך בווידוי שבו האדם יגדיר את מחדלו כחטא; בווידוי זה האדם מקבל על עצמו את האחריות על התוצאה שהתרחשה עקב מחדלו, גם אם הוא לא עשה כל מעשה אסור. כלומר, כאשר האדם עבר על לא תעשה מוגדר וברור, אין צורך בדיבור פיו שיקשור עצמו לדבר, שהרי המעשים שאדם עושה קשורים בו בעל כורחו. אולם אם התוצאה אומנם הרסנית, אך אין מעשה מוגדר שאפשר להצביע

50. סביר שהתורה לא חוזרת על דין הסמיכה שכבר הוזכר בחטאת הרגילה, והוא חלק מכל דיני הקרבת החטאת שהתורה לא חוזרת עליהם שוב (כמו גם לגבי דרישת 'תמים'). כך פירש רמב"ן, וראו עוד אצל שנדורפי, עולה ויורד.

51. מילגרום, ויקרא, כרך א, עמ׳ 302.

עליו, בא האדם למשכן ובפיו קושר עצמו לפגיעה שנעשתה במשכן. הוא מקבל על עצמו את האשמה, ואז הוא יכול לחטא את המזבח ולכפר על חטאו.

וְהֵבִיא אֶת אֲשָׁמוֹ לַה'

הצורך בווידוי קשור גם בשילוב המונח 'אשם' בקורבן עולה ויורד. דבר זה רלוונטי במיוחד לקורבן האשם שנדון בו להלן, אולם כאמור לעיל, גם בקורבן עולה ויורד המילה 'אשם' משובצת באינטנסיביות יתרה: "וְהוּא טָמֵא וְאָשֵׁם"; "וְהוּא יָדַע וְאָשֵׁם"; "וְהָיָה כִי יֶאְשַׁם לְאַחַת מֵאֵלֶּה"; "וְהֵבִיא אֶת אֲשָׁמוֹ לַה'"; "וְאִם לֹא תַגִּיעַ יָדוֹ דֵּי שֶׂה וְהֵבִיא אֶת אֲשָׁמוֹ אֲשֶׁר חָטָא". ואף על פי שאין לראות בקורבן עולה ויורד סוג של אשם אלא חטאת, שילוב מונח זה הנעשה כאן בריכוז גבוה – יותר מאשר בחטאת הקבועה הרגילה – דורש פשר.

יש להעיר שהמונח 'אשם' הוא מונח רב משמעי ומיטונימי בעברית המקראית.[52] לעיתים הוא מבטא את העונש שעומד לחול על ראש החוטא, ראש האשֵם, כניסוחו של אבימלך ליצחק: "מַה זֹּאת עָשִׂיתָ לָּנוּ כִּמְעַט שָׁכַב אַחַד הָעָם אֶת אִשְׁתֶּךָ וְהֵבֵאתָ עָלֵינוּ אָשָׁם" (בראשית כ"ו, י);[53] לעיתים הוא מבטא את החטא, ובמיוחד את קבלת האחריות של האדם על חטא זה, מעין 'תחושות אשמה' של העברית המודרנית, כגון מה שאומרים אחי יוסף: "אֲבָל אֲשֵׁמִים אֲנַחְנוּ עַל אָחִינוּ אֲשֶׁר רָאִינוּ צָרַת נַפְשׁוֹ בְּהִתְחַנְנוֹ אֵלֵינוּ וְלֹא שָׁמָעְנוּ" (בראשית מ"ב, כא); ולעיתים הוא משמש כמעין 'תשלום פיצוי', כמו: "וַיֹּאמְרוּ אִם מְשַׁלְּחִים אֶת אֲרוֹן אֱלֹהֵי יִשְׂרָאֵל אַל תְּשַׁלְּחוּ אֹתוֹ רֵיקָם כִּי הָשֵׁב תָּשִׁיבוּ לוֹ אָשָׁם אָז תֵּרָפְאוּ וְנוֹדַע לָכֶם לָמָּה לֹא תָסוּר יָדוֹ מִכֶּם. וַיֹּאמְרוּ מָה הָאָשָׁם אֲשֶׁר נָשִׁיב לוֹ... וּלְקַחְתֶּם אֶת אֲרוֹן ה' וּנְתַתֶּם אֹתוֹ אֶל הָעֲגָלָה וְאֵת כְּלֵי הַזָּהָב אֲשֶׁר הֲשֵׁבֹתֶם לוֹ אָשָׁם תָּשִׂימוּ בָאַרְגַּז מִצִּדּוֹ וְשִׁלַּחְתֶּם אֹתוֹ וְהָלָךְ" (שמ"א ו', ג-ח).

לפיכך ההבנה של ביטויי 'האשם' בפרשיות הקורבנות מאתגרת ומורכבת, ולא לכל האזכורים משמעות זהה. ההתלבטות מה בין 'חטא' ל'אשם' משתקפת היטב בתרגום אונקלוס לפרשתנו. בולט הדבר בפסוק ה: "וְהָיָה כִי **יֶאְשַׁם** לְאַחַת מֵאֵלֶּה וְהִתְוַדָּה אֲשֶׁר **חָטָא** עָלֶיהָ". אונקלוס תירגם את שני המונחים באותו האופן ולא הבדיל ביניהם: "ויהי ארי **יחוב** לחדא מאלין ויודי די **חב** עלה" (ובדומה גם המיוחס

52. קדרי, מילון, עמ' 75-76. מילגרום הקדיש ספר שלם לקורבן אשם, ובפרק הראשון שם הוא בוחן סוגיה זו באופן רחב (מילגרום, פולחן ומצפון).

53. השוו גם: תהילים ל"ד, כא-כב; ואולי גם: ירמיה נ"א, ה; תהליים ס"ח, כב.

ליונתן). דבר דומה מתרחש בתרגום פסוק ז: "וְהֵבִיא אֶת אֲשָׁמוֹ אֲשֶׁר חָטָא", שגם בו בחר אונקלוס מונח זהה לאשם ולחטא: "וייתי ית חובתיה די חב".

אף שההבחנה המדויקת בין שני מונחים אלו חמקמקה, יש שני כיוונים שברצוני להתעכב עליהם. כמתבקש, רוב הדיונים שהוקדשו לשאלה זו נעשו סביב היחס בין קורבן אשם לקורבן חטאת, אך יש מקום לברר את ההבדל שבין המונחים גם בהקשר הסמנטי שלהם. לפני כמעט מאה שנה הציע שוץ, שבסיס ההבחנה בין קורבן אשם לקורבן חטאת הוא שקורבן אשם בא על חטאים שנעשו מול האל עצמו או חילול שמו תוך פגיעה ישירה בקודש, בניגוד לחטאת שבאה על הפרת החוק, על מעשה עבירה.[54] עוד נדון באופיו של האשם ובמקרים שבהם יש להביאו, אך יש בעמדה של שוץ – לפחות מהבחינה הלשונית – כדי להשפיע גם על דיוננו בקורבן חטאת עולה ויורד. אם נאמץ את דבריו, יובן מדוע במקרים אלו משולבים ביטויי האשמה. הרי זהו בסיס ההצדקה לדרישה להביא קורבן: אף שמדובר באי עשייה, דבר שבדרך כלל לא דורש ענישה או כפרה, במקרים אלו יש 'אשמה' – הקודש עצמו מחולל, שמו של ה' מחולל. מאחר שאלו מקרים שיש בהם 'אשם', יש להביא בעטיים חטאת, גם אם לא עשה האדם מעשה איסור בידיו.

לצד זאת, ברצוני להצביע על כיוון נוסף שנובע ישירות מהדיון שהיה עד כה. הכתוב קושר בין ה'אשמה' לבין חובת הווידוי: "וְהָיָה כִי יֶאְשַׁם לְאַחַת מֵאֵלֶּה וְהִתְוַדָּה אֲשֶׁר חָטָא עָלֶיהָ" (ה', ה). אכן הדברים קשורים: החוטא מתוודה בגלל תחושתו שהוא אשם. תרומת הבלטת האשמה בקורבן זה היא בהבהרת המצב הנפשי של החוטא: הוא מרגיש אשם, ועל כן הוא מביא את הקורבן. לעיתים הוא 'אשם' מפני שפעל בניגוד לחוק (מקרי החטאת הרגילים); ולעיתים – כפי שעולה אצלנו – הוא זה שמגדיר את עצמו כאשם בווידויו. יושם לב לשיבוץ המונח בתיאור הבאת הקורבן: "וְהֵבִיא אֶת אֲשָׁמוֹ לַה' עַל חַטָּאתוֹ אֲשֶׁר חָטָא" (ה', ו). האדם מרגיש אשם משום שלא פעל כפי שנדרש ממנו, ועל כן הוא מביא קורבן לה', וקורבנו מייצג את תחושת האשמה שלו על כך שהוא חָטָא. ה' הוא שיקבל את תחושות האשמה שלו ויכפר עליו. לשון אחר, בקורבן עולה ויורד לשון 'אשמה' משולבת יותר מאשר בשאר החטאות, מפני שבחטאת רגילה האדם אומנם מרגיש אשם, אך תחושתו היא נספחת צדדית לכשל המרכזי שלו – עצם חטאו שמחייב אותו בחיטוי המשכן. בקורבן עולה ויורד, המעשה כשלעצמו חיוור, וכהשלמה לכך, מתמקד הכתוב בתחושת האשמה של האדם, והיא זו שעומדת במוקד. לחוטא עצמו יש כוח לחייב את עצמו – בשל אשמתו שמובילה לווידויו.

54. שוץ, אשם וחטאת, עמ' 32-34.

אופציית העשיר: כשבה או שעירת עזים

במילים ספורות מציעה התורה בפני החוטא להביא את החטאת הרגילה, וללא פירוט מיותר, היא מפנה את הקורא לדיני החטאת שכבר פורטו בחטאת הרגילה. דבר זה, כאמור לעיל, מלמד יותר מכול עד כמה קורבן עולה ויורד איננו אלא סעיף של חטאת. עם זאת, מבחינה ספרותית לפנינו חריגה מדרך הכתיבה הרגילה, וכפי שקורה לעיתים קרובות, יש בכוח חריגות אלו לשמש חלון הצצה לייחודיות הקורבן הזה דווקא.

כמו בחטאת הרגילה גם כאן יש שתי אופציות בפני מביא קורבן הצאן: "וְהֵבִיא אֶת אֲשָׁמוֹ לַה' עַל חַטָּאתוֹ אֲשֶׁר חָטָא נְקֵבָה מִן הַצֹּאן **כִּשְׂבָּה אוֹ שְׂעִירַת עִזִּים** לְחַטָּאת" (ה', ו). אלא שבניגוד לסדר הבאת שתי האפשרויות שבחטאת הרגילה, שבה שעירת העיזים הקדימה את הכשבה, אצלנו הכבשה צועדת בראש.

כאמור לעיל, סדר אזכור הבהמות איננו דבר שולי, ובקורבנות הנדבה יש עדיפות לכבשה, ואילו בחטאת יש עדיפות לשעירה. לפיכך החריגה שבפסוקנו דורשת פשר – הרי מדובר בקורבן חטאת ומדוע הכבשה נזכרת לפני השעירה?

ר' מאיר שמחה הכוהן מדווינסק התייחס לשינוי זה בספרו משך חכמה והציע פתרון מרתק:[55]

> דע, דבעולה דעיקרו הקטרת האברים לריח נחוח ומכל שכן בשלמים, לכן כתוב כבש קודם לשעיר – משום דלענין הקטרה כבשים קודמים לשעירים, שלהקטרה יש בהן תמיד חלק גבוה יותר היינו אליה. אבל בחטאת יחיד כתוב שעירה קודם לכבשה משום דשעירת יחיד קודם לכבשת יחיד דמכפרת גם בעבודה זרה... אבל כאן דאיתנהו בעולה ויורד דאין זדונו כרת ובטומאת מקדש וקודשיו נתכון לעשות מצוה, **בזה ההקטרה עיקר ולכן כבשה קודם לשעירה** משום דאליה קריבה, **דהכפרה בדם אינו בהן עיקר כמו בחטאת דעלמא** (משך חכמה לוויקרא ה', ו).

לדעת ר' מאיר שמחה הכוהן בקורבנות שבהם ההקטרה היא העיקר – יש עדיפות לכבשה משום שיש בה חלק נוסף שמוקטר על המזבח עם האֵמורים (האליה), אך בקורבנות שבהם חיטוי הדם הוא העיקר יש עדיפות לשעירה (משום שהיא מכפרת גם על עבודה זרה).

55. לאפשרויות נוספות ראו אצל שנדורפי, עולה ויורד, עמ' 58–60.

אני מבקש לאמץ את העיקרון שעולה מדבריו אך בניסוח אחר. בהמשך למה שראינו בדבר העדיפות שיש בחטאות לשעירת עזים, לעובדה שלא מדובר כאן במעשה חטא שפוגע באופן ישיר במשכן, יש השלכות מהותיות על הגדרת הקורבן. שלא כמו חטאת רגילה שהעיקר בה הוא חיטוי המזבח, בקורבן חטאת עולה ויורד העיקר הוא עצם ההקטרה על גבי המזבח. תפקיד הדם דומה לחטאת הרגילה, אך המשקל עובר לעצם ההקרבה. בדבר זה קורבן עולה ויורד קרוב ברוחו לקורבן אשם (שכלל לא מחטא את המזבח, כפי שיובהר להלן). עיקרון זה חשוב להבנת אפשרויות ההקרבה הנוספות שיבליחו בקורבן זה, שאין בהן דם כלל.

אופציית העני: חטאת עוף

כאמור, האפשרות העדיפה למי שחטא באחד משלושת המקרים המנויים בפרשה היא להביא כבשה או שעירה ככל חטאת. אם יד החוטא אינה מגעת די שה מן הצאן, מאפשרת לו התורה להביא שתי ציפורים: ״וְאִם לֹא תַגִּיעַ יָדוֹ דֵּי שֶׂה וְהֵבִיא אֶת אֲשָׁמוֹ אֲשֶׁר חָטָא שְׁתֵּי תֹרִים אוֹ שְׁנֵי בְנֵי יוֹנָה לַה׳ אֶחָד לְחַטָּאת וְאֶחָד לְעֹלָה״ (ה׳, ז). על עצם ההקלה שהקל כאן הכתוב עם החוטא כבר דנו, אולם הפתעה נוספת משולבת באופציה זו: לצד ציפור לחטאת, על החוטא להביא גם ציפור לעולה. באופציה היקרה של העשיר יש רק קורבן חטאת – כבשה או שעירה; וגם באופציה השלישית – של דַלֵּי דַלּוּת, יש רק קורבן חטאת שבא מהסולת. משום מה, באופציה האמצעית – של העני שאיננו עני גמור – יש צורך להביא שתי ציפורים כדי שתוקרב גם עולה לצד החטאת! מהיכן צמח החיוב להביא גם עולה?

דבר זה כה מפתיע, עד שהיו בין הפרשנים המודרניים שהציעו שאם זהו הדין בקורבנו של העני, ככל הנראה הכוונה היא שגם העשיר צריך להביא עולה לצד החטאת שלו, ויש לראות בזה דין כללי בכל החטאות כולן.[56] קריאה זו אומנם פותרת את הקושי מדוע דווקא הדל צריך להוסיף עולה, אולם היא בלתי אפשרית בפסוקים. קורבן עולה לא נזכר בעשיר שמביא כבשה, ולא באופציית דַלֵּי הַדַּלּוּת שמביא סולת, אלא דווקא אצל הדל שמביא ציפור. קשה להניח שהתורה מתכוונת שכל מביאי החטאת צריכים להביא גם עולה והיא אינה כותבת זאת. מדוע אם כן דווקא הדל, מביא הציפור, צריך להביא גם עולה?

ראב״ע הציע לביאור התופעה שני הסברים. תחילה הוא העלה את האפשרות

56. ונהאם, ויקרא, עמ׳ 100-101.

שהעולה באה לכפר על הרהוריו של העני שנוספו כעת לעצם חטאו שבעקבותיו התחייב בקורבן עולה ויורד:

> ויאמר רב יצחק, כי טעם אחד עולה, בעבור שלא תגיע ידו, אולי עלה על רוחו מחשבה (ראב"ע לוויקרא ה', ז)

ראב"ע נאמן לשיטתו, שקורבן עוֹלָה בכל מקום מכפר על 'העוֹלָה על הרוח', כלומר על הרהורי הלב, ועל כן יש למצוא את הרהורי החטא שהיו לאדם, ומחייבים אותו להביא עולה. לדבריו, באותו הרגע שעל החוטא להביא קורבן חטאת ואין ידו משגת – מונכחת מולו העובדה שיש לו פחות ממה שיש לחבריו. מאחר שהעני נפגש עם מציאות חייו העגומה, ייתכן שעלו הרהורים בליבו על דרכי ההשגחה ועל הצדק האלוהי. כדי לכפר על הרהורים אלו מצווה עליו התורה להביא קורבן עולה (בנוסף לחטאת שתכפר על עצם החטא).

הצעה זו רגישה אומנם לנפש האדם ותלאותיה, אך היא קשה בשל שתי סיבות: ראשית, הרי העני הגמור (דלי דלות) אינו מביא עולה, וסביר שאם יש חשש שבקרב העני עלו הרהורים על הצדק האלוהי, ודאי יש חשש כפול ומכופל שעלו הרהורים כאלו בקרב העני הגמור, שאף ציפורים אין ידו משגת. אומנם ניתן היה לומר שדווקא 'מעמד הביניים' משווה את עצמו לאלו שהשיגה ידם, ועל כן דווקא אצלם באים הרהורים שכאלו, אך הדבר נראה כבר כדרשה. שנית, ההנחה שיש להביא קורבן מפני שאולי היה חטא, היא הנחה קשה. הדבר מזכיר את הביאור של ר' שמעון בר יוחאי לקורבנות היולדת. לשיטתו, קורבנות אלו הם תולדה של השבועה שאולי היולדת נשבעה בעת הלידה: "שאלו תלמידיו את רבי שמעון בן יוחי: מפני מה אמרה תורה יולדת מביאה קרבן? אמר להן בשעה שכורעת לילד קופצת ונשבעת שלא תזקק לבעלה לפיכך אמרה תורה תביא קרבן" (נידה לא ע"ב).

קריאות אלו מוזרות למדי: חיוב הקורבן הוא שמא היולדת חטאה? ואם היולדת לא אמרה מאומה – קורבן החטאת מיותר? ובאמת כבר בגמרא שם רב יוסף מתקיף עמדה זו בשאלות נוספות. אם אכן תוספת הציפור לעולה קשורה בהרהורים שאולי עלו לאדם, היינו מצפים שהדבר ייאמר בכתוב בפירוש, ושיישאר מותנה, שהרי ברור שהרהורים אלו לא עולים אצל הכול. בעצם, כפי שכבר הערתי בדיון על קורבן עולה, עצם העמדה שקורבן עוֹלָה בא על הרהורי הלב אינה מתיישבת בפשטות עם הכתובים.

ככל הנראה גם ראב"ע לא הרגיש נוח בביאור זה, כי הוא מעלה אפשרות אחרת שהוא מבכר על פני הראשונה: "והקרוב אלי, שהאחד כנגד האמורים, והשני חטאת

כמשפט״ (המשך דברי ראב״ע שם). ראב״ע מניח בתשובה זו שיש חיסרון קבוע בחטאת העוף, שבשרהּ אינו מוקטר על גבי המזבח.[57] מאחר שיש צורך גם ב׳עבודת בשר׳, יש להוסיף עולת עוף שתוקטר על גבי המזבח, ותשלים את החיסרון שיש בחטאת העוף. בלשונו המורחבת יותר של חזקוני:

> הואיל ואין לו למזבח בחטאת העוף רק דמה שאינה אכילה לפיכך צריך להביא שנים אחד לחטאת לאכילת הכהן ואחד לעולה לאכילת המזבח, אבל כשעשיר חייב חטאת דיו בכשבה או שעירה לפי שיש ממנה הכשר אכילה לכהן והאימורים אכילה למזבח (פירושו לוויקרא ה׳, ז).

הסבר זה יוכל לבאר מדוע בכל המקרים שבהם אדם מתחייב להביא חטאת עוף, הוא באמת מביא לצידה גם עולת עוף; כך הזב (ויקרא ט״ו, טו); הזבה (ויקרא ט״ו, ל); יולדת ענייה (ויקרא י״ב, ח); מצורע עני (ויקרא י״ה, כב); ונזיר שנטמא (במדבר ו׳, י-יא).

אומנם לא נאמר בפירוש שבשר החטאת אינו מוקטר, אך מעבר לכך שאי הזכרת הקטרתו כבר מלמדת שהוא לא מוקטר, דומני שאפשר להוכיח דבר זה מדין ייחודי המבדיל בין חטאת העוף לעולת העוף. בחטאת העוף מודגש שבזמן המליקה (המקבילה לשחיטה) אין להפריד את הראש מהגוף: ״וּמָלַק אֶת רֹאשׁוֹ מִמּוּל עָרְפּוֹ וְלֹא יַבְדִּיל״ (ה׳, ח). יש צורך בהדגשה זו, שהרי בעולת העוף דווקא היה צורך להפריד את הראש מהגוף: ״וְהִקְרִיבוֹ הַכֹּהֵן אֶל הַמִּזְבֵּחַ וּמָלַק אֶת רֹאשׁוֹ וְהִקְטִיר הַמִּזְבֵּחָה וְנִמְצָה דָמוֹ עַל קִיר הַמִּזְבֵּחַ... וְשִׁסַּע אֹתוֹ בִכְנָפָיו לֹא יַבְדִּיל וְהִקְטִיר אֹתוֹ הַכֹּהֵן הַמִּזְבֵּחָה״ (א׳, טו-יז). מדוע בעולת העוף הראש מוקטר בנפרד מהגוף, ואילו בחטאת העוף אין להפרידם זה מעל זה בזמן המליקה?

ההסבר הפשוט ביותר לתופעה הוא שבשר עולת העוף מוקטר על גבי המזבח, ויש אפוא לנתח את האיברים – בדיוק כפי שעושים בכל בשר עולה שמוקטר על גבי המזבח (א׳, ו; א׳, יב). ופעולות הניתוח צריכות להיערך לאחר פעולת ההמתה המקבילה לשחיטה. אולם בשר חטאת העוף אינו מוקטר על גבי המזבח, ואינו מנותח אפוא לנתחיו, אלא עוזב את המזבח כמקשה אחת. כלומר, איסור הבדלת הראש מהגוף קשורה במישרין להקטרה, והעדר אזכור איסור ההבדלה בחטאת העוף – מלמד שבשרה אינו מוקטר.

להסבר זה יש משמעות דרמטית בהבנת תהליך כל חטאת, אך גם על הבנת הקרבת

57. כלשון המשנה: ״אין למזבח אלא דמה, וְכֻלָּהּ לכהנים״ (משנה זבחים ו, ד).

חטאת העוף. מסתבר, שבכל חטאת יש שני מוקדים, ויש צורך בשניהם: עבודת הדם המחטאת, ועבודת הבשר (הקטרת האֵמורים). חטאת העוף יכולה להחליף באופן מסוים את עבודת הדם, מפני שדם הציפור אכן מוזה על גבי המזבח, אולם בשר חטאת העוף אינו מוגש למזבח. הרי בכל בהמת חטאת רק החלבים מוקטרים ואילו הבשר נאכל לכוהנים (ו׳, יט), וממילא בחטאת העוף שבה אין חלבים – הבשר כולו נאכל לכוהנים, ומאומה לא מוקטר על גבי המזבח. כיצד יכולה אפוא ציפור החטאת של העני להחליף את הבהמה? לשם כך יש לצרף ציפור נוספת ולהקריב אותה כעולה, כלומר להקטיר את כולה על גבי המזבח. בכך מצטרף הבשר אל הדם של הציפור הראשונה, ושתי ציפורים אלו יחדיו יכולות להמיר את הכבשה או השעירה שהעני אינו יכול להרשות לעצמו.

כך, מבין השורות למדנו דבר מה חשוב על אופי עבודת הבשר בחטאת. כבר שיערנו בדיונים קודמים שבעוד תפקיד הדם לחטא את המשכן, הבשר מבטא כבר את הפיוס החדש שחל בין החוטא לקונו. המימוש הבולט לכך היה אפיון הקטרת בשר חטאת היחיד כ׳ריח ניחוח׳, כאמור לעיל. העובדה שקורבן עולה יכול להחליף את בשר החטאת החסר בחטאת עוף, מלמדת שאכן אופי הקטרת הבשר בחטאות דומה לאופי הקטרת הבשר בעולות; זו הקטרה שיש בה ׳ריח ניחוח׳, והבשר מוגש כמתנה לה׳ ולא כחומר חיטוי או כאמצעי טהרה וכפרה.[58]

לצד זאת, גם כאן עולה ייחודיותו של קורבן עולה ויורד. כפי שכבר נאמר לעיל, היחס אל העוף הוא כאל יצור שחי באופן אחר מחיי האדם (ועל כן נברא ביום החמישי, שלא כמו האדם ושאר חיות היבשה שנבראו ביום השישי). כיצד דמו של העוף יכול להחליף את דם הצאן בחיטוי המזבח? דומה שגם כאן באה לידי ביטוי התפיסה שבקורבן זה החיטוי אינו דבר כה מרכזי כבחטאות רגילות. פגיעה במשכן שנוצרה מעבירות מחדל יכולה להסתפק בדם של עוף, גם אם בעבירות לא תעשה אחרות יש צורך בדם בעל חיים.

בזהירות אוסיף שייתכן שהדבר בא לידי ביטוי בהלכת חז״ל מפתיעה שדורשת שדם העוף יוזה בחלק התחתון של המזבח, רחוק מקרנותיו:

> חַטַּאת הָעוֹף הָיְתָה נַעֲשֵׂית עַל קֶרֶן דְּרוֹמִית מַעֲרָבִית... וּשְׁלֹשָׁה דְּבָרִים הָיְתָה אוֹתָהּ הַקֶּרֶן מְשַׁמֶּשֶׁת מִלְּמַטָּה, וּשְׁלֹשָׁה מִלְמַעְלָה. מִלְּמַטָּה: חַטַּאת הָעוֹף וְהַהַגָּשׁוֹת

58. לכן נראה לי שמילגרום אינו צודק כשחשב כי תוספת עוף העולה היא כדי שהקורבן הסופי יהיה מכובד – שיהיה בשר שמוקטר על גבי המזבח (ויקרא, כרך א, עמ׳ 304). אין מדובר רק ב׳כבוד המזבח׳, אלא בתכלית שהקורבן ממלא ובעצם מהותו של הקורבן.

וּשְׁיָרֵי הַדָּם. מִלְמַעְלָה: נִסּוּךְ הַמַּיִם וְהַיַּיִן וְעוֹלַת הָעוֹף כְּשֶׁהִיא רַבָּה בַמִּזְרָח" (משנה זבחים ו, ב).

חז"ל למדו שיש להזות את דם עוף החטאת באותו המקום שהו מגישים את המנחה ("הַהַגָּשׁוֹת"), ומקום זה איננו אלא המקום שקולט את שיירי הדם שנותרו מעבודת הדם של כל הקורבנות (מלבד חטאות פנימיות). עצם הזיקה בין חטאת העוף למנחה כבר אומרת דורשני, ועוד נפגוש זיקה זו בשיאה להלן, אצל העני הגמור. ייתכן שההכרעה להזות את הדם בחלק התחתון של המזבח, היכן ששופכים שיירים של דם, מבטאת את תפקיד הדם השולי באופציה זו של חטאת.[59] אין מדובר בחיטוי קרנות המזבח אלא במתן דמים למזבח, אך באמת יש כאן ויתור מסוים על החיטוי הנדרש דרך כלל בחטאות הרגילות.

הקטרת עוף החטאת

לסיום הדיון באופציית חטאת העני יש לעמוד על שני פרטים הנוגעים בתהליך הקרבת העופות. מאחר שמדובר בשתי ציפורים – אחת לעולה ואחת לחטאת עולה שאלת סדר הקרבתם. מהפסוקים עולה שיש להקריב את החטאת תחילה ורק אחריה את העולה: "וְהֵבִיא אֹתָם אֶל הַכֹּהֵן וְהִקְרִיב אֶת אֲשֶׁר לַחַטָּאת רִאשׁוֹנָה... וְאֶת הַשֵּׁנִי יַעֲשֶׂה עֹלָה כַּמִּשְׁפָּט וְכִפֶּר עָלָיו הַכֹּהֵן מֵחַטָּאתוֹ אֲשֶׁר חָטָא וְנִסְלַח לוֹ" (ה׳, ח–י). דין זה תקף בכל קורבנות העופות שבאים כצמד – אחד כחטאת ואחד כעולה – תמיד החטאת מקדימה את העולה.

ביאור העניין הוא כפי שכבר עולה בגמרא – יש לסור מן הרע לפני שמרבים בטוב: "ריצה פרקליט, נכנס דורון אחריו" (זבחים, ז ע"ב). קורבן החטאת מחטא את המזבח ומכפר על החטא, והעולה היא הדורון שמבטא את הפיוס והעמידה החדשה של החוטא מול קונו. לאור האמור, שעוף החטאת מקביל לעבודת הדם המחטא ועוף העולה מקביל לחלבים, נמצא הדבר נושא משמעות רחבה. הרי תמיד עבודת הדם קודמת לעבודת הבשר, כי תחילה מגישים למזבח את החיים עצמם ורק אחר כך מגישים את הבשר, את הגוף. בחטאת הדבר חשוב עוד יותר, שהרי הדם הוא המחטא, ותמיד עבודת הבשר המעידה על הפיוס המחודש מאוחרת לחיטוי שנעשה על ידי הדם.

59. דרשות מגוונות נאמרו ביחס לדין המפתיע של הזאת דם עולת החטאת 'למטה מחוט הסיקרא'. ראו דוגמה לדרשות כאלו במה שהביא שנדורפי, עולה ויורד, עמ' 61–62.

נתון נוסף שיש להעיר עליו ואף הוא קשור לאמור עד כה, הוא עבודת הדם של חטאת העוף: ״וְהִזָּה מִדַּם הַחַטָּאת עַל קִיר הַמִּזְבֵּחַ״. לכאורה אפשר היה לצפות לניסוח ׳ונתן את דמו׳ – כפי שנזכר בחטאות היחיד (ד׳, ל, לד). כפי שעלה ביחס לעבודת דם פר החטאת, הפועל ׳להזות׳ מחליף את הפועל ׳לתת׳, כשלא ניתן לגשת בדיוק אל המקום שבו מבקשים לתת מן הדם. בחטאות הפנימיות היזה הכוהן מן הדם מול הפרוכת כמכוון למקום הכפורת והכרובים; כאן הכוהן עומד סמוך למזבח, ובכל זאת עליו ׳להזות׳ מן הדם, כלומר הוא אינו יכול לגשת אל המקום שבו הוא היה רוצה לתת דם. מהו אותו מקום? חטאת העוף מובאת בדיעבד, ומלכתחילה עדיף להביא צאן שיש בכוח דמו לחטא את המזבח על ארבע קרנותיו. בשל מיעוט הדם שיש בעוף, אין כלל תהליך של קבלת דם בכלי והולכתו אל המזבח.[60] מיד לאחר המליקה, מהר ככל שניתן, מזה הכוהן את הדם מהציפור עצמה (לא מכלי ולא באצבע); הכוהן ״אוחז בראש ובגוף ומזה על קיר המזבח״ (זבחים סד ע״ב), כמבקש להגיע אל קרנות המזבח ולחטא בכך את המזבח כולו. מאחר שהוא אינו יכול לעשות זאת – כי הדם יאזל עד שיגיע לכל הקרנות – הוא מזה על הקיר, ומצביע בכך על חיטוי המזבח כולו שהוא היה רוצה לעשות.

לאחר הזאת הדם יש למצות את שאריות הדם שיש בעוף אל יסוד המזבח (״וזו עבודה קשה שבמקדש״ – זבחים סד ע״ב), והדבר נראה כמקביל לשפיכת שיירי הדם אל יסוד המזבח בחטאת בהמה.

אופציית העני הגמור: סולת

ההפתעה שחטאת הסולת מביאה בכנפיה מאתגרת למדי:

וְאִם לֹא תַשִּׂיג יָדוֹ לִשְׁתֵּי תֹרִים אוֹ לִשְׁנֵי בְנֵי יוֹנָה וְהֵבִיא אֶת קָרְבָּנוֹ אֲשֶׁר חָטָא עֲשִׂירִת הָאֵפָה סֹלֶת לְחַטָּאת לֹא יָשִׂים עָלֶיהָ שֶׁמֶן וְלֹא יִתֵּן עָלֶיהָ לְבֹנָה כִּי חַטָּאת הִוא. וֶהֱבִיאָהּ אֶל הַכֹּהֵן וְקָמַץ הַכֹּהֵן מִמֶּנָּה מְלוֹא קֻמְצוֹ אֶת אַזְכָּרָתָהּ וְהִקְטִיר הַמִּזְבֵּחָה עַל אִשֵּׁי ה׳ חַטָּאת הִוא. וְכִפֶּר עָלָיו הַכֹּהֵן עַל חַטָּאתוֹ אֲשֶׁר חָטָא מֵאַחַת מֵאֵלֶּה וְנִסְלַח לוֹ וְהָיְתָה לַכֹּהֵן כַּמִּנְחָה (ויקרא ה׳, יא-יג).

60. כאמור בדיון בעולת העוף, מפשטי המקראות עולה שהצדק עם הרמב״ם (הלכות פסולי המוקדשין יג, ה), שבקורבן עוף אין ׳הולכה׳ כלל, ולא עם בעלי התוספות (זבחים טו ע״א, ד״ה ״חטאת״), שסבורים שגם בעוף יש הולכה – משעה שיוצא הדם עד שנוחת על המזבח.

אם בחטאת העוף יש להביא עוף נוסף כדי שיישמרו שני האלמנטים הבסיסיים שקיימים בכל חטאת – דם מחטא (גם אם באופן מוגבל) ובשר שמוקטר לאש המזבח, כיצד ניתן להבין את אופציית הסולת? כיצד יש בכוח סולת לחטא את המזבח? מה מקביל לדם ומה לבשר?

מאחר שבאופציה זו אין דם שבכוחו לחטא את המזבח, יש לברר אם באופציית הקרבה זו מתרחש חיטוי כל עיקר. ייתכן שאצל העני הגמור התורה ׳מוותרת׳ על חיטוי המזבח, ובלבד שגם העני יוכל להביא קורבן ושיתכפר לו.[61] ויתור זה חושף שבמקרים שבהם מתחייבים קורבן חטאת עולה ויורד אין צורך בחיטוי שלם. מלכתחילה הדבר אומנם עדיף, אך אם מדובר בעני שאינו יכול להרשות לעצמו לחטא את המזבח, אפשר להסתפק בקורבן סמלי, שגם אם לא ישיג חיטוי למזבח, ישיג כפרה למקריב.

חיזוק לקריאה זו יש בכך שבשתי פרשיות אחרות שבהן יש התייחסות למצבו הכלכלי של האדם וניתן להפחית בהן מערך הקורבן, יש עצירה באופציית הציפורים ולא מגיעים שם לאופציית הסולת (יולדת – י״ב, ח; מצורע – י״ד, כא–כב). לשון אחר, במקרים מובהקים שבהם יש להביא חטאת, אי אפשר להסתפק בסולת אלא יש צורך בדם (גם אם ניתן להסתפק בדם ציפור). כנראה אופציית הסולת אינה עולה על הפרק במקרים אלו מפני שאין בה חיטוי.

עם זאת, יש להישמר מפני הניסוח הגורף שהעבירות שבעטיין יש להביא קורבן חטאת עולה ויורד אינן זוקקות חיטוי. אם החובה היא להביא ׳חטאת׳ בשלושת המקרים המנויים בפרק, הרי שיש צורך כלשהו בחיטוי. שוב ושוב מודגש שגם סולת זו היא ׳חטאת׳: ״וְהֵבִיא אֶת קָרְבָּנוֹ אֲשֶׁר חָטָא עֲשִׂירִת הָאֵפָה סֹלֶת **לְחַטָּאת** לֹא יָשִׂים עָלֶיהָ שֶׁמֶן וְלֹא יִתֵּן עָלֶיהָ לְבֹנָה **כִּי חַטָּאת הִוא**... וְהִקְטִיר הַמִּזְבֵּחָה עַל אִשֵּׁי ה׳ **חַטָּאת הִוא**״. כלומר, גם אופציית הסולת משמשת כחטאת ואף פועלת כחטאת, כלומר מחטֵאת את המזבח הנזקק לחיטוי, ולו באופן סמלי.

ייתכן שהניסוח המדויק יותר הוא, שבמקרי דחק, גם הסולת יכולה לייצג חיים ולחטא את המזבח. כשם שהדם מסמל חיים, גם מזון יכול לייצג חיים, ובמיוחד אצל העני המונה מזונו מיום ליום ונדרש להביא את מנת מזונו לה׳. רוח כזו אולי עולה בדברי חז״ל שכשהשוו את פעולות הקרבת המנחה לפעולות הקרבת קורבן מן הבהמה (לצורך דין פיגול) הציעו את הזיקות הבאות: ״קומץ – היינו שוחט;

61. מילגרום, ויקרא, כרך א, עמ׳ 307. מעניין, שלפני הצעה זו הוא מראה שבמזרח הקדום התייחסו אל קמח כאל דבר שיש בו יכולות כפרה (שם, עמ׳ 306–307).

מוליך – היינו מוליך; **מקטיר – נמי היינו זורק**" (זבחים יג ע"ב), ובלשונו של הרמב"ם: "ודע שקמיצת המנחה היא לענין מנחה כמו השחיטה לקדשים לענין קדשים; ונתינת הקומץ בכלי שרת כמו קבלת הדם; וההולכה כמו ההולכה; **והקטרת קומץ ולבונה כמו זריקת הדם**" (פירוש המשניות, מנחות א, ג).[62] חז"ל ראו את הקטרת קומץ הסולת כמקבילה (גם) לזריקת הדם, ולא רק – כהשוואה המתבקשת יותר – בהקבלה להקטרת האיברים. בכך צבעו את צבעי הסולת המוקטרת בצבעי דם שמייצג את הנפש.

דבר זה קשור גם בכמות הסולת שיש להביא בחטאת הזו.

"עֲשִׂירִת הָאֵפָה סֹלֶת לְחַטָּאת" (ה', יא)

חז"ל הרחיבו את כמות הסולת הנדרשת בקורבן חטאת עולה ויורד גם למנחת נדבה: "'והביא את אשר חטא עשירית האיפה' – אין לי אלא קרבן חובתו עשירית האיפה, מנין לקרבן נדבתו עשירית האיפה? תלמוד לומר: 'קרבנו עשירית האיפה'" (ספרא, דיבורא דחובה, פרק יט, ד). עם זאת, אין זה מקרי שכמות זו נזכרת לראשונה דווקא בחטאת הסולת, ולא במנחות נדבה. ברשימת הקורבנות השנייה ייאמר בפירוש שגם המנחה היומית שהכוהן הגדול מקריב ('מנחת חביתין') צריכה להיות "עֲשִׂירִת הָאֵפָה סֹלֶת מִנְחָה תָּמִיד מַחֲצִיתָהּ בַּבֹּקֶר וּמַחֲצִיתָהּ בָּעָרֶב" (ו', יג); וכמוה גם מנחת הקנאות שמביא הבעל החושד שאשתו סוטה תחתיו: "וְהֵבִיא אֶת קָרְבָּנָהּ עָלֶיהָ עֲשִׂירִת הָאֵיפָה קֶמַח שְׂעֹרִים" (במדבר ה', טו).

מדוע נתון זה נזכר דווקא במנחות אלו ולא במנחות הנדבה? לעניין דיוננו כעת נפנה מבטנו לחטאת שבאה סולת (האופציה שאעלה להלן מבארת לטעמי גם את ההקשרים האחרים).

הכיוון לפתרון נעוץ בדברי ראב"ע על אתר: "עשירית האיפה מאכל לאיש אחד ביום אחד" (ראב"ע לוויקרא ה', יא). כאמור לעיל בדיון בקורבן המנחה בפרק ב', הכמות עשירית האיפה היא מנת מזון יומית של אדם, כפי שעולה מסיפור ירידת המן, שכן ישראל נדרשו ללקוט עומר אחד ביום לכל אדם, ובסיום הפרשה שם מסכמת התורה: "וְהָעֹמֶר עֲשִׂרִית הָאֵיפָה הוּא" (שמות ט"ז, לו). כלומר, החוטא מביא את מנת המזון היומית שלו.

62. גם רש"י כתב באופן דומה: "שהמנחות הוקשו לזבחים ליטעון ארבע עבודות: קמיצה כנגד שחיטה; מתן קומץ בכלי שרת כנגד קבלת הדם; הולכה כנגד הולכה; **הקטרה כנגד זריקה**" (רש"י לזבחים יא ע"א, ובעוד מקומות).

דווקא מפני שמדובר בעני שאפילו שתי ציפורים אין ידו משגת, יש מן הסמליות בהבאת מנת המזון היומית, מקור חיותו, לגבוה. אם אין דם שיחטא את המזבח, ניתן לייצג חיים על ידי מנת מזון זו, ובכך לחטא את המזבח. אך ניתן לעשות זאת במקרים שבהם העבירה לא פגעה בקודש באופן ישיר.[63]

בזהירות אני מבקש להציע שההתלבטות אם חטאת שבאה מסולת מחטאת את המזבח או שמוותרים על החיטוי במקרה זה, היא (אולי) העומדת ברקע המדרש המוזר הבא, שמתלבט אם ה׳ הראה לאברהם אבינו בברית בין הבתרים מנחות חוטא:

> ׳ויאמר ה׳ אלהים במה אדע׳: ר׳ חייא ברבי חנינא אמר לא כקורא תגר אלא אמר לו באיזו זכות. אמר לו: בכפרות שאני נותן לפניך. ׳ויאמר אליו קחה לי עגלה משולשת׳ – הראה לו ג׳ מיני פרים וג׳ מיני שעירים וג׳ מיני אילים. ג׳ מיני פרים: פר יוה״כ ופר הבא על כל המצות ועגלה ערופה; וג׳ מיני שעירים: שעירי רגלים שעירי ראשי חדשים ושעירה של יחיד; וג׳ מיני אילים: אשם ודאי ואשם תלוי וכבשה של יחיד.[64] ׳ותור וגוזל׳ – תור ובר יון. ׳ויקח לו את כל אלה׳ – ר׳ שמעון בן יוחי אומר: כל הכפרות הראה הקב״ה לאברהם, עשירית האיפה לא הראה לו. רבנן אמרי: אף עשירית האיפה הראה לו, נאמר כאן ׳את כל אלה׳ ונאמר להלן ׳והבאת את המנחה אשר יעשה מאלה׳ (בראשית רבה פרשה מה, יד).

המדרש מניח שה׳ גילה לאברהם את סוד הקורבנות המכפרים בברית בין הבתרים,[65] ולפיכך המדרש מפרט את קורבנות הכפרה השונים שאברהם שמע עליהם במעמד ברית זה. אולם נחלקו תנאים אם גם על מנחת חוטא שמע אברהם במעמד ברית בין הבתרים (׳עשירית האיפה׳ = מנחת חוטא). רשב״י רואה לנכון להדגיש ש״כל הכפרות

63. לאור האמור עולה השאלה – מדוע ביולדת ומצורע אי אפשר להביא סולת? נדמה שיסוד התשובה הוא שבהם מדובר על טומאה של ממש שפגעה בקודש, ואולי גם טומאה חמורה מהרגיל (הרי המצורע והיולדת הורחקו מהמשכן לימים רבים), ולכן הם צריכים להביא חיים ממש שיכסו על טומאתם.

64. מוזר לשלב את ״כבשה של יחיד״ ברשימה של האילים, ואף זו, שיש עוד אילי אשם שלא הוזכרו במדרש. יש מקום לבחון אם אין מדובר בטעות סופר. ראו גם את הדיון של יהודה תיאודור וחנוך אלבק, במהדורה שלהם לבראשית רבה, כרך א, עמ׳ 436.

65. גם בפרשנות המודרנית התלבטו עד כמה עולם הקורבנות מלווה את לקיחת הבהמות וביתורן על ידי אברהם בברית זו. היו שצבעו את מעשה הברית בצבעים קורבניים שכאלו (כמו ליונשטאם, בין הבתרים; רייני, קורבנות, עמ׳ 643), והיו שהסתייגו מכך (כמו ון סטרס, אברהם, עמ׳ 258). להרחבה בראיות הטוענים שמדובר בקורבן ולהסתייגות מכך ראו: גרוסמן, אברהם, עמ׳ 103-106.

הראה הקב"ה לאברהם" אך "עשירית האיפה לא הראה לו", ואילו חכמים חולקים וטוענים ש"אף עשירית האיפה הראה לו".

מה פשר מחלוקת מוזרה זו? אכן, ברשימה המפורטת של מה שלקח אברהם לצורך הברית לא נזכרת מנחה, אך קשה להאמין שבזה מסתכמת המחלוקת. אני מעלה זאת בזהירות, אך אולי הדבר קשור בהבנת אופי קורבן 'עשירית האיפה' הנדון. האומנם יש לראות בו קורבן מכפר כשאר הקורבנות וגם בו יש כושר חיטוי של המזבח (חכמים)? או שמא – גם אם התירה התורה לעניים להביא קורבן זה כתחליף לקורבן הנצרך – אין לכלול אותו עם שאר קורבנות הכפרה האחרים (רשב"י)?

אך גם לאחר ביאור זה יש להפנות את האצבע לחידוש שבסופו של דבר מתרחש בקורבן עולה ויורד. עצם החוק, שהתורה מאפשרת הבאת מינים שונים לקורבן – ובאחד מהם אף אין דם – כתחליף לחטאת הנדרשת, מלמדת שבקורבן זה עבר המוקד מחיטוי המזבח לתהליך שצריך לעבור האדם המקריב. בחטאת קבועה־רגילה הדגש הוא על חיטוי המזבח ובמקרים אלו התהליך ממוקד במזבח – הוא הזקוק לחיטוי, ואם האדם ידאג לכך יתכפר לו. במקרים שלפנינו, מאחר שמדובר בעבירות מחדל, הפגיעה במזבח עקיפה ושולית. הכפרה הנדרשת היא לנפשו של האדם המרגיש אשם. הבסיס להבאת קורבן זה הוא הרגשת אשמתו של החוטא, ובשעת הווידוי מגדיר החוטא את עצמו כזקוק לכפרה. ממילא, עיקר הכפרה נוגע בתהליך שהוא אמור לעבור, ועל כן, יביא את אשר יביא למזבח, ובלבד שיבוא ויעמוד מול אלוהיו ויתוודה לפניו.

"וְהָיְתָה לַכֹּהֵן כַּמִּנְחָה"

אף שמדובר בקורבן שבא מסולת, דיניו שונים מקורבן מנחה, והדבר בולט בהדגשה שאין להוסיף לקורבן זה שמן ולבונה – כפי שיש להוסיף במנחות רגילות – שהרי אלו מבטאים את העשירות שיש למקריב, ואת ריח הניחוח שהלבונה מפיקה לגבוה, ואילו חטאת חובה מצויה במסלול אחר לגמרי, מסלול של כפרה. לצד זאת, מן העבר השני הכתוב משווה את אכילת הכוהנים בקורבן זה לאכילתם את מנחת הנדבה: "וְהָיְתָה לַכֹּהֵן כַּמִּנְחָה" (ה', יג). האם אופי אכילת חטאת הסולת דומה לאופי אכילת מנחת הנדבה? גם אם מדובר בחטאת שבאה סולת, קשה להשוות את האווירה שמתלווה לאכילת קורבן זה למנחות נדבה, וכפי שכתב הנצי"ב בפירושו במקום: "אע"ג דאכילת כהנים במנחה זו אינו לאזכרה כמו במנחת נדבה, מכל מקום בדין היא כמנחה, דמכל מקום כהנים אוכלים ובעלים מתכפרים כבשר החטאת בבהמה, אלא שאינו כמנחת נדבה דגוף המנחה אזכרה בפני עצמו לתועלת וכפרה" (העמק דבר לוויקרא ה', יג).

תוכן החלוקה שהנצי״ב מציע אינו נצרך כעת לדיוננו. הדבר המעניין הוא שהיה חשוב לנצי״ב להבליט שלמרות ההשוואה בין אכילת החטאת לאכילת המנחה – אין מדובר באותה האכילה. ״בדין היא כמנחה״ – כלומר, מבחינת התוצאה ההלכתית יש ביניהן דמיון, אך לא מבחינת אופי האכילה ותפקידה.

דומני שזה הרקע למחלוקת התנאים בנוגע לשאלת חטאת סולת של כוהן. כזכור, אם כוהן הביא מנחה, היא אינה נאכלת על ידי כוהנים אלא מוקטרת כולה על גבי המזבח: ״וְכָל מִנְחַת כֹּהֵן כָּלִיל תִּהְיֶה לֹא תֵאָכֵל״ (ו׳, טז). האם דין זה תקף גם בחטאת סולת של כוהן? יש שלוש עמדות בין התנאים ביחס לסוגיה זו, אך יש לשים לב היטב גם לעמדה שאיש לא אוחז בה.[66]

הדעה האחת, דעת חכמים, סוברת שדין מנחת חוטא כדין מנחת נדבה, ואם הכוהן הוא המביא אותה – היא אינה נאכלת אלא מוקטרת על גבי המזבח (עמדה זו מובאת גם ברש״י על אתר). הדעה השנייה, דעת ר׳ שמעון, חולקת על פרטי התהליך אך לא על התוצאה: לטעמו, יש לקמוץ מחטאת הסולת ולהקטיר את האזכרה בפני עצמה, אך לאחר מכן מקטירים גם את שארית המנחה. כלומר, מצד המזבח אין הבדל בין מנחת כוהן לחטאת כוהן, והמזבח מקבל בסוף את כל הסולת בשני קורבנות אלו, אולם מצד הכוהן יש הבדל בתהליך ההקרבה בין הקורבנות הללו. הדעה השלישית, דעת ר׳ אלעזר בר׳ שמעון, חולקת וסוברת שרק האזכרה של חטאת הסולת של כוהן מוקטרת על גבי המזבח – כשאר חטאות שבאו מן הסולת. גם הוא מסכים שהכוהן אינו אוכל את שאריות המנחה, ויש לפזר אותן במקום שבו משליכים את דשן המזבח.

כאמור, עוד לפני ניתוח עמדות אלו יש לשים לב שאף אחד מן התנאים איננו סבור שהכוהן אוכל את חטאתו. זוהי כנראה תוצאה שלא תעלה על הדעת וניתן להבין זאת. יש באכילת הכוהנים מעין המשך של הקרבת הקורבן, ולא ייתכן שהכוהן יאכל את מה שהוא עצמו הקריב, וחלילה ייראה הדבר כאילו הוא מקריב לעצמו. עם זאת, ר׳ אלעזר בר׳ שמעון ראה כנראה את חטאת הסולת כדבר נפרד לחלוטין ממנחת הסולת. גם אם שתיהן (המנחה והחטאת) באות סולת, מדובר בתהליכי הקרבה שונים לחלוטין: המנחה הקרובה ברוחה אל העולה עולה כליל על המזבח (כשבעליה כוהן); אולם המזבח אינו יכול לקבל את חטאת הסולת כולה, שאחרי הכול היא חטאת. מן העבר השני ניצבים חכמים, המזהים לחלוטין את דין החטאת ואת דין המנחה. כל עוד החומר המוקרב הוא סולת, יש דיני הקרבה קבועים לאופן ההקטרה. זו עמדה

66. מנחות עב ע״ב – עד ע״א. עמדת חכמים ור׳ שמעון מובאים גם בספרא. העמדה השלישית מובאת בסוגיה בגמרא שם.

מפתיעה, המבליטה את החומר המוקרב יותר מאשר את התכלית שלשמה הקורבן משמש. בתווך ניצב ר' שמעון, שמחלק ככל הנראה באופי הקורבן מצידו של המזבח הקולט את הסולת (תהליך זהה לשני הקורבנות) ומצידו של המקריב (תודעה שונה מלווה את המנחה מאשר את החטאת).

אפשר לסכם ולומר, שמאחר שחטאת עולה ויורד באה על עבירות מחדל שפגעו בקודש, יש צורך בווידוי שבו החוטא מגדיר את מעשיו כפגיעה והוא לוקח עליהם אחריות. מאחר שלא מדובר במעשה אקטיבי שהוסיף טומאה ופגע בקודש, אפשר להסתפק במקרה הצורך בדם מועט של ציפור, או אפילו במנת מזון יומית מסולת, שתחליף את הדם המחטא.

***

חַטָּאתִי אוֹדִיעֲךָ וַעֲוֹנִי לֹא כִסִּיתִי
אָמַרְתִּי אוֹדֶה עֲלֵי פְשָׁעַי לַה'
וְאַתָּה נָשָׂאתָ עֲוֹן חַטָּאתִי סֶלָה (תהילים ל"ב, ה).

פרק אחד עשר

קורבן אשם (ה׳, יד-כו)

על גזילת הקודש ואפשרות התשובה

פתיחה

אף שגם קורבן אשם – כמו קורבן חטאת עולה ויורד שהוזכר לפניו – הוא קורבן חובה המובא על עבירות ספציפיות, אין ספק שהוא עניין חדש העומד בפני עצמו. הדבר בא לידי ביטוי בשמו, בדיניו ובייחוד דיבור עצמאי בפתיחתו: ״וַיְדַבֵּר ה׳ אֶל מֹשֶׁה לֵּאמֹר״ (ה׳, יד). בדומה לאתגר הפרשני שהונח לפתחנו בקורבן עולה ויורד, גם כאן מוזכרים שלושה מקרים שבהם מתחייבים קורבן אשם (ועוד שלושה מקרים המוזכרים בפרשיות אחרות בתורה), ולפיכך יש לברר מהו המכנה המשותף של מקרים אלו; מה הופך אותם למחייבים אשם דווקא, ולאור כך – מהו אופיו של קורבן האשם, ומהי התכלית הייחודית שאותה הוא ממלא. האתגר גדול כאן במיוחד, מפני שבארבעה מתוך ששת המקרים שעליהם יש להביא אשם, יש להביא איל בוגר, ובשניים יש להביא כבש צעיר דווקא. לפיכך, לצד האתגר שבהבנת המכנה המשותף של העבירות שבעטיין יש להביא אשם בכל ששת המקרים, עלינו גם להבין מדוע בשניים מן המקרים נבחר בעל חיים שונה.

ראוי היה לפתוח את הדיון בשמו של הקורבן, ולאורו לנסות ולהבין מה בינו לבין חטאת, אולם נוח יותר יהיה לדון ב׳אשמה׳ המלווה את קורבן האשם, לאחר שנבחן את המקרים שהעושה אותם מתחייב באשם.

המקרים המחייבים אשם

1. 'אשם מעילות' (כשמו בספרות ההלכה)

נֶפֶשׁ כִּי תִמְעֹל מַעַל וְחָטְאָה בִּשְׁגָגָה מִקָּדְשֵׁי ה' וְהֵבִיא אֶת אֲשָׁמוֹ לַה' אַיִל תָּמִים מִן הַצֹּאן בְּעֶרְכְּךָ כֶּסֶף שְׁקָלִים בְּשֶׁקֶל הַקֹּדֶשׁ לְאָשָׁם. וְאֵת אֲשֶׁר חָטָא מִן הַקֹּדֶשׁ יְשַׁלֵּם וְאֶת חֲמִישִׁתוֹ יוֹסֵף עָלָיו וְנָתַן אֹתוֹ לַכֹּהֵן וְהַכֹּהֵן יְכַפֵּר עָלָיו בְּאֵיל הָאָשָׁם וְנִסְלַח לוֹ (ויקרא ה', טו–טז).

במילים קצרות מתארת התורה את מקרה העבירה הראשון, ונדמה כי הנחת היסוד היא שכל קורא יבין מה משמעות 'מעילה'. החטא מתאר אדם שמעל בשגגה בקודשי ה'. ההבנה המקובלת היא שאדם השתמש לצורכי עצמו בדבר שהוא "מקדשי ה'". במקרה כזה, עליו לשלם למקדש את ערך המעילה ("אֵת אֲשֶׁר חָטָא מִן הַקֹּדֶשׁ") בתוספת קנס של חמישית,[1] ובכך הוא משלם את חובו הממוני. אולם לצד הפרספקטיבה הממונית, אדם זה זקוק לכפרה ולסליחה, ולשם כך עליו להביא איל כקורבן אשם (חז"ל למדו שיש להקפיד שהקורבן יובא לאחר שהכסף הושב – לפחות הקרן, ויש בהקפדה זו כדי ללמד הרבה על התנאים המוקדמים הנדרשים ממי שמבקש מאלוהיו סליחה וכפרה).

יושם לב שהמעילה הנידונה היא דווקא במקרה שבו האדם שגג. לו אדם מועל בחפצי הקדש במזיד הוא אינו מביא קורבן (אלא בהלכה הוא מתחייב מלקות). ולפי ההלכה אף החפץ שבו מעל אינו יוצא לחולין אלא נשאר בקדושתו.[2] הדבר אולי

1. נחלקו תנאים אם החומש המדובר כאן (בלשון המקרא: ה'חמישית') הוא 'מלגו' (= מתוכו) או 'מלבר' (= מבחוץ). כלומר, אם יש לחשב את החמישית מהקרן שבה האדם מעל או מהסכום הכולל שהוא משיב למקדש. למשל, אם שווי ההקדש היה 20 שקלים, חומש מלגו הוא 4 (חמישית מעשרים), ואילו חומש מלבר הוא 5, שהרי 5 הם חמישית מהסכום הכולל 25. הניסוח המובא למעלה מניח שהחומש הוא קנס ממוני. אימצתי עמדה זו לשם נוחות הדיון, אך באמת בספרות הרבנית הגדרת החומש מורכבת אפוא יותר.
2. בהתבוננות ראשונה על ההלכה הדבר נראה מוזר: דווקא מעילה בשוגג מפקיעה מהחפץ או מהבהמה את קדושתם, ואילו מעילה במזיד מותירה אותם בקדושתם! אפשר להציע שאיננו רוצים שחוטא יצא נשכר, כלומר, שהחוטא ומועל במזיד ירוויח ממה שהוא עשה (בכך שההקדש יצא לחולין). אבל אפשר להציע הסבר אחר, שהמועל במזיד לא מתייחס לחפץ כאל חולין. הוא ממשיך להתייחס לחפץ כאל קודש אלא שהוא נוהג בקודש בחוזק יד; בתודעה שלו מדובר עדיין בקודש, והוא מנסה בכוונה להתנגד לקודש. מי שמועל בשגגה באמת אדיש לעובדה שלפניו יש דבר קדוש, והוא מתייחס אליו כדבר חולין; ההתייחסות אל הקודש כעין חולין היא המפקיעה אותו מקדושתו.

מפתיע במבט ראשון, וניתן היה לצפות שאם המועל בשגגה מתחייב בקורבן, קל וחומר שגם המועל במזיד יהיה זקוק לכפרה ויתחייב בקורבן זה. אולם באמת, הדבר מתאים לאופיו של האשם, ולתחושות האשמה שמלוות את המקריב אותו, כפי שיובהר להלן.

אחד האלמנטים המפתיעים בקורבן זה הוא הצורך בהערכה ממונית מוקדמת של שווי בעל החיים המובא כקורבן: ״וְהֵבִיא אֶת אֲשָׁמוֹ לַה׳ אַיִל תָּמִים מִן הַצֹּאן **בְּעֶרְכְּךָ** כֶּסֶף שְׁקָלִים בְּשֶׁקֶל הַקֹּדֶשׁ לְאָשָׁם״. כיצד יש להבין פעולת הערכה זו? הרב אמנון בזק הציע שהדרישה היא להביא איל שהוא בשוויו של המקריב: בְּעֶרְכְּךָ = בערך שלך, של המקריב.[3] מבחינה לשונית זו אומנם קריאה נוחה אך הדבר קשה: היכן ימצא אדם אַיִל ששוויו הוא כשוויו של אדם? נוח יותר לקרוא כאן כקריאת חז״ל, שהדרישה היא לבצע פעולת הערכה לשוויו של האיל המובא כקורבן: ״בְּעֶרְכְּךָ״ פירושו ׳בערך, בהערכה׳, כמו: ״וְחִשַּׁב לוֹ הַכֹּהֵן אֵת מִכְסַת הָעֶרְכְּךָ עַד שְׁנַת הַיֹּבֵל וְנָתַן אֶת הָעֶרְכְּךָ בַּיּוֹם הַהוּא קֹדֶשׁ לַה׳״ (ויקרא כ״ז, כג). שלא כמו החטאת ששווייה אינו מעלה ואינו מוריד, הרי שביחס לאשם האדם צריך לדעת את ערכו הממוני (בהמשך תעלה אפשרות נוספת – שהאיל צריך להיות כמחיר המעילה). חז״ל הוסיפו שעל האיל להיות שווה לפחות שני שקלים בשקל הקודש, וסביר שאם יש להעריך את ערכו, אכן יש ציפייה לשווי מסוים. אולם תיתכן קריאה נוספת, שנראית פשוטה ונוחה בפסוקים: החוטא נדרש להביא איל לקורבן אשם, או להביא ערך ממוני של איל, והכוהנים ייתנו תמורתו איל.[4] מכל מקום, ניכר מתוך הפסוקים שערכו של בעל החיים מלווה את תהליך ההקרבה בקורבן האשם. מאחר שבפרשתנו אין מובאים דיני הקרבת האשם כלל, נטענת פעולת ההערכה הממונית שאכן נזכרת, משנה של חשיבות: ״הערך של בעל החיים מוצג כדבר חשוב עוד יותר מאשר תהליך ההקרבה על המזבח״.[5] נתייחס למשמעות הדבר בסיכום אופיו של האשם להלן.

2. ׳אשם תלוי׳ (כשמו בספרות ההלכה)

וְאִם נֶפֶשׁ כִּי תֶחֱטָא וְעָשְׂתָה אַחַת מִכָּל מִצְוֹת ה׳ אֲשֶׁר לֹא תֵעָשֶׂינָה וְלֹא יָדַע וְאָשֵׁם וְנָשָׂא עֲוֹנוֹ. וְהֵבִיא אַיִל תָּמִים מִן הַצֹּאן בְּעֶרְכְּךָ לְאָשָׁם אֶל הַכֹּהֵן וְכִפֶּר עָלָיו הַכֹּהֵן

3. בזק, חטאת ואשם.
4. לוין, לפני ה׳, עמ׳ 95–100; מילגרום, פולחן ומצפון, עמ׳ 13-15; ונהאם, ויקרא, עמ׳ 107.
5. ונהאם, ויקרא, עמ׳ 105.

עַל שִׁגְגָתוֹ אֲשֶׁר שָׁגָג וְהוּא לֹא יָדַע וְנִסְלַח לוֹ. אָשָׁם הוּא אָשֹׁם אָשַׁם לַה׳ (ויקרא ה׳, יז-יט).

ניסוח המקרה השני שבעטיו מתחייב אדם קורבן אשם מורכב למדי. לכאורה המקרה שמתואר כאן איננו אלא מקרה החטאת הרגילה: ״וְאִם נֶפֶשׁ אַחַת תֶּחֱטָא בִשְׁגָגָה מֵעַם הָאָרֶץ בַּעֲשֹׂתָהּ אַחַת מִמִּצְוֹת ה׳ אֲשֶׁר לֹא תֵעָשֶׂינָה וְאָשֵׁם״ (ד׳, כז). גם כאן מדובר באדם שחטא בשגגה ב״אחת מכל מצות ה׳ אשר לא תעשינה״, ממש כמו במקרים שעליהם יש להביא חטאת. על מה אם כן מדובר כאן? מבין האפשרויות שהוצעו בהקשר זה אני מבקש להזכיר שלוש:

1. מילגרום (ובעקבותיו נוספים), הציע לראות את המקרה השני כהמשך רציף למקרה הראשון, כלומר הוא ממשיך ומתאר את המועל בקודש, אלא שבעוד במקרה הראשון נודע לו שהוא מעל, במקרה השני הדבר מסופק. הוא מעצמו מרגיש אשם, והוא חושד בעצמו שמא מעל בקודש.[6] למרות שבהמשך הדיון נזדהה עם הטענה שיש זיקה בין מקרה האשם הראשון למקרה השני, קשה לאמץ הצעה זו, שהרי ניסוח הכתוב במקרה השני הוא ניסוח כולל: ״וְעָשְׂתָה אַחַת מִכָּל מִצְוֹת ה׳ אֲשֶׁר לֹא תֵעָשֶׂינָה״, ולא נראה שניסוח זה מתייחס לחטא המעילה בקודש בלבד.
2. שד״ל הציע שאומנם בשני המקרים מדובר על חטא בשגגה, אך יש הבדל ביניהם. השגגה שבגללה מתחייבים חטאת היא ׳שגגת מעשה׳, כלומר האדם לא ידע שהאוכל שלפניו הוא חֵלֶב שאסור באכילה; הוא לא ידע שהיום שבת וכדומה. לעומת זאת, השגגה שמחייבת אשם היא שגגה ׳בהעלם איסור׳ – האדם לא ידע שאסור לאכול חֵלֶב או שלא ידע שאסור לחרוש בשבת וכדומה.[7] מתוך הפסוקים אכן ניתן לדייק כך, שהרי הצירוף ״ולא ידע״ שנאמר באשם יכול להתייחס להגדרת המעשה ״אשר לא תעשינה״ – הדבר שהחוטא לא ידע הוא שמעשהו הוא מעשה ׳אשר לא ייעשה׳. יש לשים לב שבניגוד למקרה הראשון – מעילה – שהוגדר בפירוש

6. מילגרום, פולחן, עמ׳ 74-83; הרטלי, ויקרא, עמ׳ 82; ונהאם, ויקרא, עמ׳ 107-108.
7. שד״ל לוויקרא ה׳, יח; עמ׳ 399-400. שד״ל עצמו מתלבט אם לכך התכוון כבר ראב״ע. לדעתי ראב״ע כיוון לחלוקה אחרת (ראו בפירושו לוויקרא ה׳, יז).

כמעשה שנעשה בשגגה: ״וחטאה בשגגה״ (ה׳, יד), הרי שבמקרה הנוכחי לא כתובה שגגתו כל עיקר בשום שלב, אלא ״ולא ידע״.

3. הפירוש של חז״ל, שגם התקבל באופן רחב בקרב פרשני ימי הביניים, הוא שהשגגה שמחייבת קורבן חטאת היא כשברור לאדם שחטא, אלא שהוא חטא בשגגה, ואילו המקרה שבו מתחייבים בקורבן אשם הוא שהאדם מתלבט אם חטא כל עיקר. הדוגמה המפורסמת שחז״ל מתייחסים אליה היא שהיו לפניו שתי חתיכות שנראות דומות ביותר – האחת חֵלֶב שאסורה באכילה והשנייה שומן שמותרת באכילה. האדם אכל אחת מהן, אך אינו יודע איזו אכל, ואי אפשר לברר זאת כבר. במקרה כזה הוא מביא אשם שחז״ל מכנים ׳אשם תלוי׳, כי הוא ׳תלוי ועומד עד שיתברר לו אם חטא׳, ובלשון הרמב״ם: ״ותולה לו עד שיודע לו בודאי שחטא בשגגה ויקריב חטאתו״ (הלכות שגגות ח, א). כלומר, אם יתברר שאכן אכל חֵלֶב עליו יהיה להביא חטאת, כדין חוטא בשגגה, אך בשל הספק, לעת עתה, הוא אינו יכול להביא חטאת, ועל כן עליו להביא אשם.[8] הספרא מדמה דבר זה לעגלה ערופה: אם יימצא הרוצח – יש להענישו כדין רוצח, ואין כוח בעגלה שנערפה בנחל לכפר על חטאו.[9] גם הצעת קריאה זו יכולה להסתמך על הלשון בפסוקי האשם שמבליטה את ה׳אי־ידיעה׳ ולא את ה׳שגגה׳. כלומר, האדם שחטא מצוי בתודעה של ״וְלֹא יָדַע וְאָשֵׁם״ – הוא מלא בהרהורי ספק ואינו מוצא מרגוע לנפשו. הוא אף חש אשמה שנובעת בין השאר מעצם אי ידיעתו. כלומר, הוא אינו מיוסר בגלל עצם החטא, או למצער לא רק ממנו, אלא משום שהוא אינו בטוח שחטא, ועל כן הוא אינו יכול לכפר על חטאו בקורבן חטאת רגיל. יושם לב להדגשה שהקורבן נשען על אשמתו של המקריב: ״אָשָׁם הוּא אָשֹׁם אָשַׁם לַה׳״.

קשה להכריע בין אפשרויות קריאה אלו, אך כפי שנראה להלן, לדיוננו המנסה לאתר את המכנה המשותף בין מקרי האשם השונים, אין זה משנה. בין אם אשם זה בא בשל חששו של אדם שמעל בקודש מבלי משים (מילגרום), בין אם בא על שגגה הנובעת

8. בספרא מובאת התלבטות נוספת, אם אשם תלוי בא דווקא כאשר ודאי נעשה מעשה, וההתלבטות היא רק אם היה זה מעשה איסור, או גם במקרים שבהם מסתפק האדם אם נעשה מעשה כל עיקר (ספרא, דיבורא דחובה, פרשה יב, ד, בדעת ר׳ שמעון).

9. ספרא, דיבורא דחובה, פרק כא, ב.

מאי ידיעת האיסור (שד"ל), ובין אם הוא בא על ספק אם התרחש מעשה איסור (חז"ל), הדבר משתלב במכנה המשותף של המקרים השונים, כפי שיתברר להלן.

3. 'אשם גזלות' (כשמו בספרות ההלכה)

המקרה השלישי פותח בדיבור חדש: "וַיְדַבֵּר ה' אֶל מֹשֶׁה לֵּאמֹר" (ה', כ), ודבר זה מתמיה ביותר. הרי לפנינו רשימה של שלוש עבירות שבעטיין יש להביא אשם, וקשה לראות מה ערך יש בחלוקת הרשימה לשני דיבורים שונים. ייתכן שהדיבור החדש מעיד שמקרה זה נאמר למשה בזמן אחר, והוא כונס לכאן כדי ליצור קבוצה של מקרים שהעובר עליהם מתחייב אשם, וייתכן שיש לראות בדיבור החדש רמז לחלוקת המקרים שבאים ברשימה לשתי קבוצות. אפשרות זו תשרת אותנו בהמשך בדיון במכנה המשותף לכל מקרי האשם.

> נֶפֶשׁ כִּי תֶחֱטָא וּמָעֲלָה מַעַל בַּה' וְכִחֵשׁ בַּעֲמִיתוֹ בְּפִקָּדוֹן אוֹ בִתְשׂוּמֶת יָד אוֹ בְגָזֵל אוֹ עָשַׁק אֶת עֲמִיתוֹ. אוֹ מָצָא אֲבֵדָה וְכִחֶשׁ בָּהּ וְנִשְׁבַּע עַל שָׁקֶר עַל אַחַת מִכֹּל אֲשֶׁר יַעֲשֶׂה הָאָדָם לַחֲטֹא בָהֵנָּה. וְהָיָה כִּי יֶחֱטָא וְאָשֵׁם וְהֵשִׁיב אֶת הַגְּזֵלָה אֲשֶׁר גָּזָל אוֹ אֶת הָעֹשֶׁק אֲשֶׁר עָשָׁק אוֹ אֶת הַפִּקָּדוֹן אֲשֶׁר הָפְקַד אִתּוֹ אוֹ אֶת הָאֲבֵדָה אֲשֶׁר מָצָא. אוֹ מִכֹּל אֲשֶׁר יִשָּׁבַע עָלָיו לַשֶּׁקֶר וְשִׁלַּם אֹתוֹ בְּרֹאשׁוֹ וַחֲמִשִׁתָיו יֹסֵף עָלָיו לַאֲשֶׁר הוּא לוֹ יִתְּנֶנּוּ בְּיוֹם אַשְׁמָתוֹ. וְאֶת אֲשָׁמוֹ יָבִיא לַה' אַיִל תָּמִים מִן הַצֹּאן בְּעֶרְכְּךָ לְאָשָׁם אֶל הַכֹּהֵן. וְכִפֶּר עָלָיו הַכֹּהֵן לִפְנֵי ה' וְנִסְלַח לוֹ עַל אַחַת מִכֹּל אֲשֶׁר יַעֲשֶׂה לְאַשְׁמָה בָהּ (ויקרא ה', כא-כו).

פתיחת המקרה השלישי דומה למקרה הראשון שבעטיו מתחייבים אשם: "נֶפֶשׁ כִּי תִמְעֹל מַעַל וְחָטְאָה בִּשְׁגָגָה מִקָּדְשֵׁי ה'" (טו) / "נֶפֶשׁ כִּי תֶחֱטָא וּמָעֲלָה מַעַל בַּה'" (כא). אלא שבמקרה השלישי מתברר מיד שאין מדובר במעילה בה' מפני גזלת גבוה אלא במעילה בה' שמתממשת דרך גזלת "עמיתו". הדוגמאות המפרטות מעילה זו עוסקות כולן במי שהיה חייב ממון לחברו וכיחש בדבר: כיחש בפיקדון; בהלוואה; בגזל; בתשלום עבור עבודה, באבדה שנמצאת אצלו, ולבסוף – "וְנִשְׁבַּע עַל שָׁקֶר עַל אַחַת מִכֹּל אֲשֶׁר יַעֲשֶׂה הָאָדָם לַחֲטֹא בָהֵנָּה". ראב"ע הציע שאופציה זו היא דרך נוספת שהאדם יכול לגזול ממון מחברו: בשעת ריב ממוני נשבע האדם לשקר, וכך הוציא ממון מחברו ללא הצדקה, או שנמלט מתשלום שהיה חייב לחברו. היתרון של פרשנות זו הוא בהמשך הכתובים, שהרי בתיאור מה שנדרש החוזר בתשובה להשיב

לחברו הנגזל, מובא גם המקרה של השבועה, ואכן נדמה שם שמדובר במקרה אחר אשר נוסף על הקודמים לו:

וְהָיָה כִּי יֶחֱטָא וְאָשֵׁם וְהֵשִׁיב
אֶת הַגְּזֵלָה אֲשֶׁר גָּזָל
אוֹ אֶת הָעֹשֶׁק אֲשֶׁר עָשָׁק
אוֹ אֶת הַפִּקָּדוֹן אֲשֶׁר הָפְקַד אִתּוֹ
אוֹ אֶת הָאֲבֵדָה אֲשֶׁר מָצָא.
אוֹ מִכֹּל אֲשֶׁר יִשָּׁבַע עָלָיו לַשֶּׁקֶר
וְשִׁלַּם אֹתוֹ בְּרֹאשׁוֹ וַחֲמִשִׁתָיו יֹסֵף עָלָיו לַאֲשֶׁר הוּא לוֹ יִתְּנֶנּוּ בְּיוֹם אַשְׁמָתוֹ.

אכן, על עובדת כתוב זו ביסס ראב״ע את דבריו:

׳ונשבע על שקר׳ – פירושו או נשבע על ממון שיבקש אדם ממנו. והעד: ׳או מכל אשר ישבע עליו לשקר׳ (ראב״ע לוויקרא ה׳, כב).

לעומת זאת, חז״ל ביארו שאין לראות בשבועה על שקר עוד דרך שבה עלה בידי אדם להוציא ממון שלא כדין, אלא יש להסב שבועה זו על כל המקרים שהוזכרו קודם לכן, ויש לראות זאת כתנאי לחיוב אשם. כלומר, אותו אדם שגזל או עשק או כיחש באבדה – גם נשבע על כך לשקר.[10] ראיה טובה לקריאת חז״ל היא חסרון הפתיחה ״או״ בתיאור מקרה השבועה:

וְכִחֵשׁ בַּעֲמִיתוֹ:
בְּפִקָּדוֹן
אוֹ בִתְשׂוּמֶת יָד
אוֹ בְגָזֵל
אוֹ עָשַׁק אֶת עֲמִיתוֹ.
אוֹ מָצָא אֲבֵדָה וְכִחֶשׁ בָּהּ
וְנִשְׁבַּע עַל שָׁקֶר עַל אַחַת מִכֹּל אֲשֶׁר יַעֲשֶׂה הָאָדָם לַחֲטֹא בָהֵנָּה.

10. זו גם דרך מקובלת בפרשנות המודרנית, ראו למשל אצל מילגרום, פולחן ומצפון, עמ׳ 21-22; ונהאם, ויקרא, עמ׳ 108.

הרושם הוא שהשבועה איננה עוד מקרה ('או נשבע'), אלא שלב נוסף, שמוסב על הרשימה כולה ("ונשבע").

נדמה שהצדק עם פרשנות חז"ל, כפי שעולה מפתיחת הפרשה: "נֶפֶשׁ כִּי תֶחֱטָא וּמָעֲלָה מַעַל בַּה' וְכִחֵשׁ בַּעֲמִיתוֹ". המקרים הנדונים כאן הם אומנם "וכחש בעמיתו" אך הם מוגדרים כ'מעל בה'". באיזה מובן מי שאינו משלם שכר עבודה לפועל שעבד אצלו מועל בה'? אפשר לראות זאת כעמדה עקרונית, שבכל מקח וממכר ובכל הסכמה ממונית ה' ניצב כמעין עֵד המשגיח על המתרחש. כך עולה מניסוח ר' עקיבא בספרא:

> רבי עקיבא אומר: מה תלמוד לומר 'ומעלה מעל בה'? לפי שהמלוה ולוה והנושא והנותן, אינו מלוה ואינו לוה ואינו נושא ואינו נותן, אלא בשטר ובעדים, לפיכך בזמן שהוא מכחיש – מכחיש בעדים ובשטר. אבל המפקיד אצל חבירו אינו רוצה שתדע בו נשמה אלא שלישי שביניהם, בזמן שמכחיש – מכחיש בשלישי שביניהם (ספרא, דיבורא דחובה, פרק כב, ד).

לדברי ר' עקיבא, הסכמים שנעשים בין בני אדם ללא שטר ועדים מסתמכים על ה' כעל היודע ועד וסופר ומונה. לפיכך מי שמכחש בחברו ומבטל את התחייבותו כלפיו, הוא גם מועל בה', שבעצם נוכח בכל העסקאות הללו.

אולם אם נפרש את לשון השבועה החותמת את המקרים המובאים באשם זה כדעת חז"ל, קריאת פתיחת הפרשה פשוטה ביותר. אכן מדובר כאן במקרה שאדם כיחש בחברו ותוך כדי כך גם מעל בה', בשמו. הוא נשבע לשקר, ויש לזכור שהשבועה המקראית היא שבועה בשם ה'. כלומר, אדם זה ניצל את שם ה' כדי לגזול, וזוהי אפוא מעילה בה'.

לפני שנמשיך לבחינת מקרים אחרים שמתחייבים בהם אשם (שאינם מוזכרים בפרשתנו), אני מבקש להסב את תשומת הלב לכך שסדר דוגמאות הגנבה משתנה בין תיאור הגזל בפסוקים כ-כא (פיקדון / תשומת יד / גזל / עושק / אבדה) לסדר הדוגמאות בהשבת הגזל שבפסוקים כג-כד (גזל / עושק / פיקדון / אבדה).

נדמה שהרשימה בפסוקים כ-כא מאורגנת על פי האופן שבו החפץ הגזול הגיע לידי האדם: עד כמה הדבר נעשה בידיעתו של בעליו. בפיקדון – הפותח את הרשימה – החפץ הגיע לידו במודעות הנותן, והמקבל אף לרוב עושה טובה לבעל החפץ. גם בתשומת יד – הנזכרת במקום השני – מדובר בממון שהגיע לידי הלווה בהסכמה (הלוואה), אך כוונת נותן הכסף הייתה שישוב אליו כסף אחר בפירעונו. בגזל – שנזכר שלישי – הממון הגיע ליד הגזלן שלא ברשות ובאלימות.

בדוגמה הבאה – עשק את עמיתו – אין כלל חפץ שנמצא אצל העושק, אלא יש חוב, שכר טרחה, שעליו לשלם לפועל והוא נמנע מלשלם. באבדה – החותמת את הרשימה – בעלי החפץ כלל איננו יודע שחפצו מצוי בידיו של זה שמצא את אבדתו.

לעומת זאת, הרשימה בפסוקים כג-כד מתארת את החזרת החפץ לבעליו תוך תהליך תשובתו של החוטא, והיא מאורגנת לפי חומרת החטא והאשמה המוטלת על הגזלן: הגזל האלים פותח את הרשימה, ואחריו מוזכר העושק, הכחשת הפיקדון והאבדה – שבמהותה יש בה מעין לפנים משורת הדין.

בעוד שבאשם מעילות שפתח את הרשימה הקורבן נזכר תחילה, והשבת הממון לקודש נזכרה לאחר מכן, הרי שבמעילה בחברו, הסדר התהפך: תחילה מובאת חובת השבת הדבר הגזול, ורק לאחר מכן נזכר האשם המכפר. מילגרום טען שאין זה אלא גיוון סגנוני שאין לו משמעות מיוחדות,[11] אולם ייתכן שהבאת האשם במקרה של מעילה בקודש משמשת גם כתחילת הפיצוי לקודש הנגזל, ועל כן אפשר לפתוח בו, ואילו הגוזל מחברו עומד מול שני ׳תובעים׳ – החבר הנגזל, והקודש שבו האדם מעל בשבועת השקר שלו. לכן, יש מקום לבאר, שבעצם גם מקרה זה נפתח בהשבת הגזלה, אלא שכאן הנמען של התהליך איננו ה׳ אלא החבר הנגזל.

שלושה מקרים נוספים

כדי להבין את אופי האשם, יש להביא בחשבון שלוש פרשות נוספות שבהן אדם מתחייב להביא אשם. מאחר שהן עוסקות במקרים שמוקדשים להם דיונים בפני עצמם בהקשרים אחרים, הן לא מובאות אצלנו ברשימת החטאים המחייבים אשם אלא במקומם.

1. ׳אשם מצורע׳ (כשמו בספרות ההלכה)

מצורע שנטהר מצרעתו עובר תהליך כפול של חזרה אל המחנה. לאחר טקס שתי הציפורים יכול המצורע לחזור אל המחנה, אך הוא מנוע עדיין מלשוב לאוהלו שלו ולמשכן. לאחר שבוע, עליו להביא את קורבנותיו למשכן ואחרי הקרבתם הוא חוזר להיות כאחד מן העם, ומותר לבוא אל אוהלו ואל המשכן. בנוסף לעוֹלָה ולחטאת

11. מילגרום, פולחן ומצפון, עמ׳ 80-82; מילגרום, ויקרא, כרך א, עמ׳ 330.

שכל הטמאים החמורים מביאים ביום השמיני לטהרתם,[12] על המצורע להביא גם כבש לאשם:

וּבַיּוֹם הַשְּׁמִינִי יִקַּח שְׁנֵי כְבָשִׂים תְּמִימִם וְכַבְשָׂה אַחַת בַּת שְׁנָתָהּ תְּמִימָה... וְלָקַח הַכֹּהֵן אֶת הַכֶּבֶשׂ הָאֶחָד וְהִקְרִיב אֹתוֹ לְאָשָׁם (ויקרא י״ד, י-יב).

מילגרום הציע, שקורבן האשם מתחייב ככפרה על החטאים שעשה המצורע שהם שהביאו עליו את מחלתו, ואולי בין חטאיו הייתה גם פשיעה נגד הקודש – בדומה לאשם מעילות.[13] אך זו קריאה קשה, שהרי בפשטי מקראות לא נאמר על אלו חטאים באה צרעת, ובאמת, כלל לא ברור בספר ויקרא שהצרעת היא עונש.

מצד אחד המצורע מביא אשם, ועל כן גם מקרה זה צריך לבוא בחשבון עת מנסים לזהות את המכנה המשותף למקרי הבאת האשם; מצד שני עליו להביא כבש צעיר ולא איל בוגר, ועל כן יש למצוא למצורע גם מאפיינים ייחודיים שמבדילים את אשמו מקורבן האשם הרגיל.

2. ׳אשם שפחה חרופה׳ (כשמו בספרות ההלכה)

וְאִישׁ כִּי יִשְׁכַּב אֶת אִשָּׁה שִׁכְבַת זֶרַע וְהִוא שִׁפְחָה נֶחֱרֶפֶת לְאִישׁ וְהָפְדֵּה לֹא נִפְדָּתָה אוֹ חֻפְשָׁה לֹא נִתַּן לָהּ בִּקֹּרֶת תִּהְיֶה לֹא יוּמְתוּ כִּי לֹא חֻפָּשָׁה. וְהֵבִיא אֶת אֲשָׁמוֹ לַה׳ אֶל פֶּתַח אֹהֶל מוֹעֵד אֵיל אָשָׁם. וְכִפֶּר עָלָיו הַכֹּהֵן בְּאֵיל הָאָשָׁם לִפְנֵי ה׳ עַל חַטָּאתוֹ אֲשֶׁר חָטָא וְנִסְלַח לוֹ מֵחַטָּאתוֹ אֲשֶׁר חָטָא (ויקרא י״ט, כ-כב).

אדם ששכב עם שפחה שכבר יועדה לאיש אחר מתחייב גם הוא בקורבן אשם.[14] את המונח ׳חרופה׳ יש להבין ככל הנראה במשמעות של ׳מסורה׳, כמו שאומרת דבורה בשירתה: ״זְבֻלוּן עַם חֵרֵף נַפְשׁוֹ לָמוּת״ (שופטים ה׳, יח).[15] כלומר, השפחה (בין

12. טמא מת הוא היחיד שעליו להתרחק שבעה ימים מטומאתו, ובכל זאת הוא פטור מלהביא קורבנות. דומה שהזאת פרה אדומה עליו מחליפה את הצורך האישי שלו בקורבנות, ואין להאריך בזה כאן.
13. מילגרום, ויקרא, כרך א, עמ׳ 856.
14. לפי חז״ל מדובר במקרה של ״שפחה כנענית שחציה שפחה וחציה בת חורין, המאורסת לעבד עברי שמותר בשפחה״ – לשון רש״י במקום.
15. המשמעות המדויקת של ׳נחרפת׳ – כמו גם של ׳בִּקֹּרֶת תִּהְיֶה׳ – לוטה בערפל. ראו את דיונו של דה-פריס, צורתן הקדומה.

אם היא עברייה כדעת ראב״ע, או כנענית כדעת רוב הראשונים) מסורה ומיועדת לאיש מסוים, ובא אחר ושכב עימה. אין מדובר רק ברומנטיקה; אדוניה כבר קיבל כסף עבור נישואיה, כך שהגבר הזר ששכב עימה ׳גוזל׳ אותה מאדוניה או מבעלה המחכה לה. הפרובלמטיות המיוחדת של מקרה זה נגרמת בגין מעמדה המורכב של הנערה. אילו היא הייתה אדם חופשי, עונש השוכב עימה היה כדין השוכב עם נערה מאורשה שהוא והיא נהרגים (דברים כ״ב, כג-כז). ניתן לשער שאילו היא הייתה שפחה לכל דבר – בעליה היה תובע פיצוי מהאיש ששכב עימה, והדיון היה מסתכם בדיני ממונות. במקרה של ׳שפחה חרופה׳, מצד אחד היא עדיין ׳לֹא חֻפָּשָׁה׳ ועל כן אין עונש מוות, ומצד שני, היא כבר מאורסת לאיש, וקידושין תופסים בה. אני חושב שהצדק עם מילגרום שהציע שמקרה זה משולב בפרשת קדושים, במיוחד לאור הפגיעה בקדושה שמלווה מיניות זו, והיא זו שגם גוררת את חובת האשם.[16] אם כן, זהו מקרה שהוא על הגבול – בין העריות הפוגעות בדרישה של ״קדושים תהיו״ ובין ויכוח ממוני.

3. ׳אשם נזיר׳ (כשמו בספרות ההלכה)

> וְכִי יָמוּת מֵת עָלָיו בְּפֶתַע פִּתְאֹם וְטִמֵּא רֹאשׁ נִזְרוֹ... וּבַיּוֹם הַשְּׁמִינִי יָבִא שְׁתֵּי תֹרִים אוֹ שְׁנֵי בְּנֵי יוֹנָה אֶל הַכֹּהֵן אֶל פֶּתַח אֹהֶל מוֹעֵד. וְעָשָׂה הַכֹּהֵן אֶחָד לְחַטָּאת וְאֶחָד לְעֹלָה... וְהֵבִיא כֶּבֶשׂ בֶּן שְׁנָתוֹ לְאָשָׁם וְהַיָּמִים הָרִאשֹׁנִים יִפְּלוּ כִּי טָמֵא נִזְרוֹ.
> (במדבר ו,ט-יב)

נזיר שמילא כראוי את ימי נזירותו אינו מביא אשם. אומנם גם הוא צריך להביא מערכת מורכבת של קורבנות אך היא לא כוללת אשם. קורבן האשם נצרך אם הנזיר טימא את ימי נזירותו, טימא את רֹאשׁ נִזְרוֹ. מלבד העובדה שימי נזירותו נופלים ועליו לספור מחדש את הימים שנדר, הוא גם צריך להביא קורבנות: את הצמד הרגיל – עולה וחטאת – שכל הטמאים החמורים מביאים בשעה שנטהרים; והוא צריך להוסיף עליהם גם כבש לאשם, בדומה לחזרת המצורע אל המחנה. גם במקרה זה האשם המצטרף לחטאת ולעולה הוא כבש ולא איל.

16. מילגרום, ויקרא, כרך ב, עמ׳ 165. בדרך זו צעד גם הרטלי, ויקרא, עמ׳ 913.

המכנה המשותף של המקרים – שיטת רמב"ן

לאורך תולדות הפרשנות נעשו ניסיונות מגוונים להצביע על המכנה המשותף למקרים השונים המחייבים אשם. יש בין הפרשנים שעשו זאת בגלוי, ויש מהם שמתוך רצף הדברים בוקעת ועולה שיטתם. מבין הראשונים בולטת שיטתו של רמב"ן, שאומצה גם בידי אחרים. האתגר בהבנת פירוש רמב"ן לקורבן אשם גדול במיוחד, מפני שיש בפירושו שתי נימות שנראות סותרות בשאלה יסודית המלווה את קורבן האשם. רמב"ן בפירושו לקורבן אשם כותב כך:

> נקרא הקרבן הזה 'אשם', כמו שאמר: 'בשקל הקדש לאשם' (ה', טו). אבל 'והביא את אשמו לה'', האמור למעלה – בקרבן עולה ויורד – טעמו והביא את קרבנו לה', כי הקרבן ההוא חטאת הוא, כמו שאמר 'כשבה או שעירת עזים לחטאת'. ולא נתברר מה טעם יהיה שם הקרבן האחד חטאת ושם האחד אשם, וכולן יבאו על חטא. ולא נוכל לומר בעבור שהחטאת נקבה, כי יש חטאת זכר, שעירים ופרים. ואין לומר שיהא מפני חומר החטא, כי הנה המצורע מביא שני קרבנות, שם האחד חטאת והשני אשם (פירושו לוויקרא ה', טו).

רמב"ן פותח בהערה סמנטית: לא בכל פעם שכתוב 'אשם' הכוונה לקורבן אשם, והדוגמה שהוא מביא נוגעת בדיוננו הקודם: בקורבן עולה ויורד נזכר לשון 'אשם' אף שמדובר בחטאת. לאור כך ממשיך רמב"ן ותמה על עצם פיצול השמות: מדוע לכנות קורבן חובה אחד בשם 'חטאת' ואת השני בשם 'אשם'. הנחת היסוד של שאלתו היא שמדובר במילים נרדפות – חטאת ואשמה.

תחילה שולל רמב"ן הצעה אפשרית: "ולא נוכל לומר בעבור שהחטאת נקבה". הצדק כמובן עם רמב"ן שהרי יש חטאות שבאות ממין זכר דווקא (כמו פר כוהן משיח, פר כל העדה ושעיר נשיא), ולכן לא סביר ששינוי השמות נובע ממין הקורבנות (לחטאת נבחר שם בצורת נקבה, ולאיל האשם נבחר שם בצורת זכר). אינני מכיר פרשנות כזו, אבל כיוון חשיבה כזה מתאים לרמב"ן עצמו, כפי שאבהיר בסיום דבריי; נראה שרמב"ן דוחה אפשרות שעלתה בדעתו שלו ושהוא התלבט בה, ואין מדובר בפולמוס פרשני.

הצעה היפותטית נוספת שרמב"ן שולל היא שההבדל בין אשם לחטאת קשור לחומרת החטא,[17] והוכחתו בצידו: "כי הנה המצורע מביא שני קרבנות, שם האחד

17. לא ברור בשלב ה'הווא-אמינא' מה רמב"ן חשב לחמור יותר, אבל ניתן לשער שהוא התכוון

חטאת והשני אשם״. על אותו המעשה עצמו יש להביא גם חטאת וגם אשם, כך שאין מדובר רק ברמת חומרת האיסור; מסתבר ששני קורבנות אלו עונים על צורך אחר, ולכן לעיתים יש צורך בשניהם (מעבר למצורע אפשר להוסיף גם את הנזיר שנטמא, המביא קורבנות חטאת ואשם זה לצד זה).

לאחר דחיית שתי האפשרויות ההיפותטיות הללו מציע רמב״ן את שיטתו:

> והנראה בעיני, כי שם ׳אשם׳ מורה על דבר גדול אשר העושו יתחייב להיות שמם ואבד בו, מלשון ׳הַאֲשִׁימֵם אֱלֹהִים׳ (תהילים ה׳, יא), ׳ויאשמו נאות מדבר׳.[18] וכן ׳תֶּאְשַׁם שֹׁמְרוֹן כִּי מָרְתָה בֵּאלֹהֶיהָ׳ (הושע י״ד, א), וכן ׳אֲשֵׁמִים אֲנַחְנוּ׳ (בראשית מ״ב, כא) – נענשים. ו׳חטאת׳ מורה על דבר נטה בו מן הדרך, מלשון ׳אֶל הַשַּׂעֲרָה וְלֹא יַחֲטִא׳ (שופטים כ׳, טז).

רמב״ן מביא מספר פסוקים שבהם משמעות ׳אשם׳ היא שממה ועונש,[19] לעומת ה׳חטאת׳ שמתארת סטייה מן הדרך, אבל לא כזו שיש בה חידלון ושממה של הכחדה. כלומר, לדעתו של רמב״ן, ׳אשם׳ אינו קשור לאשמת החטא של האדם אלא לעונש העתיד לו.[20] ממילא מציע רמב״ן שהמקרים המחייבים אשם הם מקרים שבהם סכנת הענישה הרובצת על ראש החוטא חמורה יותר מאשר במקרים שבהם מתחייבים חטאת. כיצד?

> והנה אשם גזלות ואשם שפחה חרופה, בעבור שהם באים אף על המזיד יקרא קרבנם ׳אשם׳, וכן אשם הנזיר. אבל אשם מעילות אף על פי שהוא בשוגג, בעבור שהוא בקדשי ה׳ יקרא הקרבן אשם, כי החטא גדול יתחייב להיותו אשם בו, כאשר יקרא מעילה.

שהאשם חמור יותר כי בא לפעמים גם על המזיד. עם זאת, ראו את דבריו בסוף דיוננו, ומהם עולה שהחטאת חמורה יותר מהאשם.

18. הפסוק הדומה לזה שרמב״ן ציטט הוא מדברי ירמיהו: ״כִּי מִפְּנֵי אָלָה אָבְלָה הָאָרֶץ יָבְשׁוּ נְאוֹת מִדְבָּר״ (ירמיה כ״ג, י). אולם בפסוק זה אין לשון ׳אשם׳.

19. יש מן החוקרים שסברו שאכן יש קשר אטימולוגי בין ׳אשם׳ לבין ׳שמם׳ (צימרלי, יחזקאל, עמ׳ 508), אך אחרים הסתייגו מכך (קלרמן, אשם, עמ׳ 430).

20. דברים דומים, גם אם בניסוחים שונים, הציע מילגרום, ויקרא, כרך א, עמ׳ 339 (משווה זאת למונח ׳עוון׳, שבמקרא הוא גם החטא וגם העונש; וראו דיונו של ראב״ע על בראשית ד׳, יג).

רמב"ן סוקר את המקרים השונים שבהם מתחייבים אשם, ומוצא בהם חומרה יתרה. הדבר בולט במיוחד באשם גזלות ובאשם שפחה חרופה שהם מקרי מזיד, ואכן בדרך כלל חוטא במזיד אינו יכול לכפר על עצמו בקורבן. אופציית הקורבן היא מסלול ייחודי לחוטאים בשגגה דווקא. אומנם בקורבן חטאת עולה ויורד היה מקרה אחד של מזיד שיכול להתכפר לו בחטאת (הכובש עדותו), אך כפי שכבר ביארנו זהו יוצא מן הכלל, אשר לכתחילה כלל לא היה צריך להתחייב קורבן, שהרי הוא לא עשה כל מעשה איסור, ורק בשל התוצאה ההרסנית של חילול השם דרשה ממנו התורה קורבן. ממילא, בשני מקרים אלו יש דבר מה חמור ביותר ומתאים להם קורבן האשם. רמב"ן מוסיף – "וכן אשם הנזיר", והערה זו זוקקת הבהרה, שהרי הנזיר נטמא בעל כורחו ובשגגה. ייתכן שרמב"ן מתכוון לכך שמאחר שהנזיר קיבל על עצמו – מרצונו החופשי – את דיני הנזירות, הרי שכל מה שיארע לו מעתה זו 'אשמתו'. לא שיש בדבר ביקורת עליו, אך הוא אינו יכול לומר בפשטות שהוא 'שוגג', שהרי האצבע המאשימה תופנה כלפיו: אם הוא קיבל על עצמו אחריות יתרה, עליו היה לנהוג משנה זהירות ולעמוד במה שקיבל על עצמו. לחלופין, ייתכן שרמב"ן מתכוון שמאחר שגם במקרה של נזיר שנטמא בזדון הוא מתחייב בקורבן אשם, הרי שמתאים קורבן אשם, והתורה לא חילקה בין שוגג למזיד.

האתגר הגדול יותר שרובץ לפתחנו לנוכח הצעת רמב"ן הוא לבאר את שאר האשמות, שבמבט ראשון קשה לראותם חמורים במיוחד. באשם מעילות מוצא רמב"ן חומרה מיוחדת מפני שמדובר במעילה בקודשי שמיים: גם אם הוא שוגג ואין זו אשמתו, התוצאה חמורה ביותר.

ראוי להזכיר שבחוקי ח'מורבי הבבליים אכן יש החמרה רבה בדין הגונב מהמקדש, ודינו של גנב זה הוא מוות (סעיף 6). על אף שברור שתפיסת המקרא שונה מהתפיסה המשתקפת בחוקי ח'מורבי,[21] יש בחוקים הבבליים הללו ביטוי לסברה הגיונית ופשוטה: דינו של אדם שגונב מחברו קל יותר מזה שגונב ומועל בקודשי שמיים, ועל כן, גם אם הדבר אירע בשגגה, עליו להביא את הקורבן החמור יותר – קורבן אשם. וכפי שרמב"ן אומר בסוף דבריו – האסוציאציות הנלוות ללשון 'מעילה' הן חמורות, ולא לחינם מכנה התורה באופן זה את המשתמש בחפצי גבוה.

רמב"ן ממשיך לבאר לאור הנחתו שמדובר בקורבן חמור במיוחד גם את אשם מצורע ואשם תלוי:

21. הן בתפיסות היסוד של מקור החוק, והן בפרטיו, כפי שהראה גרינברג, הנחות יסוד.

וענין המצורע – בעבור שהמצורע חשוב כמת והנה הוא כבר שמם ואבד. ויקרא קרבנו הראשון ׳אשם׳, שיגין עליו מן האשמה אשר הוא שמם בה, והשני ׳חטאת׳ שהוא מכפר שגגותיו.

גם אם חטאו של המצורע אינו חמור יותר משאר עבירות שבתורה (אם יש חטא כל עיקר), טומאתו היא הטומאה החמורה ביותר שקיימת. מצורע חשוב כמת איננה רק פרפרזה חז״לית, אלא היא שיקוף של דיני המצורע. הצבע הלבן שמאפיין את הצרעת המטמאת מסמל את הגוף ההולך ומת, ודיניו של המצורע מלמדים שהוא מתאבל על עצמו מחוץ למחנה.[22] יש לזכור שגם להלכת חז״ל, מצורע מטמא בטומאת אוהל – ממש כמת. לאור כך ברור מדוע בנוסף לצמד הקורבנות הרגיל שהטמאים החמורים מביאים, צריך המצורע החוזר אל המחנה להביא גם אשם, להורות על מצבו הקשה שממנו הוא כעת נפטר.

ברור שהאתגר הגדול ביותר לטוענים שהאשם בא על מקרים חמורים הוא אשם תלוי. הרי כל הגדרתו של האשם התלוי – על פי קריאת חז״ל שגם רמב״ן מאמץ – היא שלוּ היה ברור שהאדם חטא הוא היה מתחייב חטאת, אך במקרה של ספק חטא עליו להביא אשם. כיצד אפשר לטעון שספק חטא הוא מקרה חמור יותר מאשר חטא וודאי?

וטעם אשם תלוי, מפני שבעליו סבור שאין עליו עונש כי לא נודע שחטא, מפני זה החמיר עליו הכתוב בספקו יותר מודאו.

רמב״ן הופך את הקערה על פיה: במקרים של ספק החמיר הכתוב דווקא מפני שבתודעת ההמון הם מקרים קלים. הואיל ואנשים אומרים לעצמם שאולי הם לא חטאו כל עיקר, אזי החוויה הנפשית שלהם איננה של צער וחרטה, איננה של תסכול ואשמה, ולפיכך החמירה עליהם התורה: דווקא הם צריכים להביא אשם ולהבין את חומרת מעשיהם שאולי ושמא עשו. הצעה זו מזכירה את החשיבה ההלכתית בנוגע להלכות יום טוב יחסית לשבת. באופן כללי, איסורי מלאכה ביום טוב קלים יותר מאשר בשבת, אך למרות זאת לעיתים מוצאים חומרות יתרות דווקא באיסורי מלאכה ביום טוב, ובמסכת ביצה חוזר ההסבר על פי מודל קבוע: דווקא משום שיום טוב קל יותר

22. להרחבה נוספת, ראו: גרוסמן, מצורע. רוקר דימה את יציאתו של המצורע ממחנה ישראל לגירוש האדם ואשתו מגן עדן (רוקר, ויקרא, עמ׳ 191). גם שם הגירוש ממקום השכינה נקשר עם מוות.

בתודעת הבריות, יש חשש שיבואו להקל ביום זה, ולכן חכמים לעיתים החמירו בו. כך למשל: "שבת דחמירא ולא אתי לזלזולי בה – סתם לן כרבי שמעון דמיקל; יום טוב דקיל ואתי לזלזולי ביה – סתם לן כרבי יהודה דמחמיר" (ביצה ב ע"ב).

לפי רמב"ן אם כן, יש לראות בקורבן האשם קורבן חמור במיוחד, ששמו מעיד על העונש הקשה הרובץ לפתחו של אדם: הוא עומד להיות אבד ולהיות שמם. בכוחו של קורבן האשם לכפר על חטאיו ולהצילו משממה זו.

הצעת רמב"ן אפשרית בהחלט, אך יש חוסר נוחות בכיוון זה כולו. מאחר שהתורה מונה שלושה מקרים שבהם מתחייבים אשם (ועוד שלושה מפוזרים), עדיף למצוא מכנה משותף אחד לכולם, שבכוחו יהיה לבאר מדוע יש בהם צורך בקורבן זה דווקא. אין די בהגדרת המכנה המשותף כמקרים חמורים – שהרי יש כמובן 'מקרים חמורים' נוספים רבים. הדבר ודאי נכון ביחס להגדרת אשם גזלות ושפחה חרופה כמקרי מזיד. ומה בדבר שאר העבירות, והרי גם עליהן אפשר לעבור במזיד?

התחושה שעולה למקרא דברי רמב"ן היא שהוא אינו עונה על השאלה מדוע מקרים אלו מחייבים קורבן, אלא על השאלה מדוע – אם כבר הם התחייבו קורבן – דינם באשם ולא בחטאת. עלינו לחזור ולשאול אפוא גם את שאלת הבסיס: האם יש לכל מקרי האשם מכנה משותף, שמבהיר מדוע מתחייבים בקורבן זה כל עיקר, ומה עניינו.

כאמור לעיל, גם עצם הבנת גישת רמב"ן אינה פשוטה. בדברים שנידונו לעיל, רמב"ן טען שיש לראות בקורבן האשם קורבן חמור יותר מאשר חטאת, אולם במקום אחר נראה שרמב"ן מציע מדרג הפוך:

> והאשם זכר, בעבור כי החטאת בחייבי כריתות, שתשוב הנפש אל האלהים אשר נתנה, והאשם לא יבא על חיוב כרת, וכאלו הוא לריח ניחוח כעולה (רמב"ן לוויקרא ג', א).

משפט זה הוא חלק מדיון של רמב"ן במין הקורבנות: מדוע העולה תמיד באה זכר, חטאת היחיד באה נקבה, ואילו זבחי השלמים פתוחים בפני הכרעת המקריב. תוך כדי דיון הוא מתייחס גם להבדל בין חטאת (הנקבה) לאשם (הזכר), וטוען שמאחר שהחטאת מכפרת על עבירות שהעושה אותן במזיד היה מתחייב כרת, הרי שקורבן זה מכפר על אפשרות שבה "תשוב הנפש אל האלוהים אשר נתנה". לעומת זאת, קורבן האשם איננו בא על מקרים שהעושה אותם במזיד יתחייב כרת (המועל במזיד חייב

מלקות), ועל כן – "כאלו הוא לריח ניחוח, כעולה". לולא הדברים היו כתובים נוכח עינינו, קשה היה להאמין שכך רמב"ן ניסח: את האשם הוא רואה כאן בבחינת עולה, שבאה בנדבה וכדורון. מדברים אלו עולֶה, שמאחר שהאשם לא בא על מקרים חמורים, כמעט שאין צורך 'לכפר' עליהם; כביכול אין מדובר בקורבן חובה, ומה שבכל זאת מביאים הוא בבחינת ריח ניחוח, בדומה לקורבן העולה (ועל כן הוא גם ממין זכר כעולָה, ולא קורבן המכפר על הנפש – שהוא נקבה).

עצם הדיון בהבדלי המין בקורבנות דורש תשומת לב לעצמו. בהקשר שלנו אני רק מבקש להצביע על הנחת היסוד שמונחת בבסיס פירוש זה של רמב"ן, ועל פיה קורבן החטאת בא על מקרים חמורים יותר מאשר קורבן האשם. לכאורה זוהי סתירה של ממש לדבריו שראינו לעיל, שבהם הוא מפענח את שם הקורבן מלשון שממה, ומבליט שמדובר בעונש קשה במיוחד, יותר מאשר במקרים של החטאת.

אפשר היה להציע שמדובר בשני דיונים נפרדים: בדיון על מין בעל החיים, מתמקד רמב"ן במעשה העבירה, ואילו בדיון על מקרי האשם שיצאו מקטגוריית החטאת, מבליט רמב"ן את העונש העתיד לאדם שחטא – שממה. אולם קשה לאמץ חלוקה זו. מעבר לחוסר ההיגיון שבניתוק מעשה העבירה מעונשה, רמב"ן עצמו רואה את העונש כאינדיקציה לחומרת החטא. כך עולה מדבריו על החטאת שבאה על "חייבי כריתות". זהו העונש, ומתוך כך הוא גוזר את חומרת העוון. הדבר גם הגיוני וסביר.

נראה יותר, שבדיונו במין הקורבן עוסק רמב"ן בחומרתו של החטא מבחינה פורמלית. לוּ החוטא היה פועל במזיד בעבירות שחייבים על שגגתן חטאת, עונשו חמור יותר מאשר בעבירות שחייבים על שגגתן אשם – והדבר מלמד שבמדרג היסודי, מקרי החטאת אכן חמורים יותר. אך בדיון בקורבן אשם עצמו בפרק ה', רמב"ן אינו שואל אם איסור האשמות חמור יותר מאיסור החטאות, אלא בוחן את מעשה העבירה שנעשה בפועל. מאחר שהחטאת באה רק במקרי שגגה, ואילו אשם בא גם על מקרי מזיד (או שיש בהם חומרה יתרה בשל סיבות אחרות) – הרי שבבחינת מעשה העבירה הספציפי שהתרחש, מקרי האשם חמורים יותר, וראוי היה האדם להיות שמם ואבד לולא היה מביא את כפרתו ונסלח לו.[23]

גם אם נאמץ את עמדתו של רמב"ן שיש במקרי האשם חומרה יתרה, נדמה לי שניתן להציע קורת גג משותפת אחרת לכל המקרים, כזו שתהיה ממוקדת יותר במקרים אלו דווקא.

23. כך עלה בשיחה עם הרב אלי חדד והרב ברוך קהת, כשהתלבטנו בסוגיה זו.

גזל גבוה

בדברים הבאים אני מבקש לצעוד בעקבות מאמר קצר וחשוב שכתב הרב ברוך קהת.[24] נפתח את דיוננו בביטוי המיוחד שפורץ כאן לראשונה בעולם הקורבנות: "בערכך". משום מה, דווקא בקורבן אשם התורה מתמקדת בנתון הכספי: יש להביא בהמה שיש לה ערך ממוני מסוים ושיש להעריכה באופן מסוים ("בְּשֶׁקֶל הַקֹּדֶשׁ"), או שאפשר להביא ערך ממוני של איל והכוהנים יקנו בכסף זה איל לאשם.[25] אומנם גם בחטאת הסולת נאמר שיש להביא כמות 'עשירית האיפה', אך נדמה ששם אין מדובר בהתמקדות כלכלית אלא בכמות, ואילו בקורבנות בהמה טרם שמענו שמחירה של הבהמה רלוונטי לעולם הקורבנות בכלל.

ייתכן שהצדק עם אותם חוקרים שטענו כי בפשט משמעות "בערכך" היא שעל האדם להביא קורבן אשר מחירו זהה לסכום המעילה.[26] גם אם יטען הטוען שקשה להניח שאדם יוכל למצוא תמיד איל בערך המדויק של מעילתו,[27] ייתכן שהדרישה היא כללית יותר: אם מדובר במעילה בסכום גבוה – ראוי להביא איל יקר, ואם מעל בסכום מועט, הוא יכול להסתפק באיל זול.

בין אם נאמץ את קריאת חז"ל, שעל פיה הפסוק דורש ערך כספי של שני סלעים לאיל, בין אם נאמץ את הצעת החוקרים שיש לזהות ככל הניתן בין ערך האיל לסכום המעילה, ובוודאי אם נאמץ את שיטת הטוענים שעל המקריב להביא ממון בלבד – לפנינו שילוב של שני תחומים שלרוב נתפסים כנפרדים לחלוטין. השבת הקרן לה' או לחבר הנגזל כבר משמשת פיצוי ממוני, ואפשר היה לצפות שתהליך ההקרבה יתנתק מהשאלה הממונית הקונקרטית, אלא יכפר על עצם האיסור. לפנינו מקרה חריג למדי, ובו יש לבחור את הבהמה גם לפי שווייה (ולא רק לפי מינה וגילה), ואולי אף בהתאמה לפגיעה הממונית שהאדם עשה.

יסוד הערך הכספי של הבהמה מלמד הרבה על אופיו של קורבן האשם, הקשור מהותית לחטא המעילה והגזלה, ולהחזרת דבר שניטל ללא רשות. מאחר שגם במקרה גזלת החבר התורה פותחת ומגדירה זאת כמעילה בה': "נֶפֶשׁ כִּי

24. קהת, קורבן אשם. הרעיון מובא למעלה באופן מעט שונה מהצעתו.
25. מי שהדגיש דבר זה במיוחד הוא אהרליך. הוא אומנם סבור שפעולת ההערכה נוגעת בפסוק הבא – בתיאור השבת המעילה – ודבר זה קשה, אך עצם הבנתו את הדרישה להעריך בשקל הקודש ולא בשקל חול אפשרית (אהרליך, מקרא כפשוטו, עמ' 215–216).
26. ג'קסון, גנבה, עמ' 272; פישביין, קולופונים, עמ' 250–251.
27. בשל טענה זו דחה מילגרום את ההצעה הנזכרת למעלה (מילגרום, ויקרא, כרך א, עמ' 326).

תֶחֱטָא וּמָעֲלָה מַעַל בַּה׳״ (ה׳, כא), ניתן להיות מדויקים יותר – והדבר יובהר להלן – האשם מכפר על גזלת גבוה, על מעילה בה׳. דווקא בהמת האשם צריכה להיות בערך כספי מסוים, כי קורבן זה קשור בתהליך של ׳השבה׳, של ׳פיצוי ערך׳. דומה שעיקרון זה מבאר את כל מקרי האשם, ויש בכוחו גם לבאר מדוע בשני מקרים יש להביא כבש ולא איל.

לפני שנבחן זאת, ברצוני להעיר שדבר זה קשור אולי גם בלשון ׳אשם׳. כאמור לעיל, זו מילה רב משמעית במקרא, ואחת ההוראות שלה היא ׳השבת פיצוי כספי׳ (במיוחד בשמ״א ו׳). מאחר שבחלק ממקרי האשם, לצד הקורבן, יש השבה של דבר מה שנלקח ללא היתר, סביר לגזור לאור כך גם את שם הקורבן – הקורבן המובא עם השבת גזל (במקרי מסוימים). אכן, עדיין אפשר לטעון שמבחינה סמנטית יש לראות בקורבן אשם קורבן שבא על ׳אשמה׳ – לא על החטא הוא בא אלא על האשמה. לעת עתה נותיר את שתי האפשרויות, ואף שתיהן מתאימות לאופי הקורבן ולמהותו.

נפנה אם כן למקרים עצמם ונבחן כיצד יש בכוח ביאור זה להציע קורת גג משותפת למקרים כולם.

אם קורבן האשם בא על גזל גבוה, אין צורך להרחיב בביאור המקרה הראשון המוזכר ברשימה אצלנו – אשם מעילות. מקרה זה הוא החטא עצמו, ללא הרחבות וללא נספחים, ולא בכדי זהו האירוע הפותח את הרשימה; יש בו הצבעה על העיקרון היסודי בקורבנות האשם.

המקרה השני המובא ברשימה שבפרשתנו – אשם תלוי – מעניין במיוחד בהקשר הנידון. לאחר האשם התלוי משולב דיבור חדש, ופתיחה (מפתיעה) זו יכולה לרמוז שיש להתייחס אל הרשימה כמחולקת לשתי תת קבוצות, בהתאמה לשני ה׳דיבורים׳: אשם מעילות ואשם תלוי מזה; ואשם גזלות מזה. קריאת אשם תלוי כהמשך של אשם מעילות עולה בדברי ר׳ עקיבא בספרא: ״׳ואם׳ – הרי מוסיף על ענין ראשון, לומר שספק מעילות באשם תלוי, דברי ר׳ עקיבא״ (ספרא, דיבורא דחובה, פרשה יב, א, בדומה לגישת מילגרום שהוזכרה לעיל). ר׳ עקיבא דורש את פתיחת הפרשה של אשם תלוי במילה ״ואם״. פתיחה זו אכן מזמינה דרשה, מפני שנראה שבפסוק יש שתי פתיחות ששולבו יחדיו: ״**וְאִם נֶפֶשׁ כִּי** תֶחֱטָא״ (ה׳, יז). אנו רגילים שבחטיבת הקורבנות באה כל פתיחה בפני עצמה; גם המילה ׳ואם׳ ניצבת בכותרות פותחות בחטיבה זו (כמו: ״**וְאִם** נֶפֶשׁ אַחַת תֶּחֱטָא בִשְׁגָגָה מֵעַם הָאָרֶץ״ – ד׳, כז), כמו גם המילה ׳כי׳ (כך באשם גזלות הסמוך – ״נֶפֶשׁ **כִּי** תֶחֱטָא וּמָעֲלָה מַעַל בַּה׳״ – ה׳, כא). אולם אצלנו משולבות שתי הפתיחות גם יחד – ״ואם נפש כי תחטא״. זהו כנראה הבסיס לדרשה של ר׳ עקיבא, שלמד מכך שאומנם לפנינו מקרה

שעומד בפני עצמו ("נפש כי תחטא"), אך יש לקרוא מקרה זה גם כנספח או כהמשך למקרה הקודם ("ואם").

קריאת אשם תלוי על רקע אשם מעילות חשובה ביותר להבנת אופי דין אשם תלוי. בקורבן האשם אין החוטא מכפר על חטא שאולי חטא בו. מאחר שאין מדובר בקורבן חטאת, אין לקורבן כוח לחטא את הקודש מהחטא. אם יתברר לאחר זמן שהאדם אכן חטא, יהיה עליו להביא חטאת, גם אם בינתיים הקריב אשם. כלומר, קורבן האשם אינו מכפר על החטא אלא על דבר מה אחר. מהו אותו דבר חמקמק שנוצר במקרה הספק הזה, ושעליו יש לכפר בקורבן אשם?

הבסיס להבאת אשם תלוי הוא חשש האדם שהוא חייב חטאת למקדש, והוא אינו מביאה. הוא מנוע מלהביא חטאת מפני שהוא אינו בטוח שהוא באמת חטא, אך בהסתפקות זו נוצר 'מצב משפטי' חדש הדורש כפרה מכיוון אחר. אם האדם חטא הוא חייב חטאת למקדש, ומאחר שהוא אינו יכול להביא את החטאת במצב הספק שהוא מצוי בו, ייתכן שהוא גוזל את המזבח ואת הקודש מכבשה לחטאת שעליו (אולי) להביא. אני חוזר ומזכיר שלפי חלוקת הדיבורים בפרשה זו האשם התלוי מובא כנספח של אשם מעילות, ובכך הדברים מתבהרים: החשש הוא שהאדם המסתפק אם חטא – מועל בקודש, בהשאירו בעדר שלו גם את הכבשה שראויה הייתה להגיע אל הקודש. יושם לב שהאשם התלוי מבוסס על תחושת האשמה של האדם החוטא, וליתר דיוק – החושש שמא חטא. הכתוב מדגיש בחתימת מקרה זה: "אָשָׁם הוּא אָשֹׁם אָשַׁם לַה'" (ה', יט). בדומה למה שראינו בקורבן חטאת עולה ויורד – שם האדם מחייב עצמו דרך הווידוי – כך גם באשם התלוי, בסיס הבאתו מוטל על תחושת האדם שהוא אָשַׁם לַה', ושמוטלת עליו אחריות לפצות את הקודש בקורבן אשם.[28]

לאור כך ניתן להבין את הזיקה שחז"ל יצרו בין חטאת ובין אשם תלוי. אף שמדובר בשני קורבנות שונים, כלל הוא בהלכה, שמי שעבר על לאו שהוא פטור מלהביא עליו חטאת, פטור גם מהבאת אשם תלוי במקרה של ספק אם עבר על לאו זה. כך למשל המגדף בשוגג פטור מלהביא חטאת, וממילא הוא גם פטור מאשם תלוי אם ספק גידף (משנה כרתות א, ב). לאור דברינו מסקנה זו ברורה מאליה: כל החיוב באשם תלוי נוצר בשל החשש שיש חוב חטאת שהאדם התחייב בו והוא אינו מביאו

28. חתימה זו מבקשת גם להדגיש, שעל אף שמדובר בשגגה, או במי שאף לא ברור לו שחטא, הוא אשם, מפני שמדובר באשמה לה'. מאחר שמדובר במעילה מול הקודש יש להחמיר בדינו (גולדנברג, מחברות, עמ' 13).

למזבח. אם גם במקרה שוודאי עבר על העבירה החוטא פטור מלהביא חטאת, ברור שגם במקרה של ספק לא יצטרך להביא אשם על ספק גזלת החטאת הזו.

מעניין שהרמב״ם מנה במניין המצוות שלו את חיוב האשם כשתי מצוות שונות: מצווה ע׳ מוקדשת לאשם תלוי (״הוא הציווי שנצטווינו להקריב קורבן מסוים אם יש לנו ספק באחת מאותן העברות הגדולות שחייבים על זדונן כרת ועל שגגתן חטאת קבועה – קורבן זה נקרא ׳אשם תלוי׳״), ומצווה ע״א מוקדשת לאשם הוודאי (״הציווי שנצטווינו שכל העובר עברות מסוימות יקריב קורבן אשם ויתכפר לו, וזהו ׳אשם ודאי׳״). לפי דברינו יש מקום לבחון שוב את ההכרעה למנות את אשם תלוי כמצווה עצמאית. דווקא אשם זה מוצג כנספח של אשם מעילות. בכל ספק חטא יש גם ספק ממוני של חטאת, שהוא מעין ספק מעילה. זהו החשש שמוביל אדם לתחושות אשמה שניצבות בבסיס קורבן זה.

ניתן לאחוז בכיוון זה גם לפי ההבנה של שד״ל, שאשם תלוי בא כאשר האדם חטא כי הוא לא ידע על האיסור. לפי קריאה זו, ניתן לחייב חטאת רק אדם שידע שהדבר אסור אלא שהוא חטא בשגגה. אך אם הוא כלל לא ידע שהדבר אסור – לא ניתן לחייבו בחטאת, כי קשה להגדיר את האדם כמי שעשה ׳מעשה איסור׳ (כאמור, זו איננה הקריאה ההלכתית אלא הצעת שד״ל בפשטי מקראות). כלומר, מצד אחד נעשה מעשה אסור שבסיסית מחייב קורבן כפרה, אך מצד שני לא ניתן לחייב את מי שעשה אותו, שהרי הוא לא ידע שהדבר אסור. לפיכך הוא אומנם פטור מן החטאת, אך עליו להביא אשם תלוי על כך שבשל אי ידיעתו את החוק הוא אינו מביא קורבן חטאת, קורבן שראוי היה להביא על החטא שעשה. גם לפי קריאה זו יש בדבר מעין ׳מעילה׳, מעין חיסור המזבח מקורבן שהיה אמור להגיע אליו.

המקרה השלישי – אשם גזלות – מחזיר אותנו לשדה הסמנטי הגלוי של גזל ופיצוי ממוני. אולם כאן מדובר במעילה בה׳ דרך גזל החבר. יש לשים לב שלא בכל מקרה של גנבה אדם מתחייב גם בקורבן אשם. הגנב הקלסי ישלם לחברו כפל וייפטר מקורבן. המייחד את מקרי הגזל שלפנינו הוא שהתלוותה אליהם שבועה. אולם אין לטעות בדבר: קורבן האשם איננו פיצוי על שבועת השקר. על פי פשטי המקראות, בשביל לכפר על שבועת שקר יש להביא קורבן חטאת עולה ויורד (ה׳, ד). קורבן האשם מתלווה להחזרת פיצוי ממוני (עם קנס) רק במקרים שבהם השבועה עזרה לאדם לגזול מרעהו. הבעיה כאן היא ניצול השבועה – ניצול שם ה׳ – כדי להשיג ממון במרמה. חוטא זה ׳גנב׳ גם את שמו של ה׳ כדי להגדיל את נכסיו ורכושו. את הקרן והחומש עליו להשיב לאדם שמעל בו, ואת קורבן האשם עליו להשיב לה׳ על

כך ש'גנב' את שמו כדי להשיג רכוש לא לו. לצד המעילה בחבר יש כאן גם מעילה בה': "נֶפֶשׁ כִּי תֶחֱטָא וּמָעֲלָה מַעַל בַּה' וְכִחֵשׁ בַּעֲמִיתוֹ" (ה', כא).

אלו הם שלושת האשמות המוזכרים בפרשתנו, וכולם קשורים בגזל גבוה – בין אם ממשי, בין אם מסופק ובין אם מופשט. ניכרת הזיקה בין האשם הפותח, אשם מעילות, לבין האשם הסוגר, אשם גזלות: בשניהם מוזכרת המעילה בה'; בשניהם יש צד ממוני זהה: השבת קרן ובנוסף קנס חומש לנפגע; ובשניהם לצד התשובה הממונית יש להביא גם איל לאשם. בין שני המקרים האלו מצוי האשם התלוי, שמשמש מעין נספח לאשם מעילות – אדם שספק מועל בקודש ואינו מביא את הכבשה או השעירה הראויה לו, מכפר על כך באיל אשם.

מכאן נפנה לשלושת המקרים הנוספים הפזורים בתורה.

שפחה חרופה

אשם שפחה חרופה מצוי על קו התפר הקשה להגדרה בין ההיבט הממוני לבין ההיבט האיסורי של עריות. יש לזכור שאם אדם גוזל חפץ הוא אינו מתחייב בקורבן אלא בהשבה ממונית, ואם אדם שוכב עם אשת איש הוא אינו מתחייב בקורבן אלא הוא והיא חייבים מיתה. המקרה שלפנינו – אישה שכבר מיועדת ('התקדשה' בלשון ההלכה) לאיש, אך היא עדיין שפחה, ועל כן איננה ישות משפטית בת חורין – הינו מקרה המצוי על הגבול.[29] הדיוק של חז"ל, שהשפחה עצמה איננה חייבת בקורבן אלא מתחייבת במלקות, ורק בועלה הוא המתחייב בקורבן (כרתות יא ע"א), מבליטה דבר זה: לפנינו מקרה של גזל, והשפחה המיועדת לאיש מסוים מקבילה לחפץ הנגזל ולא לגוזל.

אך אין מדובר בגזל ממוני גרידא: גזל זה פוגע בעולם הקדושה המקראי – בנישואי אישה לאיש, וסביר שבשל ממד זה מובא המקרה ברשימה הדורשת מישראל בפתיחתה "קדֹשים תהיו". "בעם ישראל" – כניסוחו של מילגרום – "ניאוף נחשב

29. בפרשנות המודרנית מקובל לראות את השפחה שמדובר עליה בפסוקים אלו כאמה שנמכרה לשם נישואין מלכתחילה – בהתאמה לנאמר בפרשת משפטים, ובועלה גוזל אותה מאדוניה. חז"ל לעומתם פירשו את הדין כחל על שפחה כנענית. רד"צ הופמן (בפירושו לוויקרא, כרך ב, עמ' לט) הביא ראיות לקריאת חז"ל, וטען שגם ר' עקיבא סבור שמדובר בשפחה כנענית, ואילו מילגרום סבור שדעת ר' עקיבא היא שמדובר באמה עברייה (מילגרום, ויקרא, כרך ב, עמ' 1666). מבין הטוענים שמדובר באמה עברייה היו שהציעו שהיא מכונה כאן 'שפחה' (בשונה מהמונח הרגיל – 'אמה'), בשביל משחק המילים עם המשך הפסוק "אוֹ חֻפְשָׁה לֹא נִתַּן לָהּ... כִּי לֹא חֻפָּשָׁה" (שורץ, קדושה, עמ' 153).

להפרה של ברית סיני״.[30] ניתן לנסח זאת גם כך: בכל נישואין מצוי גם ה׳ המעיד על ברית האוהבים, ובניאוף יש אפוא משום הכחשת האל המעיד על הברית. אלא שבדרך כלל הנואף חייב מיתה וממילא פטור מהקורבן; אולם הבועל שפחה חרופה פטור מעונש המיתה, ועל כן מתחייב לפחות בקורבן, כיוון שכל אישה ששייכת לאיש מופקעת מאחרים כהקדש, ובשפתו של הבבלי: ״ומאי לישנא דרבנן (= מה משמעות לשון חכמים ׳קידושין׳?) דאסר לה אכולי עלמא כהקדש (= שאוסר אותה על כל העולם כמו הקדש)״ (קידושין ב ע״ב).

ראוי לשים לב לכך שבשונה ממקרי האשם המנויים ברשימת הקורבנות שבפרק ה׳, באשם זה לא נאמר שיש להביא איל ׳בערכך׳, אלא רק: ״וְהֵבִיא אֶת אֲשָׁמוֹ לַה׳ אֶל פֶּתַח אֹהֶל מוֹעֵד אֵיל אָשָׁם. וְכִפֶּר עָלָיו הַכֹּהֵן בְּאֵיל הָאָשָׁם לִפְנֵי ה׳ עַל חַטָּאתוֹ אֲשֶׁר חָטָא וְנִסְלַח לוֹ מֵחַטָּאתוֹ אֲשֶׁר חָטָא״. עם זאת, חז״ל למדו שכל אשם **שהוא איל** צריך לבוא בהערכה כספית, ועל כן גם אשם שפחה חרופה דורש הערכה ממונית (אך לא אשמות שבאים כבש):

> מנין לאשם שפחה חרופה לא יביא אלא בכסף שקלים ת״ל ׳אָשֹׁם אָשַׁם׳ (ה׳, יט). יכול שאני מרבה אף אשם נזיר ומצורע ת״ל הוא. ומה ראית לרבות אשם שפחה חרופה ולהוציא אשם נזיר ואשם מצורע. אחר שריבה הכתוב מיעט מרבה אני שפחה חרופה שהוא איל ומוציא אני אשם נזיר ומצורע שאינו איל (ספרא, דיבורא דחובה, פרק כא, ז).

אפשר להבין על פי דרכנו גם את הקריאה העולה מהפשט, ולפיה במקרה זה אין צורך בהערכה ממונית. כפי שכבר ביארנו, הדגש על הערך הממוני של האיל קשור בטבורו בחטא הקשור בגזל גבוה. אשם השפחה החרופה יכול אומנם להיכלל באווירה כללית שמלווה גזל של עולם הקדושה, אך בסופו של דבר קדושת הנישואין היא דבר שקשה להצביע עליו כאל ׳דבר מה׳ שנגזל, וייתכן שבשל כך אין צורך כאן בהערכה ממונית. מאחר שבמקרה זה ההבאה הממונית שולית, מושמטת כאן גם פעולת הנתינה לכוהן, פעולה שחוזרת ונזכרת בשלושת מקרי האשם שבפרשת ויקרא:

> אשם מעילות: ״וְנָתַן אֹתוֹ לַכֹּהֵן״ (ה׳, טז).
> אשם תלוי: ״וְהֵבִיא אַיִל תָּמִים מִן הַצֹּאן בְּעֶרְכְּךָ לְאָשָׁם אֶל הַכֹּהֵן״ (ה׳, יח).

30. מילגרום, ויקרא, כרך ב, עמ׳ 1674-1677. ראו אצלו שם גם את ההסתייגות של שורץ מקריאה זו.

אשם גזלות: ״וְאֶת אֲשָׁמוֹ יָבִיא לַה׳ אַיִל תָּמִים מִן הַצֹּאן בְּעֶרְכְּךָ לְאָשָׁם אֶל הַכֹּהֵן״ (ה׳, כה).

במקום שבו יש הערכה ממונית, יש גם דגש על אקט נתינת האיל לכוהן. במקרה של שפחה חרופה אין הערכה ממונית, וגם אין הבלטה של עצם פעולת העברת הבהמה מיד ליד.[31]

שני המקרים הנוספים, דורשים כאמור פענוח כפול: האם גם הם קשורים בגזל גבוה מצד אחד, ומדוע במקרי אשם אלו יש להביא כבש ולא איל – כבשאר מקרי האשם. בדרך כלל המדרג בעולם הקורבנות הוא שקורבן העוף נחשב לקל ביותר (אולי בשל מחירו ואולי בשל מיעוט הבשר והדם שיש בו), אחריו בא הכבש הצעיר, אחריהם האיל הבוגר, ולבסוף הפר (׳בן בקר׳) שנחשב לבהמת הקורבן הגדולה ביותר. ממילא, ניתן לצפות שאשמות הכבש יהיו קשורים גם הם לגזל גבוה, אך בחומרה פחותה, או במשמעות רכה יותר.

נזיר שנטמא

וְכִי יָמוּת מֵת עָלָיו בְּפֶתַע פִּתְאֹם וְטִמֵּא רֹאשׁ נִזְרוֹ וְגִלַּח רֹאשׁוֹ בְּיוֹם טָהֳרָתוֹ בַּיּוֹם הַשְּׁבִיעִי יְגַלְּחֶנּוּ. וּבַיּוֹם הַשְּׁמִינִי יָבִא שְׁתֵּי תֹרִים אוֹ שְׁנֵי בְּנֵי יוֹנָה אֶל הַכֹּהֵן אֶל פֶּתַח אֹהֶל מוֹעֵד. וְעָשָׂה הַכֹּהֵן אֶחָד לְחַטָּאת וְאֶחָד לְעֹלָה וְכִפֶּר עָלָיו מֵאֲשֶׁר חָטָא עַל הַנָּפֶשׁ וְקִדַּשׁ אֶת רֹאשׁוֹ בַּיּוֹם הַהוּא. וְהִזִּיר לַה׳ אֶת יְמֵי נִזְרוֹ וְהֵבִיא כֶּבֶשׂ בֶּן שְׁנָתוֹ לְאָשָׁם וְהַיָּמִים הָרִאשֹׁנִים יִפְּלוּ כִּי טָמֵא נִזְרוֹ (במדבר ו׳, ט–יב).

לשם הבנת תפקיד קורבן האשם אצל נזיר שנטמא יש לשים לב היטב למיקומו בתהליך כפרתו וטהרתו של הנזיר.[32] תחילה נאמר שעל הנזיר להביא ״שְׁתֵּי תֹרִים אוֹ שְׁנֵי בְּנֵי יוֹנָה״, שהם הצמד הקבוע בטהרת טמאים חמורים – ״וְעָשָׂה הַכֹּהֵן אֶחָד לְחַטָּאת וְאֶחָד לְעֹלָה״. בשלב זה לא מוזכר כלל האשם, ובסופו של תהליך הקרבת שתי הציפורים כבר זוכה הנזיר לטהרה ולקדושה מחודשת: ״וְכִפֶּר עָלָיו מֵאֲשֶׁר חָטָא עַל הַנָּפֶשׁ וְקִדַּשׁ אֶת רֹאשׁוֹ בַּיּוֹם הַהוּא״.

לאחר מכן נזכר שעל הנזיר לנדור בשנית את ימי נזרו כי הימים שנדר בתחילה

31. השוו לדברי מילגרום, ויקרא, כרך ב, עמ׳ 1671.
32. ראו גם אצל הרב ברוך קהת, קורבן האשם.

'נפלו': "וְהִזִּיר לַה' אֶת יְמֵי נִזְרוֹ", ובהקשר זה מוזכר גם הכבש לאשם: "וְהֵבִיא כֶּבֶשׂ בֶּן שְׁנָתוֹ לְאָשָׁם וְהַיָּמִים הָרִאשֹׁנִים יִפְּלוּ כִּי טָמֵא נִזְרוֹ". כלומר, קורבן האשם אינו נצרך לשם כפרת הנזיר שנטמא. כפרה זו מושגת על ידי החטאת והעולה – ממש כמו בשאר מקרי הטומאה החמורים: טומאת יולדת, זב וזבה. האשם שעל הנזיר להביא קשור בסוגיית הימים: הימים שנדר הנזיר לה' לא נתמלאו אלא נפלו, ועל כן עליו לנדור אותם בשנית, ולצד זאת להביא כבש לאשם.

הקשר בין תהליך זה לאשם מעילות ברור מאליו: גם כאן הנזיר חילל דבר מה שהוקדש לגבוה – את הימים שאותם נדר לה', או את שערו שהקדיש לגבוה ("כִּי טָמֵא נִזְרוֹ"). אין זה מקרה רגיל של מעילה בקודש, שהרי אין חפץ מחוץ לאדם שהוקדש לגבוה; מדובר באדם עצמו שקדושתו מתבטאת בזמן מסוים שבו הוא קיבל על עצמו התחייבויות מסוימות, ובשערו. אולם הרעיון זהה: דבר מה היה שייך לגבוה והאדם מעל בו, השתמש בו או טימא אותו.

ככל הנראה בשל כך יש להביא במקרה זה כבש ולא איל. מאחר שאין מדובר במעילה בדבר מה ממשי שנטל המועל מן הקודש, סוג בעל החיים משתנה ומשקף זאת. על הנזיר שנטמא להביא כבש לאשם, מפני שהוא מעל בעצמו, בזמן שהוקדש לגבוה.

מצורע שנטהר

רעיון זה מוביל אותנו גם לכבש האשם, שמביא מצורע שנטהר. מאחר שמדובר בכבש, כבר ניתן לצפות למודל דומה לזה שפגשנו באשם הנזיר. גם אצל המצורע מדובר בתהליך טהרה מורכב, שלצד האשם יש להביא את צמד הקורבנות הקבוע של הנטהרים – עולה וחטאת, בדומה לנזיר.

> וּבַיּוֹם הַשְּׁמִינִי יִקַּח שְׁנֵי כְבָשִׂים תְּמִימִם וְכַבְשָׂה אַחַת בַּת שְׁנָתָהּ תְּמִימָה וּשְׁלֹשָׁה עֶשְׂרֹנִים סֹלֶת מִנְחָה בְּלוּלָה בַשֶּׁמֶן וְלֹג אֶחָד שָׁמֶן. וְהֶעֱמִיד הַכֹּהֵן הַמְטַהֵר אֵת הָאִישׁ הַמִּטַּהֵר וְאֹתָם לִפְנֵי ה' פֶּתַח אֹהֶל מוֹעֵד. וְלָקַח הַכֹּהֵן אֶת הַכֶּבֶשׂ הָאֶחָד וְהִקְרִיב אֹתוֹ לְאָשָׁם וְאֶת לֹג הַשָּׁמֶן וְהֵנִיף אֹתָם תְּנוּפָה לִפְנֵי ה'.[33] וְשָׁחַט אֶת הַכֶּבֶשׂ בִּמְקוֹם

33. יש מקום לדיון רחב בתנופת האשם כאן. בדרך כלל תפקיד התנופה להעביר דברים מעולם החול לרשות גבוה (מילגרום, תנופה, עמ' 41-45; וראו להלן בדיון בפרק ז', בדין החזה והשוק של זבח שלמים). אין כאן המקום להאריך בזה, אך כבר נתון זה מלמד על אופי האשם השונה משני הקורבנות האחרים בטקס – מהעולה ומהחטאת, שאינם דורשים תנופה. יש לציין שמצאנו תנופה ביצורים חיים רק בכבש המצורע, בשני כבשי עצרת ובתנופת הלוויים (במדבר ח', יא).

> אֲשֶׁר יִשְׁחַט אֶת הַחַטָּאת וְאֶת הָעֹלָה בִּמְקוֹם הַקֹּדֶשׁ כִּי כַּחַטָּאת הָאָשָׁם הוּא לַכֹּהֵן קֹדֶשׁ קָדָשִׁים הוּא.
> וְלָקַח הַכֹּהֵן מִדַּם הָאָשָׁם וְנָתַן הַכֹּהֵן עַל תְּנוּךְ אֹזֶן הַמִּטַּהֵר הַיְמָנִית וְעַל בֹּהֶן יָדוֹ הַיְמָנִית וְעַל בֹּהֶן רַגְלוֹ הַיְמָנִית. וְלָקַח הַכֹּהֵן מִלֹּג הַשָּׁמֶן וְיָצַק עַל כַּף הַכֹּהֵן הַשְּׂמָאלִית. וְטָבַל הַכֹּהֵן אֶת אֶצְבָּעוֹ הַיְמָנִית מִן הַשֶּׁמֶן אֲשֶׁר עַל כַּפּוֹ הַשְּׂמָאלִית וְהִזָּה מִן הַשֶּׁמֶן בְּאֶצְבָּעוֹ שֶׁבַע פְּעָמִים לִפְנֵי ה׳. וּמִיֶּתֶר הַשֶּׁמֶן אֲשֶׁר עַל כַּפּוֹ יִתֵּן הַכֹּהֵן עַל תְּנוּךְ אֹזֶן הַמִּטַּהֵר הַיְמָנִית וְעַל בֹּהֶן יָדוֹ הַיְמָנִית וְעַל בֹּהֶן רַגְלוֹ הַיְמָנִית עַל דַּם הָאָשָׁם. וְהַנּוֹתָר בַּשֶּׁמֶן אֲשֶׁר עַל כַּף הַכֹּהֵן יִתֵּן עַל רֹאשׁ הַמִּטַּהֵר וְכִפֶּר עָלָיו הַכֹּהֵן לִפְנֵי ה׳.
> וְעָשָׂה הַכֹּהֵן אֶת הַחַטָּאת וְכִפֶּר עַל הַמִּטַּהֵר מִטֻּמְאָתוֹ וְאַחַר יִשְׁחַט אֶת הָעֹלָה. וְהֶעֱלָה הַכֹּהֵן אֶת הָעֹלָה וְאֶת הַמִּנְחָה הַמִּזְבֵּחָה וְכִפֶּר עָלָיו הַכֹּהֵן וְטָהֵר (ויקרא י״ד, י-כ).

לא נוכל במסגרת זו לדון בפרטי תהליך חזרת המצורע אל המחנה ואל המשכן. לענייננו רק אעיר את ההערה הבולטת ביותר הנוגעת לאשם. שלא כמו במקרה הנזיר, אצל המצורע הקרבת האשם פותחת את התהליך כולו, וקורבן זה נראה כקורבן המרכזי שגם נתינת השמן קשורה אליו. רק אחרי הקרבת האשם ניגש הכוהן להקריב את החטאת ואת העולה. מעבר להקרבתו, האשם משמש בדרך חדשה לגמרי – דמו ניתן גם על "תְּנוּךְ אֹזֶן הַמִּטַּהֵר הַיְמָנִית וְעַל בֹּהֶן יָדוֹ הַיְמָנִית וְעַל בֹּהֶן רַגְלוֹ הַיְמָנִית". דבר זה מפתיע למדי, שהרי דם הקורבנות אמור להגיע אל המזבח. הפתעה זו משתלבת בהפתעה נוספת – שבה גם נעוץ הפתרון לתהליך הייחודי שעובר המצורע – שימת השמן על גופו של המצורע שנטהר, באותם המקומות עצמם: "וּמִיֶּתֶר הַשֶּׁמֶן אֲשֶׁר עַל כַּפּוֹ יִתֵּן הַכֹּהֵן עַל תְּנוּךְ אֹזֶן הַמִּטַּהֵר הַיְמָנִית וְעַל בֹּהֶן יָדוֹ הַיְמָנִית וְעַל בֹּהֶן רַגְלוֹ הַיְמָנִית עַל דַּם הָאָשָׁם". ברור שיש קשר בין דם האשם ובין השמן, שהרי יש לשים את השמן "על דם האשם". מה תכלית טקס חריג זה?

רבים העירו שהזיקה בין התהליך שעל המצורע לעבור ובין התהליך שעברו הכוהנים בעת חנוכת המשכן (בימי המילואים), מלמדת על אופי הטקס ועל תפקידו. גם שם, משה לקח מדם איל המילואים ושם על הכוהנים: "וַיִּשְׁחָט וַיִּקַּח מֹשֶׁה מִדָּמוֹ וַיִּתֵּן עַל תְּנוּךְ אֹזֶן אַהֲרֹן הַיְמָנִית וְעַל בֹּהֶן יָדוֹ הַיְמָנִית וְעַל בֹּהֶן רַגְלוֹ הַיְמָנִית. וַיַּקְרֵב אֶת בְּנֵי אַהֲרֹן וַיִּתֵּן מֹשֶׁה מִן הַדָּם עַל תְּנוּךְ אָזְנָם הַיְמָנִית וְעַל בֹּהֶן יָדָם הַיְמָנִית וְעַל בֹּהֶן רַגְלָם הַיְמָנִית וַיִּזְרֹק מֹשֶׁה אֶת הַדָּם עַל הַמִּזְבֵּחַ סָבִיב" (ויקרא ח׳, כג-כד). להלן נדון בטקס זה, ולענייננו כעת יש לשים לב לדמיון הגדול בין שני הטקסים. יש לזכור שגם את הכוהנים משחו בשמן (בין אם רק על הכוהן

הגדול ובין אם על כל הכוהנים),[34] ודי בכך כדי להשתכנע שמדובר בשני טקסים מקבילים שרב המשותף ביניהם.

הדמיון לטקס ימי המילואים חושף גם את המגמה של טקס המצורע. המטרה המשותפת לשני תהליכים אלו היא הכנסת אדם ממעגל חיצוני למעגל פנימי יותר; שינוי סטטוס של קדושה של אדם. הכוהנים מתקדשים ויוצאים מכלל ישראל והופכים להיות משרתי המשכן; המצורע שהיה מחוץ למחנה מבקש לשוב אל מחנה ישראל ולהיות חלק מהמחנה שבתוכו שורה שכינה. עד עכשיו הוא נידון כמת, כמי שפרש מן הציבור, והוא לא היה חלק ממחנה ישראל. כעת המשכן מקדש אותו, מקבל את פניו והופך אותו להיות שוב חלק מהציבור הישראלי. דבר זה חשוב להבנת תפקיד האשם.

גם אצל המצורע – כמו אצל הנזיר – הטהרה והכפרה אינם מושגים על ידי קורבן האשם, אלא על ידי הקרבת החטאת והעולה. דבר זה עולה מבעד לחתימות עבודת הקורבנות השונות בפרשה:

> וְעָשָׂה הַכֹּהֵן אֶת הַחַטָּאת – וְכִפֶּר עַל הַמִּטַּהֵר מִטֻּמְאָתוֹ.
> וְהֶעֱלָה הַכֹּהֵן אֶת הָעֹלָה וְאֶת הַמִּנְחָה הַמִּזְבֵּחָה – וְכִפֶּר עָלָיו הַכֹּהֵן וְטָהֵר.

המצורע זוכה לכפרה מטומאתו בהקרבת החטאת; ואת הטהרה המחודשת הוא משיג בהקרבת העולה, ובהקשרים אלו האשם כלל לא נזכר. מתברר, שתפקיד האשם לאפשר למצורע שהיה בניתוק ממחנה ישראל לשוב ולעמוד מחדש מול ה׳; האשם הוא חלק מתהליך המעבר שעובר המצורע מתקופה אחת שבה היה מחוץ למחנה, לתקופה חדשה שנכונה לו כחלק ממחנה ישראל. עד עכשיו המצורע היה דחוי מלעמוד במשכן נוכח ה׳, והוא לא השתתף בקורבנות התמיד ובשאר עבודת הקודש שמתרחשת במשכן בשם הציבור כולו. בכבש האשם הוא מכפר על זמן זה שבו הוא היה מנותק מהקודש, ודרכו הוא מבקש להתקדש מחדש ולהיות חלק מהעם שבתוכו שורה שכינה.[35]

לפיכך, גם המצורע מביא **כבש** לאשם; כמו הנזיר שנטמא, גם דיניו של המצורע מנהלים שיח עם ׳גזלת׳ זמן מקודש. הוא לא מעל בחפץ מקודש, אלא הוא עצמו היה מודר מעבודת המשכן לאורך זמן, וזמן זה דורש כפרה – כבש לאשם. לפיכך גם ברור

34. רמב״ן התלבט בכך והביא ראיות לצדדים השונים. ראו בפירושו לוויקרא ח׳, יב, וראו עוד להלן בדיון בימי המילואים.

35. בניסוחים שונים, היו שקשרו בין כבש האשם לניתוק המצורע מעבודת המשכן. ראו אצל ונהאם, ויקרא, עמ׳ 210, ובסקירה של הרטלי, ויקרא, עמ׳ 197.

מדוע בשני אשמות אלו לא נזכרה הערכה ממונית ('בערכך'), ובלשון חז"ל: "ואינן באין בכסף שקלים" (משנה זבחים י, ה). כשמדובר על דבר מה ממשי שנגנב – יש גם להעריך ממונית את האיל; כשמדובר על 'זמן' שהייתה בו מעין מעילה, די בכבש, שהאספקט הממוני שבו שולי.

לסיכום, קורבן האשם המושב לה' קשור – הן בשמו, הן בדיניו והן במקרים שבעטיים הוא בא – לגזלת קודש שמעוררת באדם תחושת אשמה קשה על שמעל בקודש. המעילה בקודשי שמיים לגווניה השונים נתפסת כחמורה ביותר, וקורבן האשם מביא בכנפיו כפרה לאלו המבקשים זאת, משיבים את מה שניתן להשיב, עושים תשובה ומביאים איל או כבש.

ייתכן שכך ראה זאת ר' עובדיה ספורנו. הוא תהה לגבי הניסוח המשווה בין חטאת לאשם בפרשת צו: "כַּחַטָּאת כָּאָשָׁם תּוֹרָה אַחַת לָהֶם הַכֹּהֵן אֲשֶׁר יְכַפֶּר בּוֹ לוֹ יִהְיֶה" (ז', ז). על כך הוא כתב: "ושהאשם – אף על פי שאינו על חטא חייבי כריתות כמו החטאת, הנה להיות חטאו מעילה בקודש 'תורה אחת להם'" (פירושו על אתר). אף שהפסוק עוסק בכל האשמות ולא רק באשם מעילות, מגדיר ספורנו את כל חטאי האשם כ"מעילה בקודש".[36]

ליבי אומר לי שבמובן מסוים גם הרמב"ם ראה את קורבן האשם כקורבן השבה וכפיצוי. כך עולה מניסוחו בפתיחת הלכות מעילה: "הלכות מעילה יש בכללן שלש מצות: אחת מצות עשה, ושתים מצות לא תעשה, וזה הוא פרטן: (א) לשלם המועל אשר חטא בתוספת חומש וקרבן, וזהו דין המועל..." (הקדמה להלכות מעילה). הרמב"ם מתייחס אל הקורבן כאל חלק מהתשלומים שצריך המועל לשלם: הוא מחזיר את הקרן "בתוספת חומש וקרבן".[37] מניסוח זה נראה שהקורבן קשור בטבורו עם ההשבה הממונית שהמועל או העושק עשה, אך מידי הספק לא יצאנו.

ייתכן שיש במכנה המשותף של מקרי האשם גם כדי לבאר מדוע דיני ההקרבה של האשם נדחו מפרשת ויקרא לפרשת צו. דבר זה חריג ביותר, שהרי דיני ההקרבה של הקורבנות כולם מתוארים ברשימת הקורבנות הראשונה שבפרשת ויקרא, ואילו פרשת צו מתמקדת בדיני אכילת הקורבנות. או בניסוח שהוזכר לעיל: פרשת ויקרא מתארת את דיני הקורבן עד הגעתו אל המזבח; ופרשת צו מתארת את דיני הקורבן

36. הרב יהודה קופרמן פירש את דברי ספורנו כדוגמה בלבד: "כגון אשם מעילות על הנהנה מן ההקדש" (קופרמן, ספורנו, כרך ב, עמ' כב). המוטיבציה לפרש כך ברורה, אך אינני משוכנע שכך עולה מפשטות דברי הספורנו.

37. השוו גם לניסוחו בהלכות גזלה ואבדה ז, א, ביחס לאשם גזלות.

לאחר שהגיע למזבח. החריג היחיד ממודל זה הוא קורבן האשם. דיני הקרבתו אינם נזכרים בפרשת ויקרא אלא בפרשת צו.[38] שתיקת הכתוב מתיאור ההקרבה מפנה מקום לעצם הבאת האיל למשכן.

כאמור לעיל, בדיון בדרישה להערכה ממונית של האיל, ונהאם כתב בצדק: ״הערך של בעל החיים מוצג כדבר חשוב עוד יותר מאשר תהליך ההקרבה על המזבח״.[39] השבת המעילה או הגזלה לצד קורבן איל הופכת להיות חלק מהותי מתהליך ההקרבה. בסופו של דבר האיל כמובן יוקטר על גבי המזבח, אך עיקר עניינו בעצם הבאתו. על דרך הגוזמה ניתן לומר שהכפרה בקורבן זה מושגת בהשבת איל אשם אל הקודש, עוד לפני הקרבתו על המזבח.

בין החטאת לאשם

הדמיון שבין שני קורבנות החובה – החטאת והאשם – מובן מאליו. מבחינה משפטית – שניהם ׳חובה׳, כלומר, שניהם באים על חטא,[40] וגם מהבחינה הלשונית רב המשותף ביניהם. הדמיון בולט במיוחד בשילוב ה׳אשמה׳, שהיא המביאה את האדם להביא קורבנות אלו. כך בחטאות הקבועות: ״אִם הַכֹּהֵן הַמָּשִׁיחַ יֶחֱטָא לְאַשְׁמַת הָעָם״ (ד׳, ג); ״וְאִם כָּל עֲדַת יִשְׂרָאֵל יִשְׁגּוּ... וְאָשֵׁמוּ״ (ד׳, יג); ״אֲשֶׁר נָשִׂיא יֶחֱטָא... וְאָשֵׁם״ (ד׳, כב); ״וְאִם נֶפֶשׁ אַחַת תֶּחֱטָא בִשְׁגָגָה... וְאָשֵׁם״ (ד׳, כז). כך גם בקורבן חטאת עולה ויורד: ״וְהוּא יָדַע וְאָשֵׁם לְאַחַת מֵאֵלֶּה. וְהָיָה כִי יֶאְשַׁם לְאַחַת מֵאֵלֶּה... וְהֵבִיא אֶת אֲשָׁמוֹ לַה׳ עַל חַטָּאתוֹ אֲשֶׁר חָטָא״ (ה׳, ד-ו). אין צורך לומר שבקורבן ׳אשם׳ משולבת לשון ׳אשמה׳, ודי להיזכר בפסוק המבליט זאת, במקרה של אשם תלוי: ״אָשָׁם הוּא אָשֹׁם אָשַׁם לַה׳״ (ה׳, יט).

שיתוף זה מוצא לו גם ביטוי בדרשות חז״ל, שלמדו מהמונח ׳ואשם׳ שנזכר בשני מקרי חטאות היחיד, שהם מביאים במקרה הצורך גם אשם תלוי (בשונה מחטאות כוהן משיח וציבור שאינם מביאים אשם תלוי): ״׳אשר לו תעשינה ואשם׳ (ד׳, כב, כז) מלמד שהוא מביא אשם תלוי״ (ספרא, דיבורא דחובה, פרשה ז, יא).

38. רד״צ הופמן (ויקרא, כרך א, עמ׳ כב) טוען שהדבר נובע מכך שקורבן אשם אינו מוזכר בימי המילואים באופן אורגני, כי הוא הקורבן היחיד שלא הוקרב שם. על כן הוא מושלם באופן מפורט בפרשת צו, שהיא זו שנאמרה למשה בהר סיני עם הציווי על ימי המילואים.

39. ונהאם, ויקרא, עמ׳ 105.

40. אחת משש דרישות ה׳לשמה׳ בקורבנות חובה היא: ״חטאת ואשם לשם חטא״ (ספרא, דיבורא דנדבא, פרשה יד, ב).

מאחר שמדובר בקורבנות חובה, הרי שגם בחטאת וגם באשם משולבות לשונות כפרה וסליחה.

השיתוף בין שני קורבנות אלו משתקף היטב במעקב אחר עמדת ר׳ אליעזר בכמה מחלוקות הפזורות במסכת זבחים הנוגעות לקורבן אשם. נזכיר שתיים מרכזיות:

1. בהלכות חז״ל יש התמקדות יוצאת דופן בדין 'לשמה' – בצורך שעבודות הקורבן ייעשו לשם הקורבן ולשם הבעלים (ולשם ארבעה דברים נוספים). תחילת מסכת זבחים (ומסכת מנחות) מוקדשת לבירור דינים אלו, ודיונים מורכבים מלווים סוגיות אלו. בסיסית, כל הקורבנות שנשחטו שלא לשמן – אינם פסולים, אלא שהבעלים לא יצא בהם ידי חובה, מלבד קורבן החטאת, שהקורבן עצמו נפסל אם לא הוקרב 'לשמו' (וכן הפסח שדורש דיון בפני עצמו). והנה, עמדת ר׳ אליעזר היא שגם בקורבן האשם ישנו הדין הייחודי של החטאת – שדרישת 'לשמה' כה מהותית בקורבן, שלולא כן הקורבן נפסל ואינו עולה על המזבח (משנה זבחים א, א).[41]
2. מקום מפתיע עוד יותר שבו ר׳ אליעזר הופך את האשם למעין חטאת הוא בדין דם קורבן שמיועד למזבח החיצון, שהכוהן הכניס אותו פנימה כי סבר בטעות שמדובר בחטאת פנימית שיש להזות מדמה בפנים. דעת חכמים היא, שכל הקורבנות שדמם נכנס פנימה אינם נפסלים, מלבד החטאת שעליה נאמר בפירוש שאם דמה נכנס פנימה – באש תישרף (ויקרא ו׳, כג). והנה גם בהקשר זה מוסיף ר׳ אליעזר את האשם, ולדעתו גם דם אשם שנכנס פנימה, פוסל את הקורבן (זבחים ח, יא). זוהי הרחבה מפתיעה ביותר, שהרי דווקא בקורבן חטאת יש פיצול בין נתינת דם על המזבח החיצון ובין הזאתו פנימה, ועל כן סביר שדווקא בו יש בעיה מיוחדת בבלבול שכזה. לאידך גיסא, אפשר גם להבין את עמדת ר׳ עקיבא במשנה שם שהפסול נוגע בכל

41. הגמרא מתלבטת מה מקור הדין של ר׳ אליעזר (זבחים י ע״ב, ראו גם בתוספתא זבחים א). לפי עמדה אחת הוא למד זאת ממה שכתוב "אשם הוא" (ויקרא ז׳, ה). על בסיס לימוד זה ניתן לטעון שזהו דין ייחודי שקיים גם באשם לצד החטאת אך לא משום שהם בהכרח קשורים. כנראה משום ששניהם קורבן חובה, יש צורך מיוחד שהם יוקרבו 'לשמה', וגם אם מדובר בקורבנות חובה בעלי מסלול שונה, בשניהם יש צורך מיוחד ב'לשמה'. אולם העמדה האחרת בגמרא שם מביאה כבסיס עמדתו של ר׳ אליעזר את הפסוק: "כחטאת כאשם" (ז׳, ז), ולפי זה ניכר שדעת ר׳ אליעזר היא שחלק מהלכות החטאת מורחבות גם לאשם.

הקורבנות כולם. אך ר' אליעזר מרחיב את דיני החטאת רק על האשם, למרות שאין מושג של 'אשם פנימי', ומבחינה זו הוא דומה לשאר הקורבנות.

יוצא אם כן, שלדעת ר' אליעזר, השיתוף בין החטאת והאשם גדול, וגם דינים ייחודיים של החטאת תקפים בקורבן האשם. עם זאת, למרות הזיקה שאכן מתקיימת בין שני קורבנות אלו, ברור שהתורה מבחינה ביניהם, ורואה אותם כשני קורבנות שונים. גם מהבחינה ההלכתית (סוג בעל החיים ועבודת הדם),[42] וגם מהבחינה הספרותית: לקורבן האשם יש פסקה בפני עצמה שנפרדת מקורבן החטאת, והוא בא במקרים מיוחדים. כפי שכתב רמב"ן, הראיה הברורה להבדל הקיים ביניהם הוא שיש מקרים שיש להביא גם חטאת וגם אשם (מצורע ונזיר שנטמא). מכך ברור שלכל אחד שימוש תכליתי אחר.

לפיכך יש להגדיר מה בין קורבן החטאת וקורבן האשם. בהקשר זה, פחות חשוב אם המכנה המשותף שהצענו לאשם הוא אכן קורת הגג שמשתפת את כל המקרים תחת אותה קורת גג או שמא יש מכנה משותף אחר שנעלם מעינינו. בכל מקרה יש לברר אם יש הבדל בפונקציה שקורבנות אלו באים למלא ואם יש להם תפקיד אחר ותהליך כפרה שונה.

דעות מגוונות נאמרו בעניין זה, חלקן מדגישות את הקושי שבדבר יותר ממה שיש בהן אפשרות סבירה.

בין שלל האפשרויות (הלא משכנעות) ניתן להזכיר את דעתו של פילון שהחטאת מובאת על עבירות שבין אדם לחברו, ואילו האשם מובא על עבירות שבין אדם למקום; דעתו של יוספוס שהחטאת מובאת על חטא שאין בו עדים, ואילו אשם מובא כשיש עדים (אך באשם תלוי בוודאי שאין עדים!); שהחטאת באה על חטאים שהעושה אותם במזיד מתחייב במיתה, בעוד האשם מובא על חטאים קלים יותר (קשה לקבל שאיל בא על חטאים קלים יותר מאשר אלו שמחייבים בכבשה), ועוד כהנה וכהנה.[43] היו גם שהרימו ידיים מהניסיון להבחין הבחנה חדה בין הקורבנות, וטענו שייתכן שמלכתחילה היה מדובר בשני מונחים נרדפים (אך כאמור, יש מקרים שבהם יש להביא את שני הקורבנות כך שברור שאין מדובר בקורבן זהה).[44]

42. אינני מבין את דברי בעל מעשה הקורבנות שקיצר בתיאור עבודת האשם התלוי וכתב: "סדר עבודתו הוא כחטאת, שהוא קדשי קדשים" (קרית ספר תשס"ח, עמ' קסט). אומנם שחיטת האשם והקטרת אמוריו זהות לאלו שבחטאת, אולם זריקת הדם של האשם שונה בתכלית מנתינת הדם של החטאת על ארבע קרנות המזבח.

43. על אפשרויות אלו ראו אצל וינברג, חטאת ואשם. גם הוא דחה אותן על הסף.

44. דה-וו, חיי יום-יום, כרך ב, עמ' 147-148.

מתוך שלל האפשרויות שהוצעו, ברצוני להציג תחילה את הטענה שהעלה מתן ברזילי ויש בה כדי לקדם את הדיון.[45] במאמר שהקדיש לשאלה זו עצמה הוא הסבר את תשומת הלב להבלטה היתרה של 'הידיעה' בקורבנות החטאת. בהלכות חז"ל דבר זה בולט ביותר, אך גם בפשטי המקראות: ניכר שהתורה מקדישה לידיעת החטא מקום של ממש בתהליך חיוב החטאת. מלבד במקרה של הכוהן המשיח שכבר נידון, בכל שאר המקרים רכיב זה נזכר בפירוש. בחטאת העדה: "וְנוֹדְעָה הַחַטָּאת אֲשֶׁר חָטְאוּ עָלֶיהָ" (ד', יד); בחטאת הנשיא: "אוֹ הוֹדַע אֵלָיו חַטָּאתוֹ אֲשֶׁר חָטָא בָּהּ" (ד', כג); ובחטאת היחיד: "אוֹ הוֹדַע אֵלָיו חַטָּאתוֹ אֲשֶׁר חָטָא" (ד', כח).

רכיב זה נזכר גם בקורבן חטאת עולה ויורד (ה', ג-ד), אך בקורבן אשם הוא חסר. אשם מעילות מתאר מקרה שבו אדם חטא בשגגה, כך שניתן היה לשלב לשון 'ידיעה החטא' גם שם, אך הכתוב סותם ומסתפק בעצם החטא: "נֶפֶשׁ כִּי תִמְעֹל מַעַל וְחָטְאָה בִּשְׁגָגָה מִקָּדְשֵׁי ה' וְהֵבִיא אֶת אֲשָׁמוֹ לַה'" (ה', טו). זאת ועוד, מקרה האשם השני מוכיח בעליל שאין צורך בידיעת החטא בשביל להביא קורבן זה, שהרי כולו לא בא אלא במקרה שבו האדם מסתפק אם אומנם חטא: "וְלֹא יָדַע וְאָשֵׁם וְנָשָׂא עֲוֹנוֹ" (ה', יז).

מתוך כך ביקש ברזילי לגזור על אופי הקורבנות השונה:

> במקרה שאדם זה יודע בוודאות במה חטא, יש באפשרותו להביא חטאת ולכפר על הקודש בעבור עצמו. הידיעה מכשירה את הדרך לכפרה מוחלטת בקורבן. אולם במקרה שחטאו של אדם לא מבורר לו לחלוטין... חוסר הוודאות מונע מאדם זה להתכפר על ידי קורבן ומשאיר אותו בחטאו או בתחושת החטא.[46]

יש להיות ערים לטענתו מרחיקת הלכת: לדעתו מהותו של האשם נחשפת באשם תלוי, ולמעשה גם האשמות האחרים משקפים מצב שבו אין ידיעה של חטא אלא, בעיקר, הרגשה של אשמה. ברזילי תומך קריאה זו בפרשנות אברבנאל, שגם ממנה עולה שהאשם המרכזי שחושף את מהותו הוא דווקא האשם התלוי שבא על הספק.

אני מבקש לאחוז בנקודת המוצא של ברזילי, אך לפרש אותה באופן אחר. קשה לומר שהאשם התלוי הוא האשם העיקרי. דווקא הוא מובא כמעין נספח לאשם מעילות. קשה גם לומר שבכל מקרי האשם יש איזה ספק שמונע ידיעה – הרי אשם גזלות בא במקרה של מזיד, וברור שהאדם יודע במקרה זה על חטאו (כמו גם במקרי

45. ברזילי, אשם.
46. ברזילי, אשם, עמ' 46.

שפחה חרופה, מצורע שנטהר או נזיר שנטמא). עם זאת, ההבחנה של ברזילי במקומה עומדת: אכן בחטאות יש דגש מיוחד על ידיעת החטא, ודגש זה נעלם בקורבן אשם.

דומה שיש לקשור פער זה בפער עמוק עוד יותר: החטאות באות דווקא במקרי שגגה (או טומאה), ואילו האשם בא גם במקרי שגגה (כמו אשם מעילות או תלוי), גם במקרי מזיד (כמו אשם גזלות או שפחה חרופה), ואפילו במקרי אונס (נזיר שנטמא פתע פתאום). מאחר שהחטאת באה דווקא במקרי שגגה, יש חשיבות לרכיב שהחטא נודע לו בסופו של דבר. אין חשיבות כיצד החטא נודע לו – בין אם הוא התעורר על הדבר מעצמו ובין אם מישהו הסב את תשומת לבו – העיקר הוא שיהיה ברור שנודע לחוטא חטאו למרות שמדובר בחטא שנעשה בשגגה.

רכיב הידיעה חסר באשם, מפני שאין מדובר דווקא בשגגה, כך שרכיב זה אינו מהותי לחוק הבאת האשם: האדם יודע שחטא – בין אם ׳נודע לו׳ ובין אם חטא במזיד.

הבדל זה חושף את הפער המהותי בין שני קורבנות החובה. מעבר להבדל הקשור בנסיבות שבהן יש להביא את הקורבנות האלו, יש הבדל של ממש בדרך פעולתם. קורבן החטאת רואה מול עיניו את הפגיעה במשכן ואת הפגיעה בקודש. החטאת באה לא רק על חטא אלא גם על טומאה, כלומר, באה לתקן את התוצאה של המעשה המקלקל, את הפגימה שנעשתה במשכן. בסופו של דבר – בין אם החטא חמור ובין אם מדובר בטומאה – יש כתם שצריך לנקותו, שצריך לחטא אותו. תפקיד החטאת הוא אפוא לנקות את הכתמים שדבקו במזבח, ולתקן את השלכות מעשיו של האדם. על אף שמדובר בחטא שנעשה בשגגה, ועל כן אין בעטיו עונש שמוטל על האדם ושיש בכוחו לכפר, תוצאת מעשיו פוגעת במשכן, ועליו לדאוג לחיטויו. התורה מטילה עליו ׳אשמה׳, אף שהדבר נעשה בשגגה, כי בסופו של דבר טומאה דבקה במשכן בשל מעשיו.

הואיל וזה תפקיד החטאת, יש ארבע מתנות דם על ארבע קרנות המזבח (או אף הזאת דם בפנים), כי אין מדובר בהקרבת דם אלא בחיטוי המזבח והמשכן על ידי דם מפני פגימת הטומאה שדבקה בהם.

לעומת זאת, האשם אינו מחטא את המזבח כלל. אין זה תפקידו. באשם אין ארבע מתנות דם סביב המזבח, אלא עבודת הדם הרגילה כבשאר קורבנות הזבחים. כלומר הפועל שנזכר בעבודות הדם של אשם הוא ׳לזרוק׳: ״וְאֶת דָּמוֹ יִזְרֹק עַל הַמִּזְבֵּחַ סָבִיב״ (ז׳, ב), ולא ׳ונתן׳ – כמו שכתוב בחטאת. דמיון השמות של הקורבנות הוביל כמה מן החוקרים למסקנה ששניהם באים על ׳אשמה׳ ועל ׳חטא׳, אך דמיון זה מטעה. החטאת נגזרת כאמור מחיטוי, ובכך השם מלמד על עיקר פעולתה. האשם אכן נגזר מאשמה, מחוב שעל האדם להשיב, ובכך גם שמו שלו משקף את עיקר תפקידו.

עבודת הדם המשתנה בין הקורבנות חושפת אם כן את ההבדל המהותי ביניהם:

שלא כמו החטאת, האשם אינו בא לחטא את הבית או את המזבח, אלא הוא מתנת האדם החוטא המבקש כפרה, ודרך השבת קורבן האשם אל הקודש מכפר האדם על עצמו, ומוצא מרגוע לתחושת האשמה שמלווה אותו. המוקד במקרי האשם איננו החטא בשגגה שהוסיף פגימה לקודש, אלא המעילה בקודש, הגזלה שיש להשיב.

מדוע בענייני מעילה בקודש המוקד התחלף, ולא את המזבח יש לחטא אלא על האדם יש לכפר? האשם מתמקד בלקיחת דבר מה מן הקודש אל רשות האדם, ובמעשה זה יש הפרת אמון. האדם מעורב באופן אישי מול הקודש; הוא השתמש לצרכיו בדברים השייכים לגבוה, או שחילל את שם ה׳. במקרה זה עליו לתקן את האמון שבינו למקדש. אשם המעילות מכפר על המעילה באמון, על המעילה בכבוד שמיים שכל מאמין נדרש לו.

שלא כמו ההצעה של ברזילי, שקורבן האשם קל יותר כי הוא על ספק,[47] יש בקורבן האשם חומרה יתרה: "אָשֹׁם אָשַׁם לַה׳!" (ה׳, יט), וכגישת רמב"ן שנידונה לעיל. האדם שחילל את קודשי ה׳ מופקע מן הקודש, וכמו מצורע שמבקש עם טהרתו להצטרף מחדש למחנה ישראל, כך גם שאר מביאי האשם חשים מחוץ למסגרת הקדושה שאותה הם חיללו, ועליהם להביא קורבן כדי לכפר על אשמתם.

***

רַבּוּ מִשַּׂעֲרוֹת רֹאשִׁי שֹׂנְאַי חִנָּם
עָצְמוּ מַצְמִיתַי אֹיְבַי שֶׁקֶר
אֲשֶׁר לֹא גָזַלְתִּי אָז אָשִׁיב.
אֱלֹהִים אַתָּה יָדַעְתָּ לְאִוַּלְתִּי
וְאַשְׁמוֹתַי מִמְּךָ לֹא נִכְחָדוּ (תהילים ס"ט, ה-ו).

47. בסוף מאמרו מתייחס ברזילי לשאלה המתבקשת מדוע לאשם נבחר האיל היקר יותר מכבשת החטאת.

פרק שנים עשר

פתיחה לרשימת הקורבנות השנייה

יחס שתי רשימות הקורבנות כבר נידון במבוא. לאור מה שנאמר שם, יש מקום להרחיב בתפקיד אכילת הקורבנות, שהוא הנושא המרכזי של רשימת הקורבנות השנייה. מסקנתנו במבוא הייתה שתפקיד הקורבנות משתנה בין שתי הרשימות: בפרשת ויקרא הקורבנות מוצגים כדרך שבה האדם מביע את עצמו מול אלוהיו. בין אם בקורבנות נדבה שבהם הוא מבקש להביע הצהרה דתית מבעד לקורבן, ובין אם בקורבנות החובה שבהם הוא זקוק לכפרה. לעומת זאת הקורבנות שבפרשת צו שמקדימים את תיאור ימי המילואים (ויקרא ח׳-י׳) מוצגים כאמצעי להשראת שכינה בישראל. לא האדם המביא את הקורבן ניצב במוקד הפרשה אלא קדושת המשכן וכוהניו, אש המזבח האוכלת תמיד את הקורבנות. הדבר בולט במיוחד בתורת העולה הפותחת את שתי הרשימות. בפרשת ויקרא מדובר בקורבן נדבה שאדם מוזמן להביאו אם הוא חושק בכך. פרשת צו מתייחסת במיוחד, כך נראה, לעולת התמיד שנשרפת על המזבח כל הלילה.[1] האדם הפרטי כלל אינו נזכר בתורת העולה אלא רק אש המזבח המתגלה לעיני כול ואוכלת את הקורבן.

אולם לא ניתן להסתפק בהגדרות אלו, שהרי גם דיני אכילת זבח השלמים –

1. הרטלי, ויקרא, עמ׳ 96, וכדברי ר״י בכור שור על אתר: ״באותה עולה שצריכה להיות על מוקדה בלילה, אני מפרש לך דין זה, דהיינו תמיד של בין הערביים״. הדרישה לרציפות אש בוערת מניחה שיש קורבנות שיוקרבו על המזבח תמיד, ואכן גם הקורבנות המוקרבים במשך היום מוזכרים בהמשך הציווי (ראו במיוחד אצל קוך, כוהני, עמ׳ 62). ראוי לציין שברשימת הקורבנות השנייה מוזכרת גם מנחה שיש להקריבה ׳תמיד׳ (ו׳, יג), ועל הקשר שבין שני ציוויי תמיד אלו נעמוד להלן.

שיש להם השלכות דרמטיות על האדם מישראל מביא הקורבן שגם אוכל אותו – מצויים גם הם בפרשת צו. לפיכך, כאמור במבוא, יש לאמץ חלוקה נוספת: הרשימה הראשונה מתארת את מסע הקורבן מהבעלים אל הקרבתו על גבי המזבח; הרשימה השנייה מתארת את המשך מסעו של הקורבן, מהקרבתו על המזבח ועד אכילתו או שרפתו. אולם, אין לראות בכך חלוקה זמנית־טכנית אלא פרספקטיבה מהותית שמשתנה בין שתי הרשימות ביחס לקורבנות ולתפקידם.

מדוע באמת דיני אכילת זבח שלמים על ידי הבעלים נזכרים בפרשת צו? מאחר שאכילה זו מהותית לאופי הקורבן, ניתן היה לצפות שהדבר ייאמר כבר בפרשת ויקרא. יתר על כן: החלוקה בין שלמי תודה ובין שלמי נדר או נדבה היא חלוקה שנוגעת כולה במוטיבציה של המקריב – דיני הקורבן מושפעים מסיבת הבאתו. מאחר שפרשת ויקרא מאורגנת לאור קו מבחין זה (נדבה – חובה), אך מתאים היה למצוא גם את שתי אפשרויות זבח השלמים בפרשה זו. הכתוב אכן משקף את ההנחה ששתי אפשרויות השלמים משמעותיות ביותר לאדם המקריב, שהרי בעוד לאורך רשימת הקורבנות השנייה החוקים מופנים אל הכוהנים (הנושא הסתמי מוסב אל הכוהנים, שהם הנמענים של רשימה זו, כמו: "וְהִקְטִיר הַמִּזְבֵּחַ" – ו', ח), הרי כשהציווי עובר לזבח השלמים הנושא הסתמי מתחלף והופך להיות האדם מישראל המביא את קורבנו: "אִם עַל תּוֹדָה יַקְרִיבֶנּוּ וְהִקְרִיב עַל זֶבַח הַתּוֹדָה... עַל זֶבַח תּוֹדַת שְׁלָמָיו. וְהִקְרִיב מִמֶּנּוּ אֶחָד מִכָּל קָרְבָּן תְּרוּמָה לַה'... וּבְשַׂר זֶבַח תּוֹדַת שְׁלָמָיו בְּיוֹם קָרְבָּנוֹ יֵאָכֵל לֹא יַנִּיחַ מִמֶּנּוּ עַד בֹּקֶר. וְאִם נֶדֶר אוֹ נְדָבָה זֶבַח קָרְבָּנוֹ" (ז', יב–טז). לאורך כל תורת זבח השלמים האדם מישראל הוא הגוף השלישי הסתמי שעליו מדובר ולא הכוהן. גם אם דבר זה הוא חריגה סגנונית מפתיעה, הדבר אינו מפתיע כלל מבחינת תוכן הפרשה. הפיצול שמונח בבסיס שני סוגי השלמים רלוונטי במיוחד עבור האדם המקריב ועל כן החוק עוסק בו. התמיהה אם כן גדולה – מדוע כה חשוב לדחות את הדיון הזה לפרשת צו, אם האדם מישראל כה מרכזי בו, והיה מתאים לשלב דינים אלו בדיון זבח השלמים שבפרשת ויקרא, הפונה אל האדם מישראל.

בעל כורחנו עלינו להבין את דיני אכילת הקורבנות המפורטים ברשימת צו כדבר מהותי לאופי הקורבן. מאחר שהחלוקה בין שני סוגי השלמים נוגעת לדיני אכילתם, דינים אלו נדחו לפרשת צו, אף שבאמת יש להם השפעה רחבה על האדם מישראל שהביאם. יש לראות את אכילת הקורבנות המפורטת בפרשה זו, כדבר מהותי בתהליך הקרבתם.

לשון אחר, רשימת הקורבנות השנייה מתמקדת באכילת הקורבנות לא משום

שהיא פונה אל הכוהנים וזה תפקידם. יש להפוך את המשפט: מוקד הפרשה הוא באכילת הקורבן, ומאחר שבדרך כלל הכוהנים עושים זאת, רשימת קורבנות זו פונה אליהם, אך עיקר ההבחנה בין שתי רשימות הקורבנות אינו הנמען שלהן אלא המוקד המתחלף שלהן – הקרבת הקורבן או אכילת הקורבן. פרשת ויקרא עסקה בעיקר בהקרבת הקורבנות על גבי המזבח, ואילו פרשת צו עוסקת בעיקר באכילת הקורבנות, על ידי שלושה 'אוכלים' – המזבח, הכוהנים והבעלים.

הנחה זו תלווה אותנו לאורך ניתוח הפרשה, ועל כן אסתפק כעת רק בהפניית תשומת הלב לניסוח המופיע בתחילת הפרשה – ב'תורת העולה' – בדין תרומת הדשן שעוד נעסוק בו בהרחבה: "וְהֵרִים אֶת הַדֶּשֶׁן **אֲשֶׁר תֹּאכַל הָאֵשׁ** אֶת הָעֹלָה" (ו', ג). לאורך פרשת ויקרא לא שמענו שאש המזבח 'אוכלת' את הקורבנות אלא שיש 'להקטיר' את הקורבן באש המזבח. בפועל, 'ההקטרה' באש המזבח היא כמו 'האכלת' אש זו, אך מבחינה סמלית אלו פעלים שמעלים אסוציאציות אחרות בכל הקשור לתפקיד אש המזבח.

כאמור לעיל, הפועל 'להקטיר' משמעותו 'להפוך לעשן', או 'להעלות עשן', ויש בבחירת פועל זה אמירה הנוגעת למהות פעולת ההקרבה – הפיכת בשר הקורבן לרוח. בפרשת ויקרא, המזבח אינו 'אוכל'; הוא רק המקום שבו הופכים את הבשר לעשן ומעלים אותו לריח ניחוח. לעומת פרשת ויקרא שבה ה' 'מריח', בפרשת צו המזבח 'אוכל'. תפקיד האש לפי מבע זה אינו לשרוף את הקורבן ולהפוך אותו לעשן ולריח ניחוח, אלא לבטא אכילה.

האש האוכלת המתוארת בתורת העולה של פרשת צו, קשורה בזיקה עמוקה לימי המילואים, שרשימת הקורבנות השנייה קשורה בהם. בימי המילואים הופיעה האש על המזבח כאש אוכלת קורבנות: "וַתֵּצֵא אֵשׁ מִלִּפְנֵי ה' וַתֹּאכַל עַל הַמִּזְבֵּחַ אֶת הָעֹלָה וְאֶת הַחֲלָבִים" (ט', כד), ותורת העולה הפותחת את רשימת הקורבנות השנייה מוצגת כדרך להמשיך ולקיים את האש על המזבח (נדון בכך בהרחבה להלן). בעצם, האש האוכלת של ימי המילואים היא כבר מערכה שנייה בסיפור רחב יותר. אש זו הופיעה לעיני ישראל גם בברית סיני, בראש ההר: "וּמַרְאֵה כְּבוֹד ה' כְּאֵשׁ אֹכֶלֶת בְּרֹאשׁ הָהָר לְעֵינֵי בְּנֵי יִשְׂרָאֵל" (שמות כ"ד, יז). מאחר שהמשכן הוא המשכו של הר סיני, אש המזבח הנראית לעיני העם היא אש ה' שנראתה להם בהר סיני ("והיה במשכן תמיד עם ישראל הכבוד שנראה להם בהר סיני" – רמב"ן לשמות כ"ה, א).

זהו ההקשר של פרשת צו ובהקשר זה יש לקרוא אותה. האש האוכלת על המזבח היא התגלות ה', והיא עיקר מגמת בנייתו. לפיכך, ההתמקדות בדיני אכילת הקורבנות

בפרשה זו, איננה רק דיון בקורות הקורבן לאחר שכבר מילא את תפקידו והוקטר על המזבח, אלא דיון בעיקר עניינו של הקורבן. לפיכך, אכילת קודשי קדשים על ידי הכוהנים, ואכילת זבח השלמים על ידי הבעלים, הם עיקר מגמתה של הרשימה השנייה, כתפיסה שאכילה זו היא חלק עמוק ממגמת הקורבן.

בהקשר זה יש לראות גם חלק ממגמת הכשרת הכוהנים בימי המילואים – בהכשרת פיהם לאכילה; להפוך את פיהם לפה קדוש, כך שיוכלו לאכול את הקורבנות. נדון בכך להלן, בניתוח ימי המילואים, אך כבר יש לומר שהדברים משתלבים: פרשת צו קשורה בטבורה לימי המילואים וליום השמיני למילואים. הן בהקשר האש שהתגלתה כאש אוכלת במזבח, הן בהקשר הכוהנים שממשים את תפקידם להיות 'אוכלי קורבנות' כנציגי המזבח.

יש לתפיסה זו גם כמה ביטויים בהלכת חז"ל, ואסתפק בהצבעה כללית על אחד מהם. לפי המשנה, כוהן שקידש אישה בחלקו שקיבל מאיזה קורבן "בֵּין קָדְשֵׁי קָדָשִׁים בֵּין קָדָשִׁים קַלִּים – אֵינָהּ מְקֻדֶּשֶׁת" (קידושין ב, ח). הסוגיה שעל משנה זו מביאה את דעת ר' יהודה החולק וסובר שכוהן יכול לקדש אישה בחלק שקיבל, גם בקודשי קודשים וגם בקודשים קלים. לכאורה בבסיס המשנה עומדת שאלת הבעלות: האם מה שמקבל הכוהן לאכילה הופך להיות 'שלו' מבחינה קניינית? או שמא הוא מקבל רק זכות אכילה, אך הקורבן עדיין שייך למזבח, ועל כן הוא לא יכול לקדש אישה בחלק זה? לפי זה, הכרעת המשנה היא שגם מה שהכוהנים מקבלים לאכילה אינו 'שלהם'.[2]

אך ניתן לנסח זאת מעט אחרת, לאור לשון הגמרא שמתמקדת בייעוד הבשר שמגיע לידי הכוהנים (ולאו דווקא בשאלת הבעלות): "'וזה יהיה לך מקדש הקדשים מן האש' – ר' יהודה סבר: לך ולכל צרכיך; ור' יוסי סבר: כאש – מה אש לאכילה אף הוא נמי לאכילה" (קידושין נב ע"ב). עמדת ר' יוסי, האוסר על כוהן לקדש אישה בחלקו, נשענת על ההשוואה שעושה הכתוב בין נתינת חלק לכוהנים ובין האש האוכלת על המזבח. לפי ניסוח זה נראה שמאחר שחלק מהקורבן ניתן לכוהנים לשם אכילה, הם אינם יכולים לקדש בזה אישה. בין אם הדבר חושף רמת בעלות מוגבלת,

2. זו נטיית הראשונים. כדוגמה מייצגת, ראו את ניסוח הרמב"ם: "הדברים שלוקח הכהן מקדשי הקדשים ומקדשים קלים ממון גבוה הם, וכהנים משלחן גבוה קא זכו, ולא נתן להם הקב"ה אלו החלקים אלא לאכילה לא שיעשה בהם אלא זה, והוא מה שאמר וזה יהיה לך מקודש הקדשים מן האש וגו', כמו שהאש אין אתה משתמש בה אלא לצורך אכילה ג"כ אלו המתנות שאתה לוקח מקדשי המזבח לא תשמש בהן אלא לאכילה" (פירוש המשניות, קידושין ב, ח).

ובין אם הדבר מגדיר את גבולות השימוש המותר לכוהן,[3] מתברר שאין מדובר ב'מתנות כהונה' רגילות, אלא בדבר שניתן לכוהנים לשם אכילה דווקא. תפיסה זו תלווה אותנו לאורך דיני האכילה המפורטים ברשימת קורבנות זו.

"כֹּל אֲשֶׁר יִגַּע בָּהֶם יִקְדָּשׁ": הקדושה המדבקת של קודשי קודשים

בהגדרת קורבן כקודש קדשים מונח חוט השדרה שסביבו בנויה הפרשה כולה. הגדרת רמת קדושת הקורבן משמשת קריטריון לסידור הקורבנות בפרשת צו. אך מה המשמעות המהותית של הגדרה זו? מעבר לאמירה שקורבנות שהם קודש קדשים הם ברמת קדושה גבוהה מאלו שאינם קודש קדשים (אלא רק 'קדשים קלים' בלשון חז"ל), האם ניתן להצביע על דבר מה שניצב בבסיס ההגדרה של הגדרת קורבן כ'קודש קדשים', ושיש לראות בו את עיקר המשמעות? דבר זה תלוי בהתלבטות רחבה המלווה את ההיגד הסוגר את הציווי על תורת המנחה שלפנינו: "כֹּל אֲשֶׁר יִגַּע בָּהֶם יִקְדָּשׁ" (ו', יא).

נחלקו ראשונים כיצד יש להבין היגד זה. האם המשמעות שלו היא שקדושה מדבקת? בעקבות פסיקת ההלכה אנחנו מורגלים בחשיבה שטומאה יכולה לעבור במגע, אך קדושה אינה מדבקת את הנוגעים בה. אך אולי פסוק זה מניח שכל מי שייגע במנחה יִקְדָּשׁ, כלומר יתקדש בעקבות מגעו? התלבטות זו נוגעת באחת מהשאלות המהותיות הנוגעות לעולם הקדושה המקראי, לפחות באספקטים משפטיים שלו, ויש לה השלכה על הבנת מהות הקדושה.

רשב"ם טען שאין מדובר בקדושה מדבקת, ושיש להבין את "יקדש" כתנאי מוקדם המגדיר את אלו שמותר להם לגשת אל המנחה: "יקדש – קודם הנגיעה יהיה טהור" (רשב"ם לוויקרא ו', יא). לפי דבריו פסוק זה מזהיר את הכוהנים שעליהם להקפיד להיות קדושים-טהורים כתנאי לנגיעתם בקורבן המנחה.

רשב"ם נאמן לשיטתו בשני מקומות נוספים שמשולב בהם פסוק דומה. בציווי על ימי המילואים שבספר שמות נאמר בסיום הקדשת המזבח: "שִׁבְעַת יָמִים תְּכַפֵּר עַל הַמִּזְבֵּחַ וְקִדַּשְׁתָּ אֹתוֹ וְהָיָה הַמִּזְבֵּחַ קֹדֶשׁ קָדָשִׁים כָּל הַנֹּגֵעַ בַּמִּזְבֵּחַ יִקְדָּשׁ" (שמות כ"ט, לז). גם שם יש מקום להתלבט אם כוונת הפסוק היא שדבר שבא במגע עם

3. ראו גם את דיונו של הרב דוד הכהן רפפורט, מקדש דוד, סימן יד (בעיקר עמ' קצח-רג), וראו עוד אצל הרב יובל שרלו, מקדש בחלקו.

המזבח יתקדש מכאן ולהבא, או שיש לראות זאת כתנאי מוקדם, שרק מי שהתקדש יכול לגשת אל המזבח, כלומר רק כוהנים. רשב"ם מפרש גם שם: "כל הנוגע וקרב אל המזבח יקדש ויטהר תחילה בטרם יקרב אל המזבח".[4]

כך מפרש רשב"ם גם ביחס לפסוק שחותם את משיחת הכלים בשמן המשחה, ושם נאמר לגבי הכלים כולם: "וְקִדַּשְׁתָּ אֹתָם וְהָיוּ קֹדֶשׁ קָדָשִׁים כָּל הַנֹּגֵעַ בָּהֶם יִקְדָּשׁ" (שמות ל', כט). שוב מפרש רשב"ם שהכוונה לתנאי מוקדם שרובץ לפתחם של הרוצים לגשת לעבוד בכלים אלו: "'כל הנוגע בהם יקדש' – לטהור תחלה קודם שיגע בהם לאחר שנמשחו" (פירושו לשמות ל', כט).

מסתבר שלפי רשב"ם אין כלל מושג של קדושה מדבקת או קדושה מתפשטת. קריאה זו כמובן אפשרית, אולם יש מחיר באימוצה, הקשור בהבנת הפועל "יִקְדָּשׁ". בקריאה פשוטה צורת פועל זו מורה על התוצאה של המעשה, ולא תנאי מוקדם לה, כמו: "כָּל הַנֹּגֵעַ בָּהֶם – יִטְמָא" (ויקרא י"א, כו); או: "הַנֹּגֵעַ בָּאִישׁ הַזֶּה וּבְאִשְׁתּוֹ – מוֹת יוּמָת" (בראשית כ"ו, יא), ועוד רבים. יתר על כן, בתיאור דיני החטאת, הביטוי הנידון נאמר שוב, ושם ברור שהכוונה לתיאור התוצאה של הנגיעה: "כֹּל אֲשֶׁר יִגַּע בִּבְשָׂרָהּ יִקְדָּשׁ וַאֲשֶׁר יִזֶּה מִדָּמָהּ עַל הַבֶּגֶד אֲשֶׁר יִזֶּה עָלֶיהָ תְּכַבֵּס בְּמָקוֹם קָדֹשׁ. וּכְלִי חֶרֶשׂ אֲשֶׁר תְּבֻשַּׁל בּוֹ יִשָּׁבֵר וְאִם בִּכְלִי נְחֹשֶׁת בֻּשָּׁלָה וּמֹרַק וְשֻׁטַּף בַּמָּיִם" (ויקרא ו', כ–כא). מתוך ההקשר ברור שמדובר שם בתוצאה: מה שיגע בבשר החטאת יתקדש בקדושת חטאת, כשם שהבגד שדם החטאת הוזה עליו – צריך להתכבס במקום טהור.

בחז"ל הגישה הרווחת יותר היא לפענח את הפסוק הנדון כמביע תוצאה והשלכה, כלומר, אימוץ מודל הקדושה שמדביקה את הנוגע בה. קריאה קיצונית כזו יכולה להוביל לתוצאות מוזרות ביותר, וחז"ל אכן סייגו את דבריהם ואמרו שהקדושה יכולה להדביק רק את מה שראוי להיות מוקרב על גבי המזבח, אך אם כלב ירוץ לפתע ויעלה על המזבח הוא לא יתקדש, כמו גם אדם שייגע במנחה או במזבח. כך מנוסחת עמדה זו בפירוש רש"י (ביחס למזבח):

> 'והיה המזבח קדש'. ומה היא קדושתו? 'כל הנוגע במזבח יקדש'. אפילו קרבן פסול שעלה עליו, קדשו המזבח להכשירו שלא ירד. מתוך שנאמר כל הנוגע

4. השוו גם לכלל שכתב רשב"ם בפירושו לוויקרא י"א, ח: "'ובנבלתם לא תגעו' – בשעה שאתם צריכים ליגע בקודש או לאכול קודש כדכתיב 'כל הנוגע בהם יקדש' – יקדש את עצמו. גם בכלי שרת, גם במזבח, גם בבשר חטאת, בכולם כתיב 'כל הנוגע בהם יקדש'. יקדש וימהר תחלה, שאם נגע בנבלה או בשאר טמאות הכתובות בתורה יקדש ויטהר ויטבל תחלה קודם נגיעתו בקודש".

במזבח יקדש, שומע אני בין ראוי בין שאינו ראוי, כגון דבר שלא היה פסולו בקדש, כגון הרובע והנרבע ומוקצה ונעבד והטרפה וכיוצא בהן? תלמוד לומר וזה אשר תעשה, הסמוך אחריו, מה עולה ראויה אף כל ראוי, שנראה לו כבר ונפסל משבא לעזרה, כגון הלן והיוצא והטמא ושנשחט במחשבת חוץ לזמנו וחוץ למקומו וכיוצא בהן (רש״י לשמות כ״ט, לז).[5]

מעניין לציין שראב״ע מתלבט בין שתי הקריאות. ביחס **למזבח** בספר שמות הוא מעלה את שתי האפשרויות, אך נדמה שדעתו נוטה להצעתו של רשב״ם: ״כל הנגע במזבח יקדש – טעמו שלא יגע בו זה, כי אם הכהן שהוא קדוש. ורבים פירשוהו: כל דבר שיגע בו הוא קדוש לשם״ (פירושו הקצר לשמות כ״ט, לז). אולם, אצלנו, ביחס **לקורבנות** נראה שהוא מבין שהפסוק מתאר קדושה מדבקת, ולכאורה הוא אף לא מאמץ את הסתייגות חז״ל שמדובר דווקא בדבר הראוי למזבח: ״׳כל אשר יגע׳ במנחה ובחטאת ובאשם – הוא קדש לשם״ (פירושו לוויקרא ו׳, יא). ככל הנראה לדעתו, אם הדבר שהתקדש אינו יכול להיות קורבן, הוא קדוש לה׳ בקדושת דמים ושייך לבדק הבית.

ואכן, מהפסוקים העוסקים בכלי המקדש לאחר משיחתם קשה להסיק שהכלים מקדשים רק את ׳הראוי להם׳ כטענת חז״ל, ונראה שיש להרחיב את מודל ההדבקה, כפי שעשה ראב״ע. בפסוקים אלו נאמר כך:

> וּמָשַׁחְתָּ בוֹ אֶת אֹהֶל מוֹעֵד וְאֵת אֲרוֹן הָעֵדֻת. וְאֶת הַשֻּׁלְחָן וְאֶת כָּל כֵּלָיו וְאֶת הַמְּנֹרָה וְאֶת כֵּלֶיהָ וְאֵת מִזְבַּח הַקְּטֹרֶת. וְאֶת מִזְבַּח הָעֹלָה וְאֶת כָּל כֵּלָיו וְאֶת הַכִּיֹּר וְאֶת כַּנּוֹ. וְקִדַּשְׁתָּ אֹתָם וְהָיוּ קֹדֶשׁ קָדָשִׁים **כָּל הַנֹּגֵעַ בָּהֶם יִקְדָּשׁ**. וְאֶת אַהֲרֹן וְאֶת בָּנָיו תִּמְשָׁח וְקִדַּשְׁתָּ אֹתָם לְכַהֵן לִי (שמות ל׳, כו-ל).

כאן קשה לומר שכוונת הפסוק הוא שהכלים מקדשים רק ׳את הראויים להם׳. בנוגע למזבח ולמנחות מתאים לחלק בין דברים הראויים לדברים שאינם ראויים, אבל הגדרת ׳ראוי לו׳ אינה מתאימה לארון העדות או לכיור.[6] דומה שהקריאה הפשוטה יותר – גם אם המפתיעה יותר – היא כעמדה הקיצונית שעולה מדברי ראב״ע.

5. וכן כתב רש״י בעניין המנחה: ״קדשים קלים או חולין שיגעו בה ויבלעו ממנה, ׳יקדש׳. להיות כמוה, שאם פסולה יפסלו, ואם כשרה יאכלו כחומר המנחה״.
6. עם זאת, ראו בדברי רש״י (שמות ל׳, כט) שבעקבות חז״ל מבאר גם את הפסוקים הללו כמתארים הקדשה של הראוי לכך. גם אם קריאה זו אפשרית, היא נראית דחוקה בפשטי מקראות.

מתברר, שגם עולם הקדושה המקראי – בדומה לעולם הטומאה – הוא בעל תכונה מדבקת ויכול לעבור במגע. אולם – ונקודה זו מהותית להבנת פרשתנו – לא כל קדושה מדביקה את הנוגעים בה, אלא רק קדושה שמוגדרת 'קודש קדשים'.

לשם בירור עניין זה יש לברר מה הפשר הלשוני־סמנטי של המונח 'קודש קדשים'. ראב"ע הציע שאין לראות בדבר הפלגה, אלא: "קדש קדשים – קדש כאחד הקדשים" (פירושו לשמות כ"ט, לז, וכן החזקוני). הדבר אפשרי, אך נוח יותר לקרוא לשון זו כהפלגה, כמבקש לומר – קדוש יותר מקודשים רגילים, כמו משמעות "שיר השירים" – השיר המעולה שמבין השירים. על קריאה זו הסתמך ר' עקיבא בדרשתו המפורסמת על מגילת שיר השירים: "שאין כל העולם כֻּלּוֹ כדאי שיום שניתן בו שיר השירים לישראל, שכל הכתובים קדש, ושיר השירים קדש קדשים" (משנה ידיים ג, ה). אחת ההשלכות של הגדרת דבר מסוים כ'קודש קדשים' נוגעת באופן ישיר לדיוננו. אין זה מקרי שבכל המקרים שבהם התורה מתארת קדושה שמתפשטת במגע, הדבר מוצג בלשון 'כל + פועל משורש נג"ע + יקדש', וכתוצאה של הגדרת הקדושה כ'קודש קדשים':

- מזבח – "וְהָיָה הַמִּזְבֵּחַ קֹדֶשׁ קָדָשִׁים – כָּל הַנֹּגֵעַ בַּמִּזְבֵּחַ יִקְדָּשׁ" (שמות כ"ט, לז).
- כלי המשכן המשוחים בשמן – "וְקִדַּשְׁתָּ אֹתָם וְהָיוּ קֹדֶשׁ קָדָשִׁים – כָּל הַנֹּגֵעַ בָּהֶם יִקְדָּשׁ" (שמות ל', כט).
- מנחה – "קֹדֶשׁ קָדָשִׁים הִוא כַּחַטָּאת וְכָאָשָׁם.... כֹּל אֲשֶׁר יִגַּע בָּהֶם יִקְדָּשׁ" (ויקרא ו', יא).
- חטאת – "קֹדֶשׁ קָדָשִׁים הִוא... כֹּל אֲשֶׁר יִגַּע בִּבְשָׂרָהּ יִקְדָּשׁ" (ויקרא ו', יח–כ).

לשון אחר, דבר שמוגדר 'קודש קדשים' הוא בעל קדושה המתפשטת גם לנוגעים בו, שלא כמו דבר שאיננו אלא 'קודש' והוא אינו מקדש אחרים. ואכן, על זבח השלמים – שאינו מוגדר בפרשתנו כ'קודש קדשים' – לא נאמר שהנוגע בו יקדש, וראב"ע דייק בלשונו שהובאה לעיל כשאמר: "כל אשר יגע במנחה ובחטאת ובאשם". כלומר, דווקא קורבנות המוגדרים כ'קודש קדשים' יכולים להדביק אחרים בקדושתם.

כפי שנראה להלן, רשימת הקורבנות השנייה כולה סובבת סביב הציר של הקדושה המדבקת והשלכותיה על דינים שונים בעולם הקורבנות. אך לפני שננתח דבר זה, יש לעיין בשתי נבואות, האחת מחגי והשנייה מיחזקאל, שגם מהן עולה

תפיסה דומה. לאורן ניתן להגדיר ביתר דיוק את התפיסה המקראית בנוגע לקדושה המתפשטת במגע.[7]

חגי ב׳, יא–יג

> כֹּה אָמַר ה׳ צְבָאוֹת שְׁאַל נָא אֶת הַכֹּהֲנִים תּוֹרָה לֵאמֹר. הֵן יִשָּׂא אִישׁ בְּשַׂר קֹדֶשׁ בִּכְנַף בִּגְדוֹ וְנָגַע בִּכְנָפוֹ אֶל הַלֶּחֶם וְאֶל הַנָּזִיד וְאֶל הַיַּיִן וְאֶל שֶׁמֶן וְאֶל כָּל מַאֲכָל הֲיִקְדָּשׁ? וַיַּעֲנוּ הַכֹּהֲנִים וַיֹּאמְרוּ לֹא. וַיֹּאמֶר חַגַּי אִם יִגַּע טְמֵא נֶפֶשׁ בְּכָל אֵלֶּה הֲיִטְמָא? וַיַּעֲנוּ הַכֹּהֲנִים וַיֹּאמְרוּ יִטְמָא.

ה׳ ציווה את נביאו (בכ״ד בכסלו – יום ייסוד בית שני) לשאול את הכוהנים ״תורה״ (= הוראה): מה הדין במקרה שאדם אוחז בשר קודש, ודרך בגדו הבשר נגע במאכל אחר; האם המאכלים מתקדשים בכך (״הֲיִקְדָּשׁ״)? הכוהנים משיבים שאין המאכלים מתקדשים. לגבי שאלה דומה בעניין הטומאה, הכוהנים משיבים שאכן יש העברת טומאה גם דרך בגד (בשפה הלכתית: הבגד הופך ל׳ראשון׳ לטומאה שמטמא אוכלים). בהמשך הנבואה חגי משווה את העם לטמאים (כנראה כוונתו ליושבי שומרון שביקשו להשתתף בבניין הבית, אך המשיכו במקביל לעבוד את אליליהם), שאל להם להשתתף בבניין המקדש. לענייננו חשוב כמובן המשל.

הנחת היסוד בשאלות רטוריות־נבואיות מעין אלו היא שהדין ברור לכולם, ועל כן הנביא יכול לנצל דבר ברור ומוסכם כדי להביע איזה רעיון שבאופן סמלי נלווה לדין הפשוט. מתוך תשובת הכוהנים ניתן להסיק שני דברים:

א. ראשית, יש הבדל בין האופן שבו קדושה מדבקת ובין האופן שבו טומאה מדבקת. כלומר, הטומאה עוברת ביתר קלות מחפץ אחד למשנהו, וגם אם בגד מכסה על המאכל הטמא, הוא ימשיך ויטמא את מי שבא איתו במגע (ליתר דיוק – עם הבגד העוטף אותו). לעומת זאת, המאכל הקדוש איננו מדביק בקדושתו את המאכל שייגע בבגד העוטף אותו.

ב. שנית, דווקא אם בשר הקודש לא נגע באופן ישיר במאכלים אחרים הם אינם מתקדשים, אך מסתבר מתוך ניסוח הדברים, שלו היו נוגעים במאכל בצורה ישירה, הקדושה הייתה מתפשטת ועוברת גם למאכלים הללו. מסקנה

7. ראו על כך בדיונו של מילגרום, ויקרא, כרך א, עמ׳ 443–456.

זו הייתה קשה לחלק מן הפרשנים, ועל כן ביארו את בשר הקודש שמדובר בו בתחילה במשמעות של 'בשר טומאה', ואת "היקדש" ביארו במשמעות של 'היטמא'. כך פירש למשל רש"י: "בשר קודש – בשר טומאת נבילה או שרץ" (פירושו במקום בעקבות הסוגיה במסכת פסחים, ובאופן שונה גם רד"ק). לפי זה, הנביא מעמת בין האופן שבו אוכָלים מטמאים, ובין המת עצמו שהוא אבי אבות הטומאה. אולם הקריאה הפשוטה יותר של פסוקים אלו היא שהנביא יוצר ניגוד בין עולם הקדושה לעולם הטומאה, וכדברי ראב"ע במקום:

> הן בשר קדש – כמשמעו: קודש ממש. והפך 'יקדש' – 'יטמא'. ואם 'יקדש' 'יטמא', למה ישנה? כי זה הכתוב אחר זה. וכתוב 'ולא תטמאו והייתם קדושים'; 'והיא מתקדשת מטומאתה'.

ראב"ע מסתמך על כך שבפסוקים שלפנינו כתוב גם 'יקדש' וגם 'יטמא' כך שקשה להניח שכוונת שתיהן זהה ושהנביא משלב שתי מילים שונות.

מסתבר אם כן לאור נבואה זו, שבמגע ישיר הקדושה מדבקת את מה שבא איתה במגע. לא נראה שהכוונה דווקא למאכלים שיכולים להיות מוקרבים או דבר דומה. הלחם והנזיד נראים כמאכלי בני אדם שעלולים בטעות לבוא במגע עם בשר קודש ולהתקדש. עם זאת, נבואה זו עוסקת בהידבקות מאכלים, אך לא ברור ממנה אם ניתן להרחיב זאת גם על בני אדם.

יחזקאל מ"ד, טו-יט

וְהַכֹּהֲנִים הַלְוִיִּם בְּנֵי צָדוֹק... הֵמָּה יִקְרְבוּ אֵלַי לְשָׁרְתֵנִי וְעָמְדוּ לְפָנַי... הֵמָּה יָבֹאוּ אֶל מִקְדָּשִׁי וְהֵמָּה יִקְרְבוּ אֶל שֻׁלְחָנִי לְשָׁרְתֵנִי וְשָׁמְרוּ אֶת מִשְׁמַרְתִּי. וְהָיָה בְּבוֹאָם אֶל שַׁעֲרֵי הֶחָצֵר הַפְּנִימִית בִּגְדֵי פִשְׁתִּים יִלְבָּשׁוּ וְלֹא יַעֲלֶה עֲלֵיהֶם צֶמֶר בְּשָׁרְתָם בְּשַׁעֲרֵי הֶחָצֵר הַפְּנִימִית וָבָיְתָה. פַּאֲרֵי פִשְׁתִּים יִהְיוּ עַל רֹאשָׁם וּמִכְנְסֵי פִשְׁתִּים יִהְיוּ עַל מָתְנֵיהֶם לֹא יַחְגְּרוּ בַּיָּזַע. וּבְצֵאתָם אֶל הֶחָצֵר הַחִיצוֹנָה אֶל הֶחָצֵר הַחִיצוֹנָה אֶל הָעָם יִפְשְׁטוּ אֶת בִּגְדֵיהֶם אֲשֶׁר הֵמָּה מְשָׁרְתִם בָּם וְהִנִּיחוּ אוֹתָם בְּלִשְׁכֹת הַקֹּדֶשׁ וְלָבְשׁוּ בְּגָדִים אֲחֵרִים וְלֹא יְקַדְּשׁוּ אֶת הָעָם בְּבִגְדֵיהֶם.

גם מנבואה זו עולה הרושם שקדושה יכולה להתפשט מחוץ לגבולות המקדש. בשל כך מזהיר הנביא את הכוהנים שלא יצאו אל העם בבגדי הכהונה "אֲשֶׁר הֵמָּה מְשָׁרְתִם בָּם" אלא ילבשו "בְּגָדִים אֲחֵרִים", וכך לא "יְקַדְּשׁוּ אֶת הָעָם בְּבִגְדֵיהֶם". מתוך נבואה זו מתברר שלא רק מאכלים עלולים להידבק בקדושה אלא גם בני אדם שיבואו במגע עם בגדי הכהונה המקודשים.

יש מקום להתלבט אם מתרחשת בנבואה זו הרחבה נוספת. יעקב מילגרום טען שמהתורה למדנו שכלי המשכן או קורבנות יכולים להעביר קדושה; גם חגי דיבר על "בשר קֹדש", והנה יחזקאל מרחיב זאת אל בגדי הכהונה שהם עצמם אינם קורבנות כמובן.[8] ייתכן שהצדק איתו, אולם יש לזכור שבגדי הכהונה נתפסים ככלי מקדש, וגם הם נמשחו בשמן המשחה (שמות כ"ט, כא).[9] יותר מזה: חלק מתפקידם הוא לקדש את הלובשים אותם. כך עולה כבר בציווי על הכנת הבגדים: "וְהִלְבַּשְׁתָּ אֹתָם אֶת אַהֲרֹן אָחִיךָ וְאֶת בָּנָיו אִתּוֹ וּמָשַׁחְתָּ אֹתָם וּמִלֵּאתָ אֶת יָדָם וְקִדַּשְׁתָּ אֹתָם וְכִהֲנוּ לִי" (שמות כ"ח, מא), ותפקיד זה מובלט עוד יותר בתיאור הקדשת הכוהנים. שם נאמר בפירוש שהדרך שבה כוהן חדש מתקדש היא בלבישת 'בגדי הקודש': "וּבִגְדֵי הַקֹּדֶשׁ אֲשֶׁר לְאַהֲרֹן יִהְיוּ לְבָנָיו אַחֲרָיו לְמָשְׁחָה בָהֶם וּלְמַלֵּא בָם אֶת יָדָם. שִׁבְעַת יָמִים יִלְבָּשָׁם הַכֹּהֵן תַּחְתָּיו מִבָּנָיו אֲשֶׁר יָבֹא אֶל אֹהֶל מוֹעֵד לְשָׁרֵת בַּקֹּדֶשׁ" (שמות כ"ט, כט-ל). לפיכך, כלל לא ברור שיש מן ההרחבה במעבר ממאכלי קודש לבגדי כהונה. יחזקאל חושש מפני הנעת הקדושה אל מחוץ לגבולות המקדש על ידי הבגדים דווקא. אכן, לבגדים יש כוח כזה, אך לא ברור שגם חפצי קודש אחרים שאינם מוגדרים כ'קודש קדשים' יכולים להדביק אחרים בקדושתם.

מעין ראיה לקריאה זו, גם אם לא חד משמעית, היא נבואה אחרת של יחזקאל:

> וַיֹּאמֶר אֵלַי לִשְׁכוֹת הַצָּפוֹן לִשְׁכוֹת הַדָּרוֹם אֲשֶׁר אֶל פְּנֵי הַגִּזְרָה הֵנָּה לִשְׁכוֹת הַקֹּדֶשׁ אֲשֶׁר יֹאכְלוּ שָׁם הַכֹּהֲנִים אֲשֶׁר קְרוֹבִים לַה' קָדְשֵׁי הַקֳּדָשִׁים שָׁם יַנִּיחוּ קָדְשֵׁי הַקֳּדָשִׁים וְהַמִּנְחָה וְהַחַטָּאת וְהָאָשָׁם כִּי הַמָּקוֹם קָדֹשׁ. בְּבֹאָם הַכֹּהֲנִים וְלֹא יֵצְאוּ

8. מילגרום, ויקרא, כרך א, עמ' 446.
9. העמדה הרווחת בהלכה היא שהבגדים מוגדרים כ'כלי שרת' ועל כן יש להם קדושה כקדושת כלי שרת (ראו באנציקלופדיה התלמודית, ערך "בגדי כהונה", כרך ב, עמ' שלה). בעלי התוספות הדגישו שקדושת כלי שרת שבהם חלה רק מרגע שעבדו בהם (קידושין, דף נ"ד ע"א, ד"ה "כתנות"). שיטה חריגה יש לריטב"א בסוגיה בקידושין, ולדעתו קדושת הבגדים היא קדושת דמים בלבד ואין בהם קדושת הגוף כלל (דבריו בסוגיה שם).

מֵהַקֹּדֶשׁ אֶל הֶחָצֵר הַחִיצוֹנָה וְשָׁם יַנִּיחוּ בִגְדֵיהֶם אֲשֶׁר יְשָׁרְתוּ בָהֶן כִּי קֹדֶשׁ הֵנָּה ילבשו (קרי: לָבְשׁוּ) בְּגָדִים אֲחֵרִים וְקָרְבוּ אֶל אֲשֶׁר לָעָם (יחזקאל מ"ב, יג-יד).

גם את הנבואה הזו ראה רש"י בהקשרים של הלכות טומאה:

וקרבו אל אשר לעם – ויגשו ליגע בבגדי העם אם ירצו, אבל בבגדי כהונה לא יגעו אל העם, שיש בהן מעלות טהרה ובגדי החול מדרס להם (פירושו ליחזקאל מ"ב, יד).

לפי קריאה זו, על הכוהנים להניח את בגדיהם לפני שהם באים במגע עם העם, מחשש שטֻמְאות שרווחות בעם יטמאו את בגדי הכוהנים.

אולם ייתכן שגם כאן עולה התפיסה שהבגדים עלולים לקדש את העם.[10] הנביא אינו מבקש להגן על הבגדים אלא על העם העלול להתקדש אם יבוא במגע עם הבגדים. הכוהנים נדרשים להסיר את בגדיהם לפני שהם קרבים אל העם, מפני הכוח המקדש שיש בבגדים.

גם כאן ניכרת הרגישות המיוחדת שישנה מפני הבגדים דווקא. יחזקאל מתאר את תפקיד הלשכות שיש לבנות בחצר המקדש, והוא מזכיר בסמיכות את הקורבנות שיש לאכול שם – "קדשי הקדשים" (יג), ואת הבגדים שיש להניח שם – "כי קדש הם" (יד); אין להוציא מחוץ לחצר המקדש את הקורבנות ואת הבגדים. אכילת הקורבנות בלשכות הללו ברורה מאליה, אך ההתמקדות של יחזקאל בבגדים ולא בדברים אחרים מלמדת שהוא רואה את הבגדים דווקא כעלולים לקדש את העם. עם הבגדים הכוהנים נוהגים לצאת מתחומי המקדש, ובעוד הבגדים עליהם הם באים במגע עם המון העם.

החשש של יחזקאל מפני עירוב הקודש עם המון העם מתאים להשקפתו הרחבה שיש להקפיד על פער בין המקדש ובין העם. אפילו חלוקת הנחלות המחודשות שבתיאורו של יחזקאל מממשות את הפער הנידון. בחלוקת הנחלות שבנבואתו יש למקדש נחלה עצמאית, והוא איננו חלק מנחלת יושבי העיר כפי שהיה בירושלים המוכרת לנו. הדבר קשור גם בתפיסת הגאולה של יחזקאל, שאינה דומה לזו של ישעיה שהיא גאולה מפויסת. יחזקאל ניבא על גאולה שהיא "לֹא לְמַעַנְכֶם אֲנִי עֹשֶׂה בֵּית יִשְׂרָאֵל כִּי אִם לְשֵׁם קָדְשִׁי אֲשֶׁר חִלַּלְתֶּם" (יחזקאל ל"ו, כב). הגאולה שיחזקאל

10. כך פירש כאן למשל כשר, *יחזקאל*, עמ' 820.

מדבר עליה באה למנוע חילול השם הקדוש (בדומה למודל שבפרשת האזינו), חילול הקודש; ואף בגאולה המתוארת בספרו ישנו מרחק עמוק בין המקדש לעם, שלא יטמאו את המקדש אשר ה׳ שוכן בתוכו. חשש הנביא מפני התפשטות קדושת המקדש דרך בגדי הכוהנים אל העם, משתלב בתיאורי מקדש אלו ובתיאורי הגאולה שבאים בנבואותיו.[11]

לסיכום עניין הקדושה המדבקת: בעוד לפי רשב״ם אין קדושה מדבקת כל עיקר, לפי הקריאות שהציעו חז״ל ורש״י, ולפי מה שעולה מנבואות חגי ויחזקאל, יש קדושה מדבקת ומתפשטת (ברמה כזו או אחרת). גם עולם הקדושה – כמו עולם הטומאה – יכול להדביק את הנוגע בקודשי קדשים. במובן זה, ׳קודש קדשים׳ הוא מקבילו הניגודי של ׳אב טומאה׳. כשם שדווקא ׳אב טומאה׳ מעביר את הטומאה לאחרים, כך דווקא ׳קודש קדשים׳ יכול להעביר את הקדושה לאחרים.

קשה להפריז במשמעויות הרחבות שיש לדבר זה על תורת הקורבנות, כפי שעולה בפרשת צו. הנתון הראשון שמובהר לפי דברים אלו הוא ההקפדה על אכילת הקורבן על ידי הכוהנים דווקא. מאחר שבשר קורבן זה יכול להדביק בקדושתו, יש צורך שדווקא מי שמוגדר כ׳קדוש׳ (כלומר הכוהנים) יאכל אותו, שהרי לולא כן האוכל אותו יתקדש. לפיכך גם רק זכרי כהונה – שהם שהוקדשו – יכולים לאכול את בשר הקורבן. יושם לב, שהכתוב קושר את הדרישה שרק זכרי כהונה יאכלו את המנחה (כמו גם את שאר קורבנות קודשי הקודשים) בכך שמדובר בקורבן שהוא קודש קדשים, ושהוא יכול לקדש את הנוגעים בו: ״קֹדֶשׁ קָדָשִׁים הִוא כַּחַטָּאת וְכָאָשָׁם. כָּל זָכָר בִּבְנֵי אַהֲרֹן יֹאכְלֶנָּה חָק עוֹלָם לְדֹרֹתֵיכֶם מֵאִשֵּׁי ה׳ כֹּל אֲשֶׁר יִגַּע בָּהֶם יִקְדָּשׁ״ (ו׳, י–יא).

כפי שיובהר להלן, הקדושה המדבקת של קורבנות שהם קודשי קדשים הוא חוט השדרה של רשימת הקורבנות השנייה, ועוד נראה את השלכותיו.

11. לדיון רחב במאפייני הגאולה בנבואות יחזקאל ראו: כשר, יחזקאל, עמ׳ 125–132; גרינברג, גאולת יחזקאל; גנזל, גאולת יחזקאל.

פרק שלושה עשר

תורת העולה (ו׳, א-ו)

על יציבות ועל תמורה

וַיְדַבֵּר ה׳ אֶל מֹשֶׁה לֵּאמֹר. צַו אֶת אַהֲרֹן וְאֶת בָּנָיו לֵאמֹר זֹאת תּוֹרַת הָעֹלָה הִוא הָעֹלָה עַל מוֹקְדָה עַל הַמִּזְבֵּחַ כָּל הַלַּיְלָה עַד הַבֹּקֶר וְאֵשׁ הַמִּזְבֵּחַ תּוּקַד בּוֹ.[1] וְלָבַשׁ הַכֹּהֵן מִדּוֹ בַד וּמִכְנְסֵי בַד יִלְבַּשׁ עַל בְּשָׂרוֹ וְהֵרִים אֶת הַדֶּשֶׁן אֲשֶׁר תֹּאכַל הָאֵשׁ אֶת הָעֹלָה עַל הַמִּזְבֵּחַ וְשָׂמוֹ אֵצֶל הַמִּזְבֵּחַ. וּפָשַׁט אֶת בְּגָדָיו וְלָבַשׁ בְּגָדִים אֲחֵרִים וְהוֹצִיא אֶת הַדֶּשֶׁן אֶל מִחוּץ לַמַּחֲנֶה אֶל מָקוֹם טָהוֹר. וְהָאֵשׁ עַל הַמִּזְבֵּחַ תּוּקַד בּוֹ לֹא תִכְבֶּה וּבִעֵר עָלֶיהָ הַכֹּהֵן עֵצִים בַּבֹּקֶר בַּבֹּקֶר וְעָרַךְ עָלֶיהָ הָעֹלָה וְהִקְטִיר עָלֶיהָ חֶלְבֵי הַשְּׁלָמִים. אֵשׁ תָּמִיד תּוּקַד עַל הַמִּזְבֵּחַ לֹא תִכְבֶּה (ויקרא ו׳, א-ו).

הקורא פסוקים אלו ברציפות לאחר רשימת הקורבנות הראשונה, סבור שגם תורת העולה הפותחת את רשימת הקורבנות השנייה תמשיך ותתאר את נדבת היחיד שבחר

1. האש מצויה בדרך כלל ׳על המזבח׳, ולא ׳בו׳, וכמו בפסוקים שלפנינו: ״וְהָאֵשׁ **עַל הַמִּזְבֵּחַ** תּוּקַד בּוֹ... אֵשׁ תָּמִיד תּוּקַד **עַל הַמִּזְבֵּחַ**״, ולכן נראה שצודק אהרליך שתוקד ׳בו׳ לא מתאר את המזבח אלא ״הכינוי שב אל אל מוקדה שהוא לשון זכר, ולא אל המזבח״ (אהרליך, מקרא כפשוטו, עמ׳ 216). כלומר, האש תּוּקַד במוֹקְדָה, שעל המזבח.

להביא עולה. אולם הניסוח "הִוא הָעֹלָה עַל מוֹקְדָה עַל הַמִּזְבֵּחַ כָּל הַלַּיְלָה עַד הַבֹּקֶר" מתאים יותר לעולה ידועה, הבאה באופן קבוע ומוקטרת במשך הלילה, כלומר עולת התמיד של בין הערביים. כדברי ר"י בכור שור: "'הִוא העולה על מוקדה' – כלומר, באותה עולה שצריכה להיות על מוקדה בלילה אני מפרש לך דין זה, דהיינו תמיד של בין הערביים" (פירושו לוויקרא ו', ב). יש לזכור שפרשת צו נסמכת על ציווי ה' למשה בהר סיני, ושם אכן צווה משה על עולת התמיד (שמות כ"ט, לח-מב), וכדברי אברבנאל:

> עם היות שבסדר ויקרא לא הוזכרו התמידין, לא עולת הבקר ולא עולת הערב, הנה אמר כאן 'הִוא הָעֹלָה' לפי שכבר נתפרש בסדר 'ואתה תצוה' ענין התמידין, כמו שכתוב 'וזה אשר תעשה על המזבח', כי שם כתיב 'את הכבש אחד תעשה בבקר ואת הכבש השני תעשה בין הערבים' (פירושו לוויקרא ו').

אין להסיק מהכרעה זו שהדין המפורט בכתוב רלוונטי רק לעולת התמיד ולא לשאר העולות (ולמעשה במקרה זה – לכל שאר הקורבנות),[2] אלא שעולת התמיד היא המתאימה ביותר לדין אש התמיד המשולב כאן, וכפי שכבר עלה בדיונים קודמים, פרשה זו רואה מול עיניה את המזבח האוכֵל, והקורבנות המובאים עליו ממשיכים ומקיימים אכילה זו. דבר זה נכון במיוחד ביחס לעולת התמיד.

יש בפרשייה זו שני מוקדים שבמבט ראשון אינם נראים קשורים זה לזה – האחד עוסק בהגבלת זמן הקטרת העולה על המזבח ללילה אחד, "עד הבֹקר", ופינוי הדשן שנותר על המזבח; והשני עוסק בדרישה שתהיה אש בוערת תמיד על עצים שעל גבי המזבח. האתגר הפרשני הוא אם כן להבין מה היחס בין שני מוקדים אלו. אין מדובר רק בסמיכות פרשיות או סמיכות מצוות, אלא בקישור מכוון ומהותי, שהרי הכותרת של תורת העולה פותחת את שני העניינים האלו, ואז מפרטת אותם זה לצד זה. מבנה הפרשה מלכד אפוא את שני הציוויים הללו:

2. יש עמדה מעניינת המובאת אצל בעלי התוספות (מעילה י ע"ב, ד"ה "הכל מודים"), שדין הדשן המפורט בפרשה זו חל על כל הקורבנות שהם קודשי קדשים – כעולה המפורטת בכתוב, אך לא בזבח השלמים שהוא קודשים קלים. הקריאה הפשוטה יותר היא שדין פינוי המזבח חל על הקורבנות כולם המצויים שם (כטענת קרן אורה ושפת אמת בסוגיה במעילה שם).

זֹאת תּוֹרַת הָעֹלָה:	
בa: הִוא הָעֹלָה עַל מוֹקְדָה עַל הַמִּזְבֵּחַ כָּל הַלַּיְלָה עַד הַבֹּקֶר	**ב**b: וְאֵשׁ הַמִּזְבֵּחַ תּוּקַד בּוֹ
ג-ד: וְלָבַשׁ הַכֹּהֵן מִדּוֹ בַד וּמִכְנְסֵי בַד יִלְבַּשׁ עַל בְּשָׂרוֹ וְהֵרִים אֶת הַדֶּשֶׁן אֲשֶׁר תֹּאכַל הָאֵשׁ אֶת הָעֹלָה עַל הַמִּזְבֵּחַ וְשָׂמוֹ אֵצֶל הַמִּזְבֵּחַ. וּפָשַׁט אֶת בְּגָדָיו וְלָבַשׁ בְּגָדִים אֲחֵרִים וְהוֹצִיא אֶת הַדֶּשֶׁן אֶל מִחוּץ לַמַּחֲנֶה אֶל מָקוֹם טָהוֹר.	**ה-ו:** וְהָאֵשׁ עַל הַמִּזְבֵּחַ תּוּקַד בּוֹ לֹא תִכְבֶּה וּבִעֵר עָלֶיהָ הַכֹּהֵן עֵצִים בַּבֹּקֶר בַּבֹּקֶר וְעָרַךְ עָלֶיהָ הָעֹלָה וְהִקְטִיר עָלֶיהָ חֶלְבֵי הַשְּׁלָמִים. אֵשׁ תָּמִיד תּוּקַד עַל הַמִּזְבֵּחַ לֹא תִכְבֶּה.

מבנה מסורג זה מזמין שני בירורים מרכזיים:

א. איך שני המוקדים הנדונים בפרשה זו משמשים פירוט של "תורת העֹלה"? בהמשך הפרשה תתאר התורה את "תורת המנחה", את "תורת החטאת" ושאר תורות הקורבנות, ובאלו אכן נשמע על דיני הקורבן – מה ייעשה בכל קורבן וקורבן. אולם אצלנו, תחת הכותרת "זאת תורת העלה" משולבים שני דינים (תרומת הדשן ואש התמיד), הקשורים אומנם בעקיפין גם לעולה, אך קשה לראות בהם את "תורת העֹלה" דווקא.

ב. יש להבין מה היחס בין שני הציוויים הללו: בין תרומת הדשן והוצאתו מזה ובין דיני אש התמיד מזה. לו היו שני הדינים כתובים זה אחר זה, ניתן היה לטעון לקישור טכני או אסוציאטיבי, אבל הכותרת שפותחת את שני העניינים האלו מלכדת אותם ומגישה אותם יחדיו.[3]

3. בשונה ממסורת מניין המצוות המקובל, שפיצל את הדיון בשני עניינים אלו, הסמ"ג דן בהם ביחד, ובכך נשאר נאמן לרוח העולה מהמקראות: "מצוות עשה קצא, קצב: להדליק בכל יום אש על המזבח שנאמר 'ובער עליה הכהן עצים בבקר בבקר'. לעשות תרומת הדשן בכל יום שנאמר 'והרים את הדשן אשר תאכל האש את העולה'".

פינוי הדשן

נתחיל את עיוננו בניתוח המוקד הראשון שעולה בתורת העולה – דין פינוי המזבח מהדשן שעליו. גם חלק זה נחלק לשני 'בתים' מקבילים:

'תרומת' הדשן (ג)	'הוצאת' הדשן (ד)
וְלָבַשׁ הַכֹּהֵן מִדּוֹ בַד וּמִכְנְסֵי בַד יִלְבַּשׁ עַל בְּשָׂרוֹ	וּפָשַׁט אֶת בְּגָדָיו וְלָבַשׁ בְּגָדִים אֲחֵרִים
וְהֵרִים אֶת הַדֶּשֶׁן אֲשֶׁר תֹּאכַל הָאֵשׁ אֶת הָעֹלָה עַל הַמִּזְבֵּחַ	וְהוֹצִיא אֶת הַדֶּשֶׁן
וְשָׂמוֹ אֵצֶל הַמִּזְבֵּחַ.	אֶל מִחוּץ לַמַּחֲנֶה אֶל מָקוֹם טָהוֹר.

ההקבלה בין שני חלקי הציווי בולטת: שניהם פותחים בדיון על בגדי הכוהן; בשניהם השלב השני מתאר את המסע שעובר הדשן – בחלק הראשון הפועל הוא "והרים" את הדשן ואילו בחצי השני הפועל הוא "והוציא" את הדשן; ובשני החלקים הרכיב השלישי מתאר את המקום החדש שאליו מגיע הדשן – בחלק הראשון המקום הוא לצד המזבח, ואילו בחלק השני המקום הוא מחוץ למחנה. מה היחס בין שני חלקים מקבילים אלו?

חז"ל ראו בשני החלקים האלו שני ציוויים נפרדים, שגם אם שניהם עוסקים בדשן המזבח, הם אינם קשורים זה בזה. רש"י אימץ קריאה זו:

> 'והוציא את הדשן' – הצבור בתפוח כשהוא רבה ואין מקום למערכה, מוציאו משם. ואין זה חובה בכל יום, אבל התרומה חובה בכל יום (פירושו לוויקרא ו', ד).

לפי קריאה זו יש בפסוקים שלפנינו שני ציוויים שונים: בחלק הראשון נאמר מה יש לעשות בכל בוקר – 'תרומת הדשן'. בהתאם לדרישה זו, בכל בוקר על הכוהן להרים במחתה (להלכת חז"ל: מחתה של כסף) מגחלי המזבח ולהניחם לצד המזבח. במקביל, צובר הכוהן את שאר הדשן שנותר על המזבח – במרכזו. ערמת הדשן שהולכת ותופחת במרכז המזבח מכונה 'תפוח', ואין הכרח לפנותה מדי יום. בחלק השני של הפרשה מובא הציווי על פינוי תפוח זה כשיש בדבר צורך. אין מדובר אפוא בעבודה יום־יומית

אלא "כשהוא רבה ואין מקום למערכה",[4] וזהו מה שמכונה 'הוצאת הדשן'. מאחר שגם עבודה זו נעשית על גבי המזבח, ברור שיש צורך בבגדי כהונה, ומה שנאמר: "וּפָשַׁט אֶת בְּגָדָיו וְלָבַשׁ בְּגָדִים אֲחֵרִים" אינו מלמד על לבישת בגדי חול אלא על בגדי כהונה פשוטים, כדי שלא יתלכלכו בגדיו הטובים של הכוהן.[5] וכדברי רש"י על אתר:

'ופשט את בגדיו' – אין זו חובה אלא דרך ארץ, שלא ילכלך בהוצאת הדשן בגדים שהוא משמש בהן תמיד. בגדים שבשל בהן קדרה לרבו אל ימזוג בהן כוס לרבו, לכך 'ולבש בגדים אחרים' פחותין מהן.

קריאה אחרת, הנראית פשוטה יותר במקראות, עולה אצל ר' יוסף בכור שור. לדעתו, הפרשה אינה מתארת שני ציווים שונים ונפרדים אלא ציווי אחד מתמשך שנעשה בשני שלבים:

ופשטיה דקרא: כשרוצין לפנות המזבח מן הדשן שעליו, היה לובש בגדי כהונה ועולה על המזבח, שאין לעלות על המזבח בבגדי חול, ומוריד הדשן עד אצל המזבח. ולאחר שהורידו משם, לובש בגדי חול ומוציא חוץ למחנה. וזהו: 'ולבש בגדים אחרים והוציא את הדשן', שאין להוציא בבגדי קודש, כדאמרי רבותינו ביומא, בפרק 'בא לו': היוצא בבגדי כהונה במדינה אסור (פירושו לוויקרא ו', ג).

לפי דבריו, הפסוקים מתארים את מסע הדשן מראש המזבח אל מחוץ למחנה בשני שלבים: בשלב הראשון הדשן עוזב את המזבח ומונח לצד המזבח; בשלב השני הוא נלקח משם אל מחוץ למחנה, ואת המסע כולו יש לעשות מדי בוקר.[6] מסע הדשן אל מחוץ למחנה חייב להתפצל בכתוב לשני שלבים, בשל הבעיה של בגדי הכוהן.

4. מלשון הרמב"ם נראה שגם דבר זה היה נעשה בכל יום (הלכות תמידין ומוספין ב, יג). אולם גם הוא סבור שאין הוצאת הדשן 'עבודה', בניגוד לתרומת הדשן שהיא לדעת הרמב"ם עבודה לכל דבר.

5. יושם לב לניסוח הספרא שמודע לקריאה הפשוטה יותר של הפסוקים ודוחה אותה: "'ופשט', 'ולבש' – יכול כמצות יום הכפורים יהיה פושט בגדי קודש ולובש בגדי חול? תלמוד לומר 'בגדיו', 'בגדים' – מקיש בגדים שפושט לבגדים שלובש: מה בגדים שלובש הראוים למלאכתו, אף בגדים שפושט הראוים למלאכתו. אם כן, למה נאמר 'אחרים'? פחותים מהם" (ספרא, צו, פרק ב, ו).

6. הרמב"ם שילב את שתי הקריאות. מצד אחד הוא אימץ כמובן את מדרש ההלכה, שלפנינו עניינים שונים, אך מצד שני, כשהוא מתאר את הוצאת הדשן הוא כותב שאחד מן הכוהנים "ממלא מן

כשהכוהן עולה אל המזבח לפנות את הדשן הוא חייב להיות בבגדי כהונה, אבל בשעת יציאתו אל מחוץ למחנה הוא לא רשאי להתהלך בבגדי כהונה. לכן בשלב הראשון הדשן מועבר מראש המזבח אל מחוץ למזבח כשהכוהן עדיין לבוש בגדי כהונה ("וְלָבַשׁ הַכֹּהֵן מִדּוֹ בַד וּמִכְנְסֵי בַד יִלְבַּשׁ עַל בְּשָׂרוֹ"), ולאחר מכן צריך הכוהן לפשוט את בגדיו וללבוש "בְּגָדִים אֲחֵרִים" שבהם הוא יוציא את הדשן אל מחוץ למחנה:

> והנה זכר הכתוב כאן 'ופשט את בגדיו ולבש בגדים אחרים והוציא את הדשן אל מחוץ למחנה אל מקום טהור' ללמד, שאם ירצה הכהן להרים את הדשן מעל המזבח ולהוציאו בהרמתו אל מחוץ למחנה אינו רשאי, שהרי הכתוב קבע להרמת הדשן מעל המזבח מקום באמרו 'ושמו אצל המזבח', ושתהיה ההרמה ההיא בבגדים חשובים. וקבע להוצאת הדשן מאצל המזבח 'אל מחוץ למחנה אל מקום טהור' ובגדים פחותים. ואם בא להרימו ולהוציאו מיד אל מחוץ למחנה, הנה יפול באחד משני דברים: אם שיוציאהו בבגדים חשובים, ואם שירימהו בבגדים פחותים, ושניהם מרוחקים מהכונה האלהית (אברבנאל לוויקרא ו').

לפי קריאה זו, יש לבצע את תהליך פינוי המזבח מהדשן שעליו מדי בוקר, ובכל בוקר ובוקר מתבצע התהליך כולו על שני שלביו – מהמזבח עד אל מחוץ למחנה, ויש תחנת ביניים לצד המזבח לצורך החלפת בגדים.[7]

רמב"ן מתאר את ההתלבטות כיצד לקרוא את הפסוקים המצווים על החלפת הבגדים, וניכר שהוא נוטה לפרש אחרת מרש"י:

> אבל יש מרבותינו שם במסכת יומא אומר (כג ע"ב), שאין הוצאת הדשן צריכה בגדי כהונה, ויאמר 'ולבש בגדים אחרים' – בגדי חול. ופשוטו של מקרא בכך הוא, שיצוה עליו שלא ילכלך בגדי הבד בגדי הקדש בהוצאת הדשן אבל ילבש בגדי חול (פירושו לוויקרא ו', ד).

הדשן שהורידו למטה" (הלכות תמידין ומוספין ב, יד), ובכך הוא נעתר גם לפשטי המקראות שעל פיהם הוצאת הדשן היא השלב השני לאחר שהדשן ירד מהמזבח.

7. מנהג אמירת פסוקי מצוות הדשן לפני תפילת שחרית משקף פרשנות זו, שהרי אין אומרים רק את פסוקי 'תרומת הדשן' שהיא זו שנעשתה לפי חז"ל מידי יום, אלא אומרים את הפרשה כולה על שני חלקיה, ובתודעת האומר, כולה נעשית מידי בוקר (אלא אם כן מנהג זה משקף את עמדת הרמב"ם שהזכרתי לעיל, ועל פיו גם הוצאת הדשן נעשית בכל יום).

זוהי באמת הקריאה הפשוטה יותר: הבגדים שהכוהן לובש לאחר שהדשן כבר ירד מן המזבח הם בגדי חול ולא בגדי כהונה.

העולה מתוך דברינו הוא שעיקר הציווי בפרשה זו (בחלקה הראשון) הוא פינוי המזבח מיום האתמול. כל שאריות הקורבנות של יום אתמול הלכו והתאכלו על המזבח כל הלילה, אך כשמגיע הבקר יש לפנותן. לפי זה יש להתייחס אל הרמת הדשן והוצאתו כאל תהליך פינוי. תפיסה זו באה לידי ביטוי נוקב בדברי ר׳ אליעזר, שגם כוהנים בעלי מומין הפסולים בדרך כלל לעבודה יכולים להוציא את הדשן (יומא כג ע״ב, ובספרא על אתר). יתר על כן: מאחר שהתהליך נתפס כפינוי שאריות, הרי שיש עמדה הטוענת שגם בחלק הראשון – שבו הכוהן עולה על המזבח – יש צורך בשני בגדי כהונה בלבד. כך עולה מדברי ריש לקיש (יומא כג ע״ב) שמתייחס לעמדת ר׳ אליעזר, ומבאר שכוהנים בעלי מומין יכולים להוציא את הדשן מפני שאין זו ׳עבודה׳: ״אי סלקא דעתך עבודה היא, יש לך עבודה שכשירה בשני כלים (= בגדים)?!״. כלומר, אין לראות זאת כ׳עבודה׳ מקדשית, ועל כן די בשני בגדים, כמו שניתן גם להסתפק בכוהנים בעלי מומים, שאסור להם ׳לעבוד׳ אך הם יכולים להוציא את הדשן.

מעניין לראות בהקשר זה את דברי הרמב״ם בפירוש המשניות למסכת תמיד (ה, ג). כזכור, דברי חז״ל על ׳הבגדים הפחותין׳ עסקו בהחלפת הבגדים לשלב השני – שלב הוצאת הדשן, אולם הרמב״ם אימץ לשון זו בדברו על השלב הראשון – שלב הרמת הדשן:

> וראוי לך שתדע שהרמת הדשן תהיה באלו ארבעה הכלים עכ״פ, אף על פי שלא אמר הכתוב אלא שני כלים שנאמר ׳ולבש הכהן מדו בד ומכנסי בד׳, אבל אמרו ז״ל: ׳ולבש – לרבות מצנפת ואבנט להרמה׳. ומה שנאמר ׳ופשט את בגדיו ולבש בגדים אחרים׳, אינו רוצה לומר שיהיו בגדי חול אלא פחותים מהם בחשיבותם ושניהם בגדי קודש...
> **ולמה היו הבגדים שלובש בשעת הרמת הדשן פחותים מהבגדים שלבש בשעה שהיה מתעסק בקרבן?** לא מחמת שמירת הבגדים שלא יבלו לפי שכבר הודעתיך שהעיקר במקדש אין עניות במקום עשירות, אלא הטעם בזה הוא מה שזכרנו ואמרו ׳בגד שבישל בו קדרה לרבו אל ימזוג בו כוס לרבו׳.[8]

8. ראו גם במשנה תורה, הלכות תמידין ומוספין ב, י.

על רקע ההצעה שגם תרומת הדשן היא שלב בפינוי שאריות יום האתמול מהמזבח, ניתן לנסח ולומר, שבתרומת הדשן התורה מסתפקת בשני בגדים בלבד – מכנסיים וכותונת – אותם בגדים שאין בהם 'כבוד ותפארת', ובהם כבר אפשר לגשת אל המזבח.

האומנם רק פינוי מזבח?

לפי קריאה זו נטיית הלב היא לפענח פסוקים אלו כמתארים תהליך של 'פינוי' המזבח, ועל כן אין זו עבודה שזוקקת דווקא כוהנים שמותרים בעבודה, ואין צורך בבגדי כהונה בשביל לקיימה. אולם הצגה זו היא חד צדדית והנתונים שלפנינו כנראה מורכבים יותר. ידידי ד"ר הילל מאלי הסב את תשומת לבי לכך שהשימוש בפועל "והרים" לתיאור הורדת הדשן מהמזבח נושא באמתחתו קונוטציות מקראיות בעלות משמעות רחבה, ולא סביר שפועל זה משולב בדין שלפנינו אם כל עניינו הוא רק פינוי פסולת. הפועל 'והרים' נזכר בהקשר מצוות התרומה ובמתנת החזה והשוק מזבח שלמים. כך גם בנטילת האזכרה מקורבן מנחה לשם הקטרתה: "וְהֵרִים הַכֹּהֵן מִן הַמִּנְחָה אֶת אַזְכָּרָתָהּ וְהִקְטִיר הַמִּזְבֵּחָה" (ב', ט). אכן, יש באמתחתו של הפועל "והוציא" לעורר אסוציאציות של פינוי שאריות מיותרות, אבל הפועל שנזכר בחלק הראשון: "וְהֵרִים אֶת הַדֶּשֶׁן", רומז כנראה לאקט שיש לו משמעות של הרמה והקדשה לגבוה.

יתר על כן: גם האסוציאציות הנלוות אל שם העצם "הדשן" הן אסוציאציות חיוביות ביותר, של דברים ענוגים ושמנים, מרווים ומשביעים. יש אומנם כמה פסוקים – בהקשר דישון המזבח – שמהם עולה כי מדובר בסילוק שאריות ותו לא, כמו: "וְעָשִׂיתָ סִּירֹתָיו לְדַשְּׁנוֹ וְיָעָיו וּמִזְרְקֹתָיו וּמִזְלְגֹתָיו וּמַחְתֹּתָיו לְכָל כֵּלָיו תַּעֲשֶׂה נְחֹשֶׁת" (שמות כ"ז, ג); "וְדִשְּׁנוּ אֶת הַמִּזְבֵּחַ וּפָרְשׂוּ עָלָיו בֶּגֶד אַרְגָּמָן" (במדבר ד', יג); אולם בדרך כלל מוזכרת מילה זו בהקשרים חיוביים. כך למשל הדוגמאות הבאות:

- "וַיֹּאמֶר לָהֶם הַזַּיִת הֶחֳדַלְתִּי אֶת דִּשְׁנִי אֲשֶׁר בִּי יְכַבְּדוּ אֱלֹהִים וַאֲנָשִׁים" (שופטים ט', ט).
- "וְנָתַן מְטַר זַרְעֲךָ אֲשֶׁר תִּזְרַע אֶת הָאֲדָמָה וְלֶחֶם תְּבוּאַת הָאֲדָמָה וְהָיָה דָשֵׁן וְשָׁמֵן יִרְעֶה מִקְנֶיךָ בַּיּוֹם הַהוּא כַּר נִרְחָב" (ישעיה ל', כג).
- "שִׁמְעוּ שָׁמוֹעַ אֵלַי וְאִכְלוּ טוֹב וְתִתְעַנַּג בַּדֶּשֶׁן נַפְשְׁכֶם" (ישעיה נ"ה, ב).
- "וּבָאוּ וְרִנְּנוּ בִמְרוֹם צִיּוֹן וְנָהֲרוּ אֶל טוּב ה' עַל דָּגָן וְעַל תִּירֹשׁ וְעַל יִצְהָר וְעַל בְּנֵי צֹאן וּבָקָר וְהָיְתָה נַפְשָׁם כְּגַן רָוֶה וְלֹא יוֹסִיפוּ לְדַאֲבָה עוֹד. אָז תִּשְׂמַח בְּתוּלָה בְּמָחוֹל וּבַחֻרִים וּזְקֵנִים יַחְדָּו וְהָפַכְתִּי אֶבְלָם לְשָׂשׂוֹן וְנִחַמְתִּים וְשִׂמַּחְתִּים

מִיגוֹנָם. וְרִוֵּיתִי נֶפֶשׁ הַכֹּהֲנִים דָּשֶׁן וְעַמִּי אֶת טוּבִי יִשְׂבָּעוּ נְאֻם ה׳״ (ירמיה ל״א, יא-יג).

- ״יִזְכֹּר כָּל מִנְחֹתֶךָ וְעוֹלָתְךָ יְדַשְּׁנֶה סֶלָה״ (תהילים כ׳, ד).
- ״תַּעֲרֹךְ לְפָנַי שֻׁלְחָן נֶגֶד צֹרְרָי דִּשַּׁנְתָּ בַשֶּׁמֶן רֹאשִׁי כּוֹסִי רְוָיָה״ (תהילים כ״ג, ה).
- ״יִרְוְיֻן מִדֶּשֶׁן בֵּיתֶךָ וְנַחַל עֲדָנֶיךָ תַשְׁקֵם״ (תהילים ל״ו, ט).
- ״כְּמוֹ חֵלֶב וָדֶשֶׁן תִּשְׂבַּע נַפְשִׁי וְשִׂפְתֵי רְנָנוֹת יְהַלֶּל פִּי״ (תהילים ס״ג, ו).

אומנם אין מדובר בהוכחה חד משמעית, אולם הדעת נוטה לראות את הדשן שבפסוקי תורת העולה שלפנינו באור הדומה לקונוטציות המקראיות שמלוות מילה זו בדרך כלל.

נדמה שעלינו לאחוז את החבל בשתי קצותיו: ׳הרמת׳ הדשן היא גם סמל שמייצג את המפגש שמתרחש במזבח בין אדם ואלוהים. הדשן הוא התוצאה של המפגש בין הקורבן שהובא בידי האדם ובין ה׳ שמתגלה על המזבח כאש אוכלת. מהמפגש בין הבשר לאש נוצר דשן שאותו ׳מרים׳ בכל בוקר הכוהן, ומצביע בכך על הברית ועל חסד המפגש שמלווים מקום זה. לפי זה, הרמת הדשן אכן קשורה לפינוי המזבח, אולם רגע לפני סילוק השאריות יש הצהרה על המפגש הייחודי שמתרחש במקום הזה ובהצבעה על תוצאותיו: מפגש בין בשר לאש שמוליד דשן.[9] עוד נשוב לרעיון זה בהמשך, בניתוח יחס פינוי הדשן מהמזבח למצוות אש התמיד.

המתח בין הבנת הוצאת הדשן כפינוי פסולת לבין תפיסתו כעבודה מקדשית של ממש מוצא את ביטויו בכמה דיונים הלכתיים בספרות חז״ל, ואזכיר בקיצור אחד מהם.

נחלקו האמוראים בנוגע לדינו של זר שהוציא או תרם את הדשן. ר׳ יוחנן סבור שהוא חייב מיתה ככל שאר עבודות המקדש שנעשו על ידי זר, אך ריש לקיש פוטר אותו ממיתה בטענה שלפנינו ״עבודת סילוק ולא עבודת מתנה״ (ירושלמי יומא פ״ב ה״א). מחלוקת זו משקפת את ההתלבטות אם יש לראות בפעולות פינוי המזבח עבודה לכל דבר, או שמא היא עבודה פחותה, שכל עניינה פינוי המזבח.

אש המזבח

חלקו השני של הציווי מתמקד בדרישה שהאש על המזבח תבער כל הזמן, כנאמר בכותרת הפרשה כולה: ״וְאֵשׁ הַמִּזְבֵּחַ תּוּקַד בּוֹ״. כדי להקל על הקורא, חוזר הכתוב על

9. ראו גם בפירושו של רש״ר הירש לוויקרא ו׳, ג, שביאר באופן דומה (וגם שונה) את עניין תרומת הדשן.

משפט זה בתחילת החלק השני, ובכך ברור שמדובר בפירוט הדרישה שנזכרה בכותרת. יש לשים לב לביטויים החוזרים במסגרת הציווי, שיוצרים מסגרת ספרותית ברורה לקטע:

וְהָאֵשׁ עַל הַמִּזְבֵּחַ תּוּקַד בּוֹ לֹא תִכְבֶּה
וּבִעֵר עָלֶיהָ הַכֹּהֵן עֵצִים בַּבֹּקֶר בַּבֹּקֶר,
וְעָרַךְ עָלֶיהָ הָעֹלָה,
וְהִקְטִיר עָלֶיהָ חֶלְבֵי הַשְּׁלָמִים.
אֵשׁ תָּמִיד תּוּקַד עַל הַמִּזְבֵּחַ לֹא תִכְבֶּה.

מעקב אחר הפזמון החוזר חושף גם התפתחות פנימית שמתרחשת בו. בכותרת הפרשה נאמר: "וְאֵשׁ הַמִּזְבֵּחַ תּוּקַד בּוֹ" (ב); בפתיחת החלק השני יש תוספת: "וְהָאֵשׁ עַל הַמִּזְבֵּחַ תּוּקַד בּוֹ **לֹא תִכְבֶּה**" (ה); ובסגירת הציווי יש תוספת נוספת: "אֵשׁ **תָּמִיד** תּוּקַד עַל הַמִּזְבֵּחַ לֹא תִכְבֶּה" (ו). בכך, הפסוקים עצמם מעניקים את התחושה שהאש היא תמידית, הולכת ומתגברת לאורך זמן. בשונה מאש רגילה שהולכת וקטנה ככל שהעצים הולכים ונשרפים, האש שעל המזבח היא אש תמידית. ניכר שה"תמיד" המדובר עליו הוא כאן הוא במשמעות של 'כל הזמן' – 'always', ולא במשמעות של קביעות (כמו קורבן התמיד).

לא רק המסגרת הספרותית מעצבת חלק זה כמעין שיר, אלא גם המשפטים שבתוך הציווי מעוצבים במבנה דומה: פועל + 'עליה' + מושא ישיר:

וּבִעֵר – עָלֶיהָ הַכֹּהֵן – עֵצִים בַּבֹּקֶר בַּבֹּקֶר
וְעָרַךְ – עָלֶיהָ – הָעֹלָה
וְהִקְטִיר – עָלֶיהָ – חֶלְבֵי הַשְּׁלָמִים.

הגיוון בפעלים מצד אחד והחזרה על "עליה" מצד שני, משרה תחושה של שיר מליצי. אולם שיר זה לא בא רק לשם האסתטיקה, אלא יש בכוחו להבליט את עיקר מגמת הציווי. המוקד הופך להיות המילה החוזרת ונשנית כאן – "עליה" – 'על האש' שהוזכרה בתחילה: "וְהָאֵשׁ עַל הַמִּזְבֵּחַ". קריאת מוקד זה אשר עטוף במסגרת הציווי מעצבת את החוק כולו: יש להקפיד שהאש לא תכבה, ולשם כך יש להבעיר אותה בעצים נוספים בכל בוקר,[10] ועל אותה אש נצחית וקבועה יש להקריב את

10. צודק רנדטורף, שגם הצירוף "בבקר בבקר" משרה תחושה של בהילות, שיש להוסיף עצים עוד לפני שהאש תכבה, כבר בתחילתו של הבקר (רנדטורף, ויקרא, עמ' 234).

הקורבנות כולם.[11] מאחר שהמוקד הוא האש שעל המזבח, יכולים להיזכר בחוק זה גם העצים וגם זבחי השלמים, על אף שהכותרת הכינה את הקורא לתורת העולה בלבד.

הדגשה זו כבר יכולה לחשוף היבט ראשון בקישור בין שני חלקי הציווי בתורת העולה – בין תרומת הדשן ובין תמידיות האש. גם בזמן שמפנים את המזבח בבוקר יש להקפיד שהאש לא תכבה. אדרבה: באותה עת שמפנים את הדשן יש להוסיף עצים. לפיכך מבליטה התורה את זמן הבערת העצים: ״וּבִעֵר עָלֶיהָ הַכֹּהֵן עֵצִים בַּבֹּקֶר בַּבֹּקֶר״. ניסוח זה קושר את הדרישה להבערת האש בבקר עם הדרישה לאפשר את הקטרת העולה רק עד הבקר: ״כָּל הַלַּיְלָה עַד הַבֹּקֶר״. בבוקר, כזכור, יש לפנות את הדשן שנותר. לפי זה, הקישור בין שני חלקי הציווי הוא טכני ביסודו: במקום שבו מצוי החשש הגדול ביותר לכיבוי האש, שם מבליטה התורה שיש להקפיד על אש שתבער תמיד.[12]

11. גישה רחבה בחז״ל רואה את עצי המערכה כקורבן ממש, עד כדי כך שיש חובת מליחה לעצים אלו והגשה למזבח לפני ׳הקרבתם׳, כאילו היו זבח: ״רבי אומר: עצים קרבן הם טעונין מלח וטעונין הגשה״ (מנחות קו ע״ב). יש האומרים שהתורם את עצי המערכה צריך שיישן באותו הלילה בירושלים – כדין המקריב קורבן, ולשיטתם אונן אסור אף בהבאת עצים (זבחים צט ע״ב). הגיעו הדברים לידי כך שלאור שיטת רבי היו שטענו שהעצים טעונים גם קמיצה כמנחה (״שמרסקן לעצים דקין עד שנוטל מהם מלא קומצו״ – רש״י, מנחות קו ע״ב), ושהשיריים לכוהנים. רב פפא אף הוסיף שיש להקריב את העצים על עצים אחרים – כדין כל קורבן שמוקרב על גבי עצים: ״אמר רב פפא: לדברי רבי – עצים צריכין עצים״ (מנחות שם). דומני שהמקור המרכזי בתורה לתפיסה כזו של עצים הם הפסוקים שלפנינו, שלצד ׳עריכת העולה׳ ו׳הקטרת חלבי השלמים׳ מזכירים גם ״וּבִעֵר עָלֶיהָ הַכֹּהֵן עֵצִים בַּבֹּקֶר בַּבֹּקֶר״. אומנם בפשטי המקראות נראה הדבר שהיגד זה עדיין מתאר את חובת הבערת האש ולא את מה שמוקרב בתוך האש, אולם המבנה החוזר והדומה מאפשר את דרשת חז״ל. מלבד פסוקינו יש להזכיר את הפסוקים בנחמיה, שגם מהם עולה שיש קורבן עצים כדבר העומד בפני עצמו: ״וְהַגּוֹרָלוֹת הִפַּלְנוּ עַל קֻרְבַּן הָעֵצִים הַכֹּהֲנִים הַלְוִיִּם וְהָעָם לְהָבִיא לְבֵית אֱלֹהֵינוּ לְבֵית אֲבֹתֵינוּ לְעִתִּים מְזֻמָּנִים שָׁנָה בְשָׁנָה לְבַעֵר עַל מִזְבַּח ה׳ אֱלֹהֵינוּ כַּכָּתוּב בַּתּוֹרָה״ (נחמיה י׳, לה). הכתוב מעיד שקורבן העצים ׳כתוב בתורה׳, וקשה להכריע מה הם הפסוקים שעליהם נסמך כתוב זה. רבים מבארים שהכוונה לעצם קיום האש שעליה יש ציווי בתורה, אך ידידי הרב אורי הולצמן הציע לי, שהפסוקים בנחמיה דורשים את הפסוקים שנידונים כאן בוויקרא ו׳, אשר בהם תורת העולה כוללת גם ׳הבערת עצים׳ דווקא, ואכן הלשון בנחמיה היא: ״**לְבַעֵר** עַל מִזְבַּח ה׳״, בדומה ללשון בוויקרא ו׳ – ״**וּבִעֵר** עָלֶיהָ הַכֹּהֵן עֵצִים בַּבֹּקֶר בַּבֹּקֶר״. לצד זאת ראוי לציין, שיש שטענו שגם אלו המתייחסים אל העצים כאל קורבן סבורים שלא מדובר בקדושת הגוף אלא בקדושת דמים בלבד (ראו את הדיון אצל הרב ראפאפרט, מקדש דוד, עמ׳ קעא-קעד).

12. בפשטי המקראות יש להוסיף עצים להבערת האש רק בבוקר, אולם ההכרעה ההלכתית היא שיש להוסיפם גם עם הקרבת תמיד של בין הערביים: ״וכן מוסיפין שני גזרים עם תמיד של בין הערבים, שנאמר ׳וערכו עצים על האש׳ (ויקרא א׳, ז), מפי השמועה למדו שבתמיד של בין הערבים הכתוב מדבר״ (רמב״ם, הלכות תמידין ומוספין ב, ב). הדבר אומנם נלמד מחובת הוספת

אולם ניתן להציע קישור מהותי יותר בין שני חלקי הציווי. במובן מסוים אפשר לראות את שני חלקי הציווי כבעלי מגמות מנוגדות. החלק האחד, שמתאר את איסוף הדשן שנצבר ביום האתמול על המזבח ופינויו מהמזבח, משקף תפיסה שעל פיה כל יום נפתח מסע חדש במזבח. לא ניתן להקריב ביום אחד את קורבן יום האתמול. אם נשאר עוד קצת מבשר העולה שהוקרבה אמש, יש לפנותה מעל גבי המזבח, ולהכין את המזבח נקי משאריות האתמול לקראת היום החדש. לעומת זאת, החלק האחר המתאר את האש הרציפה מביע עמדה הפוכה: על אותה אש תמידית ממשיכים ומעלים את הקורבנות כולם. יש להביא עצים וללבות את האש הקיימת אך אין מדליקים אותה מחדש. אש זו אינה פוסקת, ומאז ירידתה ביום השמיני למילואים היא ממשיכה ואוכלת את הקורבנות, והכוהנים דואגים להמשיך ולהבעיר אותה וללבות אותה כל הזמן.[13] בהקשר האש שינוי הימים אינו מעלה ואינו מוריד; האש ממשיכה ברציפות מתמדת, היא אש תמיד.

הכנסת שני הציוויים הללו תחת אותה כותרת יוצרת דיאלוג עדין בין יציבות ובין שינוי; בין קביעות והמשכיות ובין תמורה; ושניהם מוצגים בכל בוקר שלובי זרוע, זה לצד זה. התגלות ה׳ שמסומלת באש היא יציבה ונצחית. ה׳ נוכח במקום כל העת, יום ולילה, ואין זה משנה באיזה יום מדובר. אך מצידו של האדם – מביא הקורבן, מביא בשר הזבח, כל יום הוא מסכת אחרת וחדשה. אינה דומה עמידתו מול ה׳ ביום אחד לתודעתו הדתית ביום אחר. ייתכן שביום שני הוא יקריב קורבן עולה וכבר ביום שלישי הוא יבקש להביא זבח שלמים. הבשר מפונה אם כן מהמזבח מידי יום ומאפשר למבע חדש לבוא אל המזבח, אולם האש מקבלת הקורבן היא תמידית ויציבה.[14]

הדשן שעל המזבח מייצג את המפגש בין האדם החולף, הזמני והמשתנה ובין

עצים שנזכרת ברשימת הקורבנות הראשונה (א׳, ז), אך באמת, המדרש נעתר באופן מלא לכותרת הפרשה שלנו – ״תורת העלה״. הדינים שבאים בפרשה זו, תקפים לפי חז״ל לצד הקרבת עולת התמיד – הן של שחר והן של בין הערביים.

13. לפיכך נראה לי שניסוח המצווה אצל הרמב״ם – ״מצות עשה להיות אש יקודה על המזבח תמיד״ (תמידין ומוספין ב, א), נאמנה יותר לרוח המקראות מניסוחו של ספר החינוך: ״מצוות הדלקת אש על המזבח בכל יום: להבעיר אש על המזבח בכל יום תמיד״ (מצוה קלב). לא ההדלקה היא העיקר, אלא קיום האש.

14. יש לציין שלפי חז״ל יש כמה מערכות אש על המזבח (נחלקו תנאים בדבר מספרן המדויק – יומא ד, ו). לפי דבריהם יש מדורת אש אחת שהיא מסמלת את אש התמיד הקבועה, ויש מערכה נפרדת שאוכלת את הקורבנות. למעלה ביארתי את הפסוקים לפי פשטם – שאותה האש האוכלת היא האש הקבועה, היא אש התמיד.

נוכחות ה׳ הקבועה והיציבה. הדשן ׳מורם׳ כעדות למפגש מורכב זה, ויוצא החוצה כדי לפנות מקומו לעבודת המזבח של היום החדש.

מעניין לחשוב בהקשר זה על ׳שיר של יום׳ שנהגו הלוויים לשיר (בליווי כלי נגינה), לצד עבודת התמיד של שחר ועולת התמיד של בין הערביים. לכל יום בשבוע נבחר מזמור תהילים שונה, ודבר זה אומר דורשני: הרי ניתן היה לאמץ מזמור תהילים קבוע שמתאים לעבודת התמיד ולשיר אותו לצד הקרבת התמיד. כנראה חובת שיר של יום משקפת גם היא את השינוי שמלווה את הקרבת הקורבנות במקדש. לכל יום יש שיר אחר; לא ניתן לשורר את שיר האתמול בליווי קורבן התמיד המובא למחרת.

אש תמיד שלא תכבה?

עד כאן הנחנו, שהאש שאותה הכוהנים נדרשים להבעיר "בבקר בבקר" היא אש ה׳ שיצאה אל המזבח ביום השמיני לאכול את הקורבנות, וכל העם שראה זאת, שר ונפל על פניו (ויקרא ט׳, כד). אולם יש בעיה יסודית בהצגה זו, שהרי בזמן מסע המחנה המשכן קופּל ועימו גם מזבח העולה. ממילא גם את האש היו צריכים לכבות בזמן המסע, והיו צריכים להדליק אותה מחדש בכל חנייה וחנייה. כך נראה מפשט הכתוב בתיאור ׳אריזת׳ המשכן לקראת המסע: "וְדִשְּׁנוּ אֶת הַמִּזְבֵּחַ וּפָרְשׂוּ עָלָיו בֶּגֶד אַרְגָּמָן" (במדבר ד׳, יג). לכאורה, פעולת הדישון שהכתוב מתייחס אליה היא פעולת גריפת המזבח והורדת כל הבשר שעליו. דווקא כך ניתן לכסות אותו בבגד ארגמן מבלי שהבגד יישרף. האם אפשר לראות באש הבוערת בתמידיות במזבח את המשך האש שירדה ואכלה את הקורבנות במזבח ביום השמיני למילואים, אף שבזמן המסע מכבים אותה?

שתי תשובות יש לומר בדבר זה:

א. ראשית יש לציין שיש עמדה בחז"ל שלפיה אכן האש לא כבתה, גם בזמן המסע. הדבר נתון במחלוקת תנאים, כפי שמופיע בספרא אצלנו: "׳לא תכבה׳ – אף במסעות. מה עושים לה? כופים עליה פסכתר. דברי ר׳ יהודה. ר׳ שמעון אומר אף בשבת ומסעות מדשנים אותה, שנאמר ׳ודשנו את המזבח ופרשו עליו בגד ארגמן׳" (ספרא, צו, פרק ב, י). רש"י אימץ את עמדת ר׳ יהודה וראה בה (בעקבות יומא כא) תגובה ישירה לבעיית רציפות האש שירדה ביום השמיני: "׳ופרשו עליו בגד ארגמן׳ – ואש שירדה מן השמים רבוצה תחת הבגד כארי בשעת המסעות ואינה שורפתו שהיו כופין עליה פסכתר של נחשת" (פירושו לבמדבר ד׳, יג). לפי קריאה זו אכן האש

המשיכה לבעור כל העת, ובזמן המסע היא רק הנמיכה שלהבותיה אך המשיכה לבעור וחיכתה לחנייה הבאה שבה היא תפרוץ מחדש.[15]

ב. הקריאה הפשוטה יותר היא – כדעת ר׳ שמעון – שאכן כיבו את האש ודישנו את המזבח לפני שכיסו את המזבח בבגד הארגמן. ואף על פי כן, מהבחינה הסמלית ניתן לראות באש הבוערת ייצוג של אותה אש שמימית שאכלה את הקורבנות בפעם הראשונה, וסימנה את תפקיד האש ואת הייצוג שנלווה לה. אולי לכן מכסים בזמן המסע את המזבח בכיסוי בצבע ארגמן (ולא תכלת כמקובל), כדי להזכיר את האש התמידית.

אך הבעיה בהצגת האש הבוערת תמיד לא מסתכמת רק בצורך בקריאת הפרשה על רקע נדודי ישראל כמתואר בחומש במדבר, אלא היא עולה גם על רקע חטיבת הקורבנות עצמה, כפי שכבר הערתי לעיל. בקריאה פשוטה של דיני העולה כפי שהובאו ברשימה הראשונה נדמה היה שבין שאר תפקידיו של הכוהן עליו גם להבעיר אש במזבח. פעולה זו נזכרת בתוך שאר הפעולות שיש לעשות כחלק מתהליך הקרבת קורבן עולה: ״וְנָתְנוּ בְּנֵי אַהֲרֹן הַכֹּהֵן אֵשׁ עַל הַמִּזְבֵּחַ וְעָרְכוּ עֵצִים עַל הָאֵשׁ״ (ויקרא א׳, ו–ח). מקריאת פסוק זה לא נראה שיש מכבר אש על המזבח שבוערת באופן מתמיד. אדרבה: נדמה שאין אש על המזבח, ולכן הכוהן נדרש להבעיר אש ולערוך עצים, לשם הקטרת קורבן העולה שהובא כעת אל המשכן. כיצד ניתן לקרוא את שני הציוויים יחדיו? הדברים נידונו כבר בניתוח דיני העולה פרק א׳, וכעת אפשר להשלים את התמונה.

חז״ל – ובעקבותיהם רש״י – ראו בהדלקת האש של הכוהנים תוספת על פני אש התמיד הקיימת: ״אע״פ שהאש יורדת מן השמים מצוה להביא מן ההדיוט״ (רש״י לוויקרא א׳, ז). זו נראית כבר הכרעה הלכתית שמבקשת לצאת ידי חובת שתי הפרשות, אך מבחינה פרשנית השאלה נותרה בעינה: מדוע בפרשת ויקרא התורה מציגה חזות שווא, כאילו הכוהנים צריכים להבעיר אש במזבח ולולא כן לא תהיה אש? נדמה ששני תיאורי האש מותאמים למגמת רשימת הקורבנות שבתוכה הם מצויים.

בפרשת ויקרא המוקד הוא כאמור האדם מישראל שמביא את הקורבן. הוא צריך

15. קשה להכריע בדבר, אך ייתכן שעמדתו של ר׳ יהודה שהאש לא כבתה מעולם קשורה בעמדתו שהיו רק שתי מערכות אש על המזבח (אחת שאוכלת את הקורבנות ואחת לקטורת), ולא שלוש כעמדת ר׳ יוסי, כי יש צורך במערכת אש נוספת לצורך ״קיום אש״ תמידית. כבר התלמוד קושר את דעת ר׳ יוסי עם דעתו של ר׳ שמעון (יומא מה ע״ב).

להרגיש שבמיוחד בשבילו הבעירו אש על המזבח. המשכן לא נבנה אלא בשבילו, בשביל שהוא יוכל להביא את קורבנו ולהיפגש עם אלוהיו. לעומת זאת, פרשת צו מתארת את תפקיד הקורבנות בחיזוק ההתגלות. מאחר שהתגלות ה׳ באש המזבח היא המשך התגלות ה׳ על הר סיני ״כְּאֵשׁ אֹכֶלֶת בְּרֹאשׁ הָהָר״ (שמות כ״ד, יז), יש לשמר אותה, בעזרת עצים ובעזרת קורבנות. כמעט שניתן לנסח את הדברים באופן הפוך מהרושם שעולה בפרשת ויקרא: ברשימה הראשונה האש מובערת כדי לאכול את הקורבן; ברשימה השנייה הקורבנות באים כדי לקיים את האש. ממילא ברור מדוע פרשת ויקרא מתעלמת מאש התמיד, ואילו פרשת צו מתעלמת מהאש שהוסיפו לפני כל הקרבת קורבן וקורבן. בפועל, חז״ל הכריעו לממש את שני תפקידי האש, ואף על פי שהאש יורדת מן השמיים מצוה להביא מן ההדיוט.

לאור כך מובן מדוע תורת הקורבנות של פרשת צו פותחת בציווי על אש התמיד. דבר זה מהותי למגמת הקורבנות בפרשה זו כולה. האש האוכלת שמייצגת את ההתגלות זקוקה לקורבנות כדי להתקיים במשכן שבקרב מחנה ישראל.

תורת העולה?

לסיכום ׳תורת העולה׳ נותר לברר מדוע דין המזבח – פינוי הדשן מזה ואש התמיד מזה – הם מימוש של כותרת הפרשה: ״תורת העֹלה״? לכאורה, דינים אלו רלוונטיים לשימושו הבסיסי של המזבח והם חשובים למען הקורבנות כולם.

בדבר זה אנו נוגעים בשני צדדים מהותיים שעולים בפרשה קצרה זו – אופי קורבן העולָה מזה ואופי רשימת הקורבנות השנייה מזה. כפי שהערתי, פרשה זו אינה רואה מול עיניה רק את קורבן העולה שבא כנדבת יחיד אלא במיוחד את עולת התמיד הציבורית. הקורבן המרכזי שפרשה זו מתייחסת אליו הוא תמיד של בין הערביים, זה שהולך ומוקרב כל הלילה, ושבבוקר יש לפנותו (לפי חז״ל מותר להקטיר רק עד חצות הלילה, אך אין מדובר בשינוי מהותי אלא רק ברצון להרחיק את האדם מן העבירה – משנה ברכות א, א).

לעולת התמיד יש תפקיד ייחודי בעולם המשכן. לצד הקורבנות שהם מתנת האדם לאלוהיו – כנדבה או לשם כפרה ופיצוי – יש קורבנות שתפקידם לשמש ולהפעיל את הבית. עולת התמיד מגדירה את המזבח כאוכל קורבנות: תמיד של שחר פותח את המזבח ותמיד בין הערביים נועל אותו. בתווך יבואו קורבנות היום כולם, אך עולת התמיד עצמה מגדירה את המזבח כמקום של התגלות. כך עולה במיוחד מהציווי על עולת התמיד בספר שמות. ציווי זה נזכר שם בסמוך לציווי על ימי

המילואים שמתארים כיצד יש לקדש את המשכן ואת הכוהנים. סיום שלב זה מתמקד בקידוש המזבח: "שִׁבְעַת יָמִים תְּכַפֵּר עַל הַמִּזְבֵּחַ וְקִדַּשְׁתָּ אֹתוֹ וְהָיָה הַמִּזְבֵּחַ קֹדֶשׁ קָדָשִׁים כָּל הַנֹּגֵעַ בַּמִּזְבֵּחַ יִקְדָּשׁ" (כ"ט, לז). ומיד נזכר בסמיכות הציווי על עולת התמיד: "וְזֶה אֲשֶׁר תַּעֲשֶׂה עַל הַמִּזְבֵּחַ כְּבָשִׂים בְּנֵי שָׁנָה שְׁנַיִם לַיּוֹם תָּמִיד..." (כ"ט, לח). נראה הדבר ששני כבשים אלו הם חלק מהגדרת המזבח, ותפקידם לאפשר את ההתגלות. כך נחתם שם הציווי על עולת התמיד: "עֹלַת תָּמִיד לְדֹרֹתֵיכֶם פֶּתַח אֹהֶל מוֹעֵד לִפְנֵי ה' אֲשֶׁר אִוָּעֵד לָכֶם שָׁמָּה לְדַבֵּר אֵלֶיךָ שָׁם. וְנֹעַדְתִּי שָׁמָּה לִבְנֵי יִשְׂרָאֵל וְנִקְדַּשׁ בִּכְבֹדִי" (כ"ט, מב-מג). העולה מוזכרת לצד העובדה שבמקום זה ה' נועד עם ישראל ומדבר עם משה; שבית ה' עומד להתקדש בכבודו של ה' שישרה שכינתו במקום. מבחינה זו, עולת התמיד קשורה בטבורה עם התגלות השכינה ועם הקדשת המזבח כמקום שבו ניתן להקריב לה' קורבנות.[16] לפיכך, מתאים שדין התחדשות המזבח שבכל בוקר לצד רציפות האש שעליו, יובאו תחת הסעיף של תורת העולה, כל עוד רואים את עולת התמיד כמושא של פרשה זו.

אולם לא רק אופי קורבן העולה מתבהר לאור פרשה זו אלא גם אופי פרשת צו כולה. כאמור לעיל, העניין המרכזי הנידון ברשימת הקורבנות השנייה הוא אכילת הקורבן. בשאר הקורבנות שיש מי שאוכל אותם מובאים דיניהם של האוכלים – בין אם אלו הכוהנים (מנחה, חטאת ואשם) ובין אם זהו המקריב עצמו (זבח שלמים). אולם את קורבן העולה אוכל רק המזבח. ממילא, תורת העולה מתמקדת בפֶּה האוכל אותה – באש ה' האוכלת על המזבח. כשם שביחס לזבח שלמים ייאמר בהמשך הפרשה מהו הזמן המותר באכילתו (ז', טו-יח), כך גם ביחס לעולה התורה מבארת את הזמן שמותר למזבח 'לאכול' אותה – "עד הבֹקר" ותו לא. כפי שחז"ל מנסחים בכמה מקומות: "בשתי אכילות הכתוב מדבר: אחת אכילת אדם ואחת אכילת מזבח" (זבחים יג ע"ב).

קריאה זו מסתייעת לנוכח כמה זיקות מעניינות שיש בין תיאור אכילת העולה על ידי המזבח ובין דיני אכילת שאר הקורבנות על ידי הכוהנים. הגדרת מקום הוצאת הדשן בתורת העולה "וְהוֹצִיא אֶת הַדֶּשֶׁן אֶל מִחוּץ לַמַּחֲנֶה **אֶל מָקוֹם טָהוֹר**" (פסוק ד) מזכירה את הגדרת המקומות שבהם מותר לאכול את שאר הקורבנות:

16. ראו עוד: הרב ליכטנשטיין, זבחים, עמ' 9–12; אלדר, הקטורת. ובניסוח מעט שונה: "המוקד של הפרשה שלנו (תצוה – שמות כ"ט) הוא לא מצוות התמיד, אלא מתן הסבר כיצד יש להשתמש במזבח שזה עתה הסתיימה בנייתו" (הרב ביק, עולת התמיד, עמ' 348).

- מנחה – "וְהַנּוֹתֶרֶת מִמֶּנָּה יֹאכְלוּ אַהֲרֹן וּבָנָיו מַצּוֹת תֵּאָכֵל **בְּמָקוֹם קָדֹשׁ** בַּחֲצַר אֹהֶל מוֹעֵד יֹאכְלוּהָ" (ו', ט).
- חטאת – "הַכֹּהֵן הַמְחַטֵּא אֹתָהּ יֹאכֲלֶנָּה **בְּמָקוֹם קָדֹשׁ** תֵּאָכֵל בַּחֲצַר אֹהֶל מוֹעֵד" (ו', יט).
- אשם – "כָּל זָכָר בַּכֹּהֲנִים יֹאכֲלֶנּוּ **בְּמָקוֹם קָדוֹשׁ** יֵאָכֵל" (ז', ו).
- זבח שלמים (בציווי ביום השמיני) – "וְאֵת חֲזֵה הַתְּנוּפָה וְאֵת שׁוֹק הַתְּרוּמָה תֹּאכְלוּ **בְּמָקוֹם טָהוֹר** אַתָּה וּבָנֶיךָ וּבְנֹתֶיךָ אִתָּךְ" (י', יד).

בנוסף לכך, הזיקה בין האכילות השונות בולטת בעצם שילוב הפועל 'אכילה' גם בתורת העולה: "וְהֵרִים אֶת הַדֶּשֶׁן אֲשֶׁר **תֹּאכַל הָאֵשׁ**". בכך רומזת תורת העולה שיש לראות את הקטרת הקורבן באש כאקט של אכילה, בדומה לכל תיאור הפרשה את אכילת הכוהנים.

נמצאנו למדים, שתורת העולה היא תורת אכילת המזבח, והיא תורת התגלות האש האוכלת. בכל בוקר המשכן מתחיל מסע חדש ומפַנה את קורבנות יום האתמול לשם הקורבנות החדשים שיבואו ב'שיר חדש'. כבוד ה' המתגלה כאש מקבל את פני הקורבנות החדשים המובאים לו, אך הוא עצמו אינו מצוי תחת שינויי הזמנים ומצבי הרוח; אש התמיד לא תכבה, היא תמשיך לסמל את השראת השכינה המתמדת, המקיימת את העולם כולו.

פרק ארבעה עשר

תורת המנחה (ו', ז-טז)
על פתיחת פה הכוהנים

וְזֹאת תּוֹרַת הַמִּנְחָה הַקְרֵב אֹתָהּ בְּנֵי אַהֲרֹן לִפְנֵי ה' אֶל פְּנֵי הַמִּזְבֵּחַ. וְהֵרִים מִמֶּנּוּ בְּקֻמְצוֹ מִסֹּלֶת הַמִּנְחָה וּמִשַּׁמְנָהּ וְאֵת כָּל הַלְּבֹנָה אֲשֶׁר עַל הַמִּנְחָה וְהִקְטִיר הַמִּזְבֵּחַ רֵיחַ נִיחֹחַ אַזְכָּרָתָהּ לַה'. וְהַנּוֹתֶרֶת מִמֶּנָּה יֹאכְלוּ אַהֲרֹן וּבָנָיו מַצּוֹת תֵּאָכֵל בְּמָקוֹם קָדֹשׁ בַּחֲצַר אֹהֶל מוֹעֵד יֹאכְלוּהָ. לֹא תֵאָפֶה חָמֵץ חֶלְקָם נָתַתִּי אֹתָהּ מֵאִשָּׁי קֹדֶשׁ קָדָשִׁים הִוא כַּחַטָּאת וְכָאָשָׁם. כָּל זָכָר בִּבְנֵי אַהֲרֹן יֹאכְלֶנָּה חָק עוֹלָם לְדֹרֹתֵיכֶם מֵאִשֵּׁי ה' כֹּל אֲשֶׁר יִגַּע בָּהֶם יִקְדָּשׁ (ויקרא ו,ז-יא)

מנחת סולת?

הדבר הבולט לעין כבר בקריאה ראשונה של תורת המנחה הוא לא מה שמתואר בה, אלא מה שלא מתואר בה: אין בה כל זכר לאותה חלוקה שיש ברשימת הקורבנות הראשונה בין מנחת סולת למנחות המעובדות. בקריאה פשוטה, אף שהדבר לא נזכר בפירוש, ההתייחסות כאן היא רק למנחת הסולת. דבר זה עולה מהניסוח הפשוט, "וְהֵרִים מִמֶּנּוּ בְּקֻמְצוֹ מִסֹּלֶת הַמִּנְחָה וּמִשַּׁמְנָהּ", ניסוח המתאים למנחת הסולת שממנה 'קומצים', ולא מתאים למנחות המעובדות שקשה 'לקמוץ' מהן מאחר שאינן בצק, ואכן, הפועל 'לקמוץ' נזכר בפרק ב' רק ביחס למנחת הסולת. על כך יש להוסיף – כפי

שהעיר הרב מאיר שפיגלמן – שהציווי לאכול את הנותרת 'מצה' ושאין לאוכלה חמץ (ו', ט), מניח שביד הכוהן סולת והוא יכול לאפות אותה כך או אחרת. במנחות המעובדות, המנחה אפויה כבר כמצה עוד לפני ההקרבה.[1] יתר על כן, הניסוח כולו מזכיר מאוד את ניסוח מנחת הסולת בפרק ב':

תורת המנחה (ו', ז–ט)	מנחת הסולת (ב', ב–ג)
וְהֵרִים מִמֶּנּוּ בְּקֻמְצוֹ מִסֹּלֶת הַמִּנְחָה וּמִשַּׁמְנָהּ וְאֵת כָּל הַלְּבֹנָה אֲשֶׁר עַל הַמִּנְחָה וְהִקְטִיר הַמִּזְבֵּחַ רֵיחַ נִיחֹחַ אַזְכָּרָתָהּ לַה'. וְהַנּוֹתֶרֶת מִמֶּנָּה יֹאכְלוּ אַהֲרֹן וּבָנָיו... חֶלְקָם נָתַתִּי אֹתָהּ מֵאִשָּׁי קֹדֶשׁ קָדָשִׁים הִוא	וְקָמַץ מִשָּׁם מְלֹא קֻמְצוֹ מִסָּלְתָּהּ וּמִשַּׁמְנָהּ עַל כָּל לְבֹנָתָהּ וְהִקְטִיר הַכֹּהֵן אֶת אַזְכָּרָתָהּ הַמִּזְבֵּחָה אִשֵּׁה רֵיחַ נִיחֹחַ לַה'. וְהַנּוֹתֶרֶת מִן הַמִּנְחָה לְאַהֲרֹן וּלְבָנָיו קֹדֶשׁ קָדָשִׁים מֵאִשֵּׁי ה'.

לפיכך, ניסוח השאלה המדויק יותר יהיה מדוע בפרשת צו אין זכר לשתי אפשרויות הקרבת המנחות, אלא הכתוב נשען על מנחת הסולת – גם מבלי לומר זאת בפירוש.

דבר זה הוביל חלק מהפרשנים המודרניים לשער שהמנחה המתוארת כאן היא המנחה הציבורית המלווה את עולת התמיד (שמות כ"ט, מ) ולא מנחת נדבת יחיד כלל.[2] מאחר ש"תורת העֹלה" התייחסה לעולת התמיד, יש סבירות בטענה שרשימת הקורבנות השנייה עוסקת בקורבנות התמידיים שעל המזבח, המשמשים מעין חומר בערה לאש ההתגלות התמידית שעל המזבח. לפי עמדה זו, ברור כמובן מדוע הכתוב אינו מפצל כאן בין מנחת הסולת לבין המנחות המעובדות, פיצול שרלוונטי רק במנחת יחיד, וגם ברור מדוע הנחת היסוד היא שלפנינו מנחת סולת.

אולם למרות הפיתוי שבפרשנות זו, יש מקום להטיל בה ספק. בדין המנחה שלפנינו, הכוהנים אוכלים את "הנותרת" שלא הוקטרה על המזבח, ואם נאמץ את קריאת חז"ל – אשר נתמכת גם במקראות עצמם – הרי שהמנחה המלווה את עולת

1. שפיגלמן, ויקרא וצו, עמ' 73.
2. למשל: הרטלי, ויקרא, עמ' 97.

התמיד מוקטרת כולה, לצד כבש העולה שעימו היא באה: ״מנחת כהנים ומנחת כהן משיח ומנחת נסכים – למזבח, ואין בהם לכהנים״ (משנה מנחות ו, ב).[3]

לפיכך עדיף לאחוז כאן באלטרנטיבה הפרשנית ולראות במנחה המתוארת כאן מנחת יחיד, אלא שהכתוב עוסק במנחה הבסיסית – מנחת הסולת – ובהחלט ייתכן שהדינים המוזכרים כאן חלים גם על המנחות המעובדות. עיון נוסף ילמד, שהציווי שאצלנו, ״הַקְרֵב אֹתָהּ בְּנֵי אַהֲרֹן לִפְנֵי ה׳ אֶל פְּנֵי הַמִּזְבֵּחַ״, המקביל לדין ההגשה מפרשת ויקרא, נזכר שם רק לגבי המנחות המעובדות,[4] ואילו תוספת הלבונה שנזכרת אצלנו הוזכרה בפרשת ויקרא רק במנחת הסולת. נמצא שאצלנו, גם דין ההגשה למזבח וגם דין תוספת הלבונה מוסבים על אותה ׳המנחה׳, ללא כל פיצול. מה פשר ההתעלמות משני המודלים של המנחות, שבפרשת ויקרא היו כה חשובים?

דומה כי גם כאן הפרספקטיבות השונות של שתי הפרשות נותנות את אותותיהן. רשימת הקורבנות הראשונה שתיארה את עמידת האדם מול ה׳ התייחסה לשני המודלים, באשר הם מביעים שתי תנועות נפש מובחנות. אומנם שני המודלים של הקורבן עוסקים בפרנסתו של האדם, אך מנחת הסולת דומה באופייה לתנועה הנפשית שמלווה את העוֹלָה, ואילו המנחות המעובדות כבר מזכירות את החוויה המרוממת של מביא זבח השלמים. חלוקה זו חשובה עת דנים במנחות מצד תודעת המקריב אותן. אך מצידם של הכוהנים, כמו גם מצד הגדרת רמת הקדושה של הקורבן ו׳האכלת׳ אש המזבח, אין זה משנה מה הייתה המוטיבציה של המקריב שהביא את המנחה. מבחינה זו ההתמקדות היא בקדושת הקורבן ובהשלכות שיש לדבר זה. הכוהן אוכל את הנותרת מן המנחה באותו האופן – בין אם זו מנחת סולת ובין אם זו מנחה מעובדת. לפיכך, בפרשת צו אין זכר לחלוקת המנחות המעובדות כנפרדות ממנחת הסולת.

בתורת המנחה שבפרשת צו משולבים גם דיני ההקרבה של המנחה על המזבח, זאת בשונה מתורת העולה, החטאת וזבח השלמים, שבפרשת צו אין תיאור של הקרבתם. פירוט דיני הקרבת המנחה מוזר למדי, כי דיני הקרבה אלו כבר פורטו בפרשת ויקרא, ומתאים היה שגם המנחה – כשאר הקורבנות שברשימה

3. כך טען גם מילגרום, ויקרא, כרך א, עמ׳ 389–390.

4. זהו הפירוש המקובל. חזקוני ביקש לחלק בין הדרישה בפסוקנו לדין ההגשה המפורט בפרק ב׳: ״׳אל פני המזבח׳ – ולא להיות טעונה הגשה״ (פירושו לוויקרא ז׳, ז). המוטיבציה של פירושו היא נקודה זו עצמה: מאחר שחזקוני סבור שיש דין הגשה רק במנחות המעובדות, הרי שדין ההקרבה אל פני המזבח שנזכר כאן אינו יכול לרמוז להגשה, כיוון שכאן מדובר על מנחת סולת.

זו – תתמקד בדיני אכילתה בלבד. דבר זה אומנם ייחודי, אך הוא באמת תמונת הראי המשלימה למה שהתרחש בפרשת ויקרא. שם – קורבן המנחה היה הקורבן היחיד ששולבו בדיניו גם דיני אכילה, שבשאר הקורבנות מפורטים רק בפרשת צו. כלומר, בקורבן המנחה מוזכרים בשתי הפרשות גם דיני ההקרבה וגם דיני האכילה. הדבר נובע מהאופי הייחודי של אכילת המנחה. כפי שכבר נידון לעיל, אכילת הכוהנים את המנחה מוגדרת בכתוב כאכילה משולחן גבוה, ויש לראות בה מעין המשך הקרבה; מעין 'ויתור' שהמזבח ויתר לטובת הכוהנים. לפיכך, גם בפרשת ההקרבה (ויקרא) יש אזכור של אכילת המנחה; וגם בפרשת האכילה (צו) יש אזכור של הקרבתה, שהאכילה היא חלק ממנה. לכן רק קורבן המנחה מוגדר בפרשת צו כ'ריח ניחוח' (ו', ח, יד), שהרי הקטרתו המפיקה את הריח הטוב משולבת בפסוקים.

עם זאת, ניכר המוקד המשתנה בין שתי הפרשות. בפרשת ויקרא נאמר כבדרך אגב שהכוהנים אוכלים את 'הנותרת' מהמנחה שלא הוקטרה על המזבח, אך לא הוזכר שם פירוט דיני האכילה כלל. וההיפך נכון בפרשת צו: כאן יש פירוט של דיני האכילה של 'הנותרת', ואילו ההקטרה מוזכרת באופן כללי בלבד, ללא פירוט של הכנת המנחות.

דין האכילה שמשקף באופן מיוחד את אופי האכילה הייחודי של המנחה הוא האיסור לאוכלה חמץ. כפי שעלה בפרק ב', אסור להעלות מנחת חמץ על גבי המזבח: "כָּל הַמִּנְחָה אֲשֶׁר תַּקְרִיבוּ לַה' לֹא תֵעָשֶׂה חָמֵץ כִּי כָל שְׂאֹר וְכָל דְּבַשׁ לֹא תַקְטִירוּ מִמֶּנּוּ אִשֶּׁה לַה'" (ויקרא ב', יא). כעת מתברר שאכילת הכוהנים ממשיכה את אכילת המזבח ומזדהה לגמרי עם דיניו: "מַצּוֹת תֵּאָכֵל בְּמָקוֹם קָדֹשׁ בַּחֲצַר אֹהֶל מוֹעֵד יֹאכְלוּהָ". דרישה זו מנומקת בגלוי בתפיסת המנחה כמתנת מזבח: "חֶלְקָם נָתַתִּי אֹתָהּ מֵאִשָּׁי". המזבח קולט את המנחה כולה, וממנו חלק מגיע לרשות הכוהנים, והואיל והכוהנים אוכלים מהמזבח הרי שדין המזבח חל עליהם.[5]

5. סוגיית הגמרא מתלבטת אם המנחה חייבת להיות 'מצה' או שיש רק איסור שתהיה 'חמץ'. ההתלבטות באה בדמות מנחה שיש בה שאור, שלדעת ר' יהודה אינו מוגדר כחמץ, אך הוציא את העיסה מגדר מצה, כמו גם מנחה חלוטה, שניתנה במים רותחים, שאינם מחמיצים. מסקנת הסוגיה שם היא שלא רק שיש איסור חמץ, אלא יש חובה שהמנחה תהיה 'מצה' (מנחות נג ע"א). הגמרא לומדת דין זה מוויקרא ב', ששם נאמר "מַצָּה תִהְיֶה" (ב', ה). מאחר שפסוק זה נאמר ביחס למנחת מחבת, ניתן היה לתהות אם אין מדובר בדין ייחודי לסוג מנחה זה. מכל מקום, אם יש זהות בין דין אכילת הכוהנים לדין ההקטרה על המזבח, הרי אפשר להוכיח זאת גם מפרשתנו, מתיאור אכילת הכוהנים: "מַצּוֹת תֵּאָכֵל בְּמָקוֹם קָדֹשׁ בַּחֲצַר אֹהֶל מוֹעֵד יֹאכְלוּהָ" (ו', ט).

"קֹדֶשׁ קָדָשִׁים הִוא כַּחַטָּאת וְכָאָשָׁם" (ו', י)

באופן מפתיע למדי התורה משווה את קדושת המנחה לקדושת החטאת והאשם: "קֹדֶשׁ קָדָשִׁים הִוא כַּחַטָּאת וְכָאָשָׁם", אולם, טרם שמענו שהחטאת והאשם הם קודש קדשים. ההפתעה איננה הלכתית – שהרי כל הקורבנות הללו הם באמת קודשי קדשים – אלא ספרותית, שהרי החטאת והאשם טרם הוגדרו כקודשי קדשים, כך שהתורה משווה את המנחה לקורבנות שהקורא טרם שמע עליהם. קורבן המנחה הוא הראשון שהוגדר באופן זה בפרשתנו (ובפרשת ויקרא המנחה היא היחידה שהוגדרה באופן זה!), כך שאפשר היה לצפות להשוואה הפוכה: קדושת החטאת והאשם תושווה לקדושת המנחה שהוזכרה בתחילה. כיצד ניתן לתלות את קדושת המנחה בקדושת קורבנות שטרם הוגדרו כך?

רד"צ הופמן העלה את האפשרות שהשוואת המנחה לחטאת ולאשם לא נאמרה בהקשרי רמת קדושתם, שהרי "יש למנחה היתרון לעומת חטאת ואשם שגם השיריים שלה נקראו 'אשי ה'". לכן הוא מציע שההשוואה נוגעת בדיני אכילת הכוהנים, וכביכול כתוב – 'חלקם נתתי אותה כחטאת וכאשם'.[6] אולם, לא רק שהטעמים אינם תומכים בקריאה זו, אלא שהדבר איננו פותר את הקושי, כי גם דיני האכילה של החטאת והאשם טרם נמסרו, ומדוע לתלות את המנחה המוזכרת ראשונה בקורבנות שעתידים להיזכר אחריה?

דומה שלאור השוואה זו יש להניח שהקורבנות האולטימטיביים להגדרת 'קודש קדשים' הם חטאת ואשם. הם מוזכרים כאב טיפוס של קורבן כזה, גם לפני פירוט דיניהם ברצף הפרשה.

לשם ביאור דבר זה יש להזכיר נתון נוסף, שכבר הוזכר בפתח חיבורנו: המנחה אינה מושווית לקורבן עולה שכבר הוזכר לפניה. הדבר נובע כמובן מכך שבפרשתנו קורבן העולה אינו מוגדר 'קודש קדשים'. גם אם רמת קדושתו איננה נופלת מזו של החטאת והאשם, הוא אינו מכונה בכתובים באופן מפורש בכינוי 'קודש קדשים'. לאור העובדה שקדושתו של קורבן שהוא קודש קדשים מדביקה אחרים, יש לסייג את היקף אכילתו – מי אוכל והיכן, שהרי האוכֵל עומד להתקדש באכילתו את קודש הקדשים. קורבן העולה שאינו נאכל אינו מוגדר בהדיא בכתוב כ'קודש קדשים';[7] קורבן המנחה אומנם נאכל, אך אכילתו היא כהמשך אכילת המזבח, ועל כן גם לולא

6. הופמן, ויקרא, כרך א, עמ' קסא. בדומה הציע גם מילגרום, ויקרא, כרך א, עמ' 395.
7. ראו גם אצל מילגרום, ויקרא, כרך א, עמ' 395.

הגדרתו כ'קודש קדשים' היה צורך לסייג את האוכלים אותו ואת מקום אכילתו. הקורבנות שבשרם נאכל על ידי הכוהנים, כחלק ממהותם ומתפקידם, ושהגדרת הקורבן כ'קודש קדשים' מגדירה הלכות אכילה אלו, הם החטאת והאשם. לפיכך, הם הנושאים המרכזיים של ההגדרה 'קודש קדשים' ושל תוצאותיה על אכילת הקורבן.

אם אומנם יש באכילת המנחה על ידי הכוהנים בחינה של המשך ההקרבה, ובלשון הכתוב – "חֶלְקָם נָתַתִּי אֹתָהּ מֵאִשָּׁי", יש מקום להתלבט אם טמון בפסוק החותם את קורבן המנחה משחק מילים מכוון: "כָּל זָכָר בִּבְנֵי אַהֲרֹן יֹאכְלֶנָּה **חָק** עוֹלָם לְדֹרֹתֵיכֶם מֵאִשֵּׁי ה'" (ו', יא). המשמעות העיקרית והפשוטה של המונח 'חוק' בהקשר זה הוא 'צו קבוע', 'נוהג מחייב'. ודאי שזו משמעות המילה בצימוד 'חוק עולם'. אלא שיש הוראה נוספת ל'חוק' בעברית המקראית (שיש לה קשר סמנטי למשמעות הראשונה), שמתאימה מאוד להקשר הנידון: 'חלק קבוע שניתן מאת המלך לאכילה', כמו שנאמר ביחס לכוהני פרעה: "רַק אַדְמַת הַכֹּהֲנִים לֹא קָנָה כִּי **חֹק** לַכֹּהֲנִים מֵאֵת פַּרְעֹה וְאָכְלוּ אֶת **חֻקָּם** אֲשֶׁר נָתַן לָהֶם פַּרְעֹה עַל כֵּן לֹא מָכְרוּ אֶת אַדְמָתָם" (בראשית מ"ז, כב). דומה, שצימוד המילים בפסוק זה הוא משחק מילים מכוון: החוק, כלומר המנהג של הכוהנים, הוא, שהם אוכלים את חוקם, כלומר את חלקם. כנראה כך יש להבין גם בנבואת יחזקאל: "וְהִנֵּה נָטִיתִי יָדִי עָלַיִךְ וָאֶגְרַע חֻקֵּךְ" (יחזקאל ט"ז, כז); ובדברי החכם: "רֵאשׁ וָעֹשֶׁר אַל תִּתֶּן לִי הַטְרִיפֵנִי לֶחֶם חֻקִּי" (משלי ל', ח); ובהמשך שם: "וַתָּקָם בְּעוֹד לַיְלָה וַתִּתֵּן טֶרֶף לְבֵיתָהּ וְחֹק לְנַעֲרֹתֶיהָ" (משלי ל"א, טו).[8]

לאור כך, היו שהציעו שזו גם ההוראה העיקרית בפסוקנו: "חלק, שהוא חוקם לעולם".[9] קריאה זו מוגזמת, באשר מטבע הלשון 'חוק עולם' שבפסוק ("חָק עוֹלָם לְדֹרֹתֵיכֶם מֵאִשֵּׁי ה'") הוא מטבע שגור ומקובל בהוראת 'צו קבוע'. אולם בהחלט ייתכן שגם בפסוקנו טמון כפל משמעות מכוון: לצד הוראתו העיקרית מלשון 'צו ומנהג', נרמזת גם ה'מנה הקבועה' שמקבלים הכוהנים מאישי ה', את חלקם שמקבלים מהמזבח, ממלכם.

אם נאמץ את ההנחה שיש לקרוא את רשימת הקורבנות השנייה אחרי הראשונה, ייתכן שמשחק מילים נוסף טמון בפסוקים שלפנינו. רבים התלבטו בנוגע לתחביר הפסוק הפותח את קורבן המנחה: "וְזֹאת תּוֹרַת הַמִּנְחָה הַקְרֵב אֹתָהּ בְּנֵי אַהֲרֹן לִפְנֵי ה' אֶל פְּנֵי הַמִּזְבֵּחַ" (ו, ז). הניסוח התחבירי של הפסוק מוזר למדי: מיהו הנושא של

8. השוו גם: שמות ה', יד; משלי י"ד, ה, יג. על המשמעויות המגוונות של המונח 'חוק' במקרא ראו: רינגרן, חקק; קדרי, מילון, עמ' 340–341.
9. אהרליך, מקרא כפשוטו, עמ' 217.

הפסוק? מיהו זה שנאמר לו – ״הַקְרֵב אֹתָהּ״? ייתכן שאין נושא נסתר לפועל זה כלל, וכוונת הפסוק לומר ׳הקורבן יוקרב׳, אך גם אם כך נותר הניסוח מוזר בשל המשך הפסוק. לא נאמר בו ׳לבני אהרון׳, כך שלא ברור דיו מה תפקידם הסמנטי של המוזכרים בפסוק – ״בני אהרן״.

העמדה המקובלת והסבירה ביותר היא, כדברי ראב״ע למשל, שבני אהרון הנזכרים בהמשך הפסוק הם הנושא של הפסוק כולו: ״הקרב אותה – שם הפועל. וטעם הקרב יקריבו אותה בני אהרן וטעמו אחד מבני אהרן, על כן והרים ממנו״ (פירושו לוויקרא ו׳, ז). בין המתרגמים המודרניים רבים אימצו קריאה זו ואף שינו את סדר המלים בפסוק כדי למנוע את העמימות, כמו: "Aaron's sons shall present it before the LORD, in front of the altar" (JPS). ראב״ע מודע לקושי שיש בפרשנותו, שהרי הפסוק הבא מדבר על כוהן בלשון יחיד – ״וְהֵרִים מִמֶּנּוּ בְּקֻמְצוֹ״ (ח), ואם בפסוק שלנו פועלים הכוהנים ברבים (״בני אהרן״), כיצד זה עובר הכתוב לפתע ללשון יחיד? תירוצו של ראב״ע הוא שגם כשכתוב ״בני אהרן״ הכוונה לאחד מהם, כלומר לכוהן יחיד. הדבר אפשרי אך לא נוח בסגנון הכתוב. יש גם לזכור שנוח יותר לראות את ״הקרב״ כפועל ביחיד בצורת ציווי, ואם כך, עוד פחות מתאים שהמשך המשפט יעסוק ב״בני אהרן״ – בלשון רבים.[10] אך למרות קשיים אלו, אין ברירה אלא לאמץ את קריאתו של ראב״ע, שהרי לא ייתכן שהבעלים הוא שיגיש את המנחה אל המזבח; רק הכוהנים יכולים לגשת אל המזבח שהוא קודש קדשים, ואף בדיני המנחה שבפרשת ויקרא דין ההגשה מוסב על הכוהנים.

עם זאת, גם אם ההכרעה היא שבסופו של דבר הכתוב מכוון לכוהן, ניתן להצביע על תרומה שיש לסגנון הכתיבה המוזר. בפרשת ויקרא יש רכיב שאיננו נזכר בתיאור המנחה שבפרשת צו: ״וְהֵבֵאתָ אֶת הַמִּנְחָה אֲשֶׁר יֵעָשֶׂה מֵאֵלֶּה לַה׳ / וְהִקְרִיבָהּ אֶל הַכֹּהֵן / וְהִגִּישָׁהּ אֶל הַמִּזְבֵּחַ״ (ב׳, ח). שניים פועלים בתיאור המנחה שבפרק ב׳, זה לצד זה: הבעלים מתוארים כמי ש׳מביאים׳ את המנחה ו׳מקריבים׳ אותה אל הכוהן; והכוהן נוטל את המנחה ו׳מגיש׳ אותה למזבח.

בפרשתנו יש התעלמות מהבעלים והתמקדות בתפקיד הכוהן בלבד: ״הַקְרֵב אֹתָהּ בְּנֵי אַהֲרֹן לִפְנֵי ה׳ אֶל פְּנֵי הַמִּזְבֵּחַ״ (ו׳, ז). בפסוק זה נעדר תיאור ׳הקרבת׳ המנחה על ידי הבעלים לכוהן, וייתכן שתפקיד הכתיבה החריגה הוא לרמוז לפעולת הבעלים, גם מבלי להזכירו בפירוש. בקריאה ראשונה מתבלבל הקורא וסבור שהפסוק פונה אל הבעלים ודורש ממנו – ׳הַקְרֵב אֹתָהּ [אל] בְּנֵי אַהֲרֹן׳, בהקבלה מלאה לאמור בפרשת

10. כנראה על מנת לגבור על קושי זה, התרגום השומרוני שינה את הפועל ללשון רבים.

ויקרא: "וְהִקְרִיבָהּ אֶל הַכֹּהֵן". בהמשך קריאתו מתבררת לקורא טעותו, ומתברר שיש דילוג על שלב הבאת המנחה אל הכוהן, ומעבר אל הדיווח העוסק בהגשת המנחה על ידי הכוהן אל המזבח. בעמימות הניסוח, ובהולכת הקורא שולל, רומז הכתוב גם למה שלא נאמר כאן בפירוש – פעולת האדם מישראל המביא את המנחה.

פרשת צו, כאמור, מתמקדת בכוהנים ובעבודתם, אך מודעת לפס הקול האחורי של תהליך ההקרבה – לאדם מישראל העומד ברקע ומצפה שקורבנו יוקרב ואש המזבח תבער תמיד.

מנחת חינוך או מנחת חביתין

כנספח לתורת המנחה, נזכרת מנחה נוספת, שעל "אהרן ובניו" להקריב מידי יום:

> זֶה קָרְבַּן אַהֲרֹן וּבָנָיו אֲשֶׁר יַקְרִיבוּ לַה' בְּיוֹם הִמָּשַׁח אֹתוֹ עֲשִׂירִת הָאֵפָה סֹלֶת מִנְחָה תָּמִיד מַחֲצִיתָהּ בַּבֹּקֶר וּמַחֲצִיתָהּ בָּעָרֶב. עַל מַחֲבַת בַּשֶּׁמֶן תֵּעָשֶׂה מֻרְבֶּכֶת תְּבִיאֶנָּה תֻּפִינֵי מִנְחַת פִּתִּים תַּקְרִיב רֵיחַ נִיחֹחַ לַה'. וְהַכֹּהֵן הַמָּשִׁיחַ תַּחְתָּיו מִבָּנָיו יַעֲשֶׂה אֹתָהּ חָק עוֹלָם לַה' כָּלִיל תָּקְטָר. וְכָל מִנְחַת כֹּהֵן כָּלִיל תִּהְיֶה לֹא תֵאָכֵל (ויקרא ו', יב–טז).

עוד לפני שנבחן במה בדיוק עוסק ציווי זה ומהי מנחה זו, יש לשים לב לשילוב אופני הכנת המנחות שמתרחש במנחה זו:

- עַל מַחֲבַת בַּשֶּׁמֶן תֵּעָשֶׂה – בבסיסה מדובר במנחת מחבת.
- מֻרְבֶּכֶת תְּבִיאֶנָּה (רש"י: "חלוטה ברותחין כל צרכה") – בדומה למנחת מרחשת.
- תֻּפִינֵי מִנְחַת פִּתִּים (רש"י: "אפויה אפיות הרבה, שאחר חליטתה אופה בתנור וחוזר ומטגנה במחבת") – אפויה בתנור כמו מאפה תנור.

שילוב המנחות כולן במנחת כוהן זו אינו מקרי, והוא כבר מצביע על כך שיש במנחת הכוהן הנידונה דבר מה כללי, שעומד בהקבלה למנחות כולן.

על מה מדובר כאן? מהי אותה מנחה שאהרון ובניו מצטווים עליה כאן? בפסוקים יש שתי נימות, והשאלה באיזו מהן יש להתמקד. מן העבר האחד, מהניסוח: "אֲשֶׁר יַקְרִיבוּ לַה' בְּיוֹם הִמָּשַׁח אֹתוֹ", נדמה שמדובר כאן ב'מנחת חינוך': בפעם

הראשונה שכל כוהן מתחיל לעבוד,[11] ביום שבו הוא נמשח לתפקידו לראשונה, עליו להביא קורבן מנחה, שאת מחציתה עליו להקטיר בבוקר ומחציתה בערב. מצד שני, לפי קריאה זו קשה להלום את המשך הפסוק שמצווה על הקרבת קורבן זה 'תמיד': "עֲשִׂירִת הָאֵפָה סֹלֶת מִנְחָה תָּמִיד מַחֲצִיתָהּ בַּבֹּקֶר וּמַחֲצִיתָהּ בָּעָרֶב". ניסוח זה רומז לקריאה האלטרנטיבית: לפנינו חובה תמידית יום־יומית, הדומה בתבניתה לעולת התמיד. בכל יום – בבוקר ובערב – צריך נציג הכוהנים להקריב קורבן מנחה.

ההתלבטות כאן כה גדולה, עד כי חז"ל אימצו את שתי הקריאות גם יחד, ולפי הכרעתם יש בפסוקים שלפנינו שני ציוויים: 'מנחת חינוך' שכל כוהן מביא ביום שהוא כניסתו לעבודה (מנחה המוקטרת בבת אחת); ו'מנחת חביתין' שהכוהן הגדול מקריב מידי יום כמסגרת לעבודתו: מחציתה בבוקר ומחציתה בערב.[12] לפי חז"ל מנחת החביתין שבאה מדי יום עשויה משתים עשרה חלות, וראשונים התלבטו כיצד בדיוק יש להכין חלות אלו וכיצד יש להקריבן בבוקר ובערב.[13] מנחה זו, שהכוהן צריך להביא בכל יום, הייתה מובאת לצד קורבן התמיד (הן בשחר הן בין הערביים). עם הקרבת התמיד היו מקריבים גם מנחת נסכים שנספחת אליו, ואחריהם היה הכוהן מקריב את מנחת החביתין שלו (ולאחר מכן היו מנסכים את היין שמתלווה גם הוא לעולת התמיד).

היתרון הבולט של קריאה זו הוא בהבנה הפשוטה של לשון 'תמיד' אך גם בעצם הניסוח – "מַחֲצִיתָהּ בַּבֹּקֶר וּמַחֲצִיתָהּ בָּעָרֶב", שמזכיר את הניסוח של עולת התמיד שמקריבים בכל יום: "אֶת הַכֶּבֶשׂ אֶחָד תַּעֲשֶׂה בַבֹּקֶר וְאֵת הַכֶּבֶשׂ הַשֵּׁנִי תַּעֲשֶׂה בֵּין הָעַרְבָּיִם" (במדבר כ"ח, ד). יש אומנם הבדל בין עולת התמיד למנחת החביתין, שהרי התמיד אינו כבש אחד שנחצה ומוקרב בשני זמנים שונים, אלא שני כבשים שלמים, אך גם כך הדמיון ניכר.

על יחס שתי המנחות העולות מהפסוקים (לפי קריאת חז"ל), כתב בצדק הרב

11. בסיסית דבר זה יכול להיות בהגיע הכוהן לגיל שלוש עשרה, אבל לפי הרמב"ם (הלכות כלי המקדש ה, טו) הכוהנים היו מונעים את אחיהם מלעבוד עד שהגיעו לגיל עשרים.
12. יש מקום לדון מה יחס שתי מחציות מנחה זו, ואם הדבר דומה לשני כבשי התמיד. בספרות ההלכה יש דיונים נרחבים בדבר: מתי שתי המחציות מתקדשות; מה קורה אם הכוהן מת בין הקרבת מחצית המנחה בבוקר והמחצית שמוקרבת בערב – כלומר, האם זהו דין ב'חפצא' או ב'גברא', ועוד. חלק מהדיונים האלו יוזכרו להלן.
13. מנחת החביתין עשויה מעשירית האיפה סולת, שהיא בערך 2.28 ליטר. את המנחה אופים לשתים עשרה חלות. נחלקו הראשונים האם המחציות מתחלקות באופן של שש חלות בבוקר ושש חלות בין הערביים, או שמא מחצית מכל שתים עשרה החלות בכל הקרבה (ראו ברמב"ם, הלכות מעשה הקורבנות יג, ד, ובהשגות הראב"ד שם).

דוד הילל וינר, שמנחת הכוהן ההדיוט שמתחיל עבודתו "באה להכשיר את הכוהן לעבודה במקדש, ואילו מנחת הכוהן גדול עבודה היא מעבודות המקדש". בכך הוא ביקש לבאר מדוע להלכה מנחת הכוהן ההדיוט אינה דוחה את השבת, ואילו מנחת חביתין דוחה שבת. לאור כך גם ברור מדוע הרמב"ם לא מנה את מנחת החינוך כמצוות עשה עצמאית, שהרי היא אינה אלא הכשר עבודה של הכוהן, בעוד שמנחת חביתין נמנית כמצווה בפני עצמה, וזאת מפני שהיא חלק מעבודות המקדש.[14]

אולם, בשונה מקריאת חז"ל, פרשנים לאורך כל הדורות הציעו שלפנינו 'מנחת חביתין' בלבד, שאותה יש להקטיר בכל יום בבוקר ובין הערביים. כך ראה את הדבר כבר פילון האלכסנדרוני:

> התרומה ההולמת את הכוהנים אינה מן החי, אלא מן הדבר הטהור ביותר במזון האדם. סולת היא מנחת התמיד שלהם. עשירית המידה הקדושה מוקרבת מדי יום... מטוגנת בשמן, ולא נותר ממנה מאומה לאכילה, כי חוק הוא שכל מנחת כהן כליל תהיה.[15]

מניסוח דבריו גם עולה, שהחובה אינה מוטלת על הכוהן הגדול דווקא, אלא כל הכוהנים מביאים יחד מנחה בכל יום. לפי הבנה זו, הניסוח "וְהַכֹּהֵן הַמָּשִׁיחַ תַּחְתָּיו מִבָּנָיו יַעֲשֶׂה אֹתָהּ" אינו מכוון לכוהן גדול, אלא לכל כוהן.

צריך להודות, שמעצם הדבר שבציווי על ימי המילואים לא הוזכרה מנחה זו (למנחה המוזכרת שם יש תפקיד אחר), כבר נוטה הלב לאמץ את הקריאה שהציווי עוסק במנחת חביתין יום יומית ולא במנחה שבה מתחנכים לעבודה, ושמצופה היה למצוא כמותה בימי המילואים.[16]

ההנחה של פילון, ושל נוספים, שהפסוקים מתארים רק את מנחת החביתין המוקרבת מידי יום, נדרשת להתמודד עם הפסוק המתאר את הקרבת המנחה "בְּיוֹם

14. וינר, ממלכת כוהנים, עמ' עט.
15. על החוקים לפרטיהם א, סעיף 255 (כתבי פילון האלכסנדרוני, תרגמה ח' שור, ירושלים תשנ"א, עמ' 285).
16. לוין, שביקש לתמוך בעמדה שיש בפסוקים שלפנינו גם ציווי על מנחת חינוך, באמת ביאר שסל המצות המובא בימי המילואים (ח', כו-כח), הוא מימוש של המנחה המוזכרת אצלנו (לוין, ויקרא, עמ' 39, ובעמדה זו אחז גם הרטלי, ויקרא, עמ' 98). אולם קשה להלום את דיני סל המצות שהובא בימי המילואים עם דיני המנחה המוזכרת אצלנו.

הִמָּשַׁח אֹתוֹ״. אם מדובר במנחה שמקריבים מידי יום מדוע הכתוב מבליט דווקא את היום שבו הכוהן נמשח?

אברהם שמאע הציע לי, שהפועל ׳המשח׳ כלל אינו מתאר את הכוהן, אלא את המשכן – מיום שהמשכן נמשח יש להקריב מנחה זו באופן רציף מדי יום. סימוכין לקריאה זו יש באזכור הנוסף של צירוף לשון זה, בתיאור חנוכת המזבח על ידי הנשיאים – ״וַיַּקְרִיבוּ הַנְּשִׂאִים אֵת חֲנֻכַּת הַמִּזְבֵּחַ בְּיוֹם הִמָּשַׁח אֹתוֹ״ (ז׳, י, וכן: ז׳, פד). לדעתו, כשם ששם מוסב הצירוף הלשוני על המשכן עצמו, כך גם אצלנו מתאר צירוף זה את המשכן ולא את הכוהן. זו הצעה מרתקת שיש בכוחה לפתור את התעלומה שלפנינו, אולם קשה לקבלה, שהרי בהמשך תיאור מנחת החביתין שב הכתוב ללשון משיחה, ושם ברור שהכוונה לכוהן הנמשח בשמן: ״וְהַכֹּהֵן הַמָּשִׁיחַ תַּחְתָּיו מִבָּנָיו יַעֲשֶׂה אֹתָהּ״ (ו׳, טו). נראה אפוא שחשוב לפסוקים שלפנינו לדבר על ׳משיחת׳ הכוהן לתפקידו, ושני אזכורי ׳המשיחה׳ מתארים את הכוהן ולא את המזבח.

נדמה שאת הפתרון ללשון זו הניח ראב״ע:

> ורבים אמרו כי זה בי״ת תחת מ״ם, והטעם, כי מיום המשח אותו הנה זה חייב להקריב תמיד מנחתו (פירושו לוויקרא ו׳, יג).

לפי פירושו ״ביום״ = ״מיום״ (וכן פירשו רס״ג, אבן ג׳נאח, רד״ק, חזקוני, ועוד אחרים),[17] וממילא אין כאן התמקדות ביום שבו הכוהן נמשח; מאותו יום ואילך מוטלת עליו החובה להביא מנחה למשכן בכל יום. ככל הנראה למנחה זו מתייחס הכתוב המתאר את הדברים שעליהם אחראי אלעזר בן אהרון בעת מסע המחנות: ״וּפְקֻדַּת אֶלְעָזָר בֶּן אַהֲרֹן הַכֹּהֵן שֶׁמֶן הַמָּאוֹר וּקְטֹרֶת הַסַּמִּים **וּמִנְחַת הַתָּמִיד** וְשֶׁמֶן הַמִּשְׁחָה פְּקֻדַּת כָּל הַמִּשְׁכָּן וְכָל אֲשֶׁר בּוֹ בְּקֹדֶשׁ וּבְכֵלָיו״ (במדבר ד׳, טז).

אך עדיין יש מקום לברר את טעמו של הניסוח הייחודי כאן. מה פשר ההבלטה שהכוהן צריך להקריב מנחה מהיום שבו הוא מתחיל לעבוד (׳נמשח׳)? וכי מה היה עולה על דעתנו? שילד קטן יקריב מנחה זו? ומדוע הדגשה זו אינה מוזכרת בהדלקת המנורה או בזריקת דם העולה על המזבח? ייתכן שכאן טמון הרמז לאופי מנחת כוהן זו ולעיקר תפקידה.

17. כך גם ונהאם, ויקרא, עמ׳ 122 (אשר משווה זאת לכתוב: ״לַאֲשֶׁר הוּא לוֹ יִתְּנֶנּוּ בְּיוֹם אַשְׁמָתוֹ״ – ה׳, ה); רוקר, ויקרא, עמ׳ 130.

רבים כאן העירו שבאמצעות הקרבת מנחה זו הכוהנים מבטאים את היותם כפופים לה', שהם עובדים בשמו ומטעמו: "לכהנים, שבראשם עומד הכהן הגדול, יש 'חוק עולם', היינו הכנסה קבועה עולמית מאת ה'. לכן גם הם יקריבו 'חק עולם לה'' כדי שיהיו תמיד חדורי הכרה שהם יושבים אל שולחן ה'".[18]

אבל ניתן לדייק את ניסוח תפקיד המנחה הזו בהיבט ספציפי יותר של עבודתם: מנחת התמיד קשורה **לאכילתם** את הקורבנות. דבר זה עולה בקריאת פרשת מנחת החביתין על רקע עולת התמיד הדומה לה. מדוע 'עולת התמיד' המובאת בשם הציבור כולו היא כבש לעולה ואילו 'התמיד' של הכוהנים הוא מנחת סולת? כפי שנאמר לעיל, בדיון בפרק ב', קורבן המנחה קשור במזון ובפרנסה. הוא אינו מלווה בהצהרה הנוגעת לעצם החיים אלא בצורכי החיים. עולת תמיד של שחר ועולת תמיד של בין הערביים משמשות מסגרת לקורבנות כולם שמוקרבים ביניהם. במטפורה פלסטית משהו ניתן לומר, שעולת השחר מייצגת את פתיחת פה המזבח לקבלת הקורבנות של אותו היום, ותמיד של בין הערביים סוגר את פיו של המזבח (ראו למשל בפסחים נח ע"ב), ועל כן אין קורבנות שמובאים לפני התמיד המוקרב בבוקר ואין קורבנות שבאים לאחר תמיד של בין הערביים שמבטא את סוף היום של המזבח.[19]

מסתבר, שבמקביל לפתיחת פה המזבח שאוכל את הקורבנות, יש לפתוח ולסגור גם את פיותיהם של הכוהנים שאוכלים מטעמו של המזבח. כשם שאכילת המזבח נפתחת בבוקר וננעלת בין הערביים בשני כבשי התמיד כך אכילת הכוהנים נפתחת בבוקר וננעלת בין הערביים על ידי מנחת חביתין. בפועל, יכולים הכוהנים להמשיך ולאכול גם בלילה – ממש כשם שגם המזבח ממשיך ואוכל גם בלילה, אולם לא מובאים אל אש המזבח או אל פיות הכוהנים קורבנות חדשים שלא הוקרבו במשך היום.

כלומר, מנחת החביתין איננה רק כתב מינוי לכוהנים בכל יום שבו הם עובדים, אלא קורבן זה מאפשר לפיותיהם לאכול מן הקודש; הוא מגדיר את אכילתם כהמשך אכילת מזבח. לכן הכוהנים צריכים להביא כ'תמיד' שלהם דווקא קורבן מנחה, שיש בכוחו לסמל את המזון ואת הפרנסה, את האכילה ואת סיפוק צורכי החיים. אין כמו קורבן המנחה כדי להצהיר שאכילת הכוהנים היא אכילת קודש, כבאי כוחו של המזבח. הבאת המנחה מבטאת שהכוהנים אינם רעבתנים שאוכלים לצורך עצמם;

18. רד"צ הופמן, ויקרא, כרך א, עמ' קסא-קסב.

19. מלבד קורבן פסח המובא בזמן שהוא לא יום ולא לילה; לאחר שיצא יום י"ד בניסן ועוד לא נכנס יום ט"ו בניסן.

הם אינם כאלו שאוחזים בידם ׳מַזְלֵג שְׁלֹשׁ הַשִּׁנַּיִם׳ ונוטלים מתוך סירי הבישול ׳כֹּל אֲשֶׁר יַעֲלֶה הַמַּזְלֵג׳. אדרבה: כל אכילתם מצויה בתוך מסגרת הקורבן שהם עצמם הביאו לה׳ וקיבלו ממנו רשות לאכול את בשר הקורבנות ולחמם.[20]

לפיכך יש ערך מיוחד בשילוב ׳משיחתו׳ של הכוהן לתפקידו. ניסוח זה מזכיר לקורא שגם הכוהנים נמשחו – כמו שאר כלי המשכן. משיחתם מזכירה שיש מן המשותף בינם לבין המזבח עצמו – ששניהם נמשחו והתקדשו בשבעת ימי המילואים. מאותו רגע שהכוהנים נמשחו, הם משמשים כבאי כוחו של הקודש, וקורבן זה קשור בטבורו לצניעותם של עובדי ה׳ אלו.

לתפיסה זו יש כמה השלכות – הן הלכתיות והן פרשניות.

א. כוהן גדול או כוהנים הדיוטות?

כאמור, ראב״ע – ובעקבותיו נוספים – הציע לבאר את הצירוף: ״בְּיוֹם הִמָּשַׁח אֹתוֹ״, במשמעות ׳מִיּוֹם המשח אותו׳. מיום כניסתו של הכוהן הגדול לתפקידו עליו להביא קורבן זה. אולם האם ברור שהפסוקים מתכוונים רק לכוהן הגדול שעליו מוטלת משימה זו, או אולי גם כוהנים הדיוטות יכולים להקריב את מנחת הכוהנים (כעמדת פילון שהוזכרה לעיל)? המתח בין שתי האפשרויות עולה מהפסוקים עצמם:

> זֶה קָרְבַּן אַהֲרֹן וּבָנָיו אֲשֶׁר יַקְרִיבוּ לַה׳ בְּיוֹם הִמָּשַׁח אֹתוֹ עֲשִׂירִת הָאֵפָה סֹלֶת מִנְחָה תָּמִיד מַחֲצִיתָהּ בַּבֹּקֶר וּמַחֲצִיתָהּ בָּעָרֶב... וְהַכֹּהֵן הַמָּשִׁיחַ תַּחְתָּיו מִבָּנָיו יַעֲשֶׂה אֹתָהּ חָק עוֹלָם לַה׳ כָּלִיל תָּקְטָר (ו׳, יג-טו).

במקומות אחרים שהצירוף ׳אהרן ובניו׳ נזכר הוא מכוון לכלל הכוהנים ולאו דווקא לכוהנים גדולים, כדוגמת: ״וְעָשִׂיתָ כִּיּוֹר נְחֹשֶׁת... וְרָחֲצוּ אַהֲרֹן וּבָנָיו מִמֶּנּוּ אֶת יְדֵיהֶם וְאֶת רַגְלֵיהֶם״ (שמות ל׳, יח-יט); ובפרשתנו – ״וְהַנּוֹתֶרֶת מִמֶּנָּה יֹאכְלוּ אַהֲרֹן וּבָנָיו מַצּוֹת תֵּאָכֵל״ (ויקרא ו׳, ט). לפיכך, עצם הצירוף ׳אהרן ובניו׳ תומך בגישת פילון, שכוונת הכתוב שעל אחד מהכוהנים להביא מנחת חביתין בכל יום – מחציתה בבוקר ומחציתה בערב.

20. אין ממש בטענה של רוקר (וחוקרים נוספים) שקורבן מנחת התמיד של הכוהן ״ממחישה את חטאו של הכוהן הגדול ואת הצורך שלו בסליחה יומיומית״ (רוקר, ויקרא, עמ׳ 131). קורבן מנחה איננו קורבן שבא על חטא ואיננו מייצג צורך בכפרה כלל.

למרות זאת, פרשנים רבים ביארו שהמדובר בכוהן הגדול דווקא: "'זה קרבן אהרן ובניו' – לפי הפשט בני אהרון הכהנים הגדולים העומדים תחתיו" (רשב"ם על אתר). לקריאתו יש ראיה מהמשך הפסוק: "בְּיוֹם הִמָּשַׁח אֹתוֹ". גם אם נכריע שבני אהרון נמשחו גם הם ולא רק אביהם (נדון בכך להלן, בניתוח ימי המילואים), הרי שבמקומות אחרים כשהכתוב מכוון לכוהנים הדיוטות, לא כתוב שמדובר בכוהנים 'משוחים'. אדרבה: מוסכם על הכול ש"הכהן המשיח" המתחייב בחטאת פנימית (ויקרא ד', ג) הוא דווקא הכוהן הגדול, מרובה הבגדים שנמשח בשמן. לאור כך נדמה שכוונת הפסוק לומר שאחד מבני אהרון שימשיך אותו – זה המשוח, הגדול שבחבורה – הוא המביא את מנחת החביתין.[21]

כבר מהר"ל מפראג חשף מתח זה, ברצונו להצדיק את הקריאה הכפולה של חז"ל, שלפנינו חובה כפולה, הן של מנחת חינוך, שצריך להביא כל כוהן בתחילת עבודתו, והן של מנחת חביתין, שמביא הכוהן הגדול:

> דאין לומר 'ובניו' דקרא רוצה לומר בניו שהם כהנים גדולים, דהא קרא כתיב אחר כך 'והכהן המשיח תחתיו' – אם כן כהן גדול אמור, ומה אני מקיים 'ובניו', דאף בניו הם מביאים ביום שנתחנך (מנחות נא ע"ב). ואין לומר דאף הם מביאים לעולם, דהא כתיב 'והכהן המשיח תחתיו מבניו יעשה אותה' – ולא כהן הדיוט. אלא כהן גדול בכל יום, וכהן הדיוט ביום שנתחנך לעבודה (גור אריה לוויקרא ו', יג).

אכן, סיום הפרשה חושף שמדובר בכוהן גדול דווקא: "וְהַכֹּהֵן הַמָּשִׁיחַ תַּחְתָּיו מִבָּנָיו יַעֲשֶׂה אֹתָהּ". קשה לקרוא פסוק זה כמוסב על כוהן הדיוט, ונראה יותר ש"והכהן המשיח" בפסוק זה הוא כמו "הכהן המשיח" בציווי על חטאת הכוהן המשיח בפרק ד', כלומר הכוהן הגדול.

מדוע אפוא הפסוק הפותח מבלבל את הקורא ומעניק תחילה תחושה שאחד מן הכוהנים צריך להקריב מנחה זו ("קָרְבַּן אַהֲרֹן וּבָנָיו אֲשֶׁר יַקְרִיבוּ לַה'")? התשובה קשורה באופי קורבן זה. שלא כמו חטאת כוהן משיח המובאת בשם הכוהן הגדול, תפקיד מנחת החביתין לפתוח את פיות הכוהנים כולם כך שיוכלו לאכול מקורבנות המזבח. הכוהן הגדול המביא קורבן זה לא מביאו בשמו בלבד, אלא בשם כל קהל עדת הכוהנים. לעיתים הכוהן הגדול הוא נציגם של כל ישראל ולעיתים הוא עומד

21. רבים הניחו זאת כהנחת יסוד, ראו למשל אצל הרטלי, ויקרא, עמ' 98; רוקר, ויקרא, עמ' 130.

בפני עצמו; כאן הוא נציגם של חבריו הכוהנים העובדים במשמרתו ואוכלים מקורבנות המנחה, החטאת והאשם שמביאים ישראל למזבח. המתח המלווה את הפסוק הפותח קשור במהותו בתפקיד הייחודי של מנחה זו שבאה בשם הכוהנים כולם. אין מתאים מהכוהן הגדול שיהיה נציגם, אך מאחר שבדרך כלל הוא עובד בשם כל ישראל, יש ערך בהדגשה שבמקרה זה הוא בא כוחם של הכוהנים בלבד.

לאור דברינו ברור גם מדוע הציווי על קורבן זה מובא דווקא בפרשת צו. הוא כמובן מתאים לפרשה זו מעצם היותה ממוענת לכוהנים, אולם מתברר שהקשר מהותי הרבה יותר. זוהי הפרשה שמסדירה את אכילת הכוהנים מהקורבנות, הפרשה שמבררת מיהם האוכלים והיכן הם יכולים לאכול. דווקא בהקשר זה מודגש שעל הכוהנים להצהיר שאכילתם היא משל גבוה, שעליהם ליצור מסגרת יומית לאכילה, המקבילה למסגרת המזבח, ושהם מבינים שלא הם עיקר, אלא מלך מלכי המלכים, שהם אוכלים משולחנו וברשותו.

דומה שבשל כך מנחת החביתין מזכירה את אופן הכנת המנחות כולן. תהא הסיבה אשר תהא לאופציות שהתורה פותחת בפני מביא המנחה, בסופו של דבר מנחות שונות מוגשות למזבח, והן מבטאות ככל הנראה צדדים שונים (או למצער – טעמים שונים) בעמידת האדם מול המזבח. מנחת החביתין פותחת את פי הכוהנים לאכילת מגוון רחב של קורבנות, ועל כן עליה לכלול את המבעים המגוונים כולם.

לאור כך ניתן לשוב גם לקריאת חז״ל ולהעניק לה את מקומה. כזכור, חז״ל פירשו שפסוקים אלו כוללים גם ציווי לכל כוהן שמתחיל את עבודתו, שעליו להביא מנחת חינוך. אם אומנם תפקיד מנחת החביתין היא לפתוח את פה הכוהן כך שיוכל לאכול מקודשי קודשים, ברור שאין מתאים מקורבן זה לכניסת כוהן חדש לתפקידו. יותר מכך, שלא כביאור אבן עזרא, ניתן לפרש את ׳ביום המשח אותו׳ במשמעותו הפשוטה – על הכוהנים להביא את מנחת החביתין ׳ביום משיחתם׳, אלא שהיא נעשית במשכן מידי יום מחדש.

מודל דומה מתרחש בקורבן המקביל לקורבן שאנו דנים בו – בעולת התמיד. גם שם נדמה שחלק מתפקידו הוא לחזור על חניכת מזבח העולה מדי יום: ״שִׁבְעַת יָמִים תְּכַפֵּר עַל הַמִּזְבֵּחַ וְקִדַּשְׁתָּ אֹתוֹ וְהָיָה הַמִּזְבֵּחַ קֹדֶשׁ קָדָשִׁים כָּל הַנֹּגֵעַ בַּמִּזְבֵּחַ יִקְדָּשׁ. וְזֶה אֲשֶׁר תַּעֲשֶׂה עַל הַמִּזְבֵּחַ כְּבָשִׂים בְּנֵי שָׁנָה שְׁנַיִם לַיּוֹם תָּמִיד... עֹלַת תָּמִיד לְדֹרֹתֵיכֶם פֶּתַח אֹהֶל מוֹעֵד לִפְנֵי ה׳ אֲשֶׁר אִוָּעֵד לָכֶם שָׁמָּה לְדַבֵּר אֵלֶיךָ שָׁם״ (שמות כ״ט, לז-מב). הציווי על עולת התמיד משולב בסוף הציווי על ימי המילואים – הקדשת המשכן וכליו. יש כלי אחד שהקדשתו ממשיכה מדי יום. יש להגדיר את המזבח בכל בוקר וערב כאוכל קורבנות לשם ה׳.

ככל הנראה כך יש להבין גם את תפקיד מנחת החינוך שבהלכת חז״ל. גם אם בפשטי מקראות הציווי עוסק רק במנחת חביתין, הרי שהוא עוסק בהקדשת הכוהנים לתפקידם, ועל כן ההרחבה שעשו חז״ל למנחת חינוך, מתאימה לרוח המקראות ומתבקשת.[22]

ב. פה הכוהנים ולא פה האלים

אם יורשה לי להפליג מעט בדברים, אבקש להציע בזהירות שתהליך 'פתיחת הפה' של הכוהנים שיוכלו לאכול מהקורבנות, הינו גם פולמוס סמוי או לפחות המרה תאולוגית, מטקס רחב המקובל בקרב מסופוטמים עובדי פסלים. שם, יש טקס מורכב שמכשיר פה של פסל חדש לאכול מהקורבנות שמובאים לפניו ולהתחיל לשמש כאל. יש מן החוקרים שהעירו שבטקס זה, הפסל עובר מייצוג האל בלבד, למימוש שלו.[23] הטקס בנוי לרוב על שני שלבים: 'שטיפת הפה' (*mīs pî*) – טיהור הפה של האל מהטֻמאות והחולין שדבקו בו בשלב הכנתו; 'פתיחת הפה' (*pīt pî*) – מאפשרת לפסל לשמש כאלוהות האוכלת את הקורבנות המוגשים לו.[24]

אין צורך לומר שה' אלוהי ישראל אינו זקוק לכך שיפתחו את פיו, אולם בקריאת תהליך הקדשת הכוהנים האוכלים ופתיחת פיהם מדי יום, על רקע טקסים קדומים אלו, נושאת הקרבת מנחה זו גם את ההד הפולמוסי שלה. לא את פה האל יש לקדש, אלא את פה הכוהנים. הם אכן זקוקים להגדרת פיהם כזה היכול לאכול קודשי קודשים.

ג. בוקר ובין הערביים

לאור דברים אלו, יש לחזור שוב לדמיון שבין עולת התמיד של המזבח ובין מנחת התמיד של הכוהנים. מדוע עולת התמיד היא שני כבשים, כלומר שני בעלי חיים

22. בירושלמי שקלים (פ״ב ה״ד) מובאת מחלוקת אמוראים מה יעשה כוהן גדול שהפריש מעות למנחת חביתין שלו, שעליו להביא מדי יום, אך נותר לו עודף. רבי שלמה סירליו (ממגורשי ספרד ומחכמי צפת בתחילת המאה ה-16) כתב בפירושו לסוגיה זו, שעל אף שמנחת חינוך לא נזכרת שם בפירוש, ברור שהמחלוקת מתייחסת גם אליה, כי שתי המנחות האלו יסודן בקורבן אחד.
23. בורגר, אסרחדון, עמ' 89. השוו גם לוואלקר ודיק, אינדוקציה, עמ' 4-19.
24. ראו עוד על טקסים אלו ועל חשיבותם: לינסן, ארך, עמ' 143-154, וראו עוד להלן, בדיון בימי המילואים.

שכל אחד מוקרב בזמן אחר, ואילו מנחת הכוהנים היא מנחה אחת שמחולקת לשתי הקרבות, בוקר וערב? ניתן לתלות זאת בהבדל טכני: מאחר שיותר קל לחלק עשירית איפה לשני חלקים מאשר לחלק כבש לשני חלקים שיש לשמור את חלקו האחד עד הערב, לפיכך אמרה תורה שיבואו שני כבשים, אבל רק עשירית איפה אחת שתתחלק בין שני הזמנים.

ברם ייתכן שהבדל זה מצביע על הבחנה מהותית יותר בין עולת התמיד למנחת התמיד של הכוהנים. אני מציע זאת בזהירות, אולם ההנחה שהנחנו לעיל היא ששני קורבנות התמיד יוצרים מסגרת ליום המקדשי. כלומר, עולת התמיד פותחת וסוגרת את המזבח, ובדומה לה, מנחת החביתין פותחת וסוגרת את פה הכוהנים בכל יום. אולם אפשר גם לראות את קורבן התמיד של שחר כפותח את היום המקדשי, ואת קורבן התמיד של בין הערביים **כפותח** את הלילה במקדש.

הפסוקים בתחילת פרשת צו ('תורת העולה') תיארו את "הָעֹלָה עַל מוֹקְדָה עַל הַמִּזְבֵּחַ כָּל הַלַּיְלָה עַד הַבֹּקֶר". לפי הצגה זו, עולת התמיד של בין הערביים לא רק נועלת את היום שעבר, אלא היא פותחת את זמן הלילה במשכן, והיא הולכת ומוקטרת על מוקדה שבמזבח כל הלילה כולו. אולי ניתן להציע שכך אש התמיד מתקיימת במשכן, בזכות תמיד של בין הערביים שנותן לאש את חלקה בלילה. אכן, לא ניתן להביא קורבנות חדשים למזבח, אך הדבר אינו נובע מכך שהמזבח אינו יכול לקלוט קורבנות, אלא מכך שהאדם – מביא הקורבן – ישן בלילה. המזבח הוא מקום של מפגש בין אש ה' לאדם העומד מולו, ושעות הלילה אינן שעות פעילות אנושית, ועל כן הוא מנוע מלהביא קורבנות בזמן זה; עמידתו של האדם לפני ה' באופן פעיל מתרחשת במהלך היום, ובלילה האדם מחליף כוחות כדי לאצור כוח לצאת לעבודתו ולעמוד מחדש מול קונו. אולם המזבח ממשיך ואוכל את הקורבנות במשך כל הלילה. הוא פעיל עד הבוקר, וכפי שפרשת תורת העולה לימדה אותנו, גם בבוקר אש המזבח אינה כבה, אלא ממשיכה ובוערת, ממשיכה ואוכלת ללא הפסקה.

אם כך יש הבדל של ממש בין עולת התמיד ובין מנחת החביתין. עולת התמיד היא שני כבשים מפני שהיא פותחת שני זמנים שונים: תמיד של שחר 'פותח' את קורבנות היום, ותמיד של בין הערביים 'פותח' את שרפת הקורבנות בלילה, אבל מנחת החביתין שתכליתה להגדיר את אכילת הכוהנים כאוכלי מקדש, באמת נסגרת בלילה, שהרי בהקשר זה יש רק פרספקטיבה אנושית, רק כוהנים שאוכלים, ובלילה גם הם – כשאר בני אדם – אינם פעילים. לפיכך, יש להביא מנחה אחת ולחצות אותה לשני חלקים; ובכך להורות שמדובר בקורבן המתייחס לאותו הזמן עצמו כמסגרת פותחת ונועלת.

הקטרת מנחת הכוהן כליל

מנחת חביתין איננה נקמצת שהרי היא מוקטרת כולה על גבי המזבח, ואגב מנחת החביתין מרחיבה התורה דין זה לכל מנחה שמביא כוהן, גם כנדבה פרטית: "וְהַכֹּהֵן הַמָּשִׁיחַ תַּחְתָּיו מִבָּנָיו יַעֲשֶׂה אֹתָהּ חָק עוֹלָם לַה' כָּלִיל תָּקְטָר. וְכָל מִנְחַת כֹּהֵן כָּלִיל תִּהְיֶה לֹא תֵאָכֵל" (ו', טו-טז).

מדוע הכוהנים מנועים מלאכול את מנחת החביתין ואת שאר מנחותיהם? רמב"ן מצטט בהקשר זה את הרמב"ם:

> והוסיף בכהנים 'וכל מנחת כהן כליל תהיה לא תאכל'. אמר הרב במורה הנבוכים (חלק ג, מו), כי טעם, בעבור שכל כהן מקריב קרבנו הוא בעצמו, ואם יקריב מנחה ויאכלנה הוא בעצמו כאילו לא הקריב דבר, כי מנחת יחיד לא יקריב ממנה כי אם הלבונה והקומץ, ולא די מיעוט זה הקרבן אלא שיאכלנה, וידמה שלא הקריב קרבן כלל, ולכן ישרפו את כלה (פירושו לוויקרא ו', יא).

גישה זו מקובלת על רבים: כוהן לא יכול להביא את הקורבן מצד אחד ולאכול אותו מצד שני. במקרה כזה נראה "שלא הקריב קרבן כלל". הדברים נכונים במיוחד במנחה, מפני שבמנחה שנאכלת החלק שמגיע למזבח הוא קטן ביותר (קומץ), והרוב המוחלט נאכל על ידי הכוהנים, כך שלוּ הכוהן היה אוכל מנחתו, לא היה ניכר שמשהו הוקרב על גבי המזבח, ויש חשש של ממש שייראה שהכוהן אכל את כל מנחתו (ראו גם בספר החינוך מצוה קלז).

אולם ניתן להציע ביאור אחר שיבהיר מדוע דווקא במנחה בעיה זו קיימת ולא בחטאת או באשם. יש לשים לב שאיסור האכילה נאמר בראש ובראשונה ביחס למנחת החביתין, וממנו הוא מורחב על המנחות כולן. ואכן, ברור מדוע לא יעלה על הדעת שהכוהנים יאכלו את מנחת החביתין. הרי זו המנחה שמתירה להם לאכול קורבנות מאש המזבח; דרכה הם מצהירים ש'מידך הכול ומידך נתַנּו לך' וקיבלנו לנו. אם גם את המנחה הזו יאכלו הכוהנים הצהרה זו תיפגע באופן חריף; כתב המינוי הוא בעל אופי מבואי, שמקדים את הפעילות עצמה.

עצם הדבר שאיסור האכילה בכל המנחות נאמר כהרחבה של מנחת החביתין מלמד שזה אופי האיסור במנחות כולן. כאמור לעיל, בשונה מקורבנות אחרים שבהם הכוהנים מקבלים את חלקם, במנחה – גם החלק המגיע לכוהנים הוא 'חלק המזבח'. רק על קורבן המנחה נאמר: "חֶלְקָם נָתַתִּי אֹתָהּ מֵאִשָּׁי" (ו', י). הקורבן הופך אומנם להיות 'חלקם' – אך מאישי ה'; הקורבן כולו מגיע למזבח, ומהמזבח מקבלים הכוהנים

חלקם. ממילא, בקורבן זה יש רגישות מיוחדת למה שהעלה רמב״ן. אם הכוהן יאכל מקורבן מנחתו – הרי הוא נעשה למקריב ולמזבח גם יחד; האבסורד טמון במנחה יותר מאשר בקורבנות אחרים, שהרי בקורבן זה הציור הוא שהכוהן נותן קורבן למזבח, והמזבח משיב אותו לכוהן! בקורבנות אחרים שמקריב כוהן, החלק שמגיע בדרך כלל לכוהנים נשאר בידי הכוהן המקריב, ובציור כזה, יש פחות חשש לבלבול המעמדות ולבלבול הפער שבין המקריב למזבח.[25]

25. אהרליך טען שדין זה נכון גם ביחס לעור העולה שבדרך כלל הולך לכוהנים, מפני שכתוב שם: ״וְהַכֹּהֵן הַמַּקְרִיב אֶת **עֹלַת אִישׁ** עוֹר הָעֹלָה אֲשֶׁר הִקְרִיב לַכֹּהֵן לוֹ יִהְיֶה״ (ויקרא ז׳, ח), ומכך הוא דייק: ״להוציא כהן המקריב עולת עצמו שאין עורה לו״ (מקרא כפשוטו, עמ׳ 218). הוא אחז בדעתו גם ביחס לעולת הכוהנים בימי המילואים וטען שם: ״וממה שלא מצאנו בה הפשט למדנו שקרבה בעורה על המזבח״ (מקרא כפשוטו, עמ׳ 220). קשה להגיע למסקנה כה מרחיקת לכת על סמך הביטוי ׳עולת איש׳.

פרק חמישה עשר

תורת החטאת (ו', יז-כג)

על גבולות הקדושה

וַיְדַבֵּר ה' אֶל מֹשֶׁה לֵּאמֹר. דַּבֵּר אֶל אַהֲרֹן וְאֶל בָּנָיו לֵאמֹר זֹאת תּוֹרַת הַחַטָּאת בִּמְקוֹם אֲשֶׁר תִּשָּׁחֵט הָעֹלָה תִּשָּׁחֵט הַחַטָּאת לִפְנֵי ה' קֹדֶשׁ קָדָשִׁים הִוא. הַכֹּהֵן הַמְחַטֵּא אֹתָהּ יֹאכְלֶנָּה בְּמָקוֹם קָדֹשׁ תֵּאָכֵל בַּחֲצַר אֹהֶל מוֹעֵד. כֹּל אֲשֶׁר יִגַּע בִּבְשָׂרָהּ יִקְדָּשׁ וַאֲשֶׁר יִזֶּה מִדָּמָהּ עַל הַבֶּגֶד אֲשֶׁר יִזֶּה עָלֶיהָ תְּכַבֵּס בְּמָקוֹם קָדֹשׁ. וּכְלִי חֶרֶשׂ אֲשֶׁר תְּבֻשַּׁל בּוֹ יִשָּׁבֵר וְאִם בִּכְלִי נְחֹשֶׁת בֻּשָּׁלָה וּמֹרַק וְשֻׁטַּף בַּמָּיִם. כָּל זָכָר בַּכֹּהֲנִים יֹאכַל אֹתָהּ קֹדֶשׁ קָדָשִׁים הִוא. וְכָל חַטָּאת אֲשֶׁר יוּבָא מִדָּמָהּ אֶל אֹהֶל מוֹעֵד לְכַפֵּר בַּקֹּדֶשׁ לֹא תֵאָכֵל בָּאֵשׁ תִּשָּׂרֵף (ויקרא ו', יז-כג).

על אף שאנו מצויים ברצף רשימת הקורבנות השנייה, בפתח תורת החטאת משולב דיבור חדש: "וַיְדַבֵּר ה' אֶל מֹשֶׁה לֵּאמֹר" (ו', יז). החריגה בולטת נוכח תורת הקורבנות האחרים (מנחה, אשם ואפילו זבח השלמים), שאין בפתיחתן כותרת דומה.

רד"צ הופמן שיער שהדבר נובע מכך שמנחת חביתין (ו', יב-טז) נתחבה בתוך פרשיות הקורבנות וקטעה את הרצף, וכעת, כשחוזרת הרשימה לדרך הראשית של פירוט תורות הקורבנות, יש חזרה על הכותרת ("וידבר") שתפקידה להחזיר את הקורא לדיבור הראשון שפתח את הרשימה כולה. לפי הצעה זו, תפקיד הדיבור המשולב

בפתח תורת החטאת הוא 'לחזור אל הראשונות', או בניסוח המודרני – 'חזרה מקשרת'.[1]

עם זאת, יש לשים לב שלא רק על דיבור ה' למשה חוזרת התורה, אלא גם על הציווי להעביר את תוכן ההוראות לכוהנים: "וַיְדַבֵּר ה' אֶל מֹשֶׁה לֵּאמֹר. דַּבֵּר אֶל אַהֲרֹן וְאֶל בָּנָיו לֵאמֹר". עדיין ניתן כמובן לאחוז בשיטת רד"צ הופמן ולטעון שהתורה חוזרת על הפתיחה כולה, אך אפשר גם להעלות חלופה פרשנית. אם אין מדובר בחזרה מקשרת, סביר שתפקיד הדיבור החדש הוא לפצל את רשימת תורות הקורבנות במקום זה – עולה ומנחה מצד אחד; חטאת, אשם וזבח שלמים מצד שני. בכך תפקיד הדיבור החדש יהיה כתפקידו ברשימת הקורבנות הראשונה, ששם הוא סימן את המעבר מקורבנות נדבה לקורבנות חובה.

אפשר לשער שהסיבה לחלוקת רשימת הקורבנות בפתיחת קורבן החטאת קשורה במעבר מקורבנות ציבור, או בחינת ציבור, לקורבנות פרטיים. הדבר פשוט לאלו הטוענים שהמנחה המובאת בפרשת צו היא מנחת ציבור המתלווה לקורבן התמיד. לשיטה זו, יש ברשימה שתי פרספקטיבות שונות לגמרי – עולת התמיד ומנחתה, מול קורבנות היחיד. ומאחר שהדיון בקורבן המנחה גלש למנחת החביתין – שהיא מנחת חובה והזיקה בינה ובין עולת התמיד כבר הוזכרה – הרי שגם קורבן המנחה הואר באור ציבורי, או לפחות באור עבודת המשכן היומית. קורבנות החטאת, האשם וזבח השלמים הנידונים בפרשתנו, הם קורבנות יחיד שהוא נדרש או מוזמן להביא בסיטואציות שנובעות מעולמו הפרטי, ובשל כך יש כותרות חדשה שמאגדת קורבנות אלו לקבוצה נפרדת העומדת בפני עצמה.

עם זאת, יש להזכיר כבר כעת שחלוקה נוספת, בולטת לא פחות, תיעשה תוך ניצול טכניקה ספרותית שונה, לפני הדיון בזבח השלמים. זו עתידה להיות החלוקה המרכזית של רשימת הקורבנות שאנו עומדים כעת בפתחה: קורבנות שהם קודשי קדשים מן העבר האחד, וזבח שלמים מן העבר השני.

מעניין שגם כאן בתורת החטאת – כמו גם בתורת המנחה – יש התעלמות מהחלוקות שאפיינו את החטאת ברשימה הקודמת. במקרה החטאת ברור שההתייחסות היא לחטאות החיצוניות בלבד, אשר נאכלות על ידי הכוהנים, שהרי בסוף הפרשה יש לדבר התייחסות מפורשת: "וְכָל חַטָּאת אֲשֶׁר יוּבָא מִדָּמָהּ אֶל אֹהֶל מוֹעֵד לְכַפֵּר בַּקֹּדֶשׁ

1. הופמן, ויקרא, כרך א, עמ' קסו. רעיון דומה אומץ גם על ידי מילגרום, ויקרא, כרך א, עמ' 396. על 'חזרה מקשרת' במקרא ותרומתה הספרותית, ראו למשל: זליגמן, סיפורת עברית, עמ' 53–60; טלמון, סינכרוניות; ברלין, פואטיקה, עמ' 126–129.

לֹא תֵאָכֵל בָּאֵשׁ תִּשָּׂרֵף" (ו׳, כג). אך גם ההבדל שבין סוגי החטאת החיצונית: חטאת הנשיא וחטאת היחיד, ואף פיצולה של חטאת היחיד לשעירה או כבשה – שבפרשת ויקרא היה הבדל משמעותי עד לכדי הקדשה פסקה נפרדת לכל אחת מהן – אינו נרמז כאן כלל. שתיקה זו משתלבת בפרספקטיבה של פרשתנו: מבחינת אש המזבח והגדרת קדושת הקורבן, אין כל הבדל בזהות בעל הקורבן – מלך ישראל, נשיא שבט, נשיא בית אב או אחד מהמון העם. בין כך ובין כך, יש לשחוט בצפון המזבח; רק זכרי כהונה יכולים לאכול; והאכילה היא דווקא במקום קדוש. מאפיין נוסף המתאים לפרשתנו הוא הקפיצה שנעשית מיד לאחר תיאור השחיטה לתיאור האכילה. פרשתנו מדלגת על כל עבודת הדם והקטרת האיברים, שנידונו בפרשת ויקרא ושאינם מושפעים מהגדרת הקורבן כקודש קדשים.

שחיטת קודשי קדשים בצפון המזבח

הדין הראשון שמובא ביחס לחטאת הוא מקום שחיטתה: "בִּמְקוֹם אֲשֶׁר תִּשָּׁחֵט הָעֹלָה תִּשָּׁחֵט הַחַטָּאת לִפְנֵי ה׳ קֹדֶשׁ קָדָשִׁים הִוא" (ו׳, יח). לפי ניסוח הפסוק עולה שמקום השחיטה הוא תוצאה של הגדרת רמת קדושת הקורבן כקודש קדשים, ואכן ההקפדה על מקום השחיטה תקפה בכל הקורבנות שמוגדרים קודש קדשים (עולה, חטאת ואשם).

היו שתמהו על עצם אזכור דין מקום השחיטה. מאחר שדין זה נזכר כבר בפרשת ויקרא – ובאותן מילים (ד׳, כד, כט, לג), לשם מה לחזור עליו בשנית בפרשת צו? מילגרום הציע שאין ברירה אלא לראות את החזרה כרומזת לכך שמקום השחיטה מצוי תחת אחריות הכוהנים:

> מאחר שהפריקופ (= רשימת הקורבנות שבפרשת צו) ממוען לכוהנים, מטרת החזרה יכולה להיות רק בשביל להניח את האחריות על שחיטת החטאת על כתפי הכוהנים. למרות ששחיטת קורבן מותרת גם לבעלי הקורבן, האחריות מוטלת על הכוהנים לפקח על השחיטה, שהיא נעשית באופן נכון ובמקום המתאים.[2]

זו אפשרות סבירה, אך ייתכן שיש סיבה ספציפית עוד יותר, ובגינה חייב דין זה להופיע גם ברשימת הקורבנות שאנו אוחזים בה.

מדוע באמת יש לשחוט קודשי קדשים בצפון המזבח? יש לזכור שברשימת

2. מילגרום, ויקרא, כרך א, עמ׳ 401.

הקורבנות הראשונה שבפרשת ויקרא הדבר לא היה קשור בהגדרת הקורבן כ׳קודש קדשים׳, ושם הצענו שיש קשר מיוחד בין בעלי חיים מסוימים (צאן) ובין המזבח, ועל כן כבר שחיטתם נעשית לצידו. אך בפרשתנו דין השחיטה לצד המזבח מפוענח כתוצאה של הגדרת הקורבן כקודש קדשים, ונראה אפוא שיש למצוא טעם למקום השחיטה לאור הגדרת רמת קדושת הקורבן.

יהיה מי שיפנה בהקשרים כאלו לרובד הסמלי: מה מסמל הצפון ואם הדבר מתאים לקביעת מקום שחיטה זה דווקא. כך למשל מתבטא בהקשר זה רבנו יעקב בר׳ אשר: ״כדי להגין, כמו שכתוב: ׳מצפון תפתח הרעה׳״ (בעל הטורים לוויקרא א׳, יא). לפי דבריו, השחיטה בצפון מבקשת להתגבר על כוחות הצפון, על הפגיעה שעלולה להגיע מהצפון, ולו ברובד סמלי. כבר הוזכרה לעיל הצעתו המרתקת של יואל אליצור לראות את הבחירה בצפון כפולמוס סמוי עם האמונה האוגריתית שהאלים שוכנים ב׳הר צפון׳ (או ׳צררת צפן׳). מקום השחיטה מצהיר שהאל שוכן במשכן שבתוך מחנה ישראל ולא בהר הצפון הידוע שעמי קדם מעריצים.[3]

אך ייתכן שיש לבאר את דרישת הצפון באופנים יותר טכניים־ריאליים. לשם בירור העניין ברצוני לפתוח בהתלבטות מעניינת הצפה ועולה בתורה שבעל פה ולאורה נשוב אל הפסוקים.

במסכת זבחים נזכרת מחלוקת תנאים מה דין קודשי קדשים שנשחטו על המזבח עצמו אך לא בצידו הצפוני:

> קָדְשֵׁי קָדָשִׁים שֶׁשְּׁחָטָן בְּרֹאשׁ הַמִּזְבֵּחַ – רַבִּי יוֹסֵי אוֹמֵר: כְּאִלּוּ נִשְׁחֲטוּ בַצָּפוֹן. רַבִּי יוֹסֵי בַּר יְהוּדָה אוֹמֵר: מֵחֲצִי הַמִּזְבֵּחַ וְלַצָּפוֹן – כַּצָּפוֹן; מֵחֲצִי הַמִּזְבֵּחַ וְלַדָּרוֹם – כַּדָּרוֹם (משנה זבחים ו, א).

לכאורה, דעתו של ר׳ יוסי בר׳ יהודה ברורה: התורה דורשת לשחוט קודשי קדשים לצידו הצפוני של המזבח, כך שאם הוא שחט את הבהמה על גבי המזבח, יש לבחון אם מקום זה נמצא כבר באזור הצפוני (ואז השחיטה כשרה) או שלא. אולם כיצד יש להבין את עמדת ר׳ יוסי אשר טוען שקורבנות שנשחטו על גבי המזבח ״כאילו נשחטו בצפון״?

דומה שביאור עמדת ר׳ יוסי יחשוף את טעם הדרישה לשחוט לצד המזבח, בצפונו. כאמור, הדרישה לשחוט על ירך המזבח הצפוני נקשרת בכתוב עם הגדרת

3. אליצור, מקום, עמ׳ 173–176.

הקורבן כקודש קדשים. מאחר שפרשתנו כולה מביאה את דיני הקורבן שנגזרים מהיותו קודש קדשים, כלומר מהיות קדושתו 'מדבקת' את הנוגעים בו, סביר שגם דין זה קשור באותה מערכת מושגים. לפיכך נראה שהדרישה לשחוט על ירך המזבח צפונה נובעת מהחשש שהקורבן ידביק אחרים בקדושתו, ועל כן יש צורך לשחוט את הבהמה קרוב ככל האפשר למזבח. לפני שחיטת הבהמה היא עדיין אינה מוגדרת כקורבן אלא רק כזו המיועדת להיות קורבן, אך מרגע שחיטתה היא התחילה את מסע 'הקרבתה', ומעתה יש להיזהר שלא יידבקו אחרים בקדושתה. בשחיטת הבהמה לצד המזבח ממעטים את ההליכה עם הדם ועם הבשר אל המזבח, והחשש שמא ידביק הקורבן מאכלים או משקאות אחרים פוחת.

מן הסתם, צד צפון נבחר משום שהוא המצוי מול פתח אוהל מועד כך שהוא הקרוב ביותר אל הכניסה להיכל פנימה, כניסוח הכתוב בשחיטת עולת הצאן בפרק א': "וְשָׁחַט אֹתוֹ עַל יֶרֶךְ הַמִּזְבֵּחַ צָפֹנָה **לִפְנֵי ה'**" (א', יא).[4] ממילא ברור מדוע הדרישה לשחוט בצפון המזבח נתלית בכתובים תמיד בהגדרת הקורבן כקודש קדשים. זבח שלמים שאיננו 'קודש קדשים' – אכן מותר בשחיטה בכל מקום בחצר המשכן (בכל מקום בעזרה בהלכת חז"ל המקדשית), שהרי אין חשש שידביק אחרים בקדושתו גם אם ייגע בהם.

ברורה אפוא עמדתו של ר' יוסי: עיקר הדרישה לצפון המזבח נובעת מהרצון לקרב ככל שניתן את השחיטה אל המזבח. אם הכוהן שחט את הקורבן על המזבח עצמו, ודאי שהדבר תקין, ועונה על הצורך של שחיטה בקירוב מקום למזבח.[5] פרשני המשנה הדגישו שדעת ר' יוסי נאמרת גם מלכתחילה. כלומר, לתפיסתו אין עדיפות לשחוט על ירך המזבח צפונה, ואין מדובר בהיתר בדיעבד של שחיטה על גבי המזבח. כל עוד הבהמה נשחטה על המזבח או לצידו – אין חשש של הדבקה מיותרת של מי שאינו קדוש, וזה מקום השחיטה הראוי.

היתרון בביאור זה הוא הקישור של דין השחיטה לשאר הדינים שמוזכרים בפרשתנו שנגזרים מהגדרת הקורבן כקודש קדשים. מאחר שכל שאר הדינים נובעים

4. ייתכן שהשחיטה בדרום בעייתית משום שבצלע הדרומית של המזבח יש תנועה רבה והילוך של כוהנים. עדיף לשחוט בצפון המזבח, במקום שבו מתהלכים פחות בני אדם שעלולים לבוא במגע עם הדם או הבשר.

5. יש מקום להתלבטות אם ר' יוסי מתכוון לומר ששחיטה על גבי המזבח היא מימוש דין שחיטה בצפון (כפי שעולה מניסוח לשונו), או שמא אין צורך בדין שחיטת צפון במקרה כזה (כפי שמתאים יותר לסברה שהעלינו למעלה, וכך אולי עולה מניסוח הרמב"ם בפירוש המשניות במקום: "רבי יוסי אומר המזבח כולו כשר לשחיטת עולה ולשחיטת שלמים").

מחשש הידבקות הקדושה (נדון בהם להלן), מתאים שגם מקום השחיטה המובא בפרשה לצד הנימוק שהקורבן הוא קודש קדשים, מפוענח לאור תפיסה זו.

אכילת החטאת ושמירה מפני הידבקות

הדין השני שנאמר בתורת החטאת הוא שהכוהן ש'מְחַטֵּא את החטאת' הוא זה שאוכל את בשר הקורבן: "הַכֹּהֵן הַמְחַטֵּא אֹתָהּ יֹאכְלֶנָּה" (ו', יט). אם הפועל 'מְחַטֵּא' נגזר מלשון 'חֵטְא' במשמעות של 'מסיר החטא והעוון', אז כוונת הפסוק לומר שהכוהן שכיפר על החוטא מחטאו הוא זה שאוכל מהקורבן. כך ביאר כאן ראב"ע: "כאלו אמר המסיר חטא החוטא" (פירושו לוויקרא ו', יט). מעין ראיה לקריאת ראב"ע ניתן להביא מהפסוק המקביל המובא בהמשך הפרשה, אשר מתאר את האשם שבו זוכה הכוהן העובד, ושם יש השוואה גלויה בין האשם לחטאת: "כַּחַטָּאת כָּאָשָׁם תּוֹרָה אַחַת לָהֶם הַכֹּהֵן אֲשֶׁר יְכַפֶּר בּוֹ לוֹ יִהְיֶה" (ויקרא ז', ז). כאן הניסוח הוא – "אֲשֶׁר יְכַפֶּר בּוֹ" – ומתוך ההשוואה לחטאת נראה שהפועל "הַמְחַטֵּא" שנזכר אצלנו, מקביל לפועל "יְכַפֶּר". עם זאת, ניתן להסיק מנתון זה עצמו גם את המסקנה ההפוכה: הנה מתברר שלפנינו שני פעלים שונים שהאחד מתאים לשני קורבנות החובה ('יכפר') בעוד האחר מתאים לקורבן חטאת במיוחד ('יחטא'), ולכן שינה הכתוב את הניסוחים בין הקורבנות (נדון בכך להלן).[6]

כיוון אחר יש לרש"י: לדעתו הפועל 'מחטא' נגזר משם העצם 'חטאת' – מִשֵּׁם הקורבן עצמו: "המחטא אותה – העובד עבודותיה שהיא נעשית חטאת על ידו" (פירושו לוויקרא ו', יט).[7] זוהי קריאה מרתקת, ועל פיה ניתן היה להמשיך ולטעון שלעיתים כשמופיע הצימוד 'להעלות עולה', הכוונה היא למעשים שיהפכו את הקורבן לעולה דווקא, ועל דרך זו 'הזובח זבח שלמים' הוא ההופך את הקורבן לזבח שלמים.

אבל נראה שלשון הפסוק מתאימה יותר ללשון חיטוי, בהתאמה למה שכבר עלה לעיל ביחס לאופי קורבן החטאת, וכפי שראב"ע מביא בהמשך דבריו בשם אחרים: "ורבי המפרשים אמרו כי טעם 'המחטא' – רוחץ או מטהר, וכן 'תחטאני באזוב ואטהר'". לפי זה, כוונת הפסוק לומר שהכוהן ש'מנקה' ועושה את פעולת החיטוי הוא זה שאוכל מהקורבן.[8]

6. תרגומים מודרניים נמנעו מלתרגם את הפועל 'יחטא' והפכו אותו לפועל 'יקריב' (כמו שכתוב ביחס לאשם). התרגום המקובל הוא: "The priest who offers it shall eat it".

7. בניסוח אחר, אך בכיוון דומה, הלך גם בולה: "המקריב את החטאת לפי הדינים המיוחדים לה" (ויקרא, עמ' קד), וכן לוין, ויקרא, עמ' 40.

8. אומנם מילת היחס "אותה" מתאימה יותר לכיוון של רש"י (ולפי קריאת ה'חיטוי' היינו מצפים

לפי כל ההצעות הללו כוונת הפסוק לומר שהכוהן שנותן את הדם על קרנות המזבח הוא שזוכה בבשר החטאת. עוד נדון להלן בחלוקת בשר הקורבנות בניתוח הפסוקים המוקדשים לכך (ז׳, ז-י), אך כבר כעת יש להעיר שיש מקום להתלבטות אם הדרישה שדווקא הכוהן העובד הוא שיקבל את בשר הקורבן לאכילה היא רק ׳שכר עבודה׳ לכוהן העובד, או שמא הדבר חושף עיקרון יסודי הנוגע במהות אכילת הקורבנות.[9]

אם אומנם רשימת הקורבנות השנייה רואה את אכילת הכוהנים כחלק ממימוש הקרבת הקורבן, יש היגיון בכך שדווקא הכוהן שנתן את דם החטאת על המזבח הוא זה שצריך לאכול את הבשר; דווקא הכוהן "המחטא" הוא זה שהגיש למזבח את הקורבן, ובכך קשר עצמו בקורבן זה למזבח והפך לידו הארוכה. בעקבות קשר זה, דווקא הוא זה שיכול לשמש כעת פה למזבח.[10]

שמירה מפני הידבקות

הדין השלישי שמבואר בפרשה קשור מהותית לבעיית הקדושה המדבקת, ונקל לחוש בסמנטיקה הדומה בין דין זה להלכות הטומאה המתפשטת, אך הפעם מדובר בהלכות קדושה: "כֹּל אֲשֶׁר יִגַּע בִּבְשָׂרָהּ יִקְדָּשׁ / וַאֲשֶׁר יִזֶּה מִדָּמָהּ עַל הַבֶּגֶד אֲשֶׁר יִזֶּה עָלֶיהָ תְּכַבֵּס בְּמָקוֹם קָדֹשׁ / וּכְלִי חֶרֶשׂ אֲשֶׁר תְּבֻשַּׁל בּוֹ יִשָּׁבֵר / וְאִם בִּכְלִי נְחֹשֶׁת בֻּשָּׁלָה וּמֹרַק וְשֻׁטַּף בַּמָּיִם" (ו׳, כ-כא).

מקובל לראות את הבעיה שאיתה חוקים אלו באו להתמודד כבעיה של נותר או של הוצאה חוץ למשכן (כך בחז״ל, ובעקבותיהם למשל רש״י, רשב״ם ורמב״ן). הדם שנספג בבגד עלול לצאת עם הבגד מחוץ לתחומי המשכן; הבשר שנבלע בכלים שבהם בושל עלול להישאר שם מעבר לזמן המותר. כך למשל כתב רש״י

ל׳מחטא בה׳), אך מכל מקום מאחר ששמו של קורבן החטאת נגזר מלשון חיטוי, מתאים במיוחד שהפועל ימשיך ויממש משמעות זו.

9. אפשר היה להציע שברקע דין זה ניצב החשש המלווה את כל הפרשה, שהקורבן ידביק אחרים. הכוהן המחטא הוא המטפל בקורבן, ועדיף שבשר הקורבן יגיע אליו ולא יגיע אנה ואנה בכל העזרה בחיפוש אחר כוהנים אוכלים. אך הצעה זו מסופקת בעיניי, שהרי לפי פשטי מקראות גם שוק הימין מזבח שלמים ניתנת דווקא לכוהן העובד (ז׳, לג), ושם אין חשש שהשוק תדביק בקדושתה שהרי אין כאן קודש קדשים.

10. חז״ל קראו את דרישת הפסוק באופן אחר, ונדון בכך להלן, בניתוח הפסוקים המוקדשים לחלוקת הקורבנות בין הכוהנים.

ביחס לדין הבישול: "'וּכְלִי חֶרֶשׂ אֲשֶׁר תְּבֻשַּׁל בּוֹ יִשָּׁבֵר' – לפי שהבליעה שנבלעת בו נעשה נותר, והוא הדין לכל הקדשים". לפיכך מבחינה הלכתית יש לכבס בגד רק אם הדם שהוזה עליו נבלע בו, אך נגיעה בלבד לא זוקקת כיבוס (ראו במיוחד בפירוש רלב"ג במקום).[11]

אך נראה יותר שהחשש שעומד בבסיס חוק זה הוא שחפצים שאינם מתאימים יידבקו בקדושת הקורבן ויישארו בקדושתם, ואף עלולים להדביק אחרים. לפיכך, יש להסיר את הקדושה שדבקה בחפצים שבאו במגע עם הקורבן – עם בשרו או עם דמו.

על רקע דברים אלו אפשר לבחון את פרטי החוק. תחילה הדין נאמר ביחס לבשר החטאת (כֹּל אֲשֶׁר יִגַּע בִּבְשָׂרָהּ יִקְדָּשׁ – וכנראה עובר לרשות ההקדש), לאחר מכן ממשיך הכתוב באותה הרוח ביחס לדם (וַאֲשֶׁר יִזֶּה מִדָּמָהּ עַל הַבֶּגֶד אֲשֶׁר יִזֶּה עָלֶיהָ תְּכַבֵּס בְּמָקוֹם קָדֹשׁ), ולבסוף הכתוב עוסק בכלים שבשר החטאת בושל בהם, שגם הם סופגים מקדושתו (כלי חרש וכלי נחושת).

מערכת המושגים שמשתקפת כאן דומה למדי למערכת המושגים של טהרת כלים מטומאה: יש לכבס את הבגד ולשטוף את הכלי שבו הקורבן בושל. ובדומה להלכות טומאה – אם הקורבן בושל בכלי חרס אי אפשר להוציא את הקדושה שדבקה בו, ועל כן יש לשבור אותו. דמיון ההוראות להוצאת הקדושה מהכלי שספג אותה לדרכי הוצאת טומאה משתקף יפה בהתלבטות הספרא אם יש צורך בארבעים סאה מים (כמקווה טהרה):

> ומורק ושוטף – יכול מה שטיפה האמורה להלן בארבעים סאה אף כאן בארבעים סאה? תלמוד לומר 'במים'. 'במים' – כל שהן; 'במים' – ולא ביין; 'במים' – ולא במזוג (ספרא, צו, פרק ז, ג).

למסקנה, מדרש ההלכה מבחין בין הלכות טהרה שמפקיעות את הטומאה שדבקה בכלים, ובין הלכות 'חילון' שמפקיעות את הקדושה שיש בהם. אך גם לאחר מסקנה זו, ההתלבטות מלמדת הרבה על השיתוף שבין שתי מערכות אלו, ודאי בפשטי המקראות.

ראוי להתעכב מעט על הלשון בדין הדם שהוזה על בגד: "וַאֲשֶׁר יִזֶּה מִדָּמָהּ עַל הַבֶּגֶד / אֲשֶׁר יִזֶּה עָלֶיהָ תְּכַבֵּס בְּמָקוֹם קָדֹשׁ". כמה דברים דורשים כאן את תשומת לבנו.

ראשית, ככל הנראה יש לבאר את ההיגד השני "אֲשֶׁר יִזֶּה עָלֶיהָ", במשמעות של 'המקום אשר הוזה עליה' (רש"י למשל). כלומר, אין צורך לכבס את הבגד כולו אלא

11. ראו את הדיון באנציקלופדיה התלמודית, "דם חטאת", כרך ז, עמ' תעא ובהפניות שם.

לנקות את מקום הדם בלבד. יש ׳אשר׳ בלשון המקרא שמכוון למקום ספציפי (כמו רות א׳, טז), וכנראה כך יש להבין גם אצלנו.[12] אך אם כך, יש מן ההפתעה בדין זה. בהלכות טומאה המקבילות לדיוננו אנו מורגלים שאם חלק מהחפץ נטמא – החפץ כולו הופך לטמא, ואילו כאן ההוראה היא לכבס את מקום הדם שהתקדש בלבד. לעמדה הסבורה שהבעיה כאן היא רק חשש נותר או הוצאה, הדין ברור: יש להוציא את הדם מהבגד, אך מעמדו של הבגד כלל לא השתנה. אך לפי הצעת הקריאה שהדם מקדש את מה שבא עימו במגע, יש מקום לתהות, אם דין זה לא חושף שבאמת הבעיה איננה בקדושה שהבגד כולו סופג, אלא שהבעיה בדם עצמו המצוי על הבגד, והוא ימשיך ויקדש את הדברים שיבואו איתו במגע, ולפיכך, בניקוי הדם מהבגד דיינו. מדוע אין בעיה בהעברת הקדושה לבגד עצמו? אני כותב זאת בהיסוס, אך ייתכן שהתורה רואה מול עיניה את הבגדים היחידים שיכולים לבוא במגע עם דם החטאת – הלוא הם בגדי הכוהן. מאחר שבגדים אלו קדושים בכל מקרה (״וְעָשִׂיתָ בִגְדֵי קֹדֶשׁ לְאַהֲרֹן אָחִיךָ לְכָבוֹד וּלְתִפְאָרֶת״ – שמות כ״ח, ב), איננו חוששים מפני הידבקותם בקדושת החטאת. הבעיה היא בהדבקת חפצים אחרים שיבואו במגע עם הדם המצוי על הבגד.[13] אם נאמץ את הצעת ראב״ע (בפירושו במקום) שהפסוק הפונה בגוף שני – ״תְּכַבֵּס בְּמָקוֹם קָדֹשׁ״ – פונה אל הכוהן, הרי שיש מעין ראיה לקריאה זו. ניסוח החוק מלמד שהוא פונה אל הכוהן ומדבר על בגדיו.

שנית, מפתיעה לשון הנקבה שבה הכתוב מתייחס אל הבגד: ״אֲשֶׁר יִזֶּה עָלֶיהָ״. היו שטענו שיש לשון נקבה סתמי במקרא שאיננו מתייחס לנושא ספציפי אלא למושג כללי (השוו: ״בְּזֹאת יָבֹא אַהֲרֹן אֶל הַקֹּדֶשׁ״ – ויקרא ט״ז, ג; ״הַהוּא אָמַר וְלֹא יַעֲשֶׂה וְדִבֶּר וְלֹא יְקִימֶנָּה״ – במדבר כ״ג, יט),[14] אך מאחר שאצלנו נזכר ׳בגד׳ בפירוש, קשה לראות את לשון הנקבה בהתעלמות מהבגד הספציפי שנזכר. דומה שזו ראיה טובה לעמדת ראב״ע שכתב ש׳בגד׳ במקרא בא גם בלשון נקבה, כמו: ״הֲיַחְתֶּה אִישׁ אֵשׁ בְּחֵיקוֹ וּבְגָדָיו לֹא תִשָּׂרַפְנָה״ (משלי ו׳, כז; ראו גם את דיונו של מלבי״ם לוויקרא ו׳, כ).

שלישית, הפועל שנבחר לתיאור המקרה יכול להישמע מפתיע: ״וַאֲשֶׁר יִזֶּה

12. מילגרום, ויקרא, כרך א, עמ׳ 403.
13. בגמרא יש התלבטות אם יש לכבס בגד שדם החטאת עבר אליו לאחר שכבר הוזה על בגד אחר לפניו (זבחים צב ע״ב). לפי דברינו למעלה, אכן זה החשש. יש מקום להתלבט אם הבגדים עצמם אינם מעבירים קדושה אלא רק כשיש דם חטאת עליהם. ראינו שמיחזקאל עולה תפיסה שבגדי הקודש עצמם עלולים להדביק בקדושתם. לאור הרעיון המובא למעלה, אין חשש בבגד עצמו (שגם אם הוא ׳קודש׳ הוא איננו ׳קודש קדשים׳).
14. גזניוס, דקדוק עברי, סעיף 135.

מִדָּמָהּ". לכאורה, 'הזאת' דם מכוונת לפעולה הפולחנית שהיא חלק מעבודת הדם. האם לא היה מתאים לתאר את הדם שנזרק בטעות על בגד בפועל 'להשליך' או 'הדם אשר ניתן', או 'הדם אשר יהיה' וכדומה? האמורא רבא היה רגיש לדבר זה, ושילוב הפועל 'להזות' שבפסוק, עומד בבסיס דרשתו, שדין כיבוס בגד תקף גם בחטאות הפנימיות, ושאדרבה – עיקר הדין נאמר דווקא ביחס אליהן, שהרי דווקא את דמן של החטאות הפנימיות 'מזה' הכוהן מול הפרוכת (זבחים צב ע"ב), והחשש שיוזה בטעות גם על הבגדים הופך לחשש ריאלי.[15] האמת היא, שהפועל 'להזות דם' נזכר גם שלא בהקשר עבודת הדם של הקורבנות (למשל מל"ב ט', לג), אך ודאי צודק רבא, שבהקשר קורבן חטאת שבו אנו אוחזים, הפועל 'להזות' מתאים במיוחד לחטאות הפנימיות ומזכיר את עבודת הדם שלהן. ייתכן שאימוץ פועל בעל קונוטציה לעבודת הדם של חטאת דווקא, מחזק את העמדה של חז"ל שהדין האמור תקף דווקא לגבי קורבן חטאת. דם קורבן אחר שהוזה על בגד אינו דורש כיבוס; "זֶה חֹמֶר בַּחַטָּאת מִקָּדְשֵׁי קָדָשִׁים" (משנה זבחים יא, ד). מאחר ש'הזאת דם' מתרחשת רק בקורבן חטאת, יש בסיס לקריאה זו.

כאמור לעיל, בדיוננו בפרק ד', דם החטאת משמש באופן אחר מדם שאר הקורבנות (דם מחטא ולא מתנה למזבח), ולכן יש מן הסבירות בהחמרה מיוחדת ביחס לדם זה. דווקא בו יש כוח של העברת קדושה, עוד יותר מדם שאר הקורבנות.[16]

חטאת אשר יובא מדמה אל אוהל מועד

חתימת פרשת החטאת מבחינה בין חטאות שונות: "וְכָל חַטָּאת אֲשֶׁר יוּבָא מִדָּמָהּ אֶל אֹהֶל מוֹעֵד לְכַפֵּר בַּקֹּדֶשׁ לֹא תֵאָכֵל בָּאֵשׁ תִּשָּׂרֵף" (ו', כג). הקריאה הפשוטה של פסוק זה היא שכל מה שנאמר עד כה בנוגע לאכילת החטאת רלוונטי רק ביחס לחטאות חיצוניות. אך חטאות פנימיות (= "כָל חַטָּאת אֲשֶׁר יוּבָא מִדָּמָהּ אֶל אֹהֶל מוֹעֵד לְכַפֵּר בַּקֹּדֶשׁ"), אינן נאכלות כלל, אלא נשרפות (וכך פירשו כאן רשב"ם, ראב"ע ורמב"ן).

15. גם דין חז"ל שהכיבוס תקף רק אם ניתז הדם לאחר שהתקבל בכלי שרת והוא כבר ראוי להזאה על המזבח (ספרא על אתר), והדין שאינו טעון כיבוס אלא אם כן היה בכלי שיעור הזאה (רמב"ם, פסולי המוקדשין א, ו), מסתברים לאור הפועל 'להזות' שנאמר ביחס לדין זה, שנותן את התחושה שמדובר בדם שיכול לקיים את מצוותו.

16. יתר על כן: לפי סברה זו גם ברור מדוע חז"ל מיעטו את דם חטאת העוף מדין הכיבוס. בדיוננו על עולת העוף הצבענו על יחס התורה אל העוף כאל מי שאין בו חיים של ממש (כלומר, אין בו כמעט עבודת דם). ממילא ברור מדוע ניתן להבין שדמו אינו מעביר את קדושת הקורבן הלאה.

למרות קריאה פשוטה זו, יש מהתנאים שקראו את הפסוק באופן אחר, ורש״י הלך בעקבותיהם: ״שאם הכניס מדם חטאת החיצונה לפנים פסולה״ (רש״י על אתר). לפי קריאה זו, אין הכוונה לחטאת פנימית שבאופן רשמי הובא מדמה פנימה, אלא מדובר בחטאת חיצונית שבטעות התייחסו אליה כאל חטאת פנימית ונכנס דמה לכפר באוהל מועד, ובמקרה זה אסור לאכול מבשרה ויש לשרוף אותו. מעניין שנחלקו תנאים אם זהו דין ייחודי לחטאת (דעת חכמים), או שמא דין זה נוהג בכל הקורבנות (ר׳ עקיבא).[17] נראה שחכמים תופסים את הדין כחשש שמא הכוהן בלבל בין החטאות שלפניו, והוא סבר שמדובר בחטאת פנימית. במקרה כזה נראה שפסול הקורבן קשור בדרישה שתהא החטאת ׳לשמה׳, שהיא דרישה מרכזית בעולם הקורבנות לפי גישת חז״ל. בכל מקרה, הקריאה הפשוטה היא כאמור כקריאת רשב״ם וחבריו (ור׳ יוסי הגלילי מבין התנאים) – שהתורה מסייגת את דיני האכילה לחטאת חיצונית בלבד.[18]

עם זאת, קריאת חז״ל חושפת דבר מה יסודי בדין שרפת החטאת הפנימית שעולה בפרשתנו. מדרש ההלכה נסמך ככל הנראה על לשון הכתוב המתמקדת בדם הנכנס פנימה – ״וְכָל חַטָּאת אֲשֶׁר יוּבָא מִדָּמָהּ אֶל אֹהֶל מוֹעֵד לְכַפֵּר בַּקֹּדֶשׁ״. אפשר היה לכתוב ׳חטאת הכוהן המשיח וחטאת כל העדה לא תאכל׳, אך מסתבר שהדם הנכנס פנימה הוא הגורם לאיסור אכילת הבשר, ואין מדובר רק כסימן שמגדיר באלו קורבנות מדובר.[19] לפיכך – לפי חז״ל – גם אם מדובר בחטאת שעקרונית אמורה להיאכל, ברגע שנכנס דמה אל הקודש היא נאסרת באכילה.

בדיוננו בפער שבין החטאת החיצונית לפנימית בפרק ד׳, הצענו ששרפת החטאת הפנימית נובעת מכך שהכוהנים אינם יכולים לאכול קורבן שהם עצמם שותפים בהבאתו. מאחר שהחטאת הפנימית היא ׳חטאת ציבור׳, היא מכפרת גם על הכוהנים שהם חלק מהעדה, והם אינם יכולים באותה עת לעמוד בשני צידי המזבח – גם כזקוקים לכפרה וגם כאוכלים את הקורבן כשליחי המזבח.

17. ספרא, צו, פרק ח, א; זבחים פא ע״ב. יש שם גם עמדת ביניים של ר׳ אליעזר, שסבור שהדין תקף בחטאת ובאשם, אך לא בקורבנות הנדבה.

18. ר׳ יוסי אינו חולק על עצם הדין שחטאת חיצונה שנכנס דמה פנימה נאסרת באכילה. אך הוא סבור שהדבר לא נלמד מפסוקנו – שמדבר בחטאת פנימית – אלא מדברי משה לאהרון בוויקרא י׳, יח.

19. מאחר שלדעת חכמים הדם הנכנס פנימה הוא האוסר את אכילת הקורבן, והפסול איננו בבשר עצמו, אין לשרוף את בשר החטאת מיד לאחר כניסת הדם, אלא הוא טעון ׳עיבור צורה׳, כלומר יש לחכות שהבשר יתקלקל, ויש לשורפו רק למוחרת. לעומתם, ר׳ יוסי שלומד דין זה מפסוק אחר שלא מתמקד בדם, סבור שיש לשרוף את הבשר מיד לאחר כניסת הדם (ראו בסוגיה בפסחים פג ע״א).

ביאור זה מתאים לפרשת ויקרא שמתמקדת בזהות מביאי הקורבן. אולם הניסוח אצלנו מתמקד כאמור במיקום עבודת הדם, ומכך נראה שהאיסור נובע מהמקום המסוים שבו עבודת הדם מתבצעת, בלי קשר לזהות הבעלים של הקורבן. מאחר שפרשתנו מתמקדת ברמת קדושת הקורבן, נראה שאם דם הקורבן נכנס פנימה הוא הופך להיות מוגדר כבעל 'קדושת היכל', והנגזרת מכך היא שהכוהנים מנועים מאכילתו.

לשם ביאור דבר זה יש להיזכר בקשר היסודי שבין קדושת הקורבן ובין המרחב המקומי שבו הוא מתנהל. שוב ושוב חוזרת פרשתנו על כך שמאחר שהקורבן הוא קודש קדשים יש לשחוט אותו לצד המזבח, ויש לאוכלו בחצר אוהל מועד, כמו שנאמר למשל ביחס לחטאת עצמה: "קֹדֶשׁ קָדָשִׁים הִוא... בְּמָקוֹם קָדשׁ תֵּאָכֵל בַּחֲצַר אֹהֶל מוֹעֵד" (ו', יח-יט).

אין מדובר רק בקישור הלכתי־טכני אלא בתפיסה שאכילת הכוהנים היא מימוש (או לפחות שיקוף) של אכילת המזבח. המנחה, החטאת החיצונה והאשם שמוקרבים על המזבח, נאכלים לצידו על ידי הכוהנים, אשר בתהליך הקדשתם נקשרו אל המזבח החיצון והפכו להיות מעין יד ארוכה שלו (כך עולה במיוחד בוויקרא ח', ל; ראו עוד להלן בדיון בפסוקים אלו).

אולם חטאת פנימית, שעבודת דמה נעשית בפנים, חורגת מהתחום הטריוויאלי של הכוהנים. הם אינם אוכלים קורבן זה, מפני שעבודת דמו איננה נעשית על המזבח החיצון שאיתו הם באים במגע, וידם הארוכה (והקדושה) של הכוהנים איננה מגעת עד המזבח הפנימי (מלבד ידו של הכוהן הגדול, דבר הדורש דיון רחב בפני עצמו).

לאור כך, ניתן לשוב למסקנה ההלכתית של חז"ל ולהבין את רקעה. גם אם פשטי המקראות מורים על החטאת הפנימית שבמכוון נכנסה פנימה, הרי שגם חטאת חיצונה, שבטעות הוזה דמה בתוך המשכן, חרגה מתחום הכוהנים, והם אינם יכולים לאוכלה.[20] בדרך כלל אוכלים הכוהנים רק בזמן שהמזבח אוכל ולצידו; אם הדם נמנע מהמזבח (גם אם בטעות) הכוהנים מנועים מלאכול את הבשר. נמצאנו למדים, שדין החטאת שהובא דמה פנימה מחזק את התפיסה היסודית שמלווה פרשה זו כולה: אכילת כוהנים היא המשך אכילת מזבח; מאחר שמדובר בקודשי

20. לאור כך נראה יותר שיש לאחוז בדעת ר' שמעון, שרק אם הדם הוזה בפנים נאסר הקורבן באכילה. אך אם הדם נכנס פנימה ולבסוף לא הוזה – הקורבן לא נאסר (זבחים פג ע"א, וחולק על כך ר' אליעזר). בהזאת דם החטאת בפנים, ניתק הכוהן את הקורבן מיעדו הראשוני – המזבח החיצוני, וקבע לו ייעוד אחר, בפנים. בעצם כניסת הדם אל תחומי המשכן, הדם עדיין לא פעל פעולת חיטוי.

קדשים, ההיתר לאוכלם הוא רק לכוהנים קדושים היכולים לבוא במגע עם הקורבן ועם המזבח. בדרך כלל, דין זה נאמר לאפוקי זבח השלמים שלא התקדש בקדושה חמורה, ושאותו גם הבעלים יכולים לאכול. כעת מתברר שיש גם נפקא מינה הפוכה: קורבן שחורג מקדושת המזבח כי התקדש יותר מזה ונכנס פנימה להיכל ה׳. במקרה כזה, ברור שהבעלים אינם יכולים לאוכלו, ואף הכוהנים שהם רק ׳קדושי מזבח׳ מנועים מאכילתו.

דיני החטאת והתפשטות הקדושה

הנושא המרכזי של תורת החטאת הוא אם כן דיני אכילתה, בהתאמה לרוח השורה על רשימת הקורבנות השנייה כולה. כל הדינים שנזכרים בתורת החטאת (אולי גם מקום השחיטה, כאמור לעיל) מלבנים עניינים שונים הנובעים מהגדרת החטאת כקודש קדשים. במיוחד לגבי אכילה, אך גם ביחס להתנהגות עם חפצים שבאו איתה במגע. הדינים שבאו בפרשה זו נטועים בתוך מסגרת שמלמדת על אופיים וטעמם:

1. שחיטת החטאת במקום שבו שוחטים את העולה – ״**קֹדֶשׁ קָדָשִׁים הִוא**״.
2. הַכֹּהֵן הַמְחַטֵּא הוא זה שאוכל מבשרה.
3. יש לאכול את החטאת ״בְּמָקוֹם קָדֹשׁ״ שהוא ״בַּחֲצַר אֹהֶל מוֹעֵד״.
4. כל מה (ומי?) שייגע בבשר החטאת – ״יִקְדָּשׁ״.
5. כיבוס בגד שדם החטאת הוזה עליו.
6. שטיפת כלים שבהם בישלו את החטאת.
7. רק זכרי כהונה רשאים לאכול מהחטאת – ״**קֹדֶשׁ קָדָשִׁים הִוא**״.
8. **חטאת שדמה נכנס אל אוהל מועד – לא תיאכל, אלא יש לשורפה באש.**

פעמיים נזכר בדיני החטאת שהיא ׳קודש קדשים׳, והגדרה זו יוצרת מסגרת – ספרותית ומשפטית – לדיני החטאת כולם. מסגרת זו מלמדת שיש להתייחס לרכיב 8 כאל נספח לעיקר מגמת הפרשה, ואכן רכיב זה מסייג את האמור עד כאן לחטאות חיצוניות בלבד. כלומר, הוא אינו מוסיף דין נוסף לחטאות הנידונות אלא מגביל את היקף החוק לחטאת מסוימת. הדין המרכזי שנזכר בין שבעת דיני החטאת (רכיב 4) הוא יסוד מכונן לדינים כולם: ״כֹּל אֲשֶׁר יִגַּע בִּבְשָׂרָהּ יִקְדָּשׁ״. היות הקורבן קודש קדשים מוביל לכך שהוא נושא קדושה שיכולה להדביק אחרים, והגדרה זו היא התבנית שבתוכה יצוקים הדינים כולם ולאור רעיון זה יש להבינם.

ואכן, כבר ראינו שמקום השחיטה מושפע מהגדרת הקורבן כקודש קדשים, וכבר התלבטנו אם ההעדפה שהכוהן שטיפל בקורבן עד כה הוא גם זה שיאכל את הקורבן אינה נובעת מהרצון להמעיט במפגשים עם הקורבן שקדושתו מדבקת. ברוח זו ניתן להמשיך ולקרוא גם את דרישת המקום: "בְּמָקוֹם קָדֹשׁ תֵּאָכֵל בַּחֲצַר אֹהֶל מוֹעֵד". ברור שקורבן שהוא קודש קדשים דורש מקום שמוגדר כמקום קדוש, שרק אליו הוא יכול להגיע, אך גם הצד השני של המטבע נכון: יש צורך לאכול את הקורבן המקודש הזה דווקא בחצר אוהל מועד, כי אם בשר הקורבן יגיע למקום שאיננו קדוש הוא עלול לקדש אותו, ועל כן יש לדאוג שהוא לא יצא ממרחב מקודש.

אין צורך לומר שרעיון הקדושה המתפשטת מבאר היטב את החלק השני של דיני החטאת – הנגיעה בבשר ובליעת הדם. דינים אלו נסמכים בגלוי על בעיית הקדושה המדבקת: "כֹּל אֲשֶׁר יִגַּע בִּבְשָׂרָהּ יִקְדָּשׁ וַ(= וכמו כן –)אֲשֶׁר יִזֶּה מִדָּמָהּ עַל הַבֶּגֶד...".

יש להדגיש שוב, מאחר שדינים אלו מזכירים את דיני טומאה וטהרה, רבים פירשו את הפסוקים הללו בהקשר של הלכות טומאה ולא בהקשר של העברת קדושה:[21] אם הדם הוזה על בגד הוא מטמא אותו, אבל לא מעביר אליו קדושה.[22] אולם הפסוקים אינם מזכירים כלל טומאה, ורק הדינים הדומים משמשים בסיס להעתקת הדינים הללו לתחום הטומאה. לפיכך, עדיף לאמץ את הקריאה שרואה בעולם הקדושה תמונת ראי לעולם הטומאה. יש צורך להוציא את הקדושה מהבגד כדי שהקדושה לא תתפשט מעבר למידה הראויה. לפי פרשנות זו, אין מדובר רק בבליעת דם הקורבן, אלא די במגע כדי שיהיה צורך בהוצאת הקדושה ("כֹּל אֲשֶׁר **יִגַּע** בִּבְשָׂרָהּ יִקְדָּשׁ").[23] כשם שטומאה עוברת במגע, כך קדושה עוברת במגע; וכשם

21. כך עולה למשל מדברי הספרא: "'בגד' – אין לי אלא בגד מנין לרבות העור משהופשט? תלמוד לומר אשר יזה עליה תכבס. יכול שאני מרבה את העור עד שלא הופשט? תלמוד לומר 'בגד' – מה בגד ראוי לקבל טומאה אף כל ראוי לקבל טומאה, פרט לעור עד שלא הופשט, דברי רבי יהודה. רבי אלעזר אומר: 'בגד' – אין לי אלא בגד, מנין לרבות את השק וכל דבר שמקבל טומאה? תלמוד לומר 'אשר יזה עליה תכבס'. יכול שאני מרבה את העור עד שלא הופשט? תלמוד לומר 'בגד' – מה בגד מיוחד לקבל טומאה וראוי לכיבוס אף כל המקבל טומאה, יצא דבר שאין ראוי לקבל טומאה ואין ראוי לכיבוס" (ספרא, צו, פרק ו, ו). גם מבלי להיכנס לעובי הדיון של הספרא, ניכר שיש כאן העתקה של הפסוקים ממושגי קדושה למושגי טומאה וטהרה.
22. בדרך דומה הלך גם מילגרום, ויקרא, כרך א, עמ' 403, בהתאם לשיטתו, שדם החטאת סופג את הטומאה בתהליך החיטוי, ועל כן יכול לטמא אחרים.
23. לקריאה אחרת ראו אצל רד"צ הופמן, ויקרא, כרך א, עמ' קסח.

שיש למרק את הכלי כדי להוציא את הטומאה שדבקה בו, כך צריך לעשות כדי שהקדושה שדבקה בו תצא ממנו, ושניתן יהיה להמשיך ולהשתמש בו לצורכי חולין.

דיני קורבן החטאת נובעים אפוא מהגדרתו כקודש קדשים ומההשלכות שיש להגדרה זו על התפשטות הקדושה. כעת מובן שמה שנאמר כבר ביחס למנחה ״כֹּל אֲשֶׁר יִגַּע בָּהֶם יִקְדָּשׁ״ (ויקרא ו׳, יא), הוא פסוק מכונן לפרשה כולה. משום כך, זבח השלמים דורש התייחסות מיוחדת בפרשה זו, כי הוא הקורבן היחיד שאיננו קודש קדשים, וכפי שנראה להלן, בכל ההיבטים הנזכרים דיניו שונים בשל הגדרתו השונה.

פרק שישה עשר

תורת האשם (ז׳, א-ו)

על הקרבה מאוחרת

וְזֹאת תּוֹרַת הָאָשָׁם קֹדֶשׁ קָדָשִׁים הוּא. בִּמְקוֹם אֲשֶׁר יִשְׁחֲטוּ אֶת הָעֹלָה יִשְׁחֲטוּ אֶת הָאָשָׁם וְאֶת דָּמוֹ יִזְרֹק עַל הַמִּזְבֵּחַ סָבִיב. וְאֵת כָּל חֶלְבּוֹ יַקְרִיב מִמֶּנּוּ אֵת הָאַלְיָה וְאֶת הַחֵלֶב הַמְכַסֶּה אֶת הַקֶּרֶב. וְאֵת שְׁתֵּי הַכְּלָיֹת וְאֶת הַחֵלֶב אֲשֶׁר עֲלֵיהֶן אֲשֶׁר עַל הַכְּסָלִים וְאֶת הַיֹּתֶרֶת עַל הַכָּבֵד עַל הַכְּלָיֹת יְסִירֶנָּה. וְהִקְטִיר אֹתָם הַכֹּהֵן הַמִּזְבֵּחָה אִשֶּׁה לַה׳ אָשָׁם הוּא. כָּל זָכָר בַּכֹּהֲנִים יֹאכְלֶנּוּ בְּמָקוֹם קָדוֹשׁ יֵאָכֵל קֹדֶשׁ קָדָשִׁים הוּא (ויקרא ז׳, א-ו).

כמו לתורת החטאת, גם לתורת האשם יש מסגרת ספרותית המגדירה את רמת קדושת הקורבן: ״וְזֹאת תּוֹרַת הָאָשָׁם קֹדֶשׁ קָדָשִׁים הוּא״ (ז׳, א) – ״בְּמָקוֹם קָדוֹשׁ יֵאָכֵל קֹדֶשׁ קָדָשִׁים הוּא״ (ז׳, ו). המסגרת הספרותית בקורבן האשם מובלטת עוד יותר מאשר בחטאת, בשל הסגנון המפתיע, שהגדרת הקורבן כקודש קדשים לא מובאת כנימוק לדין, וכפי שהעיר מלבי״ם:

׳זאת תורת האשם קדש קדשים הוא׳ – זה יסוד מוסד, שכל מקום שאומר דרך נתינת טעם: ׳קדש קדשים הוא׳, ׳מנחה הוא׳, ׳חטאת היא׳, ׳נגע צרעת הוא׳, וכדומה, יקדים את הדין ואח״כ יסיים הטעם – ׳קדש קדשים הוא׳ וכדומה. כמו שכתוב במנחה ׳חלקם נתתי אותה מאישי קדש קדשים הוא׳, ׳במקום קדוש

> יאכל קדש קדשים הוא'. וכל מקום שיקדים הטעם קודם הדבר הוא דרך זרות... ולפי זה, מה שאמר פה 'קדש קדשים הוא' בתחלת דבורו מוקשה מאד (מלבי"ם לוויקרא ז', א).[1]

האם ניתן למצוא פשר לתופעה ספרותית זו? סביר שהצדק עם מילגרום שעיקר מטרת אפיון הקורבן כקודש קדשים הוא לנמק את מקום השחיטה – בדומה לאמור בקורבן החטאת (ו', יח),[2] אולם הקדמת אפיון הקורבן לדין הספציפי מעניקה לאפיון זה מעמד של כותרת כללית. בתורת החטאת, הדינים ששולבו בתוך מסגרת 'קודש קדשים' עסקו בעיקר בדיני אכילת הקורבן הנובעים מהגדרת קדושתו. לעומת זאת, בתורת האשם, מיד לאחר דין השחיטה המושפע מרמת קדושתו של הקורבן, משולבים דיני הקרבה המחזירים אותנו לפרשת ויקרא, והם אינם מושפעים מהגדרת רמת קדושתו של הקורבן (שהרי זריקת הדם זהה בקורבנות שהם קודשי קדשים וקורבנות שהם קדשים קלים). ייתכן שבשל כך נבחרה כאן כותרת כללית, ובכך הגדרת הקורבן כקודש קדשים נאמרת כבר בתחילה כעיקרון כללי, שגם אם אינו מתממש בכל הפרטים המוזכרים בפירוט, משרה את האווירה המתאימה לפרשתנו.[3]

ארבעה דינים מוזכרים ביחס לאשם:

א. הכוהנים צריכים לשחוט את האשם "בִּמְקוֹם אֲשֶׁר יִשְׁחֲטוּ אֶת הָעֹלָה", כלומר על ירך המזבח צפונה. מאחר שמדובר בקורבן המוגדר כקודש קדשים דין זה צפוי, ומאחר שמדובר באיל שהוא צאן, מתאים שהגדרת מקום שחיטתו תתייחס אל המזבח. עם זאת, הניסוח בשחיטת האשם ייחודי. תיאור הבהמה הנשחטת בקורבן החטאת היה "בִּמְקוֹם אֲשֶׁר **תִּשָּׁחֵט** הָעֹלָה **תִּשָּׁחֵט** הַחַטָּאת" (ו', יח), ואילו אצלנו הניסוח מתמקד בשוחטים עצמם – "בִּמְקוֹם אֲשֶׁר **יִשְׁחֲטוּ** אֶת הָעֹלָה **יִשְׁחֲטוּ** אֶת הָאָשָׁם". הנצי"ב – שדבר לא נעלם מעיניו – העיר שהבדל לשוני זה מסגיר הבדל גדול יותר הנוגע בזהות שוחטי הקורבן:

1. מלבי"ם עצמו למד מכתיבה חריגה זו על אספקטים הלכתיים של מקרה שנתערב דם קודשי קדשים בדם קדשים קלים לפני שהספיקו לזורקו על גבי המזבח.
2. מילגרום, ויקרא, כרך א, עמ' 408.
3. הנצי"ב לא היה מוכן לקבל שלהגדרת הקורבן כקודש קדשים אין נפקא מינה משפטית קונקרטית, ועל כן הוסיף בפירושו: "'קדש קדשים הוא' – שמועלין בו מחיים, כמו בעולה" (העמק דבר לוויקרא ז', א).

כאן כתיב הפעולה על הכהנים ולא על הקורבן – אשר תִּשָּׁחֵט העולה יִשָּׁחֵט האשם, כמו דכתיב בחטאת. היינו משום דמסיים המקרא ׳ואת דמו יזרוק וגו׳׳, הרי מיירי בכהנים (העמק דבר לוויקרא ז, ב).

הנצי״ב מסיק ששחיטת האשם נעשית בידי הכוהנים, בעוד שחיטת החטאת – כמו קורבנות הנדבה – כשרה בזה, וגם הבעלים יכול לשחוט.[4] להלכה, גם את קורבן האשם יכול הבעלים לשחוט, ולכן מנחם בולה הציע שיש לראות את הפועל ״יִשְׁחֲטוּ״ שבפסוקנו כבעל ׳נושא סתמי׳, שאיננו מכוון דווקא לכוהנים, אלא לכל מי שחפץ.[5] גם אם הצדק איתו, החריגה הלשונית אומרת דורשני מבחינה ספרותית, גם אם לא מבחינה הלכתית. הנצי״ב צודק שבניגוד לשאר הקורבנות שבהם ניכר היה שהבעלים שוחט, כאן נבחר ניסוח מרחיב שאיננו מפנה את הציווי לבעלי הקורבן.[6] כיצד ניתן להבין דבר זה? מדוע אם מדובר בקורבן אשם אין זה כה חשוב שהבעלים יתעסק בקורבנו? ניתן לפתור דבר זה בפרספקטיבה טכנית: מאחר שפרשת צו פונה אל הכוהנים, גם דין השחיטה מוסב בה על הכוהנים, אך אין לראות דבר זה כנוגע במהותו של הקורבן. אך קשה להסתפק בכך, שהרי ניתן היה לאמץ את הסגנון הפסיבי, כפי שנעשה בשחיטת החטאת (תִּשָּׁחֵט). דומה, שחריגה זו נובעת מאופיו המיוחד של האשם. כאמור לעיל, הבאת האיל אל המקדש הוא מוקד תהליך האשם מבחינתו של החוטא, אף יותר מתהליך ההקרבה, שכלל לא נזכר ברשימת הקורבנות הראשונה. לפיכך, גם הטיפול בבהמה – אשר מוטל בדרך כלל על הבעלים – נעשה בקורבן האשם על ידי הכוהנים. האיל יוצא מידי הבעלים ומושב אל הכוהן, ומעתה הכוהן הוא שיטפל בו (ראו עוד להלן בדיון בדחיית דיני ההקרבה לרשימת הקורבנות השנייה).

4. מעניין שהספרא למד מכתוב זה בדיוק את ההיפך: ״׳ישחטו׳ – ריבה כאן שוחטים הרבה, אף הגרים ואף הנשים ואף העבדים״ (ספרא, צו, פרשה ד, ג).
5. בולה, ויקרא, עמ׳ קח.
6. רד״צ הופמן אימץ את עמדת חכמים שנזכרה לעיל, שלשון הרבים – ״יִשְׁחֲטוּ״ (בניגוד ללשון היחיד בשאר פעולות הקורבן), מסגירה את ההנחה שגם הבעלים יכולים לשחוט (רד״צ הופמן, ויקרא, כרך א, עמ׳ קסט; ראו גם ברש״י על אתר שביאר באופן אחר את לשון הרבים, וראו להלן את דברי המשך חכמה שהסיק את ההיפך הגמור מנתון זה עצמו). אולם גם אם כך, הלשון החריגה מבליטה שבסיסית הקורבן עזב את הבעלים וכבר מצוי ברשות הכוהנים, ועל כן המקריב לא נזכר כלל בפרשה זו, והתחושה היא שרק הכוהנים פועלים.

ב. הפועל שמתאר את עבודת הדם בקורבן האשם הוא 'לזרוק': "וְאֶת דָּמוֹ יִזְרֹק עַל הַמִּזְבֵּחַ סָבִיב". כלומר, עבודת הדם של האשם זהה לעבודת הדם של העולה ושל זבח השלמים, בניגוד לעבודת הדם של החטאת.

ג. הקטרת הבשר של האשם נעשית בדומה לזבח שלמים ולחטאת. כלומר, יש להקטיר על גבי המזבח את האֵמורים בלבד (ולא כמו קורבן העולה שכולו מוקטר על גבי המזבח).

ד. תורת האשם נחתמת בדיני אכילת הבשר על ידי הכוהנים: רק הזכרים אוכלים אותו ובמקום קדוש – כדיני החטאת והמנחה.

לפנינו אם כן שילוב מרתק שמתקיים בקורבן אשם בין החטאת ובין קורבנות הנדבה. חלבי האשם – כמו חלבי החטאת – מוקטרים על גבי המזבח, ואילו שאר הבשר נאכל על ידי הכוהנים. מבחינה זו, שני קורבנות החובה זהים, ושניהם גם יחד דומים לזבח השלמים. אולם, שלא כמו החטאת, קורבן האשם דומה לזבח השלמים (ולעולה) בעבודת הדם שלו – זורקים את דמו כמתנת דם, ולא 'מחטאים' את המזבח כמו שיש לעשות בקורבן חטאת. מורכבות זו מלמדת יותר מכול על האופי השונה של קורבן האשם מרעהו קורבן החטאת. אף שמדובר בשני קורבנות חובה, האחד בא לחטא את המשכן, ואילו השני בא לכפר על החוטא, והקורבן מובא כמתנה לגבוה, כפי שכבר נידון לעיל. בסופו של דבר, אופן הקרבת האשם זהה לאופן הקרבת זבח השלמים – הן בעבודת הדם שלו והן בהקטרת החלבים שלו, וההבדל נעוץ בתודעה שמלווה את שני הקורבנות האלו, בכינון ברית שלום מזה ובבקשת כפרה מזה.

מעבר לפרטי הדינים, יש כמובן לתת את הדעת על עצם הימצאות דיני ההקרבה בפרשת צו. כזכור, זהו הקורבן היחיד שדיני הקרבתו מובאים ברשימת הקורבנות השנייה ולא ברשימה הראשונה שבפרשת ויקרא. ראב"ע ראה בפירוט דיני הקרבת האשם השלמה גם להקרבת החטאת שלא מפורטת בפרשת צו: "וטעם להזכיר זאת הפרשה – להזכיר החלבים שאין להם זכר בתורת החטאת" (פירושו לוויקרא ז', א). אולם נדמה שהצדק עם הטוענים שפירוט דיני הקרבת האשם בפרשת צו הוא השלמה לחסרון דינים אלו בפרשת ויקרא. קורבן החטאת שדיני הקרבתו פורטו בפרשת ויקרא אינו זוקק ביאור של הקרבתו בשנית בפרשת צו.

רד"צ הופמן פתר את מיקום דיני הקרבת האשם בהנחתו שרשימת הקורבנות השנייה נאמרה למשה במסגרת ימי המילואים, עוד לפני שנאמרה לו רשימת הקורבנות הראשונה. מאחר שבימי המילואים הקריבו את כל הקורבנות מלבד קורבן אשם, אזכור שאר הקורבנות נעשה כבר בציווי על ימי המילואים, ודיני האשם מושלמים

כעת. התורה מאריכה רק באותו קורבן שלא הוזכר בציווי על ימי המילואים, הלוא הוא האשם.[7]

ביאורו של רד״צ הופמן מבריק אך לא מספק: בסופו של דבר, הדחייה הטקסטואלית של פרשת צו לאחר שכבר כתובה פרשת ויקרא, מעידה על עריכה שיש לה משמעות ומגמה. אפשר היה לשלב את פרטי הקרבת האשם בפרשת ויקרא, לצד דיני הקרבת שאר הקורבנות.

דומה שגם בדבר זה אנו שבים לאופי המיוחד של האשם שכבר הוזכר לעיל. בדרך כלל, דיני הקורבנות המפורטים ברשימה הראשונה עוסקים בהבאת הקורבן ובהקרבתו מתוך שימת לב לאדם מישראל שמביא אותם, ואילו רשימת הקורבנות השנייה פונה אל הכוהנים האוכלים, ומתארת את החלק השני בתהליך ההקרבה: אכילת בשר הקורבנות כהמשך אכילתו על ידי אש המזבח. מאחר שברוב הקורבנות ההקרבה היא חלק מההבעה שמלווה את הקרבת הקורבן, הרי שגם תיאורה משולב ברשימה הראשונה.

אולם עיקר מימוש ההבעה הדתית הנדרשת ממביא קורבן אשם מתרחש בעצם הבאת הקורבן אל הקודש, בהשבת הגזל, בפיצוי על המעילה בקודש; העיקר הוא העברת הקורבן מרשות האדם לרשות גבוה. אכן, גם האשם מגיע בסופו של דבר אל המזבח, ולולא כן לא יזכה המועל בכפרה, אך עיקר התהליך שהחוטא עובר הוא עצם העברת האיל לרשות גבוה, לצד הפיצוי הממוני שבו הוא התחייב. דבר זה אכן מתואר בפרשת ויקרא (ויקרא ה׳, טז; ה׳, יח; ה׳, כה), ובמובן מסוים תפקיד מביא הקורבן מסתיים בכך.[8] אופן הקרבת האשם שייך כבר לדיני הכוהנים, ועל כן דינים אלו מובאים רק בפרשת צו. כאמור לעיל, אף שהשחיטה מופנית בדרך כלל כלפי המקריב הישראלי, בתורת האשם השוחטים הם הכוהנים.

עמדה זו תסתייע סיוע נוסף אם נאמץ את שיטתו של מילגרום שהוזכרה לעיל, שבקורבן אשם החוטא אינו מביא בעל חיים אלא ממון שבו יקנו הכוהנים איל לאשם. ציור זה מבליט עוד יותר את מקומם של הכוהנים בכל תהליך ההקרבה, ואת משיכת ידו של הבעלים בשלב מוקדם יותר.[9]

מכיוון אחר, ותוך שהוא מתייחס לדיוק הלשוני שהוזכר קודם (״ישחטו״ ולא ״ישחט״), הגיע רבי מאיר שמחה הכהן מדווינסק למסקנה דומה:

7. רד״צ הופמן, ויקרא, כרך א, עמ׳ קסט.
8. ראו עוד בכיוון זה אצל ברזילי, אשם.
9. מילגרום, ויקרא, כרך א, עמ׳ 409.

והא דבכל שחיטות לא כתיב בלשון רבים לבד מאשם, נראה לי דשחיטת קדשים מצוה בבעלים כמו שפרש"י בפ"ק דפסחים (ז ע"ב) דכתיב 'וסמך ושחט'. אולם באשם, שבא על זדון כשגגה... יותר נח דישחטו אחרים ולא הבעלים עצמן (משך חכמה לוויקרא ז', ב).

יוצא מדיוננו, שבדרך כלל הכוהן מקריב את הקורבן כשלוחו של המקריב מישראל, אך זה עדיין המרחב הדתי של הישראלי, ואילו באשם אחריות הכוהן מתחילה מוקדם יותר, כי עיקר עניינו של האשם עבור הבעלים הוא ההשבה הממונית לגבוה.

פרק שבעה עשר

חלוקת הקורבנות בין הכוהנים (ז', ז-י)

בסיום 'תורת האשם' משולבים פסוקים שעוסקים בחלוקת הקורבנות בין הכוהנים – מיהו הכוהן שמקבל מבשר הקורבן או מהסולת שנותרו לאחר שהמזבח קיבל את חלקו:

> כַּחַטָּאת כָּאָשָׁם תּוֹרָה אַחַת לָהֶם הַכֹּהֵן אֲשֶׁר יְכַפֶּר בּוֹ לוֹ יִהְיֶה. וְהַכֹּהֵן הַמַּקְרִיב אֶת עֹלַת אִישׁ עוֹר הָעֹלָה אֲשֶׁר הִקְרִיב לַכֹּהֵן לוֹ יִהְיֶה. וְכָל מִנְחָה אֲשֶׁר תֵּאָפֶה בַּתַּנּוּר וְכָל נַעֲשָׂה בַמַּרְחֶשֶׁת וְעַל מַחֲבַת לַכֹּהֵן הַמַּקְרִיב אֹתָהּ לוֹ תִהְיֶה. וְכָל מִנְחָה בְלוּלָה בַשֶּׁמֶן וַחֲרֵבָה לְכָל בְּנֵי אַהֲרֹן תִּהְיֶה אִישׁ כְּאָחִיו (ויקרא ז', ז-י).

הדיון בחלוקת הקורבן לכוהנים משתלשל ברציפות ובטבעיות מתוך קורבן האשם, אך בעצם יש כאן הרחבה רבה שפורצת מתחומי קורבן האשם כשלעצמו. מדוע פסוקים אלו נזכרים דווקא כאן, לאחר האשם? ממה נפשך: או שבסיום כל קורבן ייאמר מיהו הכוהן הזכאי לקבל את חלקו, או שבסיום כל תורות הקורבנות יופיעו כנספח דיני חלוקת הקורבנות בין הכוהנים. מדוע כאן – לאחר האשם ולפני תורת זבח שלמים?

רמב"ן נתן דעתו לכך בהתייחסותו לדין נתינת עור בהמת הקורבן לכוהנים. דין זה נאמר בהתייחסות מפורשת לעולה דווקא: "וְהַכֹּהֵן הַמַּקְרִיב אֶת עֹלַת אִישׁ – עוֹר הָעֹלָה אֲשֶׁר הִקְרִיב לַכֹּהֵן לוֹ יִהְיֶה" (ז', ח). אולם דין זה תקף לפי חז"ל לכל הקורבנות שהם קודש קדשים (ספרא, צו, פרשה ט, ב-ה), ורמב"ן תהה מדוע דין זה נזכר דווקא כאן:

> 'והכהן המקריב את עולת איש' – הדין הזה נוהג בכל הקדשים, ואמר הכתוב 'עולה', והוא הדין לחטאת ואשם הנזכרים למעלה, ואין זבחי השלמים כן, ולכך

> הזכיר הכתוב משפט הכהנים באמצע הקרבנות קודם שידבר בשלמים (פירושו לוויקרא ז׳, ח).

רמב״ן מציע שמאחר שדין עור הבהמה איננו תקף בזבח שלמים,[1] שולבו דיני מתנת העור לפני תורת זבח השלמים, ואגב כך נמנו גם כל דיני חלוקת קורבנות קודש קדשים.

אפשר לנסח את דברי רמב״ן באופן עקרוני יותר: שילוב דיני חלוקת חלק הכוהנים מהקורבנות במקום זה יוצר הפסקה בין קודשי קדשים שבפרשה, ובין זבח השלמים שאיננו קודש קדשים. כאמור, בדיני אכילת קורבנות המוגדרים כקודש קדשים יש חומרה יתרה מאחר שקדושתם יכולה להתפשט, ולפיכך גם הדיון בזהות האוכלים נפרד מהדיון בזהות האוכלים בזבח שלמים. הלוא שם גם בנות הכוהן יכולות לאכול ואף הבעלים עצמם, כך שהדיון מלכתחילה שונה במהותו.

ייתכן שדבר זה משקף הבדל יסודי עוד יותר: אכילת הכוהנים בקודשי קדשים נתפסת כהמשך אכילת מזבח (ועל כן הבעלים שאינם ׳קדושים׳ מנועים מאכילת הקורבן), ואילו בקדשים קלים מוזמן לאכול גם מי שאינו ׳קדוש׳. במקרה זה, גם אכילת הכוהנים – כמו אכילת הבעלים – איננה המשך אכילת המזבח. נרחיב בכך עוד להלן בדיוננו בזבח השלמים, אך נמצאנו למדים שפסוקים אלו משמשים חציצה פנימית בתוך פרשת צו בין הקורבנות שהם ברמת קדושה גבוהה ובין הקורבנות שאין בכוחם להעביר את הקדושה למי שבא איתם במגע.

מעמדו של עור הקורבן

מאחר שאכילת הכוהנים כה משמעותית בפרשת צו, יש לברר מה מעמד נתינת עור העולה לכוהן. האם יש דמיון בין מתנת כהונה זו – על אף שאיננה נאכלת – לשאר דיני בשר הקורבנות המשולבים כאן יחדיו?

דין העור שמגיע לכוהנים נאמר בפירוש ביחס לקורבן עולה בלבד: ״וְהַכֹּהֵן הַמַּקְרִיב אֶת עֹלַת אִישׁ – עוֹר הָעֹלָה אֲשֶׁר הִקְרִיב לַכֹּהֵן לוֹ יִהְיֶה״ (ז׳, ח). בעוד שבקורבנות החובה הפועל הוא ״הַכֹּהֵן אֲשֶׁר **יְכַפֶּר** בּוֹ לוֹ יִהְיֶה״ (ז׳, ז), כאן הפועל הוא ״המקריב״ (וכן להלן במנחת נדבה), שהרי אין מדובר בקורבן כפרה.

גם אם נאמץ את ההנחה שתורת העולה שבפרשת צו עוסקת במיוחד בעולת

1. הכלל הוא שהעור ניתן עם הבשר – בזבח שלמים הבעלים אוכלים את הבשר ומקבלים גם את העור; בחטאות ובאשמות הכוהנים מקבלים את הבשר – ועימו העור (ספרא, צו, פרק ט, ד).

התמיד הנשרפת כל הלילה, בדין חלוקת עור העולה שבה התורה לעולת הנדבה הפרטית. כך עולה מהניסוח "עֹלַת אִישׁ" שהוראתו הפשוטה היא עולה פרטית.[2]

כאמור, מדרש ההלכה למד שדין עור הבהמה שמגיע לכוהנים תקף בכל הקורבנות שאינם נאכלים על ידי הבעלים,[3] אך מעניין הדבר שהדין נזכר דווקא ביחס לעולה. ניתן לפתור עניין זה בטיעון טכני: מאחר שבשאר הקורבנות הכוהנים מקבלים דבר מה משמעותי יותר – בשר או קמח – הכתוב מתעלם בהם מהעור השולי, ודין העור נזכר רק בקורבן עולה, מפני שבו אין לכוהנים מבשר הקורבן כלל אלא העור בלבד.

אולם ייתכן שאזכור הדין בקורבן עולה בלבד משקף דבר מה יסודי יותר, ויש להבין את מעמד עור בהמת העולה באופן אחר מעור שאר הקורבנות. האזכור המיוחד של העור בקורבן עולה מזכיר התמקדות נוספת בעור הקורבן שהוזכר דווקא בקורבן עולה. גם דין הֶפשט הקורבן מעורו מוזכר רק בקורבן עולה: "וְהִפְשִׁיט אֶת הָעֹלָה וְנִתַּח אֹתָהּ לִנְתָחֶיהָ" (א׳, ו). בשאר הקורבנות לא נאמר מאומה על הפשטת הבהמה קודם הקטרתה אֵמוריה.

מדוע דין הפשט העור נזכר רק בעולה וחסר בשאר הקורבנות? חזקוני שיער שיש צורך מיוחד לכתוב את דין הפשט העור בעולה, כי לולא היה הדבר כתוב היינו סבורים שגם העור מוקטר עם הבהמה כולה, כשם שחטאות הנשרפות מחוץ למחנה, נשרפות עם עורן:

> 'והפשיט את העלה' – לפי שמצינו בפרים ושעירים הנשרפים שכולם נשרפים עור ובשר ופרש, כתיב בעולה, אף על פי שנשרפת שהיא טעונה הפשט (פירושו לוויקרא א׳, ו).

זו אכן הקריאה המתבקשת: מאחר שקורבן עולה מוקרב כליל על המזבח, יש צורך בהדגשה שיש להסיר את העור לפני הקרבת העולה, והוא איננו עולה על המזבח. בשאר הקורבנות, מקריבים רק את האֵמורים, וברור מאליו שכל השאר לא מוקטר – העור כמו גם שאר הבשר.

אולם, האומנם מדובר רק בהערה טכנית – כרוח דבריו של החזקוני – או שמא דין זה חושף משהו מהותי יותר הנוגע לעור העולה, שאיננו קיים בשאר הקורבנות?

2. ראו גם את הדיון בזבחים קג ע״א-ע״ב.
3. וכך טען גם דילמן, ויקרא, עמ׳ 488.

סביר להניח שיש לקשור בין שני דיני עור העולה – בין הדרישה להפשיט את עור העולה ובין אזכור העור המגיע לכוהן בעולה דווקא. כבר הספרא קשר בין שני האזכורים החריגים של העור בהקשר העולה דווקא:

חטאת ואשם וזבחי שלמי ציבור ניתנים מתנה לכהן (לעולה)[4] – רצו להפשיט מפשיטים רצו לאוכלן אוכלים אותן ואת עורותיהם. אבל העולה, לפי שנאמר בה 'והפשיט את העולה' צריך הכתוב לומר 'עור העולה אשר הקריב לכהן לו יהיה' (ספרא, צו, פרק ט, ה).

כלומר, מאחר שהעור הופשט יש גם לדון מה ייעשה בו, ואילו בשאר הקורבנות שעורם לא מופשט, אין צורך להתמקד בהם בפירוש. כשם שהכוהנים מקבלים את כל הקורבן (בקודשי קודשים), כך הם, מן הסתם, מקבלים גם את העור הצמוד לבשר, שלא הופשט ממנו.

לשם בירור התמקדות הכתוב בעור העולה אבקש לסטות לרגע ממסלול הדיון בכתובים ולהצביע על סתירה מטרידה שיש בהלכות חז"ל בנוגע לשלב שבו זוכה הכוהן בעור קודשי קודשים.

על פי הגמרא (בבא קמא קיא ע"א), אם אדם הביא קורבן אשם גזלות, אך לא השיב לפני כן את הכסף שהיה עליו להשיב (הסוגיה עוסקת במקרה של גזל הגר), הקורבן נפסל, ועל בעליו להביא אשם נוסף – לאחר שישיב את הכסף הגזול שבידו. הסוגיה מוסיפה, שגם במקרה זה, הכוהנים שהקריבו את האשם הראשון שנפסל זוכים בעורו, אף שהקורבן נפסל עוד לפני השחיטה.

מצד שני, במשניות זבחים נאמר: "כָּל שֶׁלֹּא זָכָה הַמִּזְבֵּחַ בִּבְשָׂרָהּ – לֹא זָכוּ הַכֹּהֲנִים בְּעוֹרָהּ, שֶׁנֶּאֱמַר 'עוֹלַת אִישׁ', עוֹלָה שֶׁעָלְתָה לָאִישׁ" (זבחים יב, ב).[5] מכאן משמע, שהכוהנים זכאים לעורות בהמת הקורבן רק ברגע שהמזבח 'זוכה בבשרה'. לפי זה נראה שאם פסול הקורבן אירע לאחר זריקת הדם (הרגע שבו המזבח 'זוכה בבשר' – רש"י על אתר), הכוהנים אכן מקבלים את העור, אולם אם הקורבן נפסל לפני זריקת הדם – כמו במקרה של אשם גזל הגר – הכוהנים אינם אמורים לזכות

4. בנוסחים שלפנינו מופיע "לעולה", אך יש למחוק מילה זו שכנראה התגלגלה למשפט בטעות (הגר"א; וכן הרב מ"מ כשר בתורה שלמה, לפרשת צו, עמ' יב).

5. המשנה מסייגת דין זה לכל הפסולים מלבד פסול 'לשמה'. במקרה כזה, עור העולה מגיע לכוהנים אף שהקורבן אינו מרצה למקריבו. זוהי הסתייגות חשובה בהבנת דין 'לשמה', ואין להאריך בזה כאן.

בעור העולה, שהרי כשם שהמזבח אינו זכאי לבשר – כך הכוהנים אינם זכאים לעור. בעלי התוספות מעירים על סתירה זו (בבא קמא קיא ע״א, ד״ה ״אמר״), אך לא מציעים לה פתרון.[6]

שמעון גרטי התייחס לסתירה זו במאמר מרתק שהקדיש לעורות קדשים. אביא בקיצור נמרץ את עיקר טענתו, ונשוב לאחר מכן לפרשנות הכתובים שנגזרת מכך. לטענתו של גרטי, יש בהעברת עור קדשים לכוהנים מימוש של שני דינים או שתי בחינות שונות. הפסוק שבפרשת צו משלב את דין העור עם דיני ההקרבה האחרים של הקורבן, ומכך למד גרטי שזהו ״דין זכייה כחלק מתהליך ההקרבה״; אולם במקביל, עור העולה מובא כאחד מכ״ד מתנות הכהונה (בבא קמא קי ע״ב), ודין זה נלמד מרשימת המתנות שבבמדבר י״ח.[7] לטענת גרטי, זוהי פרספקטיבה אחרת על העברת העור לכוהן – ״דין זכייה כחלק מהמערך של מתנות כהונה״.[8]

מכאן צועד גרטי ועושה צעד דרמטי נוסף:

> לפי הדין הראשון (פרשת צו), נקודת המוצא קובעת שגם עור העולה הוא חלק מהקורבן. גם הוא קדוש בקדושת הגוף משום שקדושת הפה (הקדשת הקורבן) התייחסה גם אליו. לאחר ההקרבה וכפועל יוצא ממנה, מגיע העור לכוהנים... לפי הדין השני (פרשת קרח), נקודת המוצא מנתקת בין העור לבין שאר הקרבן. העור מראש לא הוקדש לגבוה, משום שבמידה מסוימת הוא שייך לכוהנים.[9]

מחלוקה זו נגזרים שני זמנים שונים שבהם עור הקורבן עובר לרשות הכוהנים. לפי הפרספקטיבה שהעור הוא חלק מהבהמה המוקרבת, ושהוא מגיע לכוהנים כחלק

6. המתח שבין הסוגיות בא לידי ביטוי גם בתוך משניות זבחים (כפי שמעירה הסוגיה בזבחים שם). מן העבר האחד, כאמור, נראה שהכוהנים זוכים בעור הבהמה רק בשעת זריקת הדם, אולם לאחר שתי משניות מהמשנה המצוטטת לעיל נאמר: ״כָּל הַקֳּדָשִׁים שֶׁאֵרַע בָּהֶם פְּסוּל קֹדֶם לְהֶפְשֵׁטָן – אֵין עוֹרוֹתֵיהֶם לַכֹּהֲנִים; לְאַחַר הֶפְשֵׁטָן – עוֹרוֹתֵיהֶם לַכֹּהֲנִים״ (זבחים יב, ד). כאן נאמר בפירוש, שהרגע הקובע אם עור הבהמה מגיע לכוהנים הוא רגע הפשטת הבהמה מעורה. אם הפסול בקורבן התרחש לאחר ההפשט – עור הבהמה נשאר כבר בידי הכוהן.

7. שלא כדין בשר קודשי קדשים שהכוהן אוכלו רק בעזרה, עור הבהמה יכול כמובן לצאת מחוץ לתחומי העזרה. אולם, כשסוקר הרמב״ם את מתנות הכהונה, הוא מציב את עורם של קדשים בתחום הביניים – ניתן לזכות בהם מחוץ לעזרה אך רק בתוך גבולות ירושלים (כדין בכורות וביכורים למשל), שלא כמו מתנות כהונה אחרות שתקפות בכל הארץ (כדוגמת תרומה, חלה, ראשית הגז ועוד). ראו בפירוש המשניות לרמב״ם, חלה ד, ט. נדון עוד בדבריו של הרמב״ם להלן.

8. גרטי, עורות קדשים.

9. גרטי, עורות קדשים, עמ׳ 96.

ממעשה ההקרבה (פרשת צו) – הכוהנים זוכים בעור רק בסיומו המוצלח של מעשה ההקרבה – "זכיית הכוהנים בעור היא פרי ההקרבה, בדומה לזכייתם בבשר כפי שהיא קיימת בחלק מן הקורבנות".[10] לעומת זאת, אם מדובר בעוד מתנת כהונה – בדומה לתרומה או למעשרות, הרי שיש ניתוק בין קדושת גוף הקורבן ובין עור הבהמה שמגיע לכוהנים, ואין צורך בתהליך כשר של הקרבת הקורבן כדי שהעור יגיע לרשות הכוהן.

לו היה גרטי מסתפק בחלוקה זו, היה בדבר חידוש מעניין, אך הוא לא היה נוגע לשאלה שבה אנו אוחזים – המעמד הייחודי של העור בקורבן עולה. אולם בהמשך מאמרו מציע גרטי לצעוד צעד מתבקש נוסף. לטענתו, תפיסת חז"ל היא שבקורבן עולה העור נתפס כחלק מגוף הקורבן ללא חלוקה ביניהם. מאחר שהבהמה מוקטרת כליל, היא גם מתקדשת כולה – על בשרה ועל עורה. בפועל, אין מקטירים את העור והכוהן מקבלו, אולם עקרונית העור מתקדש ממש כמו בשר הקורבן. לעומת זאת, בשאר קודשי קדשים רק האֵמורים מיועדים להגיע אל המזבח, ואילו העור נתפס מלכתחילה כרכיב שונה; כטלאי על הבהמה, וכמתנה שעוברת מהבעלים לכוהנים. גרטי מסכם את הטיעון בכך שעיקר הקביעה של המשנה המתייחסת אל זמן הזריקה כאל הזמן הקובע את העברת העור לידי הכוהנים נוגע לקורבן עולה, ונלמד מהפסוק בפרשת צו העוסק בעולה ("שֶׁנֶּאֱמַר 'עֹולַת אִישׁ', עוֹלָה שֶׁעָלְתָה לָאִישׁ"). לעומת זאת, הסוגיה בבבא קמא עוסקת בקורבן אשם. בקורבן זה, העור מגיע לידי הכוהן כמתנת כהונה ולא כחלק מההקרבה, ועל כן ברגע שהעור הופשט מהבהמה הוא הגיע לידי הכוהן והוא זוכה בו, עוד לפני זריקת הדם.[11]

לאור הצעה מרתקת זו, אפשר לשוב לשני הדינים העוסקים בעור העולה ולהגדיר את המאפיין הייחודי שלהם. אכן, קורבן עולה מוקרב כולו על המזבח, והבהמה מוקדשת כולה לגבוה. לפיכך, גם העור שייך למזבח, כחלק מקורבן העולה. מאחר שהעור איננו 'מאכל', אש המזבח איננה אוכלת אותו, אך הוא עדיין מוגדר חלק מהקורבן. דבר זה נכון דווקא בקורבן עולה שמוקטר כליל על גבי המזבח, ולכן, כאמור לעיל, דווקא בקורבן זה יש לצוות על הפשטת העור מהבהמה מצד אחד, ולצוות על העברת העור אל הכוהן העובד מצד שני. אין מדובר במתנה ממונית, אלא בדבר מה ששייך עקרונית למזבח, ולכן הכוהן המקריב את הקורבן הוא זה שיקבל את העור.

10. גרטי, עורות קדשים, עמ' 97.

11. גם המשנה השנייה בזבחים, שעל פיה הכוהן זוכה בעור כבר מרגע ההפשטה, עוסקת בכל סוגי קדשים: "אם בוחנים את רצף המשניות, מגיעים למסקנה ברורה ש'כל הקדשים' נאמר ביחס לשאר קודשי קודשים שטופלו במשפט הקודם של המשנה בדף קג ע"א, ולא ביחס לעולה" (גרטי, עורות קודשים, עמ' 102).

אין זה שונה מבשר החטאת או בשר האשם שהכוהן אוכל כהמשך אכילת מזבח. את העור הוא לא אוכל, אך מעמד העור בקורבן עולה, זהה לבשר שאר הקורבנות.[12]

לפיכך, דין עור העולה בפרשתנו מובא לצד הסדרת חלוקת בשר שאר הקורבנות בין הכוהנים. דין עור העולה גם איננו פותח את הרשימה כדבר נפרד ממנה, אלא משולב בתוכה – בין בשר החטאת והאשם למנחות, ובכך הוא נצבע בצבעים דומים.

במבט כולל על דיני חלוקת הקורבנות בין הכוהנים ייטען גם דיון זה משמעות נוספת.

חלוקת בשר הקורבנות בין הכוהנים

עוד לפני דין עור העולה מוזכרים יחדיו החטאת והאשם: ״כַּחַטָּאת כָּאָשָׁם תּוֹרָה אַחַת לָהֶם: הַכֹּהֵן אֲשֶׁר יְכַפֶּר בּוֹ לוֹ יִהְיֶה״ (ז׳, ז). החידוש המרכזי בפסוק זה נוגע לקורבן האשם, שהרי בנוגע לחטאת דין זה כבר הוזכר (״הַכֹּהֵן הַמְחַטֵּא אֹתָהּ יֹאכֲלֶנָּה״ – ו׳, יט). בחטאת, הפועַל המתאר את הכוהן העובד הוא ״הַמְחַטֵּא״, אולם כאן, כששני הקורבנות נזכרים יחד, לא ניתן לשלב פועל זה שהוא ייחודי לקורבן חטאת בלבד, ועל כן מובא פועל כולל יותר: ״הַכֹּהֵן אֲשֶׁר **יְכַפֶּר** בּוֹ״. ייתכן ששילוב שני הקורבנות יחדיו נעשה מתוך פרספקטיבה משפטית־הלכתית בלבד, אך גם ייתכן שהוא מעיד שבעמידת הכוהנים מול הקורבנות האלו יש דבר מה משותף. אומנם מצידו של החוטא הזקוק לכפרה, שני קורבנות אלו מתפקדים באופן אחר: חיטוי המשכן או כפרת אשם הבעלים; אך מצידם של הכוהנים האוכלים קורבנות אלו, יש דמיון רב ביניהם. הבעלים יזכו להשלמת כפרתם דרך אכילת הכוהנים שמשמשים בהקשר זה כבאי כוחו של המזבח. פיהם שלהם יאכל את אשר הותירה אש המזבח, ובכך תושלם כפרת הבעלים.

כבר הזכרנו שלשיטת ר׳ אליעזר הפסוק המשווה את החטאת והאשם בלשון כללית – ״כַּחַטָּאת כָּאָשָׁם תּוֹרָה אַחַת לָהֶם״ – הורחב הרבה מעבר לדין חלוקת הבשר בין הכוהנים ונתפס כעמדה עקרונית. יש דינים ייחודיים שנאמרו ביחס לחטאת, ור׳ אליעזר הרחיב אותם גם על האשם.[13] עם זאת יש לציין שגם חכמים, החולקים על ר׳ אליעזר, ראו בפסוק שלפנינו עמדה עקרונית שיוצרת קשר בין הקורבנות. במיוחד

12. כאמור לעיל, הכוהנים מקבלים את העור דווקא בירושלים ולא בכל הארץ, דבר שמורה על מעמדם השונה ממתנות כהונה ממוניות גרידא.

13. ראו בהרחבה בדיונו של הרב ליכטנשטיין, זבחים, עמ׳ 263-252 (ביחס לדינים שר׳ אליעזר לומד מהיקש החטאת לאשם – ראו שם בעמ׳ 255-254). הרב מראה שם, שהגמרא מעלה על דעתה כ׳הווא אמינא׳, שר׳ אליעזר יעתיק את עבודת הדם הייחודית של החטאת לאשם (״מתן

אמורים הדברים ביחס לדין הסמיכה בקורבן אשם. גם אם בפשטי המקראות לא נזכר דין הסמיכה באשם, חכמים העתיקו אותו מקורבן חטאת גם לאשם, על סמך פסוקנו שמשווה ביניהם.[14]

אך יש להדגיש שוב, שדיון זה נעשה ברובד מדרש חז"ל. בפשטי המקראות נראה שאין סמיכה בקורבן אשם כלל ושהבעלים מושכים ידיהם ממנו עם הבאתו אל הכוהן.

חלוקת המנחה בין הכוהנים

האתגר הגדול בהבנת פסוקי חלוקת הקורבנות הוא קורבן המנחה, השונה בדין זה מכל שאר הקורבנות (בחזה השלמים נדון להלן), וסביר שבשל כך קורבן זה נדחה לסיום הרשימה. בקורבן מנחה נדמה שיש חלוקה בין שני סוגי מנחות שונים:

> וְכָל מִנְחָה אֲשֶׁר תֵּאָפֶה בַּתַּנּוּר וְכָל נַעֲשָׂה בַמַּרְחֶשֶׁת וְעַל מַחֲבַת – לַכֹּהֵן הַמַּקְרִיב אֹתָהּ לוֹ תִהְיֶה.
> וְכָל מִנְחָה בְלוּלָה בַשֶּׁמֶן וַחֲרֵבָה – לְכָל בְּנֵי אַהֲרֹן תִּהְיֶה אִישׁ כְּאָחִיו (ז׳, ט-י)

מה היחס בין שני המשפטים האלו?

דמים למעלה"). אפשרות זו אומנם נדחית, אך עצם העלאתה מלמדת הרבה על החשיבות שבה ר׳ אליעזר ראה את השוואת האשם לחטאת.

14. יש מקום להתלבט בדבר, אך ייתכן שלא במקרה הסכימו חכמים שהפסוק שלפנינו משווה בין החטאת לאשם בדין הסמיכה, אף שהם חולקים על ר׳ אליעזר, ולדעתם בפרטי דינים אחרים אין ללמוד מפסוקנו ולהשוות את דיני שני הקורבנות האלו. שלא כמו ר׳ אליעזר שמזהה הלכות הנוגעות לתהליך הקרבת שני הקורבנות, חכמים משווים בין הקורבנות במה שמתרחש לפני ההקרבה ואחריה. לעומת זאת, בכל הקשור לתהליך ההקרבה עצמו, חכמים מבחינים בין הלכות שני הקורבנות הללו, אך כשם שהכתוב קושר ביניהם לאחר הקרבתם בכל הנוגע לחלוקת בשר הקורבנות לכוהנים העובדים, כך ניתן לזהות ביניהם גם בשלב שטרם ההקרבה, עוד לפני שהובחנו הקורבנות זה מזה בתהליך עבודת הדם השונה שלהם. במובן מסוים שני הדיונים באמת מקבילים: חלוקת בשר הקורבן לכוהן העובד, מייצגת מעין ׳זיקת בעלות׳ שקיימת בין הכוהן לקורבן. ההכרעה איזה כוהן יקבל את בשר הקורבן מצביעה על הכוהן שנקשר עם הקורבן, וממילא מסיר את זיקת הכוהנים האחרים מקורבן זה. כפי שכבר עלה בדיונים קודמים, כך יש להבין גם את דין הסמיכה. תפקידה ליצור זיקה בין הבעלים הספציפי לקורבנו – בהמה ספציפית. לפיכך, אם הכתוב יוצר זיקה בין החטאת לאשם בכל הקשור לזיקת הכוהן אל הקורבן, אפשר להרחיב זאת גם אל הזיקה של הדמות הנוספת העומדת לצד הקורבן – הבעלים, ולדרוש את סמיכת ידיו גם באשם.

חז״ל

חז״ל – וחלק מהראשונים בעקבותיהם – הבינו ששני המשפטים מתייחסים לאותה המנחה, ועל כן הציגו זאת כסתירה: האם המנחה מגיעה ״לַכֹּהֵן הַמַּקְרִיב אֹתָהּ״ או שמא ״לְכָל בְּנֵי אַהֲרֹן תִּהְיֶה״?

׳לכהן המקריב אתה׳ וגו׳: יכול לו לבדו? תלמוד לומר ׳לכל בני אהרן תהיה׳. יכול לכולן? תלמוד לומר ׳לכהן המקריב׳. הא כיצד? לבית אב של אותו יום שמקריבין אותה (רש״י על אתר).

מאחר שבמשפט הראשון מובא שהמנחה צריכה להגיע דווקא לכוהן העובד, ואילו מהמשפט השני עולה שיש לחלקה בין כל בני אהרון – ״איש כאחיו״ – הגיעו חז״ל לפשרה:[15] המנחה נחלקת בין כוהני בית האב שעובדים באותו יום, ורק בין אלו הראויים לעבוד – לא הטמאים או האבלים על מתיהם. בית האב הוא החמולה הכוהנית שעובדת באותו יום במקדש ואחראית על הקרבת הקורבנות באותו היום. חז״ל מלמדים שאין זה משנה מיהו הכוהן הספציפי מתוך אותו בית אב שטיפל בקורבן. הקורבן מתחלק בין הכוהנים העובדים באותו יום.

מסקנה זו הורחבה גם לשאר הקורבנות. כך רש״י במקום:
׳הכהן אשר יכפר בו׳ (ביחס לחטאת ואשם) – הראוי לכפרה חולק בו, פרט לטבול יום ומחוסר כפורים ואונן.
׳עור העלה אשר הקריב לכהן לו יהיה׳ (ביחס לעולה) – פרט לטבול יום ומחוסר כפורים ואונן שאינן חולקים בעורות.

ראוי לציין, שאכן גם בקורבנות נוספים ניתן לעמוד על מתח דומה לזה המצוי במנחה. כך למשל בקורבן האשם, שעליו נסמכת הפסקה כולה, נאמרים שני הפסוקים הבאים ברציפות: ״כָּל זָכָר בַּכֹּהֲנִים יֹאכֲלֶנּוּ... כַּחַטָּאת כָּאָשָׁם תּוֹרָה אַחַת לָהֶם הַכֹּהֵן אֲשֶׁר יְכַפֶּר בּוֹ לוֹ יִהְיֶה״ (ז׳, ו-ז). לו ירצה הקורא הוא יכול להציג זאת כסתירה – ״כל

15. רנדטורף (ויקרא, עמ׳ 248) העיר שהצירוף ״איש כאחיו״ נזכר בעוד מקום בלבד במקרא – כשמתאר יחזקאל את ירושת הארץ לכל שבטי ישראל באופן שוויוני: ״וּנְחַלְתֶּם אוֹתָהּ אִישׁ כְּאָחִיו אֲשֶׁר נָשָׂאתִי אֶת יָדִי לְתִתָּהּ לַאֲבֹתֵיכֶם״ (יחזקאל מ״ז, יד). בכך, דין חלוקת הקורבנות מהמזבח לכל הכוהנים ניצב כאב טיפוס לחלוקת הארץ כולה לעם ישראל כולו (ראו גם אצל כשר, יחזקאל, כרך ב, עמ׳ 914).

זכר... יֹאכלנו", או דווקא "הכהן אשר יכפר בו"? אכן, במקרה זה התשובה נראית גם היא מובנית מאליה: בשר האשם מגיע לידי הכוהן העובד, ומותר לו להאכיל בו רק את הזכרים שבמשפחתו ולא את בנותיו. ניתן לסמוך קריאה זו על שינוי הפועל: בשר האשם "יִהְיֶה" לכוהן העובד, אך כל זכר ממשפחתו "יֹאכֲלֶנּוּ". סתירה דומה לזו מתרחשת גם בקורבן החטאת, אך שם לא ניתן להסתמך על פיצול הפועל, מפני שאותו הפועל נזכר בשני צדדי הפסוק ('לאכול'). תחילה נאמר שהכוהן העובד הוא האוכל את הבשר – "הַכֹּהֵן הַמְחַטֵּא אֹתָהּ יֹאכֲלֶנָּה" (ו', יט), ומיד אחר כך יש ניסוח מרחיב: "כָּל זָכָר בַּכֹּהֲנִים יֹאכַל אֹתָהּ" (שם, כב). אפשר לבאר פסוקים אלו בדרכים שונות, אך מבחינת חז"ל הסתירה נותרה על כנה, והם ביארו הן באשם הן בחטאת שאלו מתחלקים בין כל הכוהנים שעובדים באותו יום ('בית האב'), והבשר ניתן לא רק לכוהן שבפועל נתן את הדם או זרקו על קרנות המזבח.

סביר שמבחינה מעשית, הכוונה היא שהכוהן באמת ייתן מחלקו לכל בית האב שעובד באותו יום במקדש, ושכוהנים נוספים יצטרפו לאכילת הקורבן (גם במנחות וגם בשאר הקורבנות). אין זה הגיוני שכוהן אחד שעבד את עבודת החטאת או האשם יאכל את כל בשר הקורבן בעצמו. מדובר בקורבן שנאכל ליום אחד בלבד, ומדובר בכמות גדולה של בשר. לכן הניסוח המדויק של השאלה העומדת לדיון הוא: האם הקורבן מתחלק בין כל הכוהנים העובדים, או שהבשר או המנחה עוברים רק לרשות הכוהן העובד בפועל, גם אם אחיו הכוהנים מצטרפים אליו לאכילת הקורבן?

כאמור, קריאת חז"ל, ופרשנים רבים בעקבותיהם, מסתמכת על ההנחה שיש לקרוא את שני המשפטים במנחה כמוסבים על אותה המנחה ועל כן נוצרת סתירה.[16] אולם בקריאה פשוטה מדובר בסוגי מנחות שונים. המשפט הראשון עוסק במנחות המעובדות: "וְכָל מִנְחָה אֲשֶׁר תֵּאָפֶה בַּתַּנּוּר וְכָל נַעֲשָׂה בַמַּרְחֶשֶׁת וְעַל מַחֲבַת"; בעוד המשפט השני עוסק במנחת סולת ובמנחת חוטא: "וְכָל מִנְחָה בְלוּלָה בַשֶּׁמֶן (= סולת) וַחֲרֵבָה (= מנחת חוטא שאין מוסיפים לה שמן)". לפי זה, המנחות המעובדות מגיעות לכוהן הספציפי שהקריב מנחה זו – בהתאמה לדין עור העולה ובשר החטאת והאשם, אך מנחת הסולת ומנחות החוטא חריגות ולגביהן יש דין ייחודי, שלא הכוהן הספציפי שעבד במנחה מקבל את הנותרת אלא היא מתחלקת בין כל הכוהנים.[17]

16. רד"צ הופמן טען שהמונח "מנחה בלולה בשמן" מתאים גם למנחות המעובדות ולא רק למנחת סולת, ועל כן ברור שהצדק עם חז"ל, ואף זו, שבפרק ב' לא מצאנו שום חלוקה בין הכוהנים אלא רק אמירה כללית: "והנותרת מן המנחה לאהרן ולבניו" (ויקרא, כרך א, עמ' קעג).

17. לדעת רוב הראשונים, ההכרעה ההלכתית היא, כאמור, שבכל הקורבנות חולקים הכוהנים השייכים לכוהני בית האב שעובדים באותו יום. חריג הראב"ד, שלטענתו בקורבן מנחה יש מצווה מיוחדת

הנצי"ב נעתר בקריאתו לעולה מפשטי המקראות, וטען שלמרות ההכרעה ההלכתית המחלקת את הקורבן בין כל הכוהנים, יש עדיפות – בכל הקורבנות כולם – שהכוהן העובד הוא זה שיאכל את הקורבן, מאחר שבאכילתו הבעלים מתכפרים, ועל כן יש עניין שהכוהן המקריב הוא גם זה שיאכל:

> 'יאכלנה' – ידוע דעת חז"ל שהוא לענין חלוק, שמי שראוי לחטֵא זוכה בחילוק, אבל לאכילה כל זכר כשר. אבל מכל מקום ודאי אין המקרא יוצא מידי פשוטו, דמיירי באכילה ממש, שהרי מפרש המקרא 'במקום קדוש וגו''. אלא הפירוש, דאף על גב דכל זכר בכהנים יאכל אותה והיא מצוה עליהם... מכל מקום על המחטא היא מיוחדת ביותר, משום שבאכילת הכהן מתכפרין הבעלים, והכהן המתחיל במצוה אומרים לו גמור, אע"ג דאיכא דעדיף מיניה (העמק דבר לוויקרא ו', יט).[18]

הנחת היסוד של הנצי"ב חשובה ביותר להבנת אופי האכילה בפרשתנו כולה. לדבריו, יש עניין שהכוהן המקריב ימשיך באכילה, באשר זו נתפסת כהמשך מסע הכפרה – "והכהן המתחיל במצוה אומרים לו גמור". אם הצדק איתו, שהאכילה נתפסת כהמשך מסע ההקרבה, הרי שמדובר בקשר מהותי יותר בין הכוהן המקריב לכוהן האוכל. כפי שכבר הערנו כמה פעמים, הכוהן האוכל נתפס כבא כוחו של המזבח, וממילא מתאים שהכוהן שמקריב את הקורבן הוא גם זה שיאכל את הבהמה, שהרי מדובר בהמשך אותו תהליך.

מבחינה זו, הקפדת התורה שהכוהן המקריב הוא גם זה שיאכל חושפת עקרון יסוד שמלווה את הפרשה כולה. הכוהן אוכל במרחב הקדוש לצד המזבח; הוא אוכל רק בזמן שגם המזבח אוכל את חלקו מהקורבן; הוא איננו יכול לאכול את המנחה חמץ – כשם שחמץ אסור על המזבח;[19] ודווקא הכוהן שהגיש את הקורבן למזבח הוא שאוכל את

שהכוהן העובד הוא גם זה שיאכל, בניגוד לשאר הקורבנות (פירוש הראב"ד לספרא, צו, פרשה ב). דבר זה משקף מצד אחד את ייחודיותה של המנחה, אך מפשטי המקראות עולה חחיפך: דווקא המנחה נחלקת בין כל הכוהנים, בעוד שאר הקורבנות מגיעים לידי הכוהן העובד.

18. הנצי"ב מעיר שם, שגם החתם סופר (אורח חיים, סימן מט) כתב שעיקר מצוות אכילת הקורבנות הוא בכוהן המקריב ממש.

19. סוגיית הגמרא צריכה להתיר במיוחד תוספת שמן ודבש במנחה שהכוהנים אוכלים (סוטה יד ע"ב). ה'הווא אמינא' ברורה – כשם שלמזבח אסור להעלות שמן ודבש, אולי הדבר ייאסר גם על הכוהנים.

הבשר או הסולת שנותרו. ברוח זו ניתן להבין גם את עמדתו הייחודית של ר' אהרון הלוי (הרא"ה) – שרבים התקשו בה – שכתב שיש למלוח במלח גם את חלק הכוהנים שנאכל על ידם.[20] הרא"ה עצמו התרגש מגילוי זה, וכתב על כך "ואנן אנהרו לן ביה עיינין מן שמיא", ולאור דברינו, ניתן להבין את הרקע לדין זה. אם אומנם אכילת הכוהן היא מטעמו של המזבח, הרי שבהחלט ייתכן, שכשם שיש למלוח את הקורבן ("ברית מלח"), כך יש למלוח גם את הבשר שהכוהן ממשיך ואוכל כנציג המזבח.

אך אם כך, כיצד יש להבין את החלוקה שעולה באופני המנחה השונים – מדוע טענת הנצי"ב איננה תקפה במנחת הסולת, שעל פי פשטי המקראות מתחלקת מלכתחילה בין הכוהנים כולם?

החלוקה בין המנחות כה מוזרה, עד ששד"ל הציע שלמעשה אין בכתוב עצמו כל הבדל בין המנחות השונות, ושינוי הסגנון של הכתוב איננו אלא גיוון המקובל במקרא. לטעמו, משמעות שני הפסוקים אחת – המנחה מגיעה לכוהן העובד בלבד: "אך 'לכל בני אהרן תהיה' היא מליצה שווה למליצת 'לכהן המקריב אותה לו תהיה'" (פירושו לוויקרא ז', י). תופעת התקבולת המגוונת ידועה במקרא, והיא אכן מתרחשת לא פעם, ויש להודות שאם נאמץ את הצעתו, תתקבל קריאה פשוטה למדי, וכל בעיותינו – לפחות בהקשר חלוקת הקורבנות לכוהנים – תיפתרנה.

אולם פירושו דחוק. דין המנחה נדחה לסוף הרשימה בגלל הפיצול הנידון, ועצם חלוקת המנחה לשני סוגים כבר מעידה שיש להם דינים שונים, שהרי אם לא כן, אין כל סיבה לחלק ביניהם. יכול היה הכתוב לשמור על סגנונו שנהג בתורת המנחה בתחילת הפרשה, ששם באמת לא נזכרה החלוקה שבין המנחות השונות, כי הדינים המובאים שם תקפים באותו האופן לשני אופני המנחה.

מאחר שההכרעה ההלכתית במקרה זה שונה מפשטי המקראות, לא כל הראשונים הציעו ביאור לחלוקה בין המנחות – העולה לפי הפשט בלבד. עם זאת, גם רמב"ן וגם רמב"ם הציעו ביאורים לחלוקה זו.

רמב"ן: טרחת הכוהן

לדעתו של רמב"ן ההבדל בין המנחות נעוץ בטרחה המיוחדת שמלווה את הכנת המנחות המעובדות.[21] בשל חשיבות דברי רמב"ן אביא אותם בשלמותם. יושם לב גם לדרך שבה הוא הבין את דברי חז"ל:

20. בדק הבית (השגותיו על תורת הבית של הרשב"א), שער שלישי (לאור הגמרא במנחות כא ע"א).
21. בדרך זו אחז גם ר"י בכור שור בפירושו לוויקרא ז', י.

דרך הפשט ידוע בזה, שיצוה בנודר אחת משלש מנחות – מאפה תנור והמרחשת והמחבת – שיהיה לכהן המקריב אותם לבדו. ויאמר בכל שאר המנחות, כגון הנודר מנחה סתם שהוא מביא סלת, ובמנחת הבכורים, שהן בלולות, ובמנחת חוטא וסוטה שהן חריבות, שיהו מתחלקות לכל בני אהרון, כלומר לכל בית אב שלהם. ופירוש וכל מנחה בלולה בשמן וחרבה, מנחה שאין בה אלא סולת, בלולה או חרבה, לא מאלה הנזכרות. **ויהיה טעם ההפרש ביניהן, מפני שטרח הכהן באפייתן וראוי להרבות שכרו.**

אבל רבותינו לא רצו בכך, מפני שאמר 'וכל מנחה בלולה בשמן וחרבה', שכל המנחות שבעולם יכלול זה, שהם כולם בלולות או חרבות. ולכך ראו שפירוש 'לכהן המקריב אותה', לכהנים הטהורים הנמצאים שם.

וכן מה שאמר, 'והכהן המקריב את עולת איש', 'והכהן אשר יכפר בו לו יהיה' – כולם לא באו אלא לומר שלא יהיו לבעלים, אבל יהיו בשכר ההקרבה לכהנים הטהורים הנמצאים שם, שכלם הם מקריבים ביד או בצווי, כי היחיד מהם או השנים ושלשה המקריבים ברשות כולם הם עושים ובשליחותם, וכולם עומדים על הקורבן, 'כחלק היורד במלחמה וכחלק היושב על הכלים יחדיו יחלוקו'.

ואחר שאמר שיהיו לכהנים בשכר עבודתם, חזר וביאר: 'וכל מנחה בלולה בשמן וחרבה', שהוא כלל המנחות, לכל בני אהרן המקריבים הנזכרים תהיה איש כאחיו, כלומר לבית אב הטהורים מהם, שכלם הם המקריבים הנזכרים... ואמר הכתוב כי הדין הזה במנחות, וכל שכן בשאר הקורבנות שדמיהן מרובין. והקבלה תכריע, **ותקנת הכהנים היא ושלום הבית** (רמב"ן לוויקרא ז', ט).

דברי רמב"ן אלו הם אבן פינה ליחסו של רמב"ן למדרש ההלכה בכלל. אין כאן המקום לפתוח נושא רחב זה,[22] אך ברצוני להסב את תשומת הלב לכמה עקרונות שעולים מתוך פירושו הנזכר. ראשית, רמב"ן לא רואה את מדרש ההלכה בהכרח כפשטי מקראות. כניסוחו כאן – "דרך הפשט ידוע בזה" והיא שונה ממדרש ההלכה.

עם זאת, חשוב לרמב"ן להראות שמדרש ההלכה מציע קריאה אפשרית בכתובים, גם אם היא איננה הפשט ההכרחי. כלומר, אין מדובר בסתירה בין תורה

22. ראו את השגת רמב"ן על הרמב"ם בספר המצוות, שורש ב, אות כז. על שיטתו של רמב"ן בהקשר זה ראו אצל: ליכט, רמב"ן. על דרכים שונות שאימץ רמב"ן כדי לפשר בין מדרשי ההלכה לפשטי המקראות ראו אצל: סקלרץ, התמודדות.

שבעל פה לתורה שבכתב, אלא ניצול אפשרות קריאה על ידי חז"ל, גם אם אין זו הקריאה הפשוטה ביותר.

הנתון השלישי המעניין שעולה בדברי רמב"ן הוא שחז"ל הכריעו לקרוא את הפסוקים כפי שהכריעו גם בגלל שיקולים חוץ פרשניים.[23] במקרה שלנו, "תקנת הכהנים היא ושלום הבית": כדי למנוע דברי ריבות בין הכוהנים העובדים בבית ה' סביב השאלה מי יקריב קורבנות שמהם מקבלים חלק גדול, ומי יקריב קורבנות שמהם מקבלים חלק קטן, החליטו חז"ל להנהיג נורמה קבועה לכל הקורבנות כולם, ואלו מתחלקים בין כל כוהני בית האב שנמצא במקדש; אין זה משנה איזה כוהן טיפל באיזה קורבן.

מעבר להנחות יסוד אלו, מציע רמב"ן גם ביאור לחלוקת המנחות כפי שעולה מפשטי המקראות: "ויהיה טעם ההפרש ביניהן, מפני שטרח הכהן באפייתן וראוי להרבות שכרו". לדעתו, במנחות המעובדות ראוי לתת שכר מיוחד לכוהן שטורח בהכנתן, ואילו במנחת הסולת – שהקרבתה אינה מלווה בטרחה גדולה – אין עדיפות לכוהן העובד בפועל.

לפי גישה זו נצטרך להוסיף שמנחת הסולת קלה במיוחד להכנה, גם ביחס לקורבנות בהמה, שהרי את עור העולה מקבל הכוהן המקריב, כמו גם את בשר החטאת והאשם. כלומר, רק מנחת הסולת איננה מלווה בטרחה, ועל כן אין כוהן ספציפי שראוי לקבל את הנותרת מן המנחה לעצמו. להצעה זו משמעות רבה, כי נראה מתוך דברי רמב"ן שהוא מניח שזו הסיבה לעצם שיתוף הכוהנים בקורבנות – מעין שכר עבודה עבור טרחתם.

אולם פירושו של רמב"ן קשה בשל הנחת היסוד שהוא נשען עליה, ועל פיה את המנחות המעובדות מכין הכוהן וטורח בהן. רמב"ן מניח שהאדם המקריב מביא למשכן או למקדש את חומר הגלם בלבד, ושם הכוהן הוא האופה או המטגן. אולם כפי שכבר עלה לעיל, בדיון בפרק ב', הקריאה הפשוטה יותר היא כהצעת אברבנאל, שמביא המנחה הוא שמכין אותה בביתו, והוא מביאה למשכן כשהיא כבר מעובדת ומוכנה לקמיצה והקרבה. כך עולה מסדר הפסוקים שמתארים תחילה את הכנת המנחות ("וְכִי תַקְרִב קָרְבַּן מִנְחָה מַאֲפֵה... וְאִם מִנְחָה עַל הַמַּחֲבַת קָרְבָּנֶךָ... וְאִם מִנְחַת מַרְחֶשֶׁת קָרְבָּנֶךָ"), ורק אחר כך את הבאתן אל המשכן ("וְהֵבֵאתָ אֶת הַמִּנְחָה אֲשֶׁר יֵעָשֶׂה מֵאֵלֶּה לַה' וְהִקְרִיבָהּ אֶל הַכֹּהֵן וְהִגִּישָׁהּ אֶל הַמִּזְבֵּחַ" – ב', ד-ח). לפיכך, קשה לראות בטרחת הכוהן במנחות המעובדות את הסיבה לנטילתו את הנותרת מן

23. משה הלברטל הדגים עיקרון זה בכמה פרשיות הלכתיות (הלברטל, מהפכות).

המנחה. אדרבה: במנחות המעובדות הכוהן אינו טורח כלל. אם אין זה בסיס הפיצול בין המנחות, גם אין הכרח לאחוז בעמדה הבסיסית של רמב״ן ולראות את אכילת הכוהנים כשכר עבודה.

רמב״ם: גודל המנחות

לפני הצגת גישת הרמב״ם, יש להעיר על מתח מסוים שקיים בהקשר זה בין שני חיבוריו הגדולים – פירוש המשניות ומשנה תורה. בפירוש המשניות חילק הרמב״ם בין קורבנות שונים. המשנה במסכת חלה מפרטת את מתנות הכהונה שניתן לתת ״לכל כהן״, והרמב״ם מבאר שהכוונה שניתן לתת אותן גם לכוהן עם הארץ (ר׳ עובדיה ברטנורא במקום מפרש אחרת). אחת המתנות שנמנית במשנה היא ׳קודשי קדשים׳, כלומר חלק הכוהנים מקורבנות שהם קודשי קדשים. בפירושו למשנה זו סוקר הרמב״ם את מתנות הכהונה כולן, ומבאר שהמשנה כתבה במכוון רק ׳קודשי קדשים׳, והתעלמה מקדשים קלים שניתנים רק לכוהן העובד ולא ׳לכל כוהן׳:

> ומורם מתודה ואיל נזיר, וכמו כן עורות קדשים **אינן נתנות לכל כהן, אבל לוקח אותם הכהן המקריב אותו הזבח**, וכן בא הכתוב בעורות קדשים ׳והכהן המקריב את עולת איש עור העולה אשר הקריב לכהן לו יהיה׳. ואמרם במורם מתודה ׳לכהן הזורק את דם השלמים לו יהיה׳, ואמר במורם מאיל נזיר: ׳והניף אותם הכהן תנופה לפני ה׳ קודש הוא לכהן׳ (במדבר ו׳), ולמדנו שכהן המניף הוא האוכל אותה (פירוש המשניות, חלה ד, ט).

בפירוש זה, וביחס לקדשים קלים ולעורות הקורבנות, מתעלם הרמב״ם לחלוטין ממדרש ההלכה (שעל פיו גם בקדשים קלים יש לחלק בין כוהני בית האב העובדים באותו היום),[24] ופסיקתו מותאמת לעולה מפשטי המקראות: הכוהן העובד הוא הנוטל חלקו. הרמב״ם מונה כאמור את עור העולה ואת זבחי השלמים (על גוניהם) כמי שמגיעים לכוהן העובד, אך מתעלם מהחטאת, מהאשם ומהמנחה, כלומר מהקורבנות שהם קודשי קדשים (אף שעור העולה הוא קודש קדשים, הוא יכול להיחשב מתנה ממונית, שהרי אין מדובר בבשר הקורבן עצמו).

24. ספרא, צו, פרק י, ח: ״יכול לא יחלקו בקדשי קדשים אבל יחלקו בקדשים קלים? תלמוד לומר ׳איש כאחיו׳ וסמיך ליה ׳אם על תודה׳ – כשם שאין חולקים בקדשי קדשים כך אין חולקים בקדשים קלים״.

מצד שני, במשנה תורה אימץ הרמב"ם באופן מלא את מדרש ההלכה – גם ביחס לקדשים קלים ולעורות, אך גם שם הוא ביקש לתת טעם לניסוח השונה שבין המנחות השונות:

> נאמר בעולה 'עור העולה אשר הקריב לכהן לו יהיה', ונאמר בחטאת 'הכהן המחטא אותה יאכלנה', ונאמר באשם 'הכהן אשר יכפר בו לו יהיה', ונאמר בשלמים 'לכהן הזורק את דם השלמים לו יהיה', ונאמר במנחה 'הכהן המקריב אותה לו יהיה'. אין הכתוב מדבר בכל אלו אלא בראוי – שהכהן הראוי לעבודה זהו שיש לו חלק לאכול, ומי שאינו ראוי בשעת הקורבן, כגון שהיה טמא, אין לו חלק לאכול אפילו כשיטהר לערב. אבל לענין חלוקה הכל לאנשי בית אב שמקריבין באותו היום, וכולם חולקים בכל קדשי המקדש איש כאחיו, בין זה שהקריב בין אחיו שעמו במקדש שלא הקריב.
> ולמה חלק הכתוב במנחות בין מנחות האפויות ומנחת הסלת – שהרי באפויות הוא אומר 'כל המנחה אשר תאפה בתנור לכהן המקריב אותה לו תהיה', ובמנחת הסלת הוא אומר 'וכל מנחה בלולה בשמן וחרבה לכל בני אהרן תהיה איש כאחיו'? שהאפויה כשחולקין אותה אנשי בית אב כל שיגיע לו חלקו אפילו כזית פת הרי הוא ראוי לו שהרי אוכלו מיד, אבל הסלת אם יחלקוה ביניהן נמצא מגיע לזה מלא כפו סלת או פחות שאינו ראוי לא ללוש אותו ולא לאפותו. לפיכך היה עולה על הדעת שיחלקו מנחה כנגד מנחה ולא יחלקו מנחה זו בפני עצמה על כל אנשי בית אב, הוצרך הכתוב לומר בה 'לכל בני אהרן תהיה איש כאחיו' לומר שיחלקוה בפני עצמה. מכאן אמרו חכמים אין חולקין מנחה כנגד מנחה אפילו מעשה מחבת כנגד מעשה מחבת או סלת כנגד סלת, אלא כל אחת ואחת חולקין שיריה בפני עצמה (הלכות מעשה הקורבנות י, יד–טו).

תחילה מכריע הרמב"ם כהכרעה ההלכתית של חז"ל – גם בנוגע לקדשים קלים ולעורות קדשים. אלא שבהמשך דבריו, הוא עומד על הפער בלשון הכתוב בין סוגי המנחות השונים, ושואל מדוע חילקה התורה בין המנחות המעובדות למנחות שאינן מעובדות. יש להדגיש כי שאלתו כאן מניחה שההלכה היא כדברי חכמים, והיא נוגעת אפוא ברובד הניסוחי בלבד – מדוע דין אחד ואחיד כתוב באופן שונה במנחות השונות? על כך הרמב"ם משיב, שבמנחת הסולת היה מקום לחשוב שהיא לא תתחלק בין כל הכוהנים העובדים באותו יום, מפני שמועטה היא. נוח יותר שכל כוהן ייקח בתורו מנחת סולת אחת שמגיעה למקדש, ולא יחלקו כל מנחה ומנחה בין

הכוהנים כולם. כדי למנוע טעות זו הדגישה התורה שגם מנחת הסולת "לְכָל בְּנֵי אַהֲרֹן תִּהְיֶה אִישׁ כְּאָחִיו" (ז׳, י).[25] לפי דבריו, אין הבדל הלכתי בין שני הניסוחים (ומבחינה זו מזכירים דבריו את שיטת שד"ל), אולם הכתוב נעזר בניסוחים שונים בשל גודל המנחות הנידונות, שעלול היה להתבקש ממנו ביאור שונה של דין חלוקת המנחה.

כבדרך אגב אעיר, שהדיון של הרמב"ם מסגיר את דעתו להלכה, שבאכילת קדשים אין צורך באכילת כזית,[26] שהרי אין זה ודאי שיש במנחת הסולת שמתחלקת בין כל כוהני בית האב כזית לכל אחד ואחד. עמדה זו, שעוסקת ב'אכילת הקורבן' ללא תלות בכמות הנאכלת, חושפת שאין לראות את אכילת הקורבנות כעוד מצוות אכילה אשר גדריה להלכה הם כשאר מצוות אכילה (גם לשיטה זו יש לאכול את הקורבן כולו כדי שלא להביאו לידי נותר, אך מצוות עשה של אכילת קורבן מתקיימת באכילת כזית – ככל דיני האכילה שבהלכה). אכן, הרוח העולה מהמקראות מתאימה לניסוח של רבי אריה לייב בר אשר גינצבורג (בעל שאגת אריה), שמצוות עשה של אכילת קדשים מוסבת על כל הקורבן – גם אם יש בו יותר מכזית. הכוהנים ממשיכים באכילתם את אכילת המזבח, ואין מדובר בחובה לצאת ידי 'אכילה', אלא בחובת אכילת הקורבן שנשתייר מאש המזבח.

מתנת המקריב או מתנת מזבח

מדוע אם כן יוצרת התורה הבחנה בין מנחת הסולת למנחות המעובדות בהקשר זה? רד"צ הופמן אימץ את קריאת חז"ל, אך תחילה הוא מנה כמה אפשרויות שעלו במחקר (ודחה את כולן). חלק מהגישות המוזכרות להלן הוזכרו גם בפירושו, והרוצה לבחון את טענותיו נגדן מוזמן לעיין בפירושו.[27]

את הגישות המרכזיות שהוצעו במחקר אפשר לחלק לארבע, וליתר דיוק – שתיים שהן ארבע:

1. קנובל הציע, שהמנחה שאליה מכוונת התורה בביטוי "מנחה בלולה בשמן" היא מנחת נסכים שבאה עם כל זבח, אך אין הכוונה לנדבת מנחה כקורבן בפני עצמו. לדעתו, את מנחת הסולת (= הנסכים) אפשר לאסוף ולשמור,

25. בדרך זו ביאר גם הרלב"ג, בפירושו לוויקרא ז׳, י.
26. כפי שגם סבור בעל מקדש דוד, סימן יד, ו, ובניגוד לשו"ת שאגת אריה, סימן צו, ומנחת חינוך, מצווה קלד.
27. הופמן, ויקרא, כרך א, עמ׳ קעב-קעג.

ואילו את המנחות המעובדות צריך היה לאכול מיד. על כן, מבחינה טכנית, רק את מנחת הסולת ניתן לחלק בין כל הכוהנים.[28] הצעה זו קשה, לא רק משום שככל הנראה מנחת נסכים אינה נאכלת כלל, אלא גם מפני שמנחת הנסכים אינה מוזכרת עד לספר במדבר, וקשה להניח שדרישת חלוקת המנחות המשולבת בפרשתנו מתייחסת אליה בלי שום רמיזה מוקדמת לעצם קיומה. אני גם מסופק אם יש לאמץ את ההנחה שאת המנחות המעובדות לא ניתן לשמור ולחלק בין הכוהנים.

2. בדומה להשערה של קנובל שמדובר במנחות בעלות אופי אחר, הציע רנדטורף, שמנחת הסולת המדוברת בפרשה זו היא מנחת ציבור, בעוד המנחות המעובדות הן מנחות יחיד. לפיכך, מנחת הציבור מתחלקת בין ציבור הכוהנים כולו, בעוד קורבן היחיד נאכל על ידי כוהן יחיד.[29]

בשונה משתי האפשרויות הנזכרות, ולפיהן מנחת הסולת איננה מנחת היחיד הסטנדרטית, היו שסברו שהמנחות אומנם מתייחסות אל נדבת היחיד, אך החלוקה בין המנחות משקפת נסיבות אחרות הקשורות בהבאתן:

3. קייל טען, שהבאת מנחות מעובדות היא אופציה נדירה יחסית למנחת סולת שהיא המנחה השכיחה. אשר על כן, את המנחות המעובדות הכוהן העובד יכול לאכול בעצמו, אך ריבוי מנחות הסולת הִקשה על הכוהן הבודד לאכול אותן בעצמו עד תומן. הוא הוסיף שלא די בכך שהמנחות המעובדות הן נדירות, גם גודלן קטן יותר ממנחת הסולת, ולאדם אחד קל יותר לעמוד בדרישת אכילתן.[30] גם הצעה זו קשה, שהרי הקושי לכוהן בודד לאכול את כל בשר החטאת והאשם גדול בהרבה מהקושי לאכול את כל המנחה במנחת סולת, ולמרות זאת הדרישה היא שהכוהן המקריב גם יאכל.

4. מילגרום שיער, שהדין השונה מתייחס לשני מצבים שונים של עבודת המקדש. לדעתו, המנחות המעובדות הוקרבו במקדשים מקומיים (כמו בבית אל, שילה או נוב) ובבמות, ואילו מנחת הסולת היא מנחה ממוסדת שהוקרבה במקדש. מאחר שבמקדשים המקומיים יש כוהנים בודדים שעובדים, המנחה

28. קנובל, ויקרא, עמ' 406.
29. רנדטורף, ויקרא, עמ' 248.
30. קייל, חומשים, חלק ב, עמ' 323.

הנותרת ניתנת לכוהן העובד; אך במקדש הממוסד עובדים כוהנים רבים מדי יום, ועל כן המנחה מתחלקת בין כולם.[31]

אולם ביאור זה קשה ותמוה. הרי בכל הקורבנות נאמר שהעור או הבשר ניתנים לכוהן העובד דווקא, ואם במנחה יש פיצול בין המקדש המקומי ובין המקום אשר יבחר ה׳, אפשר היה לצפות למצוא חלוקה זו גם בשאר הקורבנות שברשימה. זאת ועוד, בסופו של דבר, הכתוב מגיש את שני הדינים יחדיו ללא כל חלוקה היסטורית או גאוגרפית ביניהם, כך שמתוך הכתוב שלפנינו קשה לדלות הבדל זה, ולו ברמז.

הארכתי בהבאת ההצעות השונות כדי להבהיר שהמבוכה כאן גדולה, וכפי שקורה לא פעם, הכתוב מציג תוצאה הלכתית־משפטית של תפיסה מסוימת, ועל הקורא מוטלת החובה לדלות את טעם החוק ומשמעותו כשבידיו התוצאה הנורמטיבית בלבד.

בזהירות ובהיסוס אפשר להציע שהפתרון נעוץ בדיון שכבר ערכנו לעיל בניתוח פרק ב׳. החריגות המלוות את אכילת קורבן המנחה מתחילות כבר שם. כזכור, אף שדין אכילת הכוהנים אינו נזכר בפרשת ויקרא, הרי שבאופן חריג ביחס לקורבן המנחה נאמר כבר שם: "וְהַנּוֹתֶרֶת מִן הַמִּנְחָה לְאַהֲרֹן וּלְבָנָיו קֹדֶשׁ קָדָשִׁים מֵאִשֵּׁי ה׳" (ב׳, ג, י). סביר שהחריגה המלווה את זהות אוכלי המנחה קשורה בחריגה המוקדמת ההיא.

כאמור לעיל, אכילת המנחה על ידי הכוהנים איננה נתפסת כאכילת שאר הקורבנות, אלא יש לראות בה את המשך אכילת המזבח, וכדיוק לשון הכתוב: יש לכוהנים חלק במנחה "מֵאִשֵּׁי ה׳" – כלומר ממתנת המזבח. אכן, בפרשתנו התברר שהכוהנים אוכלים את כל קודשי הקודשים כנציגי המזבח וכבאי כוחו, אולם קורבן המנחה חריג בכך שהקורבן כולו עובר מידי האדם לרשות המזבח, ומשם הוא עובר אל הכוהנים לשם אכילתם. במובן הזה, אכילת הכוהנים את המנחה היא כהמשך ההקרבה, ולכן גם יש בחינה מסוימת של ׳כליל׳ הנלווית גם אל המנחה – בדומה לעולה. מבחינתו של המקריב, קלט המזבח את הקורבן כולו, גם אם המזבח בחר להעביר חלק ממזונו לכוהנים.

להבחנה זו יש כמובן משמעות הנוגעת לאופי אכילת הכוהנים את הקורבנות, אך גם לנקודת הזמן שבה חלק הכוהנים עובר לידיהם. בכל הקורבנות, האדם המקריב את קורבנו נותן חלק למזבח וחלק אחר לכוהנים – שגם הם נציגיו של המזבח באכילת חלק הקורבן שלא הוקטר (עוד נראה להלן, ז׳, לב-לג, שמודל זה מובלט גם בשוק

31. מילגרום, ויקרא, כרך א, עמ׳ 412.

הימין של זבח השלמים). לעומת זאת במנחת סולת המודל שונה: מביא המנחה ניצב רק מול המזבח ומעניק לו את הקורבן כולו, ורק לאחר שהגיע הקורבן כולו אל המזבח, 'מעביר' המזבח חלק ממנו אל הכוהן; כאמור: "חֶלְקָם נָתַתִּי אֹתָהּ מֵאִשָּׁי" (ו', י).

לפיכך ברור מדוע קורבן המנחה חריג. הכוהן העובד בהקרבת עולה, חטאת ואשם, מקבל לידיו את בהמת הקורבן – את חלקה הוא מקטיר וחלקה נותר בידיו. הוא זה שהקריב את הבהמה, והוא שקיבל אפוא את חלקו ממנה. אולם בקורבן המנחה, הכוהן, בעצם הקרבתו את הקורבן, כבר סיים את תפקידו, ורק אז הקורבן מתחלק בקרב הכוהנים. כלשון הכתוב, החלק של הכוהנים מקורבן מנחה הוא "הַנּוֹתֶרֶת". במקרה זה אין כל עדיפות לכוהן שהקריב את המנחה משאר אחיו המקודשים. כולם נציגי המזבח במידה שווה, וכולם מייצגים את המשך אכילתו. אדרבה, חלוקת הנותרת מן המנחה היא הצהרה רבת חשיבות, שלא בשל עבודתו מקבל הכוהן את חלקו ולא בשל מתנת הבעלים המודים לו; אלא יש לראות באכילתו של הכוהן את המשך אכילת המזבח. במקרה זה, הדבר החשוב הוא מעמד הכהונה, סטטוס הקדושה של האוכלים, וכל "בְּנֵי אַהֲרֹן" שווים בדבר זה, "אִישׁ כְּאָחִיו", שהרי כולם כלולים בקדושתו של אהרון.

עדיין, יש להבין מדוע בכל זאת במנחות המעובדות הכוהן העובד הוא המקבל את הנותרת מן המנחה. והרי בפרק ב' נאמר גם ביחס למנחות אלו: "קֹדֶשׁ קָדָשִׁים מֵאִשֵּׁי ה'" (ב', י).

אחד ההבדלים בין מנחת סולת למנחות המעובדות שהוזכרו לעיל (בדיון בקורבן המנחה בוויקרא ב') הוא דין ההגשה שקיים במנחות המעובדות ושחסר במנחת הסולת: "וְהֵבֵאתָ אֶת הַמִּנְחָה אֲשֶׁר יֵעָשֶׂה מֵאֵלֶּה לַה' וְהִקְרִיבָהּ אֶל הַכֹּהֵן וְהִגִּישָׁהּ אֶל הַמִּזְבֵּחַ" (ב', ח). כלומר, יש להגיש את המנחות המעובדות אל המזבח עם הגעת בעליהן אל המשכן, דבר שבמנחת הסולת לא נזכר. ייתכן שבשל כך, במנחות המעובדות הכוהן מקבל את חלקו כבר בתחילת תהליך ההקרבה. מביא המנחה מתנתק ממנה עם הבאתהּ אל הכוהן המגישהּ אל המזבח, ומי שנכנס תחתיו הוא הכוהן שזוכה ברגע זה בחלק המיועד לכוהנים. נכון הדבר שגם במנחות המעובדות חלק הכוהנים הוא מאישי ה', אך במנחות אלו תר המזבח אחר הכוהן שקידש מלכתחילה את המנחה, והמזבח מעניק לו את הנותרת.

ראוי להזכיר בהקשר זה את הנצי"ב שישמש לנו אילן להיתלות בו, גם אם אינו מפרש בהתאמה לנאמר לעיל. הנצי"ב אימץ את פרשנות חז"ל, אך ביקש לתת טעם לשינוי לשון הפסוקים בין המנחות המעובדות למנחת הסולת:

ואם כן יש לפרש שנוי לשון בין שלוש מנחות הללו למנחת סלת. דאכילת קודשי קדשים לכהנים יש בזה שני טעמים: האחד אינו חלף עבודתם אלא זכות הוא לכהנים, כמו שכתוב בפרשת קרח, ולזה הטעם כל כהני בית אב שוין. השני, ראוי ליתן שכר הטורח גם כן, כמו שאמר מלאכי הנביא ׳מי גם בכם ויסגור דלתים ולא תאירו מזבחי חנם׳. ואם כן, במקום שיש טורח ראוי להיות לכהן המקריב (העמק דבר לוויקרא ז׳, ט).

הנצי״ב סבור – כרמב״ן – שיש טרחה מיוחדת במנחות המעובדות, ולכן הכוהן המקריב אותן זוכה בנותרת מהן. לצד זאת, מתייחס הנצי״ב לשני גורמים המצדיקים את נתינת הקורבן לכוהנים, וכותב שיש הבדל בזהות הכוהן שמקבל לפי כל גורם. מצד אחד, הכוהן ראוי לקבל מהקורבן את חלקו כשכר עבור עבודתו. לפי זה, ראוי שהכוהן שעבד בפועל הוא זה שיקבל את חלק הקורבן הניתן לכוהנים. אך הכוהן ראוי לקורבן גם מצד עצם היותו כוהן: ״אינו חלף עבודתם, אלא זכות הוא לכהנים״. לאור סיבה זו, אין עדיפות לכוהן שהקריב את הקורבן, אלא ״כל כהני בית אב שוין״. גם מבלי לאמץ את ההנחה הראשונה של הנצי״ב הנוגעת לטרחת הכוהן, והעומדת בבסיס קבלתו חלק מהקורבנות, דומה שיש לאמץ את החלוקה העקרונית שהוא הציע, ובכוחה לפענח מדוע בכל הקורבנות ניתן חלק הכוהנים לכוהן המקריב, בעוד מנחת הסולת מתחלקת בין כל הכוהנים.

פרק שמונה עשר

תורת זבח השלמים (ז׳, יא-לד)

על הרחבת תחומי המזבח

תורת הקורבנות האחרונה שמובאת בפרשתנו היא תורת זבח השלמים. כבר מצד אורכה ניכר שקורבן זה זוכה להתייחסות מיוחדת: ארבעים וארבעה פסוקים, שהם בערך פי ארבעה (ומעלה) ממספר הפסוקים המוקדש לקורבנות אחרים. ייתכן שיש מי שיופתע מכך, שאפילו קורבן האשם שפרטי הקרבתו משולבים בפרשה זו אינו תופס נתח כה רב כמו זבח השלמים, וייתכן שיהיה מי שיופתע מכך שדווקא הקורבן שאיננו קודש קדשים זוכה לעיסוק כה מרוכז ומפורט בפרשתנו. אך מכיוון אחר דבר זה צפוי, שהרי פרשתנו מוקדשת בעיקרה לדיני אכילת הקורבנות. זבח השלמים – שגם הבעלים אוכל ממנו – דורש תשומת לב מיוחדת. כפי שנראה, תורת זבח השלמים התרחבה כל כך, בגלל האזהרות החוזרות מפני אכילת הקורבן בטומאה. בקורבנות האחרים אין צורך להזהיר על כך, שהרי הם נאכלים רק על ידי הכוהנים – אשר נזהרים בכל מקרה מפני טומאה – והקורבן נאכל רק בחצר אוהל מועד. אך המפגש של ההמון הישראלי עם קורבן יוצר אתגר מיוחד, ומזקיק אזהרות חוזרות ונשנות. גם זמן האכילה ייחודי בקורבן זה, וגם הוא דורש תשומת לב מיוחדת, ולשם ביאורו מוקדשים כמה פסוקים, שלא כמו קורבנות אחרים שזמן אכילתם אינו נדון כלל.

האומנם ׳קדשים׳ קלים?

הדבר הראשון הבולט בקריאת הפסוקים המוקדשים לתורת זבח השלמים הוא מה שחסר בהם. לאחר ההגדרה החוזרת לאורך הפרשה שהקורבנות הם ׳קודש קדשים׳,

בולט לעין חסרון הגדרה זו ביחס לזבח השלמים. חז"ל מכנים את זבח השלמים 'קדשים קלים' (כגון משנה זבחים ה, ז), אך יש להדגיש שהמונח 'קדושה' לא נזכר בפסוקים כלל ביחס לקורבן זה! קריאה תמימה של הפסוקים תגיע למסקנה שקורבן זה איננו 'קדוש'. גם אם בסופו של דבר נשתכנע שיש רמה מסוימת של קדושה בקורבן (ועל כן אסור לאכול ממנו בטומאה), חסרון לשון 'קדושה' בפרשה זו הוא נתון דרמטי שאומר דורשני.

הימנעות פרשתנו מלכנות את זבח השלמים בכינוי 'קדוש' בולטת מתוך השוואה בין דין הפיגול המשולב בתורת זבח השלמים אצלנו, לבין שילובו בפרשת קדושים:[1]

ויקרא ז', טז–יח	ויקרא י"ט, ה–ח
וְאִם נֶדֶר אוֹ נְדָבָה זֶבַח קָרְבָּנוֹ	וְכִי תִזְבְּחוּ זֶבַח שְׁלָמִים לַה' לִרְצֹנְכֶם תִּזְבָּחֻהוּ.
בְּיוֹם הַקְרִיבוֹ אֶת זִבְחוֹ יֵאָכֵל וּמִמָּחֳרָת... וְהַנּוֹתָר מִבְּשַׂר הַזָּבַח בַּיּוֹם הַשְּׁלִישִׁי בָּאֵשׁ יִשָּׂרֵף.	בְּיוֹם זִבְחֲכֶם יֵאָכֵל וּמִמָּחֳרָת וְהַנּוֹתָר עַד יוֹם הַשְּׁלִישִׁי בָּאֵשׁ יִשָּׂרֵף.
וְאִם הֵאָכֹל יֵאָכֵל מִבְּשַׂר זֶבַח שְׁלָמָיו בַּיּוֹם הַשְּׁלִישִׁי לֹא יֵרָצֶה הַמַּקְרִיב אֹתוֹ לֹא יֵחָשֵׁב לוֹ פִּגּוּל יִהְיֶה	וְאִם הֵאָכֹל יֵאָכֵל בַּיּוֹם הַשְּׁלִישִׁי פִּגּוּל הוּא לֹא יֵרָצֶה.
וְהַנֶּפֶשׁ הָאֹכֶלֶת מִמֶּנּוּ עֲוֹנָהּ תִּשָּׂא.	וְאֹכְלָיו עֲוֹנוֹ יִשָּׂא **כִּי אֶת קֹדֶשׁ ה' חִלֵּל וְנִכְרְתָה הַנֶּפֶשׁ הַהִוא מֵעַמֶּיהָ.**

זיקת הפסוקים ברורה ובולטת, ודורשת דיון רחב שחורג מגבולות יריעה זו. לענייננו אני מבקש להפנות את תשומת הלב לחתימה השונה. בוויקרא י"ט הקורבן מוגדר בפירוש כקודש, וזהו הנימוק לאיסור אכילתו מעבר לזמן הקצוב לו – "כִּי אֶת קֹדֶשׁ

1. הדיון השלם מחייב גם את השוואת שתי הפרשיות הללו לוויקרא כ"ב, כט-ל, דבר החורג מגבולות יריעה זו. רק אציין שלדעת ישראל קנוהל, תורת זבח השלמים שבפרשתנו כוללת הן את זבח השלמים הרגיל הן את שלמי התודה, ושתי הפרשות האחרות חוזרות כל אחת על מודל אחד – ויקרא י"ט חוזר על שלמי נדר או נדבה, וויקרא כ"ב חוזר על שלמי תודה (קנוהל, מקדש הדממה, עמ' 113-115).

ה׳ חִלֵּל״; מאחר שמדובר בחילול קודש, משולב גם עונש – ״וְנִכְרְתָה הַנֶּפֶשׁ הַהִוא מֵעַמֶּיהָ״. דווקא בשל ההישענות הברורה של פסוקים אלו על תורת זבח השלמים שבפרשתנו, ניכר חסרון חתימה דומה אצלנו. משום מה, נמנע הכתוב מלהגדיר את זבח השלמים כקודש, ואת האוכל ממנו לאחר זמנו כמחלל קדושה זו. דבר זה מציב קורבן זה בשדה אחר מכל שאר הקורבנות שבפרשה. מאחר שגם לשון ׳קודש׳ לא משולב, לא נראה הדבר כרמות קדושה שונות, אלא כשני מסלולים שונים לגמרי של הקרבה ושל מעבר הקורבן לרשות גבוה.

מהי קדושה?

לשם הבנת דבר זה עלינו לתת את הדעת, גם אם בקצרה ובכותרת בלבה, לביאור המונח ׳קדושה׳ ולמה שהוא מייצג בעולם הקורבנות. צודק רודולף אוטו, שמושג הקדושה הושאל לתחומים נוספים, ולכן, גם אם קאנט מדבר על ׳רצון קדוש׳ בהוראת ׳הרצון הטהור׳, ׳הרצון המושלם׳, הוא איננו חושף בניסוחים אלו באמת את מושג הקדושה אלא מרחיב את שימושו, ואין זאת אלא מטפורה.[2] ייתכן שדבר זה מתרחש כבר במקרא עצמו, וההוראה ״קְדֹשִׁים תִּהְיוּ כִּי קָדוֹשׁ אֲנִי ה׳ אֱלֹהֵיכֶם״ (ויקרא י״ט, ב),[3] מכוונת לומר באופן כללי שהפועַל בהתאם לדרישות ה׳ מתנהג באמות מידה של עולם הקדושה. אין לבלבל בין ההוראה המושאלת להגדרת הקדושה המשפטית.

לא ניתן במסגרת זו לפתוח דיון זה על כל צדדיו ומורכבותו, בעיקר נוכח העובדה שבמקרא עצמו יש נימות שונות ביחס לקדושה ולתפקידה (בעיקר במה שעולה מספרי שמות־ויקרא מצד אחד וספר דברים מצד שני).[4] ההגדרה הבסיסית של הקדושה המקראית היא:

> מה שהאל הבדיל, ייעד או ייחד, ומכך נגזרת הבדלה דומה של האדם. האל עצמו קדוש, שהרי הוא עצמו נבדל מן העולם, ואלו המתבדלים מן החול או מאיסורים שונים ומתקרבים לאל (כגון הנזיר) נעשים קדושים גם הם. שם העצם ׳קדוש׳ מייחד את התחום האלוהי או את המובדל כדי להיות מיוחד או מיועד לאל. לכן כשחפץ נמסר לבעלות האל או שלוחיו, כגון לשימוש פולחני, הוא מתקדש.[5]

2. אוטו, הקדושה, עמ׳ 10.
3. ייתכן שגם פירוש רש״י לפסוק זה מרחיב את שימושו הבסיסי של מושג הקדושה: ״קדושים תהיו – הוו פרושים מן העריות ומן העבירה״.
4. ראו על כך בהרחבה אצל ויינפלד, מפנה; ויינפלד, דברים, עמ׳ 179-243.
5. רגב, קדושה, עמ׳ 53. ראוי לציין שהאטימולוגיה של המילה ׳קדוש׳ אינה ברורה דיה, אך יש

מושג הקדושה המקראי (בוודאי זה שרלוונטי לדיוננו בתורת הקורבנות בויקרא) קשור בטבורו במה שמשתייך לתחום האלוהי תוך שהוא נבדל מהספֵרה האנושית. להשתייכות זו יש השלכות משפטיות־מוסריות־חברתיות מגוונות. מאחר שמושג הקדושה קשור במושג השייכות לאל, מושג זה ירד לעולם ביחד עם המחיצות שסובבות אותו ומונעות את האדם מלגשת אליו. היחס אל הקדושה קשור אפוא בטבורו במושג ההבדלה: ״וּלֲהַבְדִּיל בֵּין הַקֹּדֶשׁ וּבֵין הַחֹל וּבֵין הַטָּמֵא וּבֵין הַטָּהוֹר״ (ויקרא י׳, י). הרב סולובייצ׳יק תרגם את המונח קדושה בטרנסצנדנטיות המוחלטת מצד אחד, והדגיש לצד זאת את ההזמנה הפונה לאדם אשר מונחת ביסוד תודעת הקדושה מצד שני.[6] בכך הוא חשף דבר מה יסודי שנלווה אל ההשתייכות לספרה האלוהית שנלווית למושג הקדושה – השגב יוצר תודעה של ריחוק, ברוח דברי הנביא: ״וְאֶל מִי תְדַמְּיוּנִי וְאֶשְׁוֶה יֹאמַר קָדוֹשׁ״ (ישעיה מ׳, כה), אך גם מזמין את האדם לתודעה שנוגעת בקיום שמעבר לעולמו הזמני. גם הניסוחים הדומים של רודולף אוטו, שהקדיש דיון רחב לכפל הפנים של הקדושה – היותה מושכת את המאמין מצד אחד, אך מלאת סכנה ואימה מצד שני – מתרגמים את תחושות המאמין בעמידתו מול הקדושה, שבהגדרתה נפרדת מהחיים הריאליים ומציבה מרחב אלוהי מובדל. פן מהותי בקדושה הוא אפוא נבדלותה מעולם החולין האנושי, ובהקשר עולם הקורבנות נדמה שיש לדבר רלוונטיות מיוחדת.[7]

הנתונים העולים מהמקרא אינם מחזקים את ההשערה שרבים אימצו, ש״הקדושה אינה איפוא תכונה אימננטית של אוביקטים, כי אם אספקט של היחס אליהם״.[8] במקרא אפשר לאתר התרחשות שמעבר לתודעת האדם שניצבת בבסיס הגדרת הקדושה. בהגדרה המובאת למעלה נאמר שהנזיר הופך לקדוש משום שהוא ״מתבדל

שטענו על יסוד שתי האותיות האחרונות המשותפות לשורשים קד״ש וחד״ש, שלשורשים אלה הוראה קרובה: ׳נבדל׳, ׳מנותק׳. החדש הוא הנבדל מהישן שהיה לפניו, והקודש הוא הנפרד מחיי היום יום החוליים (ראו על כך ועל הצעות נוספות אצל רינגרן, קדש.

6. הרב סולובייצ׳יק, איש האמונה, עמ׳ 30-31. הרב חיים נבון הראה שהרב סולובייצ׳יק קושר את האמביוולנטיות שמלווה את מושג הקדושה גם באספקטים היסטוריים – בהתאמה לתקופת ישעיהו ויחזקאל, דבר חריג בהשקפתו (נבון, תודעה היסטורית).

7. שד״ל הציע שהמונח ׳קדוש׳ נגזר מצירוף המלים ׳קד-אש׳: ״נראה לי תחילת גזרתו מן קד אש כלומר יקוד אש, והיתה תחילת הנחת לשון ׳קדש׳ על הקרבנות הנשרפים באש לכבוד האל, ואחר כך הושאל לכל דבר שמפרישין אותו לכבוד האל ומרחיקין אותו מתשמישי החול, אע״פ שאין שם שריפה״ (פירושו לשמות ט״ו, יא). לפי דבריו בבסיס המושג קדושה קשור בעולם הקורבנות ובפרשתנו.

8. כהן, קדושה, עמ׳ 208.

מן החול או מאיסורים שונים ומתקרב לאל״. אך האומנם מדובר רק בהתרחקות מן החול ובהתקרבות לאל? דומה שיש לראות זאת כדבר מה מרחיק לכת עוד יותר.

מקום טוב לברר זאת הוא בהתגלות ה׳ למשה במעמד הסנה. שם, הנימוק לכך שאסור למשה להתקרב עוד אל הסנה ושעליו להסיר את נעליו הוא שהמקום ׳קדוש׳: ״אַל תִּקְרַב הֲלֹם שַׁל נְעָלֶיךָ מֵעַל רַגְלֶיךָ כִּי הַמָּקוֹם אֲשֶׁר אַתָּה עוֹמֵד עָלָיו אַדְמַת קֹדֶשׁ הוּא״ (שמות ג׳, ה). מדוע מקום הסנה מוגדר כמקום קדוש, ומדוע אדם אינו יכול להתהלך במקום כזה? יש לזכור שלאחר שהתגלות ה׳ תיעלם, יחזור גם המקום להגדרתו הראשונה ולא יהיה עוד קדוש.[9] הקריאה המתבקשת להגדרה זו במעמד הסנה היא שההופעה האלוהית במקום הופכת אותו לקדוש. המקום הופקע מהתחום האנושי והפך להיות מקום שבו שורה שכינה. לפיכך על משה גם להסיר נעליו ולהורות בכך שהוא איננו הבעלים במקום זה.[10] את הארץ נתן ה׳ בדרך כלל לבני אדם, אך מקומות, חפצים או זמנים, שבהם האל מנכיח את עצמו – מופקעים מרשות האדם והם הופכים להיות קדושים. מעמד הסנה הוא בראש ובראשונה מעמד של התגלות, אך באותה עת הוא מעמד שמקים מחיצה.

הגדרת הקדושה כנובעת מהתגלות ה׳ הופכת אותה לחמקמקה. מהות הקדושה כשלעצמה היא ה׳; הוא הקדוש ומקור הקדושה: ״אֵין קָדוֹשׁ כַּה׳ כִּי אֵין בִּלְתֶּךָ וְאֵין צוּר כֵּאלֹהֵינוּ״ (שמ״א ב׳, ב). זה האפיון המרכזי של ה׳ בפי מלאכיו: ״וְקָרָא זֶה אֶל זֶה וְאָמַר קָדוֹשׁ קָדוֹשׁ קָדוֹשׁ ה׳ צְבָאוֹת מְלֹא כָל הָאָרֶץ כְּבוֹדוֹ״ (ישעיה ו׳, ג),[11] וה׳ הוא קְדוֹשׁ יִשְׂרָאֵל בֶּאֱמֶת (ישעיה י׳, כ). לפיכך, הגדרה מדויקת של ׳קדוש׳ כמוה כהגדרת איכות אלוהית, דבר שאין יכולת ביד הלשון האנושית לעשותו במדויק. את המבוכה שיקף יפה ההיסטוריון ההולנדי ג׳ראר פאן דר ליו כשהגדיר את הקדושה כך:

> מה שנמצא בין הגבולות, החריג... מי שנפגש עם כוח הקדושה מבין בבירור שהוא נמצא בנוכחות איזו איכות... אשר שום דבר אחר לא יכול לעורר, אלא

9. בהקשרה של דוגמה זו יש אף ליתן דעת אל מערכה נוספת, היוצרת עלילה של ממש בכל הקשור לקדושת המקום: הר האלוהים שבו ראה משה את הסנה הבוער, יחזור להיות אדמת קודש בהתגלות ה׳ עליו במעמד הר סיני, וקדושתו שוב תיעלם כשה׳ יעזוב את המקום.
10. הסרת נעליים כסמל להסרת בעלות מתקיימת גם במערכת יחסים משפטית שבין אדם לרעהו, כפי שעולה למשל מדין חליצה ומוויתור הגואל האלמוני על זכות גאולת השדה של נעמי (להרחבה נוספת ראו: גרוסמן, רות, עמ׳ 310-313, ושם הפניות לדיונים נוספים בעניין).
11. כך על פי הפרשנות המקובלת. רד״ק (ונוספים בעקבותיו) הציע שכינויי ׳קדוש׳ שבפסוק מכוונים למלאכים שמזרזים זה את זה בכינוי ׳קדוש׳ (פירושו במקום).

> זו איכות 'יחידה במינה' (*sui generis*), ו'עומדת בפני עצמה' (*sui juris*), וניתן להגדירה רק במונחים דתיים כגון 'קדוש' ו'נומינוס'.[12]

אך למרות המבוכה שמלווה את הגדרת הקדושה, ניתן לסמן את נתיב הקדושה במציאות כנגזרת ממציאותו הקדושה של ה'. מאחר שהוא הקדוש, ומאחר שהקדושה היא מדבקת, הרי שבמקום שבו שורה שכינה יש קדושה, ומה ששייך לו הופך להיות קדוש. לפי זה, הנזיר הוא קדוש לא משום שהוא מתקרב אל ה', אלא משום שהוא הגדיר עצמו כשייך לה' לתקופה מסוימת. האיסורים החלים על הנזיר אינם הופכים אותו לקדוש אלא הם תוצאה של הגדרתו כקדוש.

אני מודע לכך שהנושא הנדון דורש עיון רחב יותר ומורכב יותר, אך די לנו בהגדרה כללית זו כדי להבין את הייחודיות של קורבן זבח שלמים. ברור מדוע קורבנות שייכים לעולם הקדושה, שהרי הם עוברים לרשות גבוה ואש המזבח אוכלת אותם. מאחר שהם יוצאים לגמרי מרשות האדם ועוברים לרשות המזבח, הרי שהם קודש קדשים, ועל כן רק כוהנים יכולים לטפל בהם ולאכול מבשרם, שהרי גם הכוהנים 'קדושים', כלומר שייכים לתחום האלוהות. ה' פרש כנפו עליהם והשרה עליהם את שכינתו; הם נמשחו בשמן והפכו לקדושים, והבעלים, מביא הקורבן, מסתכל על עולם הקדושה מבחוץ, הוא מושיט יד, אך זקוק ליד הכוהן שתהיה כמתווכת בינו ובין עולם הקדושה. אולם הנחה ברורה זו היא מהפכה בכל הקשור לזבח שלמים, זבח שאיננו מוגדר בפרשתנו כקדוש. חסרון הגדרתו כקדוש חושף את העובדה הפשוטה והמסעירה שהוא לא עובר לרשות גבוה. חלקו אומנם מוקטר על גבי המזבח, אך הוא נותר ברשות הבעלים, בתחום הארצי.

לא ייפלא אפוא שגם במחשבה ההלכתית יש דין מעילה בקודשי קודשים – בבשרם ובאֵמוריהם – גם לפני זריקת הדם, ואילו בזבח שלמים (ובשאר 'קדשים קלים') אין דין מעילה בבשר כלל, וגם באֵמורים חל דין מעילה רק משעת זריקת הדם;[13] לפני זריקת הדם, אין קדושה בקורבן.[14]

12. ון דר ליאו, דת, עמ' 47–48.
13. משנה מעילה א, ד. בעלי התוספות כתבו, שאומנם אין דין מעילה בשלמים, אך יש רובד בסיסי של איסור (בעקבות הגמרא במעילה שם): "מדנקט לשון נקיבה אלמא דבשלמים איירי, ותימה דמאי תקלה שייך בשלמים, והלא אין מעילה בשלמים? ויש לומר דנהי דמעילה ליכא איסור דאורייתא מיהא איכא" (נדרים י ע"א, ד"ה "אדם מביא כבשתו").
14. ליבי אומר לי שזהו הבסיס לגישת חלק מהאחרונים שטענו שאת זבח השלמים יכול הבעלים לאכול מיד לאחר זריקת הדם, עוד לפני הקטרת האֵמורים (בניגוד לקורבנות קודשי קדשים שמותר

משל לשניים שבאים להתארח לסעודה אצל בעל הבית. האחד הביא מתנה בת קיימא באמתחתו, העוברת לרשות הבעלים (׳קודש קדשים׳), בעוד השני הביא דבר מאכל שיעלה על השולחן וייאכל יחדיו בסעודה המשותפת (׳זבח שלמים׳). במקרה האחרון, קשה לראות בדבר המאכל דבר שעובר מיד ליד מבחינה משפטית־כלכלית. המאכל שייך לאורח שהביא אותו, אך זוהי מחווה נאה, שמוֹרה על התודה ועל השותפות.

אני מודע לכך שחלוקה זו גסה מדי, ובוודאי בחשיבה ההלכתית, יש קדושה מסוימת גם בזבח שלמים. כאמור, גם המשך הפרשה יחשוף את החרדה שמלווה את אכילת בשר זבח השלמים מחשש שייטמא, והדבר מלמד על תפיסתו כשייך לעולם של קדושה. אך הנתון, שבפשטי מקראות הקורבן לא מוגדר כקדוש, וזאת בפרשה שכולה מוקדשת להגדרה זו, הוא דרמטי וקשה להגזים במשמעותו.

העובדה שזבח שלמים אינו ׳קדוש׳, היא המאפשרת לבעלים להיות האוכלים העיקריים של בשר הקורבן. לא ייתכן שאדם מישראל שמוגדר זר ביחס למקדש וקודשיו יוכל לאכול בשר קורבן ששייך לגבוה, אלא אם כן הקורבן נותר – ברמת בעלות כזו או אחרת – בידיו. המחיצה שמאפיינת את עולם הקדושה איננה מוקמת במקרה זה, ורק האֵמורים עוברים לרשות גבוה, אך שאר הקורבן ממשיך ומתקשר עם ספֵרת החולין האנושית. גם האֵמורים המוקטרים על גבי המזבח צריכים להיות מונפים טרם הקטרתם (ז׳, ל), וגם דבר זה חושף שיש צורך באקט של הקדשה לפני שיוכלו לעלות על המזבח. עוד נשוב לעניין זה להלן, בדיון בדין התנופה.

לפנינו אם כן קורבן שחלקו הולך אל המזבח אך חלקו נותר ברשות הבעלים. מבחינה זו, ההבדל בין זבח השלמים לכל שאר הקורבנות הנידונים בפרשה הוא דרמטי. כל הקורבנות עוברים לרשות המזבח והופכים להיות קודש קדשים, וגם הכוהנים האוכלים עושים זאת מכוחו של המזבח, ואילו זבח השלמים מובא אל המשכן, ושם הוא מתחלק בין המזבח לבין הבעלים – אשר נותנים מחלקם גם לכוהנים. זהו מסלול חדש שנצטרך לעמוד על השלכותיו המשפטיות והרוחניות.

שני אופני זבח השלמים

נעיין אם כן בפסוקי זבח השלמים, על שתי אפשרויות ההקרבה המובאות לגביו (ויקרא ז׳, יא-יט):

לכוהנים לאוכלם רק לאחר הקטרת אֵמוריהם). ראו על כך בצל״ח למסכת ביצה כ ע״ב; העמק דבר לבמדבר ו׳, כ.

וְזֹאת תּוֹרַת זֶבַח הַשְּׁלָמִים אֲשֶׁר יַקְרִיב לַה׳.
אִם עַל תּוֹדָה יַקְרִיבֶנּוּ וְהִקְרִיב עַל זֶבַח הַתּוֹדָה חַלּוֹת מַצּוֹת בְּלוּלֹת בַּשֶּׁמֶן וּרְקִיקֵי מַצּוֹת מְשֻׁחִים בַּשָּׁמֶן וְסֹלֶת מֻרְבֶּכֶת חַלֹּת בְּלוּלֹת בַּשָּׁמֶן. עַל חַלֹּת לֶחֶם חָמֵץ יַקְרִיב קָרְבָּנוֹ עַל זֶבַח תּוֹדַת שְׁלָמָיו. וְהִקְרִיב מִמֶּנּוּ אֶחָד מִכָּל קָרְבָּן תְּרוּמָה לַה׳ לַכֹּהֵן הַזֹּרֵק אֶת דַּם הַשְּׁלָמִים לוֹ יִהְיֶה. וּבְשַׂר זֶבַח תּוֹדַת שְׁלָמָיו בְּיוֹם קָרְבָּנוֹ יֵאָכֵל לֹא יַנִּיחַ מִמֶּנּוּ עַד בֹּקֶר.
וְאִם נֶדֶר אוֹ נְדָבָה זֶבַח קָרְבָּנוֹ בְּיוֹם הַקְרִיבוֹ אֶת זִבְחוֹ יֵאָכֵל וּמִמָּחֳרָת וְהַנּוֹתָר מִמֶּנּוּ יֵאָכֵל. וְהַנּוֹתָר מִבְּשַׂר הַזָּבַח בַּיּוֹם הַשְּׁלִישִׁי בָּאֵשׁ יִשָּׂרֵף. וְאִם הֵאָכֹל יֵאָכֵל מִבְּשַׂר זֶבַח שְׁלָמָיו בַּיּוֹם הַשְּׁלִישִׁי לֹא יֵרָצֶה הַמַּקְרִיב אֹתוֹ לֹא יֵחָשֵׁב לוֹ פִּגּוּל יִהְיֶה וְהַנֶּפֶשׁ הָאֹכֶלֶת מִמֶּנּוּ עֲוֺנָהּ תִּשָּׂא.

ברשימת הקורבנות הראשונה נמסר רק על ׳זבח שלמים׳ שהשתנה לפי סוג הבהמה שבחר המקריב להביא. כאן אנו שומעים לראשונה שבעצם יש שני מודלים שונים של קורבן זבח שלמים, ואלו מובחנים על פי המניע של מקריבם: ״אִם עַל תּוֹדָה יַקְרִיבֶנּוּ״ / ״וְאִם נֶדֶר אוֹ נְדָבָה זֶבַח קָרְבָּנוֹ״. זהו המקרה המובהק ביותר, שכוונותיו של האדם המקריב והמניעים שלו להבאת הקורבן, משפיעים באופן כה דרמטי על הגדרת הקורבן. רק בשל הרקע להבאת השלמים, משתנה דינו של הקורבן. עצם הדבר, שפיצול זה נזכר לראשונה בפרשת צו כבר מלמד שעיקר המשמעויות ההלכתיות שלו נוגעות לאכילת הקורבנות הללו. נעיין אם כן בדינים המבדילים את שני סוגי זבח השלמים, ולאורם נעמוד על אופיים ותפקידם.

כפתיחה לדברים יש להעיר על הכותרת הארוכה: ״וְזֹאת תּוֹרַת זֶבַח הַשְּׁלָמִים אֲשֶׁר יַקְרִיב לַה׳״. מאחר שכותרת האשם – המוזכרת לפני זבח השלמים – קצרה יותר (״וְזֹאת תּוֹרַת הָאָשָׁם״ – ז׳, א) הסגנון החריג אומר דורשני.[15] נדמה שיש מטרה מכוונת לשילוב הפועל ״יקריב לה׳״, אשר חוזר בפסוקים הפותחים את זבח השלמים שוב ושוב – ״אֲשֶׁר **יַקְרִיב** לַה׳. אִם עַל תּוֹדָה **יַקְרִיבֶנּוּ וְהִקְרִיב** עַל זֶבַח הַתּוֹדָה״. פועל זה מבליט את מעורבות המקריב, ומאחר שלשון זו קשורה בהדגשה של ׳הבאת׳ הקורבן בידי הבעלים – המודגשת בתיאור ההקרבה (ז׳, כח-ל) – נדון בדבר זה שם.

15. טענתו של מילגרום, שהכותרת הארוכה מעידה על עורך מאוחר (ויקרא, כרך א, עמ׳ 408) איננה סבירה גם למניחים שהכתוב עבר עריכות מאוחרות. דווקא ׳עורך מאוחר׳ היה מקפיד לכתוב בסגנון שמצא לפניו.

שלמי תודה

הסוג הראשון שמוזכר בכתוב הוא "אִם עַל תּוֹדָה יַקְרִיבֶנּוּ", כלומר אדם שמביא את זבח השלמים כהבעת תודה על דבר טוב שנעשה לו. היו שטענו שיש להבין את 'תודה' בהוראת 'וידוי', כמו בדברי עזרא: "וְעַתָּה תְּנוּ תוֹדָה לַה׳ אֱלֹהֵי אֲבֹתֵיכֶם וַעֲשׂוּ רְצוֹנוֹ וְהִבָּדְלוּ מֵעַמֵּי הָאָרֶץ וּמִן הַנָּשִׁים הַנָּכְרִיּוֹת" (עזרא י׳, יא).[16] אולם, גם אם יש קשר סמנטי בין שתי הוראות הפועל, יש להבחין בין שני המימושים שלו.[17] בפסוקים שונים בתנ"ך (במיוחד בתהילים) מוצג זבח התודה כקורבן המלווה בהלל ובהכרת הטוב על החסד שגמל ה׳ עם האדם. דבר זה מתאים לקורבן תודה מלשון הודיה והלל, וכפירוש המקובל.

על מביא הקורבן לצרף לזבח גם סוגים שונים של מצות: "חַלּוֹת מַצּוֹת בְּלוּלֹת בַּשֶּׁמֶן" / "וּרְקִיקֵי מַצּוֹת מְשֻׁחִים בַּשָּׁמֶן" / "וְסֹלֶת מֻרְבֶּכֶת חַלֹּת בְּלוּלֹת בַּשָּׁמֶן"; ובנוסף לאלו גם לחם חמץ: "עַל חַלֹּת לֶחֶם חָמֵץ יַקְרִיב קָרְבָּנוֹ".[18]

"חַלֹּת לֶחֶם חָמֵץ" שנזכרות לאחרונה מפתיעות ביותר – שכן מעתה יש להביא חמץ למשכן! לא די בזה שהחמץ מלווה את הקורבן, אלא שמתוך סגנון הכתוב נדמה שהוא התוספת העיקרית לקורבן. שלושת הסוגים הראשונים מובאים 'על התודה' – "וְהִקְרִיב עַל זֶבַח הַתּוֹדָה"; ואילו בחלות החמץ נאמר שהקורבן בא עליהן: "**עַל** חַלֹּת לֶחֶם חָמֵץ יַקְרִיב קָרְבָּנוֹ". ראב"ע צודק שהמשמעות של 'על' כאן

16. קיוצ׳י, שלמים, עמ׳ 25: "מוסכם שמשמעות 'תודה' היא לא 'thanks' אלא 'confession'".
17. מבחינה סמנטית הצדק עם קיוצ׳י, שהרי מדובר באותו השורש, שמביע דיבורים שאדם אומר, לאור מה שאירע לו, או לאור מה שעשה. אך יש היבדלות במשמעות הפועל לשתי הוראות שונות. בדרך כלל יד"ה בבניין הפעיל מורה על הלל ודברי שבח, בעוד בבניין התפעל משמעותו וידוי. עם זאת, יש פסוקים שמהם עולה שאין מדובר בחלוקה הכרחית, כמו: "מְכַסֶּה פְשָׁעָיו לֹא יַצְלִיחַ וּמוֹדֶה וְעֹזֵב יְרֻחָם" (משלי כ"ח, יג); "חַטָּאתִי אוֹדִיעֲךָ וַעֲוֹנִי לֹא כִסִּיתִי אָמַרְתִּי אוֹדֶה עֲלֵי פְשָׁעַי לַה׳ וְאַתָּה נָשָׂאתָ עֲוֹן חַטָּאתִי סֶלָה" (תהילים ל"ב, ה); ולאידך גיסא: "וַיֹּאכְלוּ אֶת הַמּוֹעֵד שִׁבְעַת הַיָּמִים מְזַבְּחִים זִבְחֵי שְׁלָמִים וּמִתְוַדִּים לַה׳ אֱלֹהֵי אֲבוֹתֵיהֶם" (דה"ב ל׳, כב).
18. הקריאה המקובלת (החל מחז"ל) היא שלפנינו ארבעה סוגי מצות-לחמים שמצטרפים לזבח התודה. אך למעשה יש מקום לדון אם אומנם בפסוקים יש ארבעה סוגים או רק שלושה. ייתכן ש'חלות לחם חמץ' הוא ביאור ופירוט של הסוג השלישי – 'סולת מורבכת חלות בלולות בשמן', שהרי כבר בסוג השלישי הזה לא מדובר ב'מצות' אלא ב'חלות'. לפי זה, המשפט האחרון העוסק בחַלֹּת לֶחֶם חָמֵץ הוא מפשט מבאר של הסוג השלישי, שמדגיש שאכן מדובר בחלות חמץ: "וְסֹלֶת מֻרְבֶּכֶת חַלֹּת בְּלוּלֹת בַּשָּׁמֶן – עַל חַלֹּת לֶחֶם חָמֵץ יַקְרִיב קָרְבָּנוֹ". גם אם כך, להבנת מגמת תוספת הלחמים דבר זה לא משנה הרבה. בסופו של דבר לפנינו סל מצות שמצטרף לזבח, אשר כצפוי כולל בעיקר מצות, אך יש בו גם חלות חמץ.

היא כמו 'עם', ואף על פי כן התחושה שהפסוקים מעוררים היא שלחם החמץ הוא הבסיס שעליו זבח השלמים מופיע, וכניסוחו החריף של הנצי"ב:

> משמעות המקרא דתכלית הקרבן הוא חלות לחם חמץ. ומשום זה מפרש עוד המקרא 'על זבח תודת שלמיו' – משום הכי לחם חמץ הוא עיקר, משום שהוא זבח תודת שלמיו (העמק דבר לוויקרא ז', יג).[19]

נדון להלן במטרת תוספת סל המצות ובחשיבות החמץ שנלווה לקורבן זה, אך תחילה יש להעיר על ריבוי השמן שיש להוסיף למצות אלו, שכזכור מייצג עושר ונחת רוח: "חַלּוֹת מַצּוֹת **בְּלוּלֹת בַּשֶּׁמֶן**" / "וּרְקִיקֵי מַצּוֹת **מְשֻׁחִים בַּשָּׁמֶן**" / "וְסֹלֶת מֻרְבֶּכֶת חַלֹּת **בְּלוּלֹת בַּשָּׁמֶן**". המצות, הרקיקים והחלות צריכים להיות בלולים בשמן או משוחים בשמן. הדבר מתאים כמובן לקורבן תודה, שדרכו מבקש אדם להביע את הכרת הטוב שלו לה', על הטוב שגמל אותו.

לפי הפסוקים יש לתת אחד מכל סוג לחם לכוהן: "וְהִקְרִיב מִמֶּנּוּ **אֶחָד** מִכָּל קָרְבָּן תְּרוּמָה לַה'".[20] אני משער שלאוזניים רבות פסוק זה נשמע צורם: סל המצות מוגדר כאן כ'קורבן', שממנו יש 'להקריב' אחד ולתיתו לכוהן. מאחר שמאומה מסל מצות זה לא מוקרב באמת על גבי המזבח, יש דבר מה מוזר בניסוח זה. אפשר לשער, שדווקא מפני שסל המצות אינו מוקטר על גבי המזבח, מבקש הכתוב להדגיש בסגנון זה שיש להתייחס אליו כאל חלק אינטגרלי מהקורבן עצמו. לא מדובר במתנה צדדית לכוהן, אלא סל המצות הזה הוא חלק מה'קורבן', ומה שניתן ממנו לכוהן, כאילו הוקרב על גבי המזבח.[21] לפיכך, כשנבוא לפענח להלן את משמעות תוספת סל המצות נצטרך להתייחס אליו כאל חלק מהקורבן, גם אם הוא לא מוקטר על גבי המזבח.

הדין השני הנזכר בהקשר של זבח שלמי התודה הוא זמן אכילתו: "וּבְשַׂר זֶבַח

19. תפיסת לחמי החמץ של התודה כעיקר בא לידי ביטוי גם ביחס בין כמות הקמח שממנו מכינים את לחמי החמץ לכמות הקמח המוקדש למצות: "הַתּוֹדָה הָיְתָה בָאָה חָמֵשׁ סְאִין יְרוּשַׁלְמִיּוֹת, שֶׁהֵן שֵׁשׁ מִדְבָּרִיּוֹת: שְׁתֵּי אֵיפוֹת – וְהָאֵיפָה שָׁלֹשׁ סְאִין – **עֶשְׂרִים עִשָּׂרוֹן – עֲשָׂרָה לֶחָמֵץ וַעֲשָׂרָה לַמַּצָּה**. עֲשָׂרָה לֶחָמֵץ – עִשָּׂרוֹן לְחַלָּה; וַעֲשָׂרָה לַמַּצָּה – וּבַמַּצָּה שְׁלֹשָׁה מִינִין: חַלּוֹת וּרְקִיקִין וּרְבוּכָה. נִמְצְאוּ שְׁלֹשָׁה עֶשְׂרוֹנוֹת וּשְׁלִישׁ לְכָל מִין, שָׁלֹשׁ חַלּוֹת לְעִשָּׂרוֹן" (משנה מנחות ז, א). כלומר, לפי חז"ל לחמי החמץ זהים בגודלם לכל שלושת סוגי המצה גם יחד.

20. חז"ל השוו דין זה לדין המעשר, ומתוך כך למדו על הכמות הנידונה גם כאן: על מביא הקורבן להביא עשרה לחמים מכל סוג, ואחד מכל עשרה יינתן לכוהן, כך שבסופו של דבר לבעלים ניתנים שלושים ושישה לחמים ולכוהן ארבעה.

21. ייתכן שהדבר רמוז בעצם הגדרת המצות בלשון יחיד: "וְהִקְרִיב מִמֶּנּוּ". לשון היחיד שהוזכר בפסוק

תּוֹדַת שְׁלָמָיו בְּיוֹם קָרְבָּנוֹ יֵאָכֵל לֹא יַנִּיחַ מִמֶּנּוּ עַד בֹּקֶר״ (ז׳, טו). דין זה מגדיר במיוחד את זבח התודה, שהרי גם בוויקרא כ״ב מובא דין זה כדין ייחודי וכמאפיין מובהק של זבח התודה: ״וְכִי תִזְבְּחוּ זֶבַח תּוֹדָה לַה׳ לִרְצֹנְכֶם תִּזְבָּחוּ. בַּיּוֹם הַהוּא יֵאָכֵל לֹא תוֹתִירוּ מִמֶּנּוּ עַד בֹּקֶר אֲנִי ה׳״ (ויקרא כ״ב, כט-ל). אומנם הגדרת זמן זו תקפה ביחס לכל הקורבנות שהכוהנים אוכלים אותם, אולם כאן החוק פונה אל האדם המקריב, ובמיוחד בדבר זה נבדלים שני סוגי השלמים שעולים בפרשתנו לדיון, ועוד נדון במשמעות הדבר להלן.

שלמי נדר או נדבה

הסוג השני של זבח השלמים מתפצל בעצמו לשני מניעים שונים: ״נדר או נדבה״. התיאור שלו קצר יותר משלמי תודה, והתורה מתרכזת בזמן אכילתו: ״וְאִם נֶדֶר אוֹ נְדָבָה זֶבַח קָרְבָּנוֹ בְּיוֹם הַקְרִיבוֹ אֶת זִבְחוֹ יֵאָכֵל וּמִמָּחֳרָת וְהַנּוֹתָר מִמֶּנּוּ יֵאָכֵל. וְהַנּוֹתָר מִבְּשַׂר הַזָּבַח בַּיּוֹם הַשְּׁלִישִׁי בָּאֵשׁ יִשָּׂרֵף״. שלא כמו שלמי התודה, את שלמי הנדר והנדבה ניתן לאכול במשך יומיים, ולא מוזכרים לחמים שיש להביאם לצד הזבח.

אפיון סוגי השלמים

ההבדל בין שני המודלים של זבח השלמים נשען כאמור על המניע בבסיס הבאתם. כאמור לעיל, דבר זה כשלעצמו ייחודי: לא נאמר באופן גלוי מה המניע של מביא קורבן העולה, ודבר זה נרמז רק מבעד לפרטי הדינים של הקורבן ומתוך רמזי לשון הכתוב. דיני זבח השלמים משתנים לאור המניע שניצב בבסיס הבאתו, והוא המשפיע על דיניו. מה אם כן משמעותי כל כך בהבדל בין המניע של שלמי תודה לזה של שלמי נדר או נדבה?

כאמור לעיל, שלמי תודה מובאים כאשר אדם מבקש להודות לה׳ על דבר טוב שאירע לו. בניסוח של חז״ל תנועת נפש זו הפכה למעין חובה: ״אמר רב יהודה אמר רב: ארבעה צריכין להודות: יורדי הים, הולכי מדברות, ומי שהיה חולה ונתרפא, ומי שהיה חבוש בבית האסורים, ויצא״ (ברכות נד ע״ב). אף שדבריו של רב פותחים בהגדרה מספרית – ״ארבעה״ – והוא מונה את אלו הרשומים במזמור ק״ז כמי שנעשה להם נס ועליהם להודות – סביר שאין הכוונה שרק ארבעה אלו יכולים להביא זבח תודה. מסתבר יותר, כלשון רש״י: ״אם על דבר הודאה על נס שנעשה לו,

נסב על זבח התודה, ואילו המצות כונו עד כאן בלשון רבים. העדפת לשון היחיד תורמת גם היא לתפיסת הזבח וסל המצות כיחידה אחת.

כגון יורדי הים והולכי מדבריות וחבושי בית האסורים וחולה שנתרפא שהם צריכין להודות" (פירושו לוויקרא ז', יב). התוספת של רש"י – "כגון" – מלמדת שלדעתו מדובר בדוגמאות בלבד,[22] ולא במקרה סתם הרמב"ם ולא הביא מקרים אלו, ובכך לימד שקורבן זה "נידר ונידב על ידי כל מי שמרגיש צורך להודות לה'".[23]

גם הסברה הפשוטה תומכת בכך שלא רק הארבעה הנזכרים יכולים להביא תודה, שהרי בסופו של דבר מדובר בקורבן שבא בנדבה, אלא שחז"ל ביקשו להכניס את חובת התודה לכללים פורמליים המחייבים כל אדם.[24] זבח התודה מובא אפוא כתגובה של האדם לטובות שגמל אלוהיו עימו וכביטוי של הכרת הטוב.

לעומת זאת, זבח שלמים שמובא כנדר או כנדבה, נשען על מוטיבציה אנושית חופשית. זוהי אינה תגובה אנושית לדבר מה שה' עשה עם האדם, אלא הבעה חופשית של מביא הקורבן, ביצירת דו שיח חדש שהאדם מניע והוא המייסד שלו. הדבר בולט במיוחד בנדר, ולשם כך יש לעמוד תחילה על ההבחנה בין נדר לנדבה, שאומנם כלולים כאן באותו המודל, אך מתארים שני מניעים שונים להבאת זבח השלמים.

מה אם כן ההבדל בין נדר לנדבה? לפי חז"ל ההבדל נטוע ביסודו בעולם הלכתי־משפטי: "איזהו נדר? האומר 'הרי עלי עולה'. ואיזהו נדבה? האומר 'הרי זו עולה'. מה בין נדרים לנדבות? אלא שהנדרים מתו או נגנבו חייבים באחריותם, ונדבות מתו או נגנבו אין חייבין באחריותן" (משנה קינים א, א). לפי הבחנה זו 'נדר' הוא קבלה שאדם מקבל על עצמו שיביא קורבן, ואילו 'נדבה' היא הקדשת בהמה מסוימת כקורבן.

לצד אופייה המשפטי של הגדרה זו, ייתכן שיש להעמיס על ההבדל שבין השניים התרחשות נפשית אחרת שמבחינה בין שני אופני הקדשת הקרבן האלו.

הנדר המקראי מופיע במקרא במקומות שבהם אדם מצוי במצוקה והוא מבקש מאלוהיו עזרה. במקרים אלו הוא נודר שאם ה' יגמול איתו טובה, הוא יביא למקדש דבר מה, יעשה דבר מה וכדומה. לפיכך, פעמים רבות הנדר הוא מותנה – 'אם

22. לקריאה אחרת ראו: שנדורפי, מי מביא, עמ' 75-76.
23. שנדורפי, מי מביא, עמ' 83.
24. רס"ג כלל במניין המצוות שלו את 'מצוות ברכה' כמצוות עשה אחת שכוללת את הברכות כולן (עשה כז). בכלל זאת הוא מזכיר את מצוות הגומל טובות כחובה של ממש: "ארבעה צריכים להודות ברבים: חולה שנתרפא וחבוש שיצא מבית האסורים ויורדי הים כשיעלו והולכי דרכים כשיגיעו לישוב וצריכים להודות בפני עשרה, ושנים מהם חכמים אם ימצאם, שנאמר 'וירוממהו בקהל עם ובמושב זקנים יהללוהו', ואלו הארבעה הם מפורשים בפרשה זו בספר תהלים. וכיצד מודה? עומד ביניהם ומברך 'בא"י אמ"ה הגומל לחייבים טובות' וכל השומעים אומרים 'מי שגמלך טוב הוא יגמלך סלה'".

יעשה ה׳ עימדי כך וכך – אעשה גם אני כך וכך׳ (ולפיכך האדם מחייב בו את עצמו – כהגדרת חז״ל). די להיזכר בהקשר זה בכמה נדרים בולטים לאורך המקרא. כך למשל נדרו של יעקב המצוי במצוקה עת בורח מפני אחיו חרנה: ״וַיִּדַּר יַעֲקֹב נֶדֶר לֵאמֹר: אִם יִהְיֶה אֱלֹהִים עִמָּדִי וּשְׁמָרַנִי בַּדֶּרֶךְ הַזֶּה אֲשֶׁר אָנֹכִי הוֹלֵךְ... וְהָיָה ה׳ לִי לֵאלֹהִים וְהָאֶבֶן הַזֹּאת אֲשֶׁר שַׂמְתִּי מַצֵּבָה יִהְיֶה בֵּית אֱלֹהִים וְכֹל אֲשֶׁר תִּתֶּן לִי עַשֵּׂר אֲעַשְּׂרֶנּוּ לָךְ״ (בראשית כ״ח, כ-כב). באופן דומה נדרו גם ישראל ערב יציאתם למלחמה נגד ערד: ״וַיִּדַּר יִשְׂרָאֵל נֶדֶר לַה׳ וַיֹּאמַר אִם נָתֹן תִּתֵּן אֶת הָעָם הַזֶּה בְּיָדִי – וְהַחֲרַמְתִּי אֶת עָרֵיהֶם״ (במדבר כ״א, ב). החרם שישראל קיבלו על עצמם הוא סוג מסוים של הקדשה לגבוה, בדומה לקורבן.[25] כך כמובן גם נדרו הטרגי של יפתח: ״וַיִּדַּר יִפְתָּח נֶדֶר לַה׳ וַיֹּאמַר אִם נָתוֹן תִּתֵּן אֶת בְּנֵי עַמּוֹן בְּיָדִי. וְהָיָה הַיּוֹצֵא אֲשֶׁר יֵצֵא מִדַּלְתֵי בֵיתִי לִקְרָאתִי בְּשׁוּבִי בְשָׁלוֹם מִבְּנֵי עַמּוֹן וְהָיָה לַה׳ וְהַעֲלִיתִהוּ עוֹלָה״ (שופטים י״א, ל-לא). באופן זה יש להבין גם את נדר חנה (שמ״א א׳, יא), ואת נדר אבשלום שנדר בשבתו בגשור (שמ״ב ט״ו, ח).

די בדוגמאות אלו לשם כניסה לאווירה המקראית של ׳נדר׳. האדם הנודר מצוי במצוקה ובסכנה, והוא מבטיח דבר מה לה׳ אם ישמור עליו ויצליח דרכו. לפיכך, כשמקיים האדם את נדרו מתלווה לדבר תחושת תודה והכרת הטוב – בדומה לזבחי תודה – ולכן יכולים זבחי תודה ונדר להופיע בצמידות ואף כתקבולת, כמו: ״וַאֲנִי בְּקוֹל תּוֹדָה אֶזְבְּחָה לָּךְ / אֲשֶׁר נָדַרְתִּי אֲשַׁלֵּמָה יְשׁוּעָתָה לַה׳״ (יונה ב׳, י); ״זְבַח לֵאלֹהִים תּוֹדָה / וְשַׁלֵּם לְעֶלְיוֹן נְדָרֶיךָ״ (תהילים נ׳, יד); ״עָלַי אֱלֹהִים נְדָרֶיךָ / אֲשַׁלֵּם תּוֹדֹת לָךְ״ (תהילים נ״ו, יג).[26] דבר זה מעלה כמובן אתגר פרשני בנוגע לפער שבכל זאת ישנו בין שלמי הנדר לשלמי התודה, ונדון בכך להלן.

ההגדרה הטובה ביותר לנדבה היא על דרך השלילה: שלא כמו הנדר שבו אדם מתנה את הקורבן בהצלתו או ביציאתו מהמצוקה, הנדבה כשמה מונעת כולה מנדבת הלב וחפץ הרצון, ומביעה את הידידות ואת השלום שחש המקריב בעומדו מול קונו: ״מרכיב הרצון החופשי בנדבה הוא מכריע. מעשה הנתינה, המתנה וההחלטה נעשים כולם מתוך רצון חופשי״.[27] מביא הנדבה איננו מצפה למאומה, ואינו תולה את נדבתו בכך שיחוס עליו ה׳, אלא מביע את תחושותיו. הוא מקדיש בהמה מסוימת שתהיה

25. ההחרמה נזכרת במיוחד בהקשרי מלחמה (אך לא רק). ראו בהרחבה אצל: לוהפינק, חרם. על שני אופני החרם (הקדשה וכליון) ראו גם אצל הרב בן-נון, מקראות משפטים, עמ׳ 363-364.
26. הצימוד ׳לנדור זבח׳ מופיע גם באוגריתית (׳נדר דבח׳), במשמעות דומה.
27. קונרד, נדב, עמ׳ 220.

מתנה לקודש ושיזכו הוא ובני ביתו לאכול על שולחן גבוה. כלומר, בעוד 'נדר' הוא מתנה מותנית, 'נדבה' היא מתנה בלתי מותנית.[28]

מהו אם כן היסוד המבדיל בין שלמי תודה לשלמי נדר או נדבה? לכאורה, אפשר היה ליצור דווקא פיצול אחר – שלמי תודה ונדר מזה ושלמי נדבה מזה, שהרי שני הראשונים קשורים בתגובת האדם להצלתו ולחסד שגמל איתו ה', וכאמור לעיל: "זְבַח לֵאלֹהִים תּוֹדָה וְשַׁלֵּם לְעֶלְיוֹן נְדָרֶיךָ" (תהילים נ', יד). ואכן, היו שיצרו חלוקה מעין זו, כמו למשל מנחם הרן שכתב כך:

> שלמי נדר והתודה קרובים זה לזה אבל אינם זהים. וייחודם הוא בכך, שהנדר ניטל מתוך התחייבות מראש ואילו בתודה אין התחייבות כזו. ובזה שונים שניהם מן הנדבה, שבעיקרה אין בה לא התחייבות מראש, עם הציפייה לקיומו של תנאי, ולא רגשי התודה בקשר למאורע חשוב.[29]

צריך להודות שהחלוקה שמציע הרן מפתה ביותר: אכן בנדר ובתודה יש מעין "התחייבות מראש" כדבריו – בניגוד לנדבה. יתר על כן: לפחות במקום אחד נדמה שיש החמרה בדיני הנדר, משום שמדובר בהתחייבות שאדם הכניס עצמו לתוכה מראש. כל בעלי החיים המובאים לקורבן צריכים להיות 'תמימים' – ללא מום, ובפירוט המומים הפוסלים נאמר בפירוש שדבר זה תקף בכל סוגי זבח השלמים: "וְאִישׁ כִּי יַקְרִיב זֶבַח שְׁלָמִים לַה' לְפַלֵּא נֶדֶר אוֹ לִנְדָבָה בַּבָּקָר אוֹ בַצֹּאן תָּמִים יִהְיֶה לְרָצוֹן כָּל מוּם לֹא יִהְיֶה בּוֹ. עַוֶּרֶת אוֹ שָׁבוּר אוֹ חָרוּץ אוֹ יַבֶּלֶת אוֹ גָרָב אוֹ יַלֶּפֶת לֹא תַקְרִיבוּ אֵלֶּה לַה' וְאִשֶּׁה לֹא תִתְּנוּ מֵהֶם עַל הַמִּזְבֵּחַ לַה'" (ויקרא כב, כא-כב). הכתוב מפרט את סוגי המומים השונים כדי להפריד בינם ובין שני מומים אחרים, שהם – למרבה ההפתעה – פסולים לבוא בחלק מסוגי השלמים אך יכולים לבוא בחלק אחר של שלמים: "וְשׁוֹר וָשֶׂה שָׂרוּעַ וְקָלוּט נְדָבָה תַּעֲשֶׂה אֹתוֹ, וּלְנֵדֶר לֹא יֵרָצֶה" (שם, כג).

למדרש ההלכה לפסוקים אלה היה קשה עם ההנחה שבעל חיים בעל מום יוכל להיות קורבן נדבה, וחז"ל ביארו את "נדבה" כהקדש לבדק הבית (ראו בפירוש

28. בניסוח דומה: קיוצ'י, שלמים, עמ' 25 (ובניגוד לקונרד, נדב, עמ' 221-222, שנטה לזהות את המוטיבציה שניצבת בבסיס הנדר והנדבה). יש לציין ששני אופני ההתחייבות הללו רלוונטיים בכל הקורבנות שאינם חובה אלא מובאים באופן וולנטרי, ולא רק ביחס לזבח שלמים. כמו למשל: "אִישׁ אִישׁ מִבֵּית יִשְׂרָאֵל וּמִן הַגֵּר בְּיִשְׂרָאֵל אֲשֶׁר יַקְרִיב קָרְבָּנוֹ לְכָל נִדְרֵיהֶם וּלְכָל נִדְבוֹתָם אֲשֶׁר יַקְרִיבוּ לַה' לְעֹלָה" (ויקרא כ"ב, יח). ראו גם: במדבר ט"ו, ג; יחזקאל מ"ו, יב.

29. הרן, נדר, עמ' 786.

רש״י במקום), בניגוד ל״נדר״ שהוא הקדש למזבח (בין אם בתורת נדר ובין אם בתורת נדבה). מכיוון אחר ניסה ר״י בכור שור להתמודד עם הלכה מוזרה זו וכתב (בהתלבטות) שניתן לקרוא את המשפט הראשון בתמיהה והשני כפסיקה: ״נדבה תעשה אותו?! לנדר לא יירצה!״ (פירושו לוויקרא כ״ב, כג). אולם קריאה זו קשה בפסוק, ולו בשל וי״ו החיבור המחברת את שני חלקי המשפט (״וּלְנֶדֶר״). רמב״ן על אתר השתדל להראות שמדרש ההלכה יכול להתאים ללשון הפסוק, אולם זהו דוחק, ומפשטי המקראות עולה שהתורה מחלקת בשרוע ובקלוט בין נדר לנדבה.

מה מייחד מומים אלו מהרשימה הנזכרת לפניהם? רש״י מבאר במקום: ״׳שרוע׳ – אבר גדול מחבירו; ׳קלוט׳ – פרסותיו קלוטות״, כלומר מדובר במומים שהם פגם אסתטי ולא נכות או חיסרון אחר. מסתבר אם כן, שהדרישה לתמימות הקורבן שבא כנדר גבוהה מדרישת התמימות לקורבן שבא בנדבה. אדם שהתחייב בנדרו להביא קורבן אם יגמול לו ה׳ רוב טובה – מחויב כעת להביא קורבן מעולה, וכל פגם אסתטי פוגם בשלמות המתנה. אולם אדם שאינו מחויב להבאת הקורבן בגלל אירוע מסוים, אלא נודב מתנת חינם מרצונו החופשי – יכול להביא גם בהמות שיש בהן מום אסתטי. ברוח זו פירש אברבנאל, תוך שהוא מתמקד בזמן השונה שעובר בין ההקדשה לזמן הבאת השלמים:

> ׳נדבה תעשה אותו ולנדר לא ירצה׳ – רוצה לומר, שיוכל לעשות ממנו נדבה, כיון שאין לו אחר לפניו לתת. אבל לנדר, שאם נדר בעת צרתו הרי עלי שור או שה, צריך שיתן אותו תמים זכר בעין יפה, כיון שיש לו זמן לבקשו ולהקריבו ומוצא שפתיו ישמור (פירושו לוויקרא כ״ב).

לדעתו, מאחר שאת הנדר קיבל על עצמו אדם בעת צרתו, הרי שהיה לו זמן רב להתכונן להבאת הקורבן, וראוי שיחזור אחר קורבן תמים לגמרי. אולם בנדבה – שאיננה קשורה במצוקה שצריכה לבוא על פתרונה – אדם מתחייב ברגע שנדב, ועל כן טוב שיביא מה שתחת ידיו, גם אם יש בו מומים אסתטיים. גם בפרשנות המודרנית היו שאימצו קריאה זו,[30] אולם אינני בטוח שאכן יש דרישה מאדם שיכין את הקורבנות לפני שמצוקתו הגיעה לידי פתרונה. הרי רק אם יינצל מצרתו עליו להביא את קורבן

30. מילגרום, ויקרא, כרך ב, עמ׳ 1878–1879. ראו גם את הצעתו הראשונה של בכור שור: ״ואין זה מום, ולכך מותר לנדבה. אבל אם נדר מתחילה אינו יוצא ידי נדרו, דאדעתא דמשונה לא נדר״ (פירושו שם).

נדרו. עם זאת, דבריו של אברבנאל מתאימים לרוח העולה מהמקראות: ניתן להקל בנדבה שכולה נשענת על המניע החופשי של המקריב, אך לא ניתן לאמץ הקלות אלו בנדר, שגם אם נכון הדבר שהוא בא מיוזמת הנודר, בסופו של דבר הוא מחויב להביא קורבנו לאחר שה' גאל אותו מצרתו.[31]

מסתבר אפוא, כרוח דבריו של הרן, שאכן הנדר קרוב במובן מסוים לשלמי התודה, ובשניהם האדם מביא קורבן לאחר שקרה דבר מה שחייב אותו.

אולם למרות הפיתוי שבחלוקה זו, החלוקה בפרשתנו שונה, ומציבה את שלמי הנדר והנדבה בקבוצה אחת, ומולם את שלמי התודה. מה בכל זאת הופך את הנדר ואת הנדבה לקבוצה אחת המובחנת משלמי התודה? דומה שהתשובה נעוצה בתחילת המסע הדתי, בנקודת הראשית שמניעה את האדם להביא זבח שלמים. שלמי תודה נשענים על מצב שבו האדם מגיב לחסד שגמל איתו קונו. ה' הוא שפתח בישועה והאדם מגיב לפתיחה זו. במובן מסוים שלמי תודה הם על גבול קורבן החובה כפי שראינו לעיל. יש ציפייה מאדם שה' גמל איתו בחסדיו, שיגיב כלפי ה', שיביע תודתו; "ארבעה **צריכים** להודות". לעומת זאת, שלמי נדר ונדבה פותחים ביוזמה חופשית של האדם. באותו הרגע שבו האדם החליט לנדור או לנדוב קורבן לקודש הוא לא היה מחויב לדבר כלל. הוא זה שניצב כנקודת ראשית לשיח הדתי שמתנהל מבעד לזבח שלמים זה. הוא אינו מגיב, הוא מחולל.

לאור פער זה נפנה להבדלים בדיני שני סוגי השלמים. מבין השיטות השונות שביקשו לבאר את ההבדל בין שלמי תודה לשלמי נדר ונדבה, בולטת שיטתו של אברבנאל.

אברבנאל: וירוממוהו בקהל עם

> ואפשר לומר עוד, שהיו שלמי תודה באים עם לחם רב, כדי שבעל השלמים כשהוא מקדיש קרואיו לא יחסר לחמו. כי אם לא יהיה לו לחם ברבוי ולשובע, ימנע מלהקדיש קרואיו לאכול עמו שלמיו, כי הבשר לא יאכל מבלי לחם... ועם זה נשיב גם כן, למה הבדיל ה' שלמי תודה להיותם נאכלים ביום ולילה, ושאר השלמים נאכלים לשני ימים ולילה אחד, כמו שמבואר בפרשה. כי הנה היה זה כדי לפרסם הנס.
>
> וזה, שהבעל שלמי תודה, כשהוא רואה ששלמיו אינם נאכלים אלא ליום

31. דברים ברוח זו כתבו גם נות, ויקרא, עמ' 162; הרטלי, ויקרא, עמ' 361.

ולילה עד חצות, הוא מזמין על שלמי תודתו אחיו ואוהביו ומיודעיו לאכול ולשמוח עמו. וישאלו זה את זה על מה היה תודתו. והוא יגיד להם הנסים והנפלאות שעשה עמו ה׳. וירוממוהו בקהל עם ובמושב זקנים יהללוהו. ואִלו היו שלמי תודה נאכלים כשאר השלמים לשני ימים ולילה אחד, לא היה הבעל מזמין לשום אדם, כי לשני ימים ולילה אחד בבית אחד יאכל. אבל בראותו הבשר והלחם רב בביתו, ושלא יאכל אלא ליום ולילה אחד, בהכרח יקרא רבים ממיודעיו ואחוזת מרעהו לאכול. פן יהיה ביום המחרת ללעג ולקלס לבני אדם, הרואים אותו שורף כמות גדול מתודת שלמיו, ואת אחיו ואוהביו לא קרא (פירושו לוויקרא ז׳).

לדברי אברבנאל (והנצי״ב שאחז גם הוא בדרך זו),[32] שני הדינים המייחדים את שלמי התודה – תוספת הלחמים וזמן האכילה המוגבל ליום אחד – נובעים ממטרה אחת, לשם השגת יעד משותף: כך המקריב לא יוכל להתמודד בעצמו לוורח רירוי האוכל, יצטרך לאסוף אנשים רבים לאכילת קורבנו, וכך יפרסם את ניסו. כלומר, שלמי תודה צריכים להיות סעודת הודיה. חלק מהותי מסעודת הודיה הוא שהדבר נעשה ברוב עם, ושהאדם משבח את ה׳ בחבורה: ״אוֹדֶה ה׳ בְּכָל לֵבָב בְּסוֹד יְשָׁרִים וְעֵדָה״ (תהילים קי״א, א).

תפיסה זו משפיעה גם היום על הלכות אמירת ברכת הגומל, המחליפה את שלמי התודה. כידוע, נוהגים לומר את הברכה במניין, ועדיף בזמן קריאת התורה כשהציבור כולו מתאסף סביב בימה מרכזית:

צריך לברך ברכה זו בפני עשרה, ותרי מינייהו רבנן, דכתיב: ׳וירוממוהו בקהל עם ובמושב זקנים יהללוהו׳ (תהילים ק״ז, לב), ואם לא שכיחי רבנן, לא יניח מלברך. ונהגו לברך אחר קריאת התורה, לפי שיש שם עשרה. ואם בירך בפחות מעשרה, יש אומרים שיצא, ויש אומרים שלא יצא, וטוב לחזור ולברך בפני עשרה, בלא הזכרת שם ומלכות (שולחן ערוך אורח חיים, סימן ריט סעיף ג).

ייתכן שלכך כיוון הרמב״ם כשהוסיף שהמברך עומד בין העשרה:

32. ״והעניין דתכלית תודה שבא על הנס הוא כדי לספר חסדי ה׳ שגמל עליו, ומטעם זה ריבה הכתוב בלחם ומיעט בזמן אכילת תודה מכל שלמים. היינו כדי שיהיה מרבה ריעים לסעודה אחת ביום הקרבה, והיה ספור הנס לפי רוב אנשים״ (העמק דבר לוויקרא ז׳, יג).

וכיצד מודה וכיצד מברך? עומד ביניהן ומברך 'ברוך אתה ה' אלהינו מלך העולם הגומל לחייבים טובות שגמלני כל טוב', וכל השומעין אומרים 'שגמלך טוב הוא יגמלך סלה' (הלכות ברכות י, ח).

רבים תמהו על התוספת של הרמב"ם שדרש שהמברך 'יעמוד ביניהם', והיו אף שהציעו שהרמב"ם לא התכוון באמת שעל המברך לעמוד ביניהם, אלא שהוא מצטרף איתם לעשרה. אולם בצדק כתב על זה הרב אליעזר יהודה וולדנברג, בעל הציץ אליעזר: "ולדעתי קשה לפרש כן בדברי הרמב"ם, ובודאי כשכותב 'עומד' כוונתו על עמידה ממש, וכפי שגדולי הפוסקים מבארים באמת כן בכוונתו" (ציץ אליעזר, חלק יג, סימן יט). ייתכן שהרמב"ם ראה את חובת ההודיה כמעמד של הודיה בחבורה שיש לה ערך בפני עצמו, לא רק כדבר שצריך מניין. המודה זקוק לציבור כתיבת תהודה, כדי שהודייתו תהיה שלמה, כדי שהציבור כולו יכיר בטובות ה' ובכך ירבה שבחו בקהל עם.

רעיון זה אכן מבאר גם את תוספת הלחמים לזבח התודה – תיקון סעודה גדולה למשתתפים רבים – כמו גם את זמן האכילה המצומצם שמאלץ את המקריב להזמין סועדים רבים.

עם זאת, גם מי שמבקש לאמץ כיוון זה (להלן אסביר את הסתייגותי), יכול לנסח זאת קצת אחרת. אם כל עניין תוספת הלחמים הוא להרבות בסעודה, מתאים היה יותר שבמקרה של זבח תודה יצטרך המקריב להביא בהמה נוספת וקורבן נוסף. ייתכן שתוספת הלחמים היא המגדירה את הזבח כסעודה של ממש: בשר ולחם. אין מדובר בסעודת עראי או באכילת מיני מתיקה, אלא בסעודת קבע. כך למשל מגדירים ה' ומשה סעודה כשרוצים לשכנע את העם הרעב, שה' יכול לדאוג להם לסעודות של ממש גם במדבר הצחיח: "וַיֹּאמֶר מֹשֶׁה בְּתֵת ה' לָכֶם בָּעֶרֶב בָּשָׂר לֶאֱכֹל וְלֶחֶם בַּבֹּקֶר לִשְׂבֹּעַ... דַּבֵּר אֲלֵהֶם לֵאמֹר בֵּין הָעַרְבַּיִם תֹּאכְלוּ בָשָׂר וּבַבֹּקֶר תִּשְׂבְּעוּ לָחֶם וִידַעְתֶּם כִּי אֲנִי ה' אֱלֹהֵיכֶם" (שמות ט"ז, ח-יב).[33]

ביחס לזמן אכילת שלמי תודה יש לשים לב שהנחת היסוד הסמויה של אברבנאל היא שבסיסית גם שלמי תודה אמורים היו להיאכל יומיים – כשלמי נדר

33. מאחר ש'לחם' בעברית המקראית מכוון לעיתים לסעודה ואף לבשר (כמו ההוראה הערבית של המילה) ולאו דווקא ללחם דגנים, יש מן הפיתוי להבין פסוקים אלו על דרך התקבולת ולא לראות בהם לחם של ממש. עם זאת, מתוך שבתחילת הסיפור אמר ה' למשה "הִנְנִי מַמְטִיר לָכֶם לֶחֶם מִן הַשָּׁמָיִם" (שמות ט"ז, ד), ובהמשך הסיפור לחם זה מתממש בצורת המן, נראה יותר לפרש שכוונת משה בפסוק הנדון היא ללחם דגנים, שהרי הבשר מתממש בסיפור מבעד השליו שירד סביבות המחנה. ראו גם את דיונו של קאסוטו, שמות, עמ' 133.

או נדבה – אלא שצמצם הכתוב את זמן אכילתם ליום אחד. זו הנחה שיש לתהות עליה, כפי שיעלה להלן.

האם ניתן לבאר לפי פרשנות זו גם מדוע יש להוסיף בזבח תודה לחמי חמץ דווקא? מאחר שבדרך כלל אין כלל חמץ בעולם הקורבנות דבר זה מפתיע ביותר. ראשית יש לומר שהאיסור הרגיל של הכוהנים לאפות את מנחתם חמץ נובע מכך שאכילתם היא המשך אכילת המזבח, ומאחר שעל המזבח אסור להעלות חמץ – אסור גם לכוהנים לאכול את הנותרת מן המנחה חמץ. אולם הכוהן והבעלים האוכלים את לחמי זבח השלמים אינם עושים זאת משולחן המזבח, אין מדובר בלחמים שניתנו להם ׳מאישי ה׳׳, והם כמובן אינם מוקרבים על גבי המזבח, ועל כן יכולים לבוא חמץ. אולם, הערה זו רק מאפשרת להם להיות חמץ, ואין בכוחה לבאר מדוע יש חובה שחמץ תיאפינה.

הרב יואל בן נון הציע ביאור כללי לכל סוגיית החמץ והמצה בעולם הקורבנות.[34] לדעתו, החמץ משקף סיום תהליך, דישון ועונג של מי שמסתכל אחורה בסיפוק. המצה לעומת זאת מייצגת תחילת תהליך, מי שבענווה ובחשש מסתכל על העומד לבוא, ואינו יודע מה צופן העתיד. לפיכך, למשל, בחג המצות הבית כולו מלא במצות כי אז מתחילה עונת הקציר, ואילו בתום חמישים הימים – בשבועות – יש להביא שתי לחם חמץ וכך להביע את סיומו של התהליך, עונת הקציר שהסתיימה בטוב. לפי דבריו, בקורבן תודה מביא אדם גם לחמים מפני שחווייתו היא הודאה על העבר: הוא מודה לה׳ על מה שגמל אותו, ועל כך הוא משבח אותו. אדם כזה מצוי בתודעה של ״הודו לה׳ כי טוב כי לעולם חסדו״, ולא בתודעה של ״אנא ה׳ הושיעה נא״.[35]

למרות ביאורים אפשריים אלו, ברצוני להציע הסבר נוסף לפשר תוספת חלות החמץ, אך לשם כך יש לברר תחילה שאלה בסיסית עוד יותר, הנוגעת בהנחה המקובלת שרק בשלמי תודה מוסיפים לחמים.

האומנם בשלמי נדר ונדבה אין לחמים?

מאחר שתוספת סל המצות והלחמים נזכרת רק בשלמי תודה, ההנחה המוסכמת והמקובלת היא שיש להוסיף סל מצות רק בשלמי תודה. בשל כך, האתגר הפרשני הוא למצוא טעם לסל מצות בשלמי תודה דווקא. אך יש מקום לדון בהנחה זו. אני מבקש בזהירות

34. בן-נון, חמץ ומצה.
35. ואם ישאל השואל מדוע יש להביא עם קורבן תודה גם מצות, משיב לו הרב בן-נון: ״המצות – כנגד המצוקה שבה היה שרוי, כנגד זעקתו בצר לו״ (שם, עמ׳ 28).

להעלות את ההשערה הבאה, שמאחר שהיא מנוגדת למסורת הפרשנית המקובלת אני מהסס בה, אך אם הצדק עימה, הדיון בתוספת הלחמים צריך להיפתח מחדש.

ייתכן שההבחנה בין שני המודלים של השלמים נוגעת לזמן אכילתם, אך הלחמים שהוזכרו בשלמי התודה חלים גם על שלמי נדר או נדבה. כלומר, יש לקרוא את חובת תוספת הלחמים כדין כללי בשלמים (שלמי יחיד), והפרשה השנייה המוקדשת לשלמי נדר ונדבה מבליטה רק את מה שטעון שינוי – זמן האכילה; אך ביחס ללחמים לא נאמר מאומה, וזאת מתוך הנחה שברור שיש להביאם בכל אופציות השלמים.

יש שתי סיבות מרכזיות לקרוא כך: האחת עולה מתוך עיצוב הפסוקים שלפנינו, והשנייה קשורה בהצגת קורבנות שלמים אחרים לאורך התורה.[36]

יש לשים לב שלאורך יחידת שלמי התודה, התורה מכנה את הקורבן "זֶבַח הַתּוֹדָה" או "זֶבַח תּוֹדַת שְׁלָמָיו". שֵׁם הקורבן כולל בתוכו את המונח 'תודה', ואף היו שהציעו שמעיקר הדבר מדובר בקורבן נפרד ועצמאי ('זבח תודה'), שהתורה מצרפת כאן לזבח השלמים הכללי.[37] אולם, בתיאור חלוקת הלחמים לכוהן, נאמר לפתע "וְהִקְרִיב מִמֶּנּוּ אֶחָד מִכָּל קָרְבָּן תְּרוּמָה לַה' לַכֹּהֵן הַזֹּרֵק אֶת דַּם **הַשְּׁלָמִים** לוֹ יִהְיֶה". בדין חלוקת הלחמים חוזר הכינוי הכללי – "השלמים" – ללא ההגדרה הספציפית שמדובר דווקא בשלמי תודה. אם לחמי השלמים היו באים רק בשלמי תודה, ניתן היה לצפות לניסוח הזהיר והמדויק המאפיין פרשה זו, ולאחוז בכינוי המקובל – 'דם זבח תודת שלמיו', שהרי בשלמי תודה עסקינן. מסתבר שהמונח הכללי 'שלמים' שולב כאן כרמז לכך שדין זה תקף בכל סוגי השלמים (שמביא יחיד), ועל כן אין לסייג אותו רק ל'תודת שלמיו'; דין תוספת הלחמים ונתינת אחד מהם לכוהן תקפים גם בשלמי נדר או נדבה.

אך קשה להסתמך רק על סמך דיוק זה. הרי ייתכן שהכתוב מקצר, דווקא משום שברור שמדובר בשלמי תודה. אולם יש סיבה נוספת לטעון שהלחמים מלווים את

36. לא מצאתי אילן שניתן יהיה להיתלות בו ברעיון זה. אולם רייני התנסח כך ביחס לזבח שלמים: "נקבעו גם חלות מצות, לפחות ביחס לשלמי תודה וקורבנות הנזיר" (רייני, קורבנות, עמ' 642). אם כוונתו בניסוח "לפחות ביחס ל" היא שהוא מסתפק אם יש להוסיף סל מצות גם בשלמי נדר ונדבה, הרי שלפנינו סלילת דרך מסוימת שנוכל לצעוד עליה.

37. כך למשל מילגרום, בניסוח שונה מעט (ויקרא, כרך א, עמ' 413). אכן, גם במשנה יש שמות אחרים לקורבנות אלו ('שלמים' – 'תודה', ראו במיוחד: נדרים א, ד; זבחים ה, ה-ו) וכך נוהג גם הרמב"ם. מתוך סמנטיקה זו קשה לדעת שתודה היא בעצם קורבן שלמים.

כל סוגי השלמים, וזו ראיה חזקה אף יותר. בבחינת קורבנות זבחי שלמים שמובאים בתורה מתברר שזה המצב. גם בזבחי שלמים שאינם שלמי תודה אנו מוצאים את סל המצות המלווה אותם. אומנם התורה מעידה על כך במקרים חריגים בלבד, אך ברור שאין לצפות שבכל מקום שבו מוזכר קורבן שלמים התורה תזכיר גם את הלחמים שהובאו עימו, שהרי הם אינם עולים על המזבח, ואין זה אלא פרט נוסף של דיני הבאתו. במקומות חריגים שבהם עושים דבר מה ייחודי עם לחמים אלו הם לפתע נחשפים.

שלמי ימי המילואים

דוגמה בולטת לתוספת סל מצות לשלמים שאינם שלמי תודה היא תוספת סל המצות לאיל המילואים – שהוא סוג של שלמי יחיד:

> וַיַּקְרֵב אֶת הָאַיִל הַשֵּׁנִי אֵיל הַמִּלֻּאִים וַיִּסְמְכוּ אַהֲרֹן וּבָנָיו אֶת יְדֵיהֶם עַל רֹאשׁ הָאָיִל... וַיִּקַּח אֶת הַחֵלֶב וְאֶת הָאַלְיָה וְאֶת כָּל הַחֵלֶב אֲשֶׁר עַל הַקֶּרֶב וְאֵת יֹתֶרֶת הַכָּבֵד וְאֶת שְׁתֵּי הַכְּלָיֹת וְאֶת חֶלְבְּהֶן וְאֵת שׁוֹק הַיָּמִין. וּמִסַּל הַמַּצּוֹת אֲשֶׁר לִפְנֵי ה׳ לָקַח חַלַּת מַצָּה אַחַת וְחַלַּת לֶחֶם שֶׁמֶן אַחַת וְרָקִיק אֶחָד וַיָּשֶׂם עַל הַחֲלָבִים וְעַל שׁוֹק הַיָּמִין (ויקרא ח׳, כב-כו).

ההקבלה המלאה בין סל המצות שנוסף לאיל המילואים ובין סל המצות שיש להוסיפו לשלמי תודה, בולטת לעין. כזכור, גם מסל המצות המצטרף לכל שלמי תודה יש להפריש ׳אחד׳ שאותו נוטל הכוהן: ״וְהִקְרִיב מִמֶּנּוּ אֶחָד מִכָּל קָרְבָּן תְּרוּמָה לַה׳״ (ז׳, יד), וגם כאן חלה ׳אחת׳, חלת לחם ׳אחת׳ ורקיק ׳אחד׳ מונפים כשייכים לכוהן (גם אם באופן חריג הם מוקטרים על גבי המזבח, כמו גם שוק הימין שבדרך כלל מגיע לכוהן וכאן מוקטר). הזיקה בין שני סלי המצות ברורה גם בהיבט הלשוני. בהקבלה למה שנאמר בדין השלמים הכללי: ״חַלּוֹת מַצּוֹת בְּלוּלֹת בַּשֶּׁמֶן״, נאמר בציווי על תוספת סל המצות שמתלווה לאיל המילואים: ״וְחַלֹּת מַצֹּת בְּלוּלֹת בַּשֶּׁמֶן״ (שמות כ״ט, ב); ובהקבלה למה שנאמר בסל המצות שבדין השלמים הכללי: ״וּרְקִיקֵי מַצּוֹת מְשֻׁחִים בַּשָּׁמֶן״, נאמר בציווי על איל המילואים: ״וּרְקִיקֵי מַצּוֹת מְשֻׁחִים בַּשָּׁמֶן״ (שמות כ״ט, ב).

הקריאה הפשוטה תזהה אפוא בין סל המצות שמלווה את שלמי התודה ובין סל המצות שמלווה את איל המילואים, וכדברי התוספתא: ״איל המלואים היה בא

במצה שבתודה: חלות, רקיקין, ורבוכה. שמנן כשמן תודה, ותנופה כתנופת [תודה]" (תוספתא מנחות ח, ט).[38]

אולם דבר זה מפתיע ביותר. וכי איל המילואים הוא שלמי תודה? אני משער שניתן ללכת בדרך זו ולטעון (באילוץ, יש להודות), שבאיל המילואים יש היבט של תודה שהכוהנים מבטאים בעמידתם המחודשת מול ה'. אולי על בחירתם ועל הזכות שנפלה בחלקם לעבוד כמשרתי ה' במשכנו. אך הפתרון הפשוט יותר הוא שאכן עם כל זבח שלמים יש להביא סל מצות, ועם כל שלמים – ולאו דווקא עם שלמי תודה – יש לקיים סעודה של ממש, עם בשר ועם לחמים: "וַיֹּאמֶר מֹשֶׁה אֶל אַהֲרֹן וְאֶל בָּנָיו בַּשְּׁלוּ אֶת הַבָּשָׂר פֶּתַח אֹהֶל מוֹעֵד וְשָׁם תֹּאכְלוּ אֹתוֹ וְאֶת הַלֶּחֶם אֲשֶׁר בְּסַל הַמִּלֻּאִים" (ויקרא ח', לא).

יש בכוחה של קריאה זו לחדד ולבאר עניין נוסף. ישנו פער מטריד בדין השלמים בימי המילואים: לאיל השלמים שהובא בשבעת ימי המילואים נוסף סל מצות, אולם לא נראה שנוסף סל מצות לשלמים שהובאו ביום השמיני למילואים. קשה לומר שם שהכתוב מקצר בדבר המובן מאליו, מפני שיש שם פירוט מדויק של כל מעשה ההקרבה ואכילת הכוהנים את חלקם מהקורבנות השונים. מאחר שאין שם כל התייחסות לסל מצות שליווה את זבח השלמים נראה שהוא אכן לא הובא. כל ביאור לדבר הצורך בהוספת סל מצות לאיל המילואים, צריך אפוא להתמודד עם חסרון סל דומה ביום השמיני.[39] דומני שבהמשך לדברים דלעיל אפשר לשרטט את חובת הוספת סל מצות בימים אלו בקלות. סל המצות מצטרף לשלמי **יחיד** דווקא, והוא קשור ביסודו לאכילת הבשר על ידי הבעלים. עוד נדון בכך להלן, אך ככותרת ניתן לומר, שתוספת הלחם לבשר הופכת את האכילה לסעודה של ממש,[40] ודבר זה מתאים רק בשלמי יחיד, שבהם הבשר נאכל. לפיכך, כל זבח שלמים שיש לו בעלים שאוכלים, דורש תוספת לחמים; אולם אם מדובר בזבח שלמים שאינו נאכל, ברור שגם אין להוסיף לו לחמים. לפיכך, בשבעת ימי המילואים – שבהם איל המילואים

38. השלמת 'תודה' בסוף המשפט היא כהשלמת אור הגנוז ומנחת ביכורים על אתר.

39. הרב ברוך קהת הציע לי בשיחה פרטית שאפשר להרחיב את סברת אברבנאל ולראות כל קורבן חגיגי – ולא רק תודה – כמחייב סל מצות, לשם הרבות בשמחה ובחגיגה ובשותפות הציבור, ודבר זה נכון הן בימי המילואים והן בשלמי הנזיר. מאחר שבשלמי היום השמיני למילואים – שהוא ודאי יום חגיגי – אין תוספת סל מצות, הוסיף הרב קהת שרק בשלמים שיש להם תפקיד ייחודי יש גם תוספת סל מצות.

40. כפי שפירש למשל סטיוארט את תרומת תוספת סל המצות באיל המילואים: "כל אלו (סל המצות) מייצגים את המרכיבים של סעודה מיוחדת".

הובא על ידי הכוהנים והם אכלוהו – יש להביא גם לחמים ולאוכלם עם הבשר (ויקרא ח, לא), אולם ביום השמיני זבח השלמים הוא קורבן ציבור, והוא הובא בשם העם כולו, ועל כן גם לא אכלוהו. לפיכך, אין כל טעם בתוספת לחמים שתפקידם להרבות את הסעודה החגיגית.

שלמי נזיר

גם הנזיר שסיים את ימי נזרו נדרש להביא זבח שלמים עם סל מצות, וגם שם קשה לראות את קורבנו כשלמי תודה:

> וְהִקְרִיב אֶת קָרְבָּנוֹ לַה׳... וְאַיִל אֶחָד תָּמִים לִשְׁלָמִים וְסַל מַצּוֹת סֹלֶת חַלֹּת בְּלוּלֹת בַּשֶּׁמֶן וּרְקִיקֵי מַצּוֹת מְשֻׁחִים בַּשָּׁמֶן וּמִנְחָתָם וְנִסְכֵּיהֶם... וְאֶת הָאַיִל יַעֲשֶׂה זֶבַח שְׁלָמִים לַה׳ **עַל סַל הַמַּצּוֹת** וְעָשָׂה הַכֹּהֵן אֶת מִנְחָתוֹ וְאֶת נִסְכּוֹ (במדבר ו׳, יד-יז).

גם כאן הקשר בין סל המצות שנדרש הנזיר להביא ובין סל המצות שמלווה כל זבח שלמים ניכר לעין, גם אם לא זהה לחלוטין. יושם לב במיוחד לזיקה בין "וְסַל מַצּוֹת סֹלֶת חַלֹּת בְּלוּלֹת בַּשֶּׁמֶן" שנאמר אצל הנזיר, ובין "וְסֹלֶת מֻרְבֶּכֶת חַלֹּת בְּלוּלֹת בַּשָּׁמֶן" שיש לצרף לכל זבח שלמים; כמו גם לחיוב "וּרְקִיקֵי מַצּוֹת מְשֻׁחִים בַּשָּׁמֶן" שנאמר באותה לשון בדיוק אצל הנזיר ובזבח שלמים הכללי.

לענייננו חשוב להדגיש שסל המצות אינו מוקרב בפני עצמו אלא הוא חלק מזבח השלמים של הנזיר, לאחר הקרבת החטאת והעולה. כלומר, ברור שמדובר בסל שמלווה שלמים ולא בקורבן מנחה עצמאי. גם אין מדובר בנסכים המלווים את הזבח, שהרי הנסכים נזכרים בנפרד בפני עצמם בסוף הפסוק: "וּמִנְחָתָם וְנִסְכֵּיהֶם".[41] גם כאן, קשה יהיה לזהות את שלמי הנזיר כשלמי תודה ולטעון שבשל כך יש להוסיף סל מצות לזבח. נוח יותר להרחיב את דין המצות ולראות בתוספת הלחמים דין כללי שתקף בכל זבח השלמים ולא רק בשלמי תודה.

לשם ראיית התמונה המלאה הרי הזיקות בין שלושת סלי המצות הנזכרים:

41. מילגרום טען שהכתוב צריך להבליט את תוספת הנסכים המתלווים לשלמי נזיר, מפני שבשלמי תודה רגילים – שגם בהם יש להביא סל מצות – אין צורך להוסיף נסכים (מילגרום, במדבר, עמ׳ 48). על הבעיות שמלוות את אזכור הנסכים בפסוק (הציווי על נסכים נאמר רק בבמדבר ט״ו, ומדוע הם מוסבים על קורבנות בלשון רבים ולא רק ביחס לשלמים) – ראו את הדיון של אשלי, במדבר, עמ׳ 146-148.

המצות והלחם בשלמים (ויקרא ז׳)	סל המצות באיל המילואים (שמות כ״ט)	סל המצות בשלמי נזיר (במדבר ו׳)
	וְלֶחֶם מַצּוֹת	
חַלּוֹת מַצּוֹת בְּלוּלֹת בַּשֶּׁמֶן	וְחַלֹּת מַצֹּת בְּלוּלֹת בַּשֶּׁמֶן	וְסַל מַצּוֹת סֹלֶת חַלֹּת בְּלוּלֹת בַּשֶּׁמֶן
וּרְקִיקֵי מַצּוֹת מְשֻׁחִים בַּשָּׁמֶן	וּרְקִיקֵי מַצּוֹת מְשֻׁחִים בַּשָּׁמֶן	וּרְקִיקֵי מַצּוֹת מְשֻׁחִים בַּשָּׁמֶן
וְסֹלֶת מֻרְבֶּכֶת חַלֹּת בְּלוּלֹת בַּשָּׁמֶן עַל חַלֹּת לֶחֶם חָמֵץ יַקְרִיב קָרְבָּנוֹ		

ההבדל הבולט הוא שמספר המאפים שמצטרפים הולך ופוחת: בזבח שלמים רגיל יש ארבעה; לאיל המילואים הצטרפו רק שלושה, ולאיל הנזיר נוספו רק שתי תוספות. המשנה עמדה על דבר זה: ״הַמִּלּוּאִים הָיוּ בָאִים כְּמַצָּה שֶׁבַּתּוֹדָה: חַלּוֹת וּרְקִיקִים וּרְבוּכָה. הַנְּזִירוּת הָיְתָה בָאָה שְׁתֵּי יָדוֹת בְּמַצָּה שֶׁבַּתּוֹדָה: חַלּוֹת וּרְקִיקִים, וְאֵין בָּהּ רְבוּכָה״ (מנחות ז, ב). לענייננו במיוחד יש להדגיש שלחמי החמץ נזכרים רק בין לחמי זבח השלמים שבציווי הכללי, ונעדרים מהשלמים הייחודיים של המילואים ושל הנזיר. ככל הנראה בשל כך, בזבח שלמים רגיל הכתוב אינו מכנה את תוספת הלחמים ׳סל מצות׳, מפני שיש בהם גם לחם חמץ.

חסרון לחמי החמץ יובן מאליו אם נזכור שבימי המילואים מצות אלו הוקרבו על גבי המזבח. מאחר שחמץ אינו יכול לעלות על גבי המזבח – אי אפשר להביא גם סוג לחם זה באיל המילואים. מתוך כך נמצאנו למדים גם מדוע לחמים אלו חסרים באיל הנזיר. לא נוכל להרחיב בכך כעת, אך תהליך הקרבת הקורבנות שמביא הנזיר בימי מלאת ימי נזירותו משקף את ימי המילואים של הכוהנים ומנתב אותם אל ראש הנזיר. הנזיר מתקדש בקדושת כוהנים לתקופת זמן מוגדרת, אלא שהוא עושה כן

רק בתום ימי נזירותו ולא בפתיחתם.[42] לפיכך, קורבנות הנזיר זהים לקורבנות שהיו בימי המילואים וגם אצלו אין חלות חמץ.

מעניין, שאף על פי שאין לחם חמץ בימי המילואים – ובעקבותיהם גם בנזיר – יש ייצוג מרומז ללחמים אלו, במישור הלשוני. הסל בציווי על ימי המילואים מכונה: "**לֶחֶם** מַצּוֹת" (שמות כ"ט, ב), ובתיאור ימי המילואים המובא בוויקרא ח׳ הוא אף מכונה ׳חלת לחם׳: "וּמִסַּל הַמַּצּוֹת אֲשֶׁר לִפְנֵי ה׳ לָקַח חַלַּת מַצָּה אַחַת **וְחַלַּת לֶחֶם** שֶׁמֶן אַחַת וְרָקִיק אֶחָד" (ויקרא ח׳, כו). צירופים אלו מהדהדים את כינוי חלת החמץ בזבח השלמים הכללי: "חַלֹּת לֶחֶם חמץ" (ויקרא ז׳, יד). בכך נרמז בימי המילואים גם סוג הלחמים הרביעי החסר, שאומנם לא בא ביום זה כי איננו יכול לעלות על גבי המזבח, אך מוזכר ברמז לשוני.[43]

בנוסף לשני מקרי שלמים אלו יש להזכיר מקרה נוסף שייתכן שתוספת המצות בו שייכת לאותו מודל:

קורבן פסח

ישראל נדרשו לאכול את הפסח – שאומנם איננו קורבן אלא זבח משפחתי, אך יש לו כמה מאפיינים קורבניים – יחד עם מצות: "וְאָכְלוּ אֶת הַבָּשָׂר בַּלַּיְלָה הַזֶּה צְלִי אֵשׁ וּמַצּוֹת עַל מְרֹרִים יֹאכְלֻהוּ" (שמות י"ב, ח). אין מדובר במצות הנאכלות כחלק מחג המצות, אלא דין ייחודי שמלווה את זבח הפסח. תוספת המצות מלווה את זבח הפסח גם במצוות פסח שני: "עַל מַצּוֹת וּמְרֹרִים יֹאכְלֻהוּ" (במדבר ט׳, יא). אומנם אין כאן הסל השלם, אך גם קורבן שלם אין לפנינו (מאומה לא מוקרב על גבי מזבח בפסח מצרים), כך שלפנינו מודל ייחודי. אך הצדק עם חז"ל שראו בקורבן הפסח סוג של שלמים, ובהחלט ייתכן שתוספת המצות מייצגת את סל המצות שתמיד יש להוסיף לשלמים.[44]

42. הרב אלי חדד הציע (בשיחה פרטית) שהקדשת הנזיר בתום ימי נזירותו מקדימה את שרפת שׂער ראשו, וזו מטרת הקדשתו, למעשה – הקדשת שׂערו.

43. כבר הערתי שייתכן שבכל שלמים יש רק שלושה סוגים, ושהביטוי ׳חלות חמץ׳ מגדיר את ׳חלת השמן׳, ואם כך, לא חסר מאומה ואין זה אלא קיצור הלשון.

44. כך למשל פירש גם פרופ, שמות, א, עמ׳ 393. אני מתעלם מהשאלה המורכבת אם יש להתייחס אל הפסח כאל קורבן ציבור. מאחר שהוא נאכל על ידי הבעלים, לעניין תוספת המצות, הוא נידון כקורבן יחיד. תוספת המצות לפסח הביאה את הרב מנחם ליבטאג למסקנה שיש לראותו כסוג של שלמי תודה (ליבטאג, פסח ותודה). גם אם דבר זה מתאים לפסח דורות, קשה לראות

***

כעת ניתן לשוב אל פרשתנו. אם אומנם יש לצרף סל מצות ולחמים בכל זבח שלמים, יש לבאר מדוע צירוף הלחמים לא מוזכר בפירוש גם בשלמי נדר ונדבה. אולם באמת דגם כתיבה זה מתקיים בכל הקורבנות ומדובר בסגנון כתיבה מקראי מקובל. בדרך כלל מפורטים דיני ההקרבה בסוג הראשון של הקורבן שמוזכר בכתוב, ואין חזרה על פרטי ההקרבה כולם בסוגים האחרים של הקורבן שנזכרים אחריו, אלא מובלטים בעיקר השינויים או הדברים הדורשים התמקדות. פגשנו כבר בדוגמה לכתיבה זו בציווי על קורבן העולה בוויקרא א׳. דינים שונים שיש לעשות בכל קורבן עולה הוזכרו רק באפשרות הראשונה – עולת בקר – ולא הוזכרו שוב בעולת הצאן שבאה אחריה. למרות זאת, מוסכם על הכול, שעל הבעלים לסמוך ידיו על ראש קורבנו גם בעולת הצאן, אף שדין הסמיכה מוזכר רק בעולת הבקר (א׳, ד) שנזכרה ראשונה. כך גם אף לא אחד מעלה בדעתו שרק את עור עולת הבקר יש להפשיט ואין לעשות זאת לעולת הצאן, אף על פי שהדין מוזכר רק ביחס לעולת הבקר הנזכרת ראשונה (א׳, ו). ברור שם שהתורה מקצרת בדינים שתקפים בכל האפשרויות של הקורבן, ודי להזכירם בראשונה. כך כתב ר׳ חיים אבן עטר ביחס לקיצור הכתוב בשלמי עז לאחר שהובאו דיני שלמי כבש:

> הא למדת שהוא סמוך על ענין ראשון בכל פרטי דינים הרשומים, באומרו ׳זבח שלמים׳, ׳זכר ונקבה׳ וגו׳, כי רבים הם, כולם ישנם בשלמי עז, ולא נפסקה פרשת עז אלא לאליה (אור החיים לוויקרא ג׳, יב).

הוא מדגיש שגם שלמי עז יכולים לבוא זכר או נקבה, על אף שדין זה נזכר רק באפשרות הצאן הראשונה ששולבה בכתוב – בשלמי הכבש.[45]

דגם כתיבה זה תקף גם מחוץ לחטיבת הקורבנות. לשם דוגמה מייצגת נפנה לדין טומאת יולדת (ויקרא י״ב, ב–ו):

בזבח הפסח שאכלו ישראל במצרים שלמי תודה, והרי כבר שם יש להוסיף מצות לאכילתו. לפי דברינו אין צורך להגדירו כשלמי תודה דווקא כי לכל זבחי שלמים יש להוסיף מצות.

45. ראוי לציין שדוגמה זו אינה בדיוק כמו הדוגמאות שאנו דנים בהם, מפני שהאפשרות להקריב זכר או נקבה מוזכרת בפסוקים עוד לפני הפיצול בין עז לכבש (ג׳, ו), ועל כן ברור שדין זה תקף לשתי האפשרויות המפורטות לאחר מכן. הבאתי את דבריו בגלל טענתו הכוללנית.

אִשָּׁה כִּי תַזְרִיעַ וְיָלְדָה זָכָר
וְטָמְאָה שִׁבְעַת יָמִים כִּימֵי נִדַּת דְּוֹתָהּ תִּטְמָא. וּבַיּוֹם הַשְּׁמִינִי יִמּוֹל בְּשַׂר עָרְלָתוֹ.
וּשְׁלֹשִׁים יוֹם וּשְׁלֹשֶׁת יָמִים תֵּשֵׁב בִּדְמֵי טָהֳרָה
בְּכָל קֹדֶשׁ לֹא תִגָּע וְאֶל הַמִּקְדָּשׁ לֹא תָבֹא עַד מְלֹאת יְמֵי טָהֳרָהּ.

וְאִם נְקֵבָה תֵלֵד
וְטָמְאָה שְׁבֻעַיִם כְּנִדָּתָהּ
וְשִׁשִּׁים יוֹם וְשֵׁשֶׁת יָמִים תֵּשֵׁב עַל דְּמֵי טָהֳרָה.

וּבִמְלֹאת יְמֵי טָהֳרָהּ לְבֵן אוֹ לְבַת תָּבִיא כֶּבֶשׂ בֶּן שְׁנָתוֹ לְעֹלָה וּבֶן יוֹנָה אוֹ תֹר לְחַטָּאת...

תחילה הדיון מתמקד באישה שילדה זכר, ויש בו שני רכיבים: משך הטומאה (ארבעים יום) ודיניה של היולדת (האיסור לגעת בקודש ולבוא אל המקדש). לאחר מכן מובא דין יולדת נקבה, וכאן ההתמקדות היא רק במשך הטומאה (שמונים יום) ואין כלל אזכור של האיסור לגעת בקודש ולבוא אל המקדש. האומנם יש להסיק מכך שליולדת נקבה מותר לבוא אל המקדש גם בזמן טומאתה, וזאת מאחר שהאיסור לא נזכר באפשרות זו? ברור שהפִסקה השנייה מתמקדת בדין שהשתנה, אבל הנחת היסוד היא שיש להעתיק את שאר הדינים מהאפשרות שנזכרה בתחילה לאפשרות שנזכרת לאחריה.

נדמה שדגם כתיבה זהה מצוי גם בזבח השלמים: תוספת הלחמים הוזכרה בשלמי תודה שבאו בכתוב ראשונה, והכתוב אינו משלב את תוספת הלחמים שוב בשלמי נדר או נדבה שבאו שניים, מפני שהדין תקף כמובן מאליו ולא חל בו כל שינוי.[46]

46. בזהירות רבה אצביע על אפשרות (מסופקת) שתפיסה כזו מתועדת במגילת ׳מקצת מעשה התורה׳, שנמצאה במערה 4 בקומראן (מגילה זו נחשבת לאחת הקדומות מבין מגילות ים המלח, ונוטים לתארך אותה למאה השנייה לפני הספירה). באחת מההלכות הקטועות שם נאמר (הציטוט לאור השלמות המהדירים): ״[ואף על מנחת זבח] השלמים שמניחים אותה מיום ליום, ואף כתוב שהמנחה נאכלת על החלבים והבשר ביום זבחכם, כי לבני הכוהנים ראוי להזהיר בדבר הזה שלא יהיו מסיאים את העם עוון״ (מקצת מעשה התורה, B: 9-13). לפי השלמת המהדירים, הלכה זו עוסקת במנחת הנסכים שמתלווה לזבח שלמים. בעל המגילה מזהיר לא לשמור מנחה זו ליום המחרת אלא לאוכלה ביום הקורבן עצמו. אולם השלמה זו בעייתית. כפי שהראה איל רגב, לו היה קטע זה מתייחס למנחת הנסכים, היה בעל המגילה מתפלמס עם הלכת חז״ל הבסיסית יותר – שהרי לפי חז״ל מנחת נסכים מוקטרת כליל ואיננה נאכלת כלל. לפי לשון המגילה נראה שהפולמוס נוגע רק לזמן אכילת מנחה זו, ולא לעצם אכילתה. בשל כך, ובשל סיבות נוספות הציע רגב

אם אומנם נוספים הלחמים לכל זבחי השלמים, יש לפתוח מחדש את שאלת משמעות תוספת סל המצות והלחם: לא צריך לבאר מדוע דווקא בשלמי **תודה** יש להוסיף לחמים, אלא מדוע בכל קורבן זבח שלמים יש להוסיף לחמים (מעבר לנסכים הרגילים)?

התשובה ברורה מאליה: תוספת המצה והלחם לבשר הופכת את הסעודה לסעודה קבועה של ממש, וכוונת התורה להפוך את זבח שלמים לסעודת ברית, על כל מרכיביה, ושתהיה זו סעודה מפוארת, כראוי למי שאוכל על שולחנו של המלך. צריך גם לזכור שהלחם במקרא נקשר במיוחד עם בריתות שלום,[47] כך שמתאים למצוא אותו בזבח שלמים שמבטא ידידות ורעות בין המקריב לקונו.

אך לא די בכך. לפי היגיון זה אפשר היה להסתפק במצות שאינן חמץ. יש לזכור שהכתוב הדגיש שסוג אחד מהלחמים צריך שיהיה חמץ: "עַל חַלֹּת לֶחֶם חָמֵץ יַקְרִיב קָרְבָּנוֹ" (ז', יג). אם יש להביא לחמי חמץ בכל שלמים, לא ניתן לנמק זאת בכך שהאומר תודה מביט לאחור על התהליך שהסתיים בכי טוב. דבר זה נכון בשלמי תודה, אך בשלמי נדבה אין כל תהליך שהסתיים. יכול אדם להביא שלמי נדבה דווקא בשל רצונו לכונן מערכת יחסים של שלום וברית מכאן ואילך.

דומה שיש לנצל גם כאן את מה שכבר הוזכר בדיון באיסור חמץ על המזבח (הנזכר בוויקרא ב'), והדברים קשורים לכך שלחם החמץ מייצג מזון אנושי. הסמל שנלווה ללחמי החמץ שמוסיפים לזבח שלמים הוא כסמל שנלווה לחמץ בשתי הלחם המובאים עם כבשי יום הביכורים – קורבן השלמים הייחודי של יום זה. כאמור, גם שם מדגישה התורה שיש להביא דווקא לחמי חמץ: "מִמּוֹשְׁבֹתֵיכֶם תָּבִיאוּ לֶחֶם תְּנוּפָה שְׁתַּיִם שְׁנֵי עֶשְׂרֹנִים סֹלֶת תִּהְיֶינָה חָמֵץ תֵּאָפֶינָה בִּכּוּרִים לַה'" (ויקרא כ"ג, יז). לא נוכל במסגרת יריעה זו להאריך בניתוח תפקיד קורבן זה ובתפקיד שתי לחמי התנופה שיש להביא עם הכבשים ביום הביכורים, הוא יום החמישים להנפת העומר. ברצוני רק להעיר על כך שההבלטה שמדובר בלחמי חמץ קשורה שם בכך שמדובר

שקטע המגילה עוסק בלחמי תודה, שכן אלה נאכלים הן לפי חז"ל הן לפי המגילה. בעל המגילה מזהיר את ההמון לבל ישאירו מהלחם ליום המחרת, ואף מעודד את הכוהנים להקפיד על כך. זו אזהרה שגם חז"ל יסמכו ידיהם עליה, ולפי זה אין כאן פולמוס כלל (רגב, אכילת מנחה). אולם, שֵׁם הקורבן המתועד (גם הוא בחלקו בלבד) הוא 'שלמים', ועל כן ייתכן שהלכה זו רואה מול עיניה את זבח השלמים הכללי, ובכך מתברר שלפי בעל מגילה זו, עם כל זבח שלמים באה מנחת לחמים (ולפי דבריו יש לאכול גם זבח זה ולחמיו ב'יום זבחכם' בלבד, ובכך מחמיר אף יותר מהפסוקים עצמם).

47. כפי שהראתה מזור, לחם במקרא.

בלחם הבא ״ממושבֹתיכם״. לחם המזבח, לחם המקדש, הוא מצות, ויש איסור כולל על העלאת חמץ על המזבח. תהא הסיבה לכך אשר תהא, החמץ מופקע מהקודש, הוא שייך לתחום האנושי, לתחום החול, למושבותיכם. ביום החמישים להנפת העומר יש להביא דווקא לחם ׳אנושי׳, מחיטה שצמחה במושבות ישראל, ושנאפה כלחם של האדם. ביום זה מתרחש מפגש ייחודי בין לחם הארץ ובין המקדש. לשם ייצוג מלא של מפגש זה על האדם להביא את לחמו שלו. לפיכך עליו להביא ממושבותיו לחם שאותו יניף ויקדש בבית ה׳, אך הלחם צריך שיהיה חמץ, כדי שיהיה ברור שמדובר בלחמו שלו ולא בלחם ה׳.

סמל זה מתממש גם בלחמים הנוספים לזבח השלמים. גם בקורבן זה על האדם להביא את לחמו שלו כחלק מסל המצות שהוא מגיש עם קורבנו. דבר זה קשור במפגש הייחודי שמתרחש סביב סעודת שלום זו: האדם מביא את הפרספקטיבה שלו למפגש עם אלוהיו, מביא את מזונו שלו לצד הבשר שמגיע לאש המזבח ולצד המצות. הסעודה היא סעודת שלום, סעודה משותפת, כלומר יש בה לחם אל השמיים ולחם מן הארץ.[48]

זמן אכילת זבח שלמים

בכל הקשור לזמן אכילת הקורבן, ההבדל בין שני הדגמים מפורש בכתוב, ובשל כך התורה מפצלת בין שניהם: את זבח התודה יש לאכול ביממה אחת, ואילו את שלמי הנדר בשתי יממות (על ההגדרה המורכבת של ׳שתי יממות׳ אלו ראו להלן). מה פשר היקף זמן האכילה השונה? זהו חלון ההצצה שיש בידינו כדי להגדיר את אופיים המשתנה של שני הדגמים בזבח השלמים.

בנוסף להסבר של אברבנאל שהוזכר לעיל, ועל פיו זמן ההקרבה בשלמי תודה מצומצם כדי לאלץ את המקריב להזמין סועדים נוספים, הועלו בפרשנות הצעות אחרות.

תחילה יש להזכיר את טענתו של רד״צ הופמן הנוגעת להגבלת זמן האכילה בקורבנות באופן כללי:

48. בין האמוראים יש מחלוקת אם כדי לקדש את לחמי התודה בקדושת הקורבן, יש לשחוט את הזבח ׳בסמוך׳ ללחמים, או שגם אם הלחמים מצויים מחוץ לירושלים בזמן שחיטת הקורבן הם מתקדשים (מנחות עח ע״ב). לפי דברינו, ברור שהלחם צריך לבוא בסמיכות לקורבן, שהרי רק שניהם יחדיו יוצרים את הסעודה הנדרשת.

> הטעם של איסור נותר אינו כדי להכריח את המקריב לשתף עניים בסעודת הזבח (כפי שסוברים תיאודורט, קלריק, מיכאליס, רוזנמילר ועוד), וגם לא מפני חשש הריקבון (מורה הנבוכים, קייל, קנובל ועוד). הנימוק הזה גם אינו הולם את המנחות ואת לחמי התודה. את הטעם יש לראות בכך שמי שיושב בשולחן ה' אסור לו לאגור מלאי אלא עליו להביע את בטחונו בה' שיאכל הכל ביום אחד ולמחרת שוב יקבל מאת ה'.[49]

לדבריו, אכילת הקורבנות הוגבלה ליום אחד כי החלופה מביעה אגירת מזון של אדם שאין פיתו מצויה בסלו, ואינו יודע מה יאכל למחרת ואם יאכל כל עיקר. בעולם הקורבנות על המקריב ועל הכוהן להביע את ביטחונם בה' שלמחרת "שוב יקבל מאת ה'". רעיון זה מזכיר את סיפור ירידת המן: גם שם הדרישה לאסוף מנת מזון יומית ותו לא קשורה בחינוך העם שהם נסמכים על שולחן גבוה ושפרנסתם תלויה בו (ראו גם יומא עו ע"א).[50] לפי דבריו, זבח שלמים חריג בהקשר זה:

> יוצאים רק השלמים שמביאים בשעות הצלחה גדולה ביותר, שבהן מצאה הברכה הזאת שניתנה על ידי ה' את ביטויה בקרבן, אשר על כן לא נאסר הנותר מהם ליום המחרת (המשך דבריו, שם).

הנחת היסוד של רד"צ הופמן בשאלת יחס שני סוגי השלמים, הפוכה מזו של הנצי"ב. לדעתו, מעיקרא, החוק הוא שהקורבן נאכל במשך יממה אחת בלבד; ואך חריגה היא בשלמי נדר ונדבה, שאותם מותר לאכול במשך יום נוסף. הנצי"ב לעומתו ביאר את הצמצום המכוון של אכילת שלמי התודה, ובכך הניח שדווקא זוהי החריגה שדורשת הסבר. עד כמה שהדבר נשמע מוזר, דומה שהצדק עם שתי השיטות גם יחד, כפי שיובן להלן.

זמני אכילת הקורבנות

לשם ביאור זמני האכילה המתחלפים בין שני סוגי השלמים, יש לבחון תחילה את

49. רד"צ הופמן, ויקרא, כרך א, עמ' קעו.
50. גם רד"צ הופמן השווה זאת לאכילת המן, ודברים דומים הציע גם פרופ, שמות א, עמ' 397 (ביחס לשמות י"ב, י). יש לציין, שסיפור המן עצמו הוא בעל זיקה ספרותית לזבח הפסח שעשו ישראל במצרים (להרחבה ראו גרוסמן, המן ופסח), ולפיכך הקשר בין המן לעולם הקורבנות הדוק ביותר. גם בדיוננו לעיל, באופי קורבן המנחה, נזכר הקשר של ירידת המן לעולם הקורבנות.

עצם הגבלת זמן האכילה ליום אחד. גם אם צודק רד"צ הופמן שיש ערך בהגבלת זמן האכילה, ושאין זה ראוי שכוהן יאגור בשר קורבנות לעתיד, יש לברר מדוע ההגבלה היא דווקא למשך יום אחד בלבד, כלומר עד עלות השחר של היום הבא. דבר פלא הוא שבתורת הקורבנות שבספר ויקרא, זמן אכילת הקורבן נזכר רק ביחס לזבח שלמים (בהנגדת שלמי התודה לשלמי נדר או נדבה), אך אין התייחסות מפורשת לזמן אכילת שאר הקורבנות. בספר שמות אומנם נאמר: "לֹא תִזְבַּח עַל חָמֵץ דַּם זִבְחִי וְלֹא יָלִין חֵלֶב חַגִּי עַד בֹּקֶר" (כ"ג, יח), אך מלבד השאלה אם "חלב חגי" מכוון לזבח הפסח דווקא (כפי שעולה מהתקבולת והקבלת פסוקנו לשמות ל"ה, כה), נראה שפשטי המקראות עוסקים שם בקורבנות הבאים בחגים כשעולה אדם לרגל. מדוע אם כן כה ברור לחז"ל, ולפרשנים בעקבותיהם, שהכוהנים יכולים לאכול את חלקם רק עד עלות השחר?[51]

מתוך שתיקת הכתוב בסוגיה זו בכל הקורבנות (מלבד בזבח שלמים כאמור), נראה שסיבת האכילה למשך יממה אחת בלבד ברורה מאליה. היא כל כך ברורה עד שלא צריך לכתוב זאת, אלא רק במקום שבו יש שינוי מהחוק הבסיסי יש לציין זאת. אכן הדבר ברור: אכילת הכוהנים מקבילה לאכילת המזבח – כל זמן שהמזבח אוכל את הקורבן גם הכוהנים אוכלים את חלקם.[52] ברגע שמפַנים את המזבח משאריות הקורבן של אמש, צריכים גם הכוהנים לסיים את אכילתם.

רעיון זה עולה במכילתא דרשב"י על הפסוק הנזכר משמות כ"ג, יח:

> 'לא ילין חלב חגי עד בקר' – מכאן אמרו הקטר חלבים כל הלילה. 'לא ילין חלב חני עד בקר' – לפי שמצינו בקדשי קדשים **שבזמן אכילתן הקטרתן**, יכול אף קדשים קלים כן? ת"ל 'לא ילין חלב חגי עד בקר'.

51. ראו את ההוכחות שהביא רד"צ הופמן, ויקרא, כרך א, עמ' קעה.
52. לפי הרמב"ם אכילת קודשי קדשים היא מצווה בפני עצמה ונפרדת ממצוות הקרבה (הלכות מעשה הקורבנות י, א-ב), "אבל אין אכילת הקדשים קלים ותרומה כמו אכילת בשר החטאת ואשם... ולפיכך היא נגררת במצווה והאוכל אותה עושה מצווה" (ספר המצוות, עשה פט). ראו על כך בהרחבה אצל וינר, ממלכת כוהנים, עמ' סז-עה. הוא מתייחס שם גם לאכילת המנחה שבאופייה שונה מאכילת שאר הקורבנות, אף שבדרך אחרת ממה שהצענו לאורך הדיונים. ראו גם את דיונו של הרב יאיר קאהן בנוגע לאכילת שלמים (קאהן, ברכה). הוא דן ביחס בין דברי הרמב"ם לדברי התוספתא: "היה מקריב זבחים בירושלים אומר ברוך שהגענו לזמן הזה; כשהוא מקריבן אומר ברוך אשר קדשנו במצוותיו וציוונו להקריב זבחים; וכשהוא אוכלם אומר ברוך אשר קדשנו במצוותיו וציוונו לאכול זבחים" (תוספתא ברכות ה, כב).

מדרש זה מנסח את הדברים מצידו השני של המטבע, אך הרעיון זהה: מאחר שיש זהות בין זמן אכילת הקורבן לזמן הקטרתו, אולי ניתן יהיה להקריב זבחי שלמים במשך יומיים – בהתאמה לזמן אכילתם? לפיכך צריך הכתוב להשמיענו שלמרות זמן האכילה המורחב, יש לשמור על זמן ההקרבה הרגיל – יממה אחת ותו לא.

את התאמת זמן האכילה עם זמן ההקרבה אפשר לנסח גם אחרת: תיאור הוצאת הדשן שפתח את פרשת צו, מלווה אותה לכל אורכה ומגדיר את היום המקדשי – עד עלות השחר. מאחר שכל יום עומד בפני עצמו, ומביא באמתחתו שיר חדש, ברור שגם הכוהנים אינם יכולים להמשיך לאכול את קורבן יום האתמול ביום המחרת. כשם שהמזבח מתחיל יום חדש עם פינויו בכל בוקר – כך גם הכוהנים, שאכילתם מקבילה לאכילתו.

לזיקה זו רומזת המשנה הראשונה שבמשניות, המביאה בסמיכות את שני זמני האכילה – זה של המזבח וזה של הכוהנים:

> הֶקְטֵר חֲלָבִים וְאֵבָרִים (= הקורבנות שעל המזבח), מִצְוָתָן עַד שֶׁיַּעֲלֶה עַמּוּד הַשָּׁחַר. וְכָל הַנֶּאֱכָלִין לְיוֹם אֶחָד (= החלק הנאכל על ידי הכוהנים), מִצְוָתָן עַד שֶׁיַּעֲלֶה עַמּוּד הַשַּׁחַר. אִם כֵּן, לָמָּה אָמְרוּ חֲכָמִים עַד חֲצוֹת? כְּדֵי לְהַרְחִיק אֶת הָאָדָם מִן הָעֲבֵירָה" (משנה ברכות א, א).

מדאורייתא, מצוות הקטרת החלבים כמו גם אכילת הקורבנות על ידי הכוהנים, היא עד שיעלה עמוד השחר, אך חכמים הקדימו את גבול הזמן המותר לחצות הליל כדי להרחיק את האדם מן העבירה.[53] ייתכן שמסכת ברכות – הפותחת בדיני קריאת שמע ותפילה – פותחת באזכור היממה המקדשית כדי ליצור זיקה בין היממה המעוצבת מתוך קריאת שמע ותפילה ובין עבודת המקדש.[54] מכל מקום, עצם הזיקה בין זמן אכילת הקורבנות על המזבח לאכילתם על ידי הכוהנים בולט לעין במשנה זו.

לפיכך נראה שהנחת היסוד של רד"צ הופמן מתאימה יותר לדברים הללו מזו

53. לפי בעלי התוספות, ההרחקה מן העבירה היא רק לדין לכתחילה, אך אם אירע ולא הוקרבו חלקי הקורבן לפני חצות הלילה, או שלא הספיקו הכוהנים לאכול את חלקם לפני חצות, אפשר לחזור לדין דאורייתא ולהקריב ולאכול עד עלות השחר (תוספות לפסחים קכ ע"ב, וראו בהרחבה בדיונו של בית הלוי, חלק א, סימן לד).

54. "הגדרת הזמן במשנה מבטאת תפיסה רעיונית שקריאת שמע היא כעבודת ה' של הכוהנים באכילת תרומה. אם אכן הפירוש נכון, הרי שזה מקרה מיוחד שהמשנה מתנסחת בו לפי קוד רעיוני סמוי. עריכת המשנה, והגדרות ההלכה שבה, מבטאות מסר רעיוני, ונועדו ליצור אצל הלומד תחושה

של הנצי״ב. הדבר המרכזי הדורש ביאור הוא מדוע שלמי נדר או נדבה יצאו מהדין הכללי, ומותר לאכול אותם במשך יומיים.[55] מסתבר שבקורבנות אחרים הכוהנים אוכלים את הקורבן כאכילת מזבח, אך בזבח השלמים אכילת האדם אינה משקפת את המשך אכילת המזבח, כפי שניכר מדינו הייחודי, שמביא הקורבן שותף באכילתו, והוא כמובן אינו אוכל אותו כאכילת מזבח, שהרי הוא איננו ׳קדוש׳, ומנוע ממגע עם הנותר מאש המזבח. בעליו של זבח השלמים אוכל אותו כי הוא מוזמן לסעוד לצד קונו, מאותה הבהמה. כאמור לעיל, אי הגדרת זבח השלמים כקדוש מלמדת ככל הנראה, שבשר זבח השלמים נשאר ברשות הבעלים וכלל לא עובר לרשות גבוה. בשל כך זמן אכילת הזבח הוכפל: יום ראשון של אכילתו מקביל לאכילת המזבח – כבכל שאר הקורבנות; אך כדי לייצג את השותפות שיש בקורבן זה – נוסף יום נוסף. זהו יום שבא מן הגבולין, יום אנושי שבא מטעמו של האדם המקריב והאוכל את הקורבן. לשון אחר, בזבח השלמים האדם מביא גם יחידת זמן משלו, ושני ימי האכילה מבטאים את שילוב המקדש עם עולמו של האדם שמחוץ לתחום הקודש.[56]

עיקרון זה מהותי לזבח השלמים: הוא אינו נאכל רק במקום קדוש אלא בכל מקום טהור; לא רק כוהנים קדושים אוכלים אותו אלא כל אדם; ובמילים אחרות: הוא לא ׳קודש קדשים׳, ובכך יכול גם מרחב החולין להכיל אותו ולהיפגש איתו (ובלבד שיהיה טהור). אם יהיה טיפוס של שלמים שמוגדר משום מה כקדוש, הוא באמת יחזור לדין הכללי של הקורבנות, וניתן יהיה לאוכלו רק במשך יום הקרבתו: ״וְאִם יִוָּתֵר מִבְּשַׂר הַמִּלֻּאִים וּמִן הַלֶּחֶם עַד הַבֹּקֶר וְשָׂרַפְתָּ אֶת הַנּוֹתָר בָּאֵשׁ לֹא יֵאָכֵל כִּי קֹדֶשׁ הוּא״ (שמות כ״ט, לד).

לאור כך ניתן לנסח את השאלה שאנו דנים בה מחדש: מדוע זמן אכילת שלמי תודה הוא כזמן אכילת שאר הקורבנות, ולא באה בו לידי ביטוי יחידת הזמן שהאדם מביא אתו לסעודה המשותפת עם קונו?[57]

נדמה שהעיקרון המבחין בין שני אופני השלמים שהוזכר לעיל נותן כאן את

בלתי מודעת של קרבה בין מצוות המיוחדות לכוהנים לבין עבודת ה׳ הפרטית של כל אדם״ (ספראי, ברכות, עמ׳ 45).

55. אכן, לאחר שתהיה בידינו תשובה לחריגה זו נצטרך לשאול את שאלתו של הנצי״ב – מדוע חריגה זו איננה תקפה בשלמי תודה.

56. השוו לדברי הרב יובל שרלו, שלמים.

57. אברבנאל ראה את שלמי נדר כמוקרבים כחלק מבקשה לעתיד, ואילו שלמי התודה באים לאחר ההצלה, כתודה, ולאור כך ביאר גם את זמן האכילה המשתנה – ״לפי שהמתפלל על העתיד מאריך בתפלתו יותר מהמהלל ומשבח על העבר״ (הקדמתו לוויקרא, עמ׳ יט).

אותותיו. חותמו של מי חתום בנקודת הראשית שהביאה את האדם להביא זבח שלמים? בשלמי נדר או נדבה האדם הוא שמתחיל את המסע הדתי; הוא נודר או נודב מחפץ ליבו קורבן לה'. גם אם הנדר הותנה בתנאי, ובזמן הבאת הקורבן כבר מודע מביאו לחסד ה' שנעשה עימו, בעל הקורבן הוא שחותמו בנקודת הראשית.

לעומת זאת, שלמי תודה באים כתגובה לנס שעשה ה' עם האדם. זהו דבר מהותי לתודעה שמלווה קורבן זה: המניע הבסיסי הוא תנועת נפש של תגובה ולא של רצון חופשי. אכן, אין מדובר בקורבן חובה, אך הרי ראוי לחנך ילדים צעירים לומר 'תודה', כאילו מדובר בחובה של ממש. אומנם לא חובה של משפט והלכה, אך מכל מקום חובה של מוסר והכרה. הכרת הטוב היא תנועת נפש שיש בה מנדיבות הלב אך היא גם דבר מצופה מאדם מוסרי. על ראשיתו של קורבן התודה חתום חותמו של ה': הוא שגמל עם האדם רוב טובה, והאדם מגיב לחסד ה' ומביע את תודתו. לפיכך קורבן זה מצוי על הגבול בין קורבן הנדבה לקורבן החובה, ועל כן גם אכילתו איננה מייצגת את זמן החול אלא נותרת בתחום הקודש. לא באתי לטעון ששלמי תודה הם קודשי קדשים; גם את שלמי התודה אוכלים הבעלים, וגם שלמים אלו נאכלים במקום טהור ואין צורך במקום קדוש,[58] אולם היום הנוסף שמייצג את הזמן האנושי ומצטרף לאכילת שלמי נדר או נדבה, איננו מתממש כאן. זמן האכילה נותר כולו ביממה המקדשית, שתחת כנפיה נכנס הבעלים בענווה ואוכל.[59]

לפי גישה זו, שני הימים שבהם מותר לאכול שלמי נדר ונדבה אינם יחידה אחת של 'יומיים' אלא שתי יחידות של 'יום אחד'. מעין ראיה לכך שיש לראות את היום הנוסף המותר באכילה כיום שמצטרף ליום הבסיסי, ניתן למצוא בלשון הפסוק המפתיע:

> וְאִם נֶדֶר אוֹ נְדָבָה זֶבַח קָרְבָּנוֹ בְּיוֹם הַקְרִיבוֹ אֶת זִבְחוֹ יֵאָכֵל וּמִמָּחֳרָת **וְהַנּוֹתָר מִמֶּנּוּ יֵאָכֵל**. וְהַנּוֹתָר מִבְּשַׂר הַזָּבַח בַּיּוֹם הַשְּׁלִישִׁי בָּאֵשׁ יִשָּׂרֵף. וְאִם הֵאָכֹל יֵאָכֵל מִבְּשַׂר

58. אולם ראו את דברי הרב יהודה קופרמן: "פשוטו של מקרא ודברי חז"ל חברו יחד לגלות לנו שקרבן תודה מורכב ממרכיבים של קדשי קדשים יחד עם מרכיבים של קדשים קלים, הפועלים בצוותא במסגרת הייחודית החדשה ההיא. זוהי יצירה חדשה החוצה את הגבולות המקובלים, והקובעת לעצמה גבולות חדשים של שילוב שני סוגי קרבנות והיו לשלימות אחת חדשה" (קופרמן, פשוטו, פרשת צו, עמ' רמז).

59. אברהם שמאע הציע לי בשיחה פרטית שאפשר לפסוע צעד נוסף: יום מן החולין מייצג את ביטחון האדם בכוחו, כדרך שמתכנן את סדר יומו ביומנו לעתיד, ובוטח שתוכניתו תצא אל הפועל. המביא תודה, מכיר בכך שצרה כלשהי תקפתו, ויום בוא הצרה עליו לימדו שאין יומו בידו, וכל עיתותיו ביד גבוה, כדרך אדם האומר על כל פעולה עתידית "אם ירצה ה'".

> זֶבַח שְׁלָמָיו בַּיּוֹם הַשְּׁלִישִׁי לֹא יֵרָצֶה הַמַּקְרִיב אֹתוֹ לֹא יֵחָשֵׁב לוֹ פִּגּוּל יִהְיֶה וְהַנֶּפֶשׁ הָאֹכֶלֶת מִמֶּנּוּ עֲוֹנָהּ תִּשָּׂא (ויקרא ז׳, טז-יח).

הצירוף המגדיר את בשר הקורבן ביום השני – ״וְהַנּוֹתָר מִמֶּנּוּ יֵאָכֵל״ – מוזר. ממה נפשך: אם מותר לאכול את הקורבן ׳יומיים׳, קשה להגדיר את מה שאוכלים ביום השני כ׳נותר׳. המשמעות של ׳נותר׳ היא בשר שנשאר לאחר שהסתיים זמן קצוב. אם הזמן מוגדר מראש ליומיים, הבשר איננו ׳נותר׳ בתוך זמן זה. ממש כשם שלא ניתן לומר על אכילת היום הראשון, שמשעה כלשהי ואילך – הנותר מהבשר מותר באכילה. אם הדבר מוגדר ׳נותר׳, כנראה מדובר בבשר שנשאר לאחר הגדרת הזמן שלו, אך אם כך – מדוע הוא מותר באכילה? ההמשך המתבקש הוא – כפי שמופיע בהמשך הפסוק ביחס ליום השלישי: ״וְהַנּוֹתָר מִבְּשַׂר הַזָּבַח בַּיּוֹם הַשְּׁלִישִׁי בָּאֵשׁ יִשָּׂרֵף״.

שיקוף לקושי שבפסוק יש בתרגום השבעים, שאכן השמיט את המונח ״והנותר״ בתיאור אכילת היום השני כדי להקל על הקריאה ההגיונית. לאחר התלבטות נטה מילגרום לאמץ את נוסח השבעים, במיוחד לאור הפסוקים המקבילים בוויקרא י״ט, שבהם הביטוי המוזר באמת חסר: ״וְכִי תִזְבְּחוּ זֶבַח שְׁלָמִים לַה׳ לִרְצֹנְכֶם תִּזְבָּחֻהוּ. בְּיוֹם זִבְחֲכֶם יֵאָכֵל וּמִמָּחֳרָת, וְהַנּוֹתָר עַד יוֹם הַשְּׁלִישִׁי בָּאֵשׁ יִשָּׂרֵף. וְאִם הֵאָכֹל יֵאָכֵל בַּיּוֹם הַשְּׁלִישִׁי פִּגּוּל הוּא לֹא יֵרָצֶה״ (ויקרא י״ט, ה-ז).[60]

רמב״ן סלל דרך אחרת בהבנת תרומת הגדרת אכילת היום השני כ׳נותר׳. הוא נעתר לאווירה שמלווה ביטוי לשוני זה, ולמד מכך שאין הכרח להשאיר מהבשר ליום השני ומותר לסיים את אכילתו כבר ביום הראשון:

> ולפי דעתי ענין הכתוב הזה, בעבור שאמר ׳ביום הקריבו את זבחו יאכל וממחרת׳, והיה במשמע שתהא מצוה שיאכל בשני ימים, יאכל מקצתו ביום הראשון ויניח מקצתו למחר, ולפיכך חזר לבאר ׳והנותר ממנו בראשון יאכל (ו)ממחרת׳, לא שישאיר ממנו בכונה, ולא שיהא רשאי להניח כלו ליום המחרת. אבל מצוה שיאכל ממנו בראשון, והנותר במקרה יאכל במחרת הנזכר (פירושו לוויקרא ז׳, טז).[61]

60. מילגרום, ויקרא, כרך א, עמ׳ 420.
61. השוו גם לניסוח רבנו בחיי בוויקרא י״ט: ״׳ביום זבחכם יאכל׳ – מצוה לאכלו ביום ראשון עצמו, וממחרת מותר לאכלו גם כן אם נותר מיום ראשון״, וראו גם את הדיון בשו״ת חכם צבי, סימן קנא. בסיס הדברים בספרא: ״׳ביום הקריבו את זבחו יאכל׳ – מצוה לאכול ממנו ביום הראשון.

לאור ההצעה שהיומיים המתוארים כאן הם צירוף של יום ויום, הכתיבה המפתיעה נטענת פשר פשוט. אכן, לו מדובר ביחידה אחת של יומיים, אין מקום לצירוף "והנותר ממנו" תוך כדי הזמן המותר באכילה. אך אם מדובר בצירופם של יום ויום – יום מקדשי שמסתיים בעלות השחר הראשון, ויום נוסף הבא מן החולין בידי הבעלים של הקורבן, אפשר לכנות את הבשר של היום השני כנותר מהיום הראשון. אדרבה: יש עניין לכנות אותו כך ולבטא בכך שמבחינתו של המקדש בשר היום השני הוא 'נותר', אלא שהוא נותר המותר באכילה בשל הפרספקטיבה האנושית שהצטרפה פה.

לאור דברים אלו יש מקום לבחון אם יש הבדלים משפטיים-הלכתיים בין אכילת היום הראשון לאכילת היום השני. בפשט המקראות לא עולה הבדל כזה, אך בספרות חז"ל מצויות כמה השלכות לתפיסה הנידונה.

שני ימי השלמים והיממה המקדשית

את שני ימי אכילת שלמי נדר או נדבה פיענחו חז"ל באופן מפתיע; לא כשני ימים מלאים אלא כיום ולילה ויום, ובלשון המשנה "שני ימים ולילה אחד" (זבחים ה, ז). כיצד הגיעו חז"ל להכרעה זו? מניסוח הפסוקים נראה שניתן להמשיך ולאכול במשך היום השני כולו, שהרי רק ביום השלישי יש לשרוף את הנותר: "בְּיוֹם הַקְרִיבוֹ אֶת זִבְחוֹ יֵאָכֵל וּמִמָּחֳרָת וְהַנּוֹתָר מִמֶּנּוּ יֵאָכֵל. וְהַנּוֹתָר מִבְּשַׂר הַזָּבַח בַּיּוֹם הַשְּׁלִישִׁי בָּאֵשׁ יִשָּׂרֵף" (ז', טז-יז). לכאורה, אם ה'יום' הראשון הוא יום ההקרבה והלילה שבא בעקבותיו, אפשר היה לצפות שגם ה'יום' השני יהיה יום והלילה שבא אחריו.[62]

יש מקום לבחון אם הכרעת חז"ל היא שיקוף של פשטי המקראות, אך ראשית יש להעיר שכנראה מדרש ההלכה משלב כאן במכוון שתי הגדרות יממה שונות – יממה מקדשית ויממת גבולין.

לפי קריאת חז"ל, יש הבדל בין מבנה היממה במקדש ובין מבנה היממה בשאר מקומות: היממה מחוץ למקדש מתחילה בלילה ובעקבותיו מגיע היום. כך למשל שבת נכנסת עם צאת הכוכבים של מוצאי היום שישי, ויוצאת בצאת הכוכבים למחרת. במקדש, לעומת זאת, היממה מתחילה בעלות השחר, ומסתיימת

יכול לשני ימים? תלמוד לומר 'וממחרת'. אי ממחרת יכול מצוה לאוכלו לשני ימים? ת"ל 'והנותר' – אם הותיר הותיר" (ספרא, צו, פרק יב, יא).

62. בנימין פרנקל האיר את עיניי שאפשרות זו עולה בדברי בעלי התוספות על סוגיית זמן אכילת חגיגת י"ד בניסן: "תימא לרשב"א, כיון דכוליה קרא בחגיגת י"ד איירי, ומאי בקר בקר שני, אם כן תאכל לשני ימים ושני לילות, דקרא משמע שאינה נפסלת עד בקר שני אבל ליל בקר שני נאכלת" (פסחים עא ע"ב, ד"ה "והאיך כוליה").

בעלות השחר של היום הבא, כפי שבא לידי ביטוי מובהק בדין הוצאת הדשן בכל בוקר.[63] לאור חלוקה זו, הציע רש״ר הירש לראות את זמן אכילת זבח השלמים כצירוף של שתי יממות – יממה של המקדש ויממה של האדם: היום הראשון הוא המקדשי והוא המתחיל בבוקר ומסתיים בסוף הלילה; והיום השני הוא יממת האדם, המתחילה בערב עם צאת הכוכבים ומסתיימת עם שקיעת החמה למחרת: ״בשני ימים ולילה אחד ניתוסף היום האזרחי אל יום המקדש; והרי כאן יום שלם על פי שתי דרכי חישוב היממה״.[64] שילוב שתי היממות האלו יוצר מבנה ייחודי: יום (תחילת יממת המקדש) – לילה (סוף יממת המקדש ותחילת יממת האדם) – יום (סוף יממת האדם). צירוף שתי פרספקטיבות הזמן מותאם כמובן לאופי זבח השלמים, ובלשונו של הרב יובל שרלו:

> זמנם מורכב משני יסודות: יום ולילה כבמקדש ולילה ויום כבמדינה, כלומר: בגלל הקישור שבין המדינה לבין המקדש ושלמות צרופם שזהו יסודן של השלמים – גם זמן אכילתם הוא צירוף של חוקי החול וחוקי הקודש גם יחד.[65]

מתברר אם כן, שיש הבדל בין שתי היממות המותרות באכילת השלמים: יממת המקדש שומרת על אופייה המתחיל בבוקר, ויממת האדם שומרת על אופייה שלה ומתחילה מהלילה.

אלא שיש מקום לבחון רעיון זה בשנית, מפני שעצם פיצול הגדרת היממה בין המקדש ובין הגבולין הוא דבר מורכב ולא ברור דיו. האם פיצול זה עולה גם בפשטי המקראות, או שמא במקרא היממה תמיד מתחילה בבוקר ומסתיימת בסוף הלילה שאחרי היום? לשם הקשר הדיון נסקור תחילה כמה מקורות עיקריים הנוגעים בסוגיה זו.[66]

היממה מתחילה מהבוקר

מכמה מקראות עולה שהיממה מתחילה בבוקר:

63. למשמעות הרוחנית של פיצול זה ראו למשל אצל ר׳ צדוק הכוהן מלובלין, צדקת הצדיק, קטע ג.
64. רש״ר הירש, ויקרא, עמ׳ קכא.
65. הרב י׳ שרלו, שלמים, עמ׳ 10-18.
66. מקגוואייר סקרה שאלה זו לאורך המקרא, והגיעה למסקנה ששתי התפיסות קיימות במקרא זו לצד זו: לעיתים היממה מתחילה בבוקר ולעיתים בלילה (מקגוואייר, ערב או בוקר).

1. ויקרא ז׳, טו-טז: בהגדרת הנותר של זבח שלמי תודה נאמר – "וּבְשַׂר זֶבַח תּוֹדַת שְׁלָמָיו בְּיוֹם קָרְבָּנוֹ יֵאָכֵל לֹא יַנִּיחַ מִמֶּנּוּ עַד בֹּקֶר. וְאִם נֶדֶר אוֹ נְדָבָה זֶבַח קָרְבָּנוֹ בְּיוֹם הַקְרִיבוֹ אֶת זִבְחוֹ יֵאָכֵל וּמִמָּחֳרָת וְהַנּוֹתָר מִמֶּנּוּ יֵאָכֵל". מכאן ברור שהקורבן מוגדר כ׳נותר׳ בבוקר (לא בלילה).
2. בראשית י״ט, לג-לד: "וַתַּשְׁקֶיןָ אֶת אֲבִיהֶן יַיִן בַּלַּיְלָה הוּא וַתָּבֹא הַבְּכִירָה וַתִּשְׁכַּב אֶת אָבִיהָ וְלֹא יָדַע בְּשִׁכְבָהּ וּבְקוּמָהּ. וַיְהִי מִמָּחֳרָת...". אם הבנות שכבו עם אביהן בלילה, ואם משמעות ׳ממחרת׳ היא יום אחר (ולא רק בוקרו של אותו יום), עולה שכבר הבוקר התוכף לאותו לילה מוגדר כיום נפרד, כלומר היממה מתחילה בבוקר.
3. במדבר ט׳, יא-יב: "בַּחֹדֶשׁ הַשֵּׁנִי בְּאַרְבָּעָה עָשָׂר יוֹם בֵּין הָעַרְבַּיִם יַעֲשׂוּ אֹתוֹ עַל מַצּוֹת וּמְרֹרִים יֹאכְלֻהוּ. לֹא יַשְׁאִירוּ מִמֶּנּוּ עַד בֹּקֶר וְעֶצֶם לֹא יִשְׁבְּרוּ בוֹ". בהנחה שגם את הפסח צריך לאכול במשך יום אחד, ושהאיסור מורה שאסור לפרוץ לתחומי היום האחר, הרי שאם הוא נשחט "בין הערבים", ואוכלים אותו במשך הלילה ובלבד ש"לא ישאירו ממנו עד בקר", מסתבר שזו הגדרת היממה שהחוק מתייחס אליה: הלילה מגיע אחרי היום ויממה זו מסתיימת בבוקר.
4. במדבר ל״ג, ג: "וַיִּסְעוּ מֵרַעְמְסֵס בַּחֹדֶשׁ הָרִאשׁוֹן בַּחֲמִשָּׁה עָשָׂר יוֹם לַחֹדֶשׁ הָרִאשׁוֹן מִמָּחֳרַת הַפֶּסַח יָצְאוּ בְנֵי יִשְׂרָאֵל בְּיָד רָמָה לְעֵינֵי כָּל מִצְרָיִם". גם כאן נדמה שבבוקר מתחיל יום חדש, שהרי תיאור הזמן "ממחרת הפסח" מלמד שמדובר ביום נפרד; אם תאריכו הוא "חמישה עשר לחודש הראשון" הרי שהלילה שלפניו (זמן הפסח), מופרד ממנו ומוגדר כיום אתמול.
5. שמואל א י״ט, יא: "וַיִּשְׁלַח שָׁאוּל מַלְאָכִים אֶל בֵּית דָּוִד לְשָׁמְרוֹ וְלַהֲמִיתוֹ בַּבֹּקֶר וַתַּגֵּד לְדָוִד מִיכַל אִשְׁתּוֹ לֵאמֹר אִם אֵינְךָ מְמַלֵּט אֶת נַפְשְׁךָ הַלַּיְלָה מָחָר אַתָּה מוּמָת". בהנחה ש׳מחר׳ מורה על מעבר ליום אחר, מוכח שוב שיש מעבר בין ימים עם עלות השחר. מיכל אומרת לדוד שאם לא יברח "הלילה", ביום הבא – שזה בבוקר – הוא יומת. בלשון הכתוב "ולהמיתו בבקר" הוא הוא "מחר אתה מומת".
6. הדבר אומנם מסופק, אבל מאיר רוטנברג הציע שהביטוי ׳כיום׳ בכמה פסוקים מביע ׳תחילה׳. כך למשל כשיעקוב אמר לעשו: "מִכְרָה כַיּוֹם אֶת בְּכֹרָתְךָ לִי" (בראשית כ״ה, לא) הוא בעצם אמר לו – ׳אתן לך את נזיד העדשים שאתה חושק בו, אך תחילה – מכרה לי את בכורתך׳. רוטנברג מביא דוגמאות נוספות לשימוש לשוני זה, וטענתו היא שמדובר בביטוי

מושאל מסדר הזמנים: ״הוראה זו היא גם הגיונית מאחר שהיום בא באמת תמיד תחילה, ורק אחריו בא הלילה, באופן שאדם שאמר בזמן חיבורם של ספרי המקרא ׳שמע כיום את דבריי ואחר כך תענה עליהם׳ הייתה כוונתו: כשם שתמיד בא תחילה היום, ורק אחריו בא הלילה, ככה גם אתה שמע תחילה את דבריי, ואחר כך תענה״.[67] מבחינה לשונית יש עוד צורך לדון בהצעתו, אך אם הצדק איתו הרי מולנו עדות מהלשון המדוברת בתקופה המקראית, המניחה שהיום קודם ללילה באותה יחידה של זמן.

היממה מתחילה בערב

עם זאת, מפסוקים אחרים נדמה שהיממה מתחילה בלילה:

1. ויקרא כ״ב, ו-ז: ״נֶפֶשׁ אֲשֶׁר תִּגַּע בּוֹ וְטָמְאָה עַד הָעָרֶב וְלֹא יֹאכַל מִן הַקֳּדָשִׁים כִּי אִם רָחַץ בְּשָׂרוֹ בַּמָּיִם. וּבָא הַשֶּׁמֶשׁ וְטָהֵר וְאַחַר יֹאכַל מִן הַקֳּדָשִׁים כִּי לַחְמוֹ הוּא״. מתוך הנחה שהיום הינו יחידת זמן סגורה, ועל כן אם האדם נטמא ביום מסוים הוא טמא בכל היום, עולה שיום טומאתו נחתם עם בוא השמש, כלומר בשקיעת החמה, ואז מתחיל יום חדש (כזכור, בצאת הכוכבים הכוהנים נכנסים לאכול בתרומתן – משנה ברכות א, א).
2. שמות י״ב, יח: ״בָּרִאשֹׁן בְּאַרְבָּעָה עָשָׂר יוֹם לַחֹדֶשׁ בָּעֶרֶב תֹּאכְלוּ מַצֹּת עַד יוֹם הָאֶחָד וְעֶשְׂרִים לַחֹדֶשׁ בָּעָרֶב״. כאן תחילת היום מוגדר בפירוש, ונאמר שחג המצות מתחיל בארבעה עשר לחודש בערב, כלומר היום המקודש מתחיל מהלילה, והוא גם מסתיים ״בערב״. אומנם ניתן לטעון שהיציאה ממצרים בלילה הפכה סדרי בראשית ושקשה להוכיח ממקרה חריג זה על עצם מבנה היממה המקראית.[68]
3. ויקרא כ״ג, לב: ״שַׁבַּת שַׁבָּתוֹן הוּא לָכֶם וְעִנִּיתֶם אֶת נַפְשֹׁתֵיכֶם בְּתִשְׁעָה לַחֹדֶשׁ בָּעֶרֶב מֵעֶרֶב עַד עֶרֶב תִּשְׁבְּתוּ שַׁבַּתְּכֶם״. גם כאן טמונה הגדרה מפורשת שהיממה של יום הכיפורים מתחילה מהערב. אומנם כינוי הלילה הפותח את היום העשירי הוא ׳תשעה לחודש בערב׳ וניתן גם לטעון שדבר זה מראה שבדרך כלל הלילה אינו פותח את היממה אלא חותם את היום

67. רוטנברג, כיום, עמ׳ 60. ראו שם גם את תגובתם של טלשיר, הערה; דותן, כיום.
68. כפי שטען מילגרום, ויקרא, כרך ג, עמ׳ 1967.

הקודם ('תשעה'), ושלפנינו מקרה חריג. אולם בסופו של דבר, בנוגע ליום הכיפורים מגדירה התורה יממה שמתחילה בלילה.[69]

4. שמות ט"ז, ו-ח: "וַיֹּאמֶר מֹשֶׁה וְאַהֲרֹן אֶל כָּל בְּנֵי יִשְׂרָאֵל עֶרֶב וִידַעְתֶּם כִּי ה' הוֹצִיא אֶתְכֶם מֵאֶרֶץ מִצְרָיִם. וּבֹקֶר וּרְאִיתֶם אֶת כְּבוֹד ה'... וַיֹּאמֶר מֹשֶׁה בְּתֵת ה' לָכֶם בָּעֶרֶב בָּשָׂר לֶאֱכֹל וְלֶחֶם בַּבֹּקֶר לִשְׂבֹּעַ". גם מתוך סגנון הפסוקים הללו נדמה שהלילה מקדים את היום. אומנם מדובר בלשון שירה, אך גם היא יכולה להסגיר את התודעה הבסיסית בנוגע לרצף הזמנים. עם זאת, לאידך גיסא סיפור זה יכול להוכיח שהיממה נפתחת דווקא בבוקר, שהרי המן יורד על המחנה מדי בוקר, וכך נוצר מניין הימים השבועי. ה'יום השישי' שבאים בו נשיאי העדה אל משה ומספרים לו שירדה מנה כפולה של מן, הוא היום השישי לירידת המן, וקריאה פשוטה של סיפור זה תניח שספירת הימים מתחילה מידי בוקר בבוקרו.

5. נחמיה י"ג, יט: "וַיְהִי כַּאֲשֶׁר צָלֲלוּ שַׁעֲרֵי יְרוּשָׁלַ‍ִם לִפְנֵי הַשַּׁבָּת וָאֹמְרָה וַיִּסָּגְרוּ הַדְּלָתוֹת וָאֹמְרָה אֲשֶׁר לֹא יִפְתָּחוּם עַד אַחַר הַשַּׁבָּת וּמִנְּעָרַי הֶעֱמַדְתִּי עַל הַשְּׁעָרִים לֹא יָבוֹא מַשָּׂא בְּיוֹם הַשַּׁבָּת". מניסוח הפסוק עולה שהיום מתחיל בלילה, שהרי ההבנה הפשוטה למונח 'צללו שערי ירושלים', היא שצל הערב פרץ לעולם, ואז יש לסגור את הדלתות בשל כניסת השבת. כלומר, שבת התחילה בערב, עם שקיעת החמה ועם הצל, החושך, שהלך והתפשט על העולם כולו.

ניכר אפוא שיש פסוקים סותרים בנוגע לשאלת זמן תחילתה של היממה המקראית. תאורטית, הדיון אמור להישען בעיקר על פסוקי בריאת היממה בבראשית א', אלא שגם בנוגע לפסוקים אלו יש מחלוקת פרשנים וקשה להגיע למסקנה ברורה מפסוקים אלו: "וַיֹּאמֶר אֱלֹהִים יְהִי אוֹר וַיְהִי אוֹר... וַיִּקְרָא אֱלֹהִים לָאוֹר יוֹם וְלַחֹשֶׁךְ קָרָא לָיְלָה וַיְהִי עֶרֶב וַיְהִי בֹקֶר יוֹם אֶחָד (בראשית א', א-ה). עמדת חז"ל (למשל: ברכות ב ע"א; כו ע"א) היא שיש לראות בפסוק "ויהי ערב ויהי בקר" פסוק המסכם את יום הבריאה, ומסדר הזמנים מסתבר שהיממה התחילה בערב ואחריו בא הבוקר.

69. בציווי זה יש שני תיאורי זמן שבהם עצמם נדמה שיש מתח אם היממה נפתחת ביום או בלילה. בהזדמנות אחרת הצעתי שמתח זה מלווה את הפרשה הזו באופן מיוחד, משום שעבודת יום הכיפורים קשורה בטבורה במשכן, ואפשר היה לחשוב שגם עינוי הנפש יתחיל בבוקר – כיממה המקדשית – ועל כן צריכה התורה להדגיש כאן באופן מיוחד שהצום חל גם בגבולין, ולאור יממת הגבולין (גרוסמן, כפרת המשכן).

אבל רשב״ם הציע שאין לראות בפסוק סיכום של היום שחלף אלא תיאור של המשך ההתרחשות:

׳ויהי ערב ויהי בקר׳ – אין כתיב כאן ויהי לילה ויהי יום אלא ׳ויהי ערב׳ – שהעריב יום ראשון ושיקע האור; ׳ויהי בוקר׳ – בוקרו של לילה, שעלה עמוד השחר, הרי הושלם יום אחד מן השישה ימים... ואחר כך התחיל יום שני: ׳ויאמר אלהים יהי רקיע׳. ולא בא הכתוב לומר שהערב והבקר יום אחד הם, כי לא הצרכנו לפרש אלא היאך היו ששה ימים, שהבקר יום ונגמרה הלילה, הרי נגמר יום אחד והתחיל יום שיני״ (פירושו לבראשית א׳, ה).

לפי קריאה זו ממשיך הפסוק ומתאר את מעשי אלוהים בבריאת העולם: לאחר שאלוהים קרא לאור ׳יום׳ ולחושך קרא ׳לילה׳, העריב היום, ולאחר מכן גם הגיע הבקר, ואז נחתם ״יום אחד״. לפי זה, דווקא בבוקר מסתיים ׳יום אחד׳ והיממה מעוצבת ביום ואחריו הלילה.

לפי קריאתו של רשב״ם, אלוהים מצטייר בסיפור הבריאה שמי שעושה מלאכתו במשך שישה ימים: בשעות האור הוא בורא ועושה, אך בלילה שוקט ממלאכתו ומחכה לפריצת יום המחרת לשם המשך המלאכה. הצגת אלוהים באופן כזה חשובה, כיוון שעל האדם לדבוק בבורא עולם וללכת בדרכיו: לעשות מלאכתו שישה ימים ולשבות ביום השביעי. לשם יכולת ׳חיקוי האל׳ על ידי האדם, אלוהים מוצג בסיפור הבריאה כמי שנח בלילה, או לפחות כמי שאינו פועל ועושה מלאכה בלילה.[70]

האם יש לילה כל עיקר?

דומה שבשביל לפתור את העמימות הרחבה שמלווה את הניסיון להגדיר את היממה המקראית יש להרכיב משקפיים אחרים מאלו שהרכבנו עד כאן. יש דרך שלישית: הלילה איננו פותח את היממה והלילה גם איננו חותם אותה; הלילה אינו נספר כלל כחלק מהיממה. לשם ביאור הצעה זו אני מבקש לחזור שוב לדברי רשב״ם בנוגע לתיאור האל הבורא בשבוע הבריאה.

בתיאור הבריאה אין כל התייחסות למתרחש בלילה מפני שאלוהים אינו פועל בזמן זה. כאמור, הצגת אלוהים באופן כזה נכנעת למושגים אנושיים, שבהם הלילה אינו זמן של פעילות. הבנה זו חשובה ביותר לשאלה אם היממה מתחילה בלילה

70. להרחבה ברעיון זה ראו: גרוסמן, בראשית, עמ׳ 39-79.

או ביום, מפני שמתברר שימי הבריאה מורכבים משעות האור בלבד שבהם פועלים ועושים, ובלילה רק מחכים ליום הבא. היום מתחיל אפוא בעלות השחר ומסתיימת בשקיעת החמה (או בצאת הכוכבים). היום הבא מתחיל גם הוא בעלות השחר ומסתיים גם הוא בשקיעת החמה. בין סבב שעות אור אחד לרעהו יש 'זמן לא נספר' שבו האדם ישן ואינו פועל. בזמן זה מחכים שיתחיל שוב יום, ובו ניתן יהיה לפעול ולעשות. כאמור, בדבר זה מחקה האדם את קונו שגם הוא ברא את עולמו במשך היום ולא פעל בלילה.[71]

התגלות ה' ביציאת מצרים 'בחצי הלילה' מסמלת אפוא שבירה של חוקי הטבע ויציאה מכללי המציאות הרגילה. בעולם שהלילה בו הוא באמת לילה חשוך ללא אמצעי תאורה זמינים, נגישים ובעלי עוצמה, זהו 'זמן דומם' שלא ניתן לפעול בו. לעיתים זהו כמובן יתרונו, כמו שיודע אברהם שגובר על ארבעת המלכים בלילה (בראשית י"ד, טו), וכמו לוחמים נוספים לאורך המקרא שניצלו את חשכת הליל לשם התקפה על האויב.[72]

השבת שמתקדשת אור ליום השביעי היא תופעה חריגה אך מובנת: השבת חייבת להתחיל בערב, כי המלאכה הסתיימה בסוף היום השישי, וקדושת השבת פורצת ברגע המנוחה. אבל 'היום השביעי' מתחיל רק מהבוקר, וראוי לקדשו גם בבוקר מדין 'קדושת היום' שיש בו.[73]

המקורות שהזכרנו לעיל מבוארים לפי הצעה זו, אולם עינינו נשואות לשאלת זמן אכילת זבח השלמים. נקרא את הפסוק בשנית לאור הנחת היסוד שהלילה אינו זמן פעילות: "וְאִם נֶדֶר אוֹ נְדָבָה זֶבַח קָרְבָּנוֹ בְּיוֹם הַקְרִיבוֹ אֶת זִבְחוֹ יֵאָכֵל וּמִמָּחֳרָת וְהַנּוֹתָר מִמֶּנּוּ יֵאָכֵל. וְהַנּוֹתָר מִבְּשַׂר הַזָּבַח בַּיּוֹם הַשְּׁלִישִׁי בָּאֵשׁ יִשָּׂרֵף". הפסוק הראשון מתיר לאכול מהקורבן ביום הראשון וביום השני ("ביום הקריבו... וממחרת"), והפסוק הבא עובר מיד לנותר "ביום השלישי". מסתבר שהפסוקים מתעלמים מהלילות, כי

71. מודל דומה מתקיים בלוח השנה העברי. נדמה שהשנה מתחילה בחודש הראשון, בחודש האביב (ניסן), והיא מסתיימת בחודש השביעי (חודש תשרי, 'תקופת השנה'). מה מתרחש בחודשים שנותרו מחוץ למעגל השנה – החודשים השמיני עד השנים עשר? כביכול יש התעלמות מהזמן הזה, מעין 'שנת חורף' שבה ניתן לגשם לעשות את פעולתו, והשנה של החקלאי תפרוץ שוב באביב החדש (השוו: גרנות, חג הסוכות, עמ' 43-44). המקרא מדלג על זמנים שאין בהם 'פעילות' – בין אם על חודשים בבניית שנה ובין אם על לילות בבניית יממה.

72. ראו: בן-שם, לילה, עמ' 362-364.

73. במובן מסוים מודל השבת מתקיים גם במקומות אחרים. כלומר, במקום שמתרחש בו משהו בלילה, יש לבחון אם דבר זה לא התחיל בעצם כבר בסוף היום הקודם.

בהם האדם ישן ולא אוכל. לכן באמת לא ברור מה דינם: האם מותר לאכול בלילה שאחרי היום השני ולפני היום השלישי? כל הכרעה תהיה לגיטימית מצד פשטי המקראות שאינם מתייחסים כלל לזמן זה.

חז״ל השלימו חוסר זה, ולימדו שהלילה שבין היום הראשון ליום השני מותר באכילה, ודבר זה אכן סביר. אולם לדעתם, אין לאכול מזבח השלמים בלילה שלאחר היום השני, גם אם שורפים את הקורבן רק ביום השלישי. כאמור, זו הכרעה לגיטימית מפני שהתורה איננה מתייחסת כלל ללילות אלו, והיום השני המותר באכילה אכן הסתיים עם שקיעת החמה. אולם אין לפענח את התעלמות התורה מהלילות כחוסר תשומת לב, אלא כהתעלמות מכוונת שמשקפת תפיסה שהפעילות האנושית, ובתוכה גם הפעילות הדתית, מתרחשת במשך היום.

להכרעה זו משמעות דרמטית על שאר הקורבנות, שכאמור לעיל, מוקטרים על גבי המזבח ונאכלים על ידי הכוהנים במשך היום ובמשך הלילה שאחריו. כך עולה מתורת העולה שפתחה את פרשתנו, שהרי הוצאת הדשן שחותמת את יום ההקרבה אינה נעשית במוצאי היום אלא בבוקרו של היום הבא. לשון אחר, בתורת העולה יש לפתע התמקדות במה שנעשה בלילה, שהרי ״ואש המזבח תוקד בו... לא תכבה״, וגם העולה מוקטרת ״על מוקדה... כל הלילה עד הבקר״.

מסתבר שבדבר זה יש הבדל של ממש בין המזבח ובין העולם האנושי. ההתגלות איננה פוסקת, והמזבח פעיל גם בשעות הלילה. כפי שכבר עלה לעיל, ניתן לראות את עולת התמיד של בין הערביים כפותחת את תקופת הלילה של המזבח (ולא רק נועלת את תקופת היום). זאת בניגוד לאדם, שבלילה ישן ופעיל רק במשך היום. בבריאת העולם אלוהים פעל על פי תכתיבי הזמן האנושיים ומגבלותיו, ולא ברא את העולם בלילה. במקדש, הכוהנים פועלים על פי תכתיביו של בעל הבית, ואוכלים מאישי ה׳ גם בלילות.[74]

כל קודשי הקודשים מצויים תחת הפרספקטיבה המקדשית ונאכלים גם בלילה. אולם זבח השלמים שמפגיש את הקודש עם הפרספקטיבה האנושית, מתעלם מהלילה שבו האדם אינו פעיל ואינו אוכל.

לאור זאת, ניתן לנסח מחדש את הכרעת חז״ל: יום האכילה הראשון של זבח

74. עם זאת, הבאת הקורבן עצמו צריכה להיעשות דווקא בשעות היום, שהרי **אדם** הוא המביא את הקורבן לה׳: ״כל הקרבנות אין מקריבין אותן אלא ביום שנאמר ׳ביום צוותו את בני ישראל להקריב את קרבניהם׳ – ביום ולא בלילה. לפיכך אין שוחטין זבחים אלא ביום ואין זורקין דמים אלא ביום השחיטה שנאמר ׳ביום הקריבו את זבחו׳ – ביום הזביחה תהיה ההקרבה, וכיון ששקעה החמה נפסל הדם״ (רמב״ם, הלכות מעשה הקורבנות ד, א).

השלמים מייצג את זמן אכילת המזבח, ועל כן ניתן לאוכלו גם בלילה העוקב אחר היום; יום האכילה השני של אכילת הקורבן מייצג את הזמן האנושי, ולאדם יש רק שעות אור, ורק בהן הוא פעיל, ועל כן גם זמן האכילה מסתיים עם בוא החשכה.

היום השלישי: דין פיגול

לאחר יומיים של אכילת זבח השלמים פורץ גם היום השלישי האסור באכילה. דינו של האוכל לאחר הזמן המותר רלוונטי לכל הקורבנות שיש זמן קצוב לאכילתם, אך הוא שולב דווקא כאן, משום שהטעות מצויה יותר אצל הבעלים האוכלים מאשר אצל הכוהנים, שהם האוכלים את יתר הקורבנות. עם זאת, להלן יובהר שגם מהבחינה המהותית, היום השלישי מאיים במיוחד על זבח שלמים, עוד יותר מאשר 'היום השני' האסור באכילה בשאר הקורבנות:

וְאִם הֵאָכֹל יֵאָכֵל מִבְּשַׂר זֶבַח שְׁלָמָיו בַּיּוֹם הַשְּׁלִישִׁי לֹא יֵרָצֶה
הַמַּקְרִיב אֹתוֹ לֹא יֵחָשֵׁב לוֹ פִּגּוּל יִהְיֶה
וְהַנֶּפֶשׁ הָאֹכֶלֶת מִמֶּנּוּ עֲוֹנָהּ תִּשָּׂא (ויקרא ז', יח).

המסקנה מקריאה פשוטה של הפסוק היא שהאוכל מהקורבן ביום השלישי, לאחר שכבר הסתיים זמן אכילתו, פוסל את הקורבן – "לֹא יֵרָצֶה". בשר הקורבן מוגדר ביום השלישי כ'פיגול', ועליו להביא קורבן אחר.[75] זאת ועוד: הוא גם עבר על איסור, ועל כן "וְהַנֶּפֶשׁ הָאֹכֶלֶת מִמֶּנּוּ עֲוֹנָהּ תִּשָּׂא".

מה משמעות קורבן שהפך להיות 'פיגול'? היו שהציעו שמשמעות פיגול היא 'מחולל', או 'הפך הקדושה'.[76] אומנם הצעה זו משתלבת היטב בהקשר שלנו – בתיאור הפסקת קדושת הקורבן שחרג מזמנו המותר (ובוודאי מהבחינה הלשונית – "פִּגּוּל יִהְיֶה"), אולם לאור שילוב 'פיגול' במקראות אחרים, עדיף לאמץ פירוש אחר. מֵעבר להקשר אכילת קורבן לאחר זמנו, נזכר הביטוי 'פיגול' עוד פעמיים במקרא. כך הגיב יחזקאל לדרישת ה' ממנו, שיאכל – כמעשה סמלי – מאפה שנאפה בגללי צואת אדם:

75. חז"ל הבינו בצדק שהצירוף "לא ירצה" מוסב על הקורבן ולא על המקריב (כך עולה גם מחלוקת הטעמים). מאחר שאין מושא עקיף לאחר פעולת הריצוי (כמו: "לֹא יֵרָצוּ לָכֶם" – ויקרא כ"ב, כה), הנושא הוא ככל הנראה הקורבן עצמו, שלא ימלא את ייעודו (השוו: מילגרום, ויקרא, כרך א, עמ' 421).

76. רייט, סילוק טומאה.

וְעֻגַת שְׂעֹרִים תֹּאכְלֶנָּה וְהִיא בְּגֶלְלֵי צֵאַת הָאָדָם תְּעֻגֶנָה לְעֵינֵיהֶם. וַיֹּאמֶר ה׳ כָּכָה יֹאכְלוּ בְנֵי יִשְׂרָאֵל אֶת לַחְמָם טָמֵא בַּגּוֹיִם אֲשֶׁר אַדִּיחֵם שָׁם. וָאֹמַר אֲהָהּ אֲדֹנָי ה׳ הִנֵּה נַפְשִׁי לֹא מְטֻמָּאָה וּנְבֵלָה וּטְרֵפָה לֹא אָכַלְתִּי מִנְּעוּרַי וְעַד עַתָּה וְלֹא בָא בְּפִי בְּשַׂר פִּגּוּל (יחזקאל ד׳, יב-יד).

הנביא מתרעם על האכילה המאוסה שעליה נצטווה, והוא מעיד על עצמו שהוא מעולם לא אכל ״בשר פגול״.

עוד נאמר בנבואת ישעיה:

הָעָם הַמַּכְעִיסִים אוֹתִי עַל פָּנַי תָּמִיד זֹבְחִים בַּגַּנּוֹת וּמְקַטְּרִים עַל הַלְּבֵנִים. הַיֹּשְׁבִים בַּקְּבָרִים וּבַנְּצוּרִים יָלִינוּ הָאֹכְלִים בְּשַׂר הַחֲזִיר וּמְרַק פִּגֻּלִים כְּלֵיהֶם (ישעיה ס״ה, ג-ד).

לאור נבואות אלו נראה שמשמעות ׳פיגול׳ היא דבר מאוס ומתועב, והוא נאמר במיוחד בהקשרי אכילה, כלומר, מאכל מתועב ומשוקץ. לפי זה, ייתכן שיש קשר אטימולוגי בין ה׳פיגול׳ המקראי למונח ׳פאגאלה׳ בערבית שהוראתו ׳מזון רקוב׳ (כפי שהציע גזניוס), וכך הלכו רבים מהמתרגמים שהמירו מונח זה במילים שונות המביעות זוהמה וטינופת.[77]

מדוע אם כן בשר הקורבן הופך להיות מאוס ומשוקץ לאחר זמנו, והאם יש סיבה לאזכור דין זה דווקא בזבח שלמים? נראה שהביאור לכך קשור בראש ובראשונה בהיבט טבעי. מאחר שבשר זבח השלמים מותר באכילה במשך יומיים, הרי שחריגה מזמן אכילתו פירושה המעשי הוא שלפנינו בשר ששהה משחיטתו זה היום השלישי. לאחר שלושה ימים מבאיש הבשר ומתחיל להסריח, ולא ראוי לאוכלו כאכילת קודש. רתיעה זו תוכל להסביר את השימוש במונח ׳פיגול׳, שלא רק מציג את הפסול החוקתי שבאכילה אלא את הרתיעה האינטואיטיבית מבשר שכזה. יתר על כן: בכך גם מתבאר מדוע נזכר דין זה בזבח שלמים. בקורבנות אחרים אומנם אסור לאכול לאחר הזמן המותר, אך האיסור נכנס לתוקף כבר ביום השני להקרבת הקורבן. בשלב זה הבשר עדיין לא מסריח ולא מקולקל. דווקא בזבח שלמים הבא לנדר או נדבה (אך לא בשלמי תודה!) הבעיה גדלה בשל ההיתר של יום אכילה נוסף שדוחה את ה׳פיגול׳ ליום השלישי.[78]

77. ראו סיכום של עמדות שונות אצל קלרמן, פיגול, עמ׳ 468-469.
78. חדד, פיגול, עמ׳ 117. לכן, אין צורך לאמץ את דברי מילגרום, שמכך שאין אזהרה מפני אכילת

הבעיה הגדולה הרובצת לפתחנו בניסיון להבין דין זה היא כיצד להבין את פסילת הקורבן למפרע. דבר זה הטריד את חז"ל עד שפירשו כי בפסוקים שלפנינו לא מדובר על מי שאוכל מבשר השלמים ביום השלישי, אלא על פסול שנעשה במחשבת המקריב כבר בזמן הקרבת הקורבן. נראה את הדברים מבעד לפירוש רש"י:

> 'ואם האכל יאכל וגו'' – במחשב בשחיטה לאכלו בשלישי הכתוב מדבר. יכול אם אכל ממנו בשלישי יפסל למפרע? תלמוד לומר 'המקריב אותו לא יחשב', בשעת הקרבה הוא נפסל, ואינו נפסל בשלישי. וכן פירושו: בשעת הקרבתו לא תעלה זאת במחשבה, ואם חשב פגול יהיה" (רש"י לוויקרא ז', יח).

לפי קריאת חז"ל את הפסוקים, פסול הפיגול הוא אם בזמן ארבע העבודות המרכזיות בדם הקורבן (שחיטה, קבלת הדם בכלי, הולכת הדם למזבח, וזריקתו) חשב, הכוהן או הבעלים, לאכול את הקורבן מעבר לזמן המותר. כלומר, אם למשל בזמן זריקת הדם חשב הכוהן לאכול מחלקו שבקורבן ביום השלישי – הוא פוסל את הקורבן. פרשנות זו אמיצה ביותר, מפני שאין מדובר על החמרה בלבד אלא גם על הקלה גדולה: במקרה שהמקראות עסקו בו לפי פשוטם – אכילה בפועל מהקורבן ביום השלישי – יצא לפי חז"ל שגם אם האוכל עבר על איסור, מכל מקום הקורבן לא נפסל.

קולמוסים רבים נשתברו בניסיון לבחון אם קריאת חז"ל יכולה להתאים ללשון הפסוקים,[79] אולם ניסוח רש"י מסגיר את המטרה העיקרית של חז"ל בפירושם: "יכול אם אכל ממנו בשלישי יפסל למפרע?". החשיבה ההלכתית סולדת מפסול למפרע, במיוחד לא בעולם הקורבנות. פסילת הקורבן למפרע הופכת את זריקת דמו לזריקה של דם קורבן פסול ואת הקטרת הבשר על המזבח למיותרת; אלו מסקנות שיש כמובן עניין להמעיט בהן ככל שניתן. על כן חשוב היה לרש"י לאפשר ולדחוק במקראות את קריאת חז"ל: "וכן פירושו: בשעת הקרבתו לא תעלה זאת במחשבה, ואם חשב פגול יהיה". עם זאת, פרשנים אחרים הצהירו בפירוש שהכרעת חז"ל סוטה מפשטי המקראות. כך למשל כתב רשב"ם: "חכמים עקרוהו מפשוטו, ופירשוהו במחשב

פיגול בשלמי תודה ניתן להסיק שהם נאכלו בחצר המקדש, ושם הכוהנים משגיחים (מילגרום, ויקרא, כרך א, עמ' 419). האזהרה נאמרת דווקא בשלמי נדר או נדבה שבהם הבשר האסור הוא ביומו השלישי, בעוד שלמי תודה נאסרים כבר ביום השני.

79. ראו למשל את ההצעות של רש"ר הירש, ויקרא ז', יח; רד"צ הופמן, ויקרא, כרך א, עמ' קעו-קעז.

לאכול מזבחו ביום השלישי באחד מד׳ עבודות שחישב בשחיטה או בהולכת הדם או בקבלה או בזריקה" (פירושו לוויקרא ז׳, יח).[80]

תמיהת חז"ל מזמינה עיון בשאלת יסוד שנוגעת בפשטי המקראות: כיצד באמת אפשר להבין את פסול הקורבן לאחר שכבר נזרק דמו והוקטרו חלביו? האם הגיוני שבגלל אכילת הבעלים לאחר שלושה ימים, יוגדר למפרע שהקרבת הקורבן נפסלת?

בדבר זה נחשף אחד היסודות של תפיסת אכילת הקורבנות שברשימת הקורבנות השנייה. הנחת היסוד של השאלה היא שהקורבן הגיע לידי מיצויו עם הקרבתו, והכפרה הנדרשת הושגה כבר עם זריקת הדם והקטרת הבשר. זו אכן התפיסה שעולה מפרשת ויקרא, אולם בפרשת צו נתפסת האכילה כדבר מהותי לעצם מגמת הקורבן. אין מדובר רק בנספח לעיקר הקרבת הקורבן, אלא בשלב האחרון של תהליך ההקרבה עצמו. כפי שכבר עלה לעיל, אכילת הכוהנים משמשת – במובן מסוים – המשך אכילת המזבח, והכוהנים הם אוכלי הקורבן במקום המזבח עצמו.

רשימת הקורבנות השנייה נפתחה באכילת המזבח את העולה ("וְהֵרִים אֶת הַדֶּשֶׁן אֲשֶׁר **תֹּאכַל** הָאֵשׁ אֶת הָעֹלָה עַל הַמִּזְבֵּחַ" – ו׳, ג). זהו הקורבן האולטימטיבי שנאכל כולו באש המזבח. מכאן ממשיכה רשימת הקורבנות להתמקד באכילת הקורבנות על ידי הכוהנים (או הבעלים), אך יש להבין את אכילתם כהמשך אכילת מזבח (בקדשי קדשים) או אכילה בסמוך לו וביחד עימו (בזבח שלמים). מאחר שעניינה של פרשת צו הוא להנכיח את השראת השכינה במשכן דרך הקורבנות, הרי שאכילת הקורבנות – על ידי אש ה׳ או על ידי הכוהנים – נתפסת כנתיב להשרות שכינה במשכן.

אין לראות אפוא באכילת הקורבן מרכיב שנעשה לאחר שכבר הסתיים תהליך הקרבת הקורבן, ומכאן ואילך כל פסול יהיה ׳למפרע׳. בפרשת צו האכילה היא סוף תהליך ההקרבה וחלק ממנו, ואכילה לא בזמנה כמוה כזריקת דם במקום הלא נכון.

80. השוו לניסוח שד"ל: "אבל זו באמת חומרא גדולה, שמי שאכל מבשר הזבח בתוך הזמן ישא עוונו כאילו אכל פיגול, שמפני שאחר כן לא נשרף הנותר, יהיה כמי שאכל ממנו ביום השלישי" (פירושו על אתר). ניסוח דבריו של שד"ל קיצוני: התורה אינה מתכוונת שמי שאכל את הבשר ׳יישא עוונו׳, אלא רק שהקורבן נפסל למפרע ויש להביאו שוב, אך כיוון המחשבה של שד"ל הוא הרווח אצל חז"ל והראשונים. מורכב יותר ניסוחו של ראב"ע: "ויש שואלים אחר שעלה ריח ניחוח, איך ׳לא יחשב׳? והטעם על המחשבה, כי משפט השלמים להיות קדש, והפגול איננו קדש. ועוד בעבור שלא שמר את המצוה יצא שכרו בהפסדו אם הוא שלמים, ואם נדר תתחדש עליו עון כנגד הראשון אם לא ישלם נדרו" (פירושו לוויקרא ז׳, יח). הרב אמנון בזק הציע לראות את המעבר שחז"ל עשו בדין זה, כחלק מהמגמה הרחבה השלטת אצל חז"ל להעביר את המשקל בעולם הקורבנות מעולם המעשה לעולם המחשבה, ונראים דבריו (בזק, פיגול).

הרי ברור לכול שאם ייזרק הדם על שולחן כלשהו במקום על מזבח העולה, הקורבן לא יֵרָצֶה, והשחיטה וקבלת הדם ייפסלו 'למפרע'. ממש כך פרשת צו מתייחסת לאכילת הקורבן.

לצד זאת, לא ניתן להתעלם מכך שדין זה מפורט דווקא בזבח שלמים. מבחינה סמלית דווקא בזבח השלמים יש בעיה מיוחדת בפריצת גבולות הזמן המותרים באכילה. לא רק משום שכוהנים זריזים הם, והחשש שהם יטעו בזמן האכילה הוא חשש פעוט ביחס לאכילת הבעלים בזבח שלמים, אלא בשל עצם צירוף אכילת האדם בתוך מערכת הקורבנות. דווקא בגלל המפגש שיש בזבח שלמים בין האדם לעולם הקודש – מפגש שמתבטא גם דרך מערכת הזמנים של שני ימים – אזי תוספת יום נוסף לאכילה מְפֵרה את האיזון העדין והמיוחד שמלווה קורבן זה. שיתוף האדם דורש משנה זהירות בהבנה של המפגש עם הקודש. האדם מוזמן אומנם להשתתף עם הקודש בקורבן ואפילו לאכול ממנו, אך עליו להיזהר שלא לחוש בעל הבית; עליו להביא רק סוג אחד של לחם חמץ, ועליו להישמר שלא להוסיף יום חולין נוסף משלו על פני היום שכבר ניתן לו. לפיכך, אכילת הקורבן ביומו השלישי היא הפרת האיזון הראוי בין הקודש ובין האדם; אכילה ביום השלישי היא השתלטות האדם על הקורבן; השתלטות החול על הקודש. ברגע זה האיזון קורס, והאכילה איננה עוד משולחן גבוה; במעשה זה הקורבן כמובן נפסל.

אכילה בטהרה (ז', יט-כא)

לאחר הגדרת זמן אכילת בשר השלמים, מובאים דיני אכילתו, וליתר דיוק – דיני הטהרה הנדרשים לכל מי שבא במגע עם הקורבן. דינים אלה רלוונטיים כמובן לכל הקורבנות,[81] אך לא במקרה הם משולבים בכתובי זבח השלמים, שאותו גם הבעלים אוכלים מחוץ למשכן עצמו (ויקרא ז', יט-כא):

- **וְהַבָּשָׂר אֲשֶׁר יִגַּע בְּכָל טָמֵא לֹא יֵאָכֵל בָּאֵשׁ יִשָּׂרֵף / וְהַבָּשָׂר כָּל טָהוֹר יֹאכַל בָּשָׂר.**

81. זו הדוגמה המובאת בברייתא דר' ישמעאל (י"ג מידות שהתורה נדרשת בהם), לדרך הלימוד המכונה 'כל דבר שהיה בכלל ויצא מן הכלל, לא ללמד על עצמו יצא, אלא ללמד על הכלל כולו'. מאחר שזבח השלמים הוא 'בכלל כל הקודשים', הדין שנאמר לגביו תקף ביחס לכל הקורבנות 'שקדושתן קדושת מזבח'. בגמרא ובמפרשים (ראו למשל בפירוש הרמ"ה במקום) התפיסה היא שהפסוק גם מיותר, כי הדין עצמו נלמד כבר ממקור אחר (ויקרא כ"ב, ג).

- וְהַנֶּפֶשׁ אֲשֶׁר תֹּאכַל בָּשָׂר מִזֶּבַח הַשְּׁלָמִים אֲשֶׁר לַה' וְטֻמְאָתוֹ עָלָיו וְנִכְרְתָה הַנֶּפֶשׁ הַהִוא מֵעַמֶּיהָ / וְנֶפֶשׁ כִּי תִגַּע בְּכָל טָמֵא בְּטֻמְאַת אָדָם אוֹ בִּבְהֵמָה טְמֵאָה אוֹ בְּכָל שֶׁקֶץ טָמֵא וְאָכַל מִבְּשַׂר זֶבַח הַשְּׁלָמִים אֲשֶׁר לַה' וְנִכְרְתָה הַנֶּפֶשׁ הַהִוא מֵעַמֶּיהָ.

בפסקה שלפנינו יש שני מוקדים – נושא ומושא – 'חפצא' ו'גברא' בשפה למדנית – אשר משולבים זה לצד זה במקטע הראשון, ורק אחד מהם מפורט בהרחבה במקטע השני. במקטע הראשון נאמר תחילה שבשר שלמים שנטמא אסור באכילה ויש לשורפו באש, ומיד גם נאמר שרק אדם טהור יכול לאכול את הבשר.[82] שני האיסורים האלו נפתחים באותו הביטוי ('אנאפורה'), "וְהַבָּשָׂר", דבר שמקל על העמדתם זה לצד זה, ובחינת שני המוקדים המשולבים כאן כשתי הוראות שונות מחד גיסא, אשר קשורות זו בזו מאידך גיסא.[83]

המקטע השני מתמקד בעונש המצפה למפר החוק והניסוח הוא קאוזואיסטי ('אם יקרה כך וכך – יש לנהוג כך וכך'), כמתאים לניסוח המתמקד בענישה. מקום היה לצפות שלאחר ששולבו שני איסורים (בשר טמא ואדם טמא), ישולבו בהתאמה גם שני עונשים – על האוכל בשר טמא, ועל הטמא האוכל בשר. נבחן אם כן את המקטע השני ואת מה שמוזכר בו:

וְהַנֶּפֶשׁ אֲשֶׁר תֹּאכַל בָּשָׂר מִזֶּבַח הַשְּׁלָמִים אֲשֶׁר לַה' וְטֻמְאָתוֹ עָלָיו – וְנִכְרְתָה הַנֶּפֶשׁ הַהִוא מֵעַמֶּיהָ
וְנֶפֶשׁ כִּי תִגַּע בְּכָל טָמֵא בְּטֻמְאַת אָדָם אוֹ בִּבְהֵמָה טְמֵאָה אוֹ בְּכָל שֶׁקֶץ טָמֵא וְאָכַל מִבְּשַׂר זֶבַח הַשְּׁלָמִים אֲשֶׁר לַה' – וְנִכְרְתָה הַנֶּפֶשׁ הַהִוא מֵעַמֶּיהָ.

מה היחס בין שני המשפטים הללו? המשפט השני ודאי מתמקד באדם שנטמא ואכל מזבח השלמים, אך האם המשפט הראשון עוסק באדם או בבשר? למי מתייחס הצירוף "וְטֻמְאָתוֹ עָלָיו"? בין הפרשנים מוסכם שהעונש המשולב בשני ההיגדים הללו מכוון לאדם טמא האוכל שלמים, ולא לאוכל בשר שנטמא. הצירוף "וטמאתו עליו" מתאים

82. עם זאת, משום מה חז"ל לא ראו בהיגד השני אזהרה לטמא האוכל בשר קודשים, אף שזו הקריאה הפשוטה של פסוק זה. ראו ברש"י על אתר, אך ראו גם בפסחים כד ע"ב שעצם החלוקה שבפסוק בין טומאת הבשר לטומאת האדם עולה שם.
83. יש עמדות בחז"ל שקשרו את איסור טומאת הבשר ואיסור טומאת האדם, וטענו שאם האחד התבטל מסיבות שונות, אוטומטית מתבטל גם חברו (פסחים עט ע"א; צה ע"ב).

יותר לאדם טמא מאשר לחפץ טמא, במיוחד לאור פסוק מקביל האוסר על הכוהנים לעבוד בעודם טמאים: "כָּל אִישׁ אֲשֶׁר יִקְרַב מִכָּל זַרְעֲכֶם אֶל הַקֳּדָשִׁים אֲשֶׁר יַקְדִּישׁוּ בְנֵי יִשְׂרָאֵל לַה' וְטֻמְאָתוֹ עָלָיו וְנִכְרְתָה הַנֶּפֶשׁ הַהִוא מִלְּפָנַי" (ויקרא כ"ב, ג).[84]

אך אם כך, מדוע העונש הצפוי לטמא האוכל שלמים חוזר פעמיים ברציפות? מעקב אחר שני משפטי העונש הללו מגלה שהם מנוסחים באופן דומה למדי, אך בהבדל קל:

וְהַנֶּפֶשׁ	וְנֶפֶשׁ
אֲשֶׁר תֹּאכַל בָּשָׂר מִזֶּבַח הַשְּׁלָמִים אֲשֶׁר לַה' וְטֻמְאָתוֹ עָלָיו	כִּי תִגַּע בְּכָל טָמֵא בְּטֻמְאַת אָדָם אוֹ בִּבְהֵמָה טְמֵאָה אוֹ בְּכָל שֶׁקֶץ טָמֵא וְאָכַל מִבְּשַׂר זֶבַח הַשְּׁלָמִים אֲשֶׁר לַה'
וְנִכְרְתָה הַנֶּפֶשׁ הַהִוא מֵעַמֶּיהָ	וְנִכְרְתָה הַנֶּפֶשׁ הַהִוא מֵעַמֶּיהָ

הרכיבים אומנם אינם כתובים באותו הסדר, אך בשני הפסוקים מתוארת הנפש האוכלת מזבח השלמים כשטומאתה עליה, ובשני הפסוקים מובא העונש באותו הלשון בדיוק: "וְנִכְרְתָה הַנֶּפֶשׁ הַהִוא מֵעַמֶּיהָ".[85] ההבדל הקל שיש בין שני ההיגדים הסמוכים האלו הוא שהפסוק הראשון עוסק בטומאת אדם שהיא 'עליו'; בעוד הפסוק השני מפרט סוגי טמאות אפשריות הבאות במגע: "וְנֶפֶשׁ כִּי תִגַּע בְּכָל טָמֵא בְּטֻמְאַת אָדָם אוֹ בִּבְהֵמָה טְמֵאָה אוֹ בְּכָל שֶׁקֶץ טָמֵא".

מתברר שהפסוק הראשון מתייחס במיוחד לטמאות היוצאות מן הגוף (ייתכן שהביטוי "וְטֻמְאָתוֹ עָלָיו" אינו מכוון רק לטומאה במובן הסטטוס המשפטי, אלא מבחינה פיזית – 'הטומאה שלו', כמו אצל זב או מצורע, עודנה עליו ועל כן הוא טמא; השוו לדברי ראב"ע על אתר). הפסוק השני עוסק בטומאת מגע: "וְנֶפֶשׁ כִּי תִגַּע בְּכָל טָמֵא". במחשבה הלכתית כפילות זו נראית מיותרת – מה לנו אם אדם

84. השוו גם: "אוֹ כִי יִגַּע בְּטֻמְאַת אָדָם לְכֹל טֻמְאָתוֹ אֲשֶׁר יִטְמָא בָּהּ" (ויקרא ה', ג); "וְאִם שָׁכֹב יִשְׁכַּב אִישׁ אֹתָהּ וּתְהִי נִדָּתָהּ עָלָיו וְטָמֵא שִׁבְעַת יָמִים" (ויקרא ט"ו, כד).

85. לסקירת אפשרויות שונות שעלו בהבנת ענישה זו (בידי שמיים? בידי אדם? אובדן מעמדו כאזרח? אסונות יבואו עליו?), ראו אצל הרטלי, ויקרא, עמ' 100.

נטמא בשל טֻמְאות גופניות שונות או בשל נגיעה בדבר מה שטימא אותו? כל עוד הוא טמא אסור לו לאכול מזבח השלמים. אולם במחשבה המקראית יש הבדל של ממש בין אופני הטֻמְאות השונים, ותאורטית ייתכן שהמפגש עם זבח השלמים ייאסר לטמא מסוג אחד אך יותר לטמא מסוג אחר. לפיכך יש צורך בביאור, שבשני מסלולי הטומאה אסור לטמא לאכול מהזבח, ובשניהם העושה כן ייענש בכרת. ייתכן שגם הספרא הבין זאת באופן זה, ועל כן הרגיש צורך לרבות טֻמְאות אחרות שאינן נזכרות בפסוק בפירוש: ״אין לי אלא טמאות הקלות. טמאות חמורות – טמא מת ובועל נידה וכל המטמאים את האדם – מנין? תלמוד לומר ׳בכל אשר יטמא׳״ (ספרא, צו, פרשה ט, ב).

לאור זאת יש מקום לתהות אם ייתכן שבאמת יש טומאה קלה שאינה מובילה לעונש כה חמור. רשימת הטמאים כוללת את הנוגע ״בִּבְהֵמָה טְמֵאָה אוֹ בְּכָל שֶׁקֶץ טָמֵא״, אך מה דינו של הנוגע בנבלת בהמה טהורה – כלומר זו המותרת באכילה, שמעמדה קל יותר בהלכות טומאה? רמב״ן היה ער לחסרונה ברשימת המטמאים והוא השלים אותה: ״׳או בבהמה טמאה׳ – אחז הכתוב דרך קצרה, והזכיר קצת הטמאים והוא הדין לכולן, כי אף בנבלת בהמה טהורה אם נגע בה ואכל קדשים חייב הכרת הזה״ (פירושו לוויקרא ז׳, כא). אולם יכול הטוען לטעון שלא במקרה לא שולבו ברשימה הבהמות הטהורות. מאחר שרמת טומאתן פחותה מהבהמות האסורות באכילה, נראה שהטמא מנגיעה בהן, שאכל אחר כך קדשים, לא נענש בחומרה כה יתרה.

אולם עדיין נותרה בעינה השאלה המטרידה: מדוע התורה מקדישה מלל כה רב לאופנים שונים שבהם האדם נטמא, אך מתעלמת מעונשו של האוכל בשר שלמים שנטמא? אם נאחז בפרשנות זו עלינו יהיה להגיע למסקנה שרק אדם טמא שאכל שלמים נענש בחומרה, אך שלמים שנטמאו – גם אם אסור לאוכלם, אין חיוב כרת על האוכל אותם. תאורטית הדבר אפשרי: הרי טמא שאוכל שלמים מטמא אותם באכילתו ופוגע בקדושתם היתרה, ועל כן יש מקום להחמיר בעונשו. לעומת זאת, האוכל שלמים שכבר נטמאו, איננו פוגע בהם. במקום לשורפם הוא אוכלם, וגם אם הדבר אסור, הוא לא חילל את קדושתם.

מילגרום עשה צעד נוסף וראה בחסרון העונש לאוכל שלמים שנטמאו חלק מהשקפה מקראית ייחודית ביחס לטומאת בעלי חיים:

> ההשלכה של הדבר יסודית: בניגוד לחוק המקובל בעולם הפגאני, העובדה שבישראל מחזיקים גם בעלי חיים טמאים – אפילו אם הם באו במגע עם

הקדושה – מלמד שאין בהם שום איום על החברה. סכנה שוכנת בטומאה רק אם היא נובעת מן האדם.[86]

העמדה של מילגרום דורשת עיון רחב שחורג מגבולות יריעה זו. אך אם נאמץ אותה כהנחה, ברור יהיה מדוע אין ענישה לאוכל שלמים שנטמאו. בתפיסה המקראית אין זה חמור כל כך. לא ניתן להשוות זאת לאדם טמא שנטל קורבן קודש ואכלו. בעוד זה האחרון מתחייב כרת, האוכל שלמים שנטמאו מתחייב בהלכת חז"ל מלקות בלבד (תוספתא זבחים ה, ו).

הדיון עד כאן הסתמך על ההנחה המקובלת ששני משפטי העונש מוסבים על אדם טמא. אך האם ניתן לקרוא את שני משפטי העונש בהתאמה לשני האיסורים? האם ייתכן שהפסוק האומר "וְטֻמְאָתוֹ עָלָיו" מתייחס לטומאה שעודנה על הבשר? לפי אפשרות זו, לאחר כתיבת איסור כפול מובאים גם שני העונשים לאיסורים הנזכרים, בהתאמה, באופן הבא:

(יט1) וְהַבָּשָׂר אֲשֶׁר יִגַּע בְּכָל טָמֵא לֹא יֵאָכֵל בָּאֵשׁ יִשָּׂרֵף	(יט2) וְהַבָּשָׂר כָּל טָהוֹר יֹאכַל בָּשָׂר.
(כ) וְהַנֶּפֶשׁ אֲשֶׁר תֹּאכַל בָּשָׂר מִזֶּבַח הַשְּׁלָמִים אֲשֶׁר לַה' וְטֻמְאָתוֹ עָלָיו וְנִכְרְתָה הַנֶּפֶשׁ הַהִוא מֵעַמֶּיהָ.	(כא) וְנֶפֶשׁ כִּי תִגַּע בְּכָל טָמֵא בְּטֻמְאַת אָדָם אוֹ בִּבְהֵמָה טְמֵאָה אוֹ בְּכָל שֶׁקֶץ טָמֵא וְאָכַל מִבְּשַׂר זֶבַח הַשְּׁלָמִים אֲשֶׁר לַה' וְנִכְרְתָה הַנֶּפֶשׁ הַהִוא מֵעַמֶּיהָ.

כאמור, לפי הצעה זו, הלשון "וְטֻמְאָתוֹ עָלָיו" שבפסוק כ, חוזרת אל הבשר הטמא: 'אדם שיאכל מזבח השלמים כשטומאתו של הבשר עליו – ונכרתה הנפש ההיא'. כך, יהיו בידינו שני עונשים על הפרת שני האיסורים שהוזכרו בפסוק הקודם.[87] לפי

86. מילגרום, ויקרא, כרך א, עמ' 426.

87. ניתן היה לחזק עוד קריאה זו בשל לשון הזכר – "עליו" – שמתאים לבשר יותר מאשר ל"נפש" המפוענחת בפסוק בלשון נקבה – "מֵעַמֶּיהָ". אולם, הוכחה זו איננה חזקה, מפני שגם בפסוק

אפשרות קריאה זו, התורה לא מפצלת בין אופני טומאה שונים של אדם (כהצעה שעלתה לעיל), אלא חוזרת לחלוקה הבסיסית יותר – אכילת בשר טמא, ואדם טמא שאכל: תחילה נאמרים שני האיסורים (״וְהַבָּשָׂר״), ולאחר מכן משולבים בהתאמה שני העונשים (״וְהַנֶּפֶשׁ... וְנִכְרְתָה הַנֶּפֶשׁ הַהִוא מֵעַמֶּיהָ״).

הקבלת שני המוקדים הללו בולטת במיוחד בחזרה על המונח ״והבשר״ בפסוק יט. קשה להבין מה משמעות המילה ״והבשר״ שפותחת את ההיגד השני המבקש לעסוק באדם טמא; הפסוק נקרא ביתר קלות ללא מילה פותחת זו. ואכן, יש תרגומים עתיקים שבהם הנוסח הוא ללא ״הבשר״ הפותח את ההיגד השני (כך בשבעים, בפשיטתא ובוולגטה). אולם תרגומים אלו חיסרו את ההדגשה שהדגישו הפסוקים על שני המוקדים הנידונים, ולפיה איסור הטומאה רלוונטי הן מבחינת הבשר והן מבחינת האוכלים. מאחר שמדובר בבשר קורבן, הוא חייב להיאכל בטהרה. טומאה שתדבק בו תוציא אותו לחולין ותפגע בו, עד כדי הצורך לשרוף אותו. ובאותה מידה: מאחר שמדובר בבשר קודש, אסור לאדם טמא לאוכלו. לא בגלל מה שיקרה לבשר (זה נידון קודם לכן), אלא משום שטמא אינו יכול להכיל בתוכו בשר קורבן קודש. לאיסור כאמור יש שני פנים, ׳חפצא׳ ו׳גברא׳, ואלו מביעים יחד את המפגש הנדרש בין אדם טהור לקורבן קדוש. כשם שיש שני מוקדים באיסור, כך (כנראה) יש שני מוקדים גם בעונש: גם האוכל בשר קודש שטומאתו של הבשר עליו, וגם אדם טמא שאוכל בשר קודש, נענשים בכרת. אני מבקש להשאיר התלבטות זו בסימן שאלה. מאחר שאין במסורת הפרשנית הצעה לקריאה כזו – הרואה את העונש כמוסב על מי שאוכל בשר טמא, אני מהסס לקבוע בדבר מסמרות, ומידי הספק לא יצאנו.

יש מקום להתלבט אם יש משמעות מיוחדת לכך שפסוקי העונש עוסקים בטמא **שאוכל** את זבח השלמים בטומאתו, ולא בטמא **שנוגע**: ״וְהַנֶּפֶשׁ אֲשֶׁר תֹּאכַל... וְאָכַל מִבְּשַׂר זֶבַח הַשְּׁלָמִים אֲשֶׁר לַה׳״. כידוע, לאדם טמא יש גם איסור מגע בקורבנות,

השני – שהוא בוודאי מתייחס אל ״הנפש״ – משולב לשון זכר – ״וְאָכַל״. בעל כורחנו, מסתבר שמשמעות ׳הנפש׳ בפסוקים אלו היא האדם האוכל, ולכן יכול הכתוב להחליף בין לשון זכר ללשון נקבה (השוו לדברי מילגרום, ויקרא, כרך א, עמ׳ 423). אין מדובר בחילופים אקראיים אלא בשינויים קבועים. תחילת הפסוק הראשון בלשון נקבה נראית כמוסבת על ׳נפש׳: ״וְהַנֶּפֶשׁ אֲשֶׁר תֹּאכַל״, אך מיד הפסוק עובר ללשון זכר – ״וְטֻמְאָתוֹ עָלָיו״, והפסוק נחתם שוב בלשון נקבה: ״וְנִכְרְתָה הַנֶּפֶשׁ הַהִוא מֵעַמֶּיהָ״. כך בדיוק מתרחש גם במשפט השני. תחילתו בלשון נקבה: ״וְנֶפֶשׁ כִּי תִגַּע״, עובר ללשון זכר: ״וְאָכַל מִבְּשַׂר זֶבַח הַשְּׁלָמִים״, וחותם בלשון נקבה: ״וְנִכְרְתָה הַנֶּפֶשׁ הַהִוא מֵעַמֶּיהָ״. עצם הדבר שחילופים אלו מתרחשים בשני פסוקים סמוכים בדיוק באותו האופן (נקבה – זכר – נקבה), מעלה את האפשרות שגם עיצוב זה משמש את המקצב הלירי של הפסוקים הללו.

ובכל זאת הניסוח כאן מתמקד באכילה. תאורטית, ניתן היה לחשוב שהעונש החמור המוזכר כאן (כרת) חל רק על האוכלים בטומאתם, ואיסור מגע אינו מחייב עונש כה חמור. אבל נדמה שיש לראות את שילוב הפועל 'לאכול' כהכרעה הקשורה בדרכי כתיבה. מאחר שהנושא הנידון כאן הוא אכילת קורבן זבח השלמים, הרי שזו הדוגמה שהתורה עוסקת בה. מלבד זאת, אסור לטמא גם לגעת בקדשים, והדבר אמור להילמד מדוגמת האכילה שנידונה בפירוש. מעין ראיה לכתיבה זו ניתן להביא מהאיסור המקביל שנאמר לכוהנים:

> דַּבֵּר אֶל אַהֲרֹן וְאֶל בָּנָיו וְיִנָּזְרוּ מִקָּדְשֵׁי בְנֵי יִשְׂרָאֵל וְלֹא יְחַלְּלוּ אֶת שֵׁם קָדְשִׁי אֲשֶׁר הֵם מַקְדִּשִׁים לִי אֲנִי ה׳. אֱמֹר אֲלֵהֶם לְדֹרֹתֵיכֶם כָּל אִישׁ אֲשֶׁר יִקְרַב מִכָּל זַרְעֲכֶם אֶל הַקֳּדָשִׁים אֲשֶׁר יַקְדִּישׁוּ בְנֵי יִשְׂרָאֵל לַה׳ וְטֻמְאָתוֹ עָלָיו וְנִכְרְתָה הַנֶּפֶשׁ הַהִוא מִלְּפָנַי אֲנִי ה׳. אִישׁ אִישׁ מִזֶּרַע אַהֲרֹן וְהוּא צָרוּעַ אוֹ זָב בַּקֳּדָשִׁים לֹא יֹאכַל עַד אֲשֶׁר יִטְהָר... וְטָמְאָה עַד הָעָרֶב וְלֹא יֹאכַל מִן הַקֳּדָשִׁים כִּי אִם רָחַץ בְּשָׂרוֹ בַּמָּיִם (ויקרא כ"ב, ב–ו).

הפסוקים פותחים בהוראה רחבה שעל הכוהנים 'להינזר' מקודשי בני ישראל בעוד טומאתם עליהם. הפועל 'להינזר' כולל בתוכו התרחקות, וסביר שהוא מכוון גם לאיסור מגע. הדבר נתמך גם בלשון העונש העוקב: "כָּל אִישׁ אֲשֶׁר יִקְרַב". גם לשון זו כוללת בתוכה מגע עם הקודש. אולם, בהמשך הפסוקים המתארים את טהרת הכוהן המבקש לחזור לפעילות רגילה, עובר הכתוב ועוסק באכילה דווקא: "בַּקֳּדָשִׁים לֹא יֹאכַל עַד אֲשֶׁר יִטְהָר... וְלֹא יֹאכַל מִן הַקֳּדָשִׁים כִּי אִם רָחַץ בְּשָׂרוֹ בַּמָּיִם". ברור שטהרתו של הכוהן היא גם זו המאפשרת לו לשוב ולגעת בקדשים – שלולא כן הוא לא יוכל לאכול; אך החוק מתמקד באכילה, בבחינת 'דיבר הכתוב בהווה', כלומר, הכוהן זקוק לאכילת הקורבנות: "וְאַחַר יֹאכַל מִן הַקֳּדָשִׁים כִּי לַחְמוֹ הוּא" (כ"ב, ז).

גם אצלנו, מאחר שהנושא הנידון הוא אכילת זבח השלמים, החוק מתמקד בכך, אך סביר שדינים אלו רלוונטיים באותה מידה גם לאיסור הנגיעה בקורבן למי שטומאתו עליו.

מדוע ההקפדה היתרה על הלכות טהרה משולבת בפרשתנו ביחס לזבח שלמים? ברור שדינים אלו נכונים בכל הקורבנות, וכוהן שיאכל חטאת וטומאתו של הכוהן עליו, עובר על איסור חמור, ועונשו לא יהיה קל מעונשו של ישראל טמא שאכל שלמים. התשובה מובנת מאליה, אך יש לעמוד על משמעותה הדרמטית להבנת אווירת אכילת השלמים: מאחר שישראל אוכל את זבח השלמים, והוא איננו רגיל

להיזהר בהלכות טומאה כרעהו הכוהן, יש חשיבות מיוחדת באזהרתו. יושם לב ללשון הכתוב שפונה אל האדם מישראל שאוכל את הזבח – אף שלצידו גם הכוהן אוכל את חלקו: ״וְהַנֶּפֶשׁ אֲשֶׁר תֹּאכַל בָּשָׂר מִזֶּבַח הַשְּׁלָמִים אֲשֶׁר לַה׳ וְטֻמְאָתוֹ עָלָיו וְנִכְרְתָה הַנֶּפֶשׁ הַהִוא מֵעַמֶּיהָ. וְנֶפֶשׁ כִּי תִגַּע בְּכָל טָמֵא... וְנִכְרְתָה הַנֶּפֶשׁ הַהִוא מֵעַמֶּיהָ״. אפשר בהקשר זה להיזכר בשמואל הבא לבית יִשַׁי ומטהר אותם כדי שיוכלו להצטרף אליו לזבח: ״וַיֹּאמֶר שָׁלוֹם לִזְבֹּחַ לַה׳ בָּאתִי הִתְקַדְּשׁוּ וּבָאתֶם אִתִּי בַּזָּבַח וַיְקַדֵּשׁ אֶת יִשַׁי וְאֶת בָּנָיו וַיִּקְרָא לָהֶם לַזָּבַח״ (שמ״א ט״ז, ה).[88]

אך באמת מבין השורות אנו מבינים דבר חשוב עוד יותר. היכן אוכל הבעלים את זבח השלמים? מסתבר שיש להדגיש שוב ושוב את הלכות הטהרה שהקורבן דורש, מפני שהקורבן נאכל בביתו של הבעלים! ההבדל בין ׳מקום קדוש׳ – שבו יש לאכול את כל קורבנות קודש קדשים, לבין ׳מקום טהור׳ משקף בדיוק את ההבדל הזה. המקום הקדוש הוא המשכן או המקדש, אך מקום טהור יכול להיות בכל מקום שהקפידו שלא יהיה טמא. באמת, גם חז״ל שהתירו לאכול את בשר השלמים בכל ירושלים (אך לא מחוצה לה), קראו באופן דומה את הפסוקים, אלא שמחנה ישראל של תקופת המדבר, הועתק אל ירושלים בזמן שיש מקדש של קבע. הדבר בא לידי ביטוי בהלכות שונות (במיוחד במצוות שילוח טמאים מן המחנה), אך הרעיון הוא שירושלים מסמלת את המחנה שבתוכו שורה שכינה.[89]

ראיה לכך שזבח השלמים יכול להיאכל גם בבית פרטי מצויה בספר משלי, בציטוט האישה המפתה בחור צעיר לבוא אליה לביתה ולשכב עימה: ״וְהִנֵּה אִשָּׁה לִקְרָאתוֹ שִׁית זוֹנָה וּנְצֻרַת לֵב... וְהֶחֱזִיקָה בּוֹ וְנָשְׁקָה לּוֹ הֵעֵזָה פָנֶיהָ וַתֹּאמַר לוֹ. זִבְחֵי שְׁלָמִים עָלָי הַיּוֹם שִׁלַּמְתִּי נְדָרָי. עַל כֵּן יָצָאתִי לִקְרָאתֶךָ לְשַׁחֵר פָּנֶיךָ וָאֶמְצָאֶךָּ״ (משלי ז׳, י-טו). אישה זו מהתלת בעלם הצעיר ומציגה עצמה כמזמינה אותו לביתה לשם שמיים. אולם, מדוע העובדה שהיא הקריבה זבחי שלמים ושילמה את קורבנות נדריה אמורה לדרבן את הבחור הצעיר לבוא אליה לביתה? רש״י הבין שמדובר בסעודה נוספת שהיא עושה לרגל המאורע: ״זבחי שלמים עלי – כלומר סעודה גדולה הכינותי, כי היום הקרבתי נדרי ושלמי״ (רש״י על אתר). אולם הקריאה הפשוטה יותר היא כפירושו של רלב״ג במקום (ועוד נוספים): ״הנה זבחי שלמים אצלי, היום שלמתי נדרי

88. הצירוף של דברי שמואל – ״וַיֹּאמֶר שָׁלוֹם לִזְבֹּחַ״ – מהדהד את השם המלא של הקורבן – ׳זבח שלמים׳.

89. רעיון זה נידון כבר לעיל, בדיון בתפיסת הטומאה המקראית. ראו במיוחד ברמב״ם, הלכות בית הבחירה ז, יא.

בבית המקדש, ולזה יש לי הרבה בביתי מבשר זבח השלמים" (פירושו על אתר).[90] גם אם קשה לראות בזונה שבמשלי מודל לחיקוי, דברי פיתוייה משקפים את המציאות שעליה נסמכים פסוקים אלו. מסתבר שזבחי שלמים נאכלו בבתים.

קשה להגזים במשמעותה של חוויית אכילה זו. האדם שהביא את הקורבן לה' חוזר לביתו עם בשר הקורבן ואוכל אותו שם עם משפחתו, לצד לחם חמץ. השכינה מרחיבה יריעותיה, באה עדיהם, ופורשת כנפיה עד לביתם. שולחן ה' חורג מגבולותיו הטבעיים ופורץ לכל מקום טהור שביקשו אותו שמה.

איסור אכילת חלב

מאיסור אכילת זבח השלמים בטומאה עוברת התורה לאיסור נוסף, שאף הוא רלוונטי בכל הקורבנות, אך גם בנוגע אליו מובן מדוע ראוי להזהיר במיוחד את הישראלים שמקבלים לרשותם את הקורבן:

> וַיְדַבֵּר ה' אֶל מֹשֶׁה לֵּאמֹר. דַּבֵּר אֶל בְּנֵי יִשְׂרָאֵל לֵאמֹר כָּל חֵלֶב שׁוֹר וְכֶשֶׂב וָעֵז לֹא תֹאכֵלוּ. וְחֵלֶב נְבֵלָה וְחֵלֶב טְרֵפָה יֵעָשֶׂה לְכָל מְלָאכָה וְאָכֹל לֹא תֹאכְלֻהוּ. כִּי כָּל אֹכֵל חֵלֶב מִן הַבְּהֵמָה אֲשֶׁר יַקְרִיב מִמֶּנָּה אִשֶּׁה לַה' וְנִכְרְתָה הַנֶּפֶשׁ הָאֹכֶלֶת מֵעַמֶּיהָ. וְכָל דָּם לֹא תֹאכְלוּ בְּכֹל מוֹשְׁבֹתֵיכֶם לָעוֹף וְלַבְּהֵמָה. כָּל נֶפֶשׁ אֲשֶׁר תֹּאכַל כָּל דָּם וְנִכְרְתָה הַנֶּפֶשׁ הַהִוא מֵעַמֶּיהָ (ויקרא ז', יט-כז).

פתיחת הציווי בדיבור כפול ("וַיְדַבֵּר ה' אֶל מֹשֶׁה לֵּאמֹר. דַּבֵּר אֶל בְּנֵי יִשְׂרָאֵל לֵאמֹר") מלמדת שציווי זה נאמר למשה בזמן כלשהו, ושולב פה בשל קישורו לאכילת זבח השלמים. יש לזכור נתון זה, כי אחת השאלות הסוערות שליוו את פרשנות הפסוקים הללו קשורה בשאלה זו עצמה: האם איסור חֵלֶב שמובא כאן תקף רק לגבי קורבנות, או שהוא איסור כללי שחל על כל הבהמות שניתן להקריב מהן – גם אם הן לא הוקדשו בפועל?

חז"ל ביארו את הפסוקים כאוסרים לאכול חֵלֶב (ודם) מכל הבהמות הטהורות

90. מאחר שהיא מפתה את העלם הצעיר לבוא אליה לאכול קורבנות, יש ממשחק המילים האירוני בתיאורה: "הֹמִיָּה הִיא וְסֹרָרֶת בְּבֵיתָהּ לֹא יִשְׁכְּנוּ רַגְלֶיהָ" (שם, פסוק יא). הצירוף המוזר 'לא ישכנו רגליה' מבקש לומר שהיא אקטיבית ופעלתנית. רגליה אינן נחות. ייתכן שבבחירת הפועל 'ישכנו' כבר חבוי משחק המילים עם המשכן שבו מקריבים את זבחי השלמים שאותם היא מזכירה באוזני הבחור שאותו היא מבקשת לצוד.

כולן. בין אם מדובר בבהמות שהוקדשו לגבוה – והחֵלֶב שלהן מוקרב על גבי המזבח – ובין אם מדובר בפר, בכבש או עז של חולין שנשחטו לשם אכילה, אסור לאדם לאכול את החֵלֶב שלהם, מפני שבעולם הקורבנות הוא שייך למזבח.[91] תוצאת הרחבה זו היא שהחלבים – באשר הם מייצגים את עולם הקדושה, ואפילו אם מדובר בבהמת חולין שאין מקטירים ממנה לגבוה -נאסרים באכילת אדם.[92] כך אכן עולה מהלשון הכללית: ״כָּל חֵלֶב שׁוֹר וְכֶשֶׂב וָעֵז לֹא תֹאכֵלוּ״, ויש לזכור שלצד איסור אכילת החלב נזכר בפסוקים גם איסור אכילת דם, ובניסוח דומה: ״וְכָל דָּם לֹא תֹאכְלוּ בְּכֹל מוֹשְׁבֹתֵיכֶם לָעוֹף וְלַבְּהֵמָה״, ובוודאי איסור אכילת הדם הוא איסור כוללני שחל גם על דם בהמות שלא הוקדשו למזבח.

למרות זאת, ובאופן אמיץ וחריג, סלל ראב״ע דרך אחרת בהבנת פסוקים אלו. לדעתו הפסוקים עוסקים דווקא בבהמות שהוקדשו לגבוה, ורק מהן אסור לאכול את החלבים, אך את חלבי בהמות החולין מותר לדעתו לאכול, למצער לפי פשוטו של מקרא. הראיה המרכזית שלו היא לשון הפסוק שנותן טעם לאיסור, לצד העונש הצפוי לעבריין: ״כִּי כָּל אֹכֵל חֵלֶב **מִן הַבְּהֵמָה אֲשֶׁר יַקְרִיב מִמֶּנָּה אִשֶּׁה לַה׳** וְנִכְרְתָה הַנֶּפֶשׁ הָאֹכֶלֶת מֵעַמֶּיהָ״. ניתן אומנם להבין את הצירוף ״מן הבהמה אשר יקריב״ כמכוונת לסוג הבהמות המוקרבות, כדברי רשב״ם במקום: ״ממין אותה הבהמה״, אולם לדעת ראב״ע משמעות הפסוק היא שדווקא חלבי בהמה ״אשר יקריב ממנה אשה לה׳״ בפועל – בהמה שהוקדשה לגבוה – נאסרו באכילה:

> ופעם אחת בא אלי צדוקי אחד ושאלני אם האליה אסורה מן התורה, ואען ואומר אמת כי האליה תקרא ׳חלב׳ כי כן כתוב: ׳חלבו האליה תמימה׳ רק קדמונינו

91. אני מאמץ כהנחת יסוד מובנת מאליה, שניתן להקריב על המזבח רק את הבהמות המוזכרות בתורה (בקר, צאן ועוף). יש שיטה ייחודית ומפתיעה של ריש לקיש, שהתורה ממליצה על הקרבת בקר וצאן, אך גם חיה טמאה כשרה לקורבן (זבחים לד ע״א). גישה מהפכנית זו זכתה, כצפוי, לדיונים רבים (ראו למשל את דיונו המקיף של רבי יוסף ענגיל, לקח טוב, כלל ד), והיא דורשת עיון רחב שאין כאן מקומו.

92. הקישור בין אכילת בשר חולין להקרבת קורבנות בולט במיוחד בדין השחיטה. מוסכם על הכול שיש מצוות שחיטת חולין, אך ציווי כזה לא נזכר בפירוש בתורה. מתוך מדרש ההלכה נראה שמקור דין שחיטת חולין הוא הרחבת שחיטת קדשים: ״מה קדשים בשחיטה אף חולין בשחיטה״ (ספרי דברים, פסקה כג). ברוח זו פירש רמב״ן את הפסוק בדברים י״ב, כא. יש אומנם גם כיוון אחר שראה את דין שחיטת חולין כהלכה למשה מסיני, דין שאיננו נגזר מעולם הקורבנות. ראו על כך עוד אצל גרטי, היבטים הלכתיים, עמ׳ 159-168. לדעתו המסקנה היא שבאמת יש ׳שני דינים׳, או שתי בחינות, בשחיטת חולין.

התירוה ואסרו כל חלב. אז ענה: הלא כל חלב אסור מן התורה, כי כן כתוב 'כל חלב וכל דם לא תאכלו' ובתחלה כתוב: 'חקת עולם לדורותיכם'. **גם אני עניתיו כי זה הפסוק דבק עם זבח השלמים**... וגם הוא השיב 'כל חלב שור וכשב ועז לא תאכלו'. גם אני השיבותי **כי גם זה הפסוק דבק עם זבח השלמים**... ובאה זאת הפרשה לבאר עונש **האוכל חלב בשר קדש** וכן כל דם הוסיף לעוף על כן חלב העוף מותר... אז פקח הצדוקי עיניו ופצה בשפתיו שבועה שלא יסמוך על דעתו בפירוש המצות רק ישען על העתקת הפירושים (פירושו לוויקרא ז', כ).

סיפורו של ראב"ע מפתיע ביותר. ראב"ע דחה את הצדוקי שטען מולו שיש לאסור את אכילת האליָה (המכונה 'חֵלֶב' בפסוקים, אך חז"ל לא אסרו לאכול אליָה של כבש חולין כמו שנאסרו שאר החלבים),[93] בכך שהוא הוכיח שרק חלבי קורבנות נאסרו באכילה ולא חלבי חולין. זו אמירה הנוגדת את דברי חז"ל, אך מתוכה הגיע אותו צדוקי למסקנה שהוא לא יסמוך יותר על דעתו אלא רק על מסורת חכמי ישראל...

מעין ראיה יש לראב"ע מדיני אכילת בשר תאווה בספר דברים. שם נזכר איסור הדם – "רַק הַדָּם לֹא תֹאכֵלוּ עַל הָאָרֶץ תִּשְׁפְּכֶנּוּ כַּמָּיִם" (דברים י"ב, טז, כג-כה) – ואיסור החלב לא נזכר לצידו. אם צודק ראב"ע שרק חלב בהמות מוקדשות נאסר, ברור מדוע בבשר תאווה האיסור לא נזכר.[94]

רמב"ן הגיב לעמדת ראב"ע ותקף אותה בחריפות. לא נוכל במסגרת זו להאריך במחלוקת זו, ונסתפק בתחילת דברי רמב"ן:

> 'כי כל אוכל חלב מן הבהמה אשר יקריב ממנה' – לא יתכן שיהיה פירושו מן הבהמה שהיא עצמה קרבן, ולהוציא את החולין. כי הכתוב כבר אסר בסדר ויקרא סתם כל חלב ואין שם תנאי ושיור (ג', יז), וגם כאן אסר תחלה כל חלב שור וכשב ועז, ואסר חלב הנבלה והטרפה באסור החלב, ואינן קרבנות לשם (פירושו לוויקרא ז', כה).[95]

93. חולין קיז ע"א; רמב"ם, הלכות מאכלות אסורות ז ו. על גישות שונות בקרב האמוראים והראשונים ביחס לכינוי האליָה 'חלב' ראו באנציקלופדיה תלמודית, ערך "חלב", כרך ב, עמ' ז-ח.
94. ראו גם אצל מילגרום, ויקרא, עמ' 427.
95. רמב"ן מוסיף שם בהמשך פירושו: "**ואל יעור עיניך** המשתבש בפסוק 'ולחם וקלי וכרמל לא תאכלו עד עצם היום...'", וסביר שכוונתו לעקוץ את ראב"ע שסיים את ויכוחו עם הצדוקי בלשון זו: "**אז פקח הצדוקי עיניו** ופצה בשפתיו שבועה שלא יסמוך על דעתו".

עד כמה שהדבר יישמע מוזר, ייתכן שהצדק עם ראב״ע ורמב״ן גם יחד.[96] לכאורה, הקריאה הפשוטה כאן היא כטענת רמב״ן בעקבות חז״ל – שכל החלבים נאסרו באכילה ולא רק חלבי קורבנות. מעבר לראיות השונות שהוזכרו בידי הראשונים יש לציין גם שמאחר שחלבי קורבנות מוקרבים על גבי המזבח ונשרפים שם, קשה להניח שהתורה תייחד איסור בפני עצמו לאכילתם. טעות זו תהיה כה חריגה ומוזרה, שלא סביר שזהו האיסור הכוללני שמוזכר כאן.[97] לצד זאת, צודק ראב״ע שמלשון הפסוק נדמה שמדובר כאן דווקא בבהמה המוקרבת.

אולם, מבחינת פירוש הפסוקים, המחלוקת בין ראב״ע לרמב״ן איננה כה בוטה. יש לזכור שהאיסור נאמר לדור המדבר, שעבורו החלוקה בין קורבנות הקדש לאכילת בהמות חולין לא קיים. איסור שחוטי חוץ (ויקרא י״ז) אוסר על שחיטת בהמה לצורך אכילה, והדרך לאכול בשר בתקופת המדבר היא בהקרבת זבח שלמים. ממילא, צודקים רמב״ן וראב״ע גם יחד. הפסוקים אוסרים לאכול חלב מכל סוגי הבהמות שיכולות לעלות על המזבח – כדברי רמב״ן, אך כל הבהמות הללו אכן גם הוקרבו בפועל על המזבח – כדברי ראב״ע.

הדבר החשוב לענייננו הוא שהאיסור מניח שיש חלקים שהוקדשו לגבוה, ולכן האדם צריך להימנע מלאכול אותם. בתקופת המדבר דבר זה אכן ברור, שהרי הם מוקרבים בפועל על גבי המזבח, אך גם לדורות – לאחר שיותר לאכול בשר תאווה – הרעיון צריך להישמר: מאחר שאיברים אלו הם המגיעים אל המזבח, לא ראוי שאדם יאכל אותם במסגרת פרטית.

מכאן אנו למדים לא רק על החלבים אלא גם על איסור אכילת דם. לאיסור זה טעמים שונים, אך מתוך הקשר הפסוקים כאן, כמו גם בוויקרא ג׳, יז עולה שזהו חלק הבהמה שמגיע אל המזבח, ועל כן ראוי שהאדם יימנע מלאכול אותו.[98] מעניין שבפסוקים אלו משולב הפועל ׳לאכול׳ גם ביחס לאיסור הדם: ״וְכָל דָּם לֹא תֹאכְלוּ... כָּל נֶפֶשׁ אֲשֶׁר תֹּאכַל כָּל דָּם״. ניסוח זה הוא ייחודי, כי בדרך כלל ׳שותים׳ דם, כמו: ״הֶן עָם כְּלָבִיא יָקוּם וְכַאֲרִי יִתְנַשָּׂא לֹא יִשְׁכַּב עַד יֹאכַל טֶרֶף וְדַם חֲלָלִים

96. ליבי אומר לי שגם חכמים שהרחיבו את האיסור לבהמות חולין ראו את חלב בהמות מוקדשות כעיקר הדין, שהרי יש שני מקורות שונים לאיסור החלב: פסוק אחד (ויקרא ז׳, כג-כד) שמלמד על חלב בהמות מוקדשות, ופסוק נפרד לבהמות חולין (ויקרא ג׳, יז). ראו דעת חכמים בכרתות ד ע״ב.

97. וכפי שאמר רמב״ן, בפרק ג׳ כבר שולב איסור אכילת חלב, ושם הוא לא צומצם דווקא לחלב קורבנות (לפחות לא בקריאה פשוטה).

98. ראו עוד אצל גרנות, איסורי דם.

יִשְׁתֶּה" (במדבר כ"ג, כד), ועוד.[99] נראה, שהשימוש בלשון 'מאכל' ביחס לדם, בא כדי לקשור את דין הדם לדין החֵלֶב.[100] יושם לב לדמיון האיסורים שנוצר עקב השימוש בפועל 'לאכול' בשניהם:

איסור אכילת חֵלֶב	איסור 'אכילת' דם
כָּל חֵלֶב שׁוֹר וְכֶשֶׂב וָעֵז לֹא תֹאכֵלוּ...	וְכָל דָּם לֹא תֹאכְלוּ...
כִּי כָּל אֹכֵל חֵלֶב מִן הַבְּהֵמָה אֲשֶׁר יַקְרִיב מִמֶּנָּה אִשֶּׁה לַה'	כָּל נֶפֶשׁ אֲשֶׁר תֹּאכַל כָּל דָּם
וְנִכְרְתָה הַנֶּפֶשׁ הָאֹכֶלֶת מֵעַמֶּיהָ	וְנִכְרְתָה הַנֶּפֶשׁ הַהִוא מֵעַמֶּיהָ

הדמיון הצורני מלמד על דמיון תוכני. כאמור, יש סיבות מגוונות שבגללן הדם נאסר. בראש כולן יש להזכיר את איסור הדם שמוזכר כבר לצד היתר אכילת בעלי חיים בפרשת נח: "אַךְ בָּשָׂר בְּנַפְשׁוֹ דָמוֹ לֹא תֹאכֵלוּ" (בראשית ט, ד), וככל הנראה הצדק עם רמב"ן שפירש במקום: "'אך בשר בנפשו' – שהיא 'דמו' – 'לא תאכלו', כי נפש כל בשר דמו הוא", כלומר אסור לאכול דם מפני שהדם הוא חיי החיה. אומנם הותר לנח ולבניו לאכול מבשר בעלי חיים, אך הותר להם הבשר בלבד ולא 'נפש' בעל החיים – החיים עצמם, שמיוצגים בדם החיה. טעם זה מובא גם באיסור שחיטת בעלי חיים מחוץ למחנה: "כִּי נֶפֶשׁ כָּל בָּשָׂר דָּמוֹ בְנַפְשׁוֹ הוּא וָאֹמַר לִבְנֵי יִשְׂרָאֵל דַּם כָּל בָּשָׂר לֹא תֹאכֵלוּ כִּי נֶפֶשׁ כָּל בָּשָׂר דָּמוֹ הִוא כָּל אֹכְלָיו יִכָּרֵת" (ויקרא י"ז, יד), וכדברי רמב"ן שם:

> כי אין לבעל נפש שיאכל נפש, כי הנפשות כולן לאל, הנה כנפש האדם וכנפש הבהמה לו הנה ומקרה אחד להם כמות זה כן מות זה ורוח אחד לכל (פירושו לוויקרא י"ז, יא).[101]

99. רש"י כותב שבשל כך שיעור הדם שיש לשתות כדי להתחייב בו להלכה הוא כזית, כדין איסורי מאכל בהלכה, ולא רביעית, כהגדרות הרגילות של משקין בהלכה (רש"י ליבמות קיד ע"ב).

100. מילגרום חשב שלשון האכילה מלמדת שהאיסור רואה מול עיניו דווקא דם שנאכל ממש עם בשר (פירושו לוויקרא, כרך א, עמ' 429). השוו גם לדברי שורץ, אכילת דם, עמ' 44.

101. ברוך שורץ (אכילת דם, עמ' 40–41) הסב את תשומת הלב לכך שבעוד כל הפיסקאות שבוויקרא

אך שם נזכר טעם נוסף לאיסור אכילת דם, והוא ככל הנראה זה שמבאר גם את האיסור אצלנו:

> וְאִישׁ אִישׁ מִבֵּית יִשְׂרָאֵל וּמִן הַגֵּר הַגָּר בְּתוֹכָם אֲשֶׁר יֹאכַל כָּל דָּם וְנָתַתִּי פָנַי בַּנֶּפֶשׁ הָאֹכֶלֶת אֶת הַדָּם וְהִכְרַתִּי אֹתָהּ מִקֶּרֶב עַמָּהּ. כִּי נֶפֶשׁ הַבָּשָׂר בַּדָּם הִוא וַאֲנִי נְתַתִּיו לָכֶם עַל הַמִּזְבֵּחַ לְכַפֵּר עַל נַפְשֹׁתֵיכֶם כִּי הַדָּם הוּא בַּנֶּפֶשׁ יְכַפֵּר. עַל כֵּן אָמַרְתִּי לִבְנֵי יִשְׂרָאֵל כָּל נֶפֶשׁ מִכֶּם לֹא תֹאכַל דָּם וְהַגֵּר הַגָּר בְּתוֹכְכֶם לֹא יֹאכַל דָּם (ויקרא י״ז, י-יב).

זהו טעם שונה, גם אם הוא קשור בעקיפין בטעם הראשון. עצם הדבר שמכפרים דווקא בדם אכן נובע מהתפיסה שהדם הוא הנפש, אולם איסור אכילת הדם מופיע בפסוקים אלו לא כסעיף של ׳הלכות רצח בעל החיים׳ שאסור לאדם לאכול את ׳חייו׳, אלא כחלק מ׳הלכות גזל גבוה׳ או ׳הלכות קדושה׳. מאחר שהדם שייך למזבח, ומאחר שהוא מכפר על הזקוקים לכפרה, הרי הוא שייך לתחום הקודש, לתחומו של המזבח, ואַל לו לאדם לאכול ממנו.

מתוך הקשר פרשתנו נראה שזהו בסיס האיסורים: אין לאכול חֵלֶב ואין לאכול דם מפני ששניהם קשורים למזבח, לכפרה, לקדושת המשכן. מאכלים שכאלו הוצאו מהתפריט של אכילת חולין. לפיכך, לא נראה שהצדק עם מילגרום שטען שבעוד איסור החלב נובע משייכותו למזבח, איסור הדם נאסר באופן גורף וכולל גם בעלי חיים שאינם מוקרבים על גבי המזבח.[102] אכן, איסור הדם הוא איסור גורף בשל סמל החיים שהוא מייצג, אולם אין זה מקרה שאצלנו, האיסור מתמקד בדם בהמה ועוף – ״וְכָל דָּם לֹא תֹאכְלוּ בְּכֹל מוֹשְׁבֹתֵיכֶם לָעוֹף וְלַבְּהֵמָה״ (ז׳, כו). העובדה שמוזכרים כאן דווקא העוף והבהמה – שהם הסוגים המוקרבים על גבי המזבח, מלמדת שבפרשתנו, גם את איסור הדם יש להבין על רקע הקרבתו על גבי המזבח.

כך ניתן גם לבאר את יחס האיסור שבפרשתנו לאזכורו בפרק ג׳. גם שם האיסור נזכר כנספח לדיני זבח השלמים, אך שם הוא מופיע בקיצור נמרץ: ״כָּל חֵלֶב לַה׳. חֻקַּת עוֹלָם לְדֹרֹתֵיכֶם בְּכֹל מוֹשְׁבֹתֵיכֶם כָּל חֵלֶב וְכָל דָּם לֹא תֹאכֵלוּ״ (ויקרא ג׳, טז-יז).

י״ז פותחות ב׳איש איש׳ (פסוקים ג, ח, י, יג), באיסור אכילת דם מזכיר הכתוב דווקא ׳נפש׳ – ״כָּל נֶפֶשׁ מִכֶּם לֹא תֹאכַל דָּם״ (י״ז, יב), וכנראה מטרת הדבר לקשור את האיסור לתפיסת הדם כנפש החי – ״כִּי נֶפֶשׁ הַבָּשָׂר בַּדָּם הִוא וַאֲנִי נְתַתִּיו לָכֶם עַל הַמִּזְבֵּחַ לְכַפֵּר עַל נַפְשֹׁתֵיכֶם כִּי הַדָּם הוּא בַּנֶּפֶשׁ יְכַפֵּר״ (י״ז, יא).

102. מילגרום, ויקרא, כרך א, עמ׳ 428.

האיסור שם מנוסח באופן כוללני למדי – "כל חלב לה'" / "בכל מושבותיכם" / "כל חלב" / "וכל דם". התחושה הכללית שפסוק זה משדר היא שמדובר באיסור רחב שחורג מעולם הקורבנות: אין לאכול כל חלב וכל דם – כגישת רמב"ן. אך גם שם ברור שהאיסור נשען על שייכות החלב והדם לגבוה, שהרי האיסור פותח בהכרזה: "כָּל חֵלֶב לַה'" ומהכרזה זו משתלשל האיסור לאכול חלב ודם. יתר על כן: האמירה שכל חלב לה' פורצת לתוך הנוסחה הקבועה – "אִשֶּׁה לְרֵיחַ נִיחֹחַ [כל חלב] לַה'". נוסחה זו מופיעה תמיד בחטיבת הקורבנות במלואה, כך שסביר שגם זבח השלמים מסתיים בצירוף הרגיל – 'לְרֵיחַ נִיחֹחַ לַה''. אלא שנוספה לחתימה זו גם האמירה שכל חלב שייך לגבוה, ואמירה זו משמשת כבר פתיחה לאיסור שמופיע בעקבותיו על אכילת חלב. לשון אחר, התורה קושרת במכוון את האיסור לאכול חלב (ודם) עם חתימת קורבן זבח השלמים, ובכך הזיקה ביניהם ברורה וגלויה.

ברם אם האיסור קשור בטבורו דווקא לקורבנות, מדוע לשון האיסור מכלילה ואוסרת כל חלב וכל דם, בכל מושבותיכם? מדוע לא לאסור רק בהמות מוקדשות, כעמדת ראב"ע? גם מכך עולה שניסוח האיסור מתייחס למצבם של ישראל במדבר, שבו כל הבהמות הנאכלות מובאות כזבח שלמים. אכן, 'כל חלב וכל דם', אך באותה המידה, האיסור חל דווקא על בהמות המובאות כקורבן.

חזה התנופה ושוק התרומה

סדר הדינים המובאים בתורת זבח השלמים מלמד רבות. שלא כמו תורות הקורבנות האחרים, בזבח השלמים משולבים יחדיו עניינים שונים שגם נאמרו ככל הנראה בזמנים שונים. במיוחד כוונתי לאיסור הטומאה ולאיסור אכילת הדם והחלב, שפרצו לתוך הרצאת הדברים. מאחר שרצף דיני זבח השלמים נקטע, חוזר הכתוב שוב גם על הפתיחה המקובלת – "וַיְדַבֵּר ה' אֶל מֹשֶׁה לֵּאמֹר. דַּבֵּר אֶל בְּנֵי יִשְׂרָאֵל לֵאמֹר" (ז', כח), שבהקשר שלנו יש לראותה כ'חזרה מקשרת' – להחזיר את הקורא לרצף דיני זבח השלמים.[103]

דווקא משום כך מורגש בפרשה זו במיוחד, שיש בסדר הדינים כוונה ומגמה, וסדר זה נבחר בדווקא, אף שניתן היה לשלב את דיני השלמים גם בסדר אחר, ולכאורה הגיוני יותר. למרבה ההפתעה, סידור דיני זבח השלמים איננו מותאם לרצף הכרונולוגי

103. מילגרום, ויקרא, כרך א, עמ' 429. ראו גם אצל דילמן, ויקרא, עמ' 994, שהסיק מכך מסקנות דיאכרוניות.

של ההקרבה. רק לאחר דיני אכילת הקורבן על ידי הבעלים – כולל נספחיו, וכולל דין הנותר ממנו ביום השלישי – חוזר הכתוב ומתאר את הבאת הזבח עצמו אל המשכן, את הנפתו (ז׳, כט-ל), את הקטרת חלביו על המזבח (לא), ובמיוחד – את המתנות שיש לתת לכוהן (לא-לד).

ארגון זה מלמד הרבה על מרכזיות אכילת הבעלים בקורבן זה. הדיון הפותח הוקדש כולו לבעלים האוכלים, ורק כעת, שב הכתוב לתחילת התהליך ומתאר את הבאת הקורבן, הקטרת אֵמוריו ונתינת חלק לכוהנים. ייתכן שמכך ניתן להסיק גם על הצד השני של המטבע: אכילת הכוהנים את חלקם בזבח השלמים (חזה ושוק) איננה כאכילתם את החטאת והאשם, ויש להתייחס לחלקים אלו כמתנות הבעלים לכוהן.[104] אם כך, סידור תורת זבח השלמים מזכיר ביסודו את הקורבנות האחרים: תחילה מתוארים דיני אכילת הקורבן (בכל הקורבנות – על ידי הכוהנים; בשלמים – על ידי הבעלים), ולבסוף, כמעין נספח, נאמר מיהו הכוהן המקבל את חלקו. בהקבלה לסדר זה נמסרים חוקי הבאת זבח השלמים וחלוקת מתנות הכהונה מזבח זה. הדברים יתבררו עוד להלן.

> וַיְדַבֵּר ה׳ אֶל מֹשֶׁה לֵּאמֹר. דַּבֵּר אֶל בְּנֵי יִשְׂרָאֵל לֵאמֹר הַמַּקְרִיב אֶת זֶבַח שְׁלָמָיו לַה׳ יָבִיא אֶת קָרְבָּנוֹ לַה׳ מִזֶּבַח שְׁלָמָיו. יָדָיו תְּבִיאֶינָה אֵת אִשֵּׁי ה׳ אֶת הַחֵלֶב עַל הֶחָזֶה יְבִיאֶנּוּ אֵת הֶחָזֶה לְהָנִיף אֹתוֹ תְּנוּפָה לִפְנֵי ה׳. וְהִקְטִיר הַכֹּהֵן אֶת הַחֵלֶב הַמִּזְבֵּחָה וְהָיָה הֶחָזֶה לְאַהֲרֹן וּלְבָנָיו. וְאֵת שׁוֹק הַיָּמִין תִּתְּנוּ תְרוּמָה לַכֹּהֵן מִזִּבְחֵי שַׁלְמֵיכֶם. הַמַּקְרִיב אֶת דַּם הַשְּׁלָמִים וְאֶת הַחֵלֶב מִבְּנֵי אַהֲרֹן לוֹ תִהְיֶה שׁוֹק הַיָּמִין לְמָנָה. כִּי אֶת חֲזֵה הַתְּנוּפָה וְאֵת שׁוֹק הַתְּרוּמָה לָקַחְתִּי מֵאֵת בְּנֵי יִשְׂרָאֵל מִזִּבְחֵי שַׁלְמֵיהֶם וָאֶתֵּן אֹתָם לְאַהֲרֹן הַכֹּהֵן וּלְבָנָיו לְחָק עוֹלָם מֵאֵת בְּנֵי יִשְׂרָאֵל (ויקרא ז׳, כח-לד).

הפסוק הפותח את הפרשה מתאר את הבאת הקורבן בפירוט מיוחד: ״הַמַּקְרִיב אֶת זֶבַח שְׁלָמָיו לַה׳ יָבִיא אֶת קָרְבָּנוֹ לַה׳... יָדָיו תְּבִיאֶינָה אֵת אִשֵּׁי ה׳...״. הדגשה זו משקפת כנראה את השותפות החריגה שיש לבעלים בקורבן זה, שהרי באמת בכל הקורבנות כולם מביא הבעלים את הקורבן. אלא שכאן, ידיו שלו משמשות שימוש מכריע, הוא שותף ומעורב. לא הכוהן הוא המגיש את החלבים לתנופה אלא הבעלים דווקא. ניתן היה לצפות, שמפסוק זה ילמדו חז״ל שלא ניתן להביא זבח שלמים על ידי

104. כאמור לעיל, לפי הרמב״ם אכילת קודשי קדשים היא מצווה בפני עצמה בעוד אכילת קדשים קלים – כדוגמת זבח שלמים – נכללת כעוד פרט במצוות ההקרבה ואין למנותה כמצווה עצמאית.

שליח. אינני מכיר דרשה כזו, אך זו הרוח העולה מפסוקים אלו: ידיו שלו – של המקריב – צריכות להביא את חלבי זבח השלמים העומדים לקרב על גבי המזבח. הבעלים הם שותפים מלאים, נדרשים לעמוד נוכח פני ה׳ ולכרות עימו ברית שלום. כך לשון מלבי״ם במקום:

> ׳המקריב את זבח שלמיו לה׳ יביא את קרבנו׳. פירוש הכתוב כפי הפשט: ישראל המקריב את זבח שלמיו הוא יביא את קרבנו. רוצה לומר שבעל הקרבן המביא שלמים למקדש הוא עצמו יביא לה׳ החלק הקרב לגבוה (פירושו לוויקרא ז׳, כט).

בעצם, זו גם המשמעות של הלימוד ההלכתי שנלמד מפסוקים אלו: ״שתהא יד הבעלים מלמעלה והחלב והחזות נתונין בה, ויד כהן מלמטה ומניפן״ (רש״י על אתר). כלומר, הבעלים משמשים כאמור במעשה התנופה, ועליהם להעביר את החלבים מרשותם לרשות גבוה.

אך ייתכן, שמשתקפת כאן תפיסה יסודית עוד יותר. כאמור לעיל, בשונה מקודשי קדשים העוברים לרשות גבוה, בשר זבח השלמים נותר של הבעלים. לפיכך מובלט שהוא המביא אותו בידיו, כי הוא גם הממשיך להיות אחראי עליו. משום כך יש גם צורך להניף את החלבים המוקטרים על גבי המזבח. במנחה, בחטאת ובאשם לא שמענו שיש להניף את החלק העולה על גבי המזבח, אף שגם בהם רק חלק מהבהמה מוקטר. תנופה נדרשת במקרים שבהם לא מובן מאליו שדבר מה שייך לקודש. התנופה מעבירה את הדבר המונף לרשות הקודש למרות אופיו היסודי הקשור לעולם החולין.[105] זבח השלמים שאיננו קודש קדשים נותר של בעליו – ידיו מביאות אותו, ובכך הוא מביע את בעלותו על הקורבן, ואת החלקים שהוא מבקש לקדש בקדושת מזבח עליו להניף.

לאחר שהובא הזבח אל המשכן, יש להניח את כל החלבים על חזה הבהמה ולהניף אותם יחד. כאמור, בעת התנופה עוברים חלקים אלו לרשות גבוה, לרשות המשכן. אלא שלאחר תנופתם יש פיצול בין החלקים השונים שהונפו: ״וְהִקְטִיר הַכֹּהֵן אֶת הַחֵלֶב הַמִּזְבֵּחָה / וְהָיָה הֶחָזֶה לְאַהֲרֹן וּלְבָנָיו״ (ז׳, לא) – החלבים מגיעים למזבח והחזה ״לאהרן ולבניו״.

גם בכך לא תם מסע העברת הזבח מידי הבעלים לרשות הקודש, כי מיד לאחר מכן יש ציווי ׳לתת תרומה׳ גם את שוק הימין של הבהמה לכוהנים: ״וְאֵת שׁוֹק הַיָּמִין

105. מילגרום, תנופה.

תִּתְּנוּ תְרוּמָה לַכֹּהֵן מִזִּבְחֵי שַׁלְמֵיכֶם. הַמַּקְרִיב אֶת דַּם הַשְּׁלָמִים וְאֶת הַחֵלֶב מִבְּנֵי אַהֲרֹן לוֹ תִהְיֶה שׁוֹק הַיָּמִין לְמָנָה״ (ז׳, לב).[106]

ההבדל בין מה ש'הונף' למה שרק 'נתרם' הוא כמובן דרמטי: התנופה מעבירה את הדבר המונף לרשות גבוה, בעוד התרומה ניתנת כמתנה ממונית. דבר זה יכול לבאר גם את הבדל המקום שקשור בפעולות אלו: התנופה נעשית במקרא 'לפני ה'', בעוד התרומה אף פעם לא נעשית 'לפני ה''. להערכתו של מילגרום ניתן ללמוד מכך שהתנופה נעשתה תמיד ברחבת המשכן, בעוד התרומה נעשתה בכל מקום ואתר.[107] הצדק איתו אך הדבר החשוב יותר הוא שפער זה משקף את אופן מתנת הכהונה השונה: בתנופה הדבר מתקדש, בעוד בתרומה מדובר בהעברה ממונית מיד ליד.

אם נסכם את האמור עד כאן, הרי שהמסקנה היא שיש שלוש רמות בחלקי הקורבן העוברים לרשות הקודש: החלבים שמונפים ומגיעים אל המזבח ושם מוקטרים; החזה שמונף עם החלבים אך מגיע לכוהנים; השוק שמגיעה לכוהן מבלי להיות מונפת, כתרומה. חיזוק לקריאה זו יש גם בפסוק החותם את הציווי, ובו כינויים שונים לחזה ולשוק: ״כִּי אֶת חֲזֵה הַתְּנוּפָה וְאֵת שׁוֹק הַתְּרוּמָה לָקַחְתִּי מֵאֵת בְּנֵי יִשְׂרָאֵל מִזִּבְחֵי שַׁלְמֵיהֶם וָאֶתֵּן אֹתָם לְאַהֲרֹן הַכֹּהֵן וּלְבָנָיו לְחָק עוֹלָם מֵאֵת בְּנֵי יִשְׂרָאֵל״ (ז׳, לד), כלומר, החזה מונף ואילו השוק נתרמת. כך פירש כאן גם הרמב״ן: ״הנראה מן הכתוב הזה על דרך פשט, שהחזה הוא מונף עם החלבים ולא השוק״ (פירושו לוויקרא ז׳, ל).

106. הבחירה בשוק הימין דווקא נשענת כנראה על ההנחה שצד ימין הוא הצד החשוב והמועדף. ייתכן שבהעברת רגל הבהמה לכוהנים מצוי גם פולמוס סמוי כנגד המנהג המצרי. לפי ציורים שונים הגיעו חוקרים למסקנה שהמצרים היו עוקדים את הבהמה כך שרגל אחת נותרת חופשית, ואותה היו חותכים ומקריבים אותה למתים (ראו את האיורים וניתוח שלהם אצל יונקר, גיזה, עמ׳ 229). במקרא שוק הבהמה איננה מוקרבת אלא מגיעה לכוהנים. מעניין, שגם בעלילות גלגמש יש מעמד מיוחד לשוק הימין של בהמה, אך בהקשר אחר לגמרי. שם מסופר, שהאלה אשתר – אלת האהבה והפריון – נשאה עיניה אל גלגמש והציעה לו נישואין. גלגמש סירב ואף הטיח בה עלבונות שונים, ועל כן ביקשה אשתר הנעלבת מאביה – האל אנו – לתת בידה את פר השמיים האימתני שיהרוג את גלגמש וישרוף את ארמונו. תחילה ניסה האב לסרב אך לבסוף התרצה, ואשתר הוליכה את הפר לעירו של גלגמש, וזה אכן עשה שם נזק עצום. אולם, לבסוף גברו גלגמש ורעהו אנכידו על פר זה ועקרו את ליבו. אשתר המתאבלת והזועמת קיללה את גלגמש, אך הוא לא שתק: ״שמע אנכידו את דברי אשתר אלה, קרע את 'שוק ימין' הפר, השליך אל פניה (ואמר): ואת – לו לכדתיך – כאשר עשיתי לו, כן אעשה לך״ (עלילות גלגמש, לוח שישי, שורות 151-153; שפרה וקליין, בימים הרחוקים, עמ׳ 239). גם ההנחה בסיפור זה היא שלשוק הימין מעמד מיוחד והוא מבטא את גבורת הפר.

107. מילגרום, ויקרא, כרך א, עמ׳ 474-481. הוא הקדיש לדבר גם מחקר שלם בפני עצמו: מילגרום, שוק התרומה.

ברם, אף שזוהי הקריאה הפשוטה של הפסוקים שלפנינו, חז"ל ביארו כאן באופן אחר, ורבים הלכו בעקבותיהם. כך כתב רש"י על הפסוק המפצל בין 'חזה התנופה' לבין 'שוק התרומה': "'התנופה', 'התרומה' – מוליך ומביא, מעלה ומוריד" (רש"י לוויקרא ז', לד).

לפירושו, הביטויים 'תנופה' ו'תרומה' עוסקים שניהם בתנועות הידיים של המניף ומגדירים סוג אחר של תנועה: 'להניף' משמעו להרחיק מהאדם בציר מאוזן, ואילו 'להרים' משמעו הנעה בציר מאונך. לפי פירוש רש"י יש לקיים את התנועה הכפולה הזו גם בחזה וגם בשוק.

יש בקריאה זו מהפכה של ממש; שהרי אם השוק מונפת היא הופכת להיות חלק מהמתנה שניתנת מהקורבן לגבוה, ואילו אם השוק מורמת, היא דומה ברוחה לתרומות ומעשרות ומתנות כהונה נוספות שניתנות לכוהן ולא לגבוה. ניתן להצדיק את קריאת חז"ל ורש"י בכך שבמקרא, לא רק הפועל 'לתרום' מביע הקדשה ממונית לגבוה, אלא גם הפועל 'להניף', כפי שעולה מתרומת הזהב והנחושת למשכן (שמות ל"ח, כד-כט),[108] ועל כן ייתכן – כפי שהציע מנחם בולה – שחז"ל דורשים את התנועה הפיסית כמשנה הוראה המתלווה להוראה העיקרית שהיא הקדשה לגבוה.[109] עם זאת, מאחר שבפרשתנו את החזה מניפים בפועל, והוא גם מכונה 'חזה התנופה', בעוד את השוק נותנים כמתנה לכוהן, והוא מכונה 'שוק התרומה', נראה שלפנינו פיצול מהותי בין החזה לשוק.

רמב"ן שתחילת דבריו הובאו לעיל, הציע ביאור להבנת חז"ל:

> ורבותינו אמרו שהיה נותן החלבים על יד הבעלים וחזה ושוק למעלה מהן (מנחות סב ע"א). ולדעתם, הזכיר תנופה בחזה לבדו, לדרוש מה שאמרו: נטמאו ונשתייר אחד מהם, מנין שהוא טעון תנופה, תלמוד לומר 'חזה להניף אותו' (פירושו לוויקרא ז', ל).

לדבריו, אף שכוונת הפסוקים היא שיש להניף גם את החזה וגם את השוק, כתובה התנופה רק בחזה כדי ללמד שגם אם רק אחד מהם ישנו (והשני נטמא או אבד) יש

108. ראו על כך עוד אצל דותן, זהב התנופה.

109. בולה, ויקרא, עמ' קכב. ראו הצעו נוספות בהגדרת התרומה והתנופה (לאור האכדית והערבית) אצל אנדרסון, קורבנות, ב, עמ' 133–144.

להניף אותו. כלומר, החזה והשוק אינם תלויים זה בזה, ואין לראות בהם צמד שהינו מתנה אחת למזבח.

כדי להבין את יחס החזה והשוק המורכב שלפנינו, יש להרחיק עדותנו למקראות נוספים, ולאור כך יתברר מה הביא את חז"ל לדרוש שיש להניף גם את השוק – בניגוד לפשטי הפסוקים אצלנו – ומה משמעות לשון הכתובים שמהם עולה שרק החזה מונף.

ראשית יש להעיר שבפרשתנו שלנו, הפיצול בין אופי מתנת החזה ובין אופי מתנת השוק לא בא לידי ביטוי רק בלשון המפצלת ביניהם, אלא גם בדין השונה שלהם. משום מה, יש הבדל בזהות הכוהנים המקבלים את חלקם מזבח השלמים. על החזה נאמר: "וְהָיָה הֶחָזֶה לְאַהֲרֹן וּלְבָנָיו" (ז', לא); ואילו על השוק נאמר: "הַמַּקְרִיב אֶת דַּם הַשְּׁלָמִים וְאֶת הַחֵלֶב מִבְּנֵי אַהֲרֹן לוֹ תִהְיֶה שׁוֹק הַיָּמִין לְמָנָה" (ז', לג). וכפירוש ראב"ע על אתר: "שוק הימין לזורק הדם, והחזה לכל הכהנים" (פירושו לוויקרא ז', לג). פיצול זה דומה למה שראינו בקורבן המנחה. מנחת הסולת (ומנחת חוטא) התחלקה בין כל הכוהנים, בעוד המנחות המעובדות הגיעו דווקא לכוהן העובד.

ככל הנראה, יש לאמץ גם כאן את החלוקה שעלתה לעיל ביחס למנחה. מתברר שגם אם בסופו של דבר החזה והשוק יוצאים מרשות הבעלים ומגיעים אל הכוהנים, מדובר במסלול שונה. כשהבעלים מניף את החזה עם שאר החלבים, הוא מעביר אותם לרשות המזבח. אולם, רק החלבים מוקטרים באש המזבח ולחזה נכון שלב נוסף במסע – מהמזבח הוא עובר לכוהן. לפיכך החזה מתחלק בין כל הכוהנים, בדיוק כדין מנחת הסולת: אם המתנה עוברת אל הכוהנים מהמזבח היא מתחלקת בין הכוהנים כולם. לעומת זאת, השוק ניתן מידו של הבעלים כתרומה לכוהן. הוא אינו מונף – כלומר לא עובר לרשות המזבח טרם הַגיעוֹ אל הכוהן. במקרים כאלו, ישראל נותן את מתנתו לכוהן שעזר לו להקריב את קורבנו, בדיוק כדין המנחות המעובדות (ושאר הקורבנות). מעין ראיה להצעה זו יש בביטוי הייחודי שמגדיר את החלקים שמביא הבעלים לשם הנפתם: "אִשֵּׁי ה'" (ז', ל). זהו ביטוי שנזכר בעולם הקורבנות ביחס לקורבן המנחה דווקא (שש פעמים! – ב', ג, י; ו', י, יא; י', יב, יג), ומלבד קורבן המנחה הוא נזכר רק ביחס לזבח השלמים באזכור הבאת החזה לשם הנפתו: "יָדָיו תְּבִיאֶינָה אֵת אִשֵּׁי ה' אֶת הַחֵלֶב עַל הֶחָזֶה יְבִיאֶנּוּ אֵת הֶחָזֶה לְהָנִיף אֹתוֹ תְּנוּפָה לִפְנֵי ה'" (ז', ל). את המנחה ואת חזה זבח השלמים מקבלים הכוהנים 'מאישי ה'', מהמזבח.[110]

110. את ההתלבטות אם גם "אשי ה'" (ז', לה) מתייחס לזבח שלמים דווקא, או שנוגע לכלל הקורבנות, נפתח לדיון רחב להלן, בניתוחנו פסוקים אלו.

בשל כך קשה לאמץ את הראיה שהביא מילגרום מפסוקנו, ולפיו "אשי ה'" משמעו 'נדבת אוכל' ולא חלק הקורבן שמגיע אל המזבח. הוא כתב שאומנם החזה והשוק ניתנים לכוהן, אך נאמר בהם שהם "אשי ה'" (שיטתו נידונה לעיל, במבוא).[111] בשונה מטענתו, החזה אכן מיועד למזבח, לאש ה' היוקדת שם תמיד ומקבלת את קורבנות ישראל. המזבח אומנם מעניק את החזה לכוהנים, אך אין זה מפקיע את חוויית הבעלים המניף את החזה עם החלבים, ומעביר אותם לרשות גבוה, לאישי ה'.

אפשר להבין מדוע דווקא בזבח שלמים הכוהן מקבל חלקו הן מהאדם העובד והן מהמזבח. זהו חלק מברית השלום המפויסת, שגם הכוהן הופך להיות חלק ממנה. בהקשר זה ניתן להפיח רוח חדשה בדברי הספרא:

> דבר אחר: 'שלמים' – שהכל שלום בהן, הדם והאימורין – למזבח, החזה ושוק – לכהנים, העור והבשר – לבעלין" (ספרא, דיבורא דנדבה, פרק טז, ב).

אין מדובר רק בחלוקה טכנית של הקורבן בין כל המשתתפים במעשה הקרבתו, אלא בשיתוף הכוהנים, הן מצידו של המקריב (השוק) והן מצידו של המזבח (החזה).

לפי זה, ההגדרה המתחלפת שיש לשתי המתנות הללו היא משמעותית ומלמדת הרבה על אופיים: 'חזה התנופה' הוא מתנת המזבח לכוהנים; 'שוק התרומה' הוא מתנת המקריב לכוהנים.[112] בפסוקים שלפנינו לפי פשוטם, קשה להבין את קריאת חז"ל, אולם, כפי שקורה לא פעם, מדרש ההלכה מפענח את הפסוקים במקום אחד על רקע פסוקים במקום אחר, ומנסה ליישבם זה עם זה. ככל הנראה זה המצב גם במקרה שלנו. לשם בירור העניין, נעקוב אחר החזה והשוק בפרשות נוספות.

היום השמיני למילואים

נדלג לעת עתה על האזכור הסמוך של החזה והשוק שניתנו לכוהנים בשבעת ימי המילואים כמתואר בפרק ח', ונתחיל את המסע בפרק שאחריו – בתיאור החזה והשוק שניתנו לכוהנים מזבחי השלמים שהובאו ביום השמיני למילואיהם:

111. מילגרום, ויקרא, כרך א, עמ' 430.

112. במובן מסוים (אך לא לגמרי), חלוקה זו משתלבת בטענתו של וינסנט, שמבחינה לשונית 'תנופה' היא מתנה לקודש, ואילו 'תרומה' ביסודה מתארת מס חולין (וינסנט, תנופה ותרומה, עמ' 272-267). יש לציין שגם בפרשנות המודרנית היו שאחזו בעמדת חז"ל שאין הבדל של ממש בין התנופה לבין התרומה (דרייבר, מונחים טכניים, עמ' 105-100).

> וַיִּשְׁחַט אֶת הַשּׁוֹר וְאֶת הָאַיִל זֶבַח הַשְּׁלָמִים אֲשֶׁר לָעָם וַיַּמְצִאוּ בְּנֵי אַהֲרֹן אֶת הַדָּם אֵלָיו וַיִּזְרְקֵהוּ עַל הַמִּזְבֵּחַ סָבִיב. וְאֶת הַחֲלָבִים מִן הַשּׁוֹר וּמִן הָאַיִל הָאַלְיָה וְהַמְכַסֶּה וְהַכְּלָיֹת וְיֹתֶרֶת הַכָּבֵד. וַיָּשִׂימוּ אֶת הַחֲלָבִים עַל הֶחָזוֹת וַיַּקְטֵר הַחֲלָבִים הַמִּזְבֵּחָה. **וְאֵת הֶחָזוֹת וְאֵת שׁוֹק הַיָּמִין הֵנִיף אַהֲרֹן תְּנוּפָה לִפְנֵי ה'** כַּאֲשֶׁר צִוָּה מֹשֶׁה (ויקרא ט', יח-כא).

הפסוקים מדגישים שהפעילות המתוארת בהם נעשתה "כַּאֲשֶׁר צִוָּה מֹשֶׁה", אולם תוכן הצו והביצוע שבעקבותיו מפתיעים למדי. משום מה, אהרון מניף את החזה יחד עם שוק הימין. שניהם מונפים, ונדמה גם שהם מונפים יחדיו. דבר זה עומד בסתירה למה שראינו זה עתה בציווי בפרק ז', ששם רק החזה הונף, ואילו השלמים 'הורמו' וניתנו לכוהן ללא תנופה. אמת הדבר, שגם בפסוקי היום השמיני ניתן לשמוע הד לפער שקיים בין החזה לשוק, שהרי בתחילה הניחו את החלבים על החזה ("וַיָּשִׂימוּ אֶת הַחֲלָבִים עַל הֶחָזוֹת") שהמשיכו בדרכם למזבח. בשלב זה השוק עדיין לא הוזכרה, אך מיד לאחר ניתוקו של החזה מהחלבים מתוארת תנופתו ביחד עם השוק.

אני מעריך שרבים מן הקוראים יאמרו שמן הסתם זהו ציווי חריג שנוגע ליום השמיני למילואים, ושקשה להסיק מפסוקים אלו לדין הכללי. אולם, בהמשך הפרק דין זה נאמר כציווי לדורות:

> וַיְדַבֵּר מֹשֶׁה אֶל אַהֲרֹן וְאֶל אֶלְעָזָר וְאֶל אִיתָמָר בָּנָיו הַנּוֹתָרִים... וְאֵת חֲזֵה הַתְּנוּפָה וְאֵת שׁוֹק הַתְּרוּמָה תֹּאכְלוּ בְּמָקוֹם טָהוֹר אַתָּה וּבָנֶיךָ וּבְנֹתֶיךָ אִתָּךְ כִּי חָקְךָ וְחָק בָּנֶיךָ נִתְּנוּ מִזִּבְחֵי שַׁלְמֵי בְּנֵי יִשְׂרָאֵל. **שׁוֹק הַתְּרוּמָה וַחֲזֵה הַתְּנוּפָה עַל אִשֵּׁי הַחֲלָבִים יָבִיאוּ לְהָנִיף תְּנוּפָה לִפְנֵי ה'** וְהָיָה לְךָ וּלְבָנֶיךָ אִתְּךָ לְחָק עוֹלָם כַּאֲשֶׁר צִוָּה ה' (ויקרא י', יב-טו).

בפסוקים שלפנינו יש חובה מפורשת להניף את החזה ואת השוק – כפי שאהרון עשה ביום השמיני – אלא שכאן נאמר שצו זה תקף לדורות, "לְחָק עוֹלָם". מעניין שבתיאור זה אף נראה שיש להניף את החזה ואת השוק יחד עם החלבים – כתיאור ההנפה של החזה שראינו בדין השלמים בפרק ז'. אלא שלא ניתן לומר שיש כאן בחינה אחרת של תיאור החזה והשוק ושפסוקים אלו עומדים לעצמם, שהרי גם כאן החזה מכונה – "חזה התנופה" והשוק מכונה "שוק התרומה". דבר זה באמת מוזר למדי: מה ההיגיון לצוות על תנופה משותפת לשניהם מצד אחד, אך להמשיך ולכנותם בכינויים שרומזים שרק החזה מונף – בהתאמה למה שעולה בפרק ז'?

לפני הצעת ביאור לתעלומה שמלווה את החזה והשוק, יש להעיר שסביר שאלו הם הפסוקים שעמדו נוכח עיני חז"ל בהכרעתם שיש להניף גם את השוק, ושיש לראות בכינויי החזה והשוק – 'תרומה' ו'תנופה' – רמיזה לאופן תנועת ההנפה, אך אין בהם ללמד שרק החזה לבדו מונף. אכן, כך עולה מפסוקי היום השמיני. אבל השאלה עומדת עדיין במקומה: מה היחס בין הציווי הראשון בפרק ז' שמפצל בין החזה לשוק ובין הציווי האחרון בפרק י' שמאחד ביניהם, ועדיין, ממשיך ושומר על כינוים הראשון, שכבר אינו מתאים לדינם?

כדי להבין את התהליך שמתרחש במעמד החזה והשוק יש לשוב לסיפור שעליו דילגנו בסקירתנו. בין הלכות זבח שלמים שבפרק ז' לבין תיאור קורבנות היום השמיני שבפרקים ט'-י', מתוארים שבעת ימי המילואים, בפרק ח'. בשבעה ימים אלו מתרחש דבר מפתיע למדי בכל הקשור לחזה ולשוק של זבח השלמים (שהוא איל המילואים):

> וַיַּקְרֵב אֶת הָאַיִל הַשֵּׁנִי אֵיל הַמִּלֻּאִים וַיִּסְמְכוּ אַהֲרֹן וּבָנָיו אֶת יְדֵיהֶם עַל רֹאשׁ הָאָיִל... וּמִסַּל הַמַּצּוֹת אֲשֶׁר לִפְנֵי ה' לָקַח חַלַּת מַצָּה אַחַת וְחַלַּת לֶחֶם שֶׁמֶן אַחַת וְרָקִיק אֶחָד וַיָּשֶׂם עַל הַחֲלָבִים וְעַל שׁוֹק הַיָּמִין. וַיִּתֵּן אֶת הַכֹּל עַל כַּפֵּי אַהֲרֹן וְעַל כַּפֵּי בָנָיו וַיָּנֶף אֹתָם תְּנוּפָה לִפְנֵי ה'. וַיִּקַּח מֹשֶׁה אֹתָם מֵעַל כַּפֵּיהֶם וַיַּקְטֵר הַמִּזְבֵּחָה עַל הָעֹלָה מִלֻּאִים הֵם לְרֵיחַ נִיחֹחַ אִשֶּׁה הוּא לַה'. וַיִּקַּח מֹשֶׁה אֶת הֶחָזֶה וַיְנִיפֵהוּ תְנוּפָה לִפְנֵי ה' מֵאֵיל הַמִּלֻּאִים לְמֹשֶׁה הָיָה לְמָנָה כַּאֲשֶׁר צִוָּה ה' אֶת מֹשֶׁה (ויקרא ח', כב-כט).

בפסוקים אלו מתוארות שתי תנופות. תחילה מתוארת תנופה שנעשית לאחר ששמו על כפי אהרון ועל כפי בניו את החלבים ונספחיהם: "וַיִּתֵּן אֶת הַכֹּל עַל כַּפֵּי אַהֲרֹן וְעַל כַּפֵּי בָנָיו וַיָּנֶף אֹתָם תְּנוּפָה לִפְנֵי ה'". ראב"ע אומנם פירש שכוונת הפסוק היא שמשה "הניף [את] אהרן ובניו, כאשר יניף אהרן את הלוים" (פירושו לוויקרא ח', כז), אולם הקריאה המקובלת והפשוטה יותר היא שמשה הניף את כל אלו שהוזכרו קודם ושהושמו על כפי אהרון, כלומר את החלבים ונספחיהם.[113] לאחר תנופה זו מובלים החלבים ונספחיהם אל המזבח ומוקטרים שם באש. לצד זאת, יש תיאור של הנפה נוספת של החזה: "וַיִּקַּח מֹשֶׁה אֶת הֶחָזֶה וַיְנִיפֵהוּ תְנוּפָה לִפְנֵי ה'". לאחר תנופתו, עובר החזה לרשותו של משה.

הדבר המרתק שמתרחש בתהליך זה קשור בזהות 'הנספחים' שמונפים בתחילה

113. מאחר שתפקיד התנופה להעביר לרשות הקודש דברים שמצויים בספרת החולין, ברור מדוע הלוויים זקוקים לתנופה, אך אין צורך להניף את הכוהנים שהתקדשו בשמן המשחה ובבגדיהם.

עם החלבים ומוקטרים יחד איתם באש המזבח. מצה אחת מכל אחד משלושת סוגי המצות מצטרפת לחלבים, כמו גם שוק הימין. כזכור, בדרך כלל ׳מצה אחת׳ מכל סוג ושוק הימין ניתנות כתרומה לכוהן. במשך שבעת ימי המילואים רכיבים אלו הצטרפו לחלבים והוקטרו באש המזבח! כאמור לעיל, בשל כך לא נוסף לשלמי ימי המילואים לחם החמץ, מפני שחמץ אינו יכול לעלות על המזבח. לאור מה שנאמר בפרק ז׳, ההתרחשות של ימי המילואים מוזרה למדי: החזה אינו מונף עם החלבים אלא בפני עצמו; ומפתיע עוד יותר: השוק מונפת גם היא עם החלבים, והיא אף מוקטרת עימהם!

סביר שיש קשר בין הדברים: מאחר ששוק איל המילואים מוקטרת על גבי המזבח בימים אלו, יש גם להניף אותה עם החלבים המוקטרים. בכך חשב מילגרום שנפתרת בעיית תנופתו:

> כתוב זה אינו קשה כי הוא דן בשוק המילואים ולא בשוק השלמים. ההבדל ביניהם הוא ששוק המילואים אינה ניתנת לכוהנים אלא מוקטרת על המזבח. היא טעונה תנופה לשם הקדשה יתרה, לסמן שהיא עוברת מרשות הבעלים אל רשות הגבוה. אכן, ייחודה של שוק המילואים לה׳ על המזבח, הוא שמצריך את התנופה.[114]

צודק מילגרום שתנופת השוק מתבארת בהקטרתה, אך קשה לראות בזה פתרון שלם לתעלומה שניצבת לפתחנו. השאלה רק עוברת למרחב אחר: מדוע באמת שוק הימין מוקטרת על המזבח בשבעת ימי המילואים, ומה הדבר מלמד על מתנת השוק מזבחי שלמים? נדון במשמעות הדבר להלן, בעיון בפסוקים אלו, לצורך דיוננו כעת ברצוני להתמקד במעמדו של משה בימים ייחודיים אלו.

הפרשנות המקובלת למעמדו של משה בימי המילואים היא שהוא החליף את הכוהנים. הכוהנים עצמם הולכים ומתקדשים ועדיין אינם ראויים לעבודה, ועל כן, בימים אלו משה פועל את פעולתם, והוא זה שניגש אל המזבח ומקריב את הקורבנות: ״אמר רב: משה רבינו כהן גדול וחולק בקדשי שמים היה, שנאמר ׳מאיל המלואים למשה היה למנה׳״ (זבחים קא ע״ב).[115]

114. מילגרום, שוק התרומה, עמ׳ 5.

115. כך גם למשל ויינל, משה, עמ׳ 37. ראו גם את המדרש הבא, המרחיב את עבודת משה ככוהן לכל תקופת המדבר: ״׳משה ואהרן בכהניו ושמואל בקראי שמו׳ – רבי יודן בשם רבי יוסי ברבי יהודא בר ברכיה בשם רבי יהושע בן קרחה: כל אותן ארבעים שנה שהיו ישראל במדבר לא נמנע משה

אולם אם כך, קשה להבין את המצב המוזר שמתרחש בימי המילואים. כפי שראינו בפרק ז׳, שוק השלמים ניתנת ישירות לכוהן העובד כ׳תרומה׳, וניתן לצפות שזה מה שיקבל משה בימים אלו, שבהם הוא משמש ככוהן ועובד בשירות בעלי הקורבן. גם ראוי היה שמצה אחת מכל סוג שניתנת בדרך כלל לכוהן תינתן בימי המילואים למשה, המחליף את הכוהנים. במקביל, ניתן גם לצפות שהחזה – אשר בזבח שלמים רגיל מונף וניתן למזבח ורק דרכו ניתן לכוהנים – לא יגיע לידי משה כלל, שהרי משה איננו באמת ׳כוהן׳ אלא רק מחליף לעת הצורך. אולם בפועל קורה ההפך בדיוק: החזה מגיע למשה, ואילו השוק מוקטרת עם החלבים ועם מצות מייצגות מסל המצות.

לפיכך יש לתהות על ההנחה הבסיסית, ובאמת, כלל לא ברור שמשה בימים אלו מייצג את הכהונה. אילו משה היה משמש ככוהן בשבעת ימי המילואים, ניתן היה לצפות שהוא גם ילבש בגדי כהונה בגשתו אל המזבח.[116] כבר התלמוד התמודד עם דבר זה וסיפר שר׳ עקיבא נשאל באלו בגדים שימש משה בימי המילואים, והוא לא ידע מה להשיב:

> רבי עקיבא איקלע לגינזק, בעו מיניה... במה שימש משה כל שבעת ימי המלואים? לא הוה בידיה. אתא, שאל בי מדרשא... במה שימש משה שבעת ימי המלואים? בחלוק לבן. רב כהנא מתני בחלוק לבן שאין בו אימרא״ (עבודה זרה לד ע״א).

מה המשמעות של הדבר שמשה עבד בחלוק לבן ולא בבגדי כהונה מלאים? חלקו בדבר רש״י ותוספות, ואפשר לראות במחלוקת זו שיקוף לשתי קריאות שונות של תפקיד משה בשבעת ימי המילואים. בעלי התוספות משקפים את העמדה הרווחת, ולדעתם משה עבד בימים אלו כתחליף לכוהנים, ולמרות זאת לא נזקק לבגדים, משום ״שעדיין לא נתקדשו בבגדי כהונה״ (תוספות שם, ד״ה ״במה״). לדעתם הבגדים עצמם צריכים

מלשמש בכהונה גדולה... א״ר אליעזר בר׳ יוסי פשוט הוא לן שבחלוק לבן שימש משה במדבר״ (פסיקתא רבתי, פרשה יד).

116. יש גם לזכור שבמעמדות קודמים לימי המילואים משה לא שימש ככוהן אלא אחרים. בולט הדבר במעמד הר סיני: ״וַיֹּאמֶר אֵלָיו ה׳ לֶךְ רֵד וְעָלִיתָ אַתָּה וְאַהֲרֹן עִמָּךְ וְהַכֹּהֲנִים וְהָעָם אַל יֶהֶרְסוּ לַעֲלֹת אֶל ה׳ פֶּן יִפְרָץ בָּם״ (שמות י״ט, כד); ״וַיִּשְׁלַח אֶת נַעֲרֵי בְּנֵי יִשְׂרָאֵל וַיַּעֲלוּ עֹלֹת וַיִּזְבְּחוּ זְבָחִים שְׁלָמִים לַה׳ פָּרִים״ (שמות כ״ד, ה; אומנם משה זורק את הדם במעמד זה, אך לזריקת הדם שם יש משמעות של כריתת ברית וקשה להוכיח מכך). ראו עוד אצל מילגרום, ויקרא, כרך א, עמ׳ 556.

לתהליך של התקדשות בשבעת ימי המילואים, שהרי מַזים גם עליהם מהשמן ומהדם וכך הם מתקדשים; אין טעם שמשה ילבש אותם טרם התקדשותם.[117] לפי ביאור זה, חסרון הבגדים אינו מעיד מאומה על פגם בהגדרתו של משה ככוהן אלא על הבגדים, שאינם מוגדרים עדיין בגדי קודש.

אולם רש״י ביאר אחרת: ״משה לא נשתמש בבגדי כהונה, דכתיב ׳ועשית בגדי קדש לאהרן אחיך׳, והוא היה זר אצלן, ועל פי הדבור שימש ולא הוזכרו בגדים״. מדברי רש״י עולה שמשה לא עבד בימים אלו בתורת כוהן, והוא מוגדר כזר מול בגדי הכהונה. הרשות לעבוד ניתנה לו ״על פי הדיבור״. ממילא, לפי רש״י, אין להחיל את דיני הכהונה הרגילים על משה. הוא אומנם פעל בימים אלו בדומה לדרכים שכוהנים עתידים לפעול, אך אין זה מלמד שהוא מוגדר כוהן.[118] גישה זו פותחת פתח להגדיר את מעמדו של משה ואת השימוש שהוא משמש בימי המילואים באופן אחר.

מילגרום הציע לראות את תפקידו של משה בימים אלו כמנהיג, כמלך. הוא זה שבנה את המשכן, והוא זה שקידש אותו ואת הכוהנים העובדים בו.[119] לפיכך,

117. בהמשך שם מציעים תוספות ביאור אחר לחסרון הבגדים: ״וה״ר יעקב מאורליינ״ש פירש דאפי׳ נתקדשו, מ״מ כל ז׳ ימי המלואים שהיה משה מעמיד המשכן ומפרקו היה נחשב כמו במה ואין בגדי כהונה בבמה, כדאמר בפ״ב דזבחים (קיט ע״ב)״.

118. ומעניינים דברי ר׳ חיים בן עטר על הפסוק הפותח את הציווי להכין בגדי כהונה: ״וְעָשִׂיתָ בִגְדֵי קֹדֶשׁ לְאַהֲרֹן אָחִיךָ לְכָבוֹד וּלְתִפְאָרֶת״ (שמות כ״ח, ב): ״צריך לדעת מה היא כוונת ה׳ באומרו ׳לכבוד ולתפארת׳, אחר שמודיע מעשיהם ואופניהם. ואם להודיע שבגדים אלו יש בהם לאהרן כבוד ותפארת – מה יצא לנו מזה? ואולי שיתבאר על פי מה שאמרו בפרק אין מעמידין וזה לשונו: ׳שאלו את רבי עקיבא במה שימש משה כל שבעת ימי המילואים? לא הוה בידיה. אתא ושאל בי מדרשא, אמרו לו: בחלוק לבן שאין בו אמרא׳, עד כאן. הנה ממה ששימש משה בשבעת ימי המילואים בחלוק, זה יגיד שאין הבגדים מעכבין אלא לאהרן ולבניו, אבל זולת הכהנים תתרצה עבודת הקרבנות בלא בגדים. והוא מה שמודיעו באומרו ׳לכבוד וגו׳׳, לומר, לא תחשוב כי הבגדים לצורכי עבודה לבד, ויתחייב הדבר ללובשם משה בעבודת ימי המילואים, ולא כן הוא, אינם אלא ׳לכבוד וגו׳׳ למשרת קבוע לעבודתו, אבל לצד העבודה לבד כשתהיה בזולת אהרן ובניו יעבדו בחלוק לבן, וכמו שכן שימש משה כנזכר״ (אור החיים לשמות כ״ח, ב). ר׳ חיים בן עטר מסיק כלל עקרוני ואמיץ: דווקא הכוהנים צריכים לשרת בבגדי כהונה, אך אם משום מה מישהו אחר עובד במקדש הוא אינו זקוק לבגדי כהונה. חובת הבגדים הינה דין הנוגע בכוהנים, ולא דין הנוגע בעבודת המקדש. דבריו מרתקים, אך צריך להודות שעדיין מעמדו של משה עָמום ומזמין עיון נוסף.

119. מילגרום, ויקרא, כרך א, עמ׳ 557-556. הוא מראה שלאורך התנ״ך מלכים מקריבים קורבנות ויש להם מעמד דומה לזה של הכוהנים: שאול (שמ״א י״ג, ט-י); דוד (שמ״ב ו׳, יג); שלמה (מל״א ג׳, ד, טו); ירבעם (מל״א י״ב, לב-לג). חלק מהמקרים האלו יכולים להתפרש כקורבן שבא מטעמו של המלך אך לא ברור אם הוא עצמו המקריב. אולם בחלקם (במיוחד ביחס לירבעם: ״וַיַּעַל עַל הַמִּזְבֵּחַ לְהַקְטִיר״) אכן נראה שהמלך עצמו מקריב.

הוא מקבל מתנות ככוהן אך לא לגמרי ככוהן, ויש לראותו "ככהן זמני, ורק מתוך הכרח".[120] זהו כיוון אפשרי אך לא מספק: מדוע משה קיבל את החזה ששייך בדרך כלל למזבח, ולא קיבל את השוק שהיא המתנה שניתנת לכהן העובד בפועל? דומה שההפתעה בחלוקת החזה והשוק בימים אלו מלמדת שיש להגדיר את שימושו של משה הפוך מן המקובל.

אכן יש בעיה בימים אלו, מפני שהכוהנים עדיין לא התקדשו, ועל כן הם אינם יכולים לגשת אל המזבח. אך לא חייבים לראות את משה כמחליפם של הכוהנים, אלא כמחליפו של המזבח, או לפחות כנציגו. מאחר שאהרון אינו יכול לשחוט – שולח המזבח שליח מטעמו שיעשה זאת במקום הכוהנים שאינם. לא משום שמשה הוא 'כוהן' או 'כוהן זמני' אלא כי אין כוהן, ועל כן המזבח צריך לעשות את העבודות בעצמו, או על ידי שלוחיו.

בקריאה קשובה של הפסוקים אכן נראה שבסמכותו של משה להפוך את הכוהנים לקדושים ולמשרתי קודש. הוא לא פועל בימי המילואים ככוהן אלא כבא כוחו של ה' או של הקודש כדי לקדש את הכוהנים. יש לשים לב לפסוקים שרומזים שהדבר נתון בידיו: "וְלָקַחְתָּ אֶת שֶׁמֶן הַמִּשְׁחָה וְיָצַקְתָּ עַל רֹאשׁוֹ וּמָשַׁחְתָּ אֹתוֹ. וְאֶת בָּנָיו תַּקְרִיב וְהִלְבַּשְׁתָּם כֻּתֳּנֹת. וְחָגַרְתָּ אֹתָם אַבְנֵט אַהֲרֹן וּבָנָיו וְחָבַשְׁתָּ לָהֶם מִגְבָּעֹת וְהָיְתָה לָהֶם כְּהֻנָּה לְחֻקַּת עוֹלָם **וּמִלֵּאתָ יַד אַהֲרֹן וְיַד בָּנָיו**" (שמות כ"ט, ז–ט).

דבר זה נראה במבט ראשון כחידוד לשוני בעלמא – מה לנו אם משה מוגדר כך ומה לנו אם מוגדר אחרת. אך באמת יש להבנה זו משמעות מרחיקת לכת בנושא שאנו דנים בו. אם משה הוא שליח המזבח, ברור מדוע הוא מקבל את החזה. בדרך כלל המזבח קולט את החלבים עם החזה, והכוהן מקבל את החזה מהמזבח. בימי המילואים משה מקבל את החזה כי הוא שליחו של המזבח. אולם השוק, שבדרך כלל ניתנת לכוהנים מיד הבעלים ולא עוברת דרך המזבח, אינה מגיעה למשה, שהרי משה איננו כוהן. הואיל ואין מי שיכול לקבל את השוק (ואת תרומת המצות), אזי יש להניף אותה באופן חריג ולקדש גם אותה בקדושת מזבח, כך שהמזבח יקלוט אותה והיא תקרב עם החלבים.

באמת לא די בכך שמה שמתרחש בימי המילואים איננו קושיה על הצעתנו, אלא הוא משמש כהוכחה חזקה לטענה זו. משום מה, דווקא שוק הימין מצטרפת למצות המייצגות מסל המצות – מונפת עימן ומוקטרת עימן יחדיו על גבי המזבח,

120. מילגרום, שם, עמ' 558.

והחזה נותר מן העבר האחר ומגיע למשה. כלומר, כשם שהכוהן מקבל מצה מסל המצות, כך הוא מקבל גם את שוק הימין, ואילו לחזה יש מעמד שונה.

לאור דברים אלו ניתן לתאר את המסע שעוברים החזה והשוק, והיאך זה שהם מכונים ׳חזה התנופה׳ ו׳שוק התרומה׳, אף שבסופו של דבר שניהם מונפים. מסתבר שהפסוקים בפרק ז׳ מתארים את מהותם של החזה והשוק: החזה במהותו מונף, והוא עובר לרשות המזבח עם שאר החלבים, והכוהן מקבל את החזה כמתנת מזבח. לעומתו השוק אינה מתקדשת בקדושת מזבח אלא ניתנת לכוהן העובד כתרומת מתנה מהבעלים. אולם בימי המילואים גם השוק התקדשה בקדושת מזבח, והיא קרבה על גבי המזבח יחד עם שאר חלבי איל המילואים. תהא הסיבה לכך אשר תהא, מכאן ואילך יכול המזבח לקלוט גם את השוק. לפיכך, הציווי לדורות שמצוי לאחר שבעת ימי המילואים מתאר תנופה כפולה – גם לחזה וגם לשוק, גם אם באופיים הבסיסי החזה הוא ׳חזה התנופה׳ ואילו השוק היא ׳שוק התרומה׳.

העולה מדברינו, שלאורך פרקים ז׳-י׳ בחומש ויקרא יש מעין התפתחות הלכתית שחלה סביב השוק. בסופו של דבר ההכרעה של חז״ל היא הגיונית ביותר – כמתברר בפרק י׳, אך גם לאחר הכרעה זו נותרת השוק ביסודה ׳שוק תרומה׳, אלא שמאחר שהמזבח קלט אותה פעם, יש להניף גם אותה, בבחינת ׳כָּל הָרָאוּי לַמִּזְבֵּחַ, אִם עָלָה לֹא יֵרֵד׳ (משנה זבחים ט, א). אם נרצה, נוכל לנסח זאת גם כך: המזבח הוא קודש קדשים, ועל כן כל מה שבא איתו במגע מתקדש בקדושתו. לפני ימי המילואים, מבחינה מהותית, רק החזה אמור להיות מונף ולהתקדש בקדושת מזבח, ואילו השוק לא אמורה לפגוש את המזבח ולהידבק בקדושתו. אך בימי המילואים דבקה קדושת המזבח גם בשוק, ומעתה גם את השוק יש להניף.

דברים ברוח זו כתב הנצי״ב:

> ׳ואת שוק הימין תתנו תרומה וגו׳׳ – אף על גב שגם הוא בעי תנופה לדורות כמבואר להלן י׳, טו... מכל מקום אינו דומה לחזה שעיקרו במזבח בכלל חלב, אלא שהקב״ה זיכה לכהנים מחלק גבוה. מה שאין כן שוק הוא חלק בעלים ככל הבשר אלא שהוא תרומה לכהנים. ומשום הכי גם בתנופה אינן דומין דהחזה מביאין יחד עם החלבים והשוק רק בשעת תנופה מעלין אותו על החלבים (העמק דבר לוויקרא ז׳, לב).

הנצי״ב מעיר שלא רק בכינוי הנלווה אליהם מורגש הפער בין החזה לשוק. הוא בא לידי ביטוי גם בסיום התהליך בזמן פגישתם עם החלבים המוקרבים על המזבח: החזה

ששייך מהותית למזבח מובא מלכתחילה עם שאר החלבים; אך השוק שמונפת רק מפני שנקשרה למזבח בשבעת ימי המילואים – מצטרפת לחלבים רק בשעת ההנפה ולא לפני.[121]

על דרך ההפלגה ניתן לומר, שהפער בין החזה לבין השוק הוא כפער בין התפיסה הסגולית של ייחודיות ישראל לתפיסת הבחירה. החזה 'נולד' לעולם של מזבח, הוא כזה מעצם מהותו וזהו ייעודו. לעומתו שוק התרומה היא זו שפגשה במהלך מסעה במזבח, ומרגע זה נתפסה בקדושתו. מכאן ואילך היא כבר לא תוכל לוותר על קדושה זו; מכאן ואילך היא תונף.

121. ראו עוד ברוח זו (ועם תוספות חשובות) אצל קאהן, כוהנים.

פרק תשעה עשר

חתימות (ז׳, לה-לח)

בארבעת הפסוקים החותמים את פרשת הקורבנות שבפרשת צו משולבות בעצם שתי חתימות (ז׳, לה-לח):

- **זֹאת** מִשְׁחַת אַהֲרֹן וּמִשְׁחַת בָּנָיו מֵאִשֵּׁי ה׳ בְּיוֹם הִקְרִיב אֹתָם לְכַהֵן לַה׳. **אֲשֶׁר צִוָּה ה׳** לָתֵת לָהֶם **בְּיוֹם** מָשְׁחוֹ אֹתָם מֵאֵת בְּנֵי יִשְׂרָאֵל חֻקַּת עוֹלָם לְדֹרֹתָם.
- **זֹאת** הַתּוֹרָה לָעֹלָה לַמִּנְחָה וְלַחַטָּאת וְלָאָשָׁם וְלַמִּלּוּאִים וּלְזֶבַח הַשְּׁלָמִים. **אֲשֶׁר צִוָּה ה׳** אֶת מֹשֶׁה בְּהַר סִינָי **בְּיוֹם** צַוֹּתוֹ אֶת בְּנֵי יִשְׂרָאֵל לְהַקְרִיב אֶת קָרְבְּנֵיהֶם לַה׳ בְּמִדְבַּר סִינָי״.

עוד לפני ניתוח מדויק של חתימות אלו והכרעה במה הן עוסקות, ניכרת לעין הכתיבה המקבילה שלהן. שתיהן פותחות במילת ההכרזה ׳זאת׳ (אנאפורה), ושתיהן ממשיכות בצירוף ׳אשר צוה ה׳... ביום...׳.

לפיכך האתגר בניתוח הפסוקים הללו הוא כפול: יש להבין את מה בדיוק הם חותמים, אך גם להבין מה התרומה של העיצוב הדומה שלהם.

לשם ניתוח פסוקים אלו יש להזכיר את מה שהראה רד״צ הופמן, שחתימה זו מתייחסת לרשימת הקורבנות השנייה (זו שבפרשת צו), כפי שעולה מסדר הקורבנות הנזכרים בה, המותאם לסדר הקורבנות שבפרשה זו (עולה – מנחה – חטאת – אשם – זבח שלמים), וכפי שמוכח מהגדרת מערך חוקיהם כ׳תורה׳ – ״זֹאת **הַתּוֹרָה**״ – שהוא המונח שמלווה את הקורא לאורך הרשימה השנייה: ״זֹאת תּוֹרַת הָעֹלָה״ (ו׳, ב); ״וְזֹאת תּוֹרַת הַמִּנְחָה״ (ו׳, ז); ״זֹאת תּוֹרַת

הַחַטָּאת" (ו', יח); "וְזֹאת תּוֹרַת הָאָשָׁם" (ז', א); "וְזֹאת תּוֹרַת זֶבַח הַשְּׁלָמִים" (ז', יא). מאחר שפתיחה כזו לא משולבת ולו פעם אחת ברשימת הקורבנות הראשונה, ברור שהחתימה שעוסקת ב'תורה' של הקורבנות השונים מתייחסת לרשימה זו.[1] ומאחר שבחתימה זו נזכר שהתורות הללו נאמרו למשה בעודו בהר סיני ("אֲשֶׁר צִוָּה ה' אֶת מֹשֶׁה בְּהַר סִינָי"), למד רד"צ הופמן שרשימת הקורבנות השנייה נאמרה למשה עוד לפני הרשימה שבאה בספר ויקרא ראשונה ושנאמרה למשה לאחר שכבר הוקדם המשכן (ויקרא א', א).

עוד נשוב להלן להגדרת מקום מסירת הרשימות הללו. אולם תחילה יש לעיין בחתימה הראשונה, שפרשנותה מאתגרת באופן מיוחד. הניסוח הרומז – "זֹאת מִשְׁחַת אַהֲרֹן וּמִשְׁחַת בָּנָיו מֵאִשֵּׁי ה'" מניח שהקורא יודע למה הרמיזה "זאת" מתייחסת. אולם יש שתי אפשרויות שקשה להכריע ביניהן. האם פסוק זה חותם את מתנת הכוהנים (= משחת אהרן) מכל הקורבנות שהוזכרו לאורך הפרשה, או שחתימה זו עדיין מצויה בתחומי הציווי על זבח השלמים והיא מתייחסת לפסוק שנזכר לפניה, ובכך חותמת רק את מתנת החזה והשוק שאהרון ובניו מקבלים מזבחי שלמי ישראל?

יש בדבר מחלוקת ראשונים. רשב"ם הוא נציג בולט לסבורים שהחתימה מוסבת על הקורבנות כולם:

> 'זאת משחת אהרן ובניו' – שכר משחת אהרן ובניו כמו שנא' בצו את אהרן: עור העולה, בשר חטאת ואשם, לחמי תודה, וחזה ושוק של שלמים, והנותרת מן המנחה (פירושו לוויקרא ז', לה).[2]

יש שתי סיבות טובות לקרוא כמו רשב"ם (וכרוב הפרשנים): ראשית, לשון הרבים שבפסוק מלמדת שלא מדובר רק בקורבן אחד ספציפי: "זֹאת מִשְׁחַת אַהֲרֹן וּמִשְׁחַת בָּנָיו **מֵאִשֵּׁי ה'**".[3] שנית, קשה להבין מה פשר החתימה החגיגית הזו שמחזירה את הקורא

1. ראו עוד: שמאע, שתי מגמות; מילגרום, ויקרא, כרך א, עמ' 436-437.
2. כך הבליט גם דילמן, ויקרא, עמ' 494. מעניין סדר הקורבנות שרשב"ם אימץ כאן, שלא כסדר הפסוקים. יש היגיון בדחיית קורבן המנחה לסוף הרשימה – ואף הרמב"ם ביד החזקה נהג כך – שהרי היא קורבן מן הצומח בשונה מהזבחים. למרות היגיון זה, בשתי רשימותיה בחרה התורה בארגון אחר.
3. אני מניח שהצירוף "אשי ה'" מכוון ללשון רבים, וכך תרגמו כאן כמעט כל המתרגמים. עם זאת, יש תרגומים שבהם לשון הרבים הודחקה, וייתכן שבמכוון, כמו: "Such was the portion of Aaron and his descendants in the food burnt for the Lord" (New Jerusalem Bible).

ליום הקדשת הכוהנים – ״בְּיוֹם הִקְרִיב אֹתָם לְכַהֵן לַה׳, אֲשֶׁר צִוָּה ה׳ לָתֵת לָהֶם בְּיוֹם מָשְׁחוֹ אֹתָם״ (ז׳, לו) – אם מדובר רק במתנת החזה והשוק מזבח שלמים. חתימה חגיגית כזו מתאימה יותר לחתימת הדיון כולו, בקורבנות כולם.

לפי קריאה זו, לפנינו שתי חתימות לתורת הקורבנות כולה (הרשימה השנייה): החתימה הראשונה מתרכזת במתנות הכוהנים מהקורבנות, והחתימה השנייה מתמקדת בתורות הקורבנות שהצטווה משה ללמד את ישראל כולם.

עם זאת, מילגרום טען שעדיף לקרוא את החתימה הראשונה שבפרשתנו כמוסבת על זבח השלמים בלבד.[4] לדעתו, מאחר שמדובר בהקטרת חלבים של זבח שלמים, מתאים לכנות אותם בלשון רבים – ״מאשי ה׳״, בהתאמה ללשון פרשתנו העוסקת בזבח שלמים: ״יָדָיו תְּבִיאֶינָה אֵת אִשֵּׁי ה׳״ (ז׳, ל).

שתי הוכחות מעניינות מביא מילגרום לשיטתו: ראשית, לטענתו יש קורבן אחד ברשימת הקורבנות שבפרשה שלא ניתן להגדירו כ״אשי ה׳״, הלוא הוא קורבן החטאת שאיננו מוגדר בשום מקום ׳אִשֵּׁה לה׳׳. ממילא מסתבר שהחתימה שעוסקת בקורבנות שהם אישי ה׳ אינה רואה מול עיניה את החטאת (אלא את זבח השלמים בלבד). שנית, הפסוק עוסק במתנות הכהונה שמקבלים הכוהנים מישראל – ״מֵאֵת בְּנֵי יִשְׂרָאֵל חָקַּת עוֹלָם לְדֹרֹתָם״. ניסוח זה מתאים במיוחד לחזה והשוק שמקבלים הכוהנים מזבח השלמים, שהוא מתנת ישראל להם. מוזר לכנות את בשר החטאת והאשם כמתנה מישראל; זוהי מתנה שה׳ נתן להם. יש גם לזכור שהצירוף ״מאת בני ישראל״ אכן נזכר לפני שלושה פסוקים (ז׳, לד) בהקשר של מתנת החזה והשוק מזבחי שלמי בני ישראל.

אפשר לאחוז בדרך שלישית, ולטעון ששתי הקריאות מוצדקות, אך ביחס לחלקים שונים בפסוק. נפתח בהתייחסות להוכחות של מילגרום, שהראשונה בהן נוגעת לאי הגדרתה של החטאת כאִשֶּׁה. עם כל זאת שהדין לכאורה עימו שהחטאת אינה מוגדרת ׳אִשֶּׁה לה׳׳ הרי שדבר זה מלמד בעיקר הרבה על אופייה ועל תפקיד הקרבת דמה כדם חיטוי ולא כדם מוקטר. אולם אין זה אומר שלא ניתן להגדיר גם את החטאת כאישה לה׳, עת מתמקדים בהקטרת החלבים. בהקשר זה, החטאת מוקטרת כשאר הקורבנות, והיא מיועדת לאש גבוה. לפיכך, בחתימה כללית כזו אינני סבור שזו בעיה לכלול גם את החטאת בתוכה.

אולם צודק מילגרום, שמוזר לכנות את מתנות הכוהנים מהקורבנות כולם כמתנה מאת ישראל. ודאי קשה הדבר להיאמר ביחס למנחה, שבפסוקים מודגש

4. מילגרום, ויקרא, כרך א, עמ׳ 433–434.

כמה פעמים שהיא ניתנת לכוהנים כמתנה מאש המזבח: "וְהַנּוֹתֶרֶת מִן הַמִּנְחָה לְאַהֲרֹן וּלְבָנָיו קֹדֶשׁ קָדָשִׁים מֵאִשֵּׁי ה'" (ב', ג; ובדומה: ב', י; ו', י–יא). **ישראל מביא את מנחתו למזבח, והכוהנים אינם מקבלים מידו מאומה.**

עם זאת, תחילתו של הפסוק דווקא מתאימה במיוחד לאווירה זו של קורבן המנחה – "זֹאת מִשְׁחַת אַהֲרֹן וּמִשְׁחַת בָּנָיו מֵאִשֵּׁי ה'". הצירוף "מאשי ה'" הרי הוא אותו הצירוף שמוזכר ביחס למתנת הכוהנים מהמנחה – "קֹדֶשׁ קָדָשִׁים מֵאִשֵּׁי ה'". כיצד אפשר אפוא לשלב את שני ההיגדים יחדיו ולראות את מתנת הכוהנים שבאה להם גם "מאשי ה'" ושהיא גם "מאת בני ישראל"?

המסקנה המתבקשת היא שבחתימה הראשונה (פסוק לה–לו) משולבים שני תיאורים שונים של מתנות כוהנים מהקורבנות, בהתאמה לחלוקה המרכזית של פרשתנו – קודשי קדשים מכאן וזבח שלמים מכאן. נקל להשוות בין שני ההיגדים הללו:

זֹאת מִשְׁחַת אַהֲרֹן וּמִשְׁחַת בָּנָיו **מֵאִשֵּׁי ה'** בְּיוֹם הִקְרִיב אֹתָם לְכַהֵן לַה' (לה).
אֲשֶׁר **צִוָּה** ה' לָתֵת לָהֶם בְּיוֹם מָשְׁחוֹ אֹתָם **מֵאֵת בְּנֵי יִשְׂרָאֵל** (לו).

שני ההיגדים מתארים את הזכויות שיש לכוהנים מאז אותו יום שבו הם התקדשו לתפקידם. ההיגד הראשון מתאר מתנות "מאשי ה'", ואילו ההיגד השני מתאר את מתנותיהם "מאת בני ישראל". הבדל זה, כאמור, נתן את אותותיו לאורך הפרשה כולה: את בשר הקורבנות שמקבלים הכוהנים מקודשי קדשים הם מקבלים כמתנת גבוה ואוכלים אותו כבאי כוחו של המזבח. הבעלים מביא קורבן למקדש, והוא יוצא מרשותו ועובר לרשות גבוה: חלקו מגיע למזבח וחלקו מגיע לכוהנים. לעומת זאת, בזבח השלמים, הקורבן נותר ברשותו. חלק מגיע למזבח, אך שאר הבשר נותר אצלו והוא האוכל אותו. לפיכך גם החזה והשוק שמעביר הבעלים לכוהן הם מתנות משלו (גם אם החזה עובר במזבח בדרכו לכוהן, עדיין, מעיקרא, זו מתנה שמגיעה מהבעלים). יושם לב לדיוק הלשון בפסוק: את המתנות הללו **ציווה** ה' לתת להם. אין הוא אפוא 'הנותן' (כפי שנאמר לפני כן, ז', לד), אלא 'המצווה' את ישראל לתת לכוהנים את חלקם.

מסקנת הדברים היא שצודק אפוא רשב"ם בטענה שהחלק הראשון בפסוק חותם את חלק הכוהנים מהקורבנות כולם, או אם נדייק, מקודשי הקודשים כולם. צודק גם מילגרום שהחלק השני שבפסוק רואה מול עיניו דווקא את זבח השלמים. אך לא מטעמו של מילגרום הסבור שזה חלק אורגני מפרשת זבח השלמים, אלא מפני

שהחלוקה בין רמת קדושת הקורבנות כה משמעותית בפרשה זו, שהיא נותנת את אותותיה גם בפסוקי החתימה. אלו מסעות שונים של מתנות כהונה.

יש לשים לב, שמאחר שאנחנו מאמצים את קריאת רשב״ם, מסתבר שאחד מנושאי הפרשה המרכזיים הוא חלק הכוהנים בקורבן. כך בחרה התורה לחתום את הפרשה (חתימה ראשונה), והדבר מלמד הרבה על חשיבות העניין. כפי שכבר הוזכר, אכילת הכוהנים את הקורבנות בפרשה זו איננה רק שכר עבודה, אלא המשך אכילת המזבח, ועל כן אכילתם מפוענחת כדבר מהותי בעולם הקורבנות שבפרשה זו. באכילת הכוהנים ממשיך הקורבן את מסע הקרבתו.

מילואים וסיני

על רקע דברים אלו ניתן לדון בזיקה שבין שתי החתימות של פרשתנו. כאמור לעיל, שילוב שתי חתימות זו לצד זו כבר מזמין השוואה ביניהן, אך הסגנון הזהה של שתיהן מעודד עוד את ההשוואה. ברצוני להסב את תשומת הלב במיוחד להשוואת שני המקומות הרמוזים בשתי החתימות. החתימה הראשונה מזכירה שוב ושוב את ימי המילואים – את ימי משיחת אהרון ובניו אשר ׳הוקרבו לְכַהֵן לה׳׳: ״זֹאת מִשְׁחַת אַהֲרֹן וּמִשְׁחַת בָּנָיו מֵאִשֵּׁי ה׳ **בְּיוֹם הִקְרִיב אֹתָם** לְכַהֵן לַה׳. אֲשֶׁר צִוָּה ה׳ לָתֵת לָהֶם **בְּיוֹם מָשְׁחוֹ אֹתָם** מֵאֵת בְּנֵי יִשְׂרָאֵל חֻקַּת עוֹלָם לְדֹרֹתָם״ (לה-לו). לא מיותר להזכיר שהפרשה הבאה העומדת בפתחנו, שמשולבת מיד לאחר פסוקי חתימה אלו, היא פרשת ימי המילואים, ויש באזכורם האינטנסיבי כאן מעין שרשור של הפרשות זו לזו.

לעומת זאת, החתימה השנייה מעתיקה את הקורא מעולם המשכן, משיחתו ומשיחת הכוהנים העובדים בו, ומציבה אותו בעבר – למרגלות הר סיני: ״זֹאת הַתּוֹרָה... אֲשֶׁר צִוָּה ה׳ אֶת מֹשֶׁה **בְּהַר סִינָי** בְּיוֹם צַוֹּתוֹ אֶת בְּנֵי יִשְׂרָאֵל לְהַקְרִיב אֶת קָרְבְּנֵיהֶם לַה׳ בְּמִדְבַּר סִינָי״ (ז׳, לה-לח). אכן, הציווי על ימי המילואים נאמר בהר סיני, ועל כן אין מדובר בסתירה. אולם, קשה להניח שהבלטת שני המקומות ויצירת קשר ביניהם הוא דבר שבמקרה. מאחר שכבוד ה׳ התגלה לעיני בני ישראל בהר סיני כאש אוכלת, הרי שייצוג מתמיד להתגלות זו הוא האש האוכלת על המזבח. רשימת הקורבנות השנייה הנחתמת כאן מזכירה לקורא את שני המקומות הגאוגרפיים הללו, שהקשר ביניהם מספר את סיפור התגלות ה׳ בתוך מחנה ישראל ורצונו לגור בתוך המחנה. המשכן הנרמז בחתימה השנייה הוא המשכו או שיקופו של הר סיני הנרמז בחתימה השנייה. הכוהנים המקבלים את חלקם ואוכלים את הקורבנות הם נציגיה של אש ה׳ האוכלת בראש ההר ובראש המזבח. כזכור, כבר במעמד הר סיני נדרשו

הכוהנים להתקדש ולעלות (עלייה חלקית) בהר המקודש: "וְגַם הַכֹּהֲנִים הַנִּגָּשִׁים אֶל ה' יִתְקַדָּשׁוּ פֶּן יִפְרֹץ בָּהֶם ה'" (שמות י"ט, כב); "וְאֶל מֹשֶׁה אָמַר עֲלֵה אֶל ה' אַתָּה וְאַהֲרֹן נָדָב וַאֲבִיהוּא וְשִׁבְעִים מִזִּקְנֵי יִשְׂרָאֵל וְהִשְׁתַּחֲוִיתֶם מֵרָחֹק" (שמות כ"ד, א).[5]

גם במעמד הר סיני, תפקידם של הכוהנים (ושל הזקנים שהצטרפו אליהם) התמקד באכילת הקורבנות: "וַיֶּחֱזוּ אֶת הָאֱלֹהִים וַיֹּאכְלוּ וַיִּשְׁתּוּ" (שמות כ"ד, יא). לפיכך, אכילת הכוהנים מהקורבנות המפורטת בפרשתנו נחתמת באזכור הר סיני דווקא, ובכך היא משמשת המשך לראיית האש האוכלת בראש ההר.

הכוהנים מקבלים את חלקם מאישי ה' (קודשי קדשים) או בצו ה' (קדשים קלים); בין כך ובין כך, אכילתם היא "חָקַּת עוֹלָם לְדֹרֹתָם", כמו אש ה' האוכלת על המזבח תמיד.

5. על יחס הציוויים הללו (שהראשון שבהם נזכר לפני עשרת הדברים והשני בחתימת פרשת משפטים), ראו במיוחד את הצעתו של הרב איתמר אלדר, שטען שיש לקרוא אותם יחדיו (אלדר, מעמד הר סיני).

פרק עשרים

ימי המילואים (פרק ח׳)

טקס מעבר

התחלת חטיבה חדשה?

האם תיאור ימי המילואים שבפרקים ח׳-י׳ הוא המשך חטיבת הקורבנות שבאה בפרקים א׳-ז׳, או שיש לראות בה חטיבה נפרדת ומנותקת? לכאורה, אפשר לטעון שמדובר ביחידה חדשה, שיש בה את הביצוע של הצו שניתן למשה כשהיה בהר סיני (שמות כ״ט + שמות מ׳), ועל כן אין לראות בה חלק מחטיבת הקורבנות. מאחר ששאלה זו נוגעת במגמת ימי המילואים ובתכליתם, יש לדון בה עוד לפני ניתוח הפסוקים.

נציג בולט לעמדה המבדילה את ימי המילואים (ח׳-י׳) מחטיבת הקורבנות (א׳-ז׳) הוא ג׳ון הרטלי, שעמד על פערים בין שתי חטיבות אלו – הן במרקם המילים והן בהלכות שונות:

> יש סימנים רבים לכך שפרקים ח׳-י׳ עומדים בנפרד מא׳-ז׳. אוצר המילים הליטורגי של פרקים ח׳-י׳ שונה ממה שנמצא בא׳-ז׳: ׳נגש׳ (ח׳, יד) במקום ׳קרב׳ (א׳, א-ב);[1] השימוש במונח הכללי ׳יצק׳ (ח׳, טו; ט׳, ט) במקום ׳שפך׳ (ד׳,

1. בימי המילואים נאמר: ״וַיַּגֵּשׁ אֵת פַּר הַחַטָּאת״ (ח׳, יד) ואילו בתיאור הקורבנות שבתחילת הספר נאמר: ״אִם עֹלָה קָרְבָּנוֹ מִן הַבָּקָר זָכָר תָּמִים יַקְרִיבֶנּוּ אֶל פֶּתַח אֹהֶל מוֹעֵד יַקְרִיב אֹתוֹ לִרְצֹנוֹ לִפְנֵי ה׳״ (א׳, ג).

ז). כך גם היעדר הביטויים 'לפני ה'' (חוץ מאשר בתהליך התנופה – ח', כו, כז, כט) ו'אוהל מועד' בתיאור הקרבת הקורבנות.

יתר על כן: יש שינויים בתהליך ההקרבה. בפרקים ח' וט' הקטרת העולה מתרחשת בשני שלבים (ח', יח-כה; ט', יב-יד),[2] ואילו בחוק הבסיסי היא נעשית בבת אחת (א', ט). קורבן החטאת שהוגש ביום הראשון של קורבנות ציבור, מובא ככפרה כללית, ולא על חטא מסוים שבוצע על ידי הכוהן הגדול, כמתואר בד', יב. עצם הדבר שיש הבדל משמעותי בין שני סוגים אלו של חיטוי – ניכר בעבודת הדם. בטקס הכללי, יש לשים את הדם על קרנות המזבח (ח', טו), והוא לא נלקח אל הקודש, כדי להיות מוזה על הפרוכת ועל קרנות מזבח הקטורת – כפי שיש לעשות בחיטוי חטא ספציפי (ד', ו-ז).

יתר על כן: ברשימת חלקי הפר שנשרפים בחוץ, אין כל אזכור לראש הפר (ח', יז; ט', י), כפי שכתוב בד', יא. גם ההבחנה בין 'תנופה ל'תרומה' נעלמה (ט', כא; י', יד-טו; השוו לז', ל-לד). יתר על כן: תיאור קורבן המנחה (ח', כו-כח) שונה באופן משמעותי מחוק קורבן המנחה שצריך אהרון להביא ביום חניכתו (ו', יג-יד).[3]

כמה מן ההבדלים שהוא הזכיר אינם משכנעים שאין קשר בין הפרקים. כך למשל, 'אוהל מועד' אומנם איננו נזכר בתיאור מקום השחיטה בימי המילואים, אך הוא נזכר פעמיים בתחילת תיאור ימים אלו (ח', ג- ד) ועוד שלוש פעמים בחתימתם (לא-לה), ונראה שהיעדר הגדרת המקום בשחיטה איננו אלא כתיבה מקצרת, שמניחה שהקורא מודע לדיני שחיטת הקורבנות. כך גם חסרון "עַל רֹאשׁוֹ וְעַל כְּרָעָיו וְקִרְבּוֹ וּפִרְשׁוֹ" (ד', יא) בתיאור שרפת פר החטאת איננו מטריד, שהרי הצירוף שנאמר – "וְאֶת הַבָּשָׂר וְאֶת הָעוֹר שָׂרַף בָּאֵשׁ מִחוּץ לַמַּחֲנֶה" (ט', יא) כולל את הפר כולו (הרי "הבשר" כולל גם את הראש וגם את הכרעיים), וקשה להוכיח מהסגנון הקצר שאכן הכוונה שהראש לא נשרף. אולם פערים אחרים שהוא הצביע עליהם אכן דורשים פשר, ומעלים את האפשרות לקרוא את ימי המילואים במנותק מחטיבת הקורבנות שקדמה להם.

אולם למרות הפיתוי שבדבר, לא ניתן לאמץ את מסקנתו של הרטלי. כפי שעלה לעיל, בדיון בפסוקי החתימה של חטיבת הקורבנות, הכתוב קושר את תורת הקורבנות

2. כוונתו לתיאור הקטרת הראש, הנתחים והפדר שמופיע תחילה (ח', כ), ורק לאחר רחיצת הקרב והכרעיים שב הכתוב לתיאור הקטרתם (ח', כא).
3. הרטלי, ויקרא, עמ' 104.

שבפרשת צו עם קורבן המילואים (ז׳, לז), וכאמור, ייתכן שרשימת הקורבנות השנייה נאמרה למשה כחלק מהציווי על ימי המילואים שבהם הובאו קורבנות מגוונים.[4] לפיכך, גם אם צודק הרטלי שיש בימי המילואים דברים ייחודיים שאיננו מכירים מדיני הקורבנות הרגילים, אין בדבר שיקוף של חטיבה אחרת בעלת עקרונות אחרים, אלא שיש להבין את פשר ההבדלים לאור מגמת ימי המילואים ולאור תכליתם.

חלק מן ההבדלים בין המתואר בוויקרא א׳-ז׳ למתואר בימי המילואים נובע מפערים טכניים. כך למשל, צודק הרטלי בזיהוי הפועל החריג בתיאור משה המביא את פר החטאת: ״**וַיַּגֵּשׁ** אֵת פַּר הַחַטָּאת וַיִּסְמֹךְ אַהֲרֹן וּבָנָיו אֶת יְדֵיהֶם עַל רֹאשׁ פַּר הַחַטָּאת״ (ח׳, יד). אולם, לא דייק הרטלי בטענה שהפועל הרגיל בהקשר זה הוא ׳ויקרב׳. זהו אומנם הפועל המלווה את קורבן העולה, אך דווקא בתיאור פר החטאת – הקרוב יותר לענייננו – משולב פועל אחר: ״**וְהֵבִיא** אֶת הַפָּר אֶל פֶּתַח אֹהֶל מוֹעֵד לִפְנֵי ה׳״ (ד׳, ד). בחטאת כל העדה נאמר אומנם ״והקריבו״ (ד׳, יד), אך בחטאת הנשיא ובחטאת היחיד שוב נאמר: ״והביא״ (ד׳, כג, כח). נמצאנו למדים שמכל מקום יש גיוון בפועל המתאר את הבאת הבהמה אל חצר המשכן לשם סמיכת הידיים עליה.

מדוע אם כן נבחר דווקא הפועל ״ויגש״ בתיאור משה בימי המילואים? דומה שהתשובה קשורה בכך שמשה הוא הנושא של הפעולה ולא הבעלים של הקורבן, ועל כן נמנע הכתוב מלכנות פעולה זו בפעלים הרגילים שמתארים את הבעלים שמביאים את קורבנותיהם – ׳ויקרב׳ / ׳ויבא׳. גם במקומות אחרים לאורך חטיבת הקורבנות, בשעה שאדם קירב למקום מסוים קורבן שהוא לא בעליו, נעשה שימוש בפועל ׳להגיש׳: ״וְהֵבֵאתָ אֶת הַמִּנְחָה אֲשֶׁר יֵעָשֶׂה מֵאֵלֶּה לַה׳ וְהִקְרִיבָהּ אֶל הַכֹּהֵן וְהִגִּישָׁהּ אֶל הַמִּזְבֵּחַ״ (ויקרא ב׳, ח). הבעלים ׳מביא׳ את המנחה ו׳מקריב׳ אותה אל הכוהן, אך הכוהן, שאיננו הבעלים של הקורבן, ׳מגיש׳ אותה אל המזבח. גם בימי המילואים הפועל שנבחר לתיאור הגשת הפר לפני הכוהנים – ״ויגש״ – מותאם לדרך כתיבה זו ומביע את הגשת משה חטאת שאיננה שלו.

יש פערים נוספים שמתבארים בנקל כשמביאים בחשבון את ההבדלים שבתהליכי ההקרבה.[5] עם זאת, יש גם פערים דרמטיים שיהיה קשה לפטור אותם

4. ניתן לקרוא גם את הספרא ברוח זו: ״׳זאת התורה לעולה למנחה ולחטאת ולאשם ולמלואים ולזבח השלמים׳ – מה מילואים נאמרו כללותיהם ודקדוקיהם בסיני, אף כולן נאמרו כללותיהם ודקדוקיהם בסיני״ (ספרא, צו, פרק יח, ג).

5. כבדרך אגב אעיר, שגם משילוב הפועל ׳יצק׳ במקום הפועל המתבקש ׳שפך׳, קשה להסיק שלפנינו חטיבה שמנותקת מחטיבת הקורבנות המקדימה אותה. אחרי הכול, בציווי על ימי המילואים – שפרקנו ודאי נשען עליו – נאמר: ״וְאֶת כָּל הַדָּם **תִּשְׁפֹּךְ** אֶל יְסוֹד הַמִּזְבֵּחַ״ (שמות

בהבדל טכני כזה או אחר. במיוחד כוונתי לקורותיו של קורבן חטאת אהרון ובניו. בדבר זה צודק הרטלי שיש פער יסודי בין דיני החטאת הידועים לנו משתי רשימות הקורבנות ובין אלו המשולבים בימי המילואים – דמה של החטאת אינו נכנס פנימה (אף שברור לכאורה שמדובר בחטאת כוהן משיח), ועל אף שדמה ניתן על המזבח החיצון, היא נשרפת כולה מחוץ למחנה, ובשרה לא נאכל. על דבר זה כבר העיר רש"י: "לא מצינו חטאת חיצונה נשרפת אלא זו (= של היום השמיני למילואים) ושל מלואים (= שבעת ימי המילואים) וכולן על פי הדיבור" (פירושו לוויקרא ט', יא).

דבר זה אכן דורש ביאור, ונתייחס לכך להלן, אך בכל מקרה קשה להסתפק בטענה של הרטלי שלפנינו חטיבה אחרת. סוף כל סוף, דין החטאת משתנה כאן והדבר דורש פשר – בין אם לפנינו המשך רציף מחטיבת הקורבנות ובין אם לפנינו יחידה חדשה.

ההכרעה לשלב דיון בימי המילואים (ח'-י') בספר שמוקדש לחטיבת הקורבנות (א'-ז') איננה רק הכרעה טכנית של שייכות או של קשר בין ימי המילואים לרשימה השנייה, אלא הכרעה הנוגעת באופיים של ימים אלו ובמטרתם. דבר זה יובהר להלן, אך כבר כעת יש לתת את הדעת על עצם חתימת חטיבת הקורבנות בסיפור חנוכת המשכן ומילוי ידי הכוהנים. אכן מדובר בסגנון כתיבה אחר, ובפרקים אלו אנו שבים אל הסגנון הסיפורי שמאפיין את ספר שמות. אולם שילוב חוקי הקורבנות בתוך מסגרת סיפורית היא עמדה מכוננת בתפיסה המקראית. הקורבנות אינם רק 'חוק מקראי' אלא חלק מסיפור השראת שכינה בתוך מחנה ישראל.[6] החוק המקראי משולב תמיד בתוך מסגרת סיפורית שנותנת לו הקשר עלילתי – היכן היו ישראל כשקיבלו את החוק ובאיזה הקשר הוא ניתן. יפים בהקשר זה דבריו של ונהאם:

> הסיפור לא רק מבאר היכן ומתי כל חוק ניתן. הוא עושה זאת, אבל האירועים חשובים באותה מידה כמו החוק. פעולת ההצלה האלוהית היא בעלת משמעות כמו מילותיו. ההתגלות המקראית היא יותר מתקשורת הנוגעת באמיתות

כ"ט, יב). כלומר, הבחירה בפועל 'יצק' מפתיעה גם ביחס לציווי שהוא חלק אורגני מתיאור ימי המילואים. מסתבר שלפנינו בחירה מכוונת בפועל 'יצק' (לתרומת הדבר אתייחס בהמשך), אך לא ניתן להסיק ממנה על הפרדת ימי המילואים ממה שקדם להם.

6. ראו על כך במיוחד אצל ביב, ריטואל וסיפור, עמ' 100–132. בשל פערים שונים שנותרים בסיפור ימי המילואים הוא הגיע למסקנה: "הסיפור הוא, אם כן, סלקטיבי, ומעוצב בהתאם למגמות התאולוגיות והספרותיות" (שם, עמ' 107).

> על אלוהים ורצונו. המקרא משקף את התפיסה שאלוהים מביים את מהלך ההיסטוריה כדי ליצור עם קדוש שידע את רצון ה' ויממש אותו.[7]

כפי שעוד יובהר, שבעת ימי המילואים ובמיוחד היום השמיני מספרים את סיפור התקדשות המשכן והתגלות כבוד ה' במזבח. מאורע זה הוא המסגרת הסיפורית הנותנת תוקף ומשמעות לכל חטיבת חוקי הקורבנות מצד אחד; והקורבנות המוקרבים מדי יום על המזבח כחוקם ממשיכים ומקיימים את התגלות 'היום השמיני' – כלומר את התגלות כבוד ה' כאש אוכלת, מצד שני.

מתי וכמה

שבעת ימי המילואים (שנערכו סביב ראש חודש ניסן, כשנה לאחר יציאת מצרים),[8] מרתקים ביומרה שלהם להעביר מקום ואדם טרנספורמציה של ממש, מהיותם קשורים במרחב של חולין להיותם קודש. כפי שכבר עלה לעיל, בתפיסה המקראית הקדוש האולטימטיבי הוא ה', ולא די בכך שיש זיקה בין מרחב או אדם לבין ה' כדי להגדירו כקדוש. כדי שמקום מסוים (משכן) או אדם מסוים (כוהנים) יהיו קדושים, עליהם 'לשנות תחום', לצאת ממציאות אנושית ולעבור לתחומו של ה'. קשה להגזים בחשיבות שהמקרא רואה בתהליך כזה ובמשמעויות המשפטיות־הלכתיות שלו, ובמידה רבה צודקים אלו שניתחו ימים אלו כחלק מתבנית כללית של 'טקס מעבר'.[9]

7. ונהאם, ויקרא, עמ' 129.
8. הדבר נתון במחלוקת חז"ל ובמחלוקת ראשונים. גישה, שרבים שותפים לה, טוענת שבראש חודש ניסן היה היום השמיני למילואים, ושבעת הימים שלפניו התחילו בכ"ג באדר. אולם ראב"ע טען ששבעת ימי המילואים התחילו בראש חודש ניסן (והיום השמיני חל בח' בניסן), ובשל סיבות שונות נראה שגישתו נתמכת בפשטי המקראות. על המצב המורכב במקרא בשאלה זו ראו שמאע, המכילתות, עמ' 174–181. לדעתו זיקתם ההדוקה של הפסוקים שבשמות מ', יב–טו, אל שמות כ"ט, ד–ט שבציווי המילואים, מלמדת על הכוונה לראות את אחד בניסן כיום תחילת המילואים. עוד ראו שם על מחלוקת התנאים בשאלה זו וזיקותיה אל הפסוקים.
9. גורמן, אידאולוגיה, עמ' 103–130; מילגרום, ויקרא, כרך א, עמ' 566–569. מילגרום משווה שם את ימי המילואים לטקסי מעבר אחרים במזרח הקדום. אחד מהאלמנטים הבולטים בטקסים אלו הוא השפלתו של זה שעוזב את החברה הרגילה ופורץ לעתיד חדש. מילגרום עצמו סבור שגם בימי המילואים ניתן למצוא הד לשתיקתם וכניעותם של הכוהנים (הם מצווים אך אינם מגיבים), אך דומני שבנקודה זו הפער בולט יותר מהדמיון. ראו גם אצל יורגנס, שטען שבאפיון ימי המילואים כטקס מעבר, הם חורגים מטקס יום הכיפורים, שלמרות הדמיון הברור שביניהם, תפקידו הוא דווקא להחזיר את הסדר על כנו (יורגנס, שחזור).

טקסים אלו בנויים בדרך כלל משלושה שלבים: פרדה מהעבה, שלב ביניים שבו מצוי עובר התהליך מחוץ לחברה ולזמן, וקבלת המעמד החדש. הבלטת 'לקיחת' אהרון ובניו ורחיצתם במים יכולה באמת לסמל את פרדתם מהחברה העממית שבה היו, ובמשך השבוע שנאסר עליהם לצאת מתחומי המשכן הם אכן היו 'מחוץ לחברה', במקום מקודש; ואף זאת, **שבעת** ימים יכולים לסמל את 'בריאתם' המחודשת,[10] והלבשתם, מילוי ידיהם ומשיחתם בשמן מורים כמובן על קבלת תפקידם החדש, על הפיכתם לקדושים.

עם זאת, גם לישראל יש תפקיד בימים אלו. הקהלת העם – הפותחת את הפרשה – מעניינת באופן מיוחד:

> קַח אֶת אַהֲרֹן וְאֶת בָּנָיו אִתּוֹ וְאֵת הַבְּגָדִים וְאֵת שֶׁמֶן הַמִּשְׁחָה וְאֵת פַּר הַחַטָּאת וְאֵת שְׁנֵי הָאֵילִים וְאֵת סַל הַמַּצּוֹת. וְאֵת כָּל הָעֵדָה הַקְהֵל אֶל פֶּתַח אֹהֶל מוֹעֵד. וַיַּעַשׂ מֹשֶׁה כַּאֲשֶׁר צִוָּה ה' אֹתוֹ וַתִּקָּהֵל הָעֵדָה אֶל פֶּתַח אֹהֶל מוֹעֵד (ח', ב–ד).

שלא כמו הפועל "קח" הפותח את רשימת הדברים שמשה מצטווה 'לקחת' (א), הפועל ביחס לישראל הוא "הַקְהֵל" (ב), החוזר ונשנה גם בביצוע – "וַתִּקָּהֵל הָעֵדָה". הדבר מובן, שהרי כל הדברים שמשה לוקח נכנסים אל המשכן והם אלו העומדים להתקדש או לקרב על גבי המזבח, בעוד ישראל מוזמנים להיות צופים.

חשיבותם של ישראל הצופים במתרחש ניכרת גם מתוך דברי משה לעם שנקהל סביב חצר המשכן: "וַיֹּאמֶר מֹשֶׁה אֶל הָעֵדָה זֶה הַדָּבָר אֲשֶׁר צִוָּה ה' לַעֲשׂוֹת" (ח', ה). ניתן היה לדלג על אמירה זו ודבר לא היה חסר. ברור למדי, שהעם אינו שותף בתהליך הקדשת הכוהנים והמשכן, ובשבעת הימים הנידונים (בניגוד ליום השמיני), הוא גם לא הביא מטעמו קורבנות. גם אין להשוות את תהליך הקדשת הכוהנים לתהליך הכשרת הלוויים לעבודתם – שגם שם נקהלו ישראל סביב המשכן (במדבר ח', ט), שהרי שם ישראל פעילים בסמיכת ידיהם על ראש הלוויים (שם, י), והם מוצגים שם כמי שניתנו לכוהנים מאת בני ישראל.

הנצי"ב באמת התקשה בתפקיד הקהלת ישראל, והציע באומץ פרשני רב, את הביאור הבא:

10. על שבעת ימים אלו כתורמים לעיצוב ימי המילואים כטקס מעבר (על רקע על אזכורי 'שבוע ימים' במקרא – הן בסיפור והן בחוק) ראו: קלינגבייל, זמן ריטואלי.

ובתורת כוהנים תניא שהוא משום שינהגו הכל קדושה בכהונה. ונראה עוד, שהוא כמו שיבואר בסמוך שהיו כמה שינוים במעשה ממה שנשמע מלשון הפסוקים שאמר להם משה כבר, ובא הכל בקבלה שכך יעשה. משום הכי נצטוו להקהל, ולמדו כאן כל ישראל כח קבלה בתורה שבע"פ, שראו כי משה רבינו עצמו עושה באופן אחר מהדבור שבכתב. וידעו כל העדה דרך התורה (העמק דבר לוויקרא ח', ג).

לדעתו, בשל השינויים שיש בין הצו שבא בשמות כ"ט לביצוע המתואר בפרקנו, הייתה זו הזדמנות טובה לחנך את ישראל לכוחה של תורה שבעל פה. אומנם משה הצטווה לפעול באופן מסוים – כפי שכתוב בפירוש בציווי (= תורה שבכתב), אולם נמסרו לו הוראות נוספות או אחרות בעל פה, והוא פעל לפי הוראות אלו. ההתקהלות הציבורית מבטיחה שכולם יראו דבר זה ויפנימו את ערכה של תורה שבעל פה. צריך לקבל כמה הנחות יסוד הנוגעות לתורה שבעל פה ולזמן נתינתה ואופייה, כדי לאמץ פירוש זה, אך יש להודות שזהו פירוש אמיץ. הנצי"ב אינו מנסה לגשר על ההבדלים בין הציווי לביצוע, אלא רואה זאת כפער שנוצר מתוך מה שהצטווה משה בעל פה ולא נכתב.[11]

בראשית דבריו מצטט הנצי"ב את הספרא, שראה את תפקיד הקהלת העם כאקט חינוכי – כדי שינהגו הכול בקדושה בכהונה. ניתן ללכת בדרך זו אך לנסח אותה אחרת: אכן העם צריך לראות את תהליך הקדשת המשכן והכוהנים, אך לא רק כדי שישמעו ויקדשו את הכוהנים מכאן ואילך, אלא כדי להבהיר לעם שהמשכן נוגע אליהם ונוכח במרחב הדתי שלהם. קבוצת הכוהנים אינה קליקה אזוטרית – כמקובל במצרים למשל – אלא הם נציגיהם מול המזבח, והם שעתידים להושיט יד לכל ישראלי שיבקש להקריב קורבנו אך הוא מנוע מלגשת אל המזבח. העם כולו עומד מסביב ובכך משקף את התפיסה שהדברים נעשים בהסכמתם ולמענם. העם אולי

11. מילגרום הציע שהתפקיד הספרותי של אזכור הקהלת העדה היא ביצירת הזיקה להקדשת המקדש על ידי שלמה: "אָז יַקְהֵל שְׁלֹמֹה אֶת זִקְנֵי יִשְׂרָאֵל אֶת כָּל רָאשֵׁי הַמַּטּוֹת נְשִׂיאֵי הָאָבוֹת לִבְנֵי יִשְׂרָאֵל אֶל הַמֶּלֶךְ שְׁלֹמֹה יְרוּשָׁלָם לְהַעֲלוֹת אֶת אֲרוֹן בְּרִית ה' מֵעִיר דָּוִד הִיא צִיּוֹן. וַיִּקָּהֲלוּ אֶל הַמֶּלֶךְ שְׁלֹמֹה כָּל אִישׁ יִשְׂרָאֵל בְּיֶרַח הָאֵתָנִים בֶּחָג הוּא הַחֹדֶשׁ הַשְּׁבִיעִי" (מל"א ח', א–ב; מילגרום, ויקרא, כרך א, עמ' 499). אין ספק שאכן מתקיים שיח בין שני סיפורים אלו, אך נראה שתיאור הקדשת מקדש שלמה הוא שנשען על תיאור הקדשת המשכן, ועל כן יש לתת פשר למרכיבי הקדשת המשכן במנותק מיצירת זיקה זו.

איננו שותף בתהליך הקדשתם, אך העם הוא נוכח מהותי הניצב ברקע סיפור הקדשת המשכן ועובדיו.[12]

אולם אין לעצור בנקודה זו. אספת העם שכה מובלטת בוויקרא ח׳, נעדרת מהציווי שבשמות כ״ט, ודבר זה אומר דורשני. דווקא בגלל המשמעות שבהשתתפות העם בטקס – ולו כצופים – מוזר הדבר שבציווי הראשוני דבר זה אינו נזכר. פער זה הוא חלק מפערים נוספים בין הציווי שבספר שמות לביצוע שבספר ויקרא, ובחלקם נדון להלן. לעת עתה, ברצוני לנצל פער זה ולהעניק לתיאור ימי המילואים שבוויקרא ח׳ את הקשר הקריאה שלו. לאורך ספר שמות יש כמה וכמה ציוויים הנוגעים להקדשת הכוהנים ומילוי ידיהם. כך למשל בחתימת הציווי על בגדי הכהונה נאמר: ״וְהִלְבַּשְׁתָּ אֹתָם אֶת אַהֲרֹן אָחִיךָ וְאֶת בָּנָיו אִתּוֹ וּמָשַׁחְתָּ אֹתָם וּמִלֵּאתָ אֶת יָדָם וְקִדַּשְׁתָּ אֹתָם וְכִהֲנוּ לִי״ (כ״ח, מא); בציווי על הכנת שמן המשחה נאמר: ״וּמָשַׁחְתָּ בוֹ אֶת אֹהֶל מוֹעֵד וְאֵת אֲרוֹן הָעֵדֻת... וְקִדַּשְׁתָּ אֹתָם וְהָיוּ קֹדֶשׁ קָדָשִׁים כָּל הַנֹּגֵעַ בָּהֶם יִקְדָּשׁ. וְאֶת אַהֲרֹן וְאֶת בָּנָיו תִּמְשָׁח וְקִדַּשְׁתָּ אֹתָם לְכַהֵן לִי״ (שמות ל׳, כו-ל); ובמיוחד – בציווי על הקמת המשכן בשמות מ׳ יש תיאור מפורט של הקדשת המשכן, כליו והכוהנים. לצד אלו, הציווי המפורט בשמות כ״ט נוגע ישירות לפרקנו. כל הציוויים הללו הם נחלים בודדים שנשפכים לתוך הים הסוער בוויקרא ח׳ המתאר את תהליך קידוש הבית והכוהנים. לפיכך, יש מרכיבים הפורצים בוויקרא ח׳ וזכרם אינו בא בציווי על ימי המילואים בשמות כ״ט, ואין זאת אלא מימוש צו אחר שנזכר בהקשר אחר.[13]

עוד נשוב לנקודה זו בהמשך, אך הקהלת העדה היא חלון הצצה נוח לתופעה זו. מאחר שהקהלת העדה נעדרת מהציווי שבשמות כ״ט, המתמקד במילוי ידי הכוהנים, ייתכן שהקהלת העדה באמת לא נצרכת לשם מילוי ידי הכוהנים אלא לשם הקדשת המשכן והמזבח, שהיא יסוד שמובלט בפרשיות אחרות. דברים מעין אלו הציע הרב ברוך קהת:

12. מכיוון אחר אך דומה ניסח את הדברים ווטס, ויקרא, עמ׳ 453. והשוו לניסוח של דילמן: ״היה צריך להקהיל את העם מול המשכן, כדי שישתתפו בהקדשת הכוהנים״ (ויקרא, עמ׳ 505).

13. ראו עוד אצל האג, הירידה מההר, עמ׳ 190-196. הוא סבור שמבנה ויקרא א׳-י׳ חוזר על המודל הבסיסי של שמות י״ט-מ׳, שנפתח בהוראות למשה ונחתם בהתגלות אלוהית במשכן (ראו אצלו במיוחד בעמ׳ 191). יותר מכך, הוא כותב בצדק שמן העבר האחד ויקרא ח׳ נראה כתיאור מקביל של התגלות כבוד ה׳ לזה שתואר בשמות מ׳, אך מן העבר השני, חטיבת הקורבנות כולה נשענת על חתימת ספר שמות וימי המילואים ממשיכים ברוחם את חטיבת הקורבנות, כך שימי המילואים מציגים תיאור מקביל ומתמשך בו בזמן (עמ׳ 194-195).

על הציווי שבפרשת צו נוספת כאן מצוות הקהלת העדה אל פתח אוהל מועד. נראה שהבדל זה מתבאר על פי האמור, שהציווי מופיע בפרשת תצווה כדי להראות כיצד משמשים הבגדים, שעל עשייתם נצטוו שם, לשם קידוש הכוהנים. ולצורך תהליך קידוש הכוהנים לא נדרשת נוכחות של עדת ישראל. הצורך בהקהלתם שייך למערכת של הימים שבהם נחנך המשכן, הכוללת את שבעת ימי המילואים ואת היום השמיני, שראוי שייעשו בהשתתפות כל הקהל. ואכן, בשיאו של התהליך הם זוכים להתגלות כבוד ה׳ אליהם (ויקרא ט׳, כג-כד). לכן רק בתיאור מהלך זה מופיע הציווי על הקהלת העדה.[14]

לדעתו, הציווי על ימי המילואים בשמות נזכר בהקשר של הכנת הבגדים המקדשים הנזכרת בפרק לפניו, ולאור כך הוא ביאר את הפער הנידון. אפשר לנסח זאת גם אחרת – והדבר יעלה בהמשך – אך אני מבקש לאמץ את העיקרון שבדבריו. היעדרות הקהלת העדה מהציווי יכולה ללמד שמגמתה קשורה בקידוש המשכן וכליו (שאינם נזכרים בציווי בשמות כ״ט), כלומר בהקשר הציווי שבא בשמות מ׳.

כאמור, אין זו אלא דוגמה לאתגר הפרשני שמלווה את ימי המילואים: ויקרא ח׳ הינו מימוש של צווים שניתנו בכמה מקומות לאורך ספר שמות, ויש לבחון אותו על רקע פרשיות אלו כולן.

״ושבעה ימים שולחנות ערוכים״

שאלה בסיסית שרובצת לפתחנו בבואנו לעיין בימי המילואים היא מה היחס בין היום הראשון המתואר בפירוט רב לבין ששת הימים הבאים אחריו. האם הקרבת הקורבנות והטקס שנלווה אליה התרחשו מדי יום במשך שבעת ימי המילואים, או שמא רק ביום הראשון, ואחריו נשארו הכוהנים במשך שישה ימים נוספים בפתח אוהל מועד ללא הקרבת קורבנות נוספים, ובכך מילאו את תהליך התקדשותם?

יש הסכמה נרחבת בקרב פרשני ימי הביניים שבכל יום ויום משבעת הימים הביאו הכוהנים את קורבנותיהם, ובכל יום ויום משבעת ימים אלו משחו את המזבח ואת המשכן. לאורך הפרק דבר זה אומנם לא נרמז, אולם לכאורה כך עולה מחתימתו: ״וּמִפֶּתַח אֹהֶל מוֹעֵד לֹא תֵצְאוּ שִׁבְעַת יָמִים עַד יוֹם מְלֹאת יְמֵי מִלֻּאֵיכֶם כִּי שִׁבְעַת יָמִים יְמַלֵּא אֶת יֶדְכֶם. כַּאֲשֶׁר עָשָׂה בַּיּוֹם הַזֶּה צִוָּה ה׳ לַעֲשֹׂת לְכַפֵּר עֲלֵיכֶם״ (ויקרא ח׳, לג-לד). ההנחה המקובלת היא שיש לקרוא את ההוראה ״כַּאֲשֶׁר עָשָׂה בַּיּוֹם הַזֶּה

14. קהת, ימי המילואים, עמ׳ 22.

צִוָּה ה׳ לַעֲשֹׂת לְכַפֵּר עֲלֵיכֶם״ כמתייחסת לטקס כולו, כפי שמתואר לאורך הפרק בפירוט רב. כלומר, כאן חושף משה לראשונה שלאורך שבוע, בכל יום, יש לעשות כפי שנעשה ביום הראשון: ״פירוש ׳וכאשר עשה ביום הזה׳ – משה, כן ׳צוה ה׳ לעשות׳ – שבעת ימי המלואים״ (ראב״ע לוויקרא ח׳, לד). מילגרום הוכיח קריאה זו ממה שנאמר בציווי על ימים אלו בספר שמות: ״וְעָשִׂיתָ לְאַהֲרֹן וּלְבָנָיו כָּכָה כְּכֹל אֲשֶׁר צִוִּיתִי אֹתָכָה שִׁבְעַת יָמִים תְּמַלֵּא יָדָם״ (שמות כ״ט, לה). ׳מילוי הידיים׳ מתבצע לדעתו דרך הקרבת הקורבנות, ומפורש כאן שיש למלא את ידי הכוהנים ״שִׁבְעַת יָמִים״.[15]

קריאה זו אומנם מקובלת, אך דומה שההכרעה בעניין סבוכה יותר. אם אומנם יש להקריב את הקורבנות כולם ולהזות על הכוהנים ובגדיהם במשך שבעה ימים (״לחיזוק התהליך״),[16] קשה להבין מה ראתה התורה להצניע דבר זה באופן כה מפתיע. התחושה העולה למקרא הציווי על ימים אלו בספר שמות, ואף נוכח קריאת ביצועו בספר ויקרא, היא שמדובר בהתרחשות חד פעמית – יום מסוים שבו נמשחו המשכן וכליו, ובו הוזה מדם הקורבן על הכוהנים. רק בסוף, וכבדרך אגב, נאמר ש״שִׁבְעַת יָמִים תְּמַלֵּא יָדָם״. האומנם כוונת הכתוב היא שיש להביא שוב את הקורבנות כולם, ושעל משה לשוב ולהלביש את הכוהנים מחדש? (כיצד הדבר אפשרי כל עיקר?). האומנם יש להזות על אוזניהם ובהונותיהם מדם איל המילואים בכל יום מחדש, על הדם שנמצא כבר על אוזניהם מאתמול? (ושמא עליהם לנקות את הדם מדי יום?). ואם יטען הטוען שאכן רק חלק מתהליך מילוי הידיים נעשה מדי יום, אך הלבשת משה את הכוהנים, למשל, התרחשה רק ביום הראשון והם נשארים כבר עם בגדיהם, מוזר הדבר שהכתוב אינו מתייחס לכך ולא מציע חלוקה ברורה בין הרכיבים השונים שבפרק.

יותר מכך: עוד לפני חתימת הציווי על ימי המילואים יש התייחסות גלויה לתהליך של התקדשות במשך שבעה ימים, אך למרבה הפלא הוא מוסב על דבר מה אחר: ״וּבִגְדֵי הַקֹּדֶשׁ אֲשֶׁר לְאַהֲרֹן יִהְיוּ לְבָנָיו אַחֲרָיו לְמָשְׁחָה בָהֶם וּלְמַלֵּא בָם אֶת יָדָם. שִׁבְעַת יָמִים יִלְבָּשָׁם הַכֹּהֵן תַּחְתָּיו מִבָּנָיו אֲשֶׁר יָבֹא אֶל אֹהֶל מוֹעֵד לְשָׁרֵת בַּקֹּדֶשׁ״ (שמות כ״ט, כט-ל). על פי פסוקים אלו, בגדי הכהונה משמשים לדורות כדרך למלא ידי כוהנים חדשים לתפקידם. ביחס הבגדים אל השמן המקדש ואל איל המילואים נדון להלן, אבל לענייננו מרתקת העובדה שדווקא לגבי הבגדים נאמר בפירוש שעל הכוהן ללבוש אותם במשך שבוע וכך להתקדש. העובדה שהכתוב נדרש להזכיר את שבעת

15. מילגרום, ויקרא, כרך א, עמ׳ 541-540.
16. כך התנסח בנטש בפירושו על אתר (בנטש, ויקרא).

הימים במקום מסוים, מלמדת שהיכן שהדבר לא נזכר – הוא באמת לא רלוונטי. כלומר, שהות של שבוע בבגדים נדרשת לשם התחנכות לכהונה, אך דבר זה לא נאמר ביחס להקרבת קורבנות וביחס למשיחה בשמן המשחה. דבר דומה מתרחש – כפי שיובהר להלן – גם ביחס לפר המחטא את המזבח שנזכר בסוף הציווי בשמות כ"ט. גם שם מדגיש הכתוב שיש להקריבו במשך שבעה ימים, ומכלל הן אנו מוזמנים לשמוע גם את הלאו – הבגדים והפר המחטא את המזבח דורשים שבעת ימים, אך שאר האלמנטים המוזכרים בטקס – שביחס אליהם הכתוב לא מזכיר שיש לחזור עליהם – כנראה אינם זוקקים שבעת ימים.

ההתלבטות גדולה עוד יותר כי גם פסוקי החתימה, שעליהם מסתמכים הטוענים שיש לעשות את הטקס כולו בכל יום משבעת ימי המילואים, עמומים, וכלל לא ברור שזו הקריאה הפשוטה שלהם.

נפתח בפסוקי הציווי בספר שמות. תחילה מתמקד הכתוב בכוהנים: "וְעָשִׂיתָ לְאַהֲרֹן וּלְבָנָיו כָּכָה / כְּכֹל אֲשֶׁר צִוִּיתִי אֹתָכָה / שִׁבְעַת יָמִים תְּמַלֵּא יָדָם" (שמות כ"ט, לה). בתורת פסוק חתימה איננו מופתעים למצוא עידוד למשה ואזהרה שעליו לעשות לאהרון ובניו בדיוק כאשר נצטווה. על עידוד זה מוסיף ה' – "שִׁבְעַת יָמִים תְּמַלֵּא יָדָם". האם כוונת הפסוק היא שיש להקריב את הקורבנות במשך שבעה ימים, והם מילוי ידיהם של הכוהנים (כטענת מילגרום), או אולי ה' מוסיף דבר מה נוסף: מלבד כל מה שציוויתיך לעיל, עליך למלא את ידם במשך שבעה ימים נוספים **על ידי ישיבתם בחצר אוהל מועד**. זב וזבה, למשל, שצריכים לחכות שבעה ימים נקיים – אינם צריכים לטבול בכל יום משבעה ימים אלו. די בטבילתם פעם אחת, גם אם לצד הטבילה (במקרה זה לפניה) עליהם לחכות שבעה ימים. הקרבת קורבנותיו של המצורע ששב למחנה שכינה – שדומה בחלק ממרכיביה לימי המילואים – מתרחשת פעם אחת, גם אם לצד הקרבה זו עליו לשבת מחוץ לאוהלו שבעה ימים (ויקרא י"ד, ח–כ).

נראה שגם אצלנו כוונת הפסוק היא שעל משה לעשות לכוהנים ככל אשר צווה – פעם אחת, ביום הראשון של ימי המילואים – אך כדי להשלים את תהליך מילוי ידיהם עליהם לשבת במשכן במשך שבעה ימים שבהם 'מתמלאות' ידיהם לתפקידם ומסתיימת הקדשתם.[17] רק לאחר שבוע הם יוכלו לעבוד ככוהנים, אך אין

17. הרב ברוך קהת הציע פירוש שונה: "המצווה על הכוהנים לשהות בחצר אוהל מועד שבעת ימים, שמקורה כאמור במצוות הכוהן הגדול (ויקרא כ"א), גם היא אינה נדרשת כאמצעי לקידוש הכוהנים, אלא היא נובעת מהתקדשותם" (ימי המילואים, עמ' 30).

זה אומר שיש לרחוץ אותם במים בכל יום מחדש, להלבישם שוב ושוב בכל יום, ולהזות דם ושמן עליהם ועל בגדיהם בכל יום ויום מימי המילואים.

זו גם הקריאה הפשוטה בתיאור ביצוע צו זה כמתואר בוויקרא ח׳:

וּמִפֶּתַח אֹהֶל מוֹעֵד לֹא תֵצְאוּ שִׁבְעַת יָמִים עַד יוֹם מְלֹאת יְמֵי מִלֻּאֵיכֶם כִּי שִׁבְעַת יָמִים יְמַלֵּא אֶת יֶדְכֶם. כַּאֲשֶׁר עָשָׂה בַּיּוֹם הַזֶּה צִוָּה ה׳ לַעֲשֹׂת לְכַפֵּר עֲלֵיכֶם. וּפֶתַח אֹהֶל מוֹעֵד תֵּשְׁבוּ יוֹמָם וָלַיְלָה שִׁבְעַת יָמִים וּשְׁמַרְתֶּם אֶת מִשְׁמֶרֶת ה׳ וְלֹא תָמוּתוּ כִּי כֵן צֻוֵּיתִי. וַיַּעַשׂ אַהֲרֹן וּבָנָיו אֵת כָּל הַדְּבָרִים אֲשֶׁר צִוָּה ה׳ בְּיַד מֹשֶׁה (ויקרא ח׳, לג-לו).

אכן, ניתן לראות זאת כמקרא קצר – כהצעת רש״י וראשונים נוספים – ולהשלים: ׳כַּאֲשֶׁר עָשָׂה בַּיּוֹם הַזֶּה צִוָּה ה׳ לַעֲשֹׂת לְכַפֵּר עֲלֵיכֶם – **שבעת ימים**׳. אולם ניתן כמובן גם לא לראות זאת כמקרא קצר ולא להשלים את מה שלא נאמר בפסוק, אלא לקרוא אותו כמבע שלם: משה מצהיר בפני הכוהנים שהוא עשה בדיוק כפי שה׳ ציווה אותו לעשות, ולא הוסיף מאומה מדעתו.[18] לצד זאת מוסיף משה – ומעניק אגב כך גם ביאור לציווי שנאמר בספר שמות – על אהרון ובניו להישאר בפתח אוהל מועד עד מלאת שבעה ימים, ובכך ימולאו ידיהם בכהונתם. הביטוי ״עַד יוֹם מְלֹאת יְמֵי מִלֻּאֵיכֶם״ מורה שחלק בסיסי של התהליך כבר נעשה, אך יש להשלימו ולמלא את שאר ימי המילואים בישיבה באוהל מועד – ״כִּי שִׁבְעַת יָמִים יְמַלֵּא אֶת יֶדְכֶם״.[19]

במשך שבעה ימים אלו – יוֹמָם וָלַיְלָה – הכוהנים מנועים מלצאת מהתחום המקודש, והציווי שנאמר להם הוא: ״וּשְׁמַרְתֶּם אֶת מִשְׁמֶרֶת ה׳ וְלֹא תָמוּתוּ״. ׳לשמור את משמרת ה׳׳ יכול להיאמר באופן כללי על שמירת חוקיו ומצוותיו של ה׳ (בראשית כ״ו, ה), אך בהקשרי המשכן יש להשוות את פסוקנו במיוחד למה שנאמר על הלוויים:

וְשָׁמְרוּ אֶת מִשְׁמַרְתּוֹ וְאֶת מִשְׁמֶרֶת כָּל הָעֵדָה לִפְנֵי אֹהֶל מוֹעֵד לַעֲבֹד אֶת עֲבֹדַת הַמִּשְׁכָּן. וְשָׁמְרוּ אֶת כָּל כְּלֵי אֹהֶל מוֹעֵד וְאֶת מִשְׁמֶרֶת בְּנֵי יִשְׂרָאֵל לַעֲבֹד אֶת עֲבֹדַת הַמִּשְׁכָּן (במדבר ג׳, ז-ח).

18. על שילוב לשון ׳עָשָׂה׳ במקום ׳עשיתי׳ ראו ראב״ע במקום – ״כן דרך לשון הקודש״. ייתכן שצודק מילגרום שלמרות הצורה האקטיבית של הפועל יש להבינו כפסיב, כלומר: ׳כפי שנעשה ביום הזה – ציווה ה׳ לעשות׳ (מילגרום, ויקרא, כרך א, עמ׳ 540).

19. בכיוון זה הלכו גם: ונהאם, ויקרא, עמ׳ 144; הרטלי, ויקרא, עמ׳ 115 (אך הוא התלבט אם ייתכן שחלק מהקורבנות הוקרבו במשך כל השבוע). מרטין נות סבור שפסוקי החתימה מורים שהטקס כולו התבצע שבעה ימים, אולם הוא התלבט אם התיאור לאורך הפרק מותאם לעולה מפסוקי החתימה (נות, ויקרא, עמ׳ 73).

לא ניתן להסתפק בכך שאחד מתפקידי הלוויים הוא לשמור פיזית על המשכן ולדאוג לכך שלא ייכנס לשם זר. המונח הפותח את הציווי – "וְשָׁמְרוּ אֶת מִשְׁמַרְתּוֹ" – מוסב על משמרת אהרון שאותו הלוויים משרתים. כלומר, הלוויים נדרשים לשמור את 'משמרת' הכוהנים מצד אחד, ואת "מִשְׁמֶרֶת בְּנֵי יִשְׂרָאֵל" מצד שני. מהי אותה 'משמרת'? הקריאה הפשוטה היא כהצעת רש"י במקום: "'ושמרו את משמרתו' – כל מנוי שהאדם ממונה עליו ומוטל עליו לעשותו קרוי 'משמרת' בכל המקרא ובלשון משנה" (פירושו לבמדבר ג', ז).

אם נחיל קריאה זו גם על פסוקנו, תתבהר המשמעות הפשוטה ביותר שלו: משה אומר לכוהנים שעליהם לקיים את הדרישה שנאמרה להם בפסוק הקודם, כלומר – לשבת בפתח אוהל מועד שבעה ימים, יומם ולילה, ובכך להשלים את מילוי ידיהם, את המינוי שניתן להם.[20] לפי קריאה זו, אין בפסוק התייחסות לקורבנות שעליהם להקריב אלא רק לעצם הישיבה הממושכת שחותמת את תהליך מילוי ידיהם.[21]

תהליך כזה אינו אמור להפתיענו, שהרי מדובר כאמור במודל מקראי רחב ובו סטטוס של אדם משתנה בעקבות מעשה שיש לעשות לצד ספירת שבעה ימים, ולא מצאנו שיש לעשות את המעשה (טבילה או הקרבת קורבנות) במשך כל הימים הנספרים (השוו גם לקורבנות הנזיר "בְּיוֹם מְלֹאת יְמֵי נִזְרוֹ" – במדבר ו', יג-כ).[22]

אולם עם כל זאת גם לא ניתן לחתום את הדיון במסקנה זו. בפסוקי החתימה של הציווי שבספר שמות, נזכר פר חטאת נוסף ולגביו התמונה שונה:

> וּפַר חַטָּאת תַּעֲשֶׂה לַיּוֹם עַל הַכִּפֻּרִים וְחִטֵּאתָ עַל הַמִּזְבֵּחַ בְּכַפֶּרְךָ עָלָיו וּמָשַׁחְתָּ אֹתוֹ לְקַדְּשׁוֹ. שִׁבְעַת יָמִים תְּכַפֵּר עַל הַמִּזְבֵּחַ וְקִדַּשְׁתָּ אֹתוֹ וְהָיָה הַמִּזְבֵּחַ קֹדֶשׁ קָדָשִׁים כָּל הַנֹּגֵעַ בַּמִּזְבֵּחַ יִקְדָּשׁ (שמות כ"ט, לה-לז).

20. כפי שטען רנדטורף, ויקרא, עמ' 288.
21. הפסוק חותם באזהרה שאם הכוהנים יצאו מפתח אוהל מועד הם ימותו – "וּשְׁמַרְתֶּם אֶת מִשְׁמֶרֶת ה' וְלֹא תָמוּתוּ כִּי כֵן צֻוֵּיתִי" (ח', לה). יש מן האירוניה הטרגית בקריאת אזהרה זו על רקע העתיד לבוא, כי בסופו של דבר, בני אהרון מתו בחצר אוהל מועד עצמו.
22. מילגרום השווה את פסוקנו למתואר ביחזקאל, ושם עולה שיש להקריב את הקורבנות בכל שבעת ימי חניכת המקדש: "שִׁבְעַת יָמִים תַּעֲשֶׂה שְׂעִיר חַטָּאת לַיּוֹם וּפַר בֶּן בָּקָר וְאַיִל מִן הַצֹּאן תְּמִימִים יַעֲשׂוּ. שִׁבְעַת יָמִים יְכַפְּרוּ אֶת הַמִּזְבֵּחַ וְטִהֲרוּ אֹתוֹ וּמִלְאוּ ידו (קרי: ידיו)" (יחזקאל מ"ג, כה-כו; מילגרום, ויקרא, כרך א, עמ' 537). אולם תפקיד הקורבנות ביחזקאל הוא לחטא את המזבח, ודבר זה – כפי שנראה להלן – אכן מתרחש שבעה ימים גם בחנוכת המשכן. הדיון למעלה מתמקד במילוי ידי הכוהנים, ובדבר זה נראה שיש הבדל בין משך הקדשתם למשך חיטוי המזבח.

אין ספק שאת פר החטאת המחטא על המזבח (הנוסף לקורבנות 'הכיפורים' – כנראה קורבנות הכוהנים), יש להקריב במשך שבעה ימים ובכך לקדש את המזבח. אם כך, מתברר שבכל זאת יש הקרבת קורבנות מיוחדים במשך כל שבעת ימי המילואים ולא רק ביום הפותח.

דומה שבדבר זה נחשף פתרון התעלומה כולה: אכן, הכוהנים צריכים להביא את קורבנותיהם ביום הראשון בלבד, ולהישאר במשכן עוד שישה ימים, ובתום שבוע זה יסתיים תהליך הקדשתם. אולם פר החטאת שמקדש את המזבח – שבספר שמות נראה כקורבן נוסף ועצמאי – מוקרב במשך כל השבוע הזה מדי יום ביומו.[23] כפי שיובהר להלן, חטאת הכוהנים וחטאת המזבח מוזגו בספר ויקרא לפר חטאת אחד, ולפיכך, בפועל, תהליך הקדשתם של הכוהנים נמשך גם הוא – באופן מסוים – שבעה ימים, לפחות בכל הקשור לפר החטאת. נשוב לבאר דבר זה בדיוננו להלן, בפר החטאת.

משיחת הכוהנים

הסיפור המדווח על שבעת ימי המילואים נוח לדיון בשל הנוסחה החוזרת על עצמה לאורך הפרק: "כַּאֲשֶׁר צִוָּה ה' אֶת מֹשֶׁה". היו שראו בנוסחה חוזרת זו הערכה חיובית של העם שעשה כאשר צווה, ואף הפליגו בדברים וראו בכך תיקון לחטא העגל, והנגדה למצב העם בדרכם ממצרים להר סיני – מסע רווי תלונות על מים ואוכל (שמות ט"ו-י"ז).[24] אחרים הצביעו על כך שהנוסחה חוזרת שבע פעמים בפרק, וראו בכך עוד רכיב בהקבלת בניית המשכן לבריאת העולם.[25] אינני משוכנע שיש לתלות הרבה כל כך בחזרה זו, אולם נוסחה זו, החוזרת שבע פעמים, מקילה על חלוקת סדר הפעולות שהתרחשו בכל יום משבעת הימים ליחידות קטנות. לצד זאת, היא גם חושפת אלמנטים שונים שקשורים זה בזה – שבמבט ראשון נדמה שמתאים היה

23. מאחר שנקדיש לדבר דיון בפני עצמו אני מקצר כאן בהנחת יסוד זו. יש סיבה טובה לקרוא – עם חז"ל והראשונים – שמדובר באותו הפר שהביאו הכוהנים: "מכך שלא נצטוו בראש הפרשה להביא שני פרים, משמע שבפר אחד כיפרו על הכוהנים ועל המזבח, כפי שמתואר בפרשת העשייה" (קהת, ימי המילואים, עמ' 23), אך גם אם כך, פיצול הציווי לשני חלקים שונים לגמרי אומר דורשני (כפי שגם הרב קהת טוען במאמרו, שם, עמ' 28).
24. הרטלי, ויקרא, עמ' 104. ראו עוד אצל ונהאם, ויקרא, עמ' 131-132; ווטס, ריטואל, עמ' 106-118, שהבליטו את הציות לה' כמכוון לעיקר עניינו של הפרק.
25. גורמן, אידאולוגיה, עמ' 49-50.

לפצל אותם לשתי יחידות שונות – או שמופרדים זה מזה, ונדמה שדווקא מתאים היה לדווח עליהם יחדיו:

א. לקיחת הרכיבים הנדרשים לצורך היום והקהלת העדה (א-ה).
ב. רחיצת אהרון ובניו והלבשת אהרון בבגדיו (ו-ט).[26]
ג. משיחת המשכן, כליו ואהרון בשמן המשחה; הלבשת בני אהרון בבגדי כהונה (י-יג).[27]
ד. פר החטאת (יד-יז).
ה. איל העולה (יח-כא).
ו. איל המילואים (כב-כט).
ז. הזאת דם ושמן על אהרון ובניו ואכילת בשר איל המילואים (ל-לו).

שתי הפתעות מרכזיות מונחות בפנינו נוכח חלוקת הפעילות בדיווח על ימי המילואים. ראשית, פיצול הלבשת אהרון (שלב ב) מהלבשת בניו (שלב ג). אומנם לאהרון יש בגדים יתרים על אלו של בניו, אך אני משער שרבים היו מצפים למיזוג שתי הלבשות אלו, תחת אותה כותרת "כאשר צוה את ה' את משה".[28] הפתעה זו בולטת משום שרחיצת אהרון ובניו נעשית ביחד בשלב השני, ומתאים שמיד לאחר רחיצתם משה ילביש אותם בבגדיהם החדשים (כפי שאכן נאמר בשני הציוויים שעומדים ברקע: שמות כ"ט, ד-ט; שמות מ', יב-יד). כצפוי, מיד לאחר הרחיצה

26. מעניין הדבר שלחיתים היה סדר מפורט לתהליך הקרבת קורבן שהובא על ידי המלך או המלכה. שם תחילת התהליך הוא בהלבשת המלך, ולאחר מכן טיהור ידיו (וינברג, הקורבן בישראל, עמ' 115).

27. שלא תחמוק מעינינו העובדה שאין בימי המילואים כל טקס מיוחד להכנסת הארון למשכן. דבר זה אינו מובן מאליו – לא בהקשר המקראי (השווה: שמ"ב ו'; מל"א ח', א-יא), ולא בהקשר המקובל במזרח הקדום בכלל (הנדלי, שמירת השמיים, עמ' 57-58). יש בדבר זה הבחנה חדה בין הארון לבין נוכחות שכינה מצד אחד, ויש בו גם הדגשה נוספת שמוקד הימים הללו הוא המזבח שבחוץ, שבו עתידה להתגלות אש ה' האוכלת את הקורבנות.

28. הפרדת אהרון מבניו איננה מלווה את כל הפרק. בהקשרים אחרים בטקס ימי המילואים אהרון ובניו ניצבים יחדיו, כמו בצו על איל המילואים: "וְשָׁחַטְתָּ אֶת הָאַיִל וְלָקַחְתָּ מִדָּמוֹ וְנָתַתָּה עַל תְּנוּךְ אֹזֶן אַהֲרֹן וְעַל תְּנוּךְ אֹזֶן בָּנָיו הַיְמָנִית וְעַל בֹּהֶן יָדָם הַיְמָנִית וְעַל בֹּהֶן רַגְלָם הַיְמָנִית וְזָרַקְתָּ אֶת הַדָּם עַל הַמִּזְבֵּחַ סָבִיב. וְלָקַחְתָּ מִן הַדָּם אֲשֶׁר עַל הַמִּזְבֵּחַ וּמִשֶּׁמֶן הַמִּשְׁחָה וְהִזֵּיתָ עַל אַהֲרֹן וְעַל בְּגָדָיו וְעַל בָּנָיו וְעַל בִּגְדֵי בָנָיו אִתּוֹ וְקָדַשׁ הוּא וּבְגָדָיו וּבָנָיו וּבִגְדֵי בָנָיו אִתּוֹ" (שמות כ"ט, כ-כא, אך ראו גם בביצוע – ויקרא ח', כג-כד). כלשון התוספתא: "איל המילואים – אהרון ובניו כאחד" (תוספתא מנחות י', ד).

נמסר על הלבשת אהרון, אך הלבשת בניו נדחית לאחר משיחת המשכן וכליו בשמן בשלב השלישי.

שנית, משיחת המשכן בשמן והלבשת בגדי אהרון משולבות יחדיו באותה הסצנה (שלב ג). גם כאן, אפריורית, אפשר היה לחלק ביניהן, ולייחד גם לבני אהרון – כמו שמוקדש לאביהם – פסקה נפרדת שתתאר את הלבשתם.

דומה שלשתי הפתעות אלו שורש אחד: הכוהנים נתפסים בפרקנו כחלק מכלי המשכן. באותה פסקה שבה מקדשים את "הַמִּשְׁכָּן וְאֶת כָּל אֲשֶׁר בּוֹ" (י), גם מלבישים את בני אהרון, שהרי גם הם חלק מ'כל אשר במשכן'. בשלב זה נזכר גם אהרון שנמשח בשמן המשחה, ומבחינה זו, גם אהרון הכוהן המשיח הוא חלק מכלי המשכן.[29] תפיסה זו משתקפת יפה במשנה תורה לרמב"ם. תחת הכותרת 'הלכות כלי המקדש והעובדים בו' כלל הרמב"ם את דיני שמן המשחה, הכנת הקטורת ודיני הכוהנים – שנתפסים בהלכותיו כחלק מ'כלי המקדש'.

אולם דבר זה מוביל אותנו לתמיהה הראשונה – לאהרון נתייחדה גם פסקה נפרדת, והלבשתו נעשית בשלב נפרד (שלב ב), עוד לפני הקדשת המשכן וכליו. בעל כורחנו עלינו לומר, שחלוקה זו משקפת פיצול מהותי בין אהרון לבניו. מן העבר האחד כל הכוהנים הם חלק מכלי המקדש, אך מצד שני, לאהרון יש גם תפקיד עצמאי שניתן להגדירו גם במנותק מקדושת המשכן. ואכן, לכוהן המשיח יש רלוונטיות גם מחוץ לתחומי המשכן. לא רק משום שככל הנראה הוא הנואם בפני לוחמי ישראל היוצאים לקרב (דברים כ', ב), אלא משום שהוא נתפס כנציגם של ישראל מול אביהם שבשמיים, כפי שעולה מפרשת חטאת כוהן משיח (ויקרא ד'). הלוא שם התברר, שחטאו משקף את חטא הציבור כולו, ועל כן עליו להביא חטאת פנימית. לפיכך, ריבוי בגדיו לא משקף רק תפקיד בכיר יותר ביחס לאחיו (או בניו) הכוהנים, אלא תפקיד בעל מהות שונה וייצוג אחר של העם.

הפער בין אהרון לבניו בא לידי ביטוי גם בסוגיית הקדשתם בשמן. רמב"ן התלבט אם גם בני אהרון נמשחו בשמן המשחה או רק אביהם. זוהי התלבטות מאתגרת, כי לכאורה, לאורך המקראות יש פסוקים סותרים בעניין זה.[30]

29. ראו עוד אצל לוין, משכן.

30. ראו בהרחבה גם אצל ויינל, משח. בכמה מהמקראות שמוזכרים בני אהרון כמשוחים בשמן ניתן לטעון שמדובר בממשיכיו של הכוהן הגדול דווקא (ראו למשל סטיוארט, שמות, עמ' 622, הערה 438, וראו עוד להלן). אולם יש מקומות שבהם קריאה זו בלתי אפשרית מפני שמתואר בהם בבירור תהליך הקדשת הכוהנים כולם. כך במיוחד בשמות כ"ח, מא; שמות מ', טו.

כפי שניכר מפרשתנו, הכתוב מדייק לומר שאהרון התקדש בשמן המשחה (״וַיִּצֹק מִשֶּׁמֶן הַמִּשְׁחָה עַל רֹאשׁ אַהֲרֹן וַיִּמְשַׁח אֹתוֹ לְקַדְּשׁוֹ״ – ח׳, יב), ואילו על בניו אין תיאור דומה. דבר זה מותאם למה שנאמר גם בציווי על שבעת ימי המילואים שבשמות כ״ט. שם נאמר שיש להלביש את אהרון בבגדיו ולמשוח אותו בשמן: ״וְלָקַחְתָּ אֶת שֶׁמֶן הַמִּשְׁחָה וְיָצַקְתָּ עַל רֹאשׁוֹ וּמָשַׁחְתָּ אֹתוֹ״ (שמות כ״ט, ז), ואילו ביחס לבני אהרון נאמר רק שיש להלבישם בבגדים, ולא נזכר מאומה ביחס למשיחתם. יתר על כן, עצם הכינוי ׳הַכֹּהֵן הַמָּשִׁיחַ׳ כמכוון לכוהן הגדול דווקא (ויקרא ד׳, ג) כבר מניח שדווקא הוא הנמשח, ובדבר זה הוא מובחן מיתר הכוהנים.

אולם כפי שהוזכר לעיל, פרק אחד לפני כן – בציווי על הכנת בגדי כהונה – נאמר שיש למשוח את הכוהנים כולם: ״וְהִלְבַּשְׁתָּ אֹתָם אֶת אַהֲרֹן אָחִיךָ וְאֶת בָּנָיו אִתּוֹ וּמָשַׁחְתָּ אֹתָם וּמִלֵּאתָ אֶת יָדָם וְקִדַּשְׁתָּ אֹתָם וְכִהֲנוּ לִי״ (שמות כ״ח, מא), ותפיסה זו עולה גם מהפסוקים המתארים את תפקיד שמן המשחה: ״וְאֶת אַהֲרֹן וְאֶת בָּנָיו תִּמְשָׁח וְקִדַּשְׁתָּ אֹתָם לְכַהֵן לִי״ (שמות ל׳, ל). בהקשר זה בולט במיוחד הציווי שניתן למשה על הקמת המשכן (ציווי החותם את ספר שמות), וגם ממנו עולה שיש למשוח את בני אהרון: ״וּמָשַׁחְתָּ אֹתָם כַּאֲשֶׁר מָשַׁחְתָּ אֶת אֲבִיהֶם וְכִהֲנוּ לִי וְהָיְתָה לִהְיֹת לָהֶם מָשְׁחָתָם לִכְהֻנַּת עוֹלָם לְדֹרֹתָם״ (שמות מ׳, טו). כאן נאמר בפירוש שיש למשוח את הבנים – ״כַּאֲשֶׁר מָשַׁחְתָּ אֶת אֲבִיהֶם״. הדבר אומנם איננו הכרחי, אך אם המונח ׳מָשְׁחָתָם׳ שנזכר בסוף הפסוק (״וְהָיְתָה לִהְיֹת לָהֶם מָשְׁחָתָם לִכְהֻנַּת עוֹלָם״) קשור בעובדה שהם נמשחו, הרי שביטוי דומה נזכר גם בחתימת פרשת צו וכנראה גם הוא מורה על משיחתם: ״זֹאת מִשְׁחַת אַהֲרֹן וּמִשְׁחַת בָּנָיו מֵאִשֵּׁי ה׳ בְּיוֹם הִקְרִיב אֹתָם לְכַהֵן לַה׳״ (ויקרא ז׳, לה).

על רקע פסוקים סותרים אלו הציע רמב״ן, בפירושו לחסרון משיחת הבנים בימי המילואים, פתרון מבריק. תחילה הוא כותב שייתכן שגם הבנים נמשחו, והכתוב אצלנו מקצר ״כי בידוע שעשה להם כאשר עשה לאביהם״. אך לאחר מכן מציע רמב״ן שהבנים באמת לא נמשחו בשמן כמו אביהם:

> והנראה בעיני, כי לא היתה משיחת הבנים ביציקת שמן על ראשם, כי לא נאמר זה אלא באהרן: ׳ויצקת על ראשו ומשחת אותו׳ (שמות כ״ט, ז), ולא הזכיר שם משיחת הבנים כלל, שלא היתה ביציקה כמוהו. ויתכן שלא היתה בבנים משיחה זולתי ההזאות שהזה משמן המשחה על בניו ועל בגדיהם. וכן תראה בפרשת ׳וזה הדבר אשר תעשה להם לקדש אותם׳ (שמות כ״ט,

א), שצוה למשוח האב: 'ולקחת את שמן המשחה ויצקת על ראשו', ולא צוה למשוח הבנים כלל – לא ביציקה ולא במשיחה. אבל בפרשת הקמת המשכן (שמות מ', טו) אומר 'ומשחת אותם כאשר משחת את אביהם', שלא הזכיר שם הזאות כלל, וכן בפרשת השמן (שמות ל', ל). ולא הוזכרו משיחה והזאות בבנים במקום אחד. לכך אני אומר שלא עשה בהם אלא אחת מהן, והן ההזאות (פירושו לוויקרא ח', יב).

הפתרון שרמב"ן מציע למורכבות התמונה הוא שבני אהרון באמת לא נמשחו, כמדויק בפרשת ימי המילואים, אולם בכל זאת בהקשרים אחרים נאמר עליהם שנמשחו בשמן כי בסופו של דבר גם עליהם הוזה שמן מְקֻדָּשׁ: "וַיִּקַּח מֹשֶׁה מִשֶּׁמֶן הַמִּשְׁחָה וּמִן הַדָּם אֲשֶׁר עַל הַמִּזְבֵּחַ וַיַּז עַל אַהֲרֹן עַל בְּגָדָיו וְעַל בָּנָיו וְעַל בִּגְדֵי בָנָיו אִתּוֹ וַיְקַדֵּשׁ אֶת אַהֲרֹן אֶת בְּגָדָיו וְאֶת בָּנָיו וְאֶת בִּגְדֵי בָנָיו אִתּוֹ" (ח', ל). אומנם אין זו 'משיחה' אלא 'הזאה', אך בהתייחסות כללית לתפקיד שמן המשחה (כמו למשל בתיאור שמן המשחה בספר שמות), אין צורך לעשות הבחנות משפטיות ספציפיות שכאלו, ודי לומר שהשמן עתיד 'למשוח' גם את הבנים ולקדש אותם.[31]

נדמה, שלרוצה לאחוז בקריאה הרמונית של כל פרשיות שמן המשחה שהוזכרו, פתרון רמב"ן מתקבל על הדעת. אם כך, לפנינו חלון הצצה נוסף לפער בין אהרון 'הכוהן המשיח' ובין בניו. על ראשו של אהרון יוצקים שמן משחה ומקדשים אותו כאישיות העומדת בפני עצמה. לעומת זאת, כשמזים משמן המשחה על בני אהרון, משלב בכך הכתוב גם את בגדיהם. התחושה היא שלא ניתן להפריד את הכוהנים מבגדיהם בפסוק זה: "וַיַּז עַל אַהֲרֹן עַל בְּגָדָיו / וְעַל בָּנָיו וְעַל בִּגְדֵי בָנָיו אִתּוֹ / וַיְקַדֵּשׁ אֶת אַהֲרֹן אֶת בְּגָדָיו / וְאֶת בָּנָיו וְאֶת בִּגְדֵי בָנָיו אִתּוֹ" (ח', ל). אומנם תחביר הפסוק עוד דורש פשר, אך ניכר המאמץ לשזור בכתיבה את הכוהנים עם בגדיהם, וכיחידה אחת הם מקבלים מהשמן ומהדם שהיו על המזבח ומתקדשים יחדיו. מאחר שבגדי הכוהנים הם ייצוג שירותם וכהונתם, ברור שכל קדושתם של בני אהרון מתרחשת כאן מתוך פרספקטיבה זו, ככוהני ה' במשכנו.

ואכן, אהרון שנמשח בשמן כבר קודם לכן, עובר שוב את תהליך הזאת השמן, והפעם עם בניו. אין מדובר באותה הקדשה בשמן: תחילה הוא נמשח כדי להיות נציג ישראל מול ה', ולבסוף – עם בניו – הוזה עליו שמן, כדי שיהיה עובד ה' במשכנו.[32]

31. בכיוון דומה הלכו גם: הרטלי, ויקרא, עמ' 110; ווטס, ויקרא, עמ' 466.

32. מילגרום הציע, שמאחר שהכוהנים נולדים להיות כוהנים, אין צורך למשוח אותם, ואילו הכוהן

תפיסת הכוהנים כחלק מהמשכן עצמו בולטת בציווי על הקדשתם בשמות מ׳, ואילו הקדשתם כחבורה העומדת בפני עצמה בולטת בציווי שבשמות כ״ט. פרשתנו היא מימוש של שני צווים אלו, ובהקשרים שונים ניתן להצביע על מימוש הציווי הראשון ועל מימוש הציווי השני.

מלבד שילוב הכוהנים עם שאר כלי המשכן, יש כלי נוסף שזוכה לעבודה מיוחדת בפסוקים אלו – מזבח העולה: ״וַיַּז מִמֶּנּוּ עַל הַמִּזְבֵּחַ שֶׁבַע פְּעָמִים וַיִּמְשַׁח אֶת הַמִּזְבֵּחַ וְאֶת כָּל כֵּלָיו וְאֶת הַכִּיֹּר וְאֶת כַּנּוֹ לְקַדְּשָׁם״ (ח׳, יא). אין עוד כלי שנזקק להזאת שמן מרובה (שבע פעמים) והדבר אומר דורשני. אביגדור הורוויץ הציע שלמזבח היה מאז ומעולם מעמד עצמאי שחורג ממבנה המשכן. הרי הבמה נזכרת לרוב, ובניית מזבחות גם מחוץ למסגרת המשכן הייתה דבר מקובל. אפשר להניח שאת המזבחות הללו קידשו באופן מיוחד, וסביר שהתורה ממשיכה ומאמצת את דרך הקדשת המזבח גם בדיונה על אודות המזבח המצוי בתוך המשכן.[33]

מילגרום הציע ביאור אלטרנטיבי: לדעתו, המזבח, בניגוד לשאר כלי המשכן, עמד גלוי וחשוף בחצר המשכן, ובכך היה פגיע במיוחד מול טומאות המחנה, ועל כן היה צורך לחזק את קדושתו.[34] לטעמי, הצורך בשבע הזאות למזבח דווקא קשור במגמת פרק זה, שמתמקד במיוחד בהקדשת אוכלי הקורבן. כלומר, גם הקדשת הכוהנים מבליטה באופן מיוחד את הקדשת פיהם לאכילת הקורבנות, ובהקשר זה יש לראות גם את הקדשת המזבח החיצון – אוכל הקורבנות. דבר זה יתברר עוד להלן.

פר החטאת

האם גם פר החטאת שהביאו הכוהנים משמש תפקיד בכפרתם וקשור להקדשתם? זו שאלה סבוכה. פר החטאת של ימי המילואים ׳מתנהג׳ באופן מוזר. על מנת לעקוב אחר חטאת זו, נשווה תחילה בין לשון הציווי על חטאת זו לתיאור הביצוע:

הגדול דורש משיחה מפני שמעמדו משתנה, וכשם שמושחים מלך יש למשוח גם את הכוהן הגדול בעת מינויו (מילגרום, ויקרא, כרך א, עמ׳ 555-554). הצדק איתו, אולם הרכיבים הנוספים שמייחדים את הקדשת הכוהן הגדול מלמדים שבפרקנו מדובר בתפיסה מהותית יותר הנוגעת לאופי תפקידו.

33. הורוויץ, חנוכת מקדשים, עמ׳ 116-115.

34. מילגרום, ויקרא, כרך א, עמ׳ 517-516. הוא גם מציין שם שמבין הכלים המזבח הוא היחיד המוגדר כקודש קדשים, וייתכן שהצורך להשיג קדושה יתרה זו היא המביאה להזאות השמן החוזרות.

ציווי: שמות כ"ט, י–יד	ביצוע: ויקרא ח', יד–יז
וְהִקְרַבְתָּ אֶת הַפָּר לִפְנֵי אֹהֶל מוֹעֵד	**וַיַּגֵּשׁ** אֵת פַּר הַחַטָּאת
וְסָמַךְ אַהֲרֹן וּבָנָיו אֶת יְדֵיהֶם עַל רֹאשׁ הַפָּר.	וַיִּסְמֹךְ אַהֲרֹן וּבָנָיו אֶת יְדֵיהֶם עַל רֹאשׁ פַּר הַחַטָּאת.
וְשָׁחַטְתָּ אֶת הַפָּר לִפְנֵי ה' פֶּתַח אֹהֶל מוֹעֵד.	וַיִּשְׁחָט
וְלָקַחְתָּ מִדַּם הַפָּר וְנָתַתָּה עַל קַרְנֹת הַמִּזְבֵּחַ בְּאֶצְבָּעֶךָ	וַיִּקַּח מֹשֶׁה אֶת הַדָּם וַיִּתֵּן עַל קַרְנוֹת הַמִּזְבֵּחַ **סָבִיב** בְּאֶצְבָּעוֹ **וַיְחַטֵּא אֶת הַמִּזְבֵּחַ**
וְאֶת כָּל הַדָּם **תִּשְׁפֹּךְ** אֶל יְסוֹד הַמִּזְבֵּחַ.	וְאֶת הַדָּם **יָצַק** אֶל יְסוֹד הַמִּזְבֵּחַ **וַיְקַדְּשֵׁהוּ לְכַפֵּר עָלָיו.**
וְלָקַחְתָּ אֶת כָּל הַחֵלֶב... וְהִקְטַרְתָּ הַמִּזְבֵּחָה	וַיִּקַּח אֶת כָּל הַחֵלֶב... וַיַּקְטֵר מֹשֶׁה הַמִּזְבֵּחָה.
וְאֶת בְּשַׂר הַפָּר וְאֶת עֹרוֹ וְאֶת פִּרְשׁוֹ תִּשְׂרֹף בָּאֵשׁ מִחוּץ לַמַּחֲנֶה	וְאֶת הַפָּר וְאֶת עֹרוֹ וְאֶת בְּשָׂרוֹ וְאֶת פִּרְשׁוֹ שָׂרַף בָּאֵשׁ מִחוּץ לַמַּחֲנֶה.
שמות כ"ט, לו: וּפַר חַטָּאת תַּעֲשֶׂה לַיּוֹם עַל הַכִּפֻּרִים וְחִטֵּאתָ עַל הַמִּזְבֵּחַ בְּכַפֶּרְךָ עָלָיו וּמָשַׁחְתָּ אֹתוֹ לְקַדְּשׁוֹ. שִׁבְעַת יָמִים תְּכַפֵּר עַל הַמִּזְבֵּחַ וְקִדַּשְׁתָּ אֹתוֹ.	

באופן כללי ניכרת ההתאמה בין הציווי לביצוע, וגם אם יש שינויי לשון קלים – כמו לשון "וְהִקְרַבְתָּ" בציווי שהפך ללשון "וַיַּגֵּשׁ" בביצוע (וכבר נידון לעיל) – הקרבת פר החטאת נעשתה בהתאם לציווי. אולם יש שתי תוספות דרמטיות בתיאור עבודת הדם של החטאת בוויקרא ח' שעוסקות שתיהן בתכלית הקורבן: "וַיְחַטֵּא אֶת הַמִּזְבֵּחַ"; "וַיְקַדְּשֵׁהוּ לְכַפֵּר עָלָיו".

לשם דיון בתוספות אלו, ברצוני לפתוח את המסע בדין הייחודי הבולט ביותר

שנלווה לחטאת זו, אשר חותם הן את הציווי והן את הביצוע – שרפת הפר מחוץ למחנה. דבר זה מפתיע למדי, שהרי בדין החטאות הרגילות יש לשרוף חטאת פנימית בלבד – זו שהובא דמה אל הקודש, ואילו חטאת חיצונית שדמה ניתן על מזבח החיצון נאכלת בידי הכוהנים. בימי המילואים חטאת הכוהנים היא חטאת חיצונה וכל עבודת הדם שלה נעשית על מזבח העולה, ובכל זאת, משום מה, יש לשרוף אותה מחוץ למחנה.

ביאורים שונים ניתנו לדבר זה, וברצוני לציין שני כיוונים מרכזיים:

1. "קרבנותיו של כוהן עצמו"

יש שטענו שבימי המילואים הכוהנים אינם יכולים לאכול את הקורבנות מפני שטרם הסתיים תהליך קידושם. משה מקריב אומנם את הקורבנות במקומם (או כנציג המזבח, כפי שעלה לעיל, בדיון במתנת החזה והשוק), אך גם הוא אינו יכול לאכול מבשר הקורבנות כי אחרי הכול הוא איננו ׳כוהן׳: "במקרה זה לא היה כוהן של ממש ולכן החטאת נשרפה, למרות שדמה לא נכנס לאוהל מועד".[35] זוהי הצעה מפתה, אך היום השמיני מקשה על אימוצה. גם ביום השמיני למילואים חטאת הכוהנים נשרפת, ושם אהרון ובניו כבר פועלים ככוהנים ויכולים היו לאכול את החטאת.

לפיכך, אם מעמד הכהונה הוא הגורם לשרפת הפר, עדיף להתמקד בדבר מה אחר, כניסוחו של חזקוני:

> ויש נותנין טעם למה נשרפו חטאות המלואים וחטאת של שמיני למלואים – הואיל והם קרבנותיו של כהן עצמו, כמו שמצינו במנחת כהן ׳כליל תהיה׳ (חזקוני לשמות כ"ט, יד).

אם אומנם כוהן מנוע מלאכול כל קורבן שהוא הביא (ולא רק מנחה), ברור מדוע הכוהנים לא אכלו את חטאתם שלהם בימי המילואים (רעיון זה עלה כבר בדיוננו בוויקרא ד׳, באי אכילת כל חטאת פנימית).[36]

35. דילמן, ויקרא, עמ׳ 508. כאמור לעיל, אצל חז"ל מקובלת ההנחה שבימים אלו משה היה ׳כוהן׳, ולא נחלקו אלא אם כהונתו נמשכה כל ימיו ולאיזה הקשרים (ראו באנציקלופדיה תלמודית, "כהן", כרך כז, עמ׳ קסח). אולם גם לשיטה שמשה החליף את הכוהנים בעבודתם, קשה להגדירו ככוהן לכל הדברים. בפשטי מקראות הוא עבד ללא בגדי כהונה, ונראה לי פשוט שגם בשבוע זה משה לא יכול היה, למשל, לראות נגעים ככוהן (ראו עוד זבחים קא ע"ב – קב ע"א).
36. בדרך זו אחז גם מילגרום, ויקרא, כרך א, עמ׳ 525.

2. "והנה החיצון כפנימי"

על מנת להציג את השיטה האלטרנטיבית, יש לברר תחילה כיצד יש לנסח את הבעיה שאנו עומדים בפניה: האם פר החטאת של ימי המילואים הוא 'חטאת חיצונה' – שהרי דמו ניתן על המזבח בחוץ – ואף על פי כן הוא נשרף (כניסוחו של רש"י: "לא מצינו **חטאת חיצונה** נשרפת אלא זו"), או שאולי יש להפוך את הקערה על פיה: חטאת הכוהנים היא 'חטאת פנימית' – כפי שעולה משרפת הבשר מחוץ למחנה – ואף על פי כן דמה ניתן על המזבח בחוץ.

בדרך השנייה אחז רמב"ן, ולפיכך הוא לא היה צריך לבאר כלל את שרפתה אלא את מקום מתן הדמים:

> והטעם בזה, שהכל גלוי לפניו, והיה פר חטאת זה לכפר על מעשה העגל, וקרבנו של כהן משיח הוא, ושם יצוה להביא את דמו אל מבית לפרכת (בוויקרא ד'), ולא רצה עתה להכניסו שם לפנים, כי שם אמר בטעם 'את פני פרכת הקדש' (ד', ו), וכאן עדיין לא נתקדש ולא שרתה עליו שכינה שיקרא 'פרכת הקדש', והנה החיצון כפנימי (רמב"ן לשמות כ"ט, יד).

אני מתעלם כעת מהנחת היסוד של רמב"ן, שחטאת הכוהנים באה בימים אלו ככפרה על חטא העגל (שבזמן הציווי על המשכן טרם התרחש – כל עוד קוראים את המקראות לפי סדרם).[37] לענייננו, עצם העיקרון שרמב"ן מציע חשוב ביותר: לדעתו חטאת הכוהנים היא בעצם 'חטאת פנימית' – וממילא ברור מדוע בשרה נשרף. מאחר שהמשכן טרם התקדש לא ניתן להזות את דם הקורבן בפנים (אל מול פרוכת הקודש), ולכן הוא ניתן בחוץ.[38]

אף שבאינטואיציה ראשונה נראה לאמץ את הגדרת רש"י, שהרי הדם שניתן על המזבח בחוץ נראה כהגדרה היסודית ביותר של 'חטאת חיצונה', בקריאה חוזרת נדמה שהצדק עם רמב"ן. כך עולה מסוג הבהמה שנדרשו הכוהנים להביא – פר לחטאת. בפרק ד' החלוקה בין החטאות הפנימיות לחיצוניות השפיעה גם על סוג הקורבן:

37. כך עולה מדבריו כאן. במקומות אחרים עולה אצל רמב"ן תפיסה שונה.
38. לשיטה זו נותר לבאר מדוע מזבח החיצון כבר מוגדר כקדוש בתחילת ימי המילואים ויכול לקבל את דם החטאת, בעוד אוהל מועד עצמו עדיין אינו קדוש ואינו יכול לקבל מתנת דמים של חטאת פנימית.

חטאות פנימיות באו פר, בעוד שחטאת חיצונית באה צאן (שעיר או שעירה). מאחר שהכוהנים בימי המילואים נדרשו להביא פר, יש בדבר ראיה חזקה לשיטת רמב"ן, שאכן החטאת הנידונה בימי המילואים וביום השמיני היא במהותה חטאת פנימית, אך משום מה דמה ניתן על המזבח בחוץ.

מדוע אם כן הדם לא נכנס פנימה? אפשר לראות זאת כדבר עקרוני יותר מאשר ניסוח הרמב"ן שהבית בפנים טרם התקדש. חטאת פנימית מחטֵאת את המקום שבו מתרחשת ההתגלות. בדרך כלל ההתגלות מתרחשת בפנים ועל כן יש להזות מדם החטאת בפנים, אך מאחר שביום השמיני למילואים כבוד ה' נראה על המזבח שבחוץ, זהו מקום ההתגלות בימים אלו ואותו יש לחטא בחטאת 'פנימית'. כלשון רמב"ן: "והנה החיצון כפנימי".[39]

התגלות כבוד ה' באש על המזבח מהותית למגמת ימי המילואים שנחתמים בהתגלות שביום השמיני ועוד נדון בכך. עתה ניתן לשוב לשאלה שבה פתחנו ולתהות על תפקיד קורבן החטאת – האם גם הוא משמש תפקיד בהקדשת הכוהנים ובכפרתם? מלשון רמב"ן שהוזכר לעיל נראה שאכן כך הוא ראה זאת – כקורבן כפרה, והוא אף הצביע על החטא הספציפי שבעטיו היה אהרון צריך להביא קורבן כפרה (ומשום מה גם בניו – אף שלא חטאו בעגל).

אולם נראה שבשאלה זו עצמה 'נחלקים' הציווי בשמות כ"ט ותיאור הביצוע שבא בוויקרא ח'. הקורא את הציווי שבשמות כ"ט מתרשם שיש שני פרים שמובאים כשני קורבנות חטאת שונים – חטאת הכוהנים (כ"ט, י-יד), וחטאת נוספת – כנזכר בסוף הטבלה שלעיל – פר שתפקידו לחטא את המזבח (כ"ט, לו-לז). הפסוקים החותמים את הציווי על ימי המילואים בשמות נראים מנותקים משבעת ימי המילואים, עד לכדי ההשערה של כמה פרשנים שאכן מדובר בציווי הנוגע בחיטוי המזבח ושאיננו קשור בתהליך שעוברים הכוהנים:

> פסוקים אלו כמעט בוודאות מתייחסים לטקס נפרד ומובחן, שבו שבעה פרים, אחרים מאלו שהובאו בימי המילואים של הכוהנים, הוקרבו, אחד ליום, על מנת לחטא את המזבח.[40]

39. הרב יואל בן נון הראה שיש השוואה בין היום השמיני ליום הכיפורים, אלא שביום השמיני דרמת ההתגלות מתרחשת במזבח החיצון – וזו מהותו של היום, ואילו ביום הכיפורים נכנס הכוהן לפני ולפנים (בן נון, היום השמיני). השוו גם לדברי יורגנס, שחזור.
40. סטיוארט, שמות, עמ' 628.

כאמור, ייתכן שקורבנות הכוהנים הוקרבו רק ביום הראשון, ואילו פר חטאת זה הוקרב שבעה ימים. על פי פיצול זה, שמתרחש בציווי בספר שמות, אכן ניתן לראות את חטאת הכוהנים כקורבן כפרה שלהם, שנפרד מפר החטאת שמחטא את המזבח.

בעצם, דבר זה כמעט מפורש בפר החטאת השני שנזכר בציווי שבשמות. הכתוב שם מבליט שחטאת זו באה בנוסף לקורבנות הכיפורים: "וּפַר חַטָּאת תַּעֲשֶׂה לַיּוֹם עַל הַכִּפֻּרִים וְחִטֵּאתָ עַל הַמִּזְבֵּחַ בְּכַפֶּרְךָ עָלָיו" (שמות כ"ט, לו). רוב הפרשנים הבינו ש'קורבנות הכיפורים' הם איל העולה ואיל המילואים של הכוהנים, אך נמנעו מלכלול בהם את פר הכוהנים, כדברי רמב"ן למשל: "והנכון, כי 'על הכפורים' – על שני האילים שהם כפורים לאהרן ולבניו, כמו שאמר כאן 'ואכלו אותם אשר כפר בהם'" (פירושו לשמות כ"ט, לו). רמב"ן עצמו הרגיש לא בנוח בהגדרה זו שמוציאה את החטאת מעולם כפרת הכוהנים והוסיף שם: "ואף כי (= וגם אם) החטאת כפרה". אולם הפסוק נקרא ביתר קלות אם הוא אכן רומז לכל קורבנות הכוהנים – העולה, איל המילואים והחטאת. פר החטאת שמובא בשביל לחטא את המזבח, הוא פר נוסף על הפר שהכוהנים נדרשו להביא.

אולם בוויקרא ח' שתי חטאות אלו אוחדו, והפר שהביאו הכוהנים הפך לפר שתפקידו הגלוי הוא לחטא את המזבח. כאמור, בשתי פעולות דם חטאת הכוהנים נוספה התוצאה שמתרחשת בעקבות עבודת הדם. בחתימת נתינת הדם על קרנות המזבח נוסף: "וַיְחַטֵּא אֶת הַמִּזְבֵּחַ", ובחתימת 'יציקת' הדם הנותר אל יסוד המזבח נאמר: "וַיְקַדְּשֵׁהוּ לְכַפֵּר עָלָיו". שתי תוספות אלו אינן נזכרות בציווי על הקרבת פר חטאת הכוהנים, אלא הן מימוש של מה שהצטווה משה בסוף הפרשה: "וּפַר חַטָּאת תַּעֲשֶׂה לַיּוֹם עַל הַכִּפֻּרִים **וְחִטֵּאתָ עַל הַמִּזְבֵּחַ** בְּכַפֶּרְךָ עָלָיו וּמָשַׁחְתָּ אֹתוֹ לְקַדְּשׁוֹ. שִׁבְעַת יָמִים **תְּכַפֵּר עַל הַמִּזְבֵּחַ וְקִדַּשְׁתָּ אֹתוֹ** וְהָיָה הַמִּזְבֵּחַ קֹדֶשׁ קָדָשִׁים כָּל הַנֹּגֵעַ בַּמִּזְבֵּחַ יִקְדָּשׁ" (שמות כ"ט, לו-לז).

'לשפוך' או 'לצקת'

בשל העמסת משמעות חדשה זו על חטאת הכוהנים השתנה גם הפועל המתאר את עבודת הדם. בציווי שבספר שמות נאמר "וְאֶת כָּל הַדָּם תִּשְׁפֹּךְ אֶל יְסוֹד הַמִּזְבֵּחַ", ואילו בביצוע הוחלף הפועל: "וְאֶת הַדָּם יָצַק אֶל יְסוֹד הַמִּזְבֵּחַ" (וכן ביום השמיני למילואים – ט', ט). אומנם שני פעלים אלו הם פעלים נרדפים בעברית המקראית והוראת 'לצקת' איננה אלא 'לשפוך נוזלים',[41] כמו: "כִּי אֶצָּק מַיִם עַל צָמֵא וְנֹזְלִים עַל

41. קדרי, מילון, עמ' 452.

יַבָּשָׁה אֶצֹּק רוּחִי עַל זַרְעֶךָ וּבִרְכָתִי עַל צֶאֱצָאֶיךָ" (ישעיה מ"ד, ג). לפיכך, יש הקבלה בין חתימת הפסוק הנזכר – "אֶצֹּק רוּחִי עַל זַרְעֶךָ", לבין הצירוף שבנבואת יואל: "וְהָיָה אַחֲרֵי כֵן אֶשְׁפּוֹךְ אֶת רוּחִי עַל כָּל בָּשָׂר... אֶשְׁפּוֹךְ אֶת רוּחִי" (יואל ג׳, א-ב).

עם זאת, מאחר שבלשון הציווי נאמר שיש ׳לשפוך׳ את הדם (כמקובל בתורת הקורבנות), ואילו בביצוע נאמר שמשה ׳יצק׳ את הדם, הרי שהבדל זה דורש פשר, גם אם רק מהבחינה הספרותית. האם יש מגמה לשינוי קל זה?

הפועל ׳לשפוך׳ הוא המתאים לציווי על הפר שבא כחטאת הכוהנים. הרי דינה של כל חטאת שבאה ככפרה הוא שלאחר עיקר עבודת דמה, ׳שופכים׳ את דמה הנותר אל יסוד המזבח (ויקרא ד׳, ז; יח, כה, ל), ומשמעות הדבר היא "שאין מטרה טקסית עצמאית לדם שנותר".[42] אולם התכלית החדשה של החטאת, הפורצת בתיאור ביצוע הוראות אלו מתאימה יותר לפועל ׳לצקת׳. פועל זה משולב גם במקרים אחרים שבהם מקדשים חפץ מסוים (או אדם) לעבודה דתית. כך למשל נאמר על הקמת המצבה בידי יעקב בבית אל: "וַיִּקַּח אֶת הָאֶבֶן אֲשֶׁר שָׂם מְרַאֲשֹׁתָיו וַיָּשֶׂם אֹתָהּ מַצֵּבָה וַיִּצֹק שֶׁמֶן עַל רֹאשָׁהּ" (בראשית כ"ח, יח). תיאור דומה יש גם בהקמת המצבה בבית אל, המתוארת כשיעקב שב לכנען אחרי גלותו הארוכה בחרן: "וַיַּצֵּב יַעֲקֹב מַצֵּבָה בַּמָּקוֹם אֲשֶׁר דִּבֶּר אִתּוֹ מַצֶּבֶת אָבֶן וַיַּסֵּךְ עָלֶיהָ נֶסֶךְ וַיִּצֹק עָלֶיהָ שָׁמֶן" (בראשית ל"ה, יד). במקרה שלנו יש להשוות את יציקת הדם אל יסוד המזבח בייחוד לתיאור יציקת השמן על ראש אהרון בפרקנו: "וַיִּצֹק מִשֶּׁמֶן הַמִּשְׁחָה עַל רֹאשׁ אַהֲרֹן וַיִּמְשַׁח אֹתוֹ לְקַדְּשׁוֹ" (ויקרא ח׳, יב).[43] אומנם במקרים אלו יוצקים שמן, אך גם אם ביחס למזבח הדבר נעשה על ידי דם, אופן הפעולה ומטרתה דומים. בכל המקרים האלו כוונת ׳היציקה׳ היא לקדש את החפץ שעליו נוצק שמן.[44] התפקיד החדש של פר החטאת מזמין את

42. רנדטורף, ויקרא, עמ׳ 280.

43. השוו גם ליציקת שמן לשם משיחה למלך: "וַיִּקַּח שְׁמוּאֵל אֶת פַּךְ הַשֶּׁמֶן **וַיִּצֹק** עַל רֹאשׁוֹ וַיִּשָּׁקֵהוּ וַיֹּאמֶר הֲלוֹא כִּי **מְשָׁחֲךָ** ה׳ עַל נַחֲלָתוֹ לְנָגִיד" (שמ"א י׳, א); "וְלָקַחְתָּ פַךְ הַשֶּׁמֶן **וְיָצַקְתָּ** עַל רֹאשׁוֹ וְאָמַרְתָּ כֹּה אָמַר ה׳ **מְשַׁחְתִּיךָ** לְמֶלֶךְ אֶל יִשְׂרָאֵל" (מל"ב ט׳, ג).

44. וורנינג (אומנות ספרותית, עמ׳ 137) הראה שפעולות היציקה משולבות לאורך ספר ויקרא **שבע** פעמים דווקא (וכבר דבר זה מורה על תבנית מכוונת), והן יוצרות מבנה כיאסטי – בתחילה יש שלוש יציקות של שמן; באמצע שתי יציקות דם, ולבסוף שוב משולבות שלוש יציקות שמן:
"וְיָצַק עָלֶיהָ **שֶׁמֶן**" (ב׳, א);
"וְיָצַקְתָּ עָלֶיהָ **שָׁמֶן** מִנְחָה הִוא" (ב׳, ו);
"וַיִּצֹק **מִשֶּׁמֶן** הַמִּשְׁחָה עַל רֹאשׁ אַהֲרֹן וַיִּמְשַׁח אֹתוֹ לְקַדְּשׁוֹ" (ח׳, יב);
"וְאֶת **הַדָּם** יָצַק אֶל יְסוֹד הַמִּזְבֵּחַ וַיְקַדְּשֵׁהוּ" (ח׳, טו);
"וְאֶת **הַדָּם** יָצַק אֶל יְסוֹד הַמִּזְבֵּחַ" (ט׳, ט);

שינוי הפועל – מעתה דמו לא רק 'נשפך' על יסוד המזבח כדין חטאת שמכפרת על בעליה; אלא משה 'יצק' את הדם, ובכך פעל על המזבח עצמו וקידש אותו – "וְאֶת הַדָּם יָצַק אֶל יְסוֹד הַמִּזְבֵּחַ וַיְקַדְּשֵׁהוּ לְכַפֵּר עָלָיו".[45]

ניכר אפוא שפר החטאת שהביאו הכוהנים נצבע מחדש בתיאור ימי המילואים בוויקרא ח', ומעתה הוא פועל גם את מה שאמור היה לפעול הפר שנזכר בחתימת הציווי בשמות כ"ט. מאחר שכך, יש להגדיר את מגמת פר החטאת של הכוהנים באופן כפול: פר זה מממש הן את החטאת שהכוהנים נדרשים להביא, הן את חיטוי המזבח וקידושו. פר החטאת מחטא את המזבח שכבוד ה' עומד להופיע עליו לעיני כל ישראל.

בגדים, שמן משחה ואיל מילואים[46]

הדרך להכשיר את הכוהנים לתפקידם מובאת במקרא בכמה פרשיות שונות. בצירוף הפרשיות כולן אפשר לאתר שלושה מרכיבים יסודיים שיש לעשות לכוהנים ובכך לקדשם לתפקידם: הלבשת הכוהנים בבגדי הקודש, משיחתם בשמן וטקס ימי המילואים.[47] כך למשל נאמר בחתימת הציווי על הבגדים: "וְלִבְנֵי אַהֲרֹן תַּעֲשֶׂה כֻתֳּנֹת

"וְלָקַח הַכֹּהֵן מִלֹּג **הַשָּׁמֶן** וְיָצַק עַל כַּף הַכֹּהֵן הַשְּׂמָאלִית" (י"ד, טו);
"וּמִן **הַשֶּׁמֶן** יִצֹק הַכֹּהֵן עַל כַּף הַכֹּהֵן הַשְּׂמָאלִית" (י"ד, כו);
"וְהַכֹּהֵן הַגָּדוֹל מֵאֶחָיו אֲשֶׁר יוּצַק עַל רֹאשׁוֹ **שֶׁמֶן הַמִּשְׁחָה**" (כ"א, י).

זו הערה מבריקה, אך קשה להכריע אם אומנם דבר זה מכוון. מדובר בפרשיות שונות ובהקשרים שונים, והטענה שיש ביניהן דיאלוג נסתר סביב שילוב הפועל 'לצקת' דורש הוכחות נוספות. ראוי לציין שוורנינג מצביע על פעלים ושמות עצם נוספים שיוצרים קשר בין שני חלקי ספר ויקרא ('תורת כהונה' ו'ספר הקדושה'), ובדבר זה טענתו מאתגרת וחשובה ביותר לשאלה הרחבה של יחס שני חלקי הספר.

45. יש מקום לבחון בהקשר זה גם את הגדרת נתינת דם החטאת על המזבח "סביב". בחטיבת הקורבנות 'זורקים את הדם על המזבח סביב' בקורבנות עולה, זבח שלמים ואשם; אך את דם החטאת 'נותנים' על קרנות המזבח, ולא מוזכר 'סביב' בקורבן זה (ויקרא ד'). בציווי על פר החטאת שבספר שמות כ"ט יש התאמה לסמנטיקה המקובלת – "וְלָקַחְתָּ מִדַּם הַפָּר וְנָתַתָּה עַל קַרְנֹת הַמִּזְבֵּחַ בְּאֶצְבָּעֶךָ", אך בתיאור הביצוע שבספר ויקרא נוסף הביטוי 'סביב' לנתינת דם החטאת: "וַיִּקַּח מֹשֶׁה אֶת הַדָּם וַיִּתֵּן עַל קַרְנוֹת הַמִּזְבֵּחַ סָבִיב בְּאֶצְבָּעוֹ". ייתכן שגם הבדל זה משתלב בעיצוב המורכב של קורבן חטאת הכוהנים בימי המילואים.

46. הדיון שיבוא להלן הוא תוצאה של דיונים רחבים שניהלתי בעניין עם הרב ד"ר אלי חדד. ראו להרחבה: חדד וגרוסמן, איל המילואים.

47. ויינל סבר שתיאור ימי המילואים מאורגן סביב חמשת המרכיבים שמכשירים את הכוהנים

וְעָשִׂיתָ לָהֶם אַבְנֵטִים וּמִגְבָּעוֹת תַּעֲשֶׂה לָהֶם לְכָבוֹד וּלְתִפְאָרֶת. וְהִלְבַּשְׁתָּ אֹתָם אֶת אַהֲרֹן אָחִיךָ וְאֶת בָּנָיו אִתּוֹ; וּמָשַׁחְתָּ אֹתָם; וּמִלֵּאתָ אֶת יָדָם; וְקִדַּשְׁתָּ אֹתָם וְכִהֲנוּ לִי״ (שמות כ״ח, מ-מא). השגת היעד הסופי שיש בו גם קדושה וכהונה מחייבת את כל שלושת הרכיבים: להלביש אותם בבגדי כבוד ותפארת, למשוח אותם ולמלא את ידם.

לא רק בפרשיות שמוקדשות להכשרת הכוהנים מצויים מרכיבים אלו, אלא גם מפסוקים שמזכירים לפי תומם את מינוי הכוהנים, או לפחות את מינוי הכוהן הגדול, עולה ששלושת המרכיבים הללו אינם רק חזרה במילים אחרות על אותו עניין. כך למשל, בחתימת טקס חיטוי המשכן נאמר: ״וְכִפֶּר הַכֹּהֵן אֲשֶׁר יִמְשַׁח אֹתוֹ וַאֲשֶׁר יְמַלֵּא אֶת יָדוֹ לְכַהֵן תַּחַת אָבִיו וְלָבַשׁ אֶת בִּגְדֵי הַבָּד בִּגְדֵי הַקֹּדֶשׁ״ (ויקרא ט״ז, לב). אין מדובר שם בציווי המרכזי על הכשרת הכוהנים לתפקידם אלא רק בהצבעה על הכוהן שיכול לחטא את המשכן, והנה נזכרים כל שלושת הרכיבים: אשר ימשח אותו / אשר ימלא את ידו / בגדי הקדש. אומנם, בשל הבגדים המיוחדים הנדרשים לטקס חיטוי המשכן הם מוזכרים בסוף וכתיאור של מה שצריך הכוהן לעשות ולא רק כעצם הגדרתו, אך ברור שרכיב הבגדים המיוחדים האלו מחליף את בגדי הכהונה הרגילים. כך גם בנוגע לאיסור אבלות המוטל על הכוהן גדול: ״וְהַכֹּהֵן הַגָּדוֹל מֵאֶחָיו אֲשֶׁר **יוּצַק עַל רֹאשׁוֹ שֶׁמֶן הַמִּשְׁחָה** / **וּמִלֵּא אֶת יָדוֹ** / **לִלְבֹּשׁ אֶת הַבְּגָדִים** אֶת רֹאשׁוֹ לֹא יִפְרָע וּבְגָדָיו לֹא יִפְרֹם״ (ויקרא כ״א, י).[48]

כדי לעמוד על תהליך הכשרת הכוהנים בשלמותו יש להגדיר מה משמש כל רכיב. צודק מיכאל הנדלי שכתב בנוגע לבגדי הכהונה:

> הלבשת הכוהנים הינה חלק בלתי נפרד מתהליך ההקדשה, אשר אם הוא יחסר, הוא יהרוס את השלם. האמירה כי יסוד אחד בלבד מקדש את הכוהנים, מבטאת חוסר הבנה של המורכבות וקשרי הגומלין שיש בטקס.[49]

לעבודתם: טהרה; הלבשה בבגדים; כפרה; הקדשה; מילוי ידיים (ויינל, משה, עמ׳ 42-43). הוא צודק שגם טהרה וגם חיטוי המזבח משולבים בימי המילואים, אך אין לראות בהם מרכיב ייחודי שקשור להכשרת הכוהנים לעבודתם. טהרה נדרשת גם מהלוויים למשל (במדבר ח׳, ו-ז), וגם קורבן החטאת איננו מכשיר אותם לתפקידם.

48. להלן יתברר שלשון ׳כהונה׳ נקשר במיוחד עם הבגדים, ולכן ייתכן שגם האמור ברשימת תולדות אהרון בבמדבר רומזים לכל שלושת האלמנטים: ״אֵלֶּה שְׁמוֹת בְּנֵי אַהֲרֹן הַכֹּהֲנִים הַמְּשֻׁחִים / אֲשֶׁר מִלֵּא יָדָם / לְכַהֵן״ (במדבר ג׳, ג).

49. הנדלי, שמירת השמיים, עמ׳ 74.

אכן יש צורך בכל המרכיבים ולא ניתן להחסיר אחד מהם. אולם עצם הדבר שפרשות שונות מבליטות רכיב אחר, מלמד שיש לכל רכיב תרומה ייחודית להפיכת אהרון ובניו לכוהנים, והאתגר הרובץ לפתחנו הוא לעמוד על תרומת כל רכיב לתהליך זה.

מעקב אחר הפרשות שמוקדשות לבגדים, לשמן ולימי המילואים מלמד את 'הרכיב הכוהני' שכל אחד מהם מעניק לכוהנים. המסע לבירור עניין זה מתחיל מהיבט לשוני החושף את התמונה כולה. הכתובים משתמשים בשלושה ביטויים שונים כדי לתאר את תכליתן של הפעולות שנועדו להכשיר את הכוהנים לתפקידם: 'לקדש', 'לכהן' ו'למלא את ידיהם'. נראה שכל אחד מן הביטויים הללו מתייחס ביסודו לאחד משלושת הרכיבים שבהכשרת הכוהנים, גם אם הוא הורחב לרכיבים האחרים.

שמן המשחה

שמן המשחה 'מקדש' את הדבר שעליו הוא נמשח – חפצים או כוהנים.[50] קשה להכריע מדוע דווקא השמן נבחר למטרה זו,[51] אך הדבר מנוסח בגלוי בפרשה המוקדשת להכנת שמן המשחה בשמות ל', כב-לג. שם נצטווה משה על הכנת "שֶׁמֶן מִשְׁחַת קֹדֶשׁ" כדי למשוח את המשכן ואת כליו ובכך לקדש אותם: "וְקִדַּשְׁתָּ אֹתָם וְהָיוּ קֹדֶשׁ קָדָשִׁים" (שמות ל', כו-כט). בפרשה זו נזכרים אהרון ובניו כחלק מהמשכן וכליו שגם הם זקוקים למשיחה בשמן לשם הקדשתם: "וְאֶת אַהֲרֹן וְאֶת בָּנָיו תִּמְשָׁח **וְקִדַּשְׁתָּ** אֹתָם לְכַהֵן לִי" (שמות ל', ל). מפרשה זו עולה הרושם שדי במשיחה בשמן כדי להפוך אותם לקדושים השייכים למשכן, כמו כל שאר הכלים, שדי במשיחתם בשמן כדי לקדשם. יתר על כן, מאחר שדי במשיחה בשמן כדי להתקדש, יש להישמר מפני משיחה בשמן של אדם זר, שמא יִקדש גם הוא (ל', לב-לג).

פעולת ההקדשה על ידי משיחה בשמן מובלטת גם בציווי בשמות מ': "וְלָקַחְתָּ אֶת שֶׁמֶן הַמִּשְׁחָה וּמָשַׁחְתָּ אֶת הַמִּשְׁכָּן וְאֶת כָּל אֲשֶׁר בּוֹ **וְקִדַּשְׁתָּ** אֹתוֹ וְאֶת כָּל כֵּלָיו **וְהָיָה קֹדֶשׁ**. וּמָשַׁחְתָּ אֶת מִזְבַּח הָעֹלָה וְאֶת כָּל כֵּלָיו **וְקִדַּשְׁתָּ** אֶת הַמִּזְבֵּחַ **וְהָיָה הַמִּזְבֵּחַ**

50. קלינגבייל עמד על מקבילות בין דרישת משיחת הכוהן הגדול בפרקנו לתיאורי משיחה אחרים במזרח הקדום (בעיקר מסוריה), מהמאה הארבע עשרה לפנה"ס, ולאור כך הגיע למסקנה שאין שום סיבה לדחות את הצו למשיחת הכוהנים לתקופה מאוחרת מזו של משה (קלינגבייל, משיחת אהרן).

51. ראו למשל את דיוניהם של: האוטמן, שמן המשחה; ויברג, סמלי חוק, עמ' 89-119. ראו גם את הדיון של מגנס בחסרון אזכור שמן המשחה בקומראן ואצל יוספוס (מגנס, טהרת שמן). מאחר שמשיחה בשמן נוהגת במזרח הקדום באופן רחב (לדוגמה: לאס, הערכה מחודשת), יש לבחון מה בין תפיסת המקרא את המשיחה בשמן לתפיסות שרווחו בעולם הקדום.

קֹדֶשׁ קָדָשִׁים. וּמָשַׁחְתָּ אֶת הַכִּיֹּר וְאֶת כַּנּוֹ **וְקִדַּשְׁתָּ** אֹתוֹ" (שמות מ', ט-יא). גם בביצוע הצו בימי המילואים לא נמנע הכתוב מלחזור על ייעוד השמן בהשגת הקדושה שוב ושוב, וגם אהרון הכוהן כלול ברשימה זו: "וַיִּקַּח מֹשֶׁה אֶת שֶׁמֶן הַמִּשְׁחָה וַיִּמְשַׁח אֶת הַמִּשְׁכָּן וְאֶת כָּל אֲשֶׁר בּוֹ **וַיְקַדֵּשׁ** אֹתָם... וַיִּמְשַׁח אֶת הַמִּזְבֵּחַ וְאֶת כָּל כֵּלָיו וְאֶת הַכִּיֹּר וְאֶת כַּנּוֹ **לְקַדְּשָׁם**. וַיִּצֹק מִשֶּׁמֶן הַמִּשְׁחָה עַל רֹאשׁ אַהֲרֹן וַיִּמְשַׁח אֹתוֹ **לְקַדְּשׁוֹ**" (ויקרא ח', י-יב).

גם אם אפשר לקשור בין משיחת הכוהנים למנהג משיחת המלך בישראל,[52] יש להדגיש, שמאופן הצגת תכלית המשיחה של הכוהנים, אין מדובר במשיחה המקבילה למשיחת מלך שתכליתה מינוי בלבד. כמה מלכים נמשחו לאורך המקרא (שאול, דוד, אבשלום, יואש, יהואחז, חזאל מלך ארם),[53] ואף אחד מהם לא נחשב 'קדוש'.[54] ייתכן שהסמל הנלווה למשיחת מלך בשמן מבקש לעורר אסוציאציה של מינוי אלוהי (כמו שעולה במיוחד במשיחת דוד – שמ"א ט"ז, א-יג, ובתהילים מ"ה, ח),[55] אך אין מדובר בהקדשה. מאחר שמשיחת הכוהנים נקשרת בפסוקים עם משיחת שאר כלי המשכן, ברור שאין מדובר במינוי בלבד, ויש להעמיס על משיחה זו גם משמעות של הקדשה.

בגדי כהונה

מלשון הציווי על הכנת הבגדים בשמות כ"ח נראה שתפקיד הבגדים הוא לאפשר לכוהנים לכהן במשכן. בפתח הציווי נאמר למשה: "וְאַתָּה הַקְרֵב אֵלֶיךָ אֶת אַהֲרֹן אָחִיךָ וְאֶת בָּנָיו אִתּוֹ מִתּוֹךְ בְּנֵי יִשְׂרָאֵל **לְכַהֲנוֹ לִי**" (שמות כ"ח, א); והדבר מודגש שוב

52. נורת רצה להוכיח ממשיחה זו, שגם בתפיסה המקראית למלכים יש קשר מיוחד עם האל (נורת, היבטים דתיים). לטעמי הטענה של ברמן בדבר בידול עקרוני בתפיסת המלכות משכנעת יותר (ברמן, נבראו שווים), אך במשיחה בשמן אכן אפשר לחוש בקרבה מסוימת בין המלכים לכוהנים. אך כפי שגם נורת הדגיש, בעוד משיחת הכוהנים היא משיחה לעולם, משיחת מלך יכולה להתבטל, ובשום מקום לא נרמז שמשיחת המלך הופכת אותו לנושא תפקיד כהונה מקודש.

53. השוו גם שופטים ט', ח, וראו עוד אצל סייבולד, משח, עמ' 45-46. על השאלה אם כל המלכים נמשחו ראו אצל ויינל, משח, עמ' 21-23.

54. "יחסי הגומלין בין המלכים לכהונה הם אחד המאפיינים הבולטים בתולדות ישראל; בישראל – בניגוד למקובל בשאר המזרח הקדום – המלך עצמו מעולם לא טען שהוא כוהן" (דומרשאוזן, כהן, עמ' 73).

55. הדבר בולט גם בעובדה שמושח המלך הוא הנביא או הכוהן (ויינל, משח, עמ' 23-25). השבעים קרא את המלכת שאול כמשיחתו על ידי כל העם. נוסח המסורה: "וַיֵּלְכוּ כָל הָעָם הַגִּלְגָּל וַיַּמְלִכוּ שָׁם אֶת שָׁאוּל" (שמ"א י"א, טו), תורגם בשבעים: 'וימשחו שם את שאול'. לפי תרגום זה הרי לפנינו משיחת מלך חריגה שנעשתה על ידי העם.

בהמשך: "וְאֵלֶּה הַבְּגָדִים אֲשֶׁר יַעֲשׂוּ... וְעָשׂוּ בִגְדֵי קֹדֶשׁ לְאַהֲרֹן אָחִיךָ וּלְבָנָיו **לְכַהֲנוֹ לִי**" (שמות כ"ח, ד).

לשון 'כהונה' מובלט באופן יוצא דופן בתיאור מגמת הכנת הבגדים: "ביטוי זה – 'לכהנו לי' – חוזר שלוש פעמים בפסקה זו (שמות כ"ח א–ד), בסיומי שלושה פסוקים, ובוודאי יש כאן כוונה להדגישו".[56] אכן, לשון זו מובלטת, מפני שבה טמונה מגמת הבגדים: הלובשים אותם נפרדים מהמון העם ומוגדרים ככוהנים.

בציווי על הכנת הבגדים אין רמיזה לכך שהכוהנים נחשבים חלק מכלי המשכן, אלא הם המשרתים בו. לשון אחר, משיחתם בשמן הופכת את הכוהנים לכלי משכן קדושים; הלבשתם בבגדים מאפשרת להם להיות עובדי משכן. ההבדל בין שמן המשחה לבגדים ברור: שלא כמו השמן שיש בכוחו לקדש גם אובייקטים דוממים, הבגדים שייכים לשדה האנושי, והם משקפים התייחסות אל הכוהנים כמעוררים כבוד ותפארת. הלבשתם בבגדים אלו מגדירה אותם כמכהנים בשירות ה', כמו מי שלובש מדים שמזוהים עם קבוצה מסוימת, ועצם המדים המיוחדים מגדירים אותו כשייך לקבוצה זו; "זה מבליט את תפקידו יותר מאשר את שמו".[57]

גם בציווי לבצלאל להכין את בגדי הכהונה נאמר: "וְאֶת בִּגְדֵי הַשְּׂרָד וְאֶת בִּגְדֵי הַקֹּדֶשׁ לְאַהֲרֹן הַכֹּהֵן וְאֶת בִּגְדֵי בָנָיו **לְכַהֵן**" (שמות ל"א, י). מפסוק זה גם עולה חלוקה בין בגדי אהרון שהם "בגדי הקֹדש" לבין בגדי בניו שהם רק לצורך כהונתם־שירותם. ועוד נחזור לנתון דרמטי זה להלן. כך היא הצגת תפקיד הבגדים גם בציווי על ימי המילואים: "וְאֶת בָּנָיו תַּקְרִיב וְהִלְבַּשְׁתָּם כֻּתֳּנֹת... **וְהָיְתָה לָהֶם כְּהֻנָּה** לְחֻקַּת עוֹלָם" (שמות כ"ט, ח–ט).[58]

אך דומה שאפשר להצביע על תכלית ספציפית יותר שהבגדים משיגים עבור הכוהנים. לובש בגדי הכהונה רשאי להיכנס למרחב המקודש בחצר אוהל מועד. הרי הזר הקרב אל המשכן יומת, אך לובשי בגדי הכהונה הופכים להיות 'לא זרים' ביחס למשכן. כלומר, הכניסה אל המרחב המקודש הוא הדורש 'בגדי קודש'. תפיסה זו נתמכת בכמה ראיות.

56. קאסוטו, שמות, עמ' 259.

57. ונהאם, ויקרא, עמ' 138.

58. אומנם בסוף פסוק זה נאמר גם: "וּמִלֵּאתָ יַד אַהֲרֹן וְיַד בָּנָיו", אך באמת יש לראות בפסוקית חותמת זו את המעבר ליחידה הבאה שמתארת את קורבנות הכוהנים. הצירוף "חקת עולם" הוא צירוף שכיח בחתימת פסקאות חוק (למשל ויקרא ז', לו), וגם כאן נראה שהוא חותם את תפקיד הבגדים ב'כהונה'. לאחר רכיב זה, עובר המספר לתאר את קורבנות ימי המילואים, והם נפתחים בצירוף שיש 'למלא את יד אהרן ויד בניו'. הדבר יובהר עוד להלן.

ראשית, יש התאמה מעניינת בין בגדי אהרון לבדי המשכן עצמו (שמות כ״ו, א, לא, לו):

> נתון אחד שבולט מיד הוא שהבדים והצבעים של החומרים שמהם עשויים הבגדים זהים לאלה המשמשים גם ליריעות המשכן הפנימי ולפרוכת הכניסה של המשכן עצמו.[59]

אם אין מדובר רק בשיתוף שנובע מכך שבתפיסה המקראית אלו הם בדים מכובדים וצבעי כבוד ותפארת, ייתכן שבכך נרמז קשר בין לובש הבגדים לבין המתחם המקודש שאליו הוא מוזמן להיכנס.[60]

שנית, על אף שבגדי אהרון אינם ׳מקדשים׳ אותו, הם מכונים ״בגדי קדש״ (שמות כ״ח, ב, ד). אין הכרח לראות את מובנו של צירוף זה כבגדים שהם עצמם ׳קודש׳, אלא לטעמי נכון לראותו במובן של ׳הבגדים שבהם ניתן לבוא אל הקודש׳, הבגדים המיועדים לקודש, כמו: ״וְשִׁנָּא אֵת בִּגְדֵי כִלְאוֹ״ (מל״ב כ״ה, כט), וכגון בלשוננו ׳בגד ים׳. כך עולה מטקס חיטוי המשכן בוויקרא ט״ז. שם נאמר, שלשם כניסה אל קודש הקודשים על אהרון ללבוש בגדים מיוחדים: ״בְּזֹאת יָבֹא אַהֲרֹן אֶל הַקֹּדֶשׁ בְּפַר בֶּן בָּקָר לְחַטָּאת וְאַיִל לְעֹלָה. כְּתֹנֶת בַּד קֹדֶשׁ יִלְבָּשׁ וּמִכְנְסֵי בַד יִהְיוּ עַל בְּשָׂרוֹ וּבְאַבְנֵט בַּד יַחְגֹּר וּבְמִצְנֶפֶת בַּד יִצְנֹף בִּגְדֵי קֹדֶשׁ הֵם וְרָחַץ בַּמַּיִם אֶת בְּשָׂרוֹ וּלְבֵשָׁם״ (ויקרא ט״ז, ג-ד). מאחר שאלו ״בגדי קדש״, יכול אהרון לבוא אתם ״אל הקדש״. לשון אחר, יש זיקה בין הכניסה לתוככי המשכן לבין הבגדים שאותם לובשים.

שלישית, מהגדרת ׳בגדי קודש׳ נובעת מסקנה נוספת שקשורה בהבדל בין בגדי הכוהן הגדול לכוהנים ההדיוטות. נוהגים לראות זאת כביטוי של הבדל בסטטוס שלהם – ״בגדים שיציינו את דרגת הקדושה״,[61] אך בהמשך לדבריי לעיל, אפשר שהדבר קשור למרחבי הקדושה השונים שהם נכנסים אליהם. מפשטי מקראות נראה שדווקא אהרון הוא הפועל בתוך אוהל מועד.[62] הקטרת הקטורת מוטלת בכתוב על

59. סטיוארט, שמות, עמ׳ 605. טענה זו פותחה במיוחד על ידי הרן, מקדש, עמ׳ 165-174.
60. גם אם אין מדובר בכניסה אל המשכן עצמו – תפקיד, שכאמור לעיל, שמור כנראה לאהרון בלבד (ראו עוד להלן), הכניסה למתחם המקודש דורש גם הוא מעמד של משרת.
61. קאסוטו, שמות, עמ׳ 259
62. השוו: מילגרום, ויקרא, כרך א, עמ׳ 232-233; כרך ג, עמ׳ 2088. לאור כך הוא ביקש לבאר מדוע בחטאת כוהן משיח, הוא עצמו מזה את דם חטאתו באוהל מועד, למרות היותו גם החוטא. לדעתו, הכוהנים ההדיוטות הורשו בכניסה אל המשכן, אך רק לאהרון – הכוהן הגדול – הותר לעבוד

אהרון דווקא: "וְהִקְטִיר עָלָיו אַהֲרֹן קְטֹרֶת סַמִּים... וּבְהַעֲלֹת אַהֲרֹן אֶת הַנֵּרֹת בֵּין הָעַרְבַּיִם יַקְטִירֶנָּה... וְכִפֶּר אַהֲרֹן עַל קַרְנֹתָיו אַחַת בַּשָּׁנָה" (שמות ל׳, ז-י); כך גם ביחס להדלקת המנורה: "דַּבֵּר אֶל אַהֲרֹן וְאָמַרְתָּ אֵלָיו בְּהַעֲלֹתְךָ אֶת הַנֵּרֹת... וַיַּעַשׂ כֵּן אַהֲרֹן" (במדבר ח׳, ב); וביחס להדלקת נר תמיד ועריכת הלחם על השולחן: "מִחוּץ לְפָרֹכֶת הָעֵדֻת בְּאֹהֶל מוֹעֵד יַעֲרֹךְ אֹתוֹ אַהֲרֹן מֵעֶרֶב עַד בֹּקֶר... בְּיוֹם הַשַּׁבָּת בְּיוֹם הַשַּׁבָּת יַעַרְכֶנּוּ לִפְנֵי ה׳ תָּמִיד" (ויקרא כ״ד, ג-ח). בהקשר שלנו מעניין במיוחד תיאור העברת מִשרת הכוהן הגדול לדור הבא על ידי בגדיו, המתואר באופן הבא: "וּבִגְדֵי הַקֹּדֶשׁ אֲשֶׁר לְאַהֲרֹן יִהְיוּ לְבָנָיו אַחֲרָיו לְמָשְׁחָה בָהֶם וּלְמַלֵּא בָם אֶת יָדָם. שִׁבְעַת יָמִים יִלְבָּשָׁם הַכֹּהֵן תַּחְתָּיו מִבָּנָיו אֲשֶׁר יָבֹא אֶל אֹהֶל מוֹעֵד לְשָׁרֵת בַּקֹּדֶשׁ" (שמות כ״ט, כט-ל). פסוק זה מתאר את העברת מִשרת הכוהן הגדול, והנה הוא מוגדר כמי שבא אל אוהל מועד לשרת בקודש.

לפיכך, דווקא בגדי אהרון שעובד בתוך המשכן עצמו, מכונים "בגדי קדש", אך בגדי בניו העובדים בחצר אוהל מועד הם רק "לכהן" והם רק "לכבוד ולתפארת", אך בשום מקום ייעודם איננו 'בגדי קודש'.[63] פיצול זה בולט בכל המקומות שבהם נזכרים 'בגדי השרד':

- שמות ל״א, י: וְאֵת בִּגְדֵי הַשְּׂרָד וְאֶת בִּגְדֵי הַקֹּדֶשׁ לְאַהֲרֹן הַכֹּהֵן וְאֶת בִּגְדֵי בָנָיו לְכַהֵן.
- שמות ל״ה, יט: אֶת בִּגְדֵי הַשְּׂרָד לְשָׁרֵת בַּקֹּדֶשׁ אֶת בִּגְדֵי הַקֹּדֶשׁ לְאַהֲרֹן הַכֹּהֵן וְאֶת בִּגְדֵי בָנָיו לְכַהֵן.
- שמות ל״ט, מא: אֶת בִּגְדֵי הַשְּׂרָד לְשָׁרֵת בַּקֹּדֶשׁ אֶת בִּגְדֵי הַקֹּדֶשׁ לְאַהֲרֹן הַכֹּהֵן וְאֶת בִּגְדֵי בָנָיו לְכַהֵן.

לפסוקים אלו יש להוסיף גם את כותרת הכנת בגדי אהרון: "וּמִן הַתְּכֵלֶת וְהָאַרְגָּמָן וְתוֹלַעַת הַשָּׁנִי עָשׂוּ בִגְדֵי שְׂרָד לְשָׁרֵת בַּקֹּדֶשׁ וַיַּעֲשׂוּ אֶת בִּגְדֵי הַקֹּדֶשׁ אֲשֶׁר לְאַהֲרֹן" (שמות ל״ט, א).

שם. לפיכך הוא משער שהכוהנים ההדיוטות נכנסו פנימה רק כעזרה לאהרון בעבודתו. הוא נאלץ לומר זאת בשל פסוקים שמתארים את 'אהרון ובניו' הבאים אל אוהל מועד, אולם לטעמי פסוקים אלו מתארים את אהרון וממשיכי דרכו הכוהנים הגדולים. עם זאת, מוויקרא ט״ז, יז באמת נראה שכוהנים הדיוטות נאסרו בעבודה בפנים אך לא בכניסה לצרכים אחרים, כמו עזרה לכוהן הגדול או ניקיון הבית וכדומה.

63. על עיקרון זה עמד כבר הנצי״ב: "'לאהרן אחיך ולבניו לכהנו לי' – בבגדי כהנים הדיוטים לא נצטוו לעשות כדי לקדשם, אלא כדי לכהנו לי" (פירושו לשמות כ״ח, ד).

בכל הפסוקים הללו נשמרת החלוקה הקבועה בין בגדיו של אהרון שהם 'בגדי קודש', ותפקידם הוא "לשרת בקדש", בעוד בגדי בניו הם "לְכַהֵן". יותר מכך, מחלוקות גדולות מלוות את זיהוי "בגדי השרד" המוזכרים בפסוקים אלו. יש מהראשונים שהבינו שהכוונה לכיסויי כלי המשכן (כך רש"י, ראב"ע ורשב"ם), אולם רמב"ן התקיף פירוש זה בכמה קושיות חזקות, ובראשן – לא סביר שבסיכום העניין ייזכרו כיסויים שלא נזכרו קודם לכן כלל, ואף זאת, שעל בגדי השרד נאמר שתפקידם "לְשָׁרֵת בַּקֹּדֶשׁ", ביטוי שקשה להולמו אם הכוונה לכיסויי הכלים בזמן המסע. בשל כך נטה בסופו של דבר רמב"ן לפרש שבגדי השרד הללו הם הבגדים המיוחדים של אהרון הכהן הגדול:

> והעולה מדברי רבותינו, כי בגדי השרד הם בגדי כהונה עצמם, והוזכר זה בגמרא במסכת יומא (עב ע"א-ע"ב), ואם כן, הנכון שנפרש 'בגדי השרד' – בגדי היחוד, כלומר בגדים שיתיחד בלבישתם אחד העם 'הגדול מאחיו'... וירמוז לבגדי אהרן. ויקראם כן – שלא ילבשם רק יחיד בדורו: אהרן בחייו, ואחריו הכהן הגדול אשר יוצק על ראשו שמן המשחה ומלא ידו ללבוש את הבגדים (לאור ויקרא כ"א, י)... וזה טעם 'את בגדי השרד לשרת בקדש את בגדי הקדש לאהרן הכהן' (שמות ל"ה, יט), כי שב לבאר (פירושו לשמות ל"א, י).[64]

פירוש זה מסתבר,[65] ועולה ממנו שדווקא בגדי אהרון מוגדרים ככאלו שתפקידם "לְשָׁרֵת בַּקֹּדֶשׁ".[66]

64. כפי שהראו עופר ויעקבס, פירוש זה של רמב"ן הוא מהתוספות שהוסיף לאחר בואו לארץ ישראל. בתחילה, נטה גם רמב"ן לפירוש רש"י שבגדי השרד הם כיסויי המשכן, אך בעיון נוסף הוא התקשה בכך וחזר בו (עופר ויעקבס, רמב"ן, עמ' 347-350).

65. תרגומים מודרניים רבים תפסו את "בגדי השרד" ככותרת שפירוטה בא בהמשך בדמות בגדי הכוהנים, אך בדרך כלל ראו הן את בגדי אהרון הן את בגדי בניו ככלולים בהגדרת 'בגדי שרד'. כך למשל: "the service cloths, the sacred vestments for Aaron the priest, the vestments for his sons in their ministry" (New American Bible); "and also the woven garments, both the sacred garments for Aaron the priest and the garments for his sons when they serve as priests" (The New International Version).

66. ייתכן שיש קשר סמנטי בין 'שרד' ל'שרת' בחילוף ד-ת ('כלי שרת' – 'בגדי שרד'), וייתכן שהוראה זו מתועדת גם בעלילת כרת מאוגרית (הלד, סתומה מקראית). קאסוטו נמנע מלאמץ פירוש זה בטענה שאין צורך לחזור בהמשך הפסוק על בגדי הכוהנים אם כבר הביטוי "בגדי השרד" מכוון אליהם, ולכן הוא הציע שמדובר בבגדים "שהכהנים היו לובשים אותם בימי החורף מתחת הכתונת, בשעת העבודה, להתגונן מפני הקור. לבישתם לא היתה חובה אלא רשות, ולפיכך לא

רוח זו עולה ממקראות נוספים, ונסתפק בשתי דוגמאות בלבד. בפתיחת הציווי על הבגדים נאמר: "וְאַתָּה הַקְרֵב אֵלֶיךָ אֶת אַהֲרֹן אָחִיךָ וְאֶת בָּנָיו אִתּוֹ מִתּוֹךְ בְּנֵי יִשְׂרָאֵל לְכַהֲנוֹ לִי אַהֲרֹן נָדָב וַאֲבִיהוּא אֶלְעָזָר וְאִיתָמָר בְּנֵי אַהֲרֹן. וְעָשִׂיתָ בִגְדֵי קֹדֶשׁ לְאַהֲרֹן אָחִיךָ לְכָבוֹד וּלְתִפְאָרֶת" (שמות כ"ח, א-ב). תחילה מוזכרים אהרון ובניו בייעוד הבגדים הכללי, "לכהנו", ייעוד שמותאם לתפקיד הבגדים כולם. אך מיד, כשמתמקד הצו באהרון, פורצת הגדרתם הכפולה של בגדיו – "וְעָשִׂיתָ בִגְדֵי קֹדֶשׁ לְכָבוֹד וּלְתִפְאָרֶת" – הם גם בגדי קודש והם לכבוד ולתפארת, ואילו בהמשך הפרק, בתיאור בגדי בניו ייאמר רק: "וְלִבְנֵי אַהֲרֹן תַּעֲשֶׂה כֻתֳּנֹת... לְכָבוֹד וּלְתִפְאָרֶת" (כ"ח, מ). בהגדרת בגדיהם לא מוזכר אפוא שמדובר בבגדי קודש אלא שהם רק לכבוד ולתפארת.

דבר דומה משתקף בציווי על הלבשת הכוהנים בשמות מ': "וְהִלְבַּשְׁתָּ אֶת אַהֲרֹן אֵת **בִּגְדֵי הַקֹּדֶשׁ** וּמָשַׁחְתָּ אֹתוֹ וְקִדַּשְׁתָּ אֹתוֹ וְכִהֵן לִי. וְאֶת בָּנָיו תַּקְרִיב וְהִלְבַּשְׁתָּ אֹתָם כֻּתֳּנֹת" (פס' יג-יד). קשה להניח שמדובר בפיצול מקרי: את אהרון יש להלביש בבגדי קודש, בעוד את בניו יש להלביש בכותונות ללא הגדרה מיוחדת.

בשל כך, יש להבין את הבנים שמוזכרים בשמות כ"ח, ד – "וְעָשׂוּ בִגְדֵי קֹדֶשׁ לְאַהֲרֹן אָחִיךָ וּלְבָנָיו לְכַהֲנוֹ לִי" – כממשיכיו של אהרון בכהונה הגדולה.[67] דבר זה ברור בכל מקרה, שהרי הפסוק מתאר את בגדיו המיוחדים של הכהן הגדול ("וְאֵלֶּה הַבְּגָדִים אֲשֶׁר יַעֲשׂוּ חֹשֶׁן וְאֵפוֹד וּמְעִיל וּכְתֹנֶת תַּשְׁבֵּץ מִצְנֶפֶת וְאַבְנֵט"), וברור שאין צורך לעשות בגדים אלו לבני אהרון שהם כוהנים זוטרים.

רביעית, מעקב אחר הציווי על בגדי אהרון שבשמות כ"ח מגלה שהם קשורים ביסודם לכניסתו פנימה, ונראה שזה חלק מייעודם. כך נאמר ביחס לאבנים שיש לשים על האפוד: "וְנָשָׂא אַהֲרֹן אֶת שְׁמוֹתָם לִפְנֵי ה' עַל שְׁתֵּי כְתֵפָיו לְזִכָּרֹן" (כ"ח, יב). המונח "לפני ה'" יכול להיות מטפורי בלבד, אך בהקשרי המשכן נוח יותר לראות בו ביטוי של כניסה אל המשכן. באופן ברור עוד יותר נאמר ביחס לחושן: "וְנָשָׂא אַהֲרֹן אֶת שְׁמוֹת בְּנֵי יִשְׂרָאֵל בְּחֹשֶׁן הַמִּשְׁפָּט עַל לִבּוֹ **בְּבֹאוֹ אֶל הַקֹּדֶשׁ** לְזִכָּרֹן לִפְנֵי ה' תָּמִיד... וְהָיוּ עַל לֵב אַהֲרֹן **בְּבֹאוֹ לִפְנֵי ה'** וְנָשָׂא אַהֲרֹן אֶת מִשְׁפַּט בְּנֵי יִשְׂרָאֵל עַל לִבּוֹ **לִפְנֵי ה'** תָּמִיד" (שמות כ"ח, כט-ל). מאחר שהקשר הציווי הוא כניסתו של אהרון למרחב

דובר עליהם למעלה" (שמות, עמ' 282). אולם, מעבר לכך שביאור זה סותר את הלכות חז"ל שהקפידו שלא יהיה דבר חוצץ בין הבגדים לגופם של הכוהנים, הוא גם לא יוצא מגדר השערה בעלמא. לא מצאנו בכתובים רמז ללבישת בגדים מעין אלו.

67. כך הציע סטיוארט ביחס למשיחת בני אהרון (שמות, עמ' 622, הערה 438).

המקודש, מתאים גם לשמוע על פעמוני המעיל שקשורים בדבר זה בדיוק: ״וְהָיָה עַל אַהֲרֹן לְשָׁרֵת וְנִשְׁמַע קוֹלוֹ בְּבֹאוֹ אֶל הַקֹּדֶשׁ לִפְנֵי ה׳ וּבְצֵאתוֹ וְלֹא יָמוּת״ (כ״ח, ל), וגם הציץ צריך להיות על מצח אהרון ״לפני ה׳״ (כ״ח, לח).

למרות הדגשה חוזרת זו ביחס לבגדי אהרון המוזכרים בפרק, בתיאור בגדי בני אהרון אין רמז לכניסה פנימה. אומנם גם הם זקוקים לבגדי כהונה שהרי הם משרתי המזבח, אך בגדיהם אינם ׳בגדי קודש׳, אלא הם מאפשרים להם להיכנס אל החצר בלבד. לאור זאת, יש לקרוא את פסוק ציווי המכנסיים כפסוק מפוצל: ״וְהָיוּ עַל אַהֲרֹן וְעַל בָּנָיו בְּבֹאָם אֶל אֹהֶל מוֹעֵד אוֹ בְגִשְׁתָּם אֶל הַמִּזְבֵּחַ לְשָׁרֵת בַּקֹּדֶשׁ וְלֹא יִשְׂאוּ עָוֹן וָמֵתוּ חֻקַּת עוֹלָם לוֹ וּלְזַרְעוֹ אַחֲרָיו״ (שמות כ״ח, מג). ״בבאם אל אהל מועד״ חוזר אל אהרון, ואילו ״בגשתם אל המזבח״ חוזר אל בניו.

לאור כך, ייתכן שכבר כותרת הכנת הבגדים רומזת להתקרבותם של הכוהנים אל המשכן: ״וְאַתָּה הַקְרֵב אֵלֶיךָ אֶת אַהֲרֹן אָחִיךָ וְאֶת בָּנָיו אִתּוֹ מִתּוֹךְ בְּנֵי יִשְׂרָאֵל לְכַהֲנוֹ לִי״ (שמות כ״ח, א). אפשר כמובן לקרוא את הדרישה הפותחת את הפסוק – ״הַקְרֵב אֵלֶיךָ״ – כביטוי מטפורי שמורה על הבדלה בין אהרון ובניו לבין שאר ישראל. אך אפשר לראות זאת גם באופן מילולי – משה כנציג המשכן נדרש לקרב אליו את הכוהנים, ולשם כך באה הדרישה לאורך הפרק כולו לעשיית בגדים מיוחדים.

במובן מסוים אפשר להשוות זאת מצד אחד למרדכי המנוע מלהיכנס בשער המלך כשהוא לובש שק (אסתר ד׳, ב); ומצד שני לבגדו של בועז שרות מבקשת להתעטף בו, כסמל לכך שהיא תצטרף לביתו כאשתו (רות ג׳, ט; וראו גם יחזקאל ט״ז, ח). גם למשכנו של ה׳ לא ניתן להיכנס בבגדי חולין, אך בגדי הקודש מעידים שהכוהנים שייכים לה׳ ולביתו.

מאחר שתפקיד הבגדים להפוך את הכוהנים למשרתי ה׳ שיכולים לבוא אל משכנו, ברור הסדר ששלושת המרכיבים נזכרים בהם בפרשות העוסקות בהכשרת הכוהנים. הסדר הוא: הלבשתם בבגדים; משיחתם בשמן; מילוי ידיהם. כדוגמה ניתן לפנות שוב לפסוק החותם את הציווי על עשיית הבגדים: ״וְהִלְבַּשְׁתָּ אֹתָם אֶת אַהֲרֹן אָחִיךָ וְאֶת בָּנָיו אִתּוֹ / וּמָשַׁחְתָּ אֹתָם / וּמִלֵּאתָ אֶת יָדָם וְקִדַּשְׁתָּ אֹתָם וְכִהֲנוּ לִי״ (שמות כ״ח, מא, וראו גם סדר הפעולות בשמות כ״ט; שמות מ׳, יג-טו). יש כמובן גם נימוק טכני לסדר זה – רק לאחר שהכוהן לבוש בגדים מתאים למשוח אותו, ורק אז מתאים שיקריב את קורבנותיו.[68] אולם סדר הרכיבים מותאם גם לתכלית שהם ממלאים: הבגדים מאפשרים לכוהנים להיכנס אל המרחב המקודש; המשיחה בשמן

68. השוו: סטיוארט, שמות, עמ׳ 617.

'מקדשת' את הכוהנים עצמם, והיא מאפשרת להם לגשת אל המזבח שהוא קודש קדשים; וכפי שנראה להלן, מילוי ידיהם מבקש להשיג את השלב השלישי הקשור בעבודה ייחודית וספציפית.

איל המילואים

ייחודם של ימי המילואים בתהליך הכשרת הכוהנים בולט דווקא בהיעדרם מן הציווי על הקמת המשכן בשמות מ'. שם נראה שיש צורך הן במשיחה הן בהלבשת הבגדים, אך אין שם רמז לצורך בקורבנות ייחודיים שעל הכוהנים להביא:

> וְהִקְרַבְתָּ אֶת אַהֲרֹן וְאֶת בָּנָיו אֶל פֶּתַח אֹהֶל מוֹעֵד וְרָחַצְתָּ אֹתָם בַּמָּיִם. וְהִלְבַּשְׁתָּ אֶת אַהֲרֹן אֵת בִּגְדֵי הַקֹּדֶשׁ וּמָשַׁחְתָּ אֹתוֹ וְקִדַּשְׁתָּ אֹתוֹ וְכִהֵן לִי. וְאֶת בָּנָיו תַּקְרִיב וְהִלְבַּשְׁתָּ אֹתָם כֻּתֳּנֹת. וּמָשַׁחְתָּ אֹתָם כַּאֲשֶׁר מָשַׁחְתָּ אֶת אֲבִיהֶם וְכִהֲנוּ לִי וְהָיְתָה לִהְיֹת לָהֶם מָשְׁחָתָם לִכְהֻנַּת עוֹלָם לְדֹרֹתָם (שמות מ', יב-טו).[69]

הציווי כאן דומה למדי לתהליך המתואר בימי המילואים – על משה 'להקריב' את אהרון ואת בניו אל פתח אוהל מועד; לרחוץ אותם במים; להלביש את אהרון בבגדי קודש ואת בניו בכותונות; ולמשוח אותם – אך דווקא משום כך מטרידה ההתעלמות מהרכיב החסר: מערכת הקורבנות שמפורטת בהרחבה בשמות כ"ט ובוויקרא ח', איננה נרמזת בפסוקים אלו. הדבר מלמד שלקורבנות נועד תפקיד ייחודי, ולא הם המשיגים לכוהנים את 'קדושתם' ואת 'כהונתם' (מ', יג), שהרי לשם כך די בשמן ובבגדים.

יש לשים לב לכך שלצד הלבשת אהרון ומשיחתו בשמן נאמר "וְקִדַּשְׁתָּ אֹתוֹ וְכִהֵן לִי". לאור הצעתנו שהבגדים משיגים את 'הכהונה', והשמן משיג את 'הקדושה', מתברר שהפסוק כתוב באופן כיאסטי: א. וְהִלְבַּשְׁתָּ אֶת אַהֲרֹן / ב. וּמָשַׁחְתָּ אֹתוֹ / ב1. וְקִדַּשְׁתָּ אֹתוֹ / א1. וְכִהֵן לִי.[70] הבגדים הנזכרים בהתחלה הם המביאים את הכהונה

69. השוו אל שמאע, המכילתות, עמ' 180-181. גם הוא עמד על זיקת פסוקים אלו לפסוקי הציווי בשמות כ"ט, ולדעתו זו עיקר מטרתם – לשלב את ציווי ימי המילואים בפרשה זו, שלולא הם, מציגה תפיסה שונה בנוגע לתהליך התקדשות המשכן.

70. תמונה מעט שונה עולה אצל בני אהרון. גם עליהם נאמר שיש להלבישם ולמשוח אותם "כַּאֲשֶׁר מָשַׁחְתָּ אֶת אֲבִיהֶם", אולם בתיאור תכלית הדבר נזכרת רק כהונתם – "וְכִהֲנוּ לִי", ללא אזכור קדושתם. האם אפשר להסיק מחיסרון זה על קדושה מיוחדת שמושגת לאהרון במשיחתו בשמן, קדושה שאין לבניו? קשה להכריע בשאלה זו על סמך נתון זה, וייתכן שמדובר בגיוון כתיבה בלבד.

הנזכרת בסוף; המשיחה בשמן שנזכרת באמצע, היא היוצרת את הקדשת אהרון, שנזכר בסמוך לה.

ברורה אם כן תרומת הבגדים והמשיחה בשמן להכשרת הכוהנים. מה אם כן עוד חסר, ושלמענו יש צורך במערכת הקורבנות המסועפת בימי המילואים?

עיקר וטפל בימי המילואים

לשם עמידה על מטרת ימי המילואים יש תחילה לברר מהו מוקד הטקס. כל שלושת המרכיבים נזכרים בתיאור ימי המילואים שבוויקרא ח׳ – הבגדים (ח׳, ז-ט, יג), שמן המשחה (ח׳, יב, ל), וכמובן הקורבנות. משום כך נדמה לעיתים שימי המילואים מתמקדים בכל שלושת המרכיבים בשווה.[71] אולם באמת, מבט נוסף יגלה שהקורבנות, ובראשם איל המילואים, הם מוקד ימי המילואים, ואין לראות בשני הרכיבים האחרים המוזכרים בפרק זה חלק מרכזי שלו.

נקל לעמוד על הדבר מתוך השוואת ימי המילואים המתוארים בוויקרא ח׳, לציווי שנמסר בשמות כ״ט. ויקרא ח׳ פותח ברשימת הדברים שמשה נדרש 'לקחת' (ויקרא ח׳, א-ג):

קַח:

1. אֶת אַהֲרֹן וְאֶת בָּנָיו אִתּוֹ
2. וְאֵת הַבְּגָדִים
3. וְאֵת שֶׁמֶן הַמִּשְׁחָה
4. וְאֵת פַּר הַחַטָּאת
5. וְאֵת שְׁנֵי הָאֵילִים
6. וְאֵת סַל הַמַּצּוֹת.

גם בציווי שבשמות כ״ט יש פירוט של הדברים שמשה צריך לקחת, אך שם משה נדרש לקחת את הקורבנות בלבד (שמות כ״ט, א-ג):

וְזֶה הַדָּבָר אֲשֶׁר תַּעֲשֶׂה לָהֶם לְקַדֵּשׁ אֹתָם לְכַהֵן לִי לְקַח

4. פַּר אֶחָד בֶּן בָּקָר

71. כך למשל חשב ויינל, ששמות כ״ט הוא המקור המרכזי גם להבנת תפקיד המשיחה בשמן (ויינל, משה, עמ׳ 34).

5. וְאֵילִם שְׁנַיִם תְּמִימִם.
6. וְלֶחֶם מַצּוֹת וְחַלֹּת מַצֹּת בְּלוּלֹת בַּשֶּׁמֶן... וְנָתַתָּ אוֹתָם עַל סַל אֶחָד.

ברשימת הדברים שיש לקחת נעדרים הבגדים ושמן המשחה, וחושפים בכך את משניותם בימים אלו. מאחר שתיאור ימי המילואים בוויקרא ח׳ הוא מימוש של ציוויים שונים (במיוחד שמות כ״ט, אך גם שמות מ׳),[72] כלולים בו גם הלבשת הכוהנים בבגדיהם וגם שמן המשחה, שהרי גם אלה תנאי בהקדשת הכוהנים, אך מבחינת מטרת ימי המילואים הם נספח לרכיב המרכזי, שהוא איל המילואים.

אומנם, גם בציווי על ימי המילואים שבספר שמות יש התייחסות לשמן ולבגדים, אך ניכר שההתייחסות אליהם משנית. לאחר רשימת הדברים שעל משה ׳לקחת׳, נאמר שעל משה לרחוץ במים את הכוהנים ׳שהקריב׳ – ובכך כבר מתחיל תיאור מעשה היום – ורק לאחר מכן מצוּוֶה משה לקחת גם את הבגדים (שמות כ״ט, ה) וגם את שמן המשחה (שמות כ״ט, ז).

היעלמות הבגדים והשמן מהציווי הפותח את שמות כ״ט חושפת שניתן להצביע על הקורבנות, ובעיקר על הקרבת איל **המילואים** כפעולה המרכזית שתפקידה **למלא** את ידי הכוהנים,[73] לצד ישיבתם שבוע ימים בפתח אוהל מועד: ״וּמִפֶּתַח אֹהֶל מוֹעֵד לֹא תֵצְאוּ שִׁבְעַת יָמִים עַד יוֹם מְלֹאת יְמֵי מִלֻּאֵיכֶם כִּי שִׁבְעַת יָמִים יְמַלֵּא אֶת יֶדְכֶם״ (ויקרא ח׳, לג).

שלא כמו הבגדים שהלובש אותם יכול ׳לכהן׳, ושלא כמו השמן שהנמשח בו

72. הדבר נכון לא רק ביחס לכוהנים, אלא גם ביחס למשיחת המשכן וכליו שמתוארת בימי המילואים (ויקרא ח׳, י–יא), ואשר אינה נזכרת כלל בציווי שבשמות כ״ט, אך היא מימוש מדויק של מה שנדרש משה לעשות בשמות מ׳, ט–יא (ראו במיוחד אצל פלמינג, משיחת כוהנים, עמ׳ 411–413).

73. ויינל, משח, עמ׳ 46. סניידרס (מלא, עמ׳ 303) כתב שהמונח ׳מילואים׳ מגדיר בימי המילואים הן את האיל כמובן; הן את הבשר (שמות כ״ט, לד); הן את העולה (ויקרא ח׳, כח); הן את סל המצות (ויקרא ח׳, לא); והן את שבעת הימים (ויקרא ח׳, לג). אולם ניסוח זה תלוי על כמה הכרעות פרשניות. אכן, איל המילואים והסל שנלווה אליו הם ׳מילואים׳, וגם שבעת הימים מוגדרים כימי מילואים. אך ביחס לעולה ולימים עצמם יש מקום לספק. סניידרס מפנה לפסוקים הבאים ביחס לעולה: ״עַל הָעֹלָה מִלֻּאִים הֵם לְרֵיחַ נִיחֹחַ אִשֶּׁה הוּא לַה׳״. אכן המונח ׳מילואים׳ סמוך בפסוק לקורבן העולה, אך הקשר הפסוק מלמד ש׳המילואים׳ מתייחסים לאיל המילואים ולסל המצות: ״וַיַּקְרֵב אֶת הָאַיִל הַשֵּׁנִי אֵיל הַמִּלֻּאִים... וּמִסַּל הַמַּצּוֹת אֲשֶׁר לִפְנֵי ה׳ לָקַח חַלַּת מַצָּה אַחַת וְחַלַּת לֶחֶם שֶׁמֶן אַחַת וְרָקִיק אֶחָד וַיָּשֶׂם עַל הַחֲלָבִים וְעַל שׁוֹק הַיָּמִין. וַיִּתֵּן אֶת הַכֹּל עַל כַּפֵּי אַהֲרֹן וְעַל כַּפֵּי בָנָיו וַיָּנֶף אֹתָם תְּנוּפָה לִפְנֵי ה׳. וַיִּקַּח מֹשֶׁה אֹתָם מֵעַל כַּפֵּיהֶם וַיַּקְטֵר הַמִּזְבֵּחָה עַל הָעֹלָה מִלֻּאִים הֵם לְרֵיחַ נִיחֹחַ אִשֶּׁה הוּא לַה׳״ (ויקרא ח׳, כב–כח). נושא הפסוקים הם חלבי האיל ומצות מייצגות מסל המצות, ואותם מגדיר הפסוק כ״מִלֻּאִים הֵם״ (בלשון רבים).

׳מתקדש׳, קורבנות ימי המילואים – ובעיקר איל המילואים – הם מוקד פרשת ימי המילואים, והמקריב אותם ׳ממלא את ידיו׳.[74] השגת ׳מילוי הידיים׳ דרך הקרבת קורבנות עולה במקראות נוספים, כמו: ״וַתַּעֲשׂוּ לָכֶם כֹּהֲנִים כְּעַמֵּי הָאֲרָצוֹת כָּל הַבָּא לְמַלֵּא יָדוֹ בְּפַר בֶּן בָּקָר וְאֵילִם שִׁבְעָה וְהָיָה כֹהֵן לְלֹא אֱלֹהִים״ (דה״ב י״ג, ט). היו שגם טענו שיש לוויקרא ח׳ מבנה קונצנטרי, שמרכזו הקרבת הקורבנות, ואם הצדק איתם, הרי שגם מבנה הפרק מבליט את מרכזיות הקורבנות דווקא.[75] האתגר הפרשני שמלווה את ימי המילואים הוא אם כן, מה המשמעות של ׳מילוי ידיים׳, וכיצד יש בכוחו של איל המילואים לעשות זאת. מהו מרכיב הכהונה הספציפי שמילוי הידיים עוסק בו?

הצירוף ׳למלא יד כוהן׳ נזכר במקרא שש עשרה פעמים, ומקובל להניח שמשמעות הצירוף ׳מילוי ידיים׳ היא קבלת מינוי לתפקיד מסוים, כפי שעולה למשל ממינוי הלוויים לתפקידם לאחר חטא העגל: ״וַיֹּאמֶר מֹשֶׁה מִלְאוּ יֶדְכֶם הַיּוֹם לַה׳ כִּי אִישׁ בִּבְנוֹ וּבְאָחִיו וְלָתֵת עֲלֵיכֶם הַיּוֹם בְּרָכָה״ (שמות ל״ב, כט), או ממינוי הנער הלוי בסיפור פסל מיכה: ״וַיְמַלֵּא מִיכָה אֶת יַד הַלֵּוִי וַיְהִי לוֹ הַנַּעַר לְכֹהֵן״ (שופטים י״ז, יב).[76] היו שניסו למצוא רקע ממשי הקשור במילוי ידיים שעומד מאחורי מטבע הלשון, אך גם אם יש רקע כזה, בפרשתנו הצירוף הוא כבר מטבע לשון מופשט, כטענתו של ז׳ואון:

> בשני טקסטים (שמות כ״ט, לה; ויקרא ח׳, לג), מילוי הידיים צריך להימשך שבעה ימים. איזו פעולה קונקרטית אשר תהא איננה יכולה להימשך שבעה ימים... מי שרוצה לראות בטקסטים שלנו פעולה פיזית – מילוי של יד – מסתמך על שמות כ״ט, כד, ששם נאמר שיש להניח את הלחמים והחלבים על שתי כפות הידיים: ״ושמת הכל על כפי אהרן״. אולם אדרבה, מכאן יש מקום לטעון כנגד עמדה זו. אם הכתוב מגיב לפעולה הפיזית של הידיים, קשה להבין מדוע לא

74. תיאור הקטרת איל המילואים נאמר בלשון רבים – ״מִלֻּאִים הֵם לְרֵיחַ נִיחֹחַ אִשֶּׁה הוּא לַה׳״ (ויקרא ח׳, כח) – ותאורטית ניתן היה להציע שהכתוב חוזר לקורבנות כולם, ושהם אלו הממלאים ידי הכוהנים. אך הצדק עם בולה שכתב (באפשרות השנייה בפירושו): ״כינוי הרבים ׳הם׳ בא במקום כינוי היחיד בהשפעת הריבוי של ׳מילואים׳. וכן הרבה, כמו: ׳קשת גברים חתים׳״ (בולה, ויקרא, עמ׳ קלט).

75. קלינגבייל, מבנה תחבירי, עמ׳ 510.

76. השוו גם: ״וַיַּעַשׂ מִקְצוֹת הָעָם כֹּהֲנֵי בָמוֹת הֶחָפֵץ יְמַלֵּא אֶת יָדוֹ וִיהִי כֹּהֲנֵי בָמוֹת״ (מל״א י״ג, לג); ״וַיַּעַן יְחִזְקִיָּהוּ וַיֹּאמֶר עַתָּה מִלֵּאתֶם יֶדְכֶם לַה׳ גֹּשׁוּ וְהָבִיאוּ זְבָחִים וְתוֹדוֹת לְבֵית ה׳״ (דה״ב כ״ט, לא). חוקרים שונים הצביעו על הצירוף האכדי *mullû qātā* שמשמעותו ׳למנות אדם לתפקיד׳, כניצב בבסיס צירוף זה (ראו עוד אצל סניידרס, מלא, עמ׳ 302).

נעשה כאן שימוש במילים אלה. היה צריך להיכתב: 'ומילאת יד/כפי אהרון'. במקום זאת נעשה שימוש במילים אחרות לגמרי, שכלל לא מתארות את מילוי היד, אלא עוקבות אחר חלקי הקורבן שמונחים על כפי אהרון הפתוחות.[77]

הצדק עם טענתו, אך גם אם משמעות 'מילוי ידיים' הוא 'מינוי', נדמה שאפשר להצביע על תפקיד כוהני ספציפי שנלווה למינוי שמושג בימי המילואים.

האם איל המילואים הוא שלמים?

כדי להבין את תרומת איל המילואים לתהליך הכשרת הכוהנים לתפקידם יש לדון בשאלה בסיסית יותר – האם איל המילואים הוא קורבן שלמים? לכל מי שבקי בסוגיות העוסקות באיל המילואים התשובה ברורה – אכן איל המילואים הוא סוג של שלמים: "מלמד שהמילואים שלמים לאהרן ולבניו" (מכילתא דמילואים, צו, כ). היו אף שטענו שאיל המילואים ניצב בשמות כ"ט כסיפור בסיס אטיולוגי שתרומת חזה ושוק מכל זבח השלמים נשענת עליו.[78] אכן נראה שבהקטרת שוק הימין של איל המילואים, וכיכרות הלחם מסל המצות (כב-כג), מתקדשים חלקים אלו, ומעתה הם יינתנו לכוהנים מכל זבח שלמים (כז-כח). אם איל המילואים הוא דוגמה לאשר יש לעשות תמיד "מִזִּבְחֵי שַׁלְמֵיהֶם", סביר שאיל המילואים הוא סוג של קורבן זה, ולכן יכול לשמש לו דוגמה. דיניו של איל המילואים באמת זהים לדיניו של זבח שלמים: אופן זריקת הדם על המזבח; הקטרת החלבים; הבאתו עם סל מצות; ובמיוחד – בישולו ואכילתו על ידי הכוהנים, ללא החזה והשוק שהוסרו ממנו.

רש"י אף טען שיש שיתוף סמנטי בין 'מילואים' – מלשון מילוי, לבין 'שלמים' – מלשון השלמה (רש"י לשמות כ"ט, כב), וכביאורו של המהר"ל לרש"י במקום:

'כי איל מלואים הוא שלמים לשון שלימות שהושלם בכל' (עד כאן ציטוט רש"י) – פירוש, כי "מלואים" שאמר רוצה לומר שהוא שלמים, כי מילואים הוא לשון שלימות, שכל מלא הוא שלם, וכן לשון "שלמים" לשון שלמות, ולפיכך פירוש של "מלואים" – שלמים (גור אריה לשמות כ"ט, כב).

77. ז'ואון, ביטויים, עמ' 64.
78. האייט, שמות, עמ' 247; קאהן, כוהנים.

זו העמדה המקובלת, ובבסיסה היא ודאי נכונה, ויש לראות את איל המילואים כטיפוס של שלמים. אולם הגדרת איל המילואים מורכבת יותר.

ראשית, משום מה, בשום מקום לא נאמר שאיל המילואים הוא 'שלמים', אלא שמו בכל מקום הוא 'מילואים', כמו: "מִלֻּאִים הֵם לְרֵיחַ נִיחֹחַ אִשֶּׁה הוּא לַה'" (ויקרא ח', כח). כינוי זה נעדר לחלוטין מתיאור איל זה גם במקום שבו מנומקים דיני הקורבן על רקע הגדרתו הקורבנית, ומתאים היה למצוא שם שהוא שלמים: "וְלָקַחְתָּ מִן הָאַיִל הַחֵלֶב וְהָאַלְיָה וְאֶת הַחֵלֶב הַמְכַסֶּה אֶת הַקֶּרֶב וְאֵת יֹתֶרֶת הַכָּבֵד וְאֵת שְׁתֵּי הַכְּלָיֹת וְאֶת הַחֵלֶב אֲשֶׁר עֲלֵיהֶן וְאֵת שׁוֹק הַיָּמִין כִּי אֵיל מִלֻּאִים הוּא" (שמות כ"ט, כב). בהנחה שסוף הפסוק מנמק את דיני הקרבת החלבים (ולא רק שוק הימין) ההפתעה באמת גדולה. נימוק ברור יותר היה יכול להיות החובה להקריב את החלבים מפני ש'איל שלמים הוא', והרי דין השלמים ידוע. מקום טוב לחוש בדבר זה הוא בחתימה של רשימת הקורבנות השנייה שבפרשת צו שכבר נידונה לעיל: "זֹאת הַתּוֹרָה לָעֹלָה לַמִּנְחָה וְלַחַטָּאת וְלָאָשָׁם וְלַמִּלּוּאִים וּלְזֶבַח הַשְּׁלָמִים" (ויקרא ז', לז). הנה ניצב ברשימה זו קורבן המילואים כקורבן עצמאי לצידו של זבח השלמים. רבי אברהם סבע היה ער לכך וכתב:

> ולפי שאמר בכאן 'ולמילואים', ואמרנו למעלה, שאף על פי שהוא בכלל השלמים, שהוא מין בפני עצמו, והוא רמז לקרבנות שמונת ימי המילואים (צרור המור לוויקרא ח', ב).

שנית, גם מהבחינה ההלכתית יש חריגות בולטות בין המילואים לשלמים – במיוחד בכל הקשור לאכילת הקורבן. את שלמי הנדר והנדבה ניתן לאכול במשך יומיים, ואילו על איל המילואים נאמר: "וְאִם יִוָּתֵר מִבְּשַׂר הַמִּלֻּאִים וּמִן הַלֶּחֶם עַד הַבֹּקֶר וְשָׂרַפְתָּ אֶת הַנּוֹתָר בָּאֵשׁ לֹא יֵאָכֵל כִּי קֹדֶשׁ הוּא" (שמות כ"ט, לד). מאחר שלא נראה שמדובר בשלמי תודה, מקום מתבקש היה לצפות שאת איל המילואים ניתן יהיה לאכול יומיים. לו היה מדובר כאן רק במשך זמן האכילה המצומצם, עוד ניתן היה להסתפק בהסבר שרואה זאת כתוצאה מכך שהוא קורבן חובה;[79] אולם משך זמן האכילה המוגבל מצטרף לעוד שתי חריגות: מקום בישול הקורבן ואכילתו הוגבלו למקום קדוש, ולפתח אוהל מועד, כפי שהפסוקים חוזרים ומדגישים (שמות כ"ט, לא-לד), ומפתיעה עוד יותר הדרישה שרק הכוהנים הזכרים יאכלו מהקורבן: "וְזָר לֹא יֹאכַל כִּי קֹדֶשׁ הֵם" (שמות כ"ט, לג).

79. כפי שטען למשל אנדרסון, קורבנות, עמ' 878.

מאחר ששלמים רגילים נאכלים גם על ידי 'זרים', ומאחר שבחטיבת הקורבנות הם כלל אינם מוגדרים כקדושים, יש בהגדרת האוכלים חריגה בולטת מדיני השלמים הכללי.

דיני האכילה הייחודיים, בצירוף ההימנעות העקיבה מלהגדיר את המילואים כשלמים, מובילים לדיון המרכזי שבו יש להתמקד – עבודת הדם החריגה שנעשתה באיל המילואים: "וְלָקַחְתָּ מִדָּמוֹ וְנָתַתָּה עַל תְּנוּךְ אֹזֶן אַהֲרֹן וְעַל תְּנוּךְ אֹזֶן בָּנָיו הַיְמָנִית וְעַל בֹּהֶן יָדָם הַיְמָנִית וְעַל בֹּהֶן רַגְלָם הַיְמָנִית וְזָרַקְתָּ אֶת הַדָּם עַל הַמִּזְבֵּחַ סָבִיב" (שמות כ"ט, כ).

לצד זריקת הדם על המזבח – כדינו הרגיל של זבח שלמים – דם הקורבן ניתן כאן גם על אוזניהם ועל בהונות ידיהם ורגליהם של הכוהנים.[80] בשל הזיקה של טקס זה לטקס טהרת המצורע (ויקרא י"ד, יד-יח), היו שטענו שאין במתן דם זה הקדשה אלא היטהרות בלבד.[81] אולם דווקא ההשוואה למצורע מלמדת שמטרת הנחת הדם על הגוף לא מבקשת להשיג טהרה. היטהרות המצורע אינה תלויה בדם האשם אלא בחטאת ובעולה שהוא מביא ביום השמיני לטהרתו. הטמאים האחרים – יולדת, זב וזבה – מוכיחים שדי בצמד הקורבנות חטאת ועולה כדי להשלים את הטהרה. סביר יותר, שדם האשם, בצירוף שמן, המונחים על גוף המצורע קשורים בקליטתו המחודשת במחנה ישראל לאחר שכבר נטהר. המצורע המיטהר מוזמן לשוב אל המזבח ואל המשכן, לאחר שהיה מנודה מחוץ למחנה תקופה ארוכה. דבר דומה מתממש גם אצל הכוהנים, אולם יש הבדל בין שני הטקסים, הבדל שחושף את מרחב הפעולה השונה שלהם. דם איל המילואים ניתן על הכוהנים פעמיים: בפעם השנייה הוא נלקח מהמזבח ומוזה שוב על הכוהנים (ויקרא ח', ל), שלב שחסר אצל המצורע. לשון אחר, איל המילואים קושר את הכוהנים במיוחד אל המזבח.

אפשר להשוות את פעולת איל המילואים על הכוהנים לפעולת פר החטאת בימי המילואים. התקדשות המשכן וכליו בימי המילואים נעשית בשני מודלים שונים. המשכן וכליו התקדשו במשיחה בשמן בלבד (ויקרא ח', י). אולם המזבח נצרך לשתי פעולות: הראשונה, כשאר כלי המשכן, בשמן המשחה (ויקרא ח', י), אך לצד זאת הוא נדרש גם לנתינת דם פר החטאת על קרנותיו, וגם מטרת דבר זה היא לחטאו ולקדשו: "וַיְחַטֵּא אֶת הַמִּזְבֵּחַ... וַיְקַדְּשֵׁהוּ לְכַפֵּר עָלָיו" (ויקרא ח', טו).

80. מודל זה מזכיר את שהתרחש בברית סיני. גם שם לקח משה חצי מהדם וזרק על המזבח, ואת חציו השני שם באגנות וזרק על העם: "וַיִּקַּח מֹשֶׁה אֶת הַדָּם וַיִּזְרֹק עַל הָעָם וַיֹּאמֶר הִנֵּה דַם הַבְּרִית אֲשֶׁר כָּרַת ה' עִמָּכֶם עַל כָּל הַדְּבָרִים הָאֵלֶּה" (שמות כ"ד, ח). לפי זה, אולי יש נימה של כריתת ברית בזריקת דם זו, גם ביחס לכוהנים. ראו עוד בכיוון קריאה זה אצל ויינל, משה, עמ' 39.

81. אברהרט, קורבנות, עמ' 222–288.

הכשרת הכוהנים אחוזה במודל המזבח שזקוק להקדשה נוספת בדם קורבן, מלבד שמן המשחה. הצירוף שנאמר ביחס לחיטוי המזבח – "**וַיְקַדְּשֵׁהוּ לְכַפֵּר** עָלָיו", נאמר באופן דומה גם ביחס להשפעת איל המילואים על הכוהנים: "וְאָכְלוּ אֹתָם אֲשֶׁר **כֻּפַּר** בָּהֶם לְמַלֵּא אֶת יָדָם **לְקַדֵּשׁ** אֹתָם" (שמות כ״ט, לג). עוד נדון בפסוק זה להלן, אולם הדמיון שבפסוקים חורג כמובן מהתחום הלשוני אל התחום המשפטי: הכוהנים – כמו המזבח – אינם יכולים להסתפק במשיחתם בשמן המשחה, ועליהם לעבור גם תהליך דומה לתהליך שעבר המזבח.

ואכן, השימוש בפועל ׳נתינה׳ ביחס לדם האיל שיש לשים על גוף הכוהנים – "**וְלָקַחְתָּ מִדָּמוֹ וְנָתַתָּה עַל** תְּנוּךְ אֹזֶן אַהֲרֹן..." (שמות כ״ט, כ) – מלמד על הדמיון שבין מתן זה לקורבן חטאת, שרק בו משולב פועל הנתינה, ולצידו גם הפועל ׳לקחת׳: "**וְלָקַח** הַכֹּהֵן **מִדָּמָהּ** בְּאֶצְבָּעוֹ **וְנָתַן עַל** קַרְנֹת מִזְבַּח הָעֹלָה" (ויקרא ד׳, ל). קשה לומר שתפקיד דם האיל הוא ׳לחטא׳ את הכוהנים – בדומה לתפקיד קורבן חטאת שניתן על המזבח,[82] שהרי דווקא לדם החטאת יש יכולת חיטוי, וקשה להאמין שאיל המילואים, הדומה לשלמים, משמש בדרך דומה.

אולם הדמיון בין איל המילואים לחטאת חושף דבר מה יסודי באופי פעולת הדם של איל המילואים. בקורבנות אחרים שבהם ׳זורקים׳ את הדם על המזבח, מקריבים אותו כמתנה לגבוה, ואילו ב׳נתינת׳ דם חטאת, הדם פועל על המקום שבו הוא ניתן. אם מדובר בחטאת – תפקידו לחטא; אם מדובר באיל המילואים – תפקידו לפעול על הכוהנים ולהכשירם לדבר מה, גם אם לא כחיטוי.[83]

מהו אם כן אותו דבר שאיל המילואים מבקש לעשות בגופם של הכוהנים? מדוע באמת הכוהנים דומים בפרשה זו למזבח, ולא לשאר כלי המשכן שהסתפקו במשיחה בשמן? היו שהציעו ש׳מילוי ידי הכוהנים׳ רומז במיוחד לחלק שמגיע לידיהם מהקורבנות.[84] יש לאחוז בכיוון זה אך להיות מדויקים יותר: אין מדובר בהכשרתם

82. ראו מילגרום, ויקרא, כרך א, עמ׳ 528–529. ראו אצלו גם בעמוד 528 את ההצעה של דרייבר, שהנתינה על האוזן, היד והרגל נועדה להכשיר את הכוהנים לשמוע את מצוות ה׳ באוזנם, לעבוד בידיהם וללכת ברגלם, כדי לקיים את עבודת המשכן.

83. זבח שמשמש באופן דומה למתואר כאן הוא זבח הפסח שעשו ישראל במצרים. יש מקום להתלבטות עד כמה פסח מצרים מייצג קורבן, אך ׳נתינת׳ דם שלא על מזבח (אלא על המזוזות והמשקוף), לצד ההתמקדות באכילת הקורבן במשך לילה אחד בלבד, יוצרת שיתוף מעניין בין שני זבחים אלו, שגם אם הם תחת חסות קורבן השלמים הם גם נפרדים ממנו. כשם שזבח הפסח מגדיר את בתי ישראל במצרים ׳כבית ישראלי׳, כך גם איל המילואים מבקש לפעול על הכוהנים עצמם.

84. לסקירה של עמדה זו, כמו גם להסתייגויות ממנה, ראו: סניידרס, מלא, עמ׳ 302–303. הטוענים

לקבל מתנה במובן קנייני, אלא תפקיד איל המילואים הוא להכשיר את הכוהנים **לאכילת הקורבנות**. מילוי ידי הכוהנים בשבעת ימים אלו נועד בעיקרו להכשיר את הכוהנים לאכילת הקורבן; התהליך הכפול שהם עוברים אכן דומה להקדשת המזבח – אוכֵל הקורבנות – שהתרחש גם הוא בשני שלבים.

הביסוס המרכזי לטענה זו הוא שהאכילה היא הפעולה הראשונה, והיחידה, שהכוהנים עושים בשבעת ימי המילואים באופן אקטיבי. לאחר הזאה חוזרת על הכוהנים משמן המשחה ומן הדם שכבר היו על המזבח (ויקרא ח', ל), משה מצווה את אהרון ואת בניו לבשל את האיל ולאכול אותו – עם הלחם שבסל המצות – בפתח אוהל מועד: "וַיֹּאמֶר מֹשֶׁה אֶל אַהֲרֹן וְאֶל בָּנָיו בַּשְּׁלוּ אֶת הַבָּשָׂר פֶּתַח אֹהֶל מוֹעֵד וְשָׁם תֹּאכְלוּ אֹתוֹ וְאֶת הַלֶּחֶם אֲשֶׁר בְּסַל הַמִּלֻּאִים כַּאֲשֶׁר צִוֵּיתִי לֵאמֹר אַהֲרֹן וּבָנָיו יֹאכְלֻהוּ" (ח', לא). יושם לב במיוחד לסיום הפסוק: משה מדגיש שיש ציווי לאכול, ואף מצטט את הדרישה – "אַהֲרֹן וּבָנָיו יֹאכְלֻהוּ". לכאורה, דין זה אינו שונה משאר פעולות משה בפרק, שגם הן היו בציווי. מדוע דווקא ביחס לדרישה זו מובלט שזה בצו ה'? אין זאת אלא דרך למקד את התהליך בנקודת שיא זו ולמקד בה את הקורא.[85] היום חתר לציווי זה – אהרון ובניו יאכלוהו, בצו ה'.

לשון אחר, מילוי ידי הכוהנים בפרשת המילואים מתמקדת בהכשרת פיהם לאכילת הקורבנות. דבר זה מושג על ידי הקרבת איל המילואים, הזאת דמו על הכוהנים ואכילתו. קל לחוש עד כמה אכילת הכוהנים את האיל קשורה במילוי ידיהם, כבר בציווי בשמות כ"ט:

וְאֵת אֵיל הַמִּלֻּאִים תִּקָּח
וּבִשַּׁלְתָּ אֶת בְּשָׂרוֹ בְּמָקֹם קָדֹשׁ.
וְאָכַל אַהֲרֹן וּבָנָיו אֶת בְּשַׂר הָאַיִל וְאֶת הַלֶּחֶם אֲשֶׁר בַּסָּל פֶּתַח אֹהֶל מוֹעֵד.
וְאָכְלוּ אֹתָם אֲשֶׁר כֻּפַּר בָּהֶם לְמַלֵּא אֶת יָדָם לְקַדֵּשׁ אֹתָם
וְזָר לֹא יֹאכַל כִּי קֹדֶשׁ הֵם.
וְאִם יִוָּתֵר מִבְּשַׂר הַמִּלֻּאִים וּמִן הַלֶּחֶם עַד הַבֹּקֶר וְשָׂרַפְתָּ אֶת הַנּוֹתָר בָּאֵשׁ
לֹא יֵאָכֵל כִּי קֹדֶשׁ הוּא (שמות כ"ט, לא-לד).

שמתנת הכוהן מהמזבח ניצבת בבסיס המונח 'מילוי ידיים' רואים זאת במובן מילולי – היד של הכוהן מתמלאת במתנות שמקבל מהמזבח.

85. היו שראו באכילת האיל נספח לעצם מילוי הידיים שהסתיים בהזאת הדם והשמן על הכוהנים המתואר בפסוק ל (למשל לוין, ויקרא, עמ' 54). אולם הדגשת משה שאכילת הכוהנים היא בציווי, צובעת גם אקט זה כרכיב מהותי בטקס.

השורש אכ"ל משולב בפסקה זו ארבע פעמים: יש לאכול פתח אוהל מועד; הכוהנים אוכלים את הקורבנות שכופרו בהם; אסור לזר לאכול מהם; ואסור לאכול מן הנותר.

הפסוק הדרמטי שדורש ביאור הוא: "וְאָכְלוּ אֹתָם אֲשֶׁר כֻּפַּר בָּהֶם לְמַלֵּא אֶת יָדָם לְקַדֵּשׁ אֹתָם" (לג). לְמה מתייחסים ביטויי התכלית "למלא את ידם לקדש אֹתם"? האם הם חוזרים להיגד שנזכר בסמוך – "אֲשֶׁר כֻּפַּר בָּהֶם", ולפנינו פסוקית ארוכה: 'ואכלו את בשר הקורבן והמצות – אשר קודם לכן כופר בהם, והייתה כפרה זו לשם מילוי ידיהם והקדשתם' (כרש"י למשל)?[86] אם נקרא כך, הרי מילוי הידיים מושג באיל המילואים בתהליך הקרבתו ובמתן הדם על גופם. אך ייתכן שהיגד זה חוזר למה שנזכר בתחילת הפסוק – "וְאָכְלוּ אֹתָם". לפי הצעה זו יש לקרוא כך: 'ואכלו את בשר הקורבן והמצות – אשר קודם לכן כופר בהם – ועליהם לאכול לשם מילוי ידיהם ולשם הקדשתם' (כך ביאר למשל הנצי"ב).[87] לפי קריאה זו, מתברר שאכילת איל המילואים היא זו שממלאת את ידי הכוהנים ומקדשת אותם.[88]

קשה להכריע בין שתי אפשרויות הקריאה, אך יש בליבי נטייה לאמץ את האפשרות השנייה. קשה לומר שהקרבת האיל ונתינת דמו על הכוהנים 'מקדשת' אותם. גם על המצורע נותנים מדם קורבנו, ושם לא מדובר בתהליך 'התקדשות'.[89] נראה שרק ההזאה החוזרת של הדם שנלקח מן המזבח **בצירוף שמן המשחה** מקדשת את הכוהנים (ויקרא כ"ט, כא). אם אכן נאמץ קריאה זו, הרי שמפורש בכתובים שהאכילה היא מרכיב חיוני במילוי ידיהם של הכוהנים.

דבר זה יוכל לבאר גם את התמיהה שהוזכרה לעיל – מתן דם איל המילואים על 'קרנות' הכוהנים. ההפתעה שבדבר משקפת את מטרת העניין: דם שמיועד לאכילת מזבח ניתן גם על הכוהנים, ומציג את הכוהנים כקרן נוספת של המזבח. מעתה הם 'ידא אריכתא' של המזבח ופיהם מייצג את אכילתו.

במידת מה, הגדרת הכוהנים כ'קרן' נוספת של המזבח מתרחשת גם בהקטרת

86. הרא"ם היה ער לאפשרות האלטרנטיבית, ובפירושו על רש"י כתב שזו בדיוק הקריאה שביקש רש"י למנוע: "לא על ידי אכילתם דסמיך ליה" (מזרחי על רש"י לשמות כ"ט, לג).

87. "'למלא את ידם' – זכות אכילה זו סייע להם שימלאו ידם בלי עילוף ושלי, אלא ימצאו ידים מלאות עבודה. 'לקדש אותם' – יסייע להם להתקדש" (העמק דבר לשמות כ"ט, לג). וכן: סניידרס, מלא, עמ' 304.

88. השוו לדברי משך חכמה על אתר: "'ואכלו אותם אשר כופר בהם כו' לקדש אותם' – הנה כל ענין המלואים היה שמזה נתחנכו לדורות, וזכו בחזה ושוק מזבחי השלמים, שיהיו כהנים אוכלים ובעלים מתכפרים".

89. ראו מילגרום, ויקרא, כרך א, עמ' 529, המוכיח מפסוק זה שתכלית **נתינת** הדם על הכוהנים היא לכפר. הוא מבחין בין **הזאת** הדם שנועדה לקדש ובין מתן דמים שנועד לכפר.

האֵמורים של איל המילואים ולא רק בזריקת דמו. בדיוננו על חזה התנופה ושוק התרומה כבר הזכרנו את הדין הייחודי המתרחש בימי המילואים, אשר בהם משה מניף את החלקים המוקרבים מאיל המילואים על כפי הכוהנים, לפני הקטרתם על המזבח:

> וַיִּקַּח אֶת הַחֵלֶב וְאֶת הָאַלְיָה וְאֶת כָּל הַחֵלֶב אֲשֶׁר עַל הַקֶּרֶב וְאֵת יֹתֶרֶת הַכָּבֵד וְאֶת שְׁתֵּי הַכְּלָיֹת וְאֶת חֶלְבְּהֶן וְאֵת שׁוֹק הַיָּמִין. וּמִסַּל הַמַּצּוֹת אֲשֶׁר לִפְנֵי ה׳ לָקַח חַלַּת מַצָּה אַחַת וְחַלַּת לֶחֶם שֶׁמֶן אַחַת וְרָקִיק אֶחָד וַיָּשֶׂם עַל הַחֲלָבִים וְעַל שׁוֹק הַיָּמִין. וַיִּתֵּן אֶת הַכֹּל עַל כַּפֵּי אַהֲרֹן וְעַל כַּפֵּי בָנָיו וַיָּנֶף אֹתָם תְּנוּפָה לִפְנֵי ה׳. וַיִּקַּח מֹשֶׁה אֹתָם מֵעַל כַּפֵּיהֶם וַיַּקְטֵר הַמִּזְבֵּחָה עַל הָעֹלָה מִלֻּאִים הֵם לְרֵיחַ נִיחֹחַ אִשֶּׁה הוּא לַה׳ (ח׳, כה-כח).

ייחודיות תנופה זו בולטת במיוחד כשמשווים אותה לדין התנופה הרגיל המלווה כל זבח שלמים. שם יש להניף רק את החזה והשוק שניתנים לכוהנים. לעומת זאת אצלנו, משה מניף – על כפי הכוהנים – דווקא את החלקים שעולים על גבי המזבח! בהמשך הוא יניף גם את החזה שאותו ייקח לעצמו – בהתאמה לדין הכללי – אך מדוע להניף גם את חלבי איל המילואים?[90] יש להזכיר מה שכבר עלה בדיונים קודמים, שבדרך כלל מניפים דבר מה שקשור למרחב הבעלים, ויש רצון לקדש אותו.

נדמה שפתרון התעלומה קשור בדבר השני שמבדיל תנופה זו משאר תנופות שבתורה: לצד החלבים מניפים גם את כל מה שבזבח שלמים רגיל הכוהנים מקבלים, כלומר את שוק הימין ומצה מייצגת מכל סוג מצה שבסל המצות ("חַלַּת מַצָּה אַחַת, וְחַלַּת לֶחֶם שֶׁמֶן אַחַת, וְרָקִיק אֶחָד"). יושם לב שלא מניפים את האיל כולו (כמו שעושים בכבש המצורע למשל – ויקרא י"ד, כא), אלא רק את החלקים המיועדים לכוהנים.

דבר זה קשור כנראה בעצם החריגה המפתיעה שמלווה את הקטרת איל המילואים, שגם החלקים המיועדים בדרך כלל לכוהנים מוקטרים בו על גבי המזבח, ועל כן גם יש להניף אותם לפני הקטרתם, ובכך להעביר אותם מהמרחב האנושי אל מרחב המזבח. הדבר המעניין הוא, שהנפת חלבי שלמי המילואים, שמוקטרים תמיד על גבי המזבח, ביחד עם שוק הימין וסל המצות, שניתנים תמיד לכוהן, מלכדת את

90. מילגרום היה ער לייחודיות זו, אך כתב שאין בידו פתרון לתעלומה זו (מילגרום, ויקרא, כרך א, עמ׳ 531).

שני המרכיבים הללו יחדיו, ומצהירה שאלו כמו אלו ניתנים לגבוה, והכוהנים מקבלים רשות לאכול מקודשי שמיים.

מעניין שגם בהקשר זה חוזר הפיצול בין אהרון לבין בניו, כתוצאה של השימוש התכליתי השונה של בגדיהם. לשם בירור דבר זה יש לעמוד על שילובו המפתיע של הציווי להלביש את ממשיכו של אהרון הכוהן בבגדיו במשך שבוע (שמות כ״ט, כט-ל). ציווי זה משולב בין תיאור הקטרת איל המילואים לבין הצו על אודות בישולו ואכילתו. משום מה, לבישת ממשיכו של אהרון בבגדים קוטע את רצף הציווי שעוסק באיל המילואים, ובקלות ניתן היה לשלבו בסוף היחידה, לאחר תיאור מעשה איל המילואים.

העיסוק בבגדים שולב עוד קודם לכן, ונדמה ששם מצוי הרמז לפתרון הדבר. תחילה נאמר שיש להזות מדם האיל עם שמן המשחה על אהרון ועל בניו כשבגדיהם עליהם: ״וְלָקַחְתָּ מִן הַדָּם אֲשֶׁר עַל הַמִּזְבֵּחַ וּמִשֶּׁמֶן הַמִּשְׁחָה וְהִזֵּיתָ עַל אַהֲרֹן וְעַל בְּגָדָיו וְעַל בָּנָיו וְעַל בִּגְדֵי בָנָיו אִתּוֹ וְקָדַשׁ הוּא וּבְגָדָיו וּבָנָיו וּבִגְדֵי בָנָיו אִתּוֹ״ (שמות כ״ט, כא). לא במקרה מסמיך הכתוב את הבגדים לדמות שלובשת אותם (אהרון ובגדיו – בניו ובגדיהם), ולא מתאר את הדמויות ביחד ואת בגדיהם בנפרד (אהרון ובניו – ובגדיהם). גם הבגדים מתקדשים על ידי הזאת דם האיל המעורב עם שמן המשחה, אך מדובר בהתקדשות שונה, שהרי בגדי אהרון הם בגדי קודש, כלומר בגדים שמאפשרים לו להיכנס אל הקודש פנימה, בעוד בגדי בניו מאפשרים גישה לחצר המשכן (ולמזבח החיצון והכיור שמצויים שם) בלבד.

לפיכך, לאחר תיאור הקטרת האיל, מתפצל תיאור ימי המילואים לשתי קבוצות כוהנים: מצד אחד, נמסר כיצד מתקדש ממשיכו של אהרון הכוהן: עליו ללבוש את הבגדים ספוגי דם האיל ושמן המשחה, ולבישתם במשך שבעה ימים מכשירה גם אותו כך שיוכל להיכנס אל המרחב המקודש – ״וּבִגְדֵי הַקֹּדֶשׁ אֲשֶׁר לְאַהֲרֹן יִהְיוּ לְבָנָיו אַחֲרָיו לְמָשְׁחָה בָהֶם וּלְמַלֵּא בָם אֶת יָדָם. שִׁבְעַת יָמִים יִלְבָּשָׁם הַכֹּהֵן תַּחְתָּיו מִבָּנָיו אֲשֶׁר יָבֹא אֶל אֹהֶל מוֹעֵד לְשָׁרֵת בַּקֹּדֶשׁ״ (כ״ט, כט-ל). קריאה פשוטה של פסוק זה מלמדת שלא צריך למשוח בשמן כל כוהן גדול, אך תכלית לבישת הבגדים היא ״לְמָשְׁחָה בָהֶם וּלְמַלֵּא בָם אֶת יָדָם״. הבגדים הם תחליף המשיחה בשמן, ובכך גם מתמלאים ידי הכוהן הגדול. פסוקים אלו אינם מתארים את כל הכוהנים, אלא דווקא את ממשיכו של הכוהן הגדול שנכנס אל הקודש.

מצד שני, מיד ממשיך הכתוב ומתמקד בבני אהרון הכוהנים הזוטרים. כיצד הם ממלאים את ידיהם? התשובה נעוצה באכילת המילואים המתוארת בפירוט רב: ״וְאָכְלוּ אֹתָם אֲשֶׁר כֻּפַּר בָּהֶם לְמַלֵּא אֶת יָדָם לְקַדֵּשׁ אֹתָם״ (כ״ט, לג). בתיאור זה משולב גם

אהרון עם בניו (פסוק לב), שהרי גם הוא וגם הם צריכים לגשת אל המזבח, ופיותיהם שלהם צריכים להיפתח כך שיוכלו לאכול את קורבנות המזבח.

לאור כך ניתן להציע ביאור לפער מטריד נוסף שמלווה את ימי המילואים. יש רכיב אחד שמתאים היה למצוא אותו בטקס ימי המילואים ושמשום מה נעדר – סמיכת ידיים על המתמנה לתפקיד החדש. בשעה שהלוויים מונו לתפקידם, עם ישראל סמך את ידיו עליהם: "וְהִקְרַבְתָּ אֶת הַלְוִיִּם לִפְנֵי ה' וְסָמְכוּ בְנֵי יִשְׂרָאֵל אֶת יְדֵיהֶם עַל הַלְוִיִּם" (במדבר ח', י). כך גם בשעה שמינה משה את יהושע למנהיג אחריו: "וַיִּסְמֹךְ אֶת יָדָיו עָלָיו וַיְצַוֵּהוּ" (במדבר כ"ז, כג). דאוב טען שסמיכת רבנים חדשים בישראל במשך כל הדורות נעשתה על רקע פסוקים אלו, והטענה המובלעת בכך היא שהסמכתם היא המשך רציף, דור אחר דור, מאז שמשה הסמיך את יהושע בסמיכת ידיו עליו (השוו אבות א, א).[91] משום מה אצלנו, משה איננו סומך ידיו על הכוהנים והם מתקדשים לתפקידם גם ללא אקט זה.[92]

זה מסוג המקרים שההעדר תורם את תרומתו לא פחות ממה שנוכח. אכן אין מי שיסמוך את ידיו על הכוהנים, מפני שהם אינם נציגים של בשר ודם – לא של ישראל ולא של משה. מי שיכול לסמוך את ידיו על הכוהנים הוא המזבח או כבוד ה', אך מסיבות ברורות ה' אינו סומך את 'ידיו' על הכוהנים. בשונה מהלוויים – שהם נציגי ישראל המשרתים את הכוהנים, ובשונה מיהושע – המתמנה כממשיך משה לאחר שמשה האציל מרוחו עליו, הכוהנים מתקדשים על ידי ה', והם עתידים לאכול את הקורבנות כידו הארוכה של המזבח.

הדבר הקרוב ביותר לסמיכת הידיים שבסיפורנו הוא מתן דם איל המילואים ושמן המשחה מהמזבח על גוף הכוהנים. בדבר זה המזבח פורש את כנפיו על הכוהנים, ויש לראות בו השלמה של הסמיכה החסרה. רמז לדבר נעוץ בפסוקי החתימה של ימי המילואים: "וּמִפֶּתַח אֹהֶל מוֹעֵד לֹא תֵצְאוּ שִׁבְעַת יָמִים עַד יוֹם מְלֹאת יְמֵי מִלֻּאֵיכֶם כִּי שִׁבְעַת יָמִים יְמַלֵּא אֶת יֶדְכֶם" (ויקרא ח', לג). רבים העירו שלא ברור מיהו הנושא התחבירי העומד מאחורי הפועל – "יְמַלֵּא אֶת יֶדְכֶם". בציווי שבשמות כ"ט נושא המשפט היה משה שאליו פנה ה' (שמות כ"ט, לה), אולם כאן משה הוא המדבר, ולא סביר שהוא מדבר על עצמו בגוף שלישי. ככל הנראה יש לקרוא זאת כנושא סתמי ויש להבין זאת כפועל סביל – "for your ordination is to last for seven days"

91. דאובה, סמיכת ידיים, עמ' 232.

92. היה אף מי שטען שבגלל חסרון הסמיכה, סיפורי הסמכה אחרים במקרא אינם נשענים על טקס זה אלא על מינוי הלוויים (ווטס, ויקרא, עמ' 450).

(NAB; NIB).[93] אך גם אם כך, ייתכן שיש תפקיד ספרותי לעמימות, שמאפשרת גם קריאה שונה, ועל פיה משה אומר לכוהנים שה׳ הוא הממלא את ידי הכוהנים. בכך רומז משה לדיאלוג נסתר עם סמיכת הידיים החסרה. ה׳ ממלא את ידי הכוהנים; הוא ממלא את ידיהם במינוי שעובר ׳מידיו׳ לידיהם, ובכך מושלמת הסמיכה החסרה.

לאור תפקיד זה של איל המילואים יש להבין את אכילת איל המילואים על ידי הכוהנים באופן מורכב. הם כמובן משמשים (בעיקר) כבעלים שהביא שלמים למשכן ואוכל את בשרו עם סל המצות (ולכן הם גם לא אוכלים את החזה והשוק שבדרך כלל מגיעים לכוהנים), אך יש לראות את אכילתם גם כאכילה הראשונה שהם ביצעו כ׳כוהנים׳.[94] הדבר עולה במיוחד בדין הייחודי של ׳שלמי מילואים׳ אלו, הצריכים להיאכל בפתח אוהל מועד, ולא מחוץ למשכן. ניתן לראות דרישה זו כתוצאה טכנית של הדרישה מהכוהנים לשבת בחצר אוהל מועד בכל שבעת הימים, אך ההוראה שלא לצאת מתחומי המשכן שבעה ימים משולבת מאוחר יותר (פסוקים לג-לה), ומתוך ניסוח הפסוק נראה שיש עניין מיוחד שהקורבן ייאכל ״פתח אהל מועד״: ״וַיֹּאמֶר מֹשֶׁה אֶל אַהֲרֹן וְאֶל בָּנָיו בַּשְּׁלוּ אֶת הַבָּשָׂר פֶּתַח אֹהֶל מוֹעֵד וְשָׁם תֹּאכְלוּ אֹתוֹ וְאֶת הַלֶּחֶם אֲשֶׁר בְּסַל הַמִּלֻּאִים כַּאֲשֶׁר צִוֵּיתִי לֵאמֹר אַהֲרֹן וּבָנָיו יֹאכְלֻהוּ״ (ויקרא ח׳, לא).

איל המילואים ו *pīt pî*

אם אכן המינוי המרכזי שמלווה את ימי המילואים קשור בהכשרת הכוהנים לאכול מהקורבנות, יש מקום להשוות טקס זה לטקס ׳פתיחת פה האלים׳ המסופוטמי שכבר הוזכר לעיל, בדיוננו במנחת החביתין.[95] בטקסטים שונים מהמזרח הקדום נמצא טקס מורכב שמכשיר פה פסל חדש לאכול מהקורבנות שמובאים לפניו ולהתחיל לשמש כאל,[96] או בניסוחו של אופנהיים: ״היה עליהם לעבור טקס פולחני משוכלל וסודי ביותר, כדי להפוך את החומר חסר־החיים, למעין מקלט של הנוכחות האלוהית.

93. ובדומה: "for your ordination will last seven days" (NIV); "For your ordination will require seven days" (JPS). כפי שהעיר מילגרום, סגנון זה רווח בפרקנו (מילגרום, ויקרא, כרך א, עמ׳ 540).

94. ונהאם, ויקרא, עמ׳ 143-144.

95. העדויות המרכזיות שיש קשורות במרחב המסופוטמי. עם זאת, אן רוֹת הראתה שגם במצרים נעשה שימוש בטקס זה, והיא אף עמדה על השיתוף המפתיע בטקסי לידה ופתיחת פה אלים בין מסופוטמיה למצרים (רות, פתיחת הפה).

96. המחקר עסק רבות בטקס זה ובמשמעותו. הפניות רבות ימצא המעיין במאמרו של אביגדור הורוויץ, טומאת שפתיים. לקריאת הטקסטים עצמם, ראו אצל: ולקר ודיק, אינדוקציה; וראו גם אצל דיטריך ולורץ, ה׳ ואשרתו, עמ׳ 5-38.

במהלך הטקסים הליליים הללו הוענקו להם 'חיים'; עיניהם 'נפקחו' ופיותיהם 'נפתחו', כך שהפסלים יכלו לראות ולאכול".[97] במרחב האלילי, טקס זה הוא רב חשיבות, שהרי – כניסוחו של הורביץ – "עיקר הטקס הזה הוא התכחשות מאגית וסמלית – בדיבור ובמעשה כאחד – לחלקו של האדם בעשיית הפסל והפיכתו של הפסל החדש לאל חדש שירד זה עתה מעל לבנת הלידה של אם האלים".[98] אולם, עיקרו של הטקס התמקד בפתיחת פה האל לאכילה:

> פסל של אל נעשה, כלומר 'נולד', בטיפול מסור. הענקת חיים לפסל נעשתה על ידי ריטואלים ולחשים שונים. שניים מהם היו "שטיפת הפה" (*mīs pî*), ו"פתיחת הפה" (*pīt pî*), אשר יחד אִפשרו לפסל לאכול את מצרכי המזון ולשתות את הנוזלים שהוגשו לו כארוחה.[99]

מי היה האחראי על השלב הראשון – שטיפת פה הפסל החדש שזה עתה נולד? יש בדבר עדויות מגוונות, אך ברור שלעיתים המלך היה אחראי על דבר זה, כפי שעולה למשל מדברי נבו־אפלה־אידינה: "הוא (= המלך) רחץ את פי הפסל לפני שמש על ידי טכסי הטהרה של אאה".[100]

אם תפקיד איל המילואים הוא לקדש את הכוהנים כך שיוכלו לאכול מהקורבנות שמובאים למזבח, יש מקום לקרוא את הטקסט המקראי על רקע טקסים אליליים אלו ובניגוד אליהם כמובן.

גם בימי המילואים ניתן לאתר את שני השלבים הנידונים: תחילה, משה (המלך?) רוחץ את הכוהנים ומטהרם: "וַיַּקְרֵב מֹשֶׁה אֶת אַהֲרֹן וְאֶת בָּנָיו וַיִּרְחַץ אֹתָם בַּמָּיִם" (ויקרא ח', ו); לאחר מכן הוא מלביש אותם בבגדי כבוד ותפארת;[101] ולבסוף מבצע את ההוראות הנלוות לאיל המילואים. הרי לנו 'שטיפתם' והקדשת פיהם כך שיוכלו לאכול מהקורבנות.

97. אופנהיים, מסופוטמיה, עמ' 186.
98. הורוויץ, עשה לך פסל.
99. לינסן, ארך, עמ' 153–154.
100. מובא אצל הורוויץ, עשה לך פסל, עמ' 345. הוא מראה שם שיש גם תפיסה שהאלים הם אלו שפתחו את פיו של הפסל החדש.
101. על טקס הלבשת האלים בגדים (*lubuštu* – לאו דווקא עם 'הולדתם', אלא לאורך 'חייהם', כנראה פעם בשבוע), ראו אצל לינסן, ארך, עמ' 51–56. על אחסון בגדיהם בחדרים מיוחדים במקדשים קדומים (*bit pirišti*) ראו: פלקנשטיין, שירי אלים, עמ' 40–44.

אין צורך לומר שדמיון זה חושף פער עמוק בין המקרא למרחב האלילי הקדום.[102] אין בכוחו של אדם לקדש את פי ה׳, וגם אין בכך צורך, אלא יש לקדש את פיהם של נציגיו האוכלים את הקורבנות – המזבח מזה והכוהנים מזה. באכילתם את איל המילואים פיהם נפתח בקדושה, ועתה עליהם לשבת בחצר המשכן שבוע ימים ולהפוך ל׳כלי משכני׳, אדם שמקום מושבו הפך להיות חצר אוהל מועד, לצידו של המזבח.

***

קריאה זו מעניקה פשר גם לסיומו של היום השמיני. ביום זה ובמשמעותו נדון להלן, אולם לעניין דיוננו אני מבקש להזכיר כבר כעת את שיאו של יום זה ואת סופו. שיאו של הסיפור בהתגלות כבוד ה׳ לעיני כל ישראל. אופן ההתגלות הוא באש האוכלת את הקורבנות על המזבח (ויקרא ט׳, כג-כד). מבחינה זו, היום השמיני הוא סיכום ראוי לפרספקטיבה שמלווה אותנו לכל אורך רשימת הקורבנות השנייה, ושל ימי המילואים שמכשירים את הכוהנים להיות נציגיה של אש אוכלת זו.

גם סוף סיפור היום השמיני חושף את האכילה כמוקד הפרשה. שם מדווח על כעס משה על אהרון ובניו שלא אכלו את החטאת:

מַדּוּעַ לֹא אֲכַלְתֶּם אֶת הַחַטָּאת בִּמְקוֹם הַקֹּדֶשׁ כִּי קֹדֶשׁ קָדָשִׁים הִוא
וְאֹתָהּ נָתַן לָכֶם לָשֵׂאת אֶת עֲוֹן הָעֵדָה לְכַפֵּר עֲלֵיהֶם לִפְנֵי ה׳.
הֵן לֹא הוּבָא אֶת דָּמָהּ אֶל הַקֹּדֶשׁ פְּנִימָה
אָכוֹל תֹּאכְלוּ אֹתָהּ בַּקֹּדֶשׁ כַּאֲשֶׁר צִוֵּיתִי (ויקרא י, יז-יח).

בהמשך ניווכח שלאהרון תשובה טובה, ואף משה מתפייס, אולם לא במקרה בכך נחתם סיפור ימי המילואים. אכילת הכוהנים את הקורבנות היא נושא העומק של ימים אלו; לאחר שפיהם התקדש בקדושת מזבח, עליהם לאכול ולהמשיך את כפרת מביא הקורבן.

102. אם צודק מקדואל (צלם אלוהים), שגם את סיפור בריאת האדם בפרק א׳ ואת סיפור גן עדן יש לקרוא על רקע טקסים אלו, הרי שהפולמוס מתחיל כבר שם.

פרק עשרים ואחד

היום השמיני למילואים (פרקים ט'-י')

על גילוי וכיסוי

מי ציווה והיכן ציווה?

יש משהו מפתיע בעצם קיומו של היום השמיני למילואים. בציווי על ימי המילואים שבשמות כ"ט לא נזכר שבתום שבעת הימים יהיה יום מיוחד נוסף שגם בו יש להביא מערכת מסועפת של קורבנות. שם רק נאמר שעל הכוהנים להישאר שבעה ימים בחצר המשכן ובכך לסיים את מילוי ידיהם. מדוע לא נזכר היום השמיני כבר בציווי?

רמב"ן, שקרא את הפרשיות כסדרן, נטה לראות ביום השמיני תוספת שבאה בעקבות חטא העגל שהתרחש בין הציווי על ימי המילואים לבין זמן הקמת המשכן:

> ויתכן כי לכפר על מעשה העגל הוסיף להם עתה הקרבנות הללו, כי כאשר צוה וזה הדבר אשר תעשה להם לקדש אותם, עדיין לא נעשה העגל, כאשר פירשתי, לכך לא הזכירם שם... והעגל הזה ביום השמיני לכפר על מעשה העגל (פירושו לוויקרא ט', ג).

הראיה שמשלב רמב"ן בסיום דבריו היא באמת ראיה חזקה. משום מה ביום השמיני על אהרון להקריב את "עֵגֶל הַחַטָּאת אֲשֶׁר לוֹ" (ט', ח), וישראל נדרשים להביא: "עֵגֶל וָכֶבֶשׂ בְּנֵי שָׁנָה תְּמִימִם לְעֹלָה" (ט', ג). ייתכן שבשל אופיו הראשוני של היום השמיני

לימילואים נבחר פר צעיר דווקא, אך עדיין הבחירה בעגל כה מוזרה (הרי בשבעת ימי המילואים הביאו הכוהנים פר, כמתאים לכוהן משיח), עד שייתכן שקורבן זה מנהל דיאלוג מרומז עם חטא העגל.[1]

אולם לא ניתן להסתפק בביאור זה. ביום השמיני למילואים עיקר הקורבנות מובאים על ידי ישראל ולא על ידי הכוהנים, ודווקא החטאת של ישראל – הקורבן המכפר – איננו עגל אלא שעיר עיזים, כחטאת הרגילה: "קְחוּ שְׂעִיר עִזִּים לְחַטָּאת וְעֵגֶל וָכֶבֶשׂ בְּנֵי שָׁנָה תְּמִימִם לְעֹלָה. וְשׁוֹר וָאַיִל לִשְׁלָמִים לִזְבֹּחַ לִפְנֵי ה' וּמִנְחָה בְּלוּלָה בַשָּׁמֶן" (ט', ג-ד). וכללית, החטאת המכפרת נראית שולית ביחס לעולה ולשלמים, שהרי היא רק שעיר עיזים אחד. זאת לעומת העולות הכפולות וזבח השלמים הכפול, המטים את הדעת לכך שבקורבנות אלו מצוי עיקר מגמת היום. יש גם לזכור שמשה מגדיר את מטרת היום בפירוש – "כִּי הַיּוֹם ה' נִרְאָה אֲלֵיכֶם" (ט', ד), ונראה מדבריו שמטרת הקורבנות לאפשר התגלות זו. לפיכך, גם אם אפשר לאמץ את גישת רמב"ן בבירור פרטים מסוימים שמתרחשים ביום השמיני (כמו בחירת עגל לקורבן), לא די בכך בשביל לבאר את עצם קיומו של היום. חזרה אפוא קושייתנו למקומה – מדוע לא משולב הציווי על יום זה לצד הציווי על שבעת ימי המילואים בשמות כ"ט?

1. אפשר לקרוא את אירועי ימי המילואים שנחתמים ביום השמיני כתמונה אנלוגית להתגלות בסיני ולחטא העגל שהתרחש בעקבותיה. לאחר שישה ימים שבהם שהה משה בהר, קרא לו ה' לתוך הענן ביום השביעי, וכל ישראל ראו את כבוד ה' כאש אוכלת (שמות כ"ד, טז-יז), כשם שלאחר שבעת ימי מילואים שבהם ישבו הכוהנים בחצר אוהל מועד, ראו גם ישראל את כבוד ה' המתגלה כאש אוכלת (ויקרא ט', כד). לאחר ההתגלות בהר סיני טעה אהרון ועשה את העגל לאחר שהשליך את נזמי העם "באש" (שמות ל"ב, כה), ולפירוש רמב"ן – בפעם הזו שישראל רואים את כבוד ה' הם מכפרים על חטא העגל. אומנם, בסופו של דבר, גם ביום השמיני חטאו בני אהרון בהביאם "אש זרה אשר לא צוה אֹתם" (ויקרא י', א-ב). בחטא העגל התאבלו ישראל: "וַיִּשְׁמַע הָעָם אֶת הַדָּבָר הָרָע הַזֶּה וַיִּתְאַבָּלוּ וְלֹא שָׁתוּ אִישׁ עֶדְיוֹ עָלָיו" (שמות ל"ג, ד), ואף על בני אהרון בכו כל בית ישראל: "וַאֲחֵיכֶם כָּל בֵּית יִשְׂרָאֵל יִבְכּוּ אֶת הַשְּׂרֵפָה אֲשֶׁר שָׂרַף ה'" (ויקרא י', ו). יש לציין שבחטא העגל נאספו אל משה כל בני לוי ובכך זכו למילוי ידיהם (שמות ל"ב, כט), בדומה לתהליך שעברו הכוהנים בימי המילואים, אלא שכאן הממונים עצמם הם שחטאו (השוו: האג, הירידה מההר, עמ' 196-197; דמרוש, ויקרא, עמ' 71; ביל ולינפלט, אש זרה, עמ' 27-28 – שאף הציעו שנדב ואביהוא נענשו בעקבות חטא אביהם בעגל). אנלוגיה זו מעוררת חשש שגם חטא בני אהרון יגרום לשכינה שתסתלק מישראל, כשם שכמעט ואירע בחטא העגל. אך לבסוף נענשו רק החוטאים. לפי קריאת רמב"ן אנלוגיה זו נטענת משמעות מלאה בכך שביום השמיני מתברר שה' החליט להשכין שכינתו בקרב מחנה ישראל ושחטא העגל נמחל להם. יסודה של התפיסה הרחבה, הרואה מערכי זיקה הדוקים ושיטתיים בין היום השמיני לבין חטא העגל, מצוי כבר בדרשות התנאים במכילתא דמילואים. ראו על כך אצל שמאע, המכילתות, עמ' 154-162. רמב"ן נשען אפוא בקריאתו על דרשות אלה.

כבר בתחילת הדיון יש לומר שאכן תפקידו של היום השמיני חורג מהשבוע שקדם לו, כלומר, המשכן וכליו כבר התקדשו, והכוהנים כבר ראויים לעבודה. מבחינה זו, ברור מדוע בספר שמות שהציווי על ימי המילואים משולב בו כחלק מתיאור בניית המשכן, לא ייזכר היום השמיני, שבעצם אינו קשור בהכשרת הבית ובהקדשתו.[2] תפקידו של היום השמיני הוא קבלת הפנים למי שנכנס לגור במשכן. ניתן לצוות על הוראות האדריכל כיצד יש לבנות את הבית; אילו רהיטים לבנות וכיצד להניחם בבית; אפשר גם לצוות מראש על פעולת הניקיון שמכשירה את הבית למגורים ועל הכשרת המשרתים שיעבדו בבית. כל אלו נקבעים מראש כמפורט בציווי שבספר שמות, אך קבלת הפנים שעורכים לבעל הבית שנכנס לגור בביתו חורגת מתוכנית העבודה המוקדמת של האדריכל. הדבר גם מבליט את חוסר הוודאות שדבר זה אכן יתחולל; כניסת ה׳ לביתו נותרת תלויה ועומדת ברצונו החופשי של ה׳. לפיכך, אין מקום לשלב ציווי על הפעולות שישראל יעשו כדי שה׳ ישרה שכינתו. ה׳ ברצונו החופשי יכריע אם הוא משרה את שכינתו בקרב ישראל.[3]

אך דומה שיש לבנות קומה נוספת על טענה זו. חוסר ההתייחסות ליום השמיני בציווי המקדים שבספר שמות, משתלב עם צורת הכתיבה המפתיעה של הפרק שלפנינו. משום מה, מעלים הכתוב שסדר הקורבנות שיש להקריב ביום השמיני הם צו ה׳ למשה. התגלות ה׳ לא נמסרת בסיפור ובתחילה נדמה שמדובר בהכרעת משה: ״וַיְהִי בַּיּוֹם הַשְּׁמִינִי קָרָא מֹשֶׁה לְאַהֲרֹן וּלְבָנָיו וּלְזִקְנֵי יִשְׂרָאֵל. וַיֹּאמֶר אֶל אַהֲרֹן קַח לְךָ עֵגֶל בֶּן בָּקָר לְחַטָּאת... וְאֶל בְּנֵי יִשְׂרָאֵל תְּדַבֵּר לֵאמֹר קְחוּ שְׂעִיר עִזִּים לְחַטָּאת... כִּי הַיּוֹם ה׳ נִרְאָה אֲלֵיכֶם״ (ויקרא ט׳, א-ד). החלפת ה׳ במשה המצַווה בולטת במיוחד בדרישתו

2. בתחילת פירושו של רמב״ן הנזכר לעיל הוא עמד על כך: ״והנה הקרבנות האלו לא הוזכרו בפרשת וזה הדבר אשר תעשה להם לקדש אותם לכהן לי (שמות כ״ט, א), כי שם לא צוה רק על המלואים, ובשבעת הימים וקרבנותיהם מלאו ימי מלואיהם, כי עתה ביום השמיני הם עצמם יקריבו הקרבנות והנה הקרבנות הללו כחנוכה להם, כענין מנחת חביתים לדורות ביום המשח אותו״ (פירושו לוויקרא ט׳, ג).

3. השוו לדבריו של הכהן, מול מקדש, עמ׳ 51-54. כמה מדרשים העניקו ליום השמיני ממד של הפתעה ושל ציפייה להתגלות שלא ברור כיצד תתרחש. כך למשל: ״ר׳ חלבו אמר כל ז׳ ימי המילואים היה (משה) משמש בכהונה גדולה וכסבור שלו היא. בז׳ אמר לו לא שלך היא אלא של אהרן אחיך היא, הה״ד ׳ויהי ביום השמיני׳״ (ויקרא רבה פרשה יא, ו), או באופן ברור עוד יותר: ״כיון שראה אהרן שקרבו כל הקרבנות ונעשו כל המעשים ולא ירדה שכינה לישראל היה עומד אהרן ומצטער אמר יודע אני שכעס עלי המקום בשבילי לא ירדה שכינה לישראל. כך עשה לי משה אחי שנכנסתי ונתביישתי ולא ירדה שכינה לישראל. מיד נכנס משה עמו ובקשו רחמים וירדה שכינה לישראל, לכך נאמר ׳ויבא משה ואהרן אל אהל מועד׳״ (ספרא, מכילתא דמילואים, שמיני, יא).

מאהרון – "וְאֶל בְּנֵי יִשְׂרָאֵל תְּדַבֵּר לֵאמֹר". במקומות אחרים במקרא – וגם בפרשיות המשכן – פורמולה זו משולבת בשעה שה' ציווה את משה לומר דבר מה לישראל (כמו: "וְאֶל בְּנֵי יִשְׂרָאֵל תְּדַבֵּר לֵאמֹר שֶׁמֶן מִשְׁחַת קֹדֶשׁ יִהְיֶה זֶה לִי לְדֹרֹתֵיכֶם" – שמות ל', לא), אך אצלנו משה הוא המצַווה את אהרון להעביר את הציווי לעם.

רמב"ן טען שלהעברת הצו לעם על ידי אהרון יש מגמה חינוכית: "וטעם 'ואל בני ישראל תדבר לאמר', שיאמר להם אהרן כן, כי רצה שיהיה אהרן המצַווה בשם ה' והוא המקריב הקרבנות, לגדלו בעיני העם" (פירושו לוויקרא ט', ג, אך ראו גם את דיונו בהמשך דבריו בעמדת ראב"ע). אך גם אם נאמץ טענה זו, ניתן היה לכתוב בפירוש שמשה העביר לאהרון את צו ה'.

העמימות הנוגעת למקור הצו ממשיכה גם בתיאור ביצוע ההוראות של משה: "וַיִּקְחוּ אֵת אֲשֶׁר צִוָּה מֹשֶׁה אֶל פְּנֵי אֹהֶל מוֹעֵד וַיִּקְרְבוּ כָּל הָעֵדָה וַיַּעַמְדוּ לִפְנֵי ה'" (ה). פסוק זה מניח את הצו כולו על כתפי משה, כביכול הוא גם יוזם הצו, ועדיין לא נמסר שמדובר בצו ה'.[4] רק בשלב הבא, לאחר שישראל כולם התקהלו סביב המשכן ועמדו לפני ה', מבאר משה שהוא פועל מתוקף צו ה': "וַיֹּאמֶר מֹשֶׁה זֶה הַדָּבָר אֲשֶׁר צִוָּה ה' תַּעֲשׂוּ וְיֵרָא אֲלֵיכֶם כְּבוֹד ה'" (ו).

לשון אחר, גם בתיאור היום השמיני עצמו מסתיר הכתוב שמדובר בהוראות שבאו מאת ה' והתחושה הנרשמת בלב הקורא היא שמשה וישראל מכשירים עצמם לקבלת פני שכינה, מפני שהם אלו המעוניינים בכך.

לאמיתו של דבר, גם לאחר שכבר התגלה 'הסוד', שה' הוא שציווה על הבאת הקורבנות ביום השמיני, ממשיך הכתוב ומטפח את התחושה שישראל פועלים מתוקף צו משה. בעוד שלאורך שבעת ימי המילואים הנוסחה 'כאשר ציווה ה' את משה' חוזרת שוב ושוב, ושימשה שלד בניין בסיסי של הפרק, ביום השמיני ביטוי זה כמעט שאיננו נזכר. הוא משולב בתחילת מעשה הקורבנות (ט', ז), ולאחר הקטרת עגל החטאת של

4. הרב אלי חדד הציע בפניי – גם אם בספק ובהתלבטות – שאולי באמת לא ה' הוא שציווה את משה בטקס היום השמיני אלא משה עשה זאת מדעתו, ומשה הסיק זאת מתוך צו ה' בשבעת ימי המילואים. לדעתי קריאה זו קשה בגלל דברי משה לעם: "זה הדבר אשר צוה ה' תעשו" (ט', ו), אך דומני שהצעתו משקפת את העמימות היסודית שבאמת מלווה את מקור הציווי היום השמיני. הרב ברוך קהת הציע (גם בשיחה פרטית) שמאחר שהיום השמיני איננו רק יום התגלות כבוד ה' לכל העם, אלא גם יום תחילת עבודת הכוהנים באהל מועד, מזמין משה את אהרון 'קרב אל המזבח'. כל העדה נדרשים להיות נוכחים במעשי היום לא רק כדי לראות את התגלות ה' אלא גם לראות את אהרון ובניו מתחילים בעבודתם. נמצא שהציווי של משה לאהרון "קרב אל המזבח" איננו רק ציווי שמשה מצטט מפי ה', אלא הוא סיפור של התרחשות היום השמיני. כלומר הכתוב מוסר כיצד משה הזמין את אהרון להתחיל בעבודת היום.

הכוהנים (ט׳, י), ותו לא. אדרבה, ביום השמיני ייאמר (ביחס להנפת החזה והשוק): "וְאֵת הֶחָזוֹת וְאֵת שׁוֹק הַיָּמִין הֵנִיף אַהֲרֹן תְּנוּפָה לִפְנֵי ה׳ **כַּאֲשֶׁר צִוָּה מֹשֶׁה**" (ט׳, כא). גם בכך ניתן לשמוע הד נוסף של הרצון שלא להבליט שהדברים נעשו בצו ה׳.

מגמת כתיבה זו היא לפַנות את זירת ההתרחשות הספרותית מהצו האלוהי לטובת הפעילות האנושית. לשון אחר, נראה הדבר כאילו משה ובני ישראל הם שיזמו את הבאת הקורבנות שיובילו להתגלות כבוד ה׳ על המזבח. ישראל הם היוצאים לקבל את פני מלכם בבואו לשכון בבית שבנו לו, ודווקא העלמת הציווי מאפשרת את האווירה ההדדית שמלווה יום זה. האדם מוצג ביום השמיני כפועל בכל כוחו ובהזדהות מלאה למען ההתגלות, ואל מול פעולותיו מחליט ה׳ להתגלות.

"תֶּן חֵלֶק לְשִׁבְעָה וְגַם לִשְׁמוֹנָה"

על אף שהיום השמיני עומד בפני עצמו, ואיננו קשור בהכרח בשבוע שקדם לו, הוא מכונה ׳היום השמיני׳ ובכך נשען על שבעת הימים שקדמו לו: "וַיְהִי בַּיּוֹם הַשְּׁמִינִי קָרָא מֹשֶׁה לְאַהֲרֹן וּלְבָנָיו וּלְזִקְנֵי יִשְׂרָאֵל" (ט׳, א). לאחר שהכוהנים סיימו את ישיבתם בחצר אוהל מועד שבעה ימים, הם מוכשרים לעבודתם, והגיעה העת שגם כבוד ה׳ יבוא למשכנו ויתגלה על המזבח.[5] דבר זה משתלב במודל מקראי רחב של ׳יום שמיני׳ שבא בעקבות שבעה קודמים לו:

1. בהמה הראויה לקורבן – "כֵּן תַּעֲשֶׂה לְשֹׁרְךָ לְצֹאנֶךָ שִׁבְעַת יָמִים יִהְיֶה עִם אִמּוֹ בַּיּוֹם הַשְּׁמִינִי תִּתְּנוֹ לִי" (שמות כ״ב, כט).[6]
2. טמאים – מצורע, זב וזבה מחכים שבעה ימים וביום השמיני לטהרתם באים למשכן עם עולה וחטאת (ומצורע גם אשם).[7]
3. מנחת הביכורים – שתי הלחם מובאים למשכן לאחר ספירת שבעה שבועות,

5. גם חג החנוכה שנמשך שמונה ימים – ואשר נשען על חנוכת המשכן (והמקדש) – חושף שבתודעת החשמונאים תהליך חנוכת הבית המקודש הוא שמונה ימים ולא שבעה. ראו למשל אצל רגב, חנוכה.
6. על חוסר הסבירות בטענה שלכך מכוון גם האיסור "לֹא תְבַשֵּׁל גְּדִי בַּחֲלֵב אִמּוֹ" (שמות כ״ג, יט; ל״ד, כו) ראו: הרן, גדי בחלב אמו.
7. היום השמיני של המצורע מאפשר לו לבוא מחדש אל המשכן, אך גם לשוב לאוהלו הפרטי (ויקרא י״ד, ח).

וביום שלמחרת ספירה זו יש להביא את המנחה החדשה למשכן (ומבחינה זו היום החמישים הוא המקביל ליום השמיני).

4. ברית מילה – אומנם בציווי על הברית בבראשית י"ז לא נראה שקיום המילה ביום השמיני קשורה למודל של שבעה־שמונה, אולם אזכור מצוות המילה בדין היולדת נשען על המודל הנידון: "אִשָּׁה כִּי תַזְרִיעַ וְיָלְדָה זָכָר וְטָמְאָה שִׁבְעַת יָמִים כִּימֵי נִדַּת דְּוֹתָהּ תִּטְמָא. וּבַיּוֹם הַשְּׁמִינִי יִמּוֹל בְּשַׂר עָרְלָתוֹ" (ויקרא י"ב, ב–ג).[8]

המכנה המשותף לכל המקרים האלו הוא שבכולם פורצת ביום השמיני עמידה חדשה או מחודשת נוכח ה' (במשכנו). לאחר תהליך של 'שבעה' (בריאה חדשה?), מוזמן מי שהיה דחוי לעמוד מחדש מול ה'. אין כאן המקום להאריך, אך דומה שפסוקי היולדת רומזים גם הם לפענוח ברית המילה כחלק ממערכת זו, גם אם באופן אחר: כל עוד האֵם טמאה היא מטמאת את תינוקה שאותו היא מיניקה. רק אחרי שבוע יכול התינוק להיכנס בברית עם ה' כשהוא טהור.[9] מבחינה זו, מזכיר מפגשו הראשון של התינוק שנולד עם ה' – בכניסתו בברית אברהם – בהמת קורבן, שיכולה להתייצב במשכן רק ביום השמיני ללידתה.

יש מקום להאריך במודל הנזכר, אך לדיוננו די בכך כדי לחוש כיצד מן העבר האחד היום השמיני למילואים מנהל שיח עם המודל המקראי הרחב, אך מצד שני שונה ממנו בנקודה מהותית. מן העבר האחד, היום השמיני, שבו ה' נכנס לגור בביתו, מורה על המפגש החדש בין האדם לאל שפורץ למציאות. לאחר שבעה ימים של

8. בתרגום השבעים משולב 'היום השמיני' גם בעונש הכרת החותם את מצוות המילה בבראשית: "וְעָרֵל זָכָר אֲשֶׁר לֹא יִמּוֹל אֶת בְּשַׂר עָרְלָתוֹ **ביום השמיני** וְנִכְרְתָה הַנֶּפֶשׁ הַהִוא מֵעַמֶּיהָ אֶת בְּרִיתִי הֵפַר" (בראשית י"ז, יד). בכך מובלטת חשיבותו של היום השמיני עוד יותר מאשר בנוסח המסורה (ראו על נוסח זה: תיאסן, בראשית יז). אך גם אחרי הדגשת היום השמיני בשבעים, אין אזכור של שבעת הימים המקדימים אותו. פרופ (מקורות) סקר אפשרויות שונות להכרעה שמילה מתבצעת ביום השמיני – ולא מאוחר יותר (כמקובל בעמים אחרים שמלו בניהם וכפי שמשתקף לדעתו מכמה עדויות מקראיות). הוא מגיע למסקנה שתינוק ערל נתפס כמצוי במצב מסוכן, ועם זאת, עד היום השמיני התינוק שנולד נמצא במעין טאבו ולא ניתן לגעת בו.

9. ריצ'רד הס שם לב לקשר בין טומאת האֵם לברית המילה, אך טען לקשר הפוך: מאחר שהבן שנולד לא נימול, גם אימו מנועה מלהיכנס למקדש (הס, ויקרא, עמ' 687). זוהי קריאה מוזרה למדי – הרי האֵם מנועה מלבוא אל הקודש עוד שלושים ושלושה ימים לאחר מילת הבן, והיא צריכה להביא קורבנות לטהרתה כשאר הטמאים החמורים.

התקדשות מגיע היום השמיני אשר בו יתרחש המפגש עצמו; כל העם רואים את כבוד ה׳ שאוכל את קורבנותיהם שעל המזבח, ומקבלים את פניו בכך שהם ׳נופלים על פניהם׳ (ט׳, כד).

אולם מצד שני, בכל המקרים הנזכרים, תהליך שבעת הימים פועל את פעולתו על האדם, על הבהמה או על התבואה החדשה, המבקשים להתייצב מול קונם, וביום השמיני הם מוזמנים אל המשכן. לעומת זאת, ביום השמיני למילואים מי שעושה את התנועה לתוככי המשכן איננו האדם אלא כבוד ה׳. אדרבה: הכוהנים יושבים שם במשך כל שבעת הימים המקדימים את היום השמיני ומחכים לבעל הבית שיתגלה.

כוהנים וישראל

בניגוד לשבעת ימי המילואים – אשר בהם רק הכוהנים הביאו קורבנות – ביום השמיני גם ישראל נדרשים להביא קורבן. סקירה מהירה מגלה שלא רק שגם הם מביאים קורבן, אלא שהם מוקד הסיפור ועיקריו. בעוד הכוהנים מביאים ביום השמיני עולה וחטאת, ישראל נדרשים להביא עולה, חטאת, זבח שלמים ומנחה. די לעקוב אחר מביא **זבח השלמים** כדי להצביע על זה שניצב בקדמת הבימה ועומד לכרות ברית עם אלוהיו. בשבעת ימי המילואים היו אלו הכוהנים שהביאו איל מילואים, ואילו ביום השמיני העם הביא – באופן נדיר למדי – שלמי ציבור.

משנִיות הכוהנים ביום השמיני בולטת גם במעקב אחר פעולת בני אהרון שנספחת לפעולת אביהם. התחושה היא שבניו משרתים את אביהם ועושים את הפעולות הטכניות בלבד:

- **בהקרבת חטאת הכוהנים:** ״וַיִּקְרַב אַהֲרֹן אֶל הַמִּזְבֵּחַ וַיִּשְׁחַט אֶת עֵגֶל הַחַטָּאת אֲשֶׁר לוֹ. **וַיַּקְרִבוּ בְּנֵי אַהֲרֹן אֶת הַדָּם אֵלָיו** וַיִּטְבֹּל אֶצְבָּעוֹ בַּדָּם וַיִּתֵּן עַל קַרְנוֹת הַמִּזְבֵּחַ וְאֶת הַדָּם יָצַק אֶל יְסוֹד הַמִּזְבֵּחַ. וְאֶת הַחֵלֶב... הִקְטִיר הַמִּזְבֵּחָה. וְאֶת הַבָּשָׂר וְאֶת הָעוֹר שָׂרַף בָּאֵשׁ מִחוּץ לַמַּחֲנֶה״.
- **בהקרבת עולת הכוהנים:** ״וַיִּשְׁחַט אֶת הָעֹלָה **וַיַּמְצִאוּ בְּנֵי אַהֲרֹן אֵלָיו אֶת הַדָּם** וַיִּזְרְקֵהוּ עַל הַמִּזְבֵּחַ סָבִיב. **וְאֶת הָעֹלָה הִמְצִיאוּ אֵלָיו** לִנְתָחֶיהָ וְאֶת הָרֹאשׁ וַיַּקְטֵר עַל הַמִּזְבֵּחַ. וַיִּרְחַץ אֶת הַקֶּרֶב וְאֶת הַכְּרָעָיִם וַיַּקְטֵר עַל הָעֹלָה הַמִּזְבֵּחָה״.
- **בהקרבת קורבנות העם**, עושה אהרון את הפעולות כולן מלבד: ״וַיַּמְצִאוּ בְּנֵי אַהֲרֹן אֶת הַדָּם אֵלָיו״; ״וַיָּשִׂימוּ אֶת הַחֲלָבִים עַל הֶחָזוֹת״ (ט׳, ח-כ).

ניכר שיש רצון לשתף גם את בני אהרון, אך מן העבר האחר את כל פעולות ההקרבה עושה אהרון.[10] בניו רק מגישים לו את הדם או את האיברים כדי שהוא יקריב. לו היו הכוהנים במוקד יום זה, היה אפשר לצפות למעורבות יתרה שלהם; אך מאחר שישראל הם עיקרו של יום, מתאים שדווקא אהרון – נציגם הבכיר – יקריב את קורבנותיהם על המזבח.

דבר זה מוביל לעיקר מגמתו של היום השמיני: "כִּי הַיּוֹם ה' נִרְאָה אֲלֵיכֶם... זֶה הַדָּבָר אֲשֶׁר צִוָּה ה' תַּעֲשׂוּ וְיֵרָא אֲלֵיכֶם כְּבוֹד ה'" (ט', ד-ו). התגלות ה' ביום השמיני לעיני כל העם היא מרכיב חיוני בתודעה של מחנה ישראל שבתוכו שורה שכינה. לאחר עמל רב בבניית המשכן ובהקדשתו, צריכים ישראל כולם לראות שה' שוכן בבית, וליתר דיוק – שאש ה' היא האוכלת את קורבנותיהם. כבוד ה' המתגלה ביום זה כאש אוכלת היא השוכנת במזבח. בתפיסה המקראית אין מדובר רק באש סמלית, אלא אש ה' שיצאה אל המזבח ביום השמיני שוב לא כבתה, שהרי "אֵשׁ תָּמִיד תּוּקַד עַל הַמִּזְבֵּחַ לֹא תִכְבֶּה" (ו', ו), ובניסוח חזקוני: "אש שיצאה בימי משה לא נסתלקה ממזבח הנחושת עד שבא לבית עולמים; ואותה שירדה בימי שלמה לא נסתלקה ממזבח העולה עד שנסתלקה בימי מנשה" (חזקוני לוויקרא ט', כד, בעקבות הספרא, דיבורא דנדבה, פרק ה, י).[11]

ברכה כפולה

לאחר הקרבת מערכת הקורבנות הכפולה – זו של הכוהנים וזו של העם – מגיע הסיפור לרגע השיא שלו ולתכליתו: התגלות ה' לעיני כל העם.

הפסוקים שמקדימים את ההתגלות עצמה מדווחים על ברכה כפולה: "וַיִּשָּׂא אַהֲרֹן אֶת יָדָו אֶל הָעָם **וַיְבָרְכֵם** וַיֵּרֶד מֵעֲשֹׂת הַחַטָּאת וְהָעֹלָה וְהַשְּׁלָמִים. וַיָּבֹא מֹשֶׁה וְאַהֲרֹן אֶל אֹהֶל מוֹעֵד וַיֵּצְאוּ **וַיְבָרְכוּ** אֶת הָעָם" (ט', כב-כג). מיד לאחר הברכה השנייה נראה כבוד ה' "אֶל כָּל הָעָם" (ט', כג).

10. השווה: הנדלי, *שמירת השמיים*, עמ' 62.

11. רבנו בחיי עשה צעד נוסף: "והאש הזאת היא שעמדה עד דורו של שלמה שבנה הבית. כל ימי הבית היתה האש קיימת, לא כבתה עד שחרב" (רבנו בחיי לוויקרא ט', כד). דבר פלא הוא שבבניית המקדש מתואר ענן שממלא את בית ה' (מל"א ח', י-יא) המקביל לחתימת ספר שמות, אך בספר מלכים אין תיאור של אש היורדת ואוכלת את הקורבנות. תיאור זה מושלם אומנם בדה"ב ז', ג, ואף משמש השראה לתיאור ירידת האש בגורן אורנן בדה"א (כ"א, כו), תיאור שאף הוא נעדר מסיפור המקור בשמ"א כ"ד.

מדוע יש צורך בשתי ברכות עוקבות? מה תפקידן? בעקבות המכילתא דמילואים שרש״י מצטט, היו שראו בכך ניסיון ראשון להתגלות שלא עלה יפה, ועל כן היה צורך בברכה נוספת שתגרום להתגלות שתבוא:

> כיון שראה אהרן שקרבו כל הקרבנות ונעשו כל המעשים ולא ירדה שכינה לישראל היה מצטער ואמר יודע אני שכועס הקב״ה עלי ובשבילי לא ירדה שכינה לישראל. אמר לו למשה: משה אחי כך עשית לי שנכנסתי ונתביישתי, מיד נכנס משה עמו ובקשו רחמים וירדה שכינה לישראל (רש״י לוויקרא ט׳, כג).

מדרש זה מבקש לתת פשר לכניסה המשותפת של משה עם אהרון אל אהל מועד לפני הברכה השנייה, אך מתוך כך עולה גם ביאור לעצם הכפלת הברכה. אכן, משום מה, כבוד ה׳ לא נראה לעיני העם לאחר ברכת אהרון הראשונה, ולפי קריאת רש״י — הברכה השנייה היא ניסיון נוסף שצלח.

החיסרון בביאור זה הוא תלות ההתגלות בברכה. קשה להבין מדוע התגלות ה׳ תלויה בברכות של משה ושל אהרון. עדיף לפיכך לפענח את שתי הברכות כנצרכות מלכתחילה ובלי שההתגלות תלויה בהן. שלושה הבדלים בין הברכות הללו חושפים את תפקידן השונה:

1. **המברך**: הברכה הראשונה יוצאת מפי אהרון הכוהן הגדול (״וַיְבָרְכֵם״); הברכה השנייה נאמרת מפי משה ואהרון גם יחד (וַיְבָרְכוּ אֶת הָעָם).
2. **מקום הברכה**: את הברכה הראשונה אמר אהרון בעודו ניצב על המזבח. הרי רק אחרי אמירתה נאמר: ״וַיֵּרֶד מֵעֲשֹׂת הַחַטָּאת וְהָעֹלָה וְהַשְּׁלָמִים״. היו פרשנים שהתקשו ברעיון זה וביארו את ״וירד״ כעבר מוקדם, ולדבריהם הברכה נאמרה לאחר שירד אהרון מהמזבח.[12] אולם אין בכך צורך. הקריאה הפשוטה היא ״כי במקום שהקריב אהרן קרבנותיו ונתרצה בעבודתו בהיותו על המזבח, ברך את העם, ואחר ברכתו ירד״ (אברבנאל בפירושו לוויקרא ט׳). לעומת זאת, הברכה השנייה נקשרת עם אוהל מועד. לשם מה נכנסים משה ואהרון לאוהל מועד? הפסוק מתאר את כניסתם ומיד את יציאתם

12. כך כבר בספרא, מכילתא דמילואים, שמיני, כט: ״זה מקרא מסורס ואין ראוי לומר אלא וירד מעשות החטאת והעולה והשלמים וישא אהרן את ידיו ויברכם שבירידתו נשא את כפיו ובירך את העם״. כך פירשו גם רס״ג, אבן ג׳נאח, ראב״ע וחזקוני.

ללא כל תיאור של פעילות כלשהי בפנים.[13] באמת, כניסת משה עם אהרון היא אקט דרמטי בפני עצמו, גם ללא תכלית הקשורה למה שעשו בפנים. בחתימת ספר שמות הכניסה לאוהל מועד שהענן שורה בו איננה ברורה מאליה: "וְלֹא יָכֹל מֹשֶׁה לָבוֹא אֶל אֹהֶל מוֹעֵד כִּי שָׁכַן עָלָיו הֶעָנָן וּכְבוֹד ה׳ מָלֵא אֶת הַמִּשְׁכָּן" (שמות מ׳, לה). רק לאחר שקרא ה׳ למשה (ויקרא א׳, א) יכול היה משה להיכנס אל אוהל מועד. כעת, נוטל משה את אהרון בידו ומכניסו פנימה, ובכך גם אהרון מקבל אישור רשמי לכניסה אל הקודש.[14] כאמור לעיל, בפשטי מקראות כלל לא ברור שגם כוהנים הדיוטות יכולים להיכנס לאוהל מועד, ונראה יותר שדווקא הכוהן הגדול הוא הרשאי להיכנס פנימה אל המשכן עצמו. אם כך, כניסתו הראשונה של אהרון אל המשכן היא מאורע ייחודי, וברור מדוע הכתוב מתאר זאת באופן מיוחד, גם אם אין לכניסה זו תכלית אחרת מעצם הכניסה פנימה. הדבר החשוב לדיוננו הוא, שגם אם הברכה השנייה לא נאמרה מתוך אוהל מועד, היא מתגלגלת מתוך יציאתם של משה ואהרון מאוהל מועד. התחושה היא שמשה ואהרון נטלו את הברכה מתוך אוהל מועד והפיצו אותה בחוץ באוזני העם כולו.

3. **אופן הברכה:** הבדל קל נוסף ואחרון הוא, שבברכה הראשונה אהרון נשא את כפיו בשעה שבירך: "וַיִּשָּׂא אַהֲרֹן אֶת יָדָו אֶל הָעָם וַיְבָרְכֵם", ונשיאת כפיים זו חסרה בברכה השנייה.

הבדלים אלו חושפים את ההבדל העקרוני שבין שתי הברכות ואת הצורך בשתיהן: הברכה הראשונה נאמרת כחלק מהקרבת הקורבנות, והיא יוצאת מפי הכוהן כחלק מתפקידו לברך את העם. כיוון שרק לאחר הברכה נאמר שאהרון סיים להקריב את הקורבנות וירד מהמזבח, סביר שהברכה נתפסת כנספח של הקרבתם, ואכן אהרון

13. רש"י נדרש לעניין זה, וכאפשרות ראשונה הוא מצטט את מדרש חז"ל: "למה נכנסו? מצאתי בפ׳ מלואים בברייתא הנוספת על תורת כוהנים שלנו: למה נכנס משה עם אהרן? ללמדו על מעשה הקטרת" (פירושו לוויקרא ט׳, כג). מילגרום שיער שהכניסה נועדה לשם תפילה, והוא תמך עמדה זו בתיאור חנוכת המקדש על ידי שלמה (מל"א ח׳), אשר לתפילה יש שם תפקיד חשוב (מילגרום, ויקרא, כרך א, עמ׳ 588). אך שתיקת הכתוב מלדווח על תפילה כזו מלמדת שלא בזה נעוצה מגמת אזכור כניסתם אל אוהל מועד.

14. באופן אחר ראה זאת רוקר: "כניסת אהרון לתוך המשכן לבדו עם משה, לא מסמלת רק את תפקידו החדש של אהרון כמשרת המשכן, אלא גם מראה שתפקיד המתווך עבור העם, עובר ממשה גם לאהרון" (רוקר, ויקרא, עמ׳ 154).

אמר אותה בעודו על המזבח, ומכוחו של מזבח (השוו גם למל״א ח׳, נד-נה). לפיכך, ניתן גם לשער מה הברכה שבירך אהרון את העם, וכבר רש״י – בעקבות הספרא והגמרא במסכת סוטה – עמד על כך: ״׳ויברכם׳ – ברכת כהנים: יברכך, יאר, ישא״ (פירושו לוויקרא ט׳, כב). אחת מדרישות הכוהנים היא לברך העם בברכת הכוהנים הרשומה בבמדבר ו׳, ונראה שביום השמיני היא פרצה לראשונה מפי הכוהן הגדול בקדושה ובטהרה. זוהי ברכה שכוהנים אומרים מתוקף עבודתם במזבח (ולא במקרה כוהנים צריכים לעלות לדוכן בברכת עבודה של שמונה עשרה, לאחר ש׳קידשו׳ את ידיהם בכיור). כדברי רמב״ן:

> כבר הזכרתי בסדר ויהי ביום השמיני כי צוה את אהרן לשאת את ידיו אל העם ולברך אותם ביום ההוא, וכאן צוה לדורות לאהרן ולבניו, ופירש הברכה שיברכו אותם. והזכירה בהקמת המשכן, כי שם צוה ה׳ את הברכה חיים עד העולם וכמו שאמרו רבותינו: במקדש בשם המפורש ובמדינה בכנויו, במקדש היו אומרים אותה ברכה אחת ובגבולין שלש ברכות, כי הברכה במקדש מיוחדת בשם המיוחד (פירושו לבמדבר ו׳, כג).

מעין רמז לקישור שבין ברכת אהרון ביום השמיני לברכת הכוהנים יש בנשיאת הכפיים של אהרון: ״וַיִּשָּׂא אַהֲרֹן אֶת יָדָו אֶל הָעָם וַיְבָרְכֵם״. לא רחוק מן הדעת לשער שהפועל ״וישא״ רומז לברכה החותמת בברכות כוהנים: ״יִשָּׂא ה׳ פָּנָיו אֵלֶיךָ וְיָשֵׂם לְךָ שָׁלוֹם״ (במדבר ו׳, כו).[15]

קל להבין אפוא מהו עניינה של הברכה הראשונה, אך מדוע יש להוסיף לה ברכה נוספת? מעצם העובדה שמשה מצטרף לאהרון באמירתה ניכר שאין מדובר בברכת כוהנים. יהיה מי שיאמר שמדובר בברכה ספונטנית שאיננה קשורה בהליך הפורמלי של הקרבת הקורבנות ושל תפקיד הכוהנים לברך את העם. הרי לא נשאל הורים שמובילים את ילדיהם לחופה מדוע הם מברכים אותם לפני חתונתם, על אף שיבורכו שבע ברכות פורמליות תחת החופה. מדובר בברכה אישית שמשקפת את

15. ראו על כך במיוחד אצל גייגר, ישא ה׳ (שראה זאת כשילוב מכוון של המעשה האנושי עם ברכת ה׳). ראב״ע הוכיח מברכת הכוהנים של אהרון ביום השמיני שלא מדובר בברכה פרטית שכוהנים אמרו למביאי קורבנות, אלא בברכה ציבורית, כתפיסה ההלכתית המקובלת (ראב״ע לבמדבר ו׳, כא), אך ייתכן שצודק מנחם הרן, שגם אם ביום השמיני הייתה זו ברכה ציבורית, יש מקום בפשטי מקראות לברכות כוהנים גם למביאי קורבן פרטיים (הרן, ברכת כוהנים, עמ׳ 79-81). רוח כזו עולה מתהילים קי״ח, כו.

התרגשות ההורים ואת אהבתם לילדיהם הנישאים. עם זאת, בהקשר היום השמיני למילואים אפשר להצביע גם על התפקיד הנוסף של הברכה השנייה. הרמז לפתרון נעוץ בהבדלי המקומות שהוזכרו: ברכת הכוהנים הראשונה נאמרת בהקשרי עבודת הקורבנות על המזבח; הברכה השנייה קשורה במשכן פנימה.

כאמור לעיל, ימי המילואים מתוארים בספר ויקרא, אך הם סוגרים מעגל שנפתח כבר בספר שמות. לדבר זה משמעות דרמטית, מפני שבכל אחד משני ספרים אלו מתוארת התגלות שכינה ייחודית ומובחנת.[16] בספר שמות המשכן נבנה כדי שיהיה בית לה׳ וישכון בתוכם, ומחנה ישראל כולו סובב סביב האוהל המרכזי, שבו שורה שכינה. ספר שמות מסתיים בהשראת שכינה – המשכן הפך להיות ביתו של ה׳ – ובכך שמשה לא יכול להיכנס אליו. אולם ספר ויקרא נפתח בהזמנת ה׳ את משה להיכנס, ובציווי כיצד להקריב את הקורבנות. האדם מוזמן לבוא ולעבוד את קונו בבית שבו כבוד ה׳ שוכן. לפיכך, המוקד שבספר ויקרא הוא ההתגלות שמתרחשת על המזבח – ששם מצויה אש ה׳ האוכלת את הקורבנות, ומשם יוצאת ברכת אהרון לישראל.

אך לברכה השנייה רקע שונה. מאחר שמשה ואהרון נכנסים פנימה, מסתבר שהברכה הנאמרת עם צאתם קשורה לתפיסת המשכן שמובלטת בספר שמות – השראת השכינה בתוך אוהל מועד. מִי שֶׁשִּׁכֵּן שְׁמוֹ בַּבַּיִת הַזֶּה, יברך את ישראל. הצטרפות משה לברכה רומזת גם היא שאנו חוזרים לפרספקטיבה של ספר שמות, שבו משה הוא החתום על בניית המשכן, ולפיכך הוא הנכנס פנימה ויוצא כשבאמתחתו ברכה.

התגלות באש אוכלת

אחרי שתי הברכות מתרחש שיאו של הסיפור:

וַיֵּרָא כְבוֹד ה׳ אֶל כָּל הָעָם.
וַתֵּצֵא אֵשׁ מִלִּפְנֵי ה׳ וַתֹּאכַל עַל הַמִּזְבֵּחַ אֶת הָעֹלָה וְאֶת הַחֲלָבִים
וַיַּרְא כָּל הָעָם וַיָּרֹנּוּ וַיִּפְּלוּ עַל פְּנֵיהֶם (ט׳, כג-כד).

16. ראו במיוחד: שמאע, שתי מגמות. כפי שכבר הוזכר לעיל, לשתי פרספקטיבות אלו יש להוסיף פרספקטיבה שלישית לתפקיד המשכן העולה בספר במדבר. ראו על כך: קהת (קץ), מקדש.

יש ליתן את הדעת לקריאתם הפשוטה של פסוקים אלה. גם אם לא כולם אימצו זאת, נדמה שהצדק עם רס"ג, רשב"ם ואחרים, שלפנינו כותרת – "וַיֵּרָא כְבוֹד ה' אֶל כָּל הָעָם"; ומיד מופיע הפירוט שלה – כיצד נראה כבוד ה' אל כל העם? "וַתֵּצֵא אֵשׁ מִלִּפְנֵי ה' וַתֹּאכַל עַל הַמִּזְבֵּחַ...".[17] לשון אחה, התגלות היום השמיני מתממשת באש האוכלת את הקורבנות על המזבח. אין לפנינו תיאור של הענן שנכנס לאוהל מועד, אלא התגלות פומבית בחצר המשכן, על המזבח.

לפנינו אם כן תיאור של התגלות ה' בשלוש מערכות. על הר סיני מתוארת התגלות כפולה – באש המכוסה בענן: "וַיְכַס הֶעָנָן אֶת הָהָר. וַיִּשְׁכֹּן כְּבוֹד ה' עַל הַר סִינַי וַיְכַסֵּהוּ הֶעָנָן שֵׁשֶׁת יָמִים וַיִּקְרָא אֶל מֹשֶׁה בַּיּוֹם הַשְּׁבִיעִי מִתּוֹךְ הֶעָנָן" (שמות כ"ד, טו-טז). ככל הנראה "כבוד ה'" השוכן על הר סיני מכוון לאש, אולם היא נסתרת בתוך ענן, ורק משה – שמדבר עם ה' "פָּנִים אֶל פָּנִים כַּאֲשֶׁר יְדַבֵּר אִישׁ אֶל רֵעֵהוּ" – מוזמן להיכנס לתוך הענן ביום השביעי.[18] אך לצד הענן המכסה שמתוכו קורא ה' למשה, מתוארת בפסוק הבא גם אש אוכלת שגלויה לעיני ישראל: "וּמַרְאֵה כְּבוֹד ה' כְּאֵשׁ אֹכֶלֶת בְּרֹאשׁ הָהָר לְעֵינֵי בְּנֵי יִשְׂרָאֵל" (שם, יז).

התגלות ה' על הר סיני ממשיכה – כפי שלימדנו רמב"ן – במשכן שהקימו ישראל בקרב המחנה. אלא ששני תיאורי הקמתו משקפים מוטיב מובחן וייחודי של ההתגלות. בחתימת ספר שמות המוקד הוא הענן: "וַיְכַס הֶעָנָן אֶת אֹהֶל מוֹעֵד וּכְבוֹד ה' מָלֵא אֶת הַמִּשְׁכָּן. וְלֹא יָכֹל מֹשֶׁה לָבוֹא אֶל אֹהֶל מוֹעֵד כִּי שָׁכַן עָלָיו הֶעָנָן וּכְבוֹד ה' מָלֵא אֶת הַמִּשְׁכָּן" (מ', לד-לה). לצד זאת, ביום השמיני למילואים המתואר בספר ויקרא "כבוד ה'" שנראה כאש, הוא המתגלה לעיני העם: "וַיֵּרָא כְבוֹד ה' אֶל כָּל הָעָם: וַתֵּצֵא אֵשׁ מִלִּפְנֵי ה' וַתֹּאכַל עַל הַמִּזְבֵּחַ אֶת הָעֹלָה וְאֶת הַחֲלָבִים" (ויקרא ט', כד).[19]

פיצול ההתגלות שהיה על הר סיני איננו רק פיצול של אופן ההתגלות אלא גם

17. לקריאה אלטרנטיבית ראו למשל אצל בולה, ויקרא, עמ' קנא. לדעתו כבוד ה' שנראה הוא "ירדו ענני הכבוד על המשכן", ולאחר מכן יצאה אש מתוך ענני כבוד אלו.

18. השוו למה שכתב ויינפלד, כבוד, עמ' 31. הוא כותב שם, שרק ביום השמיני זכו ישראל לראות את אש ה' ללא מסך מכסה. הוא מבין שגם ההתגלות המתוארת בשמות כ"ד, יז מתארת אש בתוך ענן. אולם, דבר זה פתוח לפרשנויות שונות, שהרי הפסוק מתאר ראיית אש אוכלת ללא אזכור ענן.

19. "אין זה יוצא דופן שישראל ראו את 'כבוד ה''. זה היה 'ועמוד האש לילה'. מה שהיה יוצא דופן, ובעצם חסר תקדים בהקשר ההתגלות האלוהית הוא שהאש הגיחה מהמשכן בלי כיסוי הענן שלה ואכלה את הקורבנות על המזבח" (מילגרום, ויקרא, כרך א, עמ' 589-590).

של מקומה של ההתגלות: בחתימת ספר שמות כבוד ה׳ ״מָלֵא אֶת הַמִּשְׁכָּן״, ואילו בימי המילואים כבוד ה׳ מתגלה כאש על המזבח דווקא, אשר אוכלת שם את הקורבנות.

קשה להכריע מהיכן האש ׳יצאה׳ ובאה אל המזבח. במקומות אחרים שיש בהם התגלות באש אוכלת קורבנות נראה שהיא יוצאת מהשמיים. כך למשל במעמד הכרמל, בתיאור שבוודאי נשען על הפסוקים שלנו: ״וַתִּפֹּל אֵשׁ ה׳ וַתֹּאכַל אֶת הָעֹלָה וְאֶת הָעֵצִים וְאֶת הָאֲבָנִים וְאֶת הֶעָפָר וְאֶת הַמַּיִם אֲשֶׁר בַּתְּעָלָה לִחֵכָה. וַיַּרְא כָּל הָעָם וַיִּפְּלוּ עַל פְּנֵיהֶם וַיֹּאמְרוּ ה׳ הוּא הָאֱלֹהִים ה׳ הוּא הָאֱלֹהִים״ (מל״א י״ח, לח-לט). בדומה גם בבניית המקדש: ״וְכֹל בְּנֵי יִשְׂרָאֵל רֹאִים בְּרֶדֶת הָאֵשׁ וּכְבוֹד ה׳ עַל הַבָּיִת וַיִּכְרְעוּ אַפַּיִם אַרְצָה עַל הָרִצְפָה וַיִּשְׁתַּחֲווּ וְהוֹדוֹת לַה׳ כִּי טוֹב כִּי לְעוֹלָם חַסְדּוֹ״ (דה״ב ז׳, ג). כך גם בקניית הגורן על ידי דוד: ״וַיִּבֶן שָׁם דָּוִיד מִזְבֵּחַ לַה׳ וַיַּעַל עֹלוֹת וּשְׁלָמִים וַיִּקְרָא אֶל ה׳ וַיַּעֲנֵהוּ בָאֵשׁ מִן הַשָּׁמַיִם עַל מִזְבַּח הָעֹלָה״ (דה״א כ״א, כו). מאחר שבמקומות אלו האש ירדה מן השמיים, ייתכן שגם אצלנו כך יש להבין. עם זאת, השימוש בפועל ״וַתֵּצֵא אֵשׁ״ ותיאור המקום ״מִלִּפְנֵי ה׳״ מאפשרים גם את ההצעה של רשב״ם שהאש יצאה מאוהל מועד אל המזבח.[20]

תגובת העם

ניכר שהעם מתרגש נוכח ההתגלות, ותגובתם מעוצבת באופן חגיגי במיוחד: ״וַיַּרְא כָּל הָעָם וַיָּרֹנּוּ וַיִּפְּלוּ עַל פְּנֵיהֶם״ (ט׳, כד). לאור הצירוף הלשוני השכיח במקרא, היינו מצפים שייכתב גם כאן – ׳וירא כל העם – ויפלו על פניהם׳, ולו היה נכתב כך לא היה חש הקורא שום חוסר. השוואה טובה לסיפורנו הוא ראיית אש ה׳ האוכלת את הקורבנות בסיפור אליהו בכרמל. שם באמת נאמר: ״וַתִּפֹּל אֵשׁ ה׳ וַתֹּאכַל אֶת הָעֹלָה וְאֶת הָעֵצִים וְאֶת הָאֲבָנִים וְאֶת הֶעָפָר וְאֶת הַמַּיִם אֲשֶׁר בַּתְּעָלָה לִחֵכָה. **וַיַּרְא כָּל הָעָם וַיִּפְּלוּ עַל פְּנֵיהֶם**״ (מל״א י״ח, לט). בסיפור זה שולב מטבע הלשון שנזכר בסיפורנו, מלבד מילה אחת.

הפועל ״וַיָּרֹנּוּ״ שמצטרף לתיאור העם בסיפורנו (לראשונה במקרא) הוא פועל רב משמעי ולא תמיד ברורה כוונתו.[21] ניתן לקרוא אותו, ביחד עם ראב״ע, בהוראה ווקלית, שאינה רומזת לתוכן ספציפי שנלווה אליו – ״הרמת קול״ (ראב״ע על אתר),

20. בשל פועל זה הכריע מילגרום שאכן האש יצאה מאוהל מועד (ויקרא, כרך א, עמ׳ 590). עם זאת הפועל ׳לצאת׳ משמש גם במקומות אחרים במובן מטאפורי ולא מורה בהכרח על יציאה ממקום מוגדר למקום אחר (למשל בראשית י״ט, כג). פרשנים אחרים הניחו בפשטות שהאש יצאה מהשמים, כמו בשאר מקרי ההתגלות המנויים למעלה. ראו למשל אצל רוקר, ויקרא, עמ׳ 158.

21. השורש רנ״נ משתקף גם בשפות עתיקות נוספות, כמו במצרית עתיקה – שכמו בעברית, גם שם

כמו למשל משמעות הפועל בפסוק ״חָכְמוֹת בַּחוּץ תָּרֹנָּה בָּרְחֹבוֹת תִּתֵּן קוֹלָהּ״ (משלי א׳, כ). ניתן גם לקרוא אותו, ביחד עם אונקלוס ורש״י בעקבותיו, כרמיזה לתוכן ספציפי של שבח והודאה: ״**ושבחו** ונפלו על אפיהון״ (אונקלוס); ״**ואודון** ואיתרכינו בצלו על אנפיהון״ (המיוחס ליונתן), כמו משמעות הפועל בפסוק ״כָּל הָעַמִּים תִּקְעוּ כָף הָרִיעוּ לֵאלֹהִים בְּקוֹל רִנָּה״ (תהלים מ״ז, ב). היו שאף העירו, ש״בשעה שאנו פונים לכתובים שמשתמשים ברנ״נ במשמעות חיובית, אנו שמים לב שהמוטיבציה למבע של השמחה היא תמיד דתית... כתוצאה מכך, כמעט תמיד זהו ה׳ שאליו המבע הקולי של שמחה מופנה״.[22]

בין אם כך ובין אם כך, כוונת הפסוק להורות על ההתרגשות שאחזה בעם ועל שמחתו, עד לכדי הרמת קול ושירה. בשל כך היו שהתלבטו כיצד ניתן באותו ההיגד לדווח גם על שמחתם וגם על כך שהם נופלים על פניהם – ציור שמביע ״חרדה ופחד ממראות אלוהים הנורא״ (מלבי״ם במקום). אך באמת כל התגלות טומנת בחובה את שני האלמנטים האלו גם יחד, כפי שהיטיב לבטא רודולף אוטו בביאורו את מושג הקדושה. העם שמח שכבוד ה׳ מתגלה על המזבח ואוכל את הקורבנות שהוגשו לו, ולצד זאת נופל על פניו מתוך כבוד ותחושת יראה מובנת מאליה – ״עִבְדוּ אֶת ה׳ בְּיִרְאָה וְגִילוּ בִּרְעָדָה״ (תהילים ב׳, יא).

על רקע זה מתרחשת הטרגדיה הגדולה של מות נדב ואביהוא.

חטא נדב ואביהוא

אין צורך לומר שהיום השמיני למילואים הינו אחד מן הימים החגיגיים שחווה עם ישראל במדבר. אולם, באותו המעמד הנשגב עצמו, ובסמיכות טקסטואלית שמביעה את המהלומה העזה, פקדה את משפחת הכהונה טרגדיה נוראה. על מות שני בני אהרון הגדולים – נדב ואביהוא – דרש ר׳ אחא בר זעירא את הפסוק: ״אַף לְזֹאת יֶחֱרַד לִבִּי וְיִתַּר מִמְּקוֹמוֹ״ (איוב ל״ז, א).[23]

אינני יודע אם יש עוד חטא במקרא שרבו המחלוקות בהבנתו כמו חטאם הנסתר של נדב ואביהוא. פירושים רבים ומגוונים הוצעו להבנת הבעייתיות שבמעשיהם,

השורש מופיע כפועל וכשם עצם, ובאוגריתית – ששם השורש נזכר תמיד בהקשרים חיוביים של שמחה.

22. האוזמן, רנן, עמ׳ 516.

23. ויקרא רבה פרשה כ, ה.

ואשר הוביל לעונש כה חמור; אכן התיאור הקצר מאפשר קריאות שונות.[24] די בסקירה מהירה של העמדות המגוונות שמובאות במדרשי חז"ל כדי לחוש עד כמה התעלומה גדולה.[25] בין שלל השיטות ניתן להזכיר את הדעות הבאות:

א. לפני ירידת האש מן השמיים, העלו אש מעצמם.
ב. הביאו אש מן החולין.
ג. נכנסו לקודש הקודשים.
ד. נכנסו שתויי יין.
ה. נכנסו מחוסרי בגדים.[26]
ו. נכנסו ללא קידוש ידיים ורגליים.
ז. נכנסו פרועי ראש.[27]
ח. הורו הלכה בפני משה רבן.
ט. לא היו להם בנים, או שלא היו להם נשים.
י. מתו בחטא אביהם (על שעשה את העגל).

מבין השיטות שמנינו ישנן הנסמכות על פירושי הכתובים או על סמיכות פרשיות, ויש אחרות שמתעלמות מלשון הכתוב ומוצאות את פשר החטא באופיים או במעשיהם

24. ישנם פערים בחומרי העלילה שמקשים על עצם הבנת 'סיפור המעשה', כמו:
א. מתי הקריבו את האש הזרה: לפני שירדה האש מן השמיים (כדברי מכילתא דמילואים, שמיני, כב); או שמא לאחר שירדה האש (כדברי אותו מקור בהלכה לב)?
ב. מקום הקרבת האש: בקודש הקודשים (במכילתא דמילואים שם, כב); על מזבח הקטורת (פירוש הראב"ד על המכילתא הנזכרת); או על מזבח העולה (תוספות, עירובין סג ע"א, ד"ה "מאי דרוש")?
ג. משמעות האש הזרה: אש שהוצתה בידי אדם (מכילתא, שם); אש שהובאה מן הכיריים (= מקום חולין, זוהי דעתו של ר' עקיבא, במכילתא דמילואים שם, לב); אש שהוצתה שלא בזמנה (דעת ר' ישמעאל, שם); או אש שהביאוה על דעת עצמם (דעת ר' אליעזר, שם)?
קצרה יריעה זו מלפתוח דיון ממצה בשאלות אלו ובתשובות השונות שניתנו להן. לאורך דיוננו אתייחס לכמה מן ההתלבטויות הללו.

25. לסקירה רחבה ודיונים בגישות חז"ל המגוונות ראו: חכם, נדב ואביהוא; שנאן, נדב ואביהוא; קירשנר, חז"ל ופילון.

26. על האפשרות שנדב ואביהוא נכנסו ערומים, כמנהג כוהנים אליליים במזרח הקדום, ראו עוד אצל הפנר, האמת העירומה.

27. תוספות, יומא נג ע"א, ד"ה "שהורו", בשם הספרא. בספרא שלפנינו דעה זו אינה מופיעה, אך עמוס חכם (נדב ואביהוא, עמ' 106) מעיר שסגנון דומה מופיע בוויקרא רבה פרשה כ, י, ביחס להתנהגות נדב ואביהוא במעמד הר סיני.

של נדב ואביהוא, בלי קשר ישיר לתיאור היום השמיני. סביר להניח שלא כל השיטות שהוזכרו מתכוונות לפרש את החטא כפי שעולה מפשוטם של מקראות, ובהחלט ייתכן שחלקן אף נאמרו לשם תכלית חינוכית, ולאו דווקא מתוך מגמה פרשנית.[28] אולם, אין זה מקרה כי חטא זה סובל על שכמו פירושים כה רבים (ולעיל הוזכרו השיטות שהוצעו בקרב התנאים בלבד!); הכתוב, כאמור, מקצר בדברים, ורב הסתום על המפורש. חוסר הבהירות שבכתוב אף הביא לפרשנויות (קבליות בעיקר) שוויתרו על חיפוש החטא, ואדרבה: ראו את שרפתם על המזבח כאיחוד מיסטי עם האל ושיבחו את המדרגה הגבוהה שהגיעו אליה.[29]

סיפור זה הוא אחד מהמקרים שנופל תחת אחת משתי אפשרויות הפוכות: מצד אחד, ריבוי הפירושים מעלה את החשד שמא במכוון חטאם לא מפורש בכתובים,[30] ואולי גם הם כלל לא חטאו ומיתתם נובעת מתכלית אחרת.[31] אך מצד שני, במקרים אלו עולה גם האפשרות שהחטא מפורש, אך לשם חשיפתו יש להפנות את המבט למקום אחר מזה שעיני הכול מחפשים בו. להלן נאחז בדרך זו.

יש שני מוקדים בכתוב שדרכם אפשר לבחון את חטאם: תיאור מעשיהם שהובילו לשרפתם, ודברי משה לאהרון שנאמרו מיד לאחר שרפתם. שילוב שני מוקדים אלו חושף את חטאם, הקשור בטבורו לתכלית היום השמיני.

מעשה נדב ואביהוא ושריפתם

וַיִּקְחוּ בְנֵי אַהֲרֹן נָדָב וַאֲבִיהוּא אִישׁ מַחְתָּתוֹ
וַיִּתְּנוּ בָהֵן אֵשׁ וַיָּשִׂימוּ עָלֶיהָ קְטֹרֶת

28. ראו על כך במיוחד אצל שנאן, נדב ואביהוא; ביב, נדב ואביהוא.
29. ראו על כך אצל קניאל, לבעור מאהבה.
30. כך גרינשטיין, דקונסטרוקציה; אנדרסון, נדב ואביהוא. השוו לטענה הדומה של ביד (נדב ואביהוא) שראה את הסיפור כדוגמה מייצגת לסיפורים מקראיים נוספים שהפערים שיש בהם מאפשרים קריאה רב-משמעית. בנימין זומר (גירוש כחניכה) טען שהסיפור משתלב במודל רחב במקרא, שמציג בעיות ׳בסיפורי התחלה׳. לדעתי הצדק עם ג׳יימס ווטס שכתב שגם אם לא נוכל להכריע בוודאות מה היה חטאם של נדב ואביהוא, יש להביא בחשבון את הנחות היסוד שניצבות בתשתית התקשורת שבין ׳המחבר׳ לבין ׳הקורא הנמען׳ של הכתובים, ולאור כך לנסות ולחשוף את כוונת הכתובים (ווטס, ריטואל, עמ׳ 101-103; לדעתו, לאחר שבחטיבת הקורבנות התחושה הייתה שלכוהנים מעמד נשגב, בחטא נדב ואביהוא מתברר שיש גם סכנה בתפקיד זה, ראו שם, עמ׳ 113).
31. לוין אף הציע שמדובר בתאונה טרגית שאיננה עונש כלל (לוין, תחושה וקטורת), וגרינברג הציע שעונשם הוא תגובה לחטאם בעגל, שבשונה מאביהם הם לא כיפרו עליו (גרינברג, החטא האמיתי).

וַיַּקְרִיבוּ לִפְנֵי ה' אֵשׁ זָרָה אֲשֶׁר לֹא צִוָּה אֹתָם.
וַתֵּצֵא אֵשׁ מִלִּפְנֵי ה' וַתֹּאכַל אוֹתָם וַיָּמֻתוּ לִפְנֵי ה' (י', א–ב).

פרשנות רשב"ם ליציאת האש שאכלה את בני אהרון מקדמת את הדיון:

'ותצא אש מלפני יי' ותאכל אותם' – והוא 'ותצא אש' של פסוק ראשון... אף כאן שני הפסוקים אחד הם: כשיצא האש ותאכל [את העולה] ואת השלמים של מזבח החיצון – כשלקחו בני אהרן והקריבו אש זרה על המזבח הפנימי – ותצא אש מלפני יי' להקטיר קטורת לפנים תחילה, ופגעה בבני אהרן שם ומתו, ואחר כך יצאה משם ובאה על מזבח החיצון ותאכל את העולה (פירושו לוויקרא י', א).

רשב"ם שם לב לזיקה שבין יציאת האש שתוארה בסוף פרק ט', ושאכלה את הקורבנות – "**וַתֵּצֵא אֵשׁ מִלִּפְנֵי ה' וַתֹּאכַל** עַל הַמִּזְבֵּחַ אֶת הָעֹלָה וְאֶת הַחֲלָבִים" (ט', כד), לבין תיאור יציאת האש שאכלה את בני אהרון: "**וַתֵּצֵא אֵשׁ מִלִּפְנֵי ה' וַתֹּאכַל** אוֹתָם" (י', ב). לדעתו, אין מדובר בשתי יציאות שונות של אש אוכלת, אלא מדובר באותה אש עצמה, שבדרכה לאכול את הקורבנות שרפה את נדב ואביהוא. אכן, זו דרכו של הסגנון המקראי – שלא לקטוע רצף של תיאור דבר מה, אלא רק לאחר סיום הדיווח לשוב אל דברים שאירעו תוך כדי הסצנה המתוארת. לפי זה, עוד לפני יציאת האש שאכלה את הקורבנות על המזבח, הקריבו נדב ואביהוא אש זרה אשר לא ציווה אותם, אלא שהכתוב מתאר תחילה את הופעת כבוד ה' לעיני כל ישראל, ואז חוזר ומתאר, שאותה האש עצמה שהתגלתה על המזבח היא ששרפה את נדב ואביהוא.

אין הכרח לאמץ את דעתו של רשב"ם (ופרשנים נוספים) גם בנוגע לכך שנדב ואביהוא הקטירו את הקטורת במזבח הקטורת בפנים (דבר שלא נאמר בפירוש בפסוקים).[32] מתוך כך שהמשכן וכליו לא נטמאו במיתתם, ולא דרשו אפוא טהרה וחיטוי נוסף, נראה שהם מתו מחוץ למשכן עצמו, כנראה בעזרה.[33] אך קריאתו שמדובר באותה האש חשובה להבנת הסיפור: מתברר שנדב ואביהוא יצאו נגד

32. לתמיכה בגישת רשב"ם שהקטרת נדב ואביהוא נעשתה בפנים ראו: אלדר, הקטורת. הוא מסתמך בעיקר על זיקת סיפורנו למרד קורח מזה ולעבודת יום הכיפורים מזה.

33. אהרליך הציע שמי שמת בידי שמיים (כמו נדב ואביהוא והנשרפים במרד קורח) אינם מטמאים (אהרליך, מקרא כפשוטו, עמ' 221). אולם מהוראות משה נראה שהם מטמאים ככל מת אחר: "וַיִּקְרָא מֹשֶׁה אֶל מִישָׁאֵל וְאֶל אֶלְצָפָן בְּנֵי עֻזִּיאֵל דֹּד אַהֲרֹן וַיֹּאמֶר אֲלֵהֶם קִרְבוּ שְׂאוּ אֶת אֲחֵיכֶם מֵאֵת פְּנֵי הַקֹּדֶשׁ אֶל מִחוּץ לַמַּחֲנֶה" (י', ד).

התגלות זו, והאש הפורצת שביקשה להתגלות התגברה על אלו שניסו למנוע ממנה להתגלות לעין כול.

לשם הבהרת מעשיהם ותכליתם יש להתמקד ביתר עיון במה שבדיוק עשו נדב ואביהוא. פרשנים רבים התמקדו באש הזרה, וניסו להבין את הבעיה שבדבר. אך בהתמקדות זו הושם בקרן זווית רכיב נוסף במעשיהם שדומה שדווקא הוא העיקר. נדב ואביהוא לקחו את מחתותיהם, "וַיִּתְּנוּ בָהֵן אֵשׁ וַיָּשִׂימוּ עָלֶיהָ קְטֹרֶת". כלומר, אין מדובר באש חשופה שאותה הביאו נדב ואביהוא למזבח אלא באש שמבעירה קטורת.[34] המחתה נדרשת במקום שבו מקטירים קטורת שלא במקום הרגיל על מזבח הקטורת, ולכן עדיף לראות גם בסיפורנו את מקום ההקטרה שלהם שלא על מזבח הקטורת, שלא כהצעת רשב"ם.[35] היכן ומדוע? לשם בירור העניין יש לבחון תחילה את תפקיד הקטורת.

קטורת ככיסוי

דיון שלם בתפקיד הקטורת הינו רחב יותר ממה שגבולות יריעה זו מאפשרות, אך לצורך דיוננו די בהצבעה על כיוון פרשני אחד שיכול לבאר את מעשי נדב ואביהוא. מאחר שהקטורת מדיפה ריח טוב, נוהגים להתמקד בתכונה זו בניסיון להתחקות על מגמת הקטרת הקטורת.[36] אולם נדמה שיש תכלית אחרת לקטורת שגם היא העומדת בבסיסי מטרת עבודה זו – הקטורת יוצרת ענן, שיש בכוחו – ולו מבחינה סמלית – לכסות את התגלות השכינה ובכך לאפשר לאהרון להיכנס אל המשכן ולעבוד את עבודותיו.[37] דבר זה נכון בעבודת הקטורת הרגילה, אך נכון שבעתיים בעבודת

34. לדעתו של מנחם הרן, הבעיה שבמעשיהם הייתה שהם הבעירו את הקטורת על 'אש זרה' שאיננה ממזבח העולה (הרן, קטורת מחתות). כפי שיעלה להלן, נראה יותר שבעצם הקטרת הקטורת יש בעיה.
35. הרן הנזכר לעיל נטה לראות את 'קטורת המחתות' ואת 'קטורת המזבח' כשני אופנים שונים של הקרבת קטורת (השוו לטענה של ולהאוזן, אקדמות, עמ' 53-55). ברוח זה כתב גם אריאל סטולמן, שיש להבחין בשתי בחינות בתיאור התגלות כבוד ה' במשכן, ועל פי אחת מהן, ההתגלות מתרחשת רק בקודש הקודשים, ועל כן אין צורך במזבח הקטורת שמצוי בקודש. לדעתו, רק בבחינה שבה ה' מתגלה באוהל מועד כולו, נצרך מזבח הקטורת בשביל להסתיר את ההתגלות (סטולמן, בעקבות הפשט, עמ' 276-277).
36. כך כבר הרמב"ם, מורה הנבוכים, חלק ג, מה. לסקירה רחבה בשימוש בקטורת בישראל ובעמי קדם, ראו: נילסן, קטורת.
37. יש לזכור שמוטיב הכיסוי מהותי למשכן: זו התכלית המרכזית של הפרוכת שהיא מסך לארון (למשל: "וַיָּשֶׂם אֵת פָּרֹכֶת הַמָּסָךְ וַיָּסֶךְ עַל אֲרוֹן הָעֵדוּת" – שמות מ', כא), וככל הנראה זו גם

יום הכיפורים שנשענת – כפי שעולה מפתיחתה (ויקרא ט"ז, א) – על מעשה נדב ואביהוא ומיתתם.[38]

תפיסה זו של תפקיד הקטורת עולה כבר בסדר הציווי על בניית כלי המשכן שבשמות כ"ה-ל"א:[39]

א. ארון וכרובים (אשר נמצאים בקודש הקודשים);
ב. שולחן ומנורה (אשר נמצאים בקודש);
ג. מחיצות המשכן;
ד. מזבח העולה (אשר נמצא בחצר המשכן);
ה. מחיצות חצר המשכן;
ו. ציווי על הדלקת נר תמיד ובגדי כהונה;
ז. הציווי על מילוי ידי הכוהנים וקידוש המזבח;
ח. פסוקי חתימה: "וְנֹעַדְתִּי שָׁמָּה לִבְנֵי יִשְׂרָאֵל וְנִקְדַּשׁ בִּכְבֹדִי. וְקִדַּשְׁתִּי אֶת אֹהֶל מוֹעֵד וְאֶת הַמִּזְבֵּחַ וְאֶת אַהֲרֹן וְאֶת בָּנָיו אֲקַדֵּשׁ לְכַהֵן לִי. וְשָׁכַנְתִּי בְּתוֹךְ בְּנֵי יִשְׂרָאֵל וְהָיִיתִי לָהֶם לֵאלֹהִים. וְיָדְעוּ כִּי אֲנִי ה' אֱלֹהֵיהֶם אֲשֶׁר הוֹצֵאתִי אֹתָם מֵאֶרֶץ מִצְרַיִם לְשָׁכְנִי בְתוֹכָם אֲנִי ה' אֱלֹהֵיהֶם" (שמות כ"ט, מג-מו);
ט. השלמות: **מזבח הקטורת;** מחצית השקל; כיור; הכנת קטורת ושמן המשחה; מינוי בצלאל ואהליאב; ציווי על השבת.

ניכר שסדר הכלים מעוצב על ציר המקום – מתוככי המשכן החוצה. אך דווקא משום כך בולטים בחריגותם מזבח הקטורת – שעל אף שמיקומו בקודש איננו נזכר לצד הכלים שבפנים, והכיור – שמיקומו אומנם בחצר המשכן, אך איננו נזכר לצד מזבח העולה שבחצר. קשה לקבל את ההצעה, שהציווי על מזבח הקטורת הושם במקום זה כסגירה ספרותית (inclusio) לכלי המשכן הפנימיים, במקביל לארון והמנורה שפתחו את רשימת כלי המשכן.[40] דבר זה היה אפשרי אילו חתימת הציווי על המשכן הייתה

משמעות המילה 'כפורת', כיסוי, ועיקר תפקידה לכסות את לוחות העדות שבתוך הארון (גרינץ, מונחים, עמ' 163-167).

38. על הזיקות שבין ויקרא ט"ז לחטא נדב ואביהוא ראו במיוחד: רנדטורף, נדב ואביהוא; אלדר, הקטורת.

39. על כך ראו: מרכז ההדרכה, בראשית-שמות, עמ' 76-77.

40. מוצ'יקי, מזבח הקטורת. קרול מיירס הציעה, שמאחר שהקטורת מוקרבת ביום הכיפורים בקודש הקודשים, 'מזבח הקטורת' הוא במובן מסוים מזבח נודד. מיקומו הטקסטואלי בסוף הרשימה ולא

משולבת לאחר מזבח הקטורת. אולם מזבח הקטורת – כמו גם הכיור – משולב לאחר החתימה הכללית, שהיא זו שמשמשת סגירה לציווי על המשכן וכליו. יושם לב למסגרת הספרותית שמוכיחה שמדובר בחטיבה סגורה בעלת פתיחה וסיום מוגדרים. במקביל למה שנאמר בפתיחת הציווי – "וְשָׁכַנְתִּי בְּתוֹכָם" (כ"ה, ח), נאמר בפסוקי חתימה אלו – "וְשָׁכַנְתִּי בְּתוֹךְ בְּנֵי יִשְׂרָאֵל" (כ"ט, מה). מתברר אם כן, שמזבח הקטורת והכיור יצאו מתוך רשימת כלי המשכן והוצבו מחוצה לה.

מאחר שכל שאר הנספחים המשולבים לאחר פסוקי החתימה עוסקים בפעילות המשכן, סביר שיש לראות גם את הכיור ואת מזבח הקטורת כתורמים לפעילות המשכן ולא לעצם הגדרתו כבית ה׳. לשון אחר, יש כלים שמגדירים את אוהל מועד כבית ה׳ – כמו המנורה או השולחן, אשר בלעדיהם הבית חסר מהגדרתו הבסיסית כבית. אולם מזבח הקטורת והכיור אינם אלא מכשירים המאפשרים מגורים בבית. ביחס לכיור הדבר מפורש בכתוב: "וְרָחֲצוּ אַהֲרֹן וּבָנָיו מִמֶּנּוּ אֶת יְדֵיהֶם וְאֶת רַגְלֵיהֶם. בְּבֹאָם אֶל אֹהֶל מוֹעֵד יִרְחֲצוּ מַיִם וְלֹא יָמֻתוּ אוֹ בְגִשְׁתָּם אֶל הַמִּזְבֵּחַ לְשָׁרֵת לְהַקְטִיר אִשֶּׁה לַה׳. וְרָחֲצוּ יְדֵיהֶם וְרַגְלֵיהֶם וְלֹא יָמֻתוּ וְהָיְתָה לָהֶם חָק עוֹלָם לוֹ וּלְזַרְעוֹ לְדֹרֹתָם" (שמות ל׳, יט-כא). כלומר, הכיור מאפשר לכוהנים בשר ודם לשרת בקודש. עליהם לרחוץ את ידיהם ואת רגליהם, ורק לאחר מכן הם יכולים לגשת אל המזבח. המשכן מוגדר בית ה׳ גם ללא הכיור, אך כוהנים לא יוכלו לשרת בבית זה ללא הכיור.

מסתבר שדברים דומים יש לומר על מזבח הקטורת. ה׳ ישכון באוהל מועד גם ללא מזבח הקטורת, אולם יש בו צורך כדי שכוהנים יוכלו להתנהל במקום זה לצד גילוי השכינה שבתוכו. כך הציע ר׳ עובדיה ספורנו:

> ולא הוזכר זה המזבח עם שאר הכלים בפרשת תרומה, כי לא היתה הכונה בו להשכין האל יתברך בתוכנו, כמו שהיה הענין בשאר הכלים, כאמרו ושכנתי בתוכם, ככל אשר אני מראה אותך את תבנית המשכן ואת תבנית כל כליו. גם לא היה ענינו להוריד מראה כבודו בבית, כענין מעשה הקרבנות, כאמרו ונועדתי שמה לבני ישראל, וכן העיד משה רבינו באמרו זה הדבר אשר צוה ה׳ תעשו, וירא אליכם כבוד ה׳ (פירושו לשמות ל׳, א).[41]

לצד הכלים הקבועים במקומם, משקף את יכולת התנועה שלו (מאיירס, תחומי הקדושה, עמ׳ 33-46).

41. השוו לדברי קאסוטו: "מזבח הקטורת אינו כלי שייך למושב האלוהות, אלא שייך הוא לפולחן האלוהות מצד בני אדם. לפיכך לא בא תיאורו בפרק כ"ה, בתוך תיאורי הכלים שבמעון האלוהי,

לפיכך גם, "תכנה של פיסקה זו איננו, כתוכן הפיסקאות שבפרק כ"ה, רק תיאור של החפץ. עיקר תכנה, מפסוק ז' ואילך, הוא תיאור העבודה שיש לעבוד עליו, העבודה המתדמדת שבכל יום ויום".[42]

כיצד אם כן תורמת הקטורת ליכולת הכוהנים לעבוד בבית ה'? ספורנו שם הציע שמדובר בכבוד שמובע כלפי ה': "היה ענין זה המזבח לכבד את האל יתברך אחרי בואו לקבל ברצון עבודת עמו בקרבנות הבקר והערב" (המשך פירושו שם). אולם נדמה שאפשר להצביע על תפקיד ספציפי יותר להקטרת הקטורת. הדבר נחשף בעבודת יום הכיפורים: "וְנָתַן אֶת הַקְּטֹרֶת עַל הָאֵשׁ לִפְנֵי ה' וְכִסָּה עֲנַן הַקְּטֹרֶת אֶת הַכַּפֹּרֶת אֲשֶׁר עַל הָעֵדוּת וְלֹא יָמוּת" (ויקרא ט"ז, יג). תפקיד הקטורת הוא לכסות את מקום ההתגלות וכך לאפשר לכוהן להתייצב לצידה. יושם לב ללשון שנאמרה ביחס לכיור – "וְלֹא יָמֻתוּ", הדומה למה שנאמר ביחס לקטורת – "וְלֹא יָמוּת". הדבר אומנם נתון במחלוקת פרשנים, אך דומה שזו הקריאה הפשוטה גם בתחילת פרשת יום הכיפורים: "דַּבֵּר אֶל אַהֲרֹן אָחִיךָ וְאַל יָבֹא בְכָל עֵת אֶל הַקֹּדֶשׁ מִבֵּית לַפָּרֹכֶת אֶל פְּנֵי הַכַּפֹּרֶת אֲשֶׁר עַל הָאָרֹן וְלֹא יָמוּת כִּי בֶּעָנָן אֵרָאֶה עַל הַכַּפֹּרֶת" (ויקרא ט"ז, ב). ענן זה איננו אלא ענן הקטורת שאותו יוצר אהרון בקטורת המחתה שנכנסת עימו לקודש הקודשים, שהרי: "מכיוון שאלו הפעמים היחידות שבהן מופיעה המילה 'ענן' בספר ויקרא, והן נמצאות באותה פרשייה, מסתבר שהן מתייחסות לאותו הענן".[43]

אם כן, תפקיד הקטורת הוא להסתיר את גילוי השכינה, ובכך לאפשר לאדם לעמוד נכחה. כשם שלאורך סיפורי נדודי ישראל במדבר ה' התגלה בענן, כך גם במקדשו הוא מתגלה בענן קטורת. כשההתגלות היא יוזמה אלוהית – היא מתרחשת בתוך ענן; כשהאדם מבקש ליצור 'סביבה התגלותית', הוא יוצר ענן קטורת שמסתיר את הגילוי.

קריאה זו מסתברת גם לאור מיקום מזבח הקטורת וגם לאור תיאור הזמן של ההקטרה. בדיוננו בחטאת הפנימית כבר הזכרנו שבתיאור מקום מזבח הקטורת מובלט שעליו להיות נוכח הארון והכרובים: "וְנָתַתָּה אֹתוֹ לִפְנֵי הַפָּרֹכֶת אֲשֶׁר עַל אֲרֹן הָעֵדֻת לִפְנֵי הַכַּפֹּרֶת אֲשֶׁר עַל הָעֵדֻת אֲשֶׁר אִוָּעֵד לְךָ שָׁמָּה" (שמות ל', ו). זהו תיאור מפתיע למדי שהרי הפרוכת מבדילה בין המזבח לבין "הַכַּפֹּרֶת אֲשֶׁר עַל הָעֵדֻת", כך שמדובר

אלא מדובר עליו כאן, בראש שורת הפיסקות השייכות לסדר העבודה במשכן" (קאסוטו, שמות, עמ' 273).

42. קאסוטו, שמות, עמ' 273.

43. סתיו, מבית לפרוכת, עמ' 195. הוא אומנם הסיק מכך מסקנה שונה – יעוין שם.

בקו דמיוני שיוצר קשר בין הכלים, אך בעצם הם אינם רואים זה את זה. לא נראית השערתו של קאסוטו שסמיכות מזבח הקטורת לכפורת "באה אולי משום שגם על הכפורת וגם על מזבח זה יכפר הכהן ביום הכיפורים".[44] נראה יותר, שחשיבות הצבת מזבח הקטורת בקו ישר למול הארון קשורה בתפקיד הכרובים, שמבין שניהם ה׳ מתגלה – "אֲשֶׁר אִוָּעֵד לְךָ שָׁמָּה". לשון אחר, בעוד תפקיד המנורה להאיר ותפקיד השולחן להציע על גביו את הלחם, מזבח הקטורת קשור בעצם ההתגלות. עליו ליצור מיסוך עשן שיאפשר לאדם לעמוד בבית שיש בו התגלות.

גם תיאור זמן ההקטרה מחזק כיוון זה: "וְהִקְטִיר עָלָיו אַהֲרֹן קְטֹרֶת סַמִּים בַּבֹּקֶר בַּבֹּקֶר בְּהֵיטִיבוֹ אֶת הַנֵּרֹת יַקְטִירֶנָּה. וּבְהַעֲלֹת אַהֲרֹן אֶת הַנֵּרֹת בֵּין הָעַרְבַּיִם יַקְטִירֶנָּה" (שמות ל׳, ז-ח). מה פשר יצירת הזיקה בין המנורה לקטורת? מה היינו חסרים לו היה נאמר רק שיש להקטיר "בבקר בבקר" ו"בין הערבים"? גם כאן קשה לקבל את ההצעה של קאסוטו, "שהודות לריח הנעים של הקטורת לא יורגש במשכן ריח לא נעים של פתילות כבות ושל שמן שרוף".[45] האומנם יש להדלקת המנורה ריח כה לא נעים? לפי קו המחשבה הרואה את תפקיד הקטורת ככיסוי הקישור מסתבר יותר. עם הדלקת האור במשכן יש גם לדאוג לעמעומו בענן הקטורת, במיסוך עשן, ובכך, הגילוי והכיסוי יורדים חבוקים באוהל מועד.

גם אם יחלוק הקורא על הגדרת תפקיד הקטורת בכל השנה כולה, עליו לאמץ את תפקיד הקטורת ככיסוי ביום הכיפורים. יפה הראה הרב אברהם סתיו שלשון הקטרת הקטורת ביום הכיפורים איננו לשון 'הקטרה' אלא לשון 'נתינה': "וְנָתַן אֶת הַקְּטֹרֶת עַל הָאֵשׁ לִפְנֵי ה׳ וְכִסָּה עֲנַן הַקְּטֹרֶת אֶת הַכַּפֹּרֶת אֲשֶׁר עַל הָעֵדוּת" (ויקרא ט"ז, יג). מלשון זו הוא למד שביום הכיפורים הקטורת אינה מובאת כקורבן. דבר זה קשור גם בכך שהקטורת ביום הכיפורים מובאת על מחתה ולא מוקטרת על המזבח:

> בניגוד לקטורת שבכל יום, הקטורת של יום הכיפורים מוקטרת על גבי מחתה ולא על גבי מזבח, וכלל לא נאמרה בה לשון 'הקטרה' אלא לשון 'נתינה' בלבד. כמו כן, הפסוקים בעבודת יום הכיפורים מתייחסים ישירות לתוצאות ההקטרה, בניגוד לקטורת שבכל יום שאפשר לראות אותה כקרבן רגיל שעיקרו בעצם ההקטרה.[46]

44. קאסוטו, שמות, עמ׳ 274.
45. קאסוטו, שמות, עמ׳ 274.
46. סתיו, מבית לפרוכת, עמ׳ 192-193. זאת בניגוד לעמדת צפנת פענח (מכתבי תורה, קמד) המובאת

אכן, בשעה שהמפגש עם כבוד ה' מתרחש במקום אחר מהקודש – המקום הרגיל שבו כוהנים מתהלכים – יש צורך להסיע את ענן הקטורת אל מקום ההתגלות החלופי ולהסתירו. דבר זה חשוב כמובן גם למעשה נדב ואביהוא ביום השמיני למילואים, מפני שגם הם 'שמו' קטורת על האש: "וַיִּקְחוּ בְנֵי אַהֲרֹן נָדָב וַאֲבִיהוּא אִישׁ מַחְתָּתוֹ וַיִּתְּנוּ בָהֵן אֵשׁ וַיָּשִׂימוּ עָלֶיהָ קְטֹרֶת" (י', א). כאמור, בשל כך קשה לקבל את דעת רשב"ם שהם הקטירו על מזבח הקטורת, ונראה יותר שהם העלו את הקטורת שלהם במקום ההתגלות המיוחד ביום השמיני – לצד מזבח העולה.

המסקנה המתבקשת היא, אם כן, שנדב ואביהוא ביקשו לכסות בענן קטורת את כבוד ה' העומד להתגלות לעיני כל העם. דבר זה עומד בסתירה מהותית למטרתו של היום השמיני, שהרי תכליתו: "הַיּוֹם ה' נִרְאָה אֲלֵיכֶם" (ט', ד). מדוע ביקשו בני אהרון להסתיר את ההתגלות?

כאמור לעיל, התגלות כבוד ה' כאש אוכלת על המזבח ממשיכה את התגלות ה' כאש אוכלת בראש הר סיני. כבר שם זכו ישראל להתגלות מעין זו של היום השמיני למילואים: "וּמַרְאֵה כְּבוֹד ה' כְּאֵשׁ אֹכֶלֶת בְּרֹאשׁ הָהָר לְעֵינֵי בְּנֵי יִשְׂרָאֵל" (שמות כ"ד, יז). אומנם היו שנטו לראות גם בפסוק זה את האש המבצבצת מתוך הענן שעל ההר,[47] אך קריאה פשוטה של הפסוקים לא תומכת בטענה זו. אכן, גם הענן נזכר שם, אך לצידו מתוארת האש האוכלת שנראית לעיני בני ישראל, כלומר, היא איננה מכוסה בענן.

קישור היום השמיני למעמד הר סיני הוא דרמטי להבנת פשרו של היום השמיני, ומחזק את התאוריה של רמב"ן שהמשכן הוא 'המשך' מעמד הר סיני: כבוד ה' התגלה על ההר ומשם עבר למשכנו החדש שבנו לו בני ישראל. אולם, הזיקה בין שני המעמדות קשורה גם באישים הפועלים בשניהם. לצד משה שעלה לראש ההר ונכנס לתוך הענן, עזבו גם אצילי בני ישראל את מחנה ישראל והתחילו להתקדם עם משה במעלה ההר. אלא שהם נעצרו בדרך, לפני שמשה המשיך ונכנס אל הענן שבראש ההר: "וְאֶל מֹשֶׁה אָמַר עֲלֵה אֶל ה' אַתָּה וְאַהֲרֹן נָדָב וַאֲבִיהוּא וְשִׁבְעִים מִזִּקְנֵי יִשְׂרָאֵל וְהִשְׁתַּחֲוִיתֶם מֵרָחֹק. וְנִגַּשׁ מֹשֶׁה לְבַדּוֹ אֶל ה' וְהֵם לֹא יִגָּשׁוּ וְהָעָם לֹא יַעֲלוּ עִמּוֹ" (שמות כ"ד, א–ב). כך מתואר שם גם בשלב ביצוע ההוראות: "וַיַּעַל מֹשֶׁה וְאַהֲרֹן נָדָב

שם (בעמ' 192), שהציע את ההפך – שדווקא ביום הכיפורים מדובר בקורבן. הרב סתיו אף הראה שבעוד בכל ימות השנה יש להקטיר שיעור של מנה – פרס בשחרית ופרס בין הערביים – ביום הכיפורים אין שיעור קבוע שיש לעמוד בו: "הגדול לפי גדלו והקטן לפי קטנו" (משנה יומא ה, א). גם הלכה זו משקפת תפיסה שלהקטרת הקטורת ביום הכיפורים תפקיד שונה מבשאר ימות השנה.

47. ויינפלד, כבוד, עמ' 31.

וַאֲבִיהוּא וְשִׁבְעִים מִזִּקְנֵי יִשְׂרָאֵל. וַיִּרְאוּ אֵת אֱלֹהֵי יִשְׂרָאֵל וְתַחַת רַגְלָיו כְּמַעֲשֵׂה לִבְנַת הַסַּפִּיר וּכְעֶצֶם הַשָּׁמַיִם לָטֹהַר. וְאֶל אֲצִילֵי בְּנֵי יִשְׂרָאֵל לֹא שָׁלַח יָדוֹ וַיֶּחֱזוּ אֶת הָאֱלֹהִים וַיֹּאכְלוּ וַיִּשְׁתּוּ״ (ט-יא).

הפסוק מדגיש שה׳ לא העניש על שחזו את האלוהים, ומתוך כך מתברר שמדובר במפגש ייחודי וחריג, אשר בהקשר אחר היה גורם למיתת רואי פני השכינה. בהר סיני, זכו ״אַהֲרֹן נָדָב וַאֲבִיהוּא וְשִׁבְעִים מִזִּקְנֵי יִשְׂרָאֵל״ לראות את ׳תחת רגליו׳ של ׳אלוהי ישראל׳, ובמקביל אליהם רואים ישראל כולם מרחוק את ׳כבוד ה׳ כאש אוכלת׳. לפנינו, אם כן, רמות התגלות שונות.[48]

מאחר שיש קשר בין היום השמיני לברית סיני המתוארת בשמות כ״ד, קשה להניח שהאזכור המפורש של נדב ואביהוא בשני הסיפורים הללו הוא מקרי. סביר יותר, שיש קשר בין אזכורם במעמד התגלות האש האוכלת שבהר סיני למעשיהם במעמד התגלות האש האוכלת במשכן.

היו מחז״ל שראו את משמעות הזיקה כחטא ועונשו – אומנם בהר סיני ה׳ לא שלח ידו באלו שראו את תחת רגליו, אך הוא נפרע מהם ביום השמיני למילואים:

> ועוד מן הדא: ׳ואל אצילי בני ישראל׳ – אמר ר׳ פנחס: מכאן שהיו ראויין להשלחת יד... מלמד שזנו עיניהם מן השכינה. ויחזו את האלהים כאדם שמביט בחבירו מתוך מאכל ומשתה... נדב ואביהוא זנו עיניהם מן השכינה ולא נהנו ממנה, מן הדא: ׳וימת נדב ואביהוא לפני ה׳׳... משל למלך שהיה משיא בתו ונמצא בשושבינה דבר של שמצה. אמר המלך אם הורגו אני עכשיו אני מערבב שמחת בתי, אלא למחר שמחתי באה והוא טב בשמחתי ולא בשמחת בתי. כך אמר הקדוש ברוך הוא: אם אני הורגן עכשיו הריני מערבב שמחת בתי, למחר שמחתי באה. בתי – זו התורה. הה״ד ׳ביום חתונתו וביום שמחת לבו׳ – ביום חתונתו זה הר סיני וביום שמחת לבו זה אהל מועד״ (ויקרא רבה פרשה כ, י).[49]

אולם קשה לאמץ קריאה זו בפשטי המקראות בשל שתי סיבות: לא נראה שבמעמד הר סיני יש ביקורת על אצילי בני ישראל שחזו את האלוהים. אדרבה: הם עלו עם

48. ג׳ורג׳ סברן הראה שבדרך כלל במקרא יש עדיפות לשמיעה על פני הראייה החזונית, אך שמות כ״ד חריג, ובו יש התמקדות בעצם ראיית כבוד ה׳ (סברן, ראייה היא אמונה).

49. ראו עוד מקורות רבים שאחזו בעמדה זו אצל בן-נון, מקראות משפטים, עמ׳ 463-468. על האפשרות שיש להבין את ״אצילי בני ישראל״ לא כמתייחס לכוהנים שעלו עם משה אלא דווקא ׳קצות המחנה׳, ראו שם בעמ׳ 483-484.

משה בצו ה', וסביר שזו בדיוק כוונת הציווי – שגם הם יזכו לחוויית התגלות גבוהה משל שאר העם. הכוהנים מתקרבים עם משה אל ראש ההר אך לא ניגשים לתוך הענן, ממש כשם שבמשכן הכוהנים קרבים אל המזבח ואל המשכן, אך לא נכנסים לקודש הקודשים.

זאת ועוד: לו מדובר על תגובה אלוהית מאוחרת על מה שאירע בהר סיני, אין סיבה שרק נדב ואביהוא ייענשו. הרי במעמד הר סיני ראו את האלוהים גם אהרון וגם שבעים מזקני ישראל.

אפשר לבאר את הזיקה בין שני האזכורים של נדב ואביהוא באופן אחר. כאמור, במעמד הר סיני זכו הכוהנים לעלות בהר עם משה ולחוות התגלות עדינה יותר מאשר שאר העם. כבר שם הוגדר מעמד הכהונה כמי שיכולים להתקרב אל התגלות כבוד ה' יותר משאר העם – גם אם פחות ממשה. הדבר נרמז כבר בציווי שמשולב עוד לפני עשרת הדברים: "רֵד הָעֵד בָּעָם פֶּן יֶהֶרְסוּ אֶל ה' לִרְאוֹת וְנָפַל מִמֶּנּוּ רָב. וְגַם הַכֹּהֲנִים הַנִּגָּשִׁים אֶל ה' יִתְקַדָּשׁוּ פֶּן יִפְרֹץ בָּהֶם ה'" (שמות י"ט, כא-כב). והרי לנו החלוקה: על העם להיזהר שלא לעלות בהר כלל, והכוהנים "הַנִּגָּשִׁים אל ה'" צריכים להתקדש.[50]

ניתן לדמיין את רוממות הרוח של נדב ואביהוא כששבו אל מחנה ישראל בתום ברית סיני. הם היו נציגיהם של ישראל בעלייתם במעלה ההר, וכפי שבימי המילואים הוכשר פיהם לאכול מן הקורבנות, כך כבר שם, לאחר שראו את האלוהים, הם גם אכלו מבשר זבח השלמים שהוקרב במעמד זה (שמות כ"ד, ה, וכביאור ראב"ע במקום). רמב"ן אף הוסיף שדווקא הם שאכלו מזבח השלמים, עוד לפני ששבו אל המחנה, שהרי "השלמים טעונין מחיצה, נאכלין בירושלם לפנים מן החומה, ובשילה בכל הרואה, וכאן היו נאכלין לפני המזבח תחת ההר, לא במחנה" (פירושו לשמות כ"ד, יא).

על רקע חוויה אקסקלוסיבית זו יש לקרוא את תודעת נדב ואביהוא במעמד היום השמיני. עד כמה הם האמינו לחבריהם הישראליים שסיפרו להם עם שובם שהם ראו את כבוד ה' כאש אוכלת בראש ההר – לא נוכל לדעת. אך גם אם הם התייחסו לכך בכובד ראש, הם זכו להתגלות עוצמתית בסדר גודל אחר. הם 'התקדשו' ועלו עם משה וזכו לראות את אלוהי ישראל ומה שתחת רגליו, וכרתו עימו ברית שלמים. בתודעה שלהם, מעמד הכהונה הוא שזכאי להתגלות, וגם אם כל ישראל ראו מרחוק את האש האוכלת בראש ההר, אין מקום לאפשר דבר מעין זה במשכן. הם, הכוהנים, מוזמנים להתקדש ולעלות במעלות המזבח, אך לא ייתכן שתראה שפחה את כבוד ה', מה שלא זכה לו יחזקאל בן בוזי. מתוך קנאתם לכבוד שמיים, ולכבוד מעמד הכהונה,

50. על קישור ציווי זה (שמות י"ט) למתואר בברית האגנות (שמות כ"ד) ראו: אלדר, מעמד הר סיני.

הם נוטלים מחתות ושמים בהן קטורת, ומבקשים להעלות ענן שישמש מסך מפני התגלות האש הפורצת אל עבר המזבח. בעצם, הם מבקשים לממש את ההתגלות כפי שמבחינתם התרחשה בהר סיני – אש מכוסה בענן.

כאמור לעיל, הצדק עם רשב״ם בקריאתו את האש האוכלת את נדב ואביהוא כאותה אש עצמה שאוכלת את הקורבנות. כנגד התגלות אש זו עצמה הם יצאו, כשניסו למנוע ממנה לפרוץ לעין כול. אולם ה׳ ביקש לגלות את כבודו לעין כל ישראל. בהר סיני זכו הכוהנים להתגלות מיוחדת, אך גם העם כולו זכה לראות את כבוד ה׳ כאש אוכלת בראש ההר.[51]

התגלות ה׳ לעין כל ישראל היא מגמתו המרכזית של יום זה, ונדב ואביהוא אינם יכולים לעמוד מול האש הפורצת־מתגלה, והם נשרפים עם בגדי הכהונה שעליהם. כאמור לעיל, קשה להכריע מהיכן ׳יצאה׳ האש שהתגלתה על המזבח. אך בין אם היא יצאה מהמשכן ובין אם יצאה מהשמיים, הדבר החשוב להבנת סיפורנו הוא שנדב ואביהוא ביקשו בנתינת הקטורת למנוע את הופעתה על מזבח העולה, ויהא המקום המדויק שבו הם ניסו לעצור את האש אשר יהא.[52]

ביאור משה

כאמור, ניתן לחשוף את חטאם של נדב ואביהוא גם בביאור שהעניק משה לאהרון מיד לאחר מותם. ניתוח דברי משה מחזק עוד את הקריאה המוצעת: ״וַיֹּאמֶר מֹשֶׁה אֶל אַהֲרֹן הוּא אֲשֶׁר דִּבֶּר ה׳ לֵאמֹר בִּקְרֹבַי אֶקָּדֵשׁ וְעַל פְּנֵי כָל הָעָם אֶכָּבֵד״ (ויקרא י׳, ג). היו שראו בדברי משה נחמה לאהרון אחיו, וסברו שהקרובים שבהם ה׳ מתקדש הם נדב ואביהוא (רש״י, ראב״ע ורמב״ן),[53] והיו שראו בדברי משה ציווי לאהרון שלא יתאבל, ופיענחו את הביטוי ״בקרֹבי״ כמוסב על אהרון ובניו הנותרים, שעליהם להמשיך ולהתקדש

51. נכון הדבר שבימי המילואים התקדשו הכוהנים בנתינת דם הקורבן על גופם, אך נדב ואביהוא התעלמו מכך שגם במעמד הר סיני התרחש תהליך מעין זה מול העם כולו: ״וַיִּשְׁלַח אֶת נַעֲרֵי בְּנֵי יִשְׂרָאֵל וַיַּעֲלוּ עֹלֹת וַיִּזְבְּחוּ זְבָחִים שְׁלָמִים לַה׳ פָּרִים. וַיִּקַּח מֹשֶׁה חֲצִי הַדָּם וַיָּשֶׂם בָּאַגָּנֹת וַחֲצִי הַדָּם זָרַק עַל הַמִּזְבֵּחַ... וַיִּקַּח מֹשֶׁה אֶת הַדָּם וַיִּזְרֹק עַל הָעָם וַיֹּאמֶר הִנֵּה דַם הַבְּרִית אֲשֶׁר כָּרַת ה׳ עִמָּכֶם עַל כָּל הַדְּבָרִים הָאֵלֶּה״ (שמות כ״ד, ה-ח).

52. לדעתו של מילגרום האש יצאה מתוך המשכן, ונדב ואביהוא עמדו בפתח אוהל מועד (ויקרא, כרך א, עמ׳ 600). זו קריאה סבירה למדי, אך יש להדגיש שהיא איננה מפורשת בכתובים. ייתכן שהם עמדו לצד מזבח העולה, וייתכן, כאמור לעיל, שהאש כלל לא יצאה מתוך המשכן עצמו.

53. הביאור הרווח בפרשנות המודרנית הוא שהקרובים שבהם ה׳ התקדש הם נדב ואביהוא שמתו, מפני שהעם כולו רואה עד כמה יש להיזהר בענייני קדושה. כלומר, שמו של ה׳ מתקדש על ידי פעולתו במידת דין המתוחה על הבאים למשכנו; ״אחת הסיבות לכך שאירוע טרגי זה נכתב היא

ולא להיטמא (רשב"ם ובכור שור). אולם יש להודות שמצד התפתחות העלילה אנו מצפים שדברי משה ישמשו כביאור לטרגדיה הגדולה שזה עתה התרחשה. דבריו מובאים מיד לאחר מיתתם המפתיעה, ואכן נדמה שניתן לקרוא אותם כהסבר. לשם כך יש לקרוא זאת כמשפט המביע ניגוד:

> וַיֹּאמֶר מֹשֶׁה אֶל אַהֲרֹן הוּא אֲשֶׁר דִּבֶּר ה' לֵאמֹר:
> [אומנם] בִּקְרֹבַי אֶקָּדֵשׁ – [אולם] וְעַל פְּנֵי כָל הָעָם אֶכָּבֵד (י', ג).

נתחיל את מסע פירוש הפסוק בפתיחתו – "הוּא אֲשֶׁר דִּבֶּר ה' לֵאמֹר". היו שטענו שיש לראות זאת ככותרת, מעין 'כה אמר ה'' (כך שד"ל ומילגרום). פרשנים אחרים חיפשו את הדבר הספציפי שאמר ה' למשה ושאליו הוא מתייחס (רש"י, בכור שור, רבנו בחיי, אברבנאל – הציעו כל אחד מקור אחר), אך בצדק כתב רמב"ן שלשון 'דִּבֶּר' במקרא מכוון למחשבות וכוונות באופן כללי:

> ולדעתי בדרך הפשט אין צורך לכל זה, כי דבר השם – גזרותיו ומחשבותיו וענין דרכיו, וה'דבור' יאמר בכל אלה: 'דברתי אני עם לבי' (קוהלת א', טז) – חשבתי מחשבה זו. 'וזה הדבר אשר מל יהושע' (יהושע ה', ד) – זה הענין. 'על דבר הכסף' (בראשית מ"ג, יח), וכן 'ותהי אשה לבן אדוניך כאשר דבר ה'' (בראשית כ"ה, נא) – גזר... והנה אמר משה, המקרה הזה הוא אשר גזר השם לאמר אל לבו, 'בקרובי אקדש' (פירושו לוויקרא י', ג).

לדברי רמב"ן, משה התייחס בדבריו לרצון ה' ולכוונתו. ניתן לאמץ כיוון זה מבלי לאמץ את המשך דברי רמב"ן, ולחזור לדברי ה' שבראש היום השמיני שבו מובאת תכלית היום: "זֶה הַדָּבָר אֲשֶׁר צִוָּה ה' תַּעֲשׂוּ וְיֵרָא אֲלֵיכֶם כְּבוֹד ה'" (ט', ו). זה מה ש"דִּבֶּר ה'", ומשה ממשיך ומבאר זאת במילותיו שלו: אכן בקרובים לו ה' מתקדש, אך היום ביקש ה' להראות את כבודו "עַל פְּנֵי כָל הָעָם". הכוהנים הם הקרובים היכולים להתקרב למלכם (השוו: אסתר א', יד), וכפי שיחזקאל מכנה אותם: "הַכֹּהֲנִים אֲשֶׁר קְרוֹבִים לַה'" (מ"ב, יג). אך כשממשיך משה ומשלב את הפועל "אֶכָּבֵד", אין ספק

להגביר את מודעות הקהילה לקדושת ה' ולצורך בכיבודו" (הרטלי, ויקרא, עמ' 134). ראו גם אצל ונהאם, ויקרא, עמ' 156–157.

שהוא חוזר למשמעות המלווה את הפרק כולו – כבוד ה׳ המתגלה באש על המזבח לעיני העם כולו.[54]

לפיכך, הקריאה הנוחה כאן היא קריאה שמעמידה ניגוד בין הכוהנים שעל ידם ה׳ ׳מתקדש׳, ובין כל העם שלפניהם ביקש ה׳ להראות את ׳כבודו׳. מאחר שנדב ואביהוא ביקשו להסתיר את כבוד ה׳ המתגלה, וזאת מתוך תפיסת מעמד כהונתם כמעמד אקסקלוסיבי, מבאר משה את הדבר בפני אחיו: אכן הצדק עם בניך שהם קרובים במיוחד ויש בהם קדושה יתרה, אולם כבוד ה׳ צריך שייראה ביום זה על פני כל העם.

אש זרה

נתון אחד נוסף יש לבאר לאור זיהוי חטאם, אשר מוגדר – גם בסיפורנו וגם במקומות אחרים (במדבר ג׳, ד; כ״ו, סא) – כהקרבת ׳אש זרה׳: ״וַיַּקְרִיבוּ לִפְנֵי ה׳ אֵשׁ זָרָה אֲשֶׁר לֹא צִוָּה אֹתָם״ (י׳, א). מה משמעות ׳אש זרה׳ בהקשר הנידון?

את מבוכת הפרשנים סביב משמעות הצירוף בהקשרנו סיכם בראיין ביד:

> אזכור התאוריות העיקריות תספיק כדי להדגים את הקושי בהבנת טיבו המדויק של ביטוי זה (= ״אש זרה״): אולי הם הקריבו בשעה הלא נכונה של היום, או מן המניעים הלא נכונים, או בצורה קנאית מדי בגלל צעקות ההמון. אולי הם טעו בתהליך ההקרבה בכך שלא טיהרו את עצמם כראוי, או בתעוזתם להיכנס למשכן, או שהאש באה ממקור אנושי. אולי הם הביאו קטורת זרה שהייתה בשימוש של כיתות פגניות, או אולי הם אפילו לא היו מוגדרים ככוהנים![55]

אך גם אם לא ניתן להכריע במדויק מה כוונת הצירוף בהקשר זה, ניתן לשרטט את גבולותיו. פסוק רלוונטי במיוחד לענייננו הוא האיסור להקריב קטורת זרה על מזבח הזהב: ״לֹא תַעֲלוּ עָלָיו קְטֹרֶת זָרָה וְעֹלָה וּמִנְחָה וְנֵסֶךְ לֹא תִסְּכוּ עָלָיו״ (שמות ל׳, ט). יש שביארו שהקטורת הזרה שנאסרה כאן היא קטורת שלא הוכנה על פי המתכונת

54. במקראות אחרים ניתן לראות את ׳אכבד׳ ואת ׳אקדש׳ כתקבולת שאיננה ניגודית, כמו ביחזקאל כ״ח, כב (סגל אף הציע שדברי יחזקאל נשענים במכוון על פסוקנו – סגל, עונש אלוהי). אולם מאחר שלאורך פרקנו ׳כבוד ה׳׳ הוא נושא מרכזי שעיני כול נשואות אליו, קשה לנתק בין דברי משה על ״אֶכָּבֵד״ ובין משמעותו לאורך הסיפור כולו.

55. ביב, ריטואל וסיפור, עמ׳ 118.

הנדרשת (כך למשל ראב"ע במקום).[56] אולם הפסוק שנזכר לפני איסור הקטורת הזרה איננו עוסק בהכנת הקטורת אלא בזמן הקרבתה: "וְהִקְטִיר עָלָיו אַהֲרֹן קְטֹרֶת סַמִּים בַּבֹּקֶר בַּבֹּקֶר בְּהֵיטִיבוֹ אֶת הַנֵּרֹת יַקְטִירֶנָּה. וּבְהַעֲלֹת אַהֲרֹן אֶת הַנֵּרֹת בֵּין הָעַרְבַּיִם יַקְטִירֶנָּה קְטֹרֶת תָּמִיד לִפְנֵי ה' לְדֹרֹתֵיכֶם" (שם, פס' ז-ח). לפיכך, יש מקום גם לקריאת רש"י בהגדרתו את איסור הקטורת הזרה כקשורה בזמן הבאתה וכמובאת באופן וולנטרי ללא ציווי: "'לא תעלו עליו' – על מזבח זה, 'קטרת זרה' – שום קטורת של נדבה. כולן זרות לו חוץ מזו" (פירושו על אתר). ייתכן שהצדק עם שתי העמדות גם יחד: כל הקטרת קטורת שאינה נעשית על פי הציווי – או בשל אופן הכנתה או בשל זמן הבאתה – מוגדרת כזרה למזבח.

לפי פירוש זה, ברור מדוע גם האש שהביאו נדב ואביהוא היא 'אש זרה', מפני שהביאוה שלא בציווי ובניגוד לציווי. בזמן שהביאו את האש עם הקטורת שעליה, לא היה לה מקום, ובכך היא מוגדרת 'כזרה'.

אהרון מקבל בהכנעה ובענווה את דברי משה, בדומייה שפורצת מגבולות הסיפור ומהדהדת עד היום הזה: "וַיִּדֹּם אַהֲרֹן" (י', ג), כתיאורו הנוגע ללב של המקונן את מי שבאו עליו צרות: "יֵשֵׁב בָּדָד וְיִדֹּם כִּי נָטַל עָלָיו" (איכה ג', כח). מיד לאחר קבלת הדין של אהרון, משה אף אוסר על משפחת הכהונה להתאבל על שני הבנים שמתו.

יַיִן וְשֵׁכָר אַל תֵּשְׁתְּ

תוך כדי סיפור היום השמיני תחובים לפתע פסוקים שאוסרים על הכוהנים לשתות יין ושיכר (י', ח-יא):

> וַיְדַבֵּר ה' אֶל אַהֲרֹן לֵאמֹר. יַיִן וְשֵׁכָר אַל תֵּשְׁתְּ אַתָּה וּבָנֶיךָ אִתָּךְ בְּבֹאֲכֶם אֶל אֹהֶל מוֹעֵד וְלֹא תָמֻתוּ חֻקַּת עוֹלָם לְדֹרֹתֵיכֶם. וּלֲהַבְדִּיל בֵּין הַקֹּדֶשׁ וּבֵין הַחֹל וּבֵין הַטָּמֵא וּבֵין הַטָּהוֹר. וּלְהוֹרֹת אֶת בְּנֵי יִשְׂרָאֵל אֵת כָּל הַחֻקִּים אֲשֶׁר דִּבֶּר ה' אֲלֵיהֶם בְּיַד מֹשֶׁה.

מכיוון שלאחר פסוקים אלו חוזר הכתוב לדווח על קורות היום השמיני, יש מן ההפתעה בפריצה זו, ויש לברר את פשרה. מדרך הטבע במקרים מעין אלו אפשר לבחון את

56. בהקבלה לקריאה זו, הציע מילגרום גם אצלנו שהמונח 'אש זרה' מלמד שנדב ואביהוא הקריבו אש שנלקחה ממקור אחר ולא מהמזבח (מילגרום, ויקרא, כרך א, עמ' 598).

היחידה התחובה לאור מה שקדם לה, ולראות בה תגובה או נספח למה שתואר עד כה, ואפשר לראותה כמטרימה את מה שייזכר אחריה, כמעין מבוא.

במקרה שלפנינו נדמה שהצדק עם הטוענים שיש לראות בה תגובה לטרגדיה הגדולה שפרצה ביום השמיני, תגובה למיתת שני בני אהרון. כבר בחז״ל היו שביארו לאורה את חטא נדב ואביהוא ׳שנכנסו שתויי יין למקדש׳ (כמובא ברש״י לוויקרא י׳, ב),[57] בעוד אחרים הציעו שאיסור זה משולב כאן ״מפני שהיו נוהגים לתת למרי נפש ולאבלים יין ושכר. משום כך זה נאסר עתה על הכהנים האבלים״.[58]

אך נדמה שניתן לפענח את תרומתה גם באופן אחר. כדי לבאר עניין זה יש תחילה לשים לב שאין מדובר כאן רק בתחיבה של יחידה שאיננה קשורה באופן ישיר לקורות היום השמיני, אלא שניתן גם להצביע על המקום שבו היא הייתה אמורה להיכתב. מאחר שהאיסור לשתות יין ושיכר נקשר בפסוקים עם אחריות הכוהנים ״לְהַבְדִּיל בֵּין הַקֹּדֶשׁ וּבֵין הַחֹל וּבֵין הַטָּמֵא וּבֵין הַטָּהוֹר״, סביר שאיסור זה הוא הראוי להיות הפותח את חטיבת הטומאה והטהרה שמשולבת בספר ויקרא מיד בתום היום השמיני (ויקרא י״א-ט״ז). שם יש פירוט רחב של סוגי טמָאות שונים (י״א-ט״ו) וחטיבה זו אף נחתמת בחיטוי המשכן מפני הטמָאות שעלולות לדבוק בו (ט״ז). במהלך חטיבת הטומאה והטהרה אף משולבים פסוקים שניכר שהם נשענים על פסוקי פתיחה אלו, כמו: ״לְהַבְדִּיל בֵּין הַטָּמֵא וּבֵין הַטָּהֹר״ (י״א, מז); ״לְהוֹרֹת בְּיוֹם הַטָּמֵא וּבְיוֹם הַטָּהֹר״ (י״ד, נז). פסוקים אלו מלכדים את חטיבת הטומאה והטהרה עם הנימוק לאיסור שתיית יין (״וּלְהַבְדִּיל... בֵּין הַטָּמֵא וּבֵין הַטָּהוֹר״ / ״וּלְהוֹרֹת אֶת בְּנֵי יִשְׂרָאֵל״),[59] ומתאים היה אם כן לשלב את איסור שתיית היין בפתיחת חטיבת הטומאה והטהרה בפרק י״א, לאחר תיאור היום השמיני.

מדוע אם כן הוקדמה פתיחת החטיבה הבאה ליום השמיני, לאחר מיתת שני בני אהרון?

57. גם בין הפרשנים המודרניים היו שאחזו בכיוון קריאה זה. ראו למשל אצל גיספן, ויקרא, עמ׳ 166; הרטלי, ויקרא, עמ׳ 135.

58. הופמן, ויקרא, כרך א, עמ׳ רו. כך כתב כבר ר׳ יוסף בכור שור: ״אע״ג שנותנין יין ושכר לשאר אבילים, שנאמר ׳תנו שכר לאובד ויין למרי נפש׳, אתה ובניך אל תשת, כי אתם אסורים בו בעת בואכם אל אהל מועד ויש בו חיוב מיתה״ (פירושו לוויקרא י׳, ט, וכן בחזקוני). כיוון זה אומץ גם על ידי רבי שלמה אפרים מלונטשיץ (כלי יקר לוויקרא י׳, ט); בולה, ויקרא, עמ׳ קנז.

59. לפיכך נראה שפשטי המקראות אינם מכוונים להוראת הלכה באופן רחב (כפרשנות חז״ל לפסוק, הנשענת על העתקה מן הכוהן אל דמות החכם) אלא להוראת הלכות נגעים דווקא, שבתפקיד הכוהנים משולב לשון: ״להורת ביום הטמא וביום הטהור״.

כבר רש"י העיר על ההתגלות המיוחדת שלפנינו הממוענת לאהרון לבדו, ללא אזכור משה: "'וידם אהרן' – קבל שכר על שתיקתו. ומה שכר קבל? שנתייחד עמו הדיבור, שנאמרה לו לבדו פרשת שתויי יין" (פירושו לוויקרא י', ג). ראב"ע במקום אומנם התלבט אם אהרון זכה לנבואה בפני עצמו, או שגם כאן יש להשלים את הפער הספרותי ולראות את משה כמתווך (כך עולה גם מהספרי לבמדבר י"ח, א). אך בין אם כך ובין אם כך הניסוח הנדיר אומר דורשני, ויוצר תחושה ספרותית שאהרון זכה להתגלות מאת ה'.[60] אבל אפשר לנסח את תרומת ההתגלות הייחודית לאהרון באופן שונה מהצעת רש"י: פסוקים אלו מחזירים לכוהנים את מעמדם לאחר שנפגע אנושות עם מות נדב ואביהוא. עלינו לזכור ששני בני אהרון שמתו הם גם אלו שהתקדשו עם אביהם בשמן ובדם איל המילואים, הם המלובשים בבגדי כהונה, ובמשך שבעת ימי מילואים הם לא יצאו מאוהל מועד והתקדשו. בהוצאתם אל מחוץ למחנה נאמר: "וַיִּקְרְבוּ וַיִּשָּׂאֻם בְּכֻתֳּנֹתָם אֶל מִחוּץ לַמַּחֲנֶה" (י', ה), והטרגדיה נוכחת מול עיני הקורא: בעודם בבגדי הקודש שהוכנו במיוחד להם, בגדים של כבוד ותפארת, ביום שהוא פסגת חייהם שלהם ופסגת העם כולו, יצאה אש מאת ה' ושרפה אותם.

מדרך הטבע מעמד הכוהנים נפגע במהלך זה. גם בתודעת העם, גם בתודעת אהרון עצמו ושני בניו הנותרים, אך לא פחות מזה, גם בתודעת הקורא. נדמה ששילוב פתיחת חטיבת הטומאה והטהרה – שמבליטה את התפקיד החיוני של הכוהנים בקדושת העם ובטהרתו – מיד לאחר מות נדב ואביהוא, מחזירה לתודעת הקורא את כבודם של הכוהנים ואת תפקידם ומעמדם, שלמרות כל מה שאירע, לא נפגם. תפקיד ההבדלה בין הקודש ובין החול, ההבדלה בין הטמא לטהור, והוראת הלכות נגעים, עודנו מוטל על כתפי הכוהנים, ועל כן עליהם להישמר משתיית יין ושיכר. עליהם לשמור על פיכחון תמידי, על שיקול דעת ועל אורח רוח.[61]

מעמדם של הכוהנים ממשיך ומתברר גם בחלקו השני של הפרק, כששב הכתוב לקורות היום השמיני.

60. ונהאם חשב שזו עדות לחשיבות המיוחדת של איסור שתיית היין (ונהאם, ויקרא, עמ' 158), אך לצד זאת גם כתב, שיש בהתגלות אישית זו עדות למעמדם של אהרון ובניו שנותר כשהיה, בדומה לטיעון שאציע להלן. מלבד בסיפור שבו פנה ה' לאהרון ואמר לו לצאת לקראת משה (שמות ד', כז), יש עוד שני חוקים שנמסרו לאהרון ללא אזכור תיווכו של משה (במדבר י"ח, א; י"ח, ח).

61. על היקף האיסור – אם רק שכרות בזמן עבודה (כעמדת רמב"ן בעקבות חז"ל), או שדי בעצם כניסה אל המשכן בשכרות (רמב"ם בספר המצוות, לא תעשה עג; משנה תורה, הלכות ביאת מקדש א, א) – ראו אצל מילגרום, ויקרא, כרך א, עמ' 612–614.

הפרת חוק נוספת: שרפת החטאת

בחלקו השני של הפרק – שהוא גם חלקו השני של היום השמיני שלאחר התגלות כבוד ה׳ וחטא נדב ואביהוא – שוב חוזרים שני בניו של אהרון ומפֵרים את החוק. ההקבלה בין שתי הפרות החוק ברורה מאליה, אך משום מה היחס לשתיהן שונה.

החלק השני של היום השמיני, מוקדש לאכילת הקורבנות על ידי הכוהנים. ההתמקדות הגדולה בדבר זה איננה מפתיעה. כאמור לעיל, אכילת הכוהנים נתפסת ברשימת הקורבנות השנייה ובימי המילואים הבאים בעקבותיה, כהמשך תהליך ההקרבה, ולכך מולאו ידיהם. מתאים אפוא למצוא את הכוהנים מממשים את תפקידם כאוכלי הקורבן. הרעיון פורץ באופן גלוי בדברי משה על אודות חשיבות אכילת החטאת: ״כִּי קֹדֶשׁ קָדָשִׁים הִוא וְאֹתָהּ נָתַן לָכֶם לָשֵׂאת אֶת עֲוֹן הָעֵדָה לְכַפֵּר עֲלֵיהֶם לִפְנֵי ה׳״ (י׳, יז). נדון בפסוק זה להלן, אך כבר כעת ניכר ממנו שבאכילת הכוהנים – מתכפרים הבעלים, וזהו המשך תהליך הכפרה על עוון העדה.

משה עובר ומוסר לכוהנים את הלכות אכילתו של כל קורבן וקורבן שהוקרב ביום השמיני. תחילה מתייחס משה למנחה, ומצווה את אהרון ואת אלעזר ואיתמר – ״בָּנָיו הַנּוֹתָרִים״ – לאכול את המנחה, וליתר דיוק, לקחת את ״הַמִּנְחָה הַנּוֹתֶרֶת מֵאִשֵּׁי ה׳״ ולאכול אותה לצד המזבח (י׳, יב-יג).[62] הדרישה לאכול את המנחה ״מַצּוֹת אֵצֶל הַמִּזְבֵּחַ״ מבליטה שוב את מה שכבר נאמר לעיל, שהמנחה ניתנת לכוהנים כמתנת מזבח, ועליהם לאכול אותה לצד המזבח ובאופן שהמזבח אוכל.

לאחר הציווי על אכילת המנחה מובאים דברי משה ביחס לחלק שכוהנים מקבלים מזבח השלמים שהעם הקריב. עליהם לאכול במקום טהור את חזה התנופה ואת שוק התרומה: ״כִּי חָקְךָ וְחָק בָּנֶיךָ נִתְּנוּ מִזִּבְחֵי שַׁלְמֵי בְּנֵי יִשְׂרָאֵל״ (י׳, יד-טו). ניכר שדברי משה מעוצבים בהתאמה לחוק הכללי, שמתיר לאכול את זבח השלמים בכל ׳מקום טהור׳ ואין צורך דווקא ב׳מקום קדוש׳ – כהגדרת מקום אכילת נותרת המנחה. בפועל, ביום השמיני, אין הבדל בין ההוראות, שהרי הכוהנים נדרשו לא לצאת ממתחם המשכן (י׳, ז), כך שגם את חלקם מזבח השלמים הם אכלו בפועל במקום קדוש.[63] היו שטענו שהכתוב מניח שזבח השלמים שהובא על ידי העם נאכל

62. קשה לדעת אם הקישור הלשוני בין ״בניו הנותרים״ לבין ״המנחה הנותרת״ הוא מכוון ונושא בחובו משמעות. האם יש בכך להציג את נדב ואביהוא כקורבן? כאמור, אותה האש שאכלה את הקורבנות היא זו שאכלה את בני אהרון. אולי צודק אהרליך שמטרת הדבר להביע את הכאב הגדול, את ״העגמומיות הבלתי ניתנת לתיאור״ (אהרליך, הערות, עמ׳ 36). ראו עוד להלן.

63. ראו עוד אצל הרב כשר, תורה שלמה, כרך כז, עמ׳ רה-רו. בניגוד להצעה למעלה, מנחם בולה

על ידי נציגיו (כנראה הזקנים המוזכרים בט׳, א), ושמשה מתעלם מאכילה זו, מפני שהמוקד הוא באכילת הכוהנים, ואחריהם עוקב הכתוב.[64] סביר יותר, שמאחר שמדובר בזבח שלמים ציבורי, העם באמת לא אכל אותו, ועל כן משה לא נותן הוראות בהקשר זה. כך מסורת חז״ל (ששלמי ציבור נאכלים על ידי הכוהנים ולא על ידי הבעלים – זבחים צז ע״ב); וכפי שעלה בדיוננו בתוספת הלחמים לזבח השלמים, הרי שמשום שזבח שלמים ציבורי לא נאכל על ידי ׳בעליו׳, גם אין צורך להוסיף עם הבאתו לחמים.

והנה מגיע סיפור הדברים לקורבן החטאת, ומתברר שאהרון ובניו שרפו את החטאת ולא אכלו את חלקם. סביר שלולא הייתה נלווית לחטאת זו בעיה מיוחדת היא הייתה נזכרת עוד לפני זבח השלמים, אך הדיון בה נדחה לסוף סקירת הקורבנות בגלל הסיבוך שנלווה לה.[65] תחילה מובאים דברי משה, באריכות יתירה:

> וְאֵת שְׂעִיר הַחַטָּאת דָּרֹשׁ דָּרַשׁ מֹשֶׁה וְהִנֵּה שֹׂרָף
> וַיִּקְצֹף עַל אֶלְעָזָר וְעַל אִיתָמָר בְּנֵי אַהֲרֹן הַנּוֹתָרִם לֵאמֹר.
> מַדּוּעַ לֹא אֲכַלְתֶּם אֶת הַחַטָּאת בִּמְקוֹם הַקֹּדֶשׁ
> כִּי קֹדֶשׁ קָדָשִׁים הִוא וְאֹתָהּ נָתַן לָכֶם לָשֵׂאת אֶת עֲוֹן הָעֵדָה לְכַפֵּר עֲלֵיהֶם לִפְנֵי ה׳.
> הֵן לֹא הוּבָא אֶת דָּמָהּ אֶל הַקֹּדֶשׁ פְּנִימָה
> אָכוֹל תֹּאכְלוּ אֹתָהּ בַּקֹּדֶשׁ כַּאֲשֶׁר צִוֵּיתִי (י׳, טז-יח).

על איזו חטאת מדובר כאן? רש״י – בעקבות חז״ל – מבאר שהכוונה לחטאת שלא נזכרה עד כה בפרשתנו: חטאת הבאה בראש חודש. לפי רש״י היום השמיני חל בראש חודש ניסן, ושעיר החטאת הוא חלק ממערכת שלמה של קורבנות מוסף שמובאת בכל ראש חודש (במדבר כ״ח, טו). גם בראשי חודשים הבהמה המובאת לחטאת היא ״שְׂעִיר עִזִּים אֶחָד״, וזהו ״שְׂעִיר הַחַטָּאת״ שדרש משה וגילה שהוא נשרף. אף שפרשנות זו אפשרית – היא קשה בפשטי המקראות. קשה להניח שהכתוב יתייחס אל ״החטאת״ כאל קורבן מיודע ומובן מאליו, מבלי להזכירו לפני כן. צודק גם חזקוני, שהלשון הנאמרת ביחס לחטאת שדרש משה – ״וְאֹתָהּ נָתַן לָכֶם לָשֵׂאת אֶת

הציע שמתוך ההיתר לאכול במקום טהור ולאו דווקא מקום קדוש ״נמצאנו למדים, שמותר היה לכוהנים לצאת מפתח אוהל מועד לכתחילה שלא בשעת העבודה, אפילו ביום השמיני״ (בולה, ויקרא, עמ׳ קס).

64. מילגרום, ויקרא, כרך א, עמ׳ 619.

65. לעצם מודל כתיבה זה, השוו: בראשית ל״א, לג-לה.

עֲוֺן הָעֵדָה **לְכַפֵּר עֲלֵיהֶם** לִפְנֵי ה׳״ (י׳, יז) מתאימה במיוחד להגדרת קורבנות העם שהובאו ביום השמיני: ״וַעֲשֵׂה אֶת קָרְבַּן הָעָם **וְכַפֵּר בַּעֲדָם** כַּאֲשֶׁר צִוָּה ה׳״ (ט, ז).[66] זאת ועוד: כלל לא ברור שהיום השמיני חל בראש חודש (כדעת ראב״ע ועוד), כך שכנראה אין עוד חטאות ביום זה כל עיקר, מלבד החטאות המיוחדות שהובאו לכבוד היום השמיני למילואים.

הקריאה הפשוטה יותר היא שמאחר שאת חטאת הכוהנים שהובאה ביום השמיני שרף אהרון מחוץ למחנה בהיתר (ט׳, י), הרי שהחטאת שעליה נסב כאן הדיון היא שעיר העיזים שהביאו העם כחטאת ביום השמיני. משה מגלה לתדהמתו שהכוהנים שרפו גם את החטאת הזו מחוץ למחנה, והוא ׳קוצף׳ על אחייניו. בזכות הציטוט הארוך של דבריו, נחשף מדוע משה כה כועס: ״כִּי קֹדֶשׁ קָדָשִׁים הִוא וְאֹתָהּ נָתַן לָכֶם לָשֵׂאת אֶת עֲוֺן הָעֵדָה לְכַפֵּר עֲלֵיהֶם לִפְנֵי ה׳״. חששו של משה הוא מפני פגיעה בכפרת ישראל. כאמור, גם באכילת הכוהנים תלויה כפרת הבעלים.[67]

רקע זה חשוב להבנת תשובת הכוהנים. יש לשים לב שמשה – ברגישותו – מפנה את כעסו אל הבנים: ״וַיִּקְצֹף עַל אֶלְעָזָר וְעַל אִיתָמָר בְּנֵי אַהֲרֹן הַנּוֹתָרִם״ (י׳, טז). אולם, תוכן כעסו מוסב באותה המידה גם כלפי אביהם, שגם הוא שותף במעשה שרפת החטאת, ואכן אהרון עצמו הוא המגיב ומבאר את מעשיהם:

<u>וַיְדַבֵּר</u> אַהֲרֹן אֶל מֹשֶׁה
הֵן הַיּוֹם הִקְרִיבוּ אֶת חַטָּאתָם וְאֶת עֹלָתָם לִפְנֵי ה׳ וַתִּקְרֶאנָה אֹתִי כָּאֵלֶּה
וְאָכַלְתִּי חַטָּאת הַיּוֹם הַיִּיטַב בְּעֵינֵי ה׳.
<u>וַיִּשְׁמַע</u> מֹשֶׁה וַיִּיטַב בְּעֵינָיו (י׳, יט-כ).

מדברי אהרון מתברר שאין מדובר בטעות אלא בשרפה מכוונת של החטאת שאותה היו אמורים הכוהנים לאכול, אך הסברו לוט בערפל. פרשנויות מגוונות הוצעו בהבנת

66. ״׳ואת שעיר החטאת׳ – לפי הפשט הוא שנאמר בו ׳קחו שעיר עזים וכו׳׳, שכאן וכאן נאמר בו כפרה״ (חזקוני לוויקרא י׳, טז).

67. לפיכך, אין סיבה לאמץ את טענת מילגרום, שמאחר שבעולם הקדום ניצלו את שאריות הקורבן לטובת מגיָה שחורה, חשוב היה למשה להבהיר שעל הכוהנים לאכול את החטאת (מילגרום, ויקרא, כרך א, עמ׳ 635-640; זו שיטתו באופן כללי ביחס לאכילת חטאות – ראו מילגרום, ויקרא, כרך א, עמ׳ 261-264). אולם הסיבה המשולבת בסיפור בפירוש מציגה את אכילת הכוהנים כהמשך כפרת המקריב, כך שהימנעות מאכילת הקורבן עלולה לפגוע בהשלמת הכפרה.

הצטדקות אהרון,[68] וראב"ע אף הוסיף על דבריו המפורשים של אהרון, שהוא אכל מעט מן החטאת וכך יצא ידי חובה לפני ששרפה:

ותקראנה אותי כאלה – פירוש צרות או דאגות על מות הבנים, ובעבור זה לא יכולתי לאכול כל חטאת, רק אכלתי ממנה מה שייטב בעיני השם, והטעם מה שיוציאני לידי חובה (פירושו לוויקרא י', יט).

כידוע, ראב"ע היה רודף פשט, אך הנה הגיע גם פרשן דגול זה לגבול שהצליח להכיל. באמת הקושי גדול: האומנם רק בגלל סברה אישית, שינה אהרון את הצו ולא אכל מהקורבן? ועוד מתברר מיד שסברה זו נראית טובה בעיני משה! אין זאת – טוען ראב"ע – אלא שאהרון יצא ידי חובת אכילת קורבן, אלא שהרגיש שהוא לא יכול לאכול את כולו בשל דאגות ליבו ביום זה שקבר בו את שני בניו הגדולים. אולם אם ברצוננו לקרוא את הפסוקים כפי שהם לפנינו, אין לנו אלא עדות הכתוב שמשה דרש את שעיר החטאת וראה שהוא נשרף, כלומר, נשרף טרם שנאכל.

האם באמת – כפי שעולה מדברי ראב"ע – אהרון תלה את אי אכילתו בצערו הגדול? קשה להסתפק בכך, שהרי את חלק הכוהנים מן המנחה ומזבח השלמים אכלו בני אהרון למרות צערם. יש להבין מדוע הסברו של אהרון מבאר את הימנעות הכוהנים מאכילת חטאת דווקא.

רשב"ם בפירושו הלך בדרכו של ראב"ע אך הוסיף נימה אחרת הפותחת צוהר לקריאה שונה:

'ותקראנה אותי כאלה', והיאך אוכל חטאת של קדשי קדשים ביום הזה שנתקלקל ונתערבה שמחתנו? דוגמת 'עלובה כלה שזינתה תוך חופתה' (פירושו לוויקרא י', יט).

תחילה מזכיר רשב"ם את השמחה ש'התערבה', ובדבר זה דומה פירושו לדברי ראב"ע, אולם המשל שהוא מביא בסוף פירושו מעניק נימה חדשה לדברי אהרון. המשל על

68. הקריאה הפשוטה היא שאהרון מדבר בלשון תמיהה – 'לו הייתי אוכל חטאת היום, היה הדבר טוב בעיני ה'?!'. קריאה אחרת לגמרי של דברי אהרון הציע מנחם בולה, ולדעתו "הוי"ו של 'ואכלתי' היא וי"ו הניגוד: ואף על פי אכלתי חטאת היום לשאת את עוונות בני ישראל, אף על פי שהייתי טרוד כולי באבלי על שני בני, ולא הייתה דעתי נתונה לתכליה של אכילה זו" (בולה, ויקרא, עמ' קסג). לשיטתו, רק בניו טעו בשרפת החטאת בעוד אהרון אביהם אכל ממנה. אולם מאחר שבדברים אלו אהרון עונה לטענת משה על אודות אי אכילת החטאת, הצעתו קשה.

הכלה שזינתה תוך חופתה מובא בספרות חז״ל ביחס לחטא העגל, שבעוד משה בהר סיני מקבל את התורה, הם כבר סרו מן הדרך (שבת פח ע״ב). בנטילת רשב״ם משל זה הוא רומז לאחריות המוסרית שחש אהרון, אשר בעטייה הוא לא יכול לאכול מהחטאת. אין מדובר רק בצער אלא בשאלה מוסרית.[69]

דומה שזה אכן ההקשר המתבקש לקריאת דברי אהרון. אכילת הכוהנים נתפסת כהמשך אכילת מזבח, ומדובר בחטאת שכפרת בעליה תלויה גם באכילת הכוהנים; על כן חש אהרון שביום שבו דחה המזבח אותו ואת בניו מהיות כוהנים לה׳, הוא אינו יכול לכפר באכילתו על אחרים. אין מדובר רק בצער אישי – שבאמת לא היה יכול לעמוד מול דרישת החוק לאכילת החטאת. הטיעון שמעלה אהרון קשור מהותית בעצם תפיסת אכילת החטאת ובתפקידה. אחרי מה שקרה למשפחת הכוהנים ביום זה, האומנם ראוי שהיא תעמוד כידו הארוכה של המזבח ותכפר על בני ישראל?

אם זה החשש שמקנן בלב אהרון ובניו, ברור מדוע הם נמנעים לאכול רק את קורבן החטאת. באכילת המנחה הנותרת, או באכילת החזה והשוק מזבח השלמים של העם, אין ממד של כפרה על אחרים, ועל כן אהרון ובניו אכלו מהם ללא חשש.

מבחינה זו, שיתוף הפועל – ׳לאכול׳ – בהתגלות כבוד ה׳ על המזבח ובהמתת בני אהרון (״וַתֵּצֵא אֵשׁ מִלִּפְנֵי ה׳ וַתֹּאכַל עַל הַמִּזְבֵּחַ״ – ״וַתֵּצֵא אֵשׁ מִלִּפְנֵי ה׳ וַתֹּאכַל אוֹתָם״) נטען במשמעותו המלאה. אש ה׳ שבאה לאכול את הקורבנות שרפה את אלו שניסו למנוע ממנה אכילה זו, ומשום כך הכוהנים נמנעים מ׳לאכול׳ את הקורבנות כנציגיה.

בזהירות אפשר להוסיף שגם זיקה לשונית ממשיכה להדהד את העימות הזה שקשור בטבורו לאכילת הקורבנות. כבר עלתה ההתלבטות אם בניסוח דברי משה נעשה שימוש כפול מכוון במילה ׳נותר׳: ״וַיְדַבֵּר מֹשֶׁה אֶל אַהֲרֹן וְאֶל אֶלְעָזָר וְאֶל אִיתָמָר בָּנָיו **הַנּוֹתָרִים** קְחוּ אֶת הַמִּנְחָה **הַנּוֹתֶרֶת** מֵאִשֵּׁי ה׳ וְאִכְלוּהָ מַצּוֹת אֵצֶל הַמִּזְבֵּחַ״ (י׳, יב). גם כאן נוצר קשר מפתיע בין אכילת אש המזבח את החטאת ובין אכילתה את בני אהרון. כינוי אלעזר ואיתמר כבניו ׳הנותרים׳ של אהרון, מופיע גם בדברי הכעס של משה על בני אהרון ביחס לחטאת: ״וַיִּקְצֹף עַל אֶלְעָזָר וְעַל אִיתָמָר בְּנֵי אַהֲרֹן **הַנּוֹתָרִם**״ (י׳, טז). כינוי זה ממשיך וקושר בין בני אהרון שנותרו מהשרפה אשר שרף ה׳, ובין חלק הקורבנות שנותר מאש המזבח, החלק שאותו עליהם לאכול.[70] אולם זיקה זו

69. כיוון זה פותח גם על ידי קיוצ׳י, קורבן חטאת, עמ׳ 77-85. ונהאם טען שיש להבין את דברי אהרון כהבעת חשש ופחד מפני ה׳. אחרי שבניו מתו נמנע אהרון מלאכול קודשי קדשים ומעדיף לשמור מרחק ככל שניתן (ונהאם, ויקרא, עמ׳ 160). אך ביאור זה מוזר, שהרי אהרון ובניו אכלו את חלקם מקורבן המנחה שגם הוא קודש קודשים. רתיעתם, כאמור, קשורה בחטאת דווקא.

70. ראו עוד אצל וקסמן, איש מחתתו, שבין היתר גם כתב: ״דברי משה לאהרון ׳בקרבי אקדש׳,

היא גם הבסיס להסבר אהרון – מאחר שהאש אוכלת הקורבנות אכלה גם את בניו, הם אינם יכולים לאכול את החטאת, שכפרת ישראל תלויה באכילתם אותה. ביום זה הם מרכינים את ראשם כזקוקים לכפרה, ולא יכולים לכפר על אחרים.

תשובה זו מניחה גם את דעתו של משה. אהרון שאל: "הַיִּיטַב בְּעֵינֵי ה'", ומיד נאמר: "וַיִּשְׁמַע משֶׁה וַיִּיטַב בְּעֵינָיו" (י', יט-כ). לשון אחר, אין הכרעה גלויה אם ביאור אהרון טוב בעיני ה', אך אנו יודעים שבעיני משה – שליחו הנאמן של ה' – תשובת אהרון הייתה טובה.

עבירה לשם עצמו ועבירה לשמה

בדבר זה אנו מגיעים להפרת הצו הכפולה שהתרחשה ביום השמיני על ידי הכוהנים. הפרת החוק הדתי – גם כשנעשתה 'לשם שמיים' – היא פיגוע בלב החשיבה הדתית הנורמטיבית, שמבוססת בבסיסה על היעתרות לצו ה'.[71] הדבר נכון שבעתיים בעולם המשכן וקודשיו, ובוודאי כשבוחנים את היום השמיני, שבו המשכן התחיל לפעול כששכינה בתוכו. והנה, דווקא ביום זה פרצו שתי הפרות חוק, על ידי הכוהנים, עַם קְדוֹשֶׁךָ; בשני חלקי הפרק מתוארים בני אהרון שלא עשו כאשר נצטוו, אך שיפוט מעשיהם שונה. נדב ואביהוא שהקטירו אש וקטורת זרה – נשרפו בחטאם; ואילו אלעזר ואיתמר שלא אכלו מן החטאת, הצליחו להבהיר את מעשיהם ותשובתם התקבלה. מה ההבדל בין שתי הפרות חוק אלו?[72]

בשתי הפעולות פעלו בני אהרון בהקשר ישיר למעמדם ככוהנים, אך פעלו בצורה הפוכה. נדב ואביהוא ביקשו להגן על מעמדם המיוחד כמי שזכו לראות את כבוד ה', ואילו אלעזר ואיתמר חשו שהם אינם ראויים לשמש ככוהנים המכפרים על אחרים. מדובר בתנועה נפשית הפוכה; האחת משיגה דבר מה עקב הפרת החוק (הקטרת הקטורת שתסתיר את ההתגלות מהמון העם), והשנייה מוותרת על דבר מה עקב הפרתו (אי אכילת החטאת).

על פי קריאה זו, אין מדובר בשני סיפורי הפרת חוק שבמקרה התרחשו ביום

וההקבלה בין אכילת הקרבן מעל המזבח ובין שרפת נדב ואביהוא, מציגים את נדב ואביהוא עצמם כמעין קרבנות" (עמ' 111).

71. ראו על כך בהרחבה אצל הרב ליכטנשטיין, עבירה לשמה.

72. ונהאם צעד לשיטתו, וכתב שמתברר שאלוהים אדיב יותר כלפי מי שעושה טעויות בגלל שהוא ירא מפניו, מאשר מי שעושה טעויות מתוך רשלנות וביזוי נוכחות ה' - כפי שעשו לדעתו נדב ואביהוא (ונהאם, ויקרא, עמ' 160). אולם דומה, שאין זה נכון לומר שנדב ואביהוא פעלו מתוך רשלנות ובוז, וגם לא מדויק לומר שאלעזר ואיתמר נמנעו מאכילת החטאת בגלל פחדם מפני ה'.

השמיני; שניהם עוסקים בנושאי העומק שמלווים את ימי המילואים: ההתגלות הפומבית של האש אוכלת הקורבנות על המזבח, והכוהנים הממשיכים את אכילת המזבח. מתוך ענוותנותם של אהרון ובניו בחתימת הסיפור נמצאנו למדים דבר מה עקרוני ביחס לאכילת הכוהנים: באכילתם מתכפרים הבעלים, אך דווקא משום כך הם צריכים להיות ראויים לכך. אין מדובר בפעילות מגית־טכנית, אלא בידו הארוכה של אש ה׳ האוכלת במזבח, ועליהם לראות עצמם כשליחים; לא הכוהנים הם הנמענים המרכזיים של הקורבן, אלא המזבח.

באכילת הכוהנים את הקורבנות מתח זה ניכר במיוחד. גם בשל ההנאה הפשוטה שבאכילת בשר והחשש שכוהנים יתחילו לחזור אחר חטאות ואשמות, וגם בשל תפיסתם, כאמור, כממשיכי אכילת המזבח. די להיזכר בבני עלי כדי להתרשם עד כמה זהו אתגר שאיננו מובן מאליו עבור כוהנים – בעלי שררה, כבוד ותפארת – שמקבלים לידיהם יום אחר יום בשר קורבנות:

> וּבְנֵי עֵלִי בְּנֵי בְלִיָּעַל לֹא יָדְעוּ אֶת ה׳.
> וּמִשְׁפַּט הַכֹּהֲנִים אֶת הָעָם כָּל אִישׁ זֹבֵחַ זֶבַח וּבָא נַעַר הַכֹּהֵן כְּבַשֵּׁל הַבָּשָׂר וְהַמַּזְלֵג שְׁלֹשׁ הַשִּׁנַּיִם בְּיָדוֹ. וְהִכָּה בַכִּיּוֹר אוֹ בַדּוּד אוֹ בַקַּלַּחַת אוֹ בַפָּרוּר כֹּל אֲשֶׁר יַעֲלֶה הַמַּזְלֵג יִקַּח הַכֹּהֵן בּוֹ כָּכָה יַעֲשׂוּ לְכָל יִשְׂרָאֵל הַבָּאִים שָׁם בְּשִׁלֹה. גַּם בְּטֶרֶם יַקְטִרוּן אֶת הַחֵלֶב וּבָא נַעַר הַכֹּהֵן וְאָמַר לָאִישׁ הַזֹּבֵחַ תְּנָה בָשָׂר לִצְלוֹת לַכֹּהֵן וְלֹא יִקַּח מִמְּךָ בָּשָׂר מְבֻשָּׁל כִּי אִם חָי. וַיֹּאמֶר אֵלָיו הָאִישׁ קַטֵּר יַקְטִירוּן כַּיּוֹם הַחֵלֶב וְקַח לְךָ כַּאֲשֶׁר תְּאַוֶּה נַפְשֶׁךָ וְאָמַר לוֹ [קרי: לֹא] כִּי עַתָּה תִתֵּן וְאִם לֹא לָקַחְתִּי בְחָזְקָה. וַתְּהִי חַטַּאת הַנְּעָרִים גְּדוֹלָה מְאֹד אֶת פְּנֵי ה׳ כִּי נִאֲצוּ הָאֲנָשִׁים אֵת מִנְחַת ה׳ (שמ״א ב׳, יב-יז).

תאוות אכילתם מוגדרת בפסוקים אלו בחריפות יתרה, ומסגרת תיאור החטא מבליטה את המרי שיש בכך כלפי ה׳: ״לֹא יָדְעוּ אֶת ה׳״ – ״כִּי נִאֲצוּ הָאֲנָשִׁים אֵת מִנְחַת ה׳״. יש במסגרת זו גם אירוניה רמוזה, שהרי ״על כל אדם בישראל לדעת את ה׳, אך במיוחד מוטלת חובה זו על הכוהנים״,[73] ובכל זאת, בני עלי לא ידעו את ה׳. הדגש בפסוקים

73. בר אפרת, שמואל, עמ׳ 68. בהמשך הפרק ייאמר גם: ״וַתְּהִי חַטַּאת הַנְּעָרִים גְּדוֹלָה מְאֹד אֶת פְּנֵי ה׳ כִּי נִאֲצוּ הָאֲנָשִׁים אֵת מִנְחַת ה׳״ (שמ״א ב׳, יז), ובניגוד אליהם: ״וּשְׁמוּאֵל מְשָׁרֵת אֶת פְּנֵי ה׳ נַעַר חָגוּר אֵפוֹד בָּד״ (פסוק יח). בסיפור מרד קורח תוארו דתן ואבירם בדומה לבני עלי: ״וִידַעְתֶּם כִּי נִאֲצוּ הָאֲנָשִׁים הָאֵלֶּה אֶת ה׳״ (במדבר ט״ז, ל). בסיפורנו התהפכו היוצרות: שמואל שאיננו כוהן מבטן, מוזמן להחליף את בני עלי הכוהנים, בהיפוך ממה שאירע במרד קורח, ששם לא ניתן היה

אלו הוא על הזמן שבו נטלו הכוהנים את חלקם, שהרי אם הכוהנים לוקחים את חלקם עוד לפני שהוקטרו החלבים, נראה הדבר שהמזבח הוא בא כוחם של הכוהנים, ומקבל את השאריות ממה שהותירו הם. אך גם אם כך, ברור שהשילוב המסוכן של תאוות האכילה לצד קדושת הקורבן הוא העומד למבחן.

בדיאלוג בין משה לאהרון מסתיימים ימי המילואים וחטיבת הקורבנות כולה. יש בדיאלוג זה הבלטה של משמעות אכילת הכוהנים את הקורבנות מצד אחד, והצבעה על כך שאין מדובר באקט טכני שפעולתו מגית. ישראל מביאים את קורבניהם לה׳, זוכים להתקרבות ולמחילה, והכוהנים כשליחיהם מגישים את הקורבן אל המזבח מזה. הכוהנים גם אוכלים חלק מהקורבנות כשליחי המזבח, אך בסופו של דבר, חטיבת הקורבנות נותרת תיאור של המפגש בין ישראל לכבוד ה׳ השוכן על המזבח תמיד.

להחליף את הכוהנים בזרים. אנלוגיה ניגודית זו נטענת משמעות מיוחדת לאור המסורת ששמואל הוא מצאצאי קורח (דה״א ו׳, ז–ח, וכפי שהדגיש ראב״ע לרוב בפירושיו למקרא).

קיצורי הפניות

אבא, מקור	R. Abba, "The Origin and Significance of Hebrew Sacrifice", *Biblical Theology Bulletin* 7 (1977), pp. 123–138.
אבן שושן, מילון	א' אבן שושן, המלון החדש (המהדורה המשולבת בחמישה כרכים), ירושלים תשנ"ז.
אבנרי, חטאות	נ' אבנרי, "חטאות שגגה – חטאי פרט והנהגה", מגדים כד (תשנ"ה), עמ' 27–38.
אברבנאל	פירוש אברבנאל על התורה, מהדורת בני ארבאל, ירושלים תשל"ט.
אברבק, קטר	R. E. Averbeck, "קטר", *NIDOTTE*, vol. 3, pp. 913–916.
אברהרט, טקס הבערה	C. Eberhart, "A Neglected Feature of Sacrifice in the Hebrew Bible: Remarks on the Burning Rite on the Altar", *HTR* 97 (2004), pp. 485–493.
אברהרט, קורבנות	C. Eberhart, *Studien zur Bedeutung der Opfer im Alten Testament: die Signifikanz von Blut – und Verbrennungsriten im kultischen Rahmen*, Neukirchener Verlag 2002.

אהוביה, ככל הכתוב	א' אהוביה, ככל הכתוב: הארות על כתובים במקרא, תל אביב תשל"ז.
אהרליך, הערות	A. B. Ehrlich, *Randglossen zur Hebräischen Bible, Zweiter Band: Leviticus, Numeri, Deuteronomium*, Leipzig 1909.
אהרליך, מקרא כפשוטו	א"ב אהרליך, מקרא כפשוטו, כרך א (דברי תורה), ברלין תרנ"ט.
אודס, חטאת ואשם	מ' אודס, "לטעמי דיני החטאת והאשם", מעלין בקודש ז (תשס"ג), עמ' 117–142; מעלין בקודש ח (תשס"ד), עמ' 13–30.
אוטו, הקדושה	ר' אוטו, הקדושה: על הלא רציונלי באידאת האל ויחסו לרציונלי (בתרגום מרים רון), ירושלים תשנ"ט.
אולברייט, ארכאולוגיה	W. F. Albright, *Archaelogy and the Relgion of Israel*, Baltimor 1942.
אופנהיים, מסופוטמיה	A. L. Oppenheim, *Ancient Mesopotamia: Portrait of a Dear Civilization* (revised edition), Chicago 1977.
אורבאך, עמודי המחשבה	ש"ב אורבאך, עמודי המחשבה הישראלית, ירושלים תשל"א.
אורבך, אמונות ודעות	א"א אורבך, חז"ל: פרקי אמונות ודעות, ירושלים תשל"א (מהדורה שנייה).
אלדר, הקטורת	א' אלדר, "הקטורת, נדב ואביהוא ויום הכיפורים", עלון שבות 158 (תשס"א), עמ' 81–95.
אלדר, מעמד הר סיני	א' אלדר, "מעמד הר סיני והגבלותיו", מגדים לו (תשס"ג), עמ' 9–23.
אליגר, ויקרא	K. Elliger, *Leviticus*, HAT, Tübingen 1966.

אליצור, ברכות קדומות	ש' אליצור, "לדמותן של הברכות הקדומות: כמה קווי יסוד", סידרא לב (תשע"ז), עמ' 7–33.
אליצור, מקום	י' אליצור, מקום בפרשה: גיאוגרפיה ומשמעות במקרא, תל אביב תשע"ה.
אנדרסון, נדב ואביהוא	G. A. Anderson, "'Through Those Who Are Near to Me I Will Show Myself Holy': Nadab and Abihu and Apophatic Theology", *CBQ* 77 (2015), pp. 1–19.
אנדרסון, קורבנות	G. A. Anderson, "Sacrifice and Sacrificial Offerings", *ABD*, vol. 5, pp. 870–886.
אנדרסון, קורבנות ב	G. A. Anderson, *Sacrifices and Offerings in Ancient Israel: Studies Their Social and Political Importance*, Atlanta 1987.
אפרתי, מנחת ביכורים	י"א אפרתי, "עיון בפרשת מנחת הבכורים ובפרשת העומר", ספר בר־אילן ג (תשנ"ח), עמ' 13–20.
אריאל, ברכת המצוות	הרב ע' אריאל, "ברכת המצוות בהולכת הדם", אמונת עתיך 113 (תשע"ז), עמ' 30–31.
ארליך, מקום השכינה	א' ארליך, "שאלת מקום השכינה בנוסח התפילה הקדום", סידרא יג (תשנ"ז), עמ' 5–23.
אשלי, במדבר	T. R. Ashley, *The Book of Numbers*, NICOT, Grand Rapids 1993.
באדן, מבנה	Joel S. Baden, "The Structure and Substance of Numbers 15", *VT* 63 (2013), pp. 351–367.
באך, טקסים ומילים	D. Bach, "Rites et paroles dans l'Ancien Testament: Nouveaux elements apportés par l'étude de Tôdâh", *VT* 28 (1978), pp. 10–19.
בוד, ויקרא	P. J. Budd, *Leviticus*, NCBC, Grand Rapids 1996.

בוילאו, בישול והקרבה — G. Boileau, "Some Ritual Elaborations on Cooking and Sacrifices in Late Zhou and Western Han Texts", *Early China* 23/24 (1998–99), pp. 89–123.

בולה, ויקרא — מ' בולה, ויקרא, דעת מקרא, כרך א, ירושלים תשנ"ב.

בורגר, אסרחדון — R. Borger, *Die Inschriften Asarhaddons. Königs von Assyrien*, (Archiv für Orientforschung 9), Osnabrück 1956.

בזק, חודש בחודשו — הרב א' בזק, "מידי חודש בחודשו ומדי שבת בשבתו", בתוך: הרב ע' ביק וי' פיינטוך (עורכים), תורת עציון - במדבר, ירושלים תשע"ו, עמ' 401-406.

בזק, חטאת ואשם — הרב א' בזק, "מה בין חטאת לאשם", בית המדרש הוירטואלי, ישיבת הר עציון:
http://www.hatanakh.com/lessons/%D7%9E%D7%94-%D7%91%D7%99%D7%9F-%D7%97%D7%98%D7%90%D7%AA-%D7%9C%D7%90%D7%A9%D7%9D

בזק, פיגול — הרב א' בזק, "דין פיגול בפשוטו של מקרא ובמדרש ההלכה", בתוך: י' קלמנוביץ, א' בן־דוד וא' מושקוביץ (עורכים), מאמר הזבח, אלון שבות תש"ע, עמ' 209–215.

ביב, נדב ואביהוא — B. D. Bibb, "Nadab and Abihu Attempt to Fill a Gap: Law and Narrative in Leviticus 10.1–7", *JSOT* 96 (2001), pp. 83–99.

ביב, ריטואל וסיפור — B. D. Bibb, *Ritual Words and Narrative Worlds in the Book of Leviticus*, New York and London 2009.

ביילי, ויקרא — L. R. Bailey, *Leviticus-Numbers*, Smyth & Helwys Bible Commentary (ed. R. Scott Nash et al.), Macon, GA 2005.

ביכלה, מחקרים	A. Büchler, *Studies in Sin and Atonement in the Rabbinic Literature of the First Century*, London 1928.
ביל ולינפלט, אש זרה	T. K. Beal, and T. Linafelt, "Sifting for Cinders: Strange Fire in Leviticus 10:1–5", *Semeia* 69/70 (1995), pp. 19–32.
ביק, הקטרה	הרב ע' ביק, "הקטרה", בתוך: הרב ע' ביק וי' פיינטוך (עורכים), תורת עציון – ויקרא, אלון שבות תשע"ה, עמ' 33–38.
ביק, עולת התמיד	הרב ע' ביק, "עולת התמיד", בתוך: הרב ע' ביק וי' פיינטוך (עורכים), תורת עציון – שמות, ירושלים תשע"ה, עמ' 345–350.
בנטש, ויקרא	B. Baentsch, *Exodus, Leviticus un Numeri*, Göttingen 1903.
בניש, מדות	ח"פ בניש, מדות ושיעורי תורה, בני ברק תשמ"ז (מהד' שניה).
בנמלך, מאפה	מ' בנמלך, "מאפה אנטי־תרבותי", מוסף שבת של מקור ראשון, י"א בניסן תשע"ז, עמ' 4.
בן־נון, היום השמיני	הרב י' בן־נון, "היום השמיני ויום הכיפורים", מגדים ח (תשמ"ט), עמ' 9–34.
בן־נון, חמץ ומצה	הרב י' בן־נון, "חמץ ומצה בפסח, בשבועות ובקרבנות הלחם", מגדים יג (תשנ"א), עמ' 25–45.
בן־נון, מקראות משפטים	הרב י' בן־נון וש' ברוכי, מקראות: עיון רב תחומי בתורה – כרך משפטים, ראשון לציון 2018.
בן־נון, קהל שוגג	הרב י' בן־נון, "קהל שוגג ומי שחזקתו שוגג או טועה: חילוניים וחילוניות בהלכה", אקדמות י (תשס"א), עמ' 225–267.

בן־שם, לילה — י' בן־שם, "מלחמת לילה", בית מקרא יז (תשל"ב), עמ' 364–362.

בער, מחקרים — י' בער, מחקרים ומסות בתולדות עם ישראל, ירושלים תשמ"ו.

בר־אפרת, שמואל — ש' בר־אפרת, שמואל א, מקרא לישראל, ירושלים ותל אביב תשנ"ו.

ברגמן, כהן — J. Bergman, "כהן (Egypt)", *TDOT*, vol. 7, pp. 61–63.

ברומן, פילולוגיה שמית — M. M. Bravman, *Studies in Semitic Languages and Linguistics*, Leiden 1977.

ברויאר, טומאה — י' ברויאר, "איסור טומאה בתורה", מגדים ב (תשמ"ז), עמ' 53–45.

ברויאר, מעשי בראשית — הרב מ' ברויאר, "מעשי בראשית", מגדים יב (תשנ"א), עמ' 15–9.

ברויאר, פרקי בראשית — הרב מ' ברויאר, פרקי בראשית (שני חלקים), אלון שבות תשנ"ט.

ברוה, ברכה — א"י ברוה, "לשונות ברכה וקללה במקרא", בית מקרא טו (תש"ל), עמ' 455–449.

ברזילי, אשם — מ' ברזילי, "מה בין חטאת לאשם? על תפקידם של קרבנות החובה בספר ויקרא", משלב מ (תשס"ו), עמ' 50–31.

ברלין, פואטיקה — A. Berlin, *Poetics and the Interpretation of Biblical Narrative*, Sheffield 1983.

ברמן, נבראו שווים — י' ברמן, נבראו שווים: כיצד פרץ המקרא את המחשבה המדינית הקדומה, תל אביב 2013.

ברסטד, רצה — H. M. Barstad, "רצה, רצון", *TDOT*, vol. 13, pp. 618–630.

גולדנברג, מחברות	א׳ גולדנברג, מחברות לפרשנות המקרא: ספרי ויקרא ובמדבר, תל אביב תשל״ז.
גורדון, ויקרא	ש״ל גורדון, ויקרא, בתוך: פירוש חדש לתנ״ך, כרך חמישה חומשי תורה, תל אביב.
גורדון, מלאכי	ש״ל גורדון, ״מבוא לספר מלאכי״ בתוך: פירוש חדש לתנ״ך, כרך תרי עשר ב, תל אביב.
גורמן, אידאולוגיה	F. H. Gorman Jr., *Ideology of Ritual Space Time and Status in the Priestly Theology* (JSOTsup 91), Sheffield 1990.
גזניוס, דקדוק עברי	W. Gesenius, *Hebräische Grammatik,* Leipzig 1889.
גיז, תאולוגיה מקראית	H. Gese, *Zur biblischen Theologie: Alttestamentliche Vorträge* (second ed.), Tübingen 1983.
גייגר, ישא ה׳	M. Geiger, "Synergie zwischen priesterlichen und göttlichem Handeln im Aaronitischen Segen (Num 6,22–27). Ein Beitrag zum Verständnis der Wendung *yiśa' yehvah panav 'elekha*" , *VT* 68 (2018), pp. 51–72.
גיין, לחם הפנים	R. Gane, "'Bread of the Presence' and Creator-in-residence", *VT* 42 (1992), pp. 179–203.
גיין, ריטואל	R. Gane, *Ritual Dynamic Structure,* Piscataway 2004.
גיספן, ויקרא	W. H. Gispen, *Het Boek Leviticus,* Kampen 1950.
גנזל, גאולת יחזקאל	T. Ganzel, "The Descriptions of the Restoration of Israel in Ezekiel", *VT* 60 (2010), pp. 197–211.
ג׳נסון, מערכת הקורבנות	P. P. Jenson, "The Levitical Sacrificial System", in: R. T. Beckwith and M. J. Selman (eds.), *Sacrifice in the Bible,* Grand Rapids 1995, pp. 25–40.

גצה, חוקי חת	A. Goetze, “The Hittite Laws”, in: *ANET*, pp. 188–197.
ג'קסון, גנבה	B. S. Jackson, *Theft in Early Jewish Law*, Oxford 1972.
גרוסמן, אברהם	י' גרוסמן, אברהם: סיפורו של מסע, תל אביב תשע"ה.
גרוסמן, אמונות ודעות	א' גרוסמן, אמונות ודעות בעולמו של רש"י, אלון שבות תשס"ח.
גרוסמן, בראשית	י' גרוסמן, בראשית: סיפורן של התחלות, ראשון לציון ואלון שבות תשע"ז.
גרוסמן, ברית סיני	י' גרוסמן, "עקדת יצחק וברית סיני", בתוך: ב' לאו וי' רוזנסון (עורכים), עקדת יצחק לזרעו: מבט בעין ישראלית, תל אביב תשס"ג, עמ' 355-364.
גרוסמן, גלוי ומוצפן	י' גרוסמן, גלוי ומוצפן: על כמה מדרכי העיצוב של הסיפור המקראי, תל אביב ואלון שבות תשע"ו.
גרוסמן, גלות וגאולה	א' גרוסמן, "גלות וגאולה במשנתו של רש"י", בתוך: י' ברוכי, ח' הלפרין וי' מילוא (עורכים), משעבוד לגאולה: מפסח עד שבועות, אסופת מאמרים לזכרו של משה ברי הי"ד, אור עציון תשנ"ו, עמ' 239-266.
גרוסמן, המן ופסח	י' גרוסמן, "המן וקרבן פסח", עלון שבות 153 (תשנ"ט), עמ' 115-136.
גרוסמן, יום ולילה	י' גרוסמן, "יום ולילה: על מלכות שמים משתנה – עיון בצדקת הצדיק, תורה ג'", בתוך: ד' עזריאל (עורך), אשרי האיש – פרקי לימוד בחסידות (גולות יב), עתניאל תשס"ג, עמ' 155-166.
גרוסמן, יעקב	י' גרוסמן, יעקב: סיפורה של משפחה, ראשון לציון תשע"ט.

גרוסמן, כפרת המשכן	י' גרוסמן, "מכפרת המשכן אל כפרת הגבולין (ויקרא כ"ג, כו-לב)", בתוך: א' בזק (עורך), וביום צום כיפור יחתמון, אלון שבות תשס"ה, עמ' 11-24.
גרוסמן, לבונה	J. Grossman, "The Significance of Frankincense in Grain Offerings", *JBL* 138 (2019), pp. 285–296.
גרוסמן, מנחה	י' גרוסמן, "קרבן המנחה", מגדים לו (תשס"ג), עמ' 25-40.
גרוסמן, מצורע	י' גרוסמן, "אדם המתאבל על עצמו", בתוך: הרב ע' ביק וי' פיינטוך (עורכים), תורת עציון – ויקרא, ירושלים תשע"ה, עמ' 179-184.
גרוסמן, עגלה ערופה	י' גרוסמן, "עגלה ערופה", בתוך: הרב ע' ביק וי' פיינטוך (עורכים), תורת עציון – דברים, אלון שבות תשע"ה, עמ' 227-232.
גרוסמן, עיכוב תפילה	א' גרוסמן, "ראשיותיו ויסודותיו של מנהג 'עיכוב התפילה'", מלאת א (תשמ"ג), עמ' 199-219.
גרוסמן, עקדת יצחק	י' גרוסמן, "'וירא את המקום מרחוק' – עקידת יצחק כסיפור רקע לברית האגנות ולסיפורים נוספים", מגדים כה (תשנ"ו), עמ' 79-90.
גרוסמן, פורשי כנפיים למעלה	י' גרוסמן, "פורשי כנפיים למעלה – איש אל אחיו", עלון שבות 145 (תשנ"ה), עמ' 134-147.
גרוסמן, רות	י' גרוסמן, מגילת רות: גשרים וגבולות, אלון שבות תשע"ו.
גרטי, היבטים הלכתיים	ש' גרטי, היבטים הלכתיים נוספים בשיטת הבחינות (ללא מקום ושנת הוצאה).
גרטי, עורות קודשים	ש' גרטי, "בעניין עורות קודשים", מעלין בקדש ד (תשס"ב), עמ' 91-103.

גריי, מסורת כנען	J. Gray, *The Legacy of Canaan*, Leiden 1957.
גרינברג, גאולת יחזקאל	M. Greenberg, "The Design and Themes of Ezekiel's Program of Restoration", *Interpretation* 38 (1984), pp. 181–208.
גרינברג, החטא האמיתי	M. Greenberg, "The True Sin of Nadab and Abihu", *JBQ* 26 (1998), pp. 263–267.
גרינברג, הנחות יסוד	מ' גרינברג, "הנחות יסוד של החוק הפלילי במקרא", בתוך: תורה נדרשת, תל אביב תשמ"ה, עמ' 13-38.
גרינץ, ייחודו וקדמותו	י"מ גרינץ, ייחודו וקדמותו של ספר בראשית, ירושלים תשמ"ג.
גרינץ, מונחים	י"מ גרינץ, "מונחים קדומים בתורת כהנים", לשוננו לט (תשל"ה), עמ' 163-181.
גרינשטיין, איוב	E. L. Greenstein, *Job: A New Translation*, New Haven and London 2019.
גרינשטיין, דקונסטרוקציה	E. L. Greenstein, "Deconstruction and Biblical Narrative", *Prooftexts* 9 (1989), pp. 43–71.
גרנות, איסורי הדם	הרב ת' גרנות, "איסורי הדם בספר ויקרא", בתוך: הרב ע' ביק וי' פיינטוך (עורכים), תורת עציון – ויקרא, ירושלים תשע"ה, עמ' 239-248.
גרנות, חג הסוכות	הרב ת' גרנות, "חג הסוכות כחג ה' וכגולת הכותרת של חגי תשרי", בתוך: א' בזק (עורך), ובחג הסוכות: קובץ מאמרים על חג הסוכות, אלון שבות תשע"א, עמ' 33-71.
דאגלס, ויקרא	M. Douglas, *Leviticus as Literature*, Oxford 2000.
דאובה, סמיכת ידיים	D. Daube, "The Laying on of Hands,"in: *The New Testament and Rabbinic Judaism*, London 1956, pp. 224–246.

דה־וו, חיי יום יום	ר' דה־וו, חיי יום־יום בישראל בימי המקרא (שני כרכים; תרגם א' אמיר), תל אביב תשכ"ט.
דה־וו, ישראל הקדומה	R. de Vaux, *Ancient Israel,* New York 1961.
דה־פריס, צורתן הקדומה	ב' דה־פריס, "לצורתן הקדומה של הלכות והשתלשלותן", תרביץ לג (תשכ"ד), עמ' 8–19.
דוידסון, סיפור המבול	R. M. Davidson, "The Genesis Flood Narrative: Crucial Issues in the Current Debate", Andrews University Seminary Studies 42 (2004), pp. 49–77.
דומרשאוזן, כהן	W. Dommershausen, "כהן", *TDOT,* vol. 7, pp. 60–75.
דוסו, קורבן ישראלי	R. Dussaud, *Les Origines cananeennes du sacrifice Israelite* (second edition), Paris 1941.
דותן, זהב התנופה	א' דותן, "זהב התנופה", מחקרי מורשתנו ב–ג (תשס"ד), עמ' 225–231.
דותן, כיום	א' דותן, "לעניין 'כיום' = תחילה", לשוננו מח–מט (תשמ"ה), עמ' 220–221.
דיטריך ולורץ, ה' ואשרתו	M. Dietrich and O. Loretz, *„Jahwe und seine Aschera": Anthropomorphes Kultbild in Mesopotamien Ugarit und Israel: Das biblische Bilderverbot,* Münster 1992.
דילמן, ויקרא	A. Dillmann, *Das Bucher Exodus und Leviticus,* Leipzig 1880.
דמרוש, ויקרא	D. Damrosch, "Leviticus", in: R. Alter and F. Kermode (eds.), *The Literary Guide to the Bible,* Cambridge 1987, pp. 66–77.
דרייבר, מונחים טכניים	G. R. Driver, "Three Technical Terms in the Pentateuch", *JSS* 1 (1956), pp. 97–105.

האג, הירידה מההר — M. R. Hauge, *The Descent from the Mountain Narrative Patterns in Exodus 19–40*, Sheffield 2001.

האוזמן, רנן — J. Hausmann, "רנן", *TDOT*, vol. 13, pp. 515–522.

האוטמן, שמן המשחה — C. Houtman, "On the Function of the Holy Incense (Exodus xxx 34–8) and the Sacred Anointing Oil (Exodus xxx 22–33)", *VT* 42 (1992), pp. 458–465.

האייט, שמות — J. P. Hyatt, *Exodus*, NCBC, London 1971

האלו, הקשר הכתובים — W. W. Hallo (ed.), *The Context of Scripture: Canonical Compositions, Monumental Inscriptions, and Archival Documents from the Biblical World*, vol. 1, Leiden 2003.

הופנר, אוב — H. A. Hoffner, "Second Millenium Antecedents to the Hebrew *'ob*", *JBL* 86 (1967), pp. 385–401.

הורוויץ, חנוכת מקדשים — א' הורוויץ, טכסי חנוכת מקדשים במקרא (והשוואה לחומר חוץ מקראי), עבודת מוסמך, האוניברסיטה העברית, ירושלים תשל"ד.

הורוויץ, טומאת שפתיים — V. Hurowitz, "Isaiah's Impure Lips and Their Purification in Light of Mouth Purification and Mouth Purity in Akkadian Sources", *HUCA* 60 (1989), pp. 39–89.

הורוויץ, עשה לך פסל — ו' הורוויץ, "עשה לך פסל", בית מקרא מ (תשנ"ה), עמ' 337–347.

הייק, הנהגה כוהנית — T. Hieke, "Priestly Leadership in the Book of Leviticus: A Hidden Agenda", in: K. Pyschny and S. Schulz (eds.), *Debating Authority: Concepts of Leadership in the Pentateuch and the Former Prophets*, Berlin and Boston 2018, pp. 68–88.

הירשמן, בית תפילה	M. Hirshman, "A House of Prayer for All Peoples: Isaiah 56:7 in Rabbinic Thought", in: G. A. Anderson and J. S. Kaminsky (eds.), *The Call of Abraham: Essays on the Election of Israel in Honor of Jon D. Levenson,* Notre Dame, IN 2013, pp. 199–209.
הכהן, מול מקדש	א' הכהן, אל מול מקדש ספר ויקרא: מילות הקדמה לספר ויקרא, תקוע תשע"ט.
הלברטל, מהפכות פרשניות	מ' הלברטל, מהפכות פרשניות בהתהוותן: ערכים כשיקולים פרשניים במדרשי הלכה, ירושלים תשס"ד.
הלברטל, על הקורבן	M. Halbertal, *On Sacrifice,* Princeton and Oxford 2012.
הלד, סתומה מקראית	מ' הלד, "סתומה מקראית ומקבילתה באוגריתית (שורש "שרד" במקרא ובכתבי אוגרית)", ארץ ישראל ג (תשי"ד), עמ' 101–103.
הלוי, על השבועה	א"א הלוי, "על השבועה (פרק בתולדות ההלכה)", תרביץ לז (תשכ"ח), עמ' 24–29.
הלפגוט, ברכה ומועד	הרב נ' הלפגוט, דברי ברכה ומועד: עיונים בנושאי ברכות ומועדים, אלון שבות תשס"ב.
הנדל, לא תעמוד	נ' הנדל, "חוק לא תעמוד על דם רעך, התשנ"ח-1998: השראה ומציאות", מחקרי משפט טז (תשס"א), עמ' 229–275.
הנדלי, שמירת השמיים	M. B. Hundley, *Keeping Heaven on Earth: Safeguarding the Divine Presence in the Priestly Tabernacle,* Tübingen 2011.
הנשקה, תפילת העמידה	ד' הנשקה, "לתולדות תפילת העמידה: בין ברכה לתפילה", תרביץ פד (תשע"ו), עמ' 345–395.

הס, ויקרא	R. Hess, *Leviticus*, EBC, Grand Rapids 2008.
הפנה, האמת העירומה	G. Hepner, "The Naked Truth concerning the Deaths of Nadab and Abihu", *Revue biblique* 121 (2014), pp. 108–111.
הפנה, שבועת יעקב	G. Hepner, "Jacob's Oath Causes Rachel's Death, Reflecting the Law in Lev. 5:4–6", *Zeitschrift für Altorientalische und Biblische Rechtsgeschichte* 8 (2002), pp. 131–165.
הרודוטוס, היסטוריה	הרודוטוס, היסטוריה, תרגמו: ב' שימרון ור' צלניק־אברמוביץ, תל אביב תשנ"ח.
הרטלי, ויקרא	J. E. Hartley, *Leviticus*, WBC, Texas 1992.
הרן, ברכת כוהנים	מ' הרן, "ברכת כוהנים מכתף הינום המשמעות המקראית של התגלית", קתדרה 52 (תשמ"ט), עמ' 77-89.
הרן, גדי בחלב אמו	מ' הרן, "גדי בחלב אמו", ארץ־ישראל: מחקרים בידיעת הארץ ועתיקותיה יד (תשל"ח), עמ' 12-18.
הרן, מזבחות קטורת	M. Haran, "'Incense Altars' – Are They?", in: A. Biran and J. Aviram (eds.), *Biblical Archaeology Today – 1990*, Jerusalem 1993, pp. 237–247.
הרן, מנחה	מ' הרן, "מנחה", אנציקלופדיה מקראית, כרך ה, עמ' 23-30.
הרן, מקדש	M. Haran, *Temples and Temple-Service in Ancient Israel*, Oxford 1978.
הרן, נדר	מ' הרן, "נדר", אנציקלופדיה מקראית, כרך ה, עמ' 786-790.
הרן, קטורת מחתות	מ' הרן, "קטורת מחתות וקטורת תמיד", תרביץ כו (תשי"ז), עמ' 115-125.

הרן, שימוש בקטורת	M. Haran, "Uses of Incense in the Ancient Israelite Ritual", *VT* 10 (1960), pp. 113–129.
הרן, תאוריית הקטורת	M. Haran, "Altar-ed States: Incense Theory Goes Up in Smoke", *Bible Review* 11 (1995), pp. 30–37, 48.
ווטס, ויקרא	J. W. Watts, *Leviticus 1–10 (HCOT)*, Leuven 2013.
ווטס, חטאת ואשם	J. W. Watts, "The Historical and Literary Contexts of the Sin and Guilt Offerings", in: F. Landy, L. M. Trevaskis and B. Bibb (eds.), *Text, Time, and Temple: Literary, Historical and Ritual Studies in Leviticus*, Sheffield 2015, pp. 85–93.
ווטס, קורבן עולה	J. W. Watts, "Olah: The Rhetoric of Burnt Offerings", *VT* 56 (2006), pp. 125–137.
ווטס, ריטואל	J. W. Watts, *Ritual and Rhetoric in Leviticus: From Sacrifice to Scripture*, Cambridge 2007.
וולף, אנתרופולוגיה	H. W. Wolff, *Anthropology of the OT* (Translated to English), Philadelphia 1974.
וולף, נבלת עוף	הרב ד' וולף, "נבלת עוף טהור", עלון שבות 149 (תשנ"ז), עמ' 11–16.
וולקר ודיק, אינדוקציה	C. Walker and M. Dick, *The Induction of the Cult Image in Ancient Mesopotamia: The Mesopotamian Mīs Pî Ritual: Transliteration, Translation, and Commentary*, Helsinki 2001.
ווסר, סמיכה	א' ווסר, "מצוות הסמיכה בקורבנות", מעלין בקודש לו (תשע"ח), עמ' 85–116.
וורנינג, אומנות ספרותית	W. Warning, *Literary Artistry in Leviticus* (BIS 35), Leiden 1999.

ויברג, סמלי חוק	A. Viberg, *Symbols of Law: A Contextual Analysis of Legal Symbolic Acts in the Old Testament*, Stockholm 1992.
וייטקטל, דגים	R. Whitekettle, "A Study in Scarlet: The Physiology and Treatment of Blood, Breath, and Fish in Ancient Israel", *JBL* 135 (2016), pp. 685–704.
ויינל, משח	H. Weinel, "משח und seine Derivate: Linguistisch-archäologische Studie", *ZAW* 18 (1898) 1–82.
ויינפלד, דברים	M. Weinfeld, *Deuteronomy and the Deuteronomic School*, Oxford 1972, pp. 179–243.
ויינפלד, כבוד	M. Weinfeld, "כבוד", *TDOT*, vol. 7, pp. 22–38.
ויינפלד, מנחה	M. Weinfeld, "מנחה", *TDOT*, vol. 8, pp. 407–420.
ויינפלד, מפנה	מ׳ ויינפלד, ״המפנה בתפיסת האלהות והפולחן בספר דברים״, תרביץ לא (תשכ״ב), עמ׳ 1-17.
ויינפלד, תפילת מנחה	מ׳ ויינפלד, ״תפילת מנחה – משמעה והתפתחותה״, בתוך: ז׳ פלק (עורך), גבורות הרמח: מוגש לר׳ משה חיים ויילה, ירושלים תשמ״ז, עמ׳ 77-81.
וינברג, הקורבן בישראל	צ׳ וינברג, הקרבן בישראל על פי המקרא והמנהגים של העמים השכנים, עבודת דוקטור, אוניברסיטת תל אביב תשל״א.
וינברג, חטאת ואשם	צ׳ וינברג, ״חטאת ואשם״, בית מקרא יח (תשל״ג), עמ׳ 524-530.
וינסנט, תנופה ותרומה	A. Vincent, "Les rites du balancement (*Tenouphah*) et du prélèvement (*Teroumah*) dans le Sacrifice de Communion de l'Ancien Testament", *Melanges syriens* 1 (1939), pp. 267–272.

וינצ'י, קטורת	L. Vinci, *Incense: Its Ritual Significance, Use and Preparation,* New York 1980.
וינר, ממלכת כוהנים	ד"ה וינר, ממלכת כהנים: עיון במצוות הכהונה, עכו תשס"ו.
ולהאוזן, אקדמות	י' וולהויזן, אקדמות לדברי ימי ישראל (תירגם י' ברכיהו), תל אביב תרצ"ח.
ון־דן ברנדן, ויקרא	A. van den Branden, "Lévitique 1–7 et le tarif de Marseille, CIS I. 165", *RSO* 40 (1965), pp. 107–130.
ון דר ליאו, דת	G. van der Leeuw, *Religion in Essence and Manifestation* (Translated by J. E. Turner), vol. 1, Princeton 1986.
ון סטרס, אברהם	J. Van Seters, *Abraham in History and Tradition,* New Haven 1975.
ונהאם, ויקרא	G. J. Wenham, *The Book of Leviticus,* NICOT, Grand Rapids 1979.
ונהאם, תאולוגיה	G. J. Wenham, "The Theology of Old Testament Sacrifice", in: R. T. Beckwith and M. Selman (eds.), *Sacrifice in the Bible,* Oregon 1995, pp. 75–87.
ונסיל, כבש	J. W. Vancil, "Sheep, Shepherd", *ABD,* vol. 5, pp. 1187–1190.
ונסיל, עז	J. W. Vancil, "Goat, Goatherd", *ABD,* vol. 2, pp. 1040–1041.
וקסמן, איש מחתתו	ח' וקסמן, "איש מחתתו: מות נדב ואביהוא", בתוך: הרב ע' ביק וי' פיינטוך (עורכים), תורת ציון – ויקרא, ירושלים תשע"ה, עמ' 109-115.
ורבלובסקי, קורבן	צ' ורבלובסקי, "קרבן", האנציקלופדיה העברית, כרך ל, עמ' 58-59.

ורנינג, קשרים טרמינולוגיים	W. Warning, „Terminologische Verknüpfungen und Leviticus 11", *Biblische Zeitschrift* 46 (2002), pp. 97–102.
ז'ואון, ביטויים	P. Joüon, "Locutions hébraïques", *Biblica* 3 (1922), pp. 53–74.
זומר, גירוש כחניכה	B. D. Sommer, "Expulsion as Initiation: Displacement, Divine Presence, and Divine Exile in the Torah", in: A. Cohen and S. Magid (eds.), *Beginning/Again: Toward a Hermeneutics of Jewish Texts*, New York and London 2001, pp. 23–48.
ז'ירה, אלימות בקורבן	R. Girard, *La violence et le sacré*, Paris 1972.
זליגמן, סיפורת עברית	י"א זליגמן, "סיפורת עברית והיסטוריוגרפיה מקראית", בתוך: א' הורביץ, ש' יפת וע' טוב (עורכים), מחקרים בספרות המקרא, ירושלים תשנ"ב, עמ' 46–61.
חדה, פיגול	א' חדה, "דין פיגול במקרא ובהלכה", מגדים נח (תש"פ), עמ' 117–129.
חדד וגרוסמן, איל המילואים	E. Hadad and J. Grossman, "The Ram of Ordination and Qualifying the Priests to Eat Sacrifices", *JSOT* 45 (2021), pp. 476–492.
חכם, נדב ואביהוא	ע' חכם, "נדב ואביהוא", מעינות יא (תשמ"ו), עמ' 96–137.
חמורי, ניחוש נשים	E. J. Hamori, *Women's Divination in Biblical Literature: Prophecy, Necromancy, and Other Arts of Knowledge*, New Haven and London 2015.
טלמון, סינכרוניות	S. Talmon, "The presentation of Synchroneity and Simultaneity in Biblical Narratives", *Scripta Hierosolymitana* 27 (1978), pp. 9–26.

טלשיר, הערה	ד' טלשיר, "הערה על מ' רוטנברג, 'כיום'", לשוננו מח-מט (תשמ"ה), עמ' 220.
יונקר, גיזה	H. Junker, *Gîza 3: Die Mastabas der Vorgeschrittenen V. Dynastie auf dem Westfriedhof*, Vienna and Leipzig 1938.
יורגנס, שחזור	B. Jürgens, "Wiederherstellung der Schöpfungsordnung: Levitikus. Teil 2, Rituelle Kommunikation", *Bibel und Liturgie* 75 (2002), pp. 133–137.
ייבין, מקדש	ש' ייבין, "מקדש, מקדשים במזרח הקדמון", אנציקלופדיה מקראית, כרך ה, עמ' 304-322.
ינובסקי, כפרה	B. Janowski, *Sühne als Heilsgeschehen*, Neukirchen-Vluyn 1982.
ינזן, דמות העגל	J. G. Janzen, "The Character of the Calf and Its Cult in Exodus 32", *CBQ* 52 (1990), pp. 597–607.
יעקב, אפקטיביות	א' יעקב, "אפקטיביות החובה להציל – ניתוח פסיכולוגי", עיוני משפט כד (תשס"א), עמ' 605-661.
כהן, חסד וחמץ	S. Cohen, "The Pastoral Idea of *ḥesed* and the Symbolism of *Matzo* and *Hamets*", in: S. Yonah et al. (eds.), *Marbeh Ḥokmah: Studies in the Bible and the Ancient Near East in Loving Memory of Victor Avigdor Hurowitz*, Winona Lake 2015, pp. 111–137.
כהן, טומאה וטהרה	מ' כהן, "דיני טומאה וטהרה במקרא וזיקתם לדיני איסור והיתר בספרות חז"ל", דברי הקונגרס העולמי למדעי היהדות יא (תשנ"ג), חטיבה א, עמ' 107-114.
כהן, קדושה	א' כהן, "קדושה", אנציקלופדיה למדעי החברה, כרך ה, עמ' 207-208.

כותי, מוסר וקדושה	A. Cothey, "Ethics and Holiness in the Theology of Leviticus", *JSOT* 30 (2005), pp. 131–151.
כשר, יחזקאל	ר' כשר, יחזקאל (מקרא לישראל), שני כרכים, ירושלים ותל אביב תשס"ה.
כשר, תורה שלמה	הרב מ"מ כשר, חומש תורה שלימה, ירושלים תשנ"ב (מהדורה שנייה).
לאם, הערכה מחודשת	J. Lam, "A Reassessment of the Alphabetic Hurrian Text RS 1.004 (KTU 1.42): A Ritual Anointing of Deities?", *JANER* 11 (2011); pp. 148–169.
לאנג, כפר	B. Lang, "כפר", *TDOT*, vol. 7, pp. 288–303.
לאתאם, מלח	E. J. Latham, *The Religious Symbolism of Salt*, Paris 1982.
לוהפינק, חרם	N. Lohfink, "חרם", *TDOT*, vol. 5, pp. 180–199.
לוין, ויקרא	B. A. Levine, *Leviticus*, JPS, Philadelphia 1989.
לוין, חיפוש אחר משמעות	B. A. Levine, *In Pursuit of Meaning: Collected Studies* (Volume 1: Religion; Edited by A. D. Gross), Winona Lake 2011.
לוין, לפני ה'	B. A. Levine, *In the Presence of the Lord*, Leiden 1974.
לוין, משכן	B. A. Levine, "The Descriptive Tabernacle Texts of the Pentateuch", *JAOS* 85 (1965), pp. 307–318.
לוין, עולם התנ"ך	ב"א לוין, ויקרא, עולם התנ"ך, תל אביב 1993.
לוין, תחושה וקטורת	S. Levin, "Sense and Incense", *JBQ* 21 (1993), pp. 242–247.
לוציאני, מבנה ותאולוגיה	D. Luciani, "Structure et théologie en Lv 1,1–3,17", in: Th. Römer (ed.), *The Books of Leviticus and Numbers* (BETL 215), Leuven 2008, pp. 319–327.

לוריא, מעלה עשן	ב"צ לוריא, "'מעלה עשן' בעבודת יום הכיפורים", בית מקרא כא (תשל"ו), עמ' 193–198.
לטונדג'י, יתר	D. Latoundji, "יתר", *NIDOTTE*, vol. 2, pp. 571–574.
ליבוביץ, ויקרא	נחמה ליבוביץ, עיונים חדשים בספר ויקרא, ירושלים תשמ"ג.
ליבוביץ, כליה	יהושע ליבוביץ וישעיהו ליבוביץ, "כליה", האנציקלופדיה העברית, כרך כ, עמ' 838–854.
ליבטאג, פסח ותודה	מ' ליבטאג, "קרבן פסח וקרבן תודה", ספר דף קשר ז (תשנ"ח-תשנ"ט), עמ' 504–506.
ליונשטאם, ברית בין הבתרים	S. E. Loewenstamm, "Zur Traditionsgeschichte Des Bundes Zwischen Den Stücken", *VT* 18 (1968), pp. 500–506.
ליכט ומילגרום, קורבן	י"ש ליכט וי' מילגרום, "קרבן", אנציקלופדיה מקראית, כרך ז, ירושלים תשל"ו, עמ' 222–251.
ליכט, זבח	י"ש ליכט, "זבח", אנציקלופדיה מקראית, כרך ב, עמ' 901–904.
ליכט, עמר	י"ש ליכט, "עמר", אנציקלופדיה מקראית, כרך ו, ירושלים תשל"ב, עמ' 300–303.
ליכט, רמב"ן	י' ליכט, "רמב"ן", בתוך: מ' גרינברג (עורך), פרשנות המקרא היהודית – פרקי מבוא, ירושלים תשמ"ג, עמ' 60–68.
ליכטנשטיין, זבחים	שיעורי הרב אהרן ליכטנשטיין – זבחים, אלון שבות תשנ"ט.
ליכטנשטיין, טהרות	שיעורי הרב אהרן ליכטנשטיין – טהרות, אלון שבות תשנ"ח.

ליכטנשטיין, עבירה לשמה	הרב א' ליכטנשטיין, "עבירה לשמה – הרהורים בהלכה ובמחשבה", בתוך: ח' דויטש ומ' בן־ששון (עורכים), האחר: בין אדם לעצמו ולזולתו (לזכר דודי דויטש ז"ל), עמ' 99-125.
ליכטנשטיין, תורת הקורבנות	הרב מ' ליכטנשטיין, "זאת תורת הקרבנות", בתוך: י' קלמנוביץ, א' בן־דוד וא' מושקוביץ (עורכים), מאמר הזבח, אלון שבות תש"ע, עמ' 95-136.
לינסן, ארך	M. J. H. Linssen, *The Cults of Uruk and Babylon: The Temple Ritual Texts As Evidence for Hellenistic Cult Practices*, Leiden and Boston 2004.
למברט, חכמה בבלית	W. G. Lambert, *Babylonian Wisdom Literature*, Oxford 1960.
לנדיס, ברכת העבודה	י' לנדיס, ברכת העבודה בתפילת העמידה: עיונים בנוסחיה ובתולדותיה, ירושלים תשע"ח.
לסלי, רקע כנעני	E. A. Leslie, *Religion in the Light of its Canaanite Background*, Cincinnati 1936.
מאייר, מילת יחס	E. Meyer, "The Particle kî, a Mere Conjunction or Something More?", *Journal of Northwest Semitic Languages* 27 (2001), pp. 39–62.
מאיירס, תחומי הקדושה	C. Meyers, "Realms of Sanctity: The Case of the 'Misplaced' Incense Altar in the Tabernacle Texts of Exodus", in: *Texts, Temples and Tradition: A Tribute to Menachem Haran*, Winona Lake 1996, pp. 33–46.
מגנס, טהרת שמן	J. Magness, "The Impurity of Oil and Spit among the Qumran Sectarians", in: A. A. Orlov and D. V. Arbel (eds.), *With Letters of Light: Studies in the Dead Sea Scrolls, Early Jewish Apocalypticism, Magic, and Mysticism*, Berlin and New York 2010, pp. 223–231.

מולה, חרטום	H. P. Müller, "חרטום", *TDOT*, Vol. 5, pp. 176–179.
מוצ'יקי, מזבח הקטורת	Y. Muchiki, "Why the Description of the Altar of Incense was Postponed (Exod 30:1–10), *Exegetica* 10 (1999), pp. 19–31.
מורשת, נשוא קודם	מ' מורשת, "הנשוא הקודם לשני נושאים בלשון המקרא", לשוננו לא (תשכ"ז), עמ' 251–260.
מזור, הלחם במקרא	ל' מזור, "הלחם במקרא בחיי הפרט והכלל", עת מקרא 3 (תשע"ה).
מיטשם, יולדת	ת' מיטשם, "הצעת פירוש לשוני בדין ימי טומאה וטהרה ליולדת נקבה", שנתון למקרא ולחקר המזרח הקדום יא (תשנ"ז), עמ' 153–166.
מיירה, שלמים	K. Myhre, "'Måltidsofferet' i Det gamle testamente: En undersøkelse av offertypen šĕlamim/zœbaḥ šĕlamim", *Tidsskrift for Teologi og Kirke* 52 (1981), pp. 107–210.
מיירס, תחומי הקדושה	C. Meyers, "Realms of Sanctity: The Case of the 'Misplaced' Incense Altar in the Tabernacle Texts of Exodus", in: M. V. Fox, et al. (eds.), *Texts, Temples and Tradition: A Tribute to Menachem Haran*, Winona Lake 1996, pp. 33–46.
מילגרום, במדבר	J. Milgrom, *Numbers*, JPS, Philadelphia and New York 1990.
מילגרום, דוריאן גריי	J. Milgrom, "Israel's Sanctuary: The Priestly 'Picture of Dorian Gray'", *Revue Biblique* 83 (1976), pp. 390–399.
מילגרום, החטאת המודרגת	י' מילגרום, "החטאת המודרגת של ויקרא ה', א–יג", בית מקרא כט (תשמ"ד), עמ' 139–148.
מילגרום, ויקרא, כרך א	J. Milgrom, *Leviticus 1–16* (AB), New York 1991.

מילגרום, ויקרא, כרך ב	J. Milgrom, *Leviticus 17–22* (AB), New York 2000.
מילגרום, ויקרא, כרך ג	J. Milgrom, *Leviticus 23–27* (AB), New York 2001.
מילגרום, חטאת	י' מילגרום, "תפקיד קרבן החטאת", תרביץ מ (תשל"א), עמ' 1–8.
מילגרום, טקס מעבר	J. Milgrom, "The hattat: A Rite of Passage?", *Revue biblique* 98 (1991), pp. 120–124.
מילגרום, כוהני	J. Milgrom, "Priestly ('P') Source", *ABD*, vol. 5, pp. 454–461.
מילגרום, פולחן	J. Milgrom, *Studies in Cultic Theology and Terminology*, Leiden 1983.
מילגרום, פולחן ומצפון	J. Milgrom, *Cult and Conscience: The Asham and the Priestly Doctrine of Repentance*, Leiden 1976.
מילגרום, שוק התרומה	י' מילגרום, "שוק התרומה: פרק בתולדות הפולחן", תרביץ מב (תשל"ג), עמ' 1–11.
מילגרום, שני סוגים	J. Milgrom, "Two Kinds of *ḥaṭṭā't*", *VT* 26 (1976), pp. 333–337.
מילגרום, תנופה	י' מילגרום, "התנופה", בתוך: ב"צ לוריא (עורך), זר לגבורות: ספר זלמן שז"ה, ירושלים תשל"ג, עמ' 38–55.
מעשה הקורבנות	ספר מעשה הקרבנות: ענייני המקדש וקדשיו, קרית ספר תשס"ח (ללא ציון שם מחבר).
מקגוואייר, ערב או בוקר	J. A. McGuire, "Evening or Morning: When Does the Biblical Day Begin?", *Andrews University Seminary Studies* 46 (2008), pp. 201–214.
מקדואל, צלם אלוהים	C. L. Mcdowell, *The Image of God in the Garden of Eden: The Creation of Humankind in Genesis 2:5–3:24 in Light of mis pi pit pi and wpt-r Rituals of Mesopotamia and Ancient Egypt*, Winona Lake 2015.

מרוויל, ריח ניחוח	D. J. Marwil, "A Soothing Savor", *JBQ* 42 (2014), pp. 169–172.
מרכז הדרכה, בראשית-שמות	מרכז ההדרכה לתנ"ך, בראשית-שמות, דפים למעיין ולמורה, אלון שבות תשנ"ט.
מרקוס, מלח	י' מרקוס, "מצוות מלח בקרבנות", מעלים בקודש יח (תשס"ט), עמ' 79–88.
מרקס, מנחה	A. Marx, *Les offrandes vegetales dans l'Aneien Testament: du tribute d'hommage au repas esehatologique*, Leiden and New York 1994.
מרקס, קורבן פיצוי	A. Marx, "Sacrifice de reparation et rites de levee de sanction", *ZAW* 100 (1988), pp. 183–198.
מרקס, תאולוגיה	A. Marx, "The Theology of the Sacrifice According to Leviticus 1–7", in: R. Rendtorff (ed.), *The Book of Leviticus: Composition and Reception*, Leiden 2003, pp. 103–120.
משל, דקדוק קורבנות	N. S. Meshel, "Toward a Grammar of Sacrifice: Hierarchic Patterns in the Israelite Sacrificial System", *JBL* 132 (2013), pp. 543–567.
משל, ריטואל הדם	N. S. Meshel, "The Form and Function of a Biblical Blood Ritual", *VT* 63 (2013), pp. 276–289.
נאה, מבנהו וחלוקתו	ש' נאה, "מבנהו וחלוקתו של מדרש תורת כוהנים. א: מגילות (לקודיקולוגיה התלמודית הקדומה)", תרביץ סו (תשנ"ז), עמ' 483–515.
נבון, תודעה היסטורית	ח' נבון, "גישתו של הרב סולובייצ'יק לתודעה ההיסטורית", סיני קמא (תשס"ח), עמ' קסז-קפה.
נולנד, אשם	J. Nolland, "Does the Cultic *shm* Make Reparation to God?", *Ephemerides Theologicae Lovanienses* 91 (2015), pp. 87–110.

נורדצ'י, ויקרא — A. Noordtzij, *Leviticus* (Bible Student's Commentary; Translated by R. Togtman), Grand Rapids 1982.

נורת, היבטים דתיים — C. R. North, "The Religious Aspects of Hebrew Kingship", *ZAW* 50 (1932), pp. 8–38.

נות, ויקרא — M. Noth, *Leviticus*, OTL (Translated by J. E. Anderson), London 1965.

ניהאן, עבודת הדם — C. Nihan, "The Templization of Israel in Leviticus: Some Remarks on Blood Disposal and *Kipper* in Leviticus 4", in: F. Landy, L. M. Trevaskis and B. D. Bibb (eds.), *Text, Time, and Temple: Literary, Historical and Ritual Studies in Leviticus*, Sheffield 2015, pp. 94–130.

ניהר, נשיא — H. Niehr, "נשיא", *TDOT*, vol. 10, pp. 44–53.

ניוזנר, רעיון — J. Neusner, *The Idea of Purity in Ancient Judaism*, Leiden 1973.

נילסן, קטורת — K. Nielsen, *Incense in Ancient Israel* (SVT 38), Leiden 1986.

ניסינן, נביאים — M. Nissinen, *Prophets and Prophecy in the Ancient Near East*, Atlanta 2003.

נעם, מקומראן — ו' נעם, מקומראן למהפכה התנאית: היבטים בתפיסת הטומאה, ירושלים תש"ע.

נעם, תחומן — ו' נעם, "שוב לתחומן של הלכות טהרה", ציון עב (תשס"ז), עמ' 127–160.

סאנסום, סמיכת ידיים — M. C. Sansom, "Laying On of Hands in the Old Testament", *Expository Times* 94 (1983), pp. 323–326.

סברן, ראייה היא אמונה	G. Savran, "Seeing Is Believing: On the Relative Priority of Visual and Verbal Perception of the Divine", *Biblical Interpretation* 17 (2009), pp. 320–361.
סבתו, קורבנות הנדבה	הרב מ' סבתו, "קרבנות הנדבה", בתוך: הרב ע' ביק וי' פיינטוך (עורכים), תורת עציון – ויקרא, ירושלים תשע"ה, עמ' 19–25.
סגל, עונש אלוהי	P. Segal, "The 'Divine Penalty' in the Harna Inscriptions and the Mishnah", *JJS* 40 (1989), pp. 46–52.
סולובייצ'יק, איש האמונה	הרב י"ד סולובייצ'יק, איש האמונה הבודד, ירושלים תשכ"ח.
סולובייצ'יק, יום הכיפורים	הרב י"ד סולובייצ'יק, שיעורי הגרי"ד – עבודת יום הכיפורים, ירושלים תשס"ה.
סטולמן, בעקבות הפשט	א' סטולמן, בעקבות הפשט האבוד: קריאה חדשה בפרקי התורה, ירושלים תשע"ט.
סטטמן, לא תעמוד	ד' סטטמן, "לא תעמוד על דם רעך – מחובת הזהירות לחובת השומרוני הטוב", מחקרי משפט טו (תשנ"ט), עמ' 89–116.
סטיוארט, שמות	D. K. Stuart, *Exodus*, NAC, Nashville 2006.
סיבאס, ברית	H. Seebass, "Berit im Buch Numeri", in: C. Dohmen and C. Frevel (eds.) *Für immer verbündet: Studien zur Bundestheologie der Bibel: Festgabe für Frank-Lothar Hossfeld zum 65*, Stuttgart 2007, pp. 219–230.
סיבאס, נפש	H. Seebass, "נפש", *TDOT*, vol. 9, pp. 497–519.
סייבולד, משח	K. Seybold, "משח", *TDOT*, vol. 9, pp. 43–54.

סמט, עיונים	הרב א' סמט, עיונים בפרשות השבוע: סדרה ראשונה (שני כרכים), ירושלים תשס"ב.
סמית, הרצאות	W. R. Smith, *Lectures on the Religion of the Semites: The Fundamental Institutions*, London 1927.
סניידרס, מלא	L. A. Snijders, "מלא", *TDOT*, vol. 8, pp. 297–307.
ספייזר, נשיא	E. A. Speiser, "Background and Function of the Biblical *Nasi*", *CBQ* 25 (1963), pp. 111–117.
ספירו, מסירת עדות	A. Spiro, "A Law on the Sharing of Information", *PAAJR* 28 (1959), pp. 95–101.
ספראי, ברכות	ש' ספראי וז' ספראי, מסכת ברכות, משנת ארץ ישראל, ירושלים תשע"א.
סקלרץ, התמודדות	מ' סקלרץ, "התמודדות עם הפער בין הפשט לדרש – רמב"ן בעקבות ראב"ע", שנתון למקרא ולחקר המזרח הקדום כב (תשע"ג), עמ' 189-222.
סרנה, להבין בראשית	N. M. Sarna, *Understanding Genesis*, New York 1966.
סתיו, מבית לפרוכת	הרב א' סתיו, מבית לפרוכת: פשט, עיון ומשמעות בעבודת יום הכיפורים, אלון שבות תשע"ו (מהדורה שנייה).
עמר, קורבן העוף	ז' עמר, "קרבן העוף – ביאור ריאלי בשולי גופי ההלכות", מעלין בקדש ד (תשס"ב), עמ' 117-144.
פארן, ויקרא	מ' פארן, ויקרא, עולם התנ"ך, תל אביב 1993.
פארן, סמיכת ידיים	מ' פארן, "שני סוגים של 'סמיכת ידיים' במקור הכהני", באר שבע ב (תשמ"ה), עמ' 115-119.
פברי, מנחה	H. J. Fabry, "מנחה", *TDOT*, vol. 8, pp. 407–417.
פברי, קורבן	H. J. Fabry, "קרבן", *TDOT*, vol. 13, pp. 152–158.

פולץ, סמיכת ידיים	P. Volz, "Die Handauflegen beim Opfer", *ZAW* 21 (1901), pp. 93–100.
פולר, איפה	R. Fuller, "איפה", *NIDOTTE* 1: 382–388.
פורטר, ויקרא	J. P. Porter, *Leviticus*, CBC, Cambridge 1976.
פילון, כתבים	כתבי פילון האלכסנדרוני (תירגמו וערכו: י' עמיה, מ' ניהוף וס' דניאל־נטף), חמישה כרכים, ירושלים תשנ"א-תשע"ב.
פילץ', בית	J. J. Pilch, "House and Hearth", *Bible Today* 31 (1993), pp. 292–299.
פישביין, קולופונים	M. Fishbane, "Biblical Colophons, Textual Criticism and Legal Analogies", *CBQ* 42 (1980), pp. 438–449.
פישר, אוגרית	L. R. Fisher (ed.), *The Claremont Ras Shamra Tablets*, Roma 1971.
פליישר, נוסח	ע' פליישר, "לנוסח ברכת העבודה", בתוך ספרו: תפילות הקבע בישראל בהתהוותן ובהתגבשותן, ירושלים תשע"ב, כרך א, עמ' 245-252.
פליישר, שמונה עשרה	ע' פליישר, "תפילת שמונה־עשרה – עיונים באופיה, סדרה, תוכנה ומגמותיה", תרביץ (תשנ"ג), עמ' 179-223.
פלמינג, משיחת כוהנים	D. Fleming, "The Biblical Tradition of Anointing Priests", *JBL* 117 (1998), pp. 401–414.
פלקנשטיין, שירי אלים	A. Falkenstein, *Sumerische Götterlieder*, vol. 1, Heidelberg 1959.
פרופ, מקורות	W. H. Propp, "The Origins of Infant Circumcision in Israel", *Hebrew Annual Review* 11 (1987), pp. 355–370.

פרופ, שמות א	W. H. C. Propp, *Exodus 1–18*, AB, New York 1999.
פרופ, שמות ב	W. H. C. Propp, *Exodus 19–40*, AB, New York 2006.
פריזן, היזה	T. C. Vriezen, "The Term *Hizza*: Lustration and Consecratio", *OTS* 7 (1950), pp. 201–235.
פריימר-קנסקי, המבול הבבלי	T. Frymer-Kensky, "What the Babylonian Flood Stories Can and Cannot Teach Us About the Genesis Flood", *Biblical Archaeology Review* 4 (1978), pp. 32–41.
צימרלי, יחזקאל	W. Zimmerli, *Ezechiel*, BKAT, 2 vols., Neukirchen-Vluyn 1979 (second edition).
צ'יסהולם, שלך	R. B. Chisholm, "שלך", *NIDOTTE*, vol. 4, pp. 127–128.
קאהן, ברכה	הרב י' קאהן, "ברכה על אכילת שלמים", בתוך: י' קלמנוביץ, א' בן־דוד וא' מושקוביץ (עורכים), מאמר הזבח, אלון שבות תש"ע, עמ' 37–50.
קאהן, כוהנים	הרב י' קאהן, "כוהנים ובני אהרן", בתוך: הרב ע' ביק וי' פיינטוך (עורכים), תורת עציון – ויקרא, אלון שבות תשע"ה, עמ' 83–90.
קאם וקון-צ'נג, הבעת קטורת	A. Y. Kam and L. Kwun-Cheung, "Incense Burning: A Far Eastern Chapter on Biblical Customs", *Jian Dao* 13 (1999), pp. 25–68.
קאסוטו, שמות	מ"ד קאסוטו, פירוש על ספר שמות, ירושלים תשמ"ח.
קאקו, דבש	A. Caquot, "דבש", *TDOT*, vol. 3, pp. 128–131.
קדרי, מילון	מ"צ קדרי, מילון העברית המקראית, רמת גן תשס"ו.
קהת (קץ), מקדש	הרב ב' קהת (קץ), "ועשו לי מקדש ושכנתי בתוכם", מגדים ו (תשמ"ח), עמ' 17–21.

קהת, חוקי הקרבנות	הרב ב' קהת, "חוקי הקרבנות – פרשת ויקרא לעומת פרשת צו", מגדים נד (תשע"ג), עמ' 63-73.
קהת, ימי המילואים	הרב ב' קהת, "ימי המילואים – הציווי וקיומו", מגדים לח (תשס"ג), עמ' 17-31.
קהת, מנחת הביכורים	הרב ב' קהת, "מנחת הביכורים וקרבן העומר", מגדים נז (תשע"ח), עמ' 7-19.
קהת, קורבן אשם	הרב ב' קץ (קהת), "קורבן האשם", דף קשר 328 (תשנ"ב), עמ' 32- [= ספר דף קשר, כרך 4, אלון שבות תשנ"ה, עמ' 60-61].
קוטש, משיחה	E. Kutsch, *Salbung als Rechtsakt im alten Testament und im alten Orient* (BZAW 87), Berlin, 1963.
קויפמן, תולדות האמונה	י' קויפמן, תולדות האמונה הישראלית (שמונה כרכים), ירושלים ותל אביב תשי"ה.
קוך, כוהני	K. Koch, *Die Priesterschrift van Exodus 25 bis Leviticus 16: Eine überlieferungsgeschichtliche und literarkritische Untersuchung* (FRLANT 71), Göttingen 1959.
קוכמן, ויקרא	מ' קוכמן, ויקרא, עולם התנ"ך, תל אביב 1993.
קונרד, נדב	J. Conrad, "נדב", *TDOT*, vol. 4, pp. 219–226.
קוסמן, טעמי צירופו	א' קוסמן, "לטעמי צירופו של המלח לעבודת המקדש פרקטיקה, סימבוליקה, מיתוס, מאגיה ואנתרופולוגיה", דרך אגדה יב (תשע"ג), עמ' 28-75.
קופרמן, ספורנו	הרב י' קופרמן, פירוש ספורנו על התורה – מנוקד ומבואר (שני כרכים), ירושלים תשנ"ב.
קופרמן, פשוטו	הרב י' קופרמן, קדושת פשוטו של מקרא, ירושלים תשס"ט.

קורנפלד (ורינגרן), קדש	W. Kornfeld (and H. Ringgren), "קדש", *TDOT*, vol. 12, pp. 521–545.
קורץ, קורבנות	J. H. Kurtz, *Sacrificial Worship of the Old Testament* (Translated by J. Martin), Grand Rapids 1980
קידנר, מטפורות ומשמעות	D. Kidner, "Sacrifice: Metaphors and Meaning", *Tyndale Bulletin* 33 (1982), pp. 119–136.
קיונן, מקור ועריכה	A. Kuenen, *An Historico-Critical Inquiry into the Origin and Composition of the Hexateuch* (Translated by P. H. Wicksteed), London 1886.
קיוצ'י, קורבן חטאת	N. Kiuchi, *The Purification Offering in the Priestly Literature: Its Meaning and Function*, Sheffield 1987.
קיוצ'י, חטא וחטאת	N. Kiuchi, *A Study of Hata and Hattat in Leviticus 4–5*, Tübingen 2003.
קיוצ'י, שלמים	N. Kiuchi, "Spirituality in Offering a Peace Offering", *Tyndale Bulletin* 50 (1999), pp. 23–31.
קיוצ'י, תרגום שלמים	N. Kiuchi, "Translating *selamîm*", *Exegetica* 15 (2004), pp. 29–41.
קייל, חומשים	C. F. Keil, *The Pentateuch*, BCOT, Grand Rapids 1968 (reprint).
קירשנה, חז"ל ופילון	R. Kirschner, "The Rabbinic and Philonic Exegeses of the Nadab and Abihu Incident (Lev. 10:1–6)", *JQR* 73 (1983), pp. 375–393.
קלינגבייל, זמן ריטואלי	G. A. Klingbeil, "Ritual Time in Leviticus 8 with Special Reference to the Seven Day Period in the Old Testament", *ZAW* 109 (1997), pp. 500–513.
קלינגבייל, מבנה תחבירי	G. A. Klingbeil, "The Syntactic Structure of the Ritual of Ordination (Lev. 8)", *Biblica* 77 (1996), pp. 509–519.

קלינגבייל, משיחת אהרן	G. A. Klingbeil, "The Anointing of Aaron: A Study of Leviticus 8:12 in Its OT and ANE Context", *Andrews University Seminary Studies* 38 (2000), pp. 231–243.
קלרמן, אשם	D. Kellermann, "אשם", *TDOT,* vol. 1, pp. 429–437.
קלרמן, לבונה	D. Kellermann, "לבנה", *TDOT,* vol. 7, pp. 441–447.
קלרמן, פיגול	D. Kellermann, "פגול", *TDOT,* vol. 11, pp. 468–470.
קנובל, ויקרא	A. W. Knobel, *Die Bücher Exodus und Leviticus,* Leipzig 1857.
קנוהל, איך נולד	י׳ קנוהל, איך נולד התנ״ך, מודיעין תשע״ח.
קנוהל, אמונות המקרא	י׳ קנוהל, אמונות המקרא: גבולות המהפכה המקראית, ירושלים תשס״ז.
קנוהל, חוק החטאת	י׳ קנוהל, ״חוק החטאת של ׳אסכולת הקדושה׳ (במדבר טו, כב-לא)״, תרביץ נט (תש״ן), עמ׳ 1-9.
קנוהל, מקדש הדממה	י׳ קנוהל, מקדש הדממה, ירושלים תשנ״ג.
קניאל, לבעור מאהבה	ר׳ קרא-איוונוב קניאל, ״לבעור מאהבה״, תעודה כו (תשע״ד), עמ׳ 585-654.
קניירים, טקסט	R. P. Knierim, *Text and Concept in Leviticus 1:1–1: A Case in Exegetical Method* (FAT 2), Tübingen 1992.
קרוגר, קבורה	A. Krüger, "Annette Salbungsrituale im Begräbniskontext", in: *Menschenbilder und Körperkonzepte im Alten Israel, in Ägypten und im Alten Orient,* Tübingen 2012, pp. 345–363
קרטיס, שור	A. H. W. Curtis, "Some Observations on 'Bull' Terminology in the Ugaritic Texts and the Old Testament", *Oudtestamentische Studiën* 26 (1990), pp. 17–31.

ראפאפרט, מקדש דוד	הרב דוד הכהן ראפאפרט, מקדש דוד, ירושלים תשנ"ו (מהדורה חדשה).
רבינוביץ, ברכה	ח"ר רבינוביץ, "הברכה והקללה במקרא", בית מקרא יח (תשל"ג), עמ' 370-374.
רגב, אכילת מנחה	א' רגב, "המחלוקות על אכילת מנחת זבח השלמים ולחמי התודה על-פי 'מגילת מקצת מעשה התורה', 'מגילת המקדש' והסכוליון ל'מגילת תענית'", תרביץ סה (תשנ"ו), עמ' 375-388.
רגב, חנוכה	א' רגב, "חנוכה, סוכות וימי המילואים בספר מקבים ב'", בית מקרא מו (תשס"א), עמ' 227-243.
רגב, קדושה	א' רגב, "קדושה דינמית או קדושה סטטית?", שנתון למקרא ולחקר המזרח הקדום יד (תשס"ד), עמ' 51-74.
רד"צ הופמן	רד"צ הופמן, ספר ויקרא (שני כרכים), ירושלים תשי"ג.
רוזנסון, על העקדה	י' רוזנסון, "על העקדה ובעקבותיה – שני עיונים מקראיים", בתוך: י' רוזנסון וב' לאו (עורכים), עקדת יצחק לזרעו – מבט בעין ישראלית: לזכרו של יצחק הירשברג הי"ה, תשס"ג, עמ' 321-335.
רוטנברג, כיום	מ' רוטנברג, "להוראת המלה כיום בשמונה ממקומותיה במקרא", לשוננו מח-מט (תשמ"ד-תשמ"ה), עמ' 60-62.
רוקר, ויקרא	M. F. Rooker, *Leviticus*, NAC, Nashville 2000.
רות, פתיחת הפה	A. M. Roth, "Fingers, Stars, and the 'Opening of the Mouth': the Nature and Function of the Ntrwj-Blades", *Journal of Egyptian Archaeology* 79 (1993), pp. 57–79.

רייזל, מבוא למדרשים	ע׳ רייזל, מבוא למדרשים, אלון שבות תשע״א.
רייט, סילוק טומאה	D. P. Wright, *The Disposal of Impurity: Elimination Rites in the Bible and in Hittite and Mesopotamian Literature*, Atlanta 1987.
רייט, ספקטרום	D. P. Wright, "The Spectrum of Priestly Impurity", in: G. A. Anderson and S. M. Olyan (eds.), *Priesthood and Cult in Ancient Israel*, Sheffield 1991, pp. 150–181.
רייני, קורבנות	A. Rainey, "Sacrifice", *Encyclopedia Judaica* (Second edition) vol. 17, pp. 639–644.
רינגרן, דת ישראל	H. Ringgren, *Israelite Religion*, Philadelphia 1966.
רינגרן, חקק	U. Ringgren, "חקק", *TDOT*, vol. 5, pp. 139–147.
רינגרן, כוהן	U. Ringgren, "כהן (Mesopotamia and Western Semites)", *TDOT*, vol. 7, pp. 63–65.
רנדטורף, ויקרא	R. Rendtorff, *Leviticus*, BKAT, Neukirchen-Vluyn 1985.
רנדטורף, נדב ואביהוא	R. Rendtorff, "Nadab and Abihu", in: J. C. Exum and H. G. M. Williamson (eds.), *Reading from Right to Left: Essays on the Hebrew Bible in Honour of David J.A. Clines*, London 2003, pp. 359–363.
רנדטורף, תולדות הקורבן	R. Rendtorff, *Studien zur Geschichte des Opfers im Alten Israel*, Neukirchen-Vluyn 1967.
שד״ל	פירוש ר׳ שמואל דוד לוצאטו על חמשה חומשי תורה, תל אביב תשכ״ו.
שונק, חוט	K. D. Schunk, "חוט", *TDOT*, vol. 5, pp. 318–319.

שוץ, אשם וחטאת	D. Schötz, *Schuld- und Sündopfer im Alten Testament*, Breslau 1930.
שורץ, אכילת דם	B. J. Schwartz, "The Prohibitions Concerning the 'Eating' of Blood in Leviticus 17", in: G. A. Anderson and S. M. Olyan (eds.), *Priesthood and Cult in Ancient Israel*, Sheffield 1991, pp. 34–66.
שורץ, נשא עון	ב"י שורץ, "מה בין מונח למטפורה? נשא עון/פשע/חטא במקרא", תרביץ סג (תשנ"ד), עמ' 149-171.
שורץ, קדושה	ב' שורץ, שלושה פרקים מספר הקדושה, עבודת דוקטור, האוניברסיטה העברית, ירושלים תשמ"ז.
שטיינברג, כליות	א' שטיינברג, "כליות ודרכי השתן", אנציקלופדיה הלכתית רפואית, כרך ד, ירושלים תשס"ו, עמ' 110-133.
שטיינברג, מילון התנ"ך	י' שטיינברג, מלון התנ"ך, תל אביב תשכ"ב (מהדורה שלישית).
שמאע, שתי מגמות	א' שמאע, "שתי מגמות בחנוכת המשכן והשתקפותן בתורת הקורבנות", מגדים ב (תשמ"ז), עמ' 32-44.
שמאע, המכילתות	א' שמאע, המכילתות הנספחות לספרא: מכילתא דמילואים ומכילתא דעריות, עבודת דוקטור, האוניברסיטה העברית, ירושלים תשס"ט.
שנאן, נדב ואביהוא	א' שנאן, "חטאיהם של נדב ואביהוא באגדת חז"ל: לבעיית הסיפור המקראי המורחב באגדת חז"ל", תרביץ מח (תשל"ט), עמ' 201-214.
שנדורפי, חטאת	א' שנדורפי, "פרשת קרבן חטאת", מעלין בקדש ט (תשס"ה), עמ' 13-33.
שנדורפי, מי מביא	א' שנדורפי, "מי מביא קרבן תודה?", מעלין בקודש ד (תשס"ב), עמ' 75-89.

שנדורפי, עולה ויורד	א' שנדורפי, "פרשת קרבן עולה ויורד", שמעתין 146 (תשס"ו), עמ' 48-66.
שפיגלמן, ויקרא וצו	הרב מ' שפיגלמן, "בין ויקרא לצו", בתוך: הרב ע' ביק וי' פיינטוך (עורכים), תורת עציון – ויקרא, אלון שבות תשע"ה, עמ' 69-75.
שרלו, מקדש בחלקו	הרב י' שרלו, "המקדש בחלקו", קול ברמה יז (תשנ"ז), עמ' 14-27.
שרלו, שלמים	הרב י' שרלו, "זבחי שלמים עלי", עלון שבות 82 (תש"ם), עמ' 10-18.
תומפסון, חרטה והקרבה	R. J. Thompson, *Penitence and Sacrifice in early Israel outside the Levitical law: An examination of the Fellowship Theory of Early Israelite Sacrifice*, Leiden 1963.
תיאסן, בראשית יז	M. Thiessen, "The Text of Genesis 17:14", *JBL* 128 (2009), pp. 625–642.